上海建设年鉴

（2012）

中共上海市城乡建设和交通工作委员会
上 海 市 城 乡 建 设 和 交 通 委 员 会　编

文匯出版社

上海市全图（航空遥感）

青草沙水源地（航空遥感）

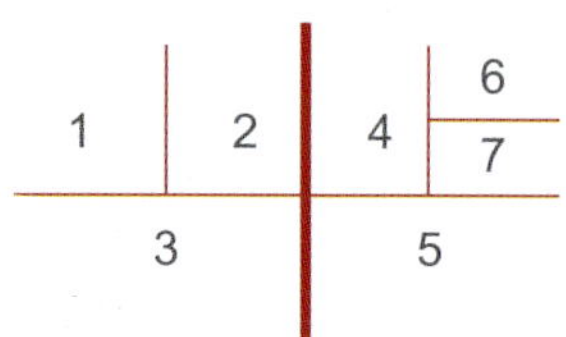

1. 青草沙岛域原水输水管线工程
2. 青草沙长江原水过江管工程
3. 鸟瞰青草沙生态环境
4. 鸟瞰五号沟泵站
5. 鸟瞰青草沙水库及取输水泵闸工程
6. 青草沙水库北堤上段先期护底工程——中央沙圈围工程
7. 青草沙陆域输水管线

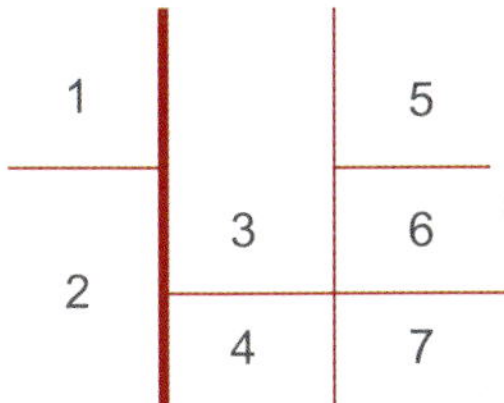

1．青草沙水源地出水闸
2．柔水如镜的青草沙水库
3．青草沙原水厂五号沟泵站——控制机房
4．青草沙原水厂五号沟泵站电配控制室
5．青草沙取水口闸门
6．青草沙原水厂金海泵站——地下管道施工
7．青草沙水源地进水闸——围堤施工中

1 | 2
3

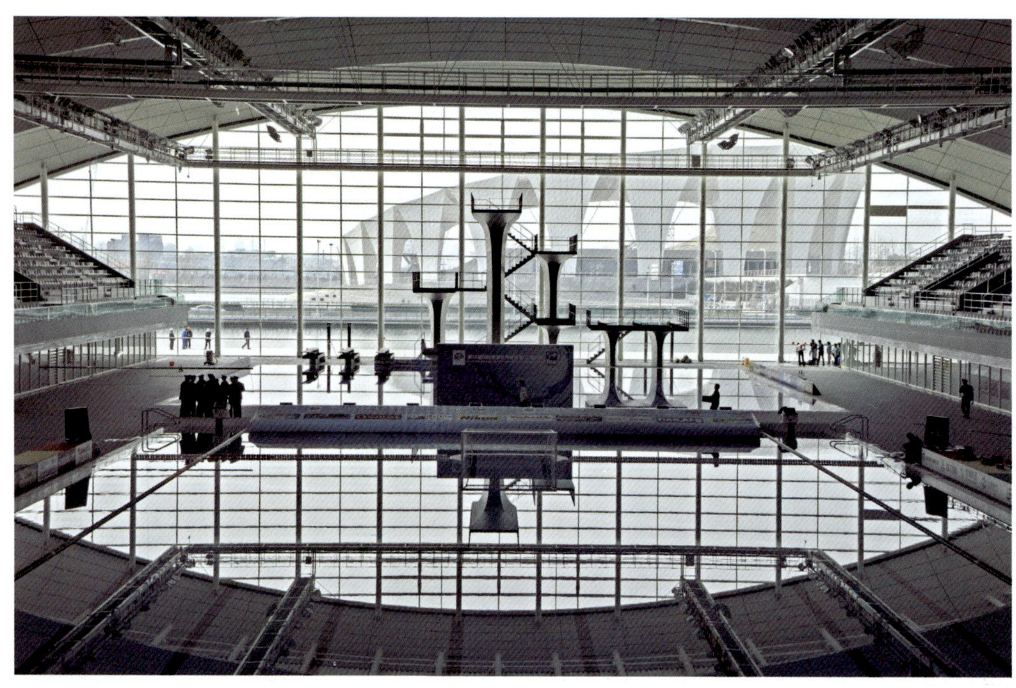

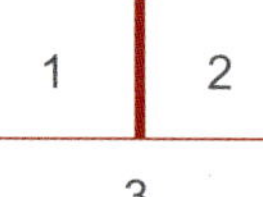

1. 上海东方体育中心游泳馆（玉兰桥）内景
2. 上海东方体育中心体育馆（海上王冠）观众席全景
3. 上海东方体育中心全景

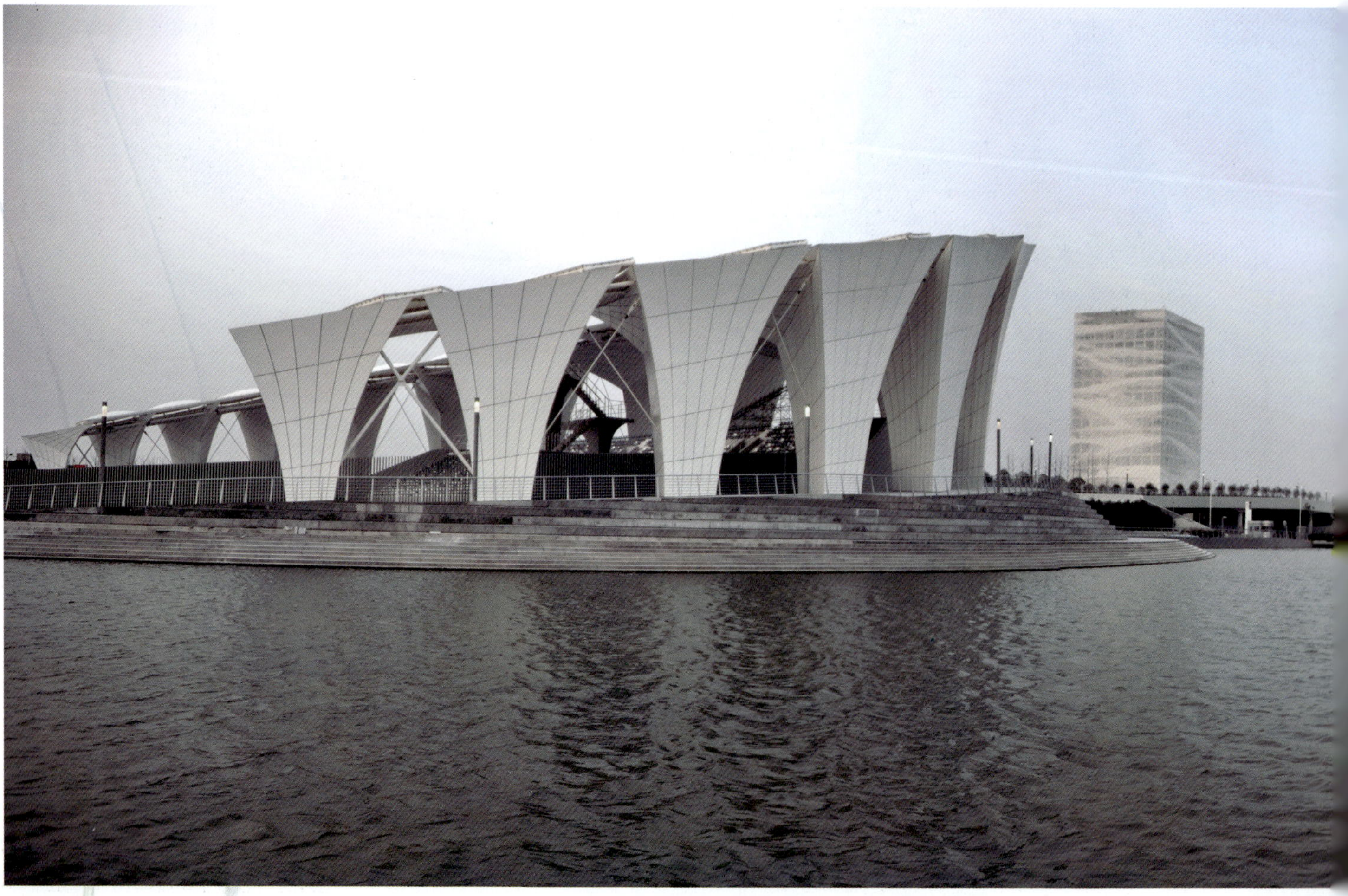

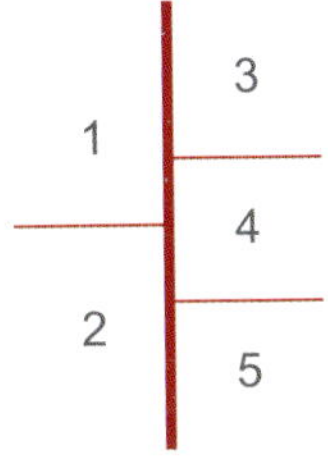

1. 上海东方体育中心游泳馆（玉兰桥）
2. 上海东方体育中心体育大厦
3. 上海东方体育中心室外跳水池（月亮湾）外景
4. 上海东方体育中心室外跳水池（月亮湾）观众席
5. 上海东方体育中心体育馆（海上王冠）

1 3

2 4

1. 国际知名华人艺术家丁绍光创作的巨型彩色玻璃壁画《生命之源》
2. 陈毅市长题写的“上海文化广场”
3. 上海文化广场装饰性极强的大厅隔断
4. 上海文化广场北面带喷水区域的公共绿地

1 3
2 4

1. 上海文化广场剧院大堂
2. 夜幕下的上海文化广场
3. 通向二楼观众厅的宽敞平坦的阶梯
4. 上海文化广场雍容典雅的三层观众席共设 1949 个座位

1．已安装计重设备的上海老港综合填埋场入口处
2．上海老港综合填埋场污泥填埋区
3．上海老港综合填埋场生活垃圾填埋区
4．上海老港综合填埋场填埋库区全景

上海环境
生活垃圾填埋区

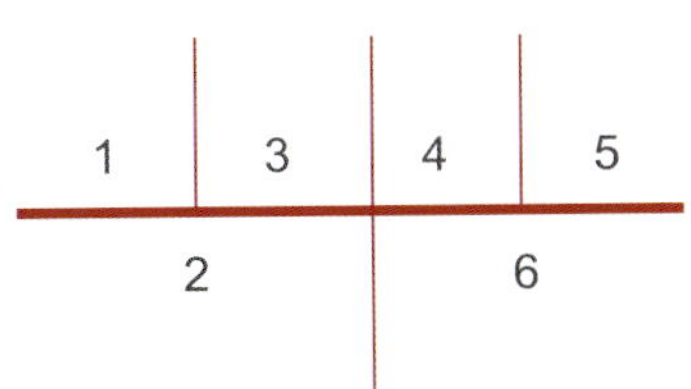

1. 上海老港渗沥液处理厂的深度处理设备区域
2. 上海老港渗沥液处理厂厌氧 UBF 反应器
3. 上海老港渗沥液处理厂垃圾渗沥液处理监控中心
4. 上海老港渗沥液处理厂风机房
5. 上海老港渗沥液处理厂超滤车间
6. 上海老港渗沥液处理厂办公管理区域

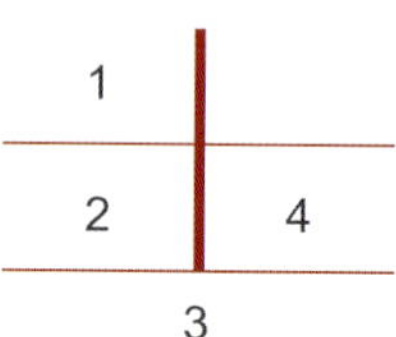

1. 迎宾三路地道通车
2. 林海公路竣工通车
3. 疏影路立交工程竣工通车
4. 军工路隧道工程建成

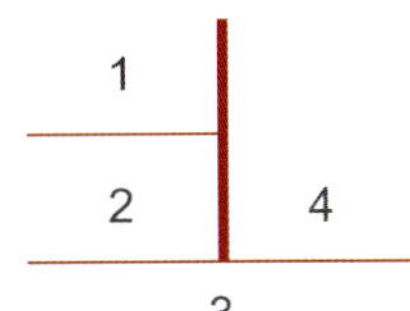

1．江场路道路辟通
2．寿阳路道路开通
3．常德路拓宽工程（近昌平路）
4．平型关路道路辟通

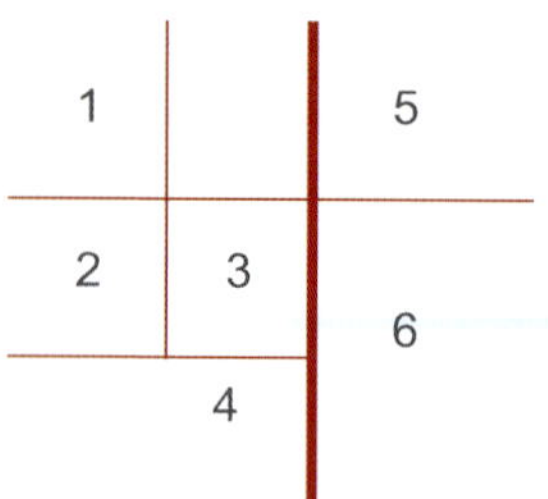

1. 上海金融学院学生活动中心
2. 上海金融学院综合实验中心
3. 上海金融学院体育场看台
4. 上海金融学院上川路一号大门
5. 上海金融学院学生食堂
6. 上海金融学院学生宿舍 1 号、2 号楼

第二食堂

新苑二号
新苑一号

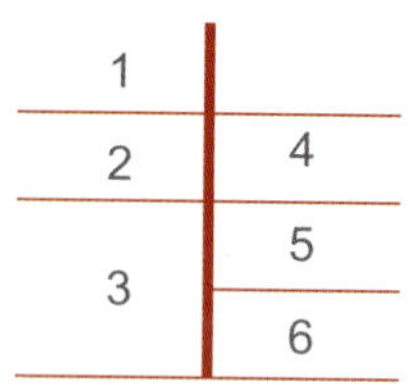

1. 俯瞰思南路
2. 思南公馆区域各种建筑风格集中的思南内街
3. 改建后思南路独立式花园住宅
4. 思南路周公馆
5. 思南路外廊式住宅
6. 思南路联立式花园住宅

	4
1	5
2	6
3	

1. 多伦路新雕塑墙
2. 多伦路新貌
3. 多伦路道路改建及架空线入地工程完工
4. 调换自调式防沉降窨井盖板 60 块
5. 雕塑与建筑诉说着多伦路的历史变迁
6. 多伦路道路改建共铺筑花岗石砌块路面 5987 平方米

1	3
2	4

1. 上海市小儿外科临床医学中心
2. 新华医院医疗保健综合楼
3. 上海市血液中心杨浦分中心
4. 第六人民医院医技综合楼

《上海建设年鉴（2012）》
编辑委员会

顾　　问：韩　正　沈　骏　尹　弘

主　　任：许德明　黄　融

委　　员：（排名不分先后）

田赛男　范志伟　黄健之　倪　蓉　马云安　刘海生　孙建平
陆月星　沈晓苏　许解良　蒋曙杰　王来娣　张　旗　戴晓坚
秦　云　江绵康　王以中　张蕴杰　周　炜　裴　晓　冯经明
张嘉毅　许锦国　赵永峰　徐　建　沈晓初　曹立强　钱元运
高德彪　庄少勤　彭　崧　连正华　于　勇　沈金龙　于　宁
庄木弟　王训国　徐剑萍　张国坤

主　　编：黄健之

副 主 编：（排名不分先后）

张　旗　袁　钢　年继业　丁　仪　胥和生

编　　辑：徐存福　张华平　乔延军　吴继亭　胡　鹰　严德华　朱　俊

主要撰稿：王国君　秦　磊　司月洁　田　瑾　唐颖菁　邓一露　崔国强
姚卫萱　屠爱华　孔令贵　熊　巍　汤　琳　范　锋　赵国财
鲁　超　石小洁　邵曦钟　黄兴英

摄　　影：陈志民　李预端　陈志强　王鹤春　王　炯　蔡耀放　胡　鹰

编写说明

一、《上海建设年鉴》是中共上海市城乡建设和交通工作委员会、上海市城乡建设和交通委员会组织编写，上海市、区县两级建设交通系统各局、直属单位及相关政府部门协作参与，以记录上一年度上海城乡建设、城市管理、交通运输及相关行业、企业发生的重大事件及重要情况为主要内容，对外公开发行的大型资料性、工具性年刊。

二、本年鉴编写保持上部年鉴的体例和风格。全书由综合、主体和附录三部分组成。综合部分设市情概貌、特载。市情概貌介绍上海的基本情况资料；特载刊载上海当年度政府工作报告、统计公报及其他重要内容。主体部分基本按城乡建设、城市管理、交通运输及综合管理等相关内容，分门别类予以排列、记载。附录部分设当年市建设交通委大事记、相关法律法规政策目录选载、相关资料及数据统计。

三、本年鉴主体部分由栏目、分目和条目三个结构层次组成。全书设19个栏目，每一栏目依内容需要，设若干分目。栏目之首设“综述”，分目之首设“概况”，条目以事件设，一事一条。条目为本年鉴之主要记载形式。同时辅以图片、表格及相关资料。

四、本年鉴编写坚持对历史负责、对后人负责和客观记载、不作评价的原则，对年度发生的重大事件，尽可能予以如实、公正地记载、避免不确定因素和不确切数据。

五、本年鉴以赠阅为主。由于诸多原因，本年鉴编写周期较长，其中部分内容转引自有关资料、文献、书刊。原作者如未收到稿酬，可直接与《上海建设年鉴》编辑部联系。

六、本年鉴编写过程中得到上海市、区县各级领导和上海建设交通系统各局、直属单位，以及广大热心人士的大力帮助，在此一并表示感谢。

目 录

市情、概貌

特 载

一、城乡规划、国土资源

二、重大工程

三、市政建设

四、绿化市容

五、环境保护

六、水务管理

七、房屋管理

八、城市交通

九、港口航运

十、铁路运输

十一、民用航空

十二、邮政事业

十三、海洋海事

十四、国际航运中心建设

十五、建筑建材业管理

十六、城市综合管理

十七、科研工作

十八、区县建设

十九、政策法规

附录

市情、概貌

（一）地域

上海市，简称沪，别名申。地处东经 120° 51′ ~ 122° 12′，北纬 30° 40′ ~ 31° 53′，位于太平洋西岸，亚洲大陆东沿，中国南北海岸中心点，长江和钱塘江入海汇合处。北界长江，东濒东海，南临杭州湾，西接江苏和浙江两省。是长江三角洲冲积平原的一部分，平均高度为海拔 4 米左右。陆地地势总趋势由东向西低微倾斜。以西部淀山湖一带的淀泖洼地为最低，海拔 2–3 米；在泗泾、亭林、金卫一线以东的黄浦江两岸地区，为碟缘高地，海拔 4 米左右；浦东钦公塘以东地区为滨海平原，海拔 4~5 米。西部有天马山、佘山、薛山、凤凰山等残丘，天马山为上海陆上最高点，海拔 98.2 米。海域上有大金山、小金山、浮山、佘山等基岩岛，大金山海拔 103.4 米，为上海境内最高点。全市总面积 6340.5 平方公里，东西最大距离约 100 公里，南北最大距离约 120 公里。大陆岸线长约 211 公里。在北面的长江入海处，有崇明、长兴、横沙、九段沙等岛屿。崇明岛为中国第三大岛，由长江挟带下来的泥沙冲积而成。

（二）行政区划

今上海地区，吴淞江以南，公元751年（唐天宝十载）析嘉兴东境、海盐北境、昆山南境之地置华亭县。1277年（元至元十四年）升华亭县为华亭府，第二年改为松江府。至清代，松江府辖有华亭、娄、上海、青浦、金山、奉贤、南汇7个县和川沙抚民厅。吴淞江以北，1218年1月7日（南宋嘉定十年十二月初九日）设嘉定县，后又析出宝山县。长江口的沙洲，907年左右（五代初）置崇明镇，1277年升为崇明州，1369年（明洪武二年）改为崇明县。

上海城市，源于吴淞江下游的渔村，1267年（南宋咸淳三年）前成镇，镇因黄浦江西的上海浦得名。1291年（元至元二十八年）析华亭县东北、黄浦江东西两岸的高昌、长人、北亭、海隅、新江5个乡，并于1292年正式设立上海县，为松江府属县。1927年7月设上海特别市，1930年5月改称上海市。1949年5月27日，上海解放。全市划为黄浦、老闸、新成、静安、江宁、普陀、邑庙、蓬莱等20个市区和新市、江湾、吴淞、大场等10个郊区。1958年1月，上海、嘉定、宝山3个县从江苏省划归上海市；10月，设立浦东县；11月，川沙、青浦、南汇、松江、奉贤、金山和崇明7个县从江苏省划归上海市。1960年1月，设立闵行区和吴淞区。1961年1月，撤销浦东县。1961年3月，浙江省嵊泗列岛划归上海市。1962年5月，上海市嵊泗列岛划归浙江省。1964年5月，撤销闵行区、吴淞区。至1964年5月，上海市辖有黄浦、南市、卢湾、徐汇、长宁、静安、普陀、闸北、虹口、杨浦10个市区，以及上海、嘉定、宝山、川沙、奉贤、南汇、松江、金山、青浦、崇明10个郊县。1980年10月，设立吴淞区。1981年2月，设立闵行区。1988年1月，撤销宝山县和吴淞区，设立宝山区。1992年9月，撤销上海县和原闵行区，设立新的闵行区。1992年10月，以川沙县全境、原上海县三林乡和黄浦、南市、杨浦3个区的浦东部分，设立浦东新区；撤销嘉定县，设立嘉定区。1997年4月，撤销金山县，设立金山区。1998年2月，撤销松江县，设立松江区。1999年9月，撤销青浦县，设立青浦区。2000年6月，原黄浦区和南市区撤并，设立新的黄浦区。2001年1月，撤销南汇县，设立南汇区；撤销奉贤县，设立奉贤区。2005年5月，宝山区管辖的长兴乡、横沙乡划归崇明县管辖。2009年4月，撤销南汇区，其行政区域范围划入浦东新区。2011年5月，原黄浦区、卢湾区撤并，设立新的黄浦区。至2011年底，上海市辖有浦东新区、黄浦、静安、徐汇、长宁、普陀、闸北、虹口、杨浦、宝山、闵行、嘉定、金山、松江、青浦、奉贤16个区，崇明1个县；共辖有街道99个，镇108个（比上年底减少1个），乡2个；居委会3850个（比上年底增加103个），村委会1632个（比上年底减少60个）。

（三）人口

至2011年底，上海户籍人口为1419.36万人，比上年增加7.04万人，其中男性706.37万人，女性712.99万人，性别比为0.99：1。非农业人口1267.76万人，占总人口89.3%，比上年增加12.81万人。上海常住人口2347.46万人，其中外来人口935.36万人。全市户籍数522.01万户，平均每户人口2.7人。户籍人口出生数10.15万人，出生率7.17‰，死亡人数11.11万人，死亡率7.85‰。人口自然增长率-0.68‰。年内全市迁出5.33万人，迁入13.15万人，机械增长7.82万人，机械增长率5.53‰。全市户籍人口密度每平方公里2239人，常住人口密度每平方公里3702人。户籍人口期望寿命82.51岁，其中男性80.23

岁、女性 84.80 岁。

（四）水文

2011 年，上海年降水量 904.3 毫米（徐家汇站，下同），比常年偏少 22% 左右，其中汛期 (6~9 月）降水量为 613 毫米，与常年基本持平。降水量年内月分配很不均匀，其中 1—5 月降水量比常年减少约 66%，7 月和 9 月比常年减少约 80%；10 月和 12 月降水量与常年基本接近；6 月降水量比常年增加约 72%，8 月降水量比常年增加约 61%，11 月降水量比常年增加约 32%。6 月 10 日入梅，6 月 27 日出梅，梅雨期历时 17 天，其中雨日 14 天。梅雨期间，全市降水量分布比较均匀，中心城区 262.3 毫米，比多年平均值略有增加，其他区县以宝山区降水量最大，为 291.3 毫米，青浦区降水量最少，为 223.0 毫米。较强的暴雨有 2 次 :6 月 16—17 日，全市普降大到暴雨，雨区中心在浦东新区南部和奉贤一带，雨量最大为浦东新区新场站，两日雨量达到 210 毫米，奉贤四团站两日雨量 195 毫米；8 月 13 日，全市普降中到大雨、局部暴雨，雨量最大为浦东新区五号沟站，达到 135 毫米，崇明南门站 101 毫米。

全市年地表径流量 16.23 亿立方米，折合年径流深 255.9 毫米，比多年平均值减少约 33%。

长江口高桥站年平均高潮位 3.32 米（上海吴淞基面，下同），比多年平均值低 0.02 米；杭州湾芦潮港站 3.65 米，比多年平均值高 0.13 米。

上海市内主要河流水质污染仍以有机污染为主。根据上海市水文总站监测，水质的有机污染指标大部分为Ⅱ ~ 劣Ⅴ类。其中长江口、黄浦江上游及崇明岛水质较好，一般为Ⅱ ~ Ⅴ类水；内河河网水质较差，一般为Ⅲ ~ 劣Ⅴ类水。

（五）气候

2011 年，上海地区气温偏高，降水总量略偏少，日照时数略偏少。冬季气温略低（其中 1 月气温为 1978 年以来最低），降水偏少，日照时数略偏多；春季气温偏高，降水显著偏少（为 1961 年以来最少），日照时数异常偏多；夏季气温偏高，降水略偏多，梅雨期间降水接近常年平均值，日照时数显著偏少；秋季气温异常偏高（其中 11 月气温创历史同期最高纪录），降水偏少，日照时数略偏少。

全市年平均气温（全市 11 个气象观测站平均)16.6℃，比常年平均偏高 0.8℃，比上年下降 0.3℃。在地区分布上，中心城区年平均气温 17.2℃，郊区年平均气温 16.5℃；与常年相比，浦东新区南汇、奉贤、崇明和青浦地区偏高 0.5℃ ~ 0.6℃，其他地区偏高 0.7℃ ~ 1.2℃。在年内分布上，与常年平均值相比，1 月气温比常年同期偏低 2.7℃，12 月气温比常年同期偏低 0.2℃，其他各月气温均比常年同期偏高，其中 11 月气温偏高 4.0℃。全市极端最低气温 - 6.5℃ (奉贤和金山地区）；极端最高气温 :38.3℃（中心城区）。日最高气温≥ 35℃的高温日数 : 中心城区 24 天，比常年多 15 天；郊区 2 ~ 21 天，东南部沿海地区少，青浦、嘉定、闵行和松江地区多。日最高气温≥ 37℃的炎热日数 : 中心城区 6 天，比常年多 4 天；闵行和松江地区 5 天；浦东新区北部地区 4 天；嘉定、宝山和青浦地区 3 天；其他地区没有出现炎热日。

全市平均年降水量（全市 11 个气象观测站平均)880 毫米，比常年平均偏少 24%。各区县年降水量 771 ~ 1009 毫米，东北部的宝山和崇明地区降水量较多，在 950 毫米以上，西南部的金山、青浦和奉贤地区降水量较少，在800毫米以下。与常年平均相比，浦东新区南汇地区、青浦、奉贤和金山地区降水量偏少27%～33%，浦东新区北部地区、嘉定、中心城区和松江地区偏少21%～25%，宝山、崇明和闵行地区偏少11%～19%。全年平均降水日数116天，比常年平均少17天，其中日降水量≥25毫米的大雨以上日数8天，日降水量≥50毫米的暴雨日数2天。地区分布上，崇明地区暴雨日数4天，闵行、嘉定和松江地区暴雨日数3天，其他地区暴雨日数1～2天。降水量在年内分配上，与常年同期平均值相比，6月降水量显著偏多77%，8月降水量偏多45%，11月降水量与常年基本持平，1～5月、7月和9月降水量偏少61%～77%，10月和12月降水量分别偏少22%和18%。汛期(6～9月)全市平均降水量619毫米，比常年同期及上年都偏多3%。

全市年日照时数(全市11个气象观测站平均)1799小时，比常年平均偏少124小时。各区县年日照时数1392～2043小时，奉贤地区最多，中心城区最少。与常年相比，奉贤地区偏多166小时，闵行地区偏多98小时，金山地区偏多50小时，其他地区偏少42～486小时，中心城区最为偏少。1月日照时数接近常年平均值，2月、7月和10月日照时数比常年略偏少，6月、11月和12月日照时数比常年偏少，8月日照时数比常年显著偏少，5月和9月日照时数比常年略偏多，4月日照时数比常年偏多，3月日照时数比常年显著偏多。

政府工作报告

——2012年1月11日在上海市第十三届人民代表大会第五次会议上

上海市市长 韩正

各位代表：

现在，我代表上海市人民政府，向大会作政府工作报告，请予审议，并请各位政协委员和其他列席人员提出意见。

一、2011年工作回顾

去年是“十二五”规划的开局年，也是改革创新的突破年。面对复杂多变的外部经济环境，全市人民在党中央、国务院和中共上海市委的坚强领导下，高举中国特色社会主义伟大旗帜，以邓小平理论和“三个代表”重要思想为指导，深入贯彻落实科学发展观，认真学习贯彻胡锦涛总书记“七一”重要讲话精神，紧紧围绕创新驱动、转型发展，充分发挥上海世博会的后续效应，按照“六个着力”的要求，努力做好各项工作，全面完成市十三届人大四次会议确定的目标任务。

过去的一年，全市人民坚定信心，振奋精神，凝心聚力，坚决冲破传统发展思维的束缚，摆脱对传统发展路径的依赖，突破制约科学发展的体制机制障碍，切实转变发展理念和发展方式，全面打响创新驱动、转型发展的攻坚战，上海经济社会发展呈现一系列新的积极变化。

（一）经济平稳增长中质量和效益进一步提升。坚决贯彻中央宏观调控决策部署，坚持把经济增长质量和效益放在首位，加快改变速度型经济增长模式，减少对房地产业发展和投资拉动的依赖。经济运行总体平稳健康，预计全市生产总值比上年增长8%以上，房地产业增加值同比负增长，地方财政收入比上年增长19.4%，来自第三产业的地方财政收入增速快于第二产业9个百分点。全社会固定资产投资总额与上年基本持平，战略性新兴产业投资较快增长，消费的拉动作用继续增强，社会消费品零售总额比上年增长12%，服务性消费增速加快，网络购物等新消费模式发展迅猛。发展成果更多地惠及市民，经济效益与社会效益同步提高，新增就业岗位64.2万个，城镇登记失业率控制在4.5%以内，城市和农村居民家庭人均可支配收入分别达到3.62万元和1.56万元，均比上年增长13.8%，扣除物价因素高于经济增幅。

（二）上海国际金融、航运和贸易中心功能建设取得新进展。充分发挥经济中心城市集聚辐射功能，着力完善市场体系，在提升市场配置资源能力的过程中加快转变经济发展方式。深入贯彻落实国务院《关于推进上海加快发展现代服务业和先进制造业建设国际金融中心和国际航运中心的意见》，在国家有关部门的大力支持下，一批先行先试政策实现重大突破。银行间市场人民币对外汇期权、人民币对加元和澳元即期交易、铅期货等一批新的金融产品成功推出，人民币海外投贷基金启动组建，外资股权投资企业、第三方支付企业等一批新型机构相继落户，地方政府自行发债试点在全国率先开展，国际贸易结算中心外汇管理试点企业扩大到20家，全年跨境贸易人民币结算金额突破3000亿元，上海金融市场交易总额达到420万亿元。航运运价指数交易正式推出，报检报关"一单两报"扩大试点，船舶保险业务总量约占全国的40%，上海港集装箱吞吐量达到3174万标准箱，连续两年位居世界第一，集装箱水水中转比例达到41%，上海空港旅客、货邮吞吐量分别达到7456万人次、356万吨，浦东国际机场货邮吞吐量排名世界第三，上海浦东机场综合保税区二期通过封关验收。商务部与上海"部市合作"机制进一步深化，国家会展项目落户虹桥商务区并开工建设，网上国际贸易中心、国际技术进出口促进中心等一批项目正式启动，一批品牌出口企业基地初步形成，全市商品进出口总额比上年增长18%。商业布局和结构调整加快，商品销售总额比上年增长23%。

（三）产业结构和布局结构调整优化进一步加快。把结构调整作为转型发展的主攻方向，用更大力气推进产业结构升级和布局结构优化。努力突破制约服务业发展的瓶颈，第三产业引领发展，支撑作用增强。配合国家有关部门，认真做好在本市部分现代服务业行业开展增值税制度改革试点的各项准备工作，积极落实营业税差额征收政策，鼓励服务业外包与专业化，开展服务业综合改革试点，拓展服务业新领域，发展新业态，大力发展信息服务、文化创意、旅游会展、中介与专业服务等现代服务业，预计第三产业增加值比上年增长9%，占全市生产总值的比重提高到58%。完善战略性新兴产业推进机制，整合扩大"转方式、调结构"财政专项资金，组建并运作一批创业投资基金，在云计算、物联网、新型显示等领域积极承接国家项目，新一批重大高新技术产业化项目和重点专项方案启动实施，大飞机研制、航空发动机、中船长兴二期工程、909升级改造等重点项目有力推进，光刻机、刻蚀机等关键装备取得重大突破，战略性新兴产业中的制造业产值增幅高于全市工业平均增幅。基本完成国家级信息化和工业化融合试验区三年试点任务。启动张江国家自主创新示范区建设，出台股权激励、科技金融等一批试点政策，紫竹科学园区升级为国家级高新区，杨浦国家创新型试点城区建设全面展开。完善财政科技投入体制机制，提高资金使用效率，全社会研究与试验发展经费支出相当于全市生产总值的比例达到2.9%，发明专利授权量比上年增长30%以上。深入推进制造业结构优化和布局调整，制造业进一步向高端化发展，成套装备、汽车、船舶、生物医药等稳定增长，重化工业结构优化，一般加工型劳动密集型产业逐步转移。一批企业利用资本市场实现并购重组、结构升级。重点区域开发建设和布局调整加快，为城市功能提升、环境改善和经济转型发展提供了有力支撑。

黄浦江两岸综合开发有序推进，世博会地区结构规划编制完成，一批央企总部落户园区，中国商飞总部、世博国际酒店群等项目启动建设。虹桥商务区核心区项目全面推进，一批总部机构签约入驻。上海迪士尼项目顺利开工，市政配套基础设施建设有序推进。强化节能减排，推进重点节能工程和合同能源管理，加强重点用能产品、能耗限额标准管理，实施产业调整项目751项和危险化学品企业调整项目88项，单位生产总值综合能耗进一步下降，主要污染物减排完成年度目标。第四轮环保三年行动计划全面完成，环保投入相当于全市生产总值的比例继续保持在3%左右，基本完成苏州河环境综合整治，白龙港污水处理厂污泥处理工程建成投入运行，环境空气质量优良天数达到337天，森林覆盖率达到12.58%，绿化覆盖率达到38.15%。

（四）保障和改善民生力度持续加大。坚持以人为本、促进人的全面发展的基本理念，把转型发展与改善民生有机结合起来，着力解决好人民最关心最直接最现实的利益问题。面对物价持续较快上涨的压力，我们把稳定物价保证供应作为头等大事，建立市场价格调控联席会议制度和主副食品价格稳定基金，全力稳定主副食品价格特别是淡季蔬菜价格，从严控制政府调价项目，居民消费价格指数预计比上年上涨5.2%，低于全国水平。郊区加强“菜园子”建设，将淡季期间绿叶菜种植面积占蔬菜种植面积的比重从三分之一提高到三分之二，实施绿叶菜淡季价格保险制度，有效保护了菜农生产积极性。中心城区加强“菜市场”建设和管理，积极推动产销对接、农商对接，推进社区周末平价菜场试点。发挥大市场、大流通在保障市民安居乐业中的作用，完善鲜活农产品运输绿色通道政策，降低农副产品流通成本，推进主副食品市外生产储备基地建设，抓好货源组织和市场价格监管，保障了主副食品供应和价格基本稳定。正确把握发展与分配的关系，高度重视改善收入分配，千方百计提高群众特别是中低收入群众的收入。年初增加了企事业单位退休人员和镇保、农保领取养老金人员的养老金，增幅均超过10%，年中又发放了一次性补贴。完善社会救助和保障标准与物价上涨挂钩的联动机制，城乡居民最低生活保障标准分别提高12.2%和20%，向低收入困难群众发放两次临时价格补贴。增加环卫、出租车等公共服务行业一线职工收入，在公共卫生和基层医疗卫生事业单位实施绩效工资，最低工资标准提高14.3%。注重质量，咬住目标，兑现承诺，千方百计推进“四位一体”住房保障体系建设。新开工建设和筹措保障性住房1700万平方米、26.7万套（间），供应1240万平方米、17.5万套（间）。进一步放宽廉租住房和共有产权保障房（经济适用房）准入标准。廉租住房新增受益家庭1.1万户，累计有8.6万户住房困难家庭受益。全面推开共有产权保障房申请供应工作，共计受理4.4万户居民家庭申请。首批市级统筹公共租赁住房项目启动供应。在浦东南汇新城开展限价商品房试点。坚决贯彻执行国家房地产市场调控政策，完成全年新建住房价格控制目标。个人住房房产税改革试点稳步推进。鼓励创业和促进就业工作继续加强，就业形势保持稳定。贯彻落实《社会保险法》，社会保险制度和政策进一步完善。将在企业工作的来沪从业人员、参加小城镇社会保险的从业人员纳入城镇职工社会保险，建立城镇居民社会养老保险，全面实施新型农村社会养老保险，基本实现社会保险制度全覆盖。积极发展老龄事业，新增养老床位5030张，新建老年人日间服务中心23家，新设社区老年人助餐点46个，社区居家养老服务对象达到26.2万人。孤儿保障制度进一步完善。着眼于满足群众的多层次需求，加快社会事业改革发展。全面落实教育中长期规划纲要，财政教育支出占地方公共财政支出的比重提高到13.8%。新增40所幼儿园，出台困难家庭儿童接受学前教育资助政策，形成从学前到大学的帮困助学体系。实施学生健康促进工程。启动部市共建“985工程”三期和21所地方高校内涵建设项目，上海纽约大学开工建设。医改工作全面推开。基本公共卫生服务均等化和住院医师规范化培训工作进展顺利。健康城市建设有力推进。国家基本药物制度在政府举办的基层医疗卫生机构全面实施，社区基本药物平均零售价下降39%。推出优化医院就诊流程等9项便民惠民措施。开展了医疗联合体试点和家庭医生制服务试点。基本建成以居民电子健康档案为基础的卫生信息化工程。文化改革发展取得新进展。文化产品创作生产成效显著，一批精品佳作相继推出。成功举办国际艺术节等重大文化活动。文化体制改革深入推进，完成全市有线电视网络整合、国有市属文艺院团体制改革和16家区县经营性文化事业单位转企改制，启动第一批非时政类报刊出版单位转企改制，完成世纪出版集团与文艺出版集团重组。文化广场、市群众艺术馆新馆投入使用，钱学森图书馆、巴金故居建成开馆，中华艺术宫、上海当代艺术博物馆等项目全面启动。美术馆、公共图书馆、文化馆、社区文化活动中心的基础服务项目实现免费开放。文化创意产业发展环境进一步优化，成立首个国家对外文化贸易基地，开工建设国家网络视听产业基地，文化产权交易、文化产业投融资、公共技术服务等平台建设加快推进。成功举办第14届国际泳联世界锦标赛。市民体质指数蝉联全国首位。上海代表团在第二届全国智力运动会上包揽金牌、奖牌、总分三个第一。大幅提高了计划生育奖励与补助标准。妇女儿童发展水平持续提高。兵役政策进一步完善，退役军人安置工作得到加强。民族、宗教、侨务工作稳步推进。

（五）城市管理和建设迈出新步伐。经济转型过程既是社会结构深刻变动的过程，也是城市管理新情况新问题不断涌现的过程，必须加强和改进城市建设管理。围绕安全为先，我们狠抓制度建设这个根本，全面加强安全管理体制机制建设。全市动员、全民参与，查隐患、找问题、提建议，制定颁布一批政府规章和规范性文件，深入开展建筑市场集中整治和建设工程质量安全大检查，成立市消防安全委员会，全面开展消防安全大排查、大整治。成立市食品安全委员会，大力开展食品安全专项整治，初步建立部门之间无缝衔接的食品安全监管机制。进一步巩固和完善城市管理长效机制，完成世博城市管理临时性通告转化工作，成立市政市容管理联席会议和交通协调保障联席会议，继续增加城市维护管理资金投入，加大非法客运整治力度，开通23条“最后一公里”公交线路，在1080个居民小区实施生活垃圾分类试点。积极开展社会管理创新综合试点。完成第六次人口普查。重大事项社会稳定风险分析和评估机制全面推开，对247个涉及群众切身利益的项目进行了评估。规范劳务派遣用工。初步建立以人民调解为平台的医患纠纷第三方调解新机制。初信初访办理制度进一步完善，信访核查终结制度建设取得成效，一批信访突出矛盾得到化解。平安建设实事项目有力推进，社会治安秩序稳定良好。全面启动智慧城市建设，信息基础设施建设步伐加快，完成280万户光纤到户建设改造，下一代广播电视网新增覆盖100万户。克服各种困难，市区携手，加快重大基础设施建设，京沪高速铁路上海段等工程建成通车。轨道交通11号线北段二期、12号线、

13号线一期等项目加快推进。崇启通道、军工路越江隧道、虹桥机场迎宾三路隧道、林海公路建成通车。黄浦江上游航道整治核心工程竣工。上海是水质型缺水城市，经过多年筹划建设，青草沙水源地原水工程投入运行，供水量占全市比重达到51%，实现了原水供应从以黄浦江上游为主向以长江为主的重大转变，供水安全得到有力保障，更多市民喝到了更好质量的水。

（六）郊区农村改革发展深入推进。努力抓好统筹城乡发展这个转型发展的重大任务，加大对郊区农村发展的支持力度，出台加快城乡一体化发展和加快新城发展的若干意见，促进建设重心和公共资源向郊区转移，郊区建设全面提速。完成奉贤南桥新城总体规划修编调整，深化完善松江、金山等新城规划，浦东南汇、嘉定、青浦等重点新城和新市镇重大功能性项目建设取得新进展。崇明生态岛建设加快推进，在自然资源保护利用等领域实施了一批重点项目。加强以水利为重点的郊区农村基础设施和环境建设，开展一批农田水利设施更新改造、河道整治和郊区集约化供水等工程建设，完成118个村庄改造、4万户农村生活污水处理设施改造。在郊区新增一批中小学和幼儿园，“5+3+1”郊区三级医院建设全面推进。完善强农惠农政策，推进设施农业和标准化养殖场建设，建成标准化畜禽养殖场26家、标准化水产养殖场45家，粮食总产量达12.2亿公斤，比上年增长3%。大力促进非农就业，新增非农就业岗位13万个。稳定和完善农村土地承包关系工作全面完成。农村集体建设用地有偿使用和流转、农民宅基地置换试点有序推进。

（七）经济体制改革不断深化。创新驱动就是要通过深化改革，突破制约科学发展的制度瓶颈，为转型发展注入新的强大动力。我们着眼于充分发挥市场配置资源的基础性作用，坚持用改革创新促发展。浦东综合配套改革试点深入推进，实施国资创投机制、知识产权直接质押融资等改革试点，上海股权托管交易中心建设稳步推进，出台浦东新区加快跨国公司地区总部发展政策。全面实施市与区县财税管理体制改革，深化完善“税收属地征管、地方税收分享”的财税体制，区县科学发展的动力和活力进一步增强。黄浦、卢湾“撤二建一”行政区划调整稳步推进。加快实施国有企业开放性、市场化重组，上海汽车、上海建工等企业集团整体上市，上海家化集团整体转让，国资行业布局不断优化，市属经营性国有资产证券化率提高到34.7%。国有企业法人治理结构进一步完善，规范董事会试点工作稳步推进。完成市区两级中小企业服务中心建设，推动中小企业改制上市，安排落实财政专项资金，采取支持商业性融资担保机构发展、完善科技信贷风险分担机制和建立“投贷”、“投保”联动机制等措施，推进企业融资服务平台建设，缓解中小企业“担保难、融资难”问题，非公有制经济增加值约占全市生产总值的50%。完善人才直接落户政策，放宽人才居住证申办条件，建立特殊人才直接落户和申办人才居住证推荐评估机制，多渠道解决人才住房问题，积极推进出入境管理便利化，人才发展环境进一步优化。切实加强市场监管，规范市场秩序，产品质量水平继续提升，“平安市场”创建活动、打击侵犯知识产权和制售假冒伪劣商品专项行动取得实效。

（八）对内对外开放呈现新态势。我们坚持在扩大开放中促转变，抓住一切机遇，推动全方位对内对外开放。加强服务，改善环境，提高贸易便利化水平，上海口岸功能进一步增强，关区进出口商品总额增长18%。对外贸易结构更趋优化，进口增幅高于出口，一般贸易出口增幅高于加工贸易出口，服务贸易增幅高于货物贸易。吸引外资再创历史新高，外商直接投资合同金额和实到金额分别达到201亿美元和126亿美元，实到外资中服务业占比超过80%。总部经济加快发展，新认定跨国公司地区总部、投资性公司、外资研发中心90家，累计达到927家。鼓励支持企业“走出去”，试点开展人民币境外直接投资，对外直接投资达到25亿美元，新签对外工程承包合同金额122亿美元，比上年增长21%。以国际友城为重点，拓宽对外交往渠道，外事工作服务经济发展的功能明显增强。贯彻落实海峡两岸经济合作框架协议，沪台两地经贸、文化交流与合作深入开展。促进长三角一体化发展，完善旅游合作机制，产业园区共建、交通网络建设、科技公共服务平台等区域合作取得重要进展。精心组织对口支援新疆喀什、西藏日喀则工作，76个民生项目竣工并投入使用。加强援滇、援青和支援三峡库区等对口支援工作。

各位代表，过去的一年，我们坚持把建设人民满意的服务型政府放在重中之重，进一步加强政府改革和管理创新，政府服务与管理水平有了新提高。围绕提高审批效率，加快推进网上审批，市、区两级网上审批管理和服务平台实现互联互通，新增并联审批76项、告知承诺25项。着力将公开透明贯穿于政府运作全过程，全年依法公开政府信息超过15万条，2010年市本级财政支出决算中的教育等重点支出公开到“项”级，129家市级部门预算报市人大审议，公开了64家市级部门预算、61家市级部门“三公”经费预算和53项市级财政专项资金。积极回应群众关心、社会关注，首次公开2010年度地方政府债券资金使用情况，公开上海世博会跟踪审计结果、19个部门预算执行审计结果，以及相关专项资金和政府实事项目审计调查结果。开通“上海发布”政府微博。废止、失效、修改规范性文件近5000件。开展行政复议委员会试点工作，政府履职更加合规高效。

各位代表，过去的一年，我们经受住外部经济环境复杂变化的考验，不受经济增长速度减缓的影响，紧紧咬住年初确定的发展目标，心无旁骛，克难前行，创新驱动、转型发展的步伐明显加快，实现了“十二五”规划的良好开局，为上海“十二五”时期乃至更长远发展奠定坚实的基础。这是党中央、国务院和中共上海市委坚强领导的结果，是全市人民共同奋斗的结果。回首过去，我们深刻体会到，上海这座城市取得的所有成就，都归功于全市人民万众一心、奋力拼搏，人民是真正的英雄。生活和工作在这座城市里的千千万万人民群众，始终是更美好城市的创建者和更美好生活的创造者。在这里，我代表上海市人民政府，向在各个岗位上辛勤劳动、无私奉献的全体市民，向给予政府工作大力支持的人大代表和政协委员，向各民主党派、工商联和社会各界人士，表示最崇高的敬意！向中央各部门、兄弟省区市和驻沪部队、武警官兵，向关心和支持上海发展的香港、澳门特别行政区同胞、台湾同胞、海外侨胞和国际友人，表示最诚挚的感谢！

我们深知，上海正处于创新驱动、转型发展的关键时期，经济社会发展中出现的一些积极变化还是初步的，基础还不够牢固。当前，外部经济环境更加复杂多变，上海转型发展中的深层次矛盾更加突出，需要加大改革开放力度，更多地用创新的办法破解前进中的难题。我们的战略视野要进一步拓宽，改革的勇气和胆子还要更大一些，攻坚克难、创新突破的本领还需增强。社会结构快速变化，平衡协调各方面利益关系的难度越来越大，需要动员广大群众共同参与推进社会管理创新，及时有效地解决各种复杂利益问题和社会矛盾。我们深入基层、贴近群众的工作方法需要创新，调动全社会力量化解人民内部矛盾的途径和办法还需拓展，创新社会管理的能力还需提升。人口规模迅速增长，建筑密度持续增强，各类要素高度集聚，城市运行安全和生产安全风险处于频发高发期，需要加强和改进城市管理，切实消除和防范城市安全风险。我们城市管理的体制机制法制还不够完善，城市管理人才培养还滞后于现代化城市管理的需要，一些薄弱环节的整治还不够到位，部分区域和领域的安全管理亟待加强。人民群众对民生问题更加关注，特大型城市的物价上涨、食品安全、收入分配、养老服务等民生问题更为复杂。我们及时了解群众所思所想、回应群众关切的意识亟需增强，在经济发展的基础上，加大和优化财力投入配置，解决群众切身利益问题的能力还要提高。新形势下，人民群众对政府服务有更高期待，对政府工作有更高要求，加强政府自身建设和改革的任务更加繁重。我们一些领导干部和政府工作人员没有牢固树立群众观点，为基层服务、为企业服务、为群众服务的意识还比较淡薄，解决具体问题的能力和办事效率还不够高，法制观念还需加强，从严执法的要求还需进一步落实，依法行政的能力和水平亟待提高，有些部门不同程度存在治政不严、管理不力、懒散松懈的问题，工作中扯皮推诿、行政不作为等现象还时有发生，极少数政府工作人员甚至以权谋私、贪污腐败。我们必须认真负责地对待这些问题，不回避、不推卸、不护短，尽最大努力切实解决问题。

二、2012年主要任务

2012年是上海深入推动创新驱动、转型发展的关键一年，也是本届政府任期的最后一年。面对更加复杂的外部经济环境，正视自身转型发展中深层次矛盾，我们既要增强忧患意识，充分估计可能遇到的各种困难与风险，更要坚定信心，振奋精神，不为任何风险所惧，牢牢抓住一切机遇，稳中求进，锐意创新，下决心减少对重化工业的依赖、减少对投资拉动的依赖、减少对房地产发展的依赖、减少对加工型劳动密集型产业的依赖，不断实现科学发展和社会和谐的新进步。做好今年政府工作，要全面贯彻落实党的十七大、十七届历次全会和中央经济工作会议精神，以邓小平理论和“三个代表”重要思想为指导，深入贯彻落实科学发展观，按照九届市委十七次全会的部署，牢牢抓住创新驱动、转型发展，更加注重稳定增长、更加注重结构调整、更加注重改革开放、更加注重民生保障、更加注重城市安全，保持经济平稳健康发展和社会和谐稳定，努力为本届政府各方面工作划上圆满句号，不辜负全市人民对我们的信任和期望。

综合各方面因素，今年全市经济社会发展的主要预期目标是：全市生产总值增长8%左右，地方财政收入增长8%，城镇登记失业率控制在4.5%以内，城市和农村居民家庭人均可支配收入增幅力争高于经济增幅，居民消费价格指数与国家价格调控目标保持衔接，全社会研究与试验发展经费支出相当于全市生产总值的比例达到3%左右，单位生产总值综合能耗、单位生产总值二氧化碳排放量进一步下降，主要污染物排放量削减率完成国家下达目标，环保投入相当于全市生产总值的比例保持在3%左右。

2012年要着力做好以下十方面工作：

（一）抓住时机推进“四个中心”建设，继续加快产业结构调整升级

产业结构优化调整，是推动城市特别是现代城市演进发展的重要动力。特大型城市能否成功转型发展，关键取决于能不能推进产业结构战略性调整，实现城市经济结构的新跨越。上海必须始终把结构调整作为转型发展的主攻方向，围绕“四个中心”建设的国家战略，以推进金融、航运和贸易中心建设来增强经济中心的功能，加快构建与经济中心城市相适应的现代产业体系。不失时机推进上海国际金融中心建设。根据国家的总体部署，积极配合国家金融管理部门，以人

民币跨境业务扩大为契机，继续拓展金融市场规模和功能，稳步推进保险交易所等市场组织建设。大力集聚国内外金融机构总部和功能性金融机构，支持国内大型商业银行在沪设立功能性总部，鼓励支持做大做强各类金融机构和金融服务。大力支持金融工具、产品和服务方式等各类金融市场业务的创新，细化落实支持高端金融人才发展的政策措施。提升陆家嘴－外滩金融集聚区的服务辐射功能和环境配套水平。积极推进国际航运中心建设。加快洋山深水港区四期工程前期工作，推进杭申线等内河航道疏浚整治，合力推进长江黄金水道建设。大力推动航运金融、航运保险、航运交易、航运经纪等高端航运服务业发展，健全航运运价指数体系，引导和促进船舶交易市场发展，完善物流服务体系，深化国际航运发展综合试验区建设。完善北外滩、吴淞口邮轮母港功能和服务配套，推动邮轮旅游创新发展。加快上海航空枢纽建设，启动虹桥国际机场东片区综合改造工程和浦东国际机场一号航站楼改造工程，加快浦东国际机场第四、第五跑道建设前期工作。加快推进上海国际贸易中心建设。合力推动国家会展项目建设，引进集聚功能性贸易机构和平台。放大外高桥保税区效应，推动“三港三区”在创新贸易功能模式、优化贸易便利化环境等方面联动发展。着力扩大内需特别是消费需求，进一步延伸市场网络，拓展消费领域，推动消费结构升级，加快商品流通现代化。深入推进服务业综合改革试点，进一步巩固和提升现代服务业集聚区功能，推动各类新兴服务业和生产性服务业加快发展。

积极培育战略性新兴产业，加快先进制造业转型升级，加大工业结构优化调整力度。对接国家战略，在高端装备制造业、生物医药、新能源、新材料等领域实施一批重大项目和专项工程。加快推动大飞机总装等一批项目建设，推进长兴岛造船、临港装备产业基地聚焦高端、集群发展。支持汽车、电子信息、成套设备、船舶和海洋工程装备等产业进一步提升核心竞争力。支持宝钢发展高端产品、总部经济和生产性服务业。做好中石化炼化一体化项目前期工作，提升上海化学工业区能级、水平和规模，推进高化、吴泾地区的转型升级。以国家级新型工业化产业示范基地为载体，加快推进航空发动机、华电 GE 航改型燃机、日月光封装、沪东重机柴油机配套园等重点项目。落实技改专项，大力实施技术改造。坚决淘汰落后产能，继续推进水泥、纺织印染等行业调整，清理和淘汰高污染、高能耗、高风险的落后产能 600 项。

加快重点区域发展。以黄浦江两岸综合开发十周年为新起点，按照“百年大计、世纪精品”的要求，坚持统筹规划、聚焦重点，高水平高质量推进黄浦江两岸综合开发，打造带动城市功能提升和可持续发展的生态滨江发展轴。加快世博会地区后续开发利用，推进 A 片区地下工程和总部集聚区项目建设，加快 B 片区央企总部、世博国际酒店群等项目建设，完成世博轴综合改造工程。推进虹桥商务区核心区建设，积极吸引实力强、信誉高的企业参与商务区开发。加快上海迪士尼项目及配套设施建设，编制和实施国际旅游度假区发展规划，有序推进度假区核心区项目开发。加大临港地区开发力度，改善区域投资环境，完善城市综合服务功能，促进战略性新兴产业和人才集聚。进一步推进佘山国家旅游度假区建设。

基本的环境质量是一种公共产品，是政府必须确保的公共服务。进一步加强资源节约和环境保护。合理控制能源消费总量，推进重点领域和重点单位节能管理，强化节能目标责任考核。健全节能市场机制，促进合同能源管理和节能服务产业发展。推进临港燃机电厂、天然气主干管网二期、东海大桥海上风电二期和临港海上风电项目建设，加快崇明、闵行、奉贤等燃机电厂项目前期工作。落实最严格的土地管理制度，健全节约集约用地机制。加快东风西沙水库工程建设。启动最严格水资源管理制度试点工作，大力推进节水型社会建设。强化污染减排目标管理责任制，完成主要污染物年度减排目标。启动实施第五轮环保三年行动计划。认真做好 PM2.5 监测与治理相关工作，力争列为国家首批发布的城市之一。加强大气污染治理，加快燃煤电厂脱硝工程建设，大力推进电厂高效除尘工程，扩大布袋除尘试点，强化机动车控制和重污染车辆淘汰，加强扬尘和秸秆焚烧治理。完成白龙港污水处理厂二期扩建工程。加快推进宝山南大地区环境综合整治，深化金山卫化工集中区污染治理。推进外环生态专项等工程建设，完成绿地建设 1000 公顷，其中公共绿地 500 公顷。

（二）激发全社会的创造活力，着力提升城市创新能力

创新是城市活力所在、希望所在。要让创新创业的精神融化在上海的血脉之中，让敢为人先、勇立潮头的创新创业人才，拥有更大发展空间、赢得更多信任宽容、获得更好扶持帮助，使上海成为各类人才创新创业发展的福地。继续把推进科技创新放在重要位置，以张江扩区为契机，充分发挥张江国家自主创新示范区的支撑带动作用，集聚创新要素与资源。制定张江国家自主创新示范区建设的政府规章，规范和落实先行先试政策。进一步优化园区内项目、资金、服务平台等资源配置，全面推进股权激励、财税等改革试点，力争实现政策全覆盖。推动张江示范区进入代办股份转让系统扩大试点。完善张江管理体制，简化环节、规范标准，加强和改进张江管委会的服务协调功能，对各分园区充分下放审批权。整合政府科技投资公司，优化强化对创新创业企业的风险资金投入。鼓励支持区县结合产业优势实施创新热点计划，培育有区域特色的创新产业集群。

加强以企业为主体的技术创新体系建设。全面完成国家技术创新工程试点任务。鼓励企业建立研发机构和研发队伍，加大政府性资金和政策对企业技术创新的支持力度，引导高校、科研院所与企业合作加强研究开发。建立健全产业应用技术体系，深化应用型科研院所改革发展，鼓励有条件的高校、科研院所建立技术转移机构，促进科技成果产业化。全面实施国家科技和金融结合试点，开通科技金融信息服务平台，多渠道解决不同发展阶段科技型中小企业的融资需求。积极推动共有技术研发机制建设，继续支持加强基础研究。深入实施知识产权战略，加强知识产权创造、运用、保护、管理，每万人口发明专利拥有量达到 16 件。

发展之本、兴业之道，人才是头等大事。我们要不拘一格尊贤使能，努力营造开放、宽松、公平的创新创业环境。要真正形成尊重劳动、尊重知识、尊重人才、尊重创造的社会氛围，充分发挥市场配置人才资源的基础性作用，不断完善扶持人才创新创业的政策措施，切实解决他们在科研、生产和生活中遇到的具体困难，努力让各类人才融入、喜爱、向往我们这座城市。深化居住证制度改革，探索积分管理办法。出台支持高层次海外人才创业的综合政策，深入实施国家和本市引进高层次海外人才“千人计划”，启动外国专家“千人计划”。大力推进国家级高层次人才创新创业基地和浦东国际人才创新试验区建设。进一步发挥好高层次科技型领军人才作用。启动技能大师工作室建设，落实首席技师培养资助政策，推进高技能人才队伍建设。青年是祖国的未来、民族的希望，决定着我们这座城市的前途命运。我们要倍加重视青年人才，为所有在沪的青年成长成才、创新创业，创造更好的环境，让各类青年人才在我们这座城市拥有文化认同感、情感归属感、心灵愉悦感，近者悦而尽才，远者望风而慕，使上海始终保持旺盛不衰的

创造活力。

（三）更加努力保障和改善民生，确保市民安居乐业

坚持民生优先导向，不断化解民生难题，努力让困难群众更有保障，让老年群体更有关怀，让青年朋友更有憧憬，让全市人民生活持续改善。物价牵动民心，必须继续抓好物价调控，采取综合措施，保持物价总水平基本稳定。严格落实“菜篮子”、“米袋子”行政首长负责制，稳定和提高蔬菜等农副产品自给能力，推进市外绿叶菜基地建设。继续通过多种方式将社区菜场回归公益性，加快社区菜场建设，大力推进蔬菜产销衔接，有序推动周末平价菜场进社区，保障主副食品市场供应和价格基本稳定，努力让市民和农民都能满意。把握好政府管理价格的调整时机、节奏和力度，继续审慎稳妥推进资源性产品价格改革，开展水价成本信息公开试点。

坚持统筹研究、整体推进、分类实施、分步到位，提高各类人群的收入水平，使改革发展成果更好地惠及全体市民。加大公共财政用于分配和社会保障的支出力度。较大幅度增加退休人员收入，城保企业退休人员和镇保、新农保领取养老金人员的人均基本养老金增长15%。建立事业单位退休人员补贴制度，提高补贴水平。推动在职人员特别是普通职工收入增长，完善国有企业领导人员收入与职工工资增长挂钩的考核激励机制，健全环卫等公共服务行业一线职工岗位补贴制度，扩大工资集体协商覆盖面，继续提高最低工资标准，积极稳妥推进事业单位实施绩效工资。保障低收入困难群众生活，落实社会救助和保障标准与物价上涨挂钩的联动机制，提高城乡居民最低生活保障标准。重视农村扶贫开发工作。加强为老服务，更加重视失能老人照护，新增养老床位5000张，完善社区居家养老服务体系，扩大养老服务补贴受益面，为27万老年人提供社区居家养老服务。加强政策引导，促进养老产业发展，满足多层次的养老需求。推进残疾人社会保障体系和服务体系建设。大力支持和促进慈善事业发展。

住房问题是重大民生问题，要作为一项长期、紧迫而重要的任务持续加以推进。加强“四位一体”住房保障体系建设，更加注重公开透明、公平分配，加快解决中低收入家庭以及青年职工、引进人才、来沪从业人员的住房困难。新开工建设和筹措保障性住房1100万平方米、17.08万套（间），供应770万平方米、11.4万套（间）。确保廉租对象应保尽保，提高廉租住房实物配租比例。面向常住人口，积极推进公共租赁住房建设，加快实现廉租住房与公共租赁住房房源的统筹建设、有效衔接。聚焦青年职工、引进人才等群体，大幅放宽共有产权保障房准入标准，进一步加大申请审核和供应力度。大力推进旧区改造，确保动迁安置房供应，为一直住在旧区里期盼改善居住条件的市民，尽可能提供好的房源。加快推进郊区城镇棚户简屋改造，加强旧住房安全检查和房屋修缮工作。积极稳妥推进限价商品房和先租后售保障住房试点。启动第二轮大型居住社区保障性住房建设，进一步提高规划设计水平，加强市政公建与环境配套建设。贯彻落实中央关于加强房地产市场调控的政策措施，加大普通商品房供应，调整普通商品住房标准，完善个人住房房产税改革试点，促进房地产市场平稳健康发展，实现全年新建住房价格稳中有降。加快理顺物业服务价格机制，提升住宅物业管理服务水平。

就业是民生之本，转型发展中促进就业始终不能放松。坚持积极的就业政策，新增就业岗位50万个以上，及时应对就业形势变化，帮助有工作意愿、有劳动能力的劳动者尽快找到工作。实施新一轮鼓励创业带动就业三年行动计划，聚焦小型微型企业和青年群体，完善多渠道扶持创业机制，力争帮助

1万人成功创业。重视做好高校毕业生、城镇就业困难人员、来沪从业人员等重点人群的就业服务。落实地方教育费附加专项资金用于职业培训的政策，健全面向全体劳动者的职业培训体系。更加注重促进劳动关系和谐稳定。进一步规范劳务派遣用工，推动非正规就业劳动组织转制，深入推进劳动关系和谐企业与工业园区建设。加强劳动关系的分析研判，完善劳动争议调解仲裁、应急处置、欠薪保障金垫付等机制，及时化解劳动关系矛盾。

（四）常备不懈抓安全，全面提升城市管理科学化水平

始终把安全放在第一位，更加注重以人为本、管理为重，提高城市管理科学化水平。坚持制度建设先行，继续修订和制定一批城市安全管理法规规章和政策。建立健全安全管理工作考核问责制，落实企业安全生产主体责任，狠抓基层和岗位责任落实。深入推进城市运行安全和生产安全45项重点工作，开展轨道交通运营安全第三方评估并及时整改薄弱环节，加快危险化学品生产储存企业布局调整，巩固建筑市场整治成效，加强消防领域尤其是居民住宅消防安全工作，强化高层电梯运行、玻璃幕墙、地下空间、越江工程和工地施工等安全管理。进一步完善应急管理机制，提高应急处置能力。广泛开展城市公共安全宣传教育，倡导全社会参与安全管理。进一步加强能源安全保障。坚持最严的执法、最严的监管、最严的准入、最严的处罚、最严的问责，加强食品安全管理，推进食品生产经营企业诚信体系建设，健全食品安全追溯体系，建立全市统一的食品安全投诉举报中心，深入开展食品安全专项整治，努力使上海成为食品最安全的城市之一。

延续世博管理成效，加强和改进城市常态化管理，使市容更整洁、交通更顺畅、出行更安全、景观更怡人。加大市容环境建设管理力度，开展道路洁净工程建设，加强乱设摊综合治理，创建50条示范性林荫道，推进违法建筑拆除工作，将生活垃圾分类减量试点逐步向政府机关、大型企事业单位、学校、集贸市场等拓展，户外广告规范设置率达到90%。优化市、区、街镇城管执法体制，加强城管执法队伍建设。深入落实公交优先发展政策，修编第二轮上海交通白皮书，加快公交线网优化调整，加强中心城区停车设施规划和建设。深化各类专业规划编制工作，强化城乡规划管理和执法。加强历史文化风貌区和优秀历史建筑保护。

继续推进现代化基础设施体系建设。取消本市贷款道路通行费，下调高速公路车辆通行费起价，将S5沪嘉高速公路调整为城市快速路并停止收费，做好相关后续配套工作，更好地便利群众。建成铁路金山支线改造工程。加快S26高速公路东延伸、S6高速公路、中环线浦东段和嘉闵高架南北延伸项目建设。完善轨道交通基本网络，推进11号线北段二期、12号线、13号线一期等项目建设。启动郊环线越江工程，加快长江西路、虹梅南路－金海路等越江工程建设。加快推进“一主多点”生活垃圾末端处置设施建设，基本建成老港可再生能源中心一期工程和老港综合填埋场一期工程。

（五）积极推进智慧城市建设，使信息化更好地惠及市民服务发展

建设智慧城市是实现城市现代化的必然要求，要举全市之力，加快建设以数字化、网络化、智能化为主要特征的智慧城市，全面构建以智慧运行、智慧管理、智慧产业、智慧生活为重要内容的城市发展新模式。加大信息基础设施建设力度，提升网络信息服务水平和业务承载能力。继续推进基础网络提升改造，加快建设城市光纤宽带网络，光纤到户建设改造新增200万户，基本实现城镇化地区全覆盖，逐年降低宽带上网资费水平，努力建设全国资费水平最低的城市之一。加快建设下一代广播电视网，推进郊区有线

电视数字化整体转换。大力推进公共场所无线局域网建设，新增覆盖5000处无线热点。深化“三网融合”，创新运营管理模式，支持融合型业务发展。推进互联网数据中心、超级计算中心四期等项目建设，增强服务能力。推动城市信息安全应急平台建设，逐步健全城市信息安全保障体系。

推进信息技术在经济社会发展中的渗透应用，提升信息化应用效能和信息产业发展能级。推动食品安全监管和信息服务平台、建设市场管理信息平台、智能化消防数字平台等项目建设，推进智能交通发展，进一步提高城市管理智能化水平。继续推进教育、卫生、文化、社区等公共服务领域信息化，推广公用事业账单电子化，深化为农综合信息服务，让城乡居民共享信息化发展带来的更多实惠。做大做强电子商务平台，促进第三方电子支付发展。促进信息化与工业化深度融合，提升新能源汽车、海洋工程装备等主要工业产品的智能化水平。鼓励关键技术攻关和创新应用，加快新一代信息技术产业化，大力发展高端软件等信息服务业，推进物联网在楼宇节能、智能安保等领域的应用，继续推进云计算示范应用。加快上海智慧岛数据产业园建设。

（六）深化文化体制改革，推动文化大发展大繁荣

文化是城市生存发展和振兴繁荣的本质性力量，彰显着城市的特色和魅力，现代化国际大都市应当是国际国内文化交流交融的重要枢纽，是先进文化发展创新的核心平台。我们要充分认识上海在全国文化建设大局中的地位和责任，切实提高建设国际文化大都市的自觉和自信，坚持不懈地把社会主义核心价值体系融入上海改革开放和现代化建设全过程，使之成为全社会的思想共识，融化为市民的自主意识和自觉行动。

大力传承中华文化精髓，吸收世界文化精华，弘扬都市文化品格，在实践中不断丰富海纳百川、追求卓越、开明睿智、大气谦和的城市精神，积极倡导公正、包容、责任、诚信的价值取向，广泛开展精神文明创建活动，为城市发展提供强大精神力量，为人的全面发展营造美好精神家园。

坚持政府主导，贴近市民需求，推进公共文化服务体系建设。注重软硬件并举，充分利用世博会场馆资源，建成中华艺术宫、上海当代艺术博物馆，推进虹桥国际舞蹈中心建设，重塑环人民广场剧场群。因地制宜完善社区文化活动中心功能，积极将中心的场地向各类文艺院团开放，增加公共文化内容配送的品种和数量。进一步完善农村基层公共文化服务设施。扶持和培育各类群众文化团队，积极发展富有地域特色的民族、民俗、民间文化，广泛开展多种形式、适合不同人群的群众文化活动，提高群众的参与度。加强档案信息服务，做好地方志书编纂工作。继续扩大文化馆、博物馆、图书馆、美术馆、纪念馆等公共文化场馆免费开放。用好公益性演出扶持资金，在上海音乐厅、大剧院、东方艺术中心等剧场举办200场以上高质量公益性专场演出，推广营业性演出低票价，让更多市民有机会欣赏高水平文艺表演。

深化扩大开放，用好市场机制，大力发展文化创意产业。依托国家级文化产业基地，放开搞活，扶持网络视听、数字出版、动漫游戏等新兴产业发展。实施科技带动战略，推动文化与金融、贸易、旅游、体育等融合发展，扩大文化消费。开放市场，支持社会资本进入文化创意产业，重点扶持一批中小文化创意企业。大力培育骨干文化企业，打造一批具有核心竞争力的知名文化品牌。加强国家对外文化贸易基地建设，促进文化产品和服务“走出去”。

加快文化体制改革创新，培育具有市场竞争力的现代文化企业。在转制文化企业实施公司制股份制改造，建立面向市场的经营机制和体现文化企业特点的管理模式。稳妥

推进非时政类报刊出版单位转企改制。加快文化事业单位分类改革。试行公共文化设施和项目委托管理，创新社会化、专业化管理运营机制。

着力提升文化原创力，促进精神文化产品创作生产。用好文化人才发展资金、文化人才引进绿色通道、文教结合工程、演艺工作者联合会等机制，积极培育和引进优秀文化人才，造就一批名家大师。尊重创造、鼓励创新，激发广大文化艺术和哲学社会科学工作者的创造兴趣、创新动力和创作激情，创作生产一批无愧于历史、无愧于时代、无愧于人民的精品力作。

（七）抓住重点领域和关键环节，有序推进社会事业改革发展

坚持育人为本，真正体现“为了每一个学生的终身发展”这一核心理念，落实教育中长期规划纲要。加大财政教育投入，全市财政教育支出占地方公共财政支出的比重达到15%。推进市级财政转移支付重点向经济困难、人口导入的郊区、农村薄弱学校和困难群体倾斜，在城郊结合地区新增30所义务教育学校，促进区域内优秀教师合理流动，推动义务教育首先在各区县实现均衡发展。新增40所幼儿园，实现适龄儿童接受学前教育和看护服务全覆盖。进一步加强校车安全管理。坚决清理各种面向中小学生特别是低龄儿童的竞赛和考证，为孩子们营造身心愉快的成长环境。深入推进学生健康促进工程，推行学业质量绿色指标体系，探索对义务教育质量开展综合评价。促进高中加强学生创新素养培育。实施高等教育分类指导、分类管理改革，支持高校明确定位、办出特色。与中国科学院合作新建一所高水平研究型大学，鼓励高校开展多种形式的国际交流与合作。扩大中高职教育贯通培养模式改革试点，加快构建现代职业教育体系。推进老年大学建设，整合各类教育学习资源，完善面向全民的终身教育体系。

坚持把基本医疗卫生制度作为公共产品向全民提供，立足上海实际，积极推进医药卫生体制改革。启动新一轮公共卫生体系建设和健康城市建设三年行动计划。郊区新建的4家三级医院全面投入试运行，实行新的公立医院运行机制。逐步化解市级医院基本建设债务，启动以公益性为核心的公立医院综合评价工作。深化医疗联合体试点，在自愿的基础上开展居民签约、双向转诊等工作。扩大家庭医生制服务试点。开展社区临终关怀服务。推进中心城区部分二级医院向老年护理、康复功能转型，鼓励和引导民营医疗机构开展康复和老年护理服务。增加精神卫生服务资源。继续落实好优化就诊流程、改善医疗服务等便民就医措施。加强中医药传承和创新。完善城镇职工基本医保，简化人群分类，实行按年龄享受相应医保待遇。调整小城镇医保政策，建立门诊统筹，提高医保待遇。进一步加大医疗救助力度。

推进体育强市建设。实施全民健身计划，增加公共体育设施，广泛开展群众体育活动，积极举办群众性体育赛事，让市民享受运动的快乐。办好2012年短道速滑世锦赛等重大国际赛事，积极促进体育产业发展。成立国际体育仲裁院上海听证中心。鼓励上海体育健儿在伦敦奥运会上取得好成绩。推进优生促进工程和婴幼儿早期启蒙工程，进一步完善人口计生利益导向机制。坚持男女平等的基本国策和儿童优先原则，促进妇女儿童全面发展。

（八）牢固树立群众观点，加强和创新社会管理

适应经济社会发展新趋势，坚持以人为本、服务为先，更加注重多方参与、依法管理、源头治理，推进社会管理创新。加强和完善基层社会服务和管理。大型居住社区是保障性住房建设的主要载体，承载着许多家庭的安居梦想，要坚持以居民需求为导向，将大型居住社区建设好、管理好，为广大居

民服务好。在大型居住社区探索镇管社区等管理模式，完善大型居住社区财力保障机制，加强社区“三个中心”建设，推进国有商业企业入驻，完善物业管理运作机制，强化社区服务功能，加强区域基础设施等建设配套，努力让群众住得安心、放心。在城郊结合部快速城市化地区，根据实有人口规模充实治安管理、城市管理等力量。进一步提高社区事务受理服务中心的标准化水平。做好居委会、村委会换届选举工作，加强自治能力建设，促进政府行政管理与基层群众自治有效衔接、良性互动。积极培育和发展社会组织，加大政府购买公共服务力度，完善公益创投和招投标机制，吸引更多社会力量参与社区建设和公益服务。

加强实有人口综合服务和管理。建立健全“两个实有”全覆盖管理长效机制。实施户籍人户分离人员居住地登记办法，扩大户籍人员居住地服务和管理试点。加强特殊人群的服务管理。逐步扩大居住证持有人员享受公共服务的范围，鼓励和引导来沪人员参与社区事务，加强人文关怀，丰富来沪人员的精神文化生活，创造条件让来沪人员在上海更好地工作、学习和生活。

建立社会矛盾综合协调化解的长效机制。完善大调解工作体系，加强行政调解，推进医疗、物业、劳动关系等领域行业性、专业性人民调解。站稳群众立场，增进群众感情，深入开展领导干部大接访活动，千方百计把信访积案化解掉，千方百计把源头问题治理好。加强人民意见建议征集，推动从政策层面预防化解信访突出问题。建立分级分责化解群众合理诉求信访矛盾的工作制度，尽最大努力在初信初访阶段及时化解矛盾。全面推进区县信访联合接待大厅建设，积极探索“一站式接待、一条龙办理、一揽子解决”信访工作模式。进一步完善信访核查终结制度。开展“六五”普法，推动形成人人自觉学法守法用法的社会环境。加强基层综治组织建设，深入推进基层平安创建，完善社会治安防控体系，提高打防控一体化水平，加强对城郊结合部等重点地区和突出治安问题的排查整治，不断提升人民群众的安全感。

支持工会、共青团、妇联等人民团体发挥密切联系群众的桥梁纽带作用。加强社会工作专业人才队伍建设，完善培育和引进高层次人才政策。弘扬志愿精神，鼓励市民参与志愿服务。进一步做好民族、宗教工作。加强国防动员和后备力量建设，开展全民国防教育，创新双拥工作机制，推进军民融合式发展。

（九）进一步把建设重心向郊区转移，加大力度推进城乡一体化发展

郊区是上海创新驱动、转型发展的广阔空间，也是新形势下有条件有必要加快发展的区域。落实促进新城加快发展的各项政策措施，促进嘉定、青浦、奉贤南桥等新城加快发展，推动松江、浦东南汇新城的产业区与城区在规划、交通设施、社会事业等方面的配套衔接，进一步支持金山、崇明的新城和新市镇优化发展。推动全市重大产业项目布局向新城倾斜，支持新城提升制造业能级和水平。推进轨道交通16号线罗山路至南汇新城段建设，加快5号线南延伸段、17号线项目前期工作。推进新城低碳发展试点。推出加强新城优质教育资源布局的支持政策。积极创新新城管理模式。继续推进小城镇发展改革试点。

时刻把“三农”问题放在心上，持续推进社会主义新农村建设。依托特大城市综合优势，加大工业反哺农业、城市支持农村力度，强化科技兴农，完善强农惠农富农政策，合力促进农民较快增收，全面提升农村发展水平。加快推进农业科技创新，促进都市高效生态农业发展。推进国家级现代农业示范区建设，实施现代种业重大项目建设，提高农业生产机械化水平。加强农业设施建设，

大力开展粮食高产创建，新建高水平粮田1000公顷、设施菜田533公顷、标准化养殖场45个，创建35个蔬菜标准园。从全市土地出让收益中提取10%优先用于农田水利建设，完善9000公顷设施粮田和菜田的灌排设施，推进300公里中小河道整治，完成4万户农村生活污水处理设施改造。基本完成郊区集约化供水，水质达到国家新颁布的标准。继续推进农村路桥建设和农场职工旧住房改造，完成100个村庄改造，完善公共交通“村村通”。结合人口分布状况，完善农村义务教育学校和幼儿园、村卫生室配置。加快郊区农民转移就业，新增非农就业岗位10万个。积极发展农民专业合作社，扶持家庭农场和农业龙头企业，挖掘农业增收潜力。发展农业旅游业，延长农业产业链。

继续深化农村改革。加强农村集体资金、资产、资源管理，加快农村集体经济组织产权制度改革。继续推进农村土地承包经营权登记试点，完善土地承包经营权流转市场，形成公开公平公正的市场流转机制。完善农民宅基地置换办法，探索多种农民宅基地归并形式。开展农村集体建设用地确权登记，积极推进农村集体建设用地有偿使用和流转。

（十）高举浦东开发开放旗帜，深化重点领域改革开放

转型发展，必须靠改革推动，重在制度创新。坚持先行先试，深化浦东综合配套改革试点。推动金融、航运、贸易等领域重大体制机制和政策创新在浦东率先试行，力争融资租赁业务、国际贸易结算中心、期货保税交割、全国信托登记中心、国际航运船舶保税登记、口岸监管模式创新等改革试点取得新突破。深化完善自主创新政策，推出股权激励的“代持股专项资金”，推进园区土地二次开发试点。积极构建大区域、轻型化、扁平化的新型区域管理体制，在川沙、祝桥等区域探索大市镇管理模式。促进城乡统筹发展，建立健全城乡一体的公共设施建设和维护机制。

稳步推进增值税制度改革试点。营业税改征增值税试点是一项意义深远的重大税制改革，是推动经济发展方式转变和现代服务业发展的重大举措。按照国家部署，率先在交通运输业和部分现代服务业实行增值税制度改革试点，精心做好各方面工作，为全国推广发挥示范作用。抓住先行先试机遇，积极推动服务业资源优化配置和产业细分，努力吸引各类服务业聚集。支持企业用足用好政策，进一步整合业务资源、拓展业务空间、创新服务领域，加快提升发展能级。根据规范税制、合理负担的要求，加大财政扶持力度，确保改革试点行业和企业税负基本不增加。强化组织领导，严密制度设计，确保改革试点有序运行。

深入推进国资国企改革。加大国有企业开放性、市场化重组力度，继续推进企业集团整体上市或核心业务资产上市，加强整体上市企业集团存续资产处置和管理。发挥国有资本流动平台作用，完善直接持有上市公司股权管控模式，促进国有资产有进有退、有序流动。规范国有企业法人治理结构，深化企业选人用人机制改革，完善考核与激励约束机制，对整体上市企业领导人员实施中长期激励。

促进各类市场主体发展。着力消除民营经济发展的瓶颈制约，放开民间投资的市场准入。细化政策措施，继续解决限制民营经济发展的资金融通、自主创新、人才引进、项目审批等突出问题。积极支持吸纳就业和科技创新的小型微型企业发展，推动“专精特新”中小企业发展。完善中小企业服务体系，落实税收优惠政策，统筹使用财政资金，设立专项转移支付项目，放大担保融资效应，推动投贷联动，扶持小额贷款公司发展，支持金融机构发行中小企业贷款专项债券，切实帮助中小企业解决实际困难。

加快现代市场体系建设。充分发挥市场在资源配置中的基础性作用，激发经济的内在活力。大力发展各类生产要素市场。深入整顿和规范市场秩序，强化产品质量、计量器具、特种设备管理，严厉打击无证无照经营、商业欺诈等行为，切实维护消费者权益。推进商标、名牌与标准化工作。加强社会诚信体系建设，推进信用信息公开、共享，完善企业信用分类监管制度，促进信用服务行业发展。

实行更加积极主动的开放战略，拓展新的开放领域和空间，完善开放型经济体制机制，更好地以开放促发展、促改革、促创新。进一步扩大口岸对外开放，完善“属地申报、口岸验放”等通关模式，继续推进贸易便利化。注重稳外需、调结构、促平衡，推进国别商品中心、海外营销促进中心、国际设计和贸易促进中心、国家技术贸易交易中心等各类出口基地和进口基地建设，推动加工贸易转型升级，增强高附加值产品进口集散功能。把握国际生产要素布局重组的新趋势，坚持“引进来”和“走出去”相结合，优化利用外资结构，大力引进先进技术、新业态和新产业，增强消化吸收和再创新能力。鼓励跨国公司在沪设立地区总部和功能性机构，整合其全球和在华采购销售、研发、资金管理等业务。支持有能力的企业开展跨国并购，扩大人民币境外直接投资，积极培育本土的全球性跨国公司和著名品牌。完善对外投资合作的风险防范和应急处置工作机制。继续提升对港澳台经贸开放与合作水平。整合外事资源，进一步发挥外事工作在促进发展、深化改革中的积极作用。加强侨务工作，支持海外侨胞和归侨侨眷参与上海现代化建设。

推动新形势下国内区域合作，更好地服务长江三角洲、服务长江流域、服务全国。进一步完善长三角地区合作机制，深化基础设施、产业布局、环境保护等重点领域的合作，加快推进长三角一体化发展。着眼于增强对口支援地区自我持续发展能力，帮助做好招商、招工、招生等工作，进一步加大对新疆、西藏、云南、青海、三峡库区等地区的对口支援力度。深入贯彻国家区域发展总体战略，落实与兄弟省区市政府的合作框架协议，加强与中西部地区、东北等老工业基地等重点区域、重点城市的交流合作，鼓励支持本市企业走出去投资发展。支持兄弟省区市驻沪办协同业务主管部门，加强对驻沪商会的指导、服务和管理。

三、加强政府自身建设

适应时代召唤、人民期待、社会需要，努力建设一个忧民所忧、乐民所乐的服务政府，务实高效、勤勉创新的责任政府，公正严明、规范有序的法治政府，风清气正、公开透明的廉洁政府。坚持以人为本、执政为民，加快转变政府职能，注重提高服务效率和依法行政水平，全面创新政府管理，基本建成全国行政效率最高、行政透明度最高、行政收费最少和法治环境最好的行政区之一，努力在建设人民满意的服务型政府进程中走在前列。

（一）着力提高行政效率，全面加强政府服务

行政效率集中体现政府服务质量。加快运用信息技术提升审批效率。全面推进网上审批系统建设，规范标准，公开程序和环节，增强网上政务大厅功能，加快行政审批事项网上办理。推广标准化审批，编制200项审批事项的业务手册和办事指南。优化简化产业园区和规划工业区块的项目审批流程，引导工业项目向园区和规划工业区块集中，促进产业园区转型升级。建成市、区两级行政审批电子监察系统，对所有标准化审批进行实时监控。推进部门受理窗口建设，扩大窗口直接办理覆盖面。继续减少审批事项，再

取消、调整80项以上。推行诚信管理与分类管理，加强审批后监管。加快电子政务建设，全面开展绩效评估，强化信息资源开发利用，促进资源共享和业务协同。依托电子政务平台，完成浦东、徐汇、静安等区的政务公开和政务服务试点工作。探索建立统一的市民服务热线，提高为民服务水平。推进事业单位分类改革，完善人事制度等配套政策，增强事业单位运行活力。

健全公共财政体系。着力优化支出结构，继续加大保障性住房、教育、卫生、交通等领域的投入。完善公共财政预算，细化政府性基金预算编制内容，扩大国有资本经营预算实施范围，加强社会保险基金预算执行管理。加强支出管理，把国库单一账户体系拓展到市和区县所有预算单位，扩大财政支出绩效评价实施范围。建立健全政府性债务偿债准备金制度。进一步完善财政转移支付机制，提升全市基本公共服务均衡保障水平。着眼于降低群众的生产生活成本，尽可能减少行政性收费。制定加强行政性收费管理的政府规章，严格规范征收项目、收费标准、计费方式。加强税收征管，优化纳税服务。

（二）大力推进政务公开，让行政权力始终在阳光下运行

坚持方便群众知情、便于群众监督的原则，依法、及时、准确、全面公开群众普遍关心的政府信息。推进政府部门可以公开的经济社会发展数据、各类基础政务数据对社会开放。积极运用政府微博等新媒体，更好地回应社会关切。大力推进公共资金透明运行。细化政府预算决算公开内容，扩大部门预算公开范围，认真做好部门决算公开，积极推进部门“三公”经费和行政经费支出公开，逐步做到除法律、法规有特别规定外的都向社会主动公开。加大基层财政专项支出公开力度，推动财政专项资金的市级、区县、街镇联动公开，实现分配到哪里、公开到哪里。深化审计公开，只要不涉及国家和商业秘密、不影响安全稳定，重点审计项目计划和所有的审计工作报告、审计整改报告、部门预算执行单项审计结果、专项审计调查结果全部公开。

推进公共权力、公共资源、公共服务公开透明。扩大食品生产销售、规划、房屋征收与补偿、环保等行政审批结果公开。建立健全行政执法情况通报制度，定期公布相关监督检查和执法总体情况，探索行政执法自由裁量权公开。推动涉及重大公共利益的行政处罚信息公开。全面公开共有产权保障房、公共租赁住房的成本构成和分配结果。扩大国有资本经营监管情况的公开。着力推动医院、学校、公交等公共企事业单位的办事公开，重点公开服务承诺、收费项目等信息。畅通公开渠道，让各项公开结果更好地接受群众监督。

（三）全面推进依法行政，促进政府运作规范有序

深入实施依法治国基本方略，落实《上海市依法行政“十二五”规划》，依法合规破解制约转型发展的制度性、政策性瓶颈，严格依法履行和行使政府职能。有法必依、执法必严、违法必究，着力加强和规范行政执法。完善行政执法协调协作机制，推行联动执法、协同执法和指定管辖、协议管辖，严格执法、文明执法、公正执法，在增强执法合力上实现突破。贯彻《行政强制法》，依法规范行政强制实施主体，健全行政强制程序。全面实施执法行为规范手册制度，完善执法调查规则。

加强规章建设，为改革创新提供制度保障。建立向社会公开征集政府规章议题、立项论证制度，实行政府规章草案公告和听证制度，严格执行规范性文件制定程序，提高政府规章和规范性文件质量。制定规范重大行政决策的政府规章，明确重大行政决策事项范围，落实公众参与、专家论证、风险评估、合法性审查和集体讨论决定等必经程序，

实行重大行政决策草案社会公布和后评估制度，促进科学民主决策。

（四）坚持从严治政，努力始终赢得人民群众的信任

人民的信任是人民政府立足之基，政府公务员首先要赢得人民充分信任。履行政府职责、推动科学发展，必须培养造就一支政治坚定、业务精湛、作风过硬、人民满意的公务员队伍。各级政府工作人员要牢固树立正确的价值观、权力观、事业观，提高思想道德和职业道德水平，争当践行社会主义核心价值体系的表率。强化能力建设，提高公务员培训的针对性，加快学习现代科学知识，加大公开选调交流力度，更多从基层和企事业单位选拔公务员。着力加强廉政建设，严惩贪污腐败，推广“制度加科技”机制，更加有效地从源头上防治腐败。围绕征地拆迁、环境保护、安全生产等突出问题，继续开展专项整治和纠风工作，切实维护群众利益。

任何缺乏监督和制约的权力都容易导致腐败。人民政府的权力来自人民，必须受到人民最严格的监督。我们要常怀敬畏之心，敬畏法律、敬畏组织、敬畏人民、敬畏舆论。所有政府部门都要自觉接受市人大及其常委会的监督，主动接受市政协的民主监督，认真听取民主党派、工商联、无党派人士和人民团体的意见，高度重视司法监督、舆论监督和社会公众监督。着力加强政府内部监督，加大对宏观经济政策贯彻执行、财政性资金和社会公共资金运行等的审计力度，强化对产业结构调整、市场价格调控等重点工作的监察督查，严格考核，严肃问责，促进政府公务员勤政廉政，着力提升政府公信力和执行力。

每一位政府工作人员都要把人民放在心中最高位置，时刻牢记为人民服务的宗旨，设身处地考虑群众利益，从群众关心的具体问题入手，耐心细致回应群众诉求，努力使每项重要决策和工作符合群众愿望，为群众带来实惠。切实增强新形势下做群众工作、为群众办事的本领，联系群众，依靠群众，解决群众的问题。解放思想，实事求是，敢于担当，敢于负责，勇于改正错误，善于推动政府工作创新，提高政府管理科学化水平，努力让人民群众乐意向政府反映诉求、愿意向政府提出意见，真正信赖各级政府及其工作人员。

各位代表，上海正处于创新驱动、转型发展的重要关头，我们深感责任重大、使命光荣。我们要紧密团结在以胡锦涛同志为总书记的党中央周围，高举中国特色社会主义伟大旗帜，以邓小平理论和“三个代表”重要思想为指导，深入贯彻落实科学发展观，在中共上海市委的领导下，以更加昂扬向上的精神状态，改革创新，开拓奋进，加快推进“四个率先”，加快建设“四个中心”和社会主义现代化国际大都市，以优异成绩迎接中国共产党第十八次全国代表大会和市第十次党代表大会胜利召开！

2011 年上海市国民经济和社会发展统计公报

上海市统计局 国家统计局上海调查总队

2012 年 2 月 24 日

2011 年是“十二五”规划的开局年，也是改革创新的突破年。面对复杂多变的外部环境，全市人民在党中央、国务院和中共上海市委、市政府的坚强领导下，深入贯彻落实科学发展观，紧紧围绕创新驱动、转型发展，按照“六个着力”的要求，努力做好各项工作，国民经济保持平稳健康发展，各项社会事业全面进步，人民生活继续改善。

一、综 合

经国家统计局联审通过，全年实现上海市生产总值（GDP）19195.69 亿元，按可比价格计算，比上年增长 8.2%（见图 1）。其中，第一产业增加值 124.94 亿元，下降 0.7%；第二产业增加值 7959.69 亿元，增长 6.5%；第三产业增加值 11111.06 亿元，增长 9.5%。第三产业增加值占全市生产总值的比重为 57.9%，比上年提高 0.6 个百分点。全市按常住人口计算的人均生产总值为 82560 元。

图 1 2007-2011 年上海市生产总值及其增长速度

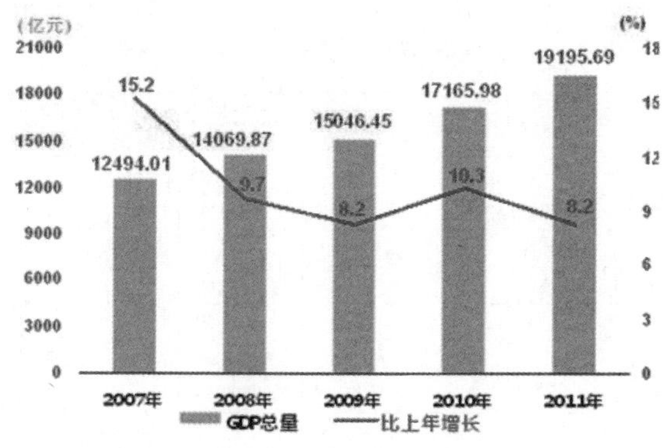

在全市生产总值中，公有制经济增加值 9584.12 亿元，比上年增长 7.3%；非公有制经济增加值 9611.57 亿元，增长 9.1%，占全市生产总值的比重由上年的 49.5% 提高到 50.1%。其中，私营及个体经济增加值 4667.45 亿元，增长 8.3%，占全市生产总值的比重达到 24.3%。

全年经工商登记新设立的各类市场主体 18.52 万户，比上年增长 0.4%。其中，企业 13.44 万户，增长 7.3%；个体工商户 4.91 万户，下降 15.5%。在新设立企业中，内资企业（不含私营企业）4853 户，增长 16.8%；外商投资企业 6999 户，增长 8.4%；私营企业 122505 户，增长 6.9%。

全年地方财政收入 3429.83 亿元，比上年增长 19.4%。其中，增值税 416.7 亿元，增长 7.2%；营业税 1041.49 亿元，增长 11.5%；个人所得税 314.95 亿元，增长 20.6%；企业所得税 731.05 亿元，增长 20.6%。全年地方财政支出 3914.88 亿元，比上年增长 18.5%。其中，一般公共服务支出 236.11 亿元，增长 4.5%；公共安全支出 206.11 亿元，增长 10.1%；社会保障和就业支出 417.5 亿元，增长 15.2%；医疗卫生支出 190.03 亿元，增长 18.7%；城乡社区事务支出 579.29 亿元，增长 21.8%。

全年完成全社会固定资产投资总额 5067.09 亿元，比上年增长 0.3%。其中，第一产业投资 18.62 亿元，增长 22.6%；第二产业投资 1295.83 亿元，增长 0.3%；第三产业投资 3752.64 亿元，增长 0.2%（见表 1）。战略性新兴产业投资额 507.19 亿元，比上年增长9.5%。

表1 2011年全社会固定资产投资及其增长速度

指 标	绝对值（亿元）	比上年增长（%）
全社会固定资产投资总额	5067.09	0.3
# 国有经济	1875.48	-10.5
集体经济	133.33	-24.0
股份制经济	1349.65	16.9
外商及港澳台投资	726.57	11.5
# 第一产业	18.62	22.6
第二产业	1295.83	0.3
# 工业	1282.91	0.2
第三产业	3752.64	0.2

全年居民消费价格指数为105.2。其中，食品类价格指数110.8；烟酒类价格指数101.3；家庭设备用品及维修服务类价格指数107.1（见表2）。

表2 2011年居民消费价格指数

指 标	指 数（上年=100）
居民消费价格指数	105.2
食 品	110.8
烟 酒	101.3
衣 着	104.3
家庭设备用品及维修服务	107.1
医疗保健和个人用品	104.1
交通和通信	100.2
娱乐教育文化用品及服务	99.2
居 住	105.4

全年工业生产者出厂价格指数为102.9，工业生产者购进价格指数为107.5。

全年新建住宅销售价格指数为102.2。其中，商品住宅价格指数为102.5。全年住宅租赁价格指数为106.7。

二、农 业

全年完成农业总产值314.11亿元，比上年下降1.3%。其中，种植业产值165.59亿元，增长0.6%；林业产值7.61亿元，下降4.9%；畜牧业产值77.11亿元，增长1%；渔业产值54.06亿元，下降9.3%；农林牧渔服务业9.74亿元，增长6.4%。

全年粮食种植面积达到18.63万公顷；粮食产量达到121.95万吨，比上年增长3%。郊区奶牛、生猪、水稻、蔬菜良种覆盖率超过95%。

至年末，全市有548家企业、2263个产品获得农产品认证。其中，无公害农产品436家企业、1939个产品；绿色食品98家企业、137个产品；有机农产品14家企业、187个产品。

至年末，建成设施粮田8.65万公顷，设施菜田1.33万公顷，标准化畜牧养殖场170家，标准化水产养殖场养殖面积0.84万公顷。至年末，全市有各类农民专业合作社2950家，农业产业化龙头企业405家。

三、工业和建筑业

全年实现工业增加值7230.57亿元，比上年增长7.5%。其中，规模以上工业增加值6798.28亿元，增长7.4%。在规模以上工业增加值中，轻工业增加值2046.98亿元，增长9.4%；重工业增加值4751.3亿元，增长6.5%。全年工业总产值33834.44亿元，比上年增长6.6%。其中，规模以上工业总产值31987.44亿元，增长6.4%。

全年战略性新兴产业总产出10194.85亿元，按现价计算，比上年增长12.2%。其中，制造业部分实现工业总产值7850.35亿元，增长11.5%，高出规模以上工业现价增速2.3个百分点；服务业部分实现营业收入2344.5亿元，增长14.8%（见表3）。

表3 2011年战略性新兴产业总产出及其增长速度

指 标	绝对值（亿元）	比上年增长（%）
战略性新兴产业总产出	10194.85	12.2
制造业部分工业总产值	7850.35	11.5
# 节能环保	407.83	13.4
新一代信息技术	2228.69	7.0
生物	627.50	10.7
高端装备	2584.66	11.4
新能源	520.49	27.5
新材料	1731.72	14.5
新能源汽车	27.46	15.5
服务业部分营业收入	2344.50	14.8

全年电子信息产品制造业、汽车制造业、石油化工及精细化工制造业、精品钢材制造业、成套设备制造业、生物医药制造业等六个重点工业行业完成工业总产值21332.66亿元，比上年增长6.5%，占全市规模以上工业总产值的比重达到66.7%。规模以上工业产品销售率达到99%。汽车、发电机组、集成电路等主要工业产品产量增长较快(见表4)。

表4 2011年主要工业产品产量及其增长速度

产品名称	单位	产量	比上年增长(%)
乳制品	万吨	45.75	8.9
乙烯	万吨	197.53	-12.9
太阳能电池	万千瓦	13.14	-17.5
民用钢质船舶	万载重吨	1334.69	9.2
钢材	万吨	2482.81	0.5
汽车	万辆	191.57	12.8
房间空气调节器	万台	619.91	54.8
微型计算机设备	万台	10162.53	8.2
集成电路	亿块	166.31	46.6
发电机组(发电设备)	万千瓦	2889.59	12.8

全年规模以上工业企业实现利润总额2176.13亿元，比上年下降1.3%；实现税金总额1508.85亿元，增长12.5%。其中，国有控股工业企业实现利润1114.47亿元，增长3%；实现税金1155.88亿元，增长15.3%，占税金总额的比重为76.6%。工业企业亏损面为18%。

全年建筑业总产值4579.37亿元，比上年增长6.5%；房屋建筑施工面积24004.25万平方米，增长4.4%；竣工面积5704.16万平方米，下降8.5%。建筑企业按总产值计算的全员劳动生产率达到人均37.74万元，比上年提高9.5%。

四、批发和零售业

全年批发和零售业实现增加值3040.99亿元，比上年增长12.6%。

全年实现商品销售总额4.61万亿元，比上年增长23.3%。其中，批发销售额4.01万亿元，增长24.9%。

全年实现社会消费品零售总额6777.11亿元，比上年增长12.3%。其中，限额以上消费品零售额4938.46亿元，增长12.6%(见表5)。全年家电以旧换新实现零售430.32万台，比上年增长7.9%。

表5 2011年社会消费品零售总额及其增长速度

指标	绝对值(亿元)	比上年增长(%)
社会消费品零售总额	**6777.11**	**12.3**
限额以上消费品零售额	4938.46	12.6
# 批发零售贸易业	4515.66	13.8
住宿餐饮业	422.80	2.0
# 国有	324.91	-1.7
私营	1208.76	8.5
外商投资	1057.12	17.5
# 吃的商品	1264.70	11.3
穿的商品	572.58	10.3
用的商品	2673.22	12.3
烧的商品	427.96	22.5

至年末，全市连锁商业网点达到13880家。其中，连锁超市门店2715家，便利店4804家。全年连锁商业销售额2310亿元，比上年增长11%。

五、交通、邮电和旅游

全年实现交通运输、仓储和邮政业增加值913.6亿元，比上年增长7.1%。

全年各种运输方式完成货物运输总量93318.1万吨，比上年增长15.2%。旅客发送总量13519.2万人次，比上年增长0.5%(见表6)。

表6 2011年货物运输量与旅客发送量及其增长速度

指标	单位	绝对值	比上年增长(%)
货物运输量	**万吨**	**93318.10**	**15.2**
铁路	万吨	887.88	-7.4
水运	万吨	49389.00	27.3
公路	万吨	42685.00	4.4
机场	万吨	356.22	-3.9
旅客发送量	**万人次**	**13519.20**	**0.5**
铁路	万人次	6198.09	1.7
港口	万人次	78.47	-7.6
公路	万人次	3477.00	-4.3
机场	万人次	3765.64	3.4

全年上海港口货物吞吐量达到7.28亿吨，比上年增长11.4%。全年港口集装箱吞吐量3173.93万国际标准箱，比上年增长9.2%。集装箱水水中转比例达到41.1%，比上年提高3.1个百分点。上海浦东、虹桥两大国际机场全年共起降航班57.41万架次，比上年增长4.2%；进出港旅客达到7455.88万人次，增长3.7%。其中，国内航线进出港旅客5234.84万人次，增长2.5%；国际及地区航线进出港旅客2221.04万人次，增长6.7%。

至年末，全市轨道交通运营线路达到12条，运营线路长度达到454.1公里（含磁浮线路29.11公里）。全年优化调整公交线路305条。其中，新辟71条。至年末，公交专用道路达到161.8公里。公交运营车辆1.66万辆，运营出租车5.04万辆。全年市内公共交通客运量60.9亿人次，比上年增长2.8%。其中，轨道交通客运量21.01亿人次，增长11.5%；公共汽电车客运量28.11亿人次，增长0.1%。日均公交优惠换乘和老年人免费乘车分别达到248.6万人次和57.5万人次。

至年末，全市拥有各类民用车辆329.17万辆，比上年增长6.3%。其中，汽车194.96万辆，增长11%。在汽车拥有量中，私人汽车119.92万辆，比上年增长15.4%。

全年完成邮政业务总量50.96亿元，比上年增长34.6%。电信业务总量（按2010年不变单价计算）409.8亿元，，比上年增长9%。至年末，全市固定电话用户926.4万户。其中，住宅电话560.8万户。移动电话用户2620.6万户，比上年末增加259.1万户。其中，第三代移动通信技术（3G）用户464.7万户，比上年末增加267.3万户。

全年实现旅游产业增加值1411.26亿元，比上年增长1.7%。

至年末，全市已有星级宾馆297家，旅行社1175家，A级旅游景区（点）74个，红色旅游基地33个（见表7）。

表7 2011年旅游设施情况

指标	单位	绝对值
星级宾馆	家	297
# 五星级	家	53
四星级	家	66
旅行社	家	1175
# 经营出境旅游业务的旅行社	家	46
A级旅游景区（点）	个	74
# 5A级景区（点）	个	3
4A级景区（点）	个	35
红色旅游基地	个	33
# 全国红色旅游基地	个	9
旅游咨询服务中心	个	45
旅游集散中心站点	个	6

全年接待国际旅游入境人数817.57万人次，比上年下降3.9%（见图2）。其中，入境外国人648.31万人次，下降2.6%；港、澳、台同胞169.26万人次，下降8.7%。在国际旅游入境人数中，过夜旅游人数668.61万人次，比上年下降8.9%。全年接待国内旅游者23079.17万人次，比上年增长2.9%。其中，外省市来沪旅游者10877.27万人次，下降3.4%。全年入境旅游外汇收入58.35亿美元，比上年下降8.9%；国内旅游收入2786.54亿元，增长9.6%。

图2 2007-2011年国际旅游入境人数

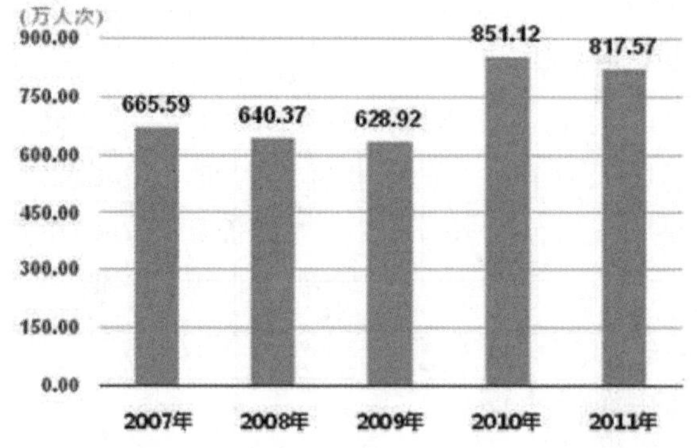

六、金融和保险

全年实现金融业增加值2240.47亿元，比上年增长8.2%。

全年新增各类金融单位138家。其中，银行业5家，证券业11家，保险业13家。至年末，全市有各类金融单位1048家。其中，银行业160家，证券业149家，保险业333家。至年末，在沪经营性外资金融单位数达到173家，外资金融机构代表处221家。

至年末，全市中外资金融机构本外币各项存款余额58186.48亿元，比上年增长12.3%；贷款余额37196.79亿元，增长10.3%（见表8）。

表8　2011年中外资金融机构本外币存贷款情况

指 标	绝对值（亿元）	比年初增减额（亿元）
各项存款余额	**58186.48**	**6369.61**
# 单位存款	34941.43	3772.09
个人存款	18920.43	2283.91
各项贷款余额	**37196.79**	**3654.34**
# 短期贷款	11265.81	1434.68
中长期贷款	22803.21	1813.63
# 中外资金融机构人民币个人消费贷款	5914.48	555.32
# 个人住房贷款	4753.99	217.69
汽车消费贷款	662.65	190.90

全年通过上海证券市场筹资5489.75亿元，比上年下降27.6%。其中，发行新股筹资1014.01亿元，下降46.4%；再次发行(增发、配股、权证行权和可转债转股筹资)2185.68亿元，下降40%；发行债券2293.8亿元，增长11.7%。至年末，上海证券市场上市证券数1691只。其中，股票975只，比上年增加37只。全年上海证券交易所各类有价证券成交金额45.47万亿元，比上年增长14.1%。其中，股票成交金额23.76万亿元，下降21.9%。上海期货交易所各品种总成交金额86.91万亿元，比上年下降29.6%。中国金融期货交易所总成交金额43.77万亿元，比上年增长6.6%。全国银行间货币和债券市场成交金额196.64万亿元，比上年增长9.4%。上海黄金交易所总成交金额4.44万亿元，比上年增长1.2倍。

全年原保险保费收入753.11亿元，比上年增长8.3%。其中，财产险公司原保险保费收入244.57亿元，增长24%；寿险公司原保险保费收入508.54亿元，增长2%。全年保险赔付支出260.71亿元，比上年增长50%。其中，财产险赔款支出104.32亿元，增长23.8%；寿险给付92.08亿元，增长41%；健康险赔款给付60.68亿元，增长1.9倍；意外险赔款支出3.63亿元，增长19%。

七、对外经济

全年上海关区进出口总额8123.14亿美元，比上年增长18.6%。其中，进口3123.5亿美元，增长19.5%；出口4999.64亿美元，增长18.1%。

全年上海市进出口总额4374.36亿美元，比上年增长18.6%（见图3）。其中，进口2276.47亿美元，增长21%；出口2097.89亿美元，增长16%。在出口总额中，外商及港澳台投资企业出口1424.43亿美元，增长13.1%；私营企业出口308.01亿美元，增长35.1%；国有企业出口348.53亿美元，增长13.3%；集体企业出口16.76亿美元，增长36.8%。

图3　2007-2011年上海市进出口总额及其增长速度

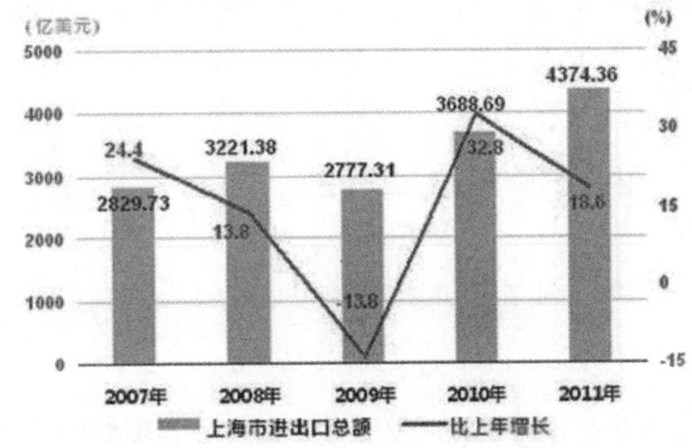

在上海市出口总额中，高新技术产品出口933.63亿美元，比上年增长11%；机电产品出口1484.14亿美元，增长13.2%；一般贸易出口771.55亿美元，增长21.9%，加工贸易出口1090.56亿美元，增长8.6%。按出口市场分，对日本出口239.74亿美元，比上年增长22%；对欧盟出口435.75亿美元，增长4.4%；对美国出口483.94亿美元，增长18.1%。

全年批准外商直接投资合同项目4329

项，比上年增长10.8%；合同金额201.03亿美元，增长31.3%；实际到位金额126.01亿美元，增长13.3%。全年第三产业外商直接投资实际到位金额104.3亿美元，增长18.1%，占全市实际利用外资的比重达到82.8%。全年批准总投资在1000万美元以上的外商直接投资项目256项，合同金额170.18亿美元。至年末，在上海投资的国家和地区已达151个。年内新增跨国公司地区总部48家，投资性公司27家，外资研发中心15家。至年末，在上海落户的跨国公司地区总部达到353家，投资性公司240家，外资研发中心334家。

全年新批对外投资项目172项，比上年下降3.9%；投资总额26.58亿美元，增长9.8%。签订对外承包工程合同金额123.47亿美元，比上年增长22.2%；实际完成营业额59.41亿美元，下降13.8%；派出人员5559人次，下降15.5%。对外劳务合作派出人员8749人次，比上年下降6.1%。至年末，上海对外承包工程和劳务合作涉及的国家和地区已达177个。

八、浦东改革开放

全年浦东新区实现增加值5484.35亿元，比上年增长11.1%（见表9）。

表9　2011年浦东新区主要经济指标及其增长速度

指 标	单 位	绝对值	比上年增长（%）
增加值	亿元	5484.35	11.1
# 第二产业	亿元	2306.32	9.5
第三产业	亿元	3143.57	12.4
# 金融业	亿元	991.61	10.8
规模以上工业总产值	亿元	9253.61	10.6
固定资产投资总额	亿元	1435.39	0.2
社会消费品零售总额	亿元	1204.04	16.1
进出口总额	亿美元	2259.99	21.1
# 出口总额	亿美元	888.98	20.3
外商直接投资合同金额	亿美元	65.97	17.3
外商直接投资实际到位金额	亿美元	52.97	37.4

至年末，已有71家跨国公司地区总部入驻陆家嘴金融贸易区。综合保税区新设4家融资租赁公司和11个单船单机项目公司（SPV项目）；全年集装箱吞吐量2880.7万国际标准箱，比上年增长14.8%；进出口总额980亿美元，增长22%。全国首个“国家进口贸易促进创新示范区”在外高桥保税区挂牌成立。张江高科技园区被批准为国家自主创新示范区。张江高科技园区全年信息服务业和文化创意产业分别实现营业收入475.58亿元和595.43亿元，比上年分别增长37.8%和38.2%。金桥出口加工区全年生产性服务业营业收入达到414.51亿元，比上年增长12.1%。

九、城市基础设施和房地产

全年完成城市基础设施建设投资1157.34亿元，比上年下降16.9%。其中，交通运输邮电通信投资668.52亿元，市政建设投资315.8亿元，公用事业投资54.22亿元（见表10）。年内京沪高速铁路上海段、崇启通道、迎宾三路隧道、林海公路建成通车，长江西路越江隧道和S26、S6高速公路建设加快。全市高速公路网通车里程达到806公里。

表10　2011年城市基础设施建设投资及其增长速度

指 标	绝对值（亿元）	比上年增长（%）
城市基础设施建设投资	**1157.34**	**-16.9**
电力建设	118.81	-10.4
交通运输	595.75	-15.8
邮电通信	72.76	-30.3
公用事业	54.22	-31.1
市政建设	315.80	-14.6

全市自来水日供水能力达到1150万立方米，比上年增长1.7%。青草沙水源地原水工程全面投入运行，受益市民超过800万。全年全市用电量1339.62亿千瓦小时，比上年增长3.4%（见表11）。至年末，全市家庭人工煤气用户101.8万户，家庭液化气用户310.6万户，家庭天然气用户达到455.9万户。

表 11　2011 年公用事业主要指标及其增长速度

指　标	单 位	绝对值	比上年增长(%)
自来水日供水能力	万立方米	1150.00	1.7
自来水售水总量	亿立方米	24.41	-0.1
# 生活用水	亿立方米	18.81	0.9
工业用水	亿立方米	5.60	-3.5
用电量	亿千瓦小时	1339.62	3.4
# 城乡居民生活用电	亿千瓦小时	175.22	3.7
煤气销售总量	亿立方米	10.80	-16.3
液化气销售总量	万　吨	39.70	-0.8
天然气销售总量	亿立方米	51.40	20.4

全年完成房地产开发投资2170.31亿元，比上年增长9.6%；商品房施工面积12983.32万平方米，增长14.9%；竣工面积2240.62万平方米，增长15.4%；销售面积1771.3万平方米，下降13.8%。其中，商品住宅销售面积1473.72万平方米，下降12.6%。全年商品房销售额2568.88亿元，比上年下降13.2%。其中，商品住宅销售额1981.91亿元，下降17.3%。全年存量房成交过户面积1398.67万平方米，比上年下降28.9%。

十、城市信息化

全年实现信息产业增加值1874.77亿元，比上年增长11.5%。其中，信息服务业增加值1106.21亿元，增长17.3%。

至年末，集约化信息管线累计敷设6258沟公里，比上年末增加437沟公里。全年新增移动通信宏基站500个，室内覆盖站点800个。新增光纤到户能力覆盖家庭数超过380万，实际光纤用户超过100万。至年末，互联网用户1691万人，普及率为72%。无线局域网场点达到12000个，比上年末增加5000个。国际、国内互联网出口带宽分别达到450Gbps、2000 Gbps。交互式网络电视（IPTV）用户达153万户，比上年末增加23万户。全市用于信息化建设的固定资产投资129亿元，占全社会固定资产总额的比重为2.6%。

信息服务业中软件产业全年实现经营收入1766.1亿元，互联网信息服务业494.5亿元。年内198家企业获得计算机信息系统资质认证，其中1级12家。新增认定软件企业386家，登记软件产品3634个。信息服务业上市企业43家。经营收入超亿软件企业192家。

全年完成电子商务交易额5401亿元，比上年增长27%。口岸税费电子支付系统入网企业累计7012家，全年电子单证传输量为17047万张，实现电子支付金额9110亿元，比上年增长4.8倍。社会公共服务领域信息化建设不断深化（见表12）。

表 12　2011 年社会公共服务领域信息化指标及其增长情况

指 标	单 位	绝对值	比上年
“市民信箱”累计注册用户	万人	409.00	增加 10 万人
全年“付费通”业务平台交易量	万笔	9555.90	增长 27.7%
全年“付费通”业务平台交易额	亿元	70.90	增长 13.6%
全年交通卡销售额	亿元	13.60	下降 47.6%
银行卡累计发卡量	万张	13098.00	增加 1670.4 万张
全年银行卡交易额	亿元	13887.70	增长 22.8%

至年末，数字证书累计发放268.81万张。至年末，个人信用联合征信系统覆盖1156万人的信用信息，比上年末增加18万人；收到个人信用信息查询请求累计1479万次，查询量累计943万次。提供个人信用评分累计168万份。

十一、教育和科学技术

至年末，全市共有普通高等学校（含独立学院）66所，普通中等学校856所，普通小学764所，特殊教育学校29所。普通高校和小学毕业生数持续扩大，中等学校毕业生数继续下降（见表13）。至年末，全市共有53家机构培养研究生。全年招收研究生4.01万人，在学研究生11.9万人，毕业研究生3.08万人。九年义务教育入学率保持在99.9%以上。年内新增85所幼儿园。

表 13 2011 年各级各类学校学生情况及其增长速度

类 别	在校学生数(万人)	比上年增长(%)	毕业学生数(万人)	比上年增长(%)
普通高等学校	51.13	–0.9	13.90	4.0
普通中等学校	73.96	–1.6	20.18	–4.6
普通中学	59.17	–0.5	15.48	–4.0
高 中	16.11	–4.6	5.85	–6.3
初 中	43.06	1.2	9.63	–2.6
中等专业学校	10.22	–6.3	3.14	–6.0
职业学校	3.52	–6.6	1.24	–9.5
技工学校	1.05	–2.8	0.32	3.2
普通小学	73.11	4.2	13.09	5.2
特殊教育学校	0.49	–2.0	0.09	平

至年末，全市共有 20 所民办普通高校，在校学生 9.04 万人；106 所民办普通中学，在校学生 7.66 万人；181 所民办小学，在校学生 16.67 万人。全市共有成人中高等学历教育学校 55 所，成人职业技术培训机构 843 所，老年教育机构 277 所。

全年用于研究与试验发展（R&D）经费支出 568 亿元，相当于全市生产总值的比例为 2.9%（见图 4）。

图 4 2007–2011 年 R&D 支出及其相当于生产总值的比例

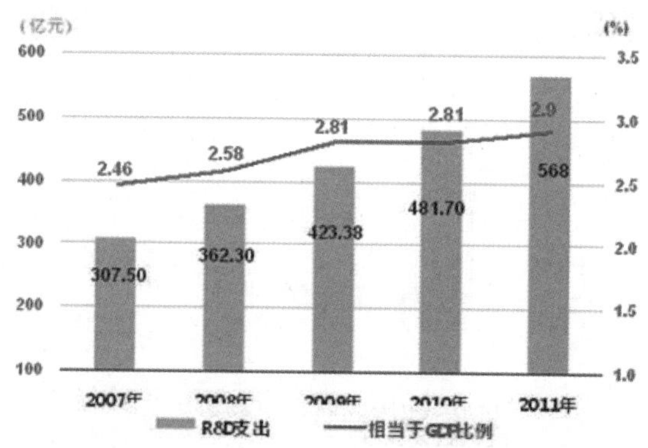

全年共取得科技成果 2388 项。其中，属于国际领先的有 211 项，达到国际先进水平的有 598 项。全年受理专利申请量 80215 件，比上年增长 12.7%。其中，发明专利 32142 件，增长 22.8%。全年专利授权量 47959 件，比上年下降 0.5%。其中，发明专利 9160 件，增长 33.4%。至年末，全市共有 43 家国家级企业技术中心和分中心，360 家市级企业技术中心。至年末，全市累计认定高新技术企业总数 3589 家。其中，复审通过高新技术企业 1489 家，新认定高新技术企业 776 家。至年末，全市共认定高新技术成果转化项目 7831 项。其中，年内认定 616 项。在年内认定的高新技术成果转化项目中，电子信息、生物医药、新材料等重点领域项目占 87.8%；拥有自主知识产权的项目占 100%。年内全市市级创投引导基金两批共 18 家合作基金完成募资协议或签约，与国家联合组建的 5 只创投基金正式运行。全年共签订各类技术交易合同 2.93 万项，比上年增长 11.8%；合同金额 550.32 亿元，增长 4.7%。

十二、文化、卫生和体育

年内成功举办“上海之春”国际音乐节、第十三届中国上海国际艺术节、第十四届上海国际电影节、第七届中国国际动漫游戏博览会等重大文化活动。至年末，全市有市、区（县）级文化馆、群众艺术馆 27 个，艺术表演团体 95 个，市、区（县）级公共图书馆 25 个，档案馆 41 个，博物馆 120 个。全市共有公共广播节目 21 套，公共电视节目 25 套。有线电视用户 627.2 万户，有线数字电视用户 285.6 万户。年末广播、电视综合覆盖率均达到 100%。全年生产电视剧 35 部 1189 集，动画电视 4254 分钟。全年共出版报纸 15.6 亿份，各类期刊 1.81 亿册，图书 2.88 亿册。全年共组织开展各类群众文化活动和各级各类群众性业余团队活动 41 万余场次，3600 万人次参加。年内完成 100 万户下一代广播电视网（NGB）建设。美术馆、公共图书馆、文化馆、社区文化活动中心的基础服务项目实现免费开放，文化广场、巴金故居、钱学森图书馆等一批重大文化设施相继竣工。

至年末，全市共有医疗卫生机构 3358 所，专业卫生技术人员 13.91 万人（见表 14）。全年全市医疗机构共完成诊疗人数 2.02 亿人次。全市婴儿死亡率为5.7‰，孕产妇死亡率为7.36/10万。年内推出优化医院就诊流程、方便慢性病患者配药等9项便民措施。

表14　2011年卫生机构基本情况及其增长速度

指标	单位	绝对值	比上年增长（%）
医疗卫生机构数	所	3358	2.7
医院	所	308	0.7
基层医疗卫生机构	所	2907	3.0
# 门诊部	所	470	9.6
社区卫生服务中心	所	301	1.7
专业公共卫生机构	所	101	平
# 疾病预防控制中心	所	21	平
卫生监督所	所	19	平
其他医疗卫生机构	所	42	5.0
专业卫生技术人员数	万人	13.91	2.7
# 执业医师	万人	5.21	1.6
# 医院执业医师	万人	3.17	平
注册护士	万人	5.89	5.4

年内成功地举办了第十四届国际泳联世界锦标赛等29项46次国际重大体育赛事和32项78次国内重要体育赛事。在第二届全国智力运动会上，上海代表团共获17枚金牌、12枚银牌、9枚铜牌，包揽金牌、奖牌、总分三个第一。在世界三大赛（奥运会、世锦赛、世界杯）中，上海运动员共获得5大项9小项9枚金牌。在全国最高级比赛中，上海运动员共获得43枚金牌，创历史新高。年内新建90处社区公共运动场，建成50条百姓健身步道、10个百姓游泳池和30个社区健身房。

十三、人口和就业

至年末，全市常住人口总数为2347.46万人。全年常住人口出生为16.2万人，常住人口死亡为11.85万人。常住人口出生率为6.97‰，常住人口死亡率为5.1‰，常住人口自然增长率为1.87‰。至年末，全市户籍人口总数为1419.36万人。全年户籍人口出生为10.15万人，户籍人口死亡为11.11万人。户籍人口出生率为7.17‰，户籍人口死亡率为7.85‰，户籍人口自然增长率为-0.68‰。户籍人口平均期望寿命达到82.51岁。

全年新增就业岗位64.16万个（见图5）。其中，农村富余劳动力实现非农就业13.03万个。全年新安置就业困难人员1.86万人，新消除零就业家庭450户。全年帮助成功创业人数达到10563人。共完成职业培训47.63万人。高技能人才占技能劳动者比例达到26.05%。实施海外高层次人才引进和雏鹰归巢计划，年内首批160位海外高层次人才入选上海“千人计划”。年内成立由22家单位组成的首批高技能人才培育基地。至年末，全市城镇登记失业人员27.33万人，城镇登记失业率为4.2%。

图5　2007-2011年新增就业岗位情况

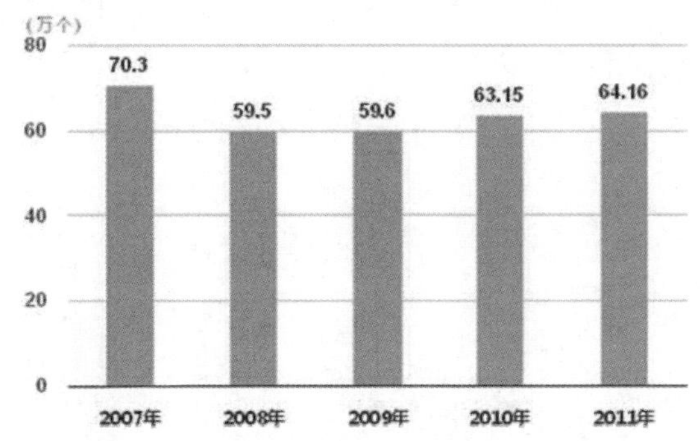

十四、人民生活和社会保障

据抽样调查，城市居民家庭人均年可支配收入36230元，比上年增长13.8%；农村居民家庭人均年可支配收入15644元，增长13.8%。全年城市居民人均消费支出25102元，比上年增长8.2%。其中，服务性消费支出7721元，增长11%。农村居民人均生活消费支出11272元，比上年增长10.2%。其中，服务性消费支出3349元，增长13.5%。

据抽样调查，至年末，平均每百户城市居民家庭耐用消费品拥有量：家用轿车18辆，家用空调207台，移动电话236部，家用电脑138台。平均每百户农村居民家庭耐用消费品拥有量：家用汽车10辆，彩电188台，洗衣机88台，移动电话189部，家用空调130台，家用电脑50台。

至年末，全市储蓄存款余额17958.22亿元，当年新增1521.36亿元。

全年拆除住宅建筑面积182.8万平方米，动迁居民2.23万户。“四位一体”住房保障体系不断完善，全年经济适用住房开工面积541万平方米，竣工面积200.63万平方米；动迁安置住房开工面积983.55万平方米，竣工面积298.25万平方米，搭桥供应607.36万平方米；公共租赁住房已建设筹措226万平方米；新增廉租住房受益家庭1.2万户，累计受益家庭8.7万户；新增经济适用住房签约购房家庭1.85万户。至年末，城镇居民人均住房建筑面积33.4平方米，折合人均住房居住面积17平方米（见图6）。居民住宅成套率达到96%。

图6 2007~2011年城镇居民人均住房居住面积

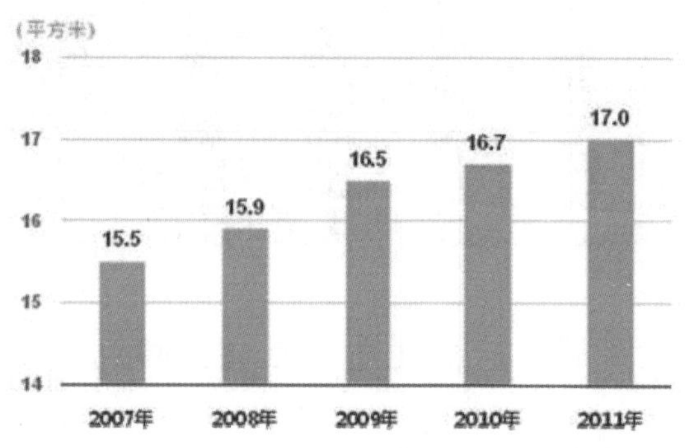

至年末，全市共有1290.88万人（包括离退休人员）参加城镇基本养老保险，有604.22万人参加失业保险，全年领取失业保险金的人数21.9万人。城镇最低生活保障标准从上年每人每月450元提高到505元，农村最低生活保障标准从每人每年3600元提高到4320元。

至年末，全市共有1342.06万人（包括离退休人员）参加城镇职工基本医疗保险。至年末，城镇居民基本医疗保险参保人数（含普通高等院校学生）达249.75万人。

至年末，全市共有各类提供住宿的收养性社会服务机构634个，床位10.37万张，收养各类人员6.7万人。其中，养老机构631家，床位10.19万张，收养老人6.6万人。在全市养老机构中，由社会投资开办的335家，床位5.32万张。年内新建老年人日间服务中心23家，新设社区老年人助餐点46个，建设改造3836家标准化老年活动室，社区居家养老服务对象达到26.2万人。

全年各级政府支出城镇居民最低生活保障金14.26亿元，农村居民最低生活保障金1.32亿元，粮油帮困资金0.64亿元，医疗救助金2.22亿元。全年向城乡低收入困难群众发放临时补贴29.42万人次，支出资金2.6亿元；发放临时物价补贴85.89万人次，支出资金8589万元。年内新办福利企业55家，新安置1237名残疾人就业。

十五、环境保护

全年用于环境保护的资金投入557.92亿元，相当于全市生产总值的比例达到2.91%。全年环境空气质量优良率达到92.3%，比上年提高0.2个百分点。全年建237.5平方公里扬尘污染控制区和4.13平方公里无燃煤区。全年区域月降尘平均值为6.6吨/平方公里。污水处理能力达到694.05万立方米/日。中心城区二氧化硫年日平均值为0.029毫克/立方米，与上年持平；二氧化氮年日平均值0.051毫克/立方米，比上年增长2%；可吸入颗粒平均浓度为0.080毫克/立方米，增长1.3%。全年处置生活垃圾704.16万吨，生活垃圾无害化处理率达到87.6%，比上年提高2.7个百分点，年内在1080个居民小区开展生活垃圾分类试点。工业危险废物和医疗废物无害化处理率达到100%。

全年新建绿地1063.1公顷。其中，公共绿地542.78公顷。至年末，城市建成区绿化覆盖率达到38.2%。全年新建公益林605公顷，经济林105公顷。森林覆盖率达到12.58%。年内相继完成辰山植物园、卢湾南园滨江绿地、宝山炮台湾湿地公园二期等建设。

十六、城市运行安全和生产安全

开展建筑市场集中整治和建设工程质量大检查，全年对全市5373个在建项目进行全覆盖检查，立案查处各类案件1552件，565家企业被清出建筑市场。

落实交通安全，开展道路客运安全隐患整治，共检查轨道交通、公交、省际客运等各类企业1101家，查处安全隐患140处，已整改135处。

颁布实施《上海市实施<中华人民共和国食品安全法>办法》。成立市食品安全委员会，大力开展食品安全专项整治，全年行政处罚立案8037起，食品安全风险监测8593件，总体合格率达到94.1%，食物中毒事故发生率控制在0.87/10万，年抽检样品数达到8件/千人，市民食品安全知晓度得分为80.7分。全年在10家蔬菜批发市场、150家标准化菜市场建成蔬菜流通安全追溯体系，在3家水产批发市场和30家菜市场建成水产品流通安全追溯体系。

全年共发生道路交通、工矿商贸、火灾、铁路交通、农业机械生产安全事故8173起；造成死亡1250人，比上年下降11.3%。其中，工矿商贸生产安全事故249起，造成死亡261人，下降10%。道路交通事故2085起，比上年下降4.2%；造成944人死亡，下降6.6%；1749人受伤，下降6.3%；直接财产损失1295.82万元，增长34%。火灾事故5815起，造成43人死亡，下降57.4%，其中生产经营性火灾事故造成21人死亡；46人受伤，下降63.2%；直接财产损失10564.07万元，下降54%。铁路交通事故4起，比上年下降60%；造成1人死亡，下降83.3%。农业机械事故20起，比上年增长4倍；造成1人死亡，与上年持平。全年亿元生产总值生产安全事故死亡率为0.065。

上海市统计局
国家统计局上海调查总队
二O一二年二月二十四日

说明：

1、本公报数为初步统计数。

2、本公报上海市生产总值、各产业增加值和总产值绝对数按当年价格计算，增长速度按可比价格计算。

3、信息产业包括信息产品的制造、销售和信息服务等活动。旅游产业增加值指来自境外、市外旅游者及本地居民在上海市内的旅游消费支出所形成的增加值。按消费性质可分为：旅行社服务业、旅游宾馆业、旅游运输业、邮电通讯业、旅游商业、餐饮业、城市交通业、文化娱乐业、金融业和其他服务业。信息产业、旅游产业的增加值是依据若干行业的有关资料进行跨行业核算的，不能将其与全市生产总值中其它行业的增加值进行简单加总，否则会造成重复计算。

4、地方财政支出包括一般公共服务、国防、公共安全、教育、科学技术、文化体育与传媒、社会保障和就业、医疗卫生、节能环保、城乡社区事务、农林水事务、交通运输等支出。

5、金融单位统计中，银行业统计至市分行；证券业统计至证券公司市分公司、基金公司、期货公司、证券投资咨询公司、资信评级机构、证券市场机构和登记结算机构；保险业统计至保险集团、保险公司市分公司、专业保险运营中心和保险中介机构。此外，金融单位统计包括各金融监管部门。

6、战略性新兴产业总产出包括制造业和服务业，其中，制造业部分为规模以上工业企业总产值，服务业部分为营业收入。

中共上海市城乡建设和交通工作委员会、上海市城乡建设和交通委员会 2011 年工作总结和 2012 年工作要点

第一部分 2011 年建设交通工作取得新成效

2011 年是“十二五”规划的开局之年，在市委、市政府的坚强领导和各区县的大力支持下，市建设交通两委团结带领市、区县两级行业管理部门和全行业广大干部职工，紧紧围绕“创新驱动、转型发展”的总体要求，一手抓发展开局和民生改善，一手抓深化改革和行业稳定，圆满完成了年初确定的各项任务。主要开展了八个方面的工作：

一、全面加强了城市运行安全和生产安全管理。按照市政府的统一部署，组织对建设管理、交通运行和设施保障等领域 25 个行业进行了专题调研，提出了相关工作思路和具体措施。在此基础上，开展了以下工作，一是开展建筑市场专项整治。在各相关委办局及区县政府的积极参与下，整治工作全面深入开展，摸清了现状、发现了问题、整改了隐患，全年建设工程安全生产死亡人数同比下降 28%；与此同时，分级分类管理的行业管理体制进一步明确和完善；集中、统一的建筑业管理信息平台建设加快推进；上海市建设工程质量安全管理条例和监理管理办法等 7 项地方法规、政府规章以及 15 项规范性文件已经或即将出台。此外，我们还组织开展了对区县建设交通部门负责人、执法队伍等的业务培训。二是加强市政设施安全检查检测。全面完成 2005 年以前通车的高架、桥隧的结构检测；推进农村危桥滚动改造；强化燃气气源安全、输配安全和用气安全管理；加强管线保护和掘路管理，全年掘路总面积和日施工占路面积均未突破控制指标。三是全面加强交通运输安全管理。认真吸取“9.27”轨道交通事故教训，编制统一的安全管理标准，加强关键岗位人员培训，启动第三方安全评价工作；加强了客运站、轨道交通枢纽站等重点设施的安全管理，健全并落实安全生产制度；客货运企业严把驾驶员聘用关，并定期组织安全培训。

二、深入推动了上海国际航运中心建设。经过各有关方面的共同努力，上海国际航运中心建设取得阶段性成果，特别是财政部即将出台的启运港退税试点实施办法，标志着国务院 2009 年 19 号文件要求的各项工作得到全面落实。一是现代航运集疏运体系继续优化。洋山深水港区四期前期工作稳步推进，外高桥六期工程通过竣工验收；沿江集装箱物流的班轮化启动运作；新增开行沪渝间集装箱“五定”班列；海铁联运新产品开发工作得到加强。2011 年，上海港集装箱吞吐量突破 3000 万标准箱，截至 11 月底，水水中转量为 1198 万标准箱，水水中转比例为 41%，海铁联运 9.5 万标准箱，同比增长 44%。2011 年，上海机场飞机起降 57 万架次，旅客吞吐量 7400 万人次，货邮吞吐量为 356 万吨。二是加快建设现代航运服务体系。启动了“一单两报”试点工作；上海船舶价格指数、中国新造船价格指数相继发布，填补我国多项空白；世界海事大学上海中心、中国海事数据备份中心等航运服务机构加快聚集；航运金融服务稳步发展，推出了上海至欧、美两条航线集装箱运价指数衍生品，为航运企业提供保值避险、价格发现的集中交易平台；上海金融业联合会航运金融专业委员会正式成立；上海航运产业基金公司正式揭牌；加快推进邮轮产业发展，宝山邮轮码

头落成，全国首家外资邮轮船务公司歌诗达获批落沪。三是国际航运发展综合试验区进展顺利。推动启运港退税政策、船舶特殊登记制度落地；贯彻执行营业税免税政策，1–10月共计减免营业税约21亿元，为企业度过行业周期低谷提供支持；建立洋山保税港区水水中转二次集拼的业务运作模式和网络体系；第一批电解铜期货保税仓单正式生成，洋山保税港区期货保税交割业务正式进入市场运作阶段。

三、建立完善了城市管理长效机制。认真总结世博成功经验，加快体制机制法制创新，城市环境面貌和城市交通运行保持较好水平，圆满完成建党90周年、世游赛等重大活动保障任务。一是推进城市管理体制法制创新。牵头组织相关委办局和所有区县组成市市政市容管理联席会议；组织相关政府职能部门、相关区和部分企业组成市交通协调保障联席会议，强化了对全市城市管理和交通运行工作的协调统筹。推进世博临时公告的长效化，转化出台了一批政府规章和规范性文件。二是加强城市管理顽症综合治理。推动区县健全完善拆违机构，全年共拆除400余万平方米违法建筑，完成存量违法建筑数据库建设；开展建筑渣土集装化装卸研究，加强管理和处罚，初步遏制了乱倒渣土等行为；推进设摊疏堵结合管理，解决一批设摊难点；加大户外广告管理和违规设置道路指示牌整治等工作力度。三是深入推进网格化管理。网格化管理在郊区（县）拓展覆盖了200平方公里，推进建设工地、绿化等专业网格化建设，连续六年开展“夏令热线”活动，网格化管理、12319热线与新闻舆论监督形成了良好的互动机制。四是强化综合交通协调与保障。定期对交通运行状况进行分析研判；加强虹桥综合交通枢纽内外交通衔接，完善高铁晚点客流疏散保障模式；强化交通信息服务，交通协调保障信息化平台不断充实完善。此外，利比亚安全形势突变后，紧急启动应急机制，交通港口局、民航华东局、上海铁路局、机场集团以及中建八局等部门一起，共同研究圆满完成利比亚撤回上海人员入境后的疏散工作。

四、大力推进了重大工程项目建设。面对世界经济持续低迷和国内宏观调控的影响，全市各相关部门、区县、企业和建设者共同攻坚克难，奋力推进，建成一批标志性项目。一是相继建成一批标志性重大工程。2011年，重大工程全年完成投资超过1000亿元，京沪高铁、崇启通道、东方体育中心、林海公路和迎宾三路隧道以及长江口深水航道治理三期工程等16个项目建成投入使用。此外，23个项目实现新开工，在建项目节点处于受控状态。2011年是上海新一轮援疆工作的开局之年，建设者全力以赴，确保了200米高的双塔国际会展中心、233公里长的莎车高速公路等工程全面开工，建筑面积2.8万平方米的叶城县维吾尔医院全面建成。二是顺利推进供水公共服务和污水治理项目。完成青草沙水源地通水切换，新增供水能力550万立方米/日；东风西沙水库工程顺利开工；全面推进郊区集约化供水，完成144公里大口径管网改造，关闭10座中小水厂；完成10项郊区污水处理厂新改扩项目，污水收集管网覆盖所有乡镇。三是加快建设生态环境和垃圾处理设施。积极推进外环生态专项、大型居住区结构绿地建设，推进农田林网和农村“四旁林”建设，全年造林1万亩，建设绿地1000公顷；加快生活垃圾末端处置设施建设，老港再生能源利用中心、综合填埋场等项目土建施工全面展开，各区县垃圾处理项目按计划推进。

五、认真落实了民生实事工程。围绕人民群众关心的热点难点，着力解决好住房保障、旧区改造、日常出行等人民群众最直接、最关心、最现实的利益问题。一是全面推进保障房建设和配套完善。在浦东、奉贤、闵行、松江等区政府的大力支持下，城建、建工、中建八局、城投公司等企业克服重重困难、加大建设力度，全年完成保障房投资200多亿元，新开工建设和筹措保障性住房1700万平方米，可供应保障性住房1240万平方米，超额完成国家和市委、市政府明确的任务；商品房价格过快上涨势头得到遏制，房地产市场朝着调控预期方向发展；22条大型居住社区配套道路全面推进，学校、医院、文化设施等社会事业项目有序开展；新开工建设34条区区对接道路，建成11条。二是大力推动旧区改造和郊区棚户简屋改造。全年中心城区拆除二级旧里以下房屋44万平方米，受益居民约1.8万户；制订出台《本市旧城区改建房屋征收确认范围的办法》，完成郊区城镇棚户简屋调查，宝山、金山、浦东等区已着手选点试点。三是着力推进公交优先。优化调整公交线路280条，积极做好“最后一公里”公交线路网络布设；完成200万平方米已竣工经济适用房公交配套任务；轨道交通日均客流达到570万人次，同比增长12%，公共交通结构进一步优化；做好崇明“三岛”水上交通纳入“公交优先”相关工作；两次降低出租车承包指标，实施减免车辆通行费、油运价联动等措施，促进出租车行业平稳健康发展。四是全力化解信访突出矛盾。牵头化解或缓解了动拆迁、轨道交通运营、虹桥机场航空噪音、无法办理产权证、动迁安置房等信访突出矛盾，妥善处理了“4.20”集卡聚集事件；深入推进重大工程社会稳定风险分析和评估，有效降低了工程建设对周边居民的影响。

六、有效促进了行业发展转型。坚持把转变发展方式作为建设交通行业转型的重点，着力推进建筑节能、交通节能和住宅产业化工作。一是大力推进建筑节能。完成45个新建高标准节能建筑项目，建筑面积422万平方米，完成38个可再生能源建筑应用项目；对286幢国家机关办公建筑和大型公共建筑开展了能源审计评审验收工作；进一步加快低碳建材发展，推进建筑垃圾再生利用。二是有效推动交通节能减排。对系统145家重点用能单位进行了用能审查，与8大交通重点用能单位签定了“十二五”节能目标推进书和责任书；加大节能减排工作扶持力度，上海港务集团、中远集运、上海航空等节能技改项目获得了资助。三是加大住宅产业化工作推进力度。制定实施了加快推进住宅产业化的若干意见，推进相关试点工作；城建集团等启动了预制装配式住宅建设。着力推进全装修住宅建设，全年竣工全装修住宅283万平方米。四是稳步推进垃圾分类减量。以“规范管理，杜绝混入”为目标，加快从生活垃圾中分流装修垃圾、餐厨垃圾、绿化枯枝落叶等；全市17个区县、1080个居民小区的生活垃圾分类试点工作顺利启动，人均生活垃圾处理减量5%的目标全面完成。

七、有力深化了行业体制改革工作。按照“两高一少”的要求，进一步深化了各项改革工作。一是继续推进行政审批制度改革。“建设工程行政审批管理程序改革方案”基本落地，通过并联审批或并联服务，行政效率进一步提高；加强设计文件审查，施工图审查的把关作用得到加强。二是积极稳妥推进委属事业单位改革。委属事业单位调整方案获得批复，市路政局、市建设交通发展研究院等单位的筹备工作正式启动，为加强行业管理和政策研究奠定了基础。三是贯彻落实市级城市维护项目管理暂行办法。推进设施维护管理体制改革，全面提升设施维护水平。四是认真开展收费公路清理工作。按照国家五部委的要求，研究制定相关工作方案并予以实施。此外，加大了财政性资金、工程建设项目等信息公开力度；加强了预算执行审计，扩大审计覆盖面，加强了审计整改工作力度。

八、全面加强了党的建设。围绕中心，深入开展创先争优活动，着力推进党的思想、组织、作风、制度和反腐倡廉建设，为确保建设交通“十二五”良好开局提供了坚强保证。一是认真抓好领导班子建设。两委领导班子坚持用科学理论武装头脑，提高适应新形势、解决新问题的能力；组织召开市、区（县）建设交通委书记、主任联席会议，研究破解发展中的瓶颈难题。二是进一步加强基层基础工作。水务、绿化市容等10家单位、9个行业向社会公开做出承诺并积极践诺；深入拓展资源整合型党建模式，工地党建联建在轨道交通、援疆工程、保障房建设等项目上推广运用；积极探索上级党组织服务基层党组织、基层党组织服务党员的工作机制，健全党内激励、关怀、帮扶制度。三是加强干部人才队伍建设。进一步调整优化领导班子，加强干部人事制度改革，促进委与企事业单位之间的交流，干部竞争上岗进一步规范化、常态化；精心选择6个重大项目基层一线为干部培养锻炼基地，选派了6名机关青年干部赴基地挂职锻炼；着力推进国际航运中心建设人才队伍建设；启动了行业青年人才发展计划，首次评选出“杰出青年”等先进91名。四是全面推进精神文明建设。围绕建设交通领域热点、重点问题进行了新闻发布工作；推动全系统开设21个政务微博，其中上海地铁成为本市唯一入围全国前10名的政务微博；深化文明创建，窗口单位和服务行业广泛开展了以“保持世博水准”为主题的创建活动，全系统获评市文明行业9个、市规范服务达标先进行业2个，市文明单位150家，全国文明单位4家；深化文明施工测评，全市综合测评指数提升至90分。五是加强惩防体系建设。全面落实党风廉政建设责任制，圆满完成年初确定的32项具体工作；深入贯彻落实《廉政准则》，加强警示教育，加大廉政文化示范点建设力度，市绿化市容局、申通集团被评为上海市廉政文化进机关和廉政文化进企业示范点；结合系统实际，扎实开展了“4+3”专项治理；积极开展廉政风险防控，围绕本市建设工程行政管理过程中的廉政风险，提出了三级分类、70项可操作的防范措施；党务公开工作在系统内全面推开。

总结一年来的工作，我们感到既有经验可供借鉴，也有教训应当吸取。主要有以下三点体会：一是城市基础设施规模越来越大，要求我们必须进一步突出管理，确保城市运行安全。上海作为一个2300万人口的特大型城市，人流车流物流高度集聚，地上地下设施非常密集，安全隐患风险无处不在。必须把安全放在更加突出的位置，始终以如履薄冰的心态来抓安全，为上海经济社会发展创造和谐稳定的环境。二是建筑市场管理依然任重道远，要求我们在完善管理体制，建立长效机制方面继续努力。去年的建筑市场整治取得了积极成效，得到了中央有关部委和市委、市政府以及社会各界的充分肯定，但我们也清醒地认识到，要全面规范上海的建筑市场管理，还必须把建立长效管理机制作为工作重点，及时将集中整治转变为常态管理，努力消除顽症，全面提高建筑市场管理水平。三是加快行业转型发展的要求越来越高，要求我们必须主动思考、主动作为，在创新驱动方面走出新路。去年，本市住宅产业化、垃圾分类减量等启动试点，建筑节能、交通节能减排制定了规划和引导政策，为下一步加快行业转型发展打下了基础。但很多工作仍处于起步阶段，与兄弟省市相比还存在一定差距，需要我们进一步加大力度、加快推进。

第二部分 全力做好2012年建设交通工作

2012年是“十二五”承上启下的重要一年，是上海深入推动创新驱动、转型发展的关键一年，也是本届政府任期的最后一年。中央经济工作会议明确了今年“稳中求进”的总基调。市委九届十七次全会提出今年工作要体现“五个更加注重”，即更加注重稳定增长、更加注重结构调整、更加注重改革开放、更加注重民生保障、更加注重城市安全。

把握形势变化，是做好今年工作的重要基础。联系建设交通行业实际，2012 年我们面临的形势十分严峻。一是维护安全稳定的任务更加艰巨。市委、市政府提出要更加注重城市安全。今年重大政治活动较多，安全稳定将是全市的头等大事。从安全来说，当前仍处于安全生产事故易发多发高峰期，基层基础工作仍然比较薄弱，建设交通安全发展面临严峻考验；从稳定来讲，今年将召开十八大和市第十次党代会，这对营造和谐稳定的社会氛围提出了更高要求，我们建设交通行业的维稳工作也面临挑战。二是加快推进工程建设的任务更加艰巨。中央强调要发展实体经济，要求财政和信贷继续支持重大基础设施建设；市委、市政府提出要更加注重稳定增长，以项目带动继续推进重大功能性工程建设。但我们要看到，去年一系列法规政策的影响仍然延续到今年，本市拆迁实施细则的磨合、建设资金的紧张、社会稳定风险的评估等都可能会对工程建设推进造成影响。此外，由于去年很多重大工程进度滞后，不少项目开工都延迟到了今年，今年工程建设任务更加繁重，必须抓细前期，抓早开工，抓紧进度。三是保障和改善民生的任务更加艰巨。中央强调要保障和改善民生，切实办好涉及民生的大事，市委、市政府提出要更加注重民生保障。当前，人民群众对提升服务水平的期盼越来越高，我们的工作难度越来越大，今年保障房建设的压力仍然不小，特别是各种配套不足问题亟待解决；旧区改造也要充分估计可能遇到的困难，提前做好应对准备。另外，今年的交通形势也不容乐观，拥堵情况可能比去年进一步加剧。四是加快转型发展的任务更加艰巨。中央强调要加快创新，尽快取得突破；市委、市政府提出要更加注重结构调整。目前，城乡基础设施发展仍不平衡、资源环境的刚性约束不断增强，这对我们加快行业转变发展既是动力更是压力。航运中心建设如何使上海港从物流型航运中心向物流型、服务型、资源配置型航运中心并重转型；如何加快推进住宅产业化、垃圾分类减量、低碳交通发展等也面临挑战。五是深化改革创新的任务更加艰巨。中央强调要加快改革，促进政府职能转变；市委、市政府提出要更加注重改革开放，这为我们更加注重社会管理创新和强化公共服务职能带来新的契机。我们在完善大部委制改革、推进行政审批制度改革、加快建筑市场综合管理和分级分类管理相结合的体制建设等方面，还必须拿出勇气魄力，进一步深化体制、机制、法制改革。

2012 年建设交通工作的总体要求是：全面贯彻落实中央和市委、市政府的决策部署，围绕“创新驱动、转型发展”的主线，坚持以人为本、安全为先、管理为重，以安全稳定保和谐，以项目带动稳增长，以功能提升促转型，以安居畅行惠民生，以改革创新强管理，努力推动建设交通行业的科学发展。

具体而言，要重点做好以下八方面工作：

一、突出安全为先，全力保障城市运行安全和行业稳定。要坚持安全为先，贯彻落实市委、市政府加强城市运行安全和生产安全的意见，确保行业安全稳定。

（一）确保工程建设质量安全。巩固建筑市场整治成效，确保全市工程建设质量安全总体受控。完善建设市场监管体系。全面实施建设工程分类管理，切实落实各专业建设管理部门的职责；全面开展企业和从业人员资质资格动态监管，强化市场监管和现场监管联动，加快形成统一市场、综合监督和分级分类管理相结合的格局。建立建筑市场整治长效机制。继续发挥市区相关各方的积极性，全面推进突出问题的整改；完善建筑市场稽查机制，充实质量安全监管力量。推进“制度加科技”建设。加强信息交换和共享，加快建成以建设工程程序审批、主体监管、工地现场监管、信息服务和辅助决策为核心的建筑市场管理信息平台。

（二）确保城市设施运行安全。突出轨道交通、高架桥隧、玻璃幕墙等重点领域，确保安全管理制度到位、责任到位、措施到位和投入到位。加强轨道交通运营安全管理。督促运营单位完善行车安全管理制度，继续推进轨道交通网络运营的安全评估工作。加强燃气用气安全管理。持续开展占压燃气管道专项整治，加强燃气管网的安全检测、老旧管网和燃气器具的更新改造。加大老旧公房、出租房燃气安检的力度。加强玻璃幕墙安全管理。贯彻落实建筑玻璃幕墙管理办法和相关技术规范，深入开展专项整治，督促业主加强定期安全检测。加强车辆超限超载运输治理。开展区域化治超等行动，坚决遏止超限超载等违法运输行为。

（三）确保建设交通行业和谐稳定。落实稳定责任制，加强源头预防和责任追究，全力确保建设交通行业不发生影响稳定的重大事件。继续化解信访突出矛盾。发挥党政领导齐抓共管合力化解的优势，落实领导干部接访、下访和包案等制度，努力把信访矛盾化解在初访阶段。继续抓好无法办理产权证、动迁安置房、虹桥机场噪音扰民等突出信访矛盾化解，积极主动承担市委、市政府交办的信访突出问题的处理。维护基层一线职工合法权益。继续加强对环卫工人、建筑农民工以及集卡、公交、出租车司机等一线从业人员的关心，及时解决其合理诉求，努力构建和谐劳动关系。积极稳妥有序地推进改革。在事业单位改革、企业单位划转、贷款道路通行费取消等工作中，细化配套政策，确保改革顺利推进和队伍总体稳定。

二、突出常态管理，不断完善城市管理长效机制。要坚持管理为重，依托两个联席会议平台，加强统筹协调联动，努力保持市容环境整洁、市政设施完好和城市交通畅通。

（一）努力保持市容环境整洁美观。围绕“整洁、有序、高效、法治”的要求，进一步巩固世博管理成效。提升市容环境整体水平。巩固市容环境“示范区、规范区、达标区”创建成效，力争创建范围达到1100平方公里，达标率95%以上。加强市容环境责任区制度落实，着力加强新城新镇、大型居住社区、城郊结合部和老旧居住区的管理，研究推出城市管理指数等评价体系。加强顽症难题治理。加大别墅区、城郊结合部等重点区域违法建筑的整治力度，力争新增违法建筑及时拆除，逐步消除存量违法建筑。加强渣土运输处置管理，落实渣土运输企业安全主体责任，加大对违规企业的整治和处罚力度，强化驾驶员准入管理和培训。进一步加强设摊、户外广告等市容管理。提升城市管理执法实效。理顺城管执法体制，加强城管执法队伍建设，加大教育和培训力度，提高严格执法、规范执法、文明执法的整体水平。加强与相关部门的执法联动，充实城郊结合部、大型居住社区等区域的城管执法队伍。深化城市网格化管理。进一步扩大网格化管理在郊区（县）城市化地区的覆盖面，拓展网格化管理功能，加强与区域社会管理的联动。继续发挥“12319”城建热线等作用，及时回应市民诉求。

（二）努力保障交通运行有序畅通。以修编新一轮上海市交通白皮书为契机，积极研究综合性的治堵措施，确保全市交通拥堵状况不进一步加剧。坚持源头治理。更加注重用地规划与城市交通的统筹，加快出台上海市交通影响评价管理办法，强化控详阶段交通影响评价的法律地位。坚持需求调控。更加注重拥有控制和使用限制相结合，适度控制私车牌照年投放总量。坚持管理增效。建立道路“小改小革”的长效推进机制，完善交通综合信息平台功能和交通诱导系统，强化交通运行状况的评估预判。坚持全市参与。广泛开展交通文明宣传，大力倡导文明、绿色的交通出行方式。同时，全力做好春运、重大活动和恶劣天气下的交通保障工作。

（三）努力维护市政基础设施完好。健全与设施规模相适应的投入增长机制，探索市级城市维护经费用于以奖代补的办法。加强道路养护管理。健全完善道路大中修质量标准体系，按照最新定额标准落实日常养护经费，提升道路养护管理水平。开展农村公路管理养护年活动，改善农村公路路况。加强重复掘路管理。落实管线规划执照与年度计划、月度综合掘路计划与施工许可证双联动机制，严格控制中心城年度掘路总面积和每日施工占路面积指标。加强地下管线管理。深入开展管线设施安全保护专项整治，强化管线规划和建设的统筹，加快建设全市统一的地下管线信息数据库。继续推进 ETC 建设。实现高速公路网所有收费断面 ETC 全覆盖。优化 ETC 车道设置，进一步提高车辆通行效率。另外，做好收费公路清理的后续工作和收回 G1501 北环特许经营权工作。

三、突出功能提升，加快推进现代航运服务业发展。要顺应船舶大型化、运输干线化、港口分工专业化和国际航运市场布局重组加快的新趋势，加快推进现代航运服务业发展，巩固提升上海国际航运枢纽港功能。

（一）调整优化现代航运集疏运结构。继续提高水水中转比例。加快推进内河航道建设，加强上海与周边地区内河集疏运体系的衔接。推动外高桥内外港区整合和洋山港江海直达。拓展水水中转集拼业务，推动建设“洋山保税港区国际中转集拼中心”。大力发展海铁联运。研究制订海铁联运班列开行方案，充分利用沪宁线释放的运力，实施苏锡常地区至芦潮港短途集装箱班列客车化开行。积极提升航空转运能力。力争完成浦东机场第四跑道主体工程，推进浦东机场第五跑道建设和 T1 航站楼改造，确保虹桥机场一号航站楼改造开工。大力发展中远程国际航空运输，拓展中转联程，提高旅客中转量和中转率。

（二）完善提升现代航运服务功能。进一步改善口岸服务。完善“一单两报”试点功能，扩大受益面。创新机场综保区通关监管模式和流程，提高口岸便利化程度。进一步优化市场环境。进一步规范船舶管理市场。探索开展中小航运企业集合票据发行试点。推进国家级船员评估中心、中国船员发展与保障中心建设。推动中国船舶油污基金技术保障机构落沪。推进航运信息平台建设。结合“智慧城市”三年行动计划，落实交通电子口岸等示范项目，推进上海国际航运综合信息平台建设。增强航运信息发布的权威性。推进全国班轮运价备案中心建设，建立面向全国的运价报备服务系统。完善船舶价格指数，规范船舶交易鉴证流程和手续。

（三）深化国际航运发展综合试验区建设。抓住上海增值税扩围试点的机遇，依托国际航运发展综合试验区平台，推动先行先试政策落实。发挥部际协调机制作用，推动船舶特殊登记、启运港退税等政策实施。争取在上海先试先行航空口岸过境旅客免办边检手续。落实国际航空保险业务营业税免征政策，吸引境外专业性保险机构入驻上海。扩大融资租赁业务规模，研究制订规范化管理模式和操作流程，搭建公共服务平台。

（四）加快实现邮轮通关便利化。推进邮轮母港软环境建设，积极争取和加快落实邮轮通关便利化措施。推动制订多点挂靠邮轮跨区域便捷通关流程，争取航空口岸旅客免签证政策拓展到水运口岸。鼓励境外企业在沪设立外商独资邮轮船务公司。

四、突出民生为本，切实做好安居畅行惠民等工作。要坚持民生为本，努力解决部分群体居住困难、出行不便、保障服务不足等问题。

（一）推进“四位一体”住房保障体系建设。尽力解决中低收入家庭以及青年职工、引进人才、来沪从业人员的住房困难。全面加快保障房建设。全年力争新开工建设和筹措各类保障性住房1100万平方米，达到供应要求770万平方米。逐步放宽准入标准。对符合廉租条件的家庭应保尽保。进一步放宽共有产权房（经济适用房）准入门槛，加大供应力度。重点推进公共租赁房建设，加快实现廉租房与公共租赁房的统筹建设、有效衔接。进一步完善居住配套。加强统筹协调，发挥好60亿补贴资金的引导作用，加快推进大型居住社区市政公建配套建设。坚持房地产市场调控。继续实施限购等政策，完善个人住房房产税改革试点，促进房地产市场平稳健康发展。充分发挥住房公积金作用。继续支持保障性住房建设，抓紧落实第二批公积金投资、贷款项目。推动住房公积金制度创新，研究制订公积金支付物业费等实施细则。

（二）加快旧城区、郊区城镇棚户简屋等改造。贯彻落实房屋征收补偿新规要求，加快起草旧城区改建征询居民意见实施办法，全面推进中心城区重点地块的改造，力争完成二级旧里改造60万平方米，受益居民2.5万户。继续推进宝山顾村、金山朱泾镇等棚户简屋改造试点，力争完成1500户、6万平方米郊区危旧房和“城中村”改造。

（三）落实公交优先进一步方便市民出行。进一步优化公共交通结构和增强公共交通吸引力，中心城公共交通出行比重达到47%以上，轨道交通占公共交通客运比重达到40%以上。增强地面公交的便捷性。重点围绕郊区新城、大型居住社区需求，优化调整公交线网，推进公交客运枢纽、公交专用道建设。完善短驳公交线路设置，着力解决市民“最后一公里”出行问题。提高轨道交通运行效率。继续完善轨道交通网络，加快建设9号线三期、11号线北段二期、12号线、13号线一期等线路。推动轨道交通缩短间隔、增加运能，缓解高峰拥挤状况。加强轨道交通车站的接驳，推进地面公交网和轨道交通网的融合。积极缓解“停车难”矛盾。落实加强本市停车规划、建设和管理的若干意见，倡导自备车位理念和公共交通出行，努力缓解居住区、医院等停车难矛盾。此外，继续推进江浙毗邻地区省际客运班线的公交化，方便居民出行。

（四）提高供应保障能力和公共服务水平。进一步突出供水、供气和物业管理、公园服务等行业的公益性特征，以及无障碍设施、标志标牌等人性化服务要求，全面提升服务保障水平。进一步提升供水水质。加快推进东风西沙水库等建设，继续推进中心城区二次供水设施改造，基本完成除崇明县以外的郊区集约化供水工作，力争水质达到新颁国家饮用水卫生标准。积极保障燃气服务供应。加强计划管理，保障燃气供应平稳有序。推进主干管网二期和应急气源建设，做好五路气源接收工作。完善区域管网建设，提升郊区天然气利用水平。切实加强物业管理服务。理顺物业服务收费价格机制，进一步完善业主自我管理机制，加强居住物业管理纠纷的协调，提升市民对物业管理服务的满意度。大力强化公园绿地林地管理。分步实施公园存量违法建筑的拆除，继续推进老公园改造。创建一批有示范意义的林荫大道。推进外环生态专项等绿化工程建设，建成绿地1000公顷。完成造林1.5万亩。严格执行森林管理规定，巩固建设成果，推进生态环境持续改善。

五、突出项目带动，继续推进重大工程建设。要坚持管建并举，充分发挥重大工程项目的带动作用，加强项目储备、前期推进和文明施工管理，同时加快把建设重心向郊区转移。全年安排重大工程正式项目90余项、投资约1100亿元。

（一）继续完善重点区域的配套设施。重点推进黄浦江两岸、世博园区、虹桥商务区、迪士尼等区域的配套设施建设，加快推进沿江通道、嘉闵高架南北延伸、虹梅南路高架、周家嘴路越江、虹桥会展中心地下通道等项目前期工作。继续推进中科院浦东科技园等科技创新和产业结构调整类项目，以及国家天然气配套工程等城市运行保障项目。加快推进区与区对接道路建设，确保所有项目主体工程一季度开工和年内基本建成。

（二）加快郊区新城基础设施建设。进一步完善城乡基础设施体系，加快长江西路等越江工程，S6、S26等公路工程，沪嘉高速改建以及铁路金山支线改造建设。启动建设昆阳路和S3、S7公路等重大工程，做好北青快速路、北横通道、沪通铁路、沪乍铁路等前期工作。落实加快郊区新城建设措施，促进嘉定、南桥、青浦等新城发展。

（三）推进新农村基础设施建设。启动郊区农村桥梁改造和道路建设，力争改造1000座农村桥梁，推进中小河道整治和农村生活污水处理设施改造。协同市相关部门完成100个农村村庄综合改造。加快研究制定历史文化名城（镇）保护政策，进一步做好历史文化风貌建筑保护保留工作。

六、突出转型发展，着力转变建设交通发展方式。要坚持转变建设交通发展方式，以第五轮环保三年行动计划启动实施为抓手，突出垃圾分类减量、建筑节能和交通节能减排等重点，全面推进资源节约型、环境友好型城市建设。

（一）推进生活垃圾分类减量。深化生活垃圾分类试点。巩固1080个小区的分类试点成果，有序扩大至学校、菜场、机关和企事业单位，逐步实现生活垃圾分类工作全覆盖，完成生活垃圾人均处置量减少5%的目标。提高生活垃圾无害化处理能力。加快推进“一主多点”生活垃圾末端处理设施建设，基本建成老港再生能源利用中心一期和综合填埋场一期工程。提高区县生活垃圾处置能力，基本建成金山等生活垃圾综合处理厂。提升生活垃圾资源化水平。严格监控废油脂流向，推行属地核查制度，坚决打击非法收运、处置行为。加强建筑装修垃圾、餐厨垃圾等专项垃圾的资源化利用，重点推进建筑垃圾的再生利用。

（二）推动建筑节能和住宅产业化。加快研究开发适应本市气候特点、节能效率高的墙体保温技术体系。推进绿色低碳城区建设。继续加强公共建筑节能管理，加大政府办公建筑的合同能源改造力度。完善建筑节能管理体系和技术支撑体系。积极扩大住宅产业化试点，在保障性住房建设中大力推广装配整体式工艺，鼓励装配整体式商品住宅项目建设，努力落实100万平方米试点项目。继续提高全装修住宅建设的比例。

（三）加大交通节能减排力度。加强资金和政策扶持，推动交通节能规划实施。推进落实道路运输车辆燃料消耗限值达标。加快高油耗、高排放、高污染车船淘汰更新，研究鼓励使用世博清洁能源车辆的政策措施。大力推进岸基供电和码头作业系统“油改电”等技术改造。不断提高出租车电调比例。

七、突出改革创新，切实加强政府自身建设。要坚持改革创新，紧紧围绕建设“四个政府”和“两高一少一好”的目标，切实加强政府自身建设。

（一）进一步完善管理体制机制。继续推进事业单位改革，确保路政局、建设交通研究院、新城管学院等单位平稳组建。完善城市维护管理机制，出台城市维护区（县）转移支付办法，加强城市维护项目库管理。大力推动政企分开和管养分离，推进市政养护作业的专业化、市场化改革。理顺市、区（县）两级管理体制，进一步下移管理重心，加大向区（县）下放事权力度，同时加强市对区（县）的行业指导。研究整合乡镇建设交通管理资源，强化乡镇建设交通管理职能。

（二）进一步提高行政管理效率。深化行政审批制度改革，通过市级平台与市各相关管理部门实现信息互换，加快推进网上审批，保证审批质量和提高审批效率。继续推进完善“设计文件审查”工作。稳步推进“建设工程竣工验收并联服务”相关工作，积极推进行政审批事项标准化编制。

（三）进一步提高行政透明度。全面推进政务公开，推进工程建设领域信息公开，公开项目招投标、施工管理、企业资质、人员资格等信息。完善道路、桥梁收费公示等制度。全面实施预算公开，提高预算执行力度，做好“三公”经费决算、部门决算公开工作。推进新闻发布工作的规范化、制度化，加强建设交通门户网站建设，开设政务微博，完善突发事件新闻应对机制，进一步提高舆情监测和快速处置能力。

（四）进一步强化依法行政。结合《行政强制法》出台，对现行法规、规章、规范性文件进行专项清理。抓好建设工程质量和安全管理条例的宣贯，修订《上海建筑市场管理条例》等法规，研究制订《上海市高速公路管理办法》《上海市城市地下管线管理办法》《上海市网格化管理办法》等规章制度。进一步规范执法行为、强化执法监督，加强对行政执法情况的检查和考评。定期开展对区县建设交通部门负责人、执法人员的业务培训。

八、突出能力提升，全面推进党的建设。围绕建设交通中心工作，全面加强和改进党的建设，促进城乡建设、交通和管理工作再上新台阶。

（一）学习贯彻党的十八大和市第十次党代会精神，统一思想，凝聚力量。深入基层、深入群众，认真组织学习党的十八大和市第十次党代会精神；联系建设交通行业实际，认真贯彻落实党的十八大和市第十次党代会精神，全面推进行业科学发展。

（二）深化干部人事制度改革，建设高素质的干部人才队伍。切实加强领导班子思想政治建设，突出能力要求，适时开展领导班子配备后评估。坚持“德才兼备，以德为先”的用人标准，把“考德”结果体现到干部选拔任用、培养教育、管理监督等方面。不断总结经验，形成分层分类的干部初始提名制度规范，在差额提名、推荐、考察等方面进一步探索完善。按照高端引领、统筹兼顾、整体开发的原则，聚焦行业重点领域，创新人才工作机制，着力培育、引进、集聚人才，营造优秀人才脱颖而出、施展才干的良好环境。

（三）坚持改革创新，提高基层党建科学化水平。指导各行业、各单位结合实际开展党建联建，充分发挥党建联建在城市建设管理中的作用。加强基层党建分类指导，以机关党建例会为平台，推动机关党建走在基层党建前面；以建设“四好”班子、“四强”组织和“四优”队伍为抓手，研究提出加强和改进国有企业党建工作的意见；以党群工作标准化为目标，进一步加强工会、青年工作；以工作覆盖为重点，抓好行业协会党建。

（四）围绕社会主义核心价值体系建设，推动提升行业文明程度。以选树行业代表人物、优秀团队为抓手，开展“学习先进，做守责任、讲诚信建设交通人”活动。通过形势政策教育、从业人员培训等渠道，强化价值引领。开展“设施、管理、服务”综合性的创建工作，不断提高窗口管理水平和服务能级。大力开展志愿者活动，借助文明城区、社区、小区等社会化创建载体，将城市管理普遍性要求纳入群体性精神文明创建。

（五）加强巩固提高，深入推进党风廉政建设和反腐败工作。抓好落实《建立健全惩治和预防腐败体系2008-2012年工作规划》总结工作，谋划形成下一个五年规划。进一步巩固“4+3”专项治理成果，围绕关键环节和重要岗位，建立健全相关制度，完善反腐倡廉制度体系。深入推进廉政风险防控工作，围绕查找风险点和制定防控措施，确定权力运行的风险点、主要表现形式和不同等级，实行分级管理、分级负责、分级防控。不断探索创新，推动廉政文化发展。继续深化党务公开工作。进一步加强查信办案工作，严格依法依纪办事，保持惩治腐败的高压态势。

一、城乡规划、国土资源

（一）综述

2011年是“十二五”规划开局年。规划国土资源系统广大干部职工按照市委、市政府“创新驱动、转型发展”的总体部署，围绕年初确定的各项目标任务，以深化改革为主线，以建设服务政府为目标，以管理创新、制度创新、机制创新为突破口，聚集重点领域和关键环节，全面完成了年度工作计划，为“十二五”开局起步奠定了扎实基础。

完成区（县）、镇（乡）“两规合一”工作。深化落实国务院批复的《上海市土地利用总体规划（2006–2020年）》成果，按照“两规合一、区镇同步”的原则，采取“以区为主、三级协同”的办法，推进区（县）、镇（乡）级土地利用总体规划编制工作。目前，已全面完成9个区（县）级和83个镇（乡）级土地利用总体规划成果的编制和审查工作，形成了“1（区县）+X（镇乡）”两级规划成果；同步梳理了17个区（县）、99个街道、111个镇（乡）的城乡总体规划。

控详规划覆盖率。在全市控详规划统一标准、统一管理的前提下，完善“分区管制、分类处理、分层控制”的管理办法。开展市批和区批控规数据入库等梳理工作，共涉及全市已批控规965个，经审核认定有效、予以梳理录入的控规830个。目前，全市控规覆盖已超过50%，其中中心城区近80%，郊区40%。

重点地区规划研究。围绕郊区新城、世博会地区后续利用、虹桥商务区、黄浦江两岸开发、上海国际旅游度假区、南大地区、高桥石化基地、吴淞工业区和上港十四区等重点区域，突出主导功能，通过整合资源、优化布局、集聚要素等途径，着力发挥重点地区的辐射带动作用，促进产业转型和城市功能整体提升。

建设规划管理。全面启用了"一书两证"审批新平台，强化基础数据整合、在线申请、自动比对、超标自动警示和统一管理等五大功能，实现项目规划审批全过程关联管理。全面推行告知承诺制，对符合规划且没有重大公共安全危害的建设工程（除市政建设工程外），项目规划审批阶段27项审核要素中的18项要素，通过承诺方式，做形式性审查。基本完成外环以内600平方公里范围的三维建模工作，提升三维审批系统在规划管理中的应用水平。

市政地下管线规划管理。制定了《上海市地下管线建设工程规划核查管理的试行规定》，明确了各责任部门职责、建设单位诚信承诺、地下管线信息化应用、跟踪测量和档案管理等要求。同步开展了《上海市管线综合规划管理规程和成果规范》研究工作，并抓紧制定地下管线跟踪测量成果标准。

（二）上海市政府批准的重要规划

【概况】2011年，上海市政府批准了《松江新城总体规划修改（2010–2020）》，《上海市黄浦江南延伸段WS5单元控制性详细规划徐汇滨江商务区附加图则》，《苏州河滨河地区（闸北段）暨天目社区控制性详细规划》，《世博会地区结构规划》，《世博会地区会展及其商务区B片区控制性详细规划》，《虹桥商务区规划》，《中国博览会会展项目综合体控制性详细规划暨徐泾东站大型居住社区控制性详细规划局部调整》，《虹桥商务区核心区南北片控制性详细规划及城市设计》等8个重要规划。

【批准松江新城总体规划修改】2011年12月，市政府批准市规划和国土资源管理局会同松江区政府联合编制的《松江新城总体规划修改（2010–2020）》。规划松江全区形成"一轴、两带、六廊、八片"的城乡布局结构。至2020年，全区建设用地总规模约289平方公里，总人口约230万人。松江新城规划范围东至区界－铁路金山支线，南至申嘉湖高速公路，西至绕城高速（G1501），北至辰花—卖新公路，总用地面积约160平方公里，其中城市建设用地面积约120平方公里。至2020年，松江新城常住人口将达到110万人。功能定位是长三角地区重要的综合性节点城市之一，上海市西南部重要的门户枢纽，松江区的政治、经济、文化中心，是以服务经济和战略性新兴产业为主导，具有上海历史文化底蕴和自然山水特色的现代化宜居新城。规划形成"四片、一带、两廊、三心"的空间格局。"四片"为新城北片区、新城南片区、工业园区和科技园区四个功能片区，并在此基础上形成9个功能组团。"一带"为南北向公共活动发展带，"两廊"为沿油墩港和洞泾港形成的两条生态走廊，"三心"为在核心组团、老城组团和南永丰组团形成3个新城级公共活动中心。

【批准黄浦江和苏州河两岸地区相关规划】2011年11月，市政府批准《上海市黄浦江南延伸段WS5单元控制性详细规划徐汇滨江商务区附加图则》，规划范围位于上海中心城的南部，徐汇区的东南部，内外环线之间。北侧临近徐家汇城市副中心，东北侧临近世博会规划区，西侧临近上海南站商务区。规划综合考虑功能、交通、历史文化、开放空间、景观形象等要素，实现功能的复合，并梳理公共交通，改善滨水空间的可达性，同时积极发掘文化资源，延续历史文脉。布局提供多样的开放空间，丰富滨水活动，树立独特的城市形象，强化地区标志性。

2011年12月，市政府批准《苏州河滨河地区（闸北段）暨天目社区控制性详细规划》，规划范围南起苏州河，北至交通路、虬江路，东起罗浮路、武进路、河南北路，西至苏州河，其中苏州河滨河地区（闸北段）为长安路、曲阜路、天潼路以南地区。规划功能定位是着力打造上海核心CBD的拓展区，提升滨河地区公共服务设施的服务水平，适量增加规划商业、商务办公用地控制。

【批准世博会地区相关规划】 2011年8月，市政府批准《世博会地区结构规划》。规划范围包括世博会红线及协调区范围，具体为中山南路—外马路、南浦大桥—浦东南路—耀华路—打浦桥隧道浦东出口—克虏伯北边界—耀华支路—倪家浜—黄浦江岸线—卢浦大桥、鲁班路围合的区域。结合上海城市发展对世博会地区的战略要求，并基于该地区独特的人文内涵、区位特征和资源优势，世博会地区后续功能定位为：突出公共性特征，围绕顶级国际交流核心功能，形成文化博览创意、总部商务、高端会展、旅游休闲和生态人居为一体的上海21世纪标志性市级公共活动中心。成为功能多元、空间独特、环境宜人、交通便捷、体现低碳、创新，富有活力和吸引力的世界级新地标。规划形成“五区一带”的功能结构，包括：文化博览区、城市最佳实践区、国际社区、会展及其商务区、后滩拓展区及滨江生态休闲景观带。借鉴同类地区的成功经验，结合功能定位、基础条件等，明确五个片区的分区规划导引。

2011年8月，市政府批准《世博会地区会展及其商务区B片区控制性详细规划》。规划范围为东至周家渡路、博城路、世博馆路，南至国展路，西至长清北路，北至世博大道，用地面积约25.1公顷。B片区功能定位是成为环境宜人、交通便捷、低碳环保，具有活力的知名企业总部聚集区和国际一流的商务街区，使之成为促进上海城市功能转型和中心城区功能深化提升的重要功能载体。规划形成以总部办公为核心功能，形成博城路、规划一路公共活动轴线。世博馆路以东为商业金融用地，以西主要为商务办公用地。

【批准虹桥商务区地区相关规划】 2011年11月，市政府批准《虹桥商务区规划》。规划范围为东至环西一大道，南至S20沪青平高速公路，北至G42沪宁高速公路，西至G15嘉金高速公路。总体发展目标是成为服务我国东部沿海地区和长江三角洲地区的大型综合交通枢纽、成为上海的重要商务集聚区和促进上海服务全国、服务长江流域、服务长江三角洲地区的重要载体。其中，主功能区核心功能是综合交通枢纽和现代商务贸易功能，形成面向长三角的商务中心；主功能区拓展区主要功能是主要承担虹桥商务区的配套功能，是虹桥商务区的基本功能配套区、延伸产业辐射区、交通功能保障区和环境品质支撑区。

2011年9月，市政府批准《中国博览会会展项目综合体控制性详细规划暨徐泾东站大型居住社区控制性详细规划局部调整》。规划范围为东至嘉闵高架路，西至诸光路以西公交枢纽街坊，北至崧泽高架，南至规划六路。发展目标是建设成为最具规模、最具水平、最具竞争力的世界级的大型展览场馆，带动上海、长三角乃至全国的会展经济实现新的发展。规划主要包括会展项目和与之相配套的商业、酒店等设施。

2011 年 9 月，市政府批准《虹桥商务区核心区南北片控制性详细规划及城市设计》。规划分为南北两个片区，其中北片区的规划范围是：东至申贵路，南至扬虹路，西至沪杭铁路外环线—兴虹路—申滨路—润虹路—申长路，北至天山路—申虹路—申贵路；南片区的规划范围是：东至申贵路—申长路—现状铁路用地边界，南至沪青平公路，西至沪杭铁路外环线，北至建虹路。北片区功能定位是以企业总部办公、商务贸易办公、现代商务服务、高端居住等为主体功能，打造高端商务休闲生活社区。南片区功能定位是以企业总部办公、现代商务服务等功能为主，滨河创意休闲功能为辅，形成高端总部商务办公区。

（三）规划管理

【概况】2011 年上海市新建城市雕塑项目 78 个；上海世博会雕塑后续利用项目 13 个；住建部全国城雕委年度全国优秀城市雕塑建设项目评选中荣获 6 个奖项；城市雕塑流动展示平台展出雕塑作品 98 座；开展城市雕塑艺术中心工作讲座、艺术展及各类活动 19 场、收藏优秀雕塑作品 4 座；上海市地名办共审批各类地名 555 个；核发建设项目选址意见书 1920 件、核发建设用地规划许可证 1929 件、核发建设工程规划许可证 2530 件。

【城市雕塑规划建设工作】2011 年新建城雕项目 78 个；上海市城雕办荣获住建部全国城雕委颁发的“2010 年度全国优秀城市雕塑建设项目”优秀组织奖；“2010 年上海世博会园区雕塑”项目、“静安雕塑公园系列雕塑”项目荣获“2010 年度全国优秀城市雕塑建设项目”年度大奖。2011 年上海市城雕办与黄浦区政府联合云南省教育厅、文化厅成功举办了“上海第十一届南京路雕塑邀请展暨云南雕塑艺术展”；与普陀区政府在长风生态商务区成功举办了“青春的视觉见证”——第二届全国大学生公共视觉优秀作品展。充分发挥上海城雕艺术中心作用，成功举办了“‘物语’关根申夫艺术展”和“全国青年雕塑展”，收藏“物派”代表人物关根申夫雕塑作品《天空的天平》和《风景的指环》。

【地名管理工作】2011 年，上海市地名办共审批各类地名 555 个，其中居住区和建筑物类 351 个，市政交通设施类 201 个，公共绿地类 3 个；审批大型居住社区地名规划方案 19 个。全面推进第二次全国地名普查试点工作，制定了《上海市第二次全国地名普查试点工作推进方案》。11 月浦东新区先行试点普查成果顺利通过国家验收，后续开展的宝山等 4 个区县按照计划完成实地信息采集工作，全面转入内业汇总和信息处理阶段，为 2012 年全面完成普查任务奠定了坚实的基础。开展了《上海市地名总体规划》编制工作，已形成主要内容框架；初步完成了对行政区划等 6 大类地名的命名指引，全市地名空间布局总体框架的梳理概括，中心城地名现状特征的总结提炼，郊区 9 个区（县）地名空间布局引导的基本框架，以及地名管理规范和规程的内容框架。

【2011 年全市核发“一书两证”情况表】

项目名称	单位	数值
核发建设项目选址意见书	件	1920
用地面积	平方米	147376391
核发建设用地规划许可证	件	1929
用地面积	平方米	146811472.8
核发建设工程规划许可证	件	2530
建筑面积	平方米	61645899

（四）土地管理

【概况】2011 年国有建设用地 5173.9 公顷；大型居住社区土地储备，启动的浦东航头等 12 个基地的土地储备工作，可新增住宅约 3500 万平方米，约 55 万套；保障性安居工程用地供应合计 973.8 公顷，占住宅用地供应总量的 76.4%；制定下发了《关于在张江国家自主创新示范区试点进一步开展产业用地节约集约利用的若干意见》，开展产业用地节约集约利用政策试点；编制完成了《本市农村集体建设用地建设租赁房规划》，落实了首批试点选址方案；全面完成浦东新区合庆镇农村集体建设用地流转试点工作；全年共依法申请人民法院强制执行土地违法案件 79 件，对切实保护耕地，进一步规范本市国土资源利用秩序起到了积极作用。

【土地利用年度计划及执行】2011 年，市规划和国土资源管理局做好土地利用计划管理，优先确保以大型居住社区为主的保障性住房项目落地，充分保障新城和新农村建设用地，有力支撑市政公用类项目建设，有效保障了高新技术产业化项目等产业发展用地，进一步促进节约集约用地，增强本市经济社会发展的稳定性、协调性和可持续性。

【国有建设用地供应情况】

用地性质	供地方式	数量（公顷）	备注
住宅用地	出让及划拨	1273.8	其中：保障性安居工程用地973.8公顷
商业、办公用地	出让	334.9	
工业用地	出让	1400.8	
公用设施用地	划拨	583.3	
公共建筑用地	划拨	252.9	
交通运输用地	划拨	1167.3	
水利设施用地	划拨	113.3	
特殊用地	划拨	47.6	
总计	/	5173.9	

【大型居住社区土地储备工作】2011 年，在前期规划选址的基础上，市规划和国土资源管理局会同市重大办、市土地储备中心、相关区县等加快先行启动的浦东航头等 12 个基地的土地储备工作，可新增住宅约 3500 万平方米，约 55 万套。截止 12 月底，12 个基地动拆迁农户已签约 13403 户，企业已签约 1173 家，完成比例超过 90%，基地内规划为保障性住房的土地已无动拆迁量，2011 年度开工保障性住房项目的供地工作已全面完成。这三项工作标志着先行启动的第二批大型居住区土地储备工作基本完成。

【保障性安居工程用地供应工作】2011 年，市规土局大力推进保障性安居工程用地供应工作。2011 年，本市供应住宅用地 1273.8 公顷，其中，保障性安居工程用地合计 973.8 公顷，占住宅用地供应总量的 76.4%。土地供应的落实为完成 2011 年中央下达上海的 26.6 万套保障房任务奠定了坚实的基础，切实体现了上海认真贯彻国务院和国土资源部加强房地产调控，确保住房用地供应规模，不断优化住房用地供应结构的部署要求。

【开展产业用地节约集约利用政策试点】2011 年，市规土局在产业用地节约集约利用和转型利用方面进行了积极探索，形成了相应的研究成果和操作方案。结合张江国家自主创新示范区建设，制定下发了《关于在张江国家自主创新示范区试点进一步开展产业用地节约集约利用的若干意见》（沪规土资地 [2011]1056 号），推动产业用地节约集约利用的相关政策在张江高科技园区、金桥出口加工区进行试点。试点政策主要包括鼓励企业分割转让节余土地、鼓励工业用地转型为园区科研用地、支持园区开发主体利用存量工业用地建设公共租赁房等。

【加快农村集体建设用地建设租赁房试点】

2011年，市规土局积极推进农村集体建设用地建设公共租赁房试点工作。按照“一优先、三不变”的原则，优先鼓励利用农村闲置的存量集体建设用地、特别是集体工业用地，不改变主体，不改变原建设用地用途，不改变集体土地权属，以使用集体土地方式办理手续。编制完成了《本市农村集体建设用地建设租赁房规划》，落实了首批试点选址方案。

【农村集体建设用地流转试点】2011年，市规土局全面完成浦东新区合庆镇流转试点工作。该试点经过村民代表大会表决、集体土地调查确权、村庄规划编制、集体建设用地复垦、指标流转、项目立项、申办农转用、农民社会保障安置、流转交易等环节，全过程实施了指标流转、地块流转的试点，并形成了相应的制度成果。同时，结合农村集体土地调查确权工作，在试点地区先期进行集体土地所有权调查、村庄规划编制、流转方案设计等基础工作。

【查处违法用地】作为国土资源部构建土地执法监管长效机制试点单位，2011年共依法申请人民法院强制执行土地违法案件79件，依法移送公安机关追究违法当事人刑事责任65件，依法移送纪检、监察机关追究有关责任人党纪、政纪责任80件，收缴罚没款共计人民币2327.9888万元。全年共发现国土资源违法213件，涉及土地面积90.41公顷（其中耕地面积42.41公顷），违法用地面积以及违法占用耕地面积分别较2010年同期下降38.93%和37.60%。

（五）其他

【概况】2011年市规土局认真组织实施《上海市地质资料信息服务集群化和产业化工作三年行动计划（2009.7 ~ 2012.6）》；扎实推进《上海市推进浅层地热能开发利用工作实施方案》各项工作；全面推进地面沉降防治工作，建成了全球首个轨道交通沉降监测基准网；启动上海市海岸带地质调查与监测预警示范》项目。2011测绘管理全年新编各类实用地图40余种；进一步完善了上海市空间框架基础数据和市地名地址库；全市城建档案管理机构共办理建设工程竣工档案登记2997项，验收建设工程竣工档案1852项，接收建设工程竣工档案13159项103540卷；制定了《上海市控制性详细规划技术准则》和有关成果规范，全面提升规划国土资源依法行政管理水平；制定了《上海市规划和国土资源管理局2011年度科研项目计划》，全年局级规土资源科研项目立题48项。3项研究成果达到国际先进水平。

【地质资料信息服务】2011年，市规土局认真组织实施《上海市地质资料信息服务集群化和产业化工作三年行动计划（2009.7 ~ 2012.6）》。一是完成市政府规章《上海市实施〈地质资料管理条例〉规定》的起草工作，已正式提交市法制办。二是扎实推进地质资料信息服务集群化工作，认真做好地质资料汇交、收集和整理工作。2011年共收集工程项目1.26万个，地质钻孔23.8万个，目前，共汇交收集工程项目3.76万个，地质钻孔80.2万个。三是积极推进城市地质数据中心与共享平台建设。2011年共完成3046个工程项目，7.06万个地质钻孔数据录入工作。目前，数据中心共收录地质钻孔数据26万个，工程项目总数1.41万个；完成了平台开发工作，已部署上线、开通用户试运行及服务案例跟踪研究；进一步加强了地质与土地数据更新机制建设，建立了数据动态更新机制。四是推进地质信息服务城市规划试点工作。完成了虹桥商务区、枫泾镇、浦江镇、国际旅游度假区、国际汽车城五个规划示范区的地质信息服务城市规划工作。五是深化地质信息服务城市安全试点工作。在加强轨道交通地面沉降监测基准网建设的基础上，完成了基准网首次的联测工作；加强轨道交通沉降监测和综合研究，编制了轨道交通沉降监测数据入库技术标准，完成了轨道交通网沉降监测与综合分析报告初稿的编制。六是完善地质信息服务土地管理工作。开展全市土地质量动态监测工作，完成了滩涂地形测量、表层沉积物取样等野外工作。

【浅层地热能开发利用工作】2011 年，根据《上海市推进浅层地热能开发利用工作实施方案》，市规土局扎实推进各项工作。1. 全面完成浅层地热能调查评价外业、室内测试及成果编制工作。2011 共完成了 83 个勘查孔的勘查工作，总进尺 11619.8m；完成常规室内试验 2248 个(组)，热物参数 1995 个(组)室内测试工作；完成 83 个调查孔原始地温测试，4 个孔 38 次温度恢复监测，2 个地下水监测井温度测量工作；完成 53 个热响应试验孔的测试工作。完成了本市浅层地热能调查评价初步成果报告的编制工作。完成新江湾城专项浅层地热能调查评价方案设计工作。2. 完成了数据库建设工作。完成浅层地热能数据库系统设计与数据录入工作，并将该数据库纳入上海城市三维地质信息系统。3. 开展了浅层地热能开发利用规划研究工作。编制了浅层地热能开发利用规划编制大纲，并根据专家咨询意见，开展规划研究工作。4. 基本完成《地源热泵系统工程技术规程》编制工作。完成了《地源热泵系统工程技术规程》征求意见稿的编制工作，按要求征求了相关单位的意见，并召开了征求意见专家咨询会。

【地面沉降防治工作】2011 年，市规土局全面推进地面沉降防治工作。1.《上海市地面沉降 “十二五”防治规划》经市委常委会和市政府常务会审议通过；2. 开展了《上海市地面沉降防治管理条例》（草案）的前期调研论证和起草工作，将《上海市地面沉降管理办法》（市政府令第 62 号）上升为地方性法规；3. 贯彻实施《上海市地面沉降“十一五”防治规划》，按计划完成了 2011 年度地面沉降监测站建设、地面沉降生命线工程监测网建设、地下水监测井建设任务；4. 加强地下水开采与回灌监督管理，编制并实施了《上海市 2011 年地下水开采与回灌方案）》；5. 与生命线工程单位建立了信息共享机制，将生命线工程沉降监测基准网建设纳入地面沉降监测体系，建成了全球首个轨道交通沉降监测基准网。全市平均地面沉降量约为 6.0 毫米，实现 2011 年度全市平均地面沉降量控制在 7 毫米以内的工作目标。

【《上海市海岸带地质调查与监测预警示范》项目正式启动】2011 年 9 月 5 日，《上海市海岸带地质调查与监测预警示范》项目领导小组第一次会议在上海召开，会议同意了项目领导小组、项目管理办公室和专家咨询小组的人员组成，并明确了各自职责，将《上海市海岸带地质调查与监测预警示范》项目纳入海洋地质保障工程和市规土局年度工作计划。1. 组织了《上海市海岸带地质调查与监测预警示范项目总体工作方案》评审。开展了项目总体工作方案编制、咨询及评审工作，编制了 1/25 万海岸带地质调查设计、海岸带地质环境监测与预警设计、2012 年度工作设计。2. 开展了湖苏断裂（上海段）综合地质调查与评价。对阶段成果进行了综合研究，基本厘定了区内断裂构造格架，推断了垂向地层，初步明确验证钻孔靶区。完成下阶段深层地层勘查测线、微动测深点和剩余高精度磁力测线部署。

【测绘管理】全年新编《黄浦区地图》、《追寻红色足迹——上海市爱国主义教育基地分布图》、《上海市未成年人社会实践基地版图》等各类实用地图40余种，对《道路交通指南》、《上海市交通图》等地图（册）进行改版，为浦东、虹桥两大国际机场等免费编制、发放各类公益类地图（册）。对全市约8600条规划道路红线进行比对和梳理，涉及28200余幅地形图。将《奉贤区南桥大型居住区》、《闵行区闵行新城》、《嘉定区嘉定新城》等82件项目规划控制要素上图并公开发布，涉及1：500图213幅、1：1000图1647幅、1：2000图349幅。

全年为100余家政府管理部门免费提供维护和更新服务，为200余家区县政府管理部门提供优惠价和长期更新维护，为20000余家用户提供基础地理信息数据。完善上海市空间框架基础数据和市地名地址库，开发“上海市政务地图”并逐步在政务版平台使用。

【档案管理】全市城建档案管理机构共办理建设工程竣工档案登记2997项，验收建设工程竣工档案1852项，接收建设工程竣工档案13159项103540卷。其中，市城建档案馆办理登记705项，验收243项，接收208项6976卷。全市城建档案管理机构共接待调阅利用31740人次，利用档案46440卷，其中，市城建档案馆接待档案利用单位1080家，利用人数1565人，利用档案1941项3060卷，提供现场和电话咨询2607人次，尤其为优秀历史建筑铭牌复核和徐汇区历史文化风貌区保护做好了查档服务。

【行政管理】2011年，市规划和国土资源管理局制定了《上海市控制性详细规划技术准则》和有关成果规范；完成了《上海市地下管线建设工程规划核查管理的试行规定》并经市政府转发；制定了《上海市建筑面积计算规划管理暂行规定》；开展了《上海市城乡规划条例》配套文件的制定；启动了《上海市规划管理技术规定》、《上海市城市详细规划编制审批办法》等规章修订的前期工作。按照实施《行政强制法》的要求，对相关法规、规章、规范性文件进行了全面清理，并发布《上海市规划和国土资源局进一步推进依法行政工作“十二五”规划》和《上海市规划和国土资源管理局关于开展法制宣传教育的第六个五年规划（2011–2015年）》，全面提升规划国土资源依法行政管理水平。

【科技成果】2011年，市规土局制定了《上海市规划和国土资源管理局2011年度科研项目计划》，全年局级规土资源科研项目立题48项。完成了多项课题的结题验收，其中上海市地质调查研究院完成的市科委立项课题《地质空间信息集群和应用系统研究》、上海市地矿工程勘察院完成的《深基坑工程减压降水自动控制技术研究》、《滩涂成陆土地快速固结方法和工程应用研究》等3项研究成果达到国际先进水平。在科技成果应用方面，上海市地矿工程勘察院完成的《静压桩沉桩阻力测量装置及其测量方法》、《一种植物垫层真空排水固结装置》分别获国家发明专利和实用新型专利各1项。完成了上海市工程建设标准《地下管线探测技术规程》等规范标准的编制，《农村集体土地所有权调查技术规范》、《卫星定位测量技术规范》等3项标准被列入上海市工程建设规范和标准设计编制计划。在科研成果报奖方面，获得国土资源部科学技术奖二等奖2项，上海市科技进步三等奖1项，华夏建设科学技术奖二等奖1项、三等奖1项。

（市规划和国土资源管理局供稿）

二、重大工程

（一）综述

2011年，市重大工程年初共安排正式项目84项、预备项目44项，年计划投资1002.2亿元，计划新开工项目20项、计划基本建成项目12项。实际调整安排投资建设项目87项，完成投资1048.9亿元，占上海全社会固定资产总投资总额的20.7%，为上海“创新驱动、转型发展”发挥引领作用；崇启通道、迎宾三路隧道等16个项目建成投入使用，投资效益显现，为上海城市建设和社会经济平稳发展发挥支撑作用；S26高速公路、老港综合填埋场一期工程等23个项目开工建设，为上海实施“十二五”规划实现良好开局发挥推动作用；有6个工程评为文明示范工程、有17个工地评为文明示范工地、有80个工地评为文明工地，确保在工程建设中起到“率先垂范”作用；有284名个人评为建设功臣、11家单位评为金杯公司、14个集体评为金杯集体，涌现出一批优秀集体、优秀建设者和优秀组织者，受到表彰。

2011年，市重大工程调整安排建设项目87项。其一，投资建设产业结构优化升级项目28个，占项目总数的33.3%；年计划投资189.6亿元，占年计划总投资的18.9%。主要有中科院浦东科技园、抗体药物国家工程研究中心等科技创新平台项目；12 英寸集成电路芯片生产线、数据港云计算服务平台等战略性新兴产业项目；汽车、造船、商用飞机等重点优势产业项目；上海中心大厦、上海国际航运服务中心等现代服务产业项目。其二，投资建设改善民生重大社会事业项目 15 个，占项目总数的 17.9%；年计划投资 284.2 亿元，占年计划总投资的 28.4%。主要有保障性住房、大型居住区配套项目；一批医院医技楼、病房综合楼及郊区三级医院等医疗卫生设施项目；华东理工大学奉贤校区二期、上海电机学院临港校区等一批教育事业项目；上海交响乐团迁建、上海自然博物馆、钱学森图书馆等文化设施项目。其三，投资建设重大基础设施体系建设项目 41 个，占项目总数的 48.8%；年计划投资 528.5 亿元，占年计划总投资的 52.7%。主要有铁路建设、高速公路建设、内河航道整治等对外交通设施项目；轨道交通、越江设施、骨干道路、区与区连接道路等对内交通设施建设项目；郊区供水集约化工程、崇明岛东风西沙水库、苏州河环境综合整治三期、竹园污水处理厂污泥处理工程、老港再生能源利用中心等生态环境设施及节能减排设施项目；国家天然气项目、临港燃气电厂一期工程、消防站体系、城市光纤宽带网、郊区县数字电视整体转化换等保障城市安全运行重大项目。其四，预备项目转正及新增项目 4 个，主要有华锐风电科技上海临港基地、上海西郊国际农产品交易中心综合交易区、国药集团奉贤生物医药产业基地和上海京剧院项目。（见表 1、表 2）

表1　项目结构与投资规模

项目类别	项目数（个）	占总数比例（%）	计划投资数（亿元）	所占比例(%)
产业结构优化	28	33.3	189.6	18.9
重大社会事业	15	17.9	284.1	28.4
重大基础设施	41	48.8	528.5	52.7
小计	84		1002.2	
转出项目	1			
转正新增项目	4			
合计	87			

表2　2011年重大工程项目一览表

序号	项目名称
1	中科院浦东科技园（包括中科院上海新技术基地项目、中科院上海新药创制技术保障条件建设项目、交叉前沿科学中心项目及市政配套等）
2	国家蛋白质科学研究上海设施
3	中科院生命科学基础研究与应用研究平台及技术保障条件建设项目
4	中科院上海佘山天文台65米射电望远镜
5	数字电视国家工程研究中心
6	清洁高效煤电成套设备国家工程研究中心
7	国家肝癌科学中心
8	抗体药物国家工程研究中心
9	909工程升级改造–华力微电子12英寸集成电路芯片生产线
10	上海天马4.5代AMOLED中试线

序号	项目名称
11	上海数据港云计算IAAS服务平台
12	映瑞光电LED项目
13	中国（上海）网络视听产业基地
14	中国商用飞机公司能力建设项目（总部、设计研发中心、制造中心、大飞机客服中心等）
15	中航商用飞机发动机研发中心
16	ARJ–21支线飞机批生产能力建设项目（制造和客户服务部分）
17	中船长兴造船基地二期工程（第一阶段）
18	上海复星医药金山生物医药产业基地建设项目
19	宝钢集团浦钢搬迁工程（罗泾地块）第二步实施项目
20	上海汽车临港产业基地自主品牌新产品技术改造项目
21	上海汽车工程研究院自主品牌研发中心扩建项目
22	“中华”专用生产线技术改造项目
23	迪士尼项目及外围配套基础设施
24	中国博览会综合会展项目
25	上海中心大厦
26	上海国际金融中心（上海金融交易广场）
27	上海国际航运服务中心（含港运大厦）
28	上海吴淞口国际邮轮码头
29	郊区供水集约化工程（输水管网部分）
30	崇明岛东风西沙水库及取输水泵闸、原水输水系统一期工程
31	白龙港污水处理厂扩建二期工程
32	白龙港片区南线输送干线完善工程（过江管及连接管、东段输送干管工程等2个项目）
33	苏州河环境综合整治三期工程
34	老港再生能源利用中心建设项目
35	老港综合填埋场一期工程
36	竹园污水处理厂污泥处理工程
37	崇明北沿风电工程
38	国家重大天然气项目配套工程（上海天然气主干管网二期）
39	上海临港燃气电厂一期工程
40	50万伏输变电工程（市西南工程、练塘输变电）
41	22万伏输变电工程（包括宛平、陈太、大场、申江、亭大、姚北、莘东、洞庭、航吉、马陆、堡北输变电工程，泸定改造，漕泾、三林、练塘出线，会文进线，2183/2184增容）
42	石洞口燃气生产和能源储备项目
43	中心城区排水系统改造工程（大定海、新宛平、龙华机场、庙行、庙彭等）
44	消防站点体系建设（武宁、恒丰、光华、南站、杨行等消防站点）
45	城市光纤宽带网建设
46	面向“三网融合”的下一代广播电视网建设项目
47	郊县数字电视整体转换项目
48	保障性住房建设
49	大型居住区配套道路及公交枢纽（顾村、江桥、华新、泗泾、浦江、周康航、曹路、三林八大基地外围配套道路22条+芦恒、鲁汇、顾村3个公交枢纽）
50	华东理工大学奉贤校区二期工程
51	上海海事大学教学实习船建造项目
52	中欧国际工商学院三期建设工程

序号	项目名称
53	上海金融学院综合实验中心及后勤配套建设工程
54	上海电机学院临港校区一期项目
55	提升市级医疗设施和服务能力建设项目（包括第六人民医院医技综合楼、瑞金医院普通病房综合楼、仁济医院门急诊医技综合楼、新华医院综合楼、第十人民医院、第一妇婴保健院整体迁建、第九人民医院门急诊医技综合楼、儿童医院普陀新院等）
56	中山医院肝肿瘤及心血管病综合楼
57	上海中医药大学附属龙华医院国家中医临床研究基地
58	郊区三级医院建设项目（六院临港分院、金山医院迁建等“5+3+1”项目）
59	基于市民电子健康档案的卫生信息化项目
60	上海交响乐团迁建工程
61	上海自然博物馆
62	钱学森图书馆
63	京沪高速铁路上海段
64	上海西站地下南北通道及配套工程
65	S6高速公路（S20公路–G15公路，11.68公里）
66	S26公路东延伸
67	崇明至启东长江过江通道（上海段，31公里）
68	浦东机场第五跑道圈围工程
69	杭申线航道整治工程
70	黄浦江上游（分水龙王庙至大泖泾河口）航道整治工程
71	轨道交通11号线（北段）工程（主线为嘉定区城北路–罗山路，支线为嘉定新城站–墨玉路站，全长67公里）
72	轨道交通12号线（七莘路站–上川路站，全长39.5公里）
73	轨道交通11号线南段（龙阳路—临港新城）
74	轨道交通22号线（铁路金山支线改造）工程
75	轨道交通13号线一期工程及世博联络线项目（华江路站–长清路，全长23公里）
76	军工路越江工程
77	长江西路越江工程
78	虹梅南路–金海路通道（越江段）
79	东西通道（浦东段）拓建工程（银城西路–金桥路，全长约7.9公里）
80	中环线浦东段
81	迎宾三路（SN6路—外环，1.7公里）
82	区与区连接道路（金昌路、宝安公路等50条道路）
83	公交枢纽（包括富锦路综合客运交通枢纽、长江南路综合客运交通枢纽、江杨北路综合客运交通枢纽等48个子项目）
84	华锐风电科技上海临港基地项目
85	西郊农产品交易市场二期工程
86	国药集团奉贤生物医药产业基地
87	上海京剧院

2011年，市重大工程建设年计划投资1002.20亿元，实际共完成投资1048.91亿元，占上海全社会固定资产投资总额的20.7%，为上海确保经济增长作出贡献。（见表3）

表3 2011年重大工程建设项目投资完成一栏表

序号	项目分类	项目总数（个）	完成投资（亿元）
1	重大基础设施建设项目	40	537.03
2	重大社会事业建设项目	15	291.71
3	重大产业建设项目	28	204.86
4	转正新增建设项目	4	15.31
合　计		87	1048.91

2011 年，重大工程计划新开工 20 个项目，实际有国家蛋白质科学研究上海设施、数字电视国家工程研究中心、老港综合填埋场一期工程、城市光纤宽带网建设、华东理工大学奉贤校区二期工程、S26 公路东延伸等 23 个项目开工建设。（见表 4）

表4 2011年重大工程开工项目一栏表

序号	项目名称	计划总投资（亿元）	开工时间（年月）
1	国家蛋白质科学研究上海设施	7.00	2011.01
2	数字电视国家工程研究中心	1.16	2011.10
3	映瑞光电LED项目	27.00	2011.02
4	中国（上海）网络视听产业基地	29.52	2011.11
5	上海复星医药金山生物医药产业基地	15.00	2011.10
6	中国博览会综合会展项目	230.00	2011.12
7	郊区供水集约化工程（输水管网部分）	38.00	2011.03
8	崇明岛东风西沙水库及取输水泵闸、原水输水系统一期工程	19.20	2011.11
9	老港综合填埋场一期工程	10.34	2011.03
10	中心城区排水系统改造工程	14.55	2011.11
11	消防站点体系建设项目	5.74	2011.06
12	城市光纤宽带网建设	43.00	2011.03
13	“三网融合”下一代广播电视网建设项目	23.10	2011.07
14	郊县数字电视整体转换项目	17.75	2011.10
15	华东理工大学奉贤校区二期工程	2.52	2011.12
16	上海海事大学教学实习船建造项目	2.73	2011.01
17	上海中医药大学附属龙华医院国家中医临床研究基地	3.57	2011.01
18	市民电子健康档案卫生信息化项目	1.89	2011.06
19	S26公路东延伸	55.66	2011.12
20	华锐风电科技上海临港基地项目	9.59	2011.07
21	西郊农产品交易市场二期工程	8.82	2011.08
22	国药集团奉贤生物医药产业基地	39.57	2011.09
23	上海京剧院	1.57	2011.12

2011 年，重大工程计划 12 个项目建成或基本建成，实际有崇启通道、军工路越江工程、迎宾三路隧道、上海吴淞口国际邮轮码头等 16 个项目建成投入运行。（见表 5）

表5　2011年重大工程基本建成项目一栏表

序号	项目名称	累计完成投资情况（万元）	基本建成时间（年月）
1	中科院生命科学基础研究与应用研究平台及技术保障条件建设项目	5.16	2011.12
2	宝钢集团浦钢搬迁工程（罗泾地块）第二步实施项目	52.53	2011.06
3	“中华”专用生产线技术改造项目	22.48	2011.12
4	上海吴淞口国际邮轮码头	7.72	2011.05
5	上海金融学院综合实验中心及后勤配套建设工程	3.35	2011.06
6	上海电机学院临港校区一期项目	6.94	2011.09
7	京沪高速铁路上海段	159.62	2011.06
8	黄浦江上游（分水龙王庙至大涨泾河口）航道整治工程	1.41	2011.12
9	轨道交通22号线（铁路金山支线改造）工程	35.00	2011.12
10	军工路越江工程	28.43	2011.02
11	迎宾三路（SN6路—外环，1.7公里）	14.03	2011.10
12	苏州河环境综合整治三期工程	33.45	2011.12
13	城市光纤宽带网	61.67	2011.12
14	钱学森图书馆	0.77	2011.12
15	市民电子健康档案卫生信息化项目	1.89	2011.12
16	崇明至启东长江过江通道	38.51	2011.12

中科院浦东科技园、上海数据港云计算服务平台等一批围绕创新驱动、转型发展的产业项目建设加快推进。白龙港污水处理厂扩建二期工程、老港再生能源利用中心建设项目、风电和输变电等一批围绕环保、节能减排项目平稳推进。石洞口燃气生产和能源储备项目等能源设施建设项目、中心城区排水系统、“三网融合”等一批围绕城市运行安全的保障设施项目有序推进。保障性住房、上海自然博物馆、郊区三级医院等一批围绕民生优先的社会事业项目顺利推进。杭申线航道整治工程、区与区连接道路、长江西路越江隧道、轨道交通12号和13号线等一批围绕城乡一体化的基础设施建设全面推进。

（二）重大基础设施建设

【**概况**】2011年，安排重大基础设施建设项目40个，完成投资537.03亿元。对外交通基础设施项目建设，S6高速公路、杭申线航道整治工程、上海西站地下南北通道及配套工程取得阶段性成果。S26高速公路启动建设。京沪高速铁路上海段、崇明至启东长江过江通道工程、黄浦江上游航道整治项目建成投用，长三角综合交通运输体系将进一步完善，上海辐射能力进一步加强。对内交通基础设施项目建设：轨道交通11号线南北段、12号线、13号线等一批轨道交通项目建设取得新进展，22号线工程线主体结构基本建成；长江西路越江工程、虹梅南路—金海路通道工程建设稳步推进，军工路越江工程建成通车；东西通道、中环线浦东段前期工作全面展开；迎宾三路地道和一批区与区连接道路及公交枢纽站点建成投入使用，黄浦江两岸的交通联系、城市路网布局、区域交通条件进一步改善。生态环境设施项目建设：郊区供水集约化工程、崇明岛东风西沙水库一期、老港综合填埋场一期工程项目开始实施；白龙港污水处理厂扩建二期工程、白龙港片区南线输送干线完善工程、老港再生能源利用中心建设项目取得重大进展；苏州河环境整治三期工程基本完成，进一步完善城市供水、雨污水输送系统，提高城市供水和雨污水处理运行水平，改善了上海生态环境。节能减排设施项目建设：华锐风电科技上海临港基地项目开始建设；国家重大天然气项目配套工程、崇明北沿风电工程、竹园污水处理厂污泥处理工程取得阶段性成果，为全面实现上海节能减排目标作出贡献，提升了上海城市环境质量。能源设施建设项目：石洞口燃气生产和能源储备项目、上海临港燃气电厂一期工程进一步推进，将进一步提高上海市电力、燃气调峰和应急供应能力；50万伏和22万伏输变电工程全面展开，有10个22万伏及以上电力迎峰度夏保障项目按计划建成投运，为"十二五"电网建设打下扎实基础。公共安全设施建设项目：中心城区排水系统改造和新一轮消防站点体系建设项目开始实施，将大幅度提高中心城区排水能力和完善消防站点合理布局。信息基础设施建设项目：城市光纤宽带网、面向"三网融合"的下一代广播电视网建设项目和郊区县数字电视整体转换项目开工建设，将为科技、教育、文化、卫生、商务等行业搭建综合信息服务平台。

【郊区供水集约化工程（输水管网部分）开工建设】3月，郊区供水集约化工程（输水管网部分）开工建设。郊区集约化供水的总体目标是到2012年完成除崇明县以外地区的集约化供水，保障城乡居民饮用水安全；到2015年，各郊区（县）全面完成郊区集约化供水，关闭所有内河取水的中小水厂及地表水公共供水管网所到区域的公共供水深井，城乡居民共享公共供水均等化服务。其中，2012年要完成郊区集约化供水管网建设（DN500以上）124公里；关闭嘉定区、浦东新区、奉贤区、崇明县等中小水厂12家。

【崇明岛东风西沙水库及取输水泵闸、原水输水系统一期工程开始实施】11月，崇明岛东风西沙水库及取输水泵闸、原水输水系统一期工程开始实施。该工程东风西沙位于长江口南支上段的北侧、崇明岛西南部。东风西沙水库由东堤、南堤、西堤和北堤组成，总长12008米，其中新建东堤1220米，加高加固东风西堤海塘（南堤）4798米，新建西堤2352米，加高加固崇明大堤（北堤）3638米。上游建取水泵闸和输水泵站，下游新建排水闸。工程建成后，将有利于提高崇明岛的饮用水安全和供水的集约化管理程度，是保障城市供水安全的需要，是建设稳定、可靠水源地的需要。工程的建设在应对咸潮入侵、提高崇明岛供水保障程度方面具有重大意义。

【老港综合填埋场一期工程启动建设】3月，老港综合填埋场一期工程启动建设。老港综合填埋场一期工程含填埋库区和渗沥液处理厂工程，其中库区位于老港固体废弃物综合利用基地（以下简称"基地"）规划用地的西南角，东邻在建的老港再生能源利用中心、南靠拟建的基地内河、西邻老港四期填埋场、北侧为基地的储备用地。拟新建一座日处理3200立方米（其中含100立方米/天的深度处理示范工程）的渗沥液处理厂，处理新增的渗沥液水量，结合渗沥液处理的技术特点，渗沥液处理厂的处置对象包括综合填埋场一期工程以及在建的老港再生能源利用中心等垃圾处理设施产生的渗沥液，处理规模按照3200立方米/天设计。经处理后出水中重金属浓度达到《生活垃圾填埋场污染控制标准》(GB16889-2008)的限值要求，COD达到1000毫克/升，其它污染物满足纳管相关要求后纳入南汇污水处理厂（近期和应急纳管排入白龙港污水处理厂）经深度处理后达标排放。包括老港固废基地范围内的垂直防渗、综合填埋场一期工程与老港再生能源利用中心相连的给排水管道、渗沥液管道、污水调节池（1000 立方米）、污水提升泵房（12 平方米）、供电线路、绿化隔离带、基地监督管理中心（2400 平方米）、基地维修中心（3346.3 平方米）等。

【中心城区排水系统改造工程启动实施】 11 月，中心城区排水系统改造工程启动实施。主要安排大定海、新宛平、龙华机场、庙行、庙彭等排水系统改造。1. 大定海低标排水系统改造工程：该工程位于上海市杨浦区，服务范围北起周家嘴路，南至黄浦江，西起临青路，东至运河，服务面积约 425 公顷。该工程新建 9 条道路合流管道工程，建成后将提高大定海排水系统服务能力，解决地区积水问题，削减污水直排对地区河道水体的污染。2. 新宛平排水系统工程：工程雨水泵站选址于东安路以东、瑞宁路以南，服务面积约 3.06 平方公里。3. 龙华机场排水系统工程：工程雨水泵站选址于丰谷路以北、丰溪路以西。服务范围东起黄浦江，西至龙吴路，南起龙耀路，北至龙华港。4. 庙行排水系统工程：该工程雨水泵站选址于宝山区呼兰西路以南、规划康宁路以西。服务范围：东起东茭泾，西至大场机场东侧边界，南起康家围场河，北至蕰藻浜。5、庙彭排水系统工程：该工程雨水泵站选址于南康路以南、规划康宁路以东，东茭泾以西，占地面积约 4800 平方米。服务范围康家围场河 - 东茭泾 - 走马塘 - 现状西干线 - 大场机场海军 4724 厂、上海飞机制造厂西侧围墙 - 场北围场河所围合区域，服务面积约 251 公顷。

【消防站点体系建设项目正式启动】 6 月，消防站点体系建设项目正式启动。工程建设包括打浦、武宁、恒丰、光华、南站、杨行等消防站点，分布在本市主要区域。

【城市光纤宽带网建设开始启动并基本完成】 3 月，城市光纤宽带网建设开始启动。城市光纤宽带网建设工程，重点是本市新建住宅小区光纤到户建设和既有住宅小区光纤到户改造，建设范围覆盖上海全市。12 月，城市光纤宽带网基本完成。

【“三网融合”下一代广播电视网建设项目正式实施】 7 月，“三网融合”下一代广播电视网建设项目正式实施。“三网融合”的下一代广播电视网建设项目计划完成上海 NGB 城域广播网建设工作，以及市区和郊区城镇 NGB 分配网改造工作。

【郊县数字电视整体转换项目启动】 10 月，郊县数字电视整体转换项目启动。项目具体建设内容包括：上海郊区县数字电视整体转换终端发放和郊区农村网络改造。该工程的建设将涉及上海全市 9 个郊区县，根据国家数字电视整体转换的要求，2015 年全国实现有线电视广播数字化，此项目主要是有计划的、有步骤的、成片的将郊区县的网络转换成数字电视传输信号，同步发放数字电视机顶盒，使郊区市民不仅能看上清晰的数字电视，而且可以享受点播上网等综合信息服务，在提高郊区县市民的文化生活水平的同时，可大力促进“三网融合”业务在郊县的探索和开展。

【S26 公路东延伸开工建设】 12 月，S26 公路东延伸开工建设。该工程位于青浦区，西起 G1501 上海绕城高速公路（西接 S26 沪常高速公路一期终点），东至 G15 沈海高速公路。地面辅道西起山周公路，东至华徐公路。主线道路全长 10.6 公里。地面辅道全长约 8.1 公里。

【上海吴淞口国际邮轮码头建成】 5 月，上海吴淞口国际邮轮码头建成。工程位于上海市宝山区宝杨路 1 号，基地东至防汛堤、西至护城河、南至宝杨路、北至亚通码头，总建筑面积约 55620 平方米。该项目的建成，也将有效的缓解目前大型邮轮较难停泊上海水域的现状，并与北外滩国际客运中心形成功能互补。

【京沪高速铁路上海段建成投入运行】 6 月，京沪高速铁路上海段建成投入运行。京沪高速铁路自北京南站至上海虹桥站，全线纵贯北京、天津、上海三大直辖市和河北、山东、安徽、江苏四省，正线长 1，318 公里。京沪高速铁路上海市境内（上海段）正线长约 28.5 公里，分布在嘉定、闵行两个区，其中嘉定区正线长约为 21.3 公里，闵行区正线长约为 7.1 公里。上海虹桥高速站在虹桥国际机场西侧。

【黄浦江上游（分水龙王庙至大涨泾河口）航道整治工程基本完成】 12 月，黄浦江上游（分水龙王庙至大涨泾河口）航道整治工程基本完成。黄浦江上游（分水龙王庙至大涨泾河口）航道位于松江区南部，上游端为分水龙王庙，是通往江苏的苏申外港线和通往浙江的杭申线交汇口位置，下游端为黄浦江支流大涨泾河口位置，是苏申外港线、长湖申线、杭申线、平申线连接上海内河航道网的咽喉航段。该项目黄浦江上游分水龙王庙至大涨泾河口，全长约 8.85 公里，主要工程内容包括三里湾弯道整治、同三国道跨横潦泾大桥改造、相关管理及助航设施。工程实施后，满足Ⅲ级航道通航要求。

【上海轨道交通 22 号线(铁路金山支线改造）工程建成投用】 12 月，轨道交通 22 号线（铁路金山支线改造）工程建成投用。轨道交通 22 号线（铁路金山支线改造）工程线路从莘庄站引出，终点站到金山客站，全长约 47 公里，途经上海市闵行、松江、金山 3 个区，共设莘庄、春申、新桥、闵行西、叶谢、亭林、阮巷、金山等 8 个车站。项目本期包括既有沪春（申）线莘庄站（不含）至新桥站（含）增建第三、四线，线路长度分别为 7.06 公里、7.27 公里；既有新闵支线新桥（不含）至闵西（不含）增建第二线，左、右线路长度分别为 4.43 公里、5.58 公里；既有金山支线闵西（含）至金山（含）增建第二线，线路长度 34.64 公里。

【上海军工路越江工程建成投入运营】 2 月，军工路越江工程建成投入运营。军工路越江工程是中环线建设中重要的两个越江工程之一，属于中环线东南部连接浦东、浦西的重要节点，北接浦西杨浦区军工路、南连浦东金桥路，越江线位处于杨浦大桥和翔殷路隧道之间。工程起点位于 K0+650，线路沿军工路、黎平路一线向南下穿规划长阳路、平凉路，于定海港路交叉口北侧设盾构工作井，以盾构穿越定海港、复兴岛、黄浦江，至浦东后于金桥路道堂路交叉口南侧设盾构工作井，再沿金桥路向南下穿浦东大道后接地，工程终点为 K3+700。

【迎宾三路建成通车】 10 月，迎宾三路建成通车。迎宾三路西起 SN6 路，终点为 G318/虹桥路平交口，接顺虹桥路，途经闵行和长宁两区，沿线主要穿越轨道交通 5 号线、七莘路、横沥港、虹桥机场、铁路 101 线、空港一路、空港六路等，共 3178 米。按规划，迎宾三路道路等级为城市次干路标准，虹桥机场以西段红线宽 40 米，以东段宽 36 米。计算行车速度取 40 公里 / 小时。

【苏州河环境综合整治三期工程基本完成】 12 月，苏州河环境综合整治三期工程基本完成。该工程位于苏州河（真北路桥 ~ 河口），工程主要包括：对苏州河真北路桥至河口 16.52 公里河段两岸约 26.3 公里防汛墙进行改造加固；对苏州河底部进行全断面疏浚。

【崇明至启东长江过江通道成运营】12月，崇明至启东长江过江通道成运营。该工程起自上海长江隧桥工程终点处与其顺接后向北，至崇明岛北侧转向西，过堡镇港后转向北至北湖大坝以东900米、启东规划三条港港区以西2.5公里处跨越长江北支，于江中省界处与崇启通道江苏段顺接。路线全长30.735公里。

相关资料：苏州河环境综合整治工程

历届上海市委、市政府十分重视苏州河环境综合整治工作，工程推进坚持以“治水”为中心，以“截污、治污”为核心，以“生态修复”为重点。1998年开始实施苏州河环境综合整治一期工程，历时5年完成6支流截污、石洞口污水处理厂、河道曝气复氧等一系列工程，达到了干流基本消除黑臭、自然生态开始恢复、两岸综合环境明显改善阶段性目标。2003年启动苏州河环境综合整治二期工程，历时3年完成水务、绿化、环卫、市政4大类、8个项目、20余个单项工程，进一步改善干流水质、主要支流全部消除黑臭、初步建成自然景观和城市景观相协调的滨河景观走廊的目标。2007年继续推进苏州河环境综合整治三期工程，主要对苏州河真北路桥至河口16.52公里河段两岸约26.3公里防汛墙进行改造加固；对苏州河底部进行全断面疏浚，工程于2011年12月基本完成。

（三）社会事业项目

【概况】2011年，安排重大社会事业建设项目15个，完成投资291.71亿元，项目平稳推进。生活保障设施项目建设：保障性住房建设完成全年指标，新开工建设保障性安居工程约26.7万套；新开工、筹措各类保障房1700万平方米；同时大型居住区配套道路建设及公交枢纽建设全面推进，22条大型居住区配套道路有15条道路已开工建设，部分道路实现通车。教育设施项目建设：华东理工大学奉贤校区二期工程、上海海事大学教学实习船项目开始实施；中欧国际工商学院三期工程取得实质性进展；上海电机学院临港校区一期工程、上海金融学院综合实验中心及后勤配套建设工程项目建成投入使用，对上海培养人才、服务经济建设具有重要意义。卫生设施项目建设：上海中医药大学附属龙华医院国家中医临床研究基地、基于市民电子健康档案的卫生信息化项目、国药集团奉贤生物医药产业基地动工建设；郊区三级医院建设项目六院临港新院、瑞金嘉定新院、华山宝山新院、仁济闵行新院等进入安装施工阶段；同时中山医院肝肿瘤及心血管病综合楼取得阶段性成果，为市民改善医疗设施创造良好的条件。文化设施项目建设：上海京剧院开工；上海交响乐团迁建工程、上海自然博物馆进展顺利；钱学森图书馆建成，为塑造城市形象、完善城市功能、满足人民群众文化生活需求起到重要作用。

【华东理工大学奉贤校区二期工程开始建设】12月，华东理工大学奉贤校区二期工程开始建设。华东理工大学奉贤校区位于奉贤区海湾旅游区北侧，毗邻上海师范大学和上海应用技术学院，东临海湾路，南临海思路，西临环城东路，北为海泉路。校区占地面积为1544亩，规划建设面积为64.2万平方米。

【上海海事大学教学实习船建造项目开始实施】1月，上海海事大学教学实习船建造项目开始实施。该实习船是目前国际上投资规模最大、配备设施最齐全、设备最先进，具有全球航行能力、可同时容纳 160 名学生上船实习，并可装 45800 吨散货运输的 48K 吨级散货教学实习船。该船在教学方面，布置 1 个实习驾驶室、3 个现代化教室、1 个学术报告厅、1 个图书阅览室、教师办公室等，配备有全船计算机网络教学系统、多媒体教学设施和船舶状态测试设备；在科研方面，布置 2 个研究室、1 个轮机功能测试室，配备有船舶姿态测试系统、水流波浪检测设备、船舶操控检测设备、船体应力测试系统、CCTV 全船监控系统、动力设备排放采样、液体遥测等设施；在生活设施方面，配有必要的食宿条件外，配备病房、篮球场、健身房、风雨操场等，4 人间住舱、独立卫生单元、独立洗衣间、烘干室等，船舶采用冷水机组中央空调系统。

【上海中医药大学附属龙华医院国家中医临床研究基地启动建设】 1 月，上海中医药大学附属龙华医院国家中医临床研究基地启动建设。龙华医院国家中医临床研究基地项目位于上海市徐汇区中医药大学原校园内，东至兴业小庄和中医药大学，南至东安四村，西至现龙华医院，北至泛禾宾馆。项目规划占地面积 10322.5 平方米，建筑面积 53483.11 平方米，(其中地上建筑面积 42391.34 平方米，地下建筑面积 11091.77 平方米)，主要由病房综合楼（含研究门诊、研究病房、医技）、实验楼两栋建筑组成。

【上海京剧院开工建设】 12 月，上海京剧院开工建设。项目位于徐汇区天钥桥路 1188 弄地块东端，天钥桥路以西、龙华西路以北，建设用地面积 4500 平方米，总建筑面积 13038 平方米。

【上海金融学院综合实验中心及后勤配套建设工程建成使用】 6 月，上海金融学院综合实验中心及后勤配套建设工程建成使用。上海金融学院浦东校区位于上川路 995 号。该项目除地下人防设施位于体育馆北侧运动场下方外，其余均位于新增的 106 亩地块内（原校区以东、华东路以西，南群河以北、顾路变电站以南），总用地面积约 80,872 平方米。

【上海电机学院临港校区一期项目基本建成】 9 月，上海电机学院临港校区一期项目基本建成。上海电机学院临港新校区位于上海临港新城中心区的西侧，占地面积约 924 亩，北临规划路，南至橄榄路，东接规划路，西至林荫路及芦潮引河，与上海海洋大学新校区毗邻。根据学校的搬迁方案和资金筹措方案，计划分期进行建设。其中一期工程完成 924 亩土地购置并完成 150,000 平方米建筑。

【钱学森图书馆建成】 12 月，钱学森图书馆建成。该工程位于上海市徐汇区华山路 1954 号，上海交通大学徐汇校区内，华山路与淮海西路转角地块。工程建筑面积 7960 平方米，主要建设内容：展厅、会议、办公等组成。

【市民电子健康档案卫生信息化项目开始实施并基本完成】 6 月，市民电子健康档案卫生信息化项目开始实施，12 月基本完成。项目重点包括以下五方面：①建设一个覆盖全市所有医疗卫生机构的健康信息网，有机整合现有的公共卫生应急信息系统、医联系统和医保系统，夯实社区卫生信息系统；②在医疗卫生服务等有关过程中采集居民健康信息，通过市区两级数据平台进行汇聚，建立个人电子健康档案，实现自动建档、自动更新，“记录一生、管理一生、服务一生”；③推行以电子健康档案为基础，以社区卫生服务中心和家庭医生为依托，以慢性病综合防治为重点的市民自我健康管理模式；④实现全市公共卫生机构、医院、社区卫生服务中心、家庭医生对健康档案信息的互联共享，减少不必要的重复用药和检验检查；⑤依托健康信息网加强药物管理和医疗质量控制，促进医疗卫生机构之间的业务联动，发挥优质医疗卫生资源的辐射作用，提升服务效率和服务质量。

相关资料：钱学森图书馆

钱学森同志是享誉海内外的杰出科学家和我国航天事业的奠基人。在他身上，充分体现了崇高的爱国主义精神，严谨的科学态度和高尚的道德情操，被誉为人民科学家。钱学森同志的杰出贡献、感人事迹和崇高品格，是我们国家和民族宝贵的精神财富。为了进一步弘扬钱学森同志爱国、创新、奉献的业绩与精神，经中央研究，决定建设钱学森图书馆。

钱学森图书馆工程位于上海市徐汇区华山路1954号，上海交通大学徐汇校区内，华山路与淮海西路转角地块。工程建筑面积7960平方米，主要建设内容：展厅、会议、办公等组成。建成后的钱学森图书馆列为全国爱国主义教育示范基地，成为三个中心：钱学森各个时期文献实物完整、系统、全面的收藏保管中心；钱学森科学成就、治学精神、高尚品德、传奇人生的宣传展示中心；钱学森科学思想和科学精神的研究交流中心。

2011年12月11日钱学森诞辰100周年之际正式建成对外开放。图书馆的建筑外形简洁、庄重，远看恰似戈壁滩中的风蚀岩，面向华山路的红色外墙上隐约看到钱老微笑的面庞，眼光向前，似乎正凝视着玻璃幕墙中显现的“两弹结合”导弹，体现了“大地情怀、石破天惊”的设计理念。图书馆总用地面积9300平方米，总建筑面积7960平方米，地下一层，地上三层，陈展面积约3,000余平方米。馆内基本展览分为中国航天事业奠基人、科学技术前沿的开拓者、人民科学家风范和战略科学家的成功之道四个部分。馆藏钱学森同志文献、手稿和书籍76000余份，珍贵图片1500余张，实物700余件。馆内设有资料放映厅、专题展厅、学术交流厅等文化设施。钱学森图书馆是全国爱国主义教育示范基地，并将建设成为钱学森文献实物收藏管理中心、学术思想研究中心、科学成就和崇高精神的宣传展示中心，以充分发挥其对广大干部群众进行爱国主义教育，以及进一步宣传弘扬民族精神和科学精神的作用。

（四）产业设施项目

【概况】2011年，投资建设产业结构优化升级项目28个，完成投资204.86亿元，项目推进总体平稳。科技创新产业项目建设：中科院浦东科技园新技术基地磁测试间基本完工、交叉前沿单体完成竣工验收、市政配套全面展开；国家蛋白质科学研究项目、数字电视国家工程研究中心项目开工建设；清洁高效煤电成套设备国家工程研究中心、国家肝癌科学中心、抗体药物国家工程研究中心项目进展良好；中科院生命科学基础研究与应用研究平台及技术保障条件建设项目基本建成，增强了转变发展方式的深度。战略性新兴产业项目建设：上海复星医药金山生物医药产业基地建设项目、中国（上海）网络视听产业基地、映瑞光电LED项目启动建设；中国商用飞机公司能力建设项目设计研发中心、制造中心、客服中心全面展开；中船长兴造船基地二期工程、中航商用飞机发动机研发中心、“909”工程升级改造—12英寸集成电路芯片项目、上海天马4.5代AMOLED中试线项目、上海数据港云计算服务平台项目进一步推进，增强了转变发展方式的高度。重点优势产业项目建设：上海汽车工程研究院自主品牌研发中心、上海汽车临港产业基地自主品牌新产品技术改造项目进展良好；宝钢浦钢搬迁工程第二步实施项目完成，投入运营，增强了转变发展方式的力度。现代服务产业项目建设：中国博览会综合会展项目、上海西郊国际农产品交易中心工程开工建设；迪士尼项目及外围配套基础设施工程、上海国际金融中心、上海中心大厦项目、上海国际航运服务中心项目正在加快建设；上海宝山邮轮停靠码头基本建成，增强了转变发展方式的广度。

【国家蛋白质科学研究上海设施项目开工建设】1月，国家蛋白质科学研究上海设施项目开工建设。该工程位于上海市浦东新区，张江高科技园区中区浦东科技园A2-2地块，四至范围是韩家宅河以南，海科路以北，科苑路以东，东侧毗邻在建的新药创制保障项目。工程建筑面积33391平方米，主要由综合实验楼楼、质谱技术楼、核磁电镜楼、动物房组成。

【数字电视国家工程研究中心启动】10月，数字电视国家工程研究中心启动。该工程位于上海市浦东新区，东三里桥路1018号。工程先期租用建筑面积约1884平方米，主要由东三里桥路1018号3幢1层和2层组成。该项目的主要建设内容：（1）完成涵盖地面数字电视全业务的覆盖技术方案设计；提出相应的技术需求及基本技术体系；（2）在地面国标必要专利的基础上集结其他国标专利建成中国数字电视专利池，形成符合WTO规则的中国数字电视专利管理与许可机制，并对数字电视发射设备、测试设备、接收设备实施专利许可；（3）建成新一代数字电视技术体系及验证平台（信源、信道、网络视频应用）；（4）建成跨学科的数字电视产业发展战略研究中心；（5）建成国标信息推广及新业务示范平台；（6）培养一支高水平的数字电视应用推广专业队伍，成为国家公益性广播网专业技术支撑队伍。

【映瑞光电LED项目正式开工】2月，映瑞光电LED项目正式开工。该工程位于上海临港重装备产业区内，本期工程主要由生产支援中心、LED厂房组成。

【中国（上海）网络视听产业基地开工建设】11月，中国（上海）网络视听产业基地开工建设。项目位于上海市闵行区紫竹科学园区研发基地内，规划占地220亩，规划地块位于紫星路、紫月路交叉口的东面，东至虹梅南路。工程建筑面积40万平方米，其中地上部分30万平方米，地下部分10万平方米。分为四个功能区域：综合楼宇区由2幢主楼组成，建筑面积约80000平方米；研发运营区主要由十余幢独立的研发楼宇组成，单体建筑面积10000-20000平方米不等；配套服务区由2幢配套楼宇组成，建筑面积40000平方米；此外还包含主题广场及主题轴。

【上海复星医药金山生物医药产业基地启动建设】10月，上海复星医药金山生物医药产业基地启动建设。该基地主要有二个建设内容：1. 上海凯茂生物医药有限公司搬迁项目。公司生产的人红细胞生成素（EPO）是肾性贫血治疗一线用药；人干扰素（IFN-γ）是目前国际唯一抗肝纤维化的基因工程药；链激酶（r-SK），属于国家一类新药；培美曲塞二钠，是治疗恶性胸膜间皮瘤的首选药。2. 上海东富龙科技股份有限公司金山全子公司新建项目。上海东富龙科技股份有限公司成立于1993年，是一家以医用冻干机及冻干系统的研发、设计、生产、销售和服务为一体的高新技术企业。医用冻干系统是一种使药物在低温、真空和无菌环境下脱水干燥的冷冻干燥工艺系统，主要由冻干机、自动进出料系统、无菌隔离装置三大装置构成，同时还包括洗烘灌、药物称量与配制过滤、灯检装置、胶塞清洗机、轧盖机等辅助设备，广泛应用于血制品、疫苗、生物制品、化学药品等医药领域，并向中药制剂、诊断试剂、保健品、兽药等领域延伸。

【中国博览会综合会展项目正式启动】12月，中国博览会综合会展项目正式启动。该工程位于上海市青浦区，北至崧泽高架路，南至盈港东路，西至诸光路，东至规划涞港路。工程地上建筑面积124万平米，地下建筑面积不少于15万平米，室外展场10万平米（不计入建筑面积），主要由展览场馆、展馆辅助设施和综合配套设施三部分组成。

【华锐风电科技上海临港基地项目开工建设】7月，华锐风电科技上海临港基地项目开工建设。该工程位于上海市上海闵行经济技术开发区临港园区，地块东为园区E61路；西为E1路；南面为D3路；北面为D31路。工程建筑面积约54650平方米，主要由大型风电机组装配试验厂房、部装及配套件库，以及综合楼等配套设施组成。

【西郊农产品交易市场二期工程启动实施】8月，西郊农产品交易市场二期工程启动实施。该工程项目位于上海市青浦区华新镇，基地东至谊桥港，西至新府路，南至华隆路，北至已建成的上海西郊国际农产品展示直销中心。项目建设用地面积253619.9平方米，总建筑面积131531.8平方米，其中地上面积115272.6平方米，地下面积16259.2平方米。工程建设内容主要包括进口果蔬大棚A、B，果蔬大棚，水产大厅1、2，禽类大厅，冻品大厅，牛羊肉白条大厅，猪肉白条大厅，冷库，配送中心职工食堂，服务配套综合办公，宿舍，以及变配电站等其他服务配套用房，共18栋单体建筑。

【国药集团奉贤生物医药产业基地开始建设】9月，国药集团奉贤生物医药产业基地开始建设。工程位于上海市奉贤区，东至金海公路，南至广丰路，西至茂园路，北至高丰路。工程建筑面积312778平方米，主要由血液制品厂房、疫苗制品厂房、生物工程产品厂房、医用实验动物楼、研发中心、工程大楼及相关配套设施。

【中科院生命科学基础研究与应用研究平台及技术保障条件建设项目基本建成】12月，中科院生命科学基础研究与应用研究平台及技术保障条件建设项目基本建成。该工程位于上海市徐汇区，位于肇家浜路岳阳路口，工程建筑面积104650平方米，其中新建95885平方米，改造8765平方米。主要由生命科学实验楼、科教综合楼新建楼、地下车库（3座）、细胞实验楼改造工程、职工与学生食堂改扩建工程组成。

【宝钢集团浦钢搬迁工程（罗泾地块）第二步实施项目基本建成】6月，宝钢集团浦钢搬迁工程（罗泾地块）第二步实施项目基本建成，投入试生产。项目位于上海市宝山区罗泾地区，属宝山区罗泾镇。罗泾镇地处上海市最北段，北临长江，东与宝钢分公司、月浦、罗店镇相接，南与嘉定区交界，西与江苏省接壤，是上海的北大门。主要建设内容：C3000 型 COREX 熔融还原装置 1 套，150 吨转炉 1 座，150 吨 LF 精炼炉 1 座，单流板坯连铸机 1 台，169.45 兆瓦燃气—蒸汽联合循环发电机组（CCPP 装置）1 套，60000 立方米制氧机 2 台以及相应的公辅配套设施。

【“中华”专用生产线技术改造项目基本完成】12 月，“中华”专用生产线技术改造项目基本完成。项目位于上海市杨浦区 76 号街坊和 80 号街坊，东至怀德路、南至长阳路、西至许昌路、北至规划路，跨越昆明路。

（王国君）

三、市政建设

(一) 综述

2011 年是上海市政公路“十二五”发展开局之年，主要开展了以下几项工作：

城市道路、公路建设扎实推进。一是城市道路新改建完成投资 54.35 亿元。上海市市政工程管理处（以下简称“市市管处”）编制完成《上海市道路“十二五”规划》。迎宾三路隧道 10 月建成通车；推进江浦路越江隧道、虹梅南路 ~ 金海路通道、周家嘴路越江隧道新建工程前期研究工作。完成区与区连接道路项目桃浦路西延伸段、金昌路、安顺路。推进康宁路、场中路等项目；市重点工程江宁路桥危桥改建工程基本完成前期工作；中环线噪声治理工程一期进场施工，二期工程准备工作基本就绪；14 个城维项目开工。二是公路固定资产投资完成 63.86 亿元。上海市公路管理处（以下简称“市公路处”）编制完成《上海公路“十二五”行业发展规划》，林海公路 6 月建成通车；重点推进嘉闵高架等 6 个项目工可和 G1501 等 3 个预可项目前期；完成 S3 公路、北松公路和昆阳路越江等 3 个项目的勘察设计招标工作；推进 64 项区域道路对接项目，第一批大型居住社区外围配套道路项目开工 13 个。

城市道路设施管理有序。城市道路新增

面积219万平方米，隧道1条、桥梁79座，设施总量保持逐年小幅增长趋势。一是确保设施安全受控。加强设施检测评估，首次对区县进行道路检测和评估，并督促各区县对辖区内桥梁进行每年一次常规检测与6～10年一次结构安全检测。持续开展高架桥梁等设施常规检测、定期结构检测和沉降及附属设施检测，要求养护单位采取每月定期观测、检测和加固等措施，确保了设施的安全受控。进一步完善市、区三级巡查制度，市市管处每周抽查、各区县市政管理部门和养护作业单位自查，做到全覆盖巡查，不留盲区。要求市属设施管理养护单位、项目公司对存在安全隐患的设施及部位开展重点巡视及定期观测、治理工作。市政专业网格化平台共立案18151起，其中部件10625起，事件7488起；结案17419起，结案率达96%。积极排查安全隐患。对设施敏感部位及高空设施进行隐患排查，细化相关应急预案，完善处置体系和设施装备。在大连路隧道试点开展消防设施设备及逃生通道标识优化工作。做好低温冰冻气候及高温汛期保障工作，加强应急演练、完善预案、排查物资，确保设施安全和重大活动期间设施平稳运行。落实安全生产责任制，开展市政行业“安全生产月”活动，强化文明施工管理。二是坚持依法行政。完善标准规范体系，完成《上海市城市道路养护维修预算定额》、《温拌沥青混和料路面技术规程》等定额和技术标准编制工作，启动《上海市城市道路设施损坏赔偿暂行规定》规范性文件起草工作。进一步规范城市道路养护维修程序，完善市、区行政许可操作流程。继续加强桥孔整治。全市路政巡视执法发放责令整改通知书21份，并拆除中环路虹梅路7号桥桥洞300平方米构筑物等违章建筑。加大对超限车辆的执法力度。与高架交警和越江设施项目公司开展杨浦大桥6.3整治行动等大型联合整治行动8次，查处超限车辆共立案处罚24起。三是加强科技与信息化建设。强化快速路监控及交通诱导服务，进一步优化内场计算机系统和应用软件，开展信息安全测评。提前介入新建大型市政设施监控系统的前期工作，对长江西路高架等监控系统设计及联网提出明确技术要求及需求。拓展信息化系统功能，实施计划统计系统数据录入、增加桥梁结构检测信息功能，对掘路系统进行功能升级。开发道路信息管理及分析评价系统，撰写《2011年上半年上海市中心城快速路与越江桥隧交通状况分析报告》等交通分析报告。开展工程性小改小革项目方案研究工作。在内环铣刨加罩、高架路面大位移伸缩缝的维修、防撞墙伸缩缝等方面推广“四新”技术应用。制定上报城市道路管线井地方技术标准。市区道路平均RQI为3.46，郊区为3.49，均为A级；城市桥梁1626座处于A级、B级、C级，26座处于D级，2座处于E级。

公路设施养护、运营管理取成效。一是顺利完成国检。高速公路、市管公路和区县公路分别完成455.1公里、89.5公里和51.8公里的路况整治任务。制订下发接受国检文件目录及要求，进一步完善管理规范化内业资料。上海公路在国检中取得普通公路全国排名第7、总体排名第14的成绩。健全完善公路长效管理机制，初步制定《上海公路“十二五”养护管理规划》。二是继续提高设施运行服务能力。平稳有序地做好收费公路专项清理工作，上报收费高速公路专项清理整治方案；全年高速公路路网车流同比增长8.3%。重视桥梁安全管理，重点加强G1501绕城高速北段澄城路桥等三座桥梁维修工作，协调推进沪太路桥、澄城路桥的维修加固。加大对全市公路桥梁、桥孔的巡查力度，检查桥梁120座，并加强对桥孔使用情况的检查梳理。新建高速公路ETC不停车收费车道72根，总数达到190根，全路网覆盖率超过60%，ETC用户总数达16.7万。三是平稳有序推进通行费征收工作。通行费征收32.09亿元，稳妥地配合做好人员安置工作，贷款道路建设车辆通行费已于2012年1月1日起停止征收。四是坚持依法行政。成立宣贯《公路安全保护条例》领导小组和工作小组，组织开展2次行业集中宣贯培训，印制5万份宣传折页；全面梳理现行法律法规及各类规范性文件，使之符合市公路管理实际并具有可操作性。开展路政管理模式研究，完成南片区路政管理大队组建工作；完成洋桥、葛隆等5个治超站建设，会同华东片区路政部门联合开展超限超载集中整治行动。推进《上海市高速公路管理办法》等规章起草工作，其中《上海市农村公路管理办法》颁布施行。

道路管线综合管理趋于长效化。一是加强掘路计划管理。上海市道路管线监察办公室（以下简称“市道监办”）与市规土局市政处建立联络机制，达到管线规划执照和年度计划联动，月度掘路计划执行率达到87%。6个区试行掘路子系统与计划子系统联动，全市的年度掘路总面积控制在4.5%—6.0%，施工占路面积控制在0.5%—1.5%。通过政府网站向市民公开每月掘路计划和掘路执照，接受市民监督。二是强化管线安全保护。开展各类宣传活动，加强各类人员管线保护岗位教育，明确管线保护的禁止行为，做好建设中管线保护、监测、竣工验收等工作。严格执法，共施行政处罚23起。三是加强道路架空线管理。编制《“十二五”架空线入地计划》，建成“架空线综合管理系统”。四是强化管线工程文明施工管理。组织90批次，检查工地450项次。共对49个违规工地开出责令整改监察建议书。四是加强法规建设，修订施行《上海市掘路管理规定》，开展《上海市城市管线规划与建设管理研究》，起草《上海市地下管线管理办法》。

存在的问题与不足：一是路况质量和养护科技水平与上海国际化大都市形象还不相匹配，有待进一步提高和强化；二是基层领导班子合力和一线队伍的依法行政能力与建设负责任行业的要求仍有一定差距，有待进一步加强和提高。

（市路政局供稿）

（二）市政工程建设

【概况】 完成市级城市维护项目，14个市级城市维护项目均进入开工实施阶段，沪陕高速公路G40（上海段）崇启通道建成通车，林海公路建成通车，大型居住社区外围配套道路工程开工19条，累计开工19条，基本建成区域对接道路周祝公路～江月公路、南祝公路～凌空公路、沪星路西延伸段、桃浦路西延伸段、金昌路和姚庄公路等10条。

【完成市级城市维护项目】 2011年，市市管处实施14个市级城市维护项目均进入开工实施阶段。如中环线北虹路地道遮光板改造、内环高架沪太路、延安高架机场附近两个龙门架加固、中环线机电系统改造、设施结构涂装以及声屏障内表面覆涂、逸仙高架涂装、岚皋路桥大修工程、南北高架（联谊路～外环线）路面大修工程、高架伸缩缝专项改造（一期）以及高架落水管整治等项目。另外还开展了2012年城维项目方案深化工作。

【沪陕高速公路G40（上海段）崇启通道建成通车】 沪陕高速公路为连接华东、华中与西北地区的主通道。国家高速公路网编号为G40，起点在上海，途经南通、泰州、扬州、南京、合肥、六安、潢川、信阳、南阳、商洛、终点在西安，全长1490公里。沪陕高速公路（上海段）工程南接上海长江隧桥，途经崇明县陈家镇、向化镇、港沿镇和竖新镇，跨崇启通道北至江苏省界接崇启通道江苏段，全长30.74公里。作为沪陕高速公路（上海段）

重要工程节点的崇启通道（上海段）于2008年12月26日开工，2011年12月24日建成通车。该工程投资45.71亿元，设计双向六车道，车速为每小时100公里。路面结构为沥青混凝土路面，桥梁设计荷载为公路－Ⅰ级。崇启通道的建设，对于改善上海对外交通布局具有重要意义。该工程获得“上海市市政工程金奖”。

【林海公路建成通车】 林海公路新建工程北接杨高南路，途经外环高速公路，绕城高速公路，南至奉贤滨海，沿线经过浦东新区、闵行和奉贤区，全长19.39公里。该工程于2008年12月30日开工，工程投资为24.36亿元，2011年6月30日建成通车。该工程按一级公路标准设计，车道设计为双向六车道，设计车速为每小时80公里，规划红线宽50米，两侧行车道各宽3.75米，桥梁设计荷载为公路－Ⅰ级。林海公路的建成，为上海城区前往滨海旅游度假区和浦东国际机场的车辆增添一条快捷通道。

【大型居住社区外围配套道路工程开工19条】 2009年，市政府安排17亿资金支持加快推进宝山顾村、嘉定江桥、闵行浦江、松江泗泾、青浦华新、浦东周康航、曹路、三林等8个大型居住社区外围重点道路和公交枢纽建设。截至2011年底，其中涉及的22条大型居住社区配套道路，累计开工19条。

【基本建成区域对接道路10条】 2011年基本建成区域对接道路10条：其中有连接原南汇和原浦东新区的周祝公路～江月公路、南祝公路～凌空公路、连接松江区和闵行区的沪星路西延伸段、连接普陀区和嘉定区的桃浦路西延伸段和金昌路、上海同浙江对接的姚庄公路、林海公路等。区域对接道路项目的实施，贯通了区域对接交通，使路网更趋合理。

（市路政局供稿）

（三）市政设施管理

【概况】 南浦、卢浦等5座桥梁通过住房城乡建设部安全检查情况，《上海市挖掘城市道路管理规定》颁布实施，市中心城二次过街设施建设及改造工程完成后评估，城市快速路视频监控系统完善工程建成并投入运行，军工路隧道建成通车并与快速路监控中心联网，“乐行上海”市政政务微博正式推出，建立城市道路交通信息管理及评价分析系统，上海公路接受交通运输部全国干线公路养护管理检查情况，《上海市农村公路管理办法》颁布实施，杨高路等三条公路被命名为“市文明样板路”，高速公路ETC电子不停车收费车道共建成118条，公路出行信息服务客户服务满意度90%以上，“路线·途”公路政务微博正式推出，通行费征收32.09亿元，开发与完善掘路管理系统情况，编制完成《“十二五”架空线入地计划》。

【南浦、卢浦等5座桥梁通过住房城乡建设部安全检查】 2011年8月18日至22日，住房城乡建设部对上海市南浦大桥、卢浦大桥、乌镇路桥、吴淞大桥、宏文桥5座桥梁进行安全检查，桥型有斜拉桥、拱桥和梁桥等多种桥梁结构形式。通过检查，专家对上海市城市桥梁管理工作给予了充分肯定，各桥梁管养单位能按照《城市桥梁养护技术规范》和《城市桥梁检测和养护维修管理办法》以及相关文件要求落实定期检测及正常养护工作，对于检测中发现的结构安全隐患能够及时采取工程性措施进行处置，城市桥梁结构安全处于可控状态。

【《上海市挖掘城市道路管理规定》颁布实施】 由市建设交通委修订颁布的《上海市挖掘城市道路管理规定》于2011年7月1日起

施行，有效期至2016年6月30日止。修订后的《规定》共计28条，规范了挖掘城市道路计划、许可、监管、现场施工及相关管理活动要求。包含了掘路总量控制、掘路许可程序、掘路修复要求和责任、旧路用材料的利用、道路行政管理部门管理责任等内容。该《规定》最大的变化就是增加了计划平衡控制管理相关内容，使得规定不仅仅局限于掘路审批阶段，更是对掘路行为全过程的规范。通过计划平衡控制手段、审批管理手段、网格化管理手段等多种管理措施形成合力，从掘路行为源头抓起，直至掘路实施完毕，使掘路管理过程中计划、审批与批后管理成为一个有机的整体。

【市中心城二次过街设施建设及改造工程完成后评估】“上海市中心城二次过街设施建设及改造工程”是上海“十二五” 期间城市交通发展的重要任务之一。为总结分析该工程的成效、经验与问题，2011年，市市管处委托同济大学交通运输工程学院对项目进行后评估。经评估，“改造工程”具有改善交叉口行人安全、规范交叉口行人过街秩序、提高混合交通条件下交叉口通行效率三大成效，但也存在现状信号配时方法对行人考虑不足、过街设施安全保护标准过低等问题。并针对项目中存在问题提出相应的技术建议，梳理出4类项目，列入“十二五”进一步推进二次过街设施建设及改造工程项目。

【军工路隧道建成通车并与快速路监控中心联网】军工路越江隧道（东线）于2011年1月28日竣工通车，同步实现了快速路监控中心与军工路隧道监控分中心联网，即实现了交通状态信息、突发事件信息和视频图像信息的联网运行，同时建立了突发应急事件信息报送机制。军工路隧道监控分中心的联网，加强了浦西与浦东、地面与高架的交通信息联动诱导，方便了社会公众交通出行。

【“乐行上海”市政政务微博正式推出】市市管处“乐行上海”市政政务微博于2011年4月2日起先后在东方网、新民网、新浪网微博平台运作。作为市建设和交通委员会首批政务微博试点单位，市政行业各单位以团青组织为主力军，组建网络信息员队伍，并以各区县市政管理部门、养护公司、市属桥隧设施养护管理部门、项目公司的名义开通政务微博。以“乐行上海”微博为品牌，旨在为广大市民发布快速路实时交通状况、高架夜间养护封道时间、突发事件、出行攻略、安全行车提示等信息。还积极参与“无车日”之类的社会活动，不断发布“科普课堂”、“路桥故事”、“行车贴士”等子版块，拓展“乐行上海”政务微博的服务功能。截止年底，“乐行上海”在三网平台共拥有粉丝4万余人，发布微博8000余条。

【建立城市道路交通信息管理及评价分析系统】2011年12月28日，由市市管处负责建设的上海市道路交通信息管理及评价分析系统工程通过验收并投入试运行。该工程主要完成50个地面道路交叉口的交通信息采集系统建设，构建数据应用环境和系统运行平台，开发交通信息管理及评价分析系统软件。该工程整合了外环线以及外环线以内所有城市快速路、地面道路交通信息采集数据，通过建立统一、开放的综合数据管理平台，对交通实时数据进行集中管理，提供了及时、准确的交通数据查询、统计和报表功能。在此基础上，建立宏观、中观、微观层次的交通分析模型，进行交通分析评价。完成了《2011年上半年上海市中心城快速路与越江桥隧交通状况分析报告》、《军工路隧道开通后交通分析专报》、《京沪高铁开通首周对中心城快速路影响分析》等报告，为今后开展道路交通改善工作奠定了基础。

【上海公路接受交通运输部全国干线公路养护管理检查】5月12日至17日，交通运输部全国干线公路养护管理检查组对上海市国省干线公路养护管理工作进行了检查。检查组对8条高速公路333.2公里，16条普通干线公路524.4公里路段进行了路况检测；召开市区两级公路管理部门和高速公路管理单位等三个座谈会；检查4个区公路管理署、4个高速公路养护道班、3个普通干线公路养护道班、5个治超站、3个收费站和4个高速公路服务区的管理规范化工作。通过为期6天的检查，检查组对“十一五”以来上海干线公路的养护管理工作给予了充分肯定。建议进一步加强对高速公路的行业监管，进一步加强对养护管理规范化的行业指导监督力度。上海干线公路养护管理工作在此次国检中排名全国第14名，普通公路养护管理工作排名全国第7名。

【《上海市农村公路管理办法》颁布实施】2011年3月30日，市政府公布《上海市农村公路管理办法》。为了加强上海市农村公路管理，根据《上海市公路管理条例》等规定，市公路处结合上海市实际，制定该《办法》。《该办法》共6章39条。明确了农村公路管理部门职责、农村公路规划和建设、命名和编号、移交接管、养护管理、大中修工程、桥梁管理、路政管理、法律责任等内容。该《办法》于2011年5月1日起施行。《上海市农村公路管理办法》的颁布实施，使上海农村公路管理有章可循，有法可依。

【杨高路等三条公路被命名为“市文明样板路”】市城乡建设和交通委员会检查组按照市文明样板路的创建要求和考核标准，对杨高路（芳甸路～S20）、沪太路（K16+000～K36+870）、南芦公路（K31+650～K57+890）三条公路进行了路况检测和现场检查，检查标准为，检查验收满分为100分。其中：路况检测部分50分，现场检查部分50分；平整度检测达到规定标准；桥梁技术状况达到一类或二类；最近六个月公路技术状况指数（MQI）评定等级的优良路率平均不小于95%，无次、差路段。市级文明样板路检查验收得分大于等于90分。检查结果以上三条公路合格率为100%，被命名为“上海市文明样板路”。

【高速公路ETC电子不停车收费车道累计建成118条】2011年，市政府将“高速公路ETC电子不停车收费车道新增60条，发展5万用户”列入实事项目，从而实现射线高速公路ETC车道平均覆盖率达到100%。同年，高速公路ETC电子不停车收费车道新增62条，发展5万余用户，累计共建成ETC车道118条，用户数达到11.8万，工作日路网平均交易量达到7.5万笔，约占路网日均总流量的12.5%左右，ETC通行优势逐步显现。

【公路出行信息服务客户满意度90%以上】2011年，上海公路服务热线“12122”被市总工会评为“市工人先锋号”。上海公路服务热线12122是市公路处设立的公路服务窗口，承担全市公路的咨询服务、救援服务、投诉受理和行业监督等业务。热线于2009年9月投入运行。自开通以来，践行“上海市市政道路（公路）行业窗口服务承诺”，做到了电话铃响三声接听率100%，客户投诉三个工作日内答复处理，救援事件第一时间通知处置单位，客户满意度达到90%以上，已成为上海公路行业为公众提供信息服务的重要载体和便捷渠道。

【“路线·途”公路政务微博正式推出】2011年3月25日，市公路处政务微博“路线·途”正式开通。该微博为公众出行提供信息服务，第一时间发布公路运行和突发事件信息以及重大活动的宣传和公路行业相关知识文化的普及，成为公路行业服务社会的又一重要手段。截止同年年底，“路线·途”

共发布各类微博超过5000条，吸纳粉丝近1万人。尤其在清明期间，微博直播活动第一时间以图文并茂的形式向外发布高速公路路况和突发事件信息，进行合理的交通诱导，给扫墓的市民和自驾车旅客提供了便利，受到了媒体和公众的肯定。

【通行费征收32.09亿元】 2011年全市共征收贷款道路建设车辆通行费32.09亿元，其中道口通行费5.37亿元；自2010年市贷款道路建设车辆通行费征收管理办公室开展网上缴费以来，2011年继续深化落实银行代扣、邮局代缴和网上缴费等措施，截至12月底，全市超过11.2万辆车通过网上缴费，征收通行费1.91亿元，同比上升16.31%。根据《国务院批转财政部，国家计委等部门<交通和车辆税费改革实施方案>的通知》精神，经市政府批准，市贷款道路建设车辆通行费于2012年1月1日起停止征收。

【进一步开发与完善掘路管理系统】 为了解决掘路计划和掘路执照管理系统缺乏关联的矛盾，对“上海市掘路管理系统”系统软件进一步开发和完善，实行掘路计划立项和掘路执照许可之间的联动，基本建成掘路行政许可统一的信息化平台。系统将掘路计划立项编号和掘路执照许可申请内容数据相互对应，使计划立项内容与实际开挖基本匹配，并自动锁定无掘路计划项目立项不可申请掘路执照许可的要求，有效地规范了掘路申办许可程序，确保城市道路有序开挖和总量控制。同时能完成计划执行情况的复核，实现计划批后管理动态跟踪。年内，在黄浦、徐汇、长宁等六个区联动工作试点的基础上，适时逐步扩大到全市范围。信息化联动平台建设对提升掘路管理水平提供了技术支撑。

（市路政局供稿）

（四）市政科技

【概况】《地下通道综合管理研究》通过验收，《世博智能交通系统关键技术及应用》获得“市科技进步奖一等奖”，《公路隧道管片衬砌结构耐久性设计与试验通过验收》获得“市科技进步奖三等奖”，《虹桥综合交通枢纽信息化系统建设关键技术》通过验收，《闵浦二桥公轨两用双层独塔斜拉桥关键技术》通过验收，并获得“市质量管理协会一等奖”，高速公路路面首次采用橡胶沥青。

【《地下通道综合管理研究》通过验收】 2011年9月，《地下通道综合管理研究》评审会通过。该项目于2007年立项《地下通道综合管理研究》专项课题研究。课题针对国内特大城市长大地下通道规模大、交通繁忙、出入口多、系统复杂等特点，总结国内外有关经验教训，提出为充分发挥地下通道交通功能，提高地下通道运营管理水平，城市长大地下通道在规划设计、设施管理和运行管理方面需要解决的关键问题与相关建议。同时，提出了设施养护管理和交通运行管理系统框架，明确了各系统中的关键技术，并针对长大地下通道交通运行管理中的内部交通监控、周边路网交通诱导和紧急事件应急处置三个方面进行典型方案设计。首次提出了利用出入口匝道工作井设置连接上、下层匝道的车辆逃生通道技术方案，提出了兼顾交通运行、污染控制和风机联动控制系统方案等。专家组认为该项目成果具有创新性，课题通过验收。

【《温拌沥青混合料路面技术规程》颁布实施】 2011年4月，市城乡建设和交通委批准《温拌沥青混合料路面技术规程》为上海市工程建设规范。2010年12月，由原市市管处、原市公路处主编、同济大学、上海建设机场道路工程有限公司参编，根据上海温拌沥青混合料路面的实际应用情况并参照我国相关的道路行业技术标准，共同编写完成《温拌沥青混合料路面技术规程》。该《规程》共有6章24节，主要内容有：主要包括总则、术语、材料、温拌沥青混合料组成设计、温拌沥青混合料生产与施工、施工质量控制与检查验收等。《温拌沥青混合料路面技术规程》的颁布实施，为不断完善上海城市道路节能减排技术标准和规范起到了促进作用。

【《道路声屏障结构技术规程》批准实施】2011年6月，市城乡建设和交通委批准《道路声屏障结构技术规程》为上海市工程建设规范。2010年12月，由原市市管处、原市公路处、上海建设钢结构安全检测有限公司主编，上海交通设计所有限公司、上海市城市建设设计研究院参编，参照我国相关的交通与建设行业的技术标准，共同编写完成了《道路声屏障结构技术规程》。该《规程》共有8章12节，主要包括总则、术语 符号、基本规定、材料、设计、施工、验收、维护保养和检测等。《道路声屏障结构技术规程》的颁布实施，对不断完善上海道路声屏障结构技术标准和规范起到了促进作用。

【《世博园区管线综合管沟养护维修技术要求（暂行）》通过专家评审】根据《上海市人民政府关于批转市建设交通委、市市政局、上海世博局制订的<中国2010年上海世博会园区管线综合管沟管理办法>的通知》有关要求，市市管处承担《世博园区管线综合管沟养护维修技术要求》的编制工作。该《技术要求》共分9章，包括：总则、术语、综合管沟构筑物、消防及排水系统、电气及照明系统、通风及空调系统、监控及通信系统、养护作业安全及突发事件处置、文档管理等。2011年10月，评审专家组审阅了《技术要求》，认为总体达到编写的目的，能够满足近期浦东新区接管世博园区综合管沟维护管理的需求。

【《世博智能交通系统关键技术及应用》获市科技进步奖一等奖】2011年，由上海市交通信息中心完成的《上海世博智能交通系统关键技术及应用》研究课题获得上海市科技进步奖一等奖。该项目在2010年世博会期间，为上海市政府及世博安保等多部门提供全市综合交通及客流信息，为7308万人次游客提供交通实时信息，经受了24次日超50万人次大客流的考验。该技术主要内容为，一是世博在途客流实时分析预测系统；状态空间智能预测模型；基于世博票务售检规律的推理算法。二是高速公路的手机信令实时采集处理技术；城市道路SCATS/GPS交通信息融合技术；基于仿真技术的世博会关键通道与热点地区交通管控措施评估决策技术。三是多源异构原始数据规范化预处理系统；实现对海量数据的高效管理；针对多部门实时协同联动交通管理的共享交换技术。四是面向多模式发布的交通信息应用服务平台构建技术；地图压缩、数据动态加载等数据通讯最小化核心技术，基于多种通讯方式的嵌入式GIS的交通信息移动终端发布技术。该项目关键技术及产品已推广到十多个大中城市应用，取得了显著的社会和经济效益。

【《公路隧道管片衬砌结构耐久性设计与试验》通过验收】2011年，由上海市隧道工程轨道交通设计研究院负责完成的《公路隧道管片衬砌结构耐久性设计与试验》获得上海市科技进步奖三等奖。该项目针对公路盾构隧道工程管片衬砌结构耐久性损伤机理及其影响因素进行分析，确定影响隧道管片内、外侧衬砌结构耐久性的主要影响因素，并确定它们的权重；二是进行侵蚀环境下隧道管片结构性能退化试验、氯离子扩散试验和防水材料的耐久性试验研究；三是对隧道管片衬砌结构在两种寿命准则条件(裂缝限值准则和承载力极限准则)下的服役寿命的计算方法进行系统的研究，对隧道衬砌结构理论服役寿命进行预测；四是建立隧道衬砌结构耐久性设计方法和程序。该项目在隧道工程建设中得到了推广与应用，提升了我国参与盾构法隧道国际竞争的综合能力。

【《虹桥综合交通枢纽信息化系统建设关键技术》通过验收】 2011 年，上海申虹投资发展有限公司完成的《虹桥综合交通枢纽信息化系统建设关键技术》项目通过验收，并获得 2011 年度上海市科技进步奖三等奖。该项目针对虹桥枢纽工程中交通方式多样、换乘复杂、旅客密集、规模庞大等突出特点，重点开展了虹桥枢纽交通信息平台、车－人－车全程化诱导技术和交通应急管理系统三个方面研究。搭建了虹桥综合交通枢纽"一总五子"管理信息系统，解决了 7 种交通方式下特大交通枢纽的人车相处问题，突破了密集客流视频检测技术，提出了交通枢纽车流和客流全程化诱导，建立了基于网络计划的结构化交通应急预案库，合理利用资源、保障事件快速处置。该项目支撑了虹桥枢纽的交通信息化工程建设和运营。

【《闵浦二桥公轨两用双层独塔斜拉桥关键技术》通过验收】 2011 年 7 月 22 日，上海公路投资建设发展有限公司和上海市城市建设设计研究院、同济大学共同完成的《闵浦二桥公轨两用双层独塔斜拉桥关键技术》研究通过验收。课题组通过对闵浦二桥这座同类桥型跨径第一、双层布置公路与轨道两用、独塔双索面、钢桁梁斜拉桥的设计研究，在国内首次设计了采用带加劲肋的全箱形弦腹杆组成大节间距、全焊整体节点连接的钢板桁组合斜拉桥。探明了节点应力分布、验证了节点承载能力，优化了构造设计，填补了国内全箱形杆件全焊整体节点的空间受力性能研究的空白。课题组还通过对公轨两用双层独塔斜拉桥车桥耦合振动性能、公轨一体化独柱双层桥墩抗震性能、公轨两用特大桥健康监测系统、主跨斜拉桥抗震性能、抗风性能等课题的研究，形成多项研究成果和设计指南，对于今后同类型工程的建设具有重要的指导意义。

【高速公路路面首次采用橡胶沥青】 2011 年，上海城建路桥集团公司首次在崇启通道上海段主线的 30.74 公里，108.8 万平方米的路面上运用了橡胶沥青混凝土工艺。这是抗变形、降噪声的橡胶沥青首次在上海高速公路上成功应用。加入橡胶粉后的沥青路面，加大了与轮胎的摩擦力，提高了行车的舒适性和安全性。它利用废旧橡胶材料作为橡胶沥青混凝土的橡胶粉，有效地节约了资源。这种新工艺使用寿命较常规沥青路面延长约 30%，比普通路面降低路面噪音 3 分贝，可延缓灯光反射和路面裂缝，有利于环保和行车安全。

(五)燃气管理

【概况】 全市居民燃气用户总数 878.9 万户，比上年增长 1.56%。其中天然气用户 460.8 万户，比上年增长 12.38%；人工煤气用户 103.6 万户，比上年下降 23.31%，继续呈下降态势；液化气用户 314.47 万户，比上年下降 1.82%。全年销售天然气 51.47 亿立方米，比上年增长 20.65%；销售人工煤气 10.82 亿立方米，比上年下降 15.8%；销售液化气 39.65 万吨，比上年下降 1%。全市燃气管线总长 23778.62 公里，其中天然气管线长度 19068.44 公里、人工煤气管线长度 4710.18 公里。全市有取得燃气经营许可证的企业 53 家，取得燃气供气许可的供应站 486 座，取得燃气器具安装维修许可的企业232家；办理燃气器具销售备案的企业197家，备案型号1602个；办理家用燃气泄漏报警器和燃气泄漏安全保护装置销售备案的企业17家，备案型号48个。全年居民用户安检户数471.2万户。发生燃气用气事故50起，死亡12人，伤43人，死亡率低于市安全生产委员会考核限制的每万户0.08人标准，保持总体情况处于有序受控状态。

（谷鸿鹄 李谅 冉起）

【实施2个燃气管理规定】 7月1日，《上海市燃气供气站点许可证管理规定》和《上海市燃气器具安装维修许可证管理规定》正式实施。2个规范性文件对《上海市燃气管理条例》中的两个许可事项作出具体规定。从许可的受理、审批，到日常监督、检查等全过程的管理内容被纳入规范性文件中，对燃气供气站点许可和燃气器具安装维修许可的依法行政提出明确要求。

（冉起）

四、绿化市容

（一）综述

2011年，全行业紧紧抓住“十二五”发展机遇期，认清形势，统一思想，积极发挥“十二五”规划在行业发展中的引领作用，推进绿化市容行业科学发展。先后完成《上海市绿化市容“十二五”规划》及绿化、林业等专项规划，《上海市基本生态网络空间规划》、《上海市林业“三防”体系规划》、《上海市林地保护利用规划》等编制工作，组织开展大型居住社区结构性绿地建设导则，并已取得阶段性成果。继续推进京沪高铁、崇启高速公路沿线等绿色廊道，以及农田林网、农村“四旁林”建设，进一步加强林业“三防”体系建设，推进崇明互花米草生态治理专项工作。进一步加强野生动植物和湿地的保护、开发和利用，提高自然保护区的研究、管理水平。推进全市花卉景观常态布置，人民广场、外滩等重点区域绿化景观品质明显提升。推进林荫道路创建，制定《本市林荫道路创建评定办法（试行）》，在衡山路、瑞金路等路段开展示范点建设。加强公园管理，提请市政府办公厅转发了《关于进一步加强本市公园管理工作的若干意见》，完成友谊、宜川等老公园改造。

市容环境卫生管理和城管综合执法工作突出服务民生，重点区域环境得到优化，全市总体市容环境水平明显提升。一是认真贯彻落实各项重点工作要求，着力推进生活垃圾分类减量、道路洁净工程两项市政府实事工程，加强渣土整治及生活垃圾处置和水域环境管理等工作，确保各个时间、节点按时完成。二是积极协调、指挥各区（县）绿化市容管理部门，充分利用绿化市容指挥平台，以重大活动为契机，加强市容管理保障工作和监督，取得较好的成效。三是配合“世游赛”举办，完成黄浦江沿线，东方体育中心周边景观灯光建设，以及苏州河沿线普陀、长宁区段景观灯光建设工作，拓展东方体育中心至三林地区的景观灯光，提升“一江两环”灯光夜景。四是着眼于民生需求，着力于市容维护，着重抓顽症治理，五是按照市委、市政府“六个着力”的总体部署，紧紧围绕城市环境执法保障的中心任务，坚持“为民执法、热情服务”，努力营造“整洁有序、文明和谐”的城市环境。

（二）绿化林业

【概况】 城市生态环境水平持续提升。积极推进外环生态专项、大型公共绿地建设。辰山植物园建成亚洲最大展览温室，实现全面开放；外环滨江二期、七宝文化公园、炮台湾公园二期等工程有序推进，嘉定、宝山、青浦等新城的公园绿地陆续开工建设。全年新建绿地1000公顷，其中公共绿地500公顷。继续推进京沪高铁、崇启高速公路沿线等绿色廊道，以及农田林网、农村“四旁林”建设，进一步加强林业“三防”体系建设，推进崇明东滩互花米草生态治理专项工作。全年完成人工造林1.5万亩，森林覆盖率达到12.58%。完成《上海市绿化市容“十二五”规划》和绿化、林业专项规划，以及《上海市基本生态网络空间规划》、《上海市林业“三防”体系规划》、《上海市林地保护利用规划》等编制工作，组织开展大型居住社区结构性绿地建设导则编制，并已取得阶段性成果。城市绿化景观有效固化。推进全市花卉景观常态布置，每季布置花坛花境14公顷，人民广场、外滩等重点区域绿化景观品质明显提升。推进林荫道路创建，制定《本市林荫道路创建评定办法（试行）》，在衡山路、瑞金路等13个路段开展示范点建设。加强公园管理，提请市政府办公厅转发了《关于进一步加强本市公园管理工作的若干意见》，拆除公园内违法违规建筑3100平方米，完成友谊、宜川等老公园改造。推进立体绿化示范区建设，完成屋顶绿化10万平方米，其他立体绿化3万平方米。

【各类绿地新增1000公顷】 2011年，全年新建各类绿地1000公顷，其中公共绿地500公顷。辰山植物园建成亚洲最大展览温室，实现全面开放。外环滨江二期、七宝文化公园、炮台湾公园二期等工程有序推进，嘉定、宝山、青浦等新城的公园绿地陆续开工建设。继续推进京沪高铁、崇启高速公路沿线等绿色廊道，以及农田林网、农村“四旁林”建设，进一步加强林业“三防”体系建设，推进崇明东滩互花米草生态治理专项工作。全年完成人工造林1.5万亩，森林覆盖率达12.58%。

【上海市确定第一批林荫道】 为提高城市道路绿化景观，改善城市生态环境，2011年，市容绿化局制定颁发了《本市林荫道路创建评定办法（试行）》，推进林荫道创建，组织专家完成林荫道评定工作，公示和命名了20条林荫道。

【花卉街景实施常态化布置】 全年用花量约770万盆。加强花卉常态景观巡查，完成市级重点区域花卉集中采购与配送。编制植物群落结构调整与功能提升相关技术标准，完成虹桥路、太平桥绿地示范点改造项目工可、扩初评审，逐步推进本市绿地群落结构调整与功能提升工作。开展绿化养护概算定额贯标培训，出台定额贯标指导意见、绿地和行道树等级认定办法、绿地本底资料调查细则等相关配套文件，推进各区县启动绿地本底资料调查。

【全民义务植树绿化活动】 2011年全民义务植树绿化宣传活动围绕“植树造林，我们在行动”为主题展开。全市推出全民义务植树活动点30多个，面积30万平方米；全市118块、面积148.5万平方米绿地、约8.9万多株树木供单位团体、市民认建认养。有关部门还推出221株古树名木供认养，数量为历年最多。2011年正值全民义务植树运动开展30周年，也是联合国大会第61届会议决议通过的国际森林年。3月份植树节期间的较大规模全民义务植树活动主要在位于奉贤区的海湾国家森林公园、普陀区祁连山路绿地、浦东新区张衡路绿地、宝山区滨江绿地、虹口区爱思儿童公园公共绿地、杨浦区渔人码头公共绿地、崇明县崇启高速公路绿化段等植树点开展。

市绿化部门根据全国绿化委的要求，制定全年纪念义务植树30周年系列活动方案；召开专题新闻通气会，宣传和发布全年活动计划，发布全市全年树木绿地可供认建认养的信息；积极推进各区县落实各项义务植树组织发动和绿化宣传工作，策划组织“生命绿缘”和千人植树两项大型义务植树活动，并与宝山区联合组织纪念义务植树30周年暨宝山创建全国绿化模范城区专场演出；应用手机短信群发、网络微博、大型电子信息屏等宣传载体，扩大宣传覆盖面，丰富宣传内容。全年共30余万人参与义务植树，4500余名个人和395家单位参与认建认养，义务植树尽责率达到85%。

2011年3月15日上午，市领导来到上海东方体育中心，参加植树活动。

【屋顶绿化完成10万平方米】 组织完成《立体绿化对节能减排的贡献研究数据收集分析报告》，制定并完善《十二五立体绿化实施方案》；修订《垂直绿化技术规程》，制定《新建屋顶绿化规划管理规定》，尝试拓展立体绿化统计和折算。策划组织了“节能减排、低碳环保、立体绿化、你我共建”活动；与相关社会团体合作，通过开设“空间绿控”微薄、举办网络沙龙、现场技术展示、立体绿化市民评比等形式加强立体绿化专项宣传。结合文明城区创建、环保三年行动计划收尾、节能减排、审批改革等工作，积极推进各区实施年度立体绿化计划，全年基本完成屋顶绿化10万平方米，其他立体绿化3万平方米。

【加强古树名木保护】 2011年，市绿化部门组织确认10株古树、2株名木、5株古树后续资源，确认注销4株古树。实施古树防雷设施建设项目，项目涉及10个区、县的53株古银杏，设立避雷塔22个点。实施古树技措项目，主要包括建挡土墙、设立支撑、新建仿木围栏、铺设透气砖、修剪防腐、铺设排水设施、种植地被等内容。根据2010年的每木调查资料，开展古树和后续资源名册的修订前期工作，目前已完成名册校对工作。拟新出版《上海市古树名木名册》和《上海市古树后续资源名册》。（秦磊）

【提升公园管理品质】 加大公园管理力度。上海市人民政府办公厅转发市绿化市容局等十部门关于进一步加强本市公园管理工作的若干意见（沪府发【2011】102号），明确公园管理中存在的若干问题，提出加强公园管理指导性意见。

继续推进老公园改造。下发《关于继续推进老公园改造工作的通知》（沪绿容【2011】

269号），明确改造原则、要求、程序等。老公园改造工作要做到：注重以人为本，提升服务设施品质；注重平灾结合，完善公园防灾避灾功能；注重环保理念，推进节约型绿化建设；打破封闭格局，促进公园与城市相融；注重科技先行，提升公园管理水平。2011年完成宜川、友谊等公园改造任务。

积极组织各类主题活动。组织荷花展、杜鹃花展、梅花展、樱花节、睡莲展等丰富多彩的公园主题活动，拓展公园服务功能，丰富市民游客精神文化生活。截至2011年12月31日，本市公园总数达153座，全年游客量约2.05亿人次。

【推进社会绿地长效管理】 制定《关于加强社会绿地工作的管理意见（试行）》；推动各区通过建档梳理、加强责任告知、检查考核、托底处置等方法，加强对社会绿地的行业监管；加强对道路沿线社会绿地以及重要公共设施区域（公路、铁路、河道、机场）的巡查考核，制定并实施《社会绿地巡查考核细则》。联合市房屋管理局发布《关于加强住宅小区绿化管理的通知》，进一步明确住宅小区绿化调整改造、绿化日常养护管理的要求，并下发至各区绿化房管部门和全市8000多个小区；制定《居住区绿化调整技术规范》，加强对居住区绿化管理的指导和服务。建立园林式居住区复查监管机制，对日常管理不善，明显不符合标准住宅小区进行摘牌。开展花园单位复查工作、合格单位创建工作和园林式小区创建工作，以创建、复查引导、带动单位和居住区的绿化管理。

【森林资源管理工作日趋完善】 针对不同林种、不同造林模式，本市分别在青浦练塘，松江叶榭、泖港，崇明陈家镇、港沿镇，原南汇农业园区、奉贤庄行、金山廊下等大型生态片林区各建立1个共8个林地抚育示范点，以点带面加强对林地抚育的技术指导；并对在岗林业养护人员开展专业技能培训，培育了一批社企一体的林地抚育专业队伍。

开展森林生态定位监测，新建监测样地70个，完成5个主要公益林树种和2个经济果林树种活立木生物量及林下植被和土壤碳含量调查与分析，并对林地碳储量进行了估测。

加强对林业政策和项目执行的指导与监管，完成2010年公益林基础设施建设项目、中幼林抚育项目检查验收工作、以及2011年公益林基础设施建设项目、中幼林抚育项目方案评审， 推进林地抚育4.6万亩，林地基础设施建设2.2万亩。完成2011年度公益林生态补偿转移支付考核工作和2010年度新造林验收工作，开展了全市林地水利设施需求调研、生态公益林养护成品油使用情况调查。

运用第七次森林资源调查成果，更新完善了上海市森林资源GIS数据管理系统，为课题研究、业务工作开展、专业调研等提供了所需的各类资源数据。

【上海市遴选出一批林业生态示范点】 充分开发林业景观资源，推进公益林地综合利用，本市遴选出一批有特色，能引领郊区公益林建设管理的林业生态示范点、林业旅游休闲示范点，组织参加全国森林旅游博览会、中国温州森林旅游图片展。修订《公益林生态补偿考核办法》，完成全市公益林养护质量等级考核，将公益林生态补偿资金对应到具体田头地块。会同财务部门落实2012生态补偿转移支付资金5.21亿元。

【上海市推进测报点标准化建设】 按照“装备统一、标识统一、技术统一”的标准，在全市推进林业有害生物标准化测报点标准化建设。目前已建成嘉定安亭、奉贤申亚、松江叶榭、闵行华漕和宝山罗店等5个测报点，并加强了对三级监测预报点的检查考核。严格执行周巡视监测报告制度和有害生物灾情报告制度，加强对生态敏感区、景观通道与经济果林重点区域常发性林业有害生物的预测预报。筹备建立森林网络医院，加快森防工作信息化建设。继续加强了对美国白蛾、亚洲型舞毒蛾、桔小实蝇的等重点危险性林业有害生物的监测，未发现上海地区有美国白蛾和亚洲型舞毒蛾成虫，桔小实蝇基本处于可控状态；开展了新增补的林业检疫性有害生物——扶桑绵粉蚧的普查工作。

【林业有害生物防治落实“双线”责任制】 根据全国林业有害生物防治工作会议精神，市政府召开全市首次绿化林业有害生物防治工作会议。会议对“十一五”森防工作进行了总结，部署了“十二五”全市森防工作，并分别由市政府与区县政府、市林业局与区县林业主管部门签订了责任书，将本市重大危险性林业有害生物防治 “双线”责任制真正落到实处。

【依法受理行政审批事项】 完成中心城区沪太路和闵行区办证点标准化建设。截至12月底，全市受理木材运输证136737份，受理检疫证130747份，检疫木材4994090方，检疫苗木15963700株，检疫包装箱3683件，托盘28294件，电缆盘2424只；受理国外引种审批192批次，涉及14个国家（地区）的84个品种，引进苗木854893株、种球6108457只、种子86900公斤，开展风险评估42批次；复检工程654家，补检110家，补检率16.82%。同时，加大对上海东方体育中心、奉贤世纪森林以及顾村公园等植树造林点用苗的复检力度，销毁苗木31批次，销毁樱花474株，销毁加纳利海枣37株；查处了上海园林集团下属上海花木公司伪造检疫专用章和变造检疫凭证案件，对违规企业和相关责任人进行了行政处罚，并将部分情节严重的案件移交公安机关处理，维护了上海城市生态安全。

【森林资源执法】 一是完善森林资源网络管理平台。市林业部门会同市规土部门，对全市148.6万亩林地的土地属性进行全面梳理调整，实现了两个部门在数据底板、技术口径、功能区划上的统一 。对各区县和有关单位森林资源管理员进行培训，启动森林资源动态更新。二是严格林地管理，规范林地征占用审批程序，分解林木采伐限额。年内共受理林业行政许可110件。组织开展以打击破坏森林资源违法犯罪为重点的“亮剑行动”。针对大型居住区涉及征占用林地一事开展全市调查和处理。

【野生动物专项整治行动】 夏季蛇蛙类专项整治行动：按照沪动管[2011]12号文，开展从7月22日到9月5日为期一个多月的专项整治工作。区（县）（普陀、杨浦、金山、崇明）联合执法4次。全市共组织检查1779次、组织宣传1210次、组织联合执法行动100余次，罚没青蛙2243斤、蟾蜍817斤、蛇298斤（56条）。有力打击了非法销售蛇蛙类行为，在一定程度上遏制了蛇蛙类在市场上泛滥的现象。

春秋乱捕乱猎专项行动：2月14日下发站3号文件《关于在春季候鸟迁徙期间开展加强野生鸟类保护行动的通知》；9月26日下发站15号文件《关于进一步加强2011年度越冬侯鸟保护工作的通知》，全市（尤其是郊区）检查沿海滩涂、大型林地、林带、果园等地点共948次，有力打击了乱捕乱猎野生动物的行为，为在沪越冬候鸟提供了安全的栖息环境。

象牙制品专项执法行动。根据日常管理掌握的情况和国际组织上海办事处《2011年11月上海象牙和玳瑁贸易调查》情况，从11月14日开始在全市范围内展开针对非法经营象牙等野生动物制品的摸底调查和联合执法。截止11月底，市和六个中心城区野保部门对13个古玩和花鸟市场开展大检查，共宣传告知80多次，对曾有经销象牙制品或存在少量制品的令其写出保证书20多家，暂扣两家非法销售的非洲象牙制品13件、猛犸象牙4件，已对当事人立案处理。

野保部门全年共接到有处理内容的举报投诉（包括咨询）电话288次，分别按规定和程序予以处理，并记录在案。妥善处理黄浦江天鹅事件，铜川路水产市场出售穿山甲等野生动物，人民广场某火锅城经营野生动物制品等举报案件，野生动物园虐待黑熊事件。

结合两家动物园和各区（县）上报的数据，野保部门全年共收容救护野生动物464只（头、条）（不包括王锦蛇、乌梢蛇等市场上常见蛇类，以及青蛙、蟾蜍等市场上常见蛙类等），其中国家一级重点保护野生动物（包括附录1）的12只（头、条），国家二级重点保护野生动物(包括附录2)的68只，其余384只（头、条）。

【植物检疫执法】 继续加强对世博期间引进的大型景观植物的检疫监管，组织专家对第一批引进植物进行论证，对隔离苗圃存在的问题及时提出整改意见，为今后开展对已过隔离监管期苗木的监管工作提供科学依据；完成世博场馆引进的法国玫瑰等多种植物依法进行销毁处理和西安“世园会”新西兰馆引进植物的调运检疫服务。

加强区域和部门联手合作，与浙江省林业检疫部门签订合作框架协议，共同加大对苗木、花卉的调运检疫执法力度和相互间的通报；与市容绿化部门与市出入境检验检疫部门共同开展舞毒蛾监测和国外引种企业的检疫监管；联合上海市质量技术监督局等部门开展了对全市木材市场的检疫执法，进一步加强了对建材市场木制品的监督管理；在总结宝山、嘉定和青浦报检员制度试点成功经验上，全面推进报检员制度。

【上海地区鸟类监测情况】 2011年，崇明东滩鸟类国家级自然保护区管理处、九段沙湿地国家级自然保护区管理署、上海野生动植物保护协会鸟类专业委员会（上海野鸟会）等单位，继续开展上海市水鸟同步调查、城（郊）区公园绿地野生鸟类监测、南汇东滩野生鸟类监测、横沙东滩鸟类资源调查等多个调查，其中：

上海市水鸟同步调查：对崇明东滩保护区、九段沙保护区、宝钢水库等14处天然湿地区域开展了16次同步调查。同时，也完成了国家林业局、世界自然基金会组织的2011年度长江中下游五省一市的越冬水鸟同步调查。通过调查，共记录到野生水鸟126种318762只次。其中留鸟5种，夏候鸟14种，冬候鸟53种，旅鸟53种，迷鸟1种。共记录到国家级保护鸟类16种，IUCN濒危物种18种，12个物种达到或超过东亚地区水鸟种群数量估计的1%标准，它们分别是罗纹鸭、白头鹤、白腰杓鹬、翘嘴鹬、红颈滨鹬、黑腹滨鹬、长趾滨鹬、环颈鸻、蒙古沙鸻、铁嘴沙鸻、黑脸琵鹭、中杓鹬。记录数量最多的10种水鸟为：黑腹滨鹬、环颈鸻、、红颈滨鹬、白鹭、斑嘴鸭、绿头鸭、绿翅鸭、大滨鹬、罗纹鸭和牛背鹭。通过分析发现，冬候鸟的数量和种类相对稳定，春秋过境旅鸟种类和数量则有较大波动。

城（郊）区公园绿地野生鸟类监测：对共青森林公园等4处不同建成年代的大型公园，开展了12次野生鸟类监测工作，共记录到野生鸟类91种11506只次。自5月起，对松江浦南水源涵养林、宝山罗泾水源涵养林、奉贤海湾森林公园等郊区林地开展了鸟类调查，在8次调查中，共记录鸟类107种5538只次。

南汇东滩野生鸟类监测：对南汇东滩禁猎区所栖息的野生鸟类开展了12次监测工作，共记录到野生鸟类187种36208只次。

横沙东滩鸟类资源调查：在16次野外

调查中，共记录到野生鸟类164种72553只次，其中水鸟94种68588只次；同时，观测到了小滨鹬、短嘴金丝燕、蝗莺等罕见于上海乃至华东沿海的鸟种，记录到了小青脚鹬、仙八色鸫、黑脸琵鹭等国家级保护动物；观测到了半个多世纪都未曾在上海记录到的小鸥，以及上海鸟类新纪录——大凤头燕鸥。华东师大专业人员进行了“横沙东滩底栖动物现状调查”，掌握横沙东滩不同圈围时期内的底栖动物现状，并完成了2次的野外采样工作。

【上海市开展野生动植物经营利用情况统计分析】 2011年1–12月，本市野生动植物经营利用事项129项，比上年减少9项，减少7．9%。审核拟不同意或补正材料的31项，占24．03%，其中组织专家评审2项。根据审核记录台帐分析，全年出售、收购和利用国家一级重点保护野生动物或其产品33种546头（件）；出售、收购和利用国家二级重点保护野生动物或其产品36种989头（件），动物实验材料340毫升；加工利用国家一级重点保护野生动物或其产品5种57285公斤；加工利用地方重点保护野生动物3种8000公斤；驯养繁殖国家重点保护野生动物37种和地方重点保护野生动物1种；国家重点保护野生动物种源进口免税24种，活体122头；使用中国野生动物经营利用专用标识2种，260．04万个；外国人进入自然保护区科考或摄影3批次7人次。上述活动的经营利用合同金额8981．62万元，比上年减少15902．32万元，减少63．91%。

【上海市对驯养繁殖单位加强日常监管】 截至2011年年底，本市野生动物驯养繁殖单位（个人）97家，比2010年减少9家。其中崇明县增加2家，松江区增加1家，闵行区增加1家，奉贤区增加1家，计增加5家；南汇和浦东合并后减少10家，金山区减少1家，市区减少3家，计减少14家。本市养殖国家重点保护动物的单位有71家，其中65家办理了国家重点保护动物驯养繁殖许可证，办证率为92%，比上年下降1个百分点。

全市现有驯养繁殖野生动物467种，共1777271只。其中一级保护动物97种，3300只；二级保护动物128种，5130只；非重点保护动物242种，1768841只。

依法开展17类濒危活体标记野生动物调查。对涉及5家驯养繁殖单位重新开展调查，以利于全面掌握上海市17类濒危活体标记动物家底情况，包括动物数量、生老病死情况、动物引进出让情况、驯养繁殖情况和动物谱系等。共有5家驯养繁殖单位涉及17类濒危野生动物标记工作，共有756只17类濒危活体野生动物，已实施标记的有333只。

【野生动物疫源疫病采样预警工作常态化】 野生动物疫源疫病监测防控是林业部门的重要工作内容。2007年，上海开始探索建立主动预警机制。通过3年的时间，对上海市范围内的野生动物疾病本底情况进行了摸底排查，建立了上海市陆生野生动物疫源疫病监测与预警数据库，对上海地区野生动物疫源疫病的流行状况有了一定掌握。根据上一阶段研究成果，2011年度，上海将采样预警工作常态化，确定年度工作方案，对野生动物进行实时定期主动采样监测。

【上海启动第二次湿地调查工作】 开展上海市第二次湿地资源调查前期工作，组织召开多次协调推进会议。完成编制《上海市第二次湿地资源调查项目预算》、《上海市第二次湿地资源调查工作方案》和《上海市第二次湿地资源调查技术实施细则》。完成《上海市第二次湿地资源调查工作方案》和《上海市第二次湿地资源调查技术实施细则》的评审、修订和报批并获得国家林业局批准。开展超过100人次参与的一般调查和重点调查的技术培训、野外试调查。组织召开专家委员会会议评审通过8个重点调查技术方案及各区县第二次湿地资源调查实施方案。组织召开上海市第二次湿地资源调查领导小组办公室会议，研究提出《上海市第二次湿地资源调查工作进度监督和考核办法》和《上海市第二次湿地资源调查质量管理办法及实施细则》。编印《上海市第二次湿地资源调查工作简报》3期，发布调查信息42条。邀请国家林业局湿地办和国家林业局调查规划设计院的领导、专家两次现场指导和培训。赴国家林业局北京院、西北院对接一般调查遥感判断和质量监督检查工作。

【崇明西沙湿地公园成为上海首家国家湿地公园（试点）单位】 2011年6月22日，崇明西沙国家湿地公园总体规划完成并征询意见，7月13日，《上海崇明西沙国家湿地公园总体规划》通过市级专家评审，9月16日~17日，国家湿地公园评审小组实地考察上海崇明西沙湿地公园，召开考察论证会议。2011年12月12日，上海市崇明西沙湿地公园顺利通过专家组实地考察评估、集体评审和公示等，成功被国家林业局批准为国家湿地公园试点单位（林湿发〔2011〕273号）。崇明西沙国家湿地公园（试点）位于崇明岛西南端，上海明珠湖环岛大堤外侧，绿华镇域内，北至崇明堡湖路，南临长江。地理坐标为31° 43′ 01″ ~31° 44′ 01″ N，121° 12′ 47″ ~121° 15′ 12″ E，南北跨度1.7km，东西跨度3.9km。规划区总面积363.1km^2。崇明西沙国家湿地公园（试点）自然生境保持良好，具有丰富多样的湿地生态系统类型和以湿地为主要栖息环境的野生动植物资源，同时崇明西沙湿地位于国际候鸟迁徙路线上的重要结点，因此划建崇明西沙国家湿地公园，加强该地湿地生态系统保护，对于改善规划区域湿地自然生境，提供更大范围的鸟类栖息场所，实现生物多样性保护目标以及当地文化挖掘具有十分重要的意义。

【上海纪念第十六个“世界湿地日”倡议推动湿地保护】 2011年1月29日，由上海市野生动植物保护管理站、市野生动植物保护协会、青浦区林业站和上海绿洲生态保护交流中心联合主办的“徒步青西，赏湿地风光，护森林野鸟” 2011年世界湿地日市民体验活动在青浦区顺利开展。2011年世界湿地日的口号是“森林关乎水与湿地”。

【监督指导野生动植物管理】 组织实施“獾类生态恢复与扩繁研究”二期项目，完成发情、交配、产仔、育幼等重要生命过程，为生态恢复与扩繁研究打下基础。配合组织小种群野生动物生态恢复及相关项目实施，完成极度濒危物种扬子鳄重引入东滩湿地项目总结。

【上海市野生动植物网站全新改版】 2011年，上海市野生动植物网站进行全新改版。此次改版以“服务、互动、宣传”为宗旨，大大提升网站实用性，增加可看性，网站增加了更多的资讯栏目，提供全面的法律法规和物种名录、资源监测状况等公众服务信息，开设网上咨询、网上物种鉴定等服务项目。同时，根据行业和宣传需要，增设了协会会员、志愿者网上申报、活动申请等栏目。运用网络，首次启动了网络版“爱鸟周”宣传活动，与市民共建网上互动平台，取得良好反响。

【第30届“爱鸟周”系列活动】 4月9日，上海市第30届“爱鸟周”活动启动仪式在崇明东平国家森林公园举行。上海首支林业专业巡查队伍—崇明林业专业巡查队伍同时成立。

为纪念“爱鸟周”30周年，组织全市共开展宣传活动65项，其中市级活动9项，区级及相关单位活动56项。其中展板展示13场；举办各类征文、绘画、演讲等竞赛活动5场；组织野外观鸟等实践活动5场；开展各类讲座、咨询活动11场；发放宣传资料、调查问卷等2万余份。参与公众8万余人，各大媒体报道50余篇，并完成“爱鸟周”活动总结和汇编工作。活动还特别组织编写了30周年回顾画册《历程》。

【指导野生动植物和湿地保护的宣传教育和国际合作与交流】 一是组织完成世博大熊猫上海行活动画册的编写出版工作。总结“世博大熊猫上海行”活动并上报国家林业局。二是参与组织第30届“爱鸟周”、2011年地球1小时和2011年世界湿地日市民体验活动等宣传教育活动。三是协调联系世界自然基金会，研究制订2011/2012年度合作项目备忘录并上报国家林业局国际合作司。研究提出与世界自然基金会合作建设崇明东滩湿地培训基地方案并举行挂牌仪式。配合组织首届“TOT湿地管理国际培训”活动。配合世界自然基金会组织有关区（县）及部门9人次赴港培训湿地保护管理。

【青少年生态文明教育活动】 截止2011年底，本市已有野生动物保护特色教育学校138所，涉及学生20余万人，覆盖全市所有区（县）。上海市中小学野生动物保护俱乐部和上海市青少年爱鸟俱乐部会员人数达8万余人。

一是加强专业教师队伍建设：举办了第七届上海市未成年人生态道德教育研讨会、开展特色学校项目主管教师专业培训班。同时，对全市的野生动物保护特色教育学校进行评估，评选出杨浦区民星路小学等十五所2010年度“十佳野生动物保护特色教育模范学校”。

二是丰富中小学生生态教育实践：连续五年在英特尔上海市青少年科技创新大赛上设立“生态道德教育实践奖”，鼓励更多的青少年开展形式多样内容丰富的生态实践活动。2011年，在全国第26届全国青少年科技创新大赛上，上海报送参赛6个关于青少年开展野生动物及生态环境保护的项目全部获奖。在闵行颛桥小学组织开展上海地区“我随鸟儿去旅行—爱鸟护鸟南北行活动”，新颖活泼的活动形式得到中国野生动物保护协会的肯定。同时，通过开展“生物限时寻”活动、“康健·樱花”杯爱鸟识鸟活动等，增加青少年生态实践活动能力，提升生态道德素养。10月，在全市范围内首次启动“自然笔记”活动，让学生通过笔墨描绘，从观察自然到激发探索自然的兴趣。

三是构建生态教育联盟模式：积极推广“管理部门+学校”的青少年野生动植物保护生态教育联盟模式，鼓励区县野生动物保护管理部门与区域内野生动物保护特色学校建立长期良好宣传合作关系，整合优势，扩大宣传效果。闵行区野生动物保护管理站与闵行区青少年活动中心签署了共建合作意向书，目前18个区县的管理部门基本与区域内的特色学校挂钩。

（三）市容管理

【概况】 生活垃圾分类减量实现历史最大降幅，圆满完成“以2010年为基数，人均生活垃圾处理量每年减少5%”的工作目标。生活垃圾“大分流”体系稳步推进。逐步将装修垃圾、餐厨垃圾、绿化枯枝落叶、大件垃圾等从日常生活垃圾中分流出来。各区县已基本建立枯枝落叶分类处置系统，初步实现资源化利用；强化对废弃食用油脂收运的监管力度，进一步明晰流向、规范处置。杨浦、普陀、徐汇等区试点大件垃圾预约收集。浦东、金山、杨浦、嘉定、普陀、静安等区还极探索集贸市场垃圾、机械清扫垃圾的专项分流，推进就地、就近消纳。其中，浦东新区已有23个街镇162家集贸市场纳入试点，日均分流垃圾近150吨，进一步深化健全“大分流”体系建设。“小分类”试点不断深化。完成“百万家庭低碳行，垃圾分类要先行”的市府实事项目，分类试点覆盖1082个居住小区。基本确定居民户内“厨余果皮（湿垃圾）”、“其它垃圾（干垃圾）”分类投放，居住小区“有害垃圾”、“玻璃”、“废旧衣物”专项收集的“2+3”分类模式。在试点推进过程中，各区县、试点街镇按照不同居住区类型、原有生活垃圾收集点布局方式等，因地制宜探索全程分类作业模式。其中，浦东新区实行了垃圾厢房、小压站、生化机等分类收集，并在金桥地区开展“以桶换桶，垃圾不落地”试点。嘉定区建设了街道分拣中心，青浦区推进专业废品回收企业进入试点小区，进一步有效提高分类准确率，扩大再生资源回收品种。

市容环境持续保持整洁、有序、美观。城市环境保持整洁常态。以“百个街道（镇）千条道路洁净工程”实事项目为抓手，加强道路清扫保洁。制定《道路和公共广场及附属公共设施保洁质量和服务要求》，延续“夜间作业，白天保洁”的工作模式，完善道路保洁日常巡查机制，道路环境整洁优良率达到93.6%。加强重点水域监控，市、区两级管理、作业部门加强绿萍、水葫芦等水生植物的上游拦截打捞工作，重点水域水面环境质量优良率达到97%。市容综合治理持续推进。深化责任区管理，完善乱设摊治理机制，建立区域间的互查制度，全年建立入室疏导点200余个，便民服务点1600余处，重点区域、重点道路乱设摊现象得以有效改善。加强建筑渣土运输管理，完成运输招投标工作，有效遏制偷乱倒。全年建筑渣土申报量达8660万吨，同比增长88%；偷乱倒清除量为7.6万吨，同比下降44%。协同做好违法建筑整治，全年拆除违法建筑548.5万平方米，其中，拆除新增违法建筑67.6万平方米，历史存量违法建筑480.9万平方米。开展本市高速公路沿线等违规户外广告整治、店招店牌安全设置的专项行动，全年共拆除违规户外广告600余处。

城管执法体制取得重大突破。城管执法体制进一步理顺。以实施《行政强制法》为契机，深入贯彻落实“上海市完善城管执法体制工作会议”精神，坚持做实执法局、做强大队，完成执法主体更名、罚缴分离机构代码变更、执法文书更新等工作，修订完善了《暂扣物品保管和处理暂行办法》等规章制度，确保了《行政强制法》实施后城管执法工作依法、正常、有效开展。同时，还先后完成浦东、长宁、金山等区城管执法人员“参公”考试及人员分流等工作，全面完成本市城管执法队伍“参公”管理。城管执法队伍建设不断强化。加强城管执法人员管理，制定下发《城管执法人员行为规范》、《城管执法人员行为规范督察考核细则》等规章，开展“规范执法、文明执法”教育整顿活动。建立全员教育培训制度，全年共培训执法队员6200多人次，实现全体执法队员年度普训。开展法律知识竞赛、队列会操比赛等活动，进一步提振队伍士气、改善队容风纪。加强执法实效督查，全年共及时纠正违反行为规范队员2200人次，督促整改执法实效问题2.1万余起。新增14个“规范化分队”，全市规范化分队创建达标率已达76%，并在宝山、黄浦等区试点标准化大队建设。

【完善城管执法体制，完成队伍“参公”管理】 以实施《行政强制法》为契机，贯彻落实“上海市完善城管执法体制工作会议”精神，执法主体统一为市、区“城市管理行政执法局”、执法队伍分别更名为“市城市管理行政执法局执法总队”和“区城市管理行政执法局执法大队”，完成罚缴分离机构代码变更、执法文书更新等工作，修订完善《暂扣物品保管和处理暂行办法》等规章制度，确保《行政强制法》实施后城管执法工作依法、正常、有效开展。同时，根据法规中所明确的街道、镇（乡）城管执法队伍的管理模式以及城管执法人员上岗资格，由市公务员局组织的统一考试，进行人员分流，先后完成浦东、长宁、金山等区城管执法人员“参公”考试及人员分流等工作，全面完成本市城管执法队伍“参公”管理。截至11月，全市共有城管执法人员6075人，全部实现“参公”管理。其中，从学历情况看，研究生36人，占0.6%；本科生2617人，占46.5%；大专生占50.1%，大专以下占2.8%；年龄情况而言，25岁以下的人员占35.9%，36—50岁人员为达到44.7%，51岁以上占19.4%。

【优化城管执法勤务模式，加强执法保障】 制定《上海城管执法部门应对突发事件分级响应方案》（草案），由市城管执法总队、市水上管理处以及各区县城管执法部门分别组建30人以上的应急反应队伍，加强“紧密配合、协同作战、应急处置”的机动反应能力，为执行城市管理保障任务打下坚实基础。会同公安、工商、建设、环保、文化、食药监等部门联动执法；与民政、公安等部门形成“三合一”救助机制，每月逢“六”开展集中救助行动，共救助流浪乞讨人员6737人次；在18个区县参与组建拆违办公室，与规土、房管人员共同查办违法建筑案件；与市安质监总站、市环保局开展建筑工地联合检查，依职查处车容不洁、未携带处置证、偷乱倒渣土、夜间施工扰民等行为，提高了整治的针对性和有效性。制定《关于加强城市管理行政执法实效督察的意见（试行）》，建立市、区两级城管执法督察队伍，对热点、难点问题处置情况和专项整治行动开展情况加强督促检查，提升执法队员的管事率、尽责率，保证行政执法工作有力、有效开展。

【严格依法整治城市管理“四大”顽症】 一是疏堵结合查处乱设摊。对26个景观区域与90条主要干道，配足配强执法力量，严格禁止占道设摊，共查处无照占道设摊案件5.2万起。同时，对一般保障区域，积极探索和推行“民意主导加行政执法”的治理模式，挖掘中小道路、临时工地等资源，设立设摊临时疏导点，引导、化解了一批长期占道设摊现象。二是大力度治理非法小广告。坚持“停机、掏窝、处罚、清除”多管齐下，共实施“停机”4256起，实施行政处罚1803起，取缔非法小广告制作、藏匿窝点80余处，收缴非法小广告34万余张，纠正了大量违法张贴、散发小广告行为。三是多方协作查处违法夜间施工。会同建设管理、环保部门多次开展联合检查，及时纠正违规施工和不规范处置渣土行为；夜间执勤人员加强巡查，依法查处建筑工地违法施工噪声扰民行为，共查处夜间施工案件20余起。四是重拳出击清理占道堆物。组织开展全市占道堆物专项整治，对严重影响城市交通、市容景观和消防安全的占道堆物集中清理。全市共出动执法队员9300余人次，执法车辆1980余辆次，检查道路1800余条次，实施行政处罚70余起，督促整改1050余处，实施代为整改230余处。

【持续推进市容环境综合治理】 一是深化市容环境责任区管理，完善无序摊治理机制，加强疏导和管理，建立区域间互查制度，全年建立入室疏导点200余个，便民服务点1600余处，重点区域、重点道路乱设摊现象得以有效改善。二是加强建筑渣土运输管理，实行渣土运输单位市场退出机制。根据市政府50号令的规定，对于满足条件的违规渣土运输企业启动吊销运输许可证程序，经过法定的取证、谈话、听证告知等程序，于9月

20日作出吊销该公司渣土运输许可证的行政处罚，以儆效尤，有效遏制偷乱倒。全年渣土申报量达8660万吨，同比增长88%；偷乱倒清除量为7.6万吨，同比下降44%。三是协同做好违法建筑整治，全年拆除违法建筑548.5万平方米，其中，拆除新增违法建筑67.6万平方米，历史存量违法建筑480.9万平方米。四是开展本市高速公路沿线等违规户外广告整治，店招店牌安全设置专项行动，全年共拆除违规户外广告600余处。

【做好黄浦江苏州河水域市容保洁，确保“世游赛”顺利举办】 加强世游赛场馆周边水域的日常保洁力量，聘请义务监督员加强绿萍污染监控，在东方体育中心周边的黄浦江上游水域设置拦截设施，对上游及沿线支流水域绿萍、漂浮垃圾等加强拦截和打捞。在遭遇绿萍“总量不多、突然爆发”的情况时，及时发出预警，督促作业单位及时拦截打捞，确保绿萍不污染景观水域；将保洁作业时间由原先的“朝八晚四”延伸至“朝七晚七”；对川杨河口上游、小黄浦等两处大型滩涂开展整治，及时清除垃圾；加强对场馆周边水域停靠船舶的容貌检查，开展建材散货装卸码头、水上旅游集散码头夜间执法整治和专项执法整治；加大对场馆周边中小河道的巡查频次，确保“世游赛”顺利举办。

【夜间施工执法检查】 2011年，本市多方协作查处违法夜间施工。市容绿化部门会同建设管理、环保部门多次开展联合检查，及时纠正违规施工和不规范处置渣土行为；夜间执勤人员加强巡查，依法查处建筑工地违法施工噪声扰民行为，共查处夜间施工案件20余起。

【中心城区道路环境整洁优良率达90%以上】 9月底，市政府“百个街道（镇）千条道路洁净工程”实事项目已全面完成。中心城区道路洁净工程推进覆盖率达到40%以上，郊区推进面积覆盖率达到10%以上。

通过对道路污染源加强源头管理，并实施多项措施，进一步改善了全市道路洁净状况，提升道路保洁服务质量，中心城区道路垃圾滞留时间得到有效控制，道路环境整洁优良率达到90%以上。在“夏令热线”活动期间，分三次、每次各四个检查小组，对全市12个中心城区的“百街千路”道路洁净工程推进工作进行了检查和现场指导，共检查道路1887条（段），道路环境卫生整洁状况达到优良。

【水域市容确保整洁美观】 2011年全市水域累计共打捞绿萍6.2万余吨，水葫芦近5万余吨，遏制了绿萍、水葫芦等水生植物的污染，确保水域市容环境的整洁美观。将保洁作业时间由原先的“朝八晚四”延伸至“朝七晚七”；对川杨河口上游、小黄浦等两处大型滩涂开展整治，及时清除垃圾；加强对场馆周边水域停靠船舶的容貌检查，开展建材散货装卸码头、水上旅游集散码头夜间执法整治和专项执法整治；加大对场馆周边中小河道的巡查频次，确保“世游赛”顺利举办。

【生活垃圾分类试点覆盖1082个居住小区】 2011年，市市容环卫部门完成“百万家庭低碳行，垃圾分类要先行”的市政府实事项目，分类试点覆盖1082个居住小区。基本形成居民户内“厨余果皮（湿垃圾）”、“其他垃圾（干垃圾）”分类投放，居住小区“有害垃圾”、“玻璃”、“废旧衣物”专项收集的“2+3”分类模式。

在试点推进过程中，各区县、试点街镇按照不同居住类型、原有生活垃圾收集点布局等方式，因地制宜探索全程分类作业模式。浦东新区将生活垃圾分类计量系统延伸至居住区；松江区、闵行区将分拣放置、分类驳运纳入相关人员考核；徐汇、普陀、杨浦、静安、闵行、金山等区积极探索“湿垃圾”预处理及就地处理工艺技术；嘉定、奉贤等区探索建立生活垃圾分拣中心；金山、青浦、崇明等区县有效增强垃圾分类收运力量；长宁区建立了较为完善的各类垃圾产量台账记录制度。青浦区推进专业废品回收企业进入试点小区等。此外，市妇联、市文明办、市绿化市容局还广泛发动市民群众积极参与。全市共发放《生活垃圾分类指导手册》和分类投放垃圾袋套装31万份，宣传折扇、冰箱贴、围兜、环保袋等宣传品约97万份，招募垃圾分类志愿者近9000人。

区县	完成数量	完成比例	区县	完成数量	完成比例
黄浦	75	100%	浦东	104	103%
静安	91	100%	闵行	53	100%
卢湾	55	102%	宝山	65	100%
徐汇	86	108%	嘉定	54	120%
长宁	78	100%	奉贤	19	100%
闸北	77	101%	金山	46	100%
虹口	67	100%	青浦	41	100%
普陀	59	104%	松江	44	100%
杨浦	26	186%	崇明	42	100%
合计	1082				

注：表格数据截止至2011年12月31日。

【人均生活垃圾日处理量同比减少5%】 按照生活垃圾源头分类基本模式，本市初步建立了装修垃圾、餐厨垃圾、绿化枯枝落叶等专项分流的生活垃圾处理系统。全市1082个试点小区已基本覆盖“2+3”（即生活垃圾“干”“湿”分离以及有害垃圾、玻璃、废旧衣物）分类模式，垃圾减量效果逐步显现。2011年进入末端处置设施生活垃圾计划量为18281吨/日，实际进入末端处置设施生活垃圾量为18088吨/日，比前一年日均减少生活垃圾达816吨。浦东新区、青浦、松江、嘉定、宝山、金山、静安、卢湾、长宁等区都超计划完成任务。全市生活垃圾平均清运量为19292吨/日。

【厨余垃圾收运处置量同比增长14%】 2011年，全市共收运餐厨垃圾251184.85吨，其中厨余垃圾241088.45吨、废弃食用油脂10096.4吨，全市日均收运量为688.17吨，其中厨余垃圾660.51吨/日、废弃食用油脂27.66吨/日（地沟油14.52吨/日、老油13.14吨/日），厨余垃圾收运处置量同比增长14%，废弃油脂收运处置量同比增长282.9%。

积极协调食药监部门，依托餐饮服务许可信息（全市大中型餐饮饭店9189家、单位食堂16341家），指导督促区（县）将申报管理职能延伸至街道。

制定《上海市餐厨垃圾收运作业基本要求》，全面实施了收运作业人员持证上岗制度；网上公开厨余垃圾、废油脂资质收运企业服务信息，全市专项收运能力得到一定提升。截止12月，厨余垃圾收运车辆共203辆，较2010年增加126辆；废弃油脂专业收运车辆364辆，较2010年增加285辆。

中心城区基本实现厨余垃圾分流处置，崇明县、普陀区等建成处置设施并实施分类处置；起草并印发《关于进一步加强废弃食用油脂管理的通知》（沪绿容【2011】85号文），建立废油脂处置流量流向监管制度，实施专人驻厂监管；根据市政府部署，配合食、药、监部门开展“地沟油”专项整治，会同城管执法部门开展了针对产生单位违规行为的执法检查活动，组织实施了全市废油脂中转、初加工场所的环境整治。

【装修垃圾申报量同比增长46.5%】 一是强化日常管理，督促区县管理部门落实申报管理，截止12月底，全市装修垃圾申报量为382.4万吨，同比增长46.5%；强化运输管理，对已入网车辆落实半年一次的定期检测制度，对申请入网车辆严格实施市、区两级检查制度。

二是组织规范化管理试点，编制管理规范，在杨浦、普陀、徐汇区组织试点，在杨浦区百余辆装修垃圾运输车辆试点安装GPS，有力推进装修垃圾管理规范化。

【一次性塑料饭盒回收处置 1.4 亿只】 2011年，继续有效控制一次性发泡塑料饭盒视觉污染，回收再生处理系统运作基本正常，全年共回收处置一次性发泡塑料饭盒14020万只，再生造粒约455吨。

【渣土申报量同比增长 88%】 2011年，本市建筑渣土申报量达8660万吨，同比增长88%；偷乱倒清除量为7.6万吨，同比下降44%。为加强建筑渣土运输管理，本市实行渣土运输单位市场退出机制。根据市政府50号令的规定，对于满足条件的违规渣土运输企业启动吊销运输许可证程序，经过法定的取证、谈话、听证告知等程序，于9月20日作出吊销上海沪环废弃物清洁有限公司渣土运输许可证的行政处罚，有效遏制了偷乱倒行为。

【建筑渣土管理机制进一步完善】 结合本市管理要求和实际情况，起草并颁布了《上海市建筑垃圾和工程渣土运输单位招投标管理办法》。自2月起在长宁区试点的基础上，全市各区县陆续开展了区域渣土运输单位招投标工作，至9月份共产生了57家中标单位（除黄浦、卢湾外），本轮渣土运输单位招投标工作基本完成。市绿化市容局起草并颁布《上海市建筑垃圾和工程渣土处置管理实施细则》，对管理范围、职责分工、综合利用、区域招标、处置申报、卸点付费等相关环节具体要求做了明确，并与市交港局、海事局、市交警总队等部门联合发布。

【推进老港固废综合利用基地建设】 老港固废综合利用基地建设土建施工全面展开，完成部分设备安装；开工建设综合填埋场一期工程，完成投资6.4亿元。此外，还完成老港内河工程可行性研究报告、基地渗沥液应急排放管道工程规划选址、工程可行性研究报告报批等工作；完成老港北侧防污染隔离林带项目现场土壤测试、完善种植方案。启动老港一二三期填埋场封场（二阶段）工程和封场区域示范性绿地建设，落实生态修复方案。

（四）数据统计

表1　绿化市容（林业·城管执法）主要业务发展指标

	单位	2010	2011
一、绿、林地总量和建设			
1、绿化覆盖面积	公顷	130160.40	131941.67
其中：建成区	公顷	38104.68	38172.42
2、城市绿地面积	公顷	120148.20	122283.49
其中：建成区	公顷	33558.00	33637.00
其中：公园绿地	公顷	16053.05	16445.72

	单位	2010	2011
3、当年新建绿地	公顷	1222.98	1063.1
其中：公园绿地	公顷	766.76	542.78
4、本市林地面积	公顷	99036.76	99693.76
5、当年新增林地	公顷	1358	715
其中：公益林	公顷	884	605
经济林	公顷	465	105
6、自然保护区	个	4	4
其中：国家级	个	2	2
7、重 要 湿 地	个	5	5
其中：国际级	个	2	2
8、野生动植物重要栖息地	个	12	19
9、 城 市 公 园	个	148	153
其中：免费开放公园	个	127	133
7、全年游人量	万人次	21794.04	20481.38
二、城市绿化水平			
1、人均公园(共)绿地面积	M^2/人	13	13.1
2、建成区绿化覆盖率	%	38.15	38.22
3、本市林木绿化率	%	20.53	20.81
4、森林覆盖率	%	12.58	12.58
三、市容环卫			
1、生活垃圾产生量	万吨	731.64	704.16
2、垃圾无害化处理率	%	84.9	616.85
3、垃圾无害化处理厂（场）	个	11	12
其中：市属	个	2	2
4、公共厕所	座	8721	8413
其中：环卫系统	座	6026	5768

表2　2011全市林木绿化率和人均公园绿地

区县	各区县林木绿化率		人均公园绿地	
	绿化覆盖面积（公顷）	林木绿化覆盖率（%）	公园绿地面积（公顷）	人均公园绿地（M²/人）
总计	131941.67	20.81	16445.72	13.10
浦东新区	27637.27	22.83	5951.40	24.28
黄浦区	161.08	12.98	99.14	1.65
卢湾区	156.95	19.50	64.11	2.11
徐汇区	1410.04	25.75	497.90	5.47
长宁区	1085.00	28.33	445.22	7.23
静安区	158.10	20.75	46.07	1.51
普陀区	1397.01	25.48	525.40	5.98
闸北区	626.80	21.42	227.22	3.28
虹口区	482.61	20.55	153.30	1.94
杨浦区	1462.43	24.08	459.50	4.21
闵行区	8737.42	23.57	2113.63	23.57
宝山区	6573.51	24.26	1914.00	23.14
嘉定区	8889.94	19.15	1240.54	26.60
金山区	9286.47	15.85	589.38	17.71
松江区	13563.89	22.40	710.87	14.95
青浦区	10863.24	16.21	731.68	23.67
奉贤区	10646.06	15.49	482.22	14.30
崇明县	28803.85	24.30	194.14	7.38

表 3　2011 年上海绿化市容主要业务指标情况

1、新建各类绿地面积	单位	2010	2011
其中：公园绿地	公顷	1222.98	1063.10
2、新增林地面积	公顷	766.77	542.78
3、绿化种植	公顷	1358	715
4、年末行道树实有数	万株	3926.57	3294.54
5、全年公园游人量	万株	81.41	92.56
其中：售票公园	万人次	21794.04	20481.38
6、公园动物数量	万人次	2688.28	2652.41
7、生活垃圾产生量	只	10114	9910
8、生活垃圾处置量	万吨	731.64	704.16
9、粪便处置量	万吨	731.64	704.16
10、道路专业清扫面积	万吨	201.01	207.22
其中：机械清扫	万平方米	15135	16041
冲洗清扫	万平方米	9861	11283
11、投诉受理量	万平方米	8927	10904
12、投诉处理量	起	93142	110681
	起	92639	110572

表 4　当年新增林地面积

区县	合计	其中					
		水源涵养林	沿海防护林	通道防护林	防污染隔离林	经济果林	育苗地
合计	715	1	7	575	22	105	5
浦东新区	0						
闵行区	28			28			
宝山区	38			38			
嘉定区	97			97			
金山区	39		7			32	
松江区	118			115			3
青浦区	41			20		21	
奉贤区	125	1		50	22	52	
崇明县	229			227			2

表5　当年新建各类绿地面积

单位：公顷

区县	总计	公园绿地	生产绿地	防护绿地	附属绿地	其他绿地
总计	1063.10	542.78		138.84	331.50	49.98
浦东新区	358.29	244.76			113.53	
黄浦区	1.71	0.62			1.09	
卢湾区	0.64	0.1			0.54	
徐汇区	17.16	10.22			6.94	
长宁区	13.93	7.13			6.8	
静安区	2.12	1.04			1.08	
普陀区	20.13	8.07			12.07	
闸北区	8.09	3.3			4.79	
虹口区	3.38	1.58			1.8	
杨浦区	8.08	2.49			5.59	
闵行区	74.29	60.61			13.68	
宝山区	125.51	64.9			10.63	49.98
嘉定区	50.25	42.21			8.04	
金山区	154.9	27.9		105.27	21.73	
松江区	57.89				57.88	
青浦区	54.43	17.2		3.57	33.67	
奉贤区	67.28	5.63		30	31.64	
崇明县	45.02	45.02				

表 6　2011 年全市绿化种植情况

单位：万株

区县	合计	落叶乔木	常绿乔木	花灌木	绿篱
合计	3294.54	54.94	47.61	2279.47	912.53
浦东新区	1101.54	36.89	8.08	416.36	640.22
黄浦区	0.56	0.00	0.14	0.06	0.36
卢湾区	9.31	0.06	0.01	9.24	0.00
徐汇区	34.57	0.22	0.24	26.35	7.77
长宁区	49.29	0.23	0.27	30.66	18.13
静安区	17.14	0.06	0.04	16.26	0.77
普陀区	144.19	0.92	0.51	81.83	60.93
闸北区	45.90	0.14	0.12	43.80	1.85
虹口区	3.36	0.08	0.10	1.42	1.76
杨浦区	33.23	0.17	0.26	30.82	2.00
闵行区	49.85	2.86	2.07	41.48	3.44
宝山区	300.18	4.01	15.75	274.71	5.71
嘉定区	759.40	1.10	1.22	757.08	0.00
金山区	190.35	2.14	4.16	183.73	0.32
松江区	133.71	2.88	3.83	11.23	115.77
青浦区	303.14	0.64	0.53	294.13	7.84
奉贤区	90.89	2.46	10.23	60.19	17.99
崇明县	27.92	0.07	0.05	0.13	27.66

表 7　2011 年全市道路清扫情况

区县	道路总段数(段)	道路总长度(米)	道路总面积(平方米)	专业清扫						非专业清扫						机械清扫		冲洗道路		废物箱数量(只)
				道路段数(段)	道路长度(米)	道路面积(平方米)	路面面积(平方米)	人行道面积(平方米)	其他面积(平方米)	道路段数(段)	道路长度(米)	道路面积(平方米)	外包面积(平方米)	单位自扫面积(平方米)	其它面积(平方米)	长度(米)	面积(平方米)	长度(米)	面积(平方米)	
合计	12477	8789956.39	167689377	11973	8427011	160411584	121097977	35969549	3344058	504	362828	7277793	4187758	3023714	66321	4554030	112832706	4226143.9	109042580	78213
浦东新区	1844	2268647.59	52280862	1830	2259754	52070659	42259953	9746601	64105	14	9259	210203	210203			1253384	36357909	1239246	36103164	23774
黄浦区	824	144332.5	2915767	793	139433	2816676	1923999	876892	15785	31	4877	99091	99091			76162	2012098		1723319	1623
卢湾区	354	65808	1774676	354	65808	1774676	1393093	381583								64334	1755753	64334	1755753	1128
徐汇区	867	302225	6417701	848	279418	5884402	4147571	1727201	9630	19	22807	533299	1769	511134	20396	279229	6129829	282392	5865518	3052
长宁区	565	196400	4718561	497	170840	4185755	2814052	1367927	3776	68	25560	532806	488259		44547	94395	2802483	167500	2887591	4058
静安区	289	70388	1388716	288	70056	1383927	913401	456376	14150	1	332	4789	4789			63458	1308523	65437	1332984	1036
普陀区	657	274109	6262281	539	207792	4754517	3376967	1297665	79885	118	65882	1507764		1507764		241356	5844234	241356	5858781	2387
闸北区	713	208992	4878855	708	205552	4816925	3367024	1376173	73728	5	3440	61930		61930		136761	3919686	136761	4544658	3056
虹口区	773	201755	3925729	771	201529	3924351	2782684	1139157	2510	2	226	1378			1378	110266	2737113	110266	2737113	1691
杨浦区	931	318138.7	7065689	931	318135	7065689	4902970	2162719								278089	6469745	278089	6469745	4823
闵行区	924	911456	20657166	693	694540	16604349	12440607	4163742		231	216914	4052817	3335407	717410		611139	15828525	495023	13235562	10334
宝山区	588	323566.7	8080001	581	320625	8017201	5504546	2494738	17917	7	2940	62800	48240	14560		281787	7538463	281787	7746812	3178
嘉定区	282	262729	5424787	282	262729	5424787	3793280	1631507								201780	4550849	188206	4155573	2837
金山区	523	405089	6817356	523	405084	6817356	5222181	1595175								259594	4863346	259594	4863346	3522
松江区	367	472496.5	7893204	367	472496	7893204	6639692	1253512								170664	3324345	170664	5664770	2096
青浦区	518	430121.7	7871885	518	430116	7871885	5736241	1696552	439092							18050	550620	19200	574170	2112
奉贤区	890	1156647.2	13070224	890	1156641	13070224	8569126	1887112	2613986							413582	6573173	226288.9	3400836	6692
崇明县	568	777054.5	6245917	560	766463	6035001	5310590	714917	9494	8	10591	210916		210916			266012		122885	814

表 8　2011 年全市生活垃圾分类收集情况

区县	实有数		实现分类收集数量				有害垃圾量(吨)	玻璃(吨)	可回收物品数量(吨)			
	小区数	居民户数	试点居住区数	总户数	单位数	垃圾收集点数			废纸	废塑料	废金属	其他
合计	8314	4861209	1082	584288		8918	43.53	2306.863				
浦东新区	2571	1581421	104	70378		1732	13.92	29.96				
黄浦区	248	174968	75	29596		368	2.27	80.32				
卢湾区	235	176800	55	16988			1.9	131.7				
徐汇区	457	321344	86	34243		1683	0.81	192.17				
长宁区	822		78	25209			0.06	89				
静安区	387	310000	91	29041		380	0.97	43.36				
普陀区	498	330032	59	37535		342	1.49	1169.9				
闸北区	293	267926	77	49750		191	2.41	30.623				
虹口区	319	151393	67	21880		458	2.86	274.1				
杨浦区	565	354169	26	14027		385	3.8	11.52				
闵行区	911	660000	53	49097		53	2.81	77.08				
宝山区	65	54898	65	47522		423	1.37	0.01				
嘉定区	310	150029	54	20064		229	2.14	4.77				
金山区	222	152538	46	40266			0.84	2.5				
松江区			44	33633		2673	3.72	2.6				
青浦区	369	138691	41	10981			0.56	135.72				
奉贤区			19	15572			0.1	5.53				
崇明县	42	37000	42	38506		1	1.5	26				

表9　城市公园情况一览（一）

单位：公顷、万人次

序	公园名称	星级	公园面积	全年游人量	地址
	总计		2150.93	20481.38	
一、	市属公园				
1	上海植物园		81.86	431.05	徐汇区龙吴路1111号
2	上海市动物园	*****	74.59	247.48	长宁区虹桥路2381号
3	共青森林公园	*****	124.74	63.61	杨浦区军工路2000号
4	古猗园	*****	10.27	103.82	嘉定区沪宜公路218号
5	上海滨江森林公园	*****	114.25	32.83	高桥镇凌桥高沙滩3号
6	上海辰山植物园		207.00	111.85	松江区佘山镇辰花路3888号
二、	区属公园				
	黄浦区				
1	人民公园	****	9.82	380.38	黄浦区南京西路231号
2	黄浦公园		2.06		黄浦区中山东一路500号
3	蓬莱公园	***	3.53	175.96	黄浦区南车站路350号
4	豫园	*****	1.90		黄浦区安仁街218号
5	古城公园	****	3.86	1489.75	黄浦区人民路333号
6	广场公园	*****	23.04	736.66	黄浦区金陵西路50号
7	九子公园	**	0.70	23.81	黄浦区成都北路1018号
	卢湾区				
1	南园公园	**	7.34	29.97	卢湾区龙华东路800号
2	绍兴公园	**	0.24	10.28	卢湾区绍兴路62号
3	淮海公园	***	2.56	33.67	卢湾区淮海中路117号
4	复兴公园	****	8.89	266.13	卢湾区皋兰路2号甲
5	丽园公园	***	1.75	18.53	卢湾区丽园路蒙自路口
	徐汇区				
1	龙华烈士陵园		18.47	214.97	徐汇区龙华西路180号
2	桂林公园	****	3.55	40.51	徐汇区桂林路128号
3	康健园	***	9.57	68.22	徐汇区桂林路93号
4	漕溪公园	****	3.87	79.65	徐汇区漕溪路203号
5	东安公园	***	1.87	47.71	徐汇区中山南二路811号
6	光启公园	**	1.32	21.19	徐汇区南丹路17号
7	襄阳公园	***	2.21	197.97	徐汇区淮海中路1008号
8	衡山公园		1.09	48.49	徐汇区广元路2号

城市公园情况一览（二）

单位：公顷、万人次

序	公园名称	星级	公园面积	全年游人量	地址
9	漕河泾开发区公园		4.42	3.19	徐汇区田林路 358 号
10	徐家汇公园	*****	8.65	1379.10	徐汇区衡山路 839 号
	长宁区				
1	上海市中山公园	****	20.96	240.15	长宁区长宁路 780 号
2	虹桥公园	***	1.89	161.91	长宁区遵义路 101 号
3	天原公园		0.93	12.30	长宁区水城路 735 号
4	华山儿童公园		0.27	18.78	长宁区华山路 1575 号
5	水霞公园	***	1.18	64.62	长宁区仙霞路 505 号
6	天山公园		6.89	61.65	长宁区延安西路 1731 号
7	新虹桥中心公园	****	13.00	127.11	长宁区延安西路 2238 号
8	新泾公园		2.23	346.18	长宁区天山路平塘路口
9	凯桥绿地	****	4.30	137.06	长宁区凯旋路延安路口
10	华山绿地	****	3.90	68.70	长宁区华山路春光路口
11	延虹绿地	***	2.78	32.11	长宁区虹桥路古北路口
12	虹桥河滨绿地		2.46	42.33	长宁区长宁路 1898 号
	静安区				
1	静安公园	*****	3.36	107.13	静安区南京西路 1649 号
2	西康公园		0.56	12.51	静安区西康路 255 号
3	雕塑公园		5.60	116.56	静安区北京西路 500 号
	普陀区				
1	普陀公园	***	1.40	40.02	普陀区光复西路 255 号
2	长风公园	****	35.50	307.19	普陀区大渡河路 189 号
3	兰溪青年公园		1.26	194.34	普陀区兰溪路 152 号
4	曹杨公园		2.26	171.16	普陀区枫桥路 50 号
5	管弄公园	**	1.33	227.54	普陀区管弄路 29 号
6	宜川公园		1.88	190.54	普陀区宜川路 99 号
7	沪太公园	***	1.47	117.61	普陀区新村路 37 号
8	甘泉公园	***	3.16	320.87	普陀区西乡路 100 号
9	真光公园		1.52	17.15	普陀区真光路 1865 号
10	梅川公园	**	1.13	16.12	普陀区武宁路 2361 号
11	海棠公园	***	1.49	13.00	普陀区武宁路 2650 号

城市公园情况一览（三）

单位：公顷、万人次

序	公园名称	星级	公园面积	全年游人量	地址
12	未来岛公园		2.70	3.58	普陀区真江北路 29 号
13	长寿公园	****	4.11	202.35	普陀区长寿路 260 号
14	清涧公园	***	1.96	89.78	普陀区金鼎路 658 号
15	梦清园	***	8.60	66.55	普陀区宜昌路 66 号
16	祥和公园		3.00	21.22	普陀区真光路 1121 号
	闸北区				
1	闸北公园	****	13.35	382.53	闸北区平型关路 400 号
2	交通公园		1.58	39.14	闸北区新马路 262 号
3	岭南公园		3.83	215.77	闸北区汾西路 589 号
4	彭浦公园	***	2.88	239.89	闸北区场中路 2150 号
5	三泉公园	***	2.48	107.79	闸北区宝德路 1200 号
6	大宁灵石公园	***	58.46	399.68	闸北区广中西路 288 号
7	不夜城绿地公园	***	4.30	31.15	闸北区华盛路 209 号
	虹口区				
1	昆山公园		0.30	20.57	虹口区昆山花园路 13 号
2	和平公园		17.63	616.28	虹口区天宝路 891 号
3	曲阳公园	****	6.73	117.75	虹口区中山北路 880 号
4	凉城公园		1.37	73.84	虹口区车站北路 566 号
5	鲁迅公园	****	28.63	993.81	虹口区四川北路 2288 号
6	爱思儿童公园		1.90		虹口区海伦路 499 号
7	霍山公园		0.37	132.66	虹口区霍山路 118 号
8	丰镇公园		1.07	22.20	虹口区新市北路 1505 号
9	四川北路公园	****	4.24	141.31	虹口区四川北路 1428 号
	杨浦区				
1	杨浦公园	****	21.71	502.39	杨浦区双阳路 369 号
2	惠民公园		0.80	58.40	杨浦区惠民路 724 号
3	平凉公园		1.36	77.58	杨浦区平凉路 1738 号
4	波阳公园		0.90	59.85	杨浦区波阳路 200 号
5	复兴岛公园		4.19	7.84	杨浦区共青路 386 号
6	内江公园	***	1.44	114.75	杨浦区控江路 261 号
7	延春公园	***	1.29	82.48	杨浦区营口路 20 号

城市公园情况一览（四）

单位：公顷、万人次

序	公园名称	星级	公园面积	全年游人量	地址
8	松鹤公园	***	1.51	104.20	杨浦区抚顺路 240 号
9	工农公园		1.60	94.76	杨浦区包头路 929 号
10	民星公园	***	3.20	135.08	杨浦区嫩江路 1111 号
11	黄兴公园		39.86	296.67	杨浦区营口路 699 号（国顺东
12	四平科技公园	**	5.00	34.92	杨浦区四平路 1777 号
13	江浦公园	***	3.85	141.16	杨浦区江浦街道 78 街坊
	宝山区				
1	永清苑	***	2.98	73.47	宝山区双城路 234 号
2	临江公园	***	9.87	149.23	宝山区友谊路 1 号
3	友谊公园	***	4.41	43.85	宝山区密山路 80 号
4	烈士陵园		1.60	13.30	宝山区宝杨路 25 号
5	泗塘公园	***	4.50	266.75	宝山区爱晖路 280 号
6	罗溪公园	****	7.49	49.39	宝山区市一路 150 号
7	大华行知公园		5.80	273.17	宝山区华灵路 1688 号
8	月浦公园	***	7.01	105.08	宝山区龙镇路 205 号
9	淞南公园		8.00	599.01	宝山区淞良路 300 号
10	炮台湾湿地公园		58.83	246.14	宝山区塘后路 206 号
11	罗泾公园		7.70	13.69	潘沪路 298 号
12	共和公园		4.80	13.12	场中路 360 号
13	顾村公园（一期）		180.00	63.70	沪太路 4788 号
	闵行区				
1	闵行公园	***	6.06	52.66	闵行区沪闵路 249 号
2	莘庄公园	*****	5.88	183.66	闵行区莘庄镇莘浜路 21 号
3	吴泾公园	***	4.54	37.88	闵行区剑川路 2 号
4	红园	***	4.20	54.91	闵行区江川路 354 号
5	古藤园	***	0.49	3.06	闵行区临沧路 148 号
6	华漕公园		3.05	59.47	闵行区华美路 5 号
7	闵行体育公园	*****	55.00	313.59	闵行区新镇路 456 号
8	航华公园		5.00	27.86	闵行区航新路 1 号
9	闵联生态园	**	11.3	30.11	闵行区东川路 3366 号
10	黎安公园	**	23.9	28.46	闵行区秀文路 118 号
	嘉定区				
1	汇龙潭公园	***	4.84	25.20	嘉定区塔城路 299 号
2	秋霞圃	****	3.16	9.19	嘉定区东大街 314 号
3	儿童公园		4.01	36.57	嘉定区梅园路 226 号

城市公园情况一览（五）

单位：公顷、万人次

序	公园名称	星级	公园面积	全年游人量	地址
4	安亭公园		6.98	54.51	嘉定区安亭镇墨玉路267号
	浦东新区				
1	梅园公园		1.87	89.37	浦东新区乳山路 180 号
2	滨江大道		11.69	167.20	浦东新区滨江大道 2967 号
3	陆家嘴中心绿地	****	10.00	53.38	浦东新区陆家嘴东路 15 号
4	上南公园	***	3.93	27.93	浦东新区德州路 198 号
5	蔓趣公园	**	1.88	345.12	浦东新区洪山路 201 号
6	南浦广场		3.28	36.88	浦东新区浦东南路 2277 号
7	塘桥公园	***	3.98	47.07	浦东新区东方路张家浜桥
8	长青公园		2.06	42.65	浦东新区长青路 11 号
9	济阳公园		3.21	19.42	浦东新区耀华路 600 号
10	临沂公园	***	2.21	44.91	浦东新区东方路 3683 号
11	名人苑		5.36	66.92	浦东新区张杨路 2988 号
12	泾东公园		2.16	99.56	浦东新区罗山路 200 号
13	泾南公园		2.24	30.39	浦东新区羽山路 850 号
14	金桥公园	***	11.00	171.98	浦东新区台儿庄路 362 号
15	川沙公园	****	5.22	142.15	浦东新区川沙路 5111 号
16	高桥公园	***	4.32	84.51	浦东新区高桥镇通园路 269 号
17	世纪公园	*****	140.30	147.11	浦东新区锦绣路 1001 号
18	古钟园	**	3.88	66.46	南汇区惠南镇卫星西路 11 号
19	上海野生动物园		153.41	99.94	南汇区南六公路 178 号
20	豆香园		3.60	23.17	浦东新区灵山路 28 号
21	世博公园		23.00		
	金山区				
1	滨海公园	****	6.00	35.93	金山区石化街道新城路 16 号
2	荟萃园	***	1.26	8.39	金山区石化街道大堤路 208 号
3	金山公园	***	2.26	37.89	金山区朱泾镇公园路 96 号
4	亭林公园		1.16	12.34	金山区亭林镇华亭路 51 号
5	古松园		0.07	3.74	金山区亭林镇复兴东路 106 号
6	枫溪公园		1.94	11.15	金山区枫泾镇新枫路 45 号
7	张堰公园	**	1.20	3.79	金山区张堰镇花园路 20 号
	松江区				
1	上海醉白池公园	****	5.13	33.25	松江区松江镇人民北路 64 号
2	上海方塔园	*****	11.57	99.39	松江区松江镇中山东路 235 号
3	松江区泗泾公园		5.39	148.11	松江区泗泾镇
4	思贤公园	****	10.00	48.39	松江区思贤路北侧
	青浦区				

城市公园情况一览（六）

单位：公顷、万人次

序	公园名称	星级	公园面积	全年游人量	地址
1	上海大观园	*****	136.48	25.39	青浦区青商路 701 号
2	上海曲水园	****	3.08	58.71	青浦区青浦镇公园路 612 号
3	上海珠溪园		3.53	18.17	青浦区朱家角镇祥凝浜路 332 号
	奉贤区				
1	古华公园	*****	12.19	209.90	奉贤区解放中路 220 号
	崇明县				
1	瀛洲公园	***	4.61	26.15	崇明县城桥镇茅山路 1 号
2	新城公园		17.22	18.19	城桥镇江帆路 379 号

表 10　上海市自然保护区及野生动植物重要栖息地一览表

单位：公顷、年

序号	填报单位	保护区/禁猎区/重要栖息地名称	行政区域	面积(公顷)	边界或面积变化情况	开展执法检查、科研监测、宣传教育次数	栖息地保护成效	主要保护对象	建立/规划时间
一、自然保护区									
1	浦东新区	九段沙湿地自然保护区	浦东新区	42320	无	46	优	水鸟，保持河口滨海湿地	2000年
2	金山区	金山三岛自然保护区	金山区	45	无	2	优	亚热带原始森林生态系统	1992年
3	崇明县	长江口中华鲟自然保护区	崇明县	57600	无			中华鲟等珍稀鱼类	2002年
4	崇明东滩鸟类自然保护区	崇明东滩鸟类自然保护区	崇明县	24155	无	150	优	迁徙鸟类及其栖息地	1998年
二、禁猎区									
1	浦东新区	南汇东滩野生动物禁猎区	浦东新区	12250	无	150	优	水鸟	2007年
三、重要湿地									
1	金山区	金山三岛湿地	金山区	2502	无		优	水鸟及海岸带湿地生态系统	2000年
2	崇明县	崇明东滩湿地	崇明县	32600	无			水鸟及海岸带湿地生态系统	2003年
3	崇明县	长江口中华鲟自然保护区	崇明县	46300	无			中华鲟及其赖以栖息生存的自然环境	2008年
4	崇明县	崇明岛湿地	崇明县	41188	无			水鸟及海岸带湿地生态系统	2000年
5	崇明县	长兴和横沙岛湿地	崇明县	66034	无			水鸟及海岸带湿地生态系统	2000年
四、野生动植物重要栖息地									
1	浦东新区	高桥镇三岔港生态林	浦东新区	35	无	50	良	林鸟	
2	嘉定区	浏岛鸟类栖息地	嘉定区	67	无	2	良好	鸟类	2009年
3	金山区	查山动植物栖息地	金山区	6.5	无	2	优	貉、獾及多种保护鸟类	2001年
4	金山区	99塘鸟类栖息地	金山区	163	无	36	优	野生鸟类	2005年
5	金山区	张堰玉兰园动物栖息地	金山区	50.4	无	34	优	小型哺乳动物及野生鸟类	2010年
6	金山区	干巷白漾园动物栖息地	金山区	27	无	34	优	小型哺乳动物及野生鸟类	2010年
7	青浦区	北干山鸟类栖息地	松江区	9.7	无		优	鹭类、林鸟等	
8	青浦区	大葑漾鸟类栖息地	青浦区	56.2	无		优	鹭类、林鸟等	
9	青浦区	大莲湖鸟类栖息地	青浦区	92.7	无		优	鹭类、林鸟、水鸟等	
10	青浦区	淀山湖鸟类栖息地	青浦区	4793.5	无		优	鹭类、雁鸭类等	
11	青浦区	汪洋荡鸟类栖息地	青浦区	30.6	无		优	鹭类、林鸟、水鸟等	
12	青浦区	元荡鸟类栖息地	青浦区	1921.3	无		优	鹭类、雁鸭类等	
13	崇明县	东平森林公园	崇明县	650	无	12	良好	猛禽等	2001年
14	崇明县	明珠湖	崇明县	500	无	13	良好	普通鸬鹚，雁鸭类水鸟	2001年
15	闵行区	华漕镇苏州河水源涵养林鸟类栖息地	闵行区	36.34	无	4	良	林鸟	2009年
16	宝山区	陈行宝钢水库鸟类栖息地	宝山区	275	无	3	好	鸻鹬类、雁鸭类、雀类、鹰鸮类	2006年
17	松江区	天马山动物栖息地	松江区	90.32	无		良	鸟类、爬行类	2010年
18	松江区	泖港片林动物栖息地	松江区	533	无		良	鸟类、兽类	2010年
19	宝山区	罗泾水源涵养林鸟类栖息地	宝山区	32	无	2	较好	燕雀类	

表 11　生活垃圾中转设施一览

序号	中转站名称	运营单位	地址	占地面积（M^2）	建筑面积（M^2）	设计转运能力(吨/日)	实际运量(吨/年)
1	中山南路中转站	环城固废转运有限公司	黄浦区中山南路 1118 号	3990	8916	600	219000
2	清洁运输处置场	徐汇区绿化市容管理局	徐汇区龙水南路中滩 60 号	2500	2500	150	54750
3	田度中转站	环境实业公司	长宁区泾力西路 861 号	46570	3881	500	182500
4	双流中转站	长联环境运输有限公司	长宁区双流路 68 号	943	943	245	89425
5	静安中转站	静安环境建设有限公司	静安区淮安路 750 号	3144.6	4694.7	280	102200
6	虹口废弃物中转站	环境虹口固废中转运营公司	虹口区黄山路 53 号	16424	9510	650	249660
7	军工中转站	上海环杨固废中转运行有限公司	杨浦区军工路 3701 号	16360	4042	1069	390185
8	闵吴路码头	闵行区绿化市容管理局	闵行区江川路 301 号	2000	2000	1500	547500
9	华漕中转站	华漕环卫综合服务有限公司	闵行区联友路 2721 号北侧	1445	1445	240	87600
10	虹桥中转站	虹桥环卫综合服务有限公司	闵行区吴中路外环线旁	1400	889	200	73000
11	浦江中转站	浦江环卫综合服务有限公司	闵行区召楼路	10000	4739	350	127750
12	马陆中转站	马陆环卫发展有限公司	嘉定区申霞路	4800	3500	150	54750
13	陈行分流转运中心	东道园综合养护有限公司	浦东新区川六公路陈行车站北	5232	1408	152	55480
14	高桥分流转运中心	东道园综合养护有限公司	浦东新区和龙路 890 号	2675	621	120	43800
15	高科转运中心	环境浦东固废中转运营公司	浦东新区高科西路 4145 弄 5 号	15879.5	6109	750	273750
16	合庆分流转运中心	东道园综合养护有限公司	浦东新区华夏东路远东大道东侧	8619	1283	150	54750
17	唐镇分流转运中心	东道园综合养护有限公司	浦东新区川沙路近一沁村	3068	1200	250	91250
18	高行分流转运中心	东道园综合养护有限公司	浦东新区津行路 1364 弄 11 号	3500	980	300	109500
19	张江分流转运中心	东道园综合养护有限公司	浦东新区军民路近康桥路	8800	620	120	43800
20	周浦中转站	奉柘环卫服务有限公司	浦东新区新坦瓦公路 1356 号	9188.56	3652	227	82855
21	惠南中转站	惠欣环境卫生综合服务有限公司	浦东新区惠南镇下盐路 5001 号	9410.9	3960	250	91250
22	新场中转站	欣伟清运保洁服务有限公司	浦东新区新坦瓦公路卫星河北侧	3670	570	145	52925
23	三敦中转站	浦欣清运保洁服务有限公司	浦东新区川南奉公路三墩老刮嘴北侧	700	120	123	44895
24	贵乔码头	金欣环境卫生综合服务有限公司	金山区南欢路 583 号	2500	300	350	127750
25	南桥中转站	虹升环境保洁有限公司	奉贤区南桥镇华严村 3 组	10000	1000	250	73000
26	奉城中转站	虹升环境保洁有限公司	奉贤区奉城	5000	2000	250	73000
27	柘林中转站	奉拓环卫服务有限公司	奉贤区柘林镇	10000	1000	250	73000
28	陈家镇中转站	崇明县市容环境卫生管理署	崇明陈家镇德云村	3330	584	100	36500
29	城瀛中转站	城瀛公司	崇明县港东静南村	6000	1250	150	38325

注：该表只收录设计能力>100 吨/日的中转设施。

(一)综述

2011年是上海进入后世博和转型发展的关键时期，也是“十二五”规划的开局年和第四轮环保三年行动计划的收官年。在市委、市政府和市人大、市政协的监督关心下，全市各方面共同努力，围绕“创新驱动，转型发展”的主线，以污染减排和环保三年行动计划为抓手，进一步加大了环保工作推进力度，取得了较好的工作成效。

本市顺利完成第四轮环保三年行动计划，超额完成年度污染减排目标。全市环境质量总体稳中趋好。空气质量优良率连续三年超过90%，达到92.3%；水环境质量总体保持稳定；区域环境噪声略有下降；辐射环境质量保持正常。

(二)环境质量状况

【概况】2011上海市水环境质量、环境空气质量与2010年基本持平；上海市区域环境噪声达到相应功能的标准要求，但道路交通噪声夜间时段未能达到相应功能的标准要求；上海市辐射环境质量总体情况良好。

【水环境质量】2011年，上海市水环境质量总体与2010年基本持平。其中，黄浦江、长江口、区县考核河道总体水质状况基本持平，苏州河总体水质状况略有下降。黄浦江：根据上海市水环境功能区划和相应的水质控制标准，黄浦江淀峰和松浦大桥2个断面水质控制标准为II类水，临江断面水质控制标准为III类水，南市水厂、杨浦大桥和吴淞口3个断面水质控制标准为IV类水。与2010年相比，2011年黄浦江总体水质状况基本持平，其中淀峰断面水质综合污染指数（计算方法详见附录）上升17.7%，吴淞口断面水质综合污染指数下降7.1%，松浦大桥、临江、南市水厂和杨浦大桥断面的水质综合污染指数基本持平。近5年（2007 ~ 2011年）的监测数据表明，黄浦江总体水质状况基本保持稳定，略有好转。苏州河：根据上海市水环境功能区划和相应的水质控制标准，苏州河白鹤断面水质控制标准为IV类水，黄渡、华漕、北新泾桥、武宁路桥和浙江路桥5个断面水质控制标准为V类水。与2010年相比，2011年苏州河总体水质状况略有下降，其中黄渡断面水质综合污染指数基本持平，白鹤、华漕、北新泾桥、武宁路桥和浙江路桥断面水质综合污染指数分别上升2.5%、8.7%、8.7%、12.0%和13.0%。近5年（2007 ~ 2011年）的监测数据表明，苏州河总体水质状况有所好转。长江口：根据上海市水环境功能区划和相应的水质控制标准，长江口水域水质控制标准为II类水。与2010年相比，2011年长江口总体水质状况基本持平，其中吴淞口、竹园和朝阳农场断面水质综合污染指数分别下降8.7%、7.2%和3.6%，徐六泾、浏河和白龙港断面水质综合污染指数分别上升20.0%、3.7%和1.8%。近5年（2007 ~ 2011年）的监测数据表明，长江口总体水质状况基本持平。水环境质量考核断面：2011年，全市水环境质量考核涉及徐汇、长宁、普陀、闸北、虹口、杨浦、宝山、闵行、浦东、嘉定、金山、松江、奉贤、青浦、崇明等15个区县的41条河道计58个断面，总体水质与2010年基本持平，郊区河道总体水质优于中心城区。各考核断面水质综合污染指数在0.40 ~ 5.68之间，平均水质综合污染指数为2.02。其中，中心城区考核断面水质综合污染指数在1.01 ~ 5.68之间，平均水质综合污染指数为2.34；郊区考核断面水质综合污染指数在0.40 ~ 3.28之间，平均水质综合污染指数为1.57。2011年，15个区县的水质综合污染指数在0.44 ~ 3.56之间，其中，普陀区最高，崇明县最低。与2010年相比，嘉定区、宝山区和普陀区总体水质有所好转，长宁区、松江区、奉贤区、杨浦区和虹口区总体水质有所下降，其余7个区县总体水质基本持平。15个区县中，奉贤区和崇明县所有考核断面的水质均达到相应的水环境功能区要求，浦东新区、金山区、虹口区、杨浦区、嘉定区、宝山区和松江区部分断面达到相应的水环境功能区要求，其余6个区所有考核断面的水质均未达到相应的水环境功能区要求。与2010年相比，杨浦区、嘉定区和金山区各增加1个达标断面，虹口区和浦东新区各减少1个达标断面，其余10个区县达标断面数不变。

【环境空气质量】2011年，上海市环境空气质量总体与2010年基本持平。优良天数为337天，较2010年增加1天；优良率为92.3%，较2010年上升0.2个百分点。全年首要污染物为可吸入颗粒物的有356天，占总数的97.5%；首要污染物为二氧化氮的有8天，占总数的2.2%；可吸入颗粒物和二氧化氮同为首要污染物的有1天，占总数的

0.3%。近5年（2007～2011年）的监测数据表明，上海市环境空气质量优良率总体呈上升趋势，已连续三年高于90%。可吸入颗粒物：2011年，上海市可吸入颗粒物年日均值为0.080毫克/立方米，达到国家环境空气质量二级标准，较2010年上升0.001毫克/立方米。近5年（2007～2011年）的监测数据表明，上海市可吸入颗粒物年日均值均达到国家环境空气质量二级标准，且总体呈下降趋势。二氧化硫：2011年，上海市二氧化硫年日均值为0.029毫克/立方米，达到国家环境空气质量二级标准，与2010年持平。近5年（2007～2011年）的监测数据表明，上海市二氧化硫年日均值均达到国家环境空气质量二级标准，且总体呈下降趋势。二氧化氮：2011年，上海市二氧化氮年日均值为0.051毫克/立方米，达到国家环境空气质量二级标准，较2010年上升0.001毫克/立方米。近5年（2007～2011年）的监测数据表明，上海市二氧化氮年日均值均达到国家环境空气质量二级标准，且总体呈下降趋势。酸雨和降尘:2011年，全市平均区域降尘量为6.6吨/平方公里·月，道路降尘量为10.7吨/平方公里·月，与2010年相比，区域降尘量下降0.4吨/平方公里·月，道路降尘量下降2.0吨/平方公里·月。2011年，全市降水PH平均值为4.72，酸雨频率为67.8%，较2010年下降6.1个百分点。近5年（2007～2011年）的监测数据表明，2009年起上海市酸雨污染呈逐年下降趋势。

【声环境质量】2011年，上海市区域环境噪声达到相应功能的标准要求，但道路交通噪声夜间时段未能达到相应功能的标准要求。区域环境噪声:2011年，上海市区域环境噪声昼间时段的平均等效声级为55.0dB（A），较2010年下降0.8dB（A）；夜间时段的平均等效声级为48.0dB（A），较2010年下降0.3dB（A）。近5年（2007～2011年）的监测数据表明，上海市区域环境噪声在55dB（A）左右，均达到相应功能的标准要求，总体保持稳定。道路交通噪声:2011年，上海市道路交通噪声昼间时段的平均等效声级为70.0dB（A），较2010年上升0.2 dB（A）；夜间时段的平均等效声级为64.5dB（A），较2010年上升0.2 dB（A）。主要道路交通干线昼间和夜间时段的平均车流量分别为1628辆/小时和783辆/小时。近5年（2007～2011年）的监测数据表明，上海市道路交通噪声夜间时段未能达到相应功能的标准要求；2007～2008年上海市道路交通噪声昼间时段未能达到相应功能的标准要求，2009年起达到相应功能的标准要求。

【辐射环境质量】2011年度上海市辐射环境质量总体情况良好。电离辐射：环境天然放射性水平方面，通过对辐射空气吸收剂量率、辐射累积剂量的监测及气溶胶、雨水沉降物、水汽、地表水、地下水、海水、土壤等样品的分析可知，本市大气、水体、土壤等介质中的放射性核素浓度处于正常水平，全市各监测点的γ辐射空气吸收剂量率与历年的监测结果相当。核与辐射技术应用方面，通过对伴生放射性矿物利用设施、医院核医学科、加速器使用场所、密封放射源使用场所及射线装置使用场所周围环境辐射水平的监测，结果表明，核与辐射技术应用场所周围环境中的γ辐射水平符合我国国家标准《电离辐射防护与辐射源安全基本标准》(GB 18871-2002)中的年累积剂量限值规定。电磁辐射：电磁辐射环境方面，上海动物园、共青森林公园、龙华烈士陵园、世纪公园、陆家嘴中心花园、人民公园、奉贤古华园及嘉定孔庙共8个背景点的电磁辐射水平监测结果表明，工频电场强度为0.103～0.199V/m，工频磁感应强度为0.033～0.188μT，综合电场强度为0.22～1.13V/m，与历年相比，本市电磁辐射环境背景水平无明显变化。电磁辐射污染源方面，对东方明珠等广播发射塔、500kV 南桥变电站等 4 个变电站、500kV 桥行输电线等 4 条高压送电线、卫星地球站、浦东机场雷达站、移动通信基站、磁悬浮列车及电气化铁路周围环境电磁辐射水平进行了监测，结果表明主要伴有电磁场或产生电磁辐射 (非电离部分) 的设施周围环境中的工频电场强度、工频磁感应强度和综合电场强度均符合《500 千伏超高压送变电工程电磁辐射环境影响评价技术规范》(HJ/T 24–1998) 的推荐限值规定和《电磁辐射防护规定》(GB 8702–88) 中的相关规定。

【日本福岛核泄漏事故环境监测】 2011 年 3 月 11 日，日本东北部发生强烈地震，造成福岛核电站向外界环境泄漏放射性物质。本市全面开展监测工作，包括 γ 辐射剂量率连续监测和气溶胶、气碘、降水、沉降灰、土壤、水体和生物样的放射性浓度监测，期间还针对往返日本的航空器外表面污染情况进行了监测。本次监测共采集辐射空气吸收剂量率数据 81 万个，气碘样品 76 个，气溶胶样品 77 个，水样 10 个，土壤样品 5 个，沉降灰 6 个，生物样品 16 个，食品样品 4 个。监测结果表明，上海市 4 个自动监测站监测的辐射空气吸收剂量率均在本底辐射范围之内，未见异常；空气、水体、土壤及食品中人工放射性核素浓度与历年监测结果相比无显著变化，处于正常本底水平；往返日本的航空器外表面均未检出人工放射性核素。

（三）环境污染防治

【概况】2011 上海市出台了《上海市主要污染物总量控制“十二五”工作方案》，强化了目标责任制和合力推进机制；积极开展饮用水水源保护区清拆整治、中小水源地关闭、水源地风险企业和流动风险源监管等工作；进一步完善生态补偿制度。各项措施多管齐下，有力保障本市饮用水水源地的环境安全和可持续发展；积极推进危险废物处理处置能力建设。进一步强化了危险废物产生源的规范化管理工作，启动了危险废物专业化运输体系建设，增强了风险防范能力；启动污染源普查动态更新工作，对全市 3020 个重点源开展了入户调查，污染源普查动态更新调查工作取得的成果已在本市环保“十二五”规划、主要污染物减排等领域中得到了广泛应用。

【污染减排】2011 年，上海市出台了《上海市主要污染物总量控制“十二五”工作方案》，强化了目标责任制和合力推进机制。工程减排措施：宝钢电厂 3# 机组脱硫工程、吴泾第二电厂 1# 机组脱硝示范工程建成投运，上海石化 5#6# 机组脱硫工程开工，闵行电厂 27.5 万千瓦小机组按期关停；奉贤西部污水处理厂二期扩建、金山新江污水处理厂扩建等工程建成投运，白龙港污水处理厂污泥处理工程正式运行，白龙港污水处理厂二期、白龙港片区南线输送干线、宝钢分公司烧结机脱硫改造等重点工程有序推进。三大体系建设：明确了“十二五”污染减排目标的分配方案；把“十二五”污染减排指标分配到各区县人民政府和重点减排责任单位；所有污水处理厂和脱硫电厂按要求安装了在线监测设备，并与环保部门联网。减排设施运行管理：环保、发展改革、经信、水务、统计、电力等单位组成污染减排工作跟踪评估小组，继续加大监督检查力度，经常性地对重点减排企业从运行、管理、台帐、档案等方面进行检查、指导，确保了污染减排设施高效运行。减排奖励：落实了化学需氧量和二氧化硫超量减排奖励政策，经市环保局会同有关部门核定，及时兑现了 30 座污水处理厂和 10 家燃煤电厂 2010 年度超量削减奖励，奖励金额分别为

7494 万元和 8423 万元。经环境保护部核定，2011 年本市化学需氧量、氨氮、二氧化硫和氮氧化物排放量在 2010 年基础上分别削减了 6.26%、3.4%、5.9% 和 1.67%，超额完成年度减排目标。

【水源地污染整治】2011 年 6 月，上海长江口青草沙水源地原水工程正式投入运行，供水规模约 550 万立方米 / 日（设计供水规模 719 万立方米 / 日），服务人口达到 1100 余万，为本市饮用水水源地原水水质和安全提供了保障。2011 年 11 月，崇明东风西沙水源地开工，设计供水能力 40 万立方米 / 日，预计 2014 年 1 月建成，服务人口为崇明岛约 70 万人。2011 年，根据《上海市饮用水水源保护条例》的要求，本市积极开展饮用水水源保护区清拆整治、中小水源地关闭、水源地风险企业和流动风险源监管等工作，在太浦河实施了危险品禁运；进一步完善生态补偿制度，补偿资金大幅度增加。各项措施多管齐下，有力保障了本市饮用水水源地的环境安全和可持续发展。

【固体废物管理】2011 年，本市积极推进危险废物处理处置能力建设。进一步强化了危险废物产生源的规范化管理工作，启动了危险废物专业化运输体系建设，增强了风险防范能力。截至 2011 年底，全市共有 45 家危险废物经营许可证单位，其中 44 家由市区两级环保部门核发，1 家由环境保护部核发。按照危险废物经营许可证类型来分，其中 1 家为危险废物收集经营许可证单位，44 家为危险废物综合经营许可证单位。危险废物年处理处置能力达到 51 万吨。纳入本市危险废物管理备案企业共计 6279 家。全年危险废物（不含医疗废物）市内转移量 28.3 万吨，危险废物跨省市转移 7.4 万吨。全年医疗废物产生量为 2.3 万吨，医疗废物无害化处置率达到 100%。2011 年，本市列入电子废物拆解、利用、处置临时名录的企业共 8 家。其中，5 家企业取得家电“以旧换新”的定点拆解资质，自 2009 年家电“以旧换新”工作启动以来，累计接受“四机一脑”（即电视机、空调、冰箱、洗衣机和电脑）843 万台，共拆解 839 万台。本市与江、浙两省加强了固废管理部门信息沟通和联系，加强了危险废物跨省市转移的监督管理，开展联动、联防、联控，打击固体废物非法转移和非法处理处置；同时，还加强了对危险废物经营许可证单位的执法，加大了对超标排放与违反危险废物经营许可证经营活动的处罚，确保危险废物得到无害化处理处置，保障了城市环境安全。

【污染源普查动态更新】2011 年，本市启动 2010 年度污染源普查动态更新工作，对全市 3020 个重点源开展了入户调查，其中工业源 2420 个、农业源 506 个、集中式污染治理设施 94 个，其主要污染物排放负荷占全市同期污染物排放总量的 85% 以上。根据重点源入户调查核算和非重点源估算结果，2010 年本市各类污染源排放废水 19.85 亿吨，排入环境的化学需氧量 26.56 万吨，氨氮 5.21 万吨，石油类 789.79 吨，总氮 6.05 万吨；各类污染源排入环境的二氧化硫 25.51 万吨，氮氧化物 44.27 万吨，烟尘 5.77 万吨。污染源普查动态更新调查工作取得的成果已在本市环保“十二五”规划、主要污染物减排等领域中得到了广泛应用。

（四）环境管理

【概况】2011 全市积极实施第四轮环保三年行动计划，编制第五轮环保三年行动计划，滚动推进本市环境保护和生态建设各项任务，顺利完成了第四轮环保三年行动计划；全市环保投入资金约 557.92 亿元。继续加强地表水及空气环境质量监测预警体系建设，积极推进重点工业区环境监测网络建设；围绕环保三年行动计划、“十二五”污染物减排和总量控制等重点工作，全市共有382家重点企业列入了环境保护部发布的实施清洁生产审核重点企业名单；举办2011年世界环境日上海市主会场宣传活动。

【第四轮环保三年行动计划】2011年是环保三年行动计划承上启下的一年。全市积极实施第四轮环保三年行动计划，编制第五轮环保三年行动计划，滚动推进本市环境保护和生态建设各项任务。顺利完成了第四轮环保三年行动计划：第四轮环保三年行动计划264个项目中，除个别受动拆迁、施工控制、规划调整等因素影响的项目外，98.5%的项目完成或基本完成。环境基础设施进一步完善：上海长江口青草沙水源地原水工程全面投入运行；西干线改造总管工程贯通并进入切换调试；外高桥第一电厂1#机组布袋除尘器改造项目完成环保验收；医疗废物处置完善工程建成投运；老港再生能源利用中心正加快建设。重点地区环境综合整治取得明显成效：吴泾工业区和金山卫化工集中区域环境综合整治实施计划纲要的整治项目基本完成；宝山南大地区整治工作取得突破性进展；建立了市区联动推进机制；出台了结构规划；并先行启动了污染企业关停和拆除违章建筑等工作。污染防治工作进一步加强：太湖流域水环境综合治理项目进展顺利；基本完成了22座储油库、224辆油罐车、823座加油站油气回收处理装置改造工程；全市出租车和70%公交车达到国III以上排放标准，全面推行了“沪Ⅳ”成品油；工业区环境基础设施完善工作有序推进；完成了近900个道路噪声敏感点治理工作。生态保护与建设取得成效：完成了340个村庄改造；崇明县生态环境预警监测评估体系建设全面开展；8个循环经济试点项目基本完成；脱硫废渣综合利用示范线建成；辰山植物园、卢湾南园滨江绿地等相继建成并对外开放，人均公共绿地面积达到13.1平方米。组织编制了第五轮环保三年行动计划：第五轮环保三年行动计划围绕本市“创新驱动、转型发展”主线，坚持生态文明引领和以环境保护优化发展理念，以“削减总量、改善质量、防范风险、优化发展”为重点任务，更加注重环境质量和环境安全，更加注重解决市民关心的环境问题，更加注重科技进步和结构优化，更加注重长效机制和创新管理。总体目标是基本完成污染减排等“十二五”规划明确的目标与任务，环保工作继续走在全国前列，为建设资源节约型、环境友好型城市奠定扎实基础。主要包括推进污染减排、强化环境风险防控、解决市民关心的环境问题、促进结构调整等四方面任务，分水环境保护、大气环境保护、固体废物处置和噪声污染控制、工业污染防治与产业结构调整、农业与农村环境保护、生态环境保护、循环经济和清洁生产等七大领域，共安排项目268个。

【环保投入】2011年全市环保投入资金约557.92亿元（比上年增加50.38亿元），相当于同年上海市生产总值（GDP）的2.91%。其中，城市环境基础设施建设投资为316.79亿元，污染源治理投资为104.01亿元，生态保护和建设投资为15.53亿元，环境管理能力建设投资为3.00亿元，环保设施运转费为71.69亿元，循环经济及其他方面投资为46.9亿元，分别占总投资的56.8%、18.6%、2.8%、0.5%、12.8%和8.4%。

【环境监测】2011年，市环保局以启动实施“十二五”环境监测规划为核心，继续加强地表水及空气环境质量监测预警体系建设，积极推进重点工业区环境监测网络建设。加快减排监测体系建设，持续推进污染源在线监测系统建设、验收和运行，有序开展在线监测系统比对监测和有效性审核工作。推进环境监测能力建设，嘉定、宝山、浦东、闵行、青浦、松江、虹口等七个区的监测站通过了能力建设达标验收。组织区县监测站贯彻落实环境监测质量管理三年行动计划，经环境保护部考评结果为优秀，质量管理水平得到了进一步提升。认真筹划2011年度环境监测技术大比武，引导区县积极参与五年质量报告书、应急监测案例和论文等技术评比，共评出优秀报告书11份、优秀案例10份、优秀论文34份，并对获奖单位和个人进行了表彰，以此激发和调动环境监测专业技术人员学习专业理论、钻研监测技术的热情和积极性，达到了提升能力和锻炼队伍的目的。按照年度监测工作计划有序开展环境质量监测工作。全年共获地表水、空气、噪声、生物和辐射等环境要素监测数据900.14万个，其中，自动监测数据876.93万个，手工监测数据23.21万个（含水质监测数据13.07万个，环境空气监测数据1.58万个，噪声监测数据3.54万个，生物监测数据4.95万个，辐射监测数据0.07万个）。继续开展重点污染源监督性监测工作。对12家国控废水重点污染企业、36家其他废水污染企业、48家污水处理厂、27家国控废气重点污染企业、32家其他废气污染企业、12家生活垃圾及危险废物焚烧企业和一批辐射污染源实施了监督性监测，共获得重点污染源监督性监测数据3.80万个，其中，废水监测数据2.80万个，工业炉窑、废气监测数据0.84万个，辐射污染监测数据0.16万个。

【环境科技与标准】环境科技方面，2011年，本市围绕环保三年行动计划、“十二五”污染物减排和总量控制等重点工作，开展了“实施第五轮环保三年行动计划主要环境问题研究”、“上海市工业企业污水排放现状及监管评估和监管体系研究”、“上海市重点区域环境风险评估、防控对策和技术研究”、“上海市典型霾污染主要污染物控制与相关监管对策研究”，“‘十二五’污水处理厂COD和氨氮减排研究”、“城镇污水处理厂排放标准提标可行性研究”、“电厂颗粒物在线监测系数调整条件研究”等科研项目。市环境监测中心牵头承担的“上海市大气污染物排放清单的动态更新及其在AIRNow-I中的应用”和“上海市燃煤电厂烟气脱硫工程的实施、运行及环境效益研究”课题分别荣获国家环境保护科学技术奖二等奖和上海市决策咨询研究成果奖三等奖。环境标准和技术规范方面，市环保局发布了《上海市生态乡镇申报及管理规定（试行）》和《上海市生态村申报及管理规定（试行）》两项技术规范，对促进上海市村镇环境保护工作具有积极作用。重点企业清洁生产方面，市环保局、市经信委联合公布本市2011年度重点企业清洁生产审核单位名单，共249家。截至2011年底，全市共有382家重点企业列入了环境保护部发布的实施清洁生产审核并通过评估验收的重点企业名单公告。

【环评管理】2011年，本市继续稳步推进保障性住房环保审批和管理工作，对新一轮大型居住社区区域控制性详细规划提出环保审查意见。加快区域环评审批，2011年已审批了闵行浦江拓展、宝山美罗家园等9个大型居住社区的区域环评。加强建设项目源头控制，过程监管，严格验收。恢复本市1个工业园区建设项目环评文件的审批。启动暂缓审批建设项目环评文件工作，共有3个建设项目因信访调查或违法行为处罚被暂缓审批。完成2011年工程建设领域突出环境保护专项治理工作、环境保护部和监察部2011年环境影响评价审批工作专项执法检查整改工作以及规范本市建筑市场、加强建设工程项目环保管理工作。开展未批先建项目清理，制定整改方案。对市环保局2005-2010年已批试生产未验收的项目进行了清理，并进行依法处理和限期验收；通报市环保局2011年完成环保竣工验收的建设项目名单，督促部分环卫设施项目落实整改和限期验收；根据环境保护部相关要求，进行了2001~2009年环境保护部委托验收建设项目的清理，督促验收。深化环评行政审批，探索环境影响技术评估，委托第三方开展技术评估工作。截至2011年底，已对6个建设项目的环境影响报告书开展了技术评估。继续执行“批项目，核总量”制度。市区两级环保部门共审批环评文件13304个，其中环评报告书573个，环评表6459个，登记表6272个；共审批竣工验收项目4533个，其中环保验收一次合格项目数4530个，限期改正验收合格项目数3个。

【环保创建】2011年，青浦区被环境保护部正式命名为国家环境保护模范城区，并被列为全国第三批生态文明建设示范区。崇明县城桥镇、浦东新区惠南镇等17个乡镇被环境保护部命名为全国环境优美乡镇。崇明县创建国家生态县通过了环境保护部技术核查。2011年4月，环境保护部、商务部和科技部联合发文批准上海金桥出口加工区为国家生态工业示范园区；11月，漕河泾新兴技术开发区通过国家生态工业示范园区建设的市级验收；市北高新技术服务产业园区的创建规划也于年内通过了市级评审。2011年，松江区岳阳街道，青浦区朱家角镇、练塘镇等3个街镇创建成扬尘污染控制区，创建面积237.5平方公里。杨浦区平凉路街道创建成无燃煤街道，创建面积4.13平方公里。松江区泖港镇黄桥村、金山区廊下镇万春村等11个村被命名为上海市生态村。徐汇区武康社区等23个社区被命名为第二批“市级绿色社区”。2011年，共创建市级安静居住小区12个，创建面积142.3万平方米，受益群众3.4万人。截至2011年底，全市已累计创建市级安静居住小区132个，创建面积1334万平方米，受益群众36.5万人。

【意见提案办理与投诉受理】2011年，市环保局共收到人大书面意见、政协提案49件。2011年，“两会”人大代表、政协委员重点关注的环保议题包括：对危险废物经营单位在产业结构调整优化中给予特别政策；公开污染源监测，加强公众监督；加强郊区环保监管与环保执法队伍建设；进一步修订《上海市饮用水水源保护条例》等。

2011年，全市环保系统共受理环境污染投诉17980件，同比（16511件）上升8.9%。其中来信1455件/9933人次，同比（1678件）下降13.3%，办结率为97.4%；接待来访526批/1415人次，同比（626批）下降16.0%，办结率为95.5%；来电13554件，同比（11898件）上升13.9%，办结率为99.6%；受理电子邮件2445件，同比（2309件）上升5.9%，办结率为97.9%。根据信访内容划分，反映噪声污染4841件，大气污染8077件，油烟气污染1578件，水污染2165件，电磁辐射污染155件，新建项目172件，固体废物污染248件，农药化肥3件，畜牧养殖148件，危险化学品25件，放射性污染200件，环境监测11件，其他污染336件，政风行风投诉21件，分别占环境污染投诉总量的26.92%、44.92%、8.78%、12.04%、0.64%、0.96%、1.38%、0.02%、0.82%、0.14%、1.11%、0.06%、1.87%和0.12%。妥善处置各类突发环境事件。先后成功处置了“2.24”金山区淳中化工有限公司违法生产排放恶臭气体影响浙江嘉兴地区；“3.20”中石化上海高桥分公司硫化氢气体泄漏事故；“4.11”青浦区淀浦河南门桥段水体污染事故；8月中旬浦东新区黎明垃圾填埋场、上海美商高科技生物技术有限公司、老港垃圾填埋场垃圾恶臭影响周边环境事件；“9.8”上海赛科石油化工股份有限公司装置火灾事故；“9.23”中石化上海高桥分公司2#延迟焦化装置火灾事故；“9.28”上海巴斯夫聚氨酯有限公司氮氧化物泄漏事故；“10.28”S32高速公路松江段柴油运输车辆泄漏事故等197件突发环境事件。

【公众参与与国际合作】围绕2011年世界环境日的中国主题“共建生态文明，共享绿色未来，”结合联合国环境规划署主题：“森林，大自然为你效劳，” 以及市政府“百万家庭低碳行，垃圾分类要先行”实事项目，策划、组织了2011年世界环境日上海市主会场宣传活动，由中华环保世纪行（上海）组委会与市环保局、闸北区人民政府共同主办。18个区县也分别设立了宣传活动的分会场，形成了相互联动的宣传声势。2011年，市环保局进一步扩大了空气质量信息发布的覆盖面，开辟了东方明珠移动电视和手机报等多媒体播报平台，市民不仅可以通过广播、电视、报纸、网络等媒体获取空气质量信息，也可以通过公共交通、楼宇、水上巴士、手机等方式实时关心空气质量日报和预报信息。2011年6月，市环保局政务微博“我爱环保”正式在东方网开通。截至2011年底，共发布微博700余条，拥有3800余名粉丝。主要发布内容为本市空气质量日报预报、临近污染提示、环保工作动态及科普知识等，并对网友的提问作出回复或解答。组织实施环保嘉年华上海站活动。通过现场各种妙趣横生的环保互动小游戏，为参与者提供了一个寓教于乐、丰富多彩的环保周末。两天时间共计接待1.5万名市民群众。2011年，上海继续举办了“拜耳青年环境特使”的评选活动，开展绿色学校创建工作，指导区县开展国际生态学校创建工作。截至2011年底，本市共有10所学校荣获了国际生态学校最高荣誉—绿旗。“酷中国—全民低碳行动计划”上海站活动在徐汇、普陀30所学校开展试点。2011年，“上海环境”网站进行了改版，实现了全部行政审批事项网上办理。建立网上办事大厅，并开展信息查询、政策解答、结果公告等便民功能。“上海环境”和“上海环境热线”网站同步加强环境网络宣传，网站浏览量达4603647人次。

2011年5月5日，市环保局、上海世博局和美国环保协会共同发布《2010年上海世博会绿色出行报告》，圆满结束上海世博会“绿色出行项目”。完成“中意环保合作－上海柴油车污染控制技术项目”、“中意环保合作－上海交通空气污染排放监测、模拟和对策研究项目”、“中意环保合作–2011低碳经济培训”、“上海—日本北九州环保教育交流促进项目”。

2011年10月30日，市环保局与美国环保协会签署“绿色供应链”协议备忘录。成功举办第三届上海清洁空气论坛暨世博会空气质量保障成果总结国际研讨会、中澳环境修复与水资源管理交流会、瑞典国际开发合作署（Sida）国际培训项目区域研讨会、世博环境顾问组会议。

2011年市环保局组织接待环境国际交流来访50批次，共计286人次。邀请国外专家8批共9人次来沪讲学、交流。重要团组包括美国俄勒冈州长代表团、日本川崎市副市长三浦淳等。

（五）环境法制和执法

【概况】2011开展了《上海市社会生活噪声污染防治若干规定》的立法调研，开展了实施《中华人民共和国固体废物污染环境防治法》的调研工作，开展了地方性法规和政府规章的清理工作；根据国务院部际联席会议的要求，市环保局会同市发展改革委等11个有关部门发布了《2011年上海市整治违法排污企业保障群众健康环保专项行动实施方案》。根据长三角企业环境行为信息评价工作的要求，环保部门对国控重点企业2010年度的环境行为进行了评价。

【环境立法】噪声问题是社会关心的热点问题，为了加强对社会生活噪声的管理，开展了《上海市社会生活噪声污染防治若干规定》的立法调研，截至2011年底，已进入市政府规章制定程序。为了加强本市固体废物管理，提升固体废物管理水平，开展了本市实施《中华人民共和国固体废物污染环境防治法》的调研工作，该立法项目已列入了2012年政府规章立法调研计划。同时，为了配合《中华人民共和国行政强制法》的贯彻实施，开展了地方性法规和政府规章的清理工作。

【环境执法】根据国务院部际联席会议的要求，市环保局会同市发展改革委等11个有关部门发布了《2011年上海市整治违法排污企业保障群众健康环保专项行动实施方案》，明确了重金属排放企业整治、污染减排重点行业监管、环境安全监督检查等任务。此外，全市环保系统组织开展了饮用水水源地、医药行业、化学化工行业、铅酸蓄电池行业等专项执法检查工作。2011年，全市环保系统共出动执法人员22779批次、72611人次，检查企事业单位50691户次；检查废水处理设施16285套、废气烟尘治理设施27224套、噪声治理设施4167套、固废治理装置6268套、全市开征排污费2.41亿元。全市环保系统共实施行政处罚1154件，处罚金额4211.96万元。突出了重点区域、重点行业和重点污染源的执法监管，发现并查处了一批重大案件，解决了一批群众反映强烈、举报和投诉集中的难点、热点环境问题，保障了主要污染物减排工作的顺利实施。

【重点企业环境行为评估】根据长三角企业环境行为信息评价工作的要求，本市环保部门对国控重点企业2010年度的环境行为进行了评价，实际参评企业83家，评出了14家绿色企业和1家黑色企业并予以公布。本次评价结果是对各参评企业2010年度环境行为的综合评定，将作为本市环保部门日常监督管理和环保诚信体系的依据，以督促企业不断提高其环境管理水平，规范企业环境行为。

（市环保局供稿）

六、水务管理

(一) 综述
(二) 防汛防台
(三) 城市供水
(四) 城市排水
(五) 水利建设
(六) 水政管理
(七) 太湖流域管理

(一)综述

2011年，市水务部门发扬办博精神，弘扬世博理念，以贯彻落实中央1号文件和中央水利工作会议精神为动力，各项工作均按照年度计划有序进行、有效开展，取得了水务“十二五”发展良好开局。上海水务基础设施建设在水利、供水和排水3个方面完成投资81.4312亿元，其中水利41.6931亿元（含滩涂造地项目12.0403亿元）、供排水39.7381亿元。全市供水管线总长度32216.66公里，自来水年供水量31.13亿立方米；日公共供水能力1150万立方米，其中市区日供水能力785万立方米、郊区日供水能力365万立方米。全年售水总量24.41亿立方米。全市日污水处理规模694万立方米，城镇污水处理率达到83%以上。完成节水措施894项。全市万元生产总值用水量由上年的131立方米降至68立方米，最高日节水量5.89万立方米；中心城区工业用水重复利用率82.6%，比上年提高0.2个百分点；地下水年开采量压缩到1351万立方米。年内，苏州河底泥疏浚工程全线启动，水源地工程东风西沙水库开工建设。

（邓一露）

（二）防汛防台

【概况】2011年，本市经受了9次天文大潮汛、3次局部大暴雨、14次局部暴雨，以及台风“米雷”、“梅花”外围影响的严峻考验，其中苏州河口潮位2次超过警戒线、米市渡潮位59次超过警戒线。通过加快推进中心城区排水系统和积水点改造工程建设，深化下水道养护大会战工作机制，开展排水管道设施“三护行动”，完善各类防汛防台预案，强化防汛设施检查巡查和责任制落实，加强气象预警预报、水文信息服务及防汛值班、应急处置等一系列措施，全市城乡没有出现严重的内涝积水，实现了无伤亡、少损失、安全度汛的目标，为保障城市正常运行、市民生产生活安全有序，以及世游赛顺利举办作出了应有贡献。

【雨水情】降水量，2011年上海市平均降水量为882.5毫米，比多年平均值减少19.1%，比上年减少24.8%，属枯水年。汛期的6月1日~9月30日，全市平均降水量为611.7毫米，比多年平均值增长8.1%，比上年增长10.2%。

梅雨，2011年上海市于6月10日入梅，6月27日出梅，梅雨期历时17天，其中平均雨日为14天。梅雨期间，全市降水量分布比较均匀，中心城为262.3毫米，比多年平均值略有增加，其它区县以宝山区降水量最大，为291.3毫米，青浦区降水量最少，为223.0毫米。

暴雨，2011年6月16–17日，全市普降大到暴雨，雨区中心在浦东南部和奉贤一带，雨量最大为浦东新场站，两日雨量达到210毫米，奉贤四团站两日的雨量为195毫米；8月13日，全市普降中到大雨局部暴雨，雨量最大为浦东新区的五号沟站为135毫米，崇明南门站101毫米。

咸潮入侵，2011年，长江口共发生咸潮入侵9次，出现在2月~5月和10月~12月两个时段。最为严重的一次出现在3月22日~30日，宝钢水库氯化物高达2104毫克/升；持续时间最长的一次出现在4月19日~28日。

（邓一露）

（三）城市供水

【概况】2011年，青草沙水源地顺利建成，通水切换圆满成功，妥善应对罕见夏季咸潮入侵，1100万市民喝上优质长江水，公共供水安全保障度进一步提升；继青草沙水源地之后又一重大民生项目——东风西沙水库工程顺利开工，崇明人民畅饮长江水的渴望将成为现实。大力推进郊区集约化供水，新建2座水厂，完成2座水厂改扩建和111.2公里大口径管网改造，归并、关闭10座乡镇小水厂，关闭8个内河取水口，停用42口地下取水深井；全面落实保高峰供水措施，及时处置内河水污染事件，完成506万平方米二次供水设施改造、88万只水表更换，启动市政消火栓维修养护工作。深入推进节水型社会建设，建成一批节水型小区、校区、企业和工业园区，万元GDP用水量预计下降到68立方米；地下水年开采量压缩到1331万立方米，回灌量增加到1861万立方米，提前实现了回灌量大于开采量的目标。

【自来水服务供应】2011年底，上海市共有自来水厂90座，比上年减少15座。全市自来水厂供水能力为1150万立方米/日，比上年增长1.7%。年供水总量为31.13亿立方米，比上年增长0.7%。售水总量为24.41亿立方米，比上年下降0.1%。其中一般工业用水5.60亿立方米，比上年下降3.5%；城市公共用水9.11亿立方米，比上年增长3.0%；居民生活用水9.70亿立方米，比上年下降1.0%。2011年全市最高日供水量达967万立方米。

【集约化供水建设】2011年，“供水管网改造104公里，关闭中小水厂10家”被列入上海市政府为民办实事工程和市重大工程项目。全年关闭浦东新区、松江、崇明等区（县）10家小水厂，新建DN500以上集约化输水管网111.2公里，改造DN300以下小口径管网489公里，圆满完成目标任务。

【自来水厂深度处理改造】2011年，本市供水行业积极开展供水水质达标建设。其中，采用黄浦江上游原水的水厂积极推进深度处理工艺改造。中心城区闵行二水厂开展深度处理建设，郊区松江、金山、青浦等一批新、扩建工程项目正在顺利推进中。同时，为有效应对突发性水污染事件，确保供水安全，本市建有集中式取水头部的水厂都建设了粉末活性炭投加装置。

【节水型社会建设】2011年，本市建成第四批28家节约用水示范小区、4家节约用水示范学校（校区）、4家节约用水示范单位、4家节水型工业园区、406家节水型小区、36家节水型学校（校区）和50家节水型企业。初步形成节水工作“多管齐下、条块联动”的有效工作格局。

【青草沙水源地原水工程建成通水】6月8日，上海青草沙水源地原水工程建成通水仪式举行。该工程包括青草沙水库及取输水泵闸、长江原水输水隧道、陆域输水管线及增压泵站等三大主体工程，日供水规模719万立方米，总投资170亿元人民币，总受益人口超过1100万。青草沙水库位于长兴岛北侧长江口南北港分流口下方，总面积近70平方公里，其中水面积66平方公里，设计有效库容4.35亿立方米。水库蓄满水时，可在不取水的情况下连续供水68天，可确保咸潮期的原水供应。

【上海第二大水源地工程东风西沙水库正式开工】11月29日，历时7年多前期工作精心准备，上海第二大水源地工程东风西沙水库正式开工建设。该工程被列入上海“十二五”规划水务重点工程。工程位于长江口南支上段、崇明岛的西南侧，东风西沙与崇明岛之间的夹泓地带，水库规划面积约3.74平方公里，主要分为水库工程、取排水泵闸工程、输水泵站工程三大部分，供水规模达到40万立方米/天。工程建成后，将彻底解决崇明岛居民长期以来守着长江却无优质饮用水的历史难题。

（邓一露）

（四）城市排水

【概况】2011年全市城镇污水处理率达到84.7%，城镇污水处理厂共削减COD量62万吨、NH3-N 4万吨，为本市“十二五”第一年超额完成污染物减排比例作出了重要贡献。

2011年上海市城镇污水产生总量为22.79亿立方米（其中工业废水量为6.80亿立方米，生活污水量为15.99亿立方米），折合日均城镇污水量为624.44万立方米（其中中心城区427.80万立方米/日，郊区196.64万立方

米 / 日），比上年减少 1.5%。

到 2011 年底，上海市共有城镇污水处理厂 53 座（其中 2011 年完成扩建 2 座），总处理能力为 694.05 万立方米 / 日。全市城镇污水处理厂污水处理量为 529.10 万立方米 / 日，全市城镇污水处理率为 84.7%，比上年增加 2.8 个百分点。

【城市污水管网建设和污水截流接管情况】 2011 年，本市新建污水管网约 160 公里；完成 214 户污染源截污纳管工作，其中闵行地区 111 户、宝山地区 103 户；累计截污量 8491 立方米 / 日，其中闵行地区 3094 立方米 / 日、宝山地区 5397 立方米 / 日；累计受理、办结核发《排水许可证》事项计 1549 项，其中初审 473 项、办证 361 项、补证 133 项、续期 582 项。

【污泥处理处置】 2011 年本市中心城区白龙港污泥处理工程正式投运，可对白龙港污水处理厂每天 200 万立方米污水处理中产生的污泥进行浓缩、消化、脱水和干化。竹园污泥处理工程主体工程开工建设。另外白龙港污泥预处理应急工程及竹园第二、天山与石洞口污泥深度脱水技术改造工程启动。老港污泥暂存库工程正常运行。郊区松江区、青浦区、金山区和奉贤区相关污泥处理工程有序推进。2011 年全市城镇污水处理厂脱水污泥日均产量为 3123 吨，平均含水率为 77.8%。其中约 80% 实施卫生填埋，约 20% 实施干化、焚烧、高温好氧发酵处理。

【白龙港污泥处理工程建成投运】 10 月 21 日，白龙港污泥处理工程消化系统点火启动，白龙港污泥处理主体工程建成投运。工程设计规模为日处理污泥 1020 吨，采用污泥厌氧消化加干化的综合处理工艺，对白龙港污水处理厂每天 200 万吨污水处理中产生的污泥进行浓缩、消化、脱水和干化。消化过程产生的沼气循环利用于消化系统的供热，多余的沼气产生的热量提供污泥干化总供能的 30%，每年可减少二氧化碳排放约 13 万吨。工程总投资约 8 亿元，2008 年 2 月开工。

（邓一露）

（五）水利建设

【概况】 中央 1 号文件的出台和中央水利工作会议的召开，为本市水利改革发展注入了强大的动力，全市上下对水利改革发展的认识高度、重视程度、政策力度前所未有。建国以来本市第一次以市委、市政府名义制订了加快水利改革发展的实施意见，明确了今后 5~10 年的目标任务，并建立了监督检查机制；第一次以市委、市政府名义召开了全市水利工作会议，市委、市政府主要领导亲自出席会议并作动员部署；年内有部分区也研究制订了相应的实施办法，召开了全区性的动员大会。加快建立水利投入稳定增长机制，本市水利建设基金、土地出让收益提取 10% 等政策如期出台，每年可用于水利的资金大幅增长，为今后 10 年水利年均总投入翻一番奠定了基础。2011 年实际安排水利投入达 70 亿元，为历年之最，比上年增长 32%。

【全面完成第四轮环保三年行动计划水环境治理任务】 三年累计完成污水处理厂新建、扩建、改建项目 12 项、污泥处理工程 6 项，敷设污水收集管网 932 公里，污水收集管网基本覆盖每个乡镇。亚洲规模最大的污泥处理工程—白龙港污泥处理工程开工，为上海“十二五”期末在全国率先实现污泥稳定化处理奠定了坚实基础。加强污水厂运行监管，全市污水处理能力达到 694 万立方米 / 日，城镇污水处理率达到 83% 以上，污泥处理能力达到1500立方米/日（含水率80%）。推进完成苏州河底泥疏浚工程，苏州河整治将转入常态治理阶段。有序推进中小河道整治和太湖流域水环境综合治理，加强中小河道长效管理，完成4万户农村生活污水治理项目，城乡水环境面貌得到进一步改善。

【完成4万户农村生活污水处理设施改造】 2011年，继续全面推进农村生活污水处理工作，工程涉及闵行、宝山、浦东、奉贤、松江、金山、青浦、崇明等8个郊区县，全年共完成40325户农村生活污水处理设施的建设，有效减少了生活污水入河量，巩固了农村水环境整治的成效，改善了农村地区环境面貌。

【区域界河整治】 2011年，启动实施近郊及省界界泾、杨泾、安亭泾、鳗鲤泾、北蟠龙港、金山界河等6条段18公里界河整治；继续实施拆坝建桥沟通水系工程，涉及闵行、嘉定、宝山、奉贤、松江、金山等6个郊区县，共打通阻水坝基97处，建造跨河建筑物67处，新开河道2505米，新建泵闸5座。进一步沟通水系、调活水体，保证了郊区河道水流通畅，改善了老百姓的出行条件。

【小型农田水利设施建设】 2011年，本市实施了以设施粮田、菜田外围水利配套为重点，以圩区达标建设和面上小农水设施建设为主要内容的小型农田水利基础设施建设。全面推进完成7.31万亩设施粮田和0.247万亩设施菜地外围水利配套工程，更新改造了163个灌区，实施了32个低洼圩区达标工程。共更新改造灌溉泵站229座、灌排泵站1座、排涝泵站11座，泵闸76座、地下渠道90.352公里、衬砌明渠0.696公里、排水明沟14.8公里、渡槽80座、倒虹吸19座、水闸及涵洞48座。2011年度中央财政小型农田水利重点县建设涉及金山区和崇明县，共更新改造灌溉泵站67座、低压管道38公里、衬砌明渠89公里，建设高效节水灌溉片1861亩、排涝泵闸7座、配套建筑物14座等，有效改善了当地农业生产条件。

【域外农场水利设施改造项目】 2011年完成光明食品集团海丰农场、川东农场、上海农场和白茅岭农场等4个水利设施改造项目，共更新改造扬水站3座，疏浚、开挖河道85.59公里，新建河道护坡4公里，新建箱涵（涵闸）80座、渡槽8座、倒虹吸1座、分水闸7座、节制闸4座、农桥1座、防渗渠20.9公里、泄水闸1座，喷浆4233.48立方米，改造坝坡坝脚1680平方米。

【滩涂资源】 2011年，上海市“3”米线以上滩涂资源面积为117.2平方公里，“2”米线以上滩涂资源面积为189.9平方公里，“0”米线以上滩涂资源面积为630.9平方公里，“-2”米线以上滩涂资源面积为1255.9平方公里，“-5”米线以上滩涂资源面积为2331.8平方公里。完成滩涂生物促淤6平方公里，位于崇明岛海塘沿线；实施滩涂圈围约53.33平方公里，主要分布于浦东机场外侧、横沙东滩和崇明北沿等区域，其中，成陆7.53平方公里，为崇明北沿滩涂促淤圈围三期工程。

【苏州河底泥疏浚工程全线启动】 1月6日，苏州河底泥疏浚工程新闻通气会在苏州河梦清园召开。苏州河底泥疏浚工程是整个苏州河综合整治工程的一部分，也是苏州河综合整治三期工程中的重要内容。经过一、二期工程，苏州河干流主要水质指标达到景观水要求，部分河段又现鱼虾。但是，由于苏州河市中心城区段大量淤积严重的黑臭底泥长期未得到全面彻底疏浚，使得苏州河进入市中心城区后，水质指标溶解氧明显下降，并直接影响了苏州河鱼类等水生物的繁衍、生长和水生态修复。苏州河市中心城区段底泥疏浚工程的全线启动，标志着沉睡百年的苏州河黑臭底泥将首次进行大规模疏浚。工程完成后，苏州河的水质将更加稳定，苏州河中心城区段抗风险及自净能力将得到进一步提升。

（六）水政管理

【概况】2011进一步深化水务发展“十二五”规划；推进《上海市水文管理办法》的制定工作；全市累计受理办理水务行政审批事项2856项；紧紧围绕建立本市水资源管理的“三条红线”制度和推进节能减排工作，立足水资源的优化配置、节约利用和有效保护，加快落实集约化供水，全面推进环保三年行动计划，着力开展水资源基础研究，切实完成水资源管理日常工作；市水文总站继续加大了国家重点水质监测站监测、黄浦江水质监测、水源地水质监测、骨干河道、水利控制片河道、水功能区划河道水质监测力度；聚焦“十二五”发展及中长期水务科技需求，注重产学研用相结合，加大科研力度，取得科研成果28项，圆满完成上海市908专项全部17个调查和评价单元任务；完成科技成果登记15项。

【水务规划】进一步深化水务发展“十二五”规划，编制完成全市骨干河道布局规划、长江中下游干流河道采砂规划上海段实施方案，全面推进全市农田水利规划编制工作，并积极做好郊区新城、大型居住区、虹桥商务区、迪斯尼、国家会展中心等区域水务规划协调工作，为市重大项目建设提供了有力的水务保障。

【政策法规】 推进《上海市水文管理办法》的制定工作，已正式向社会公开征求意见，进入立法冲刺阶段；开展《上海市节约用水管理办法》的修订工作；修订《关于本市市管河道及其管理范围的规定》，将现有市管河道由32条调整为33条；修订《关于上海市滩涂有偿使用的若干意见》，协调本市滩涂使用费与海域使用金在部分区域重复征收的问题。

【行政审批】 2011年，全市累计受理办理水务行政审批事项2856项（水利671项、供水397项、排水1581项、海洋207项）、办结2503项（其中，累计受理了93个并联审批项目、办结86项），36项水务行政审批事项已“全部上网”，11项审批事项试行“单轨流转、全程上网”。

【行政执法】 继续推进执法规范达标活动，积极探索柔性执法方式，全年开展执法巡查1214次，受理举报256件，立案890件，结案581件，已执行罚款金额582万元。

【水资源管理】 2011年，紧紧围绕建立本市水资源管理的“三条红线”制度和推进节能减排工作，立足水资源的优化配置、节约利用和有效保护，加快落实集约化供水，全面推进环保三年行动计划，着力开展水资源基础研究，切实完成水资源管理日常工作。年内，深入研究本市实施最严格水资源管理制度的试点工作思路，编制完成《上海市加快实施最严格水资源管理制度的试点方案》（送审稿），组织开展《上海市取用水总量控制指标及其分配方案》等8项局水资源基础研究项目和《上海市落实最严格水资源管理制度基础评估》等4项水利部支持的水资源管理基础课题研究，组织开展《长江口系统监测和综合研究》的相关规划，启动有关监测和研究工作。全年，开展9个建设项目的水资源论证、取水许可审批和现场核验；组织开展吴泾第二发电厂等12家取水企业的取水许可证换证和水量审核，核减12家取水单位的年许可水量4.5亿立方米；协助长江委和太湖局开展了4个建设项目的水资源论证和取水许可审批；配合水利部太湖局开展取水许可专项监督检查工作。审批核发68家排水户的《排水许可证》（规模大于1000立方米/日）。

【水功能区监测】 2011年上海市水文总站继续加大了国家重点水质监测站监测、黄浦江水质监测、水源地水质监测、骨干河道、水利控制片河道、水功能区划河道水质监测力度，获得监测数据13.7万个；积极做好农村生活污水治理的扩大监测、验证标准、绩效考核验收工作，获得监测数据8330个；完成了806家排水户污水排放监测；结合“创模”河道整治监测、验收，获得监测数据2200个，巩固了河道治理成效。开展了洋山港深水航道通航能力提升研究调查、青草沙库区水文调查，及时对资料进行计算、分析、整理，提交了成果。

【科技与教育】 以需求为导向，以应用为核心，聚焦“十二五”发展及中长期水务科技需求，注重产学研用相结合，加大科研力度，取得科研成果28项，圆满完成上海市908专项全部17个调查和评价单元任务；完成科技成果登记15项，成功推荐申报国家、部市各类科研专项15个；发布了《市政排水构筑物工程质量验收标准》、《上海市二次供水系统设计、施工、验收、运行维护管理规范》等标准规范，为科学管理提供了技术支持。

（邓一露）

（七）太湖流域管理

【概况】 《太湖流域管理条例》经8月24日国务院第169次常务会议审议通过，于2011年11月1日起施行。准确把握省际水事纠纷调处工作中的定位，依法妥善调处水事矛盾纠纷，保障边界地区稳定。全面完成大岩坑水电站跨流域引水省际水事矛盾、浙闽边界交溪流域杨梅州电站与友谊水利枢纽水事纠纷。会同各省开展水事矛盾纠纷排查化解活动，针对排查出的苏皖边界野毛岕水库纠纷隐患，开展协商指导工作，矛盾趋于缓和。积极推进历史遗留水事矛盾的解决，组织浙沪两省市有关各方就浙沪边界黄姑塘建闸矛盾调处技术方案任务书研究范围、内容、技术路线、成果等进行讨论，针对矛盾双方屡次出现的不同意见，在持续开展协调的同时及时向水利部政策法规司报送调处进展情况。

加大对涉水违法案件查处力度，行文督办地方查处望虞河漕湖填湖筑岛、不夜城违法建设太湖水上建筑等违法行为，并分别对沙塘村、小梅口等违法建设项目进行了现场检查，提出处理措施，就漕湖违法项目补救方案进行了会商并形成纪要。加强宣传教育，召开太湖流域水行政执法座谈会，重点宣传《太湖流域管理条例》在落实最严格的水资源管理制度、加强河湖管理方面的主要制度，取得很好效果。加强水政监察能力建设，编制完成《太湖流域管理局2009–2015年水政监察基础设施建设初步设计报告（报批稿）》，积极开展执法基地等二期水政监察基础设施建设的前期工作。

【水资源管理】 贯彻落实水资源开发利用控制红线，完成流域片2015、2020、2030年省（市）用水总量控制指标分解工作，基本得到了流域片省（市）人民政府的确认。推进太湖流域水量分配方案编制工作，完成了现状工况下太湖水量分配方案，提出了流域水量分配初步方案。加强水资源管理信息化建设，编制完成太湖流域水资源管理系统建设实施方案，并通过水利部审查。

严把水资源论证质量关，全年开展了温州电厂等13个建设项目水资源论证审批。完成核电秦山二期等7个项目取水许可审批，新发、换发大岩坑水电站等单位取水许可证6份。开展了24个建设项目现场监督检查，重点对提高用水效率、加强计划用水管理提出整改要求；对13家取水户开展取水总结和计划管理。

编制印发了2010年度太湖流域片水资源公报。组织完成全国节水型社会建设第三批试点地区上海市青浦区、浙江省余姚市和玉环县、福建省泉州市中期评估工作，并开展试点地区学习、交流。推动东南诸河地区水平衡测试及企业节水工作，开展了太湖流域平原河网典型地区农业用水统计方法调查分析等项目研究。

【工程建设】 望亭水利枢纽更新改造工程已基本完成。浙皖水环境监测中心已经完建，青浦水文巡测基地已经结构封顶，杭州湾水文基地已经开工，水环境监测中心实验室已签订施工合同，太湖水政执法基地建设正大力推进。开展了太湖流域统一高程系统项目建设。积极推进历年直属基础设施项目清理，完成了12个项目的竣工验收。

【汛情与防汛】 2011年，太湖流域年降水量1118.2毫米，较常年同期偏少6%。1～5月，太湖流域降雨量仅178.6毫米，较常年同期偏少59%，较2010年同期偏少65%，为1951年有降雨系列资料以来同期降雨量最少的年份，太湖流域遭遇60年来最严重的气象干旱。2011年，太湖流域年降水量空间分布流域西南部大于东北部，暴雨中心在浙西区。汛前（1～4月），太湖流域降水量133.3毫米，比常年同期偏少58%；汛期（5～9月），太湖流域降水量879.6毫米，比常年同期偏多23.8%；汛后（10～12月），太湖流域降水量105.3毫米，比常年同期偏低少32%。

2011年，太湖流域于6月10日入梅，比常年偏早5天，6月27日出梅，较常年偏早11天。梅雨期17天，雨日16天，梅雨量280.1毫米，较常年偏多28%。

2011年1～5月，受流域持续干旱少雨影响，太湖水位缓慢下降，5月18日，太湖水位最低降至2.74米，为1954年来同期第三低水位；流域河网水位普遍下降，苏南沿江地区河网水位较常年略偏低，浙西、杭嘉湖地区较常年偏低0.10～0.20米，湖西区部分水库水位降至死水位以下。入梅后，太湖及河网水位快速上涨，太湖最高水位出现在6月25日，为3.86米，超警戒水位0.36米；流域绝大多数河网水位超警戒，局部区域超保证水位，浙西区水库普遍超汛限水位。汛后湖泊、河网水位总体呈下降趋势。

全年流域未出现台风登陆事件，仅受第5号台风“米雷”、第9号台风“梅花”和第11号台风“南玛都”外围云系影响，太湖流域出现短历时降雨过程。

【防汛抗旱工作】 2011年8月23日《太湖流域洪水与水量调度方案》经国家防总批复，成为指导流域综合调度的重要依据。

面对2011年典型的旱涝急转及梅雨洪水，坚持科学调度、精细调度，统筹流域防洪与区域排涝，统筹防洪防台供水的不同需求，科学研判，提前调整工程运用方式，有效降低太湖及河网水位，保障了流域防洪安全。积极做好钱塘江流域特大洪水、“梅花”等台风防御工作，及时派出多个工作组到现场协助、指导抗洪、抗台抢险工作。

积极应对1～5月60年来同期最严重干旱，首次实施跨年度引江济太。2011年上半年引水入湖12.4亿立方米，相当于抬高太湖水位约0.5米，确保了流域生产、生活和生态用水，实现了大旱之年无大灾。进入10

月份以后，及早谋划，超前部署，启动实施了第二次跨年度引江济太，太湖水位基本保持在3.0米以上，增加了流域水环境容量，改善了太湖及河网水质，保障了流域供水安全。

【水土保持】 2011年，太湖局积极开展水土保持执法监督检查，对流域片17个重点部批项目开展了水土保持监督检查，督办5个铁路、公路项目落实了水土保持监测与验收工作，代水利部主持了12个部批项目水土保持设施验收，完成流域片10个监督管理能力县抽查复验和验收。积极推动流域片水土保持规划编制工作，已完成水土保持调查、基础资料收集、三级区划分和报告初稿编写等阶段工作成果。

【工程管理】 完成流域片13座病险水库、5座病险水闸的除险加固初步设计复核工作，完成2座中型水库项目建议书以及63个县山洪灾害防治县级非工程措施建设实施方案审核工作。根据水利部统一部署，加强了浙江、福建中小河流治理、大中型灌区泵站更新改造建设项目监督检查。开展国家级水管单位创建及复核工作，流域内通过考核及复核的国家级水管单位达到10家。

加强河道管理范围内建设项目管理。完成重大涉河项目苏锡常南部高速公路常州至无锡段穿太湖梅梁湖隧道工程建设方案和太湖（梅梁湖）生态清淤工程利用太湖白旄湾设置临时堆泥场、吴江第二水厂取水口等的协调、审查和许可批复。组织完成沪通铁路望虞河大桥、常嘉高速太浦河特大桥、平湖太浦河取水口防洪评价报告评审。会同地方组成联合检查组，对太湖流域重要河湖部分在建建设项目实施情况进行监督检查，提出整改要求。

进一步加强水利工程安全管理，组织对局直属单位和在建工程开展安全生产专项检查。执行水利部部署的水利安全生产大检查任务2次，组织开展局系统内安全生产检查3次。检查范围涵盖流域内两省一市（浙江、福建和上海），6个地市（区）、7个县、21个项目，历次检查累计派出人次29人，现场检查时间超过20天，发现各类安全隐患53条。形成检查报告5份。

【水资源保护】 提出了《太湖流域水功能区管理实施细则》，基本实现380个流域重点水功能区监测全覆盖。完成了流域片限制纳污控制指标分解协调工作，编制完成了东南诸河区水功能区划。太湖局会同地方水行政主管部门，加强对入河排污口、太湖水事违法行为的巡查和查处力度，积极预防和查处破坏太湖水环境的违法行为。

根据国家发改委部署和水利部安排，积极配合开展千岛湖及新安江流域水资源与生态环境保护综合规划编制工作，编制完成水利专题报告，同时积极参与规划报告编制工作。积极应对新安江苯酚污染事件，做好应急监测工作。完成了太湖蓝藻信息采集系统建设，实现了实时观测主要入湖河流、重要湖面和水源地蓝藻的功能。实行太湖蓝藻调查每日专人值班制，逐日报送《太湖水质信息》，按月发布《太湖流域片省界水体水资源质量状况通报》和《太湖流域及东南诸河地区重点水功能区水资源质量状况通报》。

【主要水体水质】 按照《地表水环境质量评价标准》（GB3838-2002），2011年太湖水质总体评价为劣Ⅴ类，其中19.1%的水域为Ⅳ类，22.5%为Ⅴ类，58.4%为劣于Ⅴ类，未达到地表水Ⅲ类标准的项目主要为总氮、总磷和五日生化需氧量。太湖主要水质指标中，高锰酸盐指数年均值为4.25mg/L，氨氮为0.22mg/L，总磷平均浓度为0.066mg/L，总氮为2.04mg/L，与2010年相比，除高锰酸盐指数外，氨氮、总磷及总氮浓度均有不同程度下降，其中总氮指标降幅较大。与2007年相比，2011年太湖四项水质指标浓度都有下降，其中高锰酸盐指数降幅为16.7%，氨氮降幅为43.6%，总磷降幅为11.0%，总氮降幅为13.4%。太湖各湖区中，西北部湖区水质最差，东部湖区水质相对较好。

2011年，太湖六个饮用水水源地（南泉水厂、锡东水厂、金墅港水源地、渔洋山水源地、浦庄寺前水源地和吴江水厂）中，溶解氧、高锰酸盐指数、氨氮浓度年均值达到地表水环境质量标准的Ⅰ—Ⅱ类标准；总磷除南泉水厂和锡东水厂为Ⅳ类外，其余达到Ⅱ—Ⅲ类；总氮浓度除锡东水厂略高外，其余水源地均低于2.0mg/L（Ⅴ类标准值），全年未发生影响饮用水安全的突发性水污染事件。

2011年，太湖局对22条主要入太湖河流开展了监测，其中江苏省入湖河流15条，浙江省入湖河流7条；水质劣于Ⅴ类河流有11条，其中江苏省9条（不含关闸河流），浙江省2条（夹浦港、长兴港）；主要超标指标为氨氮、五日生化需氧量、化学需氧量、石油类和总磷。在监测的9条主要出太湖河流中，江苏省出湖河流8条，浙江省出湖河流1条，出湖河流受到周边河道水势影响易产生往复流，水质差异较大，其中太浦河（出湖段）水质较好，水质为Ⅱ类，梁溪河、鼓楼港水质为Ⅲ类，新通安河、浒光运河、苏东运河、胥江、吴淞江水质为Ⅳ类，木光河水质为劣于Ⅴ类。

2011年出入湖河流入湖污染负荷量中，高锰酸盐指数为6.02万t，总磷为0.25万t，总氮4.94万t，氨氮1.65万t，均比2010年有不同程度下降。

2011年太湖全湖平均营养指数为60.8，处于中度富营养状态。太湖中度富营养面积约为1728平方公里，占太湖总面积的73.9%；其余湖区为轻度富营养，占26.1%。与2010年相比，太湖营养指数下降了0.7，富营养化程度略有好转，中度富营养面积所占比例减少0.2%。

2011年太湖流域35个省界河流断面中，水质类别达到或优于Ⅲ类水标准的断面所占比例为25.7%，Ⅳ类为20.0%，Ⅴ类为20.0%，劣于Ⅴ类为34.3%。

【科技与教育】 太湖流域水利科研工作取得新进展。流域水利重大问题太湖流域水文和水质实时模拟研究工作正式启动，分别开展了“平原河网地区水文水动力实时模拟预报关键技术”、“太湖污染自净能力与适宜换水周期研究”、“太湖流域水量水质综合调度系统开发集成”三个项目的研究。2009年、2010年启动的平原河网地区水资源调度与管理、大型浅水湖泊受损生态系统修复等水利重大问题7个项目的科研攻关进展顺利。其中“基于优化配置的平原河网地区水资源调度研究”和“水资源可持续利用评价体系及试点应用”等项目已基本完成。“健康太湖综合评价与指标研究”、“太湖流域圩区调度管理研究”等项目通过了水利部的验收，综合评价均为“A”等。

经过几年的努力，结合前些年取得的科研成果，目前太湖局已初步构建了流域水利科研的框架体系，形成了有太湖流域特色的科研管理机制，取得了一批优秀的科研成果。目前，太湖局正结合流域水利改革和发展的科技需求，加强科研创新顶层设计，凝练提出了城市化背景下的流域防洪问题、长三角水网区江河水系连通及水资源调控关键技术问题、纳污总量控制关键技术问题、“感知河网、智慧太湖”科技问题等流域水利重大问题，正根据轻重缓急，组织科技创新和科研攻关工作。

【国际交流与合作】 国际合作项目进展顺利，并根据流域水利需求积极拓展新的国际合作领域。“中荷合作太湖风浪监测项目”完成了为期6年的合作，取得双赢成效，双方协议延长两年合作期限。以中荷合作风浪监测项目为依托，太湖局会同荷兰基础设施与环境部水管理总司在荷兰共同举办了“中荷太湖风浪项目合作研讨会”和“流域管理研讨会”。另外，太湖局还积极与新加坡公用事业局、世界水理事会、国际水资源管理办公室、国际流域管理网络组织等国外政府部门或国际组织开展交流与合作。

根据水利部安排和太湖局工作需要，接待了来自荷兰、日本、泰国等国家的重要技术交流团组。2011年，共接待国外来访团组14个，共计162人次。其中部长级代表团5个，包括部级官员17人次。并协助水利部做好第二十五届中日河工坝工会议、发展中国家水资源及小水电部级研讨班和中荷合作联合指导委员会第十一次会议等重要会议的协办工作和代表团在沪活动安排。在完成外事接待的同时，积极开展与来访团组的学术交流活动，共计举办合作或学术交流座谈会8场，有效增进了与国外政府机关和国际组织间的了解和友谊，创造了探索共赢合作的机会。

【**引江济太**】2011年，望虞河常熟水利枢纽累计引水31.9亿立方米，望亭水利枢纽引水入湖16.1亿立方米，创2002年实施引江济太以来年引水量及入湖水量之最；太浦闸向下游供水18.4亿立方米，其中增加供水8.0亿立方米。2011年太湖总体水质保持改善趋势。主要评价指标中氨氮、总磷、总氮指标均好于2010年，高锰酸盐指数、氨氮、总磷已达到水环境综合治理2012年目标要求，总氮虽未达到，但改善幅度最大，达17.7%，已基本接近2012年目标。2011年太湖富营养化趋势继续得到遏制。蓝藻暴发时间推迟，暴发程度明显减轻，全年太湖未出现大面积湖泛。2011年引江济太期间，太浦河出湖断面太浦闸下水质优良，绝大部分时段保持在Ⅱ类。

引江济太增加了流域水资源有效供给，有效减缓了太湖水位下降趋势，促进了水体循环，改善了水质，满足了太湖周边地区用水需求，最大程度减轻了气象干旱对流域经济社会发展的不利影响，实现了大旱之年无大灾，为实现太湖流域水环境综合治理目标发挥了重要作用，成效十分显著。

（邵曦钟）

(一)综述
(二)住宅建设
(三)房地产市场管理
(四)物业管理
(五)拆迁管理
(六)旧住房改造
(七)住房保障

(一)综述

2011年全市商品房开发投资2170亿元,同比增长9.6%,其中商品住宅投资1399亿元,同比增长13.7%;商品房施工面积12983万平方米,同比增长14.9%,其中商品住宅施工面积8386万平方米,同比增长14.7%;商品房竣工面积2241万平方米,同比增长15.4%,其中商品住宅竣工面积1550万平方米,同比增长11%;商品房新开工面积3644万平方米,同比增长20.2%,其中商品住宅新开工面积2474万平方米,同比增长17.2%。

共有产权保障房(经济适用住房)建设项目再次被列入市重大工程,并确定了开工建设500万平方米、8万套共有产权保障房(经济适用住房)的目标任务。全年实现共有产权保障房(经济适用住房)新开工541万平方米、8.03万套,项目主要分布在浦东、嘉定、闵行、青浦、松江、宝山等区;可供应544万平方米、8.03万套,顺利实现市重大工程建设目标。

全年创建节能省地型“四高”优秀小区45个，754万平方米，其中，18个项目通过住房城乡建设部住宅性能认定专家预（终）审。继续利用“建筑节能项目专项扶持资金”等政策鼓励措施，全年落实扶持新建住宅高标准节能和规模化可再生能源利用示范项目16个、约151万平方米。

（二）住宅建设

【概况】2011围绕住宅产业现代化，以“节能、节地、节水、节材和环保”为目标，制订《关于“十二五”期间本市加快推进住宅产业现代化，发展节能省地型住宅的指导意见》；全年共完成45个“四高”创建项目，共计754.30万平方米。全市累计审核发放新建住宅交付使用许可证437件，计5541幢、1941万平方米；全市新开工建设保障性安居工程约26.7万套；新开工、筹措各类保障房1700万平方米。

【推进新建住宅产业现代化工作】2011年，围绕住宅产业现代化，以“节能、节地、节水、节材和环保”为目标，制订《关于“十二五”期间本市加快推进住宅产业现代化，发展节能省地型住宅的指导意见》，经市政府办公厅转发，明确“十二五”期间的目标和任务。通过激励和强制两个方面，落实住宅领域节能减排目标。1）继续利用“建筑节能项目专项扶持资金”鼓励政策，共14个、约138万平方米住宅项目列入市建筑节能专项扶持范围。2）着力推进全装修住宅建设，逐步构建全过程监管机制：颁布全装修住宅装修工程补报建程序等相关文件，进一步强化土地出让、报建、设计、施工、销售、竣工验收、交付使用的全过程监管，促进全装修住宅设计合理、实施规范、质量可靠。全年竣工全装修住宅283万平方米，在建615万平方米。3）聚焦住宅产业化政策制订落实，谋求行业发展模式转变：会相关部门在调查研究的基础上，出台《关于加快推进本市住宅产业化的若干意见》、《关于本市鼓励装配整体式住宅项目建设的暂行办法》。着力推动上海住宅产业化工作有序开展，推进上海2011年度装配式住宅相关验收规范、定额、图集、软件等编制工作，全市落实装配整体式住宅58.6万平方米。上海城建集团作为首个国家住宅产业化基地已经住房城乡建设部批准。4）加强保障性住房技术文件研究，提升保障性住房综合性能：会相关部门组织市保障性住房建设导则和经济适用住房、公共租赁住房设计导则等技术管理文件的编写及颁发。面向市及区县大型居住社区建设推进办管理人员和参与保障性住房建设的开发企业建设管理人员，做好保障性住房建设和设计导则等技术文件的宣传培训工作，提升全市保障性住房整体建设水平和综合性能。

【创建“四高”优秀小区和住宅性能认定工作】2011年，以创建节能省地型“四高”（高起点的规划、高水平的设计、高质量的施工、高标准的管理）优秀小区为载体，全年共完成45个“四高”创建项目，共计754.30万平方米。同时，大力推进住房和城乡建设部有关保障性住房建设，开展住宅性能认定试点工作，在完成的18个住宅性能认定项目中，保障性住房项目12个，总建筑面积为244.7万平方米。

【审核发放新建住宅交付使用许可和质量管理】2011年，全市累计审核发放新建住宅交付使用许可证437件，计5541幢、1941万平方米。其中，市住房保障房屋管理局发证16件，计85幢、55万平方米；区（县）局发证421件，计5456幢、1886万平方米。

完善预警机制，建立动态台帐制度。完

成各区年内计划交付的保障性住房、大型居住社区项目的问题梳理、初步排查工作，并跟踪管理。下发关于建立“住宅项目分期建设与交付信息”台帐的工作要求的通知，有效落实交付使用实施细则。

制定新版“新建住宅使用说明书”，完善充实内容，并在保障性住房基地进行试点。同时，推进保障性住房和全装修住宅的质量管理工作。加强对新建住宅开发单位及建设各方质量管理职责落实情况的监管。会同相关部门颁布《关于本市新建公共租赁住房实施室内装修的暂行意见》，明确公共租赁住房装修标准，保证装修质量。

【新开工保障性住房建设】 2011年，上海市新开工建设保障性安居工程约26.7万套；新开工、筹措各类保障房1700万平方米。

本市共有产权保障房（经济适用住房）建设项目再次被列入市重大工程，并确定了开工建设500万平方米、8万套共有产权保障房（经济适用住房）的目标任务。在市、区、企共同推进下，全年实现共有产权保障房（经济适用住房）新开工541万平方米、8.03万套，项目主要分布在浦东、嘉定、闵行、青浦、松江、宝山等区；可供应544万平方米、8.03万套，顺利实现市重大工程建设目标，为“十二五”期间共有产权保障房（经济适用住房）建设奠定了良好基础。

本市根据“服务旧区改造、服务重大工程、服务百姓安居”的原则，确定了开工建设800万平方米、10万套动迁安置房的目标任务。全年实现新开工面积约983.55万平方米、11.6万套（其中市属项目新开工约339万平方米、4.75万套，区属项目新开工约644.55万平方米、6.85万套），达到供应标准约650万平方米、8.04万套；动迁安置房项目共认定33个，规划用地面积255.61公顷，规划可建建筑面积316.28万平方米；完成项目招标公告4幅，用地面积约26.01公顷。总计搭桥供应房源约607.36万平方米、7.3万套，顺利推进了轨道交通12号线、董家渡和苏州河北岸等市重大市政、重点旧改项目动迁。

（三）房地产市场管理

【概况】 2011出台《关于本市贯彻〈国务院办公厅关于进一步做好房地产市场调控工作有关问题的通知〉实施意见的通知》（沪府办发〔2011〕6号），共九条措施，调控取得积极成效；全市完成房地产开发投资首超2000亿元，为2170亿元，同比增长9.6%，全市新建住房新开工面积2474万平方米，同比增加17.2%；竣工面积1550万平方米，同比增加11%。市住房保障和房屋管理局印发《关于本市贯彻执行住房限售等政策有关问题的通知》（沪房管规范市〔2011〕2号），进一步严格执行住房限售政策。

【房地产市场调控】 2011年，进一步贯彻执行国家和本市各项房地产市场调控政策，商品住房价格过快上涨的势头得到有效遏制，年初确定的新建住房价格控制目标实现，调控取得积极成效。

1月31日，上海市出台《关于本市贯彻〈国务院办公厅关于进一步做好房地产市场调控工作有关问题的通知〉实施意见的通知》（沪府办发〔2011〕6号），共九条措施，要求坚持以居住为主、以市民消费为主、以普通商品住房为主的原则，采取税收、信贷、土地、行政、住房保障等政策措施，有效遏制投资投机性购房，逐步解决居民住房困难，促进上海房地产市场健康发展。

【房地产开发投资情况】 据市统计局统计，2011年1~12月，在调控背景下，得益于政府加大保障性住房的投入，全市完成房地产开发投资首超2000亿元，为2170亿元，同比增长9.6%，其中住房投资1399亿元，同比增长13.7%。房地产开发投资占全社会固定资产投资比例为43%。

2011年1~12月全市新建住房新开工面积2474万平方米，同比增加17.2%；竣工面积1550万平方米，同比增加11%。

【商品房成交情况】 据市统计局统计，2011年1-12月新建商品房销售面积1771万平方米，同比下降13.8%；其中新建商品住房销售面积1474万平方米，同比下降12.6%。二手存量房买卖登记面积1399万平方米，同比下降29%。

【商品住房价格情况】 在加大房地产市场调控力度和加快推进住房保障工作的双重作用下，本市年度商品住房价格指数涨幅明显回落。10月份以后价格指数环比下降。据国家统计局统计，2011年本市新建住房和二手存量住房价格指数同比分别上涨1.8%和1.7%，涨幅分别比2011年下降5.8和6.1个百分点。10-12月本市新建住房和二手存量住房价格环比指数连续三个月出现下降。

【房地产市场监测监管】 2011年，进一步严格执行住房限售政策。2月17日，市住房保障和房屋管理局印发《关于本市贯彻执行住房限售等政策有关问题的通知》（沪房管规范市〔2011〕2号），明确住房限售政策的业务流程和操作口径，要求采用承诺加审核的模式，即要求购房人和房地产开发企业双承诺，并在签约、预告登记、转移登记三道环节进行把关。5月9日，与市工商局联合印发了《关于修改本市商品房销售、买卖合同示范文本条款的通知》（沪房管市〔2011〕140号），增加有关住房限售提示条款，防止限售政策引发合同解约等纠纷。8月12日，印发《关于执行住房限售政策中查验个人所得税缴纳证明材料有关流程的通知》（沪房管市〔2011〕255号文），明确非本市户籍居民家庭持税单在本市购买住房的需进一步核查具体纳税日期，个人所得税的申报日期须符合“自购房之日起算的前2年内连续缴纳满12个月”的规定，补缴的不予认可。

进一步加强房地产市场监管。7月20日，市住房保障房屋管理局出台了《关于加强本市商品住房销售行为监管严格执行住房限售政策等有关问题的通知》（沪房管规范市〔2011〕5号）。要求加强商品住房销售方案备案审核，对定价过高的房地产开发企业可以采取约谈、劝诫等方式加强指导和审核，与价格主管部门加强配合，共同做好“一房一价”工作；加强商品住房预订行为监管，对房地产开发企业通过商业网站等销售合作方进行预订、销售等行为进行规范；会同市发改委对全市房地产经纪机构和人员集中开展专项整治，制止和查处房地产经纪违法违规行为，进一步规范房地产交易秩序。

同时，加大违法违规行为查处曝光力度。2011年2月，市住房保障房屋管理局对上海弘晔、双鸥置业、屹申房产等三家房地产开发企业在取得预售许可证前，以VIP卡方式变相收取定金等违规销售行为，分别给予警告、责令限期改正、罚款等行政处罚。处理结果上网公示，并通报相关管理部门。相关管理部门收到通报名单后，通过风险提示，对三家违规房企的开发项目贷款进行了限制，并对其加强税收征管和稽查。

【加强房屋租赁管理】 为贯彻住房城乡建设部颁布的《商品房屋租赁管理办法》，根据市委、市政府的部署，起草修订了《上海市居住房屋租赁管理办法》，经市政府第111次常务会议审议通过，于2011年10月1日起正式施行。一方面，会同市民政局下发了《关于印发〈上海市居住房屋租赁合同登记备案操作规则（试行）〉的通知》（沪房管规范市〔2011〕11号），并开发应用了居住房屋租赁信息系统；另一方面，会同市工商局下发了《关于推行使用<上海市居住房屋租赁合同示范文本（2011版）>的通知》（沪房管市〔2011〕296号），引导租赁当事人维护自身合法权益。

【房地产估价管理】 一是组织开展本市房地产估价行业现状调研，完成《上海市房地产估价专业服务业行业发展情况调研报告》；二是组织开展《上海市国有土地上房屋征收评估管理暂行规定》的修订工作；三是开展本市房地产估价机构检查工作，对所有房地产估价机构资质条件、房地产估价师的注册与执业情况进行检查，并对超过一半以上的估价机构的房地产估价报告质量进行了检查。另外，截至2011年底，本市房地产估价机构共计71家，注册房地产估价师953人。

（四）物业管理

【概况】 2011市人大新修订颁布的《上海市住宅物业管理规定》，对法规进行了广泛而深入的宣传，扩大社会公众知晓面；完善962121物业服务热线，突出宣传推广、提升服务质量、丰富监管手段的目标，不断深化和推进各项工作；围绕提升住宅小区消防安全能力建设，设计开发了消防安全管理基础信息调查信息系统。

【贯彻实施《上海市住宅物业管理规定》】 市人大新修订颁布的《上海市住宅物业管理规定》2011年4月1日施行后，市住房保障房屋管理局会同市人大组织区县分管领导、街道乡镇分管负责人、区县房管局长等近500人进行了法规的解读培训；组织全市街道乡镇分管科长、房管办事处主任、居民委员会主任、业主委员会主任、物业服务企业负责人、小区经理共25000余人进行了法规培训；主动联系新民晚报、解放日报、东方网等主流媒体，采取专题访谈、重点解读、系列报道等形式，对法规进行了广泛而深入的宣传，扩大社会公众知晓面。

同时，加快制定了相关配套文件，市政府批转了市住房保障房屋管理局《关于实施〈上海市住宅物业管理规定〉若干意见的通知》、《上海市住宅物业保修金管理暂行办法》，市住房保障房屋管理局出台了《加强本市住宅小区业主大会、业主委员会建设的若干规定》、《关于加强物业定期维修、紧急维修以及维修资金管理若干问题的通知》、《关于在本市物业管理行业开展助理物业管理师职业技能鉴定的通知》等规范性文件。

【完善962121物业服务热线】 2011年是962121物业服务热线开通以来的第三个年头，热线继续围绕突出宣传推广、提升服务质量、丰富监管手段的目标，不断深化和推进各项工作。一是开展形式多样的宣传工作，完成了全市住宅小区50万张962121热线宣传牌的张贴，实现了全市公交、地铁线路上移动电视滚动播放962121热线卡通片的宣传。二是建立物业咨询解答知识库，集录了123部物业管理法规、720条政策条款和500条业务问答，使受理人员的快速查询和规范解答更臻完善。三是强化对区（县）呼叫中心工作的指导，通过“请进来、走出去”的方式，积极汲取借鉴好经验和好做法，在面上进行推广，提高全市各区（县）呼叫中心整体服务能力和工作水平。四是启用星级评定网上公示，完成全市971家物业企业，2250个小区共3548件物业投诉处置情况的评定和公示，此举对评价结果暂不理想的物业企业起到了一定的触动作用。五是对呼叫平台系统进行了软件升级，通过大规模的调整和优化，进一步提高了操作人员的工作效率。

夏令热线期间，962121服务热线经受住了超强台风“梅花”的严峻考验，顺利完成了各项工作指标，并在市建交委和《新民晚报》委托市质量协会举行的夏令热线期间市民满意度调查中，连续第二年荣获“夏令热线满意行业”排名第二的荣誉。

2011年，962121热线共受理各类诉求363758件。其中，以受理来源分：电话受理351019件、网上受理645件、12319转办11853件、政风行风转办241件。以业务类型分：报修202407个、投诉20419个、咨询138539个、转信访2393个。全年共拨出回访电话18万次，维修办结率95%，回访满意率95%；投诉处置率95%，满意率93.7%。为更好的处置落实物业诉求件中的重点、难点问题，全年共派发督办单714件，办结674件，办结率94.4%；现场督办5次，专题会审4次，处置诉求23件，妥善处理了很多疑难诉求件。

【住宅小区消防安全建设管理】 2011年度，围绕提升住宅小区消防安全能力建设，设计开发了消防安全管理基础信息调查信息系统。信息采集涉及住宅小区消防设施设备状况、日常管理制度、业主自我管理情况等9个大类270余个信息要素，累计调查8265个住宅小区，房屋175521幢，其中，商品房小区4960个，售后公房小区2713个，公房小区592个；低多层136371幢，中高层4479幢，二类高层11652幢，一类高层1726幢，超高层395幢。

组织开展消防安全隐患地毯式大排查，共排查住宅小区近11000个，发出整改通知书4500余份；督促本市2400余家物业服务企业、10000余名小区经理完善住宅小区消防应急预案和处置流程，建立消防设施、设备定期检查登记制度，建立检查台帐；会同消防部门开展“清剿火患”战役，清剿住宅小区火患8400余处，重点加强了楼道堆物、擅自隔断应急逃生通道、占用、堵塞消防通道、消防设施设备损坏等安全隐患督查整改。同时，组织开展住宅小区易燃可燃外墙保温材料专项排查整治工作，共排查2007年1月1日以前竣工验收的住宅小区80个，224幢。

【物业行风建设】 以贯彻实施新修订的《上海市住宅物业管理规定》为契机，从完善法制、创新机制入手，扎实推进物业行风建设。一是进一步发挥962121物业服务平台优势，把热线记载的群众投诉及处置情况、市和区县房管部门的日常检查情况记入信用信息库，在网上公开物业诉求处置状态和结果，主动接受群众监督。二是从全面落实物业管理“四查”制度入手，根据防台防汛、防冻保暖等季节性工作要求，开展具有针对性的防范工作，加强日常监管，切实解决群众居住生活“急难愁”问题。同时，启动助理物业管理师职业技能鉴定工作，积极研究制定物业服务企业资质管理、企业和从业人员诚信档案建设等行业管理制度，加大行政监管力度。在市建交委、新民晚报开展的“夏令热线”活动中，经第三方测评机构市民满意度测评显示，居住物业管理行业连续两年获得“夏令热线”市民群众满意行业第二名。从市文明办开展的2011年40个窗口行业社会公众满意的评价情况来看，居住物业管理得分为82.53分，位于第29位，比2009年提高0.43分，总体呈上升趋势。

（五）拆迁管理

【概况】 2011制定并出台《上海市国有土地上房屋征收与补偿实施细则；全面启动房屋征收与补偿相关配套文件起草工作；启动司

法强制执行，不断消减拆迁存量基地。

【制定并出台《上海市国有土地上房屋征收与补偿实施细则》】 为全面贯彻实施《征收条例》，市住房保障房屋管理局会同市政府法制办以及有关部门，成立工作组，开展本市实施细则的起草和制定工作。期间，市住房保障房屋管理局不断进行专项课题调查研究，召开专家学者、法院、律师、区（县）房管局、街道（乡镇）、动迁公司等多层面座谈会，听取人大、政协专门委员会的意见，并书面征求相关管理部门和区县政府意见，起草制定了《上海市国有土地上房屋征收与补偿实施细则》(上海市人民政府令第71号)，并于2011年10月19日正式出台实施。

【全面启动房屋征收与补偿相关配套文件起草工作】 根据《实施细则》的规定，启动上海市房屋征收与补偿工作相关配套文件的起草工作。在积极与相关部门协调沟通的基础上，形成《关于贯彻执行〈上海市国有土地上房屋征收与补偿实施细则〉的若干意见》、《关于上海市房屋征收补偿决定的若干规定》、《上海市国有土地上房屋征收补偿资金管理办法》、《上海市房屋征收事务所及征收工作人员管理试行办法》4个配套文件初稿，并书面发送至各区县法制办、房管局以及相关部门征求意见。

【启动司法强制执行，不断消减拆迁存量基地】 市住房保障房屋管理局积极与市高级法院协调沟通，拟定《上海市强制执行房屋拆迁申请书》、《社会稳定风险评估情况说明》、《对____户强制执行的预案》，并在此达成共识的基础上，启动并全面推进司法强制执行工作，不断消减已发拆迁许可证存量基地（具体完成情况见附表），并进一步加强行业监督管理，在确保全市面上房屋征收与拆迁工作不断、不乱的同时，确保在拆项目的稳定、有序推进。

（六）旧住房改造

【概况】 2011研究拓展旧住房改造内涵；强化旧住房修缮改造项目工程监管；完善住宅修缮相关机制。

【研究拓展旧住房改造内涵】 针对本市旧住房的使用现状，总结旧住房综合整治、平改坡综合改造、旧住房成套改造等传统的旧住房修缮改造工作经验。同时，研究拓展工作内涵，鼓励模式创新，完成高层老旧电梯更新改造、郊区老城镇旧住房改造的课题调研工作，实施徐汇区安亭公寓、卢湾区大康里直管房全项目大修试点工程。对既有住宅加装电梯进行调查研究，出台《本市既有多层住宅增设电梯的指导意见》。多渠道、多途径地改善市民群众居住质量。

【强化旧住房修缮改造项目工程监管】 切实加强旧住房修缮改造项目的工程监管，一是开展本市房管系统旧住房修缮改造在建项目安全生产和消防安全专项大检查；二是根据市府开展建筑市场整治规范的要求，配合市整治办开展为期一年的专项整治工作，解决旧住房修缮改造工程项目实施、政府监管、工程质量安全等方面存在的突出问题，完善健全机制，强化政府监管。

【完善住宅修缮相关机制】 梳理研究本市住宅修缮工程政策法规、体制机制、管理现状，并听取各方意见和建议，会同相关部门共同研究并出台《上海市住宅修缮工程管理试行办法》，明确住宅修缮管理部门及各自职责，明确住宅修缮工程管理流程和建设管理相关要求，明确住宅修缮群众工作的相关要求，并制订相关配套文件。

（七）住房保障

【概况】2011 调整申请审核条件，着力解决“下夹心层”住房困难问题，完善配租管理机制，实施分档租金补贴，研究制订实物配租政策调整方案，多渠道筹措房源，努力提高实物配租比例；共有产权保障房（经济适用住房）政策体系基本形成，制订并出台了相应的配套政策文件；全市各区（县）建设筹措公共租赁住房 40104 万套、约 226 万平方米，全面完成建设部下达本市 4 万套公共租赁住房建设筹措任务。

【完善廉租住房工作】2011 年本市继续放宽廉租住房申请条件、进一步完善运行管理机制，全力扩大受益家庭规模。

调整申请审核条件，着力解决“下夹心层”住房困难问题，继续放宽廉租住房申请条件。一是放宽收入和财产准入标准，并根据家庭规模大小进行分档设置。在收入准入标准上，从原有统一的人均月可支配收入低于 1100 元，调整到 3 人及以上家庭低于 1600 元（含 1600 元）、2 人及以下家庭低于 1760 元（含 1760 元）；在财产准入标准上，从原有按家庭统一标准调整为按人均标准设定，将财产准入标准调整为 3 人及以上家庭人均财产低于 5 万元（含 5 万元）、2 人及以下家庭人均财产低于 5.5 万元（含 5.5 万元）。二是将单身人士申请廉租住房的年龄限制放宽到年满 35 周岁。三是对申请家庭成员的关系、户籍和住房出售行为做了进一步界定和明确。四是将收入审核的期限放宽到申请前连续 12 个月，消除申请家庭偶然性收入变动对申请的影响。四是细化完善了申请审核和配租实施细则。

完善配租管理机制，实施分档租金补贴。一是调整了配租标准。将配租面积调整为人均居住面积不足 7 平方米保障到 10 平方米，在租金补贴金额标准不变的情况，通过增加配租面积，提高了廉租住房家庭实际补贴金额。二是实施了分档租金补贴方式。在申请条件大幅放宽、保障对象收入水平出现一定的差距后，依照公平效率原则，在租金补贴上根据申请家庭收入高低实行反向梯度递减：即对 3 人及以上人均月可支配收入在 1200 元（含 1200 元）以下或 2 人及以下人均月可支配收入在 1320 元（含 1320 元）以下的廉租家庭，按基本月租金补贴标准实施补贴；对 3 人及以上人均月可支配收入在 1200 元 ~1600 元（含 1600 元）间的，或 2 人及以下人均月可支配收入在 1320 元 ~1760（含 1760 元）间的，按基本月租金补贴标准的 70% 实施补贴。

研究制订实物配租政策调整方案。深化廉租住房制度与经济适用住房政策有机衔接机制研究，起草拟订了政策调整方案，并报市政府审议。

多渠道筹措房源，努力提高实物配租比例。继续通过新建、配建、改建、市场化收购等方式，积极筹措适用适配的小户型房源；继续实施区（县）筹措廉租房源市级资金补助政策，下发市级补助资金 0.52 亿元。加大实物配租新机制工作力度，各中心城区开展了新一轮实物配租新机制摇号配租工作，实物配租比例逐步提高。

经过努力，全市全年可新增廉租受益家庭 1.2 万余户，累计受益家庭达 8.7 万余户，对符合条件的廉租住房租金配租家庭家庭实现“应保尽保”。

【推进经济适用住房工作】2011 年，共有产权保障房（经济适用住房）政策体系基本形成，制订并出台了相应的配套政策文件。在徐汇区和闵行区试点的基础上，按照市委、市政府的统一部署，全市按照两个批次积极开展共有产权保障房（经济适用住房）申请供应工作，形成两个批次交叉进行，同步推进的局面。

第一批申请供应工作基本完成，第一批次共有产权保障房（经济适用住房）的申请供应工作在虹口区、原卢湾区、原黄浦区、徐汇区、闸北区、长宁区、普陀区、杨浦区、宝山区、浦东新区、静安区、闵行区和青浦区等13个区开展，申请条件为家庭人均月可支配收入2900元、家庭人均财产9万元，累计受理市民家庭提出的申请约3.3万户，经过“三级审核、两次公示”，约有2.8万户家庭通过审核，获得轮候选房资格，约有2.5万户家庭选定住房，其中年内完成签约1.85万户；6月底开始，积极推进第二批的申请供应工作。第二批的申请供应工作在全市17个区（县）全面推开，申请条件为家庭人均月可支配额收入3300元、家庭人均财产12万元，累计受理市民家庭提出的申请约1.1万户，预计可以通过审核，取得轮候选房资格的家庭约为0.9万户。

【公共租赁住房工作】 截至2011年11月底，全市各区（县）建设筹措公共租赁住房40104万套、约226万平方米，全面完成建设部下达本市4万套公共租赁住房建设筹措任务。与此同时，组织开展全市存量单位租赁房项目调查和现场复核，对手续齐全、运作规范的项目，经认定后纳入公共租赁住房（单位租赁房）管理，落实相关税收和公用事业收费优惠政策。并探索公共租赁住房投融资渠道创新，支持市公积金管理中心收购新江湾尚景园2200余套新竣工住房作为公共租赁住房使用，支持保险资金以债权计划方式向上海地产（集团）有限公司提供融资40亿元，用于该集团馨宁、馨逸、馨越等三处公共租赁住房项目建设。启动市筹公共租赁住房供应试点工作。支持和指导市公积金管理中心、上海地产（集团）有限公司开展新江湾尚景园、华泾馨宁公寓公共租赁住房供应试点工作。2011年12月29日和30日，两处项目分别召开供应推介会，启动咨询和申请受理工作。

【住房制度改革】 公有住房出售。2011年，市住房保障房屋管理局会同相关部门继续推进本市公有住房出售工作。据统计，全年共出售公有住房1.95万套，建筑面积102.32万平方米，回收购房款3.5亿元，扣除维修基金后净归集额2.25亿元。全市自公有住房出售政策实施以来，已累计出售公有住房184.93万套，建筑面积9970万平方米。

住房分配制度改革。进一步推进本市住房分配制度改革。按《关于进一步深化本市城镇住房制度改革的若干意见》（沪府发[1999]38号）的要求，推进企事业单位的住房分配制度改革；配合市政府机管局等部门深化、完善本市公务员住房解困的有关思路。

支持配合外省市住房分配制度改革。配合外省市住房分配制度改革和经济适用住房、动拆迁货币安置等工作的开展，做好外地职工或其配偶申报在沪住房情况的确认工作，2010年共确认542户，自2003年此项工作开展以来，累计确认3594户。

各类历史遗留问题处理。继续解决未确权的公有住房的出售问题。2010年，根据《关于进一步推进本市公有住房出售若干规定的通知》（沪府发[1999]44号）的精神，继续对投资单位未申领房地产权证的住房进行梳理，将符合出售条件的住房出售给承租的职工家庭。当年各区房改部门出售的这类住房共950套，建筑面积5.66万平方米；已累计代售47184套，建筑面积约281万平方米。

解决各区（县）有限产权接轨工作的疑难问题。市和区（县）房改部门经过调研和协调，研究解决各类疑难问题，推动有限产权住房接轨工作顺利推进，全年有限产权住房接轨1664套，累计接轨64593套。

（姚卫萱）

（一）综述

2011年，本市交通行业运行平稳有序，重点任务取得突破性进展，各项工作推进有力，实现“十二五”良好开局。全年完成城市交通客运总量60.9亿人次，比上年增长2.89%。日均客运量1668万人次。公路省际旅客发送量3477万人次，比上年下降4.3%。公路货物运输继续保持较快增长，道路货物运输4.27亿吨，比上年增长4.4%。

一是公交优先发展着力推进。优化调整公交线路305条，积极做好“最后一公里”公交线路网络布设，先后开通42条“最后一公里”公交线路并下发试行配套客运服务规范；完善《上海市公共汽车和电车客运服务规范》，上半年全市1165条公交线路全部实现达标。着力推进枢纽建设，启动第一、二批大型居住社区共涉及的15个交通枢纽及22个公交首末站建设前期工作；完成2011年保障性住房公交配套任务；继续推进大型居住社区公交专项规划编制工作。开展公交客流调查，制定调查方案，全面启动调查工作。启动公共交通综合服务信息平台建设。

二是服务政府职能进一步体现。督促运营企业延长轨道交通 2 号线运营时间，重点保障虹桥枢纽和浦东机场乘客交通需求。推进省际毗邻地区客运班线公交化运行，服务地区经济发展和人民出行。牵头落实市委主要领导关于切实关心公交老龄驾驶员的批示，会同市总工会、市社保局研究形成政策方案，将于 2012 年起实施。加强出租车行业服务管理，积极推进落实关心驾驶员相关措施。优化受理大厅窗口布局，完善自助服务，方便办事人办理。严把从业人员资格考试关，累计组织开展 8 个行业从业人员资格考试 76660 人次。

三是行政创新管理进一步深化。深入推进行政审改工作，完成 61 项行政审批项目办事指南修编和 26 项行政审批事项业务手册编制，加大实施并联审批、告知承诺审批力度，行政审批更趋规范、透明、高效。加强行业质量信誉考核，服务企业和市民。《关于促进本市省际客运行业持续健康发展的意见》由市政府办公厅转发全市执行。牵头推进交通港航节能减排，形成交通节能减排联席会议制度并设立工作机构，起草完成 116 家交通重点用能单位能源利用状况报告，启动建立能源管理备案机制，建立企业能源消耗和工作动态报送机制，征集交通行业节能减排示范项目和节能工法。

四是行业监管不断加强。加强公交线路经营权考核及省际客运班线经营权考核。积极稳妥实施出租汽车（客运、货运）运价调整工作。协调启动本市道路甩挂运输试点，制定下发工作方案，落实国家资金补助。转变理念、提升服务，规范开展市场整治，确保重点地区交通秩序良好，有力维护全市运输市场秩序。依托市整治非法客运联席会议平台，积极探索研究交通执法新机制、新方法，推进出租汽车电子标签安装。

五是行业安全生产保持总体受控。落实市、区（县）管理部门和企业的安全生产责任制，完善相关工作机制。强化源头管理，会同相关部门制定《上海市处置城市轨道交通运营事故应急预案》并组织实施。切实强化覆盖水陆各行业的日常安全监管，强化安全监管责任追究。及时应对和妥善处置 4.20 集装箱运输司机集聚事件，出台规范集装箱运输服务收费行为的文件；研究制定加强集装箱道路运输市场管理的一揽子政策措施并分布推进实施；维护集装箱堆场行业稳定，配合研究制定堆场行业收费管理措施。参与 9.27 轨道交通 10 号线事故处置，并就加强本市轨道交通安全运营监管开展深入调研，成立市交通港口局轨道交通运营安全管理办公室进驻申通地铁集团，建立健全协调沟通工作机制，切实加强轨道交通安全运营监管。

（司月洁）

（二）交通管理

【概况】 2011 年是“十二五”开局年，本市交通行业延续世博交通保障的良好精神风貌，保持并巩固世博期间行之有效的管理措施，努力推动行业“创新驱动、转型发展”，坚持“安全为先、服务为本、管理为重、发展为要”，推动各项工作。

【完成轨道交通网络线路标志色方案研究】 2011 年，为便于新一轮轨道交通项目建设及规划，市交通港口局会同申通地铁集团组织开展上海轨道交通网络标志色研究。《上海轨道交通网络标志色研究方案》调研了国外轨道交通发达城市（纽约、巴黎、东京等）线路标志色运用情况，立足于延续、分层、扩展等原则，在原有 13 条线线路标志色已经确定的基础上，利用色彩学原理，结合色立体模型，从色相、明度、纯度上统筹，建立了一套上海轨道交通线路色彩体系，为近期和远期线路色彩做了整体规划。该体系是开放的，综合考虑了远期网络拓展及其他形式轨道交通纳入等情况。在此基础上选定的14–18号线线路标志色，是依据换乘车站标志色尽量拉开，线路容易清晰识别的原则，对14–18号线与运营和在建线路的所有换乘车站进行逐个排查比选，得到的最优方案。研究过程中征询了美术院校色彩学专家及相关专业认识、相关管理部门的意见，并在市交通港口局门户网站和上海地铁官方网站公开征询市民对在建和近期规划建设轨道交通线路标志色方案的意见。上海轨道交通的导向系统是由数字、文字、图形符号、色彩、示意图等多种元素相互组成、配合，并按照一定规则形成系统化的视觉传达环境，线路标志色仅仅是其中的一个组成元素。

【圆满完成第14届国际泳联世界锦标赛交通保障】7月16日至31日，第14届国际泳联世界锦标赛在东方体育中心举行。这是我国首次举办的规模最大、人数最多、级别最高的单项国际体育赛事。围绕赛事交通保障各项工作要求，市交通港口局制定“3+2+2+1+1”的观众观赛保障方案，即：3条轨道交通、2条地面公交、2条观众专线、1条接驳线、1处出租汽车保障点，并根据运动员、裁判员、媒体记者、国际泳联、国家体育总局等官员、志愿者、武警安保、接机、送机等6项交通服务保障分别制定专项方案，确保赛前8天训练和16天正赛期间交通保障工作总体平稳有序。

【召开首次交通港航科技大会】4月19日，本市交通港航行业召开科技大会，这是市交通港口局成立后的首次全行业科技大会。会议总结“十一五”期间上海交通港航科技工作主要成绩，明确“十二五”交通港航科技工作总体思路和重点任务，重点部署2011年上海交通港航科技工作，包括：做好世博新能源公交车后续使用、编制好新能源公交车发展计划的“一项安排”，实施世博公交和长途客运车辆动态监管模式向常态化全覆盖、行业安全监管与应急处置指挥系统向市区两级联网联控功能的“两个拓展”，开发行政执法数字化、行政审批标准化以及交通港航数据中心分析预警等“三大功能”，提升行业创新能力、加快成果转化应用以及推进标准规范编制宣贯强化优化服务职能等“各项服务”优化。会上还对“十一五”上海交通港航行业科技创新的优秀团体和个人进行表彰，部分获奖代表作交流发言。

【有序推进“智慧城市”建设】根据本市“智慧城市”三年行动计划总体部署，市交通港口局成立推进小组，建立相应推进机制，落实公共交通综合信息服务平台任务分解。一是推进轨道交通与地面公交换乘信息发布。此项工作年内拟先在静安寺公交枢纽试点，2012年建设完成。二是提高公交运营管理和调度信息化水平。进一步完善巴士集团和浦东公交等企业运营调度管理系统建设，提升调度管理能力，保障运营服务。三是试点推进公交信息发布服务。通过在925、146路公交以及杨浦区新家湾城、浦东陆家嘴区域试点，推进公交站点服务系统建设（包括到达信息预报及地图等服务功能等），以巴士集团等企业服务形式，发布公交网络出行信息。四是建设基于“物联网”的公交基础管理信息系统。包括公交基础设施数字化管理系统、公交车电子营运证系统和车辆身份识别电子标签系统3个系统建设。五是完善停车诱导和停车换乘系统。进一步完善原卢湾区停车诱导系统和其服务功能；推进杨浦大五角场和静安区静安寺等区域停车诱导系统建设；扩大停车换乘（P＋R）规模；并以原卢湾区为试点推进道路停车电子收费和预约停车服务。

【召开上海市交通节能减排联席会议第一次会议】 9月2日，市政府召开上海市交通节能减排联席会议第一次会议。会议通报了联席会议及其办公室职责、工作制度和运作机制，本市“十二五”交通节能减排工作目标、重点任务和近阶段重点工作安排。会议指出，本市交通节能减排工作总体目标是：到2015年，交通运输行业能源利用效率明显提高，二氧化碳排放明显降低，初步形成“结构合理、技术先进、管理高效”的交通运输能耗体系框架。工作总体思路是：以转变交通发展方式为主线，以提高能源利用效率为核心，着力优化调整交通运输结构，着力推进节能减排技术进步，着力完善交通节能减排管理体制机制，做到节能减排与行业发展并重，能效提升和总量控制并重。会议要求，各有关方面加强组织领导，建立完善管理体制机制；强化目标责任，建立科学合理的考核问责机制；加大扶持力度，建立规范有效的政策机制；形成工作合力，建立完善各负其责、相互支持配合的协同推进机制。会上，副市长沈骏、副秘书长尹弘为新成立的“上海市交通节能减排促进中心”和“上海市交通节能减排研究中心”揭牌。

【启动交通领域重点用能单位备案管理】 10月9日，市建设交通委、市交通港口局联合下发《关于建立交通港航重点用能单位能源管理岗位和能源管理机构备案管理制度的通知》，启动本市交通领域重点用能单位管理备案工作。依据《上海市节约能源条例》，年用能量5000吨标准煤以上的单位应专设能源管理岗位，年用能量50000吨标准煤以上的单位应明确能源管理机构及专职能源管理岗位，并报相关行政管理部门备案。此次备案对象为列入市发展改革委、市经济信息化委、市统计局《关于公布2010年上海市重点用能单位名单的通知》（沪发改环资【2011】59号）中所有交通港航重点用能单位，共计105家。

【长三角地区第五届城市道路运输管理工作理论研讨会在沪召开】 4月27日至28日，长三角地区第五届城市道路运输管理工作理论研讨会在上海召开。来自上海、杭州、宁波、温州、湖州、嘉兴、金华、南京、苏州、无锡、常州、扬州、镇江、泰州、南通等城市的17家成员单位的近70名代表参加会议。会议围绕长三角道路运输一体化发展计划，分析长三角中心城市在道路运输发展中的热点、难点问题，研讨新形势下的运管工作、职能转变、工作重心转移等新课题，促进道路运输业加快调整结构，发挥比较优势，提升三个服务水平和能力。与会代表还就长三角地区道路客运应对铁路客运竞争、长三角地区甩挂运输发展、长三角地区区域联合执法和案件协查等问题进行研讨和交流。

【全国交通综合行政执法第四届联席会议在沪召开】 10月26日至27日，全国交通综合行政执法第四届联席会议在上海召开。来自上海、北京、重庆等19个省市28家全国交通综合行政执法联席会议成员单位的主要负责人及相关工作分管领导120余人参加会议。围绕推动全国交通综合执法发展，分析综合交通执法面临的难题与解决途径，思考新形势下交通执法队伍标准化与规范化建设等主题开展讨论。

【市交通港口局门户网站改版】 为进一步贯彻落实国务院和上海市政府相关要求，充分发挥市交通港口局门户网站信息公开、网上办事、便民服务、互动交流等各项功能，提升网站作用，值市交通港口局成立三年之际，对门户网站进行改版并于12月30日上线。

此次改版主要从四方面着手：一是整合平台，根据门户网站的四大功能建立政府信息平台、网上办事平台、便民服务平台和互动交流平台。二是深化宣传，增设的“新闻中心”在中央位置综合发布各类新闻，反映交通港航各项工作动态和行业信息。并增设“公示公告”栏目，强化通知公告信息发布的效果。三是强化便民，选择性接入相关交通信息并在智能地图和“便民提示”中予以反映。四是提升技术，提高网民使用地图查询各类信息的便捷程度，进一步发挥智能地图所载各类信息的便民作用。市交通港口局门户网站作为提供公共服务，发布权威信息，促进公众交流的重要平台，取得良好的社会效应，获得各方好评。

【交通港航行政审批网上预受理功能 11 月 1 日正式上线】根据市审改办要求，上海交通港航网新增“行政审批网上预审当场受理”功能，于 2011 年 10 月完成并上线运行。本次网上预受理选取 8 个大项（含 22 个小项）的行政审批事项，每个事项都详细列出审批时必须携带的各项材料，并要求上传。通过该功能，市交通港口局受理部门可以在网上对材料先进行预审，如材料不符合规定，可向申请人及时指出，尽量避免申请人来回奔波，也可缓解受理大厅排长队的情况。申请人资料还可直接写入业务受理系统的数据库，不需要受理工作人员再次录入，减少工作量。新功能运行使用正常、社会反映良好。

【上海交通港航网“便民查询”栏目获好评】便民查询栏目一直是市交通港口局门户网站的品牌栏目，其中包括“智能地图查询”、“长途班次查询”、“公交线路查询”等实时信息。2011 年 4 月 22 日，在市政府办公厅开展的 2010 年上海市政府网站测评中，市交通港口门户网站“便民查询”栏目获得“优秀案例奖”。同年 11 月 29 日，由中科院《电子政务》杂志社、电子政务理事会主办的全国“政府网站精品栏目”评选活动中，该栏目又被评为政民互动类“精品栏目奖”。

【“交通港航”政务微博成功开通】3 月 16 日起，市交通港口局先后在新民、东方、新浪和腾讯微博平台开通“交通港航”政务微博，作为市交通港口局官方认证微博，向网友发布交通港航行业各类工作信息。至 2011 年底，四个网站的局微博粉丝总计 535140 人，共发布微博 3814 条。粉丝数和影响度在全市政务微博中排名第一，荣获“2011 腾讯微博十大交通影响力官方微博”称号。

【交通港航行业庆祝建党 90 周年大型文艺演出《党在我心中》隆重献演】6 月 21 日，市交通港口局在上戏剧院举办“党在我心中”——上海交通港航行业纪念建党 90 周年文艺演出。整场文艺演出主题鲜明，节目丰富，精彩纷呈，唱响“中国共产党好、社会主义好、改革开放好、伟大祖国好、各族人民好”的时代主旋律，展现全市交通港航行业广大干部职工在党的领导下团结、奋进、创新的精神风貌。局机关全体同志，局属事业单位的同志，行业部分劳模、职工共 1000 余人观看演出。该文艺演出荣获第五届上海市“五一文化奖”，其中由市交通港口局领导创作、劳模演出的小品《心愿》荣获第五届上海市“五一文化优秀创作奖”，并应邀在第五届上海“五一文化奖”颁奖典礼上演出。

（司月洁）

（三）交通执法

【概况】2011 年，市交通执法部门围绕“提升执法理念、聚焦工作重点、规范执法体系、加强内部建设”开展各项工作，确保城市交通行业营运秩序总体受控。全年，共实施日常稽查38359次，出动执法人员122430人次；实施专项稽查1267次，出动执法人员4867人次；共查处各类交通违法案件24778件。2011年，市交通执法总队被评为交通运输部执法示范单位。

【进一步加强非法客运整治工作】8月26日，本市召开2011年度整顿交通市场秩序规范交通行政执法工作联席会议，全面部署进一步加强打击整治非法客运的各项工作。根据“全市统筹、属地为主，部门联动、条块协同，疏堵结合、长效治理”的总体原则，本市采取多项措施，进一步加强非法客运整治工作。一是建立属地管理机制。明确各区县政府是本辖区非法客运治理工作的领导责任主体，对各区县公安、交通、工商、质监、法制等职能部门进行统一指挥和组织协调，形成本区县非法客运综合治理长效运作机制。通过“条块结合、以块为主”的模式，维护正常的交通市场秩序，并将各区县非法客运治理情况纳入社会治安综合治理年度考核。二是健全联动执法机制。区县政府牵头建立本区县交通、公安、城管等相关部门组成的联合执法队伍，对属地内重点监管区域开展集中整治；在区县政府加强监管的同时，市交通执法部门、公安部门加强工作指导，加强对全市范围内重点区域、重点时段的定期或不定期专项集中整治；同时，公安和交通部门根据工作需要互派若干执法力量相互驻勤。三是重点打击四类违法。主要包括：抱团经营、欺行霸市的非法客运群体及阻碍执行公务、暴力抗法等违法犯罪活动；“克隆出租车”及制贩假牌假证、出售拼装和报废车辆的窝点等相关违法犯罪行为；四轮机动车违法停靠、非法客运及扰乱交通秩序行为；电动三轮车、残疾车、摩托车、助力车非法上路行驶、非法客运及无牌无证、假牌假证、套牌、非法改装、非下肢残疾人驾驶残疾车等交通违法行为。四是提升公共交通能级。通过提高公共交通供应能力，进行源头治理。进一步优化调整公交线网布局，总结推广“最后一公里”巴士等做法，缩短行车间隔、完善运营方式，着力解决居住社区与轨道交通站点、公交枢纽站、大型商业网点间的公交配套衔接问题，方便市民出行。五是强化舆论宣传引导。运用多种途径和有效形式，广泛宣传非法客运的危害和治理工作的意义。及时报道工作动态，曝光典型案件，教育和震慑非法客运行为人，宣传和引导市民群众共同抵制，并举报有关违法行为。根据安排，从8月26日至12月31日，本市交通、公安、质监、工商、各区县政府等多部门将联合联动，在全市范围内开展非法客运专项整治行动，对全市非法客运重点区域、重点时段和重点违法行为，进行集中打击、集中治理和集中查处，年底基本实现本市内环线内的重点区域，浦东机场、虹桥机场、新客站、火车南站、轨道交通主要换乘点，各远郊区（县）重点区域等交通枢纽基本杜绝非法客运现象。

【交通、公安部门加强整治非法客运联动执法机制建设】为贯彻落实市政府《关于本市进一步加强整治非法客运工作的实施意见》（沪府办〔2011〕85号），依法从严查处各类非法客运行为，市交通港口局和市公安局联合制定并下发《关于进一步加强交通、公安两部门整治非法客运工作联动执法机制的实施办法》。《实施办法》强调交通、公安两部门秉承加强执法协作、突出执法重点、依法从严执法的原则，各司其职、通力配合，切实加强对四大类重点违法行为的查处。同时，明确建立“捆绑式”联动、联勤、联合执法工作机制、非法客运第一发现机制、流畅式案件移交和信息反馈机制、联合严厉打击“克隆出租车”机制以及共同推进出租汽车专用候客区域划设机制，并通过联动执法专项勤务例会制度以及整治情况定期分析上报制度，保障上述工作机制的有效执行。年内，本市交通、公安部门全力开展各类专项联合整治，查处四轮机动车非法客运案件3737件，违法“四类车”10625辆。《实施办法》的制定充分体现两部门整治非法客运的决心，也为下一步继续开展整治、扩大执法成果、全面维护本市交通市场营运秩序提供强有力的支撑。

【确定克隆出租车综合整治方案】为进一步加强对“克隆出租车”假牌假证、非法改装、非法营运及其他相关违法行为的执法管理，维护良好的道路交通和营运秩序，本市明确关于进一步加强“克隆出租车”综合整治的实施意见。按照“属地为主、各司其职、协同管理”的原则，由交通部门对“克隆出租车”非法客运实施执法管理，公安部门对“克隆出租车”交通违法行为及其他违法犯罪行为实施执法管理，同时工商、税务、质监、商务委等部门按照各自职能对“克隆出租车”计价器、发票使用和二手车市场等进行执法监管。通过横向多部门联合治理，纵向严查产业链，加大处罚力度的方式，形成“联合、联动、联网，严控、严查、严惩”管理机制，有效查处、减少“克隆出租车”各类违法行为。2011年，在本市交通枢纽、商业网点、出租汽车候客站等重点区域，市交通执法部门会同公安交警、治安、经侦等部门及有关地区管理部门，开展“雷霆”系列“克隆出租车”专项整治行动，共查获克隆出租车546辆。

【推行“首违预警”执法模式】2011年，市交通执法总队推行“首违预警”执法模式，在地面公交、出租汽车、省际客运行业散打行业中梳理出15种可不予处罚的轻微违法行为，鼓励执法人员采取建议、规劝、约见等执法方式，在优化执法软环境中实现执法认可度。“首违预警”对一些轻微首次违法行为，可以对当事人责令改正，免于处罚，但必须同时符合三个前提条件：同一违法行为在当年度内为初次发生；违法行为情节轻微，没有造成严重危害后果；积极配合执法检查，经责令改正后，能及时整改。

【开展规范公交站牌设施专项活动】活动主要围绕站牌信息错误、标识不清不全、设施破损等方面，按照标本兼治、纠建并举原则，通过全面自查和外界监督方式，推进公交站牌设施规范化管理。整个活动从6月延续至12月，共分四个阶段：一阶段是准备阶段，主要是摸清现状，明确责任和工作流程；二阶段是自查阶段，主要是自查自纠、主动整改；三阶段是纠错阶段，主要是发动市民，参与纠错；四阶段是总结阶段，主要是强化监管、认真总结。为确保活动的顺利开展，市交通港口局系统通过成立领导小组，定期召开例会，加强组织领导，并由市运输管理处及区县二级管理交通主管部门督促企业抓好推进落实。

【加强上海市危险品运输行业执法监管】一是加强企业宣传教育。通过媒体宣传、员工培训、会议传达等措施和手段加强思想教育，普及相关法律法规，统一认识，增强企业做好危险品运输安全工作的紧迫感、责任感和使命感，全体动员、全线参与、全力以赴，进一步改善市场经营秩序和环境。二是改善企业管理模式。做到“三个必须”：必须明确责任主体，加强责任意识；必须狠抓应急预案演练，加强对突发事件的预警和管理；必须注重科学、先进、人性化，突出以人为本，建立长效激励机制。三是加强企业自律意识。企业进一步落实自查制度，经常性地进行自我监管和自我检查，从源头控制道路运输安全风险。及时将信息上报相关监管部门，做好双向沟通交流，促进安全制度的健全和落实。

【督促出租汽车企业做好出租汽车退市改色工作】一是调查摸底。全面调查全市二手车市场，掌握出租汽车退市改色工作情况。二是联动检查。市交通执法总队、市运输管理处、市出租汽车行业协会组成联合检查组，对出租汽车退市改色情况开展联动检查。三是严惩违规。严格按照《上海市查处车辆非法客运规定》（市政府 49 号令），对退市未改色的出租汽车所属企业进行查处。四是行业通报。在联合检查基础上，根据检查情况在全行业进行通报。五是抓好技防。市交通执法部门与出租汽车企业、技监部门商讨，对退市出租汽车顶灯、计价器等接口进行改造，对报废计价器进行统一回收销毁。

（司月洁）

（四）市内交通

【概况】2011 年，本市市域公共交通客运总量约 60.9 亿人次，比上年增长 2.8%。其中地面公交完成客运量 28.11 亿人次，占全市总量的 46.2%；轨道交通完成客运量 21.01 亿人次，占全市总量的 34.5%；出租汽车完成客运量 11 亿人次，占全市总量的 18%。全市有地面公交运营企业 34 家，运营线路 1202 条，运营路线总长度 22906 公里，运营车辆 16589 辆。公交车专用道累计 161.8 公里。新建成综合客运交通枢纽 1 个，累计 74 个。新增、更新公交车 842 辆，国Ⅲ及以上排放标准和环保车辆占全市公交车总数的 65%。全市有轨道交通线 12 条（含磁浮线），运营线路总长度 454.1 公里（磁浮线 29.1 公里），轨道交通车站 280 座，其中轨道交通换乘枢纽站 37 个（二线换乘 28 个、三线换乘 8 个、四线换乘 1 个）；运营车辆 466 列 2899 节，全年运营总里程 5405.9 万列公里。全市有出租汽车企业 127 家，营运车辆 50438 辆（其中顶灯出租车 49393 辆）；出租汽车驾驶员 12.4 万人。年内，推进公交优先发展战略，优化调整公交线路 305 条，先后开通 42 条“最后一公里”公交线路并下发试行配套客运服务规范；完善《上海市公共汽车和电车客运服务规范》，全市 1202 条公交线路全部达标。组建轨道交通安全运营监管办公室，编制《上海市城市轨道交通运营安全评价管理试行办法》，探索对轨道交通运营线路进行安全评价工作。加大出租汽车行业政策支持力度，稳步提高驾驶员收入；不断加强区域出租汽车发展指导，协调推进出租汽车候客站建设。

（司月洁）

【开设“最后一公里”公交线路】3 月，浦东新区周浦地区试点开辟上海市第一条“最后一公里”公交线路—“1001 路“，为居住区提供驳运服务。7 月，市交通港口局发布《“最后一公里”公交线路客运服务规范（试行）》。至年底，全市开通“最后一公里”公交线路 42 条，服务居住小区约 300 个，衔接各类医疗机构 30 处、学校 64 所、大型商业设施 24 处、轨道交通站点 30 个、长途客运站 6 处、社区公共中心 56 处，涉及 11 个区县。

（冯喆）

【保障临港新城学生公交出行】9 月 22 日上午，市交通港口局专题研究解决近期媒体热议的临港新城学生出行难问题。明确：一是增加专线运力。根据海事大学、海洋大学等高校临港新城校区新增 4000 余名学生的实际情况，为龙港快线新增配车至 100 辆。二是调整发车方式。通过实行多部公交同时发车，提高客流疏散能力，确保排队时间在 30 分钟以内。三是保障车站秩序。协调有关部门将龙港快线发车点调整至龙阳路北广场，并加强高峰时段站点的现场调度和秩序管理，提供良好乘车环境。四是加强沟通联系。把和市教委定期联系的工作方法形成长效机制，每季度对全市各个大学城等学生客流保障情况进行分析；并共同加强校车管理，确保运行安全。

【上海市首次实施大规模系统系公交客流调查】根据《上海市公共汽车和电车客运管理条例》，市交通港口局将定期组织公共汽车和电车客流调查和线路普查。今年首次开展大规模、系统性公交客流调查工作。调查项目范围、内容主要包括公交运营情况、公交出行特征、公交客流特征等。开展公交客流调查可及时、准确地了解和掌握公共交通出行基本特征、客流需求及变化状况，积累相关数据资料，把握本市公共交通发展趋势，为相关预测分析、规划编制、设施建设、线网调整、资源配置、效率评估、以及政策制定和深化研究等提供依据和支持。

【公交智能投币机投入试用】11 月 10 日起，巴士集团在巴士四汽公交 88 路率先试用新型智能公交投币机，为防止票款盗失、加强票箱安全加上一道防护锁。与传统公交投币机相比，新型智能公交投币机在机箱顶端多了一个盒子般的机头，分硬币和纸币两个投币口，通过先进的光电检测技术，如果遇到假币就会吐出，同时发出语音提示报警声。而机头一侧的液晶显示器能显示投币金额和累积总数，通过公交智能系统接口的连接，可实时将投币数据传送至公交后台管理平台。根据公交线路票价，新型智能公交投币机可以将投币数据转换成投币上车的人数，再将 IC 卡的刷卡人数相加，就可以准确地掌握客流信息，更为科学合理地调度营运车辆。在试用成功的基础上，巴士集团将在下属公交线路上逐步推广。

【公交线路试点沪语报站】12 月 5 日，浦东公交 785 路试点增加沪语报站，这是上海首次尝试在公交车的电子语音报站中增加沪语内容。随后，浦西公交 11 路、松江 24 路等线路的部分车辆，在保留原有“双语”报站服务的同时，加入增设沪语报站试点。（司月洁）

【发布《上海市轨道交通运营服务规范》】为加强本市轨道交通的运营管理，规范运营服务标准，提高服务质量，为乘客提供安全、准点、便捷、舒适的运营服务，依据《上海市轨道交通管理条例》、《上海市轨道交通运营安全管理办法》等法规、规章，市交通港口局制定并发布《上海市轨道交通运营服务规范》。《上海市轨道交通运营服务规范》共 41 条，主要对轨道交通的行车服务、设施设备、服务人员、监督评价等做出规定，自 12 月 1 日起实施。

【轨道交通多个新站点开通运营】4 月 12 日，轨道交通 6、8 号线济阳路站开通运营并更名为东方体育中心站，6 号线和 8 号线实现两线共用站厅直接换乘。4 月 26 日，轨道交通 11 号线支线昌吉东路站开通运营。6 月 30 日，轨道交通 7 号线北延伸段潘广路站、刘行站开通运营。（冯喆）

【轨道交通 10 号线列车发生追尾事故】9 月 27 日 14 时 37 分，轨道交通 10 号线两列列车在豫园站—老西门站下行区间百米标 176 处发生追尾事故，造成 295 人到医院就诊检查，无人员死亡。事故发生后，温家宝、马凯、孟建柱等同志分别作出重要指示，要求做好救治、事故调查、善后处置等相关工作。俞正声、韩正等市委、市政府领导，迅速赶赴现场指挥应急救援处置等工作，并到医院看望伤员，了解情况。市公安局、市消防局、市卫生局、市安全监管局、市建设交通委、市交通港口局等领导及相关部门人员及时赶到现场，指导事故抢险和救援工作。9 月 27 日及 28 日，10 号线事故段（伊犁路站至四川北路站）停运期间，市交通港口局组织共计160辆公交车驳运乘客，同时沿线常规公交线路增能近100辆。通过积极努力，事故应急处置和善后处置工作平稳有序。同时，经市政府同意，由市安全监管局牵头，会同市建设交通委、市交通港口局、市监察局、市公安局、市总工会，并邀请市检察院组成上海轨道交通10号线“9·27”事故调查组，并成立第三方专家组，全程参与事故调查过程。10月6日，事故调查结果公布，认定该事故是一起造成重大社会影响的责任事故。事故直接原因是：轨道交通行车调度员在未准确定位故障区间内全部列车位置的情况下，违规发布电话闭塞命令；接车站值班员在未严格确认区间线路是否空闲情况下，违规同意发车站电话闭塞要求，导致轨道交通10号线1005号列车与1016号列车发生追尾碰撞。依照有关规定，12名事故责任人受到严肃处理。

【轨道交通11号线首次采用自动驾驶】3月16日，轨道交通11号线首次实行自动驾驶（ATO），成为上海采用CBTC信号系统的轨交线路中第一条ATO线路，包括列车速度控制及站内定点停车等均能自动控制。但11号线仍设驾驶员。CBTC信号系统是目前世界上最先进的轨交信号系统，可在确保安全的前提下，提高系统运行效率。目前，轨道交通6、7、8、9、11号线均已建设预留这一新型的自动信号技术，11号线率先完成CBTC信号系统的设置，这是CBTC系统首次在上海轨道交通线路上投入应用调试。

【轨道交通试点“复新”单程票】9月9日，5万张由磨损车票“复新”而来的试点单程票，在轨道交通全网络“重新上岗”。据中国质量认证中心评估显示，平均每张复新票减少碳排15.4克、节约制作成本34%。上海轨道交通自2005年10月启用非接触式单程票以来，已累计发行4000万余张。单程票在编码、发售、使用、清洁等过程中，票面图案会有所损耗。多年的网络运转，已陆续自然产生近100万张磨损票，因卡面字样图案模糊或被严重涂鸦等而无法使用。采取“磨损票复新”技术，可以将地铁单程票现存的磨损票表面残缺不全的老旧图案抹去，在票卡芯片不受影响的前提下，反复印刷新图案，令使用寿命大大延长。

【轨道交通首款免费电子指南上线】从12月18日起，乘客又多了一个查询轨道交通信息的新途径——上海轨道交通电子指南。只要下载官方APP免费客户端至手机，拇指轻点即可方便搞定地铁乘行路径、票价、首末班车时间、行程耗时、车站周边地理交通等一系列运营服务信息。（司月洁）

【出租汽车电子营运证（副证）试运行】11月8日，上海市出租汽车电子营运证（副证）项目投入试运行。试运行抽取海博出租汽车1044辆、锦江出租汽车620辆、大众出租汽车1019辆，验证系统各种功能，固化各相关业务流程，完善各类配套制度及管理规定。出租汽车电子营运证（副证）周期与车辆营运周期同步，拆除后失效。该证芯片内记载车牌号、发动机号、车架号、营运公司、车型等信息。通过该证，交通执法人员可快速识别出租汽车的合法合规信息，准确辨别正规出租车与克隆车，并可通过比对车辆信息，辨识未年审车辆、涉案车辆、重点布控车辆等重点监管车辆，实现出租车辆动态管理。

（冯喆）

【稳步提升出租汽车驾驶员收入】市交通港口局深入贯彻市政府《关于进一步促进本市出租汽车行业健康持续发展的意见》，在2010年出台一系列优惠政策措施的基础上，加大出租汽车行业政策支持力度，发挥市场调节功能，会同相关部门按照“政府减负、企业让利、调整运价”的原则，稳步提高驾驶员收入。一是进一步梳理相关税费，减免部分贷款道路通行费，市域出租由目前的150元/车·月，下降为75元/车·月。二是下调承包指标。根据企业合理利润水平，既保证企业稳定发展又调动驾驶员积极性，5月1日起，市区出租汽车企业承包指标上限调整为8200元/车·月，双班车承包指标下调300元/车·月。上述减免和降低的费用，全部归出租汽车驾驶员。三是大力推进“镇保”转“城保”工作。年内实现市区出租汽车驾驶员全部缴纳城保。四是研究出租汽车运价调整方案。根据出租汽车行业发展定位、市场供求状况、驾驶员收入、企业利润率，以及公众承受能力等因素，研究出租汽车运价方案，并同步完善出租汽车运价油价联动机制，缓解成品油价格上涨对出租汽车运营成本的影响。

【出租汽车执行统一新运价】7月31日，本市各大出租汽车公司49000辆运营车辆的计价器程序更新工作全部完成。市区出租汽车起租费统一为13元，区域性出租汽车起租费为11元，同时每乘次计收1元燃油附加费。出租汽车新的燃油附加费通过车载计价器操作，在发票中运价部分与燃油附加费分列，合并计收，一票结算。由于旧版本的出租汽车发票可以沿用至今年年底，燃油附加费的1元打印在路桥费一栏。

【探索出租汽车驾驶员用工制度】根据出租汽车行业劳动力紧张状况，市交通港口局探索完善行业用工制度，年内开展2批非沪籍出租车驾驶员试点，50多家企业招录了1000名在上海居住满三年、懂上海话，并符合《上海市出租汽车管理条例》有关要求的驾驶员上岗从事出租汽车客运服务。

【启动“两岸订车服务”业务】在“台湾个人游”正式启动前夕，6月27日，大众交通集团、台湾大车队、新睿资讯公司举行了新闻发布会暨签约仪式，宣布携手推出“两岸订车服务”，为两岸游客提供当地交通解决方案。顾客通过大众出行网www.96822.com，可实现“网上预订出租车、租赁车、搬场车、机票、酒店和旅游产品”一站式出行服务。

【出租汽车行业积极开展驾驶员职业健康心理疏导和健康教育】针对出租汽车驾驶员工作特点和环境，11月，市运输管理处向各出租汽车经营单位发出《关于做好关心出租汽车驾驶员职业健康相关工作的通知》，进一步关心驾驶员的职业健康，切实减轻驾驶员劳动强度，保障驾驶员权益。

【完成强生出租汽车电调中心技术集成】2011年，整合重组后的强生出租汽车62580000电调调度中心完成技术集成，成为目前本市出租汽车行业规模最大、技术含量最高的电调中心；日均调派车次2.8万次以上，调度效率为全国之最。

【推行高星级酒店出租汽车“乘车防范宣传提示卡”】市交通港口局联合市旅游局，在本市部分高星级宾馆试点推行“出租汽车投诉防范宣传提示卡”，旨在让游客知晓从下榻酒店到本市主要交通枢纽、经典的出租车参考里程和费用，预防恶意宰客事件发生。2011年，先后在扬子江大酒店、新天地朗廷酒店、希尔顿酒店、锦江汤臣洲际大酒店、上海柏悦酒店、浦东香格里拉大酒店、上海世茂皇家艾美酒店等多家高星级宾馆实行。

（司月洁）

（五）公路运输

【概况】2011 年，本市公路旅客发送量 3477 万人次，比上年下降 4.3%；平均日发班次 3643 次。完成公路货运量 4.27 亿吨，比上年增长 4.4%；货运周转量 283.8 亿吨公里，比上年增长 6.7%。公路集装箱运输量 1750.7 万标准箱（不含外省市车辆业务量），比上年增长 6.4%。至年底，从事长途客运班车、包车和客运站经营的企业共 176 家，营运车辆 20662 辆，其中省际班车 2312 辆、省际包车 8315 辆，中高档车占 82%。全市有长途客运站 33 个。由上海客运企业经营的线路 1539 条，外省市客运企业经营的线路 1843 条，线路辐射 24 个省、自治区、直辖市的 126 个地（市）、588 个县（市）。全市有经营道路货物运输企业 3.48 万家，营运车辆 17.3 万辆，车辆总吨位 161.3 万吨。从事集装箱运输的企业 1408 家，专用车辆 19223 辆。，

年内，下发《关于进一步贯彻落实市政府办公厅〈关于促进本市省际道路旅客运输行业健康有序发展的意见〉的通知》，编制实施细则。发布《上海市省际道路旅客运输服务规范》。积极推进省际毗邻地区客运班线公交化运行工作，年底，枫泾至嘉善省际公交化班线正式开通。根据市区客运场站布局，开通长途客运北站（沪太路江场西路，一级站）。培育和发展道路货运（物流）重点企业。加强集装箱道路运输市场管理，建立集装箱道路运输市场管理长效机制，研究制定并推动落实集装箱堆场行业稳定措施。

【上海长途客运北站启用】7 月 28 日，上海交运巴士客运（集团）有限公司下属的上海长途客运北站正式投入使用。长途客运北站位于沪太路汶水路综合交通枢纽核心位置，与轨道交通、地面公交、出租汽车实现“零换乘”。该站按一级长途客运站标准设计建造，建筑总面积 14940 平方米，设有 8 个售票窗口、14 个检票口、14 个发车位，可容纳 1000 名旅客同时候车；查询、售票、检票等系统均采用信息化、智能化管理。设计容量为日发送班次 800 班，日发送旅客 1 万人次。班车方向主要为苏、浙、皖、豫、鄂、鲁、赣、川、粤、陕等省。长途客运北站系市政府规划的五大长途客运主站之一，结合相继关闭交运巴士客运（集团）有限公司所属恒丰路站（二级站）以及东大名路站（三级站），全市初步形成东部、南部、西部、北部、中部五个方向的规模化客运站，中心城区客运站点布局基本完成。（司月洁）

【发布《上海市省际道路旅客运输服务规范》】为巩固世博期间本市省际客运在管理方式和服务理念上取得的成果，进一步加强对本市省际道路旅客运输班线、车辆、客运站和从业人员管理，维护省际道路旅客运输市场秩序，促进行业健康发展，市交通港口局结合客运交通行业“十二五”规划的编制，制定《上海市省际道路旅客运输管理服务规范》，于 3 月 1 日起实施，对省际班车客运、省际包车客运（含旅游客运），省际客运站、省际客运车辆、省际客运从业人员和省际客运企业服务质量考核等方面做了规范。要求省际客运站需配备本市公路客运联网售票需要的网络通信、售票终端等设备，并符合联网售票接入要求，五级以上客运站应配置 X 射线安全检查设备。所有省际客运车辆应当按规定安装 GPS 卫星定位仪、配置灭火器、逃生锤、应急阀门等设施；客运经营企业应当落实人员进行实时监控并真实记录。同时，对省际客运车辆驾驶员在车辆到达休息区或目的地时，对休息区的选择也进行了明确规定，提出应当优先选择服务优质、规模较大的休息区停靠，且休息区应当相对固定，并须报送至客运站和所属车辆公司备案，进一步加强了对从业人员运营过程中的管理。另外，对毗邻地区“公交化”班线发展作了明确要求，继续试点省际班线公交化改造，可采取区域经营、循环经营、设置临时发车点

等灵活的方式解决跨省毗邻地区居民的出行需求，促进同城化、公交化发展。（冯喆）

【推进苏浙沪毗邻地区省际客运班线公交化发展】市交通港口局制定《关于在长三角毗邻地区发展省际客运班线公交化运行的工作方案》，按照“公车公营、区域适当、接驳合理、协商开行、安全规范、同线同价、市场化运作”原则，逐步构筑“十二五”期间本市城市客运交通行业“第三张网络”。交通运输部于9月正式批复《关于对苏浙沪省际毗邻地区开展客运班线公交化运行工作的意见》，支持该项工作。12月28日，首批列入长三角省际毗邻地区公交化客运班线开行计划之一的上海枫泾至浙江嘉善的公交化客运班线正式开通，这是继上海嘉定至江苏太仓班线后第二条省际毗邻地区公交化客运班线。枫泾至嘉善省际公交化班线由上海交通大众客运有限责任公司和浙江嘉兴市善通公司共同开设，初期共投入6辆10米长38座全新金龙大客车，实行“五个统一”，即统一车型、统一标志标识、统一调度、统一票价、统一服务标准。全程18公里，最高票价6元，单程仅需半个多小时。

【省际客运车辆全车安装安全带】本市从10月起推行省际客运车辆全车安装安全带工作，要求各客运车辆单位对新投运的车辆出厂全车标配安全带；原有车辆采取委托汽修厂、客车售后服务供应商等各种方式在11月完成此项工作。同时，要求驾驶员遵守交通法规，谨慎安全驾驶，推广营运前安全告知，保障广大旅客出行安全。

【上海市长途客运行业推出网上订票服务】11月，上海锦江太平洋长途客运站、上海武宁长途汽车站开通网上订票服务。旅客登录订票网站输入有效身份信息，并通过支付宝网络结算方式即可完成订票，订票信息以短信的方式发送到手机。发车前，旅客凭本人身份证到指定售票窗口领票后即可上车。网上订票服务充分利用网络便捷、信息畅通等优势，让旅客足不出户就能购买车票。（司月洁）

【开展上海市道路货运（物流）行业重点企业评选】2月21日，上海市道路货运（物流）行业重点企业评选启动。评选旨在各细分行业中促进龙头骨干企业的形成并发挥其引领示范作用，逐步提高市场集中度，推广先进的运输工具和运输组织方式，促进道路货运（物流）行业向规模化、集约化发展。同时发挥行业协会的纽带作用，搭建政府与企业沟通、互动平台，促进全市道路货运（物流）行业发展。通过自愿报名、申报材料、现场检定和专家评审、网上公示等程序，确定德邦物流股份有限公司、上海佳吉快运有限公司等首批15家道路货运（物流）重点企业，并于12月1日召开上海市道路货运（物流）重点企业授牌表彰会。（冯喆）

【加强集装箱道路运输行业管理】为建立集装箱道路运输市场管理长效机制，市交通港口局制定《关于加强集装箱道路运输市场管理的工作方案》，并成立专门工作推进机构。4月23日，市交通港口局与市建设交通委、市发展改革委、市物价局联合出台《关于规范本市集装箱运输服务有关收费行为的意见》。7月28日下发《关于暂停受理集装箱道路运输新增运力的通知》，8月15日起实施运力调控政策。启动制定《上海市集装箱运输车辆营运技术规范》，研究制定《关于完善本市集装箱车辆RF卡管理的工作方案》。

【上海交通运输行业协会集装箱道路运输分会成立】10月12日，上海市交通运输行业协会集装箱道路运输分会成立，并召开一届一次理事会。本市集装箱道路运输行业经营主体大部分规模较小，抵御风险的能力较差，因而经营困难问题时有发生。分会立足吸引更多中小企业入会，做到全覆盖，把为会员单位服务、维护会员单位合法权益、反映会员单位合理诉求作为重要任务，真正把分会建设成为会员之家和联系政府与企业的桥梁纽带。

【维护集装箱堆场行业稳定】市交通港口局全面落实8月29日沈骏副市长专题会议精神，在已开展一系列调查研究的基础上，9月11日、12日连续两天至9家堆场实地调查夜间作业情况，现场听取意见和建议，并会同相关单位，落实堆场行业稳定工作举措，包括：协调宝山区、浦东新区形成统一的堆场扶持政策；修订《上海市道路货物运输站（场）开业技术条件》，完善分类管理，合理设定集装箱空箱堆场的准入门槛；制定集装箱堆场行业市场整顿方案，采取综合措施对无经营许可的堆场企业进行整顿，整合堆场资源；配合研究制定堆场行业收费管理措施等。

【开展集装箱堆场行业市场整顿】从12月1日起，本市开展集装箱堆场行业市场整顿。为配合此次整顿，市交通港口局先期已修订《上海市道路货物运输站（场）开业技术条件》，对集装箱货运站提出应有2名以上验箱师和集装箱污损认定标准应当公示的要求；重申货运站设立分支机构也应符合开业技术条件；并明确，本市的集装箱货运站包括其分支机构尚未取得相应经营许可证的，应在12月15日前根据新发布的开业技术条件，进行经营许可的申请。对于未取得《经营许可证》的集装箱堆场，将按照有关开展集装箱堆场行业市场整顿的通知，采取以下综合整治措施：一是将公告具备资质的堆场名录，并函告各船公司空箱堆存应在具备资质堆场；二是将无资质堆场名录抄告市工商局，在工商年检中对企业经营行为予以规范；三是由交通行政执法部门开展专项执法；四是由区交通、规划国土部门和相关街镇共同梳理无资质堆场的土地使用情况，予以清理规范。

【货运出租汽车完成运价调整】由于国内现行成品油价格水平对货运出租汽车燃油成本的影响，3月18日起，本市货运出租汽车价格依据油价联动机制上调。载质量为0.6吨车起租价由现行22元调整为25元，超起租里程单价由现行3.20元调整为3.50元；载质量为0.9吨车起租价由现行27元调整为30元，超起租里程单价由现行3.70元调整为4元；新投入运营的载质量为1.75吨车起租价45元，超起租里程单价4.50元。

【首次对货运出租车辆额度实行招投标】为培育竞争、鼓励、约束的市场机制和建立健全资源配置的长效机制，满足城市配送发展需求，进一步规范企业经营行为，提升企业素质，根据公开、公平、公正的原则，本市货运出租首次在具有货运出租经营资质的企业中，采用招投标形式进行货运出租车额度配置。该次招投标工作按项目规定，由市交通港口局、市运输管理处、市道路运输协会货运出租委员会三方组成评审小组，对海联、海博、尚诺三家货运出租公司的标书进行评审，并按时开标。招标工作于6月完成。

（司月洁）

（六）交通服务

【概况】截至2011年底，本市备案登记的公共停车场（库）经营企业2032户，停车场（库）数量2137个，经营总泊位数36.6万个，全年停放车辆1.4亿辆次。停车换乘（P+R）停车场6个，停车泊位2281个，衔接轨道交通1、2、7、8、9号线。本市在除崇明县外其他17个区的610条路段设置道路停车场，实际收费道路停车泊位21750个，全年停放车辆1142.9万辆次。稳步推进P+R停车场（库）运营工作。在市中心黄浦、原卢湾、徐汇、静安、长宁、杨浦等6个区重点区域建成区域停车诱导系统。本市注册领取《道路运输经营许可证》机动车维修业户6215家，比上年增长4.9%。建立机动车维修救援网络，在全市推进机动车维修行业节能减排工作。本市共有核准租赁经营资格的汽车租赁公司39家，核发租赁车辆额度12008辆。根据市场需求做好租赁车辆额度投放招投标工作，规范租赁行业服务。全年本市新参加驾驶员培训56.5万余人次，比上年增长6.8%。全市机动车驾驶员培训机构194家，分支机构17家。全市经营性教练场20家，自用训练场10家。在册教练员18537人，比上年增长11.7%；在册教学车辆15992辆，比上年增长12.7%。2011年，道路清障施救牵引纳入管理，全市共有牵引企业57家，拥有牵引车辆650辆；其中与本市公安交管部门、市政管理部门签订区域包干协议企业24家，车辆总计515辆，占全市牵引车总数的80%，承担交通保卫、排堵保畅等公共服务任务。

【实施停车配建管理新机制】市交通港口局积极会同市规划国土资源局、市建设交通委、市住房保障房屋管理局，完善建设工程配建机动车停车场(库)审批管理工作。本市交通、规划、建设、房屋管理四部门联合印发《关于进一步完善本市建设工程配建机动车停车场（库）行政审批管理机制的通知》，从11月15日起，在本市有关建设工程的方案设计、文件审查、竣工验收阶段，均应有交通行政管理部门参与对配建停车场（库）进行审查，以切实保障配建停车场（库）合理供应，从根本上逐步缓解当前突出的停车难问题。

【试点道路停车手持POS机收费】市交通港口局建立道路停车使用手持式POS机收费项目推进工作机制。10月，位于原卢湾区的太仓路（马当路—重庆南路段）率先成为手持POS机电子收费项目的试点路段。道路停车手持POS机电子收费系统，又称“移动式咪表”。车主无需自助操作，停车管理员只要使用手持POS机在交通卡上轻轻一刷，就能完成停车收费工作。虽然目前大多数车主仍习惯用现金缴停车费，但管理员手中的POS机可将车位、车辆等信息录入系统，为政府决策、停车诱导等提供参考。市交通港口局将根据试点情况，对“道路停车手持POS机电子收费系统”做进一步完善，待完善后在其他停车收费路段逐步推开。

【上海市机动车维修救援服务热线暨维修救援网络试运行】5月11日上午，市机动车维修救援服务热线暨维修救援网络试运行启动仪式在市城建热线服务中心举行。上海市机动车维修救援网络是由市交通港口局主办，依托12319城建热线建设的24小时公共服务网络。网络建设以“布局合理、救援及时、服务规范、社会满意”为宗旨，引导并筛选全市范围内341家汽车维修诚信企业加入。网络可保证中环区域每5公里范围内至少有一家汽修企业，确保响应速度。本市区域内驾驶员遇到汽车故障抛锚等情况，可拨打12319或96520寻求帮助。此外，根据“长三角道路运输一体化发展规划纲要”，上海市机动车维修救援网络将立足上海，辐射长三角，计划与江苏、浙江地区的汽车救援网络联网，为更广大的车主提供长三角范围内“便捷、规范、放心”的24小时汽车维修救援服务。

【开展租赁车辆额度投放招投标工作】随着

本市国际化进程的加快以及居民消费水平和观念的转变，本市租赁行业快速发展，租车市场供需矛盾日益凸显。现有的核准租赁汽车额度已远远不能满足市场需求，为缓解供需矛盾，促进本市租赁业的健康持续发展，本市年内投放租赁汽车额度1400辆，这是继2007年后又一次市场扩容。10月，租赁车辆额度投放招投标工作启动，26家汽车租赁企业参加招投标。经专家评审，最终大众汽车租赁有限公司、上海巴士汽车租赁服务有限公司、安吉汽车租赁有限公司等9家企业中标。

【扩大驾培行业分段计时培训模式试点】分段计时培训模式是一种先培训后付费、教练车场内场外分离、培训学时和过程实行计算机数字实时全程监控的全新培训模式。经2008年至2010年在荣安驾校的试点，分段计时培训模式已逐步成熟和完善，受到广大学员的认可和好评。为进一步促进驾驶员培训、考试法制化、规范化，本市将在全行业扩大试点范围。由市运输管理处和市公安车管所共同成立领导小组，根据《扩大分段计时培训模式试点的工作意见》，坚持稳步推进、企业自愿、政府鼓励、严格标准、注重质量的原则，分两阶段推进扩大试点工作。第一阶段：2011年底前，在自愿申报的培训机构中，选择条件成熟的培训机构扩大试点；第二阶段：2012年起，在总结完善《试行标准》的基础上，进一步扩大范围，凡符合《试行标准》的培训机构，均可按规定采用分段计时培训模式开展经营。

【发布《机动车驾驶员培训机构教练员教学服务规范》】为进一步规范教练员教学行为，提高培训服务质量，市运输管理处制定《机动车驾驶员培训机构教练员教学服务规范》和《教学服务规范（摘要）》。着重强调教练员带教的规范性：教练员必须佩带有效《教练员证》，在所属培训机构、准教范围内从事教学活动；不得代表培训机构与学员签订《培训合同》，收取培训费用；必须按照行业管理部门规定的教学大纲教学；必须在管理部门核定的场地、道路、区域进行带教等。同时服务规范也明确了教练员须廉洁教学、不擅离岗位、诚实守信、热情服务等职业操守和服务态度等内容。

【道路清障施救牵引纳入行业管理】因牵引行业的属性与道路运输行业密切相关，为加强管理，2011年，经市政府同意，将牵引行业纳入道路货运行业管理，市交通港口局成为本市牵引行业的行政主管部门。市交通港口局及时明确管理架构，牵头制定《关于加强本市道路清障施救牵引行业管理的若干意见》，明确行业管理依据和管理要求。8月15日，本市物价、建设、交通三部门联合发布实施《进一步规范本市道路清障施救牵引行业服务收费的通知》（沪价费【2011】012号），调整并规范牵引行业收费标准。11月29日，在市交通港口局指导协调下，上海市道路运输协会道路清障施救牵引行业专业委员会正式成立。

相关链接：

道路清障施救牵引

道路清障施救牵引行为是指当机动车因故障抛锚、交通事故或违法整治等原因，需要由牵引企业将车辆或障碍物拖移至路政管理部门或公安交通管理部门指定地点以及客户指定地点，并完成道路现场清理的服务行为。

（司月洁）

九、港口航运

（一）综述

2011 年，上海港货物吞吐量完成 7.28 亿吨，比上年增长 11.4%；集装箱吞吐量完成 3173.9 万标准箱，比上年增长 9.2%，保持世界排名第一。全港外贸吞吐量完成 3.38 亿吨，比上年增长 11.7%；全市内河港口吞吐量 1.03 亿吨，比上年增长 14.48%。本市水路货物运输继续保持较快增长，水路货物运输 4.94 亿吨，比上年增长 27.3%。

推进国际航运中心建设取得突破。大力推进基础设施建设，外高桥港区六期工程通过交通运输部组织的竣工验收；黄浦江（泖港段）工程完工，赵家沟、大芦线一期、杭申线工程分别完成投资 27.6 亿元、37.4 亿元、6.4 亿元，占工程总投资的 95%、91.1% 和 49.3%。发展和完善现代航运服务业，启动本市第二轮航运经纪业准入试点；实现政策突破，世界最大龙门吊箱型船船队经营企业—瑞士吉与宝有限公司亚洲总部落户上海；建立无船承运人运价报备制度，进一步落实无船承运人保证金保险制度实施。关注和配合启运港退税政策试点准备工作。研究提出本市发展邮轮经济和邮轮母港建设工作意见；全力确保吴淞口国际邮轮母港建设顺利进行；协调和指导确定上海邮轮母港实行“2+1”运营模式；争取政策突破，吸引全国首家外商独资邮轮公司落户上海。

港航行业管理服务不断深化。崇明“三岛”水上客运交通纳入公共交通体系，优化“三岛”水上客运航线航班，完成“三岛”水上客运交通财政补贴工作。完成《关于崇明三岛水路客运交通中长期发展情况的报告》，明确崇明三岛水上客运交通发展方式、营运规模、财政支持的依据与指导原则。研究起草《关于加快本市内河水运发展的意见》并报经市政府名义印发实施。大力推进水上旅游市场规范整治，建立公共票务平台，黄浦江游览市场秩序明显改观。完成全市内河三级搜救体系顶层设计，建成上海市内河水上搜救中心及若干分中心。开展国际船舶管理公司市场整顿。全力推进并完成本市水运工程建设市场整治工作。推进港口码头公共安全长效监管，推进集装箱包装危险货物港口作业申报信息化建设项目并组织分步实施。切实加强引航安全监管，提升引航服务能级，引航工作量保持较快增长并创历史新高。

（司月洁）

（二）港口管理

【概况】2011年，上海港完成货物吞吐量7.28亿吨，比上年增长11.4%，其中海港完成6.24亿吨，比上年增长10.9%。外贸货物吞吐量3.38亿吨，比上年增长11.8%，其中外贸出口1.54亿吨，比上年增长11.5%；外贸进口1.84亿吨，比上年增长11.5%。完成集装箱吞吐量3173.9万标准箱，比上年增长9.2%，其中洋山深水港区集装箱吞吐量1309.9万标准箱，比上年增长29.6%。全港集装箱水水中转完成1305.3万标准箱，比上年增长18.1%，水水中转比例为41.1%，其中国际中转完成157万标准箱，占全港集装箱总吞吐量的4.9%。上海港旅客吞吐量154.1万人次，比上年下降8.3%，其中旅客发送量78.6万人次，比上年下降7.4%。全年出入上海港的国际豪华邮轮113艘次，比上年增长3.7%，随船出入境旅客20.4万人次，比上年下降22.3%。至2011年底，上海港（沿海）共有码头、浮筒单位259家，各类码头总沿长119.7公里，泊位1164个，其中万吨级以上241个，浮筒泊位62个。全市内河共有1332家内河港口经营单位，占用岸线99.7公里，码头泊位1895个。年内新开通航线40条，其中近洋航线21条，远洋航线19条，国际班轮的航班密度达到每月1184班。

【吴淞口国际邮轮码头落成开港】10月15日，上海国际航运中心重点建设项目——吴淞口国际邮轮码头开港仪式举行。国际邮轮“钻石公主号”载着2000多名游客停靠该港。吴淞口国际邮轮码头由引桥、水上平台、客运大楼和码头四部分组成。码头长1500米，2.4万平方米的客运大楼建于水上平台，由514米引桥与陆地连接。其客运大楼外观远远望去像一只眼睛，被冠于“东方之睛”美名，寓意“城市之眼、长江之睛”，与被称为“一滴水”的北外滩国际客运中心遥相呼应，成为上海发展邮轮经济、建设航运中心的前沿阵地。该工程于2008年12月20日开工，2009年7月18日在水下打下第一根桩。一期工程新建2个大型邮轮码头泊位，可同时停靠2艘10万吨级以上的国际邮轮，设计通关能力为每年60.8万人次。从2010年4月27日试运行以来，吴淞口国际邮轮港已接待50多次邮轮靠泊，其中作为定点班轮的占到80%，并已排满2012年的靠泊计划。

【正式启动杭州湾金山港区建设规划工作】3

月，作为上海国际航运中心的组成部分，杭州湾北岸金山港区建设规划正式启动。结合交通运输部和上海市政府2008年联合批复的《上海港总体规划》，此次金山港区初步确定规划研究范围为：漕泾电厂以西长约6公里岸线及其北侧陆域和南侧海域，将建设2.4公里港口码头，16.7平方公里港区腹地，以及河海联运项目，使金山港区成为上海港公共服务和临港产业发展的重要港区之一和集海运、内河、铁路等多种集疏运方式为一体的综合性港区。建成后，金山港区将以石油化工、散杂货运输为主，港区腹地以发展物流配套为主，并将充分发挥港区周边及腹地工业出口加工密布的区位优势，拓展现代物流服务功能，进而建设区域性资源配置中心，增强对外辐射功能。金山港区建设，初步计划2011年至2013年完成规划的编制和报批，2013年开展港区建设项目的设计和论证等前期工作，确保2014年开工建设。金山区沿杭州湾北岸拥有较好的深水岸线，是上海港发展关注的重点区域，也是国务院确定的上海港适宜开发建设深水码头的三个新港址之一。

【长江口深水航道整治三期工程通过竣工验收】1月8日，长江口12.5米深水航道向上延伸建设工程顺利贯通至浏河口段。5月18日，长江口深水航道治理三期工程顺利通过国家竣工验收，标志着迄今为止我国最大的水运工程全面完成。历经40年的前期研究、12年的持续建设、1年的成功试通航，长江口12.5米深水航道才彻底被打通。长江口深水航道整治前维护水深为7米，一期工程于1998年到2000年建设，航道水深从7米增深到8.5米；二期工程于2002年至2005年建设，使航道水深由8.5米增深到10米，并同期延伸到南京；三期工程于2006年至2010年建设，达到了全槽贯通12.5米航道水深的目标，大大提升了航运能力，进一步促进形成以上海国际航运中心为龙头的长江港口体系。长江口深水航道能满足第三、四代集装箱船和5万吨级船舶全潮双向通航的要求，同时兼顾满足第五、六代大型远洋集装箱船和10万吨级满载散货船及20万吨级减载散货船乘潮通过长江口要求。

【发布《上海港口经营管理实施办法》】12月1日，新修订的《上海港口经营管理实施办法》正式施行。该《实施办法》重点依据交通运输部新修订的《港口经营管理规定》，以及当前上海港口经营行政管理的实际需要，对2008年发布施行的《实施办法》进行了修改，在许可条件、运行监管等方面进一步细化规范要求。在资质条件的规范方面，《实施办法》对照《港口经营管理规定》对港口经营许可证设立了有效期，并对各类经营业务所需提交的材料进一步细化。包括：对从事船舶港口服务业务的，提出人员、车船等方面的要求；对从事渣土（泥浆）装卸业务的，提出防护措施、运输中转协议等方面的要求；对从事润滑油、燃料油之外的油料供应服务业务的，提出了特许经营证明的要求等等。在经营管理的规范方面，增加了对港口经营人在环境保护、安全管理方面的要求。

【上海港发布“资源节约型、环境友好型”港口建设指导意见】12月20日，市交通港口局正式发布《上海港“资源节约型、环境友好型”港口建设指导意见》，并在外高桥港区召开“资源节约型、环境友好型”港口建设推进会。《指导意见》提出，上海港公共装卸码头及年装卸吞吐量在100万吨以上的企业专用码头，将通过前期准备和实施3个“三年行动计划”，到2015年和2020年，实现港口生产单位吞吐量综合能耗比2010年分别下降5%和8%；港口生产单位吞吐量CO2排放比2005年分别下降10%和12%；

SO2、NOX 排放量显著下降。到 2015 年，轮胎式集装箱门式起重机（RTG）实施“油改电”、混合动力等节能减排改造达到 100%。到 2020 年，在国际邮轮码头、主要客运码头以及 30% 大型集装箱码头和散货码头实现靠港船舶使用岸电；港口粉尘综合防治率达到 70%；港口污水综合处理率达到 100%；到港船舶污水和垃圾接收率均达到 100%。《指导意见》确定上海港的“两型”港口建设分四个阶段推进，2011 年为启动阶段，2012 年—2014 年为推进阶段，2015 年—2017 年为深化阶段，2018 年—2020 年为完善阶段；重点将包括六个方面的任务：深化港口结构调整，逐步提高设备燃料效率，大力推广节能减排技术，加快新型能源与替代能源的推广应用，提高港口信息化管理水平，加强污染排放监测和节能减排管理。在 20 日召开的推进会上，与会港航企业现场观摩了上港集团振东集装箱码头分公司的轮胎式集装箱门式起重机（RTG）“油改电”项目、岸基船用供电系统和“智能堆场”项目的建设情况。上海港务集团振东集装箱码头分公司、上海罗泾矿石码头有限公司、宝山钢铁股份有限公司运输部、上海孚宝港务有限公司、上海金岸企业发展有限公司等 5 家单位被列为“两型”港口建设示范单位。

【集装箱吞吐量突破 3000 万标准箱】12 月 23 日，随着上海港年内第 3000 万只集装箱从洋山深水港区码头顺利起吊装上“中远越南”轮，上海港集装箱吞吐量突破 3000 万标准箱，成为全球首个集装箱年吞吐量突破 3000 万标准箱的港口。

相关链接：

上海港集装箱发展历程数据

——7951 标准箱：1978 年“平乡轮”在上海港鸣笛起航，吹响上海港集装箱发展号角，当年实现集装箱吞吐量 7951 标箱。

——100 万标准箱：上世纪 90 年代，浦东启动开发开放。上海外高桥港区规划建设，使上海港集装箱产业实现从内河向长江口的历史跨越。1994 年上海港集装箱吞吐量达到 100 万标准箱，并由此走上发展快车道。

——1000 万标准箱：进入新世纪，上海港在世界集装箱港口的排名持续上升，影响力、竞争力日益显现。2000 年突破 500 万标准箱；2002 年突破 800 万标准箱；2003 年，上海港集装箱吞吐量首次突破 1000 万标准箱。

——2000 万标准箱：伴随上海加快建设国际航运中心战略，洋山深水港北港区开工建设并逐步投入运行，使上海港的集装箱产业实现从长江口向东海的又一次历史跨越。期间，上海港集装箱吞吐量在 2006 年突破 2000 万标箱，在世界大港中名列前茅。2010 年，上海港实现货物吞吐量和集装箱吞吐量全球排名双第一。

【洋山深水港区创造作业效率世界新纪录】6 月 16 日，在对“南美轮船公司”集装箱班轮“北欧亚帕厥”轮装卸作业中，上海盛东国际集装箱码头有限公司 829 号桥吊仅用 4.17 小时就完成了 820 自然箱的装船作业，再次创造了 196.64 自然箱 / 小时桥吊单机作业效率世界新纪录。这是洋山深水港区开港以来，第七次创造集装箱装卸效率世界纪录，体现洋山港区的区位优势和服务能级。

【上海市内河内贸码头首次举行港口设施保安演习】8 月 18 日，市交通港口局会同闵行区建设交通委、市航务处等部门在上海长桥物流有限公司开展“2011 年上海内贸码头港口设施保安演习暨上海长桥物流有限公司危品码头保安综合演习”，这是全国首次内河内贸码头设施安全演习。演习共设 2 个独立科目：一是模拟上海港保安等级提升时，长桥物流有限公司按照交通运输部《内贸码头港口保安基本措施和程序》采取相关保安措施；二是模拟危险货物作业码头在装卸作业时遭不法人员破坏导致危险品泄漏的应急处置。演习有效检验了在内河危险品码头发生突发事件时，各职能部门间的协作配合、相关人员的应急反应，以及危险品作业单位与公安、地方海事、消防等部门的联动处置情况。目前，上海内河港口主要由市区、闵行、嘉定、宝山、松江、金山、青浦、奉贤、浦东、崇明等十个港区组成，是上海港的重要组成，年货物吞吐量近亿吨。上海全市共有1300余家内河码头作业单位，其中危险货物港口作业单位56家。内河港口的安全稳定，对于推进上海国际航运中心建设和城市经济建设发展具有重要意义。本次演习对世博后上海内河辖区内贸码头安全长效机制的建立进行了有效检验，演习的圆满成功，表明上海港在软硬件方面已具备有效预防和应对各类港口突发事件的能力，也向世界展示上海港不仅是国际贸易大港，更是安全的港口。

【进一步规范内河码头经营许可】11月，市交通港口局发布《关于继续做好“规范内河码头经营许可”专项工作的指导意见》，明确内河港区集约化经营的整治目标，并就区县港区规划编制落地、岸线许可与经营许可衔接、专项工作对象和期限等提出具体操作意见。“规范内河码头经营许可”专项工作自2007年启动，重点是解决内河老码头无证经营的历史问题。工作实施4年来，本市内河港区持证经营比率由34%提升到77%，无证经营现象得到明显改观。为巩固工作成果，同时解决推进过程中出现的新情况和新问题，市交通港口局研究出台本次《指导意见》。12月2日，市交通港口局召开“规范内河码头经营许可”专题工作会议进行动员部署，强调内河港区巡查监管，确保不再出现新增无证码头和作业点。

【启动上海港公共场所卫生监督量化分级管理】该模式主要通过现场监督检查，根据卫生状况和信誉度，将公共场所分级并公示加强管理。据此方法，上海港公共场所卫生情况被分为A（优秀）、B（良好）、C（一般）3级，公众可参考此分级决定消费行为。上海港港政管理中心在企业自查基础上，进一步加强监督检查和分类指导，引导企业完善制度、改进设施，不断提高管理水平，全力维护上海港公共场所卫生安全。

【进一步加强上海港包装危险货物作业申报管理】一是印发《关于加强上海港包装危险货物作业申报管理工作的通知》（沪港码安[2011]54号），要求相关申报企业和申报员遵守法律、法规要求，建立健全内部监督管理制度。二是在全港范围内开展港口包装危险货物作业申报企业和人员的重新登记工作，构建相关企业和个人的诚信评价体系。通过本次重新登记工作，上海港码头中心建立上海港55家港口包装危险货物作业申报企业及其申报员的诚信档案，记录违法申报行为，剔除部分记录不良的企业，净化上海港包装危险货物作业申报市场。

【开展水运工程建设市场整顿和规范工作】市交通港口局成立整治水运建设市场工作领导小组，2月28日，召开进一步规范水运工程建设市场动员大会。本市水运工程建设、勘察设计、施工、监理、试验检测等单位参加会议。会议深入贯彻落实市政府进一步规范本市建筑市场，加强建设工程质量安全管理的若干意见精神，全面部署水运工程建设市场整治及加强水运工程质量安全管理工作。水运工程建设领域同属风险高度聚集区，深刻吸取“11.15”特大火灾事故教训，必须举一反三，引以为戒，时刻紧绷安全生产之弦，始终确立“安全为先”原则，围绕“查隐患、定措施、增投入、建制度”的要求，自觉查找水运工程建设市场管理中存在的突出问题，把加强建设工作质量安全管理摆在突出位置，切实加强本市水运工程建设全过程监管。把握水运工程建设市场特点和规律，根据协调性与对应性相统一、全覆盖与全过程相统一、建机制与重管理相统一的要求，起草规范本市水运工程建设市场的实施意见和实施方案，通过落实集中开展大检查，强化专项培训，加强招投标管理，强化建设、勘察设计、施工、监理等单位作用，严格建筑材料质量管理，健全水运建设工程质量安全监督机构，推进水运工程信息公开和诚心体系建设等10方面20条156项具体措施，全面规范和有效强化水运工程建设质量安全管理。包括：一是针对上海水运建设市场特点，制定出台水运建设市场贯彻落实《关于进一步规范本市建筑市场加强工程质量安全管理的若干意见》的实施意见，同时制定全行业安全整治工作方案。二是召开本市规范水运建设市场加强建设工程安全质量管理工作大会，按要求全面开展“横向到边、纵向到底”的行业安全质量检查。三是建立上海水运工程建设项目库，突出信息化技术手段，加强动态管理和监控。四是把握水运建设市场规律，从队伍建设、现场标准、项目管理等深层次方面，探索长效管理机制。五是结合安全管理实际需求，适时制定出台相关规范性文件，并开展前瞻性思考，研究相关政策措施。

【正式开通上海水运工程建设市场信用信息管理系统】3月29日，本市水运工程建设市场信用信息管理系统正式开通试运行。该系统与交通运输部全国水运工程建设市场信用信息平台数据互联互通，用户可在网上查看上海地区水运工程建设市场从业企业和人员相关信用信息，从而规范其市场行为。

（司月洁）

（三）航运管理

【概况】至2011年底，全市共有国际航运企业及其辅助企业1362家，比上年增加6.0%，其中国际航运企业62家、国际船舶代理企业139家、国际船舶管理企业97家、无船承运人1009家、航运经纪公司13家、外商独资船务公司及集运公司41家、船舶交易服务机构1家。国内运输企业264家，国内水路运输服务业325家，其中沿海航运企业132家、内河航运企业132家；在册运输船舶年末总数为1455艘，总运力698.07万载重吨/69316客位。本市共有内河航道195条，总里程2065.91公里（通航里程2036.94公里）。年内，上海内河水域有史以来第一次实现年度水上交通事故“零死亡”、水域环境“零污染”。

【中国首家外商独资邮轮船务公司落户上海】11月18日，中国首家外商独资邮轮船务公司——歌诗达邮轮船务（上海）有限公司在北外滩宣告成立。当日，歌诗达公司、市交通港口局、虹口区政府、上港集团联合举办新公司揭牌仪式。歌诗达邮轮集团系意大利最大旅游集团、欧洲排名第一的邮轮公司，新公司成立后将为歌诗达邮轮集团自有或经营的船舶提供揽客、出具客票、结算运费和签订服务合同等辅助性服务。2009年10月，交通运输部发布公告，允许外籍邮轮在运营中连续挂靠中国两个以上的沿海港口。歌诗达就率先完成上海—厦门—台湾的宝岛之旅，实现多港挂靠业务的巨大突破。今年9月交通运输部出台的《关于加强外商独资船务公司审批管理工作的通知》中明确允许外国邮轮公司可在中国设立独资邮轮船务公司，歌诗达又立即申请并成为首例获得交通部批复的国际邮轮公司。

【瑞士吉与宝有限公司在上海设立独资公司】为争取世界最大龙门吊箱型船船队经营企业——瑞士吉与宝优先公司在沪神力独资船务公司作为其亚洲总部，并将该上海公司发展成为吉与宝集团在全球重要的运营中心和决策中心之一，市交通港口积极寻求交通运输部支持。11月10日，吉与宝（上海）船务有限公司获得交通运输部颁发的《外商独资船务公司经营许可证》，成为继地中海航运之后，第二个在沪设立独资船务公司的瑞士航运企业。

【世界海事大学在上海设立代表处】世界海事大学上海代表处7月22日在虹口区成立，将面向中国和亚洲提供航运科研、咨询和教育服务。明年，此处还将升格为“世界海事大学上海中心”。世界海事大学由联合国国际海事组织（IMO）于1983年创立，其总部位于瑞典南部城市马尔默。世界海事大学的入驻，实现航运类国际组织在上海落户的突破，有助于进一步提升北外滩航运服务集聚区的服务功能和能级。

【成立航运经纪执业资格考试专家委员会】航运经纪行业专业化和国际化程度相当高，为吸收借鉴国际先进经验和做法，引导形成“上海”水准航运经纪产业的道路，必须借助业界力量，选拔精英人才，形成一支高度专业化和国际化的专家队伍提供决策咨询和专业指导。本市专门成立上海航运经纪执业人员执业资格考试专业科目考试专家委员会及其工作小组，并于4月2日在市交通港口局召开成立大会暨专家委员会第一次会议。

【台湾海峡两岸间海上直航运输市场发展迅速】市交通港口局认真贯彻落实交通运输部《关于台湾海峡两岸间海上直航实施事项的公告》，在相关部门的配合支持下，共同开创上海口岸两岸直航业务良好局面。至年末，本市共有中远集运等18家航运公司获准经营台湾海峡两岸间海上直接运输业务，此外，台湾地区的阳明海运股份有限公司、万海航运股份有限公司、长荣航运有限公司等4家台湾公司获准经营两岸直航的航运企业均在上海设有办事机构。在沪的两岸支行企业成为两岸直航主力军，上海港成为大陆最重要的对台直航港口。

【长江干线船型标准化推进工作取得阶段成果】市交通港口局深入贯彻落实交通运输部、财政部推进长江干线船型标准化工作相关精神，通过加强组织领导、建立工作机制、制定实施方案、明确任务目标、广泛宣传推动，确保政策落实等措施，全面组织开展本市推进长江干线船型标准化工作。在市、区两级各航务管理机构的共同努力推动下，截至2011年底，本市已完成8艘老旧船舶资金补贴申请的审批工作，其中7艘船舶已完成拆解，相关资金共计142.11万元，已补贴到位，促进航运产业结构优化调整和现代内河水运发展。

【2011年黄浦江航道全测项目通过竣工验收】12月19日，经市测绘产品质量监督检验站样本质量特性检测，2011年黄浦江航道全测测绘产品测绘成果各项精度指标均符合规范要求，产品质量分90分，通过竣工验收。本次全测工程采用上海市测绘院虚拟VRS技术平面定位、美国HYPACK MAX专用水道测量软件水深数据采集等方法，对黄浦江航道及部分支流小港实施了水下地形测量、航道两侧地形修测以及沿跨航道设施普查等工作，全测共布置黄浦江标准断面测线729条，小港测线91条，主测线长度310.877公里，另设检查线1条，长77.425公里。修测区域约52处，面积约0.2平方公里。形成《2011

年黄浦江航道全测技术总结》、《2011年黄浦江航道地形图》和《2011年黄浦江航道全测测量成果统计分析报告》等成果。通过四年一次的黄浦江航道全测，可掌握航道近期河势情况和水下地形现状，同时可与以往做对比分析，获知全线航道的河床演变趋势和冲淤量，为黄浦江航道管理及疏浚维护提供依据和参考。

【出台加快上海市内河水运发展实施意见】 10月，市政府印发《关于加快本市内河水运发展的意见》（沪府发［2011］68号）。《意见》明确，本市将力争通过10年左右的时间，建成与上海国际航运中心目标相适应的畅通、高效、平安、绿色的现代化内河水运体系。主要任务是加强内河水运基础设施规划、建设与维护，发展内河水运市场和服务体系，优化内河运力结构和运输格局，建立和完善内河水运支持保障系统，推进内河水运绿色发展，促进长三角内河水运协调发展，推动内河水上客运业充分健康发展。《意见》明确了加强组织协调、理顺管理体制、确保资金投入、完善法规体系、强化政策支持等保障工作的具体要求。内河水运是上海综合运输体系的重要组成部分和连接长三角地区的重要通道，是上海加快国际航运中心枢纽港建设，服务长三角、服务长江流域和服务全国的重要载体，长期以来为上海城市发展和港口集疏运发挥了重要作用。《意见》的出台为本市未来内河水运发展提供指导，明确方向和目标。另外，根据《意见》安排，本市成立分管副市长为组长的推进上海内河水运发展领导小组，统筹推进内河水运发展，协调解决内河水运发展中的矛盾和问题。

【上海市内河水上搜救中心宝山分中心正式揭牌运行】 3月18日，揭牌仪式在宝山区吴淞海事所举行。该中心运用“上海市内河交通和应急联动系统”平台，建立覆盖蕴藻浜16.3公里水域的视频监控系统、船舶自动识别系统（AIS）、GIS系统、GPS系统等，实现对辖区重点水域、重点船舶、重点码头的有效监控。通过多系统船岸联动，实现船舶助航预警信息服务、进出港调度。通过实时预报水上航行环境和险情，实现对事故、事件或险情的“早发现、早报告、早控制”，有力提高预防预控能力。在宝山水域形成全方位覆盖、全天候运行、快速反应的水上安全管理机制，适应未来海事管理信息化和监管手段科学化的需要。

【推进“绿色航运”发展】 2011年，本市地方海事部门大力推进船舶防污染工作。包括：在本市虬江水域、苏州河水域、大治河水域、蕴藻浜嘉定水域、奉贤金汇港水域、淀浦河水域、川杨河水域全面启动实施船舶污染物规范接受工作，管理方式根据各辖区实际，突破原有单一的移动接收模式，增加把口接收管理，并在上述水域布设防污染应急专业队伍。在部分基层海事站点设立船舶防污染责任保险航次投保点并安装自主多媒体平台，鼓励危险品传报购买污染责任保险。在崇明启动“绿色水运、绿色水源、绿色水网”专项行动,突出水域污防治工作。12月1日起，对长湖申线航道实施危险化学品运输船舶禁航，以保护上海“清水走廊”。对全市渣土泥浆码头作业开展专项整治，加强源头控制，落实备案制和动态监控措施。加大对苏州河底泥疏浚工程的支持力度，严把疏浚船舶准入关和安检关，制定疏浚工程船舶交通组织方案，开辟绿色通道。

【开展内河安全警示日活动】 为加强对本市内河港航企业及从业人员的安全宣传教育，市地方海事局从2011年开始，将每年的3月25日定为本市内河安全警示日，并围绕“让航行更安全、让水域更清洁、让船员更满意、让市场更有序”的中心任务，开展一系列以安全为主题的宣传活动。2011年首次“3.25”内河安全警示日活动，以“安全航行，关爱生命”为主题，通过图文宣传、案例警示、知识讲座等多种形式和手段，广泛、深入地开展港航安全生产宣传教育，进一步普及内河港航安全生产常识和法律法规，使内河港航企业及从业人员的安全观念显著增强，安全意识明显提高，以期最终实现“坚决杜绝重特大事故、有效遏制较大事故、预防和减少一般事故”的安全监管目标。

【崇明三岛水上交通纳入“公交优先”体系】长江隧桥开通后，车客流分流明显，崇明三岛水上客运量和车运量明显下降，为确保崇明三岛水上客运企业正常运营，职工队伍稳定，经市政府同意，2011年起，崇明三岛水上客运公益性部分纳入本市公共交通体系统一管理，以政府购买服务形式，实施低客流航次补贴政策。

【促进水上旅游客运市场有序健康发展】年内，市交通港口局加大对黄浦江游览市场规范力度。探索建立黄浦江旅游第三方票务机制，指导市旅游协会水上分会组建黄浦江票务公共平台。鼓励引导黄浦江游览企业拓展水上旅游航线，新增“世游赛”、“水上嘉年华”等航线产品，开发团购、船上二次消费等新项目，引导企业差别化竞争，增强市场竞争的有序性。同时，深化黄浦江旅游客运企业精神文明创建工作，明确服务标准和规范，开展“文明服务窗口”评选。（司月洁）

（四）合作交流

【概况】2011年，市交通港口局国际国内合作交流工作有序开展，在长三角交通港航区域合作方面，长三角内河航运一体化发展深入推进，按照国务院以及本市大力发展内水运意见的总体要求，积极对接长三角，主动服务长江流域，并研究落实与长江航务管理局加快上海长江水系内核航运发展共建合作。在国际交流方面，围绕推进上海国际航运中心建设，开展一系列对外交往和合作。

【2011年国际港口大厦小组会议在上海举行】2011年国际港口大厦小组会议4月18至19日在沪召开，会议主题为“低碳经济和港口发展”。来自上海港、荷兰鹿特丹港、新加坡港等近30位代表参加会议，并在会上介绍各自港口2011年的发展情况及港口低碳减排举措。会议期间，与会代表还前往外高桥二期码头实地考察船舶使用岸电及“油改电”项目。市交通港口局局长孙建平出席会议并作主题发言。

背景资料：

国际港口大厦小组会议是由荷兰鹿特丹港和日本横滨港于1998年发起设立的国际间港口交流与合作论坛，目前共有5个固定成员：荷兰鹿特丹港、美国纽威新泽西港、美国长滩港、新加坡港和上海港。大厦会议每年举行1次，2011年轮至上海港主办。

【上海港与大阪港缔结友好关系30周年】2011年是上海港与大阪港缔结友好港关系30周年，为增进友谊、促进互利发展，3月22日，两港在上海举行缔结友好港30周年纪念大会。市交通港口局局长孙建平会见来访的大阪港湾局局长丸冈宏次一行。日本大阪港是上海港同日本建立的第一个友好港。30年来，两港在人员交往、港口规划等众多领域进行多项合作与交流，并为增进友谊和推进业务发展起到积极的作用。纪念活动中，双方回顾了30年来共同走过的友好合作历程，并互赠30周年纪念礼品。

【上海港与南非德班港达成友好合作意向】 9月，市交通港口局代表团访问南非德班港，就集装箱港口规划建设等进行交流，并与南非国家运输集团签署有关上海港与德班港友好合作协议草案。德班港位于南非东部沿海德班湾北侧岸，又名纳塔尔港，是南非最大的集装箱港、非洲大陆上最繁忙的港口及世界第九大港。在经德班港进出口货物总量中，亚洲地区占最大份额。德班港是南非政府全资所有，由南非国家运输集团公司负责具体运营。

【上海与长崎定期海上航线复航】 11月4日，上海—长崎定期海上航线首航仪式举行。日本长崎县是上海市友好交流关系城市，两地在1996年结好以来，在各领域开展了丰富多彩的交流与合作。2011年是两地缔结友好关系15周年，长崎县知事中村法道携议会、行政、经济、旅游界人士约350余人访沪，在沪举办两地缔结友好关系15周年纪念招待会，参加上海—长崎定期海上航线首航仪式等活动，并搭乘首航的返航班轮回国。

【"中国—安特卫普朋友圈"成立仪式在上海举行】 10月28日，比利时安特卫普市及安特卫普港在沪联合举行"中国—安特卫普朋友圈"成立仪式，希望通过此种方式巩固和加强与中国海运物流企业和机构之间的商贸关系。市交通港口局巡视员朱建华出席该活动，并与安特卫普市副市长兼港务局董事长马克·凡佩尔先生会面并交谈。

【开展"政产学研"战略合作】 5月13日，市交通港口局、市交通港航发展研究中心与同济大学、上海海事大学、上海工程技术大学、上海社会科学研究院、上海大学"一院四校"战略合作签约仪式在中国浦东干部学院举行。此次签约一是市交通港口局与同济大学、上海海事大学、上海工程技术大学分别签订战略合作框架协议；二是市交通港航发展研究中心与"一院四校"科研院所分别签订联（共）建协议。该次战略合作整合了市交通港口局作为行业主管部门的优势和高校在人力资源、智力资源等方面的优势，有利于推动高校和研究机构从单一的教学科研工作向研发中心、实践基地转变，形成促进本市交通港航科技进步和行业发展的重要平台。战略合作项目涵盖战略研究、科技研究、资源共享、成果应用、学术交流和人才培养等方面，合作开展上海市交通港航发展战略和国际航运中心建设战略的研究和咨询，重大研究课题和重要项目的规划、论证、评估，以及促进科研成果在交通港口航运领域的应用等。同时，活动标志着2010年7月成立的市交通港航发展研究中心业务工作开始步入正轨。

（司月洁）

十、铁路运输

(一)综述

2011年，上海铁路局贯彻科学发展观，适应铁路科学发展新要求，推进各项工作，取得较好成效。至年末，全局从业人数16.93万人。上海市境内铁路营业里程452.6公里，其中复线276.6公里，电气化304.5公里；正线延展长度773.6公里。

安全生产。全局坚持把安全放在重要地位，研究和落实各项安全措施。“7·23”事故发生后，贯彻党中央国务院和部党组部署，吸取事故教训，坚持“规范管理，强化基础，盯控关键”思路，加强安全生产。开展“从事故中警醒、从教训中奋起”安全反思教育，树立安全“三点共识”和“三个重中之重”意识，开展安全大检查大整改活动，整治一大批安全隐患。按照“一岗一责”要求，建立全局安全生产责任制体系，制定领导干部事故责任追究办法，加强安全法制化管理。以设备、环境、作业、管理为主要内容，推进安全标准化管理，加强安全基础建设。以客车安全为重点，开展客车安全隐患排查整治活动，强化设备、施工、道口、外部环境等安全关键控制。经过全局共同努力，扭转

“7·23”事故后被动局面，安全保持总体稳定。

多元化经营。贯彻铁道部党组提出的多元化经营战略，抓住区域经济平稳较快增长和京沪高铁投入运营等机遇，抓好增收创效。全年完成旅客发送3.1亿人，同比增长7.0%，成为全国铁路第一个年旅客发送量超3亿人的铁路局。货物发送24733万吨，同比增长6.6%。运输总收入533.6亿元，同比增长14.7%。非运输企业收入290亿元，同比增长38.1%。实现利润1.72亿元，同比增长13.2%。同时，完成重点物资运输和专特军运任务。

铁路建设。贯彻落实铁道部党组“保在建、上必需、重配套”思路，开展铁路建设。全年完成基建投资505.05亿元，更新改造投资16.87亿元。京沪高铁开通运营。南京南站、蚌埠南站等一批新客站同步启用。连云港至墟沟北电化、合肥北物流基地等扩能改造项目建成运营。宁波北站及货场搬迁、丹阳货场搬迁等项目开工建设。九景衢铁路、郑徐客专等建设前期项目取得进展。筹集资金，保证合蚌、宁杭、杭甬高铁和杭州东站等在建重点工程有序推进，其中筹集维稳资金253.16亿元。开展在建工程隐患排查和运营项目质量回访，落实质量承诺制度，保障建设工程质量。

运输服务质量。以人民群众满意为根本标准，开展服务旅客创先争优活动。组织多种形式教育培训，树立“以服务为宗旨、待旅客如亲人”理念，增强干部职工的服务意识和技能。以151个客站和进京、进沪、进穗列车为重点，开展环境卫生和服务设施集中整治，改观站车面貌。改进服务方式，实行互联网售票、实名制售票和高铁直接刷卡进站等措施，建设自助售票机、智能引路机、彩色地标等服务设施，方便旅客出行。开展领导干部“做一次普通旅客，做一天客运职工”活动，以及党员“三亮三比三评”活动，改进客运管理。在全局开展向杭州站值班员、“全国用户满意明星”陈映映学习活动，营造创先争优氛围。

【上海铁路局】 上海铁路局地处东南沿海长江中下游地区，铁道线路主要分布在安徽、江苏、浙江省和上海市，是全国客货运输最繁忙的铁路局之一。管辖范围：与南昌铁路局在杭深线苍南站、沪昆线新塘边站、皖赣线倒湖站、铜九线香隅站、合九线孔垄站分界。与武汉铁路局在沪蓉线墩义堂站、宁西线叶集站、京九线淮滨站、漯阜线阜阳北站分界。与郑州铁路局在京九线王楼站、陇海线虞城县站分界。与济南铁路局在京沪线利国站、胶新线新沂西站分界。营业里程及国铁主要干支线：全局营业里程7655.6公里，其中国铁4124.5公里，合资公司3531.1公里。全局线路延展长度为17985.4公里，其中国铁11416.4公里，合资公司6569.0公里。全局跨省市的线路有京沪线、沪昆线、陇海线、符夹线、宁芜线、新长线、皖赣线、宣杭线等既有线和京沪、沪宁、沪杭、沿海、沪蓉等高速铁路和城际铁路，有青阜、淮南、金千、萧甬、宁启等省内线。全局复线营业里程4635.7公里，复线率60.6%，其中国铁2675.9公里，合资公司1959.9公里；全局电气化营业里程3896.7公里，电化率50.9%，其中国铁1919.7公里，合资公司1977.0公里；时速200公里以上营业里程2359.5公里，占全局营业里程30.8%，其中国铁586.4公里，合资公司1773.1公里。主要技术设备：车站577个，其中特等站7个，一等站29个，二等站61个。配属机车1734台，其中内燃机车1307台，电力机车427台，分别占总配属台数的75.4%和24.6%。配属客车6584辆，其中软座车2145辆，硬座车1639辆，软卧车613辆，硬卧车1408辆。配属客车中，配属动车2296辆。配有空调设备的客车5562辆。局管内有合资铁路公司24家，分别为丰沛、京福、合九、合武、阜六、宿淮、皖赣、宁安、芜湖长江大桥、新长、沪宁城际、海洋、浦东、金山、沪杭、沪昆、宁杭、杭州枢纽、杭甬、萧甬、金温、金丽温、衢常、沿海铁路浙江公司，上述公司由铁道部与安徽、江苏、上海、浙江等省市县人民政府和有关企业合资组建，上海铁路局为铁道部出资者代表。

2011年上海铁路局运输经济主要指标完成情况表

项目	单位	实绩
换算周转量	百万换算吨公里	306898
旅客发送	万人	31144
货物发送	万吨	24736
煤炭发送	万吨	12867
日均装车	日车	11300
日均卸空车	日车	13124
货车静载重	吨	60.0
货车周转时间	天	2.57
机车日产量	万吨公里	131.0
客发正点率	%	100.0
客运正点率	%	100.0
货发正点率	%	98.5
货运正点率	%	97.8
内燃机车万吨公里耗油	公斤	22.8
电力机车万吨公里单耗	千瓦时	114.4
运输全员劳动生产率	万换算吨公里／人	
行车责任重大、大事故	件	1
运输进款收入	亿元	533.69
运输营业收入	亿元	508.88
运输利润	亿元	–69.21

数据来源：《上海铁路局年鉴（2012）》

（二）铁路建设

【概况】 2011年，上海铁路局基建大中型项目37个，计划投资492.1亿元，实际完成450.3亿元，占年计划91.5%（若含代建的南京南、上海虹桥站为39个，完成投资467.3亿元，完成年计划91.8%）。其中铁道部资金完成327.5亿元，地方政府和企业投资完成122.8亿元。完成新线铺轨454.2公里、复线307.0公里、站线47.0公里，土石方2396.2万立方米、特大中桥28.74万延长米、隧道7.17万延长米，电气化铁路接触网1195.0条公里，变电所7座。征地、拆迁各完成6545亩和157.4万平方米。在全国18个铁路局（公司）中，上海铁路局在建项目数位居第一，投资完成额位居第二。

【"十二五"局网规划编制】 2011年，上海铁路局根据国家《中长期铁路网规划（2008年调整）》、江、浙、皖、沪三省一市国民经济和社会发展规划、铁道部与相关省市会谈纪要等文件精神，提出上海铁路局"十二五"区域路网及建设项目安排建议。

预计至2015年末，全局营业里程为10235公里，其中时速200公里及以上营业里程4711公里，复线7249公里，复线率71%。电气化铁路7741公里，电气化率76%。与“十一五”末相比，全局营业里程增加3290公里，增加47.4%。其中时速200公里及以上营业里程增加2195公里，增加197.6%。复线增加3375公里，增加87.1%。电气化铁路增加4547公里，增加179.1%。预计“十二五”期间，建设项目38项，投资总规模（局管内）将达4930亿元。其中建成项目32项，新开建成项目6项。

【上海铁路设施建设项目有序推进】2011年，上海铁路设施建设项目有序推进，铁路运输能力明显提高，布局进一步优化。上海市境内铁路基建大中型项目9项，分别为京沪高速铁路虹桥站、上海动车段、上海调度所、上海综合维修基地、新建上海至杭州客运专线、金山铁路支线改建和上海（南翔）和谐型大功率机车检修基地、上海调度所运调指挥系统。总投资规模约482.38亿元，年投资计划34.37亿元。其中开工累计完成总投资393.59亿元，剩余规模88.79亿元。

（上海动车段的东走行线、检查存车场、Ⅲ级修场已交付使用。上海虹桥客站主站房部分和综合场已于2010年7月1日先行投产，虹桥贵宾室改造于2011年6月30日投产。沪杭客专于2010年10月26日建成投产。2011年12月1日新建上海综合维修基地除油漆库以外均投入试运营。上海调度所运调指挥系统初步设计已上报尚未批复。客专上海调度所、金山铁路支线改建和上海（南翔）和谐型大功率机车检修基地工程等3个项目正有序推进。）

京沪高速铁路项目。京沪高速铁路起于北京，经天津、河北、山东、安徽、江苏至上海，速度目标值350公里/小时，全长1318公里，总投资约1982.9亿元，其中上海市境内142.34亿元，项目于2011年6月30日建成投产，上海市境内投产里程27.8公里，2011年完成投资7.69亿元。

新建上海虹桥客站及相关工程。京沪高速铁路上海虹桥站及相关工程项目起于DK1301+200，经虹桥站，止于七宝站，线路全长36.47铺轨公里。可研批复投资为1982.9（全线）亿元。初步设计概算总额99.9亿元（全线1982.98亿元）。项目于2010年7月随沪宁城际开通，2011年虹桥站贵宾室工程随京沪高速同步投产，年内完成投资1.15亿元。

新建铁路上海动车段。项目起于既有沪杭线K8+55.85，经南翔，止于既有沪杭线K20+610，线路全长58.183铺轨公里。总投资47.28亿元，项目三级修已于2010年分阶段投产，2011年完成投资0.94亿元（全工程预计2012年建成投产）。

新建客运专线上海调度所。项目位于上海铁路局机关院内，占用铁路客整场尾部部分区域，新建上海调度所调度大楼以及相关配套设施（不含调度指挥设备）。总投资6.87亿元。2011年完成投资0.77亿元（预计2012年建成投产）。

基本建成上海综合维修基地。工程项目起于原上海铁路局机械化保温车辆段旧址，止于新建上海动车段，线路全长9.402公里。按照综合维修基地、车间和工区三级维修，设置维修台位26位，配线6.2公里，房建按5.17万平方米控制（其中3万新建），并配置相应维修机械和综合维修信息系统。该项目总投资4.66亿元。2011年完成投资0.2亿元，已基本建成（预计2012年投产）。

上海——杭州铁路客运专线项目概算清理。项目位于长江三角洲西南缘及杭嘉湖平原地区，东连上海，西接杭州。新建线路长度约153.49公里，其中上海市境内53.65正线公里，全线运营长度约158.77公里。同时在上海枢纽修建春申——上海南站联接线

10.09公里，在杭州枢纽修建笕桥至杭州站联络线3.48公里。速度目标值为350公里/小时，全线共设松江南、金山北、嘉善南、嘉兴南、桐乡、海宁西、余杭南共7个车站。总投资301.72亿元（上海市境内投资规模约118.32亿元），项目（已于2010年投产）目前正在进行概算清理。

实施金山铁路支线改建工程。线路自上海南引出，上海南——新桥新建三、四线，新建闵西——金山增建二线，改建既有金山线13.34公里。沿线经过徐汇区、闵行区、松江区、金山区。全线共设车站9个，其中既有车站改造7个，新建车站2个，线路全长约58公里，总投资45.04亿元，2011年完成投资12亿元（预计2012年建成投产）。

新建上海（南翔）和谐型大功率机车检修基地。项目在铁路南翔编组站新建上海（南翔）和谐型大功率机车检修基地，基地规模按1400台和谐型大功率电力机车产生的466台2年检修机车任务量设置，预留6年检修条件，并还建机务段整备车间，线路全长10.64公里。项目总投资为13.13亿元，2011年完成投资1.94亿元（预计2013年建成投产）。

启动设计上海调度所运调指挥系统。项目位于客专上海调度所内，含新建客专线上海调度所运营调度系统，并对既有铁路局调度等相关系统进行迁移，以及相关通信、电力配套工程。总投资6.05亿元，2011年处于设计阶段（预计2012年建成投产）。

2011年上海铁路基建项目情况一览表

铁路基建项目	总投资(亿元)	建设指标	2011年建设进展
京沪高速铁路	1982.9	速度目标值350公里/小时，全长1318公里，其中上海市境内142.34亿元。	6月30日建成投产，上海市境内投产里程27.8公里，完成投资7.69亿元。
上海虹桥客站及相关工程	99.9	线路全长36.47铺轨公里。	虹桥站贵宾室工程年内完成投资1.15亿元。
新建铁路上海动车段	47.28	线路全长58.183铺轨公里。	完成投资0.94亿元。
新建客运专线上海调度所	6.87	新建上海调度所调度大楼以及相关配套设施（不含调度指挥设备）。	完成投资0.77亿元。
上海综合维修基地	4.66	线路全长9.402公里。维修台位26位，配线6.2公里。	完成投资0.2亿元，基本建成。
上海至杭州铁路客运专线	301.72	新建线路长度约153.49公里，其中上海市境内53.65正线公里。速度目标值为350公里/小时。全线共设松江南、金山北等7个车站。	进行概算清理。
金山铁路支线改建工程	45.04	线路全长约58公里。上海南——新桥新建三、四线，增建新闵上行线，新建闵西——金山增建二线。改建既有金山线13.34公里。全线共设车站9个，其中既有车站改造7个，新建车站2个。	完成投资12亿元。
上海（南翔）和谐型大功率机车检修基地	13.13	基地规模按1400台和谐型大功率电力机车产生的466台2年检修机车任务量设置，预留6年检修条件，并还建机务段整备车间，线路全长10.64公里。	完成投资1.94亿元。
上海调度所运调指挥系统	6.05	含新建客专线上海调度所运营调度系统，既有铁路局调度等相关系统迁移，及相关通信、电力配套工程。	设计阶段（预计2012年建成投产）。

数据来源：上海铁路局（建设处）

【建设前期工作开展】2011年，上海铁路局接受铁道部下达铁路勘察设计计划36项，其中已批可研争取开工项目5项，拟新开工项目10项，开展前期工作21项。有关部门召开建设项目前期工作推进会议、专题会议、月度会议和周例会，编制建设前期工作要点、前期工作项目概况和前期工作项目进展表，按照铁路科学发展、和谐发展和可持续发展要求，在把握总体进展基础上突出“合肥——乔司铁路电气化改造”“皖赣铁路电气化改造”和“宁芜扩能项目”为工作重点，明确项目责任主体和配合部门。同时，与与三省一市有关部门进行商谈沟通，了解各方重点推进项目要求，与之形成共识。与铁道部加强联系，了解上海铁路局相关项目评审计划情况，适时对建设项目提出建议。完成上海铁路局建设项目信息管理系统研发，为相关部门和领导及时查询建设项目动态情况提供信息平台。至年末，全局前期项目已批复初步设计2项（连盐铁路、胶新电化），批复可研3项（宁波铁路集装箱中心站、郑州——徐州客运专线、九景衢铁路），可研审查2项（徐州——连云港客运专线、海安洋口港上岛铁路），修改可研审查1项（宁波港大榭、穿山港区铁路），预可研审查3项（通苏嘉城际铁路、沿江城际铁路、宁德——衢州铁路）。

【高铁项目建设】2011年，上海铁路局11个高铁项目完成投资360.9亿元，占年计划93.8%。开累完成投资合计1740.0亿元，占计划总投资64.0%。除已开通的沿海、沪宁杭高铁外，宁杭、杭甬、合蚌高铁和合肥枢纽新建合肥北城——合肥站、杭州东站扩建等工程，完成计划总投资70.0%以上。新建合肥枢纽南环线、宁安高铁的累计完成额，超过计划总投资50.0%。6月开工的合福高铁，达到计划总投资的28.7%。

【复线扩能和电化改造项目建设】2011年，上海铁路局8个复线扩能和电化改造项目完成投资50.6亿元，占年计划86.8%。金山铁路支线改造和阜淮、淮南、水蚌三线电化，分别完成计划总投资77.7%和84.2%。宁启铁路复线及电化改造完成计划总投资过半，金温铁路扩能改造进展顺利，皖赣铁路扩能芜湖——宁国段累计完成前期投资3.0亿元，宁西线合肥——西安复线的初步设计获批复。

【区域内通道建设】2011年，上海铁路局区域内通道连（云港）——盐（城）铁路初步设计获批复，并开展安全评估等项目前期工作。丰沛铁路在争取银行贷款。海洋、宿淮、阜六铁路建设进展顺利，并已完成计划总投资67.5～87.3%，进入项目后期阶段。

【客货运枢纽建设】2011年，上海铁路局13个枢纽和客站改造等项目完成投资24.4亿元，占年计划74.4%。开累合计完成124.1亿元，占各项目计划总投资60.3%。其中上海动车段、上海综合维修基地、合肥铁路枢纽合肥南货场搬迁等项目已分阶段投产，绍兴东站及货场迁建工程年度投资1.2亿元，占年计划100.0%，已完成其预算总投资92.8%。新建上海调度所年度完成投资0.8亿元，开累完成5.5亿元。

【更新改造投资】2011年，上海铁路局运输设备更新改造投资计划16.87亿元（不含专项资金1.56亿元），完成13.61亿元，为年度计划的80.7%。其中完成铁道部管理项目投资1.40亿元，为年度计划的97.1%；完成局管项目投资12.21亿元，为年度计划的79.2%。

【行车安全措施加强】2011年，上海铁路局安全设施完成投资36326万元，占全局更改完成总投资 26.7%。重点包括南京动车运用所增配在线移动式轮辋轮辐探伤设备，上海动车客车段增配移动式空心轴超声波探伤机，更新机车、轨道车运行监控装置及配套检测相关设备，沪昆线上海——杭州段信号微机监测系统升级改造，二通道道口平改立和陇海线相关线路全封闭，宁芜、皖赣、水蚌等线道口安全设施等。

【客货运设施更新】 2011 年，上海铁路局客货运设施完成投资 22693 万元，占全局更改完成总投资 16.7%。客运方面重点安排了苏州站改造，完成嘉兴等车站引导系统更新，徐州等站增设自动售票机，局客户服务中心系统设备扩容，相关车站制票和售票设备购置等。货运方面重点完成闵行货场汽车物流基地建设，北郊站改造，徐州北等站货运引导标识系统改造等。

【机辆工电设施完善】 2011 年，上海铁路局机辆工电设施完成投资 39007 万元，占全局更改完成总投资 28.7%。完成上海等机务段 HXD3 机车小辅修工装设备，合肥等车辆段车辆检修工装设备补强，杭州北车辆段 30 台位扩建，徐州、杭州客技站增设不落轮车轮镟床，工务小型养护机具配置等。

【信息化设施更新】 2011 年，上海铁路局信息化设施完成投资 11619 万元，占全局更改完成总投资 8.5%。主要完成信息技术所小型机设备更新，金华东、合肥东站系统 2.0 版本升级改造，客票系统核心设备补强，实名制售票网络设备扩容，铁路客运专线调度运营管理辅助决策系统，局办公网系统设备更新等。

【合资铁路公司】 2011 年，上海铁路局运营合资铁路营业里程达 3531.1 公里，2011 年末总资产 1534.10 亿元，资本金 694.44 亿元，其中铁路方出资 410.62 亿元。至年末，全局合资铁路完成旅客发送量 7642 万人，货物发送量 3250 万吨，运输收入 84.70 亿元，与 2010 年相比分别增长 81.7%、11.4% 和 54.0%。

【委托运输管理协议签订】 2011 年，上海铁路局为规范委托运输管理，确保运输安全，提高运输效率，与京沪高铁公司就委托运输管理有关事宜协商，完成京沪高铁委托运输管理协议签订工作。此外，与江苏、上海、浙江等地方股东多次沟通协商，完成沪宁城际、沪杭客专委托运输管理协议签署，并与合九、萧甬、合武公司续签委托运输管理协议。

（三）客运服务

国产 380A 高速动车组从上海虹桥站驶出 （范燕倩）

【概况】 2011 年，上海铁路局日开行图定旅客列车 513.5 对。其中直通高速动车组 60 对，直通动车组列车 69 对，直达列车 13 对，直通特快列车 24 对，直通快速列车 135 对，直通旅客快车 25 对，直通旅客慢车 2 对，局管内高速动车组 115 对，局管内动车组列车 21.5 对，局管内特快列车 2 对，局管内快速列车 44 对，局管内旅客慢车 3 对。其中由上海铁路局自局担当的直通高速动车组 31 对，直通动车组列车33对，直达列车3对，直通特快列车8对，直通快速列车27.5对，直通旅客快车4对，直通旅客慢车2对，局管内高速动车组115对，局管内动车组列车23.5对，局管内特快列车3对，局管内快速44对，局管内旅客慢车4对，合计自局担当旅客列车298对。节假日旅客运输和重点运输完成情况良好。其中元旦运输（2010年12月31日至2011年1月3日），发送旅客343.9万人，同比下降0.9%，最高日发送旅客92.9万人。春节运输（1月19日至2月27日），发送旅客3515.7万人，同比增长3.4%，最高日发送旅客120.6万人。重点运输（2月28日～3月16日），安全输送安徽、江苏、浙江省、上海市及南京军区出席十一届全国人大四次会议、全国政协十一届四次会议与会人员30批、90人次。清明节旅客运输（4月2日至5日），发送旅客465.3万人，同比增长9.03%，最高日发送旅客129.4万人。“五一”节旅客运输（4月29日至5月2日），发送旅客544.6万人，同比增长12.8%，最高日发送旅客149.8万人。端午节旅客运输（6月3日至6日），发送旅客420.6万人，同比增长10.7%，最高日发送旅客119.1万人。暑期旅客运输（7月1日至8月31日），发送旅客5718.8万人，同比增长5.2%，日均发送旅客92.2万人，最高日发送旅客111万人。中秋节旅客运输（9月9日至12日），发送旅客400.4万人，同比增长13.2%，最高日发送旅客115.2万人。国庆节旅客运输（9月28日至10月7日），发送旅客1131万，同比增长4.6%，最高日发送旅客113.1万人。

【京沪高速铁路开通运营】6月30日，京沪高速铁路开通运营。京沪高铁自北京南站至上海虹桥站，全长1318公里，途经北京、天津、河北、山东、安徽、江苏、上海7省市，最短旅行时间4小时48分钟，是世界上一次建成线路最长、标准最高的高速铁路。京沪高铁全线设24个车站，路局管内有上海虹桥、南京南、蚌埠南、徐州东等13个站。

【“7·23”甬温线特别重大铁路交通事故】7月23日20时30分05秒，上海铁路局甬温线浙江省温州市境内，由北京南站开往福州站的D301次列车与杭州站开往福州南站的D3115次列车发生动车组列车追尾事故，造成40人死亡、172人受伤，中断行车32小时35分，直接经济损失19371.65万元。“7·23”甬温线特别重大铁路交通事故是一起因列控中心设备存在严重设计缺陷、上道使用审查把关不严、雷击导致设备故障后应急处置不力等因素造成的责任事故。共有54名事故责任人受到严肃处理。

【优化调整局管内旅客列车运行图】2011年，上海铁路局优化调整管内旅客列车运行图12次，通过调整列车运行图，优化运输产品结构，增加客运能力，提高运输效率。

1月11日起，实行调整列车运行图。直通旅客列车：增开外局担当直通旅客列车14对，增开上海铁路局自局担当直通旅客列车4对，停运旅客列车1.5对，变更运行区段3对，变更运行经由15.5对，调整乘务担当2对，提高列车等级14对。上海铁路局管内旅客列

2011年上海铁路局客运任务完成情况表

项目	单位	计划	实绩	完成%
旅客发送	万人	32700	31144.4	95.2
旅客周转量	亿人公里	1420	1310.7	92.3

车：增开局管内动车组列车4对、停运旅客列车0.5对、变更运行区段2.5对、变更运行经由3对。

3月1日起，对沪宁、沪杭高速铁路列车运行图微调。增开上海铁路局管内旅客列车4.5对，停运管内旅客列车1对，改变运行区段0.5对。

5月8日起，成都东开通运营，杭州至成都K529/32/29 K530/1/0次运行区段调整为杭州至成都东。

6月30日京沪高铁开通，京沪高铁开行动车组列车。安排时速300公里直通高速动车组列车59对。安排时速250公里动车组列车10对。安排备用线10对。既有线旅客列车改变直通旅客列车经由4对，停运旅客列车25.5对，其中直通旅客列车22对、管内旅客列车3.5对。

7月1日起，全路实行调整列车运行图。（一）直通旅客列车：增开外局担当旅客列车8对，增开外局担当旅客列车1对，变更旅客列车运行区段11对，改变旅客列车运行径由11.5对，提高旅客列车等级9对。（二）上海铁路局管内旅客列车：1. 重新公布沪宁高铁管内高速动车组列车运行图。沪宁高铁安排开行本线300公里高速动车组列车75对，跨线高速动车组列车5对，300公里高速动车组列车备用线7对，250公里动车组列车23对，计110对。沪宁高铁实行分号列车运行图，（日常开行方案）在日常（星期一至星期四）期间，沪宁高铁75对本线高速动车组列车全部采用单组运行，跨线5对高速动车组列车按实际编组开行。（周末开行方案）在周末（星期五至星期日）期间，对沪宁高铁本线75对高速动车组列车中25对采用重联运行，跨线5对高速动车组列车按实际编组开行；7对高速动车组备用线列车根据客流情况按调度命令安排开行。2. 重新公布沪杭高铁管内高速动车组列车运行图。沪杭高铁安排开行本线350公里高速动车组列车38对，跨线高速动车组列车17对（其中8对直通高速动车组列车在京沪高铁运行图中公布），350公里高速动车组列车备用线3对，250公里动车组列车35对（其中1对直通、1对管内动车组列车在京沪高铁运行图中公布），计93对。沪杭高铁实行分号运行图，（日常开行方案）在日常（星期一至星期四）期间，沪杭高铁管内47对高速动车组列车满图开行，（周末开行方案）在周末（星期五至星期日）期间，3对高速动车组备用线列车根据客流情况按调度命令安排开行，并对沪杭高铁管内部分高速动车组列车筹措动车组车底采用重联运行。3. 其他旅客列车调整：增开旅客列车1对，停运旅客列车2对，变更旅客列车运行区段8.5对。由上海铁路局担当在外局套跑的旅客列车增开2对，停运3对。

8月16日起，调整京沪高铁开行方案。停运高速动车组列车24.5对。

8月28日起，全路实行调整列车运行图。（一）调整京沪高铁动车组列车开行方案：安排时速300公里直通高速动车组列车35对。安排时速250公里动车组列车15对。（二）其他直通旅客列车调整：增开旅客列车5对，停运旅客列车1对，变更旅客列车运行区段9对，改变旅客列车运行径由2.5对，调整旅客列车等级2对，调整上海铁路局旅客列车在外局管内套跑关系2对。（三）上海铁路局管内其他旅客列车调整：1. 重新公布沪宁高铁动车组列车运行图。沪宁高铁安排开行本线时速300公里高速动车组列车75对，跨线高速动车组列车5对，时速250公里动车组列车23对，计103对。沪宁高铁本线75对高速动车组列车车辆及乘务均由上海动车客车段、南京客运段担当。2. 重新公布沪杭高铁动车组列车运行图。沪杭高铁安排开行本线时速300公里高速动车组列车33对、跨线高速动车组列车15对，时速200公里动车组列车35对，计83对。沪杭高铁本线33对高速动车组列车、跨线9对高速动车组列车辆及乘务除杭州至上海虹桥G7304/G7405、G7310/G7411次由上海动车客车段、南京客运段担当外，其余均由上海动车客车段、杭州客运段担当。停运旅客列车4对。变更旅客列车运行区段6对。调整旅客列车车次0.5对。

9月20日起，实行2011年调整货物列车运行图的通知，调整部分旅客列车运行及办客时刻。

10月10日起，调整沪宁、沪杭部分旅客列车办客停站及运行时刻。

11月5日起，沪宁高铁部分动车组列车调整办理客运业务停站及时刻。

12月12日起，京沪高铁实行新的调整列车运行图。（一）时速300公里动车组由35对增加到60对，其中日常开行48对、周末开行55对、客流高峰期开行60对。运行区段为北京南——上海虹桥40对、北京南——南京南3对、天津西——上海虹桥3对、北京南——杭州7对、天津西——杭州2对、济南西——杭州1对、上海虹桥——青岛4对，合计60对。（二）时速250公里动车组由15对增加到16对（其中直通动车组13对、管内动车组3对），日常及周末均开行时速250公里15对、客流高峰期开行16对。（三）停运管内高速动车组列车2对。

12月28日起，沪宁高铁部分动车组列车调整办理客运业务停站及时刻。

【客运车站社会主义劳动竞赛获表彰】 2011年，根据《关于公布2010年度进京进沪进穗直通旅客快车和较大车站客运工作竞赛评比结果的通知》（铁运函〔2011〕888号），上海铁路局杭州站、徐州站、合肥站获铁道部“文明车站”称号，D314/D313、D350/D349、Z30/Z29、T32/T31、T157/6 T158/5、D105/8 D107/6、Z74/Z73、D288/5 D286/7、T104/T103、T64/T63、K108/K107、T66/T65、Z52/Z51、K328/5 K326/7、K212/09 K210/1、T99/T100、D284/1 D282/3、K162/K161、D3002/3 D3004/1、1428/1427、T164/5 T166/3、K1110/09、K527/K528、1462/1461、1504/1 1503/2、D308/D307（2011年7月停）、D306/D305（2011年7月停）、D31/D32（2011年7月停）次列车获铁道部“红旗列车”称号。

【客运职业技能竞赛】 2011年，上海铁路局客运系统组织开展客运系统乘务岗位职业技能竞赛，全局4个客运段40名选手分列车长工种和列车员工种进行业务竞赛。列车长工种竞赛成绩：第一名南京客运段胡成华、第二名杭州客运段庄卫坚、第三名上海客运段杨芳、第四名南京客运段魏鹏、第五名上海客运段蔡慧芬、第六名杭州客运段琚利梅、第七名上海客运段余淑苓、第八名杭州客运段付俊、第九名合肥客运段杨洪彤、第十名合肥客运段王莉。列车员工种竞赛成绩：第一名南京客运段徐禄荣、第二名杭州客运段李亮、第三名上海客运段费小妹、第四名南京客运段甘亚军、第五名南京客运段吴涛、第六名南京客运段孙晶。

【京沪高速铁路启用新站】 2011年，上海铁路局管内京沪高铁客运专线上海虹桥站至徐州东站正线线路全长626公里。沿线上海虹桥、昆山南、苏州北、无锡东、常州北、丹阳北、镇江南、南京南、滁州、定远、蚌埠南、宿州东、徐州东站等13个车站自7月1日起开通使用启用。其中上海虹桥站、昆山南站为与沪宁城际合建车站。

上海虹桥站站房总面积239717平方米。车站规模16台30线，第1、2、6站台为普速站台，第3、4、5站台为城际站台，第7至第16站台为京沪高速站台，设计人工售票窗口154个，进站检票闸机126台，出站闸机90台，自动售票机80台，自助查询机30

台，安检仪 44 台。

昆山南站站房总面积8994平方米。其中，京沪高铁站房 5898 平方米，沪宁城际站房 3096 平方米。车站设站台 4 座（京沪高铁、沪宁城际各 2 座），无天桥、地道。车站设人工售票窗口 16 个，自动售票机 14 台，进站闸机 20 台，出站闸机 16 台。

苏州北站站房总面积 7846 平方米。车站设站台 2 座，无天桥、地道，人工售票窗口 8 个，自动售票机 16 台，进站闸机 12 台，出站闸机 8 台。

无锡东站站房总面积 10923 平方米，为高架车站。车站设站台 2 座，无天桥、地道，人工售票窗口 8 个，自动售票机 16 台，进站闸机 12 台，出站闸机 10 台。

常州北站站房总面积 12253 平方米，为高架车站。车站设站台 2 座，无天桥、地道，人工售票窗口 8 个，自动售票机 12 台，进站闸机 10 台，出站闸机 5 台。

丹阳北站站房总面积 5978 平方米，为线侧下式车站。车站设站台 2 座，地道一座，无天桥，人工售票窗口 3 个，自动售票机 5 台，进站闸机 5 台，出站闸机 4 台。

镇江南站房总面积 5993 平方米，为高架车站，客运设施齐全。车站设站台 2 座，无天桥、地道，人工售票窗口 4 个，自动售票机 8 台，进站闸机 8 台，出站闸机 5 台。

南京南站站房总面积 387327 平方米。车站规模 15 台 28 线，第 1 至 5 站台为京沪高速站台，第 6 至 11 站台为沪汉蓉宁杭高速站台，第 12 至 15 站台为宁安高速站台，设计人工售票窗口 50 个，进站检票闸机 112 台，出站闸机 86 台，自动售票机 60 台，自助查询机 18 台，安检仪 14 台。

滁州站站房总面积 4000 平方米，为线侧下式车站，客运设施齐全。车站设站台 2 座，地道两座，无天桥，人工售票窗口 4 个，自动售票机 4 台，进站闸机 4 台，出站闸机 4 台。

定远站站房总面积 4000 平方米，为线侧平式车站，客运设施齐全。车站设站台 2 座，地道一座，无天桥，人工售票窗口 3 个，自动售票机 3 台，进站闸机 5 台，出站闸机 4 台。

蚌埠南站站房总面积 11998 平方米，为线侧平式车站。车站设站台 5 座，地道一座，天桥一座，人工售票窗口 8 个，自动售票机 9 台，进站闸机 12 台，出站闸机 8 台。

宿州东站站房总面积 4997 平方米，为线侧下式车站。车站设站台 2 座，地道两座，无天桥，人工售票窗口 4 个，自动售票机 2 台，进站闸机 4 台，出站闸机 4 台。

徐州东站站房总面积 14888 平方米，为线侧平式车站。车站设站台 7 座，地道一座，天桥一座，人工售票窗口 10 个，自动售票机 11 台，进站闸机 16 台，出站闸机 8 台。

【客服中心设施功能改善】 9 月 27 日，上海铁路局客服中心增设 12306 客服号，将人工服务与电话订票分开。年末实施扩建改造，中心人工座席由 20 个增加至 120 个，同时增加信息发布、在线服务等功能。

（四）货运服务

【概况】 2011 年，上海铁路局货运系统坚持“规范管理、强化基础、盯控关键”思路，强化货运安全风险管理，提高货运服务质量，实施多元化经营。至年末，完成货物发送 24736 万吨，为年度计划的 98.2%。完成货运收入 163.3 亿元，为年度计划的 98.7%。完成保价收入 13553 万元，为年度计划的 101.9%。完成集装箱发送 62 万 TEU，同比增长 9.19%。全局货运未发生货运责任一般 C 类及以上铁路交通事故，未发生责任货运重大事故、货运从业人员责任死亡事故、责任火灾事故。

2011年上海铁路局货运任务指标完成情况表

项目	单位	计划	实绩	完成%
货物发送	万吨	25200	24736	98.2
其中：集装箱	万TEU	55.9	62	110.91
货物运输收入	亿元	165.48	163.35	98.7
货物保价收入	万元	13300	13553	101.9
装卸作业量	万吨		14788	
其中：路工	万吨		7170	
装卸机械化比重	%		77.5	

【货运运价管理】 4月1日起，国家铁路货物统一运价平均每吨公里由10.31分提高到10.51分。7月16日起，台州南站开办货运业务。沪深线甬瓯段、温瓯线发到货物运价：整车货物0.18元/吨公里，自轮运转货物：0.54元/轴公里，20英尺3.6元/箱公里，40英尺集装箱6.12元/箱公里，空自备箱按重箱费率40%计算。12月1日起，墟沟北线开办货运业务，执行国铁统一运价。

【集装箱运输】 2011年，上海铁路局集装箱办理站共61个，其中集装箱公司直属站2个（杨浦、北仑港），集装箱中心站1个（芦潮港）。至年末，全局完成集装箱发送62万TEU，发送吨950万吨。完成海铁联运发到102923TEU，较2010年增加31513TEU，增幅44.1%。

【危险品货物运输】 2011年，上海铁路局有危险货物办理站106个，其中站内危险货物办理站3个，办理危险货物运输业务的专用线153条，具有危险货物托运人资质的企业93家。至年末，完成危险品发送7829162吨，到达9473752吨。其中罐车发送7533754吨，到达8741884吨。

【超限超重货物运输】 2011年，上海铁路局开办超限超重货物运输的线路50条，开办超限超重货物运输的直属站、段（包括合资公司）24个、营业站94个（其中货场作业76个，专用线、专用铁路40家）。至年末，全局装运超限货物6627辆，其中客专建设超限预制梁4200辆，接运超限货物2510辆。开行超限专列2列，接运超限专列5列。

【货物保价运输】 2011年，上海铁路局办理货物保价运输324.5万批，占货物总发送批的80.6%，同比增加3.5个百分点。发送保价货物19739.4万吨，占货物总发送吨的79.9 %，同比增加0.3个百分点。至年末，全局货物保价运输收入13544.8万元，为年度任务的101.8 %。保价货运事故赔付率2.39%，同比下降1.82个百分点。

【保价货物事故处理工作】 2011年，上海铁路局办理货运保价赔偿案件1794件（其中上海铁路局办理5000元以上赔偿案件318件），赔款324.5万元。办理运输站段赔款清算1384件。办理相关铁路局间赔款转帐672批，款额126.1万元。

【货运设备设施投资】 2011年，上海铁路局下达保价更改计划2646.2万元，重点投资保价及事故处理系统计算机和制票计算机及打印机、北郊站等4站货场标识系统、徐州北站超偏载和视频监控等设施。下达保价运输设备大修预算1470.5万元，重点整修部分失修的仓库、货场硬面、通路和南翔站等站的超偏载设备。铁道部安排保价运输设备投资项目 3 项，分别为龙游东、镇江南、砀山站雨棚工程，安排补助项目 6 项，总投资额 2193.0 万元。12 月 28 日，合肥北物流基地建成并开通运营。

【专用线运输管理】2011 年，上海铁路局有专用线（专用铁路）621 条，其中开展共用的专用线 108 条，共用单位 883 家。全局货运办理站中，有专用线接轨 234 个。至年末，全局专用线发送 20497.4 万吨，占总发送量的 83%，专用线到达 21732.1 万吨，占总到达量的 72.5%，合计专用线发到量占全局货物发到量的 77.2%。

【第三方满意度测评获表彰】2011 年，上海铁路局推行第三方满意度测评。货站总体满意度 88.50 分，比 2010 年提升 1.28 分。货站装卸服务总体满意度 82.55 分，比 2010 年提升 0.54 分。其中北郊站、常州货运车间分别以 97.83 分、97.58 分荣获“全路客货运窗口用户满意单位”表彰。

【装卸工作】2011 年，上海铁路局有装卸从业人员 16297 人，其中铁路职工 4374 人，委外 11923 人。有装卸机械 1288 台，其中桥吊 38 台、门吊 230 台、电动轨道吊 38 台、轮胎吊 15、履带吊 1 台、卸煤机 35 台、装载机 219 台、内燃叉车 382 台、电瓶叉车 178 台、行包牵引车 21 台、委外自备机械 28 台、其它机械 2 台。至年末，全局站内装卸作业总量 1.48 亿吨，其中路工作业量 7170 万吨，委外作业量 7618 万吨。装卸机械化作业比重 74.5%，委外作业比重 51.5%。

【装卸设备设施更新改造】2011 年，上海铁路局实施装卸设备设施更新改造及大修共 436 项，总投资额 4954 万元，其中更新改造 229 项，投资额 3672 万元。大修 207 项，投资额 1282 万元。南京东、镇江、宁波等 3 个流动煤炭抑尘站相继建成投产，全局 24 个煤炭抑尘站（其中，固定抑尘站 14 个，流动抑尘站 10 个）实施煤炭抑尘喷洒作业 1803297 车，覆盖率 90.3%。

（五）综合经营

【概况】2011 年，上海铁路局非运输企业探索“多元化经营、一体化管理、全口径核算”有效运作方式。统筹开发利用全局生产经营资源，理顺三项业务界面关系。明确局机关部门、站段、非运输企业经营管理职责，构建多元化经营管理体系。建立关联考核机制，增强各方面实施多元化经营主动性。拓展铁路内外市场，开创良好经营效益。至年末，全局非运输企业总资产 171.88 亿元，非运输企业职工 20172 人，集体职工 13768 人；实现营业收入 293 亿元、利润 2.01 亿元，同比分别增长 39.5% 和 29.7%。

【实业项目开发】2011 年，上海铁路局多元经营投资中心开发推广项目和新拓展业务 20 项，取得 1.5 亿元新增效益。与局管内“八矿五港”合作，开展“门到门”物流服务，完成合肥北等 5 个物流基地的建设和改造。完成京沪高铁 13 个车站商业开发，创新实施自营便利店、自营自助售货机、ERP 企业资源管理系统和 VIP 服务项目。完成高铁车站和动车广告招商工作，实现近 2 亿元 / 年新增收入。参与局内更改项目、大基建配套项目、拆迁配合项目、大修项目、甲控物资供应和涉铁工程建设项目，实现 20% 以上收入增量。开展商品房在建和销售工作，承担安居房项目建设任务。拓展增压器维修和轮对大修业务，协调推进客车洗涤剂销售和拓展保险代理业务。

【高铁配套服务】2011年，上海铁路局多元经营投资中心完成包括上海虹桥站、南京南站2个特大型枢纽站在内的62个新型高铁客站1期商业开发。在高铁车站引入名品名店，优化调整经营布局。规范售票、商贸、餐售作业标准。围绕高铁线路设计优化旅游产品，提供延伸服务。投入资金230万元改善保洁机械化作业水平，提高站车及库内卫生质量。

【多经企业重组整合】2011年，上海铁路局多元经营投资中心实施企业重组整合，优化经营管理结构，至年末，全局注销法人企业20家，实施房建等相关业务调整。

【多经安全管理】2011年，上海铁路局多元经营投资中心吸取“7·23”事故教训，开展安全大检查、大整治和安全基础建设，巩固提升非运输企业安全管理水平。突出高铁和客车安全，强化安全关键卡控和隐患整治，发现问题3843个，完成整改3826个。保证企业安全生产投入，统一安装施工安全3项保障设施，对消防设施整治、施工装备投入费用2811万元。修订完善全覆盖岗位工作标准和安全责任制，严格安全质量考核，推行企业安全管理评估，加强安全基础建设。

【全国铁路动车组列车平面广告媒体使用和经营权联合招商推介会在上海举行】2011年10月18日，全国铁路动车组列车平面广告媒体使用和经营权联合招商推介会在上海举行。11个开行动车组铁路局的12家广告公司，向来自全国300余家客户推介动车组列车广告产品。

（孔令贵）

（一）综述

2011年，上海民航2个机场（虹桥机场、浦东机场）旅客吞吐量7456.02万人次（含过站人数），比上年增长3.73%，其中虹桥机场旅客吞吐量3311.24万人次，浦东机场旅客吞吐量4144.77万人次。全年两机场货邮吞吐量353.93万吨，比上年下降4.56%，其中虹桥机场货邮吞吐量45.41万吨，浦东机场货邮吞吐量308.53万吨，继续居全球第三位。全年两机场起降飞机57.39万架次，比上年增长4.14%，其中在虹桥机场起降22.98万架次，在浦东机场起降34.41万架次。分航线统计，全年两机场国内航线旅客吞吐量5228.84万人次，比上年增长2.39%，占全年旅客吞吐量的70.13%，其中虹桥机场3085.15万人次，浦东机场2143.69万人次。国际航线旅客吞吐量1609.08万人次，比上年增长6.04%，占全年旅客吞吐量的21.58%，其中虹桥机场100.35万人次，浦东机场1508.74万人次。地区航线旅客吞吐量618.09万人次，比上年增长9.72%，占全年旅客吞吐量的8.29%，其中虹桥机场125.75万人次，浦东机场492.34万人次。全年两机场国内航线货邮吞吐量81.68万吨，比上年下降5.12%，占全年货邮吞吐量的23.08%，其中虹桥机场44.27万吨，浦东机场37.41万吨。国际航线货邮吞吐量232.93万吨，比上年下降3.47%，占全年货邮吞吐量的65.81%，其中虹桥机场0.66万吨，浦东机场232.27万吨。地区航线货邮吞吐量39.32万吨，比上年下降9.57%，占全年货邮吞吐量的11.11%，其中虹桥机场0.48万吨，浦东机场38.84万吨。全年两机场保障国内航线航班起降390996架次，比上年增长2.62%；国际航线132036架次，比上年增长5.34%；地区航线43028架次，比上年增长12.60%。全年新增9家航空公司开航，新增11个国际国内通航点。至年底，共有48个国家和地区的119个通航点（含中国香港、澳门、台湾）和国内的111个通航点与上海通航，有24家国内航空公司和71家国际及地区航空公司开通上海的定期航班。

基地设在上海的航空运输公司有6家：中国东方航空股份有限公司、上海航空有限公司、春秋航空股份有限公司、上海吉祥航空股份有限公司（7月25日由上海吉祥航空有限公司更名为上海吉祥航空股份有限公司）、中国货运航空有限公司（5月31日由原中国货运航空有限公司、上海国际货运航空有限公司、长城航空有限公司合并重组成立）、扬子江快运航空有限公司。

民航上海航空器适航审定中心开展以大型客机C919和ARJ210-700等飞机的型号审定、适航标准研究、课题项目技术攻关以及航空器评审工作。

（二）华东民航

【概况】2011上海地区航班运行协调指挥中心成立，该中心对航班的日常运行实施监控和指挥；第四届上海国际航空航天技术与设备展览会暨首届上海国际商务航空展开幕。

【区域导航（RNAV-1）飞行程序运行】3月10日0时，虹桥、浦东两机场启动RNAV-1飞行程序试验运行。至5月4日24时，两机场实施2个周期的RNAV飞行程序试验运行，强制实施时段内的执行率达到98.27%，取得良好的运行效果，实现试验运行的预期目标。5月5日0时起，虹桥、浦东两机场正式运行RNAV-1飞行程序。该飞行程序的实施，优化进离场航线结构，有利于提高既有空域容量、提升机场的运行保障能力和安全裕度、改善机场噪声环境，也有利于提升空管安全保障能力。

【上海地区航班运行协调指挥中心成立】8月1日，由民航华东地区管理局牵头，上海地区的航空运输公司及上海机场集团公司、华东空管局、中航油华东公司等单位组成的上海地区航班运行协调指挥中心正式运行。该中心对航班的日常运行实施监控和指挥，发生航班大面积延误时，作为上海地区航班延误运行协调的最高指挥机构，及时启动应急处置预案，对航班恢复运行进行协调和指挥。8月6日—7日在应对“梅花”强台风中，各单位通过中心这个平台，及时交流传递运行所需的各类信息，决策处理航班生产和保障环节中需要协调解决的困难和矛盾，提高工作效率和执行效果，发挥统一指挥、信息共享、合作联动、各司其职的协调作用。该中心办公地点设在华东空管局运行管理中心。

【第四届上海国际航空航天技术与设备展览会暨首届上海国际商务航空展开幕】4月13日，第四届上海国际航空航天技术与设备展览会暨首届上海国际商务航空展开幕式开幕。此次展会持续到4月15日，展出面积约4万平方米，波音、湾流、豪客、庞巴迪、赛斯纳等30余架公务机集体亮相。

【上海审定中心试飞团队对 A330-200 货机进行试飞】6 月 27 日，上海航空器适航审定中心试飞团队第一次以 CAAC 审查方的身份在法国空客公司对 A330-200 货机进行试飞，取得了历史性突破。

【机场管理】年内，由昆山开发区管委会、上海国际机场股份有限公司、东方航空三方合作建造的上海航空枢纽辐射范围内的首个异地航站楼——昆山航站楼启用。推进浦东机场第四、五跑道工程建设前期工作，项目建议书获国家发展改革委批复同意。浦东机场 T1 航站楼改造工作有序推进，成立上海机场建设指挥部 T1 改造分指挥部，完成改造方案的研究制定、预可研报告的编制。浦东机场西货运区的敦豪公司（DHL）北亚转运中心工程建设完成主体结构施工。虹桥机场东跑道大修工程 6 月 15 日开工，经过 5 个多月的不停航施工，11 月 20 日完成。浦东机场、虹桥机场分别实现第十二个、第二十四个安全年，完成“春运”、全国“两会”、利比亚撤侨、第十四届游泳世界锦标赛等保障任务。两机场旅客满意率稳定在 93%以上。全球机场协会 (ACI) 旅客满意度测评中，浦东机场得分保持前十位；虹桥机场被 Skytrax 评为国内第三家“四星机场”。上海机场集团主商标被认定为上海市著名商标。

（三）航空公司

【概况】年内，东方航空正点率 79.04%，连续 3 年排名全行业第一；中国民航信息网络股份有限公司为东方航空定做的个性化离港系统（Angel MUSIC）投入运行；与云南省共同投资组建的合资公司——东方航空云南有限公司成立；国家工商总局商标局认定“中国东方航空 CHINA EASTERN 及图”注册商标为中国驰名商标。上海航空以 99.89 分通过国际航协运行安全审计（IOSA）复审。春秋航空通过《大型飞机公共航空运输承运人运行合格审定规则》（CCAR-121-R4）补充运行合格审定；与河北省政府签署《共同推进河北航空运输发展战略合作框架协议》，石家庄基地建设启动；举行系列公益活动庆祝春秋航空成立 30 周年。吉祥航空新增 5 架 A320 新飞机；事故征候万时率和事故征候万架次率为 0；通过与德国汉恩航空公司开展双边联运合作、与美国 ATPCO 签订合作协议、加入全球分销系统 Abacus 等，拓宽销售网络；通过 IOSA 复审、CCAR-121-R4 补充运行合格审定。中货航完成活动物（猴子）从柬埔寨金边经浦东中转日本大阪运输任务，开创国际转国际特种货物运输模式；实现国内 16 个早航班的客机腹舱全部满载快邮件，启动国内早航班快邮专线销售的试运作；淘宝易拍得产品增至亚太线、韩国线、欧洲线、香港线和国内 20 个航班，在其官网开辟国际货个性化订单。扬子江快运构建从上海出发、覆盖大陆主要城市、连接欧亚大陆的世界性航空服务网络，进一步建构“以上海为中心，涵盖亚洲周边，辐射欧美”的国际货运网路。

【东方航空飞行安全五星奖】截至 7 月，东方航空实现连续安全飞行 500 万小时，安全运送旅客 2.8 亿人次，获中国民航局颁发的飞行安全五星奖。

【东方航空执行从利比亚撤侨任务】2 月 21 日 -3 月 5 日，根据外交部、中国民航局执行从利比亚撤侨的指示，东方航空连续 8 天共派出 26 班包机，接回华侨 6722 人。其中东方航空投入 A330 机型 8 架次、A340 机型 11 架次，上海航空投入 B767 机型 7 架次；飞往马耳他 19 班、突尼斯 4 班、阿联酋迪拜 3 班。

【东方航空加入天合联盟】6月21日，东方航空在北京人民大会堂举行仪式，宣布正式加入天合联盟，上海航空随同母公司一起正式加入天合联盟。借助天合联盟，东方航空将航线网络扩大到全球范围，有利于满足客户需求，给旅客和货主更多的旅行路线和货运班次的选择机会。同时，联盟也是东方航空争取规模经济、降低生产成本、提高国际竞争实力的有效手段。

【东上维修系统资源整合圆满完成】为更好地满足打造上海航空枢纽港的战略需求，进一步促进东航、上航整合进程，提升航空器机务维修水平，东航、上航于2010年12月6日正式启动东上机务维修系统资源整合项目，拟将上航原有CCAR-145部维修资源、CCAR-147部培训资源转移至东航，旨在对两家公司上海地区维修和培训资源进行融合，优化机构设置，统一维修标准，提升工作效能，提高维修质量，打造一流的机务维修队伍。6月30日，华东局在上海召开东上维修系统资源整合颁证仪式。颁证仪式的召开标志着东上维修系统资源整合工作圆满结束。这对提高华东地区飞机维修质量、保障飞行安全具有重要的意义。

【东方航空新疆喀什—西藏阿里航线首次飞行成功】11月25日，东方航空A319-115型6172号飞机，从新疆喀什起飞，在居世界海拔高度第三位的机场——海拔4274米的西藏阿里昆莎机场降落，喀什至阿里空中航线首次试飞成功。从阿里到喀什，由5年前地面交通的230个小时行程，缩短为空中的1小时20分钟。

（秦亚洁）

【春秋航空推出商务经济座产品】9月12日，春秋航空在上海—广州每天单程3个航班上试运行商务经济座服务，12月13日在上海至广州、北京、重庆、西安、厦门、深圳、乌鲁木齐等23条航线正式推出该产品。商务经济座使传统经济舱中高价格舱位的旅客享受更多服务，如专柜值机、优先登机，间距为108厘米（国际标准为71厘米）的首排座位，提供特供餐食、免费饮料等。商务经济座是国际上低成本航空公司的普遍做法，春秋航空听取商务旅客意见后推出该产品，系其低成本战略的差异性服务的延伸。

（谢 伟）

【吉祥航空加入粤港澳海天联运服务体系】3月25日，吉祥航空正式加入粤港澳海天联运服务体系并获得运营资格，通过与香港机场海天客运码头、信德中旅船务管理有限公司合作，提供跨境“飞机＋快船”无隙接驳服务。此举使旅客可由澳门及珠三角地区城市乘坐快船抵达香港机场中转吉祥航空沪港航班，方便前往粤港澳地区的旅客。“海天联运”服务将快船航班与沪港航班时刻合理对接，全过程比由陆路经香港市区的传统入境路线缩短2小时左右，旅客可享受全程行李托运的“行李直挂”特色服务。同时，在澳门外港码头搭乘“喷射飞航”航班前往香港机场海天码头，并于24小时内转机的旅客，可于海天码头退税柜台获得香港离境税120港币的现金退税。8月1日，吉祥航空又与珠江客运有限公司签署合作协议，使“海天联运”的服务区域更为广泛。

（张琼）

【中货航运送中国政府首批援日救灾物资】3月14日，承载100吨援日救灾物资的中国政府第一架包机——东方航空B777全货机中货航CK5001航班从上海浦东机场飞抵日本东京羽田机场。运载物资包括900顶帐篷、2000床毛巾被、200台手提式应急灯等，总价值1000万元。

【联合重组的中国货运航空有限公司成立】 5月31日，由东方航空、中国远洋运输（集团）总公司、长荣航空和新加坡货运航空公司共同投资，在原中货航、上货航、长城航空的基础上联合重组而成的中国货运航空有限公司在上海举行挂牌成立仪式。新的中货航为中国国内最大的货运航空公司，注册资本30亿元，股权比例为东方航空51%、中国远洋运输（集团）总公司17%、长荣航空16%、新加坡货运航空公司16%。

（秦亚洁）

【扬子江快运运送台湾回赠大陆的长鬃山羊与梅花鹿】 4月16日，扬子江快运一架B-737飞机载着长鬃山羊"喜羊羊"、"乐羊羊"和梅花鹿"繁星"、"点点"，从台湾飞抵山东威海。这是祖国大陆向台湾地区赠送大熊猫"团团"、"圆圆"后，台湾回赠大陆的长鬃山羊和梅花鹿。

（仲宝森）

【扬子江快运获得民航"安康杯"荣誉称号】 扬子江快运航空有限公司连续六年（2005-2010）荣获民航华东地区"安康杯"竞赛活动优胜企业称号，并连续两年（2009-2010）荣获全国民航"安康杯"优胜企业称号。

【东方公务航空获颁CCAR-91部航空器代管人运行规范】 3月31日，民航华东地区管理局在上海召开东方公务航空服务有限公司CCAR-91部航空器代管人《运行规范》颁证会议。

（熊巍）

基地设在上海的航空公司年度基本情况

航空公司	东方航空上海航空	春秋航空	吉祥航空	中货航	扬子江快运
旅客运输量(万人次)	6872.50	715	435	—	—
比上年增长(%)	5.84	22	21	—	—
在上海地区(万人次)	3215.78	635	435	—	—
占上海民航两个机场旅客运输量(%)	43.12	8.51	5.83	—	—
货邮运输量(万吨)	144.31	3.9	4.18	69.04	15.55
比上年增长(%)	- 1.49	10.6	20	- 4.3	3.65
在上海地区(万吨)	92.71	3.4	4.18	69.04	3.94
占上海民航两个机场货邮运输量(%)	26.19	1	1.18	19.50	1.11
航线(条)	494	48	39	28	45
拥有飞机(架)	376	28	22	19	14
年平均客座率(%)	78.89	94.4	87	—	—

上海新开通的国内航线

航空公司	航线	开通日期	航班号	机型	出发机场	班期
东方航空	上海—丽江	2月2日	MU7597	B737	虹桥机场	周一、二、三、四、五、六、日
东方航空	上海—达州—上海	3月29日	MU5441/2	A319	浦东机场	周二、四、六
东方航空	上海—盐城—上海	7月2日	MU5529/30	A320	浦东机场	周四、日
东方航空	上海—西宁—上海	10月30日	MU2309/10	A320	虹桥机场	周一、二、三、四、五、六、日
春秋航空	上海—黔江—昆明	9月26日	9C8875/6	A320	虹桥机场	周二、七
春秋航空	上海—北京—上海	9月30日	9C8991/2	A320	虹桥机场	周一、二、三、四、五、六、日
春秋航空	上海—成都—上海	11月30日	9C8887/8	A320	虹桥机场	周一、二、三、四、五、六、日
吉祥航空	上海—满洲里—上海	5月7日	HO1237/8	A319/A320	浦东机场	周二、三、七
吉祥航空	上海—通辽—上海	6月7日	HO1155/6	A319/A320	浦东机场	周一、三、五、七
吉祥航空	上海—北京—上海	10月10日	HO1251/2	A320	虹桥机场	周一、二、三、四、五、六、日
吉祥航空	上海—海口—上海	10月30日	HO1271/2	A320	虹桥机场	周一、二、三、四、五、六、日
中货航	上海—深圳—上海	6月1日	CK297/8	75F	浦东机场	周一、二、三、四、五、六
中货航	上海—厦门—上海	6月1日	CK295/6	75F	浦东机场	周二、三、四、五、六
中货航	上海—北京—上海	6月8日	CK269/70	75F	浦东机场	周二、三、四、五、六、日
中货航	南宁—上海	11月3日	CK6610	ABF	吴圩机场(到达浦东机场)	周四
扬子江快运	上海—成都—上海	6月8日	Y8－7937/8	B737F	浦东机场	周一、二、三、四、五、六、日

注:根据东方航空、春秋航空、吉祥航空、中货航、扬子江快运报送的资料整理

上海新开通的国际及港澳台地区航线

航空公司	航线	开通日期	航班号	机型	出发机场	班期
东方航空	上海－塞班－上海	3月28日	MU589/90	B76E	浦东机场	周一、五
东方航空	上海－罗马－上海	3月29日	MU787/8	A332	浦东机场	周二
东方航空	上海－胡志明市－上海	7月11日	MU281/2	A320	浦东机场	周一、二、三、四、五、六、日
东方航空	上海－河内－上海	7月12日	MU573/4	A320	浦东机场	周二、四、日
东方航空	上海－夏威夷－上海	8月9日	MU571/2	A343	浦东机场	周二、五
春秋航空	上海－澳门－上海	4月8日	9C8875/6	A320	浦东机场	周一、二、三、四、五、六、日
春秋航空	上海－高松－上海	7月15日	9C8889/90	A320	浦东机场	周二、五
吉祥航空	上海－澳门－上海	6月23日	HO1297/8	A319/A320	浦东机场	周一、四、五、七
中货航	上海－阿姆斯特丹－上海	6月1日	CK205/6	77F	浦东机场	周一、二、三、四、五、六、日
中货航	上海－安克雷奇－亚特兰大－芝加哥－安克雷奇－上海	6月1日	CK219/20	74F	浦东机场	周二、三、四、五、六、日
中货航	上海－新加坡－上海	7月6日	CK283/4	M1F	浦东机场	周三、五、日
中货航	上海－安克雷奇－达拉斯－芝加哥－安克雷奇－天津－上海	9月8日	CK229/30	74F	浦东机场	周一、四、六
中货航	上海－安克雷奇－达拉斯－芝加哥－安克雷奇－上海	9月8日	CK229/34	74F	浦东机场	周三、五、日
中货航	上海－阿姆斯特丹－天津－上海	9月8日	CK205/4	77F	浦东机场	周三、五、日
中货航	上海－安克雷奇－亚特兰大－芝加哥－安克雷奇－天津－上海	9月8日	CK233/4	74F	浦东机场	周三、五、日
中货航	上海－新加坡－重庆－上海	9月29日	CK265/6	M1F	浦东机场	周四
中货航	上海－南宁－达卡－南宁	11月3日	CK293/4	ABF	浦东机场	周四
中货航	上海－新加坡－成都－上海	11月5日	CK285/6	M1F	浦东机场	周三、六
中货航	上海－曼谷－上海	11月7日	CK295/6	M1F	浦东机场	周二、三、四、五、六、日
扬子江快运	上海－青岛－洛杉矶－上海	2月20日	Y8－7469/70	B747F	浦东机场	周三、四、六、日
扬子江快运	上海－成都－卢森堡－布拉格－上海	3月28日	Y8－7459/60	B747F	浦东机场	周一、四
扬子江快运	上海－重庆－莫斯科－卢森堡－上海	5月8日	Y8－7453/4	B747F	浦东机场	周三、五、日
扬子江快运	上海－安克雷奇－芝加哥－安克雷奇－上海	6月22日	Y8－7465/6	B747F	浦东机场	周三、五、日
扬子江快运	上海－郑州－卢森堡－布拉格－上海	7月30日	Y8－7455/6	B747F	浦东机场	周五、日
扬子江快运	上海－名古屋－上海	12月27日	Y8－7437/8	B737F	浦东机场	周二、四、日
扬子江快运	上海－北九州－东京羽田－上海	12月28日	Y8－7435/6	B737F	浦东机场	周一、二、三、四、五、六、日

注:根据东方航空、春秋航空、吉祥航空、中货航、扬子江快运报送的资料整理

上海取消的国内航线

航空公司	航线	取消日期	航班号	出发机场
东方航空	上海—铜仁—上海	6月8日	MU5273/4	虹桥机场
春秋航空	上海—温州—上海	3月26日	9C8823/4	虹桥机场

注:根据东方航空、春秋航空报送的资料整理

上海取消的国际及港澳台地区航线

航空公司	航线	取消日期	航班号	出发机场
东方航空	上海—福岛—上海	2月7日	MU781/2	浦东机场
中货航	上海—卢森堡—上海	9月8日	CK201/2	浦东机场
中货航	上海—安克雷奇—达拉斯—芝加哥—安克雷奇—北京—上海	9月8日	CK229/30	浦东机场
扬子江快运	上海—天津—卢森堡—布拉格—上海	3月27日	Y8-7457/8	浦东机场
扬子江快运	上海—天津—卢森堡—上海	5月8日	Y8-7451/2	浦东机场

注:根据东方航空、中货航、扬子江快运报送的资料整理

（一）综述

2011年是上海邮政业全面实施“十二五”规划实现良好开局的一年。一年来，全行业以科学发展为主题，以加快转变发展方式为主线，以结构调整为主攻方向，深化邮政改革，优化发展环境，不断增强服务能力，健全保障机制，满足社会需求，推动邮政基本公共服务均等化，促进快递转型升级，推动行业规模不断扩大。

2011年，上海市邮政企业和规模以上快递服务企业业务收入（不包括邮政储蓄银行直接营业收入）完成163.5亿元，同比增长31.7%；业务总量完成148.1亿元，同比增长23.0%。

2011年，邮政函件业务完成13亿件，同比增长11.8%；包裹业务完成527.1万件，同比下降0.5%；报纸业务完成12.2亿份，同比增长5.6%；杂志业务完成4830.6万份，同比增长13.2%；汇兑业务完成888.4万笔，同比下降6%。

2011年，上海市邮政公司全年完成业务

收入44.72亿元，其中函件业务收入15.85亿元、发行业务收入6.62亿、包裹分销业务收入9411万元、集邮业务收入7.73亿元、代理金融业务收入10.53亿、代理速递物流业务收入3893万元、代理信息业务收入5199万元。

2011年，上海市规模以上快递服务企业业务量完成4.09亿件，同比增长68.2%；业务收入完成121.8亿元，同比增长40.5%。其中，同城快递业务收入完成9.8亿元，同比增长66.7%；异地业务收入完成39.2亿元，同比增长46.8%；国际及港澳台业务收入完成35.8亿元，同比增长1.4%。

（二）行业监管

【概况】2011年，上海市邮政管理局在立法、规划、政策上均取得了突破。《上海市实施〈中华人民共和国邮政法〉办法》（草案）被列入2012年市人大常委会正式立法项目。结合全面宣贯《邮政法》、《邮政业十二五规划》，编制发布了《上海邮政业十二五规划》。上海市邮政管理局全面协调营造了有利于行业发展的政策环境，争取到中央有关领导、市委市府主要领导的关心支持、亲自批示，市领导召集会议对本市快递服务发展专题研究并形成了一系列意见，大大推动了制约影响本市快递业发展瓶颈问题的破解。积极协调争取为快递保持了良好的税收政策，地税部门暂不将快递服务纳入增值税扩围范畴。

2011年，上海市邮政管理局进一步推动普遍服务设施的建设，健全普遍服务监督体系。完善普遍服务终端网络规划，积极协调将涉及全市七个区共计47个邮政配套设施项目纳入市安居工程大型居住社区配套建设。全年共评审、批复邮政系统专业规划13个，其中12个大型居住社区邮政规划，1个布宜诺项目核心区邮政规划，并与市邮政公司建立了大型居住社区邮政设施建设政企联合工作机制。年内，推进上海市第二轮信报箱建设和改造工作，积极协调将信报箱建设纳入上海旧城改造工程，使得本市新建住宅信报箱安装率已达到100%，全市中心城区的信报箱安装率已经在95%以上。健全了邮政普遍服务社会监督体系，定期开展普遍服务运行情况的评估和用户满意度的测评并定期反馈公布。全年开展社会监督活动484人次，监督邮政服务网点431个。贯彻实施《邮票发行监督管理办法》，做好了“建党90周年”和“辛亥革命100周年”等重大题材邮票的发行监督工作。

2011年，上海市邮政管理局围绕“促能力、强服务”有效开展了快递监管工作，积极指导营造快递“总部经济”。一是妥善应对快件“爆仓”现象，组织企业做好旺季服务工作。启动应急预案，健全组织领导体系，指导企业加强内部调度、保障留守人员配备、切实执行服务承诺、坚持安全生产；加强服务监管，实施24小时值班，局领导带队对企业检查，局“12305”电话热线保持24小时电话受理，确保了旺季服务工作有序开展，社会反响良好，快递的基础产业地位更加凸显。二是积极服务企业。全年共向273家在沪经营快递业务的法人企业核发了《快递业务经营许可证》，累计为837家快递企业发放了经营许可；全面推进邮政业人才队伍建设，实现校企合作的突破，指导韵达快运公司与上海经济管理学校实现合作；全年完成4179名快递业务员的职业技能鉴定考试工作，合格率达84%，近2万名从业者参加快递业务员职业技能鉴定考试。

2011年，上海市邮政管理局进一步保障重大活动，维护市场秩序和行业安全。一是固化世博工作经验，通过加强与有关部门的协调配合、制定实施寄递物品四项“基本制度”（寄递企业申请登记制度、数据预先申报制度、专人持证上岗制度、核对登记寄件人证件和全面核实填写“面单”制度），保障了第14届国际泳联世界锦标赛、第26届世界大学生夏季运动会期间的邮路安全和服务。二是开展了专项执法第二阶段检查。全年共出检1661人次，检查企业372家，查处无证经营企业56家、其他不规范行为的企业2家，并对104家企业下达了整改通知书。三是贯彻落实《邮政行业安全监督管理办法》，取得了良好效果。全年共查获枪支弹药25件、管制刀具122件、其他禁限寄物品13072件，协助抓获犯罪嫌疑人3人，查获毒品90克。

2011年，上海市邮政管理局大力构建“政府监管、行业自律、社会监督”的政风行风建设格局。局领导做客上海市人民广播电台“政风行风热线”节目；组织受理市“纠风在线”网站转来的意见投诉；引导快递企业开展行风建设工作，效果日益显现，圆通公司客服部申报获得“全国青年文明号”荣誉称号。另外，做好国家邮政局组织的中央媒体采访团对“三通一达”公司采访的接待安排工作。组织安排新华社上海分社、上海《解放日报》等上海本地媒体一同采访、予以正面宣传报道。新华社关于上海快递发展的内参获得中央有关领导和市委市府主要领导的批示，引起了各级领导对快递服务的高度重视。

【国家邮政局表彰上海市邮政管理局在世博期间的工作】 1月13日，国家邮政局2011年工作会议对2010年上海世博会邮政服务与邮路安保工作先进集体进行了表彰。国家邮政局王渝次副局长在会上宣读了《国家邮政局关于表彰中国2010年上海世博会邮政服务与邮路安保工作先进集体的决定》，授予上海市邮政管理局和国家邮政局上海世博会工作办公室“上海世博会邮政服务与邮路安保工作先进集体”荣誉称号。马军胜局长和苏和副局长分别为两部门颁发了奖牌。

【召开快递“春运”部署动员会】 1月28日，上海市邮政管理局李惠德局长主持召开快递“春运”部署动员会，专题调研解决“爆仓”问题，有关快递企业负责人参加了会议。

【上海市部分政协委员调研快递业并在两会上建言献策】 1月30日，在上海市政协副主席李良园、蔡威带领下，市部分政协委员一行40余人专题视察调研上海快递业发展情况，听取了上海市邮政管理局李惠德局长的工作汇报，并实地视察了上海圆通快递公司。

【国家邮政局马军胜局长专题调研上海快递服务发展工作】 3月23日—24日，国家邮政局局长马军胜一行在上海专题调研快递服务发展工作。调研组先后实地考察了位于上海青浦快递物流园区的韵达快运、中通速递企业总部，申通快递的虹桥、七浦路网点与圆通速递的闸北、静安网点、快件分拣场地以及办公区域，并慰问一线员工。

【上海市副市长沈骏会见马军胜局长】 4月8日，上海市副市长沈骏会见了来沪视察调研的国家邮政局马军胜局长一行。双方就加快上海快递服务发展，服务上海“四个中心”建设等工作深入交换了意见。上海市政府副秘书长尹弘、市建设交通工作党委许德明书记、市建设交通委沈晓苏副主任陪同会见，上海市邮政管理局局长李惠德、上海市邮政公司总经理陈必昌出席会见。

【中央媒体采访团采访上海快递业】 4月20日～21日，由人民日报、经济日报、中央人民广播电台等中央新闻媒体和新华社上海分社、国家邮政局新闻宣传中心、《快递》杂志等媒体记者组成的中央媒体采访团来到位于上海青浦快递物流园区的申通快递总部、圆通速递企业总部、韵达货运总部、中通速递总部进行采访。上海市邮政管理局局长李惠德、上海市快递协会相关负责人等陪同采访。

【各级领导对上海快递产业内参件作出批示】4月～5月期间，《上海快递产业“总部经济”凸显　呼唤地方立法和政策扶持》的新华社内参件得到了各级领导的高度重视和批示。上海市委书记俞正声5月19日、上海市长韩正5月21日对新华社内参件清样稿作了批示，国务院张德江副总理5月25日、国家邮政局马局长5月26日分别对正式件作出批示。

【召开第14届世泳赛与第26届大运会邮路安保工作动员会】5月17日，上海市邮政管理局召开第14届国际泳联世界锦标赛与第26届世界大学生夏季运动会邮路安全工作动员大会。上海市快递协会及市内国有、外资和民营共20余家规模以上快递企业相关负责人参加了会议。

7月～8月，上海市邮政管理局通过加强与有关部门的协调配合、制定实施寄递物品四项“基本制度”（寄递企业申请登记制度、数据预先申报制度、专人持证上岗制度、核对登记寄件人证件和全面核实填写“面单”制度），保障了第14届国际泳联世界锦标赛、第26届世界大学生夏季运动会期间的邮路安全和服务。

【上海市政府专题会议出台快递扶持意见】8月11日，上海市政府常务副市长杨雄、副市长艾宝俊、副市长沈骏联合召开关于快递发展的专题会议。市政府副秘书长肖贵玉、尹弘和市发展改革委、市经济信息化委、市建设交通委、市商务委、市科委、市政府法制办、市邮政局、市公安局、市人力资源社会保障局、市规划国土资源局、市工商局、市住房保障房屋管理局、市交通港口局的负责同志参加了会议。上海市邮政管理局局长李惠德出席会议并汇报上海快递服务情况。会议对本市快递服务发展专题研究并形成一系列意见。

【部署开展“战旺季、保双十一”专项活动】11月11日～14日，上海市邮政管理局部署开展“战旺季、保双十一”专项活动，李惠德局长带队到市内各快递企业总部现场指导工作。

【《上海市实施〈中华人民共和国邮政法〉办法》（草案）列入2012年立法正式项目】11月16日，上海市人大城建环保委审议通过上海市邮政管理局提交的《上海市实施〈中华人民共和国邮政法〉办法》（草案），并将其列入2012年立法正式项目。

【《上海邮政业“十二五”发展规划》通过专家评审】11月25日，上海市建设交通工作委员会牵头组织召开《上海邮政业“十二五”发展规划》专家评审会。上海市政府研究室、市发改委、工商局、依法治市领导小组办公室、建交委、上海局、上海快递协会等有关部门、研究机构、社会组织的领导、相关负责人、资深专家共十余人参加评审。评审组原则同意《规划》通过评审。

【协调推进快递服务增值税政策落实】12月8日—10日，国家邮政局、财政部组成调研组在上海召开座谈会，重点研究营业税改征增值税涉及邮政业相关问题。上海市邮政管理局、上海市财政局、上海市税务局和上海市国有、民营、外资快递企业代表共二十余人参加了会议。经沟通协商，地税部门决定暂不将快递服务纳入增值税扩围范畴。

【启动快递企业等级评定工作】12月27日，

上海市邮政管理局召开总部在沪跨省（区、市）经营快递业务企业等级评定工作指导宣贯会，启动开展快递企业等级评定工作。同时，成立由局长任组长的上海市快递企业等级评定指导小组和由市快递协会秘书长任组长的市快递企业等级评定小组。

（三）普遍服务

【概况】 2011年，上海市邮政公司加快推进基础设施建设，满足用户用邮需求，继续增强网络支撑能力，优化工作流程，提升网络运行效率。上海市邮政公司在全市共设置邮政网点632个（其中支局242个、所311个、服务处79个），另设投递支局45个，大宗邮件收寄处理点25个，集邮门市部3个，报刊门市部2个，代办邮政所3个，信筒、信箱3541个。设市内转趟路线272条，日运行17599公里。承担全国一级中心邮区邮件中转任务，共有国内航空、铁路、汽车和国际航空、海运等各级干线邮路92条，邮路总长度为24.27万公里。同时，提高信息化支撑力度，加快业务系统的开发和推广步伐，为企业业务发展和经营管理打下扎实基础。

年内，面对邮政三大板块专业化经营、按照各自市场规律发展的新形势，上海市邮政公司在大力调整和优化业务结构的同时，积极推进发展方式的持续转变。结合市场热点，开发新产品和新业务，取得社会效益和经济效益的双丰收。推进流程优化工程，完善网路平台，支撑邮政业务发展需求；推进投递服务方式改革，邮路设置更趋合理；实施投递网络优化，加强投递管理，推进商务投递队伍建设，提高邮政投递服务水平，并将网路运行管理的重点向追求效率与效益转变，在支撑经营的同时，经营好网路自身，提高企业综合竞争力。强化通信服务质量管理，全年发放用户意见征询函8860份，用户服务质量综合满意度为93.3分。

【发行消防安全知识宣传邮政贺卡】 2月12日，以中国邮政2011年有奖贺卡明信片为载体，以普及消防知识、落实消防安全工作为目标，上海市消防局、上海市邮政公司、生命人寿保险股份有限公司上海分公司联合推出消防安全知识宣传邮政贺卡，本着公益的精神，向500万户居民进行寄递，体现出邮政积极参与社会公益事业的责任心。消防安全知识宣传邮政贺卡的发行旨在吸取“11.15”火灾事故教训，宣传普及消防安全知识，提升市民防火防灾的应变能力，以实现“人人有消防意识、人人能应对险情、人人可以保平安”的目的。

【组织“爱心包裹”网络团购】 5月12–17日，上海市邮政公司与拉手网合作，组织开展“爱心包裹”系列网络团购活动。活动期间，共有3824位用户参加团购，筹得学生型爱心包裹4322个。“爱心包裹”是在国务院扶贫办指导下，由中国扶贫基金会发起的一个公益类项目。捐赠者通过一对一定向捐赠，帮助贫困灾区的小朋友。

【推出“浦江月”自主品牌】 8月，上海市邮政公司创新发展模式，实施“以节兴邮”战略，首次在全市范围内推出自主设计的月饼品牌——“浦江月”，主推产品为和谐中秋、感恩心礼、吉祥传承三款，市民可凭“浦江月”邮资明信片提货券至全市22个邮政网点领取月饼。为方便用户，上海市邮政公司还推出免费寄递服务。由于质优价廉，“浦江月”系列月饼产品推出后一炮而红，满足了社会各界在中秋期间的需求，销售额超过4000万元。

【启动“自邮一族”项目】 11月16日，上海市邮政公司与中石化上海分公司签订战略合作协议，正式启动“自邮一族”项目。项目整合代缴费、代办车驾证、汽车服务、机票酒店预订以及餐饮娱乐折扣优惠等服务，双方为上海地区私家车“自邮一族”会员提供全年加油优惠和增值服务，长期让利于私家车主。全年发展会员1.6万户。

【实现营业支局到中心局邮件无纸化封发】 根据中国邮政集团公司2009年全面启动的“流程优化”工程，明确邮件封发清单无纸化改革的目标，实现营业→中心局→投递等各个生产环节封发清单的无纸化运行。2011年5月，上海市邮政公司在系统升级、前期试点的基础上，全面取消营业支局出口总包纸质清单，实现营业支局到邮区中心局给据邮件总包清单电子化传输，大幅提高网上总包清单及时准确率，使网运变革迈出至关重要的一步，也使邮政信息化水平得到进一步提升。

【函件总包直封圣保罗、特拉维夫】 为加快邮件传递时限，上海市邮政公司经过调研，向中国邮政集团公司国际合作部提出书面申请并征得同意，上海互换局从2月25日起，建立上海至圣保罗、上海至特拉维夫航空函件总包直封关系。总包直封关系建立后，上海至圣保罗、特拉维夫函件总包业务量有较大幅度增长，邮件传递时限满足客户需求，有力支撑国际业务发展。

【扩大郊区日报早投范围】 为提高郊区城镇地区，尤其是人口导入区域的日报投递服务水平，促进报刊业务发展，从5月10日起，郊区日报早投品种由20个增加至22个，与市区品种相同。上海市邮政公司明确郊区日报早投的投递时限、报刊处理中心处理截止时限、发运顺序等要求。5月11日起，为扩大郊区城镇地区日报早投范围，青浦区徐泾邮政支局、青东农场邮政支局，金山区金卫邮政支局，松江区九亭邮政支局、新桥邮政支局，浦东新区春晓路邮政支局、张江邮政支局，宝山区吴淞邮政支局、友谊路邮政支局等9个邮政支局先后实行日报早投。截至年底，郊区实行日报早投的路线共计10条，涉及邮政支局27个。

【电话回访听取用户意见】 为丰富用户满意度测评手段，从追求满意度测评的真实性、有效性出发，上海市邮政公司以11185客服平台为桥梁，主动听取用户意见。8月，通过11185客户平台对3288位报刊订户进行电话回访，成功回访2023位报刊订户，有332位订户对投递提出意见和建议，此次报刊用户电话回访取得初步成效。9–11月，11185客服中心对报刊、集邮及移动账单三大类客户进行外呼回访，共外呼8655位用户，回访成功3880位，听取用户对报刊投递质量、邮政服务态度的意见，并对账单类用户进行名址核实。通过回访，上海市邮政公司从被动等待用户投诉转变为主动听取用户意见建议，突破习惯思维模式。

（四）快递服务

【概况】 上海作为亚太区域重要门户、长三角区域的核心城市，战略地位日益突出，吸引了众多快递企业驻足，上海已经发展成为全国快递企业总部聚集最多的城市。申通快递、圆通速递、韵达快运、中通快递、汇通快递、希伊艾斯快递等多家民营快递企业的全国总部以及FedEx、UPS、TNT、DHL、OCS等国际快递公司的中国区或华东区总部均设在上海，快递总部经济带来的产业聚集效应日益显现。各类快递企业通过立足上海、辐射长三角、服务全国、对接国际，推进了全市快递服务协调较快发展。2011 年，上海规模以上快递服务企业业务量达到 4.09 亿件，人均年用快递件达到 17.8 件，在全国处于领先水平。

年内，上海邮政速递物流有限公司通过战略合作，拓宽业务范围；优化操作流程，提高邮件寄递效率；加大信息化投入力度，支撑业务发展；完善服务体系，提升服务质量和用户满意度。上海市邮政速递物流有限公司下设揽投部 123 个、揽投站 129 个、揽投道段 1471 条。EMS 邮件全程时限准时率为 86.6%，出口准时率为 96.82%，干线准时率为 85.89%，及时妥投率为 69.95%，一次妥投率为 83.26%。客户查询投诉处理完成率为 99.92%，处理及时率为 95.70%，回复及时率为 97.12%，结果有效率为 97.07%，客户满意率为 99.20%。

到 2011 年底，申通快递共有中转部 62 个，占地 1240 亩。各中转部在 2011 年底全部实现半自动化分拣，且所有中转部和 90% 以上的网点公司已配备监控设备，在上海、北京、广州等重点城市安装了 10 余台安检机。全网络公司车辆 20000 余辆，跨省级网络车辆近 600 辆，均装配 GPS。申通全年业务量达到 7.5 亿件，年营业额为 92 亿元，全网总投资额约 10 亿元。

圆通速递成长为拥有 5000 个派送网点、6 万余名员工的国内知名快递品牌企业。在全国建立了 8 个管理区、56 个转运中心，服务范围覆盖国内 1300 余个城市，营 50KG 以内小包裹快递，形成了同城当天件、区域当天件、跨省时效件和航空次晨达、航空次日达等多种服务产品和到付、代收货款、签单返还等多种增值服务产品，年增长速度约 70%。2011 年全年全网完成 5.6 亿件快件的派送，产值达 80 亿元。

2011 年，韵达快递在全国成立华东、华北、华南、华中、西南和西北六个大区，实行大区管理，推行大区负责人负责制。推出“签单返回”、“快件签收短信通知”等增值服务。2011 年，韵达全网络递送快件超过 3 亿件，单日最高峰业务量超过 200 万件。

2011 年，中通快递完成快件量 2.79 亿件，同比增幅达 82%，日最高快件量突破 100 万件，成功跨入了快递行业“百万俱乐部”行列。从 2011 年起，中通开始从多个利益主体逐步向单个利益主体转变，全面推进一体化进程，实施网络内部股份制改革，先后将湖北、陕西、辽宁等 12 个省网点公司进行股份置换和控股，全面加强了对网络发展的管控力度。在基础设施建设投入方面，中通在 2011 年里先后投资 2 亿多元，建造了广州东莞、浙江台州、江苏无锡等三个具有自主产权的分拨中心，新建了江苏常州等 4 个中心，改建了无锡、杭州等 9 个中心的生产流水线，干支线网络班车增加到 1860 辆，在输送设备、车辆和信息技术等方面的投资达到 1 亿多元。

【EMS“11183”呼叫系统上线运行】 3 月 1 日，上海邮政速递物流有限公司“11183”呼叫系统正式上线运行。截至年底，上海派揽订单自动匹配率为 96.51%，及时揽收成功率为 89.83%。

【EMS 全面推广使用 PDA 手持终端】 4 月起，上海邮政速递物流有限公司在揽投环节全面推广使用无线手持终端设备（以下简称 PDA)，通过 PDA 实现邮件派揽、下段、投递等功能，并将邮件信息实时无线传输。至年末，下发 PDA 1702 台，PDA 利用率 99.56%，PDA 投递使用率 96.47%，PDA 回复率 97.62%。通过推广使用 PDA，利用平台自动匹配道段发送 PDA 信息提高上门揽收响应时间，市区范围上门响应时间控制在 30 分钟内，同时实现邮件揽投环节数据实时采集，为营运管理和个性化增值服务提供基础信息，对邮件揽投时效进行全网全程监控。

【EMS与上海市教育考试院确立战略合作关系】 5月10日，上海市邮政速递物流有限公司与上海市教育考试院签订战略合作框架协议。上海邮政EMS于1998年开始办理上海市教育考试院高考成绩单、高考录取通知书“两单”投递业务，通过长期优质服务，获得用户对邮政服务品牌认同。此次签署战略合作框架协议，标志双方确立双方长期合作关系。高考录取通知书经EMS渠道寄递的有63所大专院校，业务类型包括春季招生、艺术类招生、自主招生、三校生、秋季招生、成人高考六大类，全年总寄递量为14.4万件；成绩单业务类型包括春季、三校生、成人高考、秋季招生考试四种，总寄递量为7.9万件；个性化考试类试卷配送业务形成收入4.4万元。

【EMS发展国内异地标准特快业务】 为加快业务结构调整，上海邮政速递物流有限公司将国内异地标准特快业务（以下简称标准特快业务）作为经营发展主攻业务。依托“京沪穗深流程优化”及“长三角前置封发”时限优势，发展商务楼高端客户，针对不同区域商务楼特点，合理调整揽投站点，以经营团队形式发展客户，提升整体服务能力和水平；与品牌公司、电子商务运营商加强合作，逐步完善仓储、理货、配送综合服务功能，把握淘宝仓落户上海机遇，开发“淘宝商城”等多家电子商务行业规模客户。“双十一”期间，上海淘宝商城出货21万件，其中通过上海EMS发出标准特快邮件8万多件；开拓领馆签证类特快业务市场，继美领馆签证特快业务后，相继开发德领馆、巴西领馆、澳大利亚领馆的签证特快业务，形成领馆标准特快业务收入1300余万元。全年标准特快业务收入实现5.23亿元，同比增长44.95%。

【电子商务快件成为上海快递服务的重要组成部分】 随着淘宝等电子商务的蓬勃发展，电子商务快件成为上海快递服务的重要组成部分，占据申通、圆通、韵达、中通等快递企业业务量的60—70%。2011年“双11”期间，申通快递、圆通快递、韵达快递和中通快递的日业务量峰值分别超过350万件、250万件、200万件和100万件。

【申通成为第14届国际泳联世界锦标赛组委会赞助商】 2011年7月，申通快递公司成为第14届国际泳联世界锦标赛组委会赞助商，也是此次唯一指定快递品牌。通过认真借鉴北京奥运会、新中国成立60周年、上海世博会邮路安保工作的经验，申通快递公司进一步完善各种方案和预案，各网点公司制定世游赛邮路安保工作方案，进一步细化完善突发事件应急预案和处置流程，提高企业应对突发事件的处置能力。上海各网点公司一是加强收寄验视制度，确保本市寄递渠道的安全。二是对投递到涉东方体育场馆的邮件、快件，要与有关部门加强安全检查，确保“净件”投递。三是加强有关部门的沟通联络，尤其是在应对寄递渠道突发事件方面，要制定好预案，提前做好各方面准备，确保处置及时有力。

（五）科技与文化

【概况】 年内，上海市邮政公司持续提高信息化对企业发展的支撑能力。全面完成包括邮政储蓄IC卡系统、银联前置大集中系统、全国统版出版物连锁经营系统等在内的各类统版系统的推广上线工作。开展金融中间业务平台建设、金融网点数据加密机推广等工作，进一步强化生产经营管理。建设商务投递系统、上海邮政会计管理系统电子登帐子系统、电子商务系统中对现金类代收费业务流程移植等项目，特别开发上海邮政代理金融客户营销管理系统、报刊发行查询统计分析平台，进一步加强数据分析和利用，推动上海邮政业务创新和经营管理水平。

2011 年，上海邮政业聚焦建党九十年、世游赛等热点，举办多个大型集邮活动，宣传集邮文化。上海邮政博物馆圆满完成各项重大活动接待任务，全年累计开馆 253 天，接待参观者 102266 人 / 次，被授予“上海市专题性科普场馆”称号。

上海市邮政公司加大服务工作管理力度，通过创建市文明行业活动和创建优质服务达标窗口、示范窗口等活动，使整体服务质量和服务水平有较大提升，社会公众满意度测评分值为 85.38 分，五色分区排位中位于最高满意度的“绿色”标识区。年内，先后获得“上海市文明行业”、“全国法制宣传教育先进单位”、“全国文明单位”等荣誉称号。

各家民营快递企业也获得不少荣誉。如，圆通快递先后被评为全国青年文明号、上海市青年文明号（共青团号），并荣获上海名牌企业、上海市“诚信企业”等称号。韵达快递荣获“最佳网商服务商”、“2010 年邮政行业统计工作先进企业”、上海市“三星级诚信创建企业”等称号。

【邮银三个系统同时切换上线】 3 月 23 日，邮政储蓄 IC 卡、POS 业务暨银联前置集中三个系统在上海同时切换上线。邮政储蓄 IC 卡系统是中国邮政集团公司和邮储银行根据中国人民银行统一要求，按照 PBOC2.0 标准建设的金融 IC 卡系统。该系统上线后将为客户提供更安全、可靠、便捷的服务，基于 IC、磁条为一体的卡产品，该系统可以受理全国范围内各银行发行的符合 PBOC2.0 标准的金融 IC 卡。该卡除支持标准借贷记业务外，还同时支持在社保、公交等领域的应用。POS 业务系统采用全国集中模式，包括业务功能模块、渠道接入、协议转换、安全控制、风险预警、商户结算等功能，具有商户服务门户网站、商户账单查询等服务功能，为加强邮储银行特约商户和 POS 收单业务管理，推动绿卡业务、结算业务快速发展，优化绿卡受理环境、提高使用率、防范收单风险等提供技术支撑。银联前置全国集中系统上线后，上海原来储蓄系统与银联上海分公司横联模式改为由全国中心与银联总中心统一联接，实现邮储银行银联跨行业务统一处理和清算，有利于加强管理，推动新业务的发展和减少系统故障率。

【MPF 混合分拣机正式投入生产运行】 11 月 18 日，中国邮政集团公司上海研究院自主创新的 MPF 混合分拣机在上海市邮政速递物流有限公司分拣转运中心举行启动仪式，标志着 MPF 混合分拣机正式投入生产运行。该设备综合包裹分拣机和扁平件分拣机优点，既能分拣扁平状邮件，又能分拣包裹邮件；既能分拣大件物品，也能分拣小件物品；既能高效全自动供件，也可以选择半自动供件方式，具有紧凑、高速、高效、低能耗等特点，机器的各项技术指标达到国内一流水平。设备于 10 月 16 日 ~ 11 月 15 日投产试运行，日均上机邮件量大于 5.5 万件，最高超过 7 万件，实际处理效率达到每小时 1.28 万件以上，识别率超过 99%。

【圆通打造金刚系统】 圆通速递投入上亿元，与 IBM 等国际知名 IT 企业建立了战略合作关系，开发了具有行业水平的核心系统——金刚系统，实现了快件全生命周期的可视化监控；开发实施了自主客户端系统、人力资源系统、客户中心管理系统和资金管理系统等十多个信息化子系统，为全力打造圆通速递的核心竞争力，为未来的信息化可持续发展，打下了坚实的基础。并改扩建转运中心 33 个，以信息化技术为抓手，打造企业核心竞争力。

【博物馆参与科技活动周活动】 5月15~21日，上海邮政博物馆参加2011年全国科技活动周上海科技节活动，并参与设在中国馆一层的“科普智绘城”主题展览。本次活动以“携手建设创新国家 科技创造美好生活”为题，通过精选展品展项，优化组合，共同演绎“快乐”主题，共同打造“快乐科普园”。

【举办纪念建党90周年集邮展】 6月22日，由市委组织部、市委宣传部、中国邮政集团公司、市建交委、上海邮政主办，市邮协、中共一大会址纪念馆、上海邮政博物馆等承办的《中国共产党成立九十周年》纪念邮票首发暨纪念中国共产党成立九十周年集邮展览开幕式在中共一大会址举行。邮展展品以解放区邮票和新中国邮票为主，共展出传统集邮类、邮政历史类、专题集邮类、极限集邮类和一框集邮类等集邮展品33部138框。邮展分别于22日在中共一大会址纪念馆、23–26日在上海邮政博物馆展出。

【邮政业举办“纪念建党90周年红歌合唱会”等系列活动】 6月28日上午，上海市邮政管理局邀请上海地区邮政行业相关单位和城乡结对帮扶党支部欢聚一堂，演唱红色经典，共同庆祝中国共产党建党90周年。包括上海管局以及城乡结对帮扶党支部、上海市邮政公司、申通、圆通、中通、韵达、顺丰快递公司共8支队伍参加了合唱表演。最终上海市邮政公司、韵达快递公司和圆通快递公司获得了优秀演唱奖。年内，还举办了以“我锻炼、我快乐，我健康、我奉献”为主题的“上海市邮政业乒乓球邀请赛”和“唱时代旋律，展行业风采”为主题的上海市邮政业“卡拉OK”邀请赛等系列活动。

【联合发行“世游赛”主题邮彩联票】 7月7日，“中国邮政”与“中国体育彩票”两大品牌首次联袂发行《第14届国际泳联世界锦标赛邮票体育彩票》邮折。中国邮政集团公司特批在同一版邮票上同时出现5枚不同的邮票主图，这在中国邮票史上是第一次。邮彩联票一套共5张(五联票)，每张分为三部分，左侧分别为5枚不同个性化邮票主图，中间为世游赛logo标识(非邮票)，右侧为传统即开型体育彩票。5枚传统即开型体育彩票分别采用本届世游赛主赛场——东方体育中心体育馆(海上王冠)、游泳馆(玉兰桥)、室外跳水池(月亮湾)及金山城市沙滩为背景图案。限量发行6万套，共计30万张。

【民营快递企业践行社会责任】 2011年，各民营快递企业践行社会责任，不断参与社会公益事业，强化企业内部帮扶机制，获得各方赞誉。如，申通向“3.10”云南德宏州地震重灾区——盈江县岗勐小学捐款5万元。从2011年1月11日起，圆通速递有限公司成立专项基金，现首批捐赠300万元已捐至上海市青浦区慈善基金会，支持国家快递行业培训和见义勇为事迹表彰及长期开展安老、帮困、扶幼、助学等各项公益慈善事业。中通成立“网络互助基金”，建立对员工与网点的帮扶机制，并在业内首推“亲情1+1”福利制度，每年过年为员工的家属发红包。

（温任勇 汤琳 陆怡琼）

十三、海洋海事

（一）综述

2012年，海洋综合管理工作稳步推进。海洋功能区划获国务院批准，海洋“十二五”规划获市政府批复。海洋管理综合保障基地规划和海岸保护与利用等专项规划编制基本完成。海域海岛地名普查、佘山岛修复工程基本完成，大陆海岸线修测及法定化、杭州湾北岸整治修复奉贤段示范项目建设等工作有序推进。严格海域使用金征收和新建用海项目海域使用审批。推进海洋环保合作机制，加强海洋生态环境保护，严格海洋倾废管理，规范海洋工程环评，开展海洋环境质量和趋势性监测，积极应对长江口溢油事件。基本编制完成海洋总体应急预案及咸潮、核辐射应急监测、海底缆线保护、风暴潮、海浪和海啸灾害等专项应急预案。中国海监上海市总队三艘执法快艇入列，增强了海洋执法履职能力。启动杭州湾北岸海洋经济创新发展区战略研究，服务海洋经济发展。实施促淤15.75万亩、圈围6.9万亩，南汇东滩工程前期工作取得重大进展。圆满完成“908”海洋科技专项，以及丽水世博会参展各项工作。加强与涉海科研院校的合作，科技兴海信息服务平台、“数字海洋”上海示范区项目、海域动态监视监测系统等项目也取得了积极进展和成效。

2012年，围绕水上交通安全监管中心，全面提升上海海事监管服务水平。开展海事巡航救助一体化工作模式探索，提高海上搜救能力和效率。创新推动黄浦江重点水域交通管制，推行拖轮伴航措施，确保核心区航行安全。洋山港主航道双向试通航和长江口深水航道超宽船舶交会试验获得成功，助推上海国际航运中心建设能级提升。台风季节及时启闭防台应急响应，协调重点水域值守船舶，确保台风期间辖区水上交通安全形势的总体稳定。组织网格化管理，推进电子巡航，建立完善辖区安全形势实时跟踪分析机制，组织开展辖区事故/险情内部评估、船舶交通管理系统（VTS）月度运行效果评估、辖区引航安全评估、沿海船舶航路规划和船舶定线制规划实施方案后评估。开发使用黄浦江可视化智能巡航系统。加强涉水工程项目的前期审批和现场监管，协调解决浦东国际机厂商飞第五跑道堆载工程用砂需求与吴淞口锚地8-11号锚区泥沙疏浚等难题。上海海上搜救中心组织水上搜救220次，成功救助船舶103艘次，成功救起1126人，搜救成功率为96.57%。推行中资国际航运船舶特案免税登记政策，“中国洋山港”保税船舶登记制度取得重大进展。截至2012年底，在上海港注册登记的船舶共有2298艘、17236388总吨，其中特案免税登记船舶共有27艘、336582总吨，处于国内领先地位。全年实施港口国检查1047艘次，海船安全检查1995艘次，内河船安全检查4248艘次，中国籍船舶和外国籍船舶单船到港检查覆盖率分别为25.6%和19.1%。全年共查验国际航行船舶42060艘次，办理船舶航次签证383791艘次，为22479艘船舶办理定期签证1483180艘次。建立船舶安全管理体系运行状况的安全检查长效机制，全年共检查船舶58艘次，查出缺陷206项。全年共组织航运公司审核134家，船舶审核261艘次，对6家航运公司作出实施跟踪审核的决定，对1艘船舶的审核未予通过。截至2012年底，上海片区共有注册安全管理体系国家审核员138名。开展船员基本信息采集，全年完成辖区注册海员信息采集34768人。船员培训、服务和外派机构监督检查率达100%。全年共举办170期海船船员适任证书全国统考，海船船员适任理论考试共计29756人次，适任评估共计21945人次。突破港口建设费水水中转货物和保税货物两大征管难点，制定下发征管工作要求，确保港口建设费应收尽收，应征不漏。启动上海港船舶油污损害赔偿基金征收工作。修订《上海海事局常见违法行为行政处罚参照表》，初步实现布局立体化、装备现代化、服务信息化、反应快速化、定位高精度的助航体系建设目标，东海海区航标助航服务体系实现辖区水域无缝覆盖、重点水域多重覆盖、中远距离有效覆盖。截至2012年底，东海海区管理航标总数5141座，同比增加10.3%，航标正常率99.92%，航标维护正常率99.99%，均优于部颁标准。全年累计完成14351换算平方公里水域测量任务，制作纸海图268幅，电子海图169幅，发行纸海图112945幅，电子海图339967幅次。实现港口航道图覆盖东海沿海全部对外开放的民用港口，出版覆盖中国沿海航路和港口的成体系海事海图，产品优良率100%。认真履行海上安全通信职责，成功处置25起重大通信。全年为3571艘船舶办理识别码证书。

2012年，东海救助局共执行救助值班待命7091艘天，执行救助任务620起，出动救助力量728次，援救遇险人员1001人，救助遇险船舶34艘，获救财产价值估算29.497亿元。针对辖区气象水文条件和险情发生特点，不断完善救助预案，加强动态值班待命，科学部署专业力量，强化救助评估机制，较好地完成了“春运”、“两会”等特殊时期，寒潮大风、台风汛期等重点时段的辖区海（水）上应急救助抢险任务，有效保障了长江口区、舟山水域、台湾海峡的海上人命安全。尤其在防抗“苏拉”、“达维”、“海葵”、“天秤”、“布拉万”等强台风期间，累计投入救助船艇26艘次、一线人员880余人次，执行救助抢险任务33起，救助遇险人员141人，救援遇险船舶6艘，获救资产价值约7.16亿元。高效完成了“穗海韵183”轮、“苏如渔04619”轮、“密斯姆”轮、“亚洲21世纪”轮、“康瑞68”轮、“浙岭渔运60007”轮等多项应急救助抢险任务。圆满完成了“神舟九号”载人航天飞船发射海上应急救援保障任务。

2012年，交通运输部上海打捞局全年完成公益性抢险救助和财产救助等打捞任务21次，其中救助船舶7艘次，打捞沉船沉物4艘次，其它抢险打捞10次；救助遇险船员61人，船舶待命389艘次，拖航运输516艘次，航洋工程服务10148艘天。年内，完成多次财产环境救助任务；完成“振浮5号”船、“长庆16”轮等遇难船舶，以及虹口港河段落水失踪人员和上海轨道交通13号线施工段锁扣管的水下探摸；“德宏”轮在大西洋完成救托大型失控集装箱船，从巴西至巴哈马历经50天的远洋救助任务；“德洲”轮在加勒比海海域成功救助因主机故障而失控的集装箱“HANEBURC”轮（“汉堡”轮）；“德大“轮完成从澳大尼亚拖带主机故障船到新加坡，”德意“轮完成从长江口救拖舵叶丢失的失控化学品船至韩国蔚山的国际救助任务；”华安“轮在南中国海于台风来临前救助韩国籍失控船“航工砼1602”驳，并参加“2012年东海民用航空器遇险联合搜救演习”。在执行地方政府抢险救灾、国家政治军事任务，以及海上国际救援等方面，履行国家专业打捞队伍的职责。

（二）海洋管理

【概况】2011年，海洋综合管理全面推进。加快编制海洋规划，海洋功能区划通过国家海洋局评审，海岸保护与利用、海岛保护与利用规划基本编制完成。进一步加强海域海岛管理，推进海域海岛地名普查，规范用海项目审批，妥善解决了杭州湾北岸历史用海项目遗留问题。统筹协调滩涂造地与海域使用管理的关系，海域使用许可正式纳入滩涂造地项目管理流程，实现了与土地储备机制的有效衔接。加强海洋环境监测和保护，严格海洋环境评价审核与海洋倾废管理，有序开展海洋环境监测和陆源污染物入海情况调查，获取各类样品4000余个、监测数据42000余组，编制并发布本市30余份海洋环境质量通报、公报；组织开展核污染应急监测，发布了9期监测专报。启动海洋执法及环境监测保障基地建设，推进实施佘山岛领海基点修复工程。组织实施“碧海”、“海盾”、“护岛”等海监执法专项行动，加强重点海域巡查，依法查处违法倾废案件。大力推进科技兴海，“数字海洋”、海域动态监视监测管理系统前期工作有序推进，长江口系统监测和综合研究正式启动；本市近海海洋综合调查与评价项目（市908专项）历时7年，通过国家海洋局组织的现场检查；临港海洋高新技术产业化基地被国家海洋局认定为首个“国家科技兴海产业示范基地”，并结合项目签约、项目开工，举办了以“科技兴海与产业转型”为主题的上海海洋论坛。充分发挥海洋经济联席会议平台作用，初步建立了海洋经济统计报表制度，完成海洋经济试点调查。全市海洋经济继续保持平稳较快发展。

【全海域海洋环境质量监测】2011年，上海市海洋局组织实施的海洋环境监测项目涉及水文气象、海水、沉积物、生物等百余项，监测海域面积逾1.72万平方公里，共布设水质站位279个，沉积物站位171个，生物站位114个，共采集样品4100余个，获得监测数据近44000个。监测结果表明：2011年上海市及邻近海域海水环境质量状况与2010年相比无明显变化，劣于海水水质标准第四类标准值的指标主要为无机氮和活性磷酸盐；沉积物环境质量状况良好，有机碳、硫化物、石油类、汞、砷、锌、铬、滴滴涕和多氯联苯9项监测指标均符合海洋沉积物质量第一类标准值；个别站位铜和镉超第一类标准值；近岸海域共鉴定出海洋生物286种，所监测贝类均有超海洋生物质量第二类标准值的指标，主要为重金属。水源地邻近水域基本符合地表水环境质量标准Ⅲ类标准值。除无机氮和活性磷酸盐外，海洋自然保护区、海洋（涉海）工程区、围填海和倾倒区环境质量状况基本能满足相应功能区要求。金山城市沙滩滨海旅游度假区和奉贤碧海金沙滨海旅游度假区很适宜开展休闲（观光）活动。

【海洋灾害】 2011年，上海市及邻近海域未发现赤潮。长江口陈行水库、青草沙邻近水域共发生9次咸潮入侵过程。崇明岛东北部出现海水入侵和土壤盐渍化。本市海水环境中放射性水平未出现异常。

【海洋环境放射性监测】 3月11日，日本大地震引发福岛核电站放射性物质泄漏，市海洋局对青草沙水库邻近水域、佘山邻近海域等开展海洋环境放射性监测。结果显示，监测海域海水中总β、137Cs、90Sr放射性水平均在我国近海海洋天然本底范围内，131I均未检出，137Cs、90Sr远低于《海水水质标准》（GB3097-1997）的标准值；崇明堡镇大气总β放射性水平未出现异常，131I、137Cs、90Sr均未检出。

【海域使用管理】 2011年，上海市海洋局共完成审核海域使用项目4宗，确权用海面积116.6公顷。审批海底电缆管道路由调查勘测申请1起、海底电缆敷设施工申请1起。全年共征收市管项目海域使用金708万元。

【海洋倾废管理】 2011年，上海市海洋局共受理并签批许可证正本153份，副本818份。其中，批准骨灰撒海许可证正本6份，副本15份，总量合计2178盒；批准疏浚物倾倒许可证正本147份，副本803份，疏浚物总量约569.4万立方米，收取倾倒费约170.82万元。

【海岛地名普查】 该项目是查清本市海洋功能区划以内的海域海岛地名、位置及相关属性信息的一项重要的基础性专项调查工作，同时，要对有地无名的地理实体按程序进行命名、对不规范地名进行标准化处理、设置海岛地名标志、建立海域海岛地名信息数据库、实现海域海岛地名规范化和信息化管理，为社会提供全面、准确的地名信息。海岛普查成果已于10月15日率先通过了国家海洋局技术审查。通过海岛地名普查，初步查清本市共有各类海岛地理实体44个，包括有居民海岛、无居民海岛（基岩岛、冲积沙岛）、低潮高地及暗礁。

【第十六次全国海岛联席会议在上海崇明召开】 11月10日，由崇明县人民政府和上海市海洋局主办的第十六次全国海岛联席会议在崇明县举行。来自全国14个海岛县的代表围绕“海岛法与海岛经济发展”主题，就海岛经济建设和社会发展，海岛开发、保护和管理等方面进行深入交流探讨，共同推动海岛地区经济社会可持续发展。

【“2011·上海海洋论坛”在浦东新区隆重举行】 12月17日，“2011·上海海洋论坛”

在上海浦东新区临港新城举行。本届海洋论坛的主题是“科技兴海与产业转型”。论坛由国家海洋局、科技部、上海市人民政府共同主办，市海洋局、市科委、市经信委、浦东新区人民政府、上海临港产业区管委会承办。本届海洋论坛主要包括“三个仪式和一个专题论坛”。三个仪式分别为：“国家科技兴海产业示范基地”授牌仪式，国家海洋局副局长陈连增向上海临港海洋高新技术产业化基地授牌，标志着全国首家“国家科技兴海产业示范基地”正式落户浦东新区；海洋高新技术项目正式签约仪式，标志着浩思国家海洋生物疫苗研发中心等九家企业正式进驻临港海洋高新基地；项目开工仪式，同济大学国家重点试验室暨海洋地质海底观测基地启动建设。

【上海临港海洋高新技术产业化基地通过首个认定国家科技兴海产业示范基地专家评审】 10月28日，国家海洋局在上海主持召开上海临港海洋高新技术产业化基地（以下简称临港基地）认定“国家科技兴海产业示范基地”专家评审会。由国家海洋二所金翔龙院士领衔的评审专家组经过现场实地考察，与入住基地企业负责人座谈调研，一致同意通过“国家科技兴海产业示范基地”认定评审。

（邓一露）

（三）海事管理

【概况】 2011年，上海海事管理自觉服务并服务“调结构、转方式”的战略任务，不断深化“链网”工程建设，积极拓展非传统领域的海事服务，为地方经济社会发展提供了有力的水上交通运输安全保障。

上海海事深入推进打造责任链、编织安全网，完善网格化监管，相继开展安全生产月、商船渔船安全警示、渣土水上中转运输等专项整治活动，有效应对“米雷”强热带风暴、“南马都”强热带风暴、“梅花”超强台风，实现了重点船舶、重点区域、重点时段和重点环节的安全管理。开展空中巡航，拓展常规巡航空间，初步构建了立体巡航模式，全年完成空巡83架次，空巡覆盖水域总面积约18436平方公里。完善事故调查处理程序，形成了深层次调查、后续处理和后评估制度闭环流程。注重预案建设，完善应急组织机制，增强应急处置能力，成功处置“智利国航瑞马”轮等多起水上突发事故或险情。通过提前介入、通航评估、安全培训、诚信管理等多种途径，重点跟踪，现场协调，加强对涉水工程的通航安全监督和管理。修订《上海海上搜救和船舶污染事故专项应急预案》，首次召开上海市搜救工作会议，将海上搜救工作纳入市政府日常工作议程，初步成立了水上搜救志愿者队伍。组织国内首次大型国际邮轮应急疏散演习，联合日本海上保安厅广岛分部举行“2011中日海上搜救联合通信演习”，协助举行新疆“博斯腾湖水上安全应急演习”，圆满完成第14届世界游泳锦标赛有关水上安全保障工作，检验了水上搜救应急能力。2011年共组织205次水上搜救，救助遇险船舶128艘次，成功救助90艘次，成功救起1447人，搜救成功率为95.07%。

结合船舶安全检查新规则的实施，推进船舶安检工作规范化建设，制定港口国检查、船旗国检查、开航前检查以及禁止离港和解除禁止离港审批四项工作程序。全年实施港口国检查818艘次，海船检查1620艘次，内河船检查3098艘次，实施开航前检查178艘次，中国籍船舶和外国籍船舶单船到港检查覆盖率分别为16.7%和14.8%。贯彻实施《游艇安全管理规定》，加强上海港游艇备案管理和日常监督管理。加强船籍港管理，做好船籍港国际航行船舶境外滞留应急处置、跟踪处置、调查处理等相关工作。探索整合电子签证平台，试行内支线集装箱船、港作船、客船自助签证、网络签证和手机WEB签证模式。全年共查验国际航行船舶43226艘次，办理船舶航次签证409733艘次，办理定期签证19511艘次。全面开展“四客一危”船舶航运公司的专项检查，完善安全信息通报制度，加大安全管理约谈力度，推动航运公司在安全管理上的诚信自律。2011年，共有6家航运公司获评上海片区“安全诚信公司”，2家航运公司获得全国“安全诚信公司”称号。探索船舶现场安检与安全管理体系检查联动机制，全年参与了5次对境外滞留船舶的调查，为水上交通安全提供基础保障。对上海港引航站运行安全管理体系进行督察。全年共组织船公司审核132家，船舶审核158艘次，全年共对4家航运公司作出实施跟踪审核的决定，对1艘船舶的审核未予通过。截至2011年底，上海片区共有注册安全管理体系国家审核员133名。

修订实施《上海海上搜救和船舶污染事故专项应急预案》，贯彻落实《防治船舶污染海洋环境管理条例》，制定配套规范性文件，健全上海港船舶污染防治管理。继续开展危防申报、作业单位备案与诚信管理，逐步完善船舶污染监视监测手段。实施船舶污染清除作业单位资质管理和防治船舶污染应急能力专项验收工作，督促船舶、装卸油类码头制定完善溢油应急计划，加强应急设备配备和应急能力建设。实施船舶垃圾接收申报、污染危害性货物申报等新增申报审批项目无纸化工作，举办污染危害性货物/散装固体货物申报培训，提高危防申报工作质量和工作效率。开展中国船舶油污损害赔偿基金相关技术保障机构落户上海的准备工作，完成《关于建立中国船舶油污损害赔偿基金保障机构研究报告》。2011年，处置船舶污染事故4起，处置泄漏污染物3.215吨。实施船载集装箱开箱检查283次，查获瞒报危险货物载运瞒报案件100起，查处各类船舶污染违章案件862件，完成船载危险货物申报审核284849次，上海港进出载运危险货物船舶57175艘次，载运危险货物5077万吨，其中危险货物集装箱749328TEU。

加强船员培训日常监督检查，辖区21家培训机构监督检查覆盖率和培训项目监督检查覆盖率均达到100%。做好船员服务机构监督检查，对辖区23家甲级服务机构和32家乙级服务机构实施监督检查率达到100%。全年共举办92期海船船员适任证书全国统考，全年适任考试理论考试共计27811人次，适任评估共计14767人次。以筹建中国船员发展和保障中心为抓手，积极开展吸引船员人才集聚上海、船员权益保护、船员服务机构管理、船员人才市场建设对策措施等专题研究。承办首届中国海员大会，开通“中国船员招募网”，牵头组织成立上海船员服务协会，积极引导上海航海院校开展高端船员培训项目，优化国家航运中心人力资源软环境建设。

加强船检机构管理，打造船舶生命周期全过程控制链。开展对上海市船舶检验处船检机构资质的不定期检查。推进救生筏检修站远程监控系统建设。圆满承办外国在华验船公司座谈会。

完善网上政务中心建设，推进“一门式”综合服务平台建设，网上行政审批数量大幅提升。制定《上海海事局海事规范性文件制定管理办法》，清理并废止47件规范性文件。修订政务公开指南，制定政务公开目录，编制《上海海事局违法行为证据取证指南》，强化行政处罚案件评查工作，加强行政处罚自由裁量的监督检查。开展政务受理站点专项巡访、辖区码头专项巡访等专项和日常督察活动，修订并印发《上海海事局海事行政执法督察管理办法》，将执法督察纳入海事业务信息化平台，增强督察工作的规范性。

按照“平稳接管、逐步规范”的要求，从现实情况和便利角度出发，研究和建立海事征收港口建设费的工作机制，确保港建费征收工作起步顺利，推进有力。10月1日零时起，如期接管港建费征收工作，并确保征收系统运转正常，无拥堵现象，无政策纠纷，无技术过错。接管后，进一步完善各项工作机制，设立规费征稽处负责征管工作，实现“征管查”相互分离的闭环征管。

围绕上海国际航运中心建设、江苏沿海开发、浙江海洋经济示范区和海峡西岸经济区等国家发展战略，主动作为，建立以布局立体化、装备现代化、服务信息化、反应快速化和定位高精度为特征的综合助航服务体系。实施航标行业行政管理，全年共完成长江口深水航道、连云港三十万吨航道、明珠大桥、围头湾助航标志建设等共122项专用航标审批。完成嘉兴、舟山、温州、厦门、漳州水域地方公用航标的接收工作。建设航标综合信息管理与服务平台，实现航标业务管理一体化。推进华东内河自动识别系统（AIS）岸台网络二期建设工作，完成踏勘报告编制工作。首次推行实体航标和自动识别系统（AIS）虚拟航标相结合，在国际海事组织航行安全分委会第57次会议上受到肯定。开展集成自动识别系统（AIS）航标的研制、纳米自洁涂层技术在太阳板上的应用试验、浮标油漆防护设施等技术研发项目，提升助航信息化和数字技术应用程度。截至2011年底，东海海区管理航标总数4663座，同比增加4.4%，航标正常率99.93%，航标维护正常率99.99%，均优于部颁标准。

全年累计完成15329换算平方公里水域测量任务，制作纸海图301幅，电子海图240幅，发行纸海图11.96万幅，电子海图42.16万幅次，完成应急扫测20起。研制智能无人测量船，打造移动水文信息采集平台，实现电子海图通用低精度web服务。开通中国海事航海图书资料发行网站，为行政相对人提供便利服务。完成《海道测量生产数据库（HPD）源数据生产技术规定》等技术标准编制，完善测绘产品生产标准体系。适应用户需求，开放高频单边带（SSB）语音及英文语音广播业务。

实施中国海事（上海）数据中心（备份）迁建工程项目，中国船舶动态监控中心进入实际运作阶段。完善通信应急预案，全年共处置重大安全通信24件。开放高频单边带（SSB）语音及英文语音广播业务，满足用户需求。建设水上无线电办证特色窗口，全年为12974艘船舶办理水上移动通信业务标识码（MMSI码）的申请及证书，保障船舶自动识别系统（AIS）配备工作。

【黄浦江水域首次举办游艇日活动】2011年2月27日，在黄浦江外滩水域举行了首次上海港游艇日活动，各游艇协会的10余艘游艇参加了活动。该活动的举行有助于在保障安全航行的前提下，为游艇业发展提供专业政策引导和人性化服务，完善黄浦江的旅游、休闲功能，提升上海城市形象。

【2011年中日联合搜救通信演习在上海举行】2011年3月7日，上海海上搜救中心与日本海上保安厅广岛分部在上海举行联合海上搜救通信演习。本次演习在《1979年国际海上搜寻救助公约》框架内举行，演习过程持续近2个小时，参演双方分别模拟了搜救中心、遇险船舶、航运公司等不同角色，演习了船舶着火、受伤人员救助、搜救中心之间联合搜救等科目。通过本次演习，中日双方海上搜救部门加深了了解，增强了海上搜救协作能力。

【上海成立船员服务协会】2011年3月16日，由全市船员管理和服务领域32家企事业单位和23名个人共同参与的上海船员服务协会正式揭牌。该协会是由上海市从事航运、船员服务、船员培训、船员劳务等单位共同自愿结成的、具有独立法人地位的非营利性专业社会团体，协会的宗旨是在国家有关法律法规允许范围内，组织和团结上海船员服务机构、船舶管理单位和船员，开展船员服务工作，保障公平竞争，维护船员合法权益，提高船员综合素质，促进我国船员专业人才市场发展，优化上海国际航运中心软环境建设。

【举办海峡两岸海上搜救学术研讨会】 2011年4月11日，由中国海上搜救中心和台湾中华搜救协会组织的海峡两岸海上搜救学术研讨会在上海举行。两岸海上搜救领域专家针对两岸搜救技术、搜救机制以及搜救难点问题进行研讨，并就进一步完善两岸海上救助协作长效机制，提升两岸海上搜救应急反应水平，搜救合作形成常态化达成共识。

【长江口深水航道通航记录刷新】 2011年4月29日，历经5个多小时、60.5海里的航程，在8艘海事巡逻艇接力护航下，吃水13.5米、载12万吨铁矿石的矿石运输船“宝探”轮顺利通过长江口深水航道，安全靠泊上海港宝钢主原料码头，一举刷新了长江口深水航道通航记录。长江口深水航道海图水深为12.5米，为保障“宝探”轮进港航行和靠泊安全，上海海事局组织通航安全评估，采取发布航行警告、全程重点监控、全程伴航、全程护航等多项举措，确保该轮按照时间节点通过各关键水域及安全进港。长江口深水航道通航记录的刷新，标志着深水航道经济效益进一步凸显。

【中国海事航海图书资料发行网站正式开通】 2011年6月14日，交通运输部海事局在上海正式开通中国海事航海图书资料发行网站，并通过与设备厂商、船舶用户建立三方协议的形式，向国内航运业免费提供官方的沿海电子海图、内河水域电子航行示意图以及电子海图更新信息。网站实现了电子海图、潮汐表、改正通告等航海图书资料的在线发行，提供定制下载服务，打破了国际电子海图按图幅数量和使用期限收费的惯例，将显著推进电子海图在我国的应用。

【举行2011中国海员大会】 2011年6月25日至26日，由交通运输部主办、交通运输部海事局承办的2011中国海员大会在上海举行，庆祝首个“世界海员日”。大会通过宣传贯彻《海员外派管理规定》、宣传海员权益保护的规章和国际公约、开展“海员日”庆典、“海员发展”主题演讲、开通“中国船员招募网”、举办《中国海员图片展》、表彰全国十佳海员等一系列活动向中国海员表达节日的问候和崇高的敬意。

相关资料：世界海员日——2010年6月25日，国际海事组织在菲律宾马尼拉召开的《海员培训、发证和值班标准国际公约》(简称STCW公约)缔约国外交大会上，决定将每年的6月25日命名为“海员日”，鼓励各国政府及航运组织向海员致敬，感谢其对人类和世界的贡献。

【全国海（水）上搜救志愿者惯例培训班在上海举行】 2011年8月30日至9月2日，中国海上搜救中心在上海举行了全国海（水）上搜救志愿者惯例培训班，来自全国各相关省市及地区海（水）上搜救机构的管理人员共计60余人参加培训。本次培训班是中国海上搜救中心第一次在全国范围针对搜救志愿者队伍建设组织的培训，培训包括突发事件应急处置、心理救援应用、政府与搜救志愿者关系等内容，将有助于发挥社会力量在海（水）上搜救工作中的作用，营造全民动员、全社会共同支持和参与海（水）上搜救应急的良好局面。

【举行上海港首次大型国际邮轮综合搜救演习】2011年9月23日，上海港历史上首次大型国际邮轮综合搜救演习在黄浦江外滩水域成功举行。演习由上海海上搜救中心主办，海事、救捞、公安、消防、渔政等10家搜救成员单位以及200余位志愿者参加演习。演习模拟大型国际邮轮与超大型货轮在海上发生碰撞事故后的应急处置，共持续35分钟，交叉进行了船只搜救水面遇险人员、直升机救助落水人员、直升机转移重伤员、旅客海上紧急撤离、船舶火灾扑灭、难船紧急拖带及海洋污染清除等7个科目的演练，全面检验了上海港大型邮轮水上事故的应急救援保障能力。

【液化天然气（LNG）安全营运与风险防范论坛在上海举行】2011年10月13日至14日，“2011年LNG安全营运与风险防范论坛”在上海举行，来自境内外的150余名专家学者、企业高管、专业人士和管理部门代表参加。中外代表就全球和中国液化天然气行业的现状和发展趋势进行探讨，就液化天然气船舶运输、液化天然气码头接卸等相关环节的风险防范技术与管理经验进行深入交流。

（范锋）

（四）救助打捞

【概况】2011年，东海救助局共执行救助值班待命7976艘天，执行救助任务645起，出动救助力量802次，援救遇险人员1394人，救助遇险船舶75艘，获救财产价值估算107.44亿元。针对东海辖区救助任务特点和气象水文条件，科学调整船舶部署、加强动态值班待命，认真做好“春运”、“两会”等特殊时段以及雾季、台风、寒潮大风等重要季节的应急救助工作，全面加强长江口区、舟山水域和台湾海峡的救助力量布防，圆满完成了辖区海（水）上应急救助抢险任务。尤其在防抗强台风“梅花”期间，累计执行救助任务21起，救助遇险人员达300余人。圆满完成了“大同江”轮、“浙嵊渔14317”轮、“翡翠”轮等多项急难险重应急救助抢险任务，有效保障了东海辖区海上安全形势的稳定。同时，按照上级的统一部署和工作要求，圆满完成了“神舟八号”航天飞船发射海上应急救援保障任务、“东海救113”轮访台交流任务以及“2011年世界海上人命救助大会”承办工作等专项任务。2011年，交通运输部上海打捞局全年完成公益性抢险救助打捞和财产性救助打捞任务26起，随船获救人员398人。船舶待命129艘天，拖航运输19航次，平台安装320艘天，海底电缆敷设70艘天，海洋工程服务1811艘天。该局有职工1500人，其中各类专业技术人员652人。拥有各类拖轮和特种船舶41艘。年内，该局“德大”、“德宏”轮先后赴菲律宾苏禄海救助搁浅外轮“BONAFIDE”；“德宏”轮前往委内瑞拉的ORINCO河救助搁浅船“SEA RAINBOW”（“彩虹海”轮），该船挂巴拿马旗，有26名中国船员；“德大”轮在印尼巴丹姆锚地拖搁浅受损的巴拿马籍货船“SUNNY PARTNER”；“华安”轮前往1952N/03211W救助意大利籍拖轮“CAPO VATICANO”和另一艘被拖巴拿马拖轮“CITTA DELLA SPEZIA”；“华泉”轮从西江油田返回赤湾途中救助游艇“Thai Lady 6767”，船上有5名船员。8月23日，中国首个以救捞为主题的陈列馆——中国救捞陈列馆在上海揭牌。该馆建筑面积约2000平方米，展厅面积1636平方米，设有大型浮雕墙，有救捞溯源、亲切关怀、兴业华章、铸就辉煌、实现跨越、传承创新、发展愿景和后记七大主题展区。陈列馆共展出图文版100余块、历史图片500余幅，陈列实物资料 200 余件，展示自 1951 年 8 月 24 日新中国第一支国家专业救捞队伍创建以后 60 年的发展历程。台湾中华搜救协会林廷芳理事长一行、法国航空搜救考察组一行分别赴上海打捞局参观访问。

（石小洁 赵国财）

【朝鲜籍散货船“大同江”轮上海长江口锚泊遇险】 5 月 25 日 ~28 日，“东海救 169”、“东海救 115”轮、应急反应救助队联合救助直升机“B-7345”在上海长江口 1 号锚地水域成功救助进水后严重倾斜的朝鲜籍货船“大同江”轮（TAE DONG GANG），并将遇险货船顺利拖至安全水域抛锚，船上 36 名朝鲜籍船员随船获救。

朝鲜籍散货船“大同江”轮船长 155.4 米，船宽 20.5 米，总吨位 9010 吨，建造于 1975 年，事发前在长江口一号锚地抛锚，船上装载铁矿砂 10930 吨，目的港长江扬州港。25 日 18 时 57 分，船体突然发生左倾，并迅速增大至 30 度，面对突发险情，发出了求救信号，与此同时，船员开始弃船逃生。19 时 01 分，东海救助局接到求救信息，立即将救助指令传到“东海救 169”轮和“东海救 115”轮，两船紧急备车前往现场。20 时 08 分，“东海救 169”轮率先抵达事发现场，发现不远处有一艘小艇，经证实是“大同江”轮逃生船员，艇上共有 11 人。“东海救 169”轮着手施放救助艇救人。20 时 33 分，11 名朝鲜船员被救上船，随后，又救起 11 名遇险船员，至此，已经救获遇险船员 22 人。21 时正，“东海救 115”轮抵达现场，21 时 13 分，将剩余的 14 人全部救起。至此，“大同江”轮 36 名遇险船员全部获救。

【“东海救 201”轮驰援上海长江口搁浅渔船】 2011 年 10 月 17 日下午，渔船“浙嵊渔 14317”轮在长江口北导堤处搁浅，船体严重倾斜，12 名船员危在旦夕。经交通运输部东海救助局“东海救 201”轮火速出动，12 名遇险船员全部获救。

【5 国籍 12 名外轮遇险船员全部获救】 11 月 30 日 18 时 28 分，安提瓜和巴布达籍集装箱船“JADE”号在航行至长江口南 24 海里水域时，不慎触礁搁浅，在长江口“东海二号位”动态待命的交通运输部东海救助局所属大马力救助船“东海救 116”轮闻讯紧急出动，顶着八级以上偏北大风，经过 6 个小时的施放救生艇、攀爬梯和软梯等施救途径，于 12 月 1 日凌晨 1 时 05 分，将来自德国、乌克兰、罗马尼亚、缅甸和菲律宾 5 个国籍 12 名遇险船员安全救出。

【“东海救 113”轮开展了为期 13 天的访台交流活动】 4 月 29 日 ~ 5 月 11 日，应台湾中华搜救协会邀请，并经国务院对台事务办公室和交通运输部批准，东海救助局“东海救 113”轮开展了为期 13 天的访台交流活动。访问交流期间，“东海救 113”轮在台中、高雄、花莲、基隆四港举行了船舶开放日活动，开展了救捞技术交流活动，接待了 5182 名台湾各界民众登船参观。此次访台交流活动，进一步加深了两岸同胞血浓于水的感情，进一步加强了两岸救捞技术的交流与合作，营造了平安、和谐的海峡环境。

【“2011 年世界海上人命救助大会”在上海成功举办】 8 月 24 日 –28 日，由交通运输部和上海市政府主办，交通运输部救助打捞局和上海市城乡建设和交通委员会承办，交通运输部东海救助局具体承担会务组织实施工作的“2011 年世界海上人命救助大会”在沪成功举办。时任中共中央政治局委员、国务院副总理张德江，国际海事组织（IMO）秘书长米乔普勒斯出席大会并致辞；时任交通运输部党组书记、部长李盛霖，党组副书记、副部长翁孟勇到会指导；国际海上人命救助联盟（IMRF）主席和全体董事、联盟各会员单位的高层代表，以及来自全球5大洲36个国家和地区的二百余名国(境)外代表、三百余名国内代表参加了大会。大会期间成功举办了海空立体救助演练、国际搜救展览会、国际海上人命救助联盟亚太交流合作中心揭牌仪式、中国救捞公众开放日等多项重要活动。大会取得了丰硕的成果，并进一步推动了中国救捞对外合作交往的开展。

【完成“神八”飞船发射海上应急救援保障任务】11月1日，“神舟八号”航天飞船发射成功，这标志着救捞系统圆满完成了“神八”飞船发射海上应急救援保障任务。任务期间，救捞系统按照总装备部和交通运输部的统一部署，共派遣3艘专业救助船舶和2架救助直升机赴指定海域待命，执行海上应急救援保障任务。其中，东海救助局出动了“东海救115”轮、“东海救116”轮2艘专业救助船舶和百余人的专业力量参与保障任务，为圆满完成“神八”飞船发射海上应急救援保障任务提供了有力支持。

（石小洁）

【“德大”轮远洋救助搁浅巴拿马籍货船“SUNNY PARTNER”】8月2日，交通运输部上海打捞局“德大”轮接在印尼巴丹姆锚地拖搁浅受损的巴拿马籍货船“SUNNY PARTNER”去中国防城港，船上有船员14名，装有94000吨铝矿粉。船舶尺寸280.15*45*24.3米，吃水15.73米，总吨152329吨。因搁浅破损的左侧压载舱须在拖航途中用空压机连续充气维持破损舱内压力，防止破损处进水。经过2天的拖带准备工作，8月5日，“德大”拖带难船”SUNNY PARTNER”离开印尼巴丹姆，经过11天连续拖带航行，于8月16日上午安全抵达中国防城港交船。

【“德大”轮远洋救助搁浅外籍难船“BONAFIDE”】9月4日，交通运输部上海打捞局“德大”轮接救助指令，从香港海域锚泊远赴菲律宾苏禄海救助搁浅外轮“BONAFIDE”，该难船由澳大利亚驶往天津港，载重吨172,632，装载164266吨铁矿砂，船长295.83米、船宽46 .00米、吃水17.52米、船员23名。“德大”轮于7日上午9时许抵达现场，靠近难船施救，经卸载部分铁矿砂后，“德大”轮成功将难船拖离搁浅水域。

【“德宏”轮在委内瑞拉救助“彩虹海”轮】9月11日，正在特立尼达等待任务的“德宏”轮接到救助指令，前往委内瑞拉的ORINCO河救助搁浅船“SEA RAINBOW”(“彩虹海”)轮，该船挂巴拿马旗，26名中国船员，船长179.4米、船宽29米、型深15.4米，装载36489吨铁矿。“德宏”轮于13日15时40分抵达难船现场，14日上午“德宏”轮将难船成功拖出浅水区。为此，“彩虹海”轮船长发来感谢信。

【“华安”轮救拖二艘外籍小拖轮】8月2日，交通运输部上海打捞局“华安”轮起锚离开毛里塔尼亚努瓦迪布锚地前往1952N/03211W救助意大利籍拖轮“CAPO VATICANO”和另一艘被拖巴拿马拖轮“CITTA DELLA SPEZIA”，因CAPO VATICANO拖轮在执行拖带任务时主拖缆缠绕该轮车叶，无法动弹。“华安”轮6日抵达难船现场，7日凌晨开始起拖二艘小拖轮前往巴拿马，8月23日抵达巴拿马交船。

【“德大”轮救助液化气船“CL1 CASY”轮】11月23日，在香港港外锚地抛锚待命的交通运输部上海打捞局“德大”轮接到指令：前往前往北纬20° 11’.04, 东经117° 43’7附近抢救主机故障的液化气船“CL1 CASY”，立即全速前往现场。“CL1 CASY”轮满载1700吨液化气，从韩国驶往印尼泗水港，因主机故障随风漂航。24日11时，“德大”轮抵达现场，受强冷空气南下影响，现场东北风8级，浪高5米~6米。“德大”轮船长通过VHF和难船联系，了解缆桩、导缆孔的受力情况，告知拖带的具体方案，同时指挥甲板部人员做好发射撇缆枪的准备。两船船员同心协力，一次性带缆成功。26日，“CL1 CASY”轮安全拖抵香港锚地交船。

【法国航空搜救考察组来访上海打捞局调研参观】11月14日，法国航空搜救考察组一行瓦尔代中校、阿尔代中校、毕雅欣中校组成的参观团在解放军空军徐涛中校、刘涛上校和部局杜海鹏处长助理陪同下，来访交通运输部上海打捞局进行调研参观。考察组对船舶、设施发生事故或险情水上水下救助打捞应急处置能力进行考察调研。沈颢局长等对考察组进行了接待。

双方进行了座谈交流，沈颢局长对我局概况，作业能力和业绩，及救捞体制进行了介绍，随后双方交换了礼品。并用幻灯演讲对该局的人员组成、船舶设备、救捞业绩和打捞工程进行了详细介绍，回答了调研团有关救捞方面的一系列问题。最后接待组陪同调研团参观了救捞陈列馆和SS300饱和潜水系统。

【“华泉”轮救助游艇“Thai Lady 6767”】9月4日17时，交通运输部上海打捞局“华泉”轮从西江油田返回赤湾途中，在担杆岛外21° 45.1’N，114° 32.6’处救助拖带一艘因推进器、通导设备失灵的游艇“Thai Lady 6767”，船上有5名船员。“华泉”轮全速前进，于当晚21时抵达现场，迅速将游艇“Thai Lady 6767”拖带至安全区域，完成救助。

【上海打捞局救助失控货船“德勤3号”】2月27日5时，交通运输部上海打捞局收到“德勤3号”货轮求救信号，该船在渤海湾被撞丢锚失控，当时海面风浪很大，货船随波逐流，危及该海域航行船舶的安全。上海打捞局迅速调遣正在附近海域执行锚泊待命任务的“华跃”轮前往救助。“华跃”轮顶着9级大风浪，30分钟抵达现场，按照预定的救助方案，用火箭撇缆器对“德勤3号”货轮实施撇缆、引缆。难船长92.8米、宽13.5米、型深7.4米。由于风大浪高，“德勤3号”船员二度无法带缆系固难船，直至10时13分，第三次成功把拖缆带上难船，随后拖至东北安全水域。

【台湾中华搜救协会林廷芳理事长一行访问上海打捞局】4月10日，台湾中华搜救协会林廷芳理事长、海岸巡防署郑樟雄副署长等一行到交通运输部上海打捞局进行工作访问。沈颢局长、张戎副局长、郑超局长助理热情接待来访人员，林廷芳理事长一行参观了大型浮吊船“大力号”、远洋拖航船“德意”轮以及外高桥浮筒基地等应急设备和设施。随后，双方围绕两岸救捞现状与发展以及合作前景进行了深入交流。

【中国救捞陈列馆在上海揭牌】8月23日，我国首个以救捞为主题的陈列馆在交通运输部上海打捞局揭牌，该馆浓缩了中国救捞60年的发展历程。

中国救捞陈列馆建筑面积约2000平方米，展厅面积1636平方米。其中，不仅设有大型浮雕墙，还开辟了包括救捞溯源、亲切关怀、兴业华章、铸就辉煌、实现跨越、传承创新、发展愿景和后记在内的七大主题展区。

陈列馆共展出了图文版100余块，历史图片500余幅，陈列实物资料200余件，全面展示了自1951年8月24日新中国第一支国家专业救捞队伍创建以来，从无到有、由弱到强、逐步壮大的60年发展历程。

【营救安提瓜和巴布达籍集装箱船】 11月30日18时许，安提瓜和巴布达籍空载集装箱船“JADE”轮（“翡翠”轮）在上海长江口附近水域搁浅触礁，船体破损进水，船上有12名外籍船员。该轮长132.7米、宽19.23米、吃水6.2米，总吨为7170吨。交通运输部上海打捞局获悉后连夜派遣大马力救助拖轮“德意”轮、“联合正力”、“沪救19”号、“沪救17”号、“盐拖1098”等8艘救助打捞船、500吨浮筒、800吨浮筒各2只、应急打捞队员和抢险专家及潜水装具前往现场对“翡翠”轮实施脱险救助。14日中午，遇险船被拖至舟山万邦永跃船厂进行修理。

（赵国财）

十四、国际航运中心建设

（一）综述

【概况】2011年，受世界经济弱势复苏、欧美主权债务危机、西亚中东地区局势动荡、日本大地震等负面因素冲击，国际贸易增速放缓，航运业依然面临严峻形势，市场供需严重失衡，全球船舶运力增幅9%，远超全球海运贸易量增幅5%，航运企业得到的融资显著减少，前三季度A股航运板块整体收入同比下降10%，利润总额大降125%，排名垫底。尽管面临严峻形势，经过近三年的努力，上海国际航运中心建设已基本完成国务院2009年19号文件要求的各项具体工作，特别是财政部即将出台启运港退税实施办法，19号文明确的具体事项将全面得到落实。2011年上海港货物吞吐量7.28亿吨，集装箱吞吐量3174万标准箱，全年继续保持货物及集装箱吞吐量世界第一大港地位。2011年上海地区航空运输将实现飞机起降57.4万架次、旅客吞吐量7456万人次、货邮吞吐量356万吨，浦东机场连续四年货邮吞吐量位居全球机场第三，国际航空枢纽港地位得到进一步巩固。航运服务功能不断完善，先行先试效应初步显现。口岸服务进一步完善，航运信息整合和权威性不断增强，功能性机构加快集聚，综合保税区功能创新不断深化，综合试验区政策进一步落实。航运金融服务不断拓展，航运保险业务不断拓展，融资租赁业务规模扩大，运价衍生品交易正式启动。邮轮产业进一步发展，上海港靠泊邮轮105艘次，其中母港邮轮75艘次，访问港邮轮30艘次，进出境旅客总数为21.44万人次。

（屠爱华）

（二）集疏运体系

【概况】 2011年，上海港集疏运体系不断完善，物流服务能力不断提高。基础设施建设有序推进。外高桥六期工程通过国家竣工验收；临港新城东港区一期工程水工码头争取年内投入试运行；洋山保税港区进口汽车滚装码头的改建工程已基本竣工。完成外高桥、罗泾港区进港支航道疏浚工程；有序推进内河航道整治工程，其中黄浦江上游工程完工，大芦线一期工程及赵家沟工程主体工程已近尾声。崇启通道工程年内竣工通车。京沪高铁正式开通。浦东机场第四、第五跑道工程立项已获国家发改委批准，虹桥机场完成东跑道大修和T1航站楼优化调整规划方案，机场硬件设施进一步完善。集疏运组织能力得到提升。沿江集装箱物流的班轮化运作启动，全年达到367.8万标准箱，同比增长20.2%。联合建立外高桥地区及周边道路交通排堵联动机制。铁道部同意新增开行沪渝间集装箱五定班列，全年完成海铁联运10.3万标准箱，同比增幅43%。海港吞吐量稳定增长。上海港货物吞吐量和集装箱吞吐量分别为7.28亿吨和3174万标准箱，同比增长11.4%和9.2%，水水中转比例达到41%，上海港全年继续保持货物及集装箱吞吐量世界第一大港地位。航空枢纽辐射能力不断增强。两场完成飞机起降57.4万架次，旅客吞吐量7456万人次，货邮吞吐量356万吨，起降架次和旅客吞吐量分别同比增长4.2%、3.7%，浦东机场货邮吞吐量达到310.9万吨，继续保持世界货运第三大机场地位，浦东、虹桥机场旅客服务满意度国际排名上升。

【上海长江口深水航道12.5米水深延伸段顺利开通】 1月8日，上海长江口深水航道至江苏太仓的延伸段实行试通航。长江口12.5米深水航道向上延伸至太仓工程，由长江口12.5米深水航道上口到浏河口和浏河口至太仓两段组成，航道全程约54公里，航道有效宽度350米，总投资约3亿元，工期与长江口深水航道三期工程通航期基本同步。

【上海浦东国际机场昆山航站楼在昆山投入正式运行】 1月21日，上海浦东国际机场昆山航站楼正式投入运行。该航站楼是国内第一家具备国际和地区航班值机功能的跨省市异地航站楼，为昆山乘客搭乘浦东国际机场航班提供了极大的便利。今后，昆山旅客可以在航站楼直接办理浦东国际机场始发的所有东航和上航的航班，而不必到浦东国际机场再排队值机了。此外，新航站楼从今日起开通了昆山直达浦东国际机场的班车，旅客在昆山航站楼办理完值机手续后只需1个半小时就可以抵达浦东机场，比过去长途巴士绕道虹桥机场的时间节省了近1个小时。

【上海港外高桥集装箱码头深水航道开通】 4月18日，上海港外高桥集装箱码头深水航道举行开通仪式，标志着上海国际航运中心建设取得又一重要成果，将促进上海港集装箱业务的持续健康发展。深水航道的开通，将使外高桥和罗泾港区的通航条件大幅改善，大大增加开靠船舶的航次货物装载量，提高上海港货物吞吐量，将为上海港成功跃居全球货物和集装箱第一大港奠定坚实基础。

【上海长江口深水航道治理工程三期正式通过国家验收】 5月18日，上海长江口深水航道治理三期工程顺利通过国家竣工验收，标志着迄今为止我国最大的水运工程全面完成。历经40年的前期研究、12年的持续建设、1年的成功试通航，长江口12.5米深水航道才彻底被打通。

【京沪高速铁路正式开通运营】 6月30日，京沪高铁首趟列车从北京南站发车，标志京沪高铁正式开通运营。中共中央政治局常委、国务院总理温家宝今日下午来到北京南站，出席了京沪高铁首发仪式。京沪高速铁路全长1318公里，是世界上一次建成、线路最长、标准最高的高速铁路。在沿线各地政府和有关部门的大力支持下，京沪高铁全体建设者团结协作、顽强拼搏，仅用了38个月就完成了全部工程建设任务，谱写了中国铁路建设史上的新篇章。

【上海港外高桥六期港区顺利通过国家竣工验收】 10月14日，上海港外高桥六期港区顺利通过国家竣工验收。外高桥港区六期工程是上海市按照上海城市总体规划，整合港口资源，完善港口集疏运体系，拓展港口服务功能而实施的上海市重大工程项目。它的建成，使上海港的集疏运网络进一步完善，港口的发展能力进一步提升，上海国际航运中心的集聚能力、辐射能力和服务区域经济协调发展的能力进一步增强，体现了城市与港口和谐发展，展示了环境友好、资源节约、运作高效的现代港口新形象。外六期港区，是一个具备汽车滚装、集装箱运输、港口物流三大主体功能的综合性港区。码头岸线长1538米，陆域面积181.9万平方米，建设1个10万吨级和2个7万吨级集装箱泊位、2个5万吨级汽车滚装泊位，滚装泊位内侧建设2个长江驳泊位。设计年通过能力为210万标准箱和73万辆汽车，工程总投资45.97亿元。

【上海机场集团与上海海关共建战略合作关系】 11月4日，上海海关与上海机场集团有限公司昨天共同签订战略合作谅解备忘录。双方将建立“互信、合作、双赢”的战略合作关系，共同推进上海航空枢纽港发展。建设上海航空枢纽是国家的重大战略部署，也是海关立足自身职责定位、为地方经济发展做好服务的重要举措。根据备忘录，上海海关与上海机场集团将秉承“合作共赢”的宗旨，通过在联络协调、信息交换、双向培训、会议磋商和沟通、廉政共建等方面建立起更为紧密的联系配合机制，为深化双方交流合作搭建起制度化的新平台。

【上海市交通运输行业协会集装箱道路运输分会成立】 11月10日，上海市交通运输行业协会集装箱道路运输分会成立。为吸引更多中小企业入会，做到全覆盖，集装箱道路运输分会将把为会员单位服务、维护会员单位合法权益、反映会员单位合理诉求作为重要任务，真正把分会建设成为会员之家和联系政府与企业的桥梁纽带。目前，在沪注册的集装箱道路运输企业达1112户，车辆17725辆；外省市在沪备案企业207户，车辆约12000辆。据统计，2010年，集装箱道路运输企业共完成集装箱运输1800万标准箱，占上海港集装箱吞吐量的60%。

【长三角港口管理部门联席会议第六次会议】 11月，长三角港口管理部门联席会议第六次会议在江苏镇江召开，会议进一步完善了长三角港口管理部门合作联席会议机制，确定了2012年上海组合港港航管理部门要开展的十三项重点工作，完善了长三角区域港航协作机制。

【上海港2011年集装箱吞吐量突破3000万标准箱】 12月23日，“上海港2011年集装箱吞吐量突破3000万标准箱庆典仪式”在上海举行，这是世界港口史上首次突破年3000万箱的新纪录。交通运输部部长李盛霖，上海市委副书记、市长韩正共同启动第3000万只集装箱起吊，上海市副市长沈骏出席仪式。

【越江跨省大通道崇启大桥正式通车】 12月25日，跨越长江、连接沪苏的快速通道崇启大桥今天正式建成通车，由此，从江苏启东乃至苏北通往上海的车程缩短100多公里，加快了长三角一体化进程。崇启大桥起于上海市崇明县陈家镇，止于江苏省启东市汇龙镇，是国家高速公路网上海至西安高速公路的重要组成部分，也是长三角高速公路网规划的城际通道。

（三）航运服务业

【概况】 2011年，航运服务功能不断健全。口岸环境进一步改善。《上海口岸服务条例》通过市人大常委会表决。启动“一单两报”试点工作，完善了软件系统，稳妥扩大试点范围，推动试点业务量的提升。建立并完善“一门式”口岸通关服务中心协调机制。启动进口分类通关改革。航运信息整合和权威性不断增强。全国有50家地方船舶交易机构成为上海航交所船舶交易市场会员，2011年船舶交易信息平台共接受3192艘次（439.6万吨，100.2亿元）船舶的成交信息报送。上海船舶价格指数、中国新造船价格指数相继发布，填补了我国船舶价格评估和系列船价指数多项空白。二手船交易标准格式合同发布，兼顾买卖双方利益，规范船舶交易行为。推出中国沿海煤炭运价指数，启动国际散货运价指数研究。启动中国航运数据库构建工作。集装箱货运电子标签技术标准于11月完成国际机构的公示和投票，正式成为国际技术标准（ISO18186），确立了在此领域的国际优势地位。服务机构加快集聚。世界海事大学上海代表处正式成立，实现了航运类国际组织在沪落户的突破。中国海事数据备份中心落户张江。又一家非双边协议航运企业、全球最大龙门吊箱型船船队经营企业瑞士吉与宝公司在沪设立其亚洲总部。国内首家中外合资海上油污应急处理专业服务公司在沪设立。首批经纪公司已逐步开展以人民币结算的本土经纪业务；第二轮试点工作启动。国家级船员评估中心建设用地基本落实。中国船员招募中心网上公共服务平台“中国船员招募网”正式启动。上海船员服务协会正式成立。至2011年底，上海国际运输企业共计1315家，其中国际船舶运输企业62家，国际船舶代理企业147家，国际船舶管理企业97家，无船承运企业1009家。2011年底，上海登记注册船舶数量达到2182艘，合计1519.89万吨；完成船舶交易285艘次，同比增长45.4%，船舶交易总价值20亿元。

【CMAC标准新造船合同（上海格式）正式发表】 3月1日，MAC标准新造船合同（上海格式）正式发表，填补了中国没有国家级标准造船合同的空白。与上海造船工程学会、上海海事大学、青岛远洋船员学院等单位合作，先后编制了《航次租船合同》、《定期租船租合同》、《船员管理合同》、《船员集体合同》、《标准船舶修理和改装合同》、《CMAC标准船舶修理合同》，组成系列上海格式，初稿现均已完成，拟首先在上海推荐使用。

【航运人才政策不断优化】 1月，《上海市城乡建设交通“十二五”人才发展规划纲要》正式发布，一步明确了航运领域的人才开发目标：以航运产业升级、功能开发和体制创新为动力，重点通过引进与培养相结合等手段，继续充实上海国际航运中心建设所需的人才和关键人才数量，基本满足上海国际航运中心建设需求。市建设交通委根据市政府发布的《上海市引进人才申办本市常住户口试行办法》（沪府发[2010]28号）有关规定，按照上海国际航运中心建设关于航运机构体系建设要求，对本市重点扶持的航运要素市场和航运机构进行了梳理，明确了60家单位作为航运中心建设的重点机构，按照《上海市引进人才申办本市常住户口试行办法实施细则》要求，该60家用人单位引进的人才学历在大学本科以上，具有2年以上工作经验的就可以直接申报本市常住户口。同时，梳理出饱和潜水员、空气潜水员、船长、航空器适航审定试飞员、飞行员等紧缺、特殊岗位。

【上海口岸报检报关“一单两报”试点启动】 1月13日，上海口岸报检报关“一单两报”试点正式启动，实现了企业进口货物的报检、报关信息通过一个窗口一次录入分别报送海关与检验检疫两个部门，将有效减少企业申报信息重复录入，降低误差率，提高工作效率，对推动上海国际航运中心建设、推进贸易便利化意义深远。上海欣海报关有限公司董事长葛基中算了一笔账：公司每年有报关货物50万票，过去每一票都要两个报关员和一个报检员，先报检再报关，前后共需三四天。而实行“一单两报”试点后，报检报关同时进行，人力成本估计下降30%左右，时间也缩短了，“这样大大减少货物在港区内压存产生的费用。

【上海船员服务协会在上海虹口区揭牌落户】 3月16日，由全市船员管理和服务领域32家企事业单位和23名个人共同参与的上海船员服务协会正式揭牌。该协会的成立将有助于上海船员市场形成规模和现代航运服务体系的建成，进一步推动上海国际航运中心的建设。

【上海国际航运和金融中心建设重大项目举行揭牌和签约仪式】 3月25日，时值国务院出台关于推进上海建设“两个中心”（国际金融中心和国际航运中心）意见两周年，由上海国际航运中心推进小组办公室、上海市金融办公室、上海海事局、上海市虹口区人民政府联合主办的“推进上海国际航运和金融中心建设重大项目揭牌和签约仪式”在虹口区举行。在仪式现场举行了上海航运产业基金管理公司、沪港航运研发与交流中心、上海航运运价交易有限公司的揭牌仪式，国家级船员评估中心落户、上海航交所和工商银行上海市分行战略合作、虹口区人民政府与上海证券交易所金融合作备忘录的签约仪式。

【中国首家国家级船员评估中心落户上海虹口区】 3月，上海海事局与虹口区签订协议，明确将中国首家国家级船员评估中心落户在虹口区，项目选址已完成，相关工作正在推进。新建的国家级船员评估中心将配备最先进的设施、设备和大型操控模拟器。目前海船船员适任评估由于种种限制，主要依靠航海院校。但各校的水平参差不齐，迫切需要建立统一的船员评估中心。交通运输部规划在全国建立3个海员评估中心，希望能在上海率先突破。

【浦东国际航运服务中心启用】 4月29日，

浦东国际航运服务中心正式启动启用，该中心集聚了上海组合港管委会办公室、上海国际航运中心发展促进会、上海海事局浦东办事处、上海国际航运仲裁院、上海国际航运物流人才服务中心、上海国际航运信息中心、上海航运运价交易公司、艾维艾维港航信息公司等一批高端航运要素，充分发挥航运展示、企业服务和招商引资等产业引导作用，累计开展政策讲座、老总沙龙、航运法务、航运金融、航运人才培训等各类活动40余次，参加企业200多家。该中心与中国航海博物馆签订《关于共同推进“航海航运发展”战略合作框架协议》，共同推动创办“航运科普教育基地”。此外，浦东国际航运服务中心还与建设银行、浦发银行、中信银行和中国银行等合作开展银企航运金融产品对接活动，为船舶企业提供融资渠道。

【上海国际航运中心发展促进会成立】 4月29日，上海组合港管委会办公室和上海市交通运输行业协会等几十家与上海国际航运中心建设相关的组织、企业和单位，共同发起成立了上海国际航运中心发展促进会，建立了民间形式的长三角及长江流域合作交流综合平台。

【中国国际贸易促进委员会与浦东新区人民政府签署了《关于加强海事法律服务促进上海国际航运中心建设的合作框架协议》】 5月10日，中国国际贸易促进委员会副会长董松根与浦东新区人民政府副区长戴海波授权签署了《关于加强海事法律服务促进上海国际航运中心建设的合作框架协议》。合作框架协议将为落实国家战略布局，为上海金融和国际航运两个中心建设发挥应有的作用。中国贸促会将在上海浦东新区着力发挥海事仲裁、海损理算、海事调解、海事法律咨询及培训等方面的功能，发挥中国贸促会、中国海事仲裁委员会、中国贸促会海损理算中心的品牌和专家队伍的优势，提供专业、优质的公共法律服务。浦东新区人民政府将对中国贸促会的海事法律服务工作的开展给予支持和便利。合作框架协议显示了上海两个中心建设的重心向软实力转移的力度和决心。

【上海海事局与上海海事法院签署《关于共同促进上海国际航运中心建设合作备忘录》】 5月16日上午，上海海事局与上海海事法院签署《关于共同促进上海国际航运中心建设合作备忘录》。根据合作备忘录，双方将通过增进交流、深化共识、务实合作，以不断提升海事司法与行政执法的公信和水平，共同促进上海国际航运中心法治环境的构建与优化为目标，重点建立完善海事业务沟通协调机制和海事领域矛盾纠纷化解协作机制。备忘录还进一步明确了双方在提供海事司法信息与建议、船舶扣押与船舶拍卖、海事调查与案件审理等方面的具体协作事项，为备忘录的有效实施奠定了坚实基础。加强双方合作，对于妥善化解海事领域矛盾纠纷，确保海事司法和行政执法活动公正高效，进而促进形成国际航运中心建设所需的最优法治环境，都将产生积极而又深远的意义。

【上海海事局海事法律网（http://law.shmsa.gov.cn）正式上线运行】 5月17日，国内首家海事法律网在上海正式上线运行，供社会免费使用。该网站以2000多部收录量成为国内海事法律数据最全、更新最快、范围最广的专业法律网站，其正式开通将极大满足航运界对海事法律的查询需求，进而增强上海国际航运中心的海事法律服务功能。

【“上海金融业联合会航运金融专业委员会”成立】 5月19日，经过近一年的研究论证和紧张筹备，“上海金融业联合会专家委员会”和“上海金融业联合会航运金融专业委员会”

在2011陆家嘴论坛召开之际正式宣告成立。此次成立的航运金融专业委员会旨在搭建管理部门与会员单位之间的交流纽带，成立后将代表各会员单位起草编制航运金融发展规划、业务发展指南、实务操作手册等纲领文件，承接有关部门就“两个中心”建设中与航运金融相关的前瞻性应用研究。今后还将建立与“劳合社”市场类似的航运金融俱乐部，由专委会搭建平台供各会员单位发布项目信息，在同等条件下优先在成员单位内进行合作，协助各会员单位发展航运金融业务。此外，专委会还将在每年年初编制发布《上海地区航运金融业务发展年报》。

【“2011中国国际航运文化节”在上海浦东陆家嘴开幕】6月24日上午9点，以洋泾绒绣呈现的“中国国际航运文化节”会徽标志，在上海新天哈瓦那酒店会议大厅隆重揭幕，为期三天的2011中国国际航运文化节正式全面启动。2011中国国际航运文化节由中国交通运输协会、中国海员建设工会全国委员会、中国船东协会和上海市浦东新区人民政府联合主办，中国航务周刊和界上传媒集团、物流时代周刊、上海市浦东新区航运服务办公室和上海市浦东新区人民政府洋泾街道办事处组织承办，各大航运社团支持，以“弘扬航运精神、助力航运发展、彰显海员魅力、服务经济建设”为宗旨，以“诠释中国航运精神崇高境界，展现中国海员魅力风采，奏响中国蓝色经济华彩乐章”为目标，是集嘉年华、会、展、奖、赛等内容为一体的大型航运界经济文化活动。本届航运文化节在上届成功举办的基础上推陈出新，开展主要包括“2011中国国际航运高峰论坛”、“2011中国航运企业‘总裁课堂’”、“第八届中国货运业大奖‘金轮奖’颁奖盛典”、“2011港航精英高尔夫邀请赛”、“2011世界海员日嘉年华”等多项活动。

【首届中国海员大会在上海举行】6月24~25日，由交通运输部主办、交通运输部海事局承办的首届中国海员大会在上海举行。大会宣贯了《中华人民共和国海员外派管理规定》、介绍了《2006年海事劳工公约》、举办了“海员日”庆典活动。交通运输部、人力资源和社会保障部、上海市人民政府、福建省人民政府、山东省人民政府领导，及商务部、外交部、公安部、中国海员建设工会、河南省、湖北省、浙江省、江苏省代表，交通运输部相关司局及国内航海院校、航运公司、船员服务机构、海员外派机构、引航机构、船东协会、船员服务协会等共260余人参加了大会，表达了对船员这一群体的崇高敬意，让社会更加关注海员权益的保护。

【中国船员招募中心门户网站正式开通】6月25日，由交通运输部副部长徐祖远同志、人力资源和社会保障部副部长杨志明同志、中国海员建设工会主席李铁桥同志和山东省人民政府特邀咨询阎启俊同志共同启动网站，此举将为进一步维护船员权益，规范船员服务秩序，加快航运科学发展发挥重要作用。随着网站的开通，海事部门表示，将更好的履行政府服务职能，为中国船员的科学发展、为我国从船员大国到船员强国进一步迈进提供有力支撑。

【“中国航海日”、“世界海事日”上海活动日在沪举行】7月11日，2011“中国航海日”、“世界海事日”上海活动日在黄浦江水面与外滩金融广场举行。该活动由市建设交通委、市交通港口局、上海海事局主办，市航海学会承办，旨在弘扬航海精神，提升海洋经济战略意识，扩大上海国际航运中心建设影响力。上海市政府副秘书长尹弘致开幕辞，并敲响巡游队伍出发的铜钟。随即，船舶鸣响了欢庆的汽笛。2005年7月11日，是中国伟大航海家郑和下西洋600周年纪念日。同年4月25日，经国务院批准，将每年的7月11日确立为“中国航海日”，作为国家的重要节日固定下来。国家“十二五”规划纲要中首次将发展海洋经济列入重要战略部署，与之相契合的是，今年“中国航海日”活动以“兴海护海、舟行天下”为主题。

【“世界海事大学上海代表处”在上海隆重揭牌】 7月22日下午，在虹口区三至喜来登酒店举行了一个简单而隆重的揭牌仪式，庆祝“世界海事大学上海代表处”(WMU Shanghai Office)的成立。来自中国船级社、中国海运集团总公司、中远集装箱运输有限公司、上海航运交易所等业界代表和世界海事大学在沪校友共一百多人参加了揭牌仪式。世界海事大学上海代表处的成立，是上海国际航运中心软环境建设的重要进步，是上海发展知识型高端航运业务的重要举措。

【“宁波融入上海国际金融中心和国际航运中心建设”对接会在上海举行】 8月10日上午，以“金融与海洋经济”为主题的宁波融入上海国际金融中心和国际航运中心建设对接会在沪举行。这是宁波市贯彻落实国家关于“长三角一体化”、“上海两个中心”和“浙江海洋经济”三大区域战略的重要举措，也是宁波借助上海寻求海洋与金融战略合作的具体行动。会上，宁波39个高规格的金融与海洋经济建设项目与上海方签约，合作规模总金额达430亿元。这些签约项目中半数以上属现代服务业，其中宁波港与上海港联合发起组建国内首家专业性的航运保险法人机构更是开创全国先河，填补了我国金融与海洋经济发展的空白。

【国际海上人命救助联盟亚太中心揭牌仪式在沪举行，国际海上人命救助联盟亚太中心正式成立】 8月23日下午，国际海上人命救助联盟亚太中心揭牌仪式在沪举行，交通运输部副部长翁孟勇和国际海事组织秘书长米乔.普勒斯为该中心揭牌。8月24日，为期5天的2011年世界海上人命救助大会在上海召开，这不仅是我国首次承办这一大会，也是亚洲国家首次承办。

【《上海口岸服务条例》顺利通过】 11月17日，上海市人大常委会全体会议表决通过了《上海口岸服务条例》，该条例将于2012年3月1日起实施，成为首部有关口岸服务的地方性法规。

【“中国油运安全论坛2011”在上海召开】 7月21日，中国油运安全论坛2011年大会在上海开幕。本届论坛大会的主题是“风险防控—共同责任”。来自境内外58家单位约170位代表齐聚论坛，共商油运安全大计。本届论坛大会从筹备到成功举办，得到了政府主管部门的大力支持和业界各方的热烈响应与积极参与，中国政府主管、航运及相关职能部门，中国境内石油公司、油轮船东、液货码头、船舶设计单位、船舶制造/修理厂、船用设备厂、海事院校等均派代表参加。大会还吸引了石油公司国际海事论坛(OCIMF)、国际独立油轮船东协会(INTERTANKO)、英国石油(BP)航运、壳牌(Shell)国际、埃克森美孚(ExxonMobil)等相关国际行业组织和境外石油公司派代表参加。与会代表将在会上共同研讨油轮安全政策问题和技术问题，交流技术成果和国内外最新油运安全技术动态。

（四）航运业务

【概况】 2011年，受世界经济弱势复苏、欧美主权债务危机、西亚中东地区局势动荡、日本大地震等负面因素冲击，国际贸易增速放缓，航运业依然面临严峻形势，市场供需严重失衡，全球船舶运力增幅9%，远超全球海运贸易量增幅5%，航运企业得到的融资显著减少，前三季度A股航运板块整体收入同比下降10%，利润总额大降125%，排名垫底。中国海运（集团）总公司：2011年共完成货运量4.35亿吨、货运周转量7722亿吨海里，分别为上年同期的111.5%和109.8%；交付新船40艘，其中包括1艘30万吨VLCC、1艘30万吨级矿砂船、3艘23万吨矿砂船，淘汰老旧船舶24艘；陆岸相关产业快速发展，投资了宁波梅山码头和北部湾地区的钦州码头。中远集装箱运输有限公司：2011年完成货运周转量3685亿吨海里，经营集装箱船舶157艘，合66.8万标准箱位，同比增长9%，其中包括5000标准箱型以上超巴拿马型集装箱船64艘，合47.5万标准箱，公司运力规模在世界班轮公司中位居第四位，持有船舶订单32艘，合24.4万标准箱。

【中国海运荣获“2010中国经济最具发展潜力企业”荣誉称号】 1月9日，“2010中国经济发展论坛”在北京人民大会堂隆重举行。本届论坛上，中国海运（集团）总公司荣获“2010中国经济最具发展潜力企业”荣誉称号。

【14100标准箱“中海之星”轮命名交船仪式在韩国隆重举行】 1月15日，中国海运在韩国三星重工船厂建造的14100TEU“中海之星”轮命名交船仪式在三星巨济岛船厂隆重举行。1月14日晚，集团在釜山APEC HOUSE酒店隆重举行招待晚宴。1月16日，“中海之星”轮投入中海集运欧洲航线营运。中海之星”轮系韩国三星重工为中海集运建造的8艘同类型船舶中的第一艘，是目前世界运载能力最大、技术设备最先进的超大型集装箱船。该轮总长366米，型宽51.2米，型深29.9米，结构吃水15.5米，载重量15.5万吨，航速24.2节，将大大降低单箱运输成本和单位能源消耗。该轮的顺利交付，标志着中海集装箱运输船队迈上了一个新的台阶。为确保第一艘超大型集装箱船处女航，中海集运已备足货源，“中海之星”轮将满载首航，实现运输效益最大化。1月20日，中国海运14100TEU“中海之星”在上海洋山港举行首航庆典仪式。

【中海货运“嘉宁山”轮勇斗海盗获集团嘉奖】 2月1日，中海货运“嘉宁山”轮刚刚离开印度洋驶往南非德班港，遇到海盗船，向其发射三枚火箭弹，并派出小艇准备强行登轮。“嘉宁山”轮船长及时发现海盗的企图，第一时间向公司报告。中海货运及时启动应急指挥，同时向中国海运和中国海上搜救中心报告。按照集团的指示和中海货运的指挥，“嘉宁山”轮采取蛇行前进方式，摆脱险境，确保了安全。

【30.8万吨“新厦洋”轮隆重交用 中国海运VLCC船队达12艘】 2月25日下午，中海发展股份有限公司订造的30.8万载重吨超级油轮“新厦洋”轮在广州中船龙穴造船公司码头隆重交付使用。“新厦洋”轮是中国海运在广州龙穴造船公司订造的第4艘30.8万载重吨超级油轮，她的交付使用，将使得中国海运拥有12艘VLCC，油轮船队总运力超过700万载重吨，在全球独立油轮船东中排名前十。“新厦洋”轮首航驶往中东承运进口原油。

【23万吨VLOC“中海吉祥”轮在广州龙穴造船基地隆重交付使用】 2月26日上午，中海发展股份有限公司在广州龙穴造船基地订造的23万吨VLOC“中海吉祥”轮隆重举行命名和交用仪式。此次投产的“中海吉祥”轮是龙穴造船为中国海运建造的第五艘VLOC，同时也是中国海运专门为首钢定身

打造的第二艘超大型矿砂船，代表了当今世界大型干散货船舶建造的一流水平。她的交付比合同提前了两个月，标志着中国海运、首钢总公司和中船集团三家大型国企的合作迈上了一个新的水平。“中海吉祥”轮首航驶往澳大利亚承运铁矿。

【中海工业与大连船舶签署11万载重吨成品/原油船技术转让合同】3月9日，中海工业与大连船舶重工在扬州成功签署11万载重吨阿芙拉型成品/原油船技术转让合同。中国海运和中船重工作为长期战略合作伙伴，此次11万载重吨成品/原油船技术转让合同的成功签约，标志着两大集团的合作向新的纵深领域发展。11万载重吨成品/原油船为中船重工下属大连船舶重工自主开发的具有国际先进水平的阿芙拉型油轮，该船型也是目前国内船厂开发最成功、最具市场前瞻性的产品之一，深受国内外船东欢迎，被国际航运界誉为“中国大连型”，具有良好的市场开发前景。此船型成功加盟中海工业，将有力提升中海工业江苏基地现有船舶建造水平，推动中海工业世界一流造船企业建设。

【中国海运“盛池”轮承运我国援日2万吨燃油运输】3月28日下午，中国海运所属中海发展股份有限公司油轮公司“盛池”轮，靠泊大连石化码头开始装载2万吨援日燃油，于29日中午完成装油作业后开航前往日本广岛县江田岛市及爱媛县今治市，为日本遭受地震海啸灾区提供燃油援助。

【中国海运洛杉矶码头二期扩建工程建成启用】4月18日上午，中国海运在美国洛杉矶港举行中海码头二期工程的落成典礼，庆祝码头二期工程建成启用。洛杉矶是美国面向亚太的重要门户，美国经济正在复苏，中国海运更加看好中美贸易的航运业发展前景。中国海运洛杉矶码头二期工程的投产建成，将大大增强集团在美国西部的经营能力，同时也将提高洛杉矶港的竞争力。

【中国海运与商船三井合资合作开展LNG运输业务】4月26日下午，株式会社商船三井与中国北方液化天然气运输投资有限公司、中国东方液化天然气运输投资有限公司签署合资协议，分别在沪东中华造船集团各订造两艘17.2万立方米的LNG船舶，用于澳大利亚高庚、巴布亚新几内亚至中国的LNG进口运输。此项合资协议的签署，标志着中国海运在国家发改委、国家能源局的支持下，进入具有高技术含量的LNG运输领域，也意味着中国海运与商船三井长达20年的合作关系的开始。中国海运与商船三井将继续本着真诚、双赢的合作精神，保证合资项目平稳、安全地运行，履行船东在期租协议中对埃克森美孚的承诺，圆满完成运输任务。

【中国海运14100TEU集装箱船“中海木星”轮首航大连】5月22日，中国海运集团在大连大窑湾港隆重举行“中国海运14100TEU集装箱船‘中海木星’首航大连庆典仪式”。“中海木星”是目前中国海运的集装箱船队中最大的船舶，也是目前世界运载能力最大，现代化、快速化、信息化最高，技术设备最先进的超大型集装箱船之一。该类船型船长366.069米，船宽51.2米，船深29.9米，设计吃水14.5米。中国海运共订造了8艘该类船舶，“中海木星”为交付的第三艘船舶，还有3艘即将于年内交付，其他2艘将于明年初交付。

【中国海运14100TEU“中海金星”轮在马来西亚巴生西港举行首航庆典】5月21日上午，中国海运第二艘、目前世界上最大型14100TEU集装箱船“中海金星”首次成功顺利靠泊马来西亚巴生西港码头16号泊位。中海干线船挂靠巴生港为提升巴生中转枢纽地位、促进当地经济发展和GDP增长、减低进出口海运成本及带动当地就业作出了一定的贡献。随着马来西亚经济与贸易的不断发展，“中海金星”的加入必将对当地港口与经济的整体发展做出更大的贡献。

【中国海运与长荣集团在台举行航线合作协议签约仪式】6月16日，中国海运集团和长荣集团在台北隆重举行新的航线合作协议签约仪式暨航线合作协议二周年庆典活动，双方再次开展航线深度合作。中国海运李绍德总裁和长荣集团林省三首席副总裁在庆典活动中分别作了热情洋溢的致辞，高度赞扬了双方航线合作两年来取得的成效，携手共度金融危机，为双方进一步开展合作打下了良好的基础。

【中国海运与中国船级社签订战略合作协议】8月23日上午，中国海运与中国船级社在上海举行战略合作协议签约仪式。此次战略合作协议，主要涉及技术标准、新造船与营运船舶、船舶修造与改装、节能环保、海事劳工公约、工业服务等领域。此次战略合作协议的签订，是两家共同培育国际竞争力、共同打造“世界一流”、共同促进中国海运事业不断发展的重要举措，标志着双方的“强强联合”进入了一个崭新阶段。

【广东省人民政府与中国海运在穗签署战略合作协议】8月26日上午，广东省人民政府与中国海运在广州珠岛宾馆签署了战略合作框架协议。根据协议内容，中国海运与广东省人民政府建立长期稳定的战略合作关系，重点在航运、码头和修船基地等投资建设相关项目，并将广东省作为中国海运发展航运、物流及相关业务的重要基地，积极推动广东相关行业发展。

【“中海火星”号集装箱船举行命名交船仪式】10月28日，中海集运第五艘14100TEU集装箱船“中海火星”号命名仪式在韩国三星重工巨济岛船厂隆重举行。

【中国海运与河北远洋、招商局签署战略合作框架协议】12月9日，中国海运与河北远洋、招商局集团分别在香港和深圳举行战略合作框架签约协议。河北远洋是中国最大和最具竞争力的民营航运企业之一，中国海运与河北远洋本着“强强联合、优势互补、合作双赢、共同发展”的原则，整合和发挥双方优势，共同推进在运输、代理、船舶燃料油和物料供应、船舶保险、现代物流以及航运科技等领域的合作，构建长期稳定的战略合作伙伴关系。中国海运与招商局集团长期以来双方已有紧密的合作关系，业务关联紧密。为进一步推动双方的全面战略合作，实现优势互补、共同发展，中国海运与招商局集团本着“互利共赢”的原则，建立全面战略合作关系，在港航物流、金融服务等领域方面开展进一步合作。

【中国海运第六艘14100TEU“中海土星”轮命名仪式在韩举行】12月21日，中国海运集团第六艘14100TEU集装箱船——“中海土星”轮命名仪式在韩国三星重工巨济岛船厂隆重举行。

【中国海运30万吨级“中海荣华”VLOC轮在大连命名交船】12月27日上午，“中海荣华”轮在大连举行命名交船仪式，“中海荣华”轮是中船重工为中国海运建造的30万吨级VLOC首制船。

【中远集运开辟欧洲－南美东航线】1月10日，中远集运（COSCON）将新开辟一条欧洲－南美东航线（ESE），该航线将由中远集运（COSCON）联合合作伙伴韩进海运（HJS）、智利航运国际有限公司（CCNI）和阿拉伯联合国家轮船公司（UASC）共同经营，提供集装箱周班服务。新开辟的欧洲－南美东航线可连接南美地区至欧洲北大陆、地中海地区、中东地区、亚洲西南地区的服务。

【中远集运与长荣、太平船务、万海航运共同开辟亚洲至南美西岸 WSA 新航线】 4 月 8 日，中远集装箱运输有限公司与长荣集团、太平船务、万海航运将自 4 月底起，携手开辟亚洲至南美西岸新航线 (Asia – West Coast of South America，简称 WSA Service)，以适应市场需求，让货主有更多选择，强化亚洲主要港口到南美西岸等国家直航服务，提升市场竞争力。

【中远集运 13100TEU 集装箱船命名仪式在韩国举行】 6 月 10 日，13100TEU 集装箱船——"中远荣耀"(COSCO GLORY)轮和"中远自豪"（COSCO PRIDE）轮的命名仪式在蔚山现代船厂举行。"中远荣耀"轮和"中远自豪"轮是中远集装箱船队中最大的现役船舶，同时在全球范围内也属于最大的集装箱船，两艘 13100TEU 集装箱船计划将投入中远集运远东 / 西北欧航三线（NE3）运营。

【CKYH- 绿色联盟将与长荣扩大在亚洲－西北欧 / 亚洲－地中海航线的合作】 2012 年二季度起，CKYH- 绿色联盟，和长荣公司将在亚洲－西北欧、亚洲－地中海航线加强合作，以期进一步提升亚洲－西北欧 / 亚洲－地中海航线的服务频率、缩短交货期以及扩大直航覆盖面。长荣将不加入 CKYH 联盟，5 家船公司将通过船舶大型化，在亚洲－西北欧线每周提供 8 条航线服务、亚洲－地中海线每周提供 4 条航线服务。这 12 条航线上营运的主要船舶在 8000–13000TEU 之间。通过该合作，CKYH- 绿色联盟，和长荣公司一起，将进一步显著缩短亚洲主要港口到欧、地港口之间的交货期，从而为客户提供的服务质量会进一步显著提升。

【中远集运和中海集运在远东－欧洲 / 远东－地中海航线深化合作】 12 月 28 日，为确保使客户获得更高品质的服务，中远集运和中海集运将于 2012 年深化合作，扩大远东－欧洲航线和远东－地中海航线的舱位互换。通过与中海集运的舱位互换，中远集运在现有远东－欧洲航线和远东－地中海航线的基础上可再为客户再增加 3 组航线的服务。中远集运和中海集运将扩大港口覆盖面、增加服务频率，并且在一些主要港口体现显著的交货期优势。

（五）航运金融

【概况】 2011 年，航运金融服务不断拓展，业务不断创新。航运融资渠道不断拓展。2011 年，上海各主要银行业金融机构对上海航运产业的授信总额 1961.39 亿元人民币，同比下降 9.48%。从实际使用状况看，航运相关企业的贷款余额 640.32 亿元人民币，同比下降 3.54%；融资租赁余额 185.91 亿元人民币，同比上升 25.46%；经营租赁 13.63 亿元人民币，同比上升 10.54%；其他融资方式为 124.15 亿元人民币。航运保险业务不断拓展。海上保险业务向上海集聚效果明显。截至 2011 年底，上海地区船舶险保费收入达 20.85 亿元，同比增长 109%，占全国的 37.32%；货运险保费收入 13.60 亿元，同比增长 13.34%，占全国的 13.90%。保险机构积极尝试航运保险业务新品种，中国人保航保中心正式开始"无船承运业务经营者保证金责任保险"咨询受理和业务办理。融资租赁业务规模扩大。新设 1 家融资租赁公司和 5 家 SPV 项目公司；规范融资租赁管理模式和操作流程，推动搭建融资租赁公共服务平台；市税务部门对 SPV 项目公司以受让资产包方式从事的经营性租赁业务，研究实施了营业税差额征税办法。运价衍生品交易正式启动。上海航交所推出上海至欧洲、美西两条航线集装箱运价指数衍生品以及中国沿海煤炭运价衍生品，为航运企业提供保值避险、价格发现的交易平台。截至 2011 年底，集装箱运价衍生品交易市场单边成交总量约 895 万手，单边总成交金额约 705 亿元。

【人保财险航运保险运营中心业务平稳】 人保财险航保中心于 2011 年 1 月正式运营，经过一年的经营，业务发展呈现平稳良好态势。截至 2011 年 12 月底，中心累计保费收入 107040 万元，利润 17739 万元。在上海同业市场上，1~12 月航保中心保费市场份额 4.43%，对上海财险市场保费同比增量占比达 24.00%。人保财险航保中心占全市船舶险保费市场份额 51.29%。此外，人保财险航保中心还积极与上海航运交易所展开合作洽谈。2011 年人保财险航保中心积极推动“东方电子支付平台”网上投保销售平台建设。

【太保财险航运保险事业营运中心运营顺利】 2011 年，中国太平洋财产保险股份有限公司航运保险事业营运中心（简称太保财险航保中心）累计实现保费收入 6.53 亿元，其中船舶险保费收入 3.77 亿元，在上海市场位居市场份额第二；货运险保费收入 2.76 亿元，在上海市场继续位居市场份额第一。2011 年，除普通的货物运输保险出单业务外，太保航运保险事业营运中心还努力通过各种方式为客户提供更优质的服务，如利用 B2B 平台，解决跨地域保险需求问题；使用电子保单以提高效率；进一步拓展物流责任险产品；积极研发“储运综合保险”。

【上海市首张内资非银行系融资租赁企业营业执照获核发】 4 月 12 日，为推动上海融资租赁行业发展，工商机场分局立足自身职能、主动跨前一步，提前介入上海扬航航空器租赁有限责任公司的筹建工作，为融资租赁（非银行系）SPV 项目公司的设立出谋划策。与上海市商务委、上海市综合保税区管委会等部门在充分沟通协调的基础上达成了初步共识，在综合保税区先试先行注册登记上海扬航航空器租赁有限责任公司，填补了内资非银行系从事融资租赁 SPV 项目的空白。

【上海航运运价交易有限公司正式运行】 6 月，由上海航运交易所控股的上海航运运价交易有限公司（SSEFC）正式开张，实现了世界集装箱运价集中电子交易平台“零”的突破。上海航运运价交易有限公司推出上海至欧洲、美西两条航线集装箱运价指数衍生品，以及中国沿海煤炭运价衍生品，为航运企业提供了保值避险、价格发现的交易平台。自 2011 年 6 月 28 日开业试运行至 12 月 30 日，集装箱运价衍生品交易市场单边成交总量约 895 万手，单边总成交金额约 705 亿元。12 月 7 日，推出的煤炭运价衍生品进展良好，日单边成交量近 18 万手，日持仓量为 11.7 万手。

【上海出口集装箱中远期运价交易启动】 7 月 2 日，上海国际金融中心和国际航运中心建设的重点项目之一，上海出口集装箱中远期运价交易启动。由上海航运运价交易有限公司（SSE — FC）推出的首批上海航运“期货”，该项目填补了我国航运金融衍生品市场空白。所谓远期运费合约是一种类似“期货”的金融产品，上海出口集装箱中远期运价交易项目就属这类合约。由上海航运运价交易有限公司搭建一个公共交易平台，船东、货主和第三方投资人可以在该平台上，对 6 个月内的出口集装箱运价进行交易。作为全球首个航运运价第三方集中交易系统，上海出口集装箱中远期运价交易系统包括场内交易、保证金交易、双向操作、T+0、每日结算和到期现金交割等模式。

【中国沿海煤炭运价指数 CBCFI 正式对外试运行】9月1日，中国沿海煤炭运价指数（CBCFI）正式对外试运行，每日发布沿海煤炭货种分航线分船型市场运价和即期市场综合运价指数。CBCFI 能及时反映沿海煤炭运价每日的波动情况，也为加快开发航运运价指数衍生品创造条件，将有望成为反映中国沿海煤炭运输市场的风向标和全国沿海煤炭运输衍生品市场交易的结算依据，通过衍生品上市交易达到发现价格的目的，真正贯彻落实国务院《两个中心意见》关于"丰富航运金融产品，加快开发航运运价指数衍生品"的精神。

【上海船舶价格指数和二手船买卖标准合同正式发布】9月29日，由上海航运交易所历时一年多编制的上海船舶价格指数和二手船买卖标准合同，昨天正式发布。这是上海国际航运中心软环境建设的又一重要举措，标志着上海船舶交易市场迈上了新台阶。上海船舶价格指数含5个综合船舶估价系统和17个典型船舶估价系统。二手船买卖标准合同由上海航交所和中国船东协会联合编制。该合同共14条，基本上覆盖了船舶买卖市场的所有问题。值得一提的是，上海版船舶买卖合同是在国际通行的"挪威93"版本基础上，结合"买者注意"的原则编制而成，具有较强的指导性、适用性和可操作性，有望成为被业界广为认可的船舶买卖标准合同。据悉，新版合同自6月起在网上进行公示以来，未收到任何异议，有不少国内外航运公司已下载新版合同，用于交易。

【第三届航运金融服务国际会议在上海北外滩召开】11月15日，"第三届航运金融服务国际会议2011"今天在上海喜来登酒店正式开幕，本次会议秉承前两届的高水准，并延续前两届的主题"接轨国际金融服务模式，促进中国航运金融市场发展"。

【浦银获批筹建金融租赁公司】10月10日，中国银监会批准筹建浦银金融租赁公司，上海已经成为全国金融租赁公司最多的地区，为打造高端船舶金融服务体系奠定了坚实基础。

【中国平安财险获批设立航运保险运营中心】11月21日，保监会网站披露，同意中国平安财产在上海试点设立航运保险运营中心。这是继人保、太保以来第三家获批经营航运保险业务的公司。公告称，该运营中心应当在6个月内完成筹建，筹建工作完成后，由上海保监局比照同级分支机构开业条件进行审查，经批准后，方可开业。该运营中心由上海保监局负责监管。至此，三大保险巨头均在上海设立了航运中心。此外，外资保险苏黎世和美亚也在积极发力参与航运保险市场。

（六）国际航运发展综合试验区

【概况】2011年，国际航运发展综合试验区先行先试效应显现。综合保税区功能创新不断深化。建立了洋山保税港区水水中转二次集拼的业务运作模式和网络体系，初步形成长江沿江口岸、南方沿海口岸与北方沿海口岸相结合的运转网络框架，集拼货物品种向多样化发展。期货保税交割七大环节的流程全部走通，洋山保税港区期货保税交割业务正式进入市场运作阶段。浦东机场综合保税区二期封关工作顺利完成。综合试验区政策进一步落实。继续贯彻执行国际航运企业免征营业税政策，2011 年享受免征营业税政策的企业达 247 户，共计减免营业税 25.13 亿元，降低了企业经营成本，为企业渡过行业周期低谷提供支持。同时，将国际航空保险业务纳入国际航运保险业务免征营业税范围，增强了国内专业航空保险机构营运能力。国家海事局批复设立新的船籍港“中国洋山港”，并授权上海海事局在洋山保税港区开展相关船舶登记工作。在财政部、税务总局、海关总署、交通部海事局的共同努力下，启运港退税政策试点实施办法即将出台，试点工作有望尽快落地。

【商务部授予上海市外高桥保税区“国家进口贸易促进创新示范区（试点）”称号】 9 月 29 日，商务部向上海市外高桥 (600648) 保税区授予“国家进口贸易促进创新示范区（试点）”铭牌，外高桥保税区由此成为全国第一个国家级进口贸易促进创新示范区。

【第 11 届世界自由贸易园区大会在上海浦东外高桥召开】 11 月 10 日，代表全球自由贸易园区活动最高层次的第 11 届世界自由贸易园区大会在上海浦东召开。这是第一次在中国举办的国际性自由贸易园区大会。来自各国、各地区的自由贸易园区、跨国公司企业、有关国际机构与政府部门以及长期从事自由贸易园区研究大学和研究机构的 200 多代表出席了会议。本届大会的主题是“自由贸易园区功能创新”。

【积极发展离岸数据中心产业】 为加快推进离岸服务贸易功能创新，11 月 22 日，作为信息数据服务外包产业的核心产业——“上海云海数据中心”在洋山保税港区正式启动。该中心一期规划面积 320 亩，由“数据中心产业区”、“商务运营区”和“扩展区”组成，重点集聚云计算基础设施，和相关配套增值服务产业。2011 年，已有中国电信、中国联通、网通宽带、世纪互联、万国数据等 10 家企业与上海综合保税区联合发展有限公司正式签署了投资协议。

【保税船舶登记试点获得批复】 12 月 21 日，交通部海事局批复上海海事局，同意在洋山保税港区内以“中国洋山港”作为新的船籍港开展船舶登记业务，从事国际运输的船舶可以在洋山保税港区船舶保税注册登记。

【成立“上海综合保税区联合发展有限公司”】 12 月 23 日，由同盛集团、临港集团、外高桥集团、浦东现代产业公司等开发公司联合成立的综合保税区联合发展公司正式揭牌，实现了区内开发主体的战略联合，成为综合保税区加快招商引资、促进联动发展的生力军。

【“期货保税交割”完成全流程运作】 12 月，期货保税交割业务试点在洋山保税港区正式启动。2011 年一季度，国内首批用于期货保税交割的电解铜顺利进入由上期所指定的洋山保税港区期货保税交割库，第一批 349 吨期货保税仓单正式生成。2011 年 8 月，两批 25.021 吨和 24.741 吨的阴极铜，分别通过到期交割和过期转现交割，分别办理了离岸出境至韩国釜山港和报关进口进入国内市场的操作，标志着包括仓单生成、仓单质押、到期交割、期转现交割、仓单注销、报关进口和转口出境等七大环节的期货保税交割全流程已全部走通，洋山保税港区期货保税交割业务正式进入市场运作阶段。2011 年 9 月 2 日，“洋山首批大宗商品企业入驻颁证仪式暨期货保税交割试点情况发布会”举行，出台了《关于推进洋山保税港区大宗商品产业发展的若干意见》。2011 年，洋山保税港区已累计引进 20 家大宗商品运营龙头企业，总注册资本超过 7.4 亿元，初步形成大宗商品产业的集聚规模。

【融资租赁业务多元化发展】12月27日国家发改委在推动浦东综合配套改革试点的复函中，明确上海综保区参照天津东疆相关政策开展融资租赁业务试点。上海综合保税区抓紧制定融资租赁常态化操作规程和管理模式，搭建综保区融资租赁综合服务平台，联合国家开发银行、中国银行、建设银行、交通银行等单位筹建了首期融资租赁项目贷款资金池，并引入第三方专业服务机构为项目提供上下游配套服务。截至2011年底，上海综合保税区已累计引进4个融资租赁母公司和11个单机单船项目子公司，租赁标的物涵盖26架民航客机、6架直升飞机和3艘船舶，涉及的租赁资产规模超过10亿美元。

【水水中转集拼功能稳步推进】洋山保税港区基本建立了水水中转二次集拼的业务流程和网络体系，集拼模式进一步丰富，已由一个中转箱集拼一个本地箱的"一对一"模式，拓展到多个属地中转箱与多个本地箱进行多个目的港的"多对多"复合式拼箱模式。集拼箱量也稳步上升，中转货物的货源地北起大连、青岛，南至厦门、福州，中到武汉、南京，初步覆盖沿江沿海经济腹地。通过水水中转二次集拼项目开展运作的主要产品由电子和大宗货物扩展到包括普通货物、化工品、机械设备、高档服装、面料、精密仪器等多种产品；货物通过集拼项目出口并依照航线通达至世界各地。

【机场综保区二期按期通过封关验收】12月28日，机场综保区二期顺利通过封关验收，封关后机场综保区总面积3.59平方公里。目前，机场综保区已经形成航空物流、空运货物分拨配送、飞机及发动机融资租赁、航空模拟机培训等与航空产业相配套的上、下游产业链。

（七）邮轮产业发展

【概况】邮轮产业进一步发展。工作推进机制不断完善。成立上海邮轮旅游市场促进工作组，建立完善的联合宣传推广机制和沟通协调机制，进一步提升邮轮母港品牌，扩大国际影响力。开展了上海港两大邮轮码头功能定位和协调机制研究。码头服务不断延伸。10月中旬宝山邮轮码头主体落成。国客中心进一步拓展国际邮轮船舶供应市场，推出免税店和船供业务等延伸服务，并对以上海为母港长期停靠北外滩邮轮港的邮轮给予费收优惠和优质服务，"东方神龙号"邮轮以国客中心为母港开始运营。邮轮市场进一步拓展。歌诗达邮轮船务（上海）有限公司已获得批准，成为全国第一家具备经营揽客、出具客票业务的外商独资邮轮船务公司。国际邮轮公司纷纷在上海设立邮轮服务公司，进行票务代理，提供邮轮咨询服务。"上海国际邮轮旅游人才培训基地"建设启动，培养邮轮旅游等多层次专业人才。2011年，上海港靠泊邮轮105艘次，其中母港邮轮75艘次，访问港邮轮30艘次，进出境旅客总数为21.44万人次。

【上海首个游艇活动日在黄浦江水域举行】2月27日下午，包括"莱悦9"、"希仕德徕"、"金茂海悦"等10多艘游艇的船队于黄浦江水域进行了游艇巡游活动，这是上海港首次在黄浦江水域进行游艇巡游活动，旨在配合黄浦江旅游功能的调整，满足水上旅游个性化、多层次的服务需求，促进上海游艇经济的发展。

【上海市宝山区人民政府与上港集团签署"共同建设上海国际航运中心战略合作框架协议"】3月18日下午，上海市宝山区人民政府与上港集团签署“共同建设上海国际航运中心战略合作框架协议”。宝山区在“十二五”期间将以吴淞口国际邮轮港的开发建设带动区域转型发展，建设“全市加快经济发展方式转变的示范区、推动城市转型发展的最佳实践区”。上港集团以其独特的港口资源和港口服务优势，支持宝山发展港区配套服务业，并为吴淞口国际邮轮码头建设和运营提供支持。通过战略合作协议的签署，双方将为上海国际航运中心建设和国际著名旅游城市的打造做出共同努力。

【首次上海大型国际邮轮综合搜救演习在黄浦江陆家嘴(外滩)水域成功举行】9月23日，上海港首次大型国际邮轮综合搜救演习在黄浦江陆家嘴（外滩）水域成功举行。演习由上海海上搜救中心主办，共有海事、救助、公安、消防、渔政等10家搜救成员单位参与，200余位志愿者参加了综合演习。据了解，此次综合搜救演习模拟大型国际邮轮与超大型货轮在海上发生船舶碰撞事故，上海海上搜救中心调动各种力量，搜救落水旅客，疏散遇险人员，协调专业救助力量对伤员实施直升机救助；调动海事巡逻艇在事故水域实施人命救助和水域交通管制、协调消防船艇、清污单位进行灭火及围控泄露油污。此次演习全面检验了上海港大型邮轮水上事故的应急救援保障能力。

【“上海国际邮轮旅游人才培训基地”挂牌】9月28日，“上海国际邮轮旅游人才培训基地”建设正式启动，上海市旅游培训中心、亚洲邮轮协会和英国海贸国际邮轮学院三家培训基地主办单位签署了合作协议，并为皇家加勒比邮轮有限公司、上海国旅国际旅行社有限公司、上海港国际客运中心等32家单位颁发了培训基地成员单位铜牌。该培训基地将通过举办培训考核、开展课程研发、提供就业实习等多种手段，为上海邮轮旅游的发展提供可靠的人才保障和智力支持。

【上海吴淞口国际邮轮港正式开港】10月15日，上海吴淞口国际邮轮港开港，预计2012年正式运营。整个项目由码头、水上平台、客运大楼和引桥四个部分组成。码头水域规划岸线总长1500米，一期新建2个大型邮轮泊位，岸线长774米，可同时靠泊2艘10万吨级以上邮轮。客运大楼建造在水上平台，面积达2.4万平方米，由超过500米的引桥与陆地连接。至此，上海形成了“两主一备”邮轮母港形态布局。

【中国首家外商独资邮轮船务公司——歌诗达邮轮船务（上海）有限公司在上海北外滩宣告成立】交通运输部出台《关于加强外商独资船务公司审批管理工作的通知》，允许外国邮轮公司可在中国设立独资邮轮船务公司。2011年10月，歌诗达邮轮船务（上海）有限公司获批成立，成为我国首家具备经营揽客、出具客票业务的外商独资邮轮船务公司，填补了我国外商独资邮轮船务领域的空白。

【上海市宝山区申报“上海国际邮轮产业发展综合改革试点区”】宝山区申报的“上海国际邮轮产业发展综合改革试点区”被列入上海市首批现代服务业综合改革试点区，推动宝山区立足试点区建设，积极培育邮轮船供、旅游、人才三大市场，拓展邮轮产业链，大力发展邮轮经济。

【探索建立国际邮轮物资供应中心】上海吴淞口开发有限公司和新加坡新翔集团有限公司、上海吴淞罗吉冷藏有限公司成功签署邮轮物资配送战略合作《谅解备忘录》，探索建立国际邮轮物资供应中心。

【吴淞口邮轮港配套服务设施不断完善】邮

轮服务业载体项目不断加快。星月广场建成启用，三水国际广场主体结构完成，零点广场正式奠基、临江商业商务中心地块市场推介力度不断加大，特别是作为邮轮产业配套服务区的上港十四区控制性详细规划获得市规土局批复。邮轮港周边生态环境不断改善。炮台湾湿地森林公园二期开园，河口科技馆开馆，滨江景观绿化带基本完工，邮轮港周边的绿化景观面积达到150万平方米左右。

【拓展国际邮轮船舶供应市场】 国客中心进一步拓展国际邮轮船舶供应市场，推出免税店和船供业务等延伸服务，并对以上海为母港长期停靠北外滩邮轮港的邮轮给予费收优惠和优质服务，“东方神龙号”邮轮以国客中心为母港开始运营。

（屠爱华）

十五、建筑建材业管理

（一）综述

2011年是“十二五”规划起始年，也是建立世博后长效管理机制的第一年，紧紧围绕市委、市政府确定的工作目标，深刻吸取11.15特大火灾事故教训，以集中开展建筑市场整治工作为重点，加强政府监管，完善建设市场监管体系，在各级建管部门和全行业的共同努力下，各项工作都取得了一定成效。

今年1月，上海市政府以1号文件的形式出台了“22条”，提出加强建筑市场管理的22条意见。市政府成立由沈骏副市长担任组长、24个委办局和18个区县分管领导作为成员的领导小组，领导小组办公室（以下简称“市整治办”）设在市建设交通委。全市各区县、各开发区管委会、各街道乡镇抽调力量，组建了专门的工作机构。市区两级人大、政协和纪检监察部门也积极参与整治工作。行业协会、各类企业积极响应。经过有关方面的共同努力，基本实现了六项整治工作的目标。

（二）建筑市场整治

【概况】 为落实企业安全生产的主体责任，在整治工作启动阶段，把自查作为重点工作来抓，设计并向企业发放了包括建设项目履行基本建设程序、承发包开展方式、施工现场管理等11个方面情况的《上海市建筑市场情况调查表》。在企业自查的基础上，要求各区县进一步下沉管理重心，充分发挥街道、乡镇和开发区的作用，及时组织属地化的自查工作。在各区县自查阶段，全市各级建管部门共出动了2.2万多人次开展了自查。各区县及时汇总了自查结果，分析了本区域内建筑市场存在的主要问题，经区县政府常务会议审议后报市整治办。及时汇总各区县自查结果，认真进行统计分析，力争准确把握影响上海建筑市场的主要问题及内在原因。自查结果反映,上海建筑市场管理总体有序，质量安全管理基本受控，但也存在不少问题，主要反映在：一是建设单位依法履行建设程序的意识不强，部分项目履行建设程序不到位。有874个项目履行建设程序不全，另有历年积累下来的3055个未办竣工备案手续及投入使用的项目。二是监管法规制度不完善，建筑市场竞争过度，招投标及承发包管理还有很多不完善地方。自查中也发现了403个施工项目、173个勘察项目、210个设计项目、185个监理项目没有办理招投标手续，有40个项目因变更投标方式而受经济处罚。三是部分项目存在资质和人员不符合要求。有4.49%的在建项目的施工总包单位资质不符合项目规定的要求；有12.79%的在建项目的项目经理不到位；有655人兼2个以上工程的项目经理，其中，项目经理兼职最多的负责7个项目。四是监理的职责定位不清晰，监理企业以包代管，监理对现场施工监控不力。施工单位现场管理制度执行不严，质量安全主体责任难以落实，失信惩戒制度对企业的威慑力不够。五是监管机构人员严重不足。上海市、区两级建设工程质量安全监督机构中监督人员只有945人。

【积极整改问题】 按照对问题不整改不放过的原则，坚持边查边改。在各区县自查基础上，组织相关部门成立检查组，兵分八路对各区县的整治工作进行抽查，并随机抽查在建工地。检查期间邀请市人大代表、市政协委员参加。检查结束后，向各区县正式反馈整改意见。各区县对市检查组提出的意见迅速作出反应，基本做到了即知即改。在抽查中发现的487个问题，各区县到10月底已全面整改完毕，期间，各区县共出动检查人次8320人，出具整改通知单2270份，暂缓施工指令单362份，停工通知单184份。

【推进长效机制的建立】 着眼长效机制建立是本次整治建筑市场工作最大特点。重点是从法制、体制、机制三个方面推动长效机制的建立。一是加大法规制度的建立。全市各委办局共梳理出需要修订、制订的各项法规制度办法53项，涉及到我委的有一个条例、两个办法以及20个文件，其中《上海市建设工程质量安全管理条例》通过了市人大常委会的二次审议，《上海市建设工程监理管理办法》、《上海市建设工程检测管理办法》已经出台，一批配套规范性文件也同步出台。二是积极推进体制调整。按照各类建设工程纳入监管体系的需要，首先协调明确交通、水务、房管、民防等部门的管理职责，并按照建设工程不同专业的特点制定相应的规定，形成市建设交通委统一协调、各区县分级管理、各专业部门分类管理的建设工程监管体制。各区县积极探索体制创新、机制突破，如有的区在乡镇、街道设立建筑建材业管理站，有的区乡镇、街道设立建设工程专管员，及时发现违法违规工程。三是强化信息化监管新机制。按照“统一平台、信息共享、管理协同、执法联动”原则，积极推动“1+5+X”的建设工程信息管理平台建设。“1”就是建立一个统一的信息平台，“5”就是该平台由五个系统组成，分别是“建设程序审批系统”、“工地现场监管系统”、“建设主体管理系统”、“建设市场信息服务系统”、“建设管理辅助决策系统”，“X”就是按照开放式平台的设计要求，与若干个部门（X）信息平台实现数据的共享和交换。依托信息平台与工商行政管理部门、公安部门、人力资源和社会保障管理部门进行信息共享，强化对企业及其人员信息的实时核对，实现对企业和从业人员的动态管理；依托信息平台，将施工现场的违法违规行为以及出现的质量安全事故的信息，记录诚信档案，并通过网站公布，在某些方面限制企业的市场竞争活动，建立市场监管和施工现场管理的联动机制。四是加大培训力度。针对新出台的法规制度，到10月份，共组织培训管理人员50739人次，培训一线作业人员87841人次，并对117位区县建设交通委负责人进行了集中培训。从整治工作的成效来看，上海建筑市场管理和质量安全管理形势发生较大的改观。一是极大地提高了全市对建设工程质量安全管理的重视程度。整治期间，市委、市人大、市政府、市纪委、市政协的主要领导多次深入整治工作现场进行调研、视察，指导整治工作的开展；社会各界普遍反映今年管理部门对建设工程质量安全工作重视程度前所未有。二是充分发挥了各相关管理部门的工作合力。与建设管理工作相关的建设、监察、安监、技监、消防、民防、水务、房管、市容绿化、交通港口、工商等管理部门，通过整治工作这一平台，相互协助，共同配合、形成合力，全面加强了对区县整治工作的指导。三是基本摸清了上海建筑市场现状。在对5373个在建项目和874个履行建设程序不全项目认真汇总分析的基础上，基本掌握了全市在建工程项目的底数，查出了上海建筑市场存在问题的主要原因，制订了加强管理具体对策。四是明确了建筑市场管理的体制和思路。包括按照“权责一致的原则”，建立统一、分级、分类的建设工程管理体制，并试点逐步将监管工作向街道、乡镇延伸；采取信息化手段，通过“制度加科技”来提高我们的监管水平，加强建设稽查工作，推动各监管部门和人员依法履责等。五是强化建筑市场和质量安全的管理。通过全面落实建设主体的责任，充分发挥监理的作用，充实建设工程质量安全机构的力量，全面加强了质量安全管理工作。截止目前，今年全市共发生各类建设工程安全质量事故39起，死亡人数40人，分别比去年同期下降18.8%和23.10%。六是加大了执法处罚力度，震慑了一批企业。1至10月份，共立案查处各类案件1241件，处罚金额3100多万元，较去年同期分别增加32.54%和51.42%。注销86家企业的200项资质，责令236家企业的441项资质进行整改。部分监理、大型施工企业反映，整治后的市场份额有所上升，一些不规范的企业难以接到业务，市场和资源开始向规范企业集中。

（三）招标投标管理

【概况】 2011年，全市共完成勘察发包1717项，总投资7203亿元；设计发包2221项，总投资8049亿元；监理发包1580项，总造价2830亿元；施工发包5554项，发包价2497亿元，施工项目公开招标率99.85%，同比提高0.19个百分点。公正度评价表回收率90.2%。

【规范建设工程招投标各方主体行为】为加强对招标文件的监管，制定了《关于进一步规范招标公告发布行为的通知》，规定招标文件备案后方可进行招标公告发布，招标公告发布内容应当与招标文件相应内容一致；为进一步规范招标文件内容，经整理、汇编后发布《关于在设计、勘察、施工、监理招标中鼓励使用招标文件示范文本的通知》，鼓励使用国家和本市制定的15项招标文件示范文本，进一步完善招标文件与评标办法编制；为进一步落实“工程监理费按基准费率上浮20%计费”的规定，研究制定了相关通知，明确招标文件中工程监理费收费标准；为进一步精简建设工程投标文件，对投标人投标文件的内容和编制提出了具体要求；为加强对本市建设工程招投标活动开标时对投标人代表的监管，规定投标单位参加投标活动的必须是投标单位的注册人员或有职称的专业技术人员，如发现有弄虚作假的，依法进行查处，并将违规企业和违规人员记入不诚信记录。

【招投标后评估管理】明确了后评估项目的产生范围、评估费用及相关备案流程。2011年完成标后评估项目51个，其中市管项目后评估8个、区管项目后评估43个，约谈了8名专家。

【电子化招投标工作有新进展】配合市建筑建材业信息平台的完善，对招投标子系统多次提出深化需求方案。在委信息平台工作小组的统一牵头下，实现施工（商务标部分）公开招标项目网上上传和下载招标文件。

【评标专家库建设和管理】完善评标专家库建设，吸收了39名市政院、城建院、规划院的业务骨干入库，基本缓解了市政道路、市政桥梁、社会基础规划等3个设计类紧缺专业的专家紧缺问题；聘用99名委科技委委员入库；开展经济类9个专业、监理类23个专业的专家招聘工作，共有656名评标专家通过培训、测试、面试进入专家库。首次对全市2700多名评标专家开展了集中脱产培训，进一步提高了全市评标专家的业务能力和职业道德水平。完善评标专家语音通知系统，对系统功能进行了升级改造，主要包括调整密封函打印规则、增加二次抽取专家的警告功能等，同时加强对保密员队伍的管理和业务指导。

（四）资质资格和受理服务

【概况】截止2011年12月31日，全市有建设工程资质企业总数12888家，其中本市建设工程资质企业8444家，外省市进沪建设工程资质企业4384家，部属企业58家，境外企业2家。截止2011年12月31日，在本市从事勘察设计的企业有1457家，其中本市企业637家，外省市进沪企业810家，部属企业10家。在本市从事施工的企业有10634家，其中本市企业7193家，外省市进沪企业3396家，部属企业43家，境外企业2家。在本市从事监理的企业有330家，其中本市企业202家，外省市进沪企业127家，部属企业1家。在本市从事造价咨询的企业有181家，其中本市企业154家，外省市进沪企业23家，部属企业4家。在本市从事招标代理的企业有180家，其中本市企业152家，外省市进沪企业28家。在本市的建材检测机构106家。

2011年全市主要受理项目申请类18518项。其中工程报建864项；直接发包1441项；

建材类1337项；合同备案9402项；竣工备案321项；受理施工许可证1513项，核发1514项；受理安全生产许可证3146项，核发2504项；安全质量报监493项。受理企业资质申请类7819项。其中受理企业资质新申请、升级、增项、转正282项；全市企业信息变更7218项；外省市进沪企业诚信手册319项。受理人员执业资格申请类14904人/次。

【提高服务和管理能级】统一受理业务标准，梳理改进管理流程。完善了办事指南，编制了施工许可、竣工备案标准化流程。加强了信息公开力度，增加网上公示内容，优化了网上办事程序，推进受理事项网上申报，进一步规范受理事项，提高行政审批事项的透明度。编制规范性文件，完善建筑业法规体系。完成了规范性文件的初稿。包括：《关于进一步完善建设工程报建管理的规定》、《上海市建设工程合同备案管理规定》、《上海市建筑企业动态监管办法》、《关于建筑企业和人员信用信息记录办法》、《上海市建设工程报建表》；制定了内部管理文件。包括：《企业资质评审专家管理办法》、《企业资质评审实施细则》，起草了《企业资质动态核查方案》。规范企业资质评审、监管工作。一是实行企业资质专家评审制度。起草了企业资质评审专家管理办法、资质评审实施细则，完善了企业资质专家评审制度。二是向社会招聘资质评审专家。充实了企业资质评审专家库，企业资质评审专家人数已达155人。三是建立了专家评审工作程序和工作标准。实行了企业资质评审专家背靠背三审制度和专家委员会会审决策制度，使标准执行更加统一、规范，体现了公平、公正、公开的审批原则，降低了廉政风险，强化企业资质的准入关。动态核查企业资质，强化市场监管。一是建立企业资质动态监管制度。进一步完善了企业电子版诚信手册，对不达标的企业进行标识、网上公示，形成动态监管。二是开展企业资质动态核查。在全市范围内启动对注册人员、非注册人员不达标的企业，两年未参加诚信手册自检的、遭投诉举报的、有弄虚作假行为的企业，以及部分新申请资质的企业进行动态核查。三是做好对核查未达标企业处置的准备工作。本次由市级核查的企业共886家，其中市管企业323家。拟注销86家企业的200项资质，撤回4家企业的8项资质，责令236家企业的441项资质进行整改。本次核查区（县）管企业共920家，其中563家由市抽查。对于486家不达标的企业，区（县）管理部门已经提出处理意见，拟注销81家企业的资质，撤回144家企业的资质，责令261家企业的资质进行整改。

【提升信息化水平】改进现有的建筑建材业管理信息平台。一是完成上海市建设市场管理信息集成分析系统开发工作。将建筑建材业管理信息系统中的项目、企业、人员三大数据库，集成在一个简单易用的平台上展示，进行相互管理，并提供相关查询功能。二是完成上海市建设工程GIS信息系统升级和完善工作。完成基础地理信息数据（电子地图）更新；完善了建设工程项目地理位置的标注方法，在原有的标点功能基础上，增加了标线功能；完善了地理信息统计分析界面，与信息集成分析系统一起，形成完整的上海市建设市场监管信息的综合展示平台。三是完成市建筑建材业管理信息系统中央数据库服务器扩容工作。完成中央数据库服务器、机房不间断电源（UPS）系统扩容，建设了机房服务器KVM集中管理系统，提升了网速，提高了建筑建材业管理信息系统的运行服务能力。强化信息系统的监管功能。一是扩大网上公示范围，提升网络监督能级。在建筑建材业网工程建设项目信息公开栏目上，增加了公示招标投标违法行为的内容。二是为新出台的管理规范配套系统流程。依据《建设工程报建管理办法》和《建设工程合同备案管理规定》，改造项目管理流程，涉及工程报建、勘察设计、施工监理承发包管理，合同备案、安全质量报监、施工许可证管理、工程竣工验收备案等子系统。依据《住宅修缮工程实施管理试行办法》，组织完成了住宅修缮管理信息平台的开发工作。依据《建设工程企业动态管理办法》和《建设市场信用信息管理办法》，改造企业资质和执业资格信息管理系统、电子版诚信手册系统，新建建设工程企业及从业人员信用信息记录和管理系统。依据《关于深化本市建设工程工程量清单招标回标分析工作的通知》和《建设工程施工分包管理办法》，改造、完善网上招投标系统，新建建设工程施工分包招投标服务平台。完善建设市场管理信息集成分析系统，形成完整的建设市场监管信息综合展示平台。三是编制《上海市建设市场监管信息平台建设项目建议书》。参与起草《上海市建设市场监管信息平台建设可行性研究报告》。

【推进标准化建设，促进行业管理】 开展测评、抽查、巡查和综合考评活动。一是开展“一季一测”，“一季一查”工作。每季度对区（县）受理服务单位执行受理服务四项标准的情况进行测评，对区（县）受理服务单位受理的项目进行抽查。二是开展第三方测评工作。组织相关行业协会对区（县）受理服务单位进行第三方测评巡视活动。测评、抽查和巡查结果均作为考核的依据，与年度综合评价关联，提高了区（县）受理服务单位的管理水平。推行标准化看板，推进标准化建设。一是深化标准化建设。在全面推行场所标准和行为标准的基础上，开展受理业务、流程贯标工作，完成了一批受理服务单位的标准核验、会审工作。二是编制全市统一的受理业务标准化流程看板。标准化看板进一步细化、规范了18项受理事项的流程、业务标准。三是编制受理业务标准化文件。编制了《建设工程合同备案管理办法》、《建设工程施工许可业务手册》、《建设工程施工许可办事指南》、《建设工程竣工验收备案业务手册》和《建设工程竣工验收备案办事指南》。四是编制印发新版贯标手册。新版贯标手册进一步推进全市“统一、规范、联动”的流程、业务标准体系建设。

（五）安全质量监督

【概况】 2011年是建筑市场整治，加强建设工程安全质量管理的关键一年，聚焦工程建设质量、安全和文明施工三大主要任务，开展集中整治、加快制度建设、加强保障房等重大工程监管、应对突发事件，确保了建筑领域的安全稳定。

【加强重点工程监管，改进住宅工程质量，推进公路工程标化管理，促进质量监管水平上台阶】 坚持监督与服务并重，在加大监督抽查频次、提高检查深度的同时，强调监督机构之间多专业、跨区域的协调配合。为确保以保障房工程为重点的住宅工程质量，市区监督机构成立保障房专管部门加强监管力量，推行监理平行检测强化材料监管，深化分户验收，引入效能监察，加大责任追究，住宅工程设置永久性铭牌落实责任，开展评优观摩形成示范引领。通过制度规范，将住宅工程质量监管纳入长效管理轨道。依托平安工地创建平台，大力推进公路桥梁工程标准化管理，组织教育培训，开展检查考核，逐步实现公路工程基础管理精细化，安全设施标准化，管理手段信息化的工作目标。

【深化安全动态监管工作，细化重大危险源监管，强化安全隐患排查治理，确保安全生产持续稳定受控】结合安全标准化、安全生产许可证和三类人员考核工作，处理清出一批不符合条件的企业和人员，对考核不合格的企业进行网上公示和集中约谈，加大督促整改力度。实施开工前对安全、质量、文明施工的条件审核，并与施工过程检查挂钩，加强对条件相符率的动态核查。会同制定重大危险源专家论证系列管理办法，同步设计配套软件，从加强技术方案论证层面确保重大危险源施工安全。落实市安委会要求，推进施工现场塔机安装防碰撞装置，完善现场建筑起重机械监管系统。此外，针对当前基坑、桩基工程事故较多的特点，综合近年来相关文件和标准，提出深化管理要求。注重与建筑市场整治、安全生产三项行动相结合，加强对重点项目、重要环节的隐患排查，坚持边查边改，及时消除隐患，确保施工安全。

【优化文明施工监管体系，细化标准规范，提升应急能力，确保工地管理展现新形象】在总结发展世博整治经验和做法的基础上，从促进安全质量核心任务出发，结合工作实际，对文明施工监管体系进行优化。调整文明施工测评机制，由一月一评改为每两月评比一次，社会公示更加注重对差劣工程整改情况的督促和反馈。开工前条件审核由文明施工向安全质量延伸，联合重大办开展市重大工程文明施工督查，配合市容环保部门提出施工现场加强渣土管理的若干要求。

文明工地评比和文明施工测评是推进工程建设文明施工水平提高的两项重要抓手，文明工地评比侧重于对工程现场管理水准的综合评价，发挥示范工程的带头引领作用。文明施工测评侧重于施工对周边环境影响的社会评价，发挥社会舆论对施工作业的监督作用。对此，根据各自工作侧重，分别修订了文明工地评比标准和文明施工测评标准，并组织开展宣贯培训。

（六）标准定额管理

【概况】2011年共完成24项建设工程标准、规范、图集的编制或修订工作。其中，建筑节能方面，重点是修编出台了《居住建筑节能设计标准》（65%）。根据本市气候特点，提出了适应本市气候特点的外遮阳隔热要求，同时，《公共建筑节能设计标准》（65%）、《绿色建筑评价标准》也已初步完成修编或编制工作；城市公共安全方面，颁布出台了《住宅设计标准》（局部修订），对居民住宅有关的消防安全内容进行全面整合，提出了在居民住宅新增消防安全警示标识、喷水灭火系统、报警装置、避难层等设计要求，同时，初步完成《建筑幕墙工程技术规程》编制工作。

【加强标准宣贯力度】在标准编制合同中明确宣贯工作的责任单位，要求主编单位加强宣贯意识。同时，将标准宣贯和执业人员继续教育以及上岗人员培训结合起来，构建全过程标准宣贯体系。2011年共开展了《住宅设计标准》、《居住建筑节能设计标准》、《民用建筑能效测评标识标准》等6项重点标准规范的宣贯工作，共培训2320人次。

【加快推进科技创新】2011年共完成了11项科研项目。有1项科研项目获市科技进步二等奖，1项科研项目获市科技进步三等奖，1项科研项目获建设部华夏三等奖。此外，加大对世博园区新材料、新工艺、新产品的调研力度，加快后世博时期的科研成果转化。（一）推进养护定额编制。进一步加大对养护定额编制工作的组织协调力度，促进城市管理长效常态。目前，已初步完成《上海市林业养护预算定额》、《上海市城市道路养护维修经费定额》、《黄浦江大桥养护维修经费定额》（斜拉桥部分）、《快速路面养护维修预算定额》等4个养护定额的编制工作。

【加强工程造价信息发布】网上累计发布"建设工程要素价格信息"（人工价格、材料价格和施工机械价格等）超过11万条，为政府投资项目计价行为提供了较好的价格支撑，这一价格信息平台也成为项目参与各方关注和引用的重要内容。

（七）建筑节能和资源综合利用

【概况】 2011年本市预拌砂浆供应量303.74万吨，同比增长21.9%。水泥散装率96.54%，同比提高0.76个百分点。非粘土类新型墙材生产量60.63亿标砖，同比增加16.39亿标砖；非粘土类新型墙材占全部墙材总量84.86%，占新型墙材比例89.19%。脱硫废渣排放量124.90万吨，综合利用量122.98万吨，综合利用率98.46%；粉煤灰排放量563.63万吨，综合利用量556.78万吨，综合利用率97.24%。

【加快预拌砂浆信息化监管平台建设】 全市各区县散装水泥管理部门全部开通了"上海市预拌砂浆行业管理平台"，各区县至少有1家预拌砂浆生产企业完成了相关设施设备的安装调试，并进入正常运行阶段，覆盖全市的监管平台基本形成。

【加强砂浆企业认定管理】 共完成12家新办砂浆生产企业的新材料认定和6家预拌砂浆生产企业的《认定证书》到期核验换证工作，对达不到核查条件的部分企业责令整改。

【深入落实"禁实限粘"政策】 制定了限制多孔粘土砖生产计划，将2011年限产指标定为10.35亿标砖，同比减少0.65亿标砖，并下达至各区县。同时，组织各区县墙办定期开展对砖瓦生产企业的"禁实限粘"工作检查，督促企业禁止生产实心粘土砖，确保本市新型墙体材料应用比例稳步增长。

【严把专项资金征收关】 对各区县散办、墙办定期开展散装水泥、粘土砖专项资金检查，督促各区县加大专项资金征收力度，确保专项资金应征不漏、收好用好。

【加速推进脱硫石膏综合利用】 组织协调建成石洞口电厂和外高桥电厂两条脱硫石膏煅烧示范线，形成年消纳脱硫石膏25万吨的能力。《脱硫石膏综合利用和安全处置实施方案研究》、《燃煤电厂脱硫废渣综合利用关键技术研究》等相关科研项目稳步推进。同时，相关标准规范体系不断完善，《脱硫石膏粉刷砂浆应用技术规程》和《脱硫建筑土体增强剂应用技术规程》已正式颁布，为推动脱硫石膏综合利用提供了坚实的技术保证。

【深入开展工业固体废弃物综合利用研究】 积极开展利用上海工业固体废弃物发展低碳建材的策略研究，就加强政府引导作用、落实企业责任主体、推进产业化发展等方面进行了深入研究。积极开展本市建筑废弃物资源化利用的总体研究，并形成了相关的工作方案。

（八）设计文件审查

【概况】根据市政府办公厅2010年12月30日出台的《上海市建设工程行政审批管理程序改革方案》[沪府办发〔2010〕46号]，在企业投资核准、备案项目建设工程中，将审批管理流程整合归并为“土地使用权取得和核定规划条件、设计方案审核、设计文件审查、竣工验收”4个主要环节；每个环节实施并联审批，一家牵头、一口受理、抄告相关、同级征询、同步审批、限时办结。“第三集装箱”审批管理流程即设计文件审查环节，由建设管理部门牵头，组织投资、规划国土、卫生、交通、交警、消防、抗震、水务、民防、绿化市容、气象等相关管理部门协同配合落实，在30个工作日内完成咨询、申报、受理、设计文件审查、备案管理等程序。2011年1月市审查中心挂牌，正式启动“第三集装箱”审批管理流程。

【落实审改方案推进工作】为确保《上海市建设工程行政审批管理程序改革方案》和《上海市企业投资核准、备案项目建设工程设计文件审查实施办法》各项工作落地，一是建立设计文件审查管理程序改革的制度框架，发布了《审图公司抽取选定暂行规定》、《施工图审查收费标准》等6个相关配套文件，制定设计文件审查办事指南，并在网上公布。二是开发网上并联审批信息系统，按照方案推进节点要求，一期开发项目中“审图公司抽取选定”、“施工图审查合同备案”和“施工图设计文件审查备案”子系统完成并通过验收，于4月1日在市级项目中投入使用，并实现与建筑建材业管理系统的数据对接和共享，完成与市级平台的联调。7月1日，完成区县审改平台7个区试运行搭建工作，启动二期建设。三是建立区县设计文件审查管理机构，通过举办审改动员、宣贯、工作推进会，宣贯培训人数近3000人。下半年起至年底，浦东、松江相继成立设计文件审查分中心，部分郊区县采取合署办公的形式，在区建管署增挂审查分中心的牌子。

[开展受理和征询工作]自4月1日至年底，本市共受理抽取选定项目申请1375个，年底前选定审图公司的项目1337个；执行新的审改流程的市级审改项目共66个，年底前完成总体设计文件征询37个，在10个工作日内完成征询的占63.6%；已完成设计文件审查全过程的审改项目，平均用时19.3个工作日，与以往的初步设计审批与施工图审查两个阶段相比，时间大幅缩短。采取抽取选定和实行政府指导价管理措施，是本次审改的主要创新，对规范审图市场、把关审图质量起到了重要作用。

【开展审图备案管理】全年共对3976个项目（总建筑面积7643万平方米）进行了程序性备案审查，一次通过率为89.34%，比去年下降了5个百分点。2011年实现了施工图审查数据库与建管数据平台的互联互通，从而实现了对项目基本情况、设计单位、审图机构资质和专业人员的网上信息自动比对，进一步加强了备案管理的力度。

【开展审图市场监管】全年共开展审图行为突击检查和施工图设计文件审查工作质量专项检查13次，检查项目115个，涉及全部审查机构；坚持日常抽查和每月集中抽查相结合，开展日常抽查项目36个，组织审图质量集中技术抽查11次，抽查项目214个，技术抽查比例达到6.7%，查出违反强条、标准、规范数从2010年2.84条/项，下降为2.32条/项。全年共出具修改意见单200多份，提出撤销认定1家审查机构的行政处理意见和对3家审查机构给予行政处罚的建议，通报批评了4家审查机构，并对一些审查机构采取了约谈和降低任务比例等管理措施。

【推进监管制度建设】参与《上海市建设工

程质量管理条例》的编制，起草《施工图审查管理规定》，对机构认定、专职审查人员比例、人员培训、监督检查等做具体要求，对审查人员实行《诚信手册》管理制度，增加了责令改正、暂停审查工作等几种管理措施。

（鲁超）

十六、城市综合管理

（一）综述

2011年，上海城市综合管理聚焦城市安全运行，着力世博后长效城市管理，抓好“十二五”发展开局，各项工作取得新成效。市政市容联席会议着力推动转型发展，完善方法手段，破解难题顽症，完成重大活动保障。城市网格化管理、12319城建热线、交通综合信息平台进一步拓展管理、服务、应用的内容或范围。新一轮覆盖全市陆域的高分辨率数码航空遥感摄影工作完成。推进应急管理“一案三制（应急预案和应急管理机制、应急管理体制、应急管理法制）”建设，健全应急管理组织体系，成立市消防安全委员会，加强全市消防安全管理；成立市食品安全委员会，建立健全食品安全管理体制。职业教育和开发区建设取得新成绩。

（刘臣）

（二）市政市容综合管理

【**概况**】2011年是“十二五”规划的开局年，也是世博后加强城市管理长效机制建设的关键年。市市政市容管理联席会议成员单位齐心协力，紧紧围绕“巩固世博水平”的工作主线，全力抓转型、建机制、促管理、破难题、保市容、治环境、强服务，总体上全市基本保持整洁有序，长效管理基本形成机制框架。

【**着力推动转型发展**】积极应对城市管理从世博重大保障过渡到常态管理的客观现实，深入总结世博经验，加快建立长效管理机制。

继续健全统筹联动工作机制。市政市容管理联席会议制度顺利建成，市区联动、条块结合的管理局面继续发展。17个区县成立市政市容管理联席会议办公室，市各部门和大型集团延续了工作联动。

完善制定法规规章和标准定额。市法制办等单位固化世博临时法规通告，及时吸收、转换为地方性法规、政府规章。修订施行《上海市住宅物业管理规定》，颁布施行《建筑垃圾和工程渣土处置管理规定》、《户外广告设施管理办法》、《道路指示牌管理规定》等六项政府规章，进一步推进市容环境、广告管理、道路交通、建筑市场、安全生产、环境保护等领域规范管理。

不断深化城市维护体制改革。制定实施《上海市市级城市维护项目管理暂行办法》，界定了市级城市维护内容、职能划分，规范了列入市级资金保障范围的项目决策程序、资金安排和监督管理。

首次制定“十二五”城市管理规划。首次编制上海市城市管理“十二五”规划，明确了“十二五”期间要实现的城市管理目标，建立了实现道路水面整洁优良率达到90%等35个量化指标。

【**不断完善方法手段**】积极推动运用科技的、制度的、社会的、基层的手段方法，坚持不懈推进城市管理的信息化、精细化、社会化、群众化，着力夯实城市管理基础，提高城市综合管理能力。

不断深化数字化城市管理。强化数字化平台信息运用，网格化管理及时结案率、12319热线处置反馈率等量化指标纳入市政市容管理日常考核，客观反映城市管理服务水平。加强网格化平台和管理联动，开展违规道路指示牌和公用电话亭、公交候车亭违规设置广告专项调查、专项整改。推进城市网格化在郊区城镇化地区覆盖，完成200平方公里城市化地区网格化管理拓展。

积极引导社会市民参与。秉承“全市动员，全民参与”的世博经验，市文明办继续开展“三五”集中行动和文明行路、文明乘车、文明游园、文明用餐等专项活动，市爱卫办大力开展爱国卫生运动，开展76处城中村、231家集贸市场的环境卫生专项整治。

着力夯实街（镇）基层管理。市绿化市容局着力推进市容环境综合管理示范街镇的推选活动，29个街道（镇）参加推选活动，23个街（镇）得分率在90%以上。徐汇区加强菜场等贴近老百姓生活的区域环境治理，通过改善勤务解决街镇交界区域管理。

规范建立督查考核机制。市联办建立巡查督办制度，开展领导带队检查、行业机构巡查以及社会第三方巡查，联动社会媒体、邀请市民巡访团成员、人大代表、政协委员等实施社会监督，进一步突出常态管理要求。完善考核评价制度，涵盖日常管理、主要工作推进和重大任务保障三大类25个指标。

【**加强破解难题顽症**】围绕市容环境、设施运行、建设管理等城市管理主要领域以及市人大询问市政府的11项专题，结合民生需求，突出重点，完善措施，加强源头治理，强化常态管理。

不断治理管理顽症。推进落实建筑渣土“五定”管理，加强建筑渣土运输管理。加强违法建筑拆除工作，拆违工作机构不断做强。公安交警部门有序推进车辆规范停放管理工作，外环线内设机动车道路停放点955处泊位约3.4万余个，新增非机动车泊位1000个。加强无序设摊管理，截至年底，全市已建零星便民服务点1640余处、吸纳设摊数量2900多个，建立入场入室疏导点200余处、引入各类摊位10400多个，各类无序设摊得到有效疏导。

继续改善城市环境。加强城市保洁工作，市市容环境质量监测中心测评2011年全市市容环境质量评估分值89.68分，其中中心城区平均得分89.80分，郊区平均得分89.50分。加强户外广告规范管理。加强道路指示牌管理。加大河道治理和保洁，6条段18公里界河全面开工建设，27个骨干河道综合整治新建项目稳步推进。加强水域保洁。建立“秸秆禁烧”巡查制度，大力开展农作物秸秆机械化还田示范推广。

强化建筑工地管理，建立工地差别化管理机制，建立健全考核机制，优化测评指标体系，开展文明施工社会公众满意度调查及文明工地测评。

确保设施运行平稳正常。加强设施管养，延续世博期间市政设施巡查处置机制，市政管理部门抽查城市道路及附属设施问题500余处，高架道路实施黑天加白天“二次清扫、二次保洁”作业。公路管理部门以迎接全国干线公路养护与管理大检查为契机，进一步规范基础管理和内业标准。市民防办加强地下空间管理，强化日常巡查。市电力公司推进架空线整治，初步形成三年整治计划，完成整治试点。

【完成重大活动保障】围绕建党九十周年、世游赛、国庆、春节等重大活动保障，全面落实城市保洁、专项治理、增靓添景、运行管理、赛事保障等五大任务，城市形象得到巩固，动员服务能力经受了世博后的再次考验。

着力打造良好城市形象。重点在道路景观区、纪念活动区、赛事核心区、定点服务区、窗口出入区等五个区域进一步改善城市形象。

不断固化全市动员机制。制定综合性应急保障工作方案，有效组织跨行业的电力、市容、防汛等综合演练。建设、绿化市容、爱卫、海事、交通港口、港务、旅游等行业进一步加强联动，形成了共创共建的良好局面。

全力提升城市服务能力。水务部门完善防汛基础设施建设，延续世博期间下水管道养护大会战经验，排查了1100多公里防汛墙和海塘、2000多道防汛闸门和潮闸门、178座下立交泵站，保障城市安全度汛。气象部门加强防汛决策气象服务工作，开展大城市精细化预报试点，落实灾害性天气早通气、早联动、早发布。大型企业发挥积极作用，市城投公司全年累计完成生活垃圾中转运输360万吨，生活垃圾处理处置553万吨，其中填埋444万吨，焚烧109万吨。申通地铁加强425公里250个站点运营管理，落实在建工地风险分级管理，组织近60名专职安全管理人员建立“安全督导队”。青浦等区加强上游绿萍拦截，确保黄浦江水域清洁。

（桥边）

（三）城市信息化管理

【概况】2011年，上海建设交通领域信息化工作进一步拓展了管理、服务、应用的内容或范围，有效支撑城市安全运行与世博后长效城市管理。城市网格化管理进一步推进郊区城镇化区域全覆盖，新增管理范围200平方公里；部分区县探索依托网格化管理技术平台，纳入教育、卫生等社会管理内容，运行成效明显。12319城建热线拓展受理范围，新增交通类咨询、求助等业务。交通综合信息平台探索了以手机采集数据为方式开展交通出行调查的新技术。新一轮覆盖全市陆域的高分辨率数码航空遥感摄影工作完成，其工作成果在城市管理各方面工作得到应用。

（刘臣）

【上海12319城建服务热线】 2011年，上海市城建热线服务中心（以下简称12319热线）共接入市民来电70万个，接通64.4万个，接通率达92 %，日均接电1918个。受理与建设交通行业相关的市民诉求52.6万件，占总诉求量的92.1 %，来电反馈率达99.4%。12319热线与网格化平台互转信息20755件（12319热线转网格化平台信息1150件，网格化平台转12319热线19605件）。全年，回访市民诉求1.9万件，回访满意率达93.9%。催办3933件，办结率达93.6%，督办41件，办结率82.9%。市民关注的热点是：违法建筑、乱设摊、绕道多收费、出租车服务态度、出租车拒载。此外，热线还拓展了受理范围，增加了机动车紧急救助业务、开通交通网上充咨询业务、与政风行风热线开展互动，做好便民利民工作。与新民晚报、上海电视台和上海人民广播电台等多家媒体合作，第六次开通“夏令热线”。活动得到各方积极响应，沈骏副市长、市建设交通委系统“一委四局”、新民晚报及电力公司领导纷纷走进12319热线，与市民“零距离”对话，并在现场指挥，协调处置。“夏令热线“期间，市民来电量近7.4万个，市民满意度81.62，为历年最高。开通春运热线，共受理市民关于春运方面诉求750件。

（胡献华）

【城市网格化管理平台】 2011年，本市网格化管理系统共计立案1198745件，结案1193037件，结案率为99.5%。全年继续围绕“延续世博管理成效，加强和改进城市常态化管理”的总体目标，突出重点，持续提升网格化管理工作成效，不断提高上海城市管理水平，主要做了以下工作：一是主动对接市区两级市政市容管理联席会议体系。网格化管理及时结案率、12319热线处置反馈率等量化指标及网格化管理工作，分别作为日常指标和重点任务纳入市政市容管理考评体系。二是有序推进与社会管理联动试点工作。部分区县探索依托网格化管理技术平台，纳入教育、卫生等社会管理内容，运行成效明显。三是拓展完善郊区网格化管理范围及专业网格化。进一步推进郊区城镇化区域全覆盖，完成闵行、宝山、金山、奉贤、青浦、崇明六个区县，总面积约200平方公里的网格化拓展建设。完善市政专业网格化系统与掘路系统联动。四是全面完成各类专项任务。全力保障世界游泳锦标赛和建党90周年等重大活动。按照市政市容联办及保障活动要求，加强巡视处置力度，确保活动周边区域及重点景观区域市容面貌整洁，市政设施运行有序；另外，还开展了违规设置道路指示牌和公用电话亭、公交候车亭违规设置广告专项调查。普查发现道路违规指示牌1635块，整治完成率达80%以上。共发现503个公用电话亭顶部设置广告，2431个公交候车亭违规设置广告，为下一步专项整治打下基础。

（刘贤明）

【交通综合信息平台】 “基于手机无线传感网络的动态广域客流检测关键技术及应用”项目立足国内外客流检测技术研究及应用，率先将手机无线传感技术应用于智能交通领域，对实时检测城市大范围客流密度与分布、掌握客流与城市交通运行的规律等具有重要作用。

1. 解决的关键技术

1）无线通信网络与交通网络的映射技术

无线通信网络与交通网络映射技术是手机技术应用于交通参数采集的最为关键的技术之一。通过建立特定匹配规则，将无线通信网信号覆盖映射到道路交通网络上，得到手机用户在道路交通网络中的运动情况，用于手机用户交通出行参数的计算与分析。

2）手机用户电子脚印出行分析技术

该技术通过基于移动通信网络信号覆盖与道路交通网络的相互映射关系，将移动用户所有信令数据匹配至道路交通网络，得到手机用户在道路交通网络中的位置电子脚印，并进一步分析各个手机用户出行行为的分析方法，持续把握出行者位置变化信息的特征。

3）广域动态客流推算技术

断面动态客流推算：针对桥隧、通道、轨交站点等断面，根据移动用户经过该断面两个交通分析区域的先后顺序及时间间隔，判断移动用户是否有跨越通道断面的行为。通过断面动态客流推算模型，估算每15分钟进入断面、离开断面等客流量。

区域动态客流推算：针对某一特定区域、客流集散中心、重要交通枢纽以及大型活动场所等容易发生大规模客流集聚的典型区域，通过区域动态客流推算模型，推算每15分钟该区域的进、出、逗留客流量，分析不同时间段该区域的客流集散规律。

4）手机用户多层扩样技术

扩样采用多层扩样模型。首先，由单家运营商有效手机用户群体扩样至多家运营商所有手机用户，再扩样至包含无手机用户的所有人群，最终得到全体人群的出行情况，确保总体扩样的平均绝对误差控制在15%以内。

5）海量数据并发处理技术

利用大数据理念与技术研究建立海量数据并发处理技术，确保系统从动态信令数据到动态客流分布的快速计算和快速响应，保证输出动态数据的实时性和准确性。

2. 应用情况

项目通过与上海市交通综合信息平台相结合，开发了通过手机数据采集交通信息的新技术，以一机三屏的方式提供动态断面与区域客流量、客流分布、轨交换乘等信息，特别在2010上海世博会交通保障中发挥了重要作用。该技术在上海市第四次综合交通调查中的人员出行特征调查部分得到了成功应用，综合交通调查的分析层次、调查效率也因此显著提高。此次应用充分证明了用手机数据对人员出行状况进行调查的可行性，也为上海市城市规划管理决策提供了准确可靠的定量分析数据支持。进一步加强道路交采集设施与数据的日常维护。一年来，平台道路交通采集设施的完好率、及时修复率不断上升，数据整体的完整率从80%提高到88%。

（顾承华）

【上海市航空遥感信息调查与城市管理应用】 2011年1~3月，上海市进行了一次覆盖全市陆域的高分辨率数码航空遥感摄影，遥感影像的地面分辨率为0.25米。此次航空遥感影像数据，及时应用于涉及城市管理的多个信息平台，主要包括：上海市网格化管理平台、上海市交通综合信息平台、上海市水务公共信息平台、上海市“地－楼－房”基础数据库、上海市绿化林业遥感和地理信息系统、上海市旧区改造信息管理系统、上海地下空间信息基础平台等。同时，上海市建设和交通委员会、上海市水务局、上海市绿化和市容管理局、上海市环境保护局、上海城市发展信息研究中心等多家单位，利用本批遥感数据针对相关城市管理专题进行了信息调查与分析，主要包括：第一次全国水利普查暨第二次上海市水资源普查、上海市绿化与林地覆盖水平与变化状况调查、上海市生态土地利用状况调查、上海郊区城中村地块状况调查，以及浦东新区生态林、河道、公路设施等要素调查。

（潘强）

（四）综合交通管理

【概况】2011年底，全市常住人口2347万，其中外来常住人口935万。注册机动车251.6万辆，其中汽车保有量193.7万辆。中心城日均出行总量3083万人次，公共交通占34.9%。公共交通日均客运量1668万乘次，轨道交通占35%。机动车日均交通量14865万PCU公里，中心城占47%。对外道口日均车流量32.1万辆，社会客车进出道口日均载客55万人次。对外旅客到发量2.7亿人次，铁路占46%。对外货物运输量11.9亿吨，港口集装箱吞吐量3174万TEU。全市公共交通能耗182.6万吨标准煤，社会客车能耗416万吨标准煤。交通事故方面，万车死亡率下降至3.75人。

【道路交通】2011年全市公路和城市道路总长16792公里，同比增长0.6%。其中，公路12084公里（高速公路806公里）；城市道路4708公里。外环线内（含外环）越江“4桥12隧”机动车交通量101.4万辆/日，同比增长2.8%。中心城23座跨苏州河桥梁日均交通量121.8万车次，同比增长5.6%。中心城快速路系统仍处于较拥堵状态，2011年工作日快速路网日均驶入227万自然车次，同比增加0.8%；行驶里程1498万自然车公里，平均每车次行驶6.6公里。快速路网高峰时段运行状况有所改善，早、晚高峰时段平均行程车速分别为40、45公里/小时，同比提高8%、12%，但高峰时段延长。内环线内浦西主要干道普遍处于拥堵状态。高峰时段浦西地区“三横三纵”平均行程车速与去年相当；浦东地区道路通行情况稍好，平均行程车速较去年有所改善。

【智能交通设施】2011年全市可供正常使用的可变信息标志设施986快，包括大型图形、图形文字和文字信息标志，同比增长3.9%。其中主要高速公路设475块，城市快速路设282块，地面道路设229块。地面道路中，内环内道路设118块，内外环间道路111块。全市交通摄像监控设施2540台，同比增长8.1%。其中主要高速公路设881台，城市快速路设756台，地面道路设903台。地面道路中，内环内道路设348台，内外环间道路设492台，外环外地面道路63台。全市设车辆检测设备43352个，包括线圈、检测器、路口机等，同比增长7.3%。其中，主要高速公路设6662个，城市快速路设11094个，地面道路设25596个。地面道路中，内环内道路设10992个，内外环间道路13540个，外环外道路1064个。

【交通法规】2011年5月10日，根据市发改委、市建设交通委和市财政局《关于调整本市贷款道路建设车辆通行费征收标准的通知》（沪发改价费［2011］003号）要求，本市通行费征收标准进行调整。2011年6月11日，市建设交通委发布《关于印发<上海市公路养护管理规定>的通知》，即日起按规定加强本市公路的养护管理。2011年7月1日，市建设交通委新修订颁布了《上海市挖掘城市道路管理规定》，新规定通过计划平衡控制手段、审批管理手段、网格化管理手段等多种管理措施规范了掘路行为全过程。2011年7月9日起，本市出租车运价有所调整。本市出租车起租费由12元调整为13元；区域性出租汽车起租费由10元调整为11元；起租里程和超起租里程的运价标准均不作调整；市区和区域性出租汽车每乘次计收1元燃油附加费。2011年10月13日，市交通港口局发布《关于印发<上海市轨道交通运营服务规范>的通知》，加强轨道交通运营管理，规范运营服务标准。2011年11月9日，市交通港口局发布《关于发布<上海港口经营管理实施办法>的通知》，规定《上海港口经营管理实施办法》自2011年12月1日起施行，有效期至2016年11月30日止，原《上海港口经营管理实施办法》（沪港港［2008］119号）同时废止。2011年12月29日，市建设交通委发布《关于调整S5沪嘉高速公路为城市快速路的通告》，于2012年1月1日起停止收费。2011年12月29日，市建设交通委发布《关于取消贷款道路建设车辆通行费的通告》，决定于2012年1月1日起执行。2011年12月29日，市建设交通委发布《关于调整本市高速公路计费起价的通知》，自2012年1月1日起，本市高速公路通行费计费起价从10元调整为5元。

【交通节能减排】 2011年监测期间，地面道路、交叉路口和高架道路的一氧化氮、二氧化氮、氮氧化物、一氧化氮浓度均有所下降，其中，高架道路和浦东地面道路各项污染物浓度降幅较大，在14%以上。中心城主要干线昼间和夜间交通噪声平均等效声级分别为70.0dB（A）和64.5 dB（A），较2010年略有上升。2011年全市公共交通能源消耗量182.6万吨标准煤，同比下降9.7%。2010年全市交通行业能源消耗量2100万吨标准煤，同比增加137万吨标准煤，增长7.0%。全市社会客车能源消耗量416万吨标准煤，同比增长10.1%。（刘臣）

（五）应急管理

【概况】 2011年，上海市推进应急管理“一案三制（应急预案和应急管理机制、应急管理体制、应急管理法制）”建设。应急管理组织体系不断健全，应急管理制度不断完善，各类应急演练贴近实战，应急救援队伍体系建设继续推进，各类突发事件得到及时、有效应对。

【健全应急管理组织体系】 成立市消防安全委员会，加强全市消防安全管理；成立市食品安全委员会，建立健全食品安全管理体制。法规规章和应急预案体系不断完善。各类应急演练贴近实战。

【应急管理制度不断完善】 市人大常委会颁布《上海市实施<中华人民共和国食品安全法>办法》，修订《上海市安全生产条例》和《上海市中小学校学生伤害处理事故条例》；市安全监管局制定《典型危险化学品事故应急处置程序》；上海海事局修订《上海海上搜救和船舶污染事故专项应急预案》。

【各类应急演练贴近实战】 市民政局和国家减灾中心联合开展“2011年国家自然灾害现场应急通信保障演练”；市公安局会同相关部门围绕上海世游赛、“中国—亚欧博览会”等重大活动安保需要，开展系列反恐演练。

【继续推进应急救援队伍体系建设】 上海警备区、闵行区开展国防动员机制、军队指挥机制与应急管理机制“三个机制”衔接试点，探索加强军队和民兵预备役应急力量与地方联勤联训、应急救援新机制；市应急救援总队强化总队、支队、中队三级救援队伍，推进高层、地铁、化工、空勤、水域、交通、搜救犬7个专业54支专业队伍建设。

【有力、有序应对各类突发事件】 妥善处置“3·11”日本核泄漏后的口岸核辐射监测、

“6·21”智利国航“瑞马”轮危险化学品燃爆重大险情、“9·8”赛科化工低温罐区烯烃管线爆燃、“9·14”英业达(上海)有限公司班车侧翻事故、“9·27”轨道交通10号线列车追尾事故等事件。年内，上海市发生9次天文大潮汛、3次局部大暴雨、14次局部暴雨；经受“米雷”、“梅花”2个台风外围影响；苏州河口潮位2次超过警戒线，本市渡潮位59次超过警戒线。上海中心气象台先后发布暴雨红色预警信号0次、橙色预警信号7次、黄色预警信号19次、蓝色预警信号0次。市防汛指挥部发布防汛防台橙色预警信号3次、黄色预警信号16次，蓝色预警信号13次。

（朱轲冰 谷鸿鹄）

【完成利比亚撤离人员转运任务】 按照国家部署，为有序、有力做好利比亚撤离人员转运保障工作，上海市成立利比亚撤离人员返沪疏散行动工作小组。上海出入境边防检查总站、上海出入境检验检疫局、上海出入境管理局等部门按照有关规定，制定简化手续的个性化监管预案，预先开辟绿色通道，征税、报关等手续提供“一站式”服务。华东民航局执行24小时值班和航班信息跟踪传递机制，上海机场集团制定机场保障方案，开辟专用通道，确保撤离人员有序、快速离开机场；交通、铁路、客运等部门强化联动，安排各类交通工具对接，保证撤离人员安全中转。市公安局制定预案，安排警力现场警戒、维护秩序。2月27日～3月5日，通过上海口岸办理入境的中国在利比亚撤离人员6803人；上海虹桥、浦东两大机场保障撤离中国在利比亚人员任务的包机53架次。

【修订上海轨道交通事故应急预案】 4月，市政府办公厅转发市建设交通委制定的《上海市处置城市轨道交通运营事故应急预案》。原市地铁抢险办公室制定的《上海市处置轨道交通事故应急预案》同时废止。新制定的应急预案细化相关部门职责，明确应对轨道交通运营事故中的预测预警、处置规程、应对措施等保障要求。该预案在处置应对“9·27”轨道交通10号线列车追尾事故时及时启动，成为各相关单位协同应急处置的规范和依据，确保处置应对有力、有序。

（朱轲冰）

（六）教育科研

【上海市城市建设工程学校】 2011年，学校以全面提高教学质量行动计划（2009~2013年）为抓手，努力深化教育教学改革，进一步加强两个文明建设，科学谋划学校“十二五”改革与发展规划，顺利完成年度工作任务，第八次荣获上海市文明单位。

招生和就业指导工作。今年录取学生491人，其中上海生源340人，在沪进城务工人员随迁子女8人，外省市生源143人。继续开展与浙江公路技师学校、江苏如皋职中、湖北孝感工业学校、沈阳工贸学校等学校的合作办学工作，认真做好与云南省普洱技工学校的对口支援工作。2011年毕业生681人，已经推荐就业668人，就业率为98.09%，使就业率继续保持在98%以上。

德育工作长效机制建设。学校荣获2010~2011年度上海市安全文明校园；2011年上海市学生阳光体育大联赛优秀组织奖。

加强师资队伍建设。2011年聘任专业带头人7名，使得所有8个开设专业均设立了专业带头人；引进了7名专任教师，选送教师参加各类培训30余人次，加强师资队伍建设工作。以《道路施工管理》、《工程测量》、《材料检测》、《水质检测技术》4门市级精品课程建设和校本教材为立足点，继续推进《市政工程施工》、《给排水工程施工与运行》、

《城市轨道交通运营管理》三个市级重点专业建设。《市政工程施工专业市政道路桥梁施工与维护（技能）方向》专业通过了市教委新专业备案。与上海城市管理职业技术学院共同向市教委申报了《市政工程技术》专业的中高职教育贯通模式试点。

进一步完善了校企合作联席会议制度。在市建交委的指导下，召开校企合作联席会议，涉及市政施工、给排水、地铁、测绘等行业的14家行业内大型知名企事业单位成为了校企合作联席会议成员单位，制定了4个规划方案。

完成了《任务引领型课程的教学策略和方法研究》、《中职数学分层教学与分类指导的实践》2个市级课题，并通过验收。2011年10个校级课题完成结题。编写了2本校本教材，启动了3本校本教材编写工作。

职后培训和技术咨询服务实现新突破。2011年职后培训开展岗位及执业资格培训，继续教育，技能教育，干部教育，电大等学历教育、学生“双证”培训等共计235个班次，11830人次。技术咨询坚持优质服务，安全服务，顺利完成各项监理、测量任务。其中，校监理的浦东新区金科路工程、闵行区漕宝路工程被列入2011年度市政金奖工程评比，同时荣获上海市级文明工程奖。技术咨询服务保持稳定发展，达到了产教结合，以产促教的目的。

（校办）

（七）开发区建设

【概况】 至2011年底，上海市规划确定104个产业区块，包含开发区、产业基地及城镇工业地块，规划面积760.57平方公里。全市开发区从业人员262.28万人，完成工业总产值24585.4亿元，比上年增长10.78%，其中上海松江工业区、上海金桥出口加工区、国际汽车城、宝山钢铁基地、上海浦东康桥工业区、上海漕河泾新兴技术开发区、上海嘉定工业区7个工业区工业总产值超过1000亿元，松江工业区工业总产值超过3000亿元，金桥出口加工区工业总产值超过2000亿元。全市开发区工业总产值占全市比重达到73.47%；十大行业完成工业产值19864.48亿元，占全市86.48%。其中通信设备、计算机及其他电子设备制造业和交通运输设备制造业产值均超过3000亿元，占全市规模以上企业工业总产值的42.95%。市级以上开发区第三产业营业收入18481.58亿元，第二、第三产业营业收入之比为53 ∶ 47。上缴税金3113.59亿元，比上年增长20.62%。开发区单位土地税收每平方公里4.24亿元，其中国家级开发区土地税收产出每平方公里28.85亿元。全市开发区平均单位土地开发累计投入每平方公里4.81亿元，单位土地产出水平每平方公里57.35亿元，其中国家级开发区土地产出水平每平方公里125.71亿元。2011年，全市市级以上开发区吸引合同外资89.04亿美元，比上年增长22.94%。其中陆家嘴金融贸易区吸引合同外资28.74亿美元，张江高科技园区吸引合同外资9.69亿美元。全市开发区落户内资企业注册资金946.44亿元，比上年增长47.11%。

（苏静）

【上海闵行经济技术开发区】 2011年，上海闵行经济技术开发区实现销售收入486.56亿元，比上年增长9.33%。实现利润43.37亿元，比上年下降11.61%。实缴税金38.03亿元，比上年增长3.13%。关税10.90亿元，比上年下降4.56%。人均劳动生产率130.1万元，每平方公里工业用地销售收入202.73亿元（按实际使用中工业用地2.40平方公里计算）。逐步形成以轨道交通、电站设备为代表的机电产业为主，以血制品、常用药品为代表的医药医疗产业和以食品、饮料为代表的轻工产业为辅的产业格局，其中世界五百强企业投资项目占企业总数 36.6%。至年底，累计引进项目 173 个，投资总额 36.95 亿美元，平均单项投资超过 2136 万美元。累计销售收入 4853 亿元，企业利润 512 亿元，上缴税收 419 亿元。全年重点跟踪项目 44 个，其中签署 ABB 维修、不凡帝胶基、亨斯迈研发等 13 个项目。临港园区引进包括中曼石油装备、海越安全装备、艾港风电叶片、杉杉科技、海瑞克盾构等 8 个优质项目。至年底，完成土地储备 341.38 公顷。完成 18 个建设项目环境影响评价及审批。环保总投资 1921 万元。新增签订清洁生产合同企业 9 家，通过环境管理体系认证企业比例达到 51%。新增“上海市节水型示范企业”命名企业 3 家。开发区产值能耗和水耗比上年分别下降 12.04% 和 14.84%。

（武鹏）

【上海虹桥经济技术开发区】 2011 年，上海虹桥经济技术开发区注册企业实现销售收入 144.5 亿元，比上年增长 50%；实现利润 17.1 亿元，比上年增长 40%；上缴税金 13.8 亿元，比上年增长 44%。至年底，累计引进外资项目 343 个，总投资 42 亿美元，合同外资 33.6 亿美元，实际利用外资 32 亿美元。累计实现营业收入 1136.7 亿元，利润总额 114.2 亿元，上缴税金 78.1 亿元。至年底，虹桥开发区有企业约 2000 家，外资企业 250 家，外资员工约 1.2 万人。年内，推进泰国领馆建造官员住宅项目。联合闵行开发区与安徽铜陵经济技术开发区管委会设立“虹桥 · 闵行 · 铜陵现代服务产业园”。位于奉贤的保障房项目新增投资额 8.25 亿元，新增开工量 72.7 万平方米，实现结构封顶面积 32.5 万平方米。5 月 13 日，仙霞路 200 号地块通过上海市建筑业管理办公室工程竣工验收。12 月，新虹桥俱乐部改建项目启动，改建后俱乐部经营面积约 2 万平方米。

（周乐昇）

【上海漕河泾新兴技术开发区】 2011 年，上海漕河泾新兴技术开发区实现销售收入 2331.6 亿元，比上年增长 6.5%。实现生产总值 752.5 亿元，比上年增长 12.3%。实现税收收入 65 亿元，比上年增长 11.7%。新引进项目 389 个，其中外资项目 59 个。新增注册资本约 15.2 亿元，其中外资 5800 万美元。完成佛吉亚、百事、福彩中心、科华生物、都福 5 个项目签约。新认定高新技术企业 27 家，区内经认定高新技术企业 244 家，占全市 7%。区内企业专利申请量 1710 项，比上年增长 29.2%，其中发明专利 795 项，占比 46.5%，累计申请专利 7790 项。12 月 21 日，集科技创业苗圃、大学生创业园、留学生创业园、国际企业孵化器、科技企业加速器于一体的漕河泾开发区国际孵化中心正式启用，年内累计孵化企业 1004 家，孵化面积 45.4 万平方米，培育“科技小巨人”企业 36 家。完成知识产权试点园区验收、开发区知识产权统计服务平台建设，形成上海首个园区知识产权管理系统。与中国移动上海公司签署《战略合作框架协议》，完成 19 个办公楼宇和厂区宽带接入和无线热点覆盖工程并开通应用。年内，开发区获“国家海外高层次人才创新创业基地”授牌，被认定为首批上海市数字园区和首批上海市信息服务产业基地。在商务部国家级经济开发区的投资环境综合评价体系中位列第八，其中发展与效率指数名列第一。开发区总公司获“上海市五一劳动奖状”荣誉称号。至年底，开发区在国内外友好园区数量增至 44 个（国外 17 个，国内 27 个）。

（任朕）

十七、科研工作

编者按：本栏目汇集上海建设交通系统优秀科研项目和成果。本栏目内容，主要取材于上海市建交委科技委2011年度科研工作和成果报告。

（一）综述

2011年，围绕未来上海城市建设和管理的发展方向，科技委开展和参与了一批前瞻性、战略性、综合性的决策咨询课题研究，针对城乡建设和管理中涉及领域广、影响范围大、社会关注度高，特别是涉及民生问题的重点难点问题，加大决策咨询和研究力度，为政府决策提供技术支撑，发挥政府智囊作用。

重大课题研究立意更高，范围更广，思考更深，大型综合性课题与各类专题研究双管齐下，科技工作涉及的细分领域更多，宏观地审视行业现状，前瞻而战略地规划行业未来发展蓝图。以战略发展规划研究为代表的大型综合性课题所研究的内容时间跨度大，视角更宏观；专项课题则广泛涉及安全和风险防范、城市基础设施维护、人才培训、建筑节能和交通节能等诸多领域，更注重探索热点难点问题的解决思路，从微观角度提供实际可操作的技术手段。

科研项目管理工作较往年范围扩大。除“十一五”重大科研项目、年度计划项目、下一年度项目立项申报几项传统内容外，新增了建设部科技项目管理、经费自筹类科研项目管理及开展“十一五”科研项目的总体后评估等工作。科研项目预研究能有效地规范科研立项、提高科研效率。

2011 年课题研究：《上海城乡建设和管理 2020 年战略发展研究》的推进和《上海市城乡建设和管理 2030 年发展研究》大型综合课题的前期调研、专题研讨、课题构架、团队组建等前期准备工作是科技委软课题研究的重头戏，这两项大型综合性研究关乎上海市建设交通行业未来 10–20 年的长远发展。

2011 年完成的 18 项“十二五”规划专题研究则针对上海城市基础设施建设和管理等展开，包括《建筑垃圾资源化综合利用》、《上海城市建设和交通领域安全和风险防范研究》和《上海城市基础设施维护情况调研报告（公路）》及《海洋课题研究”、“建设交通行业专业技术人才培训的可行性研究》、《〈上海市查处车辆非法客运规定后评估〉》等多个课题。其中《关于在上海中心城区设立立体停车库的可行性研究》、《建筑垃圾资源化综合利用》等课题通过结题验收。围绕装配式住宅、垃圾减量化、世博后继续保持上海的“蓝天白云”等专题展开研究，推动本市建筑节能和交通节能工作。

城市基础设施维护、交通综合管理等城市维护运行方面的专题研究贯彻“以人为本，管理为重，安全为先”的方针，助力城市维护和安全运行管理软实力提升。

2011 年科研项目：2011 年完成 40 项重大科研项目和年度计划项目的管理工作，19 个项目结题验收。其中，《地下工程邻近的基础保护技术与地下工程技术规范修编研究》等项目的研究成果达到了国际先进水平。

为适应“十二五”时期本市建设交通行业科技发展要求，加强科研前瞻性和预见性的规划和指导，2011 年开展了市建设交通“十二五”科研项目预见性研究。起草了《上海市建设交通行业开展“十二五”科研项目预见性研究工作方案（草案）》，确定了 9 大研究方向。通过对本市建设交通领域内的民生需求、管理需求开展调研和分析，结合《上海建设交通“十二五”科技发展规划》中的重点领域与主要任务，开展“十二五”期间建设交通科研项目指南的研究工作。

2011 年，受市建设交通委委托正式承担住建部科技项目的属地化管理工作，当年立项 46 项。通过项目启动会，向项目单位明确管理要求，按照住建部及市建设交通委相关管理办法开展项目管理。对部分项目开展专家咨询等服务，年底对项目的进展情况进行年终总结并报住建部。2011 年底，经过征集，对新申报 2012 年住建部科研项目计划的 28 个项目逐一进行形式审查，并将合格者推荐至住建部立项。

此外，受建设交通委委托，开展了一系列科研项目的咨询服务，如《泡沫轻质混凝土科研项目》的立项论证、《上海高等级道路投资估算指标研究课题》开题论证、《上海地下交通设施信息平台项目》开题论证、《基于卫星影像的公路工程建设信息化管理系统开发及应用》中期评估等咨询服务工作。

随着“十一五”市建设交通委科研项目的陆续结题验收，结合科技委办公室成果推广工作，对“十一五”科研成果进行了总结梳理，并在此基础上，筛选出部分可推广应用的研究成果深入调研，探讨其可推广应用价值进行推广研究。

围绕市建设交通行业内的热点问题，《专家建议》共组稿19篇，编辑出刊《关于建立上海市海上应急联动体系的建议》和《关于上海市实施建筑外遮阳的若干建议》等7篇《专家建议》，其中《关于开展亚临界水解技术研究的建议》得到沈骏副市长重视，并作重要批示。

2011年获奖成果：2011年科技委科技工作取得了良好的效果，14个项目获得上海市科技进步奖。

（二）课题研究

【**概况**】2011年，科技委着力于《上海城乡建设和管理2020年战略发展研究》的推进和《上海市城乡建设和管理2030年发展研究》大型综合课题的前期调研、专题研讨、课题构架、团队组建等前期准备工作。2011年完成了18项“十二五”规划专题研究及《上海城市建设和交通领域安全和风险防范研究》和《上海城市基础设施维护情况调研报告（公路）》及“海洋课题研究”、“建设交通行业专业技术人才培训的可行性研究”、“《上海市查处车辆非法客运规定》后评估”等多个课题的启动。“关于在上海中心城区设立立体停车库的可行性研究”、“建筑垃圾资源化综合利用”等课题通过结题验收。围绕装配式住宅、垃圾减量化、世博后继续保持上海的“蓝天白云”等专题展开研究，推动本市建筑节能和交通节能工作。

围绕市建设交通行业内的热点问题，《专家建议》共组稿19篇，编辑出刊《关于建立上海市海上应急联动体系的建议》和《关于上海市实施建筑外遮阳的若干建议》等7篇《专家建议》，其中《关于开展亚临界水解技术研究的建议》得到沈骏副市长重视，并作重要批示。

2011年科技委软课题研究一览表

序号	项目名称
1	建筑垃圾资源化综合利用
2	海洋课题研究
3	关于在上海中心城区设立立体停车库的可行性研究
4	香花桥街道“十二五”规划编制
5	拆除违章建筑政策研究

【**建筑垃圾资源化综合利用**】课题分析了上海建筑垃圾资源化利用缺乏理论先导、政策导向不明确、缺乏技术支撑、未形成良好的市场运作机制、监管力量薄弱等问题，梳理比较了欧美、日本等发达国家资源化利用措施，研究了国内部分城市建筑垃圾资源化利用的措施，提出了上海建筑垃圾资源化利用的政策导向和体系框架，一是加快完善法规标准，把建筑垃圾利用作为上海可持续发展战略之一，强制并鼓励推行建筑垃圾资源化利用。二是抓住大规模城市建设契机，着力从源头消减垃圾，大力推进预制构件等循环建设模式，促进节能低碳经济发展。三是依托服务经济迅猛发展，构建建筑垃圾供需平衡平台，实现“有进有出，各取所需” 建筑垃圾消纳的市场共赢机制。四是利用科技人才优势，聚焦突破面向未来的关键技术，提高再生利用水平，加大政策扶持，拓展资源化利用范畴。五是建立有效推进建筑垃圾资源化的组织机构，统筹各方，以点带面，有计划有成效地逐步推进。

课题提出确立“建筑垃圾资源化率是衡量低碳经济的重要指标、能够产生巨大的社会综合效益、政府引导和市场运作是突破建筑垃圾资源化利用瓶颈的必要手段”等理念；提出编制建筑垃圾专业性规划，规划建筑垃圾产生量、处置去向、产业发展；提出形成法规标准，加强强制性法规的制定和执行，出台鼓励资源化利用的政策，形成再生利用的标准规范；提出建立组织体系，建立常态统筹协调机构，建立区域自我平衡实践区，建立统一市场供需平台；提出强化科技支撑，全球比选引进先进技术，加强产学研科技应用能力，采取积极的政府补贴政策；提出推动源头减量等措施，大量采用预制构件，就地进行再生应用，实行建筑垃圾分类利用。从根本上解决建筑垃圾的处置问题，对完成国务院要求节能减排目标、生态城市建设未起到重要作用，找出一条有利于经济效益和社会效益、环境效益相统一的管理方法，构建以资源节约为重点的科学化管理模式。

【关于在上海中心城区设立立体停车库的可行性研究】 课题系统地从机械式立体停车库建设的必要性、可利用市政建设配套用地调查和交通组织方案以及建设管理政策进行了研究。1. 该课题分析了上海中心城静态交通的供需特征，指出了停车设施发展过程中的问题、发展态势及其对策，得出机械式立体停车库由于其占地少、设置灵活、空间利用程度高、操作简单、安全，同时与周边环境可结合程度高，是上海中心城区用地紧张、停车供需矛盾突出状况下，缓解停车难问题，平衡动静态交通的必然发展趋势。2. 该课题针对上海市中心城市政建设用地中，存在大量可利用结构空间的现状，针对性地对人民路、新建路、打浦路过江隧道的两岸市政建设配套用地进行了调查，结合停车设施规划以及周边的停车需求点和道路交通状况进行了分析，为可利用市政建设配套用地的盘点提供了参考。3. 该课题针对调查的 7 块可利用的用地空间，从机械式立体停车库的建设类型、平面布置、交通组织流线上分别给出了交通组织方案，在充分考虑背景交通流量、不同类型机械式立体停车库的停车进出时间等技术标准基础上，利用排队论模型和 Vissim 仿真软件，对不同方案进行了交通影响分析，从而给出各地块的停车泊位数的限制。该方法从周边的容量限制入手，充分体现了市政建设配套用地的特点，平衡动静态交通，有利于方案的落实。4. 该课题在对当前停车设施建设管理中，存在的政出多门、权责不清、程序繁琐等问题，提出引入必要行政管理，从用地、规划、建设和运营管理四个层面，给出了相应的政策管理建议，力求在行政管理与市场行为之间找到平衡点，有利于推动停车产业的发展，为上海中心城停车设施建设做出贡献。

总体上，该课题针对上海中心城市政建设配套用地建设机械式立体停车库的可行性分析，对缓解中心城静态交通矛盾、推动停车产业发展、集约城市用地具有重要的现实意义。

【关于开展亚临界水解技术研究的建议】 亚临界水解技术的应用前景：日本从 2000 年起研究亚临界水解技术的试验研究，目前共设有 9 处试验基地，并且已成功实现了有机物的资源化，近畿环境兴产株式会社公司和大阪府立大学共同研究开发的亚临界水解专利技术，已经开始实现商业化，并建立了日本第一家、也是目前唯一一家运用亚临界水解技术处理各种废弃物的工厂，该工厂占地 10420 平方米，处理能力为 70 吨 / 天。1. 污泥资源化：日本京都大学、有机资源再生中心和 G8 公司联合开发的 MRM 亚临界水反应装置，用于污水厂污泥的处理，据介绍，该装置的建设费用总成本 18.60 万元 / 吨，运行管理费用总成本约为 40 元 / 吨。2. 厨余垃圾资源化：从水分含量大、有机成分多的厨余垃圾中回收甲酸、乙酸等有机酸，生成具有一定热值的燃料，或制成有机肥，可实现其资源化利用。日本爱知县弥富市已建成 10 吨 / 天的食品废弃物处理设施。日本静冈大学工学部利用厨余垃圾和废塑料，生成高热量的粉末燃料（6250–7000 大卡），而且不产生硫磺酸化物，氮酸化物与戴奥辛等的量也比一般垃圾焚烧场的排出基准更低。3. 有机垃圾资源化：利用亚临界水解技术进行碎木材等的油化，以金属盐作催化剂，可得到热值为 25 ~ 30MJ/kg 的液化油，其回收率达 40% ~ 50%。

为完善污泥、生活垃圾等固体废弃物的处理处置，消化吸收国外先进处理技术，发展集成创新型处理方法，进一步实现固体废弃物的资源化，现提出开展亚临界水解技术研究的如下建议：

1. 适应城镇化建设的环境需求，以进一步提高固体废弃物特别是污水厂污泥、厨余垃圾及其他有机垃圾的循环利用标准。上海市中小型污水厂以 100 万立方米 / 天的规模计，污泥产量将达到 110~150 吨 / 天；全市生活垃圾中的厨余垃圾以 1100 吨 / 天的速度增长。应用亚临界水解技术，在解决有机污染物出路的基础上，实现有机物的资源利用、减少二氧化碳排放，具有广阔的应用前景和需求空间。

2. 建议加大亚临界水解技术的基础研究力度。目前国内开展亚临界水解技术相关研究的科研机构只有中科院广州能源所、湖南大学等少数几处，建议应充分利用集成本市科研院所的技术力量，成立针对可再生能源的亚临界水解研究中心，组织和吸引各方面人才从事创新性工作。基于各有侧重、重点攻关、优势联合、成果共享的原则，加大基础研究力度，加强自主知识产权的技术创新，攻克技术薄弱环节，不断完善生产制造环节。

3. 建议成立亚临界水解技术中试实验基地。重点研究污泥处理的技术与经济可行性。根据上海市中小型污水处理厂的地理位置、分布特点和处理水量等综合因素，合理规划亚临界水解技术处理污水厂污泥的中试实验基地，进行污泥的循环利用和处理处置，实现污泥处理处置的减量化、无害化和稳定化，最终处置资源化。

4. 建议建立亚临界水解技术的示范工程。在厨余垃圾收运处置体系日趋完善的基础上，科学选择厨余垃圾处理技术路线，以老港、黎明垃圾填埋场或三林应急中转站为依托，考虑配套耗材的方便供应、资源化产品的高效利用，建立亚临界水解技术的示范工程，探索适应本市厨余垃圾的收集、处理、利用完整技术链条，形成产业优势和规模化的循环利用。

5. 初步形成亚临界水解技术的规范标准，推进产业发展。应结合本市特点，在上述工作基础上，重点研究建立亚临界水解技术的规范标准，通过制订和发布技术规范，引导企业采用先进的技术方法，提升特定行业整体回收利用的技术水平，以期在有机污染物处理方面取得先机，走在全国前列。

（三）科研项目

【概况】2011 年完成 40 项重大科研项目和年度计划项目的管理工作，19 个项目结题验收。其中，《地下工程邻近的基础保护技术与地下工程技术规范修编研究》等项目的研究成果达到了国际先进水平。

为适应“十二五”时期本市建设交通行业科技发展要求，加强科研前瞻性和预见性的规划和指导，2011 年开展了市建设交通“十二五”科研项目预见性研究。起草了《上海市建设交通行业开展“十二五”科研项目预见性研究工作方案（草案）》，确定了 9 大研究方向。通过对本市建设交通领域内的民生需求、管理需求开展调研和分析，结合《上海建设交通“十二五”科技发展规划》中的重点领域与主要任务，开展“十二五”期间建设交通科研项目指南的研究工作。

受市建设交通委委托，2011 年正式承担住建部科技项目的属地化管理工作，当年立项46项。通过项目启动会，向项目单位明确管理要求，按照住建部及市建设交通委相关管理办法开展项目管理。对部分项目开展专家咨询等服务，年底对项目的进展情况进行年终总结并报住建部。2011年底，经过征集，对新申报2012年住建部科研项目计划的28个项目逐一进行形式审查，并将合格者推荐至住建部立项。

此外，受建设交通委委托，开展了一系列科研项目的咨询服务，如《泡沫轻质混凝土科研项目》的立项论证、《上海高等级道路投资估算指标研究课题》开题论证、《上海地下交通设施信息平台项目》开题论证、《基于卫星影像的公路工程建设信息化管理系统开发及应用》中期评估等咨询服务工作。

随着"十一五"市建设交通委科研项目的陆续结题验收，结合科技委办公室成果推广工作，对"十一五"科研成果进行了总结梳理，并在此基础上，筛选出部分可推广应用的研究成果深入调研，探讨其可推广应用价值进行推广研究。

【地下工程邻近的基础保护技术与地下工程技术规范修编研究】 2011年5月6日，市建设交通委组织召开了"地下工程邻近的基础保护技术与地下工程技术规范修编研究"课题成果验收会，项目针对上海地区大规模地下工程建设迫切需要解决的基坑工程邻近基础保护技术问题，根据地下工程的不同特点出发，提出基坑工程邻近建筑基础的综合保护措施；同时结合上海市《地基基础设计规范》等规范修编或新编，对上海地区地下工程建设领域标准体系的现状进行了全面的调查和梳理，对地下工程通用标准编制进行了研究和探讨，对专用标准的编制方式、主要存在问题进行了研究，提出了上海市地

2011年完成结题验收项目一览表

序号	项目名称	牵头单位
重大科研项目		
1	地下工程邻近的基础保护技术与地下工程技术规范修编研究	上海现代建筑设计(集团)有限公司
2	水源水质预警技术与应急措施研究	上海城市水资源开发利用国家工程中心有限公司
3	闵浦二桥公轨两用双层独塔斜拉桥关键技术研究	上海市城市建设设计研究院
4	大直径土压平衡盾构浅覆层施工技术以及对周边建筑群保护技术研究	上海隧道工程股份有限公司
5	横沙东滩滩涂资源中长期开发利用研究	上海河口海岸学科研究中心 上海河口海岸工程设计有限公司
年度计划项目		
序号	项目名称	牵头单位
1	燃气系统地震紧急自动处置技术	同济大学
2	上海城市轨道交通能耗指标评估体系研究	上海申通轨道交通研究咨询有限公司
3	GPS实时车辆数据采集与预处理技术研究	上海飞田通信技术有限公司
4	交通卡二代芯片应用技术及客流数据综合应用研究	上海公共交通卡股份有限公司
5	上海市市郊铁路客运系统发展战略研究	中铁上海设计院集团有限公司
6	上海市浅层地下水调查及其对地下空间开发影响研究	上海市地质调查研究院
7	上海市政工程施工现场能耗指标编制研究	上海市建设工程安全质量监督总站

下工程技术标准框架体系。成果验收会专家一致认为该项目的研究成果达到国际先进水平。

【闵浦二桥公轨两用双层独塔斜拉桥关键技术研究】 主要研究内容：项目依托闵浦二桥新建工程开展针对公轨一体化双层桥梁的关键技术研究。闵浦二桥是一座公轨两用一体化双层特大桥，全长4.8km，上层为二级公路，双向4车道，下层为双线轻轨（上海轨道交通5号线闵奉段）。主桥为独塔双索面双层钢桁架斜拉桥，主跨251.4m，是目前国内跨度最大的公轨两用双层斜拉桥，也是世界同类型双层桥梁中跨度最大的。工程有着“公轨一体、大跨径、双层钢桁架、全焊整体节点、”等结构特点，项目从：公轨两用双层斜拉桥车桥耦合振动性能研究、钢板桁组合梁整体焊接节点的关键技术研究和基桩承载能力关键技术研究3个子项目，有针对性的进行一系列关键技术的研究，取得成果：1.确定竖向刚度设计标准：搜集了国内外已建成公铁两用大跨度桥梁的刚度限值的设计参数，分析了各国规范制订刚度参数主要依据和之间的差异。资料分析表明，与大铁路、和高速铁路对桥梁刚度要求的要求相比，城市轨道交通荷载小，过桥速度低，对桥梁刚度要求可以有较大放松。大跨度斜拉桥的刚度要求与中小跨度简支梁的刚度要求相比亦可有一定放松。至于能够放松到何种程度，还需根据实际轨道交通运营车辆条件及风环境条件决定。2.首次进行三维仿真应用：应用车桥耦合振动理论对无风情况下闵浦二桥大桥车桥动力响应进行了三维仿真模拟，考虑了列车与汽车荷载的多种不利组合情况，将仿真计算结果和目前车桥动力特性检验标准进行对比，结果表明该大桥竖向和横向刚度能满足城市轨道交通车辆行车安全性与舒适性要求。3.闵浦二桥实际设计刚度满足要求：无风情况下主桥车桥动力计算表明：闵浦二桥主桥总体竖向刚度不但满足车桥动力性能要求，而且桥梁总体动力效应较小。此外，轻轨车辆作用下主桥最大横向位移仅为10.6mm左右，横向动挠跨比为1/23717，桥梁横向刚度已完全满足要求。4.确定合理梁端折角控制：基于列车走行性分析可知，对于大跨度公轨两用斜拉桥，其合理竖向刚度由梁端折角控制，建议主桥与引桥共同引起的梁端折角限值可取为4.5‰，而对其挠跨比可不做限制；桥梁横向刚度也主要以考虑主桥与引桥共同引起的梁端水平折角控制，其限值可取为1.0‰，在强风和列车共同作用下，桥梁横向振幅不得超过10/f（mm）（f为主梁强迫振动频率）。5.确定主桥各构件的动力系数：采用等效杆系模型对桥梁的整体动力系数进行分析，结果表明对主桁架、拉索和墩、塔，均可采用1.05的动力系数；采用板壳模型对轨道桥面局部动力系数进行分析表明，轨道桥面板构件（钢板、纵横梁、混凝土道床板）可采用1.25的动力系数。6.确定车辆运营临界风速：根据已有的桥上车辆风洞试验和桥梁风洞实验以及相关规范规定，确定了合理的车、桥、风相互作用时气动参数，对强风下车辆运营安全性的评定标准进行探讨，并与车桥风相互动力相互作用的计算结果进行对比分析。研究表明，车辆运营临界风速主要由安全性控制，定员和满员车辆安全运行临界风速为30m/s以上，对于完全空载的车辆，设计车速情况下，临界风速为25m/s左右，慢速通过时，可提高到约30m/s。7.闵浦桥桥门架设置研究：对于闵浦二桥这样形式的桥梁，由于上、下层桥面均为钢正交异性板与纵横梁组合的形式，这样的桥面形式对主桁架的整体刚度有相当大的贡献，增设桥门架与中横联对结构的静力、动力特性均没有明显的改善作用，车桥耦合振动性能也不会受到不利影响，因此不设置桥门架与中横联是经济合理的。

【大直径土压平衡盾构浅覆层施工技术以及对周边建筑群保护技术研究】主要研究内容：1. 外滩通道设计关键技术研究。包括地层位移对建构筑物的影响、规划地铁 12 号线预留结构等关键技术。2. 外滩通道施工关键技术研究。包括大直径土压平衡盾构在不同地层及工况下的稳定性、地面沉降控制技术、施工抗浮技术研究、沿线重要建 / 构筑物施工保护及变形控制等关键技术。3. 外滩通道盾构段结构健康监测技术研究。包括外滩通道工程数字平台系统的框架组成、隧道工程施工期光纤监测方法、健康评价体系的软硬件开发等研究。

课题针对超大直径土压平衡盾构隧道工程前沿技术，重点开展大直径土压平衡盾构推进施工变形控制设计标准、施工工艺、沿线重要构建筑物保护、无线实时监测等诸多技术难题的攻关，取得了创新成果。

【外滩通道设计关键技术】 1. 首次提出“大型土压平衡盾构推进变形控制设计标准”，并成功应用于外滩通道工程的大型土压平衡盾构的设计中。2. 对首次大盾构近距离上穿地铁区间隧道进行了三维模拟，为盾构施工提供了技术支撑，使盾构施工有的放矢。与传统的下穿地铁区间隧道不同，开创了以隆起变形分析为主的大直径隧道近距离上穿地铁区间隧道的先河。3. 创新地设计了超短地下墙结合工法桩的基坑围护方案，极大丰富了地下工程为后建地铁区间预留条件的方法，既保证了后建地铁盾构的顺利下穿，又确保了基坑开挖时的稳定和对周边环境的安全，减少了工程风险与造价。

【外滩通道施工关键技术】 1. 首创国内超大直径土压平衡盾构施工技术，形成了一套完整的软土地区超大直径土压盾构施工工法，填补了我国大型土压平衡盾构施工技术的空白，开创了中国软土地区直径 14 米以上超大直径土压平衡盾构隧道施工的新纪元，具有超大直径土压平衡盾构施工里程碑意义；2. 首创城市密集区狭小空间内满足超大直径盾构施工巨大出土量的立体出土系统，创新了超大直径土压平衡盾构施工土体改良技术；3. 首创一套根据被保护建筑物与隧道相对位置关系及建筑物现状分区域采用不同保护措施的分类保护技术，解决了超大直径土压平衡盾构在城市密集区域内施工对周边重要建（构）筑物的影响保护问题；4. 首创超大直径土压平衡盾构隧道浅覆土近距离上穿无保护条件下运营中地铁综合施工保护技术；5）首创一套水中原位清障灌注桩成桩技术，解决了超大直径盾构穿越具有珍贵价值的桥梁（外白渡桥）施工保护技术的技术难题。

【外滩通道盾构段隧道光纤光栅监测技术】 1. 在综合考虑工程地质条件、结构特点、功能要求等因素的基础上，成功将光纤光栅无损地、合理地埋入现浇的混凝土盾构管片内或者安装在已有建筑物表面，实现基于光纤光栅的大直径土压平衡盾构穿越工程远程实时监测。2. 通过在人行地道、盾构管片内关键断面布置 FBG 传感器，分别对隧道结构应变、盾构隧道环缝张开量、穿越过程中人行地道沉降、地道结构接缝张开量等物理量进行监测，并根据地下结构本身及周围建（构）筑物的实时监测结果指导施工，实现真正意义上的信息化施工。3. 通过在外滩通道北段基坑支撑关键截面布置 FBG 传感器，对基坑支撑轴力进行实时监测和分析，实现基坑监测自动化；4. 开发了“外滩通道隧道施工安全预警软件”，将地质数据库与监测数据库集成，不仅能实现工程地质数据的输入、存储和修改，指定勘察点之间的工程地质剖面自动生成，岩土工程试验和原位测试成果随空间的变化曲线生成，还能够显示光纤光栅监测测点的分布，实现监测数据的存储和动态显示。

整套技术已应用于上海外滩通道工程，外滩是上海最具标志性的地区，也是中国历史最为悠久的金融贸易区，又是上海最具亮点的历史文化风貌保护区，汇聚了中心城最优秀的近代建筑群。同时外滩也是上海三纵三横骨架路网的组成部分，是重要的城市南北向交通走廊。工程采用Φ14.27m大直径土压平衡盾构机施工，是国内直径最大的土压平衡盾构隧道。加上大直径土压平衡盾构隧道工程在国内应用尚属首次，相关技术在国内还是空白，国外的类似工程的实际经验也较少，本课题的研究成果填补了这一空白，在上海外滩通道工程中发挥了巨大的作用。

【横沙东滩滩涂资源中长期开发利用研究】 主要研究内容：收集实测水文资料，分析横沙东滩水域水流、泥沙的运动特性和规律；长江口河床演变趋势、横沙东滩自然淤涨规律及近期演变特点；“十五”以来横沙东滩人工促淤圈围效果及实践经验总结；研究有效利用长江口航道疏浚土加快横沙东滩促淤成陆的技术措施和方法；研究横沙东滩生态环境保护、防治生物入侵（互花米草等）及滩地保护的有效措施；

结合航道整治，通过数学模型试验，研究横沙东滩滩涂资源中长期开发利用方案可行性和分阶段实施步骤；探讨横沙东滩滩涂资源中长期开发利用与长江口综合整治规划、深水航道建设、生态环境保护、湿地资源保护的关系。

该课题在上海市滩涂资源开发利用与保护现状及“十二五”规划的基础上，结合上海市城市建设发展对土地的需求和长江口航道的治理开发，采用现场观测、河床演变分析和数学模型等多种研究手段，论证了横沙东滩中长期开发的可行性及技术方案。主要认识有：

1. 随着人类活动的加强，长江口“三级分汊、四口入海”的总体河势格局将更加趋于稳定。近期，河口拦门沙水域的主要沙体总体仍呈向外淤涨态势。但受流域来沙减少的后续影响，未来口门浅滩淤涨外移的速度将会有所减缓。

2. 横沙东滩上世纪50年代形成独立沙体以后，总体呈淤积外推的趋势。但受较强的漫滩水流和长江口NE方向的强风浪作用，横沙东滩滩面淤高的态势不明显。近期，在一系列促淤圈围工程作用下，横沙东滩N23潜堤以西的区域将分期逐渐成陆。N23潜堤以东的横沙浅滩近期仍呈淤积态势。随着规划中的北港航道治理工程的实施，该区域的淤积态势将更加明显。

3. 横沙东滩已建的促淤圈围工程实践表明，依托长江口深水航道治理工程北导堤边界布置促淤圈围工程总体上是合适的，但要进一步削弱促淤圈围区的漫滩水流，减轻龙口和沿堤水流对局部河床的冲刷作用。另外，长江口深水航道疏浚土是十分宝贵的泥沙资源，疏浚土利用可加速横沙东滩促淤成陆的步伐。

4. 横沙东滩滩涂资源开发利用的潜力巨大。随着上海“四个中心”建设的深入推进，未来城市建设对土地的需求依然强烈。遵循长江口演变的基本规律，坚持滩涂开发与保护并重，滩涂开发与长江口航道开发紧密结合等原则，本研究提出了横沙东滩滩涂资源中长期开发利用的总体方案和分阶段实施步骤。总体方案的实施可增加192km2（28.8万亩）的土地。

5. 横沙东滩滩涂资源的中长期开发利用整体上与《长江口综合整治开发规划》相适应。坚持适度开发、动态保护的理念，总体方案的实施对河口生态环境的影响有限。

6. 横沙东滩滩涂资源中长期开发利用不仅可充分利用航道疏浚土，节约工程投资，而且可增加大量的土地资源和岸线资源，预期的经济、社会效益显著。

7. 横沙东滩中长期开发利用过程中，

可采用控制源头、加强监测、综合防治等措施，防止互花米草入侵对本地生态环境造成影响。

（四）获奖成果

【**概况**】全年共有 14 个项目获得 2011 年度上海市科技进步奖，其中一等奖 1 项，二等奖 5 项，三等奖 8 项。

【**上海世博智能交通系统关键技术及应用**】该项目针对世博交通保障的巨大挑战，攻克了如下关键技术：1. 多维度分析研判决策支持技术：开发了世博在途客流实时分析预测系统；研发了状态空间智能预测模型；提出基于世博票务售检规律的自学习推理算法。2. 多种交通信息采集处理技术：首创面向高速公路的手机信令实时采集处理技术；针对城市道路特征复杂的特点，创造性地攻克城市道路 SCATS/GPS 交通信息融合技术；研发了基于仿真技术的世博会关键通道与热点地区交通管控措施评估决策技术。3. 多源异构

2011年度上海市科技进步奖获奖项目一览表

奖项等级	项目名称	完成单位
科技进步一等奖	上海世博智能交通系统关键技术及应用	上海市交通信息中心 上海电科智能系统股份有限公司 上海市公安局交通警察总队 上海市交通运输与港口管理局 上海市市政工程管理处 上海市公安局浦东分局交通警察支队 同济大学
	城市轨道交通网络化运营决策支持关键技术及应用	上海申通地铁集团有限公司 同济大学
科技进步二等奖	城市轨道交通网络化运营决策支持关键技术及应用	上海申通地铁集团有限公司 同济大学
	城市轨道交通车辆出入段/场扩能应对策略及关键技术	上海申通地铁集团有限公司 铁道第三勘察设计院集团有限公司上海分院 中国铁道科学研究院通信信号研究所
	上海世博会园区道路安全、生态环保综合技术研究与应用	上海市政工程设计研究总院（集团）有限公司 上海世博土地控股有限公司 同济大学
	世博园区直接饮用水与排水安全保障集成技术	上海城市水资源开发利用国家工程中心有限公司 上海浦东威力雅自来水有限公司 上海市城市排水有限公司 上海市自来水市南有限公司 同济大学 苏州立升净水科技有限公司 上海城投污水处理有限公司
	内循环分段高级氧化法处理含芳香族化合物工业有机废水的研究与示范工程	上海交通大学 上海市政工程设计研究总院（集团）有限公司 上海美境环保工程有限公司

续表

奖项等级	项目名称	完成单位
科技进步三等奖	虹桥综合交通枢纽信息化系统建设关键技术	上海申虹投资发展有限公司 上海市交通信息中心 同济大学 上海市城市建设设计研究院 上海市建设工程管理有限公司
	盾构穿越地下障碍物特殊技术	上海申通地铁集团有限公司 上海盾构设计试验研究中心有限公司 上海防灾救灾研究所 同济大学 上海市城市建设设计研究院
	运营地铁隧道长期沉降预测及控制关键技术	上海申通地铁集团有限公司 同济大学 上海市地质调查研究院
	公路隧道管片衬砌结构耐久性设计与试验	上海市隧道工程轨道交通设计研究院 同济大学 上海长江隧桥建设发展有限公司
	长江口深水航道治理工程水生生态修复关键技术及示范	交通运输部长江口航道管理局 中国水产科学研究院东海水产研究所 上海市环境监测中心 上海绿意生物科技有限公司
	长江口水源地污染物通量与水源保护区划分关键技术研究及应用	上海城投原水有限公司 上海市环境科学研究院 上海青草沙投资建设发展有限公司 上海勘测设计研究院 上海城市水资源开发利用国家工程中心有限公司
	超大型国际会展环境卫生关键技术集成于世博园区示范	上海环境实业有限公司 上海市环境工程设计科学研究院有限公司 上海美申环境设施设备有限公司 上海海事大学
	建筑施工中的节能减排关键技术	上海建工集团股份有限公司 上海市第四建筑有限公司 上海市第一建筑有限公司 上海市第二建筑有限公司 上海市第五建筑有限公司

海量数据集成技术：研发了多源异构原始数据规范化预处理系统；应用 ETL 技术，实现对海量数据的高效管理；研发针对多部门实施协同联动交通管理的共享交换技术。4. 多种模式交通信息发布技术：攻克面向多模式发布的交通信息应用服务平台构建技术；攻克地图压缩、数据动态加载等数据通讯最小化核心技术，研发了基于 GPRS、CMMB、

DAB、FM 等多种通讯方式的嵌入式 GIS 的交通信息移动终端发布技术。

2010 年世博会期间，该项目为上海市政府及世博安保等 8 个部门提供全市综合交通及客流信息，为 7308 万人次游客提供交通实时信息，支撑了全市交通系统 184 天正常运行，经受了 24 次日超 50 万人次大客流的考验。该项目关键技术及产品以推广到是多个大中城市应用，取得了显著的社会和经济效益。

（黄兴英）

十八、区县建设

编者按：本栏目选录各区城市建设和管理部门的年度总结报告，有所删节。

（一）黄浦区

黄浦区建设和交通委员会

2011年，原黄浦区建交委认真贯彻落实胡锦涛同志在庆祝中国共产党成立90周年大会上的重要讲话、一届区委一次全会及党代会、人代会精神，紧紧围绕全年工作目标，确立目标管理责任体系，积极稳妥推进旧区改造动拆迁和商务楼宇建设，深入整顿和规范建筑市场，平稳推进两区“撤二建一”，基本完成了全年目标任务。

一、旧区改造动拆迁积极有序推进

2011年区旧区改造动拆迁总体推进平稳有序。全年拆除各类旧房15.2万平方米，累计动迁居民3998户，超额完成3000户的年度计划。

（一）学习新政，积极研究应对措施推进旧改工作平稳过渡

国务院《征补条例》正式公布后，我委会同区动迁办认真开展专题学习，分析《征补条例》实施对全区旧区改造带来的影响，研究应对措施，逐渐探索出一条新老结合、平稳过渡、有序推进我区旧区改造工作的新途径。在广泛听取意见的基础上，拟定了我区《关于<国有土地上房屋征收与补偿条例>施行前已取得拆迁许可证项目所涉申请人民法院强制执行工作的操作口径（草案）》并予实施。

（二）实施新政，完善阳光动迁机制推行“两轮征询”初见成效

董家渡13B、15B地块作为实施旧改新政的重点项目，采取了两轮征询和数砖块的补偿安置政策，在动拆迁过程中坚持阳光动迁，坚持公开、公正、公平，积极探索新的模式。一是引进电子信息，建立网络平台，实现信息全公开。二是加强考核管理，严格操作程序，实现结果全锁定。三是坚持民主协商，注重群众参与，实现流程全监督。这些做法较好地促进了基地动迁的实施。

（三）贯彻新政，建立健全管理制度确保操作有章可循。

为加强对动迁资金和动迁房源的制度化、科技化管理，制定了《关于加强黄浦区房屋动拆迁地块管理的实施意见》，对加强各类动拆迁基地的管理范围、管理任务、职责分工、资金保障和责任追究等方面提出具体实施意见，为动拆迁基地的安全提供了机制上的保证。二是在充分调研、分析的基础上，针对区域动拆迁基地现状，先后引入拆迁管理和房源管理两个信息系统，为动迁全程阳光、公开透明和科学决策提供有力的技术保障。三是为积极探索零星旧里地块轮候征询动迁工作，通过调研，制定了《黄浦区“十二五”期间零星旧里地块实施轮候征询制改造的试行办法》。

二、整顿规范建筑市场工作有序展开

深刻吸取上海胶州路“11、15”特别重大火灾事故教训，我区全面整顿建筑市场秩序，切实加强建设工程安全质量管理。一是加强领导，健全机构。组织成立我区整治和规范建筑市场领导小组及办公室，积极开展建筑市场检查和整治工作。二是制定方案，明确任务。充分结合本区建筑市场实际，制定《进一步整治规范本区建筑市场的实施方案》并抓好工作落实。三是全面开展市场经营行为和建设工程安全质量自查和检查工作。区整治办等责任部门，于2011年3月底广泛动员相关企业、单位开展自查，切实提高思想认识，精心组织开展培训，确保自查工作有序开展。自查阶段中，我区共有80余家企业和单位参与自查，共排摸工程项目169个，其中受监项目48个，30万元以上未受监项目13个，30万元以下未受监项目75个，拆房基地33个。同时，组织成立检查组，对全区35个土建工地，1个绿化工程，7个停工工地，13个30万元以上“六无工程”和5个新开工项目进行安全质量大检查。检查组共计出动840人次，签发整改指令单70份，暂缓施工指令单6份，全面停工指令单9份，查处安全质量隐患1500余条，切实做到“全覆盖、底数清、项目清、问题清”。针对查找发现的问题，认真剖析原因，提出切实可行的整改措施，及时督促整改，并通过了市整治办检查组抽查。四是深入整改，消除隐患。针对自查和检查中发现的问题进行深入分析，积极督促相关企业逐一落实整改，全面消除各类隐患，确保在建工程质量安全受控。

三、重点项目建设管理取得新进展

按照“开工一批，竣工一批，推进一批”

的要求，加强统筹协调，做好面上项目协调推进。在开工项目中，204 地块、163 地块、申都大厦、埃力生大厦改建项目、延福大厦改建项目等 6 个项目正式开工建设。8–1 地块、109 地块等项目也正在抓紧办理开工前期手续。在竣工项目中，鸿翔大厦和雅居乐广场已竣工，竣工面积共计 13.63 万平方米。在推进项目中，益丰大楼、陆家浜路 1100 号等项目抓紧建设。此外，南外滩滨水区综合开发工作也取得实质性进展，南外滩滨水区开发指挥部正式挂牌运行，开发实施方案设计也已完成并通过专家评审会评审。同时继续做好历史遗留问题及停缓建项目梳理工作，复兴东路拓宽历史遗留问题在签定补偿协议的基础上，2011 年临房清理、补偿款支付、法院案件配合等相关工作均取得了较大进展。其中临房接收工作在与公司多次协调沟通的基础上已完成签约，绝大部分临房已移交。蔑竹弄宗教产遗留问题完成签约，资金也已落实到位。

四、民生保障工作按年度计划有序推进

一是按照年度计划推进市政交通设施及区政府实事项目等计划安排和工作落实。长沙路（新闸路－北京西路）道路及下水道改建项目、紫霞路道路改建工程及区消防栓改造工程竣工。二是积极做好防汛防台工作，实现安全、平稳度汛。汛期来临前积极落实紧急预案，大力排查防汛隐患，精心组织队伍参加防汛应急保障演习，汛期来临后加强值班，积极应对，确保我区范围内排水安全迅速、生产有序开展。三是按照市水普办统一部署，按照进度要求积极推进水利普查工作。

五、积极推进社会稳定和矛盾化解工作

一是做好信访接待处理工作。特别是在全国“两会”、建党 90 周年、世游赛及国庆等重要时间节点期间，对我委重点对象抓好稳控，有效缓解非正常上访现象。二是积极化解群体性矛盾。老西门公馆建设引发南鼎建国大厦居民矛盾及城投地块项目施工引发露香园路居民矛盾，牵头会同有关部门深入研究、积极沟通，化解工作均取得较大进展，有效确保事态受控。同时继续推进中山南一路 101 弄轨道交通 4 号线建设和运营涉民矛盾居民签约工作。

六、企业改制工作取得明显进展

加强对委属企业脱钩改制工作的指导和服务，严格按照政策和规定，规范操作，积极妥善解决改制中出现的矛盾和历史遗留问题。截至年末，八方公司、成安公司脱钩工作已完成。雅乐公司改制工作基本完成，后续工作预计 2012 年一季度完成。

黄浦区绿化和市容管理局

2011 年是“十二五”规划的开局之年，是原黄浦、卢湾“撤二建一”的特殊之年，我局紧紧围绕区委、区政府提出的建设现代化精品城区的总体目标，凝心聚力抓推进，聚焦重点抓突破，做到工作不断不乱，圆满完成了区域市容环境保障任务，在全市市容环境卫生市民满意度测评及专业考评中均名列前茅。原卢湾区在上半年度全市市政市容管理考评中名列第一，外滩风景区在全市市容环境卫生公众满意度测评中名列第一。

一、圆满完成城区市容环境卫生保障工作

坚持世博保洁作业标准。根据市局环卫作业养护定额标准，做好环卫作业养护定额测算。延续世博期间人扫、机扫密切配合的道路综合保洁法，在重要道路、重点区域实行 24 时循环保洁。针对重要节日、重大活动等人流量激增问题，适时调整人力物力，加强区域保洁。落实市政府实事项目，在全区 142 条道路上全面实施道路洁净工程，推行“夜间作业，白天养护”作业模式，加大机械化保洁力度，道路机扫率提高到 84%，道路冲洗率提高到 83%，确保了区域道路环境始终保持整洁有序。

着力打造低碳绿化景观。加快推进绿化建设，全年新增公共绿地10159.3平方米。注重营造优美环境氛围，节日期间共布置组合容器3400余组，在外滩、人民广场、淮海路商业街等重点区域设置绿化景点31处，花坛花境35588平方米，装扮2座秀美花桥，用花总量达186万余盆，营造了花团锦簇、优美宜人的绿化景观；配合世博纪念展的开幕，完成世博园区移交我区的9109平方米绿地、468株行道树的改造整修工作，改建世博景点2个。

精心打造亮丽灯光景观。围绕纪念建党90周年、建国62周年主题，在党的"一大"会址周边、淮茂绿地、淮海路人行天桥等人流密集处设置灯光作品；在淮茂绿地、江南造船大厦绿地和淮海路人行天桥设置以"迎国庆"为主题的节庆景观灯饰；积极协调设置单位，分别在华狮广场、淮海中路沿线等48个电子显示屏上滚动播放国庆宣传短片；根据市政府要求，全面开放区域内节庆彩灯、内光外透等楼宇灯光，营造了浓厚节日氛围。

大力推进市容美化工程。根据区委、区政府要求，结合迎"七一"、"十一"节庆，完成文化广场周边建筑修缮美化、迁移树木及环卫公厕投放等工作。积极做好世博纪念展览馆周边市容环境保障工作，完成江滨路、龙华东路等13处（共1500多米）工地围墙美化及公益广告的设置，进一步美化了区域市容环境。

深入挖掘公园文化内涵。丰富公园文化内涵，将公园文化融入标牌标识设计和改造，在黄浦公园统一标牌标识工作基础上，积极借鉴其他公园经验，在南园滨江绿地统一设置标牌标识系统。充分发挥公园志愿者队伍作用，开展便民服务日活动，为市民和游客提供健康咨询、露天电影放映等服务。积极参与各类花展，"花开富贵"景点获得植物园春季花展园艺金奖，并代表上海市参加香港花展，荣获设计金奖。

全面提升非机动车停放管理服务水平。加大绩效考核管理，阶段考核与日常考核相结合，促进管理水平提升。在滨江区域及世博纪念展览馆周边新设15个停放点，新增划线管理长度520米，管理站点达到195个，全区非机动车停放划线长度达26000米，管理更加规范有序。

开展道路污染源专项治理。针对菜场周边、建筑工地、小餐饮店集中的路段开展污染点排查，共排摸出110个循环整治污染点，采取加强固守、定期与不定期加药水冲洗相结合的办法，道路污染点环境明显改观。

二、稳步提升绿化市容管理水平

健全绿化管理机制。制订绿化质量评估办法，启动植物病虫害预警监测机制和机械化试点工作。组织植树节绿化宣传活动，向市民和游客发放家庭养花等绿化资料10000余份，广泛进行全民义务植树宣传，营造了全民重视和参与"绿化环境，美化家园"的良好社会氛围。积极开展古树名木、绿地树木的社会认养认建活动，共有233家单位、528人参与认养树木活动。结合"零距离服务"，制定"绿化服务进社区，盆花进家庭"方案，共发放花卉2200余盆。

深入推进网格管理工作。推广"五定四清三落实"责任区管理工作模式，不断夯实管理基础，推动管理重心下移，推进精细化管理。以网格管理达标为抓手，加大推进市容环境综合管理示范街道创建工作。在瑞金、五里街道成功创建示范街道的基础上，与其他街道条块联动，合力推进示范街道创建工作。

加强市容环境质量监督考核工作。质监中心共出动8962人次，采集样本48436个，发现市容环境卫生质量问题1208个，开展专项抽查34次，发出整改告知书325份，反馈率100%，复查整改率达到95%以上，确保全区市容环境整洁、有序。

建立运用信息化管理系统。结合智慧城

区创建，积极推进绿化市容管理的信息化、智能化。一期信息化系统建成并投入运行，该系统涵盖市容环境卫生责任区管理、垃圾收费管理、环卫作业考核、一门式受理、应急指挥管理五个领域，确保管理效能进一步提升。在日常监督管理中充分发挥对讲机指挥效应，在环卫作业车辆上安装GPS定位系统，完善信息化监督考核系统，进一步提升对问题发现、处置的及时性与有效性。

切实抓好安全管理。启动“清剿火患”战役，定期开展安全生产检查与培训，不断完善安全生产管理制度及应急预案。在全系统开展消防及安全预案演练，不断提高安全防范能力。认真落实8号台风“梅花”的防范措施，消除安全隐患，确保无责任性事故发生。实施清扫车、冲水车、电瓶车等作业车辆统一上牌登记及投保。开展电瓶车驾驶员上岗证、操作证培训与考核，为行车安全提供保障。

加强固定资产管理。加强对全局生产性和非生产性固定资产监管力度，实行全覆盖式盘点，确保固定资产帐卡物相符。加强对环卫设施设备检查考核，开展车辆车况质量和售后服务分析评估会，推进一线生产车的定型和长效管理。路统公司、建南公司今年共运输渣土125万立方米，实现产值12805万元。

三、全面落实垃圾分类减量工作

按照市政府提出的“百万家庭低碳行，垃圾分类要先行”的要求，与区妇联、房管局、半淞园街道、五里街道等部门密切配合，积极推进垃圾“大分流，小分类”工作，确保全年垃圾垃圾减量目标实现。

垃圾“大分流”体系初步形成。完善餐厨垃圾、装修垃圾、大件垃圾专项收运系统，实施专项管理、收运与处置，努力推进五方面分流工作：一是推进枯枝落叶垃圾分流。配置专门车辆，对枯枝落叶实行专项收集、运输，已收运处置枯枝落叶1436吨。二是推进有毒有害垃圾分流。将每月15日作为废旧电池、灯管、玻璃的专项回收日，配备专用车辆、人员进行收运，形成了“专项投放，统一回收，集中处置”的工作机制，共收运废旧电池7.5吨，废旧灯管2957根。三是推进餐厨垃圾分流。加强餐厨垃圾收运管理，完善台帐制度，严格控制各类餐厨垃圾流向，共收运餐厨垃圾21743吨，废弃食用油脂969吨。四是推进装修垃圾分流。继续巩固瑞金街道、豫园、老西门等街道装修垃圾市场化运作体制，完善装修垃圾的申报制度，建立健全物业发现、申报、运输公司响应、收运的快速反应机制，今年以来共专项收运装修垃圾48062吨。五是推进垃圾渗沥液分流。严格执行生活垃圾渗沥液的定点排放集中处置，共收集处置渗沥液5153余吨。不断提高科技化应用水平，对垃圾压缩站进行技术改造，提高垃圾分类处置水平。大分流体系已分流各类垃圾80371吨，确保了分类减量实效。进一步规范垃圾收费管理，加强收费队伍建设，强化社会宣传，完善工作机制，做到文明收费、规范收费，超额完成全年收费计划量。

垃圾分类试点工作有序推进。加强工作调研，在半淞园、五里两个试点街道发放调查问卷、召开居民座谈会、听证会，广泛听取意见建议，主动与区妇联、区文明办、街道等部门沟通协商，初步形成《关于开展垃圾分类减量试点工作的实施方案》。分批开展垃圾分类试点，通过完善垃圾箱房、压缩站等硬件设施改造，向居民发放垃圾桶和垃圾袋，开展垃圾分类培训，积极营造宣传氛围，并配备厨余果皮湿圾专用收集车，实施专项收运。已有150个小区开展了垃圾分类试点，完成垃圾分类试点计划量，共专项清运厨余果皮（湿垃圾）1163吨。

渣土源头治理进一步加强。强化源头治理，严格专营管理制度，规范申报受理工作，加大对渣土运输车辆安全运行的监管力度，全年共受理建筑渣土外运处置行政审批申报921次，共计262万吨，确保了渣土运输、处置规范有序。

四、坚持不懈做好服务民生工作

完成两会提案、意见办理工作。加强组织领导，落实办理责任，采取两次答复方式，按时圆满办复“两会”书面意见和提案21件（人大代表书面意见6件、政协委员提案15件），其中答复解决采纳和正在解决或逐步解决的占全部主办件的95%。

深入推进为民实事工程。制定实事项目推进实施方案，督办项目落地。完成80个垃圾箱房除臭装置的安装，超额完成计划量。完成7座公厕的改建改造工作，在五里、淮海、打浦、瑞金四个街道全面实施垃圾箱房专业化保洁管理工作。认真解决群众关心的日常生活问题，完成19个旧居住区、9600平方米的绿化调整。开展文明公厕和星级公厕创建活动，目前已有73座公厕达到文明公厕创建标准。

推行“一门式”行政审批服务。根据市、区关于行政审批受理工作的相关要求，推行行政审批“一门式”受理服务，统一受理全局系统35项行政许可项目，实行前台“一口受理”、后台“分类审核，归口审批”的运行机制，统一登记备案，统一印章，统一发放许可证，共受理各项行政许可项目1530件。

积极做好信访投诉处理工作。共受理信访件118件，接待来访71人次，各类信访处理率达95%以上。共受理城管通案卷5609件，受理市、区投诉508件，处理率100%，满意率98%。“1+6”系列热线受理居民投诉、求助电话264件，处理率达100%。圆满完成2011年“夏令热线”投诉受理工作，共受理市局移送投诉件12件，及时率、处理率、满意率均为100%。原黄浦绿化市容系统实现了2011年“夏令热线”零投诉。

五、扎实推进队伍建设

加快推进部门融合。一是加强学习，统一思想。在联合党委的统筹协调下，认真组织学习十七届六中全会、区第一次党代会及领导讲话精神，及时通报局推进融合工作进展及推进工作计划，努力做到公开透明，达到思想统一、步调统一，平稳有序推进融合，各方面工作不断不乱。二是加强交流，谋划工作。深入开展“1+6”专题研讨活动，分层次开展联合党委班子及原两局机关、市容管理、绿化管理、道路保洁、垃圾清运、质量监督等专题对接交流活动，着力谋划明年工作，初步明确了明年的工作目标及重点。

强化廉政建设。加强反腐倡廉教育，深入开展“重温誓言找差距，防微杜渐查漏洞，制度科技筑防线”专题教育活动，以查班子自律、财务管理、公共利益、管理机制、职工信念的“五查”为切入点，查找工作上的薄弱环节和管理上的失漏，举一反三，切实增强干部职工的政治思想意识和廉洁自律意识。

深化队伍和谐稳定。落实市、区各项政策，加强对职工队伍的关爱，切实维护职工的切身利益。为5200余名职工进行健康体检（包括2300余名外来务工人员），实现环卫职工健康体检全覆盖。领导班子带头坚持夏送清凉、冬送温暖工作，带头做好在职及退休劳模的慰问工作，带头做好退休、待退休职工的关心慰问工作，带头参与帮困结对工作，确保了队伍和谐稳定。

（二）静安区

静安区建设和交通委员会

2011年是“十二五”规划的开局年，也是建交系统整顿规范建筑市场、全面加强城区公共安全监管的整治年。在区委、区政府的坚强领导下，区建交委坚持“冷静、坚毅、务实、奋进”的工作基调和“建管并举、重在管理、以人为本、安全为先”的工作方针，紧紧抓住“平安规范、夯实基础、奋发有为”这一主线，举一反三、亡羊补牢、防微杜渐，狠抓深化改革、完善制度，推动系统各项重点工作平稳规范有序推进，为静安区城市建设和管理“十二五”规划开局奠定了良好基础。

（一）全面整治建筑市场，加强建设工程质量安全管理

组建区整治办，组织相关部门开展联合检查、联合执法、联合整治。开展多层次多类型多形式的宣传教育，提高依法依规和安全质量意识，努力营造全社会重视、监管部门推动、参建企业贯彻落实的良好氛围。建立和完善监管制度，推进行政监管全覆盖，推动各相关部门根据“市 22 条意见”，研究制定“区 27 条实施办法”和监理报告实施细则、分包备案实施细则、建设工程社会监督实施细则等多项监管制度，进一步明确部门职责，完善监管流程，细化管理要求。探索建立举报受理电话、专家库、巡查队伍、工地联络员网络的“四个一”社会监督体系，细化发现处置机制，初步形成社会监督、基层发现、联合整治的工作格局，为加强各类建设工程全覆盖监管提供有力支持。推动落实建筑市场自查、调查，覆盖各类在建工程 525 个，梳理出 10 大方面 32 类问题，做到了底数清、项目清、问题清，全面掌握我区建筑市场总体状况。针对存在问题，连续组织了多次专项抽查、督查回头看，检查整改落实情况，强化建设程序和招投标监管，严厉打击无证施工、应招未招、先开工后招标等违规行为。落实企业责任，督促各参建企业切实整改问题，落实分包合同备案和监理月报。进一步严格资质核查，清理了一批不达标企业，为企业资质长效管理打下了良好基础。加强现场管理，狠抓安全质量标准化考核，排除各类质量安全隐患。经过全年整治，我区建筑市场初步呈现政府监管、行业自律、企业负责、社会监督的发展格局。

（二）深入开展体制改革

落实区委、区政府要求，全面推进政务公开，平稳实施了委属部门 12 家企业划转国资委管理工作。集中精力抓行业管理，全力推进本区建设工程领域行政审批制度改革，认真开展建设工程设计文件审查和竣工验收备案改革工作，将初步设计审批和施工图审查合并，由原多头征询、串联审批变为一口受理、并联审批。积极牵头协调相关部门、细化操作规程，落实收件窗口，并对上海三菱电梯服务技术研发中心项目进行了试点。深入开展社会稳定风险评估和评价工作，制定操作规程，不断完善制度，热情服务建设单位和评价机构。先后对大中里综合发展项目、汉森手帕厂改造项目（公租房）、越商大厦、三菱电梯厂改造、区法院扩建、华谊综合楼、静安花园等项目开展了建设工程社会稳定风险评估。配合起草，推动出台了《静安区政府财力投资项目代建管理办法》，为推进政府投资项目管理的专业化和规范化打下了基础。

（三）有效推进民生工程

全面拉开 103 号街坊旧改动迁工作，顺利通过两轮征询，签约率超过 70%。严格落实 118-3 街坊、86 号地块、95C 地块等项目的旧改新机制，签约率均超过 75%。平稳推进 78 号地块、54 街坊 A 块等旧改结转项目以及胶州路 838 号、北京西路 777 号、西康路 588 号等零星地块改造项目，各结转地块和零改地块的居民签约率均在 9 成左右。加大统筹协调力度，积极克服政策调整和融资困难的不利因素，认真做好房源、资金等各项推进保障工作。积极组织、发动区属企业强化动迁维稳的长效管理机制。积极筹措房源，突破政策和资金等瓶颈，加大基地居民和全区范围的宣传动员力度，深入开展领导定点联系推进和区属单位工作人员签约督

察工作。全年完成1310户旧改任务。积极组织、发动区属企业强化动迁维稳的长效管理机制，确保重大节点的社会面稳控。推动105地块和汉森手帕厂改造项目（公租房）开工建设。全年新增175户廉租家庭，受理近900户经济适用房申请，筹措831套动迁安置房。

（四）有序推动国际商务港载体建设

在依法合规的前提下，以优质安全和社区和谐为重点，加大重大国际商务港载体项目的推进力度，基本完成了年初确定的工作目标。会德丰广场、越洋广场、南京西路1788号等项目顺利竣工，约30万平方米的新建商业商务面积投入使用。静安寺交通枢纽综合项目和协和二期北块已结构封顶。大中里项目实现开工建设。中央广场、嘉里二期、南京西路688基地、60号地块地下工程建设等项目建设有序推进。全力配合相关部门，积极推进地铁12号线站体项目前期工作，实现13号线站体建设项目开工。以大中里项目为试点探索重大工程社会矛盾化解机制和以60号地块为重点探索重大工程安全生产协调机制。

（五）努力完善基础设施

协调推进万航排水系统配套项目改造工程、奉贤路道路改建工程以及常德路拓宽二期工程。实施四条专业街改造工程、铜仁路地下人行道改造项目和武定路、安远路道路养护工程。认真做好道路设施养护，保持常态优良。协调推进本区静态交通的规划、建设和管理，并督促相关部门规范非机动车日常管理工作。协调沪嘉专线等公交站点调整工作。开展交通运输领域有关整治工作，组织相关单位全力排查交通运输行业薄弱环节和安全隐患。做好汛期应急处置准备工作，有效抵御了“米雷”、“梅花”台风外围影响和多次暴雨侵袭。

（六）全力做好善后安置工作

积极协调次生灾害防范处置，成立了专门工作小组，认真做好大楼安全检测、安全防护、卫生防疫、维修工程、安置房源建设等各项工作。在对胶州路728号过火大楼应急检测的基础上，委托专业单位对房屋结构安全性能进行了全面检测。开展了脚手架拆除、安全防护以及外墙处理等应急抢修工作，努力消除过火大楼的安全隐患。妥善应对涉“11·15”火灾部分居民群访和行政复议。同时，将心比心、换位思考、加强沟通、增强互信，带着亲人般的感情稳妥解决我委结对灾民的相关理赔工作。

（七）不断深化系统党建工作

深刻反思“11·15”特重大火灾事故教训，进一步完善“三重一大”等党内决策和监督制度，加强基层党建和党员干部教育。以建党90周年为契机，加强系统精神文明建设。通过开展中共党史教育、党史知识竞赛与征文、系统青年党员二大会址志愿讲解等“红色之旅”系列活动增强系统干部党性意识，继续推进创先争优活动深入开展，推进学习型党组织建设。以依法行政、安全生产为聚焦，全面梳理并完善各项内部管理制度，提升制度化、规范化管理水平。组织学习建设领域相关法律法规，紧抓党员干部思想教育与业务培训。加大干部培养和交流力度，严格规范干部选拔任用工作。加强对干部的作风与效能考核，推进系统政风行风建设。认真贯彻落实党风廉政建设责任制，扎实推进工程建设领域突出问题专项治理以及违规收送礼金礼券购物卡专项治理工作。

静安区绿化和市容管理局

2011年是城市管理年，更是国民经济和社会发展第十二个五年规划实施起步年。区绿化市容局坚决贯彻市委、市政府“管建并举、管理为重、以人为本、安全为先”的工作方针，围绕区委、区政府提出的巩固世博期间绿化市容管理好的做法和成功经验，以“网格化发现，扁平化处置，信息化考核”

为目标，提高工作效率，提升工作水平，全力以赴确保城区环境的整洁有序。现将年度工作总结和明年工作计划汇报如下：

（一）区政府第3号实事推进情况

第3号政府实事：创建50条（段）“洁净工程”示范道路，完成全区沿街12处大型废物箱入地工作。

1.“洁净工程”

在完成洁净工程开展前期的各项准备工作的基础上，区绿化市容局从区域道路保洁存在的南北差距、时段差异、路段差的特点入手，重点加强对江宁路、康定路、安远路、余姚路、昌平路、昌化路、武定路等道路保洁常态的督查。结合道路污染特点着重加强了保洁的机动性，加强电动车收集作业的规范化管理，提高循环频次，对责任区内垃圾产生到清除限定时限，减少垃圾滞留时间。通过早查、午抽、晚检和每月明查、暗查等管理措施，强化普扫质量，确保基础保洁到位。同时，在完成洁净工程开展前期的各项准备工作的基础上，区绿化市容局对参建道路实行24小时道路保洁模式。夜间着重加强路面清扫冲洗、上街沿小堆垃圾及废物箱的收集保洁。白天重点加强对参建道路的养护作业。重点突出景观道路、人流量较大的中小道路及有公交始末站、学校、医院、重要机关等公共场所的道路保洁。每周对上街沿、树穴烟头进行一次专项清理。增加人行道冲洗及对废物箱冲洗保洁的力度，每天按计划的安排高压冲洗车进行整体冲洗，确保整体质量到位，50条道路已全部推广完毕。

2. 垃圾箱房入地

由区绿化市容局牵头实施的静安区沿街12处大型垃圾箱房入地工程，在沟通协调的基础上，明确了绿化市容局、市政配套局、环建公司、街道办事处和街道市容所等各相关部门的职责分工。在区市政配套局的配合下，组织市建交委市政道路办、电力检修公司、大众燃气公司、静安交警大队等部门对12处垃圾箱房入地工程进行了专题分析，各部门按初定选址对地下管线现状进行踏勘、查核。截至10月底，共完成完成余姚路505号、余姚路519号、武定路921号、康定路1000号、巨鹿路870号，凤阳路724弄（3座）、昌平路、昌化路347号等10处垃圾箱房入地工作。计划另2座，几经选址因地下管线踏勘查核无法施工，目前选址巨鹿路733号、新闸路1730弄口、延平路345弄口，正抓紧落实开洞试挖。

（二）健全完善静安绿化市容、城管执法、环卫作业管理工作规范

今年，绿化市容工作围绕“管理”年的工作要求，以规范为依据，进一步健全完善绿化市容、城管执法、环卫作业等相应的规范性文件和规章制度，在认真总结文明城区创建、迎博办博期间城区管理、执法、作业初步形成的做法上，着手对已有的工作依据、工作目标、工作项目、工作标准、工作流程、工作制度、工作措施、工作考核等进行进一步梳理细化，健全完善绿化市容、城管执法、环卫作业等相应的规范性文件和规章制度，现已基本完成，并在年底将形成一套有静安特色的、可操作、在全市同行中有典型和借鉴意义的成文的《静安区绿化市容管理工作规范》，在制度规范层面上为市容环境的常态管理夯实基础。

（三）深化门责管理

在完成2010年重点违章门责单位达标的基础上，2011年锁定区域违章门责单位71家，制定了“2011年门责管理实施意见”和“2011年全区垃圾箱房管理实施意见”。进一步强化区联席会议平台的指挥协调作用，巩固和完善“门责联包”的组织框架和运作机制，提高门责单位“自律、自查、自纠”的主动性和积极性，发挥好门责联包小组组长单位和组长的作用。对街道市容所四位一体网格化日常巡查小组、信息化网格监察大队、管理执法作业联合督查队、市容协管队、

社区保洁队、市容环境联合执法队、社会力量固守队、门责宣传志愿者队伍等各支队伍加强管理、督促。对各部门管理人员实行“三定”即定人、定时、定岗，充分发挥好多种类管理队伍的各自职能。

同时，在今年年初静安寺、南西街道成功创建“市容综合管理示范街道”的基础上做好石二街道“市容综合管理示范街道”的创建工作。三季度建立了市容巡查督促平台。8月份全区71家门责重点单位全部验收通过，9月起进行复查验收，连续2个月复查未通过的单位，将退回相关街道重新进行申报、验收。截至9月底，全区共整治跨门营业5274起，整治乱设摊1322个，清除乱招贴178453张、清除乱涂写9061平方米。

（四）规范餐厨垃圾、废油脂的管理和收运工作

今年上半年，在区城管大队勤务科、区交巡警支队、非机动车管理中心的配合下，共开展餐厨垃圾夜间专项整治活动5次，查取非法收运车辆6辆、非法收运电动三轮车12辆，收缴非法收运厨余垃圾约20吨，对非法收运单位或人员罚款共33000元。

三季度重点抓餐厨垃圾（包括废弃油脂）的源头申报工作，做好餐厨垃圾“一户一档”。截至9月底，我区餐饮单位实际规范收运的541家。废弃食用油脂纳入规范收运的餐饮单位169家，其中废油约2338公斤/日，老油约176.5公斤/日。对区5个街道市容所收运台帐及天拓公司、环兴公司餐厨垃圾（含废弃油脂）收运、处置情况进行了检查。同时，通过加强巡查与举报的方法，重点打击无证非法收运地沟油现象。

（五）资源循环利用项目开展情况

区财政局采购编号于4月初下发。全年垃圾箱门改建500平方米于当月正式启动，推广以废弃牛奶盒制作垃圾箱房门的资源循环利用项目，逐月推进实施。截止9月底，改建143扇牛奶盒垃圾箱房门。

（六）全力推进其他各项工作

1. 垃圾分类试点

根据市政府关于推进生活垃圾分类促进源头减量的工作要求，结合本区实际情况制定了《静安区开展生活垃圾分类促进源头减量试点工作实施方案》，并于四月底在曹家渡街道正式启动生活垃圾分类促进源头减量试点工作。一是硬件设施。按“干湿分离”的要求改建一个试点小区垃圾箱房；为三个试点小区配备分类指南牌；为五个试点小区配备公共区域的分类收集容器；向万航、怡乐、伊甸等5个试点小区近千户居民发放了厨余垃圾桶及分类垃圾袋。二是建立生活垃圾分流收运体系。配备专用“厨余果皮”收集车专门对5个试点小区的厨余果皮进行单独收运；配备电瓶车对试点小区“有害垃圾”、“废玻璃”、“废旧衣物”、“可回收物”进行巡回收集。三是开展分类培训工作。4月29日在曹家渡社区学校为分类志愿员、垃圾箱保洁员、物业居委等开展了分类培训工作；5月10日配合区妇联完成了对全区家庭志愿者的培训工作。在静安时报刊登了《垃圾减量分类专刊》，以《推进本市生活垃圾分类促进源头减量》为题，系统地介绍了我区生活分类要求及收集处置方式等；制作15块新生活垃圾分类方式宣传展板、8条宣传横幅。四是垃圾分类启动。5月5日在静安区怡乐花园小区举办了主题为“垃圾分类，大家给力”的静安区试点小区生活垃圾减量化分类收集启动仪式，试点工作正式启动。截止10月底，在曹家渡街道35个小区，7420户居民户内推广“干湿”分类方式，今年1月至10月全区进入末端处置的生活垃圾总量为94772吨，与2010年相比下降了4%，日均产量为311.25吨，基本达到年初制定的目标。

2. 灯光店招管理

《静安区曹家渡展示区及控制区户外广告阵地实施方案》，经两次专家论证后，于

2011年5月6日至6月5日，在区绿化市容局政务网和静安区门户网上完成公示，汇总意见后形成送审稿报市局审批。《静安南京路户外广告阵地实施方案》、《延安路高架道路沿线户外广告设施设置实施方案》以及《南北高架道路沿线户外广告设施设置实施方案》已批准实施。全年加大了公益广告的宣传力度，配合区委宣传部、区民政局等部门在全区的15处广告位发布了2448m2的建党90周年、双拥等公益广告宣传，并在主要道路上悬挂了230对公益迎风旗。加强对区内违章店招店牌的整治力度，截止至10月底，共发出《上海市静安区绿化和市容管理局责令整改通知书》536件，防台防汛等内容的通知书近5000件。通过行政管理手段，共拆除小违章户外设施567起，整修店招店牌设施210起，修复景观灯光设施小问题1121处，共受理审批户外广告设施58起，临时户外广告58起。编写《静安区景观灯光设施监督管理办法》，详细规范了管理环节中的目标、要求、标准和工作流程等，为今后的常态管理提供制度化的保障。

3. 网格平台

2011年1月1日至10月31日，静安区城市网格化管理中心共受理各类涉及城市管理问题的案件27824件。立案总数27768件。其中，事件27023件、部件745件。未立案56件。案件结案总数27691件，其中，事件26954件，部件737件。结案率：99.7%。

事件大类上报占前三位的是：市容环卫、街面秩序、设施管理。

部件大类上报占前三位的是：公共设施、环卫环保、道路交通。

事件小类上报占前三位的是：三乱、暴露垃圾、占道无照经营。

部件小类上报占前三位的是：废物箱（桶）、消火栓、行道树。

（七）城区市政市容监控管理平台筹建情况

由于场地开工涉及产权、产证等因素，指挥平台选址几经波折，最后通过市、区多部门的协调，经区发改委认可，7月底确定在静安固体废弃物流转中心内搭建平台。项建书于10月14日由区科委邀请专家进行项目初审，将根据专家审查意见，完善可行性研究报告后，再上报区发改委审批通过后，方能进入招投标流程。因此平台将作为2012年重点工作推进。

（三）徐汇区

徐汇区建设和交通委员会

2011年是“十二五”的开局之年。在区委、区政府和区建交党工委的领导下，面对国家宏观政策调整以及银根缩紧等影响，区建设交通委转变思路、创新方法，按照年初制定的工作目标，全面推进落实。

一、顺利完成“创全”、“世游赛”环境整治

1. 全面完成“创全”迎检工作。按照区委、区政府的工作要求，认真落实《徐汇区关于创建全国文明城区的实施意见》，围绕“安全、整洁、有序、美观、平稳”目标，按照测评体系细化落实具体工作任务，将创建任务分解到部门、具体到项目、量化到个人；配合区文明办“十日一巡查”，积极认真开展自查，特别是对一些难点工作，狠抓攻坚整治，及时落实整改；会同建设系统各相关部门，密切合作、全力以赴，坚持按照世博会后形成的常态长效管理办法和措施，通过市政市容联席办，全面推进“创全”迎检各项工作，全面完成“创全”迎检任务。

2. 圆满完成“世游赛”环境整治。按照市有关部门和区政府的工作要求，明确迎“世游赛”环境整治工作范围和目标，形成并分

解了徐家汇、万体馆周边等重点区域的工作任务，完成滨江沿线环境整治和灯光改造，并以接待酒店、训练场馆、定点医院周边主要道路为重点，加强市容环境综合整治，推进绿化灯光景观建设，强化日常巡查和保养保洁，圆满完成“世游赛”城区市容环境整治。

二、积极配合协调市、区重大项目建设

1. 轨道交通11、12号线16个站点动迁基本完成，工程建设有序推进。年内，根据市轨道交通建设计划，为保证轨道交通等重大工程建设按期进行，在动迁管理部门和相关街道的共同配合下，克服房屋征收新政出台后的困难，全力以赴、全面推进，通过动迁谈判、裁决谈话以及诉调对接等多种方式，至10月份，基本完成全部站点范围内的动迁收尾，轨道交通站点工程建设全面启动。为加快轨道交通站点建设，根据市有关部门要求，华山路、大木桥路等道路相继封交，会同区交警部门，细化交通组织方案，优化标识标牌，加强车辆通行引导和疏散。同时，督促轨道交通建设工地加强文明施工管理，落实文明施工要求，加强建设工地的防噪、防尘措施，尽最大努力将施工对周边环境的影响降到最低，保障好轨道交通重大工程顺利推进和周边稳定。

另外，积极配合市相关部门深化徐汇南部地区轨道交通发展研究，密切关注线路走向及站点设置，做好前期动迁腾地准备。

2. 区“十二五”期间重点项目基本明确，工程建设全面推进。根据区委、区政府明确的“十二五”期间区重大建设项目，全面动员、尽早启动，配合协调好各项重点建设项目的有效推进。抓紧推进徐家汇中心地块动迁收尾，配合法院部门做好诉调对接以及司法执行准备工作，尽快完成地块平地，为地块及时出让做好准备；加强与民航合作，积极推进四大中心建设，稳妥有序实施滨江二期开发，同时，深入研究滨江二期项目方案以及滨江低碳实践区设计方案，深化滨江地区功能定位；配合做好龙华地区综合改造工程地下空间建设，按计划节点推进龙华改造项目；抓紧南站6、7号地块动迁收尾，基本完成南站地区道路及基础设施配套建设，积极协调南站地区土地出让。

三、稳步开展旧区改造和房屋征收工作

1. 加强技术储备，做好房屋征收准备工作。年初，国务院房屋征收条例正式颁布实施以来，不断加强条例的学习和理解，学习外省市以及其他区县的经验做法。市相关操作细则已征询意见，尚在进一步完善，根据目前面临的工作形势，继续加强与市有关部门的沟通，密切关注市相关细则的进展情况，同时，结合斜土路2444弄二次征询试点工作，做好我区房屋征收工作的技术储备。一旦市相关细则出台，立即结合区域实际工作情况，形成我区房屋征收工作机制。

2. 抓住重要时机，大力推进保障性住房建设。抓住商品住宅成交量较低、成交价滞缓的重要时机，积极争取社会各方资金支持，实现保障性住房资金投入的多元化，减缓财政压力。加强与市有关部门的协调，申请到位闵行、松江地区房源1000套。完成漕开发保障性住房建设范围内动迁收尾，启动漕开发保障性住房建设；督促做好华滨家园、华沁家园保障性住房建设，严格按照安全施工和文明施工的要求，保证房屋质量，确保按期完成工程建设；基本完成水利工程公司地块、龙华机场D地块、广厦公司地块以及罗秀路潘家塘地块保障性住房认定，抓紧协调规划调整工作。

3. 坚持工作目标，抓紧遗留基地动迁收尾。坚持地块平地目标不放松，加强与法院部门的沟通，按照有关司法程序，积极做好风险评估、化解方案和工作预案等前期准备。同时，配合法院部门做好诉调对接工作，已通过诉调对接完成近10户居民的动迁签约，完成了轨道交通12号线陕西南路站地块平地。

4. 加强统筹协调，强化土地资源使用管理。发挥土地资源领导小组办公室的积极作用，做好土地资源的收储、出让以及地块清退等管理工作。结合国家宏观调控政策和区域发展实际，抓好重点储备地块的前期准备，抓紧地块的动迁收尾和清退腾地，积极协调成熟地块的土地出让。

另外，配合区房管部门，积极推进公租房、廉租房和经济适用房等住房保障工作，“龙南佳苑”公租房项目已于10月27日开工建设。旧住房成套改造工作已完成开竣工2.7万平方米。

四、加快推进市政基础设施建设

1. 加快市政、水务工程建设。按照市相关部门要求，抓紧老沪闵路拓宽工程手续办理。加强宜山路拓宽工程、虹漕南路古北路连接工程等前期工作，积极协调徐梅路、平福路、关港路二期等道路建设工作。田林地区雨污混接改造工程已启动，加快推进梅陇、长桥地区雨污混接改造前期调查相关工作。加快推进龙漕路污水总管项目建设。完成东安一村、二村、田林路65弄积水点改造工程。深化徐家汇教堂广场改造项目方案设计，加快华泾龙吴路人行天桥建设，加强龙漕路污水总管外排等相关工作。完善徐家汇、万体馆等重点地区无障碍设施建设。启动东上澳塘等景观河道改建工程。积极开展全国水利普查工作。

2. 积极协调基础设施建设。完成宛平电站土建工程，积极协调力争年内启动使用；冠生园变电站完成交地，深化设计方案；继续协调龙南、岳阳、南昌变电站建设；配合完成龙华街道机场新村电力设施改造；配合推进襄阳南路电力配套设施建设。加强协调龙华机场、新宛平排水系统以及徐浦污水泵站项目前期工作。协调推进徐镇消防站前期手续办理以及南站消防站动迁腾地。

五、做好城区安全运行管理工作

1. 基本完成规范整顿建筑市场工作任务。为了进一步规范建筑市场和加强建设工程质量安全管理，根据市委、市政府和区委、区政府的工作部署和要求，年初，成立了区整治建筑市场领导小组，并在区建交委下设办公室。办公室按照自查、抽查、督查和巩固四个阶段，牵头制定了本区整顿规范建筑市场实施方案和任务分解表，部署各部门、各建设单位按照时间节点开展自查，做好查处问题的整改。同时，梳理建筑业管理相关制度，制定并完善了“监理报告制度”、“承发包现场监管”等规定，推进诚信考评系统建设，逐步形成完善的建筑市场和建设工程监管体系，全面提升区域建筑业管理能力。

2. 全面完成防汛防台工作。汛期前，完善细化防汛预案，拟定了宛平路周边应急抢险预案，编制了32个易积水点布控防范措施，加强对重大工程、建设工地、居民小区、地下空间等的防汛检查，强化专业抢险部门的抢险能力，增强社会面的防汛抢险意识。汛期中，密切关注天气变化情况，加强防汛值班，根据防汛防台启动相应机制，积极落实防汛预案工作职责。通过各级防汛防台成员单位的共同努力，全面完成今年防汛防台任务。

徐汇区绿化和市容管理局

2011年，区绿化市容局认真总结提炼世博期间市容环境保障工作经验，逐步探索、建立精细化管理机制，保持城市管理的水平不下降。全年，我局根据区委、区府关于“双迎”工作的要求，以纪念建党90周年为契机，以创建全国文明城区为抓手，认真完成“创全”工作及世游赛的各项市容环境整治任务，努力做好市容绿化管理、环卫作业和城管执法各项工作，确保城区环境整洁、市容环境有序、绿化灯光景观靓丽。今年，我局主要做了以下几方面工作：

一、提高认识明确责任，有序推进各项重点工作

1. 明确责任，全面落实“创全”工作任务。建立局“创全”工作小组，制定“创全”工作方案，召开局系统创建全国文明城区推进会，全面动员部署，明确目标任务，落实职责分工，形成上下齐心，协力共创的良好工作局面。积极配合区委宣传部、区文明办做好“创全”工作的宣传，充分利用各种户外广告阵地，发布“创全”工作的宣传片、宣传画、宣传标语，全区共设置宣传对旗近千对，大力营造“创全”工作宣传氛围，提高市民对“创全”工作的知晓率、参与率、支持率和满意率。并结合全国文明城区创建体系要求，对区域内1000平方米以上的公共绿地，落实责任，开展自查自纠，并在公共绿地增设文明游园的宣传牌100余块。对“创全”重点保障路段，调整勤务模式，实行区域责任制，各相关重点区域分队全员加班，机关队员全勤出岗，确保道路市容环境整洁、有序。

2. 多方协作，圆满完成世游赛市容整治保障工作。完成世游赛定点服务区周边道路沿线、徐汇滨江沿岸建筑和堤岸清洁整新10万平方米，维护店招店牌2.5万平方米，立面粉刷11万平方米，滨江新增9处景观灯光。对全区近7万套灯具逐一进行检查，对道路景观区、定点服务区、窗口出入区周边的公共绿地、单位附属绿地，进行整治和美化。加强乱设摊、户外广告、“三乱”清理整治力度，强化勤务安排和执法力度，加强夏季夜排档，夜间施工等影响市民生活的巡查整治力度。结合世游赛，完成徐汇游泳馆周边的枫林路（斜土路—零陵路）特色绿化建设，布置网格片的垂直绿化，种植常春藤、凌霄等爬藤植物，共657平方米。同时加强绿地保洁的频率，确保整洁、美观、有序。形成有绿、有花、有灯、有景的城区环境。

3. 提高认识，全面推进生活垃圾分类试点。上半年在斜土街道5个试点小区、1825户居民区中启动试点。全年落实试点小区112个、居民45094户，在全区全覆盖。逐步推广斜土先行先试的有效经验，并结合区域特点挖掘试点工作亮点。如田林街道主动与万科物业协商，在万科华尔兹小区试行以物业为主导模式的试点工作。凌云街道结合“凌云生态家”品牌创建，在环保绿色小区开展试点，并将社区学校作为培训基地和废弃物再利用的展示基地。

4. 攻坚克难，积极推进我区公共绿地建设。2011年计划新辟公共绿地20公顷（含生态专项），到目前为止：共完成拆迁腾地9.98公顷（城建集团搅拌站），完成建绿10.04公顷，合计共约20.2公顷。预计年底全区人均公共绿地面积达5.44平方米，绿化覆盖率27.48%。一是继续推进生态专项已开工各标段建绿任务。完成城建集团搅拌站搬迁协议和海军消磁站搬迁腾地工作。根据区领导要求，华欣家园对面的生态工程二标段（汇龙体育公园）提前向市民开放。二是落实其他公共绿地新辟工作。完成徐汇滨江及周边地区绿地、漕宝路虹梅路绿地等公共绿地建设10.04公顷。

5. 加强检查，完善防台防汛预警机制。成立消防安全委员会并明确职责。对所有车辆进行行车安全和消防安全大检查，为所有车辆配备车用灭火器，发现问题当场责令整改，及时消除事故隐患。并开展交通安全和消防知识讲座，提高安全意识。改造13个民工宿舍，完善消防设施，改善居住环境。完善防台防汛的预警机制，加强主汛期和台风期的值班。设立防台防汛专项经费，添置专用设备，配合相关部门做好道路的排水和清障工作，以及对过密的行道树枝条进行防台疏枝，以及采取绑扎、加固、拉铁丝等防台措施。防台防汛期间，共值班25次，灯光、广告抢险6次，出动绿化抢险人员280余人次、抢险车辆20余车次。处理受灾树木117棵。

二、整合资源多方联动，提高绿化市容

管理水平

1. 典型引路，不断推进市容管理示范街道创建。依托区市政市容联席会议平台，牵头完善街镇综合协调机制，健全日常巡查和快速处置队伍，完善道路两侧外立面店招店牌等构建筑物建设的拾遗补缺。充分发挥徐家汇、康健市容环境综合管理示范街道引领作用，不断放大示范效应，有效推进斜土、枫林、湖南、田林等街道依托区、街道（镇）市容联席会议平台，深入开展创市市容环境综合管理示范街道活动。指导斜土、枫林、湖南、田林等街道完善基础资料汇编，全面做好迎市市容环境综合管理示范街道考评验收。12 月底，斜土、枫林、湖南、田林等街道已通过专家评审，待媒体公示通过后正式命名。

2. 健全网络，逐步完善门责管理机制。总结枫林街道运用区域道路视频监控的试点经验，向各街镇推广“快速发现、快速处置”的城市管理视频监督管理网络。指导街道监管好政府购买服务，引进社会单位“门责”常态化管理试点工作有序开展。建立健全门责信息化管理系统，运用现代化手段，探索打造衡山路精细化管理标志区。发挥街道（镇）主体作用，推进市容环境责任区创建达标活动常态化，提高单位自我约束、自我管理能力，推进各行业责任区建设。

3. 多方联动，完善建筑渣土长效管理机制。完成新一轮渣土运输企业资质招投标工作，确定 6 家具备运输资质的企业，通过签订监管协议，规范中标企业运输行为，明确违规企业的退出机制。完善渣土申报审批对接工作，引入申报告知制度，把建设方、施工方、运输方自律承诺作为申报要件。1–9 月，共申报出土量 718.27 万吨，较去年同期增加了 430.17 万吨。每天日夜两班对全区出土工地进行巡查，巡查结果输入区建交委工地诚信管理平台。

4. 从严监管，配合做好废弃食用油脂管理。在大中餐饮单位中建立“一户一档”，从源头上加强管理，规范申报的内容、程序。为全区专业废弃食用油脂收集企业颁发颜色醒目的“废弃食用油回收专用车”证件，要求其每半年与市指定的炼油企业签定供货协议，确保废弃食用油不外流，不私售。重点加强街镇一级监管职责的落实，形成区、街镇、作业公司三级监管网络，做到日收日记、日产日清、定点处置。加强与区食安办相关部门的信息沟通，建立“双向告知“制度，增强综合执法管理的合力。

5. 加强整治，完善常态化绿化管理制度。一是完善绿地保洁一体化机制，园林公司成立绿化保洁队伍，对肇嘉浜路等中央绿化隔离带及内环、沪闵桥荫绿地进行全天候作业保洁。二是开展行道树专项整治，

全年更新维护行道树盖板 1815 只，更新树桩 421 根。完成上中路等 52 条道路的行道树缺株补种 261 棵，扶正行道树 20 株、挖死树 10 棵。

三、推进绿化灯光景观建设，美化城区景观面貌

1. 布置花卉景观，做到四季有花。围绕徐家汇商圈等五大区域、肇嘉浜路等九条景观道路开展花卉景观布置工作。节日期间，在各景观道路布置布置花坛 2162 平方米，布置隔离带花箱 490 只，花球 167，花钵 4 只，组合容器 330 组，花卉隔离栏杆 728 米，更新了南站、徐家汇公园二处绿化景点布置。配合区民政局“全国双拥模范城区”复查，完成徐家汇三角绿地“弄潮”立体绿化。

2. 建设景观灯光，打造璀璨夜景。配合新年倒计时活动，牵头进行徐家汇灯光集控动态方案的设计、改造，打造“缤纷徐家汇”的夜景。做好徐汇滨江地区以及漕河泾港、蒲汇塘港等四条河道景观灯光移交管理后的日常维护检修工作。延续世博期间的成功管理经验，在晚间 18：00 至 22：00 时对重要路段进行巡查，做好巡查日志，保持全市零

差错率，得到了市市容景观中心的通报表扬。

3. 参照设置方案，落实多层次管理。作为上海市首批获得批复实施的户外广告设施实施方案 –《徐家汇区域户外广告设置实施方案》达到了“定位、定点、定量、定型、定规格、定色彩”的多层次管理，使户外广告在审批过程中“按图索骥”，在全市开启了后世博户外广告科学化管理先例，使广告审批许可逐步趋于公开化和透明化。并积极配合市局在徐家汇区域推进户外广告监察管理系统的试点工作，提高对户外广告的整体监察管理效率。同时配合市局做好户外广告网上审批试点，加强事后监管力度。

四、完成市容整治任务，改善城区人居环境

1. 协同合作，积极改善城区环境。对日晖绿地、上中西路高压林带、田林路柳州路绿地、梅陇路虹梅路绿地等 7 块老街道绿地进行改造，并按计划全部竣工，总面积 3 万平方米，力求最大限度提升老街道绿地的服务功能和景观功能。同时协调区教育局，在启新小学、爱建幼儿园等 7 处单位建造屋顶绿化 5156 平方米。到 12 月底，共改造汇龙苑、清真路 99 弄、东安四村等 27 个老居住区绿化，共计约 12 万平方米。

2. 加强督查，完成道路洁净工程。世博后，我局坚持保洁人员不减少、保洁频率不减少、保洁质量不下降的环卫保洁“三不”要求，保持道路整洁，得到了区领导的肯定。根据市局要求，我局加强对工人的培训、教育和督查，纠正作业中的不规范行为。结合市质监中心信息平台，开展现场摄像督促检查，加强市容检查和城管执法，发挥专职督查队伍的作用，不断提升我区道路保洁管理水平。6 月底完成 79 条道路实施洁净洁净工程任务，通过市局验收。

3. 突出重点，逐步推进摊亭棚整治。区市政市容联席办牵头指导各街道（镇）开展摊亭棚专项整治，对全区 206 个各类占道占绿摊亭棚，制定了三年（2011 一 2013）销账式计划。各街镇采取了拆除或入室经营等措施，已拆除 31 个，完成三年计划的 14%。

4. 全力以赴，开展重点区域执法整治。通过落实重点整治项目化工作推进市容环境综合治理工作，对徐家汇、淮海路、南昌路、万体馆、锦江乐园地铁站等顽症区域以及区区交界处出现的市容管理回潮现象，由领导到一线指挥协调，连续开展集中整治，取得了明显成效。

5. 加强巡查，加大水域保洁力度。针对绿萍对下游河道的威胁，制订打捞计划，特别是对西上澳塘、北潮港、浸木港等重点打捞，整个夏季，出动专门打捞绿萍的保洁船 30 次，保洁人员 60 人次，打捞绿萍 24 吨，确保了我区水域环境和景观的干净整洁。并建立河道长效管理机制，建立业务科和保洁组长成立的河道日常巡查监督小组，加强督查力度。

6. 统筹协调，圆满完成节日保障任务。节日期间，做好全区市容环境卫生保障工作。城管实行单休制，错时上下班，维持北广场购票排队人群的正常秩序，全力做好节日保障工作。尤其龙华庙会期间，每天客流量超万人，我局启动了应急预案，增加临时公厕、加派人手，加强作业和执法，每天加班到晚上 22：00，高标准地完成了市容环境保障任务。

五、加强政风行风建设，提升窗口行业形象

1. 了解居民需求，加强政风行风建设。坚持每季度领导带队开展环卫“十项承诺”检查，通过“一看、二听、三问”的方法倾听老百姓的心声。各环卫作业公司班组长以上干部每季度到居委听取意见，加强沟通，及时整改，促进环卫作业不断向规范化方向转变，提升行业整体形象。在各街道举办“绿化服务进社区”活动 17 次，参加居民 1028 人次。开展“盆景制作”、“室内插花”等活动，满足居民需求。加强文明执法、规范执法工作，以宣传、劝导、教育为主，处罚为辅。今年上半年我局政风行风测评综合满意度全区排名第一。

2. 提升公园品质，进一步优化园容园貌。全年对8座公园绿地改造面积共计8000平方米，花坛、花境种植面积8500平方米。为推进徐家汇创建4A级旅游景区申报工作，完成徐家汇公园儿童乐园地坪、希望之泉的电器维修.完成徐家汇公园小红楼唱片布展，并对徐家汇公园和光启公园内的标牌和废物箱进行了更新。同时完成襄阳公园、漕溪公园、衡山公园等维修，确保便民设施完备，功能完好。

在上海植物园2011上海花展中徐汇区参赛作品“法兰西风情”荣获园艺金奖。积极开展“戏曲进公园”、“电影进公园”、“体育进公园”等文明游园主题活动，全年举办、协办各类活动172场次。康健园被评为三星级公园，徐家汇公园在上半年上海市绿化行业公众满意度测评中，被评为全市十佳公园之一。据统计全年游客的满意率为97.5%。

3. 树立窗口形象，开展公厕服务文明行业创建。开展公厕管理与服务文明行业创建活动，完善服务规范、建立巡回保洁、班长日查日记制度，开展文明创建、全员培训等工作。提高公厕保洁频率，做到“见脏保洁”。以“提素质、树形象、讲规范、求优质”为目标，达到公厕保洁流程规范、设施设备完好、检查监督有力、服务质量达标。

六、树立服务群众意识，提升业务工作水平

1. 加强政治理论学习，提升业务工作水平。严格落实学习制度，营造浓厚的学习氛围。党委中心组坚持每月两次集中学习，并把中心组学习扩大到科级干部和全体党员中去。党委还与天平街道组织联组学习，加强条块联动，协助天平街道加强和创新社会管理。通过对政治理论的学习，提高了干部职工的认识水平，明确了服务群众的工作理念，从而提升业务工作的水平。

2. 联系工作实际，深入开展创先争优活动。以“创新驱动谋发展，服务群众促和谐”为主题，深入开展创先争优活动。各基层党组织和每一个基层党员都联系工作实际，做出了“创先争优”的公开承诺，提高工作实效。

3. 结合创先争优活动，开展纪念建党90周年活动。围绕建交党工委的“六个一”活动和局系统的“十一个一”活动，开展党史学习和教育活动。

通过集中学习，读党史唱红歌、观看电影电视文献片等形式，重温党的历程，回顾党的成就，激发党员爱党、爱国热情，引导党员干部坚定信仰，自觉实践、积极投身“十二五”的建设和发展。

4. 关爱一线工人，建立收入增长保障机制。深化绿化和市容环卫行业综合改革，切实维护行业发展稳定大局，为本行业的健康发展创造良好条件，今年新聘用35岁以下的沪籍环卫职工100名。关爱外来务工人员，切实保障一线外来农民工的权益，落实市财政、市局的要求，建立职工工资收入增长保障机制。

（四）长宁区

长宁区建设和交通委员会

2011年区建交委紧紧对接“三个城区”和“五个提升”，围绕“创新驱动、转型发展”，对照区委、区政府一级目标，坚持抓谋划、抓起步、抓落实，推进一系列重点工作项目快速启动、稳步实施。截止10月底，基本完成预定目标。

第一部分 部门公共目标

一、组织工作

（一）深化领导班子思想政治建设

2011年，建交党工委全面贯彻执行《党员领导干部民主生活会制度》、《“三重一大”班子议事规则》、《关于实行领导干部报告个人有关事项的意见》、《领导干部分工联系制度》等制度，始终坚持用制度管权、用制度管事、用制度管人，通过制度建设、理论学习、充分发挥班子成员的“三带”作用；加强调查研究，有计划、有主题、有重点，开展瓶颈问题的调研汇总，不断提高班子驾驭全局和解决实际问题的能力；认真组织民主生活会，坚持用制度管权、用制度管事、用制度管人，严格执行“三重一大”议事决策制度和备案制，以班子自身的模范带头作用引领建设系统干部群众思想政治建设。

（二）全面推进基层党的建设

在推进基层党建工作方面，建交党工委召开专题组织生活会，落实基层党组织开展创先争优工作；开展党工委和直属单位10个党组织的基层党组织党务公开试点工作，组织基层党组织负责人和宣传、纪检干部党校专题培训。深化“困难群体关爱行动”，系统32个基层党支部全部到所在街道党员服务中心报到，全面完成“双报到”和“双结对”工作；结合“一网覆盖”党建信息化项目，发动23个基层党支部开设了“网上支部”并建立基础信息数据。布置开展“新年暖流”主题实践活动，组织各级党组织走访慰问278人次、31个居民区党组织、49户困难家庭，投入慰问资金约12万元。

（三）加强干部人才队伍建设

建交党工委组织开展2011年度“干部在线学习”，组织“干部在线学习”活动，鼓励各级领导干部、公务员和专业技术人员利用业余时间进行多种形式的自学，组织公务员参加长宁区公务员轮训班活动，配合开展本系统的主题教育讲座（报告会），不断提高干部人才队伍思想理论水平和综合素质能力。在培育青年人才的过程中，建交委重点打造建交系统青年宣讲团，全面推进青年职业生涯导航，积极争创五四红旗团组织，积极开展志愿服务工作，推动创新立功竞赛活动。

建交党工委完成2010年度机关工作人员绩效考核和考评工作，落实基层单位年终考评奖励；坚持“党管干部”原则，完善干部选拔任用方式，继续抓好青年党员团队对接区域10个街（镇），开展“三服务”；加大干部人才引进力度，完成军转干部安置、干部挂职锻炼、公务员和事业单位人员招录及借调等工作，完成直属事业单位岗位设置，落实机关公休假补贴、事业单位公休假补贴及车改补贴等工作；完成换届选举中的党代表选举、人大代表选举和政协委员的推荐工作。

2011年，深入开展“讲党性、重品行、做表率，树组工干部新形象”主题实践活动，将增强组工干部党性修养作为重要内容，加强自身建设与业务培训，健全联络基层、服务基层的工作机制，提高服务意识和工作能力，为切实做好各项基础管理工作创造良好的条件，努力提高干部群众对组织工作的满意度。

（四）不断完善老干部工作

在2011年的老干部工作方面，区建交委认真贯彻落实和完善老干部工作领导责任制，建立老干部工作管理的长效机制并纳入党建目标考核；继续坚持“书记亲自抓、班子共同管”的优良传统，做到整改与落实并举，提倡共性化管理、个性化服务；落实老干部政治待遇和生活待遇政策，加大照顾力度，做好老干部医疗证贴花发放、护工费发放和离休人员补贴费调整的审核补发工作；增强服务意识，提高服务质量，从感情关怀入手，以情动人、以情感人，在工作中跨前一步，做到老干部生病、住院必访必问，组织机关退休干部体检。

2011年春节前夕，区建交委处级领导干

部走访慰问老干部及老干部遗属配偶活动；组织老干部、机关退休干部新春团拜会活动；完成外事组团出访人员政审事宜；开展每月离休支部组织生活会；筹备落实老干部“三看”教育赴杭州学习参观活动。

结合庆祝建党90周年活动，区建交委做好老干部服务保障工作。七一前夕，区建交委党政领导带队七一前夕走访慰问老干部；党工委领导慰问机关退休人员迎七一活动。

二、党风廉政建设

（一）落实党风廉政建设责任制

区建交委各级党组织认真履行职能，加强对中央、市委和区委、区政府重大决策部署贯彻落实情况的监督检查，加强对政治纪律执行情况的监督检查，切实维护党的政治纪律，确保政令畅通；落实领导干部“一岗双责”的要求，各基层单位也能按照分级管理的原则，与各自的部门、科室、重要岗位等签订党风廉政责任书。及时召开纪检干部会议，部署落实区纪委上半年工作推进会工作精神，按照区委要求严格执行“5个严禁、17个不准”和“5个一律”的纪律规定，配合做好换届选举工作，围绕区纪委提升“两个满意度”的要求，做好创建文明城区相关工作。

根据《长宁区关于推进党的基层组织党务公开工作的实施意见》和区委4月19日党务公开试点工作推进会部署，区建交委开展了党务公开试点工作，成立相应的领导小组，有序推进，各级党组织主要负责人亲自抓党务公开的试点工作。区建交委直属单位及建交委机关本部共十个党组织实施党务公开试点工作，初步建立健全党务公开目录和相关制度规范，把党组织的各项工作最大限度覆盖，最好形式展示，最佳效果落实告知于广大干部职工，达到较好的效果。

（二）夯实反腐倡廉制度建设

按照加快推进惩治和预防腐败体系建设的要求，进一步健全权力运行制约和监督机制，继续加强对“1+15”制度体系执行力度，严格按照“管理办法”的规定程序实施工程项目建设和管理；认真贯彻落实上海市政府《关于进一步规范本市建筑市场加强建设工程质量安全管理的若干意见》，继续深化工程建设领域突出问题的专项治理，加强工程安全质量风险源头控制，工程承发包管理，工程监理和从业人员的管理等；积极开展“小金库”专项治理、庆典活动专项治理、资金管理专项治理和礼金礼品专项治理等源头治理工作。按照区委区府要求，继续开展行政效能监察，加强廉政监察，开展企事业单位内审工作，监督推进重点部门、重要岗位责任人员的轮岗交流；进一步完善工程建设项目招投标监督机制，积极探索200万以下政府投资项目统一进入区招投标管理平台；各级领导干部要在工作实施过程中，真正做到以制度管人，用制度管事。

根据要求，及时开展违规收送礼金礼券购物卡专项治理工作，组织党政班子成员学习领会市、区专项治理工作有关文件和会议精神，制定了《礼金礼券购物卡单位、个人上报统计表》，发至各直属单位，要求各单位按照要求进行自查自纠。其中共有：① 11人次上交各类购物卡1.64万元；② 一单位上交外单位赠送旅游卡4万元。

事业单位公车改革完成后，区建交委专门对各单位落实情况进行检查，发现一些问题，主要是个别单位领导对公车使用的截止时间模糊不清，我们及时予以纠正，还有个别单位没有及时制定本单位公车使用制度，我们对此督促要求整改，我们还制定了基层单位公车夜间停放规定，进一步规范公车晚间停放管理，区建交委机关自去年公车改革完成后，每月统计通报区建交委机关公车使用情况，公布与众。

（三）注重领导干部廉洁自律

在注重领导干部廉洁自律方面，区建交

委进一步加强纪检监察干部队伍建设，注重加强思想政治建设，深入开展创先争优活动，充分发挥建设纪委委员和基层纪检干部的作用，全面履行党章赋予的职责；加强纪检干部的培训和教育，提高组织协调能力、执纪办案能力和处理复杂问题的能力，配合党政主要领导全面落实本单位党风廉政建设各项工作。

（四）开展反腐倡廉宣传教育

2011 年，开展了《廉政准则》专题检查和学习，建设交通委党员领导干部重温了《廉政准则》，对照《廉政准则》进行检查，开展自查自纠，进一步明确了加强廉政教育的重要性，提高了认识，增强了廉洁从政的自觉性和坚定性。通过对照检查，大家充分认识到，《廉政准则》首先是党员领导干部的一条法纪红线。其中的 8 个“禁止”、52 个“不准”，是新时期党员领导干部廉洁从政必须执行的党内规定，通过对照检查，目前没有发现党员领导干部违反 8 个“禁止”、52 个“不准”情况。

（五）强化执法效能监察工作

继续加强对“三重一大”制度落实情况的跟踪督查和分析研判，进一步完善“三重一大”制度“决策、执行、监督、考评”各项内容，强化制度执行的有效性；做好党风廉政建设和反腐败工作责任分解和检查考核工作，注重把反面典型案例的警示教育落实到党员领导干部、企事业单位及基层一线主要负责人的教育之中，切实把廉洁自律教育工作渗透到每一个工作岗位。今年基层单位共上报“三重一大”备案报告 109 件（四季度未统计）。

（六）改进政风行风、推进政务公开

上半年，政风行风和机关作风建设工作测评效果较差，我们陆续召开三次工作沟通会，邀请区纠风办领导、行风监督组和街道调查组参加，互通有关情况，找出问题存在方面，进一步加以改进和提高。今年，共调查处理纠风案件情况：市建委 1 件、区纠风办 3 件、区政风实例调查 5 件、区纪委局长信箱 1 件。

（六）落实办信查案工作

区建交委认真做好信访件办理、调查和处置工作，尤其注重对重点岗位和关键部门的监督力度，严肃查处工程建设、国企改革、物资采购等领域中领导干部违法违纪案件，强化信访谈话、诫勉谈话等有力措施，注重运用典型案例，开展有针对性的防范教育，堵塞制度漏洞，加大查办违纪违法案件工作力度。各级党组织能够加强对队伍的管理、对干部的教育，做到“工程优秀，干部不倒”。今年，区建交委共收到区纪委等转来信访件 5 封，其中立案一件，我们都及时进行调查核实。对查出的收受旅游卡、公车使用存在的问题都及时加以制止纠正。

三、社会稳定

（一）积极落实社会治安综合治理工作

根据区政法委的部署和要求，区建交委积极组织开展建设系统的社会治安综合治理工作，采取多种形式加大平安工作宣传力度，组织建设系统各单位按照“抓薄弱、夯基础、促平安” 的要求开展“安全工作整顿周”活动；结合区建交委实际，明确工作目标、组织架构、工作职责、工作重点，做到层层落实、环环保障。牢固树立“安全责任重于泰山”、“维护稳定责无旁贷”的理念，积极开展安全管理大检查，围绕重点单位、重点环节、重点时段强化综合保卫工作，反复组织不间断的安全督查，及时消除事故隐患，努力做好安全稳定工作；组织开展建设系统社会治安综合治理工作，采取多种形式加大平安工作宣传力度，注重抓好典型示范教育工作。

（二）深入开展信访工作

区建交委将信访工作作为重要抓手，认真处理来信来访、网上投诉、电话咨询等形式的投诉咨询，对信访诉求及时进行调查核实并作出相应的处理，跟踪检查整改落实情况。区建交委高度重视“两会”意见和提案的办理，认真研究每件意见和提案，着重抓好办理质量和进度，加强走访、交流、沟通，努力增进与人大代表和政协委员的共识，切实提高办理实效，办结率100%、走访沟通率100%。

（三）强化法制教育和依法行政工作

区建交委认真组织领导干部、公务员、行政执法人员的法制学习和培训；注重组织新法规学习、网上学法，结合干部在线学习，加强法制宣传教育；注重通过组织新法规学习、网上学法，结合干部在线学习，注重法制宣传教育；积极做好行政诉讼应诉工作，尚未出现败诉情况。

四、机关建设和精神文明建设

（一）建立健全机关党建工作责任制

在健全机关党建工作责任制过程中，区建设党工委深入落实领导干部“一岗双责”的要求，明确责任分工，树立责任意识。区建设党工委以落实先进性建设长效机制为重点，注重加强党建工作。注重夯实工作基础，严格执行党内生活制度和“三会一课”制度，建立“党员手册”，确保党内活动和作用发挥记录在案；注重发展党内民主，尊重党员主体地位，严格执行党内情况通报、报告和重大决策党内征求意见制度。

（二）实践创先争优，提高干部综合素质，改进机关作风

在深入开展“创先争优”活动中，区建交委切实推进基层党组织明确活动主题和载体，结合“双报到”、“双结对”活动实施“困难群体关爱行动”。不断完善和强化党员、基层党组织公开承诺活动，实现联系实际、注重实践、务求实效的目的。

通过远程教育系统和报刊、网站等信息平台，深入宣传“创先争优”活动精神，加强机关干部的思想理论教育，坚持和完善中心组学习制度，促进领导干部政治理论水平的提升；认真组织机关全体职工学习党的路线方针政策和市区重大会议精神，提高干部的综合素质；区建设党工委抓住建党90周年契机，开展党史知识竞赛活动，加强党员理想信念教育。

自2006年至今，建交委支部坚持与新华街道杨宅居委会、天山街道新光居委会、新华街道东镇居委会结对，并对其进行帮困资助。今年，机关职工蒋志清患重大疾病，我支部立刻开展了募捐活动，帮助其渡过难关。

针对2010年机关作风建设评比结果呈现的问题，区建交委进行了深入研究，提高办事效率，强化全面履职能力；提升服务水平，推进政风行风建设；强调廉洁自律，认真处理信访工作。区建交委从身边的小事抓起，强调为百姓做实事，切实注重机关作风建设。

（三）扎实推进精神文明建设

围绕党政中心工作，区建交委加强理论学习和形势教育，开展建党90周年学习教育活动，组织历史文献片《伟大的道路》观摩和“红色石库门”党史图片展，开展党史知识竞赛；举办《学习贯彻党的十七届五中全会精神》、《生态环境与加快上海城市绿化发展》等中心组学习报告会，加强干部职工的系统理论学习；以“创新管理、服务基层、关爱群众”为主题，以“以创新管理为抓手，推进城区综合管理为创建全国文明城区作贡献”、“以服务基层为依托、拓展区域化大党建”、“以关爱群众为目标、深化岗位行动建功立业”三者为载体，不断深化“创先争优”活动。

落实“五五普法”宣传总结，系统获得“先进集体”称号2个、“先进个人”3名；组织开展“媒体应对”宣传干部培训班，落实“文明在线”、《新闻坊》等相关外宣工作；大力开展文明城区的社会宣传工作在35个工地围墙设宣传广告621块、在6条公交线路130辆车设语音及滚动屏宣传广告、18辆车

的车身外宣传共54幅。认真完成建交委本部文明城区创建材料审核方面的组织工作，做到了不失一分的好成绩；推进建交工会换届工作，指导基层单位办理工会法人资格证，进一步完善系统班组建设；组织系统职工参加纪念建党90周年短信、博文创作大赛；围绕创建和谐主题，走访系统各单位工会，完善职代会和民主管理制度，组织系统单位报名参加2011年度区“安康杯”劳动保护竞赛活动；制订农民工教育培训工作计划，开展创建全国文明城区“送法律 送安全 送关爱”进建筑工地宣讲活动；组织系统开展职工文化体育项目，丰富职工文体生活。筹备落实基层工会创建市模范职工之家检查和区总工会对系统工会开展“安康杯”活动的抽查，组织系统工会参加巾帼文明岗专题培训。

（四）积极开展统战工作

区建交委举办与九三学社对口联系学习考察活动。完成九三学社换届班子人员的考察材料。区侨联换届本系统4位侨眷代表的组织推荐申报事宜。完成区工商联换届执委候选人本系统范围的组织申报推荐事宜。

配合举办党代表组年初活动。配合落实区第十六建设组党代表集中联系社区（走访慰问）活动。

第二部分 部门综合工作目标

一、区委、区政府下达的工作目标

（一）围绕经济发展大局，积极推动房地产业、经济楼宇和重点项目建设

1. 确保产业税收和产业结构

房地产业税收：截至10月底，累计完成房地产税收39.3692亿元，完成全年指标44.5亿元的88.5%。完成全年目标有困难的原因：一是今年年初根据市区有关精神，原属房地产税收统计的项目房屋租赁业税收被剥离，该项税收去年为9.4亿元，2007年至2010年平均占房地产税收的11.6%；二是受房地产调控政策影响，我区今年房地产交易量急剧萎缩，今年1–10月房地产交易税比去年同期下降43.62%。

2. 推进经济楼宇建设

经济载体建设：今年能开工8个项目，总建筑面积1486933平方米，占年度开工目标（53万）的280.6%，目前已完成3个正式开工项目：上海城三期、东方国信、临空10–3地块和1个预备开工项目：临空15号街坊（虹桥SOHO），总建筑面积599053平方米，占年度正式开工计划的113%。

2个未开工正式项目--98街坊商办楼计划12月中旬开工。临空11–3地块计划12月底开工。1个未开工预备项目—长宁来福士广场项目计划12月下旬开工。

另增加1个年底前开工项目：融真钢铁国际贸易中心总部商务楼，计划12月上旬开工。

在建项目：在建项目11个，即上海金虹桥国际中心，古北国际财富中心二期，尚嘉中心等，总建筑面积1355147平方米。均按照年度计划有序进行，目前均正常施工中。

竣工项目：年底前能够完成6个。截至11月底，已竣工和办理竣工备案手续的5个项目，分别是银达大楼、龙之梦商务大厦、圣地雅歌产品环境设计大楼、扬子江物流中心和博世研发楼，建筑面积32.66万平方米，占年度竣工目标的91.2%。另外，临空自建产业楼12月中下旬能够竣工。

福缘湾项目：截至11月底，土地已由土地储备中心移交给代建单位，土地划拨决定书、建设用地批准书已办妥，桩基部分施工图已审图完毕，正在办理桩基部分建筑工程规划许可证；周边可乐路和淞虹路拓宽工程已完成可行性研究，由于动迁政策因素尚未启动，作为明年工作目标落实。根据市佛教协会及区政府的要求做好开工准备工作，确保2012年1月7日开工。

茅台路地下通道建设：截至11月底，长房国际基地内的接收井，已经完成地板浇筑，正在施工第一层侧墙；金虹桥基地内的

始发井正进行坑底加固和维护结构施工，争取地下通道与金虹桥国际中心主体工程同步竣工。

紫云西路辟建项目：截至11月底，现已完成前期手续办理，因房屋征收实施细则出台较晚，影响动迁进度。

第一坊项目：截至11月底，区建交委已按区政府要求完成对有关审批手续的协调事宜，并多次联系督促建设单位抓紧时间开工，建设单位由于自身原因没有按照审批要求开工建设。

（二）抓好城区建设管理，完善道路建设和养护、轨交建设和河道综合整治

道路建设和养护：截至11月底，区建交委全力推进列入年度预安排计划的新建、改建、拓建万航渡路、淞虹路、新渔路等7条道路的建设。其中：配合市建设单位推进北翟路（中环－外环）工程前期工作，北翟路（剑河路－平塘路）拓建工程；剑河路跨苏州河桥梁建设配合市建设单位进行前期手续办理；万航渡路（长宁路－凯旋路）完成规划选址；新渔路（协和路－福泉路）完成前期用地相关手续；淞虹路（新泾路－哈密路）已完成工可批文，可乐路（淞虹路－哈密路）完成前期用地相关手续；白玉路（万航渡路－长宁支路）因控详规划调整，本工程将结合江苏北路旧改地块推进项目建设。完成虹桥路996弄、金钟路500弄道路整治工程，金钟路（剑河－平塘路）、仙霞西路（哈密－协和路）及玉屏南路（古北－娄山关路）和双流路（天山－茅台路）道路大修工程已进场施工，预计年内完成。

轨交建设：截至11月底，配合市建设单位进行轨道交通10号线、11号线交通大学换乘枢纽站车站站体建设，目前正实施基坑开挖施工。

河道综合整治：周家浜泵闸管理房完成施工图纸审核，年内完成招投标。纵泾港河道综合整治工程已完成一级目标，开工建设。南渔浦河道综合整治工程办理规划、用地手续。

（三）加快前期审批工作，落实地铁10号线和中山公园一号门项目

地铁10号线过虹桥路地下通道项目：截至11月底，地铁10号线伊犁路站3号出入口和过虹桥路地下通道已由申通集团立项建设。虹桥路地铁10号线与古北国际财富中心二期的地下勾连已经正式开工建设，目前进展顺利。计划2012年9月完成。

中山公园一号门项目：截至11月底中山公园牡丹园、部分围墙和步道改建完成；已安排区绿化市容局作为一号门改造动迁主体实施动迁。正在抓紧办理凯旋路（长宁－安化）拓宽、万航渡路（长宁－凯旋）拓宽前前期手续办理；中山公园内牡丹园改造已完工，中山公园围墙透绿和跑道改建已开工；区建交委正在加快中山公园一号门改造和地下空间规划的统筹力度和综合改造的工作力度。

（四）开展规划研究工作，深化中山公园地区和新闸路辟通工程方案

中山公园二层平台：中山公园二层平台目前正由区规土局组织开展方案国际招标，我委配合做好前期工作。

新闸路辟通工程：已完成项目前期研究等前期工作。

（五）巩固实事项目，提升防汛能力，落实社区公共停车泊位

实事项目：9条小市政道路积水点改造已经全部竣工，其中包括：虹桥路2489弄、新华路569弄（南段－安顺路）、蒲松南路（新光中学西侧）、仙霞路700弄、仙霞路780弄、武夷路295弄、华阳路172弄、金钟路500弄和虹桥路996弄（修文路－弄底）。

社区公共停车泊位：截至11月底，已落实新增车位251个，预计12月底可完成300个，分别位于宁康路25个、凯旋路（中山公园轻轨站南侧）41个、凯旋路（虹桥路

南侧，虹珠市场周边）65个、北新泾中环桥荫桥孔30个、遵义路435弄20个，玉屏南路110弄20个、虹桥路977弄（中山广场）50个，剩余车位正在积极协调推进中。

二、部门工作目标

（一）目标任务

1. 在无障碍设施项目方面，已完成全年计划289户任务，11月底竣工，年内完成审价。

2、在国资国企改革方面，目前，区建交委已全面推进深化作业养护领域市场化改革，已对本年度市政设施量三分之一道路养护和全部下水道养护实施了公开招投标。

3. 在道路和架空线建设方面，北翟路架空线入地：（威宁路—哈密路；剑河路—福泉路）竣工，完成部门目标；广顺北路（福泉路—苏州河）道路工程竣工，完成部门目标；安西路（延安西路—云阳路）道路改建工程，完成前期手续办理，待房屋征收；凯旋路（安化路—长宁路）拓宽工程，开工建设，完成部门目标。

4. 在外环西河工程建设方面，完成部门目标。配合市建设单位办理前期手续

5. 在建筑市场管理方面，2011年，区建交委牵头制定了长宁区整治规范建筑市场实施方案和建交委自查方案；成立了自查工作领导小组；从领导小组成员单位、建交委直属单位、在建工地分三个层面作了动员部署；完成整治规范建筑市场全面自查工作，上报长宁区建筑市场调查分析报告；7月中旬上海市第九联合检查组对我区进行了抽查，对抽查的问题督促落实了整改，拟定6份规范性文件，举行建设项目流程业务培训；对督查阶段工作进行了部署。

6. 在建筑施工矛盾协调方面，2011年，区建交委协调处理了尚嘉中心、周家桥街道91街坊、中星美华村等项目的施工矛盾。

7. 在代建制工作方面，2011年，区建交委拟定了代建单位行业管理办法，牵头组建了政府投资项目代建单位库，对代建项目进行了梳理汇总，协调了第三福利院、武夷路幼儿园等项目的代建事宜。

（二）电子政务应用

区建交委大力推进信息化建设，在“4+2”电子政务平台建设与应用工作中取得明显成效。通过电子政务三年行动纲要的实施，已在办公、经济、城建等多个领域全面地应用了“4+2”跨部门综合平台和一批重点部门业务系统，信息资源公开和共享机制已建立。完成城区建设与管理信息系统，在参与建设的10家单位中全面运行，其中建设项目并联审批系统和土地储备系统运转良好。开展基础地理信息平台数据维护更新工作，完成专业数据更新。应用公务员统一门户和机关办公系统情况良好。按审改办要求，不断推进行政审批网上办事系统。加强应用政府投资项目监督管理系统，做好信息的及时录入。

在信息安全方面，区建交委积极遵循信息系统安全管理办法，按时申报部门信息安全月报，严格内外网分离制度，规范安全使用和操作，积极参与城区建设和管理平台建设，起到牵头抓总作用。

在政府信息公开过程中，区建交委严格执行《长宁区建设和交通委员会关于政府信息公开办理工作暂行规程》、《长宁区建设和交通委员会政府信息公开审核、统计与检查评议制度》等规定，明确申请范围、办理环节和时限等细节，主动公开信息，做好依申请公开信息工作，并通过政府门户网站对外公布，及时开展信息公开的统计；完善电子档案管理制度，及时修订部门电子档案归档范围和保管期限表；及时公布行政许可决定，定期统计、汇总、公布城区建设和管理项目进展情况，第一时间答复市民有关区建交委职能的相关咨询。

（三）财政收支执行情况

区建交委按区人大通过的年度部门预算批复要求实施部门预算管理，较好地完成年度预算执行和财务收支工作目标。在经济活

动中，能自觉遵守法律、法规、规章和规定确保制度执行的有效性。

在预算执行中，区建交委坚持严肃、规范，并定期地进行预算执行情况的检查；对集中支付项目资金和政府采购项目资金申请时，认真把握审核关。本委的预算管理工作多次被区财政评为优胜单位。

在国库管理方面，应收的各类资金全额收缴，全面反映，并能按照财政国库管理的要求，及时解缴入库，规范操作。

在会计基础工作方面，区建交委能按照《会计法》和《会计基础工作规范》的要求，实施会计核算和管理。区建交委本部2008年至2011年度分别被评为上海市A类财务会计信用等级单位。

（四）计划生育

2011年建设系统户籍人口及流动人口计划生育率达100%。区建交委在计划生育工作的落地过程中，坚持依法行政，深入落实各项人口计生公共服务项目。根据行业特点，通过开展人口计生政策法规、科学知识宣传活动，区建交委不断做好计生知识的宣传和管理，尤其在对农民工的计生宣传工作上加大力度。

区建交委实行一把手负总责的工作责任制，层层抓落实；在部门内计生工作设置专人落实，计生干部认真落实计划生育的各项奖励措施，根据计划生育有关政策，及时制定修改本单位的计划生育规定。建设系统各单位注重贯彻落实人口计生法规政策，系统干部、职工对计划生育奖励补助政策知晓率达100%。

第三部分 机关作风建设满意度测评

一、坚持依法行政，树立良好政风行风

区建交委认真谋划好2011年的政风行风建设工作，继续做好民主评议、实例调查、专项治理等工作，加强对公权力大、与群众联系密切的单位和部门进行检查和监督，推动各单位和部门工作上新的台阶；不断创新工作机制，改进工作方法，提高管理服务质量，区建交委机关和相关管理部门要加强窗口服务建设，加强对管理人员的责任教育和素质教育，加大对存在问题查纠和整改力度。

二、加强行政效能，切实提高办事效率

深入贯彻学习实践科学发展观、学习党在新时期的路线方针政策以及经济法律等相关专业知识，学习行业先进典型，加强党性修养，不断提高思想政治素质、业务素质和履职能力水平，要求基层纪检干部主动配合党政主要领导全面落实本单位党风廉政建设各项工作，把中央、市、区关于加强反腐倡廉的各项要求不折不扣地落到实处，不断提高办事效率。

二、落实政务公开，提高信息透明度

今年，根据《长宁区关于推进党的基层组织党务公开工作的实施意见》和区委4月19日党务公开试点工作推进会部署，建交委开展了党务公开试点工作，成立相应的领导小组，有序推进，各级党组织主要负责人亲自抓党务公开的试点工作。建交委直属单位及建交委机关本部共十个党组织实施党务公开试点工作，初步建立健全党务公开目录和相关制度规范，把党组织的各项工作最大限度覆盖，最好形式展示，最佳效果落实告知于广大干部职工，达到较好的效果。

在政务公开方面，区建交委做好主动公开、依申请公开信息工作，通过政府门户网站对外公布，及时开展信息公开的统计；及时公布行政许可决定，定期统计、汇总、公布城区建设和管理项目进展情况，及时答复市民有关区建交委职能的相关咨询。

四、端正服务态度，切实解决百姓热点

抓好市政及河道建设和管理各项工作，及时与区政风行风检查组和街道调查组沟通，坚持依法行政、依法办事、切实解决百姓热点、难点；区建交委各科室与基层各单位同心一致，加大工作责任心，增强管理服务意识，提高工作协调和信息沟通能力，不断加强机关作风建设。今年，区纠风办在明察暗访调查中，区建交委取得好成绩。

五、清正廉洁，积极处理信访工作

一年来，区建交委会同基层各级党政组织和纪检干部做好各类信访件的调查处理，共收到区纪委等转来信访件五封，其中立案一件，及时进行调查核实。对查出的收受旅游卡、公车使用存在的问题都及时加以制止纠正；完成区纪委部署的各项治理工作和效能监察工作；配合党工委做好建交委系统企事业单位公车改革工作。

区建设党工委和区建交委在区委、区政府的领导下，在服务全区发展大局的过程中较好完成了年度工作目标。同时，不断拓展党建工作新领域，注重城区环境品质新提升，强化民心工程新突破。2012年，区建交党工委和区建交委将继续紧紧围绕区委、区政府的工作部署，全力完成新一年的各项目标任务，为全区经济发展大局做出应有贡献。

长宁区绿化和市容管理局

2011年，在区委、区政府的领导下，区绿化市容和城管执法工作围绕“精品虹桥、国际商都、智慧高地、活力城区”的区域发展方针，以实现“城区环境品质走在前列”为目标，巩固世博成果，立足“双创”大局，保持常态长效、破解顽症治理、提升市容景观水平，着力推进城区市容环境“精品化”建设和“精细化”管理。

一、以全国文明城区创建为抓手，确保管理常态长效

（一）建立创建工作推进机制。

1. 加强统筹领导。建立“创建全国文明城区工作指挥部”、3个攻坚克难工作小组、10个街镇联络小组的组织架构，分别承担指挥协调专项整治、专题研究突出矛盾、加强与各街镇联系对接等职责。

2. 注重协调推进。对内细化责任，将评价指标体系中确定的任务按条线分解到分管领导、科室和基层单位；对外加强沟通，并由主要领导带队，逐一与各街镇进行了对接。

3. 强化巡查督查。通过区、局、基层单位三级创建巡查，及时发现问题，现场解决整改；建立局每日工作例会制度，对重点问题及时督办，做到一般项目次日整改完毕、工程性项目限时整改完毕。

4. 落实重点保障。迎检期间，全局干部职工响应区委、区政府号召，全力以赴，做好环境保障。局机关及企事业单位全部投入多层次、全区域巡查，每日达到18小时，发现问题当场协调解决；加强勤务力量配置，分队长到一线带队；延长环卫作业时间，从早5时至晚23时保持人力清扫保洁全覆盖，夜间进行大规模机械化保洁；加强重点区域花卉植物景观管理，安排专业人员至所有公园（大绿地）进行定人、定点驻勤管理；加大对景观灯光、店招店牌等设施进行专项巡查、处置。

（二）加强街面巡查执法力度。

1. 做到总体环境秩序有序。全区街面乱设摊（跨门经营）总量控制在月均441处，面上总量目标稳定、管控有效。充分发挥市容环境责任区指导员队伍的作用，加强宣传教育和示范劝阻，督促商家履行市容环境卫生责任，弥补了区域范围内的管理力量在空间与时段上的不足。

2. 完善弄内设摊“管控点”机制。完成华阳地区3处“弄内管控点”社会管理队伍调整，管理力量优化，管理标准统一，管理实效提高；新增遵义路780弄、镇宁路465弄2处“弄内管控点”，使全区社会化管理的“弄内管控点”达到7处，基本达到“两头缩进、中间畅通、品种控制、保持整洁”的目标。

3. 开展重点地区和特殊对象专项整治行动。一是开展中山公园地区综合整治行动，依托街道（镇）平台，定期开展联合执法，并完善华阳与周桥区域的勤务力量衔接，有

效遏制了商家无序促销和流动设摊较多的状况；二是开展仙霞地区夏季“夜排挡”整治行动，组建30—50人的综合整治队伍，整合城管、公安、工商、食药监等力量，实行固守与整治相结合的方式，坚持每夜开展综合治理至次日凌晨2时，同时增设护栏、景观花卉等设施，控制范围内无聚集性设摊出现。三是多方联动化解特殊对象设摊矛盾。深入细致排摸基础信息资料，评估整治难度等级，由副区长牵头，公安、城管执法等10个单位组建了区、街道（镇）两级集中整治行动指挥部，推进实施先期宣传、教育取证、集中整治“三步走”方案，成效明显。

（三）提升环境卫生作业管理标准。

1. 加强公共道路清扫保洁。根据市绿化市容局《本市百个街道（镇）千条道路推行道路洁净工程实施意见》（沪绿容〔2011〕50号）的要求，开展本区域道路洁净工程。在120条段主要道路配置人力、物力，实施区域内机械化清扫率、冲洗率达到100%，全区达到90%。通过实行“夜间作业、白天养护”和“组团式保洁法”等措施，并更新作业装备、完善管理方式、加大执法力度、建立志愿者队伍、加强质量监督、建立高效的综合保洁新模式，进一步实现街面基础环境面貌“整洁、有序、美观”的总体目标。

2. 加强公共厕所服务。规范完善设施设备，做到设施齐全、功能完善、导向标志完善。深化文明规范服务，统一服务规范公示内容，全面接受社会监督。强化公厕日常保洁，提高保洁质量，落实公厕便民措施，提供优质人性化服务。开展以“优质服务、优良环境”为主题、“文明公厕”创建为载体的文明创建主题实践活动，聚焦管理服务缺陷，落实整改责任和整改措施，有效开展自查自纠工作。

（四）提高园林绿化养护管理水平。

1. 加强基础设施达标改造。开展保创星级公园活动，从绿地景观提升、设施改造、便民服务等方面着手，对全区公园游园环境进行整体提升。更新凯桥绿地技防设备，优化监控格局。

2. 加强植物病虫害防治。预防和治疗相结合，通过监测点监测、药剂发放、预报简讯、专项防治行动等，积极指导相关养护作业公司及社会单位开展防治工作。重点开展了全区悬铃木方翅网蝽防治工作。

3. 加强考核监管。定期（月度、季度）对公园、大绿地、公共绿地、行道树养护质量进行标准化考核，落实各项养护要求，确保绿化面貌的常态常貌。

4. 探索公园（大绿地）志愿者服务机制。在凯桥绿地设立志愿者活动室，与华阳街道共同建立志愿者之家，激发市民公益活动热情，促进公园管理主体多元化发展。

二、以开展社会管理创新试点为契机，完善管理体制机制

（一）推进实施市容环境“大门责”管理机制。

1. 拓展管理内容。会同区网格平台，将原有14项管理内容拓展并细化为18类54项，并全部纳入区网格化平台管理范畴。

2. 落实管理责任。明确各管理层级的责任，一般问题由行政管理责任部门负责；对于迟迟未解决的问题，由区网格化平台跟踪查办，督促职能部门（单位）履行职责；涉及多个部门且久拖不决的事宜，由所在街道（镇）负责牵头协调解决；街道（镇）协调未果的，由区级层面协调解决。

3. 下移管理重心。强化街道（镇）的协调指挥权、人事任免建议权和考核奖惩权，落实街道（镇）对市容管理员、城管队员、市容协管员、门责指导员等派出队伍或人员的双重领导制度。

4. 督促商家履行责任区义务。通过购买服务落实各街道（镇）门责指导员队伍，开展专题研究，初步形成规范化操作流程；探索对拒不履行市容环境责任义务的商家进行

行政处罚的机制。

5. 加强社会宣传。开展以“全民爱护环境，共建文明城区”为主题的集中清洁环境活动，从 5 月起每月中旬开展一次全区性活动，广泛宣传和引导市民和商家参与维护市容环境。

（二）有效遏制新增违法搭建。

1. 加大执法力度。完善新增违法搭建处理制度，加强例会制度，主动协调实施主体单位和相关部门、街道（镇），建立日常报告沟通制度，完善信访回访制度。区拆违办共接到有效投诉 687 件，其中正在搭建的违法建筑案件 300 件，拆除新增违法建筑 291 件，新增违法建筑拆除率达到 97%，合计面积 4926 平方米。

2. 化解执法矛盾。积极缓解矛盾提升业主自拆比率，将更多力量转移到法律法规的宣传教育和思想沟通上，争取当事人配合，共有 130 处违法建筑经教育劝说后由当事人自行拆除，新增违法建筑自拆率达到 47%。

3. 开展存量普查。对全区各物业小区、公共道路、公共绿化、新式里弄、联建公助、二级旧里等区域内存在的违法建筑情况进行全面排摸，形成全面、完整的基础资料数据库。

（三）推进市容环境差别化管理。

1. 巩固先行区域成效。巩固古北开发区一体化、精品化管理，完善虹桥开发区和苏州河景观带的最高标准管理，逐步形成“管理有序、执法有力、监督有效、常态优良”的管理机制。

2. 逐步推广管理经验。明确“2+9+X”的差别化管理范围，在全区 2 个重点景观区域（中山公园地区、虹桥机场地区）和 10 条重点景观道路（淮海 < 中、西 > 路、延安西路、华山路、江苏 < 北 > 路、新华路、虹桥路、天山 < 西 > 路、长宁路、中山西路、虹许路）内，逐步实行作业、养护、管理、执法工作的最高标准，推进“全过程、全覆盖、全方位”管理。

3. 探索深化管理层次。与各街道（镇）进行对接，排摸重要地点，确定点、线、面三个层面的最高标准管理范围，形成“树上有藤、藤上有瓜”的管理机制。

（四）加强建筑渣土运输管理。

1. 狠抓工地源头管理。严格执行出土申报核准制，加大宣传教育和监督检查力度，协助管理部门推进建设施工单位、承运单位严格落实渣土管理和处置的规范化运作，增强源头发现、源头控制能力，查处违法违规行为。

2. 加强运输企业管理。作为全市首个试点地区，率先通过市级平台确定 7 家区域运输单位，全面规范工地建筑渣土车辆装载作业和运输处置，对于本区内产生的建筑渣土形成了从产出到消纳的全过程监管。

3. 落实常态巡查监管。定期组织联合执法、加大执法力度。每周组织一次夜间联合执法。在渣土管理部门、城管执法部门、公安交通执法部门间建立了“三方联动”的源头管控机制，定期对区域内运输车辆必经路口、出土工地等开展行政检查。共检查建筑工地 292 处（次），检查过境车辆 374 辆（次），依法立案查处违法违规案件 44 起，暂扣渣土运输车辆 38 辆。

4. 完善联动管理机制。建立建筑渣土管理例会制度，区建交委、绿化市容局（城管执法局）、公安分局、环保局、网格化监督指挥中心、相关街道（镇）分管领导等共同参加的每月工作例会制度，及时分解责任，确定管理、执法、作业的衔接，定期沟通情况，对发现的问题及时协调解决。

（五）规范户外广场展示展销管理。

根据《长宁区规范户外广场（商业街）搭棚展示展销（暂行）意见》，会同区虹桥办、商务委等相关部门，组织召开了我区部分大型商家企业座谈会，向所涉商户发放“长宁区户外广场（商业街）搭棚展示展销商家须知”，逐步规范广场、商业街等公共区域的商业活动秩序。

（六）推进社会化参与的管理机制。

1. 完善“三乱”治理市场化运作。调整“三乱”治理实施机制，通过市场化竞标，实行全区“三乱”统一处置机制，成效显著，共计清除“三乱”46 万余处，由区网格化平台移转该类案卷数量同比下降 70%，所有问题全部按时清除。

2. 完善景观灯光设施管理机制。通过市场化手段，落实 3 家社会企业承揽本区 11 处绿地及 158 幢楼宇景观灯光设施养护、抢修工作，达到一般区域 12 小时内修复、重点区域 4 小时内修复。景观灯光开灯率达到 100%，亮灯率、完好率达到 98% 以上。

（七）完善景观道路建后管理。

拟定《长宁区市容环境整治项目长效管理办法（草案）》，明确责任主体，完善管理机制，细化养护标准，进一步巩固历年市容环境“三类区域”创建、景观道路建设和中小道路整治成果。

（八）提升绿化景观建设和养护管理。

1. 推进花卉景观常态化布置。延续世博效应，加强重点区域和道路花卉景观布置工作，结合重要节庆、全国文明城区创建等重要时段，完成重点景观道路花卉景观布置，逐步实现常态化。

2. 积极推进林荫道建设。新华路（番禺路—杨宅路）列入全市首批命名的林荫道。

（九）规范餐厨废弃物管理。

切实加强废弃食用油脂和餐厨垃圾收运处置管理。一是强化源头申报和监控。加强与区环保局、食药监分局、质监局等部门的协同，逐步建立餐饮服务、食品生产单位的档案，加强对产生单位的日常巡查，努力做到应收尽收，杜绝废弃食用油脂和餐厨垃圾的非法收运。二是强化专业化、规范化收运。进一步规范收运单位的从业行为，做到收运车辆密闭、服务标准公开，确保收运过程的周边环境整洁，收运人员做到统一着装、持证上岗。

三、以年度重点项目为依托，推进城区环境不断提升

（一）推进居民生活垃圾分类试点。

在全区 78 个居民区推行生活垃圾分类试点工作。通过加强条块联动，广泛宣传发动，完善配套措施，生活垃圾产量较上一年度减少 5%。

（二）推进苏州河景观灯光建设。

完成苏州河景观灯光工程，新建楼宇景观灯光 56 幢、沿河绿地灯光带 1050 米、烟囱灯光 1 个、防汛墙景观灯光 3200 米，完成虹桥河滨公园内绿化灯光建设。

（三）推进公共绿化建设。

1. 推进公共绿地建设。新增公共绿地 71346 平方米（其中居住区集中绿地 30440 平方米），完成北翟路 25 米绿化带（一期）、虹桥枢纽动迁房（北块）10 米绿化带等大型共公共绿地。

2. 加强立体绿化建设。制定《长宁区屋顶绿化建设实施意见》和《破墙透绿实施办法》，完成屋顶绿化 17102 平方米、垂直绿化 1472.3 米、窗阳台绿化 230 米。

3. 推进中山公园改造。完成牡丹园改造和健身步道建设，完成围墙破墙透绿改造 829 米。启动 3 座公共厕所改建、16 座亭台廊榭修缮等部分基础设施改造建设。

4. 有序推进大绿地建设前期工作。中新泾公共绿地、丝绸厂公共绿地、临空一号公园、外环 400 米林带等建设项目前期工作取得阶段性进展。

（四）推进市容景观整治建设。

1. 推进景观道路建设。完成江苏路（愚园路—长宁路）、愚园路（镇宁路—江苏路）沿线 3 米线以下立面整治、改造任务，全面提高道路街面市容环境总体面貌。共整治更新店招店牌 180 平米、粉刷美化围墙 2310 平米、改造新建小区门头 26 个、打造景观艺术

围墙570米、涂装房屋墙面2050平米、涂装铁艺栏杆430平米、修补花坛180米。

2. 开展市容环境示范街道和“三类区域”维护提升。巩固和提升市容环境示范区域、规范区域、达标区域成果。虹桥街道、天山街道、周桥街道建成市容环境示范街道。

（五）推进环卫公共设施建设和改造。新建公共厕所2座，改建公共厕所8座、倒粪站6座。已申报市级文明公厕78座、示范公厕10座，文明公厕创建申报率达到100%，示范公厕申报率12.8%。

（六）稳步推进长宁区废弃物综合处置中心试运行。生活垃圾、粪便、餐厨垃圾、通沟淤泥和大件垃圾中转处置设备运转正常，全年共消纳压缩中转生活垃圾18.3万吨、处理粪便12.8万吨、通沟污泥3726吨、餐厨垃圾7205吨、大件垃圾2427吨。场区内日常办公、生活的公共及配套设施得到进一步改善，场地内保洁、保绿、保安一体化物业管理有效落实。针对渗滤液处置方案调整，配合区建交委开展调研、选址等，并进行可行性论证。

四、以提升行政效能为重点，加强组织自身建设

（一）完成区绿化和市容建设“十二五”专项规划编制。

建立局系统编制工作领导小组，深入研究，并广泛征求、听取区各相关部门意见，集思广益，群策群力，确保专项规划围绕“精品虹桥、国际商都、智慧高地、活力城区”总方针，符合区域中长期经济社会发展战略方向。我局被评为区“十二五”规划编制优秀单位。

（二）加强基层党支部建设，深入开展“创先争优”活动。

一是深入开展“创先争优”活动，结合“双创”工作，发挥基层党支部的战斗堡垒和党员先锋模范作用。开展党员公开承诺活动，2名党员被评选为2011年长宁区优秀党员和优秀党务工作者，东联公司党支部入选长宁区创先争优活动50个先进案例。二是加强基层党支部建设，撤消废弃物管理所联合支部，成立废管所、景观所、结算中心、拆违办4个党支部。三是创新党员教育形式，严把党员队伍入口关，发展10名一线新党员。四是有序推进换届选举工作，选举产生区党代表5名、区人大代表3名。

（三）加强警示教育，认真执行“三重一大”制度。

1. 加强党风廉政建设。局党政领导与32个基层单位党政负责人签订《局党风廉政建设责任书》，进一步强化分管领导履行“一岗双责”，组织开展勤政廉洁系列教育活动。严格贯彻落实违规收送礼金礼券专项治理行动，通过自查自纠，共收到18人（22人次）主动上交礼金礼券购物卡。对项目工程的廉政风险点进行自我排查，规范资金、物资使用。

2. 加强科学民主决策。认真落实“三重一大”集体决策制度，执行情况纳入班子民主生活会内容、纳入年终述职述学述廉、纳入日常监督检查之中。共上报区委、区政府、区纪委34项“三重一大”集体决策备案，共收到局属企事业单位148项“三重一大”集体决策备案，执行情况和对“三重一大”的决策意识有了明显增强。

（四）完善企事业单位管理机制。

基本完成区城管大队参照《公务员法》管理相关工作。完成国有环卫企业重组，实现与区域行政区划相适应的环卫作业模式，进一步完善管理体制，提高经营水平。制定并实行环卫企业职工工资增长机制。

（五）推进行政审批制度改革。

完成《行政审批业务手册》和《行政审批办事指南》编制工作，以“三高二少”（行政审批效率最高、经济领域诚信度最高、行政审批公开透明度最高、行政审批项目最少、行政审批收费最少）为目标，提升行政审批

工作规范化、标准化运作程度，并积极开展行政审批项目核准等工作。

（六）加强生产安全监管。

1. 做好防汛防台工作。贯彻“以防为主，防重于抢、全面部署、确保重点”的方针，完善防汛防台工作预案，开展户外广告设施安全检查。“梅花”台风期间，及时启动应急保障机制，各项工作有序开展。

2. 加强安全生产教育。积极开展“安康杯”和“安全生产宣传月”活动，发放各类宣传标语、图片等100张，并利用公园有线广播对游客宣传教育2次，组织安全生产自查3次。开展绿化技能竞赛和环卫技能竞赛。

回顾过去一年的工作，绿化市容、城管执法工作在区委、区政府的领导下，在市绿化市容局的有力指导下，在文明城区创建和促进城区环境长效常态管理中取得了一定的成绩。但是，我们也清醒地看到，工作中仍存在着一些薄弱环节，对干部的监督管理不够严格，作风建设和工作执行力需进一步加强；对瓶颈问题、难点顽症的解决办法不够有效，创新管理能力需进一步提升；管理制度不够健全，党风廉政建设责任制的落实需进一步完善等。

2012年，绿化市容系统工作仍然十分艰巨，我们将围绕区委、区政府提出的加快建设“三个城区”、努力实现“五个提升”的目标，振奋精神，坚定信心，开拓创新抓突破，奋发有为抓落实，不断提高市容环境建设管理水平。

长宁区住房保障和房屋管理局

2011年是十二五”开局之年，区房管局以创建全国文明城区为契机，在区委、区政府领导下，紧紧依靠各兄弟单位，围绕年初制定的区政府重点工作目标和部门目标，全面展开经济适用房工作，积极探索动迁新政，继续推行物业管理一体化激励机制，为民生改善和区域发展作贡献。

一、开拓创新，寻求突破，超额完成土地储备等其他重点工作。

围绕2011年区府各项重点目标任务，全局上下齐心协力，不气馁、不松懈，超额完成土地收购储备既定目标，圆满完成第一批经济适用房申请工作，物业管理长效机制建设方面取得进展，全面推行物业管理一体化激励机制，全局各项工作有条不紊、顺利推进。

（一）土地收购储备工作

★区府一级目标：完成322街坊西联环卫、30街坊的土地储备；力争完成232街坊郁家宅、282街坊祝家巷，105街坊自仪公司等土地储备。

一级目标圆满完成：完成322街坊西联环卫公司的土地收购签约；30街坊、105街坊下属上海自动化仪表股份有限公司已完成土地收购储备签约，并交地；232街坊郁家宅、282街坊祝家巷大部分居（村）民的动迁工作完成；71街坊上钢十厂已经交付的土地上的建筑物大部分已拆除，新颖、精盛二个花市基本完成搬迁。

2011年实施土地储备操作共计32幅，其中8幅已完成土地前期基础性工作，另外24幅已启动操作程序。

（二）保障性住房建设和经适房、廉租房及公共租赁房工作：

★区府一级目标：切实做好经济适用房、廉租住房、公共租赁住房等工作。加快推进338街坊保障性住房和346街坊、205街坊配套商品房建设。338街坊年内完成基础结构部分，205街坊完成工程总量70%，346街坊虹桥枢纽北块完成工程总量90%。

1. 经适房工作。

经济适用住房是今年新开展的一项民生实事工程，在推行过程中，我局集全局之力，协同作战，取得了阶段性的成果。第一批经适房受理工作，在政策咨询阶段，有效咨询9874户；初检基本符合户数为4877户；经适房受理复审阶段，共有1855户家庭符合要求并公开摇号排序，建立轮候名册。10月28日开展选房现场会，成功选房1673户。同时开展第二批次经适房受理工作，累计受理731户家庭。

2. 廉租房工作。新增租金配租260户，目前享受租金配租3234户，发放租金2194万元。实物配租的家庭116户，今年新增47户。

3. 公共租赁房工作：区公共租赁住房投资运营机构已成立，并参加全市第一批公共租赁住房投资运营机构挂牌仪式。根据《2011年上海市保障性安居工程目标责任书》的要求，我区今年需新建和筹措公共租赁住房800套，年内已落实项目5处，住房套数888套。其中，九华汇智尚都、假日酒店、万华人才公寓项目已竣工。

4. 开展保障性住房建设：338街坊保障性住房项目在2011年10月30日开工建设；346街坊虹桥枢纽北块和205街坊，均已完成总体工程配套。

（三）物业管理长效机制建设方面

★区府一级目标：完善“四位一体”物业管理组织架构，加强无物业管理小区托底管理，拓展售后公房物业管理补贴范围，扩大物业管理示范小区试点，进一步提升物业管理服务水平。

继续推行物业管理一体化激励机制。各街镇已陆续成立了街镇和居委两级“四位一体”管理组织和考评小组，也已上报相关书面审核资料，共有284个住宅小区进行申报，合计建筑面积达800多万平方米。今年9月出版的《新民晚报》和《文汇报》分别以《长宁区对物业企业实行考核激励赢得良性发展》、《三毛钱，解了物业管理死结》为题对我区推行物业管理一体化激励机制做了详细报道，上视新闻综合频道和中国上海门户网站也都进行了正面宣传，既向全社会实事求是地报道了物业企业因收不抵支而面临的困境，也反映了老百姓在物业服务提升后的真实心声，还肯定了我区物业管理一体化激励机制的做法和效果。

（四）全力以赴做好全国文明城区创建工作

一是做好宣传，统一全区物业服务人员思想。通过发放宣传资料、制作统一展板、召开小区经理会议等形式，在住宅小区内广泛营造创建工作氛围。二是开展动员，形成做好创建工作有效合力。主动与新长宁集团以及区内大型物业服务企业对接，并与各街镇紧密配合，形成创建工作有效合力。三是细化标准，推进物业服务窗口规范化建设。针对创建要求，制定测评迎检方案，明确迎检工作任务，细化标准，和各小区管理处逐一对接。四是仔细排查，落实创建工作各项要求。开展全覆盖排查，对各物业企业所要完成的工作进行再部署，同时主动帮助物业企业解决着装、投诉记录等各项问题。

二、旧区改造和旧小区综合整治因政策因素，目标完成存在困难

回顾这一年，区房管局在旧区改造和旧小区综合整治两项重点工作上面临挑战，2011年伊始，旧改新政出台，原有的工作体系被彻底改变，在长达9个月的政策过渡期，我们斗志昂扬、努力攻坚，但旧改工作推进仍较缓慢；而旧小区综合整治工作也面临同样困境，由于市房管局规定全市旧住房改造工程项目应暂缓实施，使得我局6.8万平方米的调整项目和30万平方米的新增项目均无法办理项目报建招投标手续，无法按期完成年度工作目标。此两项工作进展如下：

（一）旧区改造和动拆迁工作

★区府一级目标：推进15幅基地拆迁工作，年内启动江苏北路等地块，力争潘家塔“三跨”地块取得突破；完成左家宅、何家角、祝家巷等6幅基地。全年完成旧区改造7万平方米左右。

1. 动拆迁基地推进情况

2011年在拆基地13幅，居民1022户746证；现已完成基地4幅，居民479户377证。已拆除面积约6万平方米，其中拆除旧区面积约2.5万平方米。

2. 拆迁行政管理

（1）房屋安置拆迁裁决。受理裁决申请108证150户，发出裁决95证132户。（2）强迁听证。举行1批行政强迁听证会8证11户拆迁居民；涉及1街道（镇），2个基地。（3）申报司法执行。共上报区法院申请司法强制4批30户，8户已协调签约。

3. 做好旧改前期调查摸底工作

江苏北路等三幅旧改地块四至范围认定请示已报市建交委。根据市建交委要求，对旧城区改建范围内涉及新工房的，先行征询新工房改造意愿，江苏北路、凯桥东块新工房同意改造比例均超90%，目前正在公示阶段。

（二）旧小区综合整治工作

★区府一级目标：实施旧小区综合整治100万平方米（其中70万为2010年结转项目），完成工程总量的80%。结合旧小区综合整治实施居民住宅二次供水设施改造。

一是在市房管局下发《上海市房管系统建筑工程整治工作实施方案》规定全市旧住房改造工程项目应暂缓实施的情况下，我局考虑我区整治小区的实际情况，勇担责任和风险，将2010年已准备启动的63万平方米（已经市房管局立项项目）申请复工实施，保质保量地完成了63万平方米旧小区综合整治工作。2011年，我区开工量占全市总量的67%。二是完成新华路393弄、新华路448弄的“一平方米”改造项目（建筑面积6695平方米），完成天山二村121 — 122号等3处5626平方米的成套改造项目。

三、有序开展我局其他各项主要工作

（一）做好物业管理基础工作

1. 指导业主大会、业委会规范化建设：在《上海市住宅物业管理规定》正式施行前，与各街镇对接业主大会、业委会组建换届等相关工作，确保各项工作稳步推进。

2. 消防安全专项检查：共检查住宅小区713个（次），涉及多层住宅4918幢，高层住宅1303幢，非居住高层建筑40幢，共发出整改通知书112份，涉及小区112个。

3. 开展物业相关人员培训：开展居委会书记主任专项培训240人次，业委会主任专项培训800人次，物业企业负责人和小区经理专项培训550人次。

4. 发挥“962121”物业呼叫平台服务作用：共处理报修2981件、投诉888件，合计3869件。

（二）拆房管理和房屋检测工作

1. 拆房安全管理：共监管拆房工地36处（包括今年新开工和历年结转），面积共77万平方米。其中历年结转15处，面积69万平方米；今年新开工23处，面积19万平方米；总共竣工11处，竣工面积4万平方米。目前受监工地27处，总面积74万平方米。

2. 区建筑市场专项整治工作：制定整治方案，对辖区内所有拆房企业进行部署和宣传，在4–6月份开展了检查工作，分阶段、有重点地完成了企业自查及我站监督整改工作，重点检查拆房企业资质、人员证件的外借现象、拆房工程的转发包现象。在8月份开展的全市范围内的建筑工地大检查中接受了市建交委及房管局的检查。

3. 房屋质量检测：多次参加有关房屋质量问题的协调会议，共完成违章拆除承重结构的鉴定案件约20起。对全区范围内的危旧房进行普查，对存在问题的房屋及时采取措施排除隐患。

（三）房地产二、三级市场

1. 房地产交易：房屋总成交套数、面积、金额分别为8405套、89.8万平方米、244.9亿元。其中商品房成交2558套，33.1万平方米，100.4亿元；存量房（买卖）成交5771套，52.7万平方米，139.4亿元；存量房（其他）

成交76套，4.1万平方米，5.1亿元。

2. 市场行政管理：发放预售、预租许可3张，涉及3个基地，建筑面积18.9万平方米；新申请暂定级企业7家，房产中介经纪机构备案48家，年检130家，注销42家，基本信息变更1家，跨区移址2家。由我局牵头，物价局、工商局配合，联合开展房地产经纪市场专项整治，对全区备案注册的643家中介企业，对九类行为作为整治的重点开展全面自查和重点检查。

3. 住房制度改革工作：完成有限产权接轨172套、未确权房屋代售户24套；单位使用权房转产权3套；开具外省市房改证明58份。

4. 私房落政工作：处理作价收购新增华侨产2户，建筑面积217平方米，补偿金额1358万元。处理历史遗留问题8户，建筑面积506平方米，补贴金额1261万元。

（四）住宅建设工作

1. 住宅建设推进：新开工住宅项目4项，新开工面积12.2万平方米。竣工住宅41幢，面积26.5万平方米。累计施工110.8万平方米(其中住宅面积92.9万平方米)。

2. 住宅区绿化和配套建设：完成居住区绿地88168万平方米（其中集中绿地40370万平方米）。全年施工“中、小、幼”5所，面积19928平方米。新华路1号住宅已通过市局“四高”优秀小区验收。城峰房产的“虹桥绿郡”住宅性能认定项目初审合格。

（五）房屋土地测绘工作

1. 土地测绘：完成建设用地勘测定界项目41个,约57万平方米;竣工结案项目15个，约17万平方米；变更修测项目35个，约47万平方米;土地面积分摊7件,建筑面积约7.5万平方米。

2. 房屋测绘：商品房预测项目13个，建筑面积约155万平方米；商品房实测项目11个，建筑面积约60万平方米；系统房实测项目37个，建筑面积约32万平方米；动拆迁基地建筑面积测绘及核定，近3000平方米；私房测绘项目19件，建筑面积约954平方米

3. 重大急办项目工作：完成虹桥开发（31）地块测绘工作；完成古北商务区9-3、A3-02地块地下建设用地测绘工作；完成程桥二村因地铁施工导致3幢房屋倾斜而拆除重建后的使用面积测量工作。

（六）档案、信息化和政府信息公开

1. 档案工作。接收产权登记档案23064卷；整理上传文书档案文件100余件、电子照片文件50张。接待档案查阅4500多人次、查借阅档案案卷5300卷。完成地籍档案和产权变更档案实体扫描工作。

2. 信息化工作。完成测绘中心等四处基层办公地点与区政府联网。完成保障事务中心等单位的网络改造及设备配置。

3. 政府信息公开工作。共主动公开信息46条，现场接待288人次，收到依申请公开165件，全部给予答复。

（七）两会提案、信访稳定和一门式窗口受理工作

1. “两会”意见、提案。区房管局在区十四届人大八次会议期间，收到人大代表书面意见30件，其中主办29件，协办1件。在区政协十二届五次会议期间，收到政协提案19件，其中主办5件，协办14件。主要涉及物业管理、旧区改造、平改坡等方面，全部办结。

2. 信访和稳定。我局共受理各类信访件1087件，去年同期受理各类信访件1401件，同比减少22.4%。其中来信363件，比去年同期811件减少了55.2%；来电284件，比去年同期199件增加了42.7%；电子邮件179件，比去年同期108件增加了65.7%；来访261批次，306人次，比去年同期285批次减少了8.4%配合区信访办完成市联席办交办的重信重访排查、归档工作，5件。

3. 一门式窗口受理工作。共接待电话、

现场咨询900多人次，受理各类审批、年检和认定等事项568件，已全部按时办结。

（八）依法行政工作

1. 行政诉讼和行政复议：共有行政诉讼6起。其中，当事人自行撤诉2起。法院自行撤销案件2起，尚未开庭审理2起；行政复议2起，其中当事人自行撤诉1起，市局维持1起。

2. 行政执法：按照市府办要求，对2008年以来行政处罚实施情况进行了全面检查，各类行政处罚权共有10类83项，尚未有因事实不清等原因被撤销、变更和确认违法的案件；对长宁区金廷88广场和园林一品2处新开楼盘进行现场监督检查；开展房地产经纪市场专项整治工作，发放自查表307家，重点抽查了48家，在重点抽查中，发现有违规行为并发放《督查单》13家；存量违法搭建行政处罚4处，破坏房屋承重结构处罚决定6处，占用公共部位行政处罚2处，当场拆除违法建筑决定153件。

3. 行政审批事项清理：由原来的18项调整为25项，编制了清理后的行政审批业务手册和办事指南。

4. 加大处罚力度，探索行政处罚听证程序，制定我局行政应诉工作规则，创设督查（修）单；定期开展案件讨论会议，并对重大案件进行会商。并以两起案件为原型，探索有效处罚机制，形成经典案例2篇，上报市局及区法宣办，获得鼓励奖。

四、落实党建工作责任制，切实加强干部队伍建设

（一）统一思想，率先垂范，着力加强领导班子自身建设

继续加强中心组学习。将工作重点进一步融入区社会管理综合创新之中，开展十二五规划的编制工作，2名同志被评为区十二五规划编制工作先进个人；加强基层调研工作，局党政领导班子带领业务科室负责人、房管办负责人走访街镇、对接工作，形成常态；健全“三重一大”集体决策制度，通过“三重一大”备案系统即时报告；围绕“坚持以人为本执政为民理念，发扬密切联系群众优良作风”的主题，召开领导班子民主生活会，明确了班子的努力方向。

（二）紧紧围绕实现长宁“十二五”良好开局和纪念建党90周年，深化创先争优活动

以“争做服务百姓安居的标兵”为总体目标，制定创先争优活动方案。局各基层党支部积极落实“两个报到”，认真开展“双结对”活动；全体党员参加了“清风礼赞、党旗飘扬、红色纪念证”的制作和公开承诺活动；各基层单位开展了“学党史、知区情”坚定理想信念活动，局机关代表队在区建设系统党史知识竞赛中荣获第二名；组织参加“红色的旋律”纪念建党90周年书法摄影比赛，有二幅作品得奖；1名同志被评为长宁区优秀共产党员。长宁房地产交易中心党支部《依法登记铸牢房产安全盾牌，规范服务营造和谐安居环境》入选《长宁区基层党组织创先争优案例集锦》。

（三）围绕纠风专项治理工作，积极推进党风廉政建设

一是坚决落实党风廉政建设责任制。《2010年长宁区机关作风建设满意度中介机构测评分报告》下发后，我们在党政班子会议上传达、学习、分析。强化领导干部廉洁从政教育，印发《局关于专项治理违规收送礼金礼券购物卡的实施方案》，设立专项治理举报电话。

二是加强换届纪律学习教育活动。认真组织专题学习和测试，继续加强干部选拔任用工作四项监督制度的学习和执行。获得市房管系统纪念建党90周年反腐倡廉征文活动优秀组织奖，论文获三等奖。

三是认真做好政风行风“重点评”工作。作为市房管系统政风行风“重点评”抽查的三个区县局之一以及区政风行风“重点评”

的部门之一，我局落实组织领导，召开专题会议，明确工作任务。在6月“重点评”检查工作中，市监督组对房管工作予以了肯定。

四是推进房管办事处接受民主评议工作，提升群众满意度。房管办事处制定计划，落实方案，参加所在街道对基层站所的民主评议，把着力点放在发现问题和推动问题解决上，主动接受群众监督。

（四）加强基层基础工作，推进基层基础建设

一是继续加强干部的培养力度。完成了新一轮后备干部的推荐工作。提拔任用科级干部10名，并根据工作需要，由副主任主持事业单位部门工作2名，局机关选拔任用科长助理1名。

二是认真开展精神文明建设工作。交易中心、三个房管办事处在获得2009—2010年度市、区文明单位的基础上继续开展新一轮文明单位的创建工作。11名同志获区创建全国文明城区立功竞赛活动先进个人，第二办事处获区创建全国文明城区立功竞赛活动先进集体。

三是岗位设置调整及人员编制充实工作。做好局属10个事业单位的岗位聘用工作；完成质检站、交易中心的人员配置调整；完成房管办事处拆3建5工作，并确保了在设置调整过程中思想不乱，工作不断、队伍不散；完成2名公务员招录及19名事业单位人员录用。

（五）认真开展代表换届选举工作，加强党员党性教育

一是认真做好区九次党代会代表的选举工作。我局代表分配名额为3名。充分发扬党内民主，认真执行民主集中制原则，尊重党员的主体地位，落实好党员的知情权、参与权、选择权和监督权；二是完成区人大代表的选举工作。充分发扬民主，严格依法办事，充分尊重民意；选举工作规范，确保按时、高效的完成区人大代表的选举工作。按期完成了两名区政协委员的推荐工作。

五、以丰富职工生活为抓手，加强基础建设，推进工会及团总支工作

（一）加强组织建设，完善工会工作机制

做好二个基层工会的组建工作及基层工会人员调整工作，并对基层工会委员进行调整，提名一名委员作为工会临时负责人；完成了测绘中心工会换届选举工作；组织基层工会委员参加建委工会上海市职工代表大会条例的学习培训；参加建委第四次工代会选举，二名代表当选为工会委员。

（二）加强基础建设，推进文明班组创建

做好班组台账的基础工作，和创建区“工人先锋号”先进班组的工作。三个基层单位获得2011年度建交系统创建区“工人先锋号”先进班组称号。

（三）围绕创建主题，深化立功竞赛活动

组织开展长宁区文明城区创建的各项活动。并根据市局竞赛办的要求，布置今年立功竞赛要求和大练兵、大比武工作要求。我局交易中心荣获全市房地产交易板块技能比赛第一名，新长宁集团获房屋维修板块三等奖。

（四）丰富文化生活，营造积极向上氛围

一是结合单位实际开展形式多样的职工文化体育活动，如：组织开展三八妇女节、六一儿童节活动；开展职工疗休养及安排劳模疗休养、部分退休职工疗休养；开展局第二届职工卡拉OK比赛等。在此基础上选送6名选手参加区建交委系统职工卡拉OK比赛，分别获得一个特等奖，二个一等奖，一个二等奖，二个三等奖。此外，组织参加市总工会和《新民晚报》主办的“我拍书屋”摄影比赛，我局交易中心获一等奖。二是积极参加市区的相关活动，如：组织各基层工

会积极投入安康杯活动中，在“我与安全”大讨论安全生产合理化建议征集活动中，一条建议被市总工会选中；组织职工参加网上“上海市职工代表大会条例知识”竞赛；我局交易中心小品“家”参加区文化局组织的“永恒的爱”文艺汇演。三是做好关爱职工活动。开展冬送温暖，夏送清凉帮困互助的活动。

（五）加强团建工作，关注青年需求，增强团组织凝聚力

一是加强学习型团组织建设，开展“寻访红色足迹”爱国主义教育基地寻访活动、与离休老干部结对活动、长宁老干部与青年纪念建党 90 周年暨马读会创办 20 周年座谈会；二是开展长宁职业青年岗位创新立功竞赛活动，以信息化团建为抓手，扩大交易中心管网、房管人才论坛和房可圆微博的影响力；三是依托虹桥志愿服务网，挖掘适合房管青年的志愿者项目，开展“3・5”学雷锋便民服务集中行动、创先争优志愿者咨询活动、招募志愿者参加住宅小区巡查活动以及成立房管青年志愿者服务队；四是优化网格化团建合作平台，服务青年成长成才新需求，开展老洋房寻访活动、项目展示交流活动、“红色之旅”主题团日活动，并与区图书馆携手，开展共建结对活动。

（五）卢湾区

卢湾区建设和交通委员会

2011 年建委系统在区委、区政府的正确领导下，以邓小平理论和“三个代表”重要思想为指导，深入贯彻落实科学发展观，紧紧围绕“十二五”规划目标和“四个全覆盖”工作主线，全面聚焦旧区改造、重大项目建设、建筑市场专项整治等重点任务，积极应对和克服动迁宏观政策调整、系统政企分开等因素影响，团结带领广大干部职工解放思想、真抓实干，心无旁骛、攻坚克难，抓开局，抓启动，抓提升，全力以赴推进各项重点工作，实现了建筑市场专项整治工作全面启动、旧区改造稳步推进、城区管理显著提升、民生持续改善、社会和谐稳定的良好势头，为促进区域经济社会平稳较快发展和维护社会和谐稳定作出了积极贡献。

一、旧区改造和重大项目建设稳步推进

在新老政策交替的特殊时期，我们坚持一手抓新征收条例学习消化，一手抓在拆基地稳妥推进，继续保持了旧区改造的良好推进势头。

1. 总体推进平稳有序。全区共拆除各类旧房 50000 平方米，完成年度计划 10 万平方米的 50%；累计动迁居民 800 户，完成年度计划 1500 户的 53.3%。

2. 管理制度逐步规范。加强对动迁资金和动迁房源的制度化、科技化管理。一是在充分调研分析的基础上，针对区域动拆迁基地现状，先后引入拆迁管理和房源管理两个信息系统，为动迁全程阳光、公开透明和科学决策提供有力的技术保障。二是积极应对征收新政，针对老基地收尾工作，拟定了《关于 < 国有土地上房屋征收与补偿条例 > 施行前已取得拆迁许可证项目所涉申请人民法院强制执行工作的操作口径（草案）》。

3. 重点项目取得突破。启动一批项目中，由于今年必须按照新征收条例的有关程序、内容实施，因此项目启动进度不可避免受到影响。116 街坊（西块）资金房源已经到位，并完成户籍、房籍资料调查等前期工作，将根据新征收条例细则尽快启动；太仓路 / 吉安路拓路等项目正在办理前期各项手续，为明年项目启动做好准备。收尾一批项目中，目前 126 街坊已成功收尾，65 街坊北块居民签约率超过 99%，正在全力收尾；127 街坊、龙凤一期、龙凤二期等一批面上旧改地块也

克服困难积极推进。开工一批项目中，已实现卢湾消防站、126街坊等2个项目开工，在卢湾消防站项目中我们探索重大事项社会稳定风险分析和评估，开工前先行梳理、评估可能引发信访矛盾的不稳定因素，从源头上主动控制可能出现的风险。另外，龙华东路917号、中电科技上海大厦正在办理初步设计审查及施工手续，五里桥社区文化活动中心等项目已经办妥立项手续。在竣工一批项目中，目前已推动绿地万豪酒店项目竣工，绿地瀛通大厦、华丽家族俊庭等项目工程已进入尾声，开始预售。在推进一批项目中，小浜湾、香港新世界花园等项目正在抓紧建设。总体而言，今年前三季度重大项目建设推进有力有为，取得了预期进展，为明年以及“十二五”后期的竣工产出奠定了扎实基础。

二、整顿规范建筑市场工作深入开展

自7月市整治建筑市场领导小组抽查后，我们加大整改力度，着力长效管理，注重培训和社会层面的广泛参与，深入开展了三方面的工作。

1. 明晰职责界面，完善相关制度。重点理清涉及建筑市场、建设工程管理中部门之间职能交叉等问题，督促各相关部门根据市有关部门的规定，加快制定各自的管理办法，编制制度汇编，探索建立健全监管的长效机制。其一是在项目招投标、施工队伍管理、工程转发包、工地现场管理等环节上形成更加严格的管理制度，建立房屋修缮管理制度，强化政府部门监管。其二是推行招投标电子化平台，充分利用摄像监控等现代技术，探索运用行政监管和社会监督相结合的监管新模式。其三是规范中介机构行为，建立对监理等中介机构的动态考核机制，完善本区监理单位的短名单和黑名单制度。其四是由区整治办牵头针对外立面装饰装修、玻璃幕墙、店招店牌以及限额以下建设工程等监管盲区召开专题会议，初步达成职责分工共识。明确外立面装饰装修管理工作职责，建立规土、绿化市容、城管大队之间的相互告知制度。明确玻璃幕墙管理工作职责，列出全区既有玻璃幕墙清单，由监管部门下发整改通知书，责成业主单位自行整改，并逐步完善监管办法，加强巡查督促，确保安全。

2. 加大整治力度，确保安全质量。进一步严格新建项目管理，重点加强对施工单位的项目经理到岗率、工地安全质量标准化管理、劳动防护用品的发放、消防责任制度体系、民工宿舍现场管理及落实监理报告制度等工作的管理力度。进一步加强安全生产及文明施工管理，联合区相关职能部门，不定期对建筑工地开展集中检查、复查，对于发现存在问题的工地，开具安全隐患整改通知书或局部暂缓施工指令书，必要时对工地采取全面停工整改措施，切实强化工地安全生产责任意识，确保不发生重大安全生产责任事故。进一步强化参建各方消防安全意识，在前期开展建设工程消防安全隐患专项整治的基础上，进一步结合日常消防工作加大对各类“小工程”的排查整治。将关口前移，加强对施工工程消防手续办理情况进行监督，把好审核关，防止留下先天性隐患。

三、民生实事任务全面完成

根据区政府的部署要求，认真完成实事项目、民生重点工作、群众关心的日常生活问题、“两会”提案建议等规定任务。

1. “两会”提案建议办理工作全面完成。共收到办理件27件，其中区人大代表书面意见9件，区政协委员提案18件，截至3月底已全部办结，实现走访率、答复率、满意率的三个百分之一百。同时，坚持集中受理和常年受理相结合、当年办理和滚动办理相结合，对人大代表和政协委员平时提出的有益建议及时吸纳，对往年办理遗留的案件也视条件积极落实。

2. 群众关心的日常生活问题全面解决。斜土路15弄电线整治、顺昌路507弄电线扩容、瑞金二路410弄电线扩容、局门路222号安装铁栅栏、斜土路118弄4号无障碍通道等工程全面完工，得到市民群众的广泛好评。铁道路776弄、长乐路434弄等4条居住区弄堂积水点改造已全面竣工。

四、党的建设不断加强

坚持中心组学习制度，深入开展学习实践科学发展观活动，认真学习领会胡锦涛同志“七一”重要讲话精神；结合“撤二建一”工作推进，深入做好干部的思想政治工作；把创先争优活动作为调动和激发全体党员积极性和创新力的有力抓手，积极探索和推进党务公开试点工作；继续深化工地党建联建工作，建立完善联席会议制度；在联合党工委的统一领导下，全力以赴抓好建设系统人大代表和建交委系统出席区党代会代表的选举工作；深入开展党性党风党纪教育活动，强化党员领导干部廉洁从政意识，强化“一岗双责”意识，落实领导干部党风廉政责任制。

（六）普陀区

普陀区建设和交通委员会

2011年区建设系统各单位在区委、区府的正确领导下，在相关行业部门的指导支持下，深入贯彻落实科学发展观，围绕年初区委八届全会和区第十四届人代会精神，抓重大工程、市政基础设施建设，抓旧区改造动拆迁工作推进，抓建筑市场规范整治，抓城市安全运行长效管理，努力为推动区域经济发展方式的转变提供有力支撑。

一、深入推进思想政治建设，精神文明创建喜出成果

在区市政署开设了“金晶志愿者工作室”、“惠民热线工作室”和“阳光天使——金晶·公民思想道德建设示范实践基地”，上海市分别于2011年4月6日、6月27日在市政署召开了《普陀区深入学习金晶同志先进事迹座谈会暨金晶志愿者工作室挂牌仪式》、《上海市学习弘扬先进典型工作普陀区现场会》两个现场会。金晶志愿者服务基地目前已经有841名志愿者报名，分别从事阳光助残、市政、绿化、环卫等领域，志愿服务的影响不断扩大。市政署在创建成“全国精神文明建设工作先进单位”的基础上。通过重点狠抓的“十个一工程”，成功创建全国文明单位。转化和运用好世博成果，在城区管理中延续世博迎检测评期间的一些成功做法，注重世博精神的传承，放大世博后续效应。进一步完成世博系列资料的整理、提炼和完善工作。组织编制“四战”系列资料。即：《战号声声》世博鏖战纪实DVD、《战鼓阵阵》世博战地日志、《战花朵朵》世博群英谱、《战旗飘飘》系统（行业）荣誉册。做好了世博实物展示厅的布展，极大地激励了系统的干部职工投身城区建设的斗志。成功举办了建设系统（行业）首届职工运动会。先后进行了足球赛、篮球赛、羽毛球赛等十大类竞赛项目，赛出了水平，激发了干工作的斗志。组织养护总公司、园开公司志愿者赴安徽砀山魏庙希望学校援建爱心操场，在环境恶劣、物资匮乏、施工困难的情况下，勇克难关，仅用36天的时间圆满完成扶贫助教援建任务，受到当地群众和师生的赞誉。通过援建锻炼了干部，有9名同志得到一线提拔使用。

二、加快市政基础设施建设，营造转型发展良好环境

围绕年初确定的工作目标，大力推进以轨道交通、道路、桥梁等为主的重大工程建设。为加快轨道交通建设，实现轨交13号线部分站点2012年底前通车试运行的目标，进一步加大了轨交13号线普陀段8个站点施工建设推进的力度，较好地完成了轨交13号

线江宁路等站点的动迁腾地和轨交14号线普陀段5个站点定点、拆迁范围等前期相关工作。轨交7、11号线建设过程中和运行后造成居民住房损坏等矛盾得到了有效化解和稳控。为加快市政道路建设，在做好道路日常养护管理，提高设施良好率的基础上，完成了大渡河路（芝川路至桃浦路、怒江北路至金沙江路）两段改扩建工程和怒江北路桥拓宽工程。完成了香泉路、白玉路大修工程，古浪路（祁连山路—真南路）1.3公里中修工程，杨柳青路、子长路、西乡路道路整治工程，武威东路连接真北路道路辟通工程。完成了梅川地区雨污分流工程、胶州路长寿路口、中山北路道路积水点改善工程，以及常和路沉管抢修等工程。尤其是曹杨路5公里道路整治工程的实施建成，得到了张国洪书记和孙荣乾区长的肯定和褒奖。为落实区长提出的实事工程，改善中环商圈周边道路通行能力，解决古浪路铁路道口交通瓶颈问题，完成了曹安路和古浪路道口拓宽工程，有序推进真光路拓宽工程。继续推进甘泉街道和真如镇无障碍设施工程建设，改造扶手共计12.06万米、坡道4628米，目前已有8个街镇的无障碍设施得到全覆盖。此外，我们还主动协助市相关部门启动实施江宁路桥危桥改造工程，真光路桥方案设计完善等前期工作。通过全区各相关单位和部门的共同努力，成功抵御了台风“梅花”的侵袭，确保了2011年平安度汛。

三、坚持量力而行尽力而为，稳步推进旧改动迁工作

2011年受国务院《国有土地上房屋征收与补偿条例》出台和国家宏观调控的影响，本区的旧改工作面临着部分地块难收尾、旧改工作进展缓慢等困难。针对这一严峻态势，区旧改工作始终坚持“量力而行，尽力而为”的工作方针，稳步推进“2+3”等基地旧改动迁工作，全年共完成动迁居民1051户，拆除面积3.16万平方米。目前“2+3”旧改动迁基地中除“真北村二期”和“居家宅”因动迁政策调整尚未启动外，锦绣里、真北村一期基地签约率均已超过四分之三，现已进入收尾阶段，棉纺新村基地尚余近500户居民未签约，合利坊基地的签约工作正在进行中。本着先易后难的原则，着力推进历年结转在拆基地动迁工作，完成了燕宁苑基地动迁收尾工作，128地块和天安阳光地块的动迁签约工作正在进行中。同时，还按要求以协议搬迁的形式启动了浦发广场F地块的旧改程序，力争尽早完成该地块旧改工作。进一步加大以旧改动迁为主的信访矛盾处理化解力度，促成306件信访案解决或息访，平息了东新村三期、普陀二村等五大地块的动迁群体矛盾，促进化解个体积案34件。

四、全面整顿规范建筑市场，不断提高整治整改实效

认真贯彻市府2011年1号文件精神，扎实推进建筑市场整治工作。自建筑市场整治工作开展以来，对纳入政府监管的122个在建项目进行了全面梳理检查和督促整改。对全区在建工程的项目经理、安全员、项目监理分别开展安全生产、文明施工、监理报告等专业培训，对46个项目的建材进行了抽检，对建筑市场各类违法行为、安全质量隐患、区域内建筑市场监管体制执行等情况进行了抽查。在接受市整治建筑市场联合检查组对我区贯彻落实“市府22条”工作推进情况的检查后，举一反三，狠抓薄弱环节的整改，着重在建设项目程序、工程招投标、监理管理等方面严格控制，在工程管理、政府监管、审批程序、规范操作、安全质量、监理等方面加强管理。有针对性的建章立制，制定并实施《普陀区限额以下小型建设工程项目管理办法》和《关于建立普陀区“六无”工程管理工作制度的意见》。通过一年来对全区建筑市场的规范整治，我区建筑市场秩序进一步规范，建设工程质量和安全管理水平明显提高，特别是在文明施工管理方面，

在建项目都建立健全了长效管理机制，在2011年前五次文明施工测评中，普陀区继续名列中心城区前茅。

五、积极推进水环境建设，努力改善城区生态环境

按照“治本为先、突出重点、塑造亮点”的要求，加快推进中小河道整治。2011年完成蔡家浜、姚明港、工业河、金光河、南北厅、武威河等6条河道整治工程，完成西虬江橡胶坝增设泵站工程，加快实施南张华浜延伸段河道新建工程，同时推进新槎浦、桃浦河、横港、大场浦、生产一号河、中槎浦、李家浜、凌家浜等8条河道疏浚工程建设。配合完成了上粮二库经适房项目有关河道水系调整工作，确保了该项目顺利实施。继续围绕“两个全覆盖，两个常态化”的中小河道长效管理目标，全面开展安全护栏新建粉刷、防汛通道维修等工作，开展引清调水工作，对全区46条河道保洁全覆盖。通过持续协调推进，有效改善桃浦地区的水环境面貌，充分拓展了水利服务城市市容环境的功能。配合曹杨新村建村60周年开展了曹杨环浜河道设施和2.5万平方米的水质维护工作。通过对全区中小河道的整治，中槎浦、西虬江达到水务局星级河道，在市市民巡访团巡访全市82条中小河道的专项测评中，曹杨环浜、陈家浜、真如港等河道获满分，连续五次在全市河道专项测评中获得中心城区排名第一的成绩。开展了全国第一次水利普查工作，完成河湖基本情况清查、水利工程清查及堤防清查等基础性工作。

六、增强安全便民服务意识，提升城区交通管理水平

自2011年牵头负责春运工作以来，积极协调解决客运单位的各种困难，及时落实春运应急措施，有序高效地完成了春运各项工作。2011年春运期间，共发接客运车辆1万余辆、旅客10万余人次，未发生责任事故。努力协调市有关部门推进我区公共交通工作，本着便民、利民的方针，着力为市民营造良好的交通出行环境。配合桃浦镇做好部分公交线路调整的协调等工作，协调开通了长征2路公交车延伸段，增设了724路古浪路段站点等。加强城区静态交通管理，有序开展停车场管理工作，配合市相关部门做好停车联合执法检查工作，并对区内100余个停车场（库）的资质开展了普查工作。切实加强铁路道口安全管理，配合做好严家浜、绥德路两处铁路道口安全设备的更新工作，充实调整了道口监护员队伍，有效确保了两处道口安全可控，监护平安。参加市相关部门组织的国防交通工作培训和演练，同时抓好我区交通战备队伍训练落实等工作。

七、加大统筹协调力度，着力提升城市管理水平

以城市网格化管理中心为平台，加大城市综合管理力度，积极营造安全、有序的城市公共环境。围绕市数字化城市管理工作总体要求，不断完善城市管理新机制，继续与12319城建热线、公安等部门保持工作联动，将媒体曝光案件纳入网格化管理中，与街镇和各部门加大沟通协调力度，不断提高处置效率。自2011年1月1日至12月31日，城市网格化管理中心共受理上报案件82584件，立案82562件，立案率为100%，共派遣案件82635件，结案82513件，结案率为99.9%。继续发扬世博“三种精神”，积极应对第九次文明指数迎检测评工作。系统干部职工再次舍小家、顾大家，冒严寒、战风雨，全员出动，固守整治在全区200多公里的道路和400多个备检点上，劝阻跨门营业、乱设摊、乱停车等不法现象，努力为我区的文明指数测评迎检工作抢分、争分，为城区环境面貌的改善再立新功。

普陀区绿化和市容管理局

2011年，区绿化市容局在区委、区府的领导下，抓住绿化市容行业建设和管理的主

业，围绕“清洁普陀，美化家园”目标，真抓实干、努力奋斗，全面完成各项目标任务，全力保障区域绿化市容环境，全方位巩固世博后城市管理长效机制，全年工作突出“五个注重”，做到“五个提升”。

一、注重常态长效，综合环境质量进一步提升

1. 优化区域景观面貌。完成新建绿地20.13万平方米，新种行道树1567棵。调整改造公共绿地近12万平方米，针对曹杨新村建村60周年，对曹杨地区的杏山路、兰溪路等沿线7000余平方米绿地进行景观优化、提升；完成金鼎路南侧清涧林带三期绿地调整改造3.3万平方米、新村路（灵石路至沪太路）绿地调整改造7257平方米。完成宜川公园整体改造。完成垂直绿化4864米，屋顶绿化1.15万平方米。改造新村路、金沙江路、曹杨路等路段店招店牌1000块。完成1万平方米景观围墙改造，其中大渡河路绿地景观围墙、新村路科普主题景观围墙、延长西路金属浮雕景观围墙、管弄路文化休闲街等亮点纷呈。全年对全区范围内近40万平方米的围墙立面进行了粉刷。

2. 推进道路洁净工程。全区范围内共有92条段道路实施道路洁净工程，实施道路总长8.8万米，总面积237.9万平方米，占全区道路总面积的40%。充分运用现有无线对讲机等管理资源，及时发现并加快道路两侧暴露垃圾清除速度，提升道路洁净程度，全年共清除道路两侧各类暴露垃圾4667.9吨。添置道路保洁车辆35台，购置上门收集容器1万只，在实施道路上开展沿街单位垃圾上门收集。全年，共处置餐厨垃圾1.2万吨、废弃油脂569吨、建筑垃圾21.3吨、大件垃圾2506吨。

3. 完善景观灯光建设。继续完善苏州河沿线景观灯光建设，完成宝成桥西侧等六处绿地景观灯光的配电工程，完成梦清园至昌化路桥南侧的绿地景观灯光安装；完成长风生态园区13幢楼宇和1—4号绿地的灯光建设。同时，定期对所有在建和已建成的景观灯光设施进行检查，确保重点地区亮灯率100%，其他地区亮灯率98%以上。

4. 深化顽症综合治理。进一步强化街道（镇）责任区管理，抓好源头监管。曹杨街道成功创建为上海市市容环境综合管理示范街道。在责任区管理的基础上，街镇依托第三方企业整治市容管理难症“乱设摊”迈出坚实步伐，真如、长寿“集市尾巴”管理和桃浦的设摊疏导均纳入市场化管理。与此同时，全区“三乱”管理市场化运作顺畅，全年全区清除乱涂写46.3万处，乱招贴165.3万处，乱刻画13.8万处，处理“三乱”违法行为人1126人次，实现全区道路基本无“三乱”现象。

5. 加强渣土运输监管。完成我区新一轮建筑渣土区域运输单位招投标工作。进一步加强对本区建筑渣土运输市场日常监管，多次组织召开全区建筑渣土运输企业协调会，指导中标运输单位提升管理适应能力，督促区内运输潜在租赁企业规范渣土申报处置行为，提高渣土运输行业自律意识，确保我区渣土运输市场平稳有序发展。

二、注重建章立制，行业可持续发展水平进一步提升

1. 坚持规划先行工作理念。完成《普陀区绿化发展“十二五”规划》、《普陀区市容景观“十二五”规划》和《普陀区固体废弃物处置“十二五”规划》的编制，分析了“十二五”的发展背景，制定了发展目标，明确了主要任务，为新一轮行业健康发展指明了方向。

2. 完善绿化建设工程监管。结合建设工程专项整治，从建设管理、设计管理、监理管理、施工管理四个方面强化绿化工程规范管理。通过对审批建设项目的梳理，完成18个在建绿化建设工程专项整治自查工作。

3. 加强户外广告和非广告设施管理。完

成《普陀区户外广告设施设置阵地实施方案》的编制上报，为规范全区的户外广告设施的设置和管理提供依据。开展沪嘉高速公路沿线高立柱广告专项整治活动，拆除违规设置的高立柱广告6座。吸取“6.21事件”的教训，进一步规范店招店牌的审批与监督管理，全年审批店招6件；同时通过安全大检查，开出整改通知单200余张，督促责任方进行整改，排除安全隐患。

三、注重惠民便民，为民服务能力进一步提升

1.推进生活垃圾分类减量。2011年3月，我局和区妇联等部门联合制定了“百万家庭低碳行，垃圾分类要先行”普陀区垃圾分类工作三年行动方案。5月，曹杨街道作为首批全市生活垃圾分类试点，正式启动生活垃圾新分类。该街道共有居住小区59个，现已建成分类示范小区5个，试点小区54个。同时在终端处置上，我局在曹杨路山华果品批发市场内成功建成我区第一座生化有机垃圾处理厂，以往只能依靠政府出资运输并填埋的水果菜叶等垃圾，经处理变成了有机肥料，为推进垃圾减量化作出有益的尝试，多批市、区领导赴现场视察调研后予以了肯定。2011年，我区日均清运量为1048（吨/日），实际比上一年减量7.7%，超额完成5%的减量目标。

2.加强公园和公共绿地管理。长风公园大渡河路570米围墙全部打开，沿线建成宽3米的绿化带，达到绿化资源共享，提高了公园周边环境质量。改造甘泉公园中心花坛广场，新建花架106平方米，调整绿化300平方米，改建后成为甘泉社区重要的室外文化广场。兰溪公园和曹杨公园在硬件设施调整改造的基础上，对园内所有树坛进行重新设计，进一步提升优化了公园景观。在公共绿地管理上，定人定岗，细化养护等级及对应标准，按照养护等级落实专人进行分级养护。同时，进一步强化“大绿地”概念，加强对已接收的社会绿地的日常养护，进一步提高失管失养绿地的面貌。

3.深入文明行业创建。积极探索条块结合同创共建精神文明的有效形式和途径，围绕提升全系统文明程度，深入持续开展文明行业、文明单位、文明机关、星级窗口的创建工作。认真动员部署，深入调查研究，总结特色工作，绿化行业连续第五次被命名为区文明行业。同时，结合业务工作特点，开展文明公厕创建活动，共申报示范公厕22座。通过创建进一步强化为民服务理念，提升为民服务水平。

4.扩展社会动员与群众参与。2011年是全民义务植树运动30周年，局组织开展一系列3.12植树宣传活动，四套班子领导以及社会各界代表200多人在长风工业遗址园参加了植树活动。认真组织开展绿化知识进社区等“六进”活动，通过开展绿化修剪技术培训，逐步提高居住区绿化的养护管理水平。开展“十万盆花进家庭”活动，向市民送出盆花1万余盆。广泛发动绿化市容社会志愿者参与文明游园、文明用厕、垃圾分类、市容门责等各项活动，充分发挥志愿者宣传、巡查、引导和示范的作用。

四、行业自身建设不断深化

1.规范行政审批。加强对全局行政管理和执法的监督管理，明确部门行政管理和审批的法律依据，规范依法行政的工作程序。全年开展局依法行政大检查2次。10月份，组织开展户外店招设施审批培训，印发了相关制度规定，为规范户外店招店牌审批和监管奠定基础。2011年，我局共受理和实施各类行政许可586件，其中绿化行政许可97件，环卫设施配套行政许可57件等。

2.积极处理各方诉求。受理市区人大书面意见5件，其中主办件1件，会办件4件，主办件办结率100%，满意率100%；区政协提案16件，其中主办件9件，会办件7件，主办件解决采纳率100%，委员满意率

100%，答复针对提案率 100%；区党代表意见 22 件，办结件中解决采纳率 100%，党代表满意率 100%；受理处理市区信访 115 件，处理完毕 113 件，办结率 98.3%；受理各类投诉 1237 件，处理率和满意率均达 100%。

3. 推进信息公开工作。发布主动公开政务信息 111 条，公文备案 60 件，较去年主动公开数量上升 12.3%，政务公开范围进一步扩大。同时，党务公开工作迈出新步伐，上半年，通过调研，择长风公园党支部、景观管理所党支部、绿化社区管理所党支部等 5 个基层党组织开展党务公开试点工作，在试点的基础上，总结经验，9 月在全系统推开，同时在局网站开设“党务公开专栏”，进一步提高党务公开信息化水平。

五、注重创先争优，党的建设进一步提升

1. 认真开展“提升管理创先进，岗位建功争优秀”主题活动。结合实际，制定“创先争优”工作方案，并贯穿全年党委工作。在窗口单位和服务行业开展“亮身份，践承诺”活动，收费所和废管所党支部作为试点单位，取得了良好的测评成绩。深入开展“讲党性、重品行、作表率”主题教育活动，组织实施庆祝建党 90 周年系列活动，评选表彰了一批先进党组织和党员。通过活动，教育引导广大党员干部振奋精神，充分发挥先锋模范作用，为推动我区绿化市容建设管理建功立业。

2. 加强领导干部队伍建设。围绕党委工作目标，进一步深化党委中心组管理，为创建学习型党组织做表率。全年中心组集体学习 15 次，出席率 95%以上。开展为期三年的党员干部轮训活动，2011 年培训的参加对象是局属机关事业单位、城管大队、园开公司全体中层干部。通过轮训，进一步增强了党员的整体素质，为完成我局全年工作任务和“十二五”规划目标，提供强有力的智力支持和精神支撑。同时，为进一步优化干部队伍结构，完成机关科室 3 名科级干部的竞聘工作。

3. 加强党风廉政建设。开展为期一个月的“以案释纪、以案释法、警钟长鸣、廉洁自律”专项教育治理活动，通过“三个环节”、“八个一”的活动内容，进一步增强了党员干部廉洁自律意识，取得了较好的警示教育作用。召开党风廉政建设大会，签订了《党风廉政建设责任书》，明确责任，严格落实，定期检查。按照区纪委 “四加三”专项治理的工作部署，结合实际开展了违规收受礼金礼卡购物卡问题、小金库、公务用车等六个方面的专项治理，对 8 个绿化工程建设项目进行自查，其中 2 个项目接受了区纪委的检查。开展廉政风险点防范管理工作，根据实际，查找容易发生廉政风险和监管风险的重要岗位和关键环节，建立健全防范措施和制度，深入推进我局反腐倡廉工作。

在回顾总结的同时，我们也清醒地认识到，区域市容管理中所面临的不少困难和挑战，主要有：一是如何在已有的工作基础上有新的突破，创造新的工作亮点；二是如何进一步理顺体制机制，促进市容管理工作更有效的开展；三是有些城市管理顽症治理还不够彻底，有反复和回潮现象，如何长效常态管理有待进一步研究实践。四是动迁成本高、审批程序周期长等外部因素阻碍绿化项目推进速度，如何跨前思考、科学规划、有效沟通有待进一步强化。这些问题和困难都需要我们在今后工作中，加以改进和克服。

在新的一年中，区绿化和市容局将以建设上海西部新兴商贸科技区为目标，进一步提高市容环境的美誉度和满意度，以更加振奋的工作精神，以更加饱满的工作热情，以更加扎实的工作作风，不断开创绿化市容事业新局面！

普陀区住房保障和房屋管理局

2011 年是建党 90 周年，也是“十二五”

规划的起步之年。区房管局在区委、区政府的正确领导下，紧紧围绕改善居住民生和推动经济社会发展两大目标，以昂扬向上的精神面貌、科学务实的工作措施，有力、有序地推进各项工作，在服务民生，服务经济，维护稳定，服务和推进区重点地区、重大项目建设方面，取得了显著成效，出色地完成了全年的各项工作任务。

一、各项居住民生工程推进有力，广大老百姓居住质量得到进一步改善

（一）第一、第二批经济适用住房工作取得阶段性成果

普陀区于2011年2月召开全区推进会，全面启动了首批经济适用住房申请供应工作，2011年8月又根据市政府放宽后的准入标准，启动了第二批经济适用住房申请供应工作。截至12月底，第一批经适房工作已经完成集中政策咨询、集中申请受理、初审复审、摇号排序、看房选房等阶段的工作任务，经审核符合准入标准的申请家庭共有4274户，其中3841户家庭成功选房，受益家庭数居全市第二，已全面展开配售签约。第二批经适房工作已完成集中政策咨询和集中受理，累计受理申请家庭1572户，正在进行审核。

（二）廉租住房政策受益面进一步扩大

租金配租方面，年内新增租金配租家庭525户，累计向4781户廉租家庭发放配租租金3550余万元，做到了“应保尽保”。实物配租方面，在2010年按新机制落实首批53户廉租住房实物配租家庭的基础上，启动第二批廉租住房实物配租工作，选定房源的受益家庭达63户，居全市第二，截止2011年底已全部完成入住手续的办理，受益家庭正陆续迁入新居。

（三）公共租赁住房工作实质性启动

根据《关于本市发展公共租赁住房的实施意见》，从组织机构建设、资金配备、房源筹集等多个方面，积极组织推进公共租赁住房工作。一是组织机构方面，市、区政府投入3亿元资金，组建了上海荣和公共租赁住房运营有限公司，计划由该公司对公共租赁住房和人才公寓进行专业化经营和管理。二是房源筹集方面，采取在建经济适用住房转化的方式，从金光二期、沪嘉北A、李子园A三个保障性住房项目中转化了11.2万平方米、1792套经济适用住房为公共租赁住房，超额完成了市政府下达我区的指标任务。同时按照“政府主导，企业参与”的原则，鼓励和引导相关企业共同参与建设公共租赁住房，帮助上海华明电力设备集团有限公司启动了同普路977号单位租赁房项目建设的前期工作。三是运作机制方面，经区政府常务会议讨论通过，建立了公共租赁住房工作联席会议制度，以整合房管、规土、环保等各方力量，聚焦重点，扎实工作，共同完成公租房的各项工作任务。

（四）保障性住房项目建设稳步推进

沪嘉北A、李子园A、金光二期、507坊、402坊等保障性住房建设项目按照既定时间节点，继续保持稳步、有序推进。截止12月底，沪嘉北A项目已基本完成毛坯房建设，李子园A项目除4号、8号房外已基本完成主体结构封顶，金光二期项目已进入收尾阶段，507坊地块已开工建设，402坊地块正在办理相关前期手续。

（五）老小区环境建设“六小工程”打造了新亮点

克服“11.15”事件后旧住房改造体制、机制调整的困难，继续组织各街道镇全力推进老小区环境建设“六小工程”，全年累计完成41个小区的“六小工程”改造，全面完成年度计划。同时，进一步拓展了“六小工程”的内涵和外延，打造了一批新的亮点。诸如甘泉公寓“艺术围墙”、五星公寓“立体式休闲广场”等集功能与景观为一体的项目，深受小区居民群众欢迎。

（六）旧住房成套改造等工程有序推进

以解决居民“烧饭难、洗浴难、如厕难”为宗旨，继续稳步推进旧住房成套改造工程，基本完成了曹杨六村 111–114 号，西合德里 182、183 号，宜川二村一标段 4 幢房屋的旧住房成套改造，共计建筑面积 13381 平方米，受益户数 407 户，正在办理竣工手续。配合曹杨新村建村 60 周年庆典活动，会同曹杨街道组织对曹杨新村部分房屋进行了厨卫改造、路面修整、内墙涂料粉刷等改造。

（七）物业管理“一体化”达标补贴取得成效

结合 09、10 年达标补贴工作实施情况，对考核规则作了进一步细化、修改和完善，使考核工作的针对性、有效性得到了进一步提升。截至 2011 年底，已全面完成 2010 年下半年度、2011 年上半年度公房和售后房小区物业全方位“一体化”服务达标补贴考核工作，达标补贴资金已下达，有效改善了售后房物业企业的经营状况，提升了公房售后房小区的物业服务水平。同时，根据上级部门部署，积极组织全区物业服务企业开展居住小区安全运行、居住小区“清剿火患”，以及居住小区文明指数测评迎检三项工作，制定下发了相关工作方案，召开全区物业企业动员会进行了部署，并通过检查、督改等方式积极组织推进。

二、房地产行业监管工作进一步加强，区房地产市场保持了平稳、健康的发展态势

（一）完成土地储备 242.75 亩

继续做好土地储备各项工作，年内完成了 704 坊、709 坊，以及桃浦镇 613 街坊 1/1 丘、614 街坊 2 丘、12 丘共三幅地块的土地储备，总面积 242.75 亩。新杨工业园区内 574 坊，中山北路交通路 52 坊 2 丘、12 丘，铜川路市联运公司等地块的收购储备也正在积极推进中。

（二）以“2+3”地块为重点的动拆迁工作稳步推进

继续有序推行两次征询、“数砖头 + 套型保底”、拆迁结果公开等动迁新政策，积极探索房屋征收新机制，并通过现场办公、专项检查、行业培训等措施，加大动拆迁监管和推进力度。年内共完成居民拆迁 1208 户、5.17 万平方米；完成光复西路 781 号、建民村第六块、桃浦社区 E2、E3 部分地块等 3 个拆迁基地的扫尾；按新政策进行试点的真北村、锦绣里两个基地已完成二次征询工作，真北村基地已完成拆迁总量的 80%，锦绣里基地已完成拆迁总量的 76%；棉纺新村自重新启动以来，签约户数达近 230 户；向区法院申报司法强迁 15 户，其中经法院协调已签约 6 户。

（三）住宅建设工作取得新进展

计划管理方面，年内核发新建住宅交付使用许可证 16 张，全区住宅建设新开工 86.9 万平方米，施工 253.12 万平方米，竣工 71.67 万平方米；商业、办公楼宇新开工 10.89 万平方米，施工 199.18 万平方米，竣工 60.08 万平方米。市政配套工程方面，保障性住房基地的市政配套工程白丽路已开工建设，经三路初步设计已批复，正在办理招投标手续，千阳路和光复西路完成工程可行性评审，纬一路正在进行工程可行性研究；真如副中心地区的礼泉路和规划一路正在进行初步设计；另区重点工程李子园路正在办理选址手续。住宅产业现代化推进方面，安居兰庭、恒盛鼎城东苑通过“四高”小区验收，中海紫御豪庭成功创建“四高”优秀小区；荣和家园（沪嘉北 A 块）通过“住建部 1A 级住宅性能评定”预审，荣和怡景园（李子园 A 块）通过“住建部 2A 级住宅性能评定”预审；在第七届“上海市优秀住宅”评选活动中，我区大华清水湾花园三期和品尊国际公寓荣获金奖，安居兰庭荣获银奖，荣和家园和安居金祁新城荣获优秀保障性住房奖，馨越公寓等 5 个项目荣获 10 个单项奖。

（四）房地产市场继续保持平稳发展

一是继续认真贯彻房地产宏观调控政

策，组织开展了房地产市场专项整治，促进房地产市场健康、平稳发展。二是组织对全区开发企业进行了房地产政策专项培训，受到欢迎和好评。三是以科学发展观为指导，完成了区房地产“十二五”规划编制工作。四是继续扎实做好各项基础工作。截止12月底，全区共批准商品房预售78.64万平方米，批准商品房现房销售方案备案88.81万平方米。实际成交方面，受宏观调控政策影响，1–12月全区商品房预售20.74万平方米，同比减少42%；商品房现售35.58万平方米，同比减少5%；存量房成交77.65万平方米，同比减少37%。

三、各项基础工作得到进一步强化，行政管理基础得到进一步夯实

（一）局信息化建设力度进一步加大

围绕提高内部行政工作效率的目标，以办公自动化系统、房地产全过程管理信息系统为重点，进一步加大了局信息化建设力度。截止12月底，已完成局办公自动化系统升级改版、房地产全过程管理信息系统三期开发两个项目的建设申报、需求确认等前期工作，即将进入程序开发设计阶段。

（二）新修订、出台的法规政策得到全面宣传贯彻

围绕新出台《国有土地上房屋征收与补偿条例》和新修订的《上海市住宅物业管理规定》，在拆迁单位、物业企业等多个层面组织开展了法规培训和宣传活动，并就法规执行情况开展了专项检查，总体上看今年以来新法规政策执行情况良好。

（三）政风行风建设工作扎实开展

认真开展了政风行风“重点评”及民主评议房管办相关工作，围绕局各项重点工作和群众反映的各类急、难、愁问题，加强督查和整改力度，不断健全政风行风工作的发现机制、督查机制、沟通机制和责任机制。今年我局政风网上满意度测评成绩在市房管系统和区综合管理部门保持领先，基层房管办满意度测评成绩在各街道镇基层站所中名列前茅。

此外，2011年权籍管理、企业资质审批、法制建设、行政执法、信访投诉、档案查阅、教育培训、舆情监督等基础工作，也都得到了全面落实。权籍管理方面，完成房地产测绘成果管理项目360件。物业企业和房地产开发企业资质审批方面，审核批准物业企业三级暂定资质7家、资质变更4家，归集维修资金42个楼盘1.41亿元；审核批准房地产开发企业暂定资质等级6家，完成房地产经纪企业备案登记27家。法制建设方面，认真做好了局“六五”普法启动准备工作。行政执法方面，整治和拆除违法搭建934平方米。信访投诉方面，共受理各类信访件2095件，其中查办件160件，办结率100%；办理“两会”意见和提案20件，办结率100%，人大代表和政协委员对办理态度的满意率、对办理结果的满意和理解率均达到100%。档案查阅方面，档案查阅窗口对外接待40671人次，提供房地产交易登记信息查阅65296卷。教育培训方面，对内举办了新进职工培训班，对外举办了行政执法人员培训班和普陀区物业维修人员技术比武培训班，取得了良好的培训效果。舆情监督方面，继续落实专门责任部门和责任人开展舆情监管，对所有涉及我局的舆情信息，严格按照“快报事实、慎报原因”的原则进行处理，并结合舆情监管工作，进一步规范自身行政行为。

（七）闸北区

闸北区建设和交通委员会

2011年，在区委、区政府正确领导下，城建工作紧紧围绕区经济社会发展总体目标，牢牢把握闸北实现跨越式发展战略机遇

期，根据轻重缓急，坚持建管并举，咬定目标不放松，坚定信心不动摇，确保以城建重点工作有效推进，加快实现各项年度目标。现将 2011 年城建主要工作完成情况与 2012 年工作初步思考汇报如下：

（一）旧区改造工作持续推进

截止 11 月 6 日，全区旧区改造累计搬迁居民 2773 户；完成基地收尾 5 块，即轨道交通 12 号线曲阜路站、宝山路改建、泽州路拓宽、江场路道路工程及市北 14 号地块；新拉开基地 3 块，即苏河湾地区 2、4 街坊及彭江路西钱塘基地。按照区委、区政府决策部署，今年旧区改造搬迁居民目标已调整为确保 3000 户、力争 3500 户，收尾基地确保 7 个、力争 9 个。根据旧区改造新任务、新要求，我区已分解目标、倒排进度，统筹安排资金、房源，全力以赴聚焦苏河湾，聚焦结转基地收尾，后墙不倒、狠抓落实：重点加快彭浦体育中心二期、桥西 B 块、西钱塘基地、新龙广场、中粮新兰西北块、圣和圣等地块收尾工作；大力推进苏河湾 2、4 街坊和长安西地块拆迁；并争取启动实施大统基地、中粮新兰二期、青 -12 二期等基地土地征收工作，确保实现年度旧区改造目标。

（二）重点工程建设进展良好

今年区政府重点工程正式项目 49 项、跟踪项目 23 项，建设进度和安全质量管理总体处于受控状态。我区结合区人大、政协年终视察和检查，对重点工程正式项目和跟踪项目进行逐一梳理排查，凡是进度有所滞后的项目，逐一加大协调推进力度，有效推动重点工程项目达到或超过年初确定的建设目标。同时，根据全区城市建设和经济社会发展情况，我区还积极抓好重点工程项目储备和明年立项工作，确保重点工程建设每年启动一批、开工一批、竣工一批和储备一批，不断推动区域经济社会持续稳定健康发展。

此外，继续加快市政交通设施建设：配合市申通公司，推进

汉中路综合交通枢纽及曲阜路站、天潼路站等市、区重大项目建设。区与区对接道路康宁路、场中路建设项目抓紧前期实施准备；北上海物流园区江场路、寿阳路和平型关路 3 条新建道路年内基本竣工：万荣路（广中西路——灵石路）大修工程，平顺路（保德路——岭南路）、景凤路（岭南路——阳曲路）道路积水点改善工程将于年内竣工；宝山路拓宽工程争取开工建设。福建北泵站加快设备安装；西干线工程主体完工，抓紧支管改接。中兴路电站（绿洲雅宾利接建）施工正常推进。此外，我区还积极推进河道整治工程，先后完成夏长浦（北海新苑）、彭越浦 6 号地块、走马塘平型关路等处共计 380 米薄弱段防汛墙改建工程；夏长浦（灵石路—沪太路）河道疏浚项目，疏浚土方达 6500 立方米；彭越浦（南沈宅—江场西路）西岸、东茭泾两岸护坡以及彭越浦（大宁路—老沪太路）三处共计 1.6 万平方米河道绿化改建工程，结合周边环境进行景观设计，采用更能体现河道景观的植物代替了原先单一的绿化，有效营造河道新亮点。

（三）各类房产开发稳步实施

今年各类房产开发总体进展保持正常。截止 10 月底，全区各类房产项目累计开工面积 57.99 万平方米，其中住宅 18.05 万平方米、办公 13.82 万平方米、商业 5.75 万平方米、厂房 11.65 万平方米和其它项目 8.72 万平方米；累计竣工面积 67.72 万平方米，其中住宅 32.25 万平方米、办公 17.04 万平方米、商业 0.97 万平方米、厂房 1.7 万平方米和其它项目 15.76 万平方米。

年内将重点抓好 321 凯特林地块就近安置动迁配套商品房、456 街坊商品住宅（中星馨恒苑）及公共租赁房等项目开工建设；推进五月花广场、不夜城 406 地块等项目竣工，保障如期完成确保开竣工 80 万平方米的年度目标。

今年以来，房产开发宏观调控力度逐步

加大，我区始终根据区域经济社会发展实际，有序推出建设地块，科学集约利用土地，确保房产开发持续健康稳定发展。为确保实现房产建设项目开竣工目标，我区结合建设项目行政审批改革，积极协调解决项目前期手续办理及建设过程遇到的困难，特别是针对保障性住宅及大型重点项目，区各相关审批部门共同帮助开发单位排计划、抓进度，加快建设项目开竣工，取得了明显的推进实效。

（四）建筑市场整治取得突破

闸北区已实现建筑市场统一受理、统一管理、统一执法的建管新机制，结合建筑市场整治，建筑业管理进展良好。根据市、区两级政府统一部署，2011 年我区建筑市场整治取得了前所未有的重大突破，做到"全覆盖、底数清、项目清、问题清"；并先后编制并汇编具有本区建设行业管理特色的《闸北区整治建筑市场文件制度汇编》两本，共计 25 个文件制度，通过培训、宣讲等形式进单位、进工地，形成长效常态管理机制。市整治办《整治建筑市场工作要讯》（第 24 期）登载了"闸北区彭浦镇积极探索小型建设工程监督管理办法"，俞正声书记 7 月 9 日批示："彭浦镇办法好，这是对群众负责的态度，主动加压，真正把责任落实到基层。建议建交委研究彭浦的做法。"

（五）建设管理水平不断提升

除旧区改造、重点工程建设、房产开发和建筑市场整治四项主要工作外，区建交委还承担着市政设施养护、河道水务整治、静态交通管理、国防交通战备、季节性工作防汛防台等项城市管理工作，涉及城区公共安全，已基本形成长效常态管理。其中防汛防台工作有效保障城市安全运行。我区坚持防汛工作责任制，在城市建设及旧区改造推动下，全面强化防汛工程性设施建设，并利用道路视频监控系统严密巡视，确保第一时间发现积水路段，第一时间派遣力量现场处置，第一时间排除积水，把台风暴雨对城市正常运行和公共安全的影响降到最低程度。今年 8 月 12 日，我区遭受的一场暴雨达到 40 年一遇的强度，45 分钟内降雨达到 89 毫米，通过快速处置，除河南路海宁路口积水 2 小时外，其余大部分地区在雨停后 30 分钟内积水退尽，城市交通基本未受影响（而当天上海的个别区县积水时间达到 10 小时）。全区未出现一起重特大险情，未发生一起因汛人员伤亡事故，实现了"不死人、少损失"的防汛防台目标，取得了"大汛小灾"的良好成绩。

闸北区绿化和市容管理局

2011 年是"十二五"开局之年，也是放大世博效应，完善市政市容长效管理机制的第一年。在区委、区政府领导下，今年，区房管局坚持贯彻科学发展观，以两项市政府实事项目和三项区政府督办事项为重点，以群众关心的市容环境问题为工作导向，着力夯实市容环境基础，着力攻坚克难治理顽症，着力净化美化市容市貌，通过全局干部职工的努力和全区上下广泛参与和协作，各项行政工作取得良好成效，实现了预期目标。

1. 健全市政市容长效管理机制，工作合力进一步提升。今年以来，作为区绿化市容管理职能部门，结合世博后城市管理的新形势、新目标、新要求，为进一步推进市政市容长效管理机制建设，对接市的工作机制，适时地将世博运行保障机制转化为常态管理机制，经区委、区政府批准，成立了区市政市容管理联席会议，同时指导街道（镇）对应建立第三层面联席会议，进一步厘清管理权限，明确工作职责，制定了《2011 年城市管理方案》和实效考核办法，构筑了与行业质量监管平台、网格监管平台相配合，涵盖管理、执法、作业三个层面的信息平台。今年，联席会议在协调部门和街镇，整合资源，形成工作合力；推进各类创建活动和社会动员，落实重大活动保障部署，组织综合与专项市容环境整治；委托第三方开展综合市容环境月度、季度考核测评等方面，做了大量积极有效的工作，我区市政市容管理总体水平和市民满意度较上年有较大提升。

2. 推进大宁街道创建市容环境综合管理示范街道活动。今年区政府重点工作明确大宁街道创建成市容环境综合管理示范街道。我局作为牵头部门，从软件和硬件两个方面推进创建：一是主动地配合、指导、帮助大宁街道制订创建方案，健全和完善辖区市政市容体制、机制等基础管理制度；二是全力协调有关部门对大宁地区沿街围墙立面、店招店牌、绿化、环卫设施、道路设施、车辆停放点、小区配套设施等市政、绿化、市容环卫、物业等部件设施实施整治和维护。通过两个方面的工作，大宁地区的市容环境软件、硬件得到明显改善。在大宁街道创建过程中，大宁绿化市容所作出了很大努力，他们在加强日常巡查监管的同时，对辖区内的各类部件状况进行分类统计，落实队伍对232处卷帘门进行有油漆粉刷。8月、12月，市市政市容联席会议分别对大宁街道市容环境管理机制、市容环境实效进行了考核，目前处在最终审批阶段。

3. 以落实市容环境责任制为抓手，强化网格管理。今年来，我局继续落实市容环境卫生责任制，进一步加强责任区管理，增强单位和公民的市容环境责任意识，把对市容环卫责任的监管作为常态措施狠抓不放。5月份印制市容环境卫生责任书送达到本区2.6万余户沿街单位。为了更好地履行网格管理职责，在深化“四位一体”机制、加强队伍建设、做好日常监管巡查、办理市民投诉等方面，进一步强化绿化市容所工作任务和管理责任。各街镇绿化市容所在日常管理中，落实网格巡查、岗责到人、联系居委、投诉处理等制度，积极参与社区“四联”机制，在治理整治无序设摊、跨门营业、非机动车乱停放、乱招贴方面发挥了很大作用。天目西绿化市容所固化“日巡查、周例会、月评估”制度。彭浦新村绿化市容所配合临汾路夜市管理，每晚对疏导点及其周边地区落实巡视。截止11底，局累计办结市区局两级各类质监、网格、城建热线、市民来电等途径反映的市容环境事件、部件问题7982件。据统计，本局自查、市局质监移送、行政事务平台移送、网格管理平台移送、市民来电反映的市容环卫问题同比有明显下降。

4. 推进城市景观规划和建设，区域景观继续优化。依照户外广告设置管理的有关规定，我局完成了《户外广告（展示区）规划》编制并获得上级有关部门的批准，《户外广告（控制区）规划》也在报批过程之中。两个规划立足区情，力求体现合理性、前瞻性、公平性原则，重在提升户外广告的品位、质量和科技含量，为实现我区户外广告法制化、规范化管理奠定了良好基础。配合苏河湾西线开发建设，于2月份启动了恒丰路城市景观综合改造概念方案设计，并组织了多轮专家评审，在反复实地踏勘和征求意见的基础上进行了完善和优化，其设计理念、设计构架获得区委、区政府主要领导的认可，目前工程已正式启动，并已完成恒丰路（恒丰路桥——交通路）隔离带花箱设置。依法加大对户外广告、店招店牌设置审批、监管力度，一手抓好事前审批和事后的检查督促，一手针对户外广告设施设置乱、多、差的问题开展整治，实现了户外广告设置有序发展。在“梅花”台风期间，我局及时启动应急预案，落实安全措施，保证了台风期间的户外广告和灯光景观设施的安全。对世博期间统一改造的店招店牌以协议形式移交业主管理。

5. 推行生活垃圾分类减量试点，生活垃圾减量成效明显。按照今年市政府实事项目，我区于5月中旬启动生活垃圾分类减量试点工作，我局制定了生活垃圾分类减量工作方案，在彭浦镇地区76个小区以及宝山街道1个小区开展了分类减量试点工作，指导试点小区建立分类指导员、保洁员、志愿者三支队伍并组织培训1200人次，开展一系列社会宣传和“绿色账户”活动，配置户外分类收集桶2300只，专用分类收运车5辆，发放厨余垃圾收集桶5.38万只、垃圾袋10.8万卷。灵石公司于3月份着手组织人员培训，更新垃圾箱房标识，确定“湿垃圾”收集点和收运时间，按照分类要求组织收运。环运公司继续落实生活垃圾大分流措施，累计清除偷倒、大件、拆违、装潢等建筑垃圾9.67万吨，为生活垃圾减量打下坚实基础。彭浦镇、宝山绿化市容所主动联系居委会、物业公司帮助做好基础工作，为分类试点提供了保障。经过“大分流”、“小分类”，我区生活垃圾减量继续保持良好势头，全区生活垃圾平均日处置634吨，同比减量4%，超过了市局下达的今年减量2%的指标。其它各类垃圾的监管也得到加强。废管所实施对建筑渣土处置全过程监管，严格按照专营规定实施处置审批，督促建筑工地配置防污染设施，在部份工地设置了监控装置。我局还配合食药监等部门开展地沟油整治，加强了餐厨垃圾申报和收运监管。

6. 推进道路洁净工程，道路保洁水准有较大提升。按照今年市政府实事项目，我局在八街一镇的90条道路推行了道路洁净工程。我局从优化保洁模式入手，重构保洁流程、推行“组团作业法”，规范作业规程，落实“夜间作业、白天养护”的24小时清扫，增加保洁频率，提高机械清扫率和冲洗率，新增各类保洁车辆、机械40台（辆），增设、更新废物箱1300只，道路保洁质量显著提高，污染源得到有效控制。北站公司努力打造无视觉污染的精品区域，针对道路现状采取不同的保洁方式，从“三个时间点”入手，实行道路清扫无缝隙。三泉公司采取了普扫、捡扫、上门收集垃圾、巡回保洁相结合的保洁方式。灵石公司为确保道路机械作业全覆盖，新增5辆道路作业车辆，新录用26名机扫驾驶员，每天机械作业增加到8个班次。机清公司克服车辆不足的困难，设法提高车辆利用率和完好率。90条道路已于12月上旬通过市局组织的基础台帐和道路实效验收。推行道路洁净工程同时带动了道路保洁水准的普遍提升。

7. 提升窗口服务质量，环卫设施建设和维护得到落实。今年，立足于便民利民，继续加大对环卫设施建设的投入，重点是围绕“提素质、树形象、讲规范、求优质”目标，建设“服务设施一流、服务品质一流、服务水平一流、服务环境一流”的公共厕所服务体系和创建文明厕所的要求，确保公共厕所设施设备完好。累计改建公厕4座、垃圾箱房5处、倒粪站13座，新建、改建小型压缩站各1座，环卫设施布局更加合理和完善。芷江西绿化市容所主动帮助小区解决环卫设施的急难愁问题，协调解决了中山北路970弄19号等多处环卫设施改造和养护，受到了小区居民高度称赞。北站、天目西、共和新、临汾等绿化市容所安排责任性强的人员全天巡查，对巡查发现的或居委会、居民反映的环卫设施问题及时反馈相关作业公司落实修缮。今年我局还完成9座道班房改造，新配置空调113台，淋浴器35台，一线职工的生活、生产条件进一步得到改善。在此项任务的推进中，局综合管理中心做了大量的工作。

8. 继续推进绿化建设和公园改造，绿化品质明显改善。为确保完成区政府重点工作确定的新增8万平方米绿地的目标，我局立足早安排、早启动，一方面严格实施建筑工程配套绿地建设许可，一方面积极发动建设单位认建绿地。全年新增各类绿地8.09公顷、屋顶绿化0.32万平方米。全区绿化覆盖面积为677公顷，绿化覆盖率为23.20%，人均公园绿地面积达到3.28平方米。完成了区政府实事项目三泉公园等6个公园8台开水机安装，岭南公园改造进入立项程序。中兴绿地二期9月下旬开工后，绿化署狠抓节点推进和工程质量，绿化种植年内基本完成。绿化养护、病虫害防治、野生动物保护正常开展。更新了部份公园设施，新增绿化品种50余个。全民义务植树、市民认捐认养、爱绿护绿宣传、绿化服务指导进社区、花卉进家庭、进学校、进军营等活动有计划推行，完成了对上海铁路局、闸北区人民法院、上海大学等八家花园单位创建复查。

9.落实重大活动市容环境保障，专项治理成效良好。今年，我局围绕四大国定假日以及茶文化节、建党90周年、世游赛、旅游节、区九届党代会等重大政治、文化、经济活动，开展了一系列街景绿化、环境整治、安排景观灯光开放等工作。绿化署在海宁路天目路口等重点区域建设主题绿化景点、绿化雕塑5个，共布置花卉2.27万平方米，用花量约达106万盆。灯光广告管理所加强了对景观灯光养护管理与巡查，在主要道路、重点区域悬挂“中国结”、灯笼150只，国旗1230面，电杆旗近百对；各街镇绿化市容所和各环卫作业公司及时落实人员做好规定道路、区域的管理与保洁，营造了良好的环境气氛，确保了各项保障任务如期完成。继续组织开展市容环境专项治理。统一粉刷广中路、灵石路、平型关路等20余条道路立面4万多平方米，对走马塘、俞泾浦河道开展环境整治、种植绿化、改善水质。拆除各类违法建筑131052平方米，其中，配合旧区改造，拆除新违法建筑122处、1549平方米，拆除正在搭建的违法建筑190处、3571平方米。继续落实分类指导原则，实行差别化管理。一个重点区域和13条主要道路基本无无序设摊现象。

闸北区住房保障和房屋管理局

2011年是“十二五”的开局之年，也是区房管局强化住房保障和房屋管理的关键之年。一年来，我局紧紧围绕区委、区政府重点工作，攻坚克难，推进住房保障体系建设，服务百姓安居，较好地完成了各项目标任务。

一、大力推进保障性住房建设，建立健全分层次、多渠道、成系统的住房保障体系

全年新增廉租租金受益家庭461户，新增实物配租受益家庭985户。启动第三批实物配租前期征询工作。两批经济适用住房审核供应工作有序推进，第一批3045户选择房源的家庭正在签约；第二批1062户家庭完成经济状况核查，分批进入初审公示阶段。彭浦十期C块二期经适房地块已开工建设，285街坊正在洽谈土地收储及房屋征收事宜。通过新建、转化、收购、改建等方式筹措公租房源1013套。彭浦十期C块一期动迁安置房已竣工交付，桥东二期约11万平方米已开工建设，319街坊、彭越浦六号地块正在加快施工，黄山路地块和星火电影院地块正在协调土地收购储备和办理相关前期手续。

二、贯彻落实国家和本市出台的各项房地产市场调控措施，加大市场监管力度，促进房地产市场平稳发展

认真贯彻落实国家和本市密集出台的各类房产政策和调控措施，坚持动态分析预测市场变化，并进行跟踪研究。积极进行预销售业务指导，保证商品住宅供应量。加强房地产秩序监管，引导开发单位合理定价，规范运作。对开发企业实施资质“诚信”检查和稽查执法，严厉打击违规销售行为，确保我区房地产市场稳定。全年完成新建商品房预售和现售58.29万平方米，实现销售收入128.03亿元。

三、跟踪研究新政，加快推进旧区改造房屋拆迁、征收

积极解读和宣传征收新政，及时掌握行业政策，确保工作人员依法行政。推行“七步工作法”，反复沟通、全力调解，促成尽早签协。引入“诉调中心预审机制”，有效减少法院强制执行数量。探索建立不良拆房企业退出机制，引入第三方安全监管，推行公开招投标。实行项目经理和拆迁（征收）

工作人员等级认定制度。全力推进苏河湾等重点基地收尾工作。全年动迁居民3003户，完成结转基地收尾7个。核发房屋拆迁许可证2张。受理房屋裁决申请492件（含结转140件），下达裁决425件（含结转121件），报送诉调中心调解118件，实施司法强制执行8件。

四、围绕老百姓急难愁问题，大力推进旧住房修缮、改造

启动10万平方米旧住房成套改造。其中，彭三小区三期拆四建四等项目在建，面积约2.7万平方米；中山北路230、280弄项目正在签约，面积约0.3万平方米；彭三小区四、五期、芷江西路165弄和谈家桥路121弄、155弄、157弄等项目初步改造方案已完成，面积约7万平方米。完成了芷江西路285弄三期和柳营路309弄一期约1.8万平方米的项目收尾工作。累计竣工旧住房成套改造约20万平方米，受益居民约4300户。完成旧住房综合改造前期调查和现场踏勘，向市房管局上报了今、明两年改造计划。修改完善闸北区房屋修缮管理办法。

五、积极推进属地化管理，提升物业综合管理水平

深入实施住宅小区综合管理，与区拆违办建立了新违法建筑快速处置机制；与区综治办、区公安分局固化了世博期间安全防范工作机制；与区绿化市容局推行暴露垃圾快速处置工作法；与区城管执法局加强对住宅小区治安顽症乱设摊的处置等机制。深化物业服务“达标补贴”，在全区79个系统公房小区实施“达标奖励”。通过开展创“满意物业”分类达标活动，2011年我区物业管理公众满意度较上年提高了2.1分。落实物业行风三级网格化管理。建立物业管理行业诚信档案。

六、深入推进住房建设工作，不断提高新建住宅整体水平

加强新建住宅开竣工及质量管理，全年新开工56万平方米，竣工交付59万平方米。成功创建绿洲雅宾利二期为“节能省地型四高优秀小区”。明园森林都市二期通过建设部3A级性能认定。加快推进市政公建配套建设。公兴路和宝昌路已开工建设。与6家单位签订了公共服务设施配套用房合同，征收房屋面积2.2万平方米。在住宅交付使用前，对9个开发项目的公益性公共服务设施进行审核认定认定。征收配套费1.8亿元。积极推进彭浦十期C块一期幼儿园等5个项目约3.2万平方米开工建设。

七、大力加强常态工作管理，各项基础工作有序推进

一是继续推进信访代理制和领导包案制，加大信访矛盾化解力度，全年受理信访总量1825件，同期下降了25%。成立上海市闸北区房屋权利和物业纠纷人民调解委员会，受理咨询和调解房屋权利纠纷1445件，签订调解协议书33份。化解高福坊基地动迁历史遗留矛盾2户。二是推行阳光执法和文明执法活动，健全行政执法人员持证上岗制度和培训制度，完成新进人员执法证申报30件，老证更新2件，全局持有执法证人员已占90%。完成15件行政复议、25件行政诉讼的应诉和答辩工作。三是落实私房政策9户，解决落政代经租房产租赁矛盾2户，追缴桥东二期动迁基地落政补偿款约380万元。四是按法定期限完成区人大书面意见12件、区政协提案6件，梳理并办结十四届人大2007年至2010年书面意见62件。五是完成我局网络升级，为局属所有计算机安装正版软件。积极开展档案升级工作，完成档案库房改造，安装温湿度控制系统。六是落实安全生产责任制，建立健全各项安全生产规章制度，集中开展危旧私房查抢险、建筑市场整治规范、住宅小区消防安全隐患排查，消除各类安全隐患。较好地组织了防抗“梅花”台风工作。七是按照区相关部门的要求，结合我局工作实际情况，完善、审定住房保

障和房屋管理“十二五”规划。

（八）虹口区

虹口区建设和交通委员会

2011年区建交委在区委、区政府的正确领导下，紧紧围绕“十二五”开局之年各项工作目标，开拓进取、攻坚克难，大力开展建筑市场专项整治，确保城市建设安全运行，积极推进建设和交通各项事业，为明确、推进2012年各项城建工作打下扎实基础。

一、重大工程、重点项目建设

（一）扎实推进重大工程

全力推进轨道交通12号线虹口段土地储备的动拆迁工作，推进国客中心站、大连路站、提篮桥站相关施工。协调沿线涉民矛盾化解，完成国客中心站东端头井施工围墙保护性施工，推进地铁沿线相关地块危房处理和旧区改造。虹口港翻水泵站已获项建批复，大名路300号土地储备项目开展动迁前期工作。完成东大名路桥半幅拆桥桥梁结构稳定性研究的报告，出具桥梁检测报告，并就交通组织方案与交警部门进行沟通，正在推进工可文本、环评报告。虹口足球场交通枢纽至轨道交通3号线过街天桥完工，连接地铁8号线地下通道结构贯通，协调推进轨交换乘方案；公交枢纽室外配套施工开始，近期交付使用，首批进驻3条公交线路。海伦路、海拉尔路拓宽工程进一步深化、细化设计方案。广中路北地道积极与市发改委、市建交委协调概算调整工作。

（二）有序推进重点项目

北外滩区域：上海国际航运服务中心（汇山地块）东块初步设计报批，现场试桩；中块港运大厦主楼、裙房内外施工基本完成，正在组织竣工验收；西块13至17号楼均结构封顶。白玉兰广场酒店区域施工至地上26层核芯筒；办公主楼区域开始地下1层结构施工；裙房区域全面进行桩基施工。东方海港国际大厦竣工交付使用。浦江国际金融广场现场主楼地上22层结构施工，辅楼结构封顶。新外滩花苑E楼鹏欣悦榕酒店结构封顶，内部二结构施工及安装，沿黄浦江外立面开始施工。城投控股大厦北楼管理中心部分已投入使用，南楼竣工。

四川北路区域：三至喜来登酒店投入营业。龙之梦虹口购物中心主楼结构封顶，外立面施工基本结束，内部装饰装修收尾；裙房已开业。壹丰广场主楼、裙房竣工。中信泰富B地块地下4层，地上22层，外立面施工完成，总体施工收尾，内部装饰装修中。海南路10号地块已获得桩基许可。四川北路108号地块获得桩基施工许可，现场已开工。北苏州路190号地块施工招投标已完成。虹城金融大厦规划方案已批复，总体设计文件阶段；建设单位正在办理重新立项的相关事宜。

其它区域：轨道交通10号线海伦路站地块规划方案仍在调整；建设单位已办理延期开工建设相关手续；项目已报建，勘察、设计招投标已完成。轨道交通10号线天潼路站上部开发主楼结构封顶。瑞虹新城4号地块已备案；6号地块已获得主体结构施工许可，基坑施工。丰镇路199号地块经济适用房总体施工。场中路908号地块配套商品房交付使用。彩虹湾项目一期9月28日开工典礼，现场桩基施工。

（三）停缓建项目取得进展

全区近20个停缓建项目中，华虹国际大厦、宏惠花苑等项目已进入正常建设程序，黄山坊结构封顶，二次结构施工完成，进行建筑节能施工。大世界城项目完成复工准备，已对周边居民房屋重新检测，并确定外出过渡、房屋维修等措施。虹口商城推进竣工验收及相关整改工作；蝶恋花基地B块推进市二中院司法拍卖。

二、建筑业管理

（一）大力开展建筑市场整治

1. 完善制度。成立整治建筑市场领导小组及办公室，推行建设行为告知制度、分包合同备案制度、项目经理到岗监管办法、限额以下建设项目管理办法等新制度，促进建筑市场健康有序发展。

2. 加强监管。组织实施建筑市场调查，开展综合执法大检查、专项质量安全检查、安全生产、文明施工抽巡查等，落实总包安全生产责任制、监理定期报告制度，加强建筑材料检测、规范招投标程序，加强法律法规和专业培训，加强查处“六无工程”。在第一阶段自查过程中，共开具安全问题整改通知单32份，停工单7份，质量问题整改通知单23份，处罚单位40家，处罚金额约47万。

3. 检验提高。7月11—15日，市整治办检查我区建筑市场整治工作情况，随后就存在问题加强整治；10月14日，市建交委领导对我区进行建筑市场整治情况调研，总体情况良好，整治效果显著。

（二）加强建筑业日常管理

1. 做好建筑质量、招标投标、资质资格等日常监督、管理工作。审批报建项目173个，总投资216604.11万元；发放施工许可证123张，总造价47332.61万元；发放中标通知书169张，发包价209220.73万元；招标率与公开招标率均为100%。以远程监控信息化管理为支撑，坚持集中治理与加强日常监管相结合，建设工地质量抽巡查工地201个，开出整改单38张、开出停工单12份；开展工地安全抽巡查与施工测评832次，开出整改单190张、开出停工单43份。办理行政处罚案件结案74起，行政罚款113.74万元；开具谈话通知单89张。全年我区建设工程发生死亡事故0起，死亡0人。

2. 做好区建筑业留税工作。累计完成建筑业区级税收3.07亿元，同比增长3.3%。

3. 经济楼宇建设成果显著。经济楼宇竣工面积达42.9万平方米，完成2011年35万平方米的计划目标。

三、市政水务管理

（一）加强行业管理。以审改工作为抓手，启动制定业务手册、办事指南等，推动标准化管理；进一步规范签证流程，建立相应实施细则，完善日常行业管理和服务。坚持做好施工单位在施工前签订文明施工公约、发放《市政工程项目告知单》。对重大工程管线施工的安全、文明施工的措施执行情况进行监管，加强巡视，及时提出整改意见。建立质量逐级验收制度；对监理单位实施考核，将监理费与工程质量、文明施工和安全生产挂钩。

（二）优化路桥管养。完成凉城路（汶水东路—奎照路）段道路、车站南路、车站西路、欧阳路、丰镇路重点养护工程；完成多伦路架空线入地及路面改造；完成中环线（虹口段）非机动车道改建工程，四平路海伦路交叉口拓宽改造工程，完成下海庙周边道路电力、信息、交通设施、公交电杆搬迁；完成广灵四路、奎照路人行道整治工程，通州路养护工程正在实施中；完成横滨路、东横滨路道路整治的前期准备工作。完成年度桥梁检测工作，对我区自管和他管桥梁73座（包括人行天桥）进行了巡查，查处D类桥梁1座，安排专业机构进行检测，完成万安路桥环氧薄层铺装工程。

（三）加强水务管理。完成乍浦泵站搬迁工程招标，车站北路（广粤路—凉城路）沉管抢险工程竣工，抢修密云路雨水管道；实施玉田路东体育会路沉管抢修及东大名路649弄、东长治路690弄、三门路（二纺机段）三个小包围。实施虹口港水系疏浚工程。河道疏浚1标完成531米长，清淤6979立方米工作量。2标完成409米长，清淤6342立方米工作量。完成全国第一次水利普查清查工作，分专业开展普查。

（四）全力防台防汛。完成汛期防汛防台工作，全力防御、大暴雨、超强台风梅花等。完成沙泾港（通州路桥－香烟桥）防汛墙主体工程、场中路908地块防汛墙改建、黄山坊防汛墙抢险工程。海军902厂防汛墙、俞泾浦（北宝兴路民晏段）防汛墙开工建设。大连路、新嘉路等两条道路积水改善道路配套工程项目完成排管工程。

四、静态交通管理

协助推进四川北路沿线停车诱导系统的前期可行性研究。完成公共停车场（库）无障碍车位设置改造，共完成改造158个。开展区内公共停车场（库）的换证审核工作，完成换证105家。

五、公共事业管理

积极配合做好水、电、燃气企业旧管网改造。积极推进居民用气安全隐患整改工作，完成为高龄孤独老人安装燃气报警器800个，完成老式公寓超龄明支管改造25公里。临平110KV变电站开工建设。制定市政消火栓三年专项整治方案。

六、做好意见办理工作

从党代表联系社区工作开展以来，以及2011年“两会”期间，共收到党代表意见建议108件，人大代表书面意见主办件21件、会办4件，政协委员提案主办件6件、会办13件，其中反映重大工程项目施工和运营影响问题占了较大比例，对于这些百姓急、怨、盼的问题，加强部门协调，注重跟踪回访，努力提高代表、委员满意率，意见办理综合解决率超过60%。

虹口区绿化和市容管理局

2011年，在区委、区政府的正确领导下，在区各相关部门、各街道和有关单位的支持、配合下，区绿化市容局围绕“抓开局、抓攻坚、抓基础”的主要工作目标，继续巩固世博会市容环境保障体制机制成果，全力以赴维护城区整洁、有序、亮丽的绿化市容环境，年初确定的主要工作顺利完成，重点工作推进成效明显。

一、2011年主要工作目标完成情况

全年新辟公共绿地1.5753万平方米，新建屋顶绿化等特色绿化5000多平方米、立体绿化700米，新辟专用绿地1.8万平方米，东体育会路（中山北二路－玉田路）成为全市首批建成的林荫道之一。完成《虹口区户外广告设施设置阵地实施方案》编制，完成北川公寓周边景观改造，进一步提升四川北路沿线环境质量，中共“四大”旧址纪念馆项目顺利开工建设。

调整完善区拆违办工作体制机制，加大拆违推进力度，拆除各类违法建筑2.6513万平方米，完成年计划任务的132.6%。建成20个无违法建筑小区，虹镇老街旧区改造动拆迁地块继续保持新增违法建筑为零。

对区域重点道路、景观区域等实施道路洁净工程，全区已有89条（段）道路全面实施了“白天保洁、夜间作业”的全天候模式，道路覆盖面积占全区道路总面积的40%。积极推进欧阳街道“生活垃圾分类、减量”试点，完成市下达的减量化任务。推进“五小设施”改造，全年完成20座小压站设备维修、20座垃圾箱房和10座倒粪站大修改造、500只小型废物箱和50座大型废物箱调整更新。施行暴露垃圾“日产日清”，始终保持渣土乱倒、偷倒联合执法整治高压态势，目前总体可控。

开展市容环境第三方测评，推动市容管理顽症难题有序整改。完成了曲阳市容所的功能改造试点，提高了日常管理效率。按照“严禁、控制、疏导”的分类原则，对街面设摊、跨门营业等开展执法管理，针对区域特点和重要活动保障，陆续开展了公安街、七浦路市场和东余杭路、虹镇老街等区域的市容环境综合整治，尤其是东余杭路综合整治，取得了较好效果。在今年全市“市容环境卫生社会公众满意度测评”中，上半年我区列13个区第六位，下半年升至第五位。区城管执法局执法大队在全市中心城区综合考评中，居第3名，在上半年全市渣土专项整治评比中，我区居全市第一位。曲阳街道被评为市级市容环境综合管理示范街道。

二、2012年工作的初步计划

（一）总体思路

2012年，区绿化市容局将在区委、区政府的领导下，围绕市、区政府总体工作目标和部署，立足于持续改善城区绿化市容环境面貌、立足于持续推动行业系统健康发展、立足于持续提高为市民群众服务水平，管建并举、重在管理，创新驱动、安全为先，既保持“十二五”工作的连续性，更注重新一届区委、区政府工作的开创性，扎实工作、开拓创新，确保各项工作有序、有力、有效开展，为区域经济社会发展提供坚实支撑。

（二）主要目标

在公共绿化建设用地日益枯竭的现实情况下，更加注重养护和管理，2012年计划新辟公共绿地1830平方米，新种行道树200株；建设特色绿化3000平方米、立体绿化200米，新辟专用绿地10000平方米。完成四川北路公园中共“四大”旧址纪念馆项目建设，推进北外滩地区和重要商业街区的景观建设，实施曲阳路、大连路–大连西路景观灯光改建。拆除各类违法建筑4万平方米，创建无违法建筑小区20个。完成市下达的减量分类指标。按照堵疏结合、管控并举的原则，继续对城市管理顽症开展集中整治，巩固东余杭路、七浦路、虹镇老街综合整治成果，逐步建立健全常态长效机制。

（三）主要工作的初步安排

——配合旧区改造，加大拆违力度 服从和服务于区委、区政府的决策部署和虹口发展大局，在工作中主动配合、积极协同，共同做好旧区改造和房屋征收工作。按照存量、增量各负其责的分工要求，与区房管局、规土局等部门和各街道协调配合，有序拆除存量违法建筑，严控新增违法建筑，始终保持新增违法建筑“即搭即拆”的高压态势，确保新违法建筑“零增长”。全年拆除各类违法建筑总面积4万平方米。

——绿化建设和管理 全年完成新辟公共绿地1830平方米，新种行道树200株。按照时间节点执行2012年部门预算及政府投资项目的前期工作、立项、工可；规范执行政府采购程序，最大程度完善建设程序，加强施工监理，严把质量关。完成逸仙路（广灵四路–大柏树）沿线绿地、三号线桥荫绿地（同心路–中山北一路）的调整改造项目；推进广粤路垃圾山排险加固改造；力争再创建一条林荫道；配合区重大项目实施绿化建设、调整等工作。督促和指导公园、公共绿地和行道树做好日常养护工作，迎接白玉兰杯考核；继续推进四川北路公园、鲁迅公园等改造工程。做好虹口区绿化GIS系统更新工作。做好全民义务植树活动；加强对专用绿地单位的指导；积极挖潜，发展立体绿化。

——景观建设和管理 完成四川北路公园辅助用房改建项目（中共“四大”旧址纪念馆），为布展工作做好准备。做好全区范围店招店牌的钢结构安全检查，并针对检测结果进行相应的整改。制定广告审批管理办法，完善广告审批机制，做好户外广告审批工作。做好政府投资项目（曲阳路、大连路和大连西路景观灯光）建设。

——环卫保洁作业 继续加强“百街千路”道路洁净工程工作，在确保89条段道路保洁水平明显提高的基础上，根据市里的工作部署，推进“百街千路”道路洁净工程工作。继续推进公厕争创“文明公厕”工作，努力将我区的环卫公厕从基础管理、设施设备、作业质量、服务规范四个方面打造成市民满意的“文明公厕”。继续推进生活垃圾分类工作，重点完成凉城、曲阳街道部分区域的垃圾分类、减量工作的推进工作。继续规范我区的餐厨垃圾管理工作，将餐饮企业、学校和单位食堂的厨余垃圾纳入厨余垃圾物流体系，力争申报率达到50%，确保我区厨余垃圾和废油脂的规范处置。继续组织实施环卫“五小”设施改造工作，加强日常保洁管理，消除道路两侧废物箱的布局盲点工作。全面组织实施环境质量监督，组织开展对环卫保洁作业公司的环卫作业专项考核，提升环卫保洁整体水平。进一步规范渣土运输处置行为，结合全市“渣土专项检查整治执法活动”，为遏止建筑渣土违章的发生，维护城区市容环境整洁有序，组织开展建筑渣土集中专项整治活动。加强对居住区装修垃圾管理，在曲阳街道试点的基础上，不断总结与完善，然后在全区范围内推广。

——市容环境管理 深化开展市容环境第三方测评工作，以自我整改，提高日常管理水平；组织开展责任区制度宣传活动，提升责任单位自律意识；督促四川北路街道开展市容环境示范区域维护提升工作；认真总结强化市容所试点工作经验和不足，适时向其他区域推广；做实做好居委会市容环境管理宣传动员工作。做好区市政市容管理联席会议办公室相关工作。

——城管执法工作 全部推行“三制四化”的勤务管理制度，进一步完善联动执法机制，有效应对解决城市管理顽症和难题，实现执法管理高效化，确保城市环境面貌、管理秩序得到持续改善；落实全员培训，通过转变执法方式、理念和模式，促进城管执法逐步走向正规化、人性化、文明化，改变执法队伍形象，提高社会满意度。巩固东余杭路、七浦路、公安街等区域综合整治成效，促进全区面上市容环境和街面秩序的持续改善。

虹口区住房保障和房屋管理局

2011年是“十二五”规划的开局之年，我局在区委、区政府的领导下，坚持以人为本，从居民群众的需求出发，更加注重社会建设，更加注重保障和改善民生，着力推进社区建设，努力构建和谐社会，切实按照规划的总体目标，根据年度工作计划和时间节点，扎实推进各项工作。

一、房地产市场工作情况

2011年房地产业全年累计完成14.94亿元。共有6个楼盘上市预售，总计建筑面积12.38万平方米，其中住宅房屋6.29万平方米；商业办公房屋6.54万平方米。全区新建商品房成交面积30.69万平方米，交易金额97.91亿元；全区存量房成交面积32.13万平方米，交易金额64.14亿元。

2011年以来，本市连续打出房地产政策“组合拳”，我局从“三个强化”（强化培训、强化沟通、强化分析）入手，就操作层面执行住房限售、房产税等政策的流程做了重点培训，理顺了流程关系；就房地产转移登记时涉及的房产税问题与税务机关做了专门沟通协调，确保工作顺利衔接；就新政出台后市场动态，采取针对性措施积极应对，保证了新政的有序施行。同时，积极开展区内各类房地产开发企业资质检查工作。

二、旧改动拆迁工作稳步推进

2011年1月21日，《国有土地上房屋征收与补偿条例》的公布实施，标志着房屋拆迁管理制度向房屋征收制度的根本性转变。区政府各部门不断加大力度、不断增强合力、不断创新方法、不断破解难题，全年共完成动迁居民和单位2850户，拆除各类旧住房11.4万平方米，其中二级旧里以下居住房屋8.5万平方米。

进一步推进虹镇老街地区旧区改造。瑞虹6号地块已进入建设程序。2、9、10号地块3000多户居民均以超过70%的签约率顺利通过两轮征询，目前整体签约率接近77%。2011年是近几年来虹镇老街旧区改造工作推进速度最快、推进规模最大的一年。虹镇老街旧区改造形成了动拆迁一批、施工建设一批、销售一批的良好态势。

得益于“两轮征询”、“数砖头＋套型

保底”、“全公开”的操作理念与操作模式，规范、统一、阳光，并为百姓所接受的旧改推进框架已基本形成。武昌路168号地块作为全区首个全公房旧改新政试点项目，签约率已达到75.8%。

进一步加快存量功能地块的拔点工作，一批难度较大、周期较长的项目有所突破。完成了166号地块二期、商丘路387号等项目拔点交地。

三、住房保障工作有序进行

进一步扩大廉租住房受益面。健全完善租金补贴和实物配租协同支撑的工作格局。全年新增廉租受益家庭2275户。积极推进第二批实物配租工作，累计已有89户家庭通过实物配租新机制入住新房，切实改善了居住条件。

全力做好经济适用房工作。2011年我区大力推进经济适用房工作，共开展了两批经济适用房申请供应工作，涉及4000余户家庭。第一批经济适用住房从2011年2月21日正式启动，历经9个月，经过咨询、申请受理、审查、摇号排序等程序。第一批经济适用住房共受理申请3847户，3220户家庭进入摇号选房环节，最后共2714户家庭选定了房源进入签约阶段。第二批经济适用房正式受理申请795户，截止2011年底正抓紧进行资格审核和公示。

大力推进公共租赁住房工作。在去年全区范围进行单位租赁住房和房源筹措摸底的基础上，今年4月成立了我区公共租赁住房运营机构。机构成立后，在筹措房源中积极开拓思路。筹措方式分为五种，一是新建一批，大型居住社区等建设，单独选址，集中新建。二是转化一批，在新建、配建的保障性住房中，经规定程序批准转化。三是收购一批，通过走市场途径收购一批适配性强的房源。四是改造一批，将区内部分成套率改造房源作为保障性住房。五是整合一批，积极整合区内资源进行合理使用，通过改造将其纳入保障性住房范畴。

四、物业管理水平进一步提高

积极做好售后公房达标补贴推广前期工作。加强与各街道、集团沟通、交流，为各街道制定推广方案提供业务指导，基本实现了工作内容标准化、工作流程程序化。在前期试点工作的基础上，在全区8个街道共选取了38个扩大试点小区开展试点工作。扩大试点以来，8个街道根据自身特点和实际情况，各自形成了一套“物业服务达标补贴”工作的具体实施方案。

积极配合街道开展业主大会、业委会建设。4月1日起，新修订的《上海市住宅物业管理规定》正式实施，将业主大会、业委会建设管理工作职能进一步下放至街道。为确保住宅小区业委会建设工作的有序衔接、平稳过渡，我局研究制定了《加强本区住宅小区业主大会、业主委员会建设的若干规定》，并制作了业主大会、业主委员会组建工作通用示范文本和日常工作手册，帮助街道理顺了工作机制和工作关系。同时，进一步加强业务指导，组织街道工作人员开展业务培训、专项工作座谈会，并主动协助街道开展业主大会、业主委员会组建、换届、日常管理工作。

及时处理物业信访、投诉事项。继续做好“962121”物业诉求受理和房屋维修工作，及时解决居民急难愁问题。在快速处置新增违法搭建方面，进一步简化程序，制定了违法搭建现场处置四联单，做到第一时间、当场处置，有效提高了工作效率。

五、旧住房修缮前期准备工作扎实开展

2011年，我局提高旧住房修缮工作标准和要求，明确了旧住房修缮工作各方主体职责，细化了项目实施过程的各项环节和流程，确定了修缮资金筹集、运转方式。二是注重前期准备工作，在“11·15”事件后，更加深入、细致做好项目实地查勘工作，充分征求居民和业主对改造内容、方案的意见，严格对照相关规定的标准和要求，确定修缮项目、修缮标准和改造资金，完成各旧住房综合整治项目招投标工作。

六、住宅建设水平稳步提高

积极做好市政配套建设，完成了虹关路市政配套道路建设工作；按计划推进丰镇路199号和场中路908号地块项目配套工作；提前介入二纺机地块市政、公建配套工作，保持与相关部门的紧密沟通、联系，确保市政、公建配套和保障性住房项目有序衔接；开展盛安家园、华虹苑交付、验收工作；加强市政配套建设，做好二纺机地块配套道路前期准备工作，启动并完成天虹路配套道路建设。

（九）杨浦区

杨浦区建设和交通委员会

今年以来，在区委、区政府的坚强领导下，区建交委围绕建设杨浦国家创新型试点城区的目标，以纪念建党90周年加强党的建设为保证，聚焦滨江发展带等五个功能区建设，关注民生，加大以轨道交通、越江设施等重大工程为重点的市政基础设施建设力度，完善和创新建管、交通、水务等长效管理机制，不断提升城区基础设施功能和服务水平，取得明显成效。

一、着力推进工程建设滚动推进，不断提升城区功能

（一）续建工程按节点推进

军工路越江隧道工程于年初顺利通车，有效缓解越江交通压力。轨交12号线区域内6座站本体均已完成主体结构施工，开始盾构施工。长阳路杨树浦港桥南侧桥梁已启用，现已翻交到北侧施工。协助办理五角场公交枢纽建设手续和完成周边公厕、开关站的搬迁，为国济路拓宽工程实施奠定基础。积极协调了大定海排水系统前期工作，克服预算调整和投资机制变化带来的资金压力，11月份正式启动工程建设。通过增设邯郸路调头车道、优化五角场交通标志牌等方法，有效改善五角场核心区交通拥堵现象。

（二）新建工程陆续启动

为方便中原小区居民到共青森林公园出行，多方听取意见、多次优化工程方案，启动了市光路人行天桥的立项工作，并将此项目列入明年区政府实事项目加快推进。明确了政道路和渔人码头规划道路计划方案和资金方案；建成国泓11万伏变电站。配合国际时尚中心开业，按节点完成了国际时尚中心（17棉）周边管网改造工程。积极与相关部门沟通推动民星南、丹东和松潘三个排水系统建设项目的前期工作，民星南正在编制项建书，丹东项建书已上报待批，松潘项目建议书已基本完成。经多次与市相关部门协调，初步确定虹杨变电站前期土地收储方案。

（三）政府实事项目提前完成

一是上半年全面完成10万户居民人工煤气转换天然气的工作，至此，我区43万居民全部用上了清洁的天然气。二是9月份全面完成市政消火栓（66个）专项整治工作。此外，政府路道路积水改善工程于一季度完成，平凉路、江浦路和双阳支路等三条道路四个路段积水改善工程前期手续办理进展顺利，为有序开展施工打下基础。积极协调，推进水电新村、市光四村、平凉2767弄等居民区低洼易积水等排水问题的解决。

二、扎实开展建筑市场专项整治，建筑管理渐趋规范

把扎实推进建筑市场专项整治工作列为委的重点工作之一，取得较好成效。按市有关要求，分区内建筑市场自查自纠、落实整改和配合市联合抽查组抽查、配合做好市整治办专项督查三个阶段展开。通过加强相关法律法规宣传、组织建筑业农民工培训、加强检查和落实整改，切实推进建筑市场专项

整治，共督促整改安全隐患1549条，签发隐患整改通知单193份，局部暂缓施工指令书66份，全面停工指令书4份，对50家违法违规单位进行立案查处。在第二阶段的抽查中，我区专项整治工作得到市整治办的高度肯定，认为我区“有力组织、全面开展，很好地完成了第一阶段整治任务。”市政协主席冯国勤率部分市政协委员来我区开展“加强城市运行安全和生产安全”专项视察活动时，也给予我区建筑市场专项整治活动高度评价。

三、切实加强长效管理，提升管理服务水平

（一）交通管理以人为本、科技高效

完成公交716路、33路站点搬迁工作，在新江湾城内部增加了1201路穿梭巴士，并在1201路穿梭巴士公交站牌上试点应用智能电子站牌系统，方便居民出行。积极参与协调落实135路红房子定点班车事宜，解决就诊病人和医务人员在黄浦院区和杨浦院区之间的出行需求。全面推进公共停车场（库）属地化管理，开展道路停车场规范收费专项整治及包月收费管理。会同区交警等部门，开展黑车整治工作，规范交通客运秩序。建成五角场停车诱导二期工程，与一期工程无缝衔接，实现了五角场停车诱导系统高效和精细化的管理。开展交通信息平台建设研究和五角场环岛交通动态模拟仿真研究，为优化改善交通提供理论支持。

（二）水务管理意识进一步强化

加强对轨交12号线等影响水务设施安全运行的重大工程施工的日常监管，确保工程推进、区域防汛安全和水质质量两不误。全面完成小吉普河治理成果巩固工作。全区截污纳管率达到86%。针对今年世博结束后建筑工地施工量多等防汛风险，早谋划早启动，开展调研、查找问题、组织检查、落实整改，谨慎应对了防汛防台橙色预警3次、黄色预警16次、蓝色预警13次，确保了全区安全度汛。按市普查办要求，完成了全国水利普查方案编制等前期工作，相关普查工作全面展开。

（三）建筑业管理突出重点、注重服务

建筑节能注重示范引领作用：严格监管，确保新建建筑严格执行建筑节能强制性标准，并在部分新建住宅项目中推广节能65%标准。继续发挥建筑节能专家咨询组作用，推进新江湾城C4地块人才公寓项目创建绿色建筑。协同相关部门，共同推进既有公共建筑分项计量装置安装、节能窗改造等工作。安全质量监管从源头抓起：从建材监管入手，配合基坑、幕墙工程专项检查，强化质量监管。我区保障性住房建材抽检到位率高，得到市安质监总站高度肯定。通过开展安全培训和防汛防台、夏季高温等检查，及时消除安全质量隐患。高效服务于重大工程：在依法依规的前提下，注重创新服务措施，通过专人跟踪服务、专线电话、专窗受理等措施，为107个重大工程提供高效服务，提高审批效率，为区重点工程按时推进保驾护航。

（四）信访维稳工作机制进一步完善

高度重视工程性矛盾化解工作，注重理顺机制和充实力量，成立了信访受理中心，加大矛盾化解力度，减少了越级上访、闹访。今年以来，共处理来信来访232件。认真做好轨道交通、重大功能性项目建设等引发的群体性矛盾稳控和化解工作，完成8号线沿线受损房屋中3幢房屋的加固修复，4幢房屋正在进行加固修复施工，19幢房屋的居民同意房屋修复方案及配套措施，即将开始征询及签约工作；受10号线影响的同济新村修缮加固工作已出具第三次检测报告，正在进行加固修缮设计。

四、以建党90周年为契机，深入开展党建工作

（一）加强领导班子和干部队伍建设，为科学发展提供坚强的组织保障

按照区委要求，认真开展“弘扬四敢

精神，推动创新发展”大讨论活动，处级领导干部带领相关科室人员，结合分管工作和2011年工作重点、难点和瓶颈开展学习调研，通过“一线工作法”等载体平台深入基层，排查问题，提出有效措施，把调研成果转化为提升领导班子科学发展、破解难题和驾驭工作能力的具体成效，为推动创新城区建设和委各项目标任务的完成提供坚强的思想保证。认真贯彻落实区委关于公务员交流的实施意见，推出2个竞聘岗位，并组织6名副科级干部参加竞聘，引进2名科级干部，交流到外单位1名；组织5名科级干部轮岗交流，提拔2名科级干部，启动了科级后备选拔工作，进一步优化了干部结构。

（二）加强基层党组织建设，切实发挥党组织战斗堡垒作用

以纪念建党90周年为契机，加强党性教育，组织青年党员赴井冈山开展革命传统和理想信念教育，党员干部参观南湖纪念馆，重温入党誓词，撰写学习体会和征文20余篇，并有一篇入选机关党工委“党旗在我心中飘扬”感言征集。

平稳完成委属事业单位机构调整和市政养护公司整体划归城投集团的工作，做好相关人员变动、档案处理工作，顺利完成机关和新成立的3家委属事业单位党支部换届选举工作，确保基层党组织正常有效工作。积极申报基层党建创新案例，《聚焦重点工程，共创和谐城区》入围区基层党建十大创新案例，区建筑业管理署党支部获区先进基层党组织，2名同志获区优秀共产党员称号。发挥党的组织优势和政治优势，深化12号线党建联建活动，组织机关干部深入双辽支路拆迁基地活动，及时收集信息，保障工程顺利推进。

（三）健全长效工作机制，落实党风廉政建设责任制

坚持把党风廉政建设责任制和惩防体系建设作为全委重要任务来抓，形成了党工委统一领导、党政齐抓共管、纪工委组织协调、部门各负其责、依靠人民群众的支持和参与的领导体制和工作机制。规范权力运行、健全党风廉政建设长效工作机制：一是注重落实制度规范，深化“三重一大”决策执行工作机制；二是注重自查自纠，深化建筑市场专项治理长效工作机制；三是注重动员党员群众参与，深化党务公开工作长效机制；四是注重严肃换届纪律，深化干部管理工作机制；五是注重理论实际结合、深化班子调研工作机制。六是注重思想道德建设，深化宣传教育工作机制，强化了干部廉洁从政、执政为民信念，确保权力运行规范和内部管理有序。认真组织开展了违规收送礼金、礼券、购物卡等有价证券专项治理和公务用车等专项治理工作，上交礼金礼券购物卡110500元；完善委内公车使用相关制度规定，违规用车行为得到有效遏制。

杨浦区绿化和市容管理局

2011年，是杨浦区全面推进国家创新型试点城区建设的关键之年，又是“十二五”规划的起步之年。绿化市容局按照区委、区政府的工作部署，围绕城市综合管理“大联动”的工作要求，积极会同区各有关部门和各街道（镇），不断探索实践和完善世博后的市容环境综合管理常态长效机制，为促进城区经济社会发展提供良好的环境支撑和保障。全年各项工作目标任务开展顺利。今年上半年，杨浦区在全市18个区县市政市容管理工作考核中名列第四位，在全市市容环境社会公众满意度测评中名列第七位。市政府办公厅第112期《情况专报》专题印发了我区探索建立市容环境综合管理新体制机制的做法和经验。2011年8月21日，解放日报头版头条报道了我区创新机制，破解设摊管理顽症的经验做法。

一、围绕管理创新，突出两项重点

以城区综合管理“大联动”工作为加强

城市管理、推进社会建设的突破点，构建“管理重心下移、管理资源整合、城区环境联建、行政执法联动、社会公众参与”的市容环境综合管理体制机制，提升常态长效管理水平，努力实现“整洁、有序、美观，公众满意度不断提高”的工作目标。

（一）在“筑高地”上下功夫，提升市容环境品质。

按照国家创新型试点城区建设和区“十二五”经济社会发展规划的要求，聚焦五角场市级副中心、滨江发展带、环同济知识经济圈、大连路总部研发集聚区、新江湾城国际化社区“五大功能区”建设，一手抓好规划编制。目前，已编制完成了《杨浦区绿化市容建设和管理“十二五”专项规划》、《杨浦区户外广告设施设置阵地实施方案》、《杨浦区推进生活垃圾分类收处，促进源头减量的实施意见》。一手抓好项目建设。全年新建、改建环卫公共服务设施 47 座，完成年度计划的 104%。新建绿地 8.08 公顷，完成年度计划的 135%，其中公共（园）绿地 2.49 公顷，占年计划的 156%；居住区绿地 5.59 公顷，占年计划的 127%。人均公共绿地面积达到 4.21 平方米；新增立体绿化 5804 平方米，完成年计划的 116%；改建绿地 15605 平方米；更新、增设绿地栏杆 2440 米。树枝粉碎场建设、新江湾城 F 区绿地等固定资产投资建设项目，正在按节点目标推进，年底可全面完成投资计划目标。

（二）在“补洼地”上下功夫，加强常态长效管理。

1. 加强专业管理和服务。注重规划引导，整合管理资源、完善工作规则、细化规划标准，结合土地出让、项目开发、竣工验收，推进绿化、环卫、户外广告、店招店牌、景观灯光建设和管理要求的落地，提升源头管理水平。开展生活垃圾分类收处试点，促进源头减量，实现辖区生活垃圾人均处理量比 2010 年减少 5% 的目标。目前，除新江湾城街道 17 个居住区作为全市整体试点区域外，殷行街道 8 个售后公房小区、五角场市级副中心、翰海明玉大酒店、国和菜市场和中、小学食堂作为我区自定试点单位先后展开试点工作。截止 11 月 25 日，全区生活垃圾日均处置量 885 吨，同比下降 6.08%，控制在市下达的日均 930 吨指标内。及时完成区委、区政府交办的重点工作。今年以来，办理区委督查件 2 件，区政府批示件和督查件 84 件。做好灾害性天气和重要活动、突发事件的环境保障工作。今年以来，先后完成元旦、春节、区“两会”、全球“创业峰会”、中华号角、世界极限运动亚洲站、五·一、七·一、十·一、上海旅游节、上海购物节开幕等系列大型活动和重大节日保障工作。

2. 加强综合管理和协调。编制了《2011 年度杨浦区市容环境综合管理和建设指南》，指导城区市容环境综合管理和建设及保障工作的开展。组织开展市、区市容环境综合管理示范（达标）街道（镇）创建活动，发挥区、街镇两级城市网格化管理平台作用，推进发现联动、信息联动、执法联动，增强管理有效性。根据区委、区政府确定的“新建违法建筑拆除率 100%，完成拆违 5 万平方米”的工作要求，健全统一受理、归口管理、快速处置、一口上下的拆违工作机制，完成全区历史存量违法建筑普查工作。积极协调区规土局、区房管局、区城管大队 3 个执法主体和 12 个街道（镇）推进拆违工作。截止 11 月 24 日，累计拆违 7.1 万平方米（其中：新建违章 0.62 万，历史存量 6.48 万），完成全年计划的 142%，新建违章拆除率 100%。委托社会第三方机构开展每月市容环境综合管理实地实效检查评估和每季度市民满意度调查，促使市容环境综合管理各类管理问题早发现、早整改，不断提高市民满意度。

二、围绕问题导向，抓好三项工程

以市容顽症问题、源头管理问题、社会参与问题为管理导向，抓好重点区域景观提升、道路环境综合整治和公共环境共建联建三项工程。

（一）实施重点区域市容环境景观提升工程，服务城区发展。

聚焦区“十二五”规划提出的“五大功能区”建设，以“一点”【即五角场环岛地区】、“六线”【即四平路（环岛—大连路）、黄兴路（环岛—黄兴路桥）、邯郸路（环岛—邯郸路桥）、翔殷路（环岛—中原路）、淞沪路（环岛—政立路）、大连路（周家嘴路—霍山路）】和八个进出杨浦的门户为重点，通过新建、改造景观灯光，优化美化绿化景观，不断提高市容环境景观品质，凸显服务城区发展的功能。

1. 抓好景观提升和布展。新建新纪元国际广场、蓝天宾馆等 19 幢、改造蓝天大厦等 14 幢楼宇景观灯光。完成元旦、春节、五一、七一、十一等重要节点、重要活动期间的绿化景观和景观灯光布展工作。

2. 抓好重点区域市容环境专项规划编制。围绕五角场市级副中心、滨江发展带、环同济知识经济圈、大连路总部研发集聚区、新江湾城国际化社区五大功能区，做好建设项目的景观方案论证和实施监管。

（二）实施道路环境综合整治工程，做到整洁有序。

1. 推行道路公共环境级差管理。按照严禁、严控、控制“三类”区域管理导则和管理标准，组织开展市容环境示范道路创建和问题道路整治。今年共创建 21 条（83 段）示范道路，整治 27 条（77 段）脏、乱、差道路。制定了《杨浦区关于无序设摊控制点、便民服务点管理的暂行办法》，加强 25 个设摊控制点、便民服务点“五定”（功能、地点、人员、时间、制度）管理，推广挂牌经营、划线编号、摊贩自律、定点固守等设摊管理办法。规范公益性、商业性户外广告和店招店牌日常管理，确保了防台防汛期间户外设施安全。今年以来，先后拆除和整治设置不规范、存在安全隐患的户外广告 91 块，拆除临时对旗和过期临时广告 1284 处。

2. 加强环卫保洁、绿化养护和城管执法工作。着力提高环卫保洁、绿化养护和行政执法的深度、广度和强度，构筑“管理为核心、执法为保障、作业为基础”的绿化市容工作保障机制。以绿化养护项目合同化管理、道路洁净工程为抓手，提升机械作业程度、优化作业模式、提高质量标准、加强质量监管，确保绿化养护和环卫保洁优良率达到 85%。以城区综合管理“大联动”工作实施为契机，会同公安、街镇积极探索优势互补的联勤联动勤务模式，组织开展市容环境顽症专项整治，确保跨门营业和乱设摊数量控制在市下达的管理指标范围内，不断推进城市管理行政执法工作。至 11 月底，教育整改乱设摊行为 159672 件，行政处罚 19938 件；教育整改跨门营业行为 33636 件，行政处罚 1834 件；其他教育整改事件 217093 件，行政处罚 25169 件，城管执法中的暴力抗法事件明显下降。完成“962348”绿化市容受理服务平台建设，形成了以网络辅助终端处置为主，以传真电话联络终端处置为辅，以应急手持政务电台指挥为保障的全覆盖立体通讯支持网络体系，提高了绿化市容问题发现和处置效率。

（三）实施社会共建联建工程，提升管理水平。

以市、区市容环境综合管理示范（达标）街道（镇）创建为抓手，深化城市管理市民互动，完善共建联建机制。四平、五角场两个街道被命名为全市第一批“上海市市容环境综合管理示范街道（镇）”。新江湾城街道、殷行街道正在创建市级市容环境综合管理示范街道（镇）。

1. 推进门责管理联建工作。以“我的门前我清洁”活动为载体，推进沿街门店静态和动态的信息库建设，深化市容环境管理责任区达标创建工作，动员社会各方积极参与市容环境管理和监督，努力营造政府引导、群众参与、社会监督，城区环境共建共享的局面。今年以来，建立门责单位信息17064家，12个街道（镇）先后完成了“门责管理”达标创建，7个街道（镇）通过了达标后的复审。

2.深化城市管理市民互动。深入开展“城市环境共建共享市民互动”活动，充分利用“书记·百姓网上通”、“区长在线”、“962151”城建热线、“962348”绿化市容热线等互动平台，组织各界代表参与城市管理巡视检查，加快推进传统的城市管理模式向社会治理模式转变。截止11月30日，完成区“两会”提案和意见办理26件，办结率和满意率均为100%；受理各类市容环境问题78789件，处置率和结案率100%。

3.推进部门联动，提高市容环境综合管理实效。以街面、社区公共环境顽症问题整治为重点，会同区城市管理相关部门和街道（镇）通过对“四乱”、餐厨垃圾和地沟油、工程渣土运输、扬尘控制、集市菜场周边和建筑工地点状环境等的专项整治，加大公共环境顽症问题治理力度，提高城市环境管理绩效。

三、围绕服务民生，加强行业建设

按照提升学习力、创新力、协同力、执行力和服务力的要求，不断加强部门和行业建设。进一步深化内部工作机制建设，完善工作规则，规范工作流程。加强领导班子和干部职工队伍建设，推进政事企分类管理，不断提高部门自身执行能力。

（一）深入推进学习型团队建设

以绿化市容学习课堂为载体，举办各类辅导讲座，加强干部职工理论教育和在岗培训，推动绿化市容系统学习型团队建设。至10月份，集中举办学习课堂6次。

（二）加强政风行风建设和内部规范管理，提高部门执行能力

1.推进政风行风建设。以岗位为核心、服务能力为关键、市民满意为标准开展行业文明建设，提升行业服务水平。通过组织绿化市容进社区活动、政风行风监督员巡访检查、定期组织座谈、听取社区和服务对象意见等途径，自觉接受社会监督，提高服务质量，提升行业形象。以行政执法工作规范化、高效化为要求，开展行政效能监察，加强依法行政。

2.加强内部管理制度建设。加强安全生产责任制落实，确保安全生产形势可控；推进人员分类管理，规范各类人员的日常管理和工作考核；严格财经纪律，优化管理流程，提高资金使用效率；加强固定资产管理，实现显性化管理、公益性使用、差别化处置，确保国有资产使用效益。

2011年，区市容环境综合管理工作取得了新进展、新成效，同时在日常管理工作中也存在一些薄弱环节。如：根据市容环境综合管理实地实效检查评估和群众满意度测评情况分析，居住区管理、集市菜场管理、门前有序和道路基础环境等问题发生率还比较高，需要协调区有关部门进一步深化城区市容环境综合管理体制机制，加快推进管理模式向社会治理模式的转变；不断增强创新意识，突破城区市容环境顽症治理的瓶颈，妥善处理“市民需求度”、“民众容忍度”、“环境承受度”之间的关系；进一步加强本系统管理、执法和作业人员作风建设，增强群众观点、责任意识和服务观念，不断提高行政执行能力。

杨浦区住房保障和房屋管理局

2011年，在区委、区政府的坚强领导下，我局认真贯彻党的十七届一系列会议及市、区全会精神，紧紧围绕杨浦国家创新型试点城区建设的主题，以“创新驱动、服务发展、强化监管、改善民生”为抓手，按照“六个着力”的要求，抓新政贯彻、抓协调推进、抓机制创新、抓难点突破，全力推进旧区改造、住房保障和住宅小区综合管理等民生工

作，圆满完成年度各项目标任务。

一、聚焦重点，克难奋进，区委、区政府重点重要工作圆满完成

（一）旧改与房屋征收稳步推进。坚持“依法动迁、阳光动迁、诚信动迁、和谐动迁”，在资金房源紧缺、政策法规调整的情况下，全年完成居民动迁3842户11.27万平方米，收尾基地10个，拆迁量列中心城区前茅。先后启动116街坊、152街坊A块、双辽支路辟通3个基地，成功激活49街坊、229街坊、228街坊3个停滞基地。主动对接新政，拟定了《征收工作社会稳定风险评估试行意见》，从源头上预防和减少社会矛盾；建立了司法强制执行联席会议制度，形成“政府申请，法院依法裁定，法院现场监督，政府部门组织实施”的工作流程；注重发挥巡回法庭和第三方公信平台作用，在全市首批开展了司法强制执行工作试点；制订了征收与补偿的组织构架，加强人员培训、细化征收方案和配套措施，为全面启动征收工作做好充分准备。

（二）住房保障重点突破。继动迁安置房和廉租住房之后，公共租赁房、经济适用房全面启动，“四位一体”住房保障体系初步形成。抓项目开竣工。366街坊“城市方园”、十九棉154街坊一期等30万平方米保障性住房竣工；主动对接市推进办、区发改委、区建交委、街道等相关部门，探索行政手续并联审批“绿色通道”，实现232街坊、116街坊等20万平方米项目依法年内开工。抓公租房筹措。成立“区公共租赁运营管理有限公司”，并在全市率先开始实质性运作；全年筹措房源1330套，完成年计划106%。抓廉租房保障。全年新增廉租保障1178户，发放租金5919万元；全区廉租住房累计保障11742户，落实实物配租187户，租金配租11555户，累计发放租金2.76亿元。抓经适房受理。按照“积极稳妥、错时分块、便民利民、有力有序”要求，完成首批经适房5214户居民受理，受理量全市第一。其中，4571户居民参加摇号、3906户居民完成选房，选房率达85.5%。完成第二批经适房1510户居民申请受理。

（三）旧住房综合改造积极落实。完成营口大厦等小区综合整治新开项目17万平方米；落实了长白一村206–211号受损房屋的排险加固；投入资金400万元，对纺三小区2.6万平方米优秀历史建筑实施了保护性修缮，受益居民500余户；广远新村43、48号、控江路650弄2号拆除重建基地已拆平，重建施工加快推进；黄兴路1039弄成套改造和拆除重建启动签约。

（四）节能减排初显成效。完成合生江湾国际公寓三期“四高”小区创建。严格按照市《住宅建筑节能设计标准》，发放新建住宅交付使用许可证9张，涉及住宅59幢49.5万平方米。大力推进新住宅全装修工作，核批全装修房18万平方米。投入资金20余万元，建立机关大楼空调和档案室区域照明智能控制系统，节能效果明显提高。

二、夯实基础，创新机制，住宅小区综合管理水平逐步提升

（一）健全完善两级住宅小区联席会议制度。以学习贯彻新的《上海市住宅物业管理规定》为契机，加大学习培训、宣传动员和沟通协调力度，印发单行本3800余份，培训1500余人，新规的社会知晓率和贯彻执行力逐步提高。在对各街（镇）走访调研的基础上，调整充实了杨浦区住宅小区综合管理联席会议成员单位，为解决住宅小区综合管理问题搭建了完善的沟通协调平台。

（二）完善物业行业长效监管措施。坚持党风带政风促行风建设。通过开展物业从业人员职业道德和技能培训、落实“五查”制度、健全企业信用体系建设等措施，提升物业企业诚信服务水平，物业行风测评群众满意度在18个区县物业管理行业分值第一。全力抓好公共文明指数测评迎检。按“保安

全、保干净、保秩序、保服务、保和谐”要求，加强窗口服务文明、小区环境文明、秩序文明的检查整改，为实现区“保六争五”迎评目标作出努力。

（三）扩大物业管理公共支出。加大售后公房资金补贴力度。完善物业服务达标补贴考核制度，全年发放资金1568万元，涉及小区340个，惠及居民25万户，缓解了售后公房小区收支倒挂问题、提升了物业企业积极性、保持了物业服务质量。加强管理平台建设。投入资金140万元，有效整合“962151”区房屋维修应急中心和“962121”市物业服务呼叫平台功能。全年受理解决各类投诉、保修163件。完善特殊物业托管机制。通过政府购买服务，投入资金43万元，对物业公司突然撤离的12个小区实施了临时托管，保障了2051户居民的基本物业服务需求。另外，先后开展了保障性住房物业管理、旧住房综合整治改造及加强和改进杨浦住宅物业管理工作的专题调研，提出应对措施，为领导决策提供参考。

三、主动履职，协调服务，依法行政工作有效开展

（一）房产市场总体平稳。认真贯彻国务院、市政府有关个人住房征收房产税试点、住房限售等房产市场调控政策。商品房上市量显著增长。全年核批城市方园、圣骊河滨苑等商品房预售6653套75.86万平方米，同比上升104.27%、41.71%。受理各类房地产交易登记43127件，完成新建房屋建筑面积预测295万平方米，新建房屋建筑面积实测80万平方米。供求关系有所缓和。存量房住宅累计成交7997套49.6万平方米93.9亿元，同比下降29.78%、30.48%、16.92%；办理商品房销售方案备案2089套24.81万平方米；此外，完成163家房产企业信用档案检查，合格率98%；处理房产权籍24件。

（二）条块协同执法有力。以城区综合管理“大联动”为契机，调动综治社保队员、平安志愿者等各方力量，加强日常巡查，及时发现、劝阻、制止现行违法搭建。全年处理现行违法搭建113件，处理存量违法搭建9件，业主自行改正41件，代为改正67件，新增违法搭建拆除率100%；处理群租投诉117件，确保平安建设落到实处。

（三）信访矛盾化解及时有效。依托“多方协调、共同参与”的“大信访”体系，着力完善领导接待、检查考核、责任追究、突发事件应急处理等机制，优化领导包案、人民调解等工作方法。全年处理来信2473件，同比减少16%；处理日常来访及区政府效能接待3307批6018人；化解重信重访案件31件，超额完成市区要求的化解率70%的目标。另外，加强与市二中院、区法院的协调沟通，完成行政诉讼一审、二审案件25件，胜诉率100%。

（四）住宅配套工作协调推进。初步落实公共服务设施1.47万平方米，完成了荆州路市政配套道路建设和河间路等6条市政配套道路的项目储备。

四、以查促改，安全为先，住宅小区安全运行和安全生产落实到位

（一）落实住宅小区消防安全。通过政府购买服务，对全区338幢、房龄10年以上、8层以上带电梯的高层住宅进行了消防设施设备安全检测。检测房屋面积401万平方米，检出安全隐患3445处，落实整改713起。开展住宅小区和拆房拆迁基地“清剿火患”战役，检查小区515个，发现火患898处，清剿火患750处，住宅小区消防安全隐患逐量减少。

（二）落实施工工地生产安全。在强化从业人员安全生产培训和加强日常检查的基础上，会同区安监局及相关街道开展建、构筑物拆除行业“打非”行动，查处拆房施工操作人员无证上岗4起、上岗证过期2起、无开工手续擅自施工1起。

（三）落实季节性防范工作。在完善应

急预案、抓好应急演练、落实抢险队伍、物资储备和加强值班的基础上，着力加强住宅小区防台防汛，督促物业服务企业定期养护小区排水管道，保证下水管道畅通；重点开展易积水小区、地下车库的排险物资、设备检查。加强对大桥、定海等9处私房集中地块危房的普查和督修。

五、着眼效能，转变作风，机关自身建设不断加强。

（一）行政效率进一步提高。在规范服务、简化流程、优化机构上下功夫，不断优化机关行政管理新模式。优化简化建设项目等行政审批流程，提高项目审批速度，全年业务受理办文561件，办结563件（含去年结转件）。完成事业单位机构改革，优化了岗位编制，提高了事业单位的运行效率。

（二）服务质量进一步提升。按照“依法办理、实事求是、突出重点、注重实效”原则，处理“书记百姓网上通”20件，“区长在线”112件、区政府督查201件、媒体信息44件、专项督查件办结率100%；办理信息公开177件；办理人大意见27件、政协提案25件，答复率、走访率100%。接待档案查询48419人次，利用案卷9774卷，出具登记资料查询证明72405份，完成房产税、限购查询受理、审核6189户、完成立卷38281册。

（三）党风廉政建设进一步深化。贯彻落实惩防体系建设和党风廉政责任制，区委、区政府明确的旧区改造、住房保障等三项重点牵头工作圆满完成。扎实开展“三个一”廉政宣传，增强了党员干部廉政勤政自觉性。积极开展“4+3”专项治理工作，重点狠抓礼金、礼券和购物卡专项治理，上交礼金、礼券、购物卡总计7.5万元。推进廉政文化建设，在市房管系统庆祝建党90周年反腐倡廉征文中获得了优秀组织奖。

在各项工作有序推进的同时，有些工作也面临困难和问题：一是政策出台影响面上工作推进。因旧改新政出台以及建筑市场专项整治等因素影响，旧改基地启动和旧小区综合整治进度受影响。二是百姓对旧区、旧房改造的愿望迫切。尽管对西方子桥等拆迁停滞基地以及凤城三村等10多个小区居民来访多次接待，但居民集体上访要求动迁、旧房改造的诉求仍非常强烈。三是住宅小区综合管理体制机制仍需完善。街道（镇）一级对业委会的指导管理职能还需加强。另外，房屋违法搭建仍需在快速发现、及时处置、联合执法等机制上下功夫。

（十）浦东新区

浦东新区建设和交通委员会

2011年是“十二五”规划和后世博发展的开局之年。按照中央转变经济发展方式和市委“坚持创新驱动、转型发展”的“十二五”规划总体要求以及区委、区政府的工作部署，我委以科学发展观为指导，以“建设年”、“管理年”和“作风年”为主线，以服务“四个中心”核心功能区建设为目标，以促进区域生产力发展为核心，以扩大世博效应为契机，将“抓建设为重点、抓管理为基础、抓作风为保障”贯穿全年工作的始终，力争在重点项目建设上有新业绩，在功能开发上有新探索，在行业管理上有新进步，在服务发展上有新举措，在队伍作风上有新面貌，凝聚合力，夯实基础，顽强拼搏，全力以赴，较好地完成了2011年各项任务。

一、重大工程、市政基础设施建设进展顺利

2011年由我委负责推进的重大工程项目77项（结转55项，新开22项），总投资1181.7亿元，年度计划投资130.9亿元。全年累计完成投资约135亿元，占当年计划投资数近103%。委财力项目完成投资67.99亿元，完成年投资计划（65.8亿元）的103%。

（一）骨干路网项目大力推进。东西通道动迁累计完成99%，工程累计完成23%；中环线浦东段已完成施工招标、工可批复等前期手续；罗山路延长线快速化改建项目已完成初步设计批复、设计勘察招标等工作。

（二）重点配套项目紧扣节点。迪士尼配套道路11个项目中，航城路、唐黄路主线结构基本完成，南六公路、周邓公路、六奉公路、秀浦路东段等4项施工招标基本完成，其余5项正在抓紧办理前期手续。商飞配套道路11个项目中，经二路已开始结构施工，张东路已完成融资方招标，科苑路、下盐公路正在进行施工和监理招投标，军民路（孙桥路—张东路）初步设计已批复，两港公路已完成工可方案调整，南横二路、盐朝公路、东海大道、军民路（金科南路—哥白尼路）和军民路（哥白尼路—孙桥路）正在抓紧进行前期研究，下盐公路和两港公路已启动协议动迁。大型居住区配套11个项目中，4个项目处于施工阶段，7个项目处于前期阶段。

（三）对接功能项目稳步实施。2011年度新区南北对接道路11个项目中，10月份完成川沙路、申江南路、南祝公路、康梧路4个项目，12月份完成锦绣路、闻居路、金科南路3个项目，超额完成了区政府向新区人大32次主任会议承诺的“保六争三”目标。根据市与新区签订的区区对接道路目标责任书，新区负责建设的项目共13项，其中申江南路（A20—秀浦路）、凌空路—祝南公路、闻居路、下盐公路、闸航公路、周祝公路、周邓公路等7个项目已完成；长青路、卢恒路连接线（东）、卢恒路连接线（西）等3个项目已开工；川南奉、航塘公路处于前期阶段。

（四）一般市政项目和村庄改造路桥项目完成目标。48个一般市政项目已累计竣工18个项目，开工17个项目。2011年村庄改造主要路桥项目基本完成。同时，为指导各镇实施村庄改造工作，制定下发了《关于加强村庄改造路桥建设施工管理的指导意见》。

（五）其他重大工程项目正在落实。共涉及电力项目、环保项目、社会事业项目、土地储备项目、配套商品房项目等5个板块共19项，其中13个项目已开工、6项正处于前期阶段。列入2011年新区重大工程项目的共5项轨道交通项目，均已开展前期动迁工作。

（六）滨江区域开发进展良好。编制“十二五”新区黄浦江沿岸的发展规划，土地前期开发有序实施，滨江生态环境和市政基础设施项目建设加快推进。杨浦大桥至南浦大桥地区已建滨江绿地特色交通的研究方案已基本确定，上海船厂地区和E18地区的滨江公共开放空间的配套服务设施已基本完成招商工作。

二、保障性住房体系建设成效显著

全年开工各类保障性住房666万平方米，竣工200万平方米。

（一）积极组建工作机构和运营机构。在新区区委、区政府的高度重视下，已形成了三级联动的住房保障工作机构：一是在新区层面，成立了浦东新区保障性住房工作领导小组，下设前期工作、建设工作推进和社区管理工作3个指挥部以及领导小组办公室。二是在具体操作层面，新区建交委下属住宅发展和住房保障中心是新区面上住房保障工作的管理单位，新区民政局下属新区经济状况核对分中心是住房保障对象收入核对工作的专门单位。三是在街镇层面，各街镇已成立相应的住房保障机构，设立受理服务窗口，落实专职人员。按照“国有独资、独立法人、封闭运作”的原则，于6月29日正式挂牌成立了浦东新区公共租赁住房投资运营有限公司。由该公司开发建设的北艾地块公租房项目于11月30日实质性开工。

（二）全力推进建设项目计划落实。2011 年大型居住社区建设计划涉及曹路、航头新选址、浦江原选址、惠南民乐 4 个基地。按照“市区联手，以区为主，管办分离”的分工原则，将 2011 年建设计划安排在条件相对成熟的 24 个地块上重点推进。着力落实区级动迁安置房建设计划，锁定 40 个项目予以重点推进（其中 23 个项目已开工）。开展临港区域限价商品房试点工作，根据市委、市政府对临港新城提出的吸引人才、集聚人气的要求和新区“引得进，留得住”的思路，临港区域限价商品房项目已开工建设，供应管理政策正在同步制订。

（三）有序实施经济适用住房供应和廉租住房管理。3 月 21 日正式启动首批经适房供应申请受理工作，经街镇初审、区保障机构复审及两次公示，11 月 30 日选房工作结束，选房率 91.81%。12 月 5 日开始购房签约工作。第二批经济适用住房申请受理工作 9 月份结束。新增租金配租受益家庭 694 户，累计受益家庭 7147 户，对符合廉租政策的家庭做到了应保尽保。新筹措廉租实物配租房源 88 套，累计配租户数达到 203 户，做到了愿租尽租。

（四）不断推进住宅发展工作。年内共受理交付使用项目 78 个，累计发证面积约 421 万平方米，其中保障性住房达 200 万平方米，普通商品房约 221 万平方米。共计征收配套费 10.94 亿元，征收包干项目管理费 1711 万元。加快推进住宅产业化，10 个列入创建的“四高”优秀小区通过验收，约 101 万平方米；15 个列入创建的“四高”项目进行了评审，约 149 万平方米。

三、建筑业管理体制机制加快完善

（一）注重整顿规范建筑市场，贯彻市政府“22 条”。全面贯彻《浦东新区进一步整顿规范建筑市场加强建设工程质量安全管理的实施意见》，在落实市政府整顿规范建筑市场各项任务的基础上，重点推进以市场诚信为核心、法人责任为基础、综合监管为支撑、信息科技为手段的“四位一体”市场管理体系建设，着力提升源头、过程、末端“三环并举”的监督管理效能。为使建筑市场整治工作转入长效常态化管理，制定了《浦东新区进一步健全建设工程安全质量监督管理体系的若干意见（试行）》、《浦东新区推进施工企业质量安全标准化管理体系建设实施意见》、《关于印发 “六无工程”处理流程的通知》等一批管理制度，进一步加强工程项目监管和提高制度执行力。

（二）注重强化施工现场管理，提高质量安全文明管理水平。贯彻新区文明施工示范区创建工作方案，着重整治重点区域建筑工地施工区、生活区的文明施工和环境卫生，内环线内文明施工达标率达到 80% 以上、一般区域达到 70%。开展了建筑工地的安全、工地活动房等专项整治和大型机械设备、模板支撑系统和特殊类型脚手架等重大危险源的专项检查。树立“以加强保障性住房质量为重点、以落实分户验收为抓手、以实行抽查检测为手段”的监管思路，全面实行保障性住房工程质量分户验收制度，不定期组织抽查。

（三）注重践行绿色低碳理念，加强节能和建材工作。全面落实市、区下达的节能减排指标，完成了“建银大厦”等项目节能窗改造（面积约 3.72 万平方米）和南码头辖内临沂新村等小区遮阳改造（面积约 2.03 万平方米），协调完成了新区 2011 年能源审计 15 幢、分项计量 9 幢的目标任务，认真开展建筑节能评估工作。推进临港新城低碳城区建设，编制了《浦东新区建材监督抽样实施细则》（试行），在全市率先开展了抽检盲样管理工作，形成了抽检工作环环相扣、互相制约的新机制。

（四）注重深化设计归口审查，推进行政审改工作。深入推进基本建设程序审批制度改革工作，制定的《关于进一步深化建设工程行政审批管管理程序改革的实施意见》已由区政府发布实施。今年以来，共受理招拍挂项目 72 个，总计 629 万平方米；受理总体文件审查项目 69 个，总计 400 万平方米；受理合同备案及审查备案项目 34 个，总计 162 万平方米。

（五）注重源头治理，规范建筑经营行为。实行施工分包合同备案承诺制和分包合同备案建设单位确认制。根据不同项目类型实行评审指标差别化管理，丰富完善了商务标评标体系。

（六）注重信息畅通，完善系统集成。完成了浦东新区建管各单位、各开发区管委会的信息系统权限梳理和调整。建成浦东新区建设市场管理信息集成分析系统一期，为整合新区范围内的建筑市场信息提供了平台。

四、公共交通服务水平不断进步

（一）加快公交规划研究和进展运用。完成了《浦东新区“十二五”公共交通专项规划》、《浦东新区“十二五”公交专用道研究》、《公交成本规制实施细则研究》、《浦东滨江特色交通研究》。基本完成了《浦东新区公共交通发展规划》，并同市相关规划部门进行了衔接。

（二）加快公交基础设施规划和建设。曹路公交停车场项目正在办理相关土地手续，新场公交枢纽工程可行性研究报告已上报。开展北蔡五星路公交枢纽、罗山路公交枢纽、SN1 公交枢纽、迪士尼公交枢纽、临港滴水湖交通枢纽、滨江公交枢纽方案研究和建设配合工作。开展大型居住区公交枢纽建设前期工作和惠南镇公交停车场等规划选址工作。完成 22 个公交首末站和 2 个公交停车场整新工作。

（三）加快优化运营保障和服务。一是优化线网。优化调整公交线路 75 条。二是梳理站牌。变更站点 106 个，共涉及公交线路 129 条，公交站牌 6332 块。三是服务达标。根据市级公交行业规范服务要求，新区范围内的 97 条一级管理线路于上半年全部达标，制定《浦东新区公共汽车和电车客运服务规范》，对浦东新区二级管理线路的营运时间、服务、行车间隔等方面逐步进行规范。区管 187 条二级管理线路全部达标。四是创新探索。先后开通穿梭巴士 25 条，率先在 3 条线路试行混合车型营运，即低谷时段用中型车，早晚高峰时段同时投放大、中型车。

五、交通运输治理工作逐步深化

（一）深化非法营运整治。牵头交警等部门共查扣涉嫌非法营运的二轮摩托车 766 辆、三轮车（含残疾人助动车)14425 辆、四轮车 336 辆，实现了小陆家嘴地区、世博园区周边等核心区“基本杜绝”、内环以内其他重点区域“有力控制”、城郊结合部和郊区等外围“疏导掌控”的目标。积极推进张江公共自行车租赁服务项目，共计开通网点 107 个，投入公共自行车 2000 辆，发放卡 7331 张，日均周转率为 2.3 次。大力完善出租车扬招点建设，在大型商业、公共交通枢纽站等人流集散区加快建设出租车扬招点，压缩黑车生存空间，已完成浦东安达医院（沪南路、芳芯路），浦东新区中医院（绣川路、妙境路）、广兰路等 29 处出租车扬招点建设。

（二）深化水上运输监管。研究制定了《港内作业船舶临时标识牌设置方案》，实行船舶临牌制度；强化码头日常安全监管，实行港口经营单位户籍制管理制度，充实和健全了港口经营单位的信息资料，建立一户一册制度；为保障辖区通航安全，对辖区内各航道和通航水域中的碍航物进行了排查，对 9 条航道及通航水域中的碍航物进行了全面清理。

（三）深化交通战备应急保障。完善了《浦东新区战时交通保障计划》、《浦东新区应急作战交通动员计划》，完成《新区交通运输行业安全保障预案》。加强专业保障队伍建设，组建了一支 722 人、200 台车的应急保障队伍，专业人员人数和运力保障等指标居全市前列。

六、地下空间管理格局实现突破

（一）积极推进街、镇民防体制建设。年初确立的“挂牌、配人、建队伍”的街、镇民防体制建设总体思路，已得到新区编委正式批复，街镇民防工作体制正式确立。

（二）圆满完成防空警报设施巡检联调。对全区234台防空警报设施进行巡检、联调和测试，分3批对陆家嘴、川沙和惠南等街镇防空警报设施管理人员和防空警报设施设置点的兼职管理人员近280人进行专业培训。

（三）全面加强民防工程建设。全年共批准建造结建民防工程建筑面积84.89万平方米，竣工各类民防工程建筑面积47.7万平方米，使用面积41.1万平方米。全区各类民防工程建筑面积总量累计已达422.2万平方米，使用面积总量达360.4万平方米（不包括兼顾设防工程）。以全区户籍非农人口221.7万计，人均使用面积已达1.6平方米。积极推进民防骨干工程建设，金桥、三林及川沙新镇的人防指挥所工程已完成建设，高桥镇人防指挥所工程也基本完成，金桥镇、高桥镇及潍坊街道人防指挥的通信要素建设正在进行之中。

（四）加快落实地下空间管理措施。一是制定并颁布实施了《上海市浦东新区地下空间安全使用管理规定》，为新区地下空间安全管理工作走上科学化、规范化轨道奠定了良好的基础。二是地下空间安全使用网格化管理一期工程已经立项并启动建设。三是加强联合整治。会同消防、治安、物管等部门，对存在严重安全隐患的19个地下工程进行了联合整治。

（五）着力强化公众防灾意识和防护能力。组织开展“5.12”防灾减灾日宣传周活动，组织“9.17”国防教育日期间民防宣传和消防逃生演练，举办首届社区民防知识竞赛，组织开展校园防灾减灾宣传教育。加强防震减灾工作，完成了地震应急预案修订工作，会同教育部门做好“上海市防震减灾科普教育示范学校”选拔推荐工作。

七、房产管理和服务形势总体向好

（一）市场监管。坚决贯彻执行房地产限购、限贷、限涨的调控政策。2011年新区各类市场化商品房成交面积228万平方米（其中商品住宅成交面积130万平方米），各类二手房成交面积289万平方米（其中二手住宅成交面积237万平方米）。执行“一房一价”、上网公示、上墙公示、上岗人员公示、“一次预售不低于3万平方米”等相关行业要求。

（二）拆迁征收。全年完成拆迁6872户，清盘基地46个，完成在外过渡居民回搬4064户。一是制定“结果公开”实施意见。在北蔡土地储备地块、惠南民乐大型居住区基地、周康航拓展基地、龙沟十队、培花新村公共绿地地块进行“结果公开”试点。二是出台过渡时期的房屋征收规定，实行房屋协议置换。三是加快行政强迁到司法强迁的转换，向法院递交157户强迁申请，完成司法强迁7户。

（三）旧区改造。截至12底，新区范围历年结转地块7个，结转动迁户数54户。2011年新启动7个地块（其中“城中村”4个，“厂中村”3个），共完成签约922户。

（四）物业管理。完成“一街镇一房办”的建立，改变了物业行风测评在全区排列垫底的状况，全区3000万平方米旧住房全部落实“差别化”物业达标补贴，150万平方米旧住房综合改造计划的立项批复已全部下达。

八、依法行政和管理能力长足发展

（一）加强责任政府建设，认真完成“两会”办件。全年承办新区和市“两会”办件共150件（主合办115件、会办35件）。主合办件中，新区人大书面意见列入“已经解决”35件，占总量（主合办64件）的55%；新区政协提案列入“已经解决”24件，占总量（主合办 31 件）的 77%；市“两会”办件列入“解决采纳”7 件。

（二）加强法治政府建设，切实抓好行政执法管理。对行政执法主体、依据、项目等进一步梳理，制定了《浦东新区建设和交通委员会行政处罚程序规定》及法律文书编号说明及示范文本。对行政处罚程序、法律文书及自由裁量权的行使等进行细化，规范统一行政处罚程序。全年共主动公开政府信息 3758 件，受理依申请公开政府信息 1010 件，同比上升 87%，按时答复率 100%。

（三）加强和谐政府建设，全力推进信访矛盾化解。全年共收到各类信访投诉 6595 件，同比下降 25.03%，按时办结率为 99.5%。其中，领导交办重要信访事项 216 件，办结率为 100%；新区信访办转送（交办）初次信访事项 186 件，新增重复率为 12.9%；新区各类专项矛盾化解工作均已超额完成新区考核指标。

（四）加强效能政府建设，着力确保行政运行。一是抓制度建设，促进有序运转。制定了《委机关公文管理办法》、《委会议办理制度》、《请销假制度》、《委属基层单位国内考察学习制度》，进一步促进规范化、制度化。二是抓电子政务，促进公文办理。委机关基本实现收文、发文和内部资料的网络化管理，实现了节约行政办公成本、提高机关办公管理水平和工作效率的目标。三是抓信息科技，促进业务提高。完成科技委项目评审 479 项，组织了城建科技专家论坛，开展了 2011 年委系统青年科技论文评选活动。川杨河视频监控管理系统通过专家评审验收；建筑工地信息化建设管理得到实质性推进；新区综合交通信息管理系统“一总三子”建交委子平台 GPS 项目整体通过专家评审验收；基于物联网技术的新区公交 RFID 信息管理系统开发研制工作正在有序展开。四是抓主动作为，促进档案管理。着眼全委业务档案工作的规范化，按照统一场地、统一管理、统一利用的思路，本着资源和资金集约利用的原则，以相关基层单位业务职能为依托，建立和完善全委业务档案统一管理平台，提高全委业务档案总体水平。五是抓资产清理，促进基层发展。对全委系统资产进行了清理排摸，协调做好资产处置工作，制定了资产管理长效办法，建立了资产管理网上系统。

（五）加强公共政府建设，积极做好计划财务工作。适应拓展筹资渠道、重大市政项目推行 BT 建设模式的需要，进一步对审批流程进行梳理完善，并明确各方职责界面，配合相关部门落实了 7 个项目的 BT 融资渠道。固定资产投资统计工作的及时性和质量进一步增强，采用按代建单位分类与按新开、结转分类相结合的统计分析方法，及时、准确地反映委财力投资项目的进展情况。全面完成委属事业单位财务对接工作，并落实了相关经费，设定了规范程序。

九、党的建设和党风廉政工作稳步提高

（一）围绕中心，突出载体，党务工作有亮点。一是以“七一”系列活动为载体，增强党务工作影响力。二是以学习型党支部创建为载体，增强党务工作感染力。三是以党务公开试点为载体，增强党务工作吸引力。四是以“走进动迁家庭”活动为载体，增强党务工作渗透力。组织机关党支部、事业单位党组织全面开展“走进动迁家庭、奉献重大工程”主题实践活动，委系统 27 个党组织对接 19 个重大市政道路、产业项目配套道路、大型居住社区和轨道隧道交通项目等基地，全力推进动迁。全年上述基地共完成居民动迁 206 户、企业动迁 230 家。

（二）强化机制，攻坚克难，文明创评有成绩。一是加强组织“捆绑”，实施项目化责任分解机制。二是力求全面覆盖，实施联动合力推进机制。在物业、公交、交通整治和建筑工地等相关区域，形成了面上抽查、点上普查、行风监督员和第三方暗查的格局，与测评体系和迎检工作每一个点位做好对接。三是聚焦重点环节，实施分析讲评整改机制。针对重点区域、重点环节的难点问题，进行深度突破。被授予新区创评全国文明城区优秀集体。

（三）精心准备，严格规范，单位整合有实效。一是从调查研究入手，推进事业单位领导班子配备。本着“级别不变，对应进入；先到岗，后到位”的原则，完成涉及80名干部的事业单位领导班子成员配备任职等工作。二是从规范口径入手，完成事业单位首次岗位设置。委属15家事业共设置岗位1151个。三是从健全架构入手，推进各类组织换届改选。完成事业单位党组织的规范设置。

（四）立足现实，积极稳妥，队伍建设有推进。一是从干部队伍实际出发，有序开展选拔任用工作。二是从培养后备力量出发，稳步做实挂职锻炼平台。年内共有19名挂职锻炼干部到重大市政道路建设指挥部及保障性住房工作领导小组办公室参加挂职锻炼。三是从干部长远发展出发，全面开展各类人员培训。组织好公务员双休日讲座培训、干部学习城在线学习工作。

（五）责任明确、狠抓落实，党风廉政建设有措施。一是突出重点，推进党风廉政建设。制订并印发《建交委党风廉政建设责任制的实施意见》和《党风廉政建设和反腐败工作责任分工》。二是围绕目标，推进政风、行风、作风建设。完成市、区二级政风行风重点评工作，住房保障房屋管理和物业管理政风行风作为市、区二级重点评单位。认真落实全年机关作风建设工作。开展以“责任、团结、谋事”为重点的思想教育，围绕“四个查一查”和“四个倡导”开展大讨论，组织全体机关人员开展了岗位政策法规与基本专业知识的测评考试，重点开展基层评机关、社会评窗口“双评议”活动，开展了行政审批项目定期回访活动。三是纠建并举，加强专项检查和监察。完成“小金库”专项治理工作，开展收受礼金、礼券、购物卡专项整治。落实新区监察局下达的工程建设领域（建筑市场整治）、动拆迁领域、新农村建设中村庄改造项目等三项专项监察工作。四是加强内审，发挥廉政建设作用。完成事业单位撤并资产清算审计25项和年度财务收支审计26项，完成领导经济责任审计32项以及房办事权属地化房办主任法人资格撤销审计16项，完成政府财力投资项目的送审38项，送审资金达191.07亿元。制定《建交委内部审计工作监督办法》，进一步加强制度管理和监督检查力度。

2011年在区委、区政府的领导下，在区人大、区政协的关心指导下，建设交通系统广大干部职工团结奋进，勇于拼搏，克服新政多、时间紧、任务重等困难，较好完成全年任务，各项管理和服务水平得到进一步提高。但是，我们也要看到，与新区“四个中心”核心功能区的战略部署、“二次创业”的发展形势相比，与广大人民群众日益增长的物质文化需求相比，我们还有一定差距，主要体现在面对新情况、新政策、新环境，破解难题的办法和措施还不够多；在面广、量大、事多、人少的矛盾面前，管理和服务的精细化程度还不够高。在新的一年，我们要进一步总结经验，统一思想，抓住机遇，加快发展，努力提高建设和交通管理服务水平。

浦东新区环境保护和市容卫生管理局

在区委、区政府的正确领导下，区环保局坚持以科学发展观为指导，以文明创评、生态创建、管理创新、作风创优以及服务经济、服务民生为目标，全面贯彻落实中央十七届五中全会、市委九届十三次全会和新区二届十三次全会，进一步贯彻“生态优先”的发展战略，围绕全面推进生态建设，全面加强环境保护，全面提升城管水平的三大要求，全局上下团结一心、顽强拼搏，圆满完成了各项工作任务。

一、工作特点和成效

经历了世博年浓墨重彩的巅峰辉煌，2011年的新区环保和城管工作站在了崭新的历史起点，开始了全新的奋斗征程，面临着捍卫荣誉、超越历史的严峻考验和巨大挑战。

一是世博标杆的压力。迎博办博环境保障工作的空前成功，使全社会各界都对我们的环保和城管工作提出了更高的要求，但世博期间财力、人力、物力、政策等各方面资源的集中投入和超常规倾斜都已不复存在也无法复制。

二是创评考核的压力。新区今年总共有三大创评工作，其中两项即文明城区和环保模范城区的创评、复检工作，我们均承担主要任务，成败得失事关新区改革和发展大局，但其目标严苛、时间紧迫、部分指标存在较大差距。

三是全新使命的压力。十二五规划的全面起步、被列为中共中央、国务院一号文件的水利建设工作、被列为市十大实事项目、新区人大一号议案的生活垃圾减量分类工作、被列为市政府重点工作的世游赛环境保障工作等。

四是突发事件的压力。康桥血铅、川杨河附近污水管道爆裂、高桥石化酸性气体泄漏、曹路大基地强拆、惠南镇水稻枯死、老港垃圾处置场臭气扰民等环境和城管的突发事件、安全事件、维稳事件频发，引发社会广泛关注。

面对严峻考验和重重压力，全局干部职工振奋精神，昂扬斗志，沉着应对，共同用激情、勇气、智慧和汗水谱写出了新区环保和城管工作的崭新篇章。

一是环境质量继续改善。空气优良率达到94.2%，同比上升2%，已连续多年保持在90%以上，降尘量为7吨/平方公里/月，同比下降6%，环境空气质量结构趋优。城市污水集中处理率提高至85%。没有发现黑臭河道，地表水污染趋势有所遏制。

二是市容保障有序有力。世游赛周边环境的整治、优化和提升工程进展迅速、成效明显，得到韩正市长等领导的充分肯定。新区市容环境整体质量一直稳定在优良等级，尤其是中心城区整体处于优秀水平，为文明城区的创评成功作出积极贡献。

三是管理品牌创出特色。首创的生活垃圾大分流、小分类体系初显成效，顺利实现5%的减量指标，得到各级领导及社会各界高度关注；国内第一部以保护水环境为主题的环保动画片《滴水精灵》在央视首播，获得国家级奖项等。

四是应急处置有序有力。积极稳妥、及时高效的处置了康桥血铅等环保和城管突发事件，力保环境安全、城管秩序和社会稳定，并以此为契机，进一步完善细化了应急运行机制，提升了突发事件处置能力。

二、主要业务工作完成情况

全年的环保和城管工作纷繁复杂，我们统筹兼顾，突出重点，主要推动了以下四方面工作。

（一）全力开展文明城区创评工作

一是提升市容环境面貌。加强市政设施、环卫配套、绿化景观、灯光工程等硬件的建设、维护和提升，不断美化、亮化、优化新区市容景观。共整改交通标杆、路灯杆、电杆等1900多个，整改书报亭、电话亭、公交站亭336件，修复路面病害27.3万平方米。实施重要区域和主要景点的摆花工程，共布置花卉约130万余盆。对城区范围90%的公厕设置了标准化导向体系。完成了小黄浦江桥周边、小黄浦江闸外等整治工程。新建东方体育中心道路绿化带总面积约2.4万平方米。加快完成东方体育中心景观灯光建设，加强户外广告管理，整治架空线400多米等，市容市貌不断优化。

二是强化城管综合执法。在发动社会参与、督促自觉履责的同时，不断加大城管监察和处罚力度，始终保持密集、连续和高压态势。共出动人员38.7万多人次，出动车辆12.5万多车次，检查道路13万多条次，检查公路4.3万多条次，教育劝阻25万多人次，整改违法行为16万多起，查处乱设摊9.6万多起，跨门营业4.8万多起，水务违法行为396起，交通违法行为3000多起，渣土及公路违法行为为676起等。特别是拆除违章建筑100万多平方米，超额25%完成市下达任务，还查获盗版音像制品1900件，盗版图书234件，查扣蔬菜瓜果4577公斤，收缴小广告623.9公斤等。

三是开展环保专项整治。开展了化工等环境监管重点企业、饮用水源地、危险废物处置、医疗废物处置、锅炉“冒黑烟”、环境安全风险企业、重金属企业等专项监察和百家污染源整治、“三监联动”等常规监察，共检查企业8000多户次，出动环境监察人员2万多人次。开征排污费4000多户次，开征金额达1153万元，行政处罚共立案208户，已完成处罚191户，处罚金额725.6万元，均名列全市第一；开展对机动车尾气专项检查工作，合格率达93.4%。还联合开展了对码头、堆场的扬尘执法监察等，严控环境重大污染事故的发生。

（二）深入推进生态区创建工作

一是开展各类生态创建。全面开展绿色社区、生态工业园区、绿色学校、绿色家庭、绿色宾馆（饭店）等绿色系列创建活动，把绿色、环保、生态、低碳理念渗入到社区、学校、企业等各个领域。完成了8个镇的“市生态镇”区级预验收；启动了13个镇的”全国环境优美镇”更名工作，其中川沙、康桥、惠南等已在环保部网站公示。完成5个“市生态村”、3个 “市绿色社区”、84个“区生态村”、30个“区绿色社区”的创建。张江高科技园区和外高桥保税区创建节水型工业园区已获得市级批复。圆满完成第四轮环保三年行动计划等。

二是做好创模复检准备。编制和细化了《浦东新区迎接国家环保模范城区复核工作方案》，明确了工作目标、具体任务和责任分工等。原则确定新区建成区范围由2005年的128平方公里扩大至239.6平方公里。邀请上级部门和有关专家实地调研并开展技术培训，就创模复核资料整编过程中的26项指标等具体问题向各委办局联络员作专题讲解，深刻理解各指标要求，明确复核资料的整编规范。完成26项指标的细化任务分解和资料收集正整理，初步形成了总报告、技术报告和特色报告等材料。

三是加大执法监管力度。优化对国控、市控、区控的重点监测企业名单和计划，建立健全环境监测网络建设。继续开展对228家燃煤企业锅炉的脱硫烟尘监管，重点对≥10T锅炉的监测监管。进一步推进中小锅炉清洁能源替代，逐步推进脱硝工作。完成了26家重点企业的清洁生产审计。对17家国控单位、8户进口有毒化学品企业、12家新化学物质企业加强现场检查。“三同时验收”完成竣工验收333个项目、试生产验收682个项目等。进一步完善有害生物预警和防控体系，加强野生动植物保护；继续开展九段沙湿地的日常巡查和联合执法等。

（三）率先实施生活垃圾分类减量

一是积极推进小分类模式。在全区101个小区以及一港三村共计6.8万多户家庭中开展厨余垃圾干湿分离，累计发放居民户用厨余垃圾桶6.8万个和垃圾袋500多万个、设置公共厨余垃圾收集桶，增设厨余果皮压缩设备、中转设备，增加厨余果皮资源化利用车间等，完善了分类收集、分类运输、分类处置的全过程分类物流系统。通过广泛宣传动员、集中培训学习、志愿者指导督查，分类知晓率已达到100%，正确投放率不断提高，每天的收集量已从最初的0.1吨/天，上升到目前的17吨/天，单日最高量已达到22吨，分流效果日趋明显。 二是创新构建大分流体系。逐步构建厨余果皮、集贸市场、机扫、特种、电子垃圾等七大分流体系，共增配26辆专用车辆将162家集贸市场垃圾纳入专项收运，占北片集贸市场总数的85%，日均收运148吨，分选－生化处置减量效率达73%。启动了机扫垃圾专项收运处工作，通过建立“日统计、周通报、月考核”的工作机制，日均分流减量20吨。在646个居住区及450家企事业单位进行了特种垃圾（有害垃圾及废玻璃）专项收集。按照“三步走一接轨”的原则，电子垃圾收集收运处网点已覆盖52家机关企事业单位、121个企业及16个街镇650个居住社区，累计收集电子垃圾79万台共计1.9万吨。

三是不断优化末端处置设施。按照“末端决定前端”的思路，统筹考虑生活垃圾分类减量设施的配套与完善，对垃圾桶、垃圾厢房、小压站、中转站、专项垃圾资源化处置设施进行合理布局。完成了黎明资源再利用中心项目的环评审批和工可审批，规划、土地等前期手续也已基本完成；推进黎明生活垃圾填埋场扩建工程配套渗滤液处理站建设，提升渗滤液处理能力和效率；编制《浦东新区生活垃圾转运设施选址专项控制性详细规划》，高行、唐镇、陈行、三林等站的前期工作有序开展，为全面开展垃圾分类工作打下重要硬件基础。还改造垃圾箱房64座、改造小压站7座等。

（四）不断加强环境建设和保障工作

一是开展环境工程建设。执行了24多亿元基建项目，计划执行率已达80%以上。建成了丹桂佳苑东侧防护绿地、张衡路（马家浜—张东路）两侧绿带、金科路道路两侧绿带工程等，总面积约12万7千多平方米；近5万平方米的惠南新城绿地工程也已开工建设。落实了1000亩“四类林”建设项目。高南河、沈沙港、三八河等骨干河道整治工程以及西沟水闸、严家港泵闸等工程均有序推进；迪士尼围场河、中心湖、商飞护场河一期、外高桥内河集装箱内河港池等新区重大项目的环境配套工程进展顺利。开展部分小区雨污水分流改造和张江集电港雨水泵站旱流截污紧急改造工程等，共敷设管道45公里。九段沙浦东码头基本建成。继续按监测规划布点大气、地表水等监测网络等。

二是推进新农村建设工作。在14个镇71个行政村开展河道整治和生活污水治理，涉及河道1573条段443公里，总投资3.4亿元；农村桥梁维修改造工程涉及14个镇，合计改造桥梁27座，目前已进入收尾阶段；郊区河道日常管理养护工作水平稳步提升，基本实现了重点区域河道设施完好率100%，创建了14条星级河道；在曹路、合庆、周浦、书院等18个镇开展农田水利建设，推进临港地区集约化供水等。还对南片五个镇约39.2万平方米住宅实施天然气配套工程，受益居民3720户。分别对北片7个镇、南片10个镇部分区域实施水网改造和二次供水改造。不断加强村庄道路改造和乡村公路管理等。

三是强化城市管理和保障工作。充分发挥网格化的发现和监管优势，全面整合了市市容环境质检平台、社会网络平台等多种信息来源，健全完善了新区市政市容管理工作联席会议制度，并承担文明城区创评工作的督查职能，共受理各类案件14.7万多件，同比增加32%，结案率达98.9%。继续做好水电气等公用事业的督促协调，确保市民正常生活。按照“两个确保、六个减少”要求，加强海塘、河闸、排水、应急预案、网络建设及培训等各类防汛防台软硬件建设，泵站完好率达到98%以上，确保安全度汛。还妥善处置了多起突发公用事业和环境污染事故。

三、主要工作措施和方法

为推动全年工作的深入开展，我们主要采取了以下四方面的措施。

（一）加强领导，多措并举，不断放大工作合力一是建立指挥体系。面对繁重的工作任务、紧迫的时间压力和极高的考核要求，局党工委审时度势，及时从各单位抽调精兵强将，组建了文明城区创评、生活垃圾分类减量、生态区创建暨创模复核等各类领导机构和工作小组，都由新区和局领导挂帅指挥，统筹落实各项计划任务，并通过召开全区的动员大会、签订责任书等形式，进一步明确了内部的分工、节点、流程、标准等要素，完善了督查、整改和反馈等机制，进一步健全了全局、全行业乃至全社会的推进网络，形成纵到底、横到边、运转顺畅、高效统一、坚强有力的指挥组织体系。

二是开展专项治理。为了打好文明创评、生态创建等综合性系统战役，各单位、各部门密切配合，集中人力、物力和财力，全力开展了门责、拆违、道路公共设施、非法营运、渣土管理、重大环境污染事件预防等专项治理，确保各类问题都能及时发现、快速处置和有效监管，展示了城市管理组合拳的声势和力度，提高了整治工作的针对性和有效性。市、新区、局等各级领导也多次实地检查、现场办公，对一些难点重点问题及时协调、科学决策、快速部署，压力传导机制和引领示范效应得到充分发挥，牵头推动各项工作的深入开展，

三是加强协调联动。不断拓展各类工作网络和动员方式，在各个条线以及条线之间继续推行联合执法、综合养护、三级巡查等各类沟通机制，积极牵头协调各方共同作战，条块协调机制得到拓展和固化。如通过协调例会、渣土申报、严格执法等多措并举，标本兼治，发挥源头预防、事中监管、末端执法的整合优势，共受理申报 284 次计 1180 多万吨，查处违法行为 676 起，有效遏制了渣土污染现象。还开展了 “百万家庭低碳行、垃圾分类要先行” 等宣称活动，成立各类志愿者队伍，进一步整合各方资源，扩大社会参与的广度、深度、力度和强度。

（二）解放思想，锐意创新，不断优化工作质量

一是创新管理模式。注意把握不同城市管理工作的客观规律，积极转变管理理念，优化管理模式，进一步提高整体行政效能。如针对不同情况启动的城管执法差别化等级保障、城管执法系统推行责任追究保证金制度、环保部门的排污企业分级管理、按照设施量不同等级科学划分养护经费提升养护质量、深化“三监联动”机制的内容和网络、探索网格化平台和质检平台融合新机制、与公安边防部门深化湿地保护“三双”工程等，都在实践中取得了较好的效果，促进了新区城市管理的人性化、规范化和精细化。

二是加强制度建设。针对新的形势和要求，及时修订完善各类规章制度，提升城市管理的效率和水平。为传承世博经验，固化先进模式，我们对城市管理 10 个行业 18 类行业规范进行了修订，形成了《浦东新区世博后城市管理行业规范汇编》。金桥城管署等单位梳理、调整和完善行业检查、考核奖惩等制度，推进长效和常态管理。优化组合了现有的网格监督、市容监督、社会监督等独立考评体系，出台了《浦东新区城市网格化管理监督员考评办法》，防汛部门也细化完善了防汛预案，还建立了与闵行区的水闸联动排涝机制等。

三是落实督查点评。进一步完善局行政督查制度，特别是强化对各项重点工作的挂牌督办。召开了 10 次文明城区创评工作点评会议，在加强巡查、自查的同时，跟踪督办各渠道发现和反馈的有关问题，及时查找、解决薄弱环节和管理盲区，取得了较好效果，累计办结、整改 9 万多个问题，整改率达到 98.9%。继续完善基建工程推进周报制度，每月统计工程形象进度、每季度分析项目推进情况等。充分发挥考评的查漏补缺、激励引导等功能，对市容环境面貌、生活垃圾分类以及两会办理等工作均实施第三方质量评

价，督促有关部门及时整改。

（三）锤炼作风，转变职能，不断提高行政水平

一是狠抓作风建设。根据区委的统一部署，继续开展走千听万活动，组织了80多名副处级以上干部4次走访了北蔡镇56个居村、川沙新镇26个居村，抓紧落实涉及我局的274个问题，目前已经解决和正在解决的占83%，有效解决了部分群众的“急、难、愁、盼”问题，得到相关村委和居民的肯定。继续在机关开展服务承诺征集、“四不”等活动。对2010年上海市政风行风测评情况进行全面分析、梳理、汇总及督促落实整改。继续办好“环境热线”等公共服务品牌，对接市绿化市容平台与热线呼叫系统，共受理各类信访4.3万件，同比增加55%，与人民群众的桥梁纽带功能不断加强。

二是主动跨前服务。除了配合大重大经济项目开展基础设施配套和环境工程建设外，还主动上门参与前期方案论证和技术研究，积极为企业发展出谋策划；根据新区城管体制调整需要，向开发区域平移了部分审批事权，提升地方经济自主发展空间；继续按照区委、区府“访企问需、访企问难、访企问策”的要求，采取“四主动”措施，先后多次走访有关部门，发放意见征求表，了解掌握项目信息和企业需求，不断加大环保扶植和支持力度。继续加快建设500米内休闲绿地、路灯增装等各类民心工程、实事项目等。

三是提高行政效能。继续完善行政处罚网上运行系统，新增自由裁量表25张，共网上运行行政处罚事项简易案件1.3万件、一般案件1600多件。继续完善行政许可网上运行系统，南片地区环保审批事项已全部网上流转。共受理行政许可事项6800多件，办结率达100%，438起政务信息公开案件答复率为100%。加强审批窗口建设和管理，推行首席代表制度，提升服务质量和测评满意度。开展监察平台建设，将两会办理、公文办理、信息（政务）公开、行政审批（处罚）的情况纳入行政效能监察平台系统进行考核，每月形成《效能监察月报》等，督促全体干部职工不断提高行政效能。

（四）加强党建，夯实基础，不断增强队伍活力

一是加强队伍建设。局党工委中心组带头学习政治理论、业务知识和办公技能，全力打造学习型、团结型、廉洁型、创新型党组织。开展系列活动纪念中国共产党成立90周年，激发全体党员干部的爱党之情、优党之心、兴党之责。建立书记双月例会制度，开展“四个一”活动，进一步推进班子和队伍建设，增强综合素质，提高执政能力。进一步夯实基层组织工作，强化管理规范，开展“两优一先”评选，发挥组织核心作用。加强反腐倡廉宣传教育，继续开展“讲党性、重品行、做表率”主题教育活动，坚持“每月一案”，落实“一岗双责”等。

二是深化体制改革。按照“职能归并、精简高效”的原则，平稳有序地完成了局属事业单位的机构整合、内部三定、岗位设置和首次设岗聘用等工作；积极推进城管执法支队参公工作，进一步研究和探索与未来形势相适应、与管理目标相匹配的城市管理体制机制，科学界定职责分工、工作界面、办理流程等各个要素，新的体制机制日益迸发出新的生机和活力，促进了各项事业的深入开展，如新组建的基建项目管理中心就在规范基建工程申报、统筹整合各方资源、加快项目落地接轨、优化总体平衡衔接等方面发挥了积极作用，推动了项目管理的专业化、标准化和科学化。

三是突出基础管理。注重发挥基础数据、基本能力的保障、引导和服务功能，推进水利普查、森林资源普查、污染源动态普查等各项工作，及时充实和更新业务数据库，进一步完善资源管理平台。继续抓好“十二五”

各专业规划的编制、完善和收尾。开展浦东新区《林地保护利用规划》、《水利规划修编》等多个基础性科研项目，水文署的经济环保水质自动监测新技术研究获得黄河水利委员会科技成果二等奖和创新奖。有序推进世博园区等设施量的移交接管工作，修订完善了机关财务、合同管理等多个制度；政务信息工作名列新区前茅，世博档案管理工作获得全市先进等，都为业务工作的开展奠定了坚实基础。

此外，精神文明建设、工青妇、计财、科研、宣传、信息化等各项基础工作稳步推进，成效显著，全局干部职工的综合素质不断提高，特别是近年来首次在局机关开展了红色之旅、演讲比赛、体育竞赛等系列的凝聚力工程，全局干部队伍的创造力、向心力和战斗力不断加强，成为我们各项业务工作顺利开展的可靠保证和强大后盾。

四、存在问题

今年的环境保护和城市管理工作也暴露出一些存在问题，有待解决。主要是城市管理长效机制还需优化和固化、部分工程项目推进速度有待加快、干部队伍的廉政建设尚存薄弱环节、局部环境矛盾仍然比较突出、应急能力建设有待加强等。

（十一）闵行区

闵行区建设和交通委员会

2011年，区建交委在区委、区政府的正确领导下，在市建交委和市交港局的业务指导下，在区人大、区政协的监督和支持下，紧紧依靠全委干部职工，以“坚持科学发展、建设现代化新闵行”为主题，以“全面调结构、深度城市化”为主线，以建设智慧、生态、宜居闵行为目标，开拓进取、扎实工作，牢固树立“安全第一、质量第一”的原则，着力加强以保障和改善民生为重点的社会基础设施建设，有效推进依法行政，在顺利完成“十一五”任务的基础上，扎实推进“十二五”开局规划，全面完成了既定工作目标和任务。

一、坚持强化安全，建管并举

1. 整顿规范建筑市场

一是按照市、区全面整顿建筑市场工作的总体部署，将整顿规范建筑市场工作分为自查自纠、全面专项检查、复查迎检三个阶段，并及时召开街镇会议，全面启动专项整治。成立了专项整顿大检查领导小组，并组成八个检查小组在各建设工程项目参建单位自查、整改、落实的基础上，于4月11日起开展为期一个月的整顿建筑市场、加强工程安全质量管理大检查。检查工地数303个，发现经营行为问题748个、安全隐患和安全管理问题810个、建材及质量管理问题430个；开具了79份整改单、2份暂缓施工指令单，对16家单位进行了立案查处。

二是5月26日，中共中央政治局委员、市委书记俞正声来我区就规范建筑市场、加强工程安全质量管理工作进行调研和视察，并到区安质监站进行了座谈，认真听取了我区全面落实整顿建筑市场的情况汇报，同时视察了吴泾环保动迁基地梅陇镇209地块、航天八部工地，并予以肯定。

三是7月18日–21日，市整治办对我区开展规范整顿建筑市场工作的相关情况进行抽查，并到颛桥镇就专项整治工作进行了检查，还对我区的4个房建工程进行了现场检查。检查结果显示：安全防护及管理全面受控，质量水平符合相关规范要求，未发现有重大安全质量问题。

四是8月18日～22日，住房和城乡建设部全国保障性住宅质量安全大检查第五检查组对我区浦江镇新选址1号基地2号地块进行建设工程质量安全及建筑市场监督执法检查。市建交委、市安质监总站在反馈住建部讲评会意见结果中，对我区保障性住宅工程的安全质量工作表示肯定。

2. 强化建筑市场监管

一是以制度推行规范各方行为。在全市率先制定并下发了《闵行区建设工程监理报告制度》、《闵行区建设工程分包合同备案管理制度》，《闵行区建筑市场稽查工作办法》。2011 年 1~ 8 月累计分包合同备案量为 1001 个，比 2010 年同期增长 372.2%。目前，分包合同备案已形成常态管理态势。监理月报已按要求覆盖到所有在建工程项目。

二是加强资质资格管理。针对企业资质检查、管理中发现的资质不达标、资质诚信自检不合格等问题，复查资质整改企业 157 家，其中：资质复查合格 91 家；注销、撤回企业资质 33 家，暂扣资质再次限期三个月整改的企业 33 家。今年 1-8 月份新增三级及劳务建筑企业资质 23 家。

3. 加强工程安全质量

一是聚焦重点区域，监管有效落实。针对虹桥商务区核心区、南虹桥商务区、南方商务区等的开发建设，以及七宝生态商务区、莘庄商务区土地出让和项目引进，抽调技术精干人员成立现场监管小组，做到监管、服务并举。

二是开展安全、质量专项整治。2 月至 3 月，对深基坑、模板工程、施工机械等开展了全覆盖的节后安全大检查，并开展了在建工程安全、质量、建材、行为的综合执法大检查；3 月 30 日，协同市总站、市城投公司等部门对我区重大工程进行了安全专项大检查工作；6 月下旬我委安质监站对深基坑工程作了全面检查，重点是保障性住宅中的基坑工程；7 月对本区在建的保障性住宅工程进行了一次安全质量综合执法大检查，共抽查了 20 个工地，开具 6 张质量问题整改单。

4. 加强消防水源安全治理

为增强区域性消防能力，提升我区消防安全基础设施建设和管理水平，按照区政府对市政道路消防水源治理工作的要求，一是实施市政道路消火栓的增建、更换、移位和升高共 381 个，已于 7 月份开工，计划 12 月份完成。二是对区内 20 条城市道路和镇级道路敷设 ϕ500 消防水源管道，总长度待规划、设计后确定。目前已完成市政道路无管、无栓的排摸和三年实施工作计划。

5. 加强农水桥行业管理

为进一步加强新农村建设和管理，破解城乡二元结构，方便农村化地区车辆、人员的安全出行，委托专业桥梁检测单位对目前仍在使用的 508 座车行桥进行了普查评估工作。经评定共有五类桥梁 17 座、占 3.35%；四类桥梁 51 座，、占 10.04%；三类桥梁 77 座、占 15.16%；一、二类桥梁 363 座，占 71.45%。下阶段，将根据不同情况，对四、五类桥梁的整改工作进行监管，并会同区相关职能部门和涉及的街镇共同商讨农水桥梁危桥改造实施办法，确保农村桥梁安全受控。

6. 加强交通安全管理

采取部门联动、与区交警等部门紧密联手等方式，对重点领域和热点行业开展安全联合监管。针对近期校车安全事故频发现象，区建交委汇同区公安交警、区教育局专门组成检查队伍，加强对辖区校车质量、行驶安全检查，遏制安全事故的发生，确保黄色校车安全运行。

一季度，联动出台《闵行区重点车辆（五类车）联动监管管理办法》、《重点监管名单》等文件。2011 年，联动排查安全隐患 20 余次，检查渣土企业 17 户，抽查车辆 68 辆；检查搅拌车企业 16 户，抽查车辆 64 辆。上半年，组织全区 30 余家危险化学品单位开展了为期 3 天的交通应急事故培训和实战演练；开展了道路运输行业隐患排查专项行动，对辖区内的公交、出租、危险品运输、停车场、港航码头等 7 家单位进行了明查暗访；5 月至 7 月，分三个阶段实施严厉打击非法违法生产经营建设行为专项行动，并开展了“长安二号”危险品运输集中整治行动。

二、坚持突出重点，有效推进

1. 区区通道路建设项目

我区共有14项区区通建设项目，道路总长约18公里，工程总投资约23亿。今年基本完成市、区考核目标。我区承担的6条道路建设任务已完工：芦恒路腾地、陈行路腾地和鲁南路建设已于上半年完成。江月路争取12月底腾地，疏影路10月底通车，黎安路11月底通车；新开工4条道路：顾戴路地道、古北南路和闵瑞路于12月开工，沪星路整治10月底已开工。

2. 大居外围配套建设项目

闵行区大居外围配套项目共有12条市政道路和三个公交枢纽及两个排水工程的项目建设任务。其中，前两轮项目为7条道路+2个交通枢纽，新一轮大居外围配套项目为5条道路+1个公交枢纽+2个排水项目。道路总里程约24公里，总投资约30亿元。沈杜公路已建成通车。

3. 市属重大工程项目

一是在建项目：区已经配合完成虹梅路越江工程主线的征地动迁任务，保证了管线搬迁和盾构工作井的施工进度。管理用房选址目前建设单位正在与规土部门协调。近期正配合市管处进行高架工程的工可方案研究。二是前期研究项目：主要配合市相关部门做好嘉闵高架南北延伸工程、昆阳路越江工程、国际会展中心、大芦线航道整治以及金山支线建设、轨道交通5号线南延伸、8号线三期等市属重大工程的方案研究、前期动拆迁摸底以及环境、社会风险评估等工作。三是“十一五”遗留项目：闵浦二桥配套的滨江绿地项目，已经完成总体规划方案招标工作，并完成配套130地块动迁。

4. 推进重点工程项目

一是龙吴路整治工程，道路全长5.8公里，已完成工程项目设计、报建和工程招投标等前期手续，计划明年2月份开工。二是龙之梦周边道路整治工程已完成项目立项和施工招投标手续，目前莘东路已进场施工，计划12月份完成。莘建路等最终方案确定后计划12月份进场施工。三是莘庄交通枢纽综合改造建设完成了宝城路道路优化工程和南广场公交临时交通站点的建设，有效改善了市民的出行需求。

5. 聚焦重点商务区建设

抽调专门技术人员加强对虹桥商务区核心区、南虹桥商务区、南方商务区等的开发建设，以及七宝生态商务区、莘庄商务区土地出让和项目引进的监管。技术小组通过现场办公、靠前服务，及时发现和解决工程隐患，确保园区项目顺利推进。

6. 抓实港航（海事）管理

一是完成与辖区53家持证港口企业签订安全责任书，向82座无证滩涂码头下发告知书，对辖区57家持证港口企业和82座无证码头实施户籍建档工作。二是推进浦江镇航道功能调整工作，牵头完成三鲁河（周浦塘—姚家浜）河段调整为六级航段的申报工作，抓好姚家浜和周浦塘航道整治相关审批工作，配合区水务局和浦江镇抓好姚家浜和周浦塘整治工作。三是完成对六磊塘黄浦江口至莲花南路段4.14公里（工程量为3.75万方）航道疏浚。四是加大力度开展港航安全专项检查。五是抓好苏州河底泥疏浚工程交通流组织保障，截至11月底，共保障工程运输船舶安全通过大治河西闸4817艘次。六是加强辖区重点水域安全监管，1–11月，实施船舶签证74905艘次，共检查船舶49709艘次，发现违章数3866艘次、缺陷3866项，制作处罚案件3858件、处罚金额242万余元，其中一般程序64件、简易程序3793件。

三、坚持服务民生，促进和谐

1. 完善连通性道路路网建设

本区2011年重点建设报春路、鲁南路等10条连通性道路。截止目前，都市路（元江路–金塔路）、鲁南路(三鲁路–林海公路)、景东路（双柏路－曲吴路）已竣工，并已办理移交接管；报春路（七莘路－横沥港）、景谷路（竹港两侧）工程已竣工，正在办理移交接管手续；疏影路地道、黎安路地道、虹泉东路（新泾港－万源路）、召楼路（盐铁塘－先新路）正在施工，计划年底竣工；梅陇西路（地铁外环路站－虹莘路）进入施工图设计阶段，计划11月开工。

2. 增设偏僻路段照明设施

落实在30个偏僻路段增设照明设施工程，涉及我委的有北吴路、老沪闵路、莘朱路3个路段的路灯安装工作。截止目前，北吴路、老沪闵路照明设施已经完成，现已亮灯；莘朱路虽列入公路署2012年实施计划，但提前至2011年底完成。其余道路的路灯安装将配合各镇做好道路掘路的审批、修复等工作。

3. 加强道路大中修项目建设

严格按程序操作，做好项目论证、设计及评审、资金确认、招投标、前期管线搬迁等工作，并加强设计管理和现场文明施工管理，落实好交通组织方案。2011年市政道路和公路大中修项目共计18个，目前已完成项目立项，200万以下的项目已完成施工招标，处于施工前期准备阶段，计划10月份开工；200万以上项目目前已完成报建程序和初设概算评审，正在办理招投标手续和施工准备阶段，计划明年2月份进场施工。

4. 加快公交候车亭建设

公交候车亭建设采用市场化运作模式，不仅节约了大量的财政资金，而且有效地解决候车亭建设和养护管理存在的问题。2011年，区政府实事项目明确新增候车亭点位300座。区建交委会同相关镇、街道确定了300座候车亭的具体点位，与候车亭市场化运行企业－海南白马公司进行了建设计划的确定，启动了建设资金落实程序和建设进程，计划11月底全面完成新建300座候车亭任务。

5. 落实50处港湾式车站公交专用道标识建设

区许多主要道路的港湾式车站被私家车停车占用，严重影响公交车辆的安全停靠，增加了道路的拥堵。今年上半年，会同区公安交警部门、相关街镇，对重点区域的港湾式车站进行了改造之前的情况调查，摸清了需要优先改造的站点情况，确定了新建50处港湾式车站的主要道路点；通过项目招标程序，协调区公安部门在新建的公交专用道上安装电子摄像头事项。

6. 加强整治非法营运

按照市政府2011年8月26日关于整顿交通市场秩序规范交通行政执法工作第一次联席会议精神，9月21日，区政府组织召开了闵行区整顿交通市场秩序规范交通行政执法工作会议，区政府相关领导、区联席办领导和各成员单位参加会议。会议明确了整治非法营运工作的目标、重点和实施方案。区建交委作为主要牵头职能部门多次组织、协调区公安、相关街镇，对重点区域、重点时段的非法营运行为进行整治，以驱赶为手段，制止从事非法营运车辆的集聚。整治非法营运工作实行日常重点地区整治与专项行动有机结合的方式，努力维护交通营运市场秩序。在江川地区整治专项行动中，“大联勤”共出动人员270人，出动车辆114辆次，驱赶车辆3754辆次，处理车辆243辆次。目前，我委根据市政府统一部署，对重点区域、重点路段、重点违法行为等与市同步开展了专项整治活动。区内媒体对整治工作进行了专题报道，起到了良好的社会效应。

7. 优化调整公交线网

按照“优化为主、新辟为辅”的公交线网建设原则，梳理相关线路，认真细致地做好线路走向调整工作。围绕轨交，布设公交，首先解决市民的基本出行问题。同时，根据路网不断完善的进程，同步完善公交线网布局。2011年，已调整区内公交线路8条，新辟线路 5 条。莘纪线（189 路）实行单一票价标志着我区 67 条区域性线路全面实行了单一票价制。近 6 年来，通过区财政补贴等方式，降低了市民的出行成本 50% 以上。例如，原被市民投诉颇多的来往于徐家汇和吴泾的徐吴专线，通过资源优化调整为全新的 956 路，无论从车辆状况还是司售人员工作面貌都焕然一新，得到社会好评，新民晚报等媒体还进行了新闻报道。

8. 不断探索完善公共自行车项目

目前，全区投入公共自行车约 1.9 万辆，成为改善交通环境、市民低碳出行的有效方法之一。今年 5 月，区建交委组织公共自行车项目组成员对杭州市公共自行车项目进行了实地考察，通过比对杭州、闵行两地公共自行车发展模式，提出了完善公共自行车项目的服务，提高市民满意度，使发展规模与有限的财力相匹配的相关建议。

9. 积极推动实施莘庄临时枢纽搬迁工程

7 月 14 日，区建交委主持召开了莘庄地铁南广场公交枢纽线路临时搬迁工作协调会议。介绍了关于莘庄枢纽整体改造方案，重点介绍了公交线路的临时搬迁方案。初步确定 7 月 29 日晚间开始公交线路的搬迁工作和相应配套工程，7 月 30 日调整搬迁到位。与会者对莘庄地铁南广场公交枢纽线路临时搬迁工作方案进行了认真讨论，提出了许多很好的完善意见和建议。

8 月 3 日上午，区委宣传部邀请市、区新闻媒体机构代表，在莘庄临时枢纽召开了莘庄临时枢纽搬迁新闻报道现场通报会，向记者通报了莘庄枢纽建设的背景、建设目标、莘庄临时枢纽搬迁区建交委所做的主要工作，使社会及时了解莘庄临时枢纽搬迁相关事项，为莘庄临时枢纽搬迁工作做出宣传引导。解放日报、文汇报、上海电视台等十余家媒体机构应邀出席通报会，新民晚报等多家主流媒体进行了专题报道，得到了群众的一致好评。。

10. 妥善处理信访案件，提高办结率

截止 10 月底，共受理各类信访件 1536 件，其中来电 1237 件（包括区联动平台转办件），来信 288 件，来访 11 批 49 人次。各类信访的按时查处反馈率均达到 100%。主要呈现为“四降二升”的特点。“四降”为：信访总量下降、重要信访件下降、重点投诉所占比例下降、重复信访件比去年大幅下降。“二升”为：信访承办质量进一步提高、信访分析研判工作进一步强化。通过及时的总结分析与通报，进一步提高了信访案件的办理水平。

四、坚持自主创新，开拓进取

1. 建立智能化信息系统

完善市政信息平台，进一步建设市政基础设施管理平台和市政业务管理信息平台，实施附属设施的动态管理。加快建筑监管信息平台建设，着重从建立全区在建工程动态监管、企业和从业人员监管、企业诚信体系三大信息平台入手，推行建设工程项目的动态化、网络化管理。完善交通信息平台，有计划、分步骤地建立智能公交信息系统、智能停车诱导系统、公共自行车管理信息系统，依靠智能化系统，实现交通系统有序、高效、安全运转。完善港航信息平台，成立闵行水上搜救分中心，对辖区淀浦河、黄浦江市级航道实行水上安全监控全覆盖，在辖区区管航道的主要航段进行信息化布点监控。

2. 发展低碳智能化公交

试点在区域公交线路使用节能技术和电动公交车，在区域出租车实行“油改气”和使用甲醇替代燃料，为节能减排作出示范。待取得经验、技术成熟后予以推广。同时，与美国伯克莱大学及同济大学洽谈引进智能化公交（磁钉公交），抓紧做好磁钉公交的设计与建设工作，探索一条高效、便捷、低碳、大容量的公共客运模式，提升城市形象，促进交通领域的新技术在本区转化为产业化，加快区域经济的发展。

3. 创新建设工程监管方法

率先在全市推行工程监督书面告知制度，以书面形式对监督程序、监督内容、监督方式、监督措施进行事前告知；针对保障性住宅由于设计标准较低，容易产生墙、地面开裂、厨卫漏水、外墙及门窗渗水等质量通病，定期召开建设工程通病治理分析会，制定相关指导意见下发每个保障性住宅工程，大大减少了质量通病，也为参建各方提供了指导服务。从同期投诉率统计分析，2011 年比 2010 年降低 50%。

4. 推广“四新”技术应用

在市政、建设、交通等领域，积极应用新技术，新工艺、新材料、新设备。率先在政府投资的公共建筑上应用太阳能、地热能、水能等绿色能源，努力推进建筑节能工作。

五、坚持依法行政，提升效能

1. 加强行政审批制度改革

一是依申请按时办结工程建设项目初步设计批复。2011 年区受理初步设计项目 170 个，完成批复 166 个，市审批项目预审服务 12 个。为区批初步设计项目（尤其是大型居住区项目及区重大工程项目）建设单位提供提前介入、集中评审、主动协调等多种审批服务，提高审批效率；为市批初步设计项目提供预审服务，方便群众。

二是依申请按时办结工程建设项目日常抗震审查。2011 年受理设计文件抗震审查项目 165 个，完成审查项目 159 个。对普通建筑项目予以抗震优化建议，抗震超限建筑项目予以避免超限建议或超限专项审查指导。完成闵行区中小学校舍抗震加固方法研究与优化研究课题。

三是积极推行建设领域行政审批制度改革，按市建交委要求 2011 年 7 月 1 日开始对企业核准及备案项目全面实行设计文件审查，同时全面运行使用上海市审查中心信息管理系统。目前已受理设计文件审查 6 个项目，完成设计文件审查备案 4 个。同时完成施工图审图抽取 37 个、审查合同备案 26 个、施工图审图备案 9 个。

四是积极履行委规划职能。从 2011 年 9 月起，按委科室职能调整，规划职能划入原审批科。完成了大紫竹创新功能区特色交通体系的初步设想和十二五期间大紫竹重点项目分解；组织完成了南方商务区周边区域路网优化研究成果研讨，协调推进完成莘庄综合交通枢纽交通影响专项评估和南方商务区交通影响专项评估；配合推进区文化公园周边交通体系研究。参与沪闵路人行连廊规划设计编制及论证；参与磁钉交通规划设计编制及论证；组织协调华电项目 4Mpa 天然气专用管道选线规划落地；参与嘉闵高架、虹梅南路、闵浦三桥接线道路、昆阳路、莘庄综合交通枢纽周边路网规划前期协调。

2. 加强财政预算执行率

一是改革机关事业单位财务管理。完善集中审核、集中支付、集中记账职能，规范集中支付流程，严格资金使用审批手续和程序，加强各项费用控制。

二是全面推行公务卡使用管理制度。严格执行《闵行区区级预算单位公务卡管理暂行办法》及相关规定，规范使用公务卡办理公务支出的支付结算业务，减少现金流量，提高资金使用效率与安全。

三是完成年度财政部门预算和基本建设计划编制上报工作。做好项目入库论证、绩效评估（前评价、过程评价、后评价）、预算公开等工作。

四是加强“小金库”治理专项检查工作。加强从源头上防治腐败的力度，建立长效监督机制，提高财务透明度，严防“小金库”出现。

五是完成对部分委属单位 2010-2011 年度财务收支情况检查和二级预算单位干部离任经济责任审计。

六是完成大中修项目等前期立项、政府采购协调、请款等工作，确保项目顺利实施。

闵行区绿化和市容管理局

2011年，区绿化市容局在区委、区政府的正确领导下，在相关职能部门和各街镇的支持配合下，在行业广大干部职工的共同努力下，紧紧围绕“注重基础、扎实工作、落实制度机制、放大世博效应”的总体要求，全面落实区政府重点工作，积极主动推进行政效能建设，确保世博会后闵行区绿化市容环境面貌整洁、美观、有序，各项工作取得可喜成绩。新虹街道、古美路街道被评为上海市市容环境综合管理示范街镇。“百万家庭低碳行 -- 垃圾分类要先行”上海市政府实事工程圆满完成，古美路街道、七宝镇、莘庄镇、虹桥镇53个居住小区垃圾分类试点工作全面落实，实现市政府关于2011年生活垃圾减量5%的总体工作目标。市政府实事项目——“百街千路”道路洁净工程创建圆满完成，文明公厕创建取得长足进步。我区以绿化市容良好面貌与品质荣获“中国人居环境范例奖”；2011年上海市绿化先进集体；上海市花展“牡丹景点”布展金奖；莘庄公园梅花展及赏梅习俗成功申报区级非物质文化遗产。区绿化系统上半年在市局政风评议获公众满意度测评第二名；区体育公园在全市144个公园满意度测评中获第二名；区公园所社会公园管理办公室被授予“上海市五一劳动奖状”荣誉称号。

（一）建设管理并重，生态宜居建设取得新进展

1. 建设任务有序推进。一是深化生态专项建设。闵行文化公园建设，已完成文化公园8.7公顷绿化样板段建设和开工前各项前期手续。协调推进外环生态莘庄段和梅陇段建设，目前外环生态新城规划控制性详细规划已批复，莘庄段正推进动拆迁工作，梅陇段正进一步优化实施方案。做好大型居住区绿化规范建设，对浦江、马桥、颛桥等大型居住区进行实地踏勘，摸清基本情况，完成绿化规划方案的细化工作。二是搞好绿化建设和景观美化。积极推进50公顷公共绿地建设任务，明年3月底将全部完成；加强世博后花卉、景点改造工作，完成了金宵绿地等7个绿化景点改造，对约2万平方米花带进行了恢复和改造；继续推进和创新立体绿化建设，完成了莘庄公园、红园等6个技术改造项目。三是持续推进林业建设。组织力量认真编制和规划2010–2020年林业保护利用规划；完成黄浦江水源涵养林建设108亩和浦江生态通道林建设240亩建设任务；全面推进新农村四旁林建设，完成试点村苗木种植近1.5万株。全面完成91亩沪宁城际铁路、沪杭客专（闵行段）沿线林带建设任务。完成了1000亩抚育林项目建设任务和1000亩公益林基础设施前期工作；配合市、区相关部门，认真梳理浦江片林问题和现状，扎实推进片林问题的解决和开发利用。

2. 日常养护不断强化。一是努力完善机制，进一步巩固常态长效管理。细化了《闵行区公共绿地养护管理考核细则》，制定了《闵行区园林绿化养护合同》、《闵行区属地行道树养护合同》和《闵行区行道树养护管理考核细则》，突出了日常养护管理的规范化，加强了养护管理监督工作力度。二是着力强化养护，进一步提高绿化整体面貌。通过养护工作例会等形式，开展技术指导和培训，提高一线养护工人技术水平。通过养护巡查、抽查等形式，督促各类问题的及时整改，提升了绿化整体面貌。三是开展专项整治行动，进一步保护绿化建设成果。今年完成了3万株（约11万平方米）树木的煤污病防治。

3. 群众绿化林业工作不断延展。一是大力开展“3.12”全民义务植树活动。植树总面积8.6公顷，新植苗木1.2万株，参与人数达2.3万多人，营造了全民爱绿、护绿的良好氛围。二是深入开展“以绿为媒，构建和谐社区”十大绿化系列活动。结合全民义

务植树活动30周年，在全区圆满完成了“认建认养”活动，全区29家单位和500余名市民群众参与活动，共认养树木1.1万株；着力开展了绿化“六进”活动，结合各类公园主题活动，共赠送各类花卉2000余盆、绿化书籍5000余册。三是积极开展形式多样的生态保护宣传，与颛桥小学共同承办由中国野生动物保护协会、市绿化市容局主办的“我随鸟儿去旅行—爱鸟护鸟南北行”上海地区活动，在闵行体育公园开展“赏樱观鸟，展现生态闵行”主题活动；与区青少年活动中心共同签署了《共建青少年野生动物保护生态教育联盟合作意向书》，向全社会公开招募野生动物保护志愿者，今年组织野生动物保护执法83次。四是稳步推进绿化创建工作。指导完成了全区91家市级花园单位的复查和2家申报创建“全国绿化模范单位”的服务指导工作；会同房管部门做好“上海市园林式居住区”创建前期准备工作；以“绿化服务进社区”活动为平台，积极做好居住区绿化的指导培训和服务工作。

（二）延续世博效应，市容环卫管理展现新气象

1. 重物流体系建设，健全完善环卫物流网络。“十二五”期间，我们将通过合理布局垃圾转运设施，配套建设大型垃圾中转站，对原有闵吴环卫码头进行集装化改造，构建闵行—老港内河集装化运输系统；同时积极推进垃圾分类收集、运输和处置试点工作，统筹全区的垃圾物流，推进包括与生活垃圾分类相配套及资源化利用的固体废弃物综合利用处置中心选址与建设工作，健全和完善我区环卫物流体系建设，实现生活垃圾处置“减量化、资源化、无害化”的目标。

2. 重基础设施建设，加强重点工作推进力度。一是闵吴码头集装化改造工程。全面完成码头改造工程方案，并经区政府常务会议讨论通过；目前码头改造项目建议书已上报至市发改委，已完成江川环卫公司临时停车场搬迁工程的前期工作；二是生活垃圾分类减量试点工作。结合我区实际，研究制订并报区政府转发了《闵行区“十二五”期间推进垃圾分类、源头减量实施方案》。启动先行先试，完成了古美路街道垃圾分类示范区创建工作方案等前期准备工作；响应全市“百万家庭低碳行，垃圾分类要先行”启动，在古美路街道举行启动仪式；完成了古美路街道45个试点居住区1500名志愿者队伍组建工作，逐户上门进行宣传，发放宣传手册5万余册。目前，全区53个居民小区生活垃圾分类试点工作已全面完成。三是国家级餐厨废弃物资源化利用和无害化处置试点区创建工作。编制完成了餐厨废弃物资源化利用和无害化处置实施方案，已上报市发改委和市绿化市容局，并初步通过国家发改委等五部委组织的专家评审，目前在方案设计中。

3. 重常态长效管理，提升市容环境保障水平。一是深入推进市容环境责任区管理工作。积极推行“管理为核心、单位和市民自律为关键、作业为基础、执法为保障”的“四位一体”责任区管理工作机制。我区10个街镇均通过了市级责任区管理达标考评。今年完成了马桥镇、莘庄工业区市级达标申报工作。二是加强设摊管理规范设摊疏导点设置。以完善设施规划、挖掘市场潜力、强化入室为主，实施差别化管理，落实分类治理措施，做到严禁新设摊，严管流动设摊，科学合理设置疏导点，逐步化解历史遗留问题的思路。全区共设置各类疏导点33个。三是巩固提升市容环境保洁质量。开展“百街千路”道路洁净工程创建，通过推进“夜间作业、白天保洁”模式，实行“组团式作业法”等多种形式，确保道路环境保持优良，目前我区已有82条（段）道路通过市级验收。全年共清理各类暴露垃圾26925吨，日清理量达180吨。四是不断强化市容景观管理力度。精心组织，编制完成了沪闵路（南方商城）沿线区域户外广告设施设置实施方案，推进全区

12 个重点区域、25 条市重点道路沿线区域的户外广告设施实施方案编制。加强景观灯光管理，落实专业队伍对延安路高架、沪闵高架和中环线沿线等景观灯光设施进行维护管理。

（三）夯实管理基础，行业管理工作得到新提升

1. 政风行风建设更加深化。一是推进政风行风建设。制定下发了《关于进一步加强政风行风建设的三年行动计划》，梳理完成了绿化市容城管政风行风公开承诺 9 项；提出了今年绿化、林业、市容、环卫、城管执法五大系统和行业重点要解决的问题 13 个，确定明年工作探索试点解决的问题 10 个；邀请行业监督员召开座谈会，倾听意见和建议，并邀请他们参加我局举办的各类主题宣传活动；为加强队伍建设，规范日常管理，提高行政效能，今年以来，共培训各类人员 583 人次，并通过自查自纠、公开承诺等形式，进一步明确了系统内工作规范，强化了队伍建设。二是继续推进行政审批制度改革。完成编制 16 个行政审批事项的《闵行区绿化市容局行政审批业务手册》和《闵行区绿化市容局行政审批办事指南》。截止 12 底，实施办理各类许可事项 1219 件。事项办结率保持 100%，投诉率为零。同时，加强对审批事项的批后监管和园林绿化工程的安全质量监管工作，定期检查批后次月完成节点和落实情况，对全区在建园林绿化工程逐个梳理，配合市绿化林业工程管理事务站做好新建、改建、扩建公共绿地工程的质量安全管理，确保安全无事故。三是全面完成“两会”提案和意见办理。2011 年“两会”期间，我局共承办区人大代表书面意见、区政协委员提案 28 件。在时间紧、任务重、要求高的情况下，不断改进办理工作方式，所有的书面意见和提案都在规定期限内办结，党政班子领导带头走访调研，做到了走访率 100%，办结率 100%。

2. 行业为民服务更加细化。一是不断增强为民服务能力。着力抓好世博后公园管理，完成了区内部分公园的基础设施更新，更新各类指示牌 249 块，垃圾箱 96 只，新增部分圆椅和板凳面，进一步完善公园功能设施，方便市民百姓。二是大力开展各类主题活动。契合不同的时间节点，开展了形式多样的主题活动和游园活动，提升行业形象，丰富市民百姓生活。成功举办了莘庄公园“2011 梅花展”，闵行体育公园“浪漫樱花、七彩人生”千米花道游园、“春之花、夏之莲”系列主题活动，吴泾公园“荷花展”等活动；特别是在建党 90 周年之际，在区体育公园举办的“葵花向阳心向党”主题游园活动，市民百姓积极参与，社会反响良好。三是认真抓好信访投诉工作。截止 12 月底，局信访投诉中心共受理、查处信访投诉 3799 起，处理率、反馈率、及时率都是 100%，满意率 99%。其中，绿化林业受理 390 起，满意率 99%，市容环卫受理 3409 起，满意率 99%。

3. “民呼我应”反馈更加强化。一是着力提升环卫作业管理水平。针对市民反映部分环卫车辆跑冒滴漏现象，进一步加强环卫作业车辆规范化建设。完成了全区 299 辆车辆的检查和考核，检查 3500 多车次，落实整改 423 车次，确保了作业车辆规范服务；加强环卫电动机具操作管理，完成了全区 14 家环卫公司 264 名电动机具操作员培训和考试，严格做到上牌、持证上岗，受到市局充分肯定。二是开展汛期店招店牌整治工作。针对外区发生的店招店牌掉落事件，结合我区实际，部署我区店招店牌专项整治工作，对区政府出资设置的 9000 多块店招店牌开展重点检查，并落实了长效管理机制。

（十二）宝山区

宝山区建设和交通委员会

2011年是实施“十二五”规划的第一年，也是全面完成本届政府目标任务的关键一年。区建交委面临项目集中，推进艰难，矛盾交织，维稳艰巨的严峻挑战和考验。在区委、区政府的正确领导下，认真贯彻落实党的十七届五中、六中全会和市、区委全会与区人代会精神，按照“创新驱动、转型发展”要求，紧紧围绕年初确定的目标任务，深入贯彻落实科学发展观，以加快发展为主题，以推进城乡建设和交通发展转型，全面提高城市公共基础设施服务水平为主线，集中全力抓好“规范建筑市场维护城市公共安全、加快推进重大工程建设和化解矛盾维护稳定”（二维护一推进）三大重点工作。经过全委上下开拓创新，奋力拼搏，全面完成了区委、区政府交给的各项任务，实现了“十二五”发展的良好开局，为确保“十二五”规划顺利实施奠定了扎实的基础。

一、迅速行动，全面落实，建设工程质量安全专项整治成效显著

宝山正处于加快建设现代化滨江新区，城乡基础设施和社会事业大建设、大发展的重要时期。11.15特大火灾的发生，使我们深感建筑管理关系生命，责任重于泰山，务必切实履行责任，以更强烈的使命感和责任感，更加自觉、更加积极主动抓好规范建设市场，全力确保城市公共安全。

年初市政府召开进一步规范本市建筑市场开展建设工程质量安全大检查动员大会和下发1号文件（以下简称二十二条）后，我委迅速行动，列为重中之重工作，抓紧部署，认真贯彻落实。一是制定实施方案。紧密结合宝山实际，制定了本区贯彻落实总方案、落实“二十二条”的实施意见和开展质量安全大检查的实施方案，征求区监察局等相关部门意见，经区委、区政府同意后组织实施。二是建立工作机制。区成立建设工程整治领导小组，整治办公室设在我委，抽调人员，充实力量。三是认真组织实施。分为五个阶段，3月区府召开建筑市场整治工作部署大会后，对全区355个在建工地实施开展自查、安全专项大检查、综合执法大检查、深基坑为重点专项整治大排查和整改情况大督查等多层次全覆盖检查，出动监管人员636人次，摸清了在建工程底数，查清了存在的问题，理清了各自的职责。四是组织开展培训。为提高思想认识，增强法规意识，先后举办培训班19期，有2059人参加培训，提高了加强建设工程管理和监督的能力和水平。五是抓问题整改。对查出的945条质量安全隐患，先后开具整改通知单221份，暂缓施工指令单51份，停工指令单10份，隐患整改合格率达92.6%。行政处罚立案106件，结案92件，已执行处罚金额358万元；对发生事故的责任单位和相关责任人，刑事拘留1人，行政处分10人，罚款103.5万元，依法停业整顿3家，降低企业资质等级1家。六是创特色，建立“三位一体”监管体系。落实编制，增加区级监管力量，制定“建立在建工程监管联席会议制度的意见”，率先在全市制定设立“街镇园区专管员制度的实施意见”，经区府下发后抓紧组织培训，落实街镇园区在建工程的监管责任。率先在全市建立建设工程综合管理信息系统平台，制定具体实时监控管理办法，落实长效管理机制。年底，经市整治办组织各区县分管领导和市人大代表参加的综合检查考评，对我区规范建筑市场工作给予充分肯定和良好评价。

二、攻坚克难，奋力推进，城乡基础设施建设和城市功能提升取得新成效

按照“十二五”发展规划和统筹城乡一体化发展的要求，注重基础设施先行，注重社会公共事业先行，推进区域道路网和区区对接道路建设，发挥功能型枢纽型网格化项目带动效应，大力推进城乡协调融合发展。

（一）重大市政工程建设加大力度，区域道路交通网取得新发展

在重大市政工程项目集中、动迁难度加大、前期手续规范办理时间长的情况下，我们集中全力，突破瓶颈，下大力攻破重点和难点问题，加速推进重大市政工程建设。宝安公路顾村段、镜泊湖路基本建成，潘泾路三期完成95%，康宁路工程顺利开工，完成康宁路大桥桩基324根，临江大道完成土地预审。宝钱公路动迁已全部完成，宝嘉公路启动动迁。长江西路越江隧道工程、S6公路按节点目标推进。跟踪S7（A13）、郊环隧道、长江西路隧道接线道路的前期预可、工可的研究工作。

（二）重点基建工程建设加快步伐，社会公共事业发展创出新亮点

2011年是重点基建项目集中建成交付取得丰硕成果之年，经过科学组织，精心施工，强力推进，重点基建工程提前实现预定目标，重大社会公共事业丰收一年，吴淞邮轮码头、河口科技馆已建成；区体育中心和图书馆工程竣工交付使用；宝山中西医结合医院工程二期年内交付；大场医院、检察院工程主体结构封顶；华山医院北院、法院工程进入安装装饰；月浦文化馆、一钢医院、罗店医院工程启动实施。

（三）积极主动为大型居住区服务，创新工作机制实施新举措

重点突出大型居住社区外配套工程推进工作，成立大居配套（市政和公建）专项推进办，用“特殊的工作机制、非常规程序”，主动对接，提前介入，协调相关专业部门，确保三大基地规范有序、按时有证开工；创新建立现场质量监管机制，设立现场监管小组，加大质量过程管理，建立第三方监理和检测制，完善了加强一房一验监管；注重内外结合，确保房屋交付的同时，市政配套到位，公建服务设施到位，让居民满意入住。目前大型社区市政道路陆翔路、月罗公路、潘广路、杨南路、罗南新村枢纽及公共配套按节点推进。

三、贯彻优先，突出重点，优化公交线网进一步方便群众出行

坚持“公交优先”发展战略，优化地面公交线网和站点布局，推进居住社区公交配套，努力改善群众的出行条件。

一是圆满完成春运任务。加强领导，精心组织，沉着应对客运高峰，春运40天共接送旅客32.8万人，宝山区春运办荣获市春运工作先进单位；二是制定公交发展目标。制定了新一轮“公交发展三年行动计划”，修订完善了《宝山区加快发展公共交通政策扶持办法》和《公交线路营运考核办法》及《租赁自行车考核办法》；三是加快公交线路新辟调整。全年新辟公交线路5条，调整公交线路10条（宝山6路、14路、泰罗专线、726路、552路、232路、90路和顾村社区巴士）；延长运营时间线路4条，票价改制线路2条。同时，为配合罗店大型居住社区市政配套设施建设，增设963路、北罗线、北华线罗南新村和美兰湖停靠站，方便了居民换乘轨道交通7号线；四是推进交通设施建设。完成3处（潘广路、园康路和宝杨路码头临时站）公交首末站建设和启用，完成新型立杆式站牌760根，规范了中心城区、中心镇公交站牌的布置。办理公共停车场（库）备案10件，新增停车泊位1549个；五是加大对非法运营的整治力度。先后出动执法人员17045人次，查处各类违章2467件，与公安交警先后开展“长安一、六一八号”非法营运整治行动和公交专项大检查，对重点区域加大固守范围，延长固守时间，维护了客运市场正常秩序；六是切实加强水上航运秩序管理。积极推广网格化巡航制度，办理船舶签证112221艘次，实施行政处罚16079起，罚款1005万元。建立了上海首个市内河水上搜救中心宝山分中心试运行，被称为真正代表上海内河管理水平案例。交通执法被推荐上海市唯一上报交通部行政执法先进单位。

四、勤政为民，扎实工作，认真办理人大、

政协意见提案维护城市公共安全和社会稳定

领导重视，强化责任，认真办理意见提案。今年书面意见、政协提案共受理90件（主办55件，会办35件）。为提高办理工作的针对性和有效性，在开始办理前听取了部分人大代表和政协委员的意见和建议。加强领导，落实责任，规范程序，积极协调，在解热点、破难题、促落实上下功夫，进一步提高满意率和落实率。已办理的54件主办件已解决（采纳）和正在解决的共39件，解决率为72.2%，代表委员对办理结果满意和基本满意的51件，满意率为94.4%，对态度满意率100%。按时完成2007-2011年我委主办的299件人大、政协意见提案复查工作，上报推荐5件优秀政协提案。

牵头办理01号议案成效显著。今年区人大六届八次会议上，臧书同等代表提出了"关于改善住宅小区道路设施等，消除公共安全隐患的议案"（简称01号议案），事关城市公共安全和人民生命财产安全，区府明确由我委负责牵头办理。我委十分重视，迅速行动，依据去年四季度开展的消防栓调查材料，制定了办理01号议案的实施方案，方案认定全区共有70个小区160个消火栓需补建，办理方案经多次征求相关部门意见修改完善，并经区府常务会议审议、区人大审定后组织实施。我委加强牵头协调，深入工程一线，狠抓工作落实；积极协调各方，化解难点问题；主抓亮点工程，带动全面开工；做好宣传报道，营造良好氛围。目前全区70个小区已基本完工，完成安装消火栓145个，铺设消防水管3825米，拓宽小区主干道9621平方米，调整绿地停车位8270平方米，增设标志标牌288块，划停车线35220平方米，清理道路障碍物891立方米，清理楼道杂物6798立方米。正在加大推进力度，确保今年预定任务按时全面完成。01号议案决议执行情况经区六届人大第37次常委会审议全票通过，与会委员和代表普遍认为：本次01号议案是政府办理力度最大、行动最迅速、老百姓最欢迎、提议的代表最满意、效果最显著的一次议案。

有效化解各类矛盾，确保一方平安。今年以来，委面临社会矛盾突显，维稳任务繁重。一类是外部的城乡建设发展产生的涉民矛盾，一类是内部的在改革中产生的涉及职工利益的矛盾。全年共受理来信来访830件，在规定时间内已办结793件，办结率为100%，其余37件未到办结时间。面对信访呈现"三多二大"（人数增幅多、集访批次多、有组织群访多，化解难度大、维稳压力大）的高压态势，我们坚持宣传政策，动之以情，晓之以理，不厌其烦，加强协调，稳定情绪，落实措施，深入细致做工作，终于使矛盾逐步得到缓解。先后有效地化解了西朱新村1、2号楼、北蕰川路新陆村等道路交通噪声扰民、M7号线涉民矛盾和历史遗留的群体性信访等，维护了社会稳定。注重法制建设，有67名执法人员参加了市、区法制培训，提高了依法行政能力。较好地协调处理农民工欠资矛盾，接待上访民工117批，涉及民工3431人次，解决民工工资5627.02万元，确保一方平安。

五、完善体制，创新机制，全力提升城乡建设和管理水平

坚持"建管并举、重在管理"方针，发挥建交委综合牵头协调职能作用，关注民生，突出重点，破解难点，努力提高城乡管理水平。

1. 齐心协力抓落实，区府实事项目全面完成。

（1）张庙地区1.2万户燃气内管改造，已全部完成。同时，完成高境、顾村等地区燃气安检214168户，督促整改18280户，已整改7424户。

（2）新辟2条公交线路，已开通罗店和顾村等3条公交线路。

（3）新建60座公交候车亭，已全部建

成

（4）海江五路（海江一路—海江二路）、吴淞消防通道（同济路—上钢五厂路）、班溪路（淞滨路—三阳路）、富锦路（收费站西—江杨北路）路灯安装工程已全部完成。

2. 认真落实“管理体制机制创新年”，推进体制机制制度创新。

今年委确定为“管理体制机制创新年”。按照市委、市政府决策部署，紧紧围绕规范建筑市场和开展建设工程质量安全整治，着力推进管理体制制度创新，进一步拓展“制度加科技”加强管理和预防腐败的领域、功能和载体，在制度设计、执行和完善中考虑科技因素。初步建立了“1112”框架体系，建设一个平台：即建筑业窗口受理信息、建筑工程报建信息、重大危险源实时监控、企业用工信息卡、建筑企业基本信息系统；整合一个窗口：即建筑业资质报建、扩初设计报建、报监和竣工验收报建、其他报建；制定12项制度：即《若干意见》实施细则、行政规程、工程安全风险防范管理办法、“交钥匙”工程管理办法、建筑业指南、工程招投标监管办法、工程建设规划条件管理办法、市政道路移交管理办法、工程项目储备管理办法、建设工程设计文件审查管理办法、专项资金管理办法等。

3. 切实加强道路养护和燃气管理，提高道路通行能力和确保居民用气安全。

针对区域道路重车运行多，道路易损坏的实际，切实加强道路的养护和管理，确保道路运行顺畅安全。市政道路：吴淞大桥加固抢修方案经多次修改完善，分为三个阶段实施，11月起对大桥周边6项辅助道路工程实施改造，其中4项已完成；12月起对箱梁内裂缝实施修补，并进一步调整优化交通组织方案。完成郁江巷路新建工程和殷高西路、海江路、兰岗路、大华路大中修工程及密山东路排堵保畅工程，铁力路、通河路、一二八纪念路大修抢修工程正在实施。公路：场中路改建工程已完成勘察招标和部分前期手续办理；完成电台路、南陈路等六项大中修工程，锦秋路、金石路、丰翔路正在实施；潘泾路、丰翔路等四项绿化工程已提前完成。农村公路大中修工程十一项，园辉路、长发路等五项竣工，其余六项正在推进。盛石路、月川路、陈功路创建成文明样板路。完成了农村公路体制改革后评估报告。加强市政道路、公路网格化管理，全年处置道路病害177440件（其中市政12308件、公路5436件），处置率分别为99.49%和100%。加强掘路管理，实施道路和管线同步施工，严格掘路修复质量，全年各类掘路923项（市政647项、公路276项），掘路修复率100%。加强桥梁桥孔管理，通过定期检测和不定期检查使区管桥梁处于受控状态。深入开展整治燃气管道设施占压，加强监管规范市场经营秩序，开展联合执法72次，查处取缔违法经营点123处，确保居民用气安全。

4. 加强建筑管理，确保建设工程质量安全

以开展建筑市场整治为动力，加大建筑业监管力度。规范有序开展工程招投标，全年完成报建271个项目，总投资委175.83亿万；施工发包235个，发放施工许可证214张，工程造价61.11亿元。交易中心业务量较上年有大幅上升，完成合同备案2580项（上年678项），完成专项分包交易项目274个（上年54个），建材交易373个（上年21个）完成交易项目1132个，收取交易费，税收落区均全面完成。对56只财政投资小型建设项目，全部采用公开招投标，全年招标率和公开招标率继续达到“两率双百”。严格建筑企业资质管理，有78家企业不符合资质标准，企业资质被撤销。积极主动服务，对罗店、顾村、祁连三大基地20个地块217万㎡新开工项目采取提前告知，主动服务，实现无缝衔接，确保合法开工。加强建设工程质量安全监管，全年受理报监项目258个，建筑面

积534万㎡，建安工程量118.84亿元，完成备案项目192个，建筑面积415万㎡，建安量58.56亿元。接待信访投诉241件（其中安全、文明施工投诉107件，房屋质量投诉134件），办结率分别为99%和91%。大力推进建设工程创优活动，评选推荐区文明工地50个，其中市文明工地16个；评选推荐区优质结构工程69个，审报市优质结构13个；评选区节约型工地12个，市节约型工地12个。申报宝山杯15个，申报市白玉兰工程8个、白玉兰街坊1个、鲁班奖工程1个、申安杯工程1个、市优质结构安装工程2个。

5. 牵头制定城市运行维护管理办法。

按照市府的部署和区府要求，我委牵头与区发改委、财政局、房地局、绿化市容局、水务局等部门制定了区城市运行维护管理办法，经多次征求意见和修改完善，在维持现有管理体制的前提下，对各部门职责作了进一步梳理，待区市容市貌联席会议讨论通过后上报区政府。

六、创先争优，风清气正，为城乡建设和管理又好又快发展提供坚强有力的保障

以加强党的领导能力建设和先进性建设为重点，以纪念建党90周年为契机，组织党员干部深入开展创先争优活动，努力提高队伍综合素质。

认真贯彻落实党的十七届五中全会精神，切实加强党的建设，制定下发了党风廉政建设责任制任务分工等制度。加强领导班子和干部队伍政治思想建设，改进学习方法，提高中心组学习质量；以纪念建党90周年为契机，委系统广泛开展了“红色之旅”活动，使党员干部职工深受形象生动的党的光辉历史和优良传统教育，坚定了永远跟党走，为实现党的最终目标而奋斗终身的理想信念；加强干部教育培训，举办了为期四天的新任科级干部培训班，紧密结合面临的形势和任务，认真组织学习了“两法两条例”，展望“十二五”发展等，着力提高科级干部的责任感和使命感，提高胜任工作的领导水平和业务能力；优化领导班子结构，先后对5个班子进行了调整和充实，注重让年轻干部在一线重大工程建设等实际工作中锻炼和培养；切实加强政风行风建设，突出民生为重，解群众之难，密切与群众联系，发挥监督员作用，虚心听取群众意见和建议，按照群众的需求抓整改、抓落实、抓完善，不断改进工作，提高行政效能；加强制度加科技廉洁从政建设，每月下发廉政建设摘编学习材料，提高廉洁自律教育的针对性和有效性，认真按照中央、市委提出的“4+3”的要求，专项治理（小金库、礼品礼卡、公务用车）等逐项抓推进整改，廉政效能风险预警防控机制扎实推进，注重评估，取得了预期实效。注重发挥工会、共青团等群团组织作用，增强凝聚力，充分调动各方面人员的积极性和创造性。

回顾全年工作，有以下工作特点：

一是着力推进转型，注重边实践、边总结、边提升。我委早在前三年就着手转型发展，提出了“以管理统领建设、管理服务建设、管理提升建设”的新理念，工作的重心由注重建设逐步转到重管理上来。今年，按照市委“创新驱动、转型发展”要求，加大力度，抓深化，抓推进，抓落实。行政审批在落实三个评审机制的基础上，实行总体设计文件审查、竣工验收并联服务，从而缩短了审批程序，提高了审批效率。在抓好建设和管理的同时，按照区领导要求，注重发挥区建交委综合牵头协调职能作用，牵头办理01号议案、牵头协调化解城市发展产生的涉民矛盾、牵头制定城市运行维护管理办法等。在推进转型发展中，注重把满足群众需求作为工作的出发点和落脚点，如针对群众反映道路存在“拉链工程”的问题，我们制定了加强掘路管理的实施办法，加强计划管理，严格控制掘路总量，将管道安装和道路工程同步实施，确保道路畅通和方便市民出行。配合市

公路处做好顾村公园防噪屏安装协调，经多方协调完成了北蕴川路电子警察安装工程。

二是切实转变作风，注重在一线发现问题、解决问题。面对繁重而艰巨的城乡建设和管理任务，认真落实“领导在一线亲自推进、机关在一线服务推进、干部在一线落实推进”的工作要求，在包干工程项目、包干办理信访件、包干办理人大政协意见提案的基础上，各级领导和干部加大到一线了解实情、破解难题、指导工作的力度，采取现场办公、就地协调、专题化解、一线督查等形式，直接在一线处理问题，解决问题，加快了“三重”工作推进，提升了城市建设管理水平。今年4月区域内先后发生出租车司机准备集访、集卡司机集聚闹访事件和“4.12”万达广场坍塌事故，同时，改制退休职工连续上访和路政收费职工持续不断集访等矛盾，我委在掌握有关信息后，及时向区委、区府汇报，抓紧制定应对方案，深入一线做好疏导化解工作，由于决策果断，处置及时，应对有力，有效地避免了事态的进一步扩大，确保了社会稳定。

三是敢于担当负责，注重民生攻坚克难不畏惧。区政府明确01号议案由我委牵头办理，实施道路、消防栓补建，在老小区内进行，涉及面广，实施难度大，但又是事关城市公共安全的一件大事，作为城乡建设和管理的职能部门，敢于担当，迎难而上，敢碰硬，作风实，工作细，积极主动协调区相关部门，在深入开展调研基础上，梳理明确各自职责，制定完善实施方案，协调各方形成合力，采取以点带面，摸索经验，加大力度，全面推进，聚焦难点，逐一突破，使手续办理、资金保证、管理机制等及时落实，确保了办理工作按时圆满完成。

四是坚持敢为人先，注重争创一流不懈怠。按照高起点规范、高标准建设、高水平管理的工作要求，我委一直在思考，在建设资金保证的条件下，通过我们的努力，应该把城乡基础设施建设管理搞得更好。我们对照上级要求找差距，按照群众需求找不足，进一步解放思想，拓展思路，着眼长远，创新驱动增动力，加快转型促发展，努力推进各项工作争创一流，取得了明显实效。2011年防汛防台工作被区评为优良单位，市政道路、公路、燃气、交通、航务管理考核在连年处于全市领先的基础上，今年又有新的创新和提高。区交运署在市运管理处行政执法监督评议考核中荣获第一名、综合统计先进集体，区重大工程指挥部被评为2011年上海市重大工程立功竞赛优秀集体。尤其是在今年开展建筑市场整治中，建立乡镇专管员队伍和建立实时监控建筑业管理信息平台在全市都处于率先地位。

回顾今年工作，区建交委是在任务繁重压力大，矛盾集聚化解难，工作推进难度高的情况下，全面完成了任务，成绩来之十分不易。这是在区委、区政府的正确领导下，委系统干部职工团结一致、顽强拼搏的结果。在充分肯定成绩的同时，也看到工作中还存在不容忽视的困难和问题：一是面对加快转型发展的新形势，思想还不能完全适应形势发展的要求，统筹城乡协调发展的力度有待加大，体制机制创新推进有待进一步增强。二是对面临重大工程前期动迁难度加大，相关手续办理时间长等问题，存有畏难情绪，应对的办法措施还不多，影响工程按时实施。三是城乡管理还存在一些薄弱环节，尤其是工地质量安全监管、黑车治理、掘路管理、文明施工等有待进一步加强。四是党员干部的综合协调能力、突破难题的能力和专业水平有待进一步提高。

宝山区绿化和市容管理局

2011年是后世博第一年和十二五规划启动之年，区绿化市容局在区委区政府正确领导下，认真贯彻“管建并举、重在管理”的工作要求，以“三重工作”为抓手，大力加强后世博长效管理，不断提高，绿化市容建设、管理和作业水平，全面完成了区委区政府下达的工作任务。

1. 推进绿化市容建设。建成各类绿地248.7公顷，其中公共绿地56.4公顷，绿化覆盖率达到42.2%，绿地率达到41.2%，人均公共绿地达到22.2平方米。吴淞炮台湾湿地森林公园二期、梅林路小游园、滨江绿带一期等公园绿地投入使用。对友谊公园等老公园进行了改造，大华公园、顾村公园参与市级文明公园创建，罗溪公园荣获“上海市四星级公园”。中心城区布置花卉景点4200平方米，开展了行道树、高架绿化、绿地设施等专项整治。“全国绿化模范城区”创建18项指标均已达标或超额完成。完成人武部、市容信息大楼、张庙呼玛路一条街等18幢楼宇灯光建设，在牡丹江路、宝杨路布置了880米行道树彩灯。滨江带景观灯光工程开展了前期工作。继续落实顾村、罗店、南大等大型居住区环卫设施规划和用地，市容信息大楼、四家公司办公业务用房、罗泾压缩站等工程项目基本建成。

2. 深化绿化市容管理。对展示区和控制区户外广告设施设置方案进行补充设计，进入最后审批阶段。采用快速清理等方式，继续保持对违法户外广告的整治力度，有序放开临时户外广告行政许可，缓解了市场供求矛盾。完成吴淞国际邮轮码头和宝山寺周边市容环境整治。筹备建立区市政市容管理联席会议，完成28条道路责任区达标创建、13块三类区域维护提升、2个市级“示范街镇”创建。做好国际邮轮码头开埠、宝山国际民间艺术节、建党90周年、十一国庆等重大节庆活动市容保障工作。落实渣土管理市政府50号令，通过公开招标确定海淞、立及两家环卫公司为宝山区域渣土运输企业，进一步规范市场秩序，促进了有序竞争。环卫作业质量监督全年共检查44726个样本，发现问题数2131个，整改合格率99.86%；受理有效投诉722件，处理率100%，满意率99.64%。受理网格案件662件，办结率100%。

3. 加强绿化市容作业。对全局系统城市维护项目进行整理归类并调整定额标准。执行生活垃圾计划管理政策，全区生活垃圾日均产量为1466.7吨，泰和路码头建筑装潢垃圾转运量为343.6吨/天，全区粪便转运量为374.4吨/天。友谊街道65个小区全部实行生活垃圾分类收集，向居民户发放小垃圾桶54754个，为居住区配备大垃圾桶724个，对381座垃圾箱房进行了改造，组建了331人的志愿者队伍和152人的分拣员队伍。全面加强餐厨垃圾和废弃食用油脂管理，大中型餐饮企业和单位食堂餐厨垃圾签约率超过80%，完成“一户一档”建档工作，116个区管学校全部纳入规范收运渠道。支持中明公司申办废油收运资质，率先在政府机关、学校、医院食堂开展废油收运工作。世博场馆保洁服务试行于东城区，继续推广“组团式保洁”、“飞行保洁”等作业方式。城市化地区道路全部实施门责垃圾上门收集。

4. 开展干部队伍建设。局新老领导班子顺利完成交接，对局行政领导分工进行了重新调整，全局思想、工作、队伍保持稳定。举办以“再接再厉、强化管理、推进工作”为主题的一把手培训班，加快后备领导干部选拔、培养和使用。开展以“攻坚克难美市容，服务群众促和谐”为主题的创先争优活动，举办了纪念建党九十周年大会和“七个一”活动，2个党支部、3名党员荣获区“两优一先”称号，12家单位荣获市、区级文明单位称号。在全区政风行风测评中，市容排名第一，城管排名第二，绿化排名第二，环卫排名第三。建立环卫一线职工收入正常增长机制，探索劳务工激励机制创新。事业单位岗位设置工作平稳有序，正在对现有事业单位进行清理和调整。完成局主要领导经济责任审计和新农村建设资金专项审计，在全系统进行了“小金库”、“礼金礼卡礼券”等专项治理工作，党政干部重大事项申报制延伸到科级干部。13件人大意见和16件政协提案全部办复。建立了法律顾问和资产管理顾问制度，筹备成立资产经营公司。

（十三）嘉定区

嘉定区建设和交通委员会

2011年，区建交委系统按照区委、区政府的工作部署，紧紧围绕区委、区政府作出的“新城建设出好形象、产业转型全市率先、社会发展市郊领先”的三大奋斗目标，牢牢把握“十二五”规划的发展主线，全力推进重大项目和基础设施建设，进一步加大城市建设和管理的力度，全区城市化水平有效提高，城市形象明显改善，基本实现“十二五”规划开好局、起好步的工作目标。现对建交委系统2011年工作进行回顾总结。

（一）全力推进重大项目建设和规划编制，积聚发展后劲

1. 重大工程建设。全年共安排区重大工程建设项目39个，涉及基础设施、社会事业、产业发展、住房保障等4个方面。全年完成投资66.72亿元，其中基础设施类项目完成17.25亿元，产业发展类项目完成10.85亿元，社会事业类项目完成9.21亿元，住房保障类项目完成29.41亿元。全年实现新开工项目6个，建成或基本建成项目8个。

2. 铁路建设和项目代建。全力支持配合京沪高速铁路建设，确保于2011年6月如期建成通车。代建项目建设完善了管理和控制机制，加大了设计审核力度，严格按照立项和规划要求控制建设规模，强化了对施工全过程的监管。区司法中心项目基本完成，区政法委、检察院、法院已搬迁入驻。南翔医院已开诊营业。

3. 规划编制及土地利用。全面推进土地利用总体规划修编和城乡总体规划梳理工作，对嘉定主城区总规进行了优化修改，已通过区人大常委会审议，上报市政府审批。同时，立足长三角和上海西部发展的角度，加快新安亭总规编制，结合市级层面大型居住社区建设和大虹桥商务区发展战略，推进南翔江桥地区区域发展规划。加快推进城市发展区域控规全覆盖工作，目前全区城市集中建设区域控规覆盖率达到85%。同时，有序实施土地利用计划，较好地保障了大型社区基础设施、产业项目以及经营性项目的用地需求。全年完成新增建设用地计划333.3公顷，市统筹新增建设用地计划197.2公顷。完成土地储备项目51个，用地面积237公顷。出让土地378.1公顷。加大土地整理复垦力度，共有36幅3629.6公顷土地通过整理复垦确认，新增耕地面积3171公顷。

（二）加快实施道路交通建设，完善地区路网

1. 骨干道路建设。S6（沪翔高速）于2010年6月开工建设，本区境内长约9公里，除南翔、马陆段尚有少数企业外，已基本完成动迁腾地。嘉闵高架路北段的南翔编组站节点正在抓紧实施，虹桥动车所节点已经建成，同时，北段一期工程（北翟路-G2）已正式获批。嘉盛西路（胜辛路—朱旺路）的路基已基本完成，G15（沈海高速）互通立交的主线上跨桥及A匝道上跨桥也已基本完成。

2. 区与区对接道路建设。金昌路已基本建成。嘉盛东路（浏翔公路-区界）的施工招标、监理招标已完成，年内开工建设。华江路跨吴淞江桥（爱特路-闵行交界）设计方案已确定，与闵行区已协调一致，计划2012年6月开工建设。

3. 穿（跨）越铁路通道建设。桃浦路的嘉闵高架至南莘铁路段的雨水管道、路基结

构全部完成，下穿南莘铁路框架完成顶进，两侧U型槽施工也已完成。惠平路的上跨上海动车段和下穿沪宁铁路两个关键节点已基本完成。G2北辅道正在进行铁路跨线桥桩基施工。

4. 新城和大型社区配套道路建设。嘉定新城中心区骨干道路框架体系基本形成，裕民南路、高台路、德立路等路段已建成通车，永盛路改造顺利完成，伊宁路–S5（沪嘉高速）立交工程前期工作基本完成，沪宜公路改建前期工作有序推进。大型社区配套道路建设方面，世盛路（宝钱公路–嘉盛公路）已开工建设，惠平路（崇教路–翔江公路）动拆迁已启动，陈翔路的惠平路至沪宜公路段施工招投标已经完成，沪宜公路至通湖路段下穿S5（沪嘉高速）方案已经确定。

（三）进一步强化城市管理，完善长效机制

1. 城市网格化管理。今年共发现各类案件32250件，立案32028件，结案31557件，结案率为98.5%。城市管理“急、难、险”问题得到及时发现和有效解决。同时，积极探索后世博时期城市管理模式，网格化管理与“大联勤”联动进行，制定了城市管理指数测评方案，并于2011年开始试行。目前已公开发布2011年上半年城市管理指数测评报告，下半年测评报告已基本完成，将于春节后发布。

2. 道路桥梁管理养护。浏翔公路和富蕴路综合整治已经全部完成。环城路、叶城路、嘉戬公路道路综合整治除架空线入地外其余均已完成。推进城市管理作业市场化，通过公开招标确定道路养护作业单位，加强了道路巡查和指导监督，对养护管理质量的定期检查考核，提高了道路养护精细化水平。认真做好公路、城市道路的桥梁安全管理，今年共委托检测公路桥梁99座、城市桥梁275座，并启动了农村公路桥梁检测工作，确保桥梁通行安全。

3. 市容环卫和城管执法。开展垃圾“大分流、小分类”系统建设，并试点垃圾源头分类及减量化工作，取得了阶段性成果。加快垃圾综合处理厂规划选址工作，目前已初步确定备选用地，并上网征询意见。强化城市管理行政执法体制机制建设，通过大联勤综合治理，城市综合管理水平显著提升，今年全区城管执法共实施行政处罚14379件，处罚金额308.8万元。

（四）扎实推进生态环境建设，打造宜居城市

1. 生态景观。积极推进绿化三年行动计划，以“百个公园、千块绿地、万亩林地”工程为抓手，全面提升绿化建设水平，全年新增各类绿地60公顷，公益林基础设施建设项目、生态公益林封育项目基本完成。实施沪宁城际铁路、京沪高铁沿线绿色廊道建设，总长20.2公里，建设总面积约2554亩，现已完成2201亩。嘉定新城中心区的远香湖一期景观绿化、建筑、桥梁工程基本完成，二期工程启动实施，部分苗木开始种植。紫气东来一期景观绿化完成竣工验收，二期、三期也已基本建成。石冈门塘河道整治和景观绿化工程全面完成。环城林带一期、二期已竣工验收。嘉定新城“千米一湖、百米一林”的生态景观系统初步形成。

2. 水环境建设。陈行水库原水支线规划选线完成。澄浏公路污水管道（曹新路–徐行第二牧场）及泵站建设完成，外钱路、汇旺路、塔山路、嘉安路污水管道完成前期工作，全年新建污水二级管网21公里。祁迁河（二期）、练祁河（四期）续建工程基本完成。京沪高速铁路、沪宁城际铁路沿线46条受损河道全部完成整治，河道水环境面貌焕然一新。

3. 环境综合治理。圆满完成第四轮环保三年行动计划，组织实施95项环境建设和管理任务，全面完成86项，完成率达91%，水、气、声等环境建设和保护不断强化，并完成

了第五轮环保三年行动计划的编制工作。扎实推进减排工程项目，全年淘汰劣势企业166家，关停转迁减排重点企业37家，关闭减排重点规模化畜禽养殖场5家，新增污水纳管企业576家，顺利完成年度减排任务。同时，严格把关，积极配合全区产业转型，加强了对重点项目、重点区域的源头控制和后期跟踪监管。

（五）深入实施民生工程，提升公共服务

1. 公共交通建设。结合嘉定新城、大型居住社区建设配套需要和市民出行需求，不断优化区域公交线网布局，提升服务能级。2011年共新增公交车38辆，新辟嘉定54路、江桥2路、嘉定14路等3条公交线路，进一步完善轨道交通11号线公交配套。调整延伸了嘉定13路等8条公交线路走向，在12条公交线路上增加了运能。启动实施了新一轮公交候车亭建设计划，新建候车亭52座，市民候车环境进一步优化。同时，加大了客运市场监管力度，在整顿交通营运市场秩序、规范交通行政执法行为上取得明显成效。

2. 住房保障与动拆迁。进一步完善“四位一体”的住房保障体系，全年新增廉租受益家庭161户，发放租金449万元，实际享受廉租补贴家庭达583户。大力推进大型居住社区建设，新开工面积86.9万平方米。住宅建设稳步推进，全年商品房新开工535.6万平方米（其中住宅307.5万平方米），竣工商品房311.8万平方米（其中住宅195.7万平方米）。动拆迁工作有序推进，全区共完成居民动迁4081户，企业动迁411家，腾空基地46个。同时，加快动迁安置房建设，全年新开工动迁安置房103.9万平方米，竣工90.26万平方米。

3. 意见提案办理和清欠工作。始终把“两会”意见提案的办理工作作为接受代表委员监督、认真履行部门职责、不断提高工作效能的重要抓手，坚持领导负责、层层落实，得到了代表委员“双满意”的评价。清欠工作坚持细化与创新结合，进一步完善了建筑市场全过程动态监管机制，规范市场行为和用工维权管理，并加强同相关管理部门的联动，及时将矛盾化解在第一线，解决率始终稳定在99%以上。今年共接待民工上访141起228批次，上访人员642人，涉及被拖欠民工2165人，解决拖欠金额1784.9万元。

（六）全面开展建筑市场整治，完善行业治理

1. 安全质量管理。截止今年12月份，共受理报监项目554个，建筑面积810.8万平方米；备案项目275个，建筑面积585.2万平方米；在建项目564个，建筑面积1347.2万平方米；绿色通道推进项目41个建筑面积93.5万平方米。加强了施工现场重大危险源的备案管理和重点巡查，确保重大危险源及时准确上报、受控。开展了深基坑、保障房工程建材质量、重大项目质量、市政工程质量等专项检查。全年我区未发生重大质量事故。

2. 建筑市场监管。扎实推进建筑市场整治工作，对全区在建项目进行了调查统计及安全质量专项检查，加强对程序违规和施工现场发现严重违法违规行为的行政处罚力度。通过落实责任制、加强现场管理、规范准入管理、加强诚信管理、完善信息化建设等管理手段加大建设工程的综合监管力度，形成建筑市场全过程动态监管机制。严格新办企业资质的受理审批，支持优质企业的资质升级，形成了我区企业优胜劣汰、行业结构不断优化的良好局面。

3. 招投标监管。2011年，共受理建设工程报建项目354个，建筑面积841.9万平方米。完成施工承发包项目395个564.3万平方米，勘察、设计、监理发包227项1800.5万平方米。核发建设工程施工许可证319项，建筑面积508.1万平方米。继续推行工程建设不良行为记录制度，全年共查询项目146个，

投标企业802家次，发现投标企业具有不良行为共计16个项目16家次，相关企业无一中标。该平台对于维护建筑市场的正常秩序和遏制违法、违规行为起到了积极作用。

4. 审改工作。按照市政府的统一部署，积极推进落实审批制度改革，对建设项目总体设计文件征询和审图备案环节实行"一口受理，并联审批"，成立了设计文件审查中心，并推出了预征询等创新服务内容，为建设单位提供更方便、高效的服务。

此外，以节能减排为目标，通过加强执法检查和业务培训，加大了新材料特别是节能材料的推广和应用，单位建筑面积新墙体材料的使用量不断提升。

在党的建设方面，区建设交通工作党委以"围绕中心抓党建、抓好党建促中心"的总体思路，积极营造想干事、肯干事、能干事、干得成事的氛围。2011年着重抓了以下六方面的工作：

（一）加强理论学习，提升能力水平

建设交通工作党委坚持把中心组理论学习作为转观念、出思路、谋发展的一项重要工作来抓，紧密联系实际，创新机制方法，通过科学的学习制度、务实的活动内容、丰富的活动载体，促进中心组成员在工作中学习，在学习中工作，把"要我学"变成了"我要学"，做到中心组学习为专题调研提供理论指导，专题调研为科学决策提供可靠依据，科学决策为跨越发展提供有力保证，实现了理论与实践的有机统一。积极组织、督促全委领导班子和广大干部参加"上海干部在线学习城"学习，每年注册率100%，完成率100%，提高了班子领导、党员干部和群众的思想理论水平。

（二）推进平台建设，形成系统合力

建设交通工作党委着力推进系统党建平台建设，通过与各局党委（党组）签订党建工作责任书，明确了党建工作的各项目标、主要内容和重点工作，建立了系统党建工作的基本框架。2011年年初，区建设交通党工委与各局党委（党组）签订了年度党建工作责任书，并召开了专题推进研讨会，确保各项工作落到实处。同时，加强了对各局党委（党组）以及直属单位党支部的党建工作的中期和年度考核，确保年初确定的各项党建责任目标顺利完成。

（三）坚持品牌塑造，创出工作特色

建设交通工作党委在党建特色工作上常抓不懈，"六有"、"六进"、"六建"工程已成为建设交通系统党建工作的品牌，成为建交委系统提升能力水平、实现建设目标、促进科学发展的有力保障。为贯彻落实中央、市、区创先争优活动的实施意见，建设交通党工委确定了以"创先争优当先锋，建设管理展形象"为载体，以党建责任书中提出的"六个进一步"为主要内容，以继续拓展"六建"工程为工作重点，在系统中深入推进创先争优活动。同时，坚持把基层党组织党务公开工作与创先争优活动、党风廉政建设、政务公开相结合，有序、有力、有效地推进了党务公开。

（四）抓好主题宣传，引导舆情方向

为庆祝中国共产党成立90周年，建设交通委系统隆重召开了纪念建党90周年大会，开展了"创先争优"先进事迹宣讲活动，组织参与了我区"党在我心中"纪念建党90周年党的知识竞赛，并取得了第二名的好成绩。同时，面向基层、面向群众，组织"读红色经典"读书活动、开展"颂歌献给党"红歌大家唱、参观"疁城如画"纪念建党90周年图片展、观看《建党伟业》影片等丰富多彩的群众性庆祝纪念活动。围绕嘉定城市化进程和民生关注的焦点问题，牢牢把握舆论导向，全系统各单位共在市、区级媒体上刊发新闻信息210多条，各单位内部印发工作简报160期。

（五）强化制度落实，促进廉政建设。

认真贯彻执行"三重一大"集体决策制

度，积极构建教育、制度、监督并重的惩治和预防腐败体系，调整完善了党风廉政建设和反腐败工作责任制，认真落实“一岗双责”。在试点基础上，全面推进了系统岗位风险点查找工作，共确定了高风险岗位201个、较高风险岗位191个、一般风险岗位215个，新增廉政风险防控措施797条，有力提升了干部、职工岗位风险防范意识，初步建立了廉政风险防范管理机制。

嘉定区绿化和市容管理局

2011年是实施“十二五”规划的开局之年，也是加快转变发展方式、全面推进城市化的关键之年。今年以来，区绿化林业、市容环卫和城管执法工作紧紧围绕区委、区政府提出的新城建设出好形象、产业转型全市率先、社会发展市郊领先“三大奋斗目标”，认真贯彻落实党的十七届五中、六中全会重要精神，牢牢把握“十二五”发展主线，团结奋斗，积极履职，为保障全区市容面貌整洁有序、城市环境优美和谐作出了积极贡献。

一、突出重点，积极推进绿化三年行动计划凸显成效

1. 落实“百、千、万”工程。2011年是绿地林地建设承上启下的一年，我局以“百、千、万”工程（即建百个公园、千块绿地、万亩林地）为抓手，全面提升绿化建设水平。2011年建设计划包括34个项目，面积约为1205亩。其中绿地建设22个项目，约27.45公顷，林地建设12个项目，面积约为794亩，截至目前已全部完成。

2011年区新建各类绿地60公顷，其中绿地建设50.05公顷，外环林带建设10公顷。重点推进四块3000平方米以上大型公共绿地，如北水湾盘陀子公园、马陆镇政府北侧绿地、翔二河景观绿化、猗兰塘等，其中3000平方米以上大型公共绿地4.5公顷，根据年终统计，建成区绿化覆盖率为38.2%，人均公共绿地面积16.3平方米/人。

2011年计划建设“四类”公益林1044亩，目前工程化造林项目已建设626亩（其余2012年春完成）。公益林基础设施建设项目、生态公益林封育项目已基本完成。四旁树已完成48077株，合格率为96%。

2. 推进铁路沿线绿色廊道等重点项目建设。我区境内“城际、京沪”铁路沿线绿色廊道建设总长20.2公里，涉及外冈、安亭、南翔和江桥4个镇，建设总面积约2554亩。2010年已建铁路两侧50米范围内的绿色廊道约1451亩，2011年根据市、区两级政府的工作部署，为进一步提升新建铁路沿线的形象，在原来基础上两侧各再拓展50米廊道建设范围，年内新增面积750亩。目前，我区已完成绿色廊道建设约2201亩，完成投资11918万元。其余486亩，除了铁路建设部门正在复垦尚未交地的154亩外，大部分已按林地建设的要求完成了种植前的准备工作，包括土地准备、翻耕、造型等。

落实了汇龙潭周边绿地调整改造、秋霞圃汇龙潭技防系统环及环城河紫藤长廊景观工程一期等项目。改造后的绿地与公园周边的整体环境融为一体，提高了原有绿地质量，为市民营造了优美的绿色空间。

3. 开展群众绿化活动。一是强化绿化宣传工作。3月份在嘉定镇登龙广场开展了以“保护和发展森林资源，促进人与自然和谐发展”为主题的植树节绿化宣传活动，各镇（街道、菊园新区、工业区）等300余人次积极参与了上街宣传。同时通过电视台、嘉定报等新闻媒体，绿化服务进社区等平台，提高全社会爱绿护绿意识。二是开展全民义务植树。3月15日，在新城紫气东来地块举办了春季全民义务植树活动，由区四套班子带头，各委办局、各街镇600余人参加了植树活动。此外，各街镇分会场植树活动也开展得如火如荼，共计2500余人参与集中植树万余株。三是开展绿化“六进”活动。通过绿化知识讲解、交流互动、主动上门指导等

形式，深入学校、军营、村宅、园区，在嘉定镇、新成等10个街道社区举办了宣传咨询和绿化服务便民活动，对鹤旋幼儿园、金鹤小学等21家学校进行了绿化养护管理指导和培训，认真做好花园单位、园林式小区创建的指导工作，促进群绿工作深入人心。四是继续开展绿地认建认养工作。强化宣传动员，发动更多市民参与认建认养活动。

4. 提高绿化管养水平。结合市有关绿化养护的技术标准和“白玉兰”杯考核的要求，修订了全区公园绿地及行道树养护考核实施细则，建立完善巡查检查考核机制，落实管理措施，提升服务效能。要求各街镇养护公司，每年着重抓三块绿地或行道树作为重点精细化养护点。开展行道树专项整治活动，编制林荫道创建5年计划，以点带面，推进林荫道的创建，今年清河路成功获得了“林荫道”称号。完善绿化有害生物预警防控体系，做好蚧壳虫煤污病的整治和有害生物的防控工作，加强全面跟踪、检查、指导，控制有害生物的发生和发展，今年以来，共整治香樟、广玉兰等煤污病8410棵、防治悬铃木白粉病和方翅网蝽1927棵。

开展全区古树及后续资源大巡查，完成古树周边环境清理工作。开展了安亭中学古银杏保护、嘉定会议中心古银杏树冠树枝修剪、秋霞圃榉树支撑等技措项目。在安亭泤思古银杏保护中，在全市首次使用了太阳能杀虫灯的新设备。加强建设时期古树保护工作，对嘉定博物馆、核八所、嘉定新城紫气东来等项目，提前与建设单位办理古树保护手续，同时加强巡查力度，及时发现问题及时解决。

积极开展特色绿化建设，挖掘公共场所特色绿化发展潜力。完成安亭水厂、安亭永乐家电、沁富佳园屋顶绿化2600平方米，外冈中学和戬浜学校立体绿化430米。

5. 认真开展园林城区复查迎检工作。今年是园林城区复查年，为巩固和扩大园林城区的创建成果，根据《上海市园林城区新标准》，及时联系各镇、街道和相关部门，开展园林城区复查迎检相关资料的收集、整理，汇总等工作。结合实际确定园林城区复查迎检线路，开展重点巡查，针对存在的问题，及时落实整改措施，进行全面跟踪，做到检查到位、整改到位、落实到位、巩固提高，确保园林城区复查顺利完成。

结合市绿化合格单位、园林式小区评选，不断挖掘单位、居住区绿化潜力，认真做好花园单位、园林式小区创建的指导工作。主动服务，开展专用绿地创建工作，并组织开展预检，确定19家单位申报“市绿化合格单位”。

6. 加强林业养护长效管理。

健全考核管理制度，制定了《嘉定区林业养护社考核管理办法》，加强对全区现有14家林业养护社对日常管理和技术指导，对全区27000余亩生态公益林和各镇区6100余亩道路绿化林带、公共绿地等日常养护管理工作加强长效管理，提升养护管理水平。以“四率”（ 四率指标成灾率2.5‰，无公害防治率80%，测报准确率80%，产地检疫率100%）指标为目标，切实加强有害生物防控工作。落实有害生物周巡视制度、PDA巡视制度、测报例会制度和测报灯监测制度。以安亭林业园市级测报点为主，各区级测报点为辅，有序推进区有害生物测报标准点建设。加强主要林木病虫害防治技术的研究，强化植物检疫，适时准确指导病虫害防治工作。全年林业有害生物成灾率控制在1.3‰以下，无公害防治率83.1%，预防测报准确率90%以上，种苗产地检疫率99.3%。全年未发生松材线虫病等林业重大有害生物疫情。

制定出台了《生态公益林管护工作管理办法》等一系列的制度，加强森林资源管理，完善生态公益林补偿机制和考核制度。开展编制林地保护规划相关工作。完成2011年森林资源动态监测和数据更新。加强森林防火工作，开展应急演练。加强林政执法，完善林业网格化工作平台和工作机制，对全区的林地、绿地开展日常执法巡查，加强林地绿地养护管理，保护野生动物资源。年内开展了“森林资源保护亮剑行动”、“野生动物保护春季、秋季执法检查专项行动”、“夏季蛙蛇类专项整治行动”等专项行动，立案查处各类破坏林业资源、野生动物资源案件23件。

二、抓住难点，努力推动市容环卫工作寻求突破

1. 加快区垃圾综合处理厂规划选址。针对目前垃圾处理存在处理能力缺口增大、区残渣填埋场库容量趋于饱和、安亭垃圾厂残渣后续处置压力大的三大问题，在2010年调研基础上，进行对策研究，为实现垃圾处理无害化、减量化和资源化，努力从抑制产生和源头减量、再利用和再生利用、焚烧发电、残渣利用和填埋等方面破解难题。会同区规土局和区发改委初步选定外冈镇古塘村原外冈镇垃圾填埋场地块作为区垃圾综合处置基地备选用地，已专报区政府，并上网征询意见。

2. 开展垃圾“大分流、小分类”系统建设。根据生活垃圾收运处置“大分流、小分类”的基本模式，重点探索建立装修垃圾、餐厨垃圾、枯枝落叶、农业废弃物、大件垃圾等专项管理体系，实现分流处理、资源利用，开展生活垃圾源头试点工作。目前，我区建立起了覆盖全区的收集网络，进一步健全了装修垃圾、餐厨垃圾、有害垃圾等收运处理系统，通过不断加强指导、监管、检查、考核，确保了区垃圾收运处置系统正常运转。通过环卫车辆规范化建设工作，利用车辆监控系统加强了对收运车辆全过程监管，加强了作业车辆车容保洁、污水滴漏等情况监管，收运保洁不规范、服务不文明、作业扰民等现象得到了明显改观。加强了对安亭生化处理厂和残渣填埋场日常监管工作，严控垃圾混装混运处置，督促落实除臭、灭蝇措施。据统计，全年安亭垃圾厂处置生活垃圾近23.2万吨，日均处置量636吨；江桥焚烧厂处置生活垃圾10.3万吨，日均处置量282吨；区残渣填埋场处置垃圾26.1万吨，日均处置量716吨。（太仓焚烧厂日均处置华亭、嘉定镇、安亭、外冈生活垃圾123吨）。此外，全区各街镇征收单位生活垃圾处理费近4800万元。

3. 垃圾源头分类试点及减量化工作取得阶段性成果。今年5月份起率先在新成路街道嘉贤庄、沧海绿苑、鸿达嘉苑三个小区开展我区垃圾源头分类减量试点工作，9月份后全面推广至街道54个居民小区。我局协同新成路街道编制了试点街道垃圾源头分类试点方案，精心组织，宣传发动，完善设备设施，规范分类收运处置，先后建立了分类指导员、分拣员、督察员队伍，建设了垃圾分拣房，并落实了除臭、排污装置。通过指导居民自觉分类，分拣场所细分类，使生活垃圾源头减量化，可回收垃圾资源化利用得以初步实现。通过开展试点，广大居民垃圾分类投放意识明显增强。2011年新成路街镇生活垃圾终端处理量日均减量5吨，日减量率达13.2%，垃圾分类试点工作取得了阶段性成果。

全区各街镇也已积极行动，制定了垃圾分类工作方案，嘉定镇街道在金地小区实施了垃圾分类试点工作，南翔镇、徐行镇将分类工作从农村地区出发，进行了垃圾大分流、分类收运试点，积累了一定经验。同时，新成路街道、菊园新区、工业区等街镇也加紧建设垃圾分拣、压缩、中转设施，力争从收运中转环节进行减量。我们还在全区设立了116个渗滤液排放点，在收运中转阶段，进行了渗滤液排放，减量的同时，又减少了污水滴漏扰民现象。

4. 道路洁净工程和公厕文明行业创建工作全面推进。按照“条块结合、以块为主”原则，推进百个街（镇）千条道路洁净

工程。今年全区12个街镇共48条道路全部通过市局专家组考核验收，创建合格率达到100%。并有序推进市容景观示范道路创建工作，细化创建要求和标准，开展专项培训，加强对各街镇的工作指导，明确创建道路范围，目前江桥镇鹤旋路、南翔镇中佳路和瑞林路、嘉定镇街道南大街等一批道路处于建设过程中，效果初显。深入开展上海市公厕行业深化规范服务达标，创建文明行业工作。全区共有86座公厕成功创建文明公厕，其中43座创建成功示范公厕，申报创建率达到72.8%。同时，以道路洁净工程和文明公厕创建为契机，加大投入，加强环卫设施设备建设，进一步提升了环卫作业水平和效能。

5.废弃食用油脂收运处置逐步规范。为确保食品安全，对废弃食用油脂收运处置管理加强了监管，落实了收运责任主体，制定了《嘉定区废弃食用油脂收运作业规范标准》、《废弃食用油脂初加工场站管理规范标准》，实施收运联单制度、备案登记制度、与末端处置点沟通联动机制，加强了对收运、初加工、末端处置的全方位监管，确保废弃食用油脂不流入非法渠道，收运作业逐步规范。据统计，全年共收运处理废弃食用油脂460吨。联合城管部门开展了全区餐饮单位宣传告知和检查。建立与城管、食药监等部门联动机制和双向告知机制。

城管部门加强与公安、工商、食药监部门联合执法整治，联动查处“地沟油”违规收运处置案件，如徐行伏虎村润乐贸易公司擅自收运餐厨垃圾案等案件，严厉打击非法使用或销售餐厨垃圾违法行为，有力保障了市民群众食品安全，取得了良好成效。“地沟油”整治中，共出动人员4160人次，执法车辆1336车次，查处各类案件48起。

6.编制户外广告设施设置实施方案。根据《上海市户外广告设施管理办法》和《上海市户外广告设施设置阵地规划》的精神与要求，坚持“规划先行、依法设置、安全美观、长效管理”的工作原则，组织开展我区户外广告设施设置实施方案的编制工作。《嘉定北部城区户外广告设施设置实施方案》已于今年10月获得市局原则同意的批复，《嘉定区户外广告设施设置阵地实施方案》已通过区级层面两次专家评审会，进入社会公示阶段，目前编制工作已接近尾声。

为进一步点亮嘉定中心城区，美化城市夜间景观，州桥老街历史文化风貌区三期景观灯光建设项目与城中路景观灯光改造项目分别与6月初和9月下旬陆续圆满竣工，充分展示了“古朴典雅”和“绿色环保”的建设理念，全面提升了我区景观照明的整体品质。

7.渣土区域专营管理进入常态长效。年内完成了“区域建筑渣土运输经营单位”公开招投标工作，确定了2家区域建筑渣土运输经营单位，进一步巩固和规范了我区的建筑渣土运输处置。严把审批关，进一步加强了对出土工地申报的审核力度，加强工地现场勘查力度。今年共对49个工地核发了渣土处置证，累计申报处置建筑渣土549万吨。同时，本着预防在先的原则，加强出土工地源头管理，加强了对建设单位进行上门事先告知力度，会同交警支队等相关职能部门对专营单位进行了车辆安全检查及安全行车教育培训。加强了部门联动，通过相关执法部门的双向告知制度，加大了对违章工地的查处力度，对违章运输车辆实施了网上限期锁定。通过严格监管，促使我区建筑渣土运输处置规范化，渣土违规运输处置情况得到了明显改善。

三、关注焦点，不断加强城管执法保障提升实效

1.发挥“大联勤”优势，抓好世博后长效常态管理。积极贯彻落实加强和创新社会管理的工作要求，在全区建立健全联勤联动工作机制的基础上，加强同相关部门之间的协同执法、联合执法，强化部门联手、队伍

联勤、工作联动，增强执法管理合力。制订《关于进一步融入“大联勤”工作的意见》，强化“大联勤”工作保障措施，加强联勤执法力量、装备配备、宣传培训、监督管理。通过大联勤综合治理，案件发现率、处置率、部门联动能力和执法威慑力明显增强。通过推进轨道交通站点市场化管理、网格化管理等方式，城市综合管理水平显著提升。

今年以来，全区共实施行政处罚 14379 件（较去年相比增加了 4764 件），其中一般程序案件处罚 2558 件，简易程序案件处罚 11821 件，累计处罚金额 308.8 万元。

2. 强化依法行政，推进队伍“参公”管理。进一步规范执法行为、完善执法程序，落实案件审查、暂扣物品处理、罚没收入管理和行政执法责任追究“四方面规章制度”，强化执法流程、调查取证、行政裁量权行使、执法文书制作和案卷管理“四方面规范”。加强队伍作风纪律教育整顿，开展新队员上岗培训、分队长培训、联勤工作培训、专题法律法规培训、督察人员培训等执法业务培训，提高执法用法能力，组织法律知识竞赛、队列训练比赛，强化日常督察检查，促进队伍建设、执法实效双提升。

3. 优化勤务模式，完善各项工作机制。细化调整“三区”执法管理范围，落实差别化管理机制，形成覆盖全区的城市环境管理重点监控网络，促进勤务布局更为科学，管理更为有序。每季度开展“三区”执法实效检查和考核，执法实效明显提高，街面乱设摊、跨门、乱张贴等市容问题管控效果良好。结合城市综合管理大联勤工作，完善执法巡查运行机制。注重综合运用错时上岗、机动上岗、应急上岗等各种执法勤务方式，做好轮班值勤勤务安排，进一步健全区镇两级城管执法队伍 24 小时值班备勤制度。对中心城区主要干道、重点区域推行“以徒步巡查、人员固守为主，车辆巡查为辅”的勤务模式，提升现场执法的针对性和时效性。

4. 结合地区实际，积极创新设摊管理方式。根据市区两级关于无序设摊综合治理工作的要求，围绕“依法 + 服务”，积极转变设摊管理理念，制定了《关于规范设摊疏导点管理的指导性意见》。以服务群众、改善民生为着眼点，坚持政府主导、部门联动、条块结合、街镇实施、社会参与的原则和以人为本、疏堵结合、方便灵活的原则，依托城市管理大联勤平台，引入社会化、市场化管理机制，落实分类型的治理措施，推动无序设摊向规范有序管理转变。根据季节性特点，强化疏堵结合治理夏季瓜果乱设摊现象，开展夏季环境整治月活动，全区共设置了 125 个临时瓜果摊疏导点，对瓜果乱设摊、夜排档、烧烤摊乱设摊及跨门经营等市容环境问题进行综合治理。期间，共出动执法队员 10796 人次，教育整改 27396 起，处罚 1064 起。经统计，今年以来，共计消除设摊集聚点 150 个，整改 51009 起，处罚 10789 起，处罚跨门营业 803 起。

5. 继续保持渣土违规运输处置高压态势。强化渣土整治常态化工作机制，坚持在市、区、街镇三级层面开展渣土执法整治。建立渣土运输车辆检查档案、渣土违法处置诚信档案及渣土治理情况周统计、月通报制度，加强源头治理、过程管控和末端处置，强化各个环节的监控管理与执法整治，最大程度地降低违法行为的发生。截至 12 月底，共开展各类渣土整治行动 601 次（其中区级以上整治 18 次），共出动人员 15904 人次，执法车辆 6067 车次，处罚违规渣土车辆 990 车次，处罚金额 173.4 万元，案件查处量位居全市前列。

6. 加大违规设置户外广告整治力度。针对世博后户外广告尤其是京沪高铁、沪宁高速沿线的高立柱广告迅速回潮的问题，开展专项整治。我区范围涉及的高速公路擅自设置高炮设施共计 25 个。通过加强前期管控、定点固守，与相关部门建立信息交流、协查反馈的工作机制，对新建户外广告坚决抵制、及时拆除，有效控制了违规设置户外广告蔓延趋势。截至目前，共拆除高炮广告25座，拆除跨线桥广告设施1座，拆除率达100%，圆满完成了预期整治任务。此外，大队今年以来，还积极运用停复机程序查处非法小广告案件，共办理非法小广告案件停机案件918起，处罚282起，处罚金额7.3万余元，案件查处量位居全市前列。

7. 强化违法建筑整治工作。健全完善区镇两级拆违工作体制机制，条块联动，加大控违拆违力度，进一步减少历史存量违法建筑，遏制新增违法建筑。开展全区历史存量违法建筑统计工作，规范拆违工作数据报送，抓实重大项目建设和重点区域整治，开展了京沪高铁、沪宁城际铁沿线专项整治，共清理京沪高铁沿线渣土108万方，拆除违章2.9万平米。强化"12319"拆违投诉应诉工作，对拆违案件举报投诉第一时间进行实地勘察、界定职责、依法处理，提高投诉处理到场率、处置率。举办《上海市拆除违法建筑若干规定》培训班，增强执法人员依法行政能力，提高全区拆违工作整体水平。今年以来全区共拆除违法建筑43.8万平方米，其中新增违法建筑8万平方米，历史存量违法建筑35.8万方米。

8. 开展各类联合执法保障工作。联合公安、工商、食药监、市政、民政、消防、劳动监察、文化执法、环保等部门先后开展了无证无照经营、破坏市政设施、"地沟油"、非法占道设摊销售烟花爆竹、非法职业中介、"绿色护考"、"双打"等专项整治活动，落实平安建设、流浪乞讨救助、扬尘控制检查、非法掘路整治、平安市场创建、未成年人保护等工作。精心组织，做好各类执法保障工作，开展了元旦、春节、元宵、清明、五一、端午、国庆、冬至祭扫等重要节日以及F1中国大奖赛重大活动期间城管执法保障工作。

四、围绕中心，大力加强党建工作促进发展

1. 突出重点，加强教育，牢筑思想基础。围绕"服务中心，建设队伍"两大核心任务，不断加强党的建设，为积极推进我区绿化、市容、城管事业平稳较快发展提供强有力的思想和组织保证。继续深入开展"讲党性、重品行、作表率"主题教育活动，抓好学习发动、教育实践、整改提高、巩固完善各个环节，通过对系统内全体党员干部和公务员，尤其是党政领导班子和党员领导干部加强党性、宗旨的教育实践，进一步增强了党员干部责任意识、公仆意识、服务意识。结合实际开展廉政风险防范教育，由局党委书记上党课，作名为《树立正确的价值观》的专题报告，引导党员干部追求高尚的道德情操，增强廉洁自律意识，努力建设风清气正的党员干部队伍。紧扣"率先转型发展、共建美好嘉定"主题，继续开展创先争优活动，将党建工作与全局重点工作有机结合，引导基层党支部履职尽责创先进，激发广大党员立足岗位争优秀，对活动中涌现的行业先进和典型，专题组织开展了创先争优典型宣讲活动。

2. 严抓队伍，固本强基，加强组织建设。紧密结合创先争优活动、主题教育活动、纪念建党90周年系列活动，以党的历史和基本理论为重点，切实加强对党员干部队伍教育，提升队伍整体素质。以纪念建党90周年为契机，先后开展"读红色书籍，树理想信念"读红书活动、"唱红色歌曲，展队伍风采"唱红歌活动、"学典型人物，当模范传人"学先进活动、赴西柏坡红色革命根据地进行革命传统教育，切实增强了主流思想价值的吸引力、感召力、凝聚力。加强基层党组织建设，落实基层党建工作联系点制度，建立党员联系和服务群众的工作制度，建立完善党内激励、关怀、帮扶机制，加强对基层党组织的服务和指导，引导基层党组织围绕中心、服务大局，增强战斗堡垒作用。严明“5个严禁、17个不准、5个一律”的换届纪律要求，营造风清气正的换届选举环境。认真组织参与区建交委系统党代表选举工作，进一步落实党员的知情权、参与权和监督权，营造良好的选举氛围。以“心系群众、有所作为”的理念为引领，做好群团工作，加强党组织对共青团组织的领导和指导，关注青年发展，引导岗位建功。强化机关工会班子建设，深化送温暖、扶贫帮困等工会特色慰问活动，增强组织活力，营造和谐共进的环境。

3. 广泛联系，服务群众，夯实党建基础。

高度重视2011年我区绿化、市容、城管系统民主评议基层站所工作，抓好专题思想发动、落实责任分解、开展自查自纠、迎接评议调研、落实整改等五个环节，狠抓基层站所依法办事、工作效率、信息公开、服务质量、廉洁自律、制度建设六个方面，分别制定绿化、市容、城管评议标准，加强行业监督和管理，积极指导和推进各街镇相关部门开展民主评议工作，促进基层站所工作作风、履职能力、服务水平进一步改善。紧密联系全局工作重点，加强政风行风工作，积极探索建立党组织和党员联系服务群众工作的新途径、新机制，深入开展绿化“六进”活动、城管“四进”活动、城市管理志愿者活动，整合条块资源，倡导社会参与，发挥行业优势，提高绿化市容城管行业为民服务水平。

4. 落实责任，标本兼治，强化廉政建设。坚持一岗双责，狠抓党风廉政建设责任制落实。健全完善制度，严格执行党内监督。强化对“三重一大”集体决策制度的执行、备案和检查等环节的督查，提高制度的科学性和执行力。强化综合治理，完善惩防体系建设。落实《关于领导干部报告个人有关事项的规定》，扎实开展违规收送礼金礼券购物卡专项治理工作。加大科技防腐力度，继续推进网络监管平台建设和管理，今年将48个绿地林地建设项目纳入网络监管系统并开展专项检查，运用现代网络通讯平台等技术手段强化监督管理，促进信息公开透明，规范权力运行。深入贯彻《上海市加强领导干部反腐倡廉教育的实施意见》，认真组织学习贯彻《廉政准则》。大力推进示范教育、警示教育和岗位廉政教育，组织党员干部观看陶锦元先进事迹报告专题片、警示教育片《消失的防线》和《牢记党的群众观点，坚持党的群众路线》报告电教片。加强廉政文化建设，组织党员干部开展“廉在我心中”廉政格言警句征集活动，增强了拒腐防变和抵御风险的能力。

同志们，回顾2011年，我们取得了不少成绩，但也存在着不少矛盾和困难：一是人民群众对于加强城市管理的诉求日益增长，城市管理工作的任务更为紧迫，城市管理工作总体形势更趋复杂，给我们的工作提出了更高的挑战；二是随着社会化进程加速，人口增长等因素，对社会管理、垃圾处置等工作带来了巨大压力，统筹协调难度越来越大；三是新形势、新任务对我们自身建设提出了更高要求，为民服务意识需进一步加强，攻坚克难、突破创新能力需进一步增强，依法行政能力和水平需进一步提高。这些问题我们要予以清醒认识，充分重视，在今后工作中，不断研究探索，加以解决。

嘉定区住房保障和房屋管理局

2011年是嘉定区十二五规划的起始年，区房管局在区委区政府的正确领导下，根据“加速城市化进程，促进‘两个融合’”的发展战略，按照“率先加快转变发展方式，全面推进城市化”的十二五发展主线，紧密围绕我区“三大奋斗目标”，结合行业特点，坚决执行国家房产调控政策，按照“三个为主”原则合理引导市场消费，以保障房建设为重点，同时不断提高住宅产业化水平，不断满足各层次人群的住房需求。

一、关注民生，不断健全“四位一体”的住房保障体系

1. 以“应保尽保”为原则，不断扩大廉租住房受益面

2011 年市下达任务为新增协议家庭 150 户，至 12 月底实际完成 161 户，目前区享受廉租住房补贴家庭 583 户，发放租金补贴 449 万元。同时区政府安排财政资金 2000 万用于筹集实物配租房源。

2. 以“多方筹措、统一运营”为指导方针，做好公共租赁住房管理工作

区公租房运营有限公司于 2011 年 6 月 30 日揭牌运营，按照“保本微利、注重效率”的原则，承担公租房的投资、筹措、运营和管理工作。2011 年市下达的公租房筹措指标 3550 套，其中包括 2600 套为单位租赁房，我区通过收购转化、集中建设、鼓励企业自建改建等多元模式，努力推进房源建设和筹措工作。2011 年已明确从龙湖、惠民家园等项目中收购房源，相关手续正在办理中。另外，在产业项目和社会事业项目集聚的区域中建设的部分公共租赁房和单位租赁房正在进行项目申报。

3. 以“统筹协调、分步实施”为原则，启动区首批经济适用住房申请供应工作

2011 年 7 月 14 日，嘉定区召开了首批经济适用住房申请供应工作动员大会，下发了《嘉定区首批经济适用住房供应管理工作实施方案》，明确了相关职能部门的责任分工，细化了申请受理及供应的准入标准、实施步骤、保障措施等。标志着我区经适房供应管理工作正式启动。8 月开展首批经济适用住房申请受理政策咨询，接待咨询居民家庭 1700 余户；申请受理期内，有 417 户家庭递交申请表及其他材料。各镇、街道住房保障机构正对申请家庭进行初审，根据计划安排 2012 年 1 月底前完成两级审核、两次公示，2 月份组织申购家庭摇号轮候、看房选房。

4. 以“供求平衡、资金平衡、房型平衡”为目标，加快动迁安置房建设

至 12 月底，动迁安置房新开工 103.9 万平方米，超年度计划的 3.9%；竣工 90.26 万平方米，超年度计划的 50.4%。同时，为切实解决动迁安置房源问题，年内共完成动迁安置房土地招标 5 幅，总出让用地 30.7 公顷，规划总建筑面积约 66 万平方米。

5. 以大型居住社区建设为主战场，不断扩大保障性住房建设规模

2011 年新开工市属保障房项目共计 86.9 万平方米，折合 12360 套；在建项目 68 万平方米，折合 10543 套；竣工项目 54 万平方米，折合 6658 套。

二、注重品质，进一步提升住宅建设整体水平

1. 房地产建设有序推进。年内全区房地产新开工 535.6 万平方米，同比增 6.2%，其中住宅新开工 307.5 万平方米，同比减 3.6%。房地产竣工 311.8 万平方米，同比增 31.8%，其中住宅竣工 195.7 万平方米，同比增 10.8%。房地产完成投资 239.3 亿元，同比增 34.4%，其中住宅完成投资 146.3 亿元，同比增 20.7%。

2. 住宅产业化水平不断提高。以“资源节约、环境友好”为导向，围绕“四节一环保”的发展目标，加大节能省地型住宅和“四高”优秀小区建设力度。2011 年，嘉宝紫提湾等 3 个项目通过上海市节能省地型“四高”优秀小区的验收。朗诗绿色家园和绿地新江桥城 D1 地块两个项目分别通过 3A 和 1A 住宅性能认定预审。

3. 市政、公建等配套工程进展顺利。全年，江桥金运路等 11 条居住区配套道路竣工，总里程 6.73 公里；江桥靖远路等 9 条配套道路新开工，总里程 5.3 公里；完成新城核心区德富路小学配套建设，新开工宝菊新家园东侧幼儿园和南翔苏民中学校建设 2 所；完成市政、公建配套项目投资约 6.5 亿元。

三、维护秩序，切实加强房地产市场监管力度

1. 房地产市场运行总体平稳

2011年发放商品房预许可90件，批准建筑面积265.2万平方米，25684套。其中住宅194.1万平方米，19303套；商办70.9万平方米，6368套。

受房产调控政策影响，2011年商品房成交总量下降，市场化商品住房价格保持平稳。新建商品房成交199.82万平方米，同比下降15%，均价14247元每平方米，同比增加14%。其中，市场化商品房成交164.84万平方米，同比减少4%，均价16126元每平方米，同比增加2%。市场化商品住房成交114.56万平方米，同比减8%，均价16623，同比增4%。办公用房成交21.18万平方米，均价14566元每平方米。商业用房成交25.05万平方米，均价17108元每平方米。

存量商品房成交74.33万平方米，同比减29%，均价7980元每平方米，同比上升10%。其中存量住房成交46.6万平方米，同比减21%，均价10059元每平方米，同比下跌2%。办公用房成交1.07万平方米，均价11549元每平方米；商业用房成交5.31万平方米，均价6247元每平方米。

2. 加强房地产市场监管

2011年上半年，“新国八条”、“沪四条”等多项房产新政出台，为了更好地落实新政房管局积极采取各项措施，一是加强政策宣传。多次召集房地产开发企业进行集中培训，在一些关键点上多次强调，同时加强即时沟通，确保房地产企业对新政了解“零偏差”。二是加强走访巡查。每月坚持一次集中走访，在热点楼盘的开盘现场进行实时监督，第一时间了解房产新政的执行情况。三是坚持开盘现场监管。在每个楼盘开盘前都要到现场走访，查看项目售楼处张贴的材料是否齐全等情况，在开盘当日都保证有工作人员在现场监管。四是加强开发企业资质管理。至2011年底，我区房地产开发企业252家，其中一级资质2家，二级资质19家，三级资质20家，暂定资质211家，另有注册在我区的暂定级外资企业5家。

3. 合力整治群租

2011年，房管局受理群租117件，消除“群租”隐患98户，完成率为83.8%，其中集中整治15户，自行整改83户，主要以劝阻和自行纠正为主。

房管局以《上海市居住房屋租赁管理办法》出台为契机，坚持“宣传教育为主、联合执法为辅”的整治原则，着重抓好“源头”治理。一是依托居委会、业委会、物业服务企业及时掌握小区内群租情况；二是营造氛围，做好政策宣传及说服教育工作，提高居民自律意识，调动广大居民群众参与“群租”整治防治；三是进一步健全组织，有效利用办事处扩编的属地化优势，配齐工作人员，积极采取措施，对群租行为早发现、早报告、早制止。同时健全快速处置机制，及时将“群租”行为消除在萌芽阶段。

四、服务百姓，全力打造和谐物业

1. 积极开展新版《上海市住宅物业管理规定》的宣传培训工作

《上海市住宅物业管理规定》于2011年4月1日正式施行，新规定明确了区、街镇建立住宅小区综合管理工作制度的具体职责。我局组织房管办事处、街镇分管科长，居委书记主任、业委会正副主任、物业企业负责人、小区经理等相关人员进行培训，共计培训1160人次。

2. 完善物业费补贴小区考核办法

嘉定区从2009年下半年开始对全区的旧住房小区实施物业管理费补贴，由于未健全考核办法，对补贴资金的下发相对滞后，为完善考核机制，房管局组织调研，对原考核办法进行修订，并增加了考核分数与资金下拨挂钩。6月底对全区实施物业管理费补贴的旧小区进行考核，共计小区152个，涉

及 10 街镇。其中 8 个小区考核成绩较好予以通报表扬，并增加 10% 补贴资金奖励，2 个住宅小区管理较差，考核不理想，予以停发补贴资金，待整改结束后再予补发。

3. 监督指导业主大会和业主委员会工作

至 2011 年底，完成业主大会、业主委员会成立、换届等共计 10 个，其中新成立业主大会、业主委员会 4 个，换届 2 个，变更 4 个。新《规定》正式实施后，我局与各街镇社区部门召开会议，特别对业主大会、业主委员会运作专题研究，明确由各街镇负责日后的业主大会、业主员会成立与换届等各项工作。11 月我局又会同区社建办组织各镇、街道社区部门负责人，专门就如何新建、换届业主委员会进行专题培训。

4. 做好维修资金管理工作

至 2011 年底，维修资金专户已归集 110357.39 万元，归集率 67.14%。共有 239 个业主大会开设维修资金帐户，共归集维修资金 57037.24 万元（开发商 33663.94 万元，个人 23373.29 万元），201 个业主大会进行了维修资金分摊使用，共支取维修资金 13947.30 万元。

五、保障到位，加快推动动拆迁工作进程

2011 年，完成居民动迁 4081 户，企业动迁 411 家，腾空基地 46 个。具体取得以下几方面进展：一是新城动迁向纵伸推进。在基本完成核心区 17.23 平方公里内居民和企业动迁的情况下，逐步向中心区 60 平方公里推进，启动了马东地区的动迁工作，加快满足了新城发展过程中对空间上的需求。二是重大市政道路工程动迁基本完成和全面完成。S6 公路的动迁基本完成，已进入实质性的扫尾阶段，工程建设按时间节点有序推进。嘉闵高架北段、北北段的动迁前期工作基本完成，部分路段动迁已经完成。嘉盛路西延伸动迁全部完成。三是大型居住社区基地动迁取得了决定性成效。云翔、城北两个大居基地已分别完成动迁总量的 90% 和 92%，预计 2012 年上半年可以全部完成。四是劣势企业加快淘汰动迁。2011 年共动迁淘汰劣势企业 314 家，腾空土地 2201 亩。五是老城城中村和危棚简屋加快动拆迁。2111 年把清除城中村和危棚简屋作为动拆迁工作的重要内容，石马弄以西地块，水上新村、菊园渔民村等居住条件差的危棚简屋得以顺利拆除。

六、依法行政，健全机关法制建设

1. 健全信访工作机制

2011 年，登记受理群众来信来访和转办件 802 件，同比下降 3.37%。其中，房地产市场管理类（含群租）248 件，占 30.92%；物业管理类 205 件，占 25.56%；住房保障和私房落政类 131 件，占 16.33%；拆迁类 106 件，占 13.22%；违章搭建类 65 件，占 8.10%，房屋质量类 34 件，占 4.24%；其他 13 件，占 1.62%。全年处理集访 26 批次、重信重访 132 件次，解决多年历史遗留信访问题 3 件。上报信访核查终结 1 件，落实区领导包案联系人 2 件，局领导包案 5 件。年度办结率、查处率、答复率为 100%。

按照“属地管理、分级负责”的信访工作原则，2011 年局信访工作着重做了以下几方面工作：一是加强信访工作的领导，强化责任意识。重新调整了信访工作和矛盾化解领导小组，建立切实可行的信访组织机构。局机关、所属的事业单位及 12 个办事处的信访处理信息全部纳入局信访网络系统操作，全程实行监管。二是切实维护群众利益，认真做好“重信重访”工作。认真梳理疑难信访案件，对排查出的案件，落实专人负责、限时解决，全面实行跟踪督查，共发出限期督办件 15 件。三是开展信访事项核查终结。根据《上海市信访事项核查终结暂行办法实施意见》及相关文件的规定，遵循“谁主管、谁负责”，“以事实为依据，依法按政策处理”的原则，针对复杂的历史问题，开展信访核查终结程序。

2. 健全行政执法机制

2011年，全局受理房屋违法投诉97起，其中违法搭建67起，损坏承重结构13起，其它17起。下发行政告知书167份，查处了92户正在搭建的违法建筑，促使业主自行拆除违法建筑4起，代为拆除12起；行政处罚直接立案7件，下发行政处罚决定4件，其中擅自交付新建住宅案件2件，违规销售商品住宅案件1件、占用公共部位案件1件，处以罚款21.5万元。全年完成行政复议2件、行政应诉1件、召开听证会3次，经办案件未出现复议撤销或诉讼败诉情况。

根据依法行政、打造法治机关的要求，2011年局法制工作着重做好以下几方面工作：一是规范执法程序，确保办案质量。严格遵循《关于查处住宅物业违法使用行为工作规程》、《有关限制交易和撤销限制交易的流程》、《行政处罚文书制作规范》等文件要求，做到投诉举报及时受理、违法事实认定清楚、调查取证充分合法、法律法规适用正确、执法程序规范。克服人手不足等困难，针对重大疑难案件，积极协调地方政府及相关部门开展联合执法。二是探究矛盾根源，拓宽化解渠道。为维护社区和谐稳定，我局对违法行为积极采取指导、建议、提醒、劝告等非强制性方法，紧紧依靠物业、街道、居委会、人民调解员上门调解或以座谈协调形式做好投诉人与被投诉人双方的思想工作，引导当事人自行整改，消除违法后果。三是夯实基础，不断提高依法行政水平。以房管办事处扩编为契机，大力加强新上岗执法人员业务培训，通过举办培训班、座谈会、讲座、行政执法人员培训考试等途径，强化执法队伍建设。提高执法人员对文书下发规范性的认识，统一印制文本、编写文号、盖印公章。建立健全案件处理台帐，对各类案件做好登记、归档工作，每月统计汇总各办事处上报的案件受理和查处情况，及时分析整改存在的问题。

（十四）青浦区

青浦区建设和交通委员会

2011年是中国共产党建党九十周年，也是实施“十二五”规划目标的起步之年。区建交委认真贯彻市委市政府“六个着力”的工作要求，全面落实区委三届十五次全会精神，加快转变经济发展方式，推进“一城两翼”建设。全委系统广大干部职工抓住后世博机遇，围绕建设“绿色青浦”的总体目标，以科学发展为主题，以“一城两翼”建设为主线，以保障和改善民生为根本目的。抓住以市政基础设施为主的重大项目建设，着力提高工程建设的开工和竣工能力；以整顿和规范建筑市场为抓手，着力提高建设工程安全质量和城市运行安全水平；以抓机制创新为突破口，着力提高求真务实的工作作风，完成或基本完成区政府的各项重点工作和委年初确定的目标任务。

（一）紧贴“一城两翼”建设，加快推进公路市政设施建设

1. 公路建设

年内完成和正在实施中的工程：外青松南段（G50青浦城区出入口—松江区界），全长5.4公里，施工单位于2010年12月进场，房屋动迁摸底评估已结束，基本完成夏阳街道所属动迁户和司法系统7家单位的签约工作，弱电管线动迁已开始，目前因受部队动迁影响施工，进度缓慢。朱枫公路四期（老松蒸公路—大松蒸港桥）全长5.4公里，总投资约22434万元，工程已于2010年8月开工，全线道路沥青粗粒面层摊铺完成，7座桥梁已完成，3座桥梁桥面附属设施施工，计划春节前完成道路沥青面层摊铺，2012年一季度通车。崧泽大道（胜利路—赵重路）白改黑改建工程，全长约7.84公里，总投资

22737万元，工程于今年6月开工，目前进度为道路机动车道粗粒式沥青面层已完成，并通车，细粒式黑色面层待路灯搬迁后完成，计划2012年3月份竣工。崧泽大道（嘉松公路—华徐路）总长度4.633公里，总投资6595万元，工程于2010年9月份开工，道路、桥梁工程已于2011年6月建成通车。华徐公路（318国道—崧泽大道）大修工程，全长1.903公里，总投资6944万元，工程于2011年6月开工，已于11月建成通车。朱枫公路曹芳泾危桥改建工程，总投资2868万元，工程于2010年10月开工，已于今年7月竣工通车。练西公路莲盛桥危桥改建，总投资1500万元，工程于今年3月开工，目前桥面铺装完成，东西接坡基础完成，计划春节前全部完工。

大型居住区市政配套道路：徐乐路一期（北青公路—纬三路）新建工程，全长1.531公里，总投资9000万元，工程于2010年4月开工，工程12月底基本完工。徐乐路二期（纬三路—崧泽大道）新建工程，全长1.06公里，计划总投资18638万元，目前工程扩初待批阶段。风徐路一期（新风路—经一路）新建工程，全长0.629公里，总投资5000万元，工程于2010年4月开工，工程12月底基本完工。风徐路二期（嘉松公路—经一路）新建工程，全长0.71公里，计划投资11916万元，目前工程扩初待批阶段。

部分道路前期工作正在申报中：复兴路向南延伸、沈砖公路向西延伸段新建工程，初设编制完成、评审待批阶段，用地待批次批文；秀横路新建工程初设评审阶段，已发用地批文；秀横路油墩港桥，工可阶段，红线调整之中；蒸俞路新建工程工可阶段，红线调整中；盈港路四期已完成监理和施工招标；盈港路五期初设已评审待批。

2. 市政道路

城中南北路综合改造工程（盈港路—318国道），全长2.56公里，总投资9546万元，工程于2010年9月开工，整个工程已于7月份全部完成。公园路青浦桥危桥改建工程，全长146米，总投资3544万元，工程于2011年3月底开工，主桥11月份建成通车，整个桥梁工程于12月底全部完工。

3. 天然气管网建设

青浦练塘天然气门站工程，占地约6.3亩，总投资约1675万元，工程于2011年1月开工，于12月全部完工。练塘天然气门站出站管道一期工程，总长7.2公里，总投资1932万元，于2011年2月开工，已于11月底全部完工。青浦金泽天然气主干管工程，总长19.4公里，总投资4338万元，工程于2011年4月开工，12月底基本完工。

4. 高速公路前期

S26沪常高速公路东段工程，开展前期摸底调查，计算动迁量，提出有关政策建议，办理相关建设手续和参与工程建设方案的审核工作。继续处理S32、S26高速公路的动迁安置房建设及善后工作，S32动迁安置房分配结束，S26安置房基本竣工。

（二）以整顿和规范建筑市场为抓手，着力提高城市运行安全和生产安全

1. 认真开展建筑市场整治和建筑业管理工作

积极落实市政府〔2011〕1号《关于进一步规范本市建筑市场，加强建设工程质量安全管理的若干意见》，（即二十二条文件）精神，我区成立整治建筑市场工作领导小组，设立办公室，2月份拟定实施方案报区政府常务会议讨论通过，3月25日召开全区整治建筑市场工作动员大会，开展调查摸底工作，5月底完成分类分块调查摸底，共梳理出项目967个，其中在建项目368个，总建筑面积为768.7万平方米，总造价为155.2亿元；停工项目16个，已竣工未验收备案项目583个。7月份迎接市检查组专项检查，对发现的问题进行整改，进一步完善监管机制。9月份组织了“二法二条例”等区建设工程管

理培训班，目前正在组织开展强化建筑市场管理和工程安质监机构工作、建章立制工作。编辑整治工作简报17期，整治工作信息3期。

全区报建工程408项，总建筑面积409.6万平方米，总工程量271.1亿元；项目报监306个，总建筑面积436万平方米，总造价105.8亿元；施工许可项目175个；竣工备案项目154个，总建筑面积191.1万平方米，总造价25.4亿元。申报市优质结构工程10项，申报区优质结构工程45项，申报“青浦杯”12项，申报市文明工地7项，区文明工地17项；申报区节约型工地18项；同时加强建筑材料的检测工作，确保工程质量。执法方面，开具质量整改通知单75份，安全隐患整改通知单113份，工程局部暂缓施工指令书70份，监督移交执法查处案件14起。批准新申请资质企业30家，增项11家，注册于本区的施工企业共354家，市管一级企业20家，二级及不分级95家。区属共239家企业，其中：三级资质201家、劳务资质企业38家。全部建设工程安全质量总体受控。2011年继续加强建设工程的文明施工管理，6月份召开全区建设工程安全文明施工现场观摩会，结合上海市建设工程文明施工标准，深化文明施工推进机制建设和应急机制建设等，在今年的五次市文明施工测评中，获得2次郊区第一、3次郊区第二的好成绩。

积极实施建设工程行政审批管理程序改革，2011年完成初步设计审批项目80个，总建筑面积409.98万平米，总投资275.34亿元；7~12月受理设计文件审查项目54个，总体设计文件、意见汇总37个，总建筑面积80.72万平米，总投资61.73亿元，在行政服务中心窗口综合考评中得分同比排名前进4位。

全区施工公开招标项目132标段，中标价92亿元，总建筑面积261.19万平方米；施工邀请招标37标段，中标价26.47亿元，总建筑面积87.79万平方米；小型项目招标233标段，中标价2.54亿元；办理勘察招标20个，设计招标29个、监理招标26个。对117个项目开展了市公正度评价，对16个项目开展了区公正度评价。组织后评估项目5个，评估结果基本满意。

2. 加强以“迎国检”为重点的公路养护管理

区管公路养护总里程207.718公里，2011年计划养护经费16486万元，其中日常养护完成3530万元、大中修项目完成6776万元、其他项目完成540万元。市政道路区管养里程68.7565公里，今年计划经费2690万元，其中包括日常养护1140万元、中修项目1340万元、单项维修210万元，完成率100%。农村公路总里程705.212公里，年度计划大中修项目23项，总投资12100万元，完成11项计6200万元，日常养护完成3581.5万元。MQI公路优良率100%，县道优良率94.42%、乡道优良率65.45%、村道优良率40.28%。公路路政执法情况，清除各类违章堆物305余吨，清除建筑物、构建物72处199平方米；清除违章设摊379处，清除各类违章广告、指示牌、横幅566块等。今年是五年一次的全国公路养护管理大检查，区公路管理部门和公路工程公司，认真做好计划，集中开展整治，做了大量有效的工作，在外场检查平整度和内部资料整理归档方面，都经得起国家交通部专家检查组的检查，取得了较好的成绩。

公路通行费征收，征收市内道路通行费7751.61万元，补征往年养路费6.6万元；道口征收通行费2895.14万元，出售月票费7.65万元。今年五月，根据市发改委、市建交委、市财政局的有关通知要求，调整本市贷款道路建设车辆通行费征收标准，征稽部门从7月份开始组织力量予以退费，办理退费749笔，退费金额75.1万元。西岑站按照开设治超工作的要求，组织人员进行执法业务培训，有14人获执法上岗证。

3. 深化保障燃气安全供应

今年燃气用户和用气量均有所上升，天然气用户新增4991户，现有天然气用户总数81613户，天然气销售量7868万立方米；人工煤气用户发展666户，现有人工煤气用户13401户，人工煤气销售量2275万立方米；液化气用户发展3801户，现有液化气用户203522户，液化气销售量14461吨。煤气部门完成表具安装4123只，修理灶具691台，上门应急查漏，调换开关服务2698人次。

认真开展燃气行业“微笑服务年”活动，召开专题会议布置和落实具体工作，切实抓好安全服务供应工作。举办了岗位技能、规范服务的培训，42名一线职工接受了专业培训，通过考试合格取得岗位工作合格证。今年1月份在赵巷镇开展“冬季安全用气”专项宣传活动，居民热情参加，参与人数800余人，发放宣传资料500余份，取得了一定的成效。开展4次对液化气供应站，服务窗口的经营条件、安全执行情况、用气服务质量等15个项目的大检查，对查出的问题及时整改或责令改正。先后15次与市燃气管理处、区公安派出所、交警支队等联合对非法经营液化气和非法运输进行治理，取缔非法经营窝点27处，查收液化气钢瓶1000余只，通过加强执法力度，遏制非法行为，确保燃气的安全供应。

4. 落实各项措施开展安全生产

重视和关注安全生产，贯彻“安全第一、预防为主、综合治理”的方针，牢固树立生产服务安全的思想，落实各项安全措施，年初委与所属企事业单位签订了安全生产责任书，明确了工作职责和权限，下达了相应的考核指标，并将安全生产完成情况同年度考核相挂钩。5月份召开安全生产专题会议，部署安全生产月活动内容。开展了莲盛危桥抢修应急预案演练、朱家角液化气供应站应急预案演练活动，检验了应急预案的实践性和可行性，锻炼了应急救援队伍，提高了应急突发事故的指挥协调、协同救援的能力。每逢重大节日组织开展安全专项检查，覆盖市政工程、在建工地、液化气供应站等地进行安全检查，排查事故隐患，及时整改完成。开展安全宣传教育和培训，公路养护公司机械操作工人均持证上岗；检测中心组织学习安全手册，要求熟知操作规程；安质监站邀请市专家讲解规范，区内6家施工企业代表参与；并组织排摸169个在建工地特种作业人员的持证情况，对证书过期的有关作业人员组织再教育和复审。公路征稽部门对收费设施、电器线路、灭火器等重点部位检查，整改隐患20余处。认真贯彻落实12月23日区安全生产专题会议精神，深刻反思“12·22”朱家角镇液化气爆炸事故，进一步增强安全生产的责任性和重要性，加强安全生产宣传教育，认真开展安全生产大检查、大宣传。

（三）以机制创新为突破口，着力提高求真务实的工作作风

1. 加强党的建设和基层组织建设

区建设交通党委按照区委的总体安排，高度重视，精心组织开展基层支部换届选举工作，3月份进行动员，6月中旬全面完成了委属8个党支部的换届工作，其中新建2个党支部。这次支部换届工作，由5个支部以“公推直选”的方式进行了换届选举，4个党支部成员进行了充实调整，进一步优化了基层党组织的人员结构、文化程度，增强了党组织的凝聚力、战斗力。上半年根据基层单位发展的实际需要，严格按照《党政领导班子选拔任用工作条例》，新选拔了3名干部充实行政班子，提高了各单位领导班子的整体素质。认真做好青浦区第四次党代会代表选举、四届人大换届代表选举及四届政协委员推荐工作。

不断加强党的建设，进一步完善党风廉政责任制。认真开展党委和党支部的中心组学习，增强政治理论素质，委党政班子成员11月、12月分别参加了由市建交委举办的

理论业务培训班，对提升做好当前城市建设和管理工作得到了帮助。注重党风廉政建设，落实党风廉政责任制，通过党政联席会议制度，进一步完善“三重一大”议事规则。不断加强机关作风建设，参加了全区的广播操比赛和迎新春长跑活动，展示了活泼、清新的形象。工青妇、民兵工作，紧紧围绕委中心工作和重点任务，发挥各自的作用。

2. 创新公路建设管理机制

为更好地组织和实施承担的重大基础设施项目，有力推进项目建设的进度和速度，今年4月重新启动公路建设指挥部，主要承担公路市政建设项目的前期设计、相关手续和项目建设，项目建成后进行养护交接。自公路指挥部运转以来，首先在班子建设、成员组织、制度建设、项目推进等方面开展工作，通过建章立制，进一步完善管理体系，拟定各岗位的工作职责，形成合理分工、按章监督的工作模式；其次建立完善施工、监理单位考核机制，引进社会监督力量，进一步规范和监督工程质量和文明施工；第三严格工程项目负责人制，实行全过程负责和监管；第四定期开展工程例会，加强内部沟通，及时解决问题。通过有效的工作方法，总体上各项工作运转正常，项目推进比较有序。

3. 积极解决老百姓关注的问题

2011年农村低收入危旧房改建共计34户，其中翻建21户，修缮13户。作为区政府实事工程。我委认真负责，积极落实，已于11月底全部完成。今年在完成了无障碍环境建设三年工作计划的基础上，组织实施金域水岸居住小区的无障碍环境改造；完成了15户提高型、130户普通型无障碍进家庭和18户轮椅坡道的建设；实施了175户无障碍设施进老年人家庭工程。会同区财政、民政、残联等开展农村“三室一点”的无障碍设施改造验收工作，全区完成54个行政村“农村三室一点”的无障碍设施改造。

办理区三届八次人代会代表书面意见12件，其中主办件9件，协办件3件；区三届五次政协委员提案18件，其中主办件9件，协办件9件，已全部办理完毕。积极处理群众来信来访，共收到来信来访244件，其中区信访办转办件158件，直接来信来访55件，其他单位转办和网上信访31件，目前均基本处理完毕，主要涉及的问题是高速公路噪声、房屋质量、道路建设、民工工资拖欠等。受理拖欠外来民工工资纠纷51批次，涉及人员612人次，涉及金额701.217万元。今年我委无行政投诉案件。

4. 加大政务公开和信息公开力度

建设系统的各项工作任务同百姓生活密切相关，必须进一步转变机关工作作风，尊重群众意愿，回应群众要求。今年以来，我委进一步加大政务公开、信息公开的力度，年内主动公开政府信息105条；巩固和完善区建设交通委部门网站，对外发布信息总共382条；同《青浦报》开展协作，每月定期发布相关信息，今年共计出版专刊12期；《青浦建设》小报，及时宣传委系统的工作动态，共计出版12期。委属相关职能单位，重视信息公开工作，建管所充分利用自身网站和《建筑建材之窗》小报平台开展对外宣传工作，公路署、征稽所、公路指挥部、公路工程公司等相继开展行业单位的信息报道工作，在区建设交通委对外信息宣传发布上起到了一定的社会效果。

回顾2011年，在成绩面前我们应该看到困难和矛盾，主要表现在：重点重大项目建设前期进展缓慢，影响到工程的正常开工；部分项目建设进度与计划节点目标严重脱节；城市掘路管理和执法之间急需建立有效协调联动机制；城区市政工程文明施工亟需提高；建设工程监管行业面临艰巨任务和人员机构力量不足之间的突出矛盾；公路行业管养分开引起的人员退休遗留问题；公路征稽行业取消收费后，机构和人员的处理问题；服务意识和公开意识需要进一步增强、干部队伍适应新形势的能力素质有待进一步提高等。必须要高度重视，逐一研究，引导相关政策予以落实解决。

青浦区绿化和市容管理局

2011年是“十二五”规划的开局年，是青浦区加快推进建设“一城两翼”战略布局、进一步巩固经济企稳回升势头、加快推进发展方式转变的关键年。绿化市容局始终围绕区委、区政府的总体工作要求，以中国特色社会主义理论为指导，认真彻落实区委三届十五次、十六次全会和区三届人大八次会议精神，紧紧围绕建设“绿色青浦”主线，全面推进世博后城市常态管理工作，继续保持了城市环境的“整洁、有序、美观、平稳”；加快完善环卫基础设施设备，环卫管理和服务水平进一步提升；切实加强市容环境综合建设和管理，城市景观进一步优化；积极推进城市绿化建设和绿地改造，绿化面貌进一步改善；持续完善城市网格化管理系统，管理效应进一步发挥；扎实推进政风行风和机关作风建设，干部职工队伍建设和管理不断加强；围绕世博后城市管理常态长效机制的健全和完善，进一步改善城市环境面貌，城市管理和服务水平不断提升。在区委、区政府的正确领导和市绿化市容局的关心指导下，基本完成了年初确定的各项目标任务。

一、工作简要回顾

（一）全面推进世博后城市常态管理工作，城市环境继续保持“整洁、有序、美观、平稳”

围绕“美好环境、美好生活”战略构想，将迎世博600天行动和世博会184天保障形成的工作经验、群众基础和机制优势贯彻始终，继续发挥好区市政市容环保交通组办公室的工作职能，城市环境继续保持“整洁、有序、美观、平稳”。

1.《博后市政市容环保交通常态管理工作方案》制定完善。根据《上海世博会主运行指挥部市政市容环保组办公室关于印发<博后近阶段市政市容环保常态管理工作方案>的通知》（沪市政市容环保组办〔2010〕46号）精神，结合本区实际，认真制定了本区博后市政市容环保交通常态管理工作方案，明确目标、落实任务、完善分工。

2. 博后城市管理重点工作全面落实。在世博会184天保障工作的基础上，努力防止城市管理问题的回潮，根据各有关部门的工作职责，牵头落实了博后城市管理六个方面的重点工作。一是继续保持保洁水平，主要是道路水域保洁、公共设施保洁、建筑立面保洁、民防设施保洁；二是加强管理难点控制，主要是设摊管理、非机动车停放管理、工地管理、建筑渣土管理、违法建筑整治；三是强化市容有序管理，主要是户外广告设施和店招店牌管理、车身车站广告管理、其它流动广告管理、人行道设施和标志标牌管理、市容环境责任区管理；四是巩固景观环境质量，主要是绿化景观、景观灯光、环境污染控制；五是保障运行服务平稳，主要是市政设施、运行服务、各类运行体系和技术平台；六是坚持动员社会参与，主要是新闻宣传、“环境清洁日”集中行动等社会动员工作。

3. 管理和考核机制继续延续。一是进一步延续机制，建立完善工作平台，负责做好牵头、服务和监督工作，延续巡视督查、考核考评、社会动员等工作机制；二是强化考核，完善巡视督查机制，实施简易有效的考核考评，落实各项保障措施，发挥城市网格化管理平台的发现处置功能。

（二）加快完善环卫作业装备，环卫作业和服务水平全面提升

1. 各类环卫作业装备建设力度继续加大。一是做好全区环卫作业车辆更新工作，完成了镇级3辆环卫作业车辆的采购工作，完成了城区44辆环卫作业车辆的采购工作，预算投资约1580万元，实际中标总价为

1316万元，有效降低作业单位日常运行成本，基本实现车辆品牌一体化；二是购置小型电动垃圾驳运车，促进集镇地区垃圾收运模式转变，逐步实现各镇、街道集镇地区垃圾收集实行电瓶车收集方式，有效减少作业污染、作业扰民等现象；三是加快提升城区机械化保洁、冲洗率，逐步引进小型机扫装备用于城区道路、广场保洁，城区道路机械化作业率达到95%以上；四是对全区现有环卫作业车辆进行全面检修，对车辆密封装置进行统一更换，减少环卫作业车辆污水滴漏现象。

2. 生活垃圾分类减量工作任务圆满完成。一是做好全区垃圾分类减量动员会相关准备工作，拟定了《目标责任书》，要求各镇、街道按照5%指标进行减量。二是切实抓好赵巷镇生活垃圾分类试点工作，确保收到成效。会同区妇联等相关部门拟定了相关经费，参与组织赵巷镇主题活动启动仪式，并积极加强日常指导，使赵巷镇生活垃圾分类工作按要求稳步推进。通过今年试点，赵巷镇基本形成了有效地垃圾分类、收运模式，市相关部门对该镇做法给予了肯定。三是抓好全区垃圾分类试点小区工作，各镇、街道通过购置环卫设备和设施、设置垃圾分类宣传牌、转变收运方式等，于11月份圆满完成了全区41个垃圾分类小区指标任务，并经过市级考核验收。

3. 环卫行业管理切实加强。一是继续加强区生活垃圾综合处理厂的监管，完善日常运营管理台帐，落实厂区及周边环境卫生管理工作；二是抓好环卫职工队伍素质建设，积极开展岗位培训；三是加大对全区各镇、街道垃圾 “四分类” 收集工作的宣传力度，加强监督、检查、整改，推进垃圾分类收集工作；四是继续规范各镇、街道单位生活垃圾收费服务合同，加大垃圾处理费征收力度；五是完善市容环境质量监测信息管理系统，补充数据库。

（三）进一步加强农村环境卫生建设和管理，农村环境卫生面貌切实改善

1. 农村环卫基础设施建设继续加强。一是在2010年转变农村生活垃圾收运方式的基础上，进一步完善农村地区环卫基础设施，新建了100座农村垃圾箱房，实现各村民小组垃圾相对集中堆放管理、统一收集装运目标，并逐步取缔农村地区现有规模较小、污染较大的小型垃圾房；二是按照本区第四轮环境保护和建设三年行动计划要求，完成了剩余60座农村公厕的建设任务，重点保障了结合部及来沪务工人员相对集中的村部。

2. 市级村容整洁村巩固和示范村创建工作积极开展。以巩固市级村容整洁村创建成果为主线，结合新农村建设，积极开展市级村容整洁示范村创建工作，完成了两个行政村（朱家角镇王金村、金泽镇任屯村）的创建任务。严格按照示范村标准做好各阶段创建工作，加大日常监督、指导力度，提高创建村环卫基础设施标准，完善长效管理机制，确保了示范村创建任务顺利完成。

3. 农村环境卫生和河道水域保洁管理工作进一步加强。一是继续加强农村环境卫生保洁工作，坚持日常巡查与每季度定期考核相结合，严格按考核结果兑现以奖代补经费，切实提升保洁实效，改善农村环境卫生面貌，重点抓好徐泾镇、香花桥街道的农村环境卫生保洁工作，加大督导力度；二是继续加强河道水域的保洁管理，加大巡查考核力度，做好河道拦截设施的维护工作，落实水生植物的监控和整治措施，巩固亲水观景示范区域的建设成果，全区绿萍打捞共计18568吨，水葫芦打捞共计17259吨，其它漂浮垃圾打捞共计208748吨，累计出动打捞船只142917艘次，累计出动打捞人员350066人次。

（四）切实加强市容环境综合建设和管理，城市景观进一步 优化

1. 市容环境责任区管理达标创建活动积极开展。在夏阳街道、盈浦街道创建成上海市市容环境责任区管理达标街道的基础上，

深化落实“管理为核心、单位和市民自律为关键、作业为基础、执法为保障”的“四位一体”工作机制，推进朱家角古镇旅游区的市容环境责任区管理达标创建活动，10月底已完成机制考核验收，年底前完成了实效考核。

2. 户外广告设施和店招店牌管理继续加强。一是严格执行户外广告设施和店招店牌审批手续，加强日常监管和巡查，确保我区的户外广告设施和店招店牌设置更加规范、合理，提升市容景观；二是完成户外广告设施设置规划编制，完善户外广告（非广告）设施的技术规范；三要完善与区城管大队的“双向告知”制度，提升户外广告设施执法整治实效，有效遏制非法广告设施的出现，完成了全部20座区内高速公路沿线违规高立柱广告设施的拆除工作。

3. 城市景观设施不断完善。一是加强崧泽广场、白玉兰广场的日常管理和设施维护，发现问题及时督促养护单位落实整改，优化广场的景观环境，为市民群众营造美观、舒适的休闲活动场所，完成了崧泽广场的门口改建，修复广场中央喷泉水系统；二是加强城区景观灯光的建设和管理，有序推进景观灯光设施建设，要求建设单位使用节能、环保灯具，防止灯光扰民，同时强化日常养护考核，确保了现有景观灯光设施的完好。

4. 城区街面市容秩序管理进一步强化。继续做好城区非机动车停放、“三乱”清除、便民服务摊点等城区街面市容秩序管理工作。一是针对管理顽症，积极寻找抓手，开展综合整治，对管理中的重点、难点问题取得有效突破；二是充分调动街道的工作积极性，进一步落实工作职责，完善人员考核机制，提升管理水平；三是加大日常巡查力度，建立“一日两巡”制度，完善巡查台帐。

5. 建筑垃圾和工程渣土管理进一步规范。一是做好取消建筑渣土处置收费的相关工作，落实建设工程类保监前置和房屋拆除类的行政许可前置；二是完成本区建筑渣土区域专营企业的招投标工作，确定了三家专营企业；三是及时了解建筑渣土消纳对口区的有关情况，积极配合做好建筑渣土消纳工作；四是规范处置城区建筑装潢垃圾，落实了一座60亩的专用填埋场所；五是切实加大建筑渣土专项整治力度，成立专项整治办公室，开展了三次大型专项整治行动、38次夜间突击专项检查，共清运偷乱倒建筑渣土1881吨，处理违规车辆111辆。

（五）积极推进城市绿化建设和绿地改造，城市绿化面貌不断改善

1. 城市绿化建设积极推动。一是积极推进青浦新城及各镇绿化专项规划，在城镇总体规划的基础上，结合实际，明确各类绿地的功能形态、分期建设计划和建设标准，确保各类绿地建设资金落实与有序推进，逐步实现总体规划的建设目标；二是根据青浦区绿地发展计划，督促绿地建设计划的顺利实施，2011年全区新建绿地54.40公顷，其中公共绿地17.20公顷。

2. 城区绿地调整改造继续推进。按照优化城镇绿地系统整体布局，改善绿地群落结构，构筑宜居环境的工作目标，继续推进城区绿地调整改造，提升城市绿化景观。完成横泖泾绿地、城中北路花坛等绿地调整改造工作，更换沙埭浜路行道树，重点加强对公园绿地便民设施的添置和改造，充分体现“以人为本”理念。共投资800余万元，涉及面积2.5公顷，增补行道树400余株。

3. 绿化养护管理不断加强。参照世博会期间绿化保障标准，制定和完善各类绿化养护标准，形成常态管理机制。一是进一步明确绿化养护的标准和程序，提高检查考核的考评标准，提升绿地的养护质量；二是积极探索镇级绿化的工作管理机制，制定了加强镇级公园的管理和考核的意见，全面提升公园绿地品质，展示青浦良好的生态环境和绿化面貌。

4. 科技兴绿进程加快推进。加快科技兴绿步伐，实现资源循环利用。从日常养护入手，重视和加强对树木修剪、病虫害防治等专业技术和知识的学习与应用，逐步实现绿化枯枝落叶的循环利用，积极推动绿化新技术和新品种的应用。

（六）持续完善城市网格化管理系统，城市网格化管理效能不断提升

1. 城市网格化管理区域拓展继续推进。在前两年的基础上，继续推进城市网格化管理区域的拓展，将网格化管理区域拓展到白鹤镇、练塘镇、金泽镇，实现了城市化地区网格化管理全覆盖，网格化管理区域面积达到 83 平方公里。

2. 网格监督员队伍管理进一步加强。一是继续加强网格监督员的业务培训，提高业务工作水平，提升案件上报的准确率，增强网格监督员的执行能力，确保城市网格化管理效应的积极发挥；二是强化网格监督员的日常考核，继续采用每月考核成绩上墙通报、半年度综合加奖、全年评比表彰等形式，加大日常考核力度，研究落实案件上报质量方面的考核方法，避免案件上报种类的集中性。

3. 城市网格化管理系统不断完善。一是依托专业公司的技术优势，做好网格化管理平台设施设备的维护保养工作，确保城管通、服务器的正常运行；二是完善网格化管理平台地图，落实城市部件设施的更新工作；三是加强与镇级网格化管理部门的联系、沟通，加大业务指导力度，提高镇级平台的案件立案率、结案率和及时处置率，提升我区城市网格化管理水平；四是加大对处置单位的考核力度，完善考评体系，进一步落实首接责任制和退单机制，健全定期通报制度。

4. 系统挂留案件处置工作进一步推进。一是定期对一些疑难案件实行现场查看的方式进行判断，进一步提高案件派遣的准确率；二是定期梳理系统内的各类挂留案件，对反映比较强烈、问题比较突出、影响比较严重的案件，督促协调有关部门及时处置；三是针对部分严重影响市容市貌而处置单位推诿扯皮的案件，采用点评曝光的形式予以通报；四是在 2010 年的基础上，继续做好无法派遣案件的拖底处置工作，完成 100 余件系统挂留案件的处置工作。

（七）全面加强政风行风和机关作风建设，行业形象和工作水平不断提升

一是完成 2010 年机关作风评议反馈问题的整改工作，制定整改方案，明确整改时限，落实责任；二是按照市、区两级政风行风建设工作的要求，继续推进本系统的政风行风和机关作风建设，建立健全政风行风建设目标责任制，强化便民利民措施，提升行业服务水平，抓好来信、来访和群众投诉处理工作，提高公众满意度。

（八）进一步加强党建工作，政治理论学习和干部队伍建设工作取得实效

2011 年，局党委在区委、区政府的正确领导下，坚持以邓小平理论和“三个代表”重要思想为指导，深入落实科学发展观，深刻领会党的十七大、十七届四中全会和五中全会精神，认真贯彻落实区委三届十四次、十五次、十六次全会精神，紧贴工作实际情况，围绕建设“绿色青浦”进一步促进三个文明建设协调发展、加强了思想建设；围绕创建“创先争优”活动，不断强化政治理论和业务知识学习，使广大党员和干部职工的政治素质、理论水平和业务能力得到了新的提高。一是深入开展“创先争优”活动中，各支部和全体党员发挥党支部的战斗堡垒作用和党员的先锋模范作用，较好的完成了各项工作任务；二是切实抓好庆祝建党 90 周年的各项纪念活动，落实“五个一”的安排；三是按照规定时间、要求，顺利完成了基层党支部的换届选举工作；四是进一步加强廉政建设，认真执行“三重一大”制度；五是切实加强政治理论学习，规范了党委中心组和各支部的学习制度。

二、存在的主要困难与问题

回顾全年的工作，取得了一定成效，基本完成了年初确定的各项目标任务，但还存在一些困难与问题，主要体现在以下四个方面：

（一）生活垃圾分类工作实效还不明显。生活垃圾分类具体要求在操作过程中还存在较大难度，垃圾分类投放、分类收运工作衔接不够紧密，市民群众对生活垃圾分类工作的支持、配合还不够，影响了生活垃圾分类工作的实际效果。

（二）城区景观灯光面貌有待改善。城区景观灯光设施由于道路的反复开挖以及人为的损坏，许多残留的灯具反而成了视觉污染，影响市容观瞻。

（三）沿街单位绿化面貌不尽人意。沿街社会绿化大部分养护不到位，与公共绿地养护存在差距，行业指导没有落到实处。

（四）镇级网格化管理平台效率有待提高。镇级网格化管理平台经过两年来的运行，平台的功能和作用得到了一定发挥，在提升城镇管理水平方面也发挥了积极效应，但平台的立案率、结案率、及时处置率等几个业务指标仍有待提高。

（十五）松江区

松江区建设和交通委员会

2011年，区建交委紧紧抓住“十二五”开局之年、建党九十周年之契机，根据区委、区府总体要求，按照年初制定的工作目标，围绕“创新驱动、转型发展”，以科学管理理念不断寻求城乡建设和交通领域新的发展空间，积极探索总结重大工程前期推进模式，着力提高城市建设管理水平。全体干部职工用实际行动，迈好了“十二五”开局第一步。

一、解决难点，着力推进重点工程建设

2011年，在市重大工程、区重点实事工程“扎堆”的情况下，全委广大干部职工迎难而上，下现场、访同行、请专家，聚焦百姓反映的热点问题和“两会”意见、提案中的疑难杂症，抽丝剥茧，理清思路，稳中求进。

一是市重大工程建设实现突破。完成50万伏高压线工程的动迁工作、完成22万伏姚北线高压线工程施工补偿协调工作，确保2011年6月通电投运，迎峰度夏；完成金山铁路支线四个公交枢纽的建设前期方案和立项工作；完成沪杭高铁沿线六个街镇（园区）949人、1.016亿元的镇保办理工作；按照22万伏高压线工程规划动迁补偿方法预案，稳妥处置了泖港镇曙光村80万伏和50万伏高压线走廊之间35户村民的动迁需求；积极协调100万伏特高压在新浜落地和动土挖基工作，实施新浜镇39户村民动迁前期工作；较稳妥协助化解沪杭高铁建设导致的房屋开裂问题及噪声污染引发的上访矛盾；积极协调金山支线叶榭镇大叶公路旁3个下穿工程的建设等等，通过有力推动高压电网、高铁线网工程前期工作，达到了市重大工程在松江推进不误、不乱的双赢目的。积极筹备大型居住社区外围配套道路工程，其中泗泾刘五路工程已开工建设；同步协调佘山、洞泾第二批大型居住社区外围配套设施建设推进工作，嘉松公路开工建设，其他道路项目进入前期准备和立项阶段。

二是区府重点实事项目按节点推进。开工建设卖新公路（沪松路—九新路段）、松蒸公路（辰塔路—玉树路段）、北松公路（新车公路—联络路段）拓宽工程；积极筹备谷阳南路（金沙滩桥—金玉路段）改建、广富林路（老油墩港桥西接坡—辰塔路段）、梅家浜路延伸（谷阳北路—沪松路段）、人民南路（松汇路—金玉路段）上跨铁路立交桥工程；改造农村低保低收入危旧房106户，投入改造资金193万元。

三是区与区对接道路工程进展顺利。顾戴路拓宽、中谊路九亭大街改造、沪星路工程已竣工；松卫公路二期（叶新公路—金山区界）2012 年完工；沪松公路一、二期改建（泗陈公路—泖亭路段）开工建设；辰塔路(塔闵路—叶新公路)南延伸工程计划与辰塔路跨黄浦江大桥同步实施。

四是其他道路建设加快进行。完成光星路及繁华路（沪松公路—松东路段）改建工程；实施文翔路—联阳路改建、中山中路拓宽（西林路—秀野桥西坡段）、广富林路西延伸（辰塔路—新油墩港桥西坡段）工程；筹备九新公路（新车公路—淀浦河桥段）拓宽工程等。中山东路东延伸（中山东路—松胜路段）、昆港公路南延伸（松蒸公路—塔闵公路段）、林荫新路改建（嘉松公路—沈砖公路段）、松蒸西路拓宽（昆港公路—苗圃路段）、三新路北延伸工程（广富林路—辰花路段）、银泽路新建工程（龙源路—辰塔路段）、沪松公路三四期拓建(泗陈公路—莘砖公路段)、人民南路二期工程(金玉路—塔闵路段)等 8 项工程进入前期准备阶段。

五是燃气基础设施建设有序展开。推进环网建设，努力实现双路供气，目前已完成华阳门站前期筹备工作。分批检测老旧管道，确保地下管网安全。完成国家重大天然气项目配套工程“川气东送”松江段二期工程。全年完成 41 个小区、5953 户燃气老城改造，经过五年努力，实现了老城区符合接装条件的小区天然气全覆盖。

六是无障碍设施建设力度加大。指导各镇、街道的提高型无障碍进家庭改造工程；协调开展区残疾人综合服务中心港湾式候车亭改造前期工作，推进港湾式候车亭项目改造；拟定《松江区无障碍环境建设专项补贴资金使用管理办法》，进一步规范无障碍环境建设专项补贴资金的使用和管理。

二、突出重点，稳步提升城市管理水平

2011 年，本着“科学管理、规范有序”的管理理念，城市建设管理水平有了新的提高。

一是整治规范建筑市场领域。以“建筑市场整治年”为主线，加强协调，积极联动，全面排查，全力开展建筑市场整治和规范工作，确保质量安全。抓住整治年契机，整治规范工作成效明显：加大了监督力度，督促参建各方落实主体责任，严格执行监理报告制度，加强对工程招投标、小型工程的管理，已报监工程监督覆盖率达 100%；加大了审核力度，共发放施工许可证 297 个，同比增加 30.3%。加大了制度建设，初步拟制了《松江区各类工程建设项目行政职能分工》、《松江区限额以下小型工程项目受理工作规程》等工作制度以巩固整治工作成果。加大了维权力度，以维护农民工权益为己任，形成了建筑业农民工维权三级网络，全年共接待上访民工 114 批次，涉及民工工资款 638 万元，协调解决率 100%。以规范建筑市场行为为目标，开展建筑行业法律法规、安全质量监管、建筑施工技术知识、消防安全等方面的培训工作，共培训各类人员 3552 人次。

二是努力完善招投标监管工作。认真贯彻落实市政府沪府发 [2011]1 号文《进一步规范本市建筑市场加强建设工程质量安全管理若干意见的通知》。加大监管力度，扩大公开招标的范围，2011 年 1–11 月公开招标计 169 项，同比增加了 30%，公开招标率达到 98%。进一步规范了招投标监管程序，完善了招投标管理制度，切实做好公正度评价及标后评估工作。同时加强了招投标后续管理，对由于设计变更及工作量增加超 5% 以上的工程，召开“经评审最低投标价中标法”联席会议进行专题讨论，有效遏制了招标后随意设计变更，增加工程造价的现象。同时，积极做好建筑税属地缴纳工作，全年共实现税收 3381.05 万元，为本区经济发展做出了积极贡献。

三是进一步加强公路、市政养护管理。

主动把“后世博”养护管理的有效做法常态化、长效化、制度化。完成人民北路“白改黑”工程；乐都路架空线入地配套项目；昆港公路、叶新支线、松蒸公路中修工程。完成公路养护货币工作量1.75亿元，比去年同期增加了22.38%；完成市政养护货币工作量2448万元，比去年同期增加了34.95%。完成农村公路桥梁调查统计工作，加强农村公路四五类桥梁和老旧桥梁的监管；完成农村公路大中修项目34个，共计里程81.9公里；13个镇、街道全部成立公路管理站。完成松江区高速公路噪声治理隔声窗安装工程，协调推进G60五丰苑声屏障安装工作。城市道路年终完好率巩固稳定在91%以上。

四是大力创新燃气行业监管机制。创新技防手段，开发钢瓶电子标签管理软件，通过技防手段加强钢瓶质量监控。筹建管道定期巡查检测机制以及燃气安全评估和风险管理体系，全年共组织安全检查115次，发出整改通知书18份。结合市“防灾减灾宣传周”、“爱心周末质量月”活动，在学校、社区进行燃气安全宣传，开展家庭燃气安全检查及燃气知识培训，督导用户安全用气，以减少人为燃气安全事故发生。

五是着力推行节能减排。启动《上海市预拌砂浆行业管理平台》推广应用工作及试点工作；积极推进联席会议制度，落实区府一中心等4块建筑群用能（电）分项计量及6栋建筑单体能源审计项目；撰写《新型节能减排技术广州考察报告》，为区十二五节能减排工作打下理论基础。以“节能宣传周”为契机，广泛宣传建筑节能的重要意义。

六是继续加大执法力度。根据依法治区总体要求，通过日常检查、专项整治、重点领域整治等形式，进一步规范执法流程和各方行为。全年共涉及行政处罚案件数量191件，处罚金额822.35万元，处罚数量和处罚金额分别比上年同期增长34.5%和24.06%；完成行政征收案件300件，征收金额273.7907万元，全年无行政复议案件发生。进一步探索联合执法新模式，如建筑行业、燃气行业开展与安监、公安等部门的联合执法30余次，其中燃气行业全年查处黑气钢瓶3343瓶，比上年增加了43%，实现了质的突破，有效遏制了非法行为发生。进一步维护城市道路安全畅通。建立了城市道路节假日巡查制度，共处理人行道上堆放建筑材料23起；根据调查摸底情况建立科学可行的整治方案。

七是不断完善制度建设。审批制度改革规范化。进一步规范政府依法行政，稳步推进建设工程设计文件行政审批制度改革工作。全年共受理政府性投资项目初步设计审查167件，批复130件。受理企业投资类总体设计审查48件，通过征询39件，同意备案11件。共完成建筑业企业资质审批23件，路政审批58件。政务工作公开化。对政府信息公开注重质和量的同步提高，截止目前，网站公开法规公文59条，建设动态、党建信息共401条，向区政府网站、市建交委、有关新闻媒体报送信息117条，同时，加强了政务公开工作，做到职能、机构公开上墙，重要信息即时公开。内审工作制度化。针对大量工程建设资金频繁进入的现状，进一步严肃财经制度，完善和健全了审计、审批、责任追究等制度，严密杜绝财务漏洞。机关建设长效化。如，通过了ISO9001质量体系2011年度外部审核，进一步梳理机关工作流程；完成机要机房及人员管理规定、机关工作制度、保密实施细则等汇编工作。

三、增添亮点，不断加强党建和精神文明建设

2011年，全委广大干部职工以“践行科学发展，做建交委跨越式发展标兵，向建党90周年献礼”为主题，以继续深入推进创先争优活动为载体，使党建和精神文明建设再上新台阶。

一是加强班子建设。强化理论学习，结

合实际认真制定中心组学习计划，合理安排学习内容，不断提高委班子成员和基层党政班子把握大局、科学决策、依法行政、应对复杂局面的能力和水平。坚持民主集中制，继续严格执行“三重一大”制度，推进党内民主，认真做好区委四次党代会代表等换届选举工作。坚持深入基层，联系群众，充分发挥自身作用，及时协调和解决城市建设和交通管理工作中遇到的困难，切实解决百姓关注的焦点、热点问题。作为区试点单位，积极开展党务、政务公开，建立了审核、预公开和信息反馈党务公开“三项机制”。从形式上、内容上、监管机制上、交流平台上进一步提高公开力度，增强干部群众的知情权和对班子成员的监督。

二是加强队伍建设。加大对干部培训力度，创新干部选拔任用方法，在全委首次开展公开招聘科级干部工作，提高了选人用人透明度。全年共输送1名同志参加区委党校中青班培训，7名同志参加市建设党校培训。严格规范干部任用选拔制度，全年共推荐选拔了3名同志到副处级岗位、6名同志到正科级岗位、18名同志到副科级岗位工作；推荐了1名同志为区领军人才候选人、5名同志为区拔尖人才候选人。健全干部考核评价体系，把考核结果作为干部选拔任用的重要依据。

三是加强组织建设。加大制度建设，明确基层单位党支部（总支）书记“第一责任人”职责，健全党建工作例会制度和基层书记每季度例会制度，在开天集团、设计院建立两新组织党建指导员制度。加大了对入党积极分子的教育和培养。先后组织23名入党积极分子参加培训。全年共发展新党员13名，转正11名。

四是加强廉政建设。在全委狠抓落实党风廉政建设责任制；在区重点工程创“双优”活动中结合党风廉政建设，把廉教寓于丰富多彩、喜闻乐见的活动中去，丰富廉政教育形式。对新担任科级干部开展廉政教育谈话。在岗位廉政风险防控工作中，进一步建立了公开承诺台卡，风险预警机制以及责任追究制度，以岗位廉政“小阵地”构筑单位防腐“火防线”。开展了专项整治违规收送礼金礼券购物卡以及“小金库”治理的自查、抽查工作，提高行业内整治效力。在三项治理活动中，加大了政风、行风整治力度，如公路署在松江报开设了《阿汤说路》专栏，为市民解惑释疑，普及相关道路知识；燃气所在松江报开设了《燃气使用小常识》《燃气案例分析》，普及燃气安全知识等。

五是加强精神文明建设。注重文明单位创建。在倡导市级文明单位的创建中，培育特色品牌，形成了“人无我有、人有我新、人新我特”的创建风格，如凯达公司大力营造科学城建理念，凝心聚力创“精品”工程。审图中心发挥自身队伍优势，克服了人员紧缺的问题，结合重大党建活动适时开展学习等。全委今年申报市级文明单位2个，区级文明单位8个。注重典型示范作用。继续推进创先争优，深化“三亮三比三评”活动，对窗口单位和服务行业践行承诺情况进行暗访，创先争优再承诺覆盖率达100%；开展好“两优一先”评选表彰活动，共推荐各级各类优秀党员、党组8人次，同时做好“两新”组织的表彰推荐工作；积极组织各条线立功竞赛，努力弘扬行业先进模范，在全委形成人人学习先进、人人争当先进的良好氛围。注重宣传引导作用。以宣传重点工程、实事工程、民心工程为主线，充分发挥基层党支部作用，《松江燃气》、《建管之窗》、《公路市政简报》等宣传内容百花齐放，亮点层出。注重群团组织辐射效应。委工会充分发挥了党群关系的桥梁纽带作用，积极为职工谋福利、为立功竞赛勤服务、为群众活动搭舞台，增强了职工的凝聚力；委团委积极开展“重温红色记忆，弘扬五四精神”主题系列活动，加强志愿者队伍建设，努力探索老青结对新模式，搭建青年成长成才平台；委妇委会积极为女职工排忧解难，组织女职工参加各类教育培训、做好女职工特殊疾病保险等工作。同时，综治、武装、保密、献血、老干部等条线工作作为建委事业的助推器为全委的发展作出了新的贡献。

回顾一年来的工作，成绩的取得，归功于各基层单位、委机关各科室职工的敬业与努力，归功于长期以来形成的建委文化和建委精神，主要表现在：

一是有换位思考的大局观念。在各项工作的推进过程中，从机关到基层单位，广大干部职工都以坚强的党性观念，围绕中心工作，发挥各自职能优势，以城市建设和管理工作为己任，努力做好协调、配合工作，服务于大局；大家不计较、不埋怨，以豁达的胸怀相互理解，相互帮助，相互包容。在名利面前彼此谦让，在困难面前敢于攻坚，在责任面前勇于担当，用实际行动践行着“公正、包容、责任、诚信”的价值理念。

二是有突破瓶颈的创新理念。在委班子成员的带动下，各级领导班子急百姓之所急，想百姓之所想，创新工作方式方法，用行动践行着“以人为本”理念。特别是面对重大工程协调的难题、动迁的难题；面对重点实事工程推动过程中的难题；面对城市安全运行中的难题，委党政主要领导密切配合，带领班子人员和广大干部职工迎难而上，从不叫苦叫难，从不把困难向外推，把每一件事关民生的难题解决在当下，让百姓放心，让领导放心。

三是有埋头苦干的钉子精神。建委人的建委精神，就是和造房子一样，基础夯实，质量兼优。无论是在重大工程现场，还是在维护道路畅通中；无论是在窗口微笑服务上，还是在依法行政过程中；无论是在一线工地，还是进行技术革新，所有的过程都体现了建委班子人员率先垂范所形成的廉洁公正、敬业务实、开拓创新的精神风貌，也体现了全委广大干部群众实干、拼搏、争先的精神风貌。正是这两种精神风貌，推动着建委所有工作顺利前行。

四是有和谐融洽“家”的氛围。“建委是我家，和谐靠大家”。长期以来，在精彩纷呈的活动中，在你帮我学的创优过程中，在互帮互勉的前进步伐中，在彼此不断的沟通理解中，“单位就是家，同事就是亲人”的理念逐渐根植于全委广大干部职工心中。这种全委上下凝成一股绳所形成的“家”的建委文化，成为完成各项工作任务的坚强后盾。

当然，在前进的过程中，总会遇到困难，也会存在一些问题。主要表现在：面对新形势下的新情况、新矛盾，解决问题的方式方法需要进一步创新；规范各方行为，依法行政力度需要进一步加大；在城市管理过程中可持续、科学管理理念需要进一步树立，等等。这些问题都亟待我们在今后工作中不断探索、思考、解决。

松江区绿化和市容管理局

今年以来，在区委、区政府的正确领导下，区绿化市容局紧紧围绕区委、区政府确立的工作思路和工作部署，按照科学发展观要求，抓重点、抓聚焦、抓突破，团结带领全局系统3千多名干部职工，坚定信心、转变作风、奋发有为、守护文明、塑造城市，在绿化市容、环境卫生、城管执法、网格化管理等方面取得了一定的成效，较好地完成了区委、区政府赋予的各项工作任务。

（一）加快推进进度，各类建设项目进展顺利

一是区实事项目稳步推进。作为区政府重点实事项目之一，区生活垃圾分类减量工作今年共分两批，先后在檀香、紫东、开元等12个居民区进行试点，方松街道四所学校同时实施了垃圾三分类试点，最后32个试点居住小区也已完成采购投放桶、收集桶、收

运作业车等工作。试点活动中，通过上门向居民宣传，挨家挨户发放垃圾分类投放桶，规范垃圾收运工具标识，编印《生活垃圾分类减量推进动态》期刊等形式，广泛传播垃圾分类减量知识，积极引导市民自觉参与。目前，城区主干道布展垃圾分类减量宣传广告牌120块，各试点小区都建有4平方米专题宣传栏及电子屏滚动宣传设施，12个试点小区的指导员、志愿者、保洁员接受了业务培训，培训人数达593人次。

二是道路洁净工程扎实推进。根据市局关于继续开展“百镇千路”洁净工程的要求，今年我区共有85条道路申报实施洁净工程，总面积达145万平方米，其中，中心城区40条、镇区45条。通过建立“一路一档”管理制度，改善洁作业方式，添置各类小型道路保洁车辆等手段，实现了道路保洁优化模式、组合工艺、改良装备、规范操作、加强管理的目的。年内，又有30条道路成功创建标准化示范路段，目前全区创建星级道路累计已达60条。

三是各项基础建设有序推进。今年我局承担实施的9个基建项目建设中，目前有2个项目（乐都路隔离带绿化改造工程和上海醉白池景观优化工程）已进入招投标、施工阶段；3个项目（沈砖公路两侧绿化工程、三新路环卫水上作业道班房项目及生活垃圾卫生填埋场1号、3号填埋单元封场工程）年底前完成施工招投标工作；其余4个项目（松江区生活垃圾末端处置综合利用中心、华亭湖景观灯光工程、辰花公路绿化景观工程及水上作业基地）因前期方案调整或选址调整等因素，年内无法实施。

（二）加大绿化建设，城市绿化品位明显提升

一是优化绿化城市景观。围绕建党90周年、松江建县1260周年等主题活动，在中央公园、永丰街道、新城区高速公路入口、中山街道、申越广场等城区重要区域布置绿化主题景点10处；在重点区域、主要道路布置草花7173平方米，悬挂花球600余组，花钵750余只，累计使用草花品种15余种180万盆，进一步提升了绿化品位，呈现了绿化新景观。

二是推广科技创新运用。在去年配发养护机械的基础上，今年又给养护作业公司配发了洒水车、工程抢险车、登高车、深根施肥机、粉碎机等5大型养护机械以及多功能修剪机、草坪打孔机等11种小型机械，不断提升园林绿化养护的工作效率。采取人工整治及生物药剂等办法，集中治理了思贤公园、中央绿带三期、市民广场、中央绿带荷花池等2万多平方米的水体，进一步提升了绿地生态效益和景观效益。

三是公园活动形式多样。以公园活动为载体，注重将松江本土文化、现代社会文化与绿化相结合，充分展示绿化风采，传播绿色文化。先后在方塔公园、醉白池公园举办了松江区园林景观小品展览、非物质文化活动周、醉白池杜鹃花展等主题活动，深受市民游客喜爱，节假日期间两个公园的游客量与往年相比再创新高，绿化特色活动形成了公园的品牌效应。

四是群绿活动全民参与。结合义务植树节主题，继续深化绿化“六进”活动。先后在公园、居住区、广场等11处设立宣传点，宣传松江绿色建设成果，现场解答市民提出的问题，自觉接受市民的意见建议。今年共有191家单位参加认养树木和以资代劳义务植树费活动。年内，又有5家单位成功创建园林式小区、4家单位被评为绿化合格单位。

（三）加强环卫管理，行业服务水平明显增强

一是深化“文明公厕”评比活动。借鉴世博期间的成功做法，今年全区196座公厕（其中69座专人管理、127座巡回保洁）全部列入文明创建活动，通过评定管理服务星级，我区公厕服务功能和管理水平进一步提

升。上半年，在全市公厕满意度测评中，我区位列郊区公厕满意度测评第一名，全市位列第三名。

二是切实加大环卫设施投入。重点对生活垃圾填埋场部分外排压力井和6座简易垃圾堆场工程实施了修复，完成城区9座公厕大修，新建农村公厕80座，添置果壳箱900只，并购买了一批垃圾分类运输车辆设备和居民家庭垃圾分类桶。重新启用了西部中转站运行，小昆山镇生活垃圾也纳入了区生活垃圾综合处置厂。目前，区生活垃圾综合处置厂试运行各项技术指标正常。

三是完善环卫行业管理机制。组织开展小型电动机具操作员、道路公厕操作员、街镇环卫质监员等各类人员业务培训，培训总数达1200人次。以整治工业区餐厨垃圾擅自处置问题为重点，全年开展联合执法整治36次，收缴废弃食用油脂8吨。依托松江区生活垃圾收费信息系统，全年累计签约1638家，进一步规范了单位生活垃圾申报受理、签约核量、征收管理等工作。

（四）着力破解顽症，城区市容市貌明显改观

一是扎实推进各类创建活动。重点抓好市容环境责任区达标创建、示范镇创建以及标准化示范路段创建等活动，目前洞泾镇创建市容环境责任区、泖港镇创建示范镇已通过市级考核验收，新增标准化示范路段30条，我区道路保洁整体水平和市容环境质量有了新的提升。第三季度，在全市市容环境综合质量考评中，方松街道、泖港镇分获中心城区、郊区组第一名，其中泖港已连续11个季度位列全市郊区各街镇市容环境质量之首。

二是规范户外广告店招店牌。以各街道、镇为管理主体，全面落实门店责任区管理。按照每户一照的要求，建立了各经营门店的管理档案。积极构建工商、卫生、公安、城管等相关职能部门联合执法管理平台，努力营造协同执法的工作氛围。通过加强日常巡查、网格化管理等措施，有力遏制新增违法户外设施的出现。年内，共拆除违章高立柱高炮22块，跨线桥广告4块。

三是继续加大拆违工作力度。按照全面遏制新增违法建筑、逐步消灭存量违法建筑的原则，重点拆除了新桥镇百佳花园339号、方松街道复地香堤苑306号以及洞泾镇贸易城等新增违法建筑。截至9月底，全区已拆除各类违法建筑181758平方米，完成量已达年度目标的116.8%。其中，新浜镇、泖港镇、叶榭镇8家单位已经超额完成年度目标量；方松街道、岳阳街道、永丰街道等7家单位完成率超过70%。

四是切实加强渣土运输管理。修改完善工程渣土处理监督考核办法，确保渣土管理责任到位、监管到位、成效到位。继续加大对无证清运、乱倒和擅自处置工程渣土、夜间施工等违章行为的查处力度，全面整顿规范运输市场。年内，完成了建筑垃圾和工程渣土运输企业招投标工作，建立了建筑工地巡查制度，实现了建设工地专营队伍全覆盖。目前，全区已有133个建设工地申报了渣土处置，总申报量到2842930吨，城区内运输车辆偷乱倒现象有了明显改观。

（五）依托科技支撑，城市管理水平明显提高

一是创新管执法模式。依托信息技术，与市局建立了覆盖市、区、分队三级“城管综合执法信息管理系统”，实现了管理平台指令、通知、下达任务以及案件处置无纸化管理，提高了科技城管水平。积极配合、参与九亭镇试点大联动模式，有效整合执法资源，形成了上下联动、问题联处、执法联动的社会管理联动局面。建立完善联勤执法模式，按照管辖区域位置，将18支城管分队分成5个联合勤务工作区域，定期开展联合执法，确保信息互通、局部互动、应急联动。

二是集中开展整治活动。以整治非法出版物、非法小广告、地沟油加工黑窝点、偷

乱倒渣土、占道设摊、高铁沿线两侧和大学城文汇路商业街环境等为重点，开展了系列专项整治活动。共清除暴露渣土垃圾120吨、立面粉刷1600平方米、绿化补种690平方米、整治废品收购站2处、清除“三乱”750处，有效营造了整洁、优美、有序的城市环境。今年以来，共出动队员192435人次，车辆49809次，巡查道路67332条次，巡查河道5769条次，行政检查16469次，教育劝阻70620人次，查处各类案件983起，圆满完成了佘山登高节、清明祭扫、佘山朝圣月活动、松江建县城1260周年等各项临时执法保障任务。

三是大力实施精细化管理。在去年实现城乡网格化管理全覆盖的基础上，继续加大对乡镇网格中心检查指导的力度，协助各乡镇网格化健全各项制度，建立了相对完善的乡镇网格化工作模式。深入开展监督员进社区活动，广听民意，为民服务，有效提升了乡镇网格中心处理案件的质量。截止9月底，全区共接收各类上报案卷50050件，受理案卷49973件，立案案卷数49958件，作废案件数92件，有效立案率99.82%，结案数48802件，结案率97.69%。

松江区住房保障和房屋管理局

2011年，在区委、区政府的领导下，在区各相关职能部门的大力支持和配合下，区房管局按照年初工作计划，根据时间节点，认真抓好各项住房保障和房屋管理工作。

（一）聚焦一条主线，全面推进政风行风建设

一是切实加强党的思想政治建设。认真执行中心组学习、民主生活会等一系列工作制度。结合建党90周年，组织党员干部参观“一大”会址、开展党史知识竞赛、举办“红旗颂”歌会等活动。二是切实增强党风廉政建设。今年共收到9件群众来信来访举报件，主要反映物业管理、房地产交易等情况，我们从加强预防着手，进行廉洁教育，取得较好效果。三是不断提升各项工作水平。开展党务公开工作，4月在支部试点，9月在全局范围内推行。开展政风行风“重点评”工作，针对存在的问题，认真进行整改落实。今年，共收到各类测评实例近20件，我们不断予以协调或解决，切实维护了群众利益。

（二）注重围绕中心，突出保障性住房建设

一是积极推进大型居住社区建设。根据市政府下达给区政府的工作目标和任务，认真做好大型居住社区面上的推进工作和区属各部门间的相互协调工作，形成了定期不定期的推进会和专题会议制度。我区第一轮确定的大型居住社区——泗泾北拓展基地，近1个平方公里，市城投公司分四期开发，目前一、二期已基本完成，三、四期正在实施中。第二轮共四个基地：泗泾—洞泾基地、佘山21丘基地、南部车站和叶榭基地，共27.76平方公里。目前，按照市推进办要求，泗泾—洞泾基地11月底已全面开工。佘山21丘基地目前尚在进行方案深化阶段，且已被列入2012年我区大型居住社区建设计划。

二是认真落实公共租赁房建设和管理工作。目前已建项目中有28个通过认定，共96.9万平方米，其中9个已办理产证变更登记的项目（总建筑面积57.3万平方米）、2个新建在建项目（总建筑面积约5.71万平方米）均已取得市房管局出具的水电气优惠批复。今年市下达给我区的计划任务——新建或筹措4200套公共租赁房，现已基本完成。我区今年自身计划筹措新建64万平方米公共租赁房，目前各街镇都在抓紧落实和项目申报中，有27个项目（总建筑面积88.3万平方米）已通过相关部门认定，其中部分项目正等待区规土局配备土地指标和进行供地。组建“上海松江公共租赁住房投资运营有限公司”，负责松江区域内公共租赁住房的投资、建设、租赁经营管理，各街镇、园区也

都将建立或明确公共租赁房管理机构。

三是全面开展经济适用房申请受理工作。从年初开始，认真作了大量前期准备工作：正式通过了《松江区经济适用住房申请受理工作实施方案》；召开了区经适房申请受理工作动员会议；组织相关人员参加政策培训；开展了“诚信活动月”活动。11月3日，受理工作全面启动。截至目前，各街镇、园区受理点累计接待咨询群众1000余人次，发放经适房申请表383份，已收申请表222份，正式受理214份，其中24户家庭未通过户籍、住房核查，其余190户已提交区民政局进行经济状况核查。

四是加大廉租房实物配租房源的筹措工作。目前，通过“红宾院”危旧房改造项目配建筹集的10套房源已完成房屋交接手续，现正着手准备装修事宜。同时，与新松江置业公司初步达成在“华亭新家园”动迁安置房项目中收购20套实物配租房源的收购协议，现就房源价格进行商议，待确定后将办理收购手续。另外，我们正研究考虑大面积房源“一改二”方案可行性，待充分研究考虑可行后，将“华亭新家园”高层一个单元22套房屋进行试点改建，改建后的房屋作为廉租住房房源进行收购。

五是继续做好区属动迁安置住房建设和管理工作。区属动迁安置房项目为45万平方米，主要分布在佘山、泗泾和叶榭等区域。截至目前，已开工住宅建筑面积46.16万平方米，竣工住宅面积42.8万平方米。同时，我们在项目梳理和监督检查的基础上，对在建项目继续加强全过程的监督管理。

（三）强化综合管理，稳步提升房屋管理水平

一是加强物业管理政策法规的学习。多次开展针对新修订的《上海市住宅物业管理规定》的业务培训，同时利用媒体、宣传栏、发放小册子等多种形式进行宣传。召开我区住宅小区综合管理联席会议，使各镇、街道的主管部门和居委会明确工作职责。

二是开展物业服务规范化、标准化建设。根据市局规定，认真开展前期物业服务公开招投标工作，规范业主大会招聘物业服务企业。会同有关部门深入研究增加售后房等物业管理费补贴的方式。规范业主大会、业主委员会日常运作，目前全区已成立业主大会并选举产生业委会的住宅小区有222个。

三是继续做好住宅小区安保工作。继续实施“四级”检查制度，开展房屋消防安全隐患大检查，主动会同公安、消防、环保等部门对全区多层住宅7088幢、高层1396幢进行检查监督，促使服务规范化。

四是加大违法搭建整治力度。今年共实施行政处罚591件，比去年同期增加70%；共拆除违法建筑面积约7558平方米，比去年同期增加533%；自行整改299户，比去年同期增加103%，面积为2494平方米，比去年同期增加15%；依法对16处附有违法建筑的房屋办理房地产限制交易。今年2月至8月对我区住宅小区存量违法建筑展开地毯式排查。截至8月底，我区共有存量违法建筑2598户，违建面积31351平方米。

五是推进旧住房综合改造。根据区政府要求，今年将完成12万平方米旧住房整治和2万平方米危旧房修缮。上海市静安区11.15火灾事故后，12万平方米旧住房整治工程根据沪房管修[2011]98号文件规定暂缓实施；2万平方米危旧房修缮工程已全面开工，完工率达95%，近期将启动竣工验收工作。

（四）注重内部建设，切实加强各项常态工作管理

一是加强监管，保持房地产业健康稳定发展。积极贯彻落实房地产市场调控政策，规范房地产市场销售。今年，在处理乐莫苑违规销售中，从整改告知书、自查自纠，到整改验收、行政处罚决定，做到教育与处理并存。另外，在处理新闻媒体对“销售组织排队发号”和“天价房产”事件的报道时，

及时查处，做好解释工作，获得了好评。做好房地产市场监测分析，每月向区委、区政府报送房地产市场运行情况。通过加强资质日常管理、市场交易行为监管等工作，加强对市场和商品房预（销）售的监管。目前共发放预售证67件，197.3万平方米；现房备案28件，32.7万平方米。继续规范登记行为，截至11月，我局交易中心共受理各类登记85300件，协助税务征收各类税金6亿元，征收契税12.60亿元。根据《上海市居住房屋租赁管理实施办法》，组织相关人员参加学习和培训。配合方松、车墩、泗泾、九亭、岳阳等5个街、镇，开展“群租”试点整治工作。

二是完善补偿机制，不断规范拆迁管理工作。严格遵守新征地拆迁条例规定，今年共发放许可证1张，应拆迁户2474户，应拆迁面积166316平方米；已完成许可证拆迁居住户1398户，建筑面积244774平方米，非居住15户，建筑面积7224平方米；拆迁率为56.5%；协议拆迁已完成居住1313户，建筑面积247595平方米，非居住97户，建筑面积45634平方米。同时，重点做好大型社区的征地拆迁工作。动迁前积极配合拆迁单位调查摸底，制定可行的拆迁补偿安置方案。动迁中我们会同拆迁单位上门宣传相关的法规政策，通过深入沟通和阳光拆迁，有力地推进了大型社区的拆迁工作。目前佘山21丘和洞泾南拓展签约率均达到95%以上，佘山桃园3号地块滞留的6户和泗泾颐景园滞留的6户通过做工作已全部签约。对于少数严重影响建设项目推进的被拆迁人，严格按照相关规定采取行政裁决措施，今年共受理裁决14户，发出裁决书14户，通过裁决签约8户。同时，分两批向法院申请强制执行共8户，其中，国有土地的5户中有3户法院已发了裁定书，执行庭发了执行通知；1户通过各方的共同努力在未受理前成功签约；集体土地的3户正在受理中。做好历史遗留问题的解决工作，7月份开始受理以来，共受理50户，目前已完成二个小区33人的核查工作。

三是落实节能减排，切实提高住宅建设整体质量。积极推进“四高”优秀小区创建工作，上半年，我区泗泾新凯家园三期A块、B块二个项目通过评审列入上海市“四高”优秀小区创建计划。下半年，中凯曼荼园通过上海市“四高”优秀小区的验收组验收。加强住宅交付使用许可和质量管理，我们对在推进的保障性住房进行了走访，为每个项目建立项目台帐，并要求建设单位固定联系人，以确保保障性住房能按节点要求顺利交付使用。进一步加强住宅配套管理，基本完成全区456个住宅小区、每个小区86个数据的采集和小区空间落位工作，住宅小区信息化建设工作基本完成。进一步规范住宅建设配套费的征收工作，共征收住宅建设配套费约8.8亿元。加强教育公建督导管理工作，年内完成了九亭镇“绿州长岛花园”幼儿园、“磬亭”小区幼儿园的交付使用工作。同时，大力推进保障性住房基地的配套设施建设。

（十六）金山区

金山区建设和交通委员会

2011年是实施“十二五”规划的起始之年，是金山区为实现“两个倍增、两个同步”工作目标打下坚实基础的关键一年，更是全面贯彻落实科学发展观，开创金山建设交通事业发展新局面的关键之年。区建设交通委在区委、区政府的正确领导下，认真贯彻三届区委十五次全会精神，围绕区委、区政府确定的全年目标任务，按照“集中精力抓落实、心无旁骛求发展”的工作主旋律，敢于担当、敢于碰硬、敢于攻坚，狠抓工作的推进和落实，积极融入长三角一体化和上海发展大局，努力提升金山城乡整体面貌。

2011年，金山进入了大发展时期，作为建设和发展的主力军，区建设交通委承担了较以往更为艰巨的工作任务，面对时间紧、任务重的实际情况，切实增强工作的紧迫感和责任感，紧紧咬住全年工作目标不放松，牢牢把握各项工作任务不动摇，进一步完善重点工作项目化的工作机制，切实做到担责任、领任务、抓进度、保落实，确保各项重点工作按照既定目标有力有序推进。

一、突出工作重点，推进城乡一体化发展

2011年，由区建交委承担的市、区重大项目建设、实事项目共有23项（包括结转项目12项），我们紧紧围绕区委、区政府提出的“保开局、促转型、惠民生”的总体要求和年度重点工作目标，全面梳理出涉及建设交通委牵头的重点工作7项（10件），并确定了2011年建设交通委42项重点工作。我们以“项目制”为抓手，认真研究部署，明确工作责任，狠抓工作落实，并通过定期召开会议检查督办工程进度，确保各项工作有布置、有措施、有检查、有落实。

一是以轨交22号线为重点的重大功能性基础设施建设稳步推进。

轨交22号线改建工程是上海市重大工程项目，近几年来也一直列入金山区重大工程项目予以推进。轨交22号线的建成，将大大缩短金山新城居民到上海市区的时间，对加快金山社会发展和经济发展及沿线站位地区的开发起到积极的作用。

2011年我委承担的建设项目有10个，分别是轨道交通22号前期、金山新城枢纽站、亭林站、阮巷站及市政配套道路隆安东路、同凯路、卫阳南路、临桂路、亭卫南路和综合管线配套工程。10个项目按时间节点有序推进。在推进过程中，我们加大协调力度，重点解决资金保障、动迁难点以及与上海建工集团施工对接等问题，同时，对金山枢纽站建成后的综合管理进行调研，制定了综合管理方案，并对24个下立交的管理机制、客流组织及票价制定、公交（包括长途）的配套等后续发展方面进行了前瞻性研究。

二是以对接道路为重点的道路建设有序推进。

为实现从“一个扇面”向“两个扇面”发展的转变，全面融入长三角一体化发展，我们积极主动，加快区间道路对接，提升对外交通能力。我区与市政府签约建设的6条道路分别是：枫美路、朱平公路、松卫北路、奉朱公路、金廊公路、松金公路。其中枫美路、朱平公路为省与省对接道路，松卫北路列入2011年上海市重大工程建设项目。为有效推进，我委努力争取市级资金支持并积极与其他区县沟通协调，促进了各对接道路按计划推进，枫美路已于今年4月竣工通车。

三是以村庄改造为重点的民生工程按时推进。

村庄改造是人民群众最关心的实事项目之一，也是保障和改善民生工作的出发点和落脚点。2011年金山区村庄改造实事项目确定的目标是2000户改造计划，我委主动向市农委积极争取，将全区改造任务扩大至3000户，为历年之最。通过精心选点、挖掘特色，在改造中突出重点，打造亮点，展现了我区江南水乡特色，农村村容村貌大大改观，农民生活环境明显改善。2011年，中华村获得上海市十大“我喜爱的乡村”称号。

为了进一步改善居民的出行环境，我委加大了对区管公路及乡村公路的改建力度。今年开展的区管公路大中修工程涉及9条道路18个项目，共计24.29公里，桥梁改建9座；农村公路大中修工程项目共43个，总维修面积13.79万平方米，进一步提升乡村公路等级。

四是新城区及枫泾特色镇重大项目建设有效落实。

根据金山区“十二五”规划逐步构建“1158”城镇体系结构，以及大力推进金山新城和枫泾特色镇建设的工作要求，认真落实工作职责，主动对接整体规划布局，切实做好金山新城和枫泾特色镇建设任务。

G15 高速金山新城出入口改造工程

为了提升金山新城的形象，G15 高速金山新城出入口拓宽改造工程的匝道改建工程和景观灯光工程自 3 月上旬开始启动，已完成匝道改建工程初步设计批复、道路桥梁施工图、天棚结构及机电改造设计图；灯光工程完成施工招投标。

G60 匝道及跨线桥建设

G60 匝道及跨线桥建设是枫泾特色镇建设的重大项目，经过与上级单位沟通争取，市建交委已对上报方案作了专题研究。至年底已完成工程前期准备工作以及交通流量的预测工作，目前，市政规划研究院已完成《G60 枫泾地区立交规划研究》，市政设计总院已完成《枫美路（万枫路－泾宾路）工程方案设计》。

五是其他重大项目有序推进。

南枫公路（320 国道复线）工程、金山北部 BRT 快速公交系统工程在多次与铁路部门、市建交委、市交港局等上级单位反复沟通、与嘉兴市交通局以及沿线各镇协商并组织实地考察后，有效落实了项目的前期工作。目前，南枫公路项目线型方案已经完成，上海市已将叶新公路纳入国道规划上报交通部，金山北部 BRT 快速公交系统按照市建交委的意见，将与南枫公路项目同步开展。

新沪杭公路（货运通道）项目，作为金山新城区危险品运输通道，前期准备工作已经启动。在我委的积极争取下，市公路处已经将该项目列入国道规划上报交通部待批。我委已就具体线位将进行研究和比选，并力争规划红线尽快落地。

二、加强行业监管，确保城市安全运行

2011 年，充分发挥建设交通行业服务地区经济社会发展的特点和优势，在工程建设领域、公共交通领域、危险品运输监管、城市道路安全等方面切实加强监管，确保了我区城市运行安全。

（一）建筑业管理进一步强化

一是以各类安全文明施工、质量奖项的评选为契机，提高企业的创优积极性和主动性。2011 年共创市白玉兰奖 5 个，市文明工地 2 个，区文明工地 26 个，区优质结构 11 个，平安工地 26 个。二是强化对建设责任主体行为的监督，认真做好工程实体的日常抽查监管工作。从源头把关，督促施工企业和建设、监理单位严格依照工程建设技术规范、标准，落实安全质量责任，并根据工程形象进度和现场总体情况将施工安全隐患排查和安全监督相结合。三是加强综合执法，狠抓日常工程质量安全的随机巡查和突击检查。共签发工程质量安全局部暂缓通知单 54 份，整改指令单 168 份，提出整改意见近千条，有力地维护了我区在建工程的安全可控。

（二）公交优先政策有效落实

一是优化公交线网，有效对接城乡发展建设。积极对接轨道交通，配套金山医院等城区新建重大项目，服务金山新城、枫泾特色镇、金山工业区等城镇发展等，有力推动了金山城乡一体化建设。二是制定镇村公交补贴细则，推进公交的可持续发展。三是加大公交基础设施投入，更新、设置 710 根新式公交站牌，投放 48 个新公交候车亭等，方便了居民乘车。四是全面提升公共交通运能和服务水平，全区线路空调车比例达到 100%。

（三）危险品运输监管常抓不懈

陆上：通过 GPS 监控平台加强对危运企业车辆日常监管，包括危险物品的品名、去向、运量等；保持无证危险品运输打击的高压态势，确保危运车辆运输安全，2011 年，我区共查处无证营运危险品运输车辆 670 次。

水上：通过加强巡航、采用视频监控技

术等手段，进一步加大水上危险品运输的监管力度；加强对辖区化学危险品码头的监管，认真排查安全隐患，并按照“三不放过”原则督促整改；与浙江毗邻海事部门举行综合演习，加强与毗邻地区间的联动机制，提高了水上应急救援能力和实战水平。

（四）公路市政管理水平进一步提高

一是以迎“国检”为契机，着力推进公路管理事业的创新发展。二是落实区镇两级联动机制，提升公路市政应急处置能力。三是以服务保障重大国际赛事在金举办为起点，进一步提高公路市政设施养护综合管理水平。四是建立新城区范围内城市道路建设管理“监管、接管、管养”的工作机制，主动对接房管局、山阳镇，就杭州湾东片已建城市道路后续管理事项，促进金山城市道路管理一体化、专业化、规范化。

三、落实专项整治，规范建筑市场

根据上海市人民政府2011年1号文《关于进一步规范本市建筑市场，加强建设工程质量安全管理若干意见的通知》要求，按照市整治办的总体部署，我区成立了由原副区长陈正安为组长、33个部门和街道为成员单位的领导小组，办公室设在建设交通委负责本区整治工作的推进和落实。整治工作分三个阶段：自查阶段（2月至6月）、抽查阶段（7月至10月）、督察阶段（11月至12月）。我门积极上级管理部门的工作部署，按照对自查阶段发现的问题进行了认真、有效的整改；对抽查中发现的问题，及时落实整改措施积极整改，同时进一步加大执法力度，严肃查处各类违法违规行为，使我区建筑建材业得到规范有序发展。

四、加强自身建设，优化工作效能

一是人大代表书面意见、政协提案的高效办理，和及时处置来信来访。今年，由我委承办的人大书面意见22件、政协提案20件，我们落实了委主要领导亲自抓，分管领导直接抓，提高了办理的效率及质量，达到了“三个100%”（走访率、答复率、满意率）。共接待受理各类人民群众来访、来信、来电、来邮203批次，1019人次，信访办结率100%。

二是认真开展公务用车和小金库专项治理工作。今年，区纪检等部门下发了公务用车和小金库专项治理规定，我委按照区专项治理工作领导小组的要求，全面、准确、及时填报有关上报材料，按时完成了各阶段的任务。

三是优化审批服务、提升服务效能。通过深入开展“文明受理服务五步法”活动，强化服务意识；变“被动审批”为“主动服务”，对重点项目进行跟踪服务；加强沟通与协调，积极推进设计文件审查和竣工验收并联服务二个环节，为项目单位提供优质服务。

四是对重点工作进行全面督察。在重点项目推进过程中，我们坚持每月检查推进情况，重点项目动态跟踪，重大问题及时报告；对进展较慢、问题较多的重点项目实行专项督办和专题协调会的做法，确保项目按节点要求，高质量推进落实。

五、创新社会管理，突破发展瓶颈

区建设交通委主动对接市、区相关政策要求，结合行业发展实际，不断创新管理理念，理顺发展关系，突破发展瓶颈。

一是积极探索、实施行业管理职能由城区范畴向全区范畴覆盖。金山区各镇农村公路管理站已全部揭牌成立，推进了我区农村公路养护管理体制改革。同时，建立新城区范围内城市道路建设管理“监管、接管、管养”的工作机制，实现了新城区域内城市道路一体化、专业化、规范化的管理；二是按照市政府的有关意见及区铁路道口办的安全监护职责，原金山区铁路道口管理办公室由非常设机构调整为常设机构，将无人看守铁路道口纳入规范化、常态化管理；三是成立金山区公路建设办公室和金山区铁路建设办公室，受区政府委托，代表区建设交通委全权负责金山区公路、铁路项目的建设；四是制定了《金山区建设工程设计文件审查工作改革方案》，积极组建上海市金山区建设工程设计文件审查管理事务分中心，对现行建设工程审批管理流程进行整合。

六、深入主题教育，加强党的建设

今年以来，委牢固树立“围绕中心抓党建、抓好党建促发展”的意识，认真履行职责，积极创新机制，提升党建工作的新水平，打造党建工作的新特色，展示党建工作的新成效。

一是深入推进创先争优活动。紧紧围绕“保开局、促转型、惠民生”工作要求，紧扣“转型发展当先锋，服务群众作表率”的主题，把创先争优活动同做好当前各项工作结合起来；同健全工作制度结合起来；同建设学习型党组织结合起来。通过深入开展“党员先锋岗”、“党员责任区”、立功竞赛、学习借鉴“三访四步工作法”，广泛开展联系走访群众等活动，推进建设交通工作上新台阶。

二是精心组织开展纪念建党90周年活动。以纪念建党90周年为契机，组织党员干部认真学习党的理论、党的知识、党的光辉历程、辉煌成就和宝贵经验，并在纪念建党90周年大会上表彰了委系统各条战线先进基层党支部，优秀党务工作者、优秀共产党员。

三是抓好干部队伍建设。坚持德才兼备、以德为先的用人标准，坚持党管干部的原则，把好用人关，把握住用人导向，选拔出政治坚定、实绩突出、作风扎实、群众公认的优秀中青年干部，切实将干部队伍的精力引导到聚焦发展上来。今年我委系统提拔任用了12名青年干部，并举办了2011年中青年干部培训班。

四是扎实开展廉政风险防范工作。为切实加强对行政权力运行中廉政风险的预警防控，在委系统基层单位开展廉政风险防范管理工作，按照划分的风险等级，制定防控措施，实施分级重点监控，从源头上加大防治腐败力度，不断推进惩防体系建设。

七、强化文化建设，提升服务水平

以开展建设交通委10周年纪念活动为契机，大力弘扬建设交通文化，打造高素质的建设交通队伍。一是在干部职工中倡导建设交通文化，调动职工的积极性和参与性，激发职工热爱本职工作的责任感和热情，树立建设交通文化意识，营造浓厚的文化氛围。二是向社会广泛宣传建设交通系统先进职工事迹，提高建设交通的社会影响力，推动建设交通事业持续发展，更好地服务“三个金山”建设。

今年以来，我们克服了新形势和自身转型发展带来的困难和挑战，深化了对建设交通事业发展规律的认识，增强了应对突发事件的能力和加快发展的信心，全力推进“创业金山、宜居金山、和谐金山”建设。一年来的工作实践，使我们深深体会到，切实推动金山城乡一体化发展，要努力做到四个“着力”：

——着力解决好人民群众最关心、最直接、最现实的利益问题。建设交通事业就是民生事业，建设交通工作的根本目的就是要服务好广大人民群众，使广大人民群众共享建设交通事业发展的成果，要切实把实现好、维护好、发展好最广大人民群众的根本利益作为我们一切工作的出发点和落脚点；

——着力推进城乡一体化发展。要切实发挥建设交通的主力军作用，在改善我区城乡面貌上做出不懈努力，提高我区城镇化水平，提升城市综合承载力，不辜负人民赋予我们的光荣使命，把金山建设成为环境优美、交通便利、生活舒适的宜居城市；

——着力构建金山大交通格局。“联动发展，交通先行”，经济一体化的基础和前提是交通的一体化，建设交通委要用全局的、战略的、长远的眼光谋划金山的未来，通过建设一流的区域综合交通网络，建立区域城市间快速安全的联系，推进长三角一体化发展，实现区域经济的共同繁荣。

——着力增强行政执行力和团队凝聚力。把推动政府职能转变作为自身建设的重要抓手，着重在廉洁从政、秉公用权上下功夫，不断破除体制机制障碍，努力推进“服务政府、责任政府、法治政府、廉洁政府”建设，为金山经济社会发展作出应有贡献。

在总结一年来工作的同时，我们也清醒地认识到，当前我区建设交通行业发展仍面临不少亟待解决的矛盾和问题：土地瓶颈、资金瓶颈、动迁瓶颈、审批瓶颈既是当前制约建设交通行业发展的重要因素，也是长期传统发展模式累积矛盾的反映。面对复杂多变的外部环境和转型发展的迫切需求，唯有改革创新才能适应新形势、新要求。

“创新驱动、转型发展”是上海市“十二五”发展的主旋律，也是建设交通行业实现科学发展的必然要求。如何真正实现由“重建设”向“重管理”的转型；如何实现由“重数量”向“重质量”的转折，将是贯穿建设交通委2012年工作中的两条主线。“十二五”期间，上海将把城乡统筹、逐步消除城乡二元结构作为一项重要任务，坚持城郊并重、郊区优先，推动基础设施建设、社会公共事业向郊区倾斜，金山区面临着重大的发展机遇。区建设交通委要在区委、区政府的领导下，紧紧抓住发展机遇，在全委干部职工的努力下，进一步解放思想、坚定信心，艰苦奋斗、开拓创新，努力推动建设交通行业再上新台阶。

金山区绿化和市容管理局

2011年，区绿化市容局以邓小平理论和“三个代表”重要思想为指导，深入贯彻落实科学发展观，在区委、区政府的坚强领导下，在市绿化市容局的关心和指导下，紧紧围绕全区加快建设“三个金山”的战略目标，严格按照“抓落实、求实效”的工作要求，坚持科学发展、坚持服务大局、坚持凝心聚力，充分发挥了行业干部职工的力量和智慧，按照年初工作计划，全面、有序、有力推进绿化市容、城管执法系统各项工作，并取得了一定成效。

一、突出重点，实事重大项目进展有序。

（一）深入开展生活垃圾分类减量试点。精心编制全区生活垃圾分类促进源头减量实施意见和石化街道试点工作方案。积极配合区妇联开展主题宣传、发放《家庭环保指导手册》，认真服务指导石化街道开展工作。大力推行保洁员分拣机制和分类指导员（志愿者）服务机制，全面实行和“绿色账户”卡制度，并加快推进生活垃圾分类配套设施建设，建成龙胜路厨余垃圾生化处置站，实现厨余果皮垃圾日生化处理6–7吨。年底完成石化街道46个居住小区分类试点，共设置垃圾分类投放容器1200个，免费发放居民户内垃圾桶40570只、分类投放垃圾袋321512卷。全面推行生活垃圾、装潢垃圾、大件垃圾分类投放、分类收集、分类处置，实现全年人均生活垃圾处置量减少5%。

（二）有力推进“百街千路”道路洁净工程。制定本区道路洁净工程实施方案，组建工作推进领导小组，选择在石化街道及6个国家卫生镇的29条道路率先实施，有序推进道路洁净工程。增配了57辆电动快速保洁车，加强操作人员技能培训，进一步提高“飞行保洁”作业效率。切实加强行业指导、充分整合条块资源，积极组织开展检查，并及时反馈问题、督促整改提高，有效提升全区道路保洁精细化操作水平。

（三）加快推进生活垃圾末端处置项目建设。加强贵乔生活垃圾中转码头运行管理，加快推进生活垃圾综合处理厂项目建设。进一步加大了生活垃圾收运系统和炉渣填埋场两个配套项目的推进力度，加强与区财政局、发改委、规土局、环保局等有关部门的协调沟通，积极调整生活垃圾收运系统移动转运站选址、用地和建设主体、炉渣填埋场项目用地、环评等相关事宜，并形成了有效的解决方案。

（四）有序开展重大绿化工程建设。全面推进金山第二工业区环保防护林带建设，完成省界防护林带及其二期工程、防护林带一期及二期工程、南安路南北两侧林带等6项工程共3185亩（含改造631.1亩）防护林建设，有力促进全区环境安全防护体系进一步健全。积极推进亭卫南路两侧景观绿化工程和G15高速新城出口改造工程，有效推动区域生态环境功能的逐步改善和绿化景观效益的加速显现。

（五）全面实施轨交沿线市容环境整治。按照工作计划，加强与轨交22号沿线亭林镇、金山工业区、漕泾镇、山阳镇沟通协调，确保整治工作同步推进。同时结合宅前屋后环境综合整治工作，进一步加强了行业指导。截止到10月底，轨交22号线沿线市容环境整治已全面完成，共清除暴露垃圾1420吨、乱堆物486处，拆除违章建筑23302平方米，完成建筑物立面白化650800平方米。

二、强化管理，全面保障市容环境水平。

（一）城管执法集中整治保障有力。采取联合执法和专项治理等多种形式，全面开展城市管理行政执法集中整治行动。区城管执法系统全年累计出动执法人员约6.3万人次、执法车辆9800余车次，教育纠正乱设摊、跨门营业、违法搭建、“五乱”（乱张贴、乱涂写、乱刻画、乱悬挂、乱散发）等各类城市管理违法、违规行为4.8万余起，实施当场处罚和一般程序案件340件，有力维护了本区总体城市运行秩序平稳和良好。

（二）违法建筑整治工作深入开展。深入开展存量情况普查，按照源头预防与末端拆除结合、遏制增量与消除存量并举、实施专项整治与加强日常管理协调推进的工作原则，全面推进我区违法建筑拆除工作。今年以来，全区共拆除违法建筑约17万平方米，并有效遏制了新增违法建筑产生。

（三）户外广告和店招店牌管理有序规范。科学编制《金山区户外广告设施设置阵地规划实施方案》，提高全区户外广告统筹规划、依法管理水平。加强户外广告监督管理，全年共开展巡查124次，清除违规横幅520条。严格开展店招店牌设置审批和管理，及时整治设置不规范和存在安全隐患的店招店牌，共抽查店招店牌3936处，整改隐患设施65处。

（四）废弃物规范处置管理全面加强。大力开展地沟油整治和餐厨废弃物联合执法，共检查相关企业100多家（次）、督促整改10余起。积极做好全区建筑渣土运输企业招投标管理，实施工地、车辆、卸点全方位监督检查。今年以来，共受理审批370起、处理建筑渣土申报86万吨；开展联合执法12次、检查56次，取缔违规运输车辆8台（次），有效保障了建筑垃圾和工程渣土处置规范有序。

（五）景观灯光管理进一步优化。加强景观灯光日常管理，全面实施景观灯光巡查、督查制度，有效保障景观灯光的完好率和亮灯率。积极推进中心城区智能化灯光控制系统建设，完成100套智能灯光控制箱安装，突破景观灯光集中控制难题，实现了远程监控管理，有效提升了景观灯光管理工作水平。

（六）节庆活动环境保障不断深化。圆满完成迎建党90周年、沙排赛、世游赛、音乐节、烟花节等重大赛事活动市容环境保障以及“夏令热线”活动保障任务。精心塑造绿化亮点，美化城区环境，共新增更新主题景点6个、花坛花境8000平方米、组合容器250组（个）。同时按照“保作为、显效能、促长效”的后世博管理要求，着力于进一步健全管理制度、优化工作机制、完善管理措施、提升管理水平，探索并提炼了一系列提升城市运行管理水平的经验和做法。

三、夯实基础，行业服务能力有效增强。

（一）加强爱绿护绿宣传，增强社会协

同氛围。组织开展纪念义务植树运动30周年主题宣传，全区共举办植树活动14次，累计参加1426人（次）、种植树木6226株、完成绿化面积约4.6公顷。大力推进绿化服务进基层行动，进入社区、企业、部队、学校等地开办绿化知识讲座18次、咨询12次，组织现场技术指导服务100余次，共计赠送花卉7000余盆。

（二）加强管理服务，优化人居环境质量。认真做好国家园林城区复查工作，按时完成各项任务。大力推进老旧公园改造，实施滨海公园花坛花境扩增，完成新山龙广场、梅州街心花园绿地调整，进一步美化群众居住环境。全年完成绿化整治面积366718平方米、绿化调整面积28288平方米、行道树补种128株、树穴框改造12套。积极开展"免费露天电影进公园活动"，充分发挥公园的休闲娱乐功能，进一步丰富居民群众的精神文化生活。

（三）加强行业指导，提高基层绿化工作水平。加强"园林式居住区"与"绿化合格单位"创建指导，切实提升我区单位绿化、小区绿化和庭院绿化品质。完成各街镇绿化一线工作人员上岗工、中级工、高级工培训228人，全年向50家物业管理单位发送有害生物预警、抗旱信息300余次。加强监控、注重预防，推广使用绿化无公害药剂，有效控制有害生物发生，确保全区城市生态安全。大力健全古树名木工作网络，推进各镇古树保护技措项目建设，进一步加强了对珍贵林木资源的保护力度。持续加强立体绿化建设和管理，全年共建成屋顶绿化6463平方米、其他立体绿化1038米/平方米，立体绿化质量显著提高，圣普大楼花园式屋顶绿化入选"2011上海市民最喜爱的十大立体绿化"。

（四）有力推进绿化科研成果转化。加快树枝粉碎循环利用实验成果转化，加强公共绿化枯枝落叶回收利用，有效促进我区枯枝落叶回收和综合利用率显著提升。进一步完善龙胜路树枝粉碎循环利用实验基地建设，完成机械设施配备和场地扩建工作。加强了树枝粉碎、堆肥工作，采取有效措施优化堆肥技术并在绿地、林地、草花栽培中逐步扩大应用。

（五）深化落实行政审批制度改革。以打造"两高一低"的精品服务窗口为工作目标，切实优化工作流程，提升审批窗口服务质量。严格落实"两集中、三到位"制度，局系统绿化、市容两大行业共计26件审批事项全部入驻区行政服务中心，积极配合实施"联合会审"机制及日常项目协调。实现绿化审批网络直办，积极配合完成网上并联审批"四个集装箱"工作，有效提升审批服务效能。

四、发挥优势，提升数字化城市管理效能。

（一）明确工作思路，全面发挥平台管理功能。坚持"保作为、固成效、强管理、促提升"，不断发挥数字化城市管理平台效能。今年以来，区网格化管理中心共受理案件2.65万件，结案率为99.2%。其中监督员自行处理10118件，占结案总数的38.2%。"城管投诉一口受理热线"累计接听投诉2435起，其中城管执法立案1336件，结案1325件；违法建筑拆除立案1099件，结案954件。

（二）有序拓展网格化管理覆盖区域。科学划分网格化管理万米网格和责任网格，稳步推进张堰、廊下、亭林三镇共计2.19平方公里的网格化四期项目建设。截止到2011年底，全区网格化管理覆盖面积将达到18.69平方公里，管理部件总数达到18.05万个，全区镇域数字化管理水平进一步提升。

（三）完善工作机制，发挥管理工作实效。加强管理资源整合，深入开展本区地下空间巡查管理；加强管理技术创新，完成卫零路三维实景系统建设，在全市范围率先实现三维立体模拟监控。以推进案件有效处置为核心，深入开展积案分析，积极加强工作对接，大力推进疑难案件协调处置工作机制建设。

五、2011 年主要工作特点

（一）规划先行、谋定后动，提高工作的系统性与科学性

在充分展开讨论、广泛征询意见、深入开展调研的基础上科学编制局“十二五”发展规划，精心制订推进全区生活垃圾分类减量、违法建筑拆除等全局性、长期性工作的指导意见，进一步加强了工作统筹。编制了《金山区户外广告设施设置阵地规划实施方案》、《石化街道生活垃圾分类促进源头减量试点实施方案》、《轨道交通 22 号线(金山支线)沿线市容环境整治工作方案》等一系列具体实施方案，有效加强了条线业务指导、保障了各方工作衔接，提高了工作的前瞻性与科学性。

（二）加强协调、凝聚合力，扩大绿化市容管理效益

按照区政府的工作要求，启动了区市政市容联席会议办公室工作机制，落实专门办公场所和专职工作人员，充分发挥联席办上情下传、综合协调和运转枢纽作用。在推进轨交 22 号线沿线整治，迎“沙排赛”、“世游赛”等重大赛事保障，以及“金山区 2011 年夏令热线”活动过程中，进一步加强工作协调与促进条块结合，有效凝聚了相关职能部门和属地管理单位的工作合力，推动了行业管理效益的显著提升。

（三）健全目标管理、坚持跟踪问效，保障工作有效落实

2011 年，局延续实施了世博期间“双月考评”工作制度，组织对各街镇(金山工业区)的绿化、市容环卫工作开展了 6 次实效考评，进一步推动全区园林绿化、市容环卫管理实现长效常态。修编完善绿化市容管理绩效考核指标，将拆除违章建筑工作纳入乡镇绩效考核体系，促进了绿化市容长效管理机制的进一步完善。同时，全面推进市容环境卫生责任区达标创建工作，固化属地市容环境长效管理机制。

（十七）奉贤区

奉贤区建设和交通委员会

2011 年，区建交委在区委、区政府的领导下，按照构建社会主义和谐社会的总体要求，坚持深入贯彻落实科学发展观，围绕区“三区一基地”建设总体目标，围绕建设交通事业改革和发展的大局并结合《2011 年区政府重点工作安排》及《2011 年区政府要完成的与人民生活密切相关的实事》等的具体任务指标，紧紧把握委年初制定的“六个加强”工作目标，团结带领我委全体干部职工扎实推进全年各项工作任务，全力以赴发展我区的建设和交通事业。

一、认真履行建管职能，进一步加强我区建筑建材业管理工作

1. 认真贯彻上级文件精神，落实《奉贤区整顿和规范建筑市场的实施方案》工作。

今年是全市整顿和规范建筑市场之年。我委按照区府“深入开展整顿和规范本区建筑市场工作，加强建筑建材市场管理，推进建筑行业健康有序发展”精神，开展了一系列富有成效的工作，扎实推进了我区建筑市场的治理和规范工作。

（1）2 月份，根据区整治办工作部署，制定了我委整治建筑市场的工作方案，确定领导小组机构、落实工作职责，报区整治办备案。

（2）3~4 月份，监督指导各镇（开发区）和建管所组织开展整治建筑市场的自查自纠工作，确保整治工作的全覆盖。

（3）5~6 月份，会同区相关职能部门对各镇（开发区）上报自查项目集中开展整改

抽查工作，并配合区整治办完成全区的自查工作总结。

（4）7~8 月份，积极开展建筑市场各类专项检查，巩固提高自查自纠成果，并配合区整治办做好市整治办对我区整治办工作的抽查和督察工作。

2. 加强行业管理，抓好宣传培训工作，并完善相关管理文件的制定、修订工作。

（1）3~4 月份，分四期组织开展全区建筑业企业法人代表安全生产法律、法规的培训工作，总计 575 人次参加培训，并通过考试。

（2）上半年度，根据年初培训计划，有序推进建筑工地农民工安全生产知识万人培训和技能培训工作。

（3）组织完成各镇（开发区）建管站两期的专项业务培训（4 月和 8 月）。

（4）认真贯彻 2011 年 1 号文件的精神，研究限额以下小型工程建设的管理措施，上半年会同区监察局完成制定《关于加强奉贤区小型建设工程项目管理的实施意见》和《关于加强奉贤区小型建设工程项目管理的实施意见及有关问题的补充通知》。

（5）根据《奉贤区加强和完善建筑建材业行政管理工作的实施方案》（沪奉府办［2011］21 号）的精神，指导协助建管所完成制定《关于推进镇（开发区）建筑建材业管理站工作的意见》（沪奉建发［2011］49 号）和《奉贤区镇（开发区）建筑建材业管理站工作导则（试行）》，进一步建立健全区、镇两级建管行业的监督体制及制度建设。

（6）组织我委专业人员编制并发行《奉贤区建筑建材业管理工作指导手册》。

3. 加强建筑工程施工现场的质量安全和文明施工管理工作。

（1）加强对南桥新城和大居工程建设监管工作的组织领导，联合大居推进办研究制定大型居住社区南桥基地建设项目质量安全和文明施工创先争优办法，并开展了两次评比活动。

（2）结合区整治办的专项整治工作部署，定期组织区内安全生产施工质量、文明施工和扬尘控制等综合观摩活动。

（3）结合行业特点，组织开展建筑工地夏季专项整治和开展《狠抓安全、消除事故隐患》的主题活动。积极推广“四最”工程的创建评比活动。

4. 加强建筑建材业行政执法工作。

（1）3 至 4 月份，指导、督促建管所对春节前后农民工工资拖欠的建设项目进行经营行为检查，对存在违法分包行为项目进行通报及立案查处。

（2）5 月份，对违反建设程序、在未取得施工许可擅自开工项目的监督检查，强调项目开工前必须按法定建设程序办理有关建设手续。

（3）6—9 月份，重点对工程承发包管理进行监督检查，严厉查处建设工程违法分包和转包的行为。目前为止，立案查处结案的有 179 件， 处罚额度为 185.3 万元，同比去年增长 30 %。

5. 加强初步设计审批和设计文件审查工作。

（1）截至 10 月初，共受理申请 78 个工程建设项目的初步设计审查，完成初步设计审批有 76 个，建筑面积 199.43 万平方米，概算投资额为 80.62 亿元，其中公交停保场因资金暂未落实和设计方案的调整等因素，赞不具备初步设计审批的条件。

（2）设计文件审查工作自 7 月 1 日开展至今，共受理企业投资核准、备案项目的设计文件审查由 23 个，总计建筑面积 52.66 万平方米，概算投资 9.8 亿元。其中已完成设计文件审查，通过施工图设计文件审查合格备案的项目由 15 个，其余均在审查过程中。

（3）完成相关并联审批或征询意见的工作。截止 9 月初，完成建设工程设计方案审核意见征询共有 36 个项目。完成“建设用地使用权招拍挂出让和核定规划条件”的建设征询意见共有 91 个地块。

（4）上半年，根据市政府[2010]46 号《上海市建设工程行政审批管理程序改革方案》的精神和市审改办的要求，配合区审改办组织编制完成《奉贤区建设工程设计文件审查操作规程（试行）》，并于 7 月 1 日起正式对接市审查中心，正式受理区内建设工程设计文件的审查管理工作。

6．贯彻国家和本市节能减排政策，抓好我区建筑节能管理工作。

（1）抓好建筑节能知识的宣传和节能技术的推广工作，不断提高各单位和人民群众对建筑节能认识和应用水平。通过举办“建筑节能施工质量要求专题培训”以及开展建筑节能应用技术的现场示范观摩等活动，使区内各相关建设、设计、施工、监理等单位的专业技术人员对建筑节能技术的应用水平有了明显提高，为全面执行国家建筑节能标准确保施工过程中的规范化实施起到较好的指导性作用。

（2）严把项目审批关，通过建设项目初步设计审查和建设工程质量监督报监等环节，实现 100% 新建住宅建筑和 100% 新建公共建筑按国家节能标准设计和建造。确保 100 个新建居住和公共建筑达到国家节能设计标准，至 9 月底完成 80 个项目的备案登记，共计建筑面积 297.14 万平方米。

（3）抓好建筑节能工程的专项验收工作。我们根据沪建建 [2005]649 号文精神以及上海市“住宅建筑节能工程施工质量验收规程”和国家“建筑节能工程施工质量验收规范”的要求严格把关，至 9 月底完成 53 个项目，计 127.81 万平方米的新建节能工程验收。

（4）既有建筑的节能改造工作。基本完成 2010 年度创上海市建筑节能示范项目（红庄小区改造工程）的能效评估工作，并获得市节能专项资金的补贴约 300 万元。同时，指导协助海港开发区管委会完成项目的审计决算工作。完成上一个年度的区机关和大型公建的分项计量监控平台系统建设和能源审计工作报告。同时，完成了 2011 年我区建筑节能综合改造工作实施方案的组织上报工作。

（5）推进建筑施工企业节能管理。根据国家发出的建设节约型社会的号召，按照市、区节能减排工作精神，我们紧密结合本地区、本行业的发展特点，积极开展建设节约型建筑企业和建设节约型施工工地活动，并取得明显成效。

（6）可再生能源在建筑领域的应用。根据国家《可再生能源法》，坚持建筑领域节能与开源并举原则，对符合条件的新建住宅建筑和公共建筑积极推广太阳能、地热能等可再生能源利用技术在建筑中的应用。同时积极支持南桥新城的低碳建设，在项目审批过程中严格按我委于 2010 年组织编制的《南桥新城新建居住及公共建筑低碳建设技术导则》执行，确保南桥新城的新建建筑在可再生能源利用方面实施与建筑物统一规划、同步设计、同步施工和同步交付。

二、加强基础设施建设，科学制定、开展工程计划与工程管理（前期）工作

1．工程计划方面：

（1）完成了 2011 年度基础设施建设计划上报工作，并编制完成了奉贤区城市道路与公路“十二五”规划项目建设计划。

（2）完成了区与区对接道路：平庄公路、航塘公路、瓦洪公路及新林公路、南桥路等工程的项目建议书报批工作，根据续建及新建工程的进展情况办理报建、工可报批、初步设计报批、组织招标、合同签订等工作。

（3）完成了区与区对接道路土地农转用申报及项目环评的批复工作，并积极协调建设资金及土地指标争取于年内开工建设新林公路及南桥路延伸工程。

（4）完成了上海空军预备役导弹营工程的土地手续，并完成了初步设计评审及上

报工作。并争取于年内落实该工程市级资金到位。

（5）配合区审计局进行望园路（浦南运河—环城南路）、环城南路（环城东路—金海路）、平庄公路（沿钱公路—新四平公路）、垃圾中转站及环卫码头等工程的审计工作，并完成了联业路（环城东路—沪杭公路）、S4 高速出口大叶公路路灯安装、望园路浦南园河桥等工程的审计工作。

（6）各项工程的统计报表工作：公路处、市政处的报表统计、区路投的月进度统计、区重大办的进度报表，及各项工程的请款工作。

（7）继续推进虹梅南路—金海路越江段前期工作，配合市黄投公司做好越江段的征地工作。

2．工程技术方面：

（1）完成了平庄公路（浦卫公路—金山区界）、航塘公路（大叶公路—浦东区界）、瓦洪公路（大叶公路—浦东区界）、新林公路（金海公路—浦星公路）等公路市政项目的工程可行性研究。

（2）配合市相关部门，完成了 S3 高速公路、闵浦三桥总体方案研究。

（3）组织相关部门，完成了“大居”外围配套道路及齐贤公交枢纽站工程的方案设计及项目建议书报批工作；以及轨交 5 号线配套道路、虹梅南路—金海路越江通道配套道路及“临港园区”配套道路等工程的初步方案研究。

3．工程管理方面：

（1）全面完成了动迁及相关前期协调工作，确保林海公路竣工通车；基本完成了 1109 工程、曙光中学配套道路、展发路、市消防局训练基地配套道路。

（2）与区对接道路、新林路、南桥路已完成全部民房的评估和前期摸底工作，并且平庄公路庄行镇已完成 13 户居民房（共 16 户）拆迁工作。

（3）完成了浦卫公路（南亭公路—平庄公路）、环城西路（大叶公路—西闸公路）绿化、航塘公路（大叶公路—川南奉公路）绿化、平庄公路（环城东路—浦卫公路）、奉干公路、奉干浦南运河桥、瓦洪公路（平庄公路－随塘河路）、金大公路（浦星公路－林海公路）等工程的竣工验收工作。

（4）区与区对接道路之一平庄公路（浦卫公路－金山区界）BT 段顺利开工；航塘公路及瓦洪公路年内完成工程项目的招投标工作。

三、加强公路市政和燃气行业管理，有效开展城市管理各项工作

1．以迎“国检”、迎市公路处“公路养护考评检查”双迎活动为契机，确保公路和各类设施运行正常完好，不断提升公路管养水平。

（1）完成了迎国检整治工作，涉及道路大叶公路、川南奉公路、南奉公路、南亭公路四条省道，完成路面铣刨加罩近 20 万平方米，完成路面病害面积约 2.7 万平方米。“国检”和“半年度公路养护受检”工作顺利完成。

（2）完成了省道公路里程桩号体系的整治。

（3）所有清扫车安装了 GPS 定位系统。落实公路属地化保洁措施。

（4）对齐贤道班和奉城道班进行了全面整修。

（5）接管全区 2000 多个消防栓。

（6）重新修订《奉贤区区管公路、市政道路养护质量考核办法》。

（7）完成了市公路处和市管处上半年度养护考核。

（8）完成防汛防台前排水管网检测维修。

（9）全面开展全区公路大中修工程，力争 10 月底前完成。

2．以建立农村公路养护机制为手段，加强农村公路管理力度。

（1）今年安排农村公路养护计划4500万，大中修里程39.62公里，计划维修桥梁3座。各镇养护站人员到位，养护资金基本落实，农村公路管理体制改革工作基本完成。

（2）新设里程碑、百米桩300公里，桥梁限载牌500套，路名牌800套、农村公路路政宣传牌250块，路口警示桩4000根。

3. 以实施“老区天然气改造”和“向70周岁以上老年人家庭提供免费送气服务”两大实事工程为载体，实现服务民生宗旨，“两大”实事工程有序开展。

（1）老居住区天然气改造。南桥老居住区5000户居民天然气改造，是2011年区政府实事项目之一。截止至9月中旬，所有改造小区的中压工程施工已完成；鸿宝二村、万隆花苑、良友新村、江海花园的街坊管已开挖施工；鸿宝二村、万隆花苑、江海花园的第一批改造楼栋脚手架已开始搭建。整个工程计划在12月15日全面完成。

（2）为本区70周岁（含）以上纯老年人家庭液化气用户发放免费配送卡工作，是本年度区政府实事项目之一。该项目由我委牵头，区燃气署负责具体实施，各镇、开发区配合完成。项目自3月中旬启动以来，先后完成了宣传发动、申领登记、用户信息审核公示、《免费配送卡》制作发放等前期工作。6月16日起，全区各液化气供应站开始为16014户持卡用户提供免费送气上门、更换减压阀和橡胶管等服务。截止到8月30日，各站点为老年人提供免费送气服务6500次，更换减压阀和橡胶管5800套。

4. 以实现城市长效常态管理为目标，加大协调力度，有效开展城市管理各项工作。

（1）7—8月份，牵头组织开展“夏令热助”工作，共受理市民诉求2846件，处置率100%，按期处置率100%，回访率100%。

（2）建立奉贤区境内高速公路市容环境长效常态管理双向联动机制，与市高速署、奉贤境内各高速养护公司每月召开例会。

（3）完成全国文明城区创建公路市政及燃气行业的协调推进工作。

（4）协调完成网格化案件处置1900多件，协调完成市容、执法保障任务16件。

（5）认真做好市政消火栓接收管理工作，协调区公路市政署会同消防支队、上水奉贤公司对全区市政消火栓设备量普查（2460个），并造册登记。完成了《奉贤区市政消火栓养护管理实施细则（讨论稿）》的拟写，目前正征求各责任部门意见，计划年内报区政府批转各相关单位遵照执行。

（6）积极推进2处噪声屏治理工作（S4高速公路百合苑、华龙别墅是区政协、人大两会提案的重点民生工作），已完成百合苑点位治理的房产商建设资金落实协调工作、招投标工作、市公安交警、公路路政办证工作，目前已进入启动施工阶段，计划年内完成。协调完成华龙别墅点位治理纳入市财政出资建设，目前正与市建交委、市公路处磋商该点位的建设事宜。

四、加大行政执法力度，确保交通港航行业工作安全、受控

1. 坚持公交优先原则，大力发展公共交通建设。

（1）完成2011年公交线路延伸、新辟、调整的年度计划及区政府实事工程。今年，共新辟公交线路3条，调整公交线路8条；置换非空调车176辆，至6月30日，我区516辆公交车全部为空调车，公交空调车率达100%。

（2）组织开展公共交通行业“强监管、重服务、树品质”规范达标主题活动，同进一步完善我区公交行业管理机制，增强从业人员服务意识，规范服务行为，提高服务水平。到今年六月底，按照市交港局规范服务标准的要求，通过对22条公交线路实施增能、调整发车间隔、延长晚班车时间等操作，我区已完成所有公交线路规范达标工作。

（3）指导并协调南桥汽车站进行发车位调整布局工作，进一步改善车站内外秩序，方便市民乘车出行。同时协助南桥镇开展南桥汽车站广场乱设摊的整治活动，为市民创造一个更为优美的环境。

（4）研究制定新中心医院配套公交线路的规划方案，完善曙光中学、海湾大学园区周末师生出行营运计划及金山支线的配套线路。

（5）针对海湾大学园区、曙光中学及在奉高校周末师生出行的特殊情况进行了实地调研，指导和协助行业监管部门、公交营运企业制定应急预案和长效管理办法。

（6）着手推进《奉贤区交通整合规划》编制工作，对东部地区的道路交通专题规划开展了调研。同时积极参与南桥新城、大型居住区的规划建设，并对现有的公共交通设施进行了维护。

2．加大执法力度，确保道路运输、水上运输安全畅通。

（1）指导、监督行业监管部门开展各类活动。今年分别开展了严厉打击非法违法生产经营建设行为专项行动、主题为“安全责任，重在落实”的“安全生产月”活动、道路客运隐患整治专项行动、交通运行安全隐患排查专项工作等活动，组织交通港航行业生产运行正常有序，安全生产始终处于可控状态。组织开展多次交通运输综合应急演练，并参与公路管理部门的应急演练活动。

（2）完善交通港航行政许可审批工作，规范了许可程序。制定了《关于完善本区内河港口岸线使用审批工作流程的通知》，对港口岸线使用、临时使用和使用人、使用功能、使用范围及续期、补发、注销等行政许可内容进行了补充和完善，并对审批过程中的流程进行了进一步明确。

（3）加强对出租汽车行业的服务和管理。针对社保新政的出台和实施，研制了《我区出租行业实施社保新政的情况调研和对策措施》，及时向上级部门反映行业情况，并实时掌握队伍动态、公司情况，做好行业稳定工作，并组织出租司机代表进行社保新政的宣传活动。

五、强化安全监管，狠抓重点防范，确保安全生产

1．落实安全生产责任制。

我委共有22家单位、350余个部门签订了2011年度安全工作目标管理责任书，近3000人次签订了员工安全生产承诺书，行业督促240家重点管辖单位签订安全生产责任书，6000多从业人员签订安全稳定承诺书。按照6大行业单位管理职能，修订《安全工作目标管理责任制百分考核办法》，编制年度安全工作方案，实施全年两次安全生产目标管理考核，进一步强化了岗位安全责任。

2．强化安全生产教育培训。

主要是结合“双迎双庆”、“全国文明城区创建”、“整顿和规范建筑市场”、“隐患排查治理”、“道路交通日活动”、“应急预警处置”等工作，加强企业法人代表安全大培训、农民工安全知识培训、新职工三级教育培训、特殊工种持证上岗培训和驾驶员交通安全知识讲座，共计培训21000余人次。

3．集中整治安全生产隐患。

重点围绕贯彻落实《国务院关于进一步加强企业安全生产工作通知》精神，按照市、区两级政府年度安全生产工作实施意见和“打非治违专项行动”、“夏季安全生产专项整治”、“安全生产月活动”、“安全生产冬季战役”、“消防安全清剿火患战役”等专项部署，聚焦建筑建材市场、聚焦大居等重大工程建设、聚焦重大危险源、聚焦公交客运安全、聚焦燃气运行安全、聚焦季节安全防范。以年初启动的整顿规范建筑市场为先导，积极动员发动全系统、全行业稳步推进了各项安全隐患治理工作，有效治理消除了一大批安全隐患。截止9月底，全系统

共开展社会面常态安全检查企业单位1246家，发现并整改安全隐患7816项，发出隐患整改意见书250余份；行政处罚1978起，处罚金额309万元。

4. 有效落实防汛防台工作。

一是构筑防汛储备体系。重新梳理了基层单位防汛工作网络，建立完善了7支348人的应急救援队伍，调整充实了17类应急救援物资。二是督促消除防汛隐患。5月、7月，区人大、区政府领导先后两次检查我委防汛防台工作，实地查看了城区下立交泵站、道路的排水状况。3至8月，会同区防汛办、镇（开发区）建设管理部门，分别对我区168个在建重大工程开展了专项检查，涉及施工单位102家、监理单位47家。3月至9月，公路市政行业5次组织养护单位，对南桥城区建筑工地周边路段雨水管道和9个高速（铁路）下立交泵站进行了防汛防台专项检查、复查；完成了解放东路翡翠公寓处，疾控中心北侧等10多处较大积水路段改造工作。三是全力应对有效处置。有效应对了6月下旬第5号台风“米雷”和8月上旬第9号强台风“梅花”影响期间和整个主汛期历次暴雨黄色、橙色预警期间的应急救援工作。

5. 全力做好应急管理工作。

一是研究制定了《加强应急管理工作办法》，实行应急值班、防灾值班、节假日值班和突发事件信息报送等制度，制作完善处置突发事件流程图指引应急启动、应急救援工作。二是积极修订预案规范处置程序。研究编制、修订《处置公共交通安全突发事件应急预案》等8项涉及建筑施工、水陆运输、公路（桥隧）、燃气供应等处置事故（事件）综合应急预案和防汛防台、迷雾天气、大风降温、雨雪冰冻等特殊季节处置自燃灾害专项应急预案。三是抓演练提升救援能力。以五大行业为职能单位，成立了应急管理专家队伍，组织应急救援队伍实施了“内河突发事件综合演习”等9项应急实战演习，有效地处置了年初的雨雪冰冻灾害、秋冬季节迷雾、大风对交通运输、建筑施工、水域航行的影响。

六、加强协调，高质量推进重大工程、实事工程建设

1. 重大工程项目建设推进工作。

今年，我区共安排32个重大工程项目，总投资逾290亿元。与2010年相比，今年的重大项目呈现续建项目多，新开工项目少的特点。因此，在加快新开工项目前期工作的同时，重点抓续建项目的推进。截至10月中旬，奉干公路、金大公路、曙光中学、西部污水处理厂、1109、二路一带地下民防工程、三一重工（一期）等年内竣工项目如期竣工并投入使用，或即将投入使用；正在施工项目19个，办理前期审批手续8个（其中，临港圈围工程即将开工建设）。如期实现年初制定的全区重大工程推进计划。

2. 村庄改造工作。

2011年结合村宅归并对6个镇，26个行政村，73个自然村宅，3415户农户进行村庄改造，涉及本地农村居住人口9367人，现已全面进入验收阶段。

3. 危旧房改造工作。

2011年危旧房改造工作起步较晚，目前正在紧锣密鼓地推进此项工作。经过区重大办会同区民政局对各镇的低收入户进行现场实地审核和评估，实地排摸和筛选，初步确定今年80户列入危旧房改造。同时，将核定这80户的补助金额，并撰写申请报告，向区政府申请补助资金，现资金正在落实中，预计将于2012年初全面完成改造工作。

七、其他重要工作

1. 积极推进政企分开工作，实现建发集团正式脱钩。

10月12日，奉贤区建设发展（集团）有限公司揭牌正式运营，标志着区建交委与所属建筑施工企业彻底脱钩，实现了政企分开、政府职能转变，促使奉贤区深入推进政

企分开改革工作上台阶。

2．积极办理人大提案和政协意见，妥善处理信访，确保和谐稳定。

积极开展区人大和政协的书面意见和提案的办理工作。截至6月底，我委已全部完成人大书面意见和政协提案，共计71件。

妥善处理信访，确保稳定。年初，与委属各单位签订信访工作目标责任书，并加大考核奖惩力度，切实加强信访基础工作，落实信访工作责任制。同时，耐心接待和认真答复群众来信来访，并进行妥善处理。对一些确实合情、合理、合法的诉求加以认真研究和落实，确保社会和谐稳定。协调完成东方网文明在线网民投诉问题答复41件。共接到各类信访、社情民意248件，答复229件，已完成93%。

3．积极发挥群团组织作用，完成多项工作任务。

完善工会组织建设，承担引导、组织群众并维护好群众权益的使命，切实关心困难职工群体的生活，不断推进工资集体协商制度，促进劳动关系和谐稳定。开设委属系统基层工会干部培训班，较系统地学习了《上海市职工代表大会条例》等法规，提高工会干部的业务知识水平。同时，完成局村挂钩、双结对、帮困送温暖、健康单位（卫生单位）创建、无偿献血等工作。积极开展各类志愿者活动，并响应区委区府号召，全力参与我区全国文明城区创建工作和南桥镇全国卫生镇复评工作。11月份起，以分解责任、点位包干为抓手，层层落实，形成合力，全力开展迎接市城市文明指数测评工作，

4．交通战备工作成效显著。

区交战办以市交战办部署的各项工作为重点，按照“平时服务、急时应急、战时应战”的要求，在专业保障队伍整组、应急交通保障、专业队伍训演练等方面深入、扎实地开展一系列工作。重新调整交战专业队伍编成，优化专业队伍人员配置，加强运输车辆、专业设备随队配备，共编入客运车辆60辆、货运车60辆、各类工程抢修设备42台辆、应急维修车1辆，各支专业队伍规模适度增减，应急保障综合能力进一步提升；上半年，还分别组织了对水上应急交通保障分队的演练，主要对水路交通管制、人员救援、防化洗消等科目进行了演练；道路运输中队货运中队，组织货运中队进行演练，主要对车辆集结、货物倒运等科目进行了演练；组织开展实兵快速动员演练等，均取得了较好的成效。

今年6月，获得了国家交通运输部颁发的“‘十一五’全国交通运输行业交通战备先进单位”称号。

第二部分 党委工作总结

2011年，在区委、区政府的正确领导下，坚持以邓小平理论和“三个代表”重要思想为指导，深入贯彻落实科学发展观，紧紧围绕建设交通事业改革和发展的大局，以开展“纪念建党90周年、奉贤撤县建区10周年”双迎双庆活动为契机，深入开展创先争优活动，进一步推动基层党组织履职尽责创先进，激励广大党员立足岗位争优秀，深化“服务型政府”建设，不断创新工作思路、改进工作方法，全面加强党的思想、组织、作风、制度和反腐倡廉建设，为确保全年各项工作任务的完成提供了强有力的思想、政治和组织保证。

一、深化学习型组织建设，提高实践科学发展观的能力和水平

一是以学习贯彻党的十七届五中、六中全会精神为重点，抓好党委中心组学习调研，加强理论武装，提高干部的履职能力，全年开展集中学习12次。二是根据区委要求，结合工作实际，有针对性制定基层党组织学习计划，并加强对各基层党组织开展学习情况的收集和检查，使基层党组织学习制度进一步强化、学习质效果进一步提高。三是全面开展学习贯彻胡锦涛总书记“七一”讲话精

神活动，重点开展党史学习教育和竞赛系列活动、学习杨善洲同志、李林森同志先进事迹活动等主题教育活动，发动党员干部参与学习、交流，撰写学习体会，有效促进全委干部职工统一思想、转变观念、提升理念。

二、深入推进创先争优活动，营造践行誓言、科学发展的浓厚氛围

一是强化组织领导。制定了《深入推进创先争优活动实施意见》和相应的《责任分解表》，明确“一个主题，六个围绕，三十三个工作项目”，确保了创先争优活动围绕中心工作全面有序展开。二是组织党组织、党员开展践行誓言再作承诺活动，党组织、干部职工结合工作目标和誓言作出年度公开承诺，提出阶段性目标。三是开展以“三亮三比三评”为载体的深化为民服务创先争优活动，突出抓好五大行业管理单位及公共交通、供气、公路市政养护行业等窗口服务单位公开承诺践诺，并通过开展“推磨式”检查，查找公开承诺落实和现实服务中存在的问题，切实把我委的服务承诺落到实处。四是开展大型居住社区南桥基地创先争优活动，在工程建设中大力弘扬创先争优精神，按照“最优质、最安全、最文明、最和谐”的“四最工程”创建要求，高标准、高质量、高效率地推进工程建设。五是开展多层次评选表彰工作，树立一批党性觉悟强、宗旨观念强、业务能力强、创新意识强的先进典型。共评选表彰了18个党员先锋示范岗，5个先进基层党组织，8名优秀党务工作者，32名优秀共产党员；获得市级先进基层党组织1家，区级先进基层党组织3家，区优秀党务工作者、优秀共产党员各1人；1人入围“辉煌十年”先进个人。

三、深化素质工程建设，以保障“四优”为目标，进一步加强队伍建设

一是继续加大竞争性选拔干部力度，继去年推行机关科级职位竞聘后，运管署、执法大队等单位举行了中层干部竞聘上岗，提高了干部队伍质量和活力。二是开展后备干部推荐培训工作，确定了新一轮的科级后备干部48人，加强了干部梯队建设。三是采取上挂、下派和岗位助理、轮岗交流等方式，拓宽青年干部培养成长渠道，进一步完善干部培养机制。四是继续开展“培训、练兵、比武、晋级”四位一体的岗位练兵和技术比武活动，自举或组织参与各类职工培训百余次，培训7000多人次；其中，举行技术培训和技能竞赛25场，共有400余人次参与。五是全面开展“创建学习型班组、争做知识型职工”活动，公路市政管理署工程监管科被评为“2011年奉贤区学习型团队”。六是加强职工学校建设，进一步完善职工培训体系，健全职业技能培训、竞赛、传帮带、晋级“四位一体”的长效工作机制，健全职工教育培训激励措施。

四、加强宣传和舆论引导，进一步提升精神文明建设水平

一是认真做好全国文明城区、全国双拥模范城等创建工作相关资料的收集和整理工作，建立创建工作日报制度，做好日常督察整改通知及回复工作，完成向上级主管部门的对接和汇报。二是加强创建市、区级文明单位工作的指导，做好创市级文明单位网上申报材料的审定。在新一轮创建中，全委共有7家单位申报市级文明单位称号。三是开展双迎双庆展板、精神文明十年展板、禁毒版面的宣传和巡展。

五、加强反腐倡廉建设，强化行政效能监察，推进政风行风建设

一是以加强忠诚教育、示范教育、警示教育、岗位廉政教育为切入点，组织开展“廉政警句格言大讨论”、“走进检察院一日”、“讲党性、重品行、作表率”等主题教育活动，围绕系列警示教育片开展座谈、交流活动，丰富廉政文化建设形式，营造廉政勤政良好氛围。二是以贯彻落实《廉政准则》、《廉洁规定》为重点，健全党风廉政制度执行力

的监督保障体系。严格执行重大事项申报、廉政谈话和出国境纪律教育等制度，重新修订《关于进一步贯彻党风廉政建设责任制规定的实施办法》，在层层签订《党风廉政建设责任书》的基础上，把财务、采购和项目经理等重点环节的重点人员纳入廉政责任监管范围，在签订工程建设项目合同的同时必须签订廉政协议书。三是开展财务效能监察、违规收送礼金礼券购物卡、工程建设领域突出问题、“小金库”、清理和规范庆典、研讨会、论坛和公务用车问题等“4+3”专项治理工作。2011年全年上交登记各类礼金礼卡等共计312400元。四是通过健全政风行风建设的组织网络、监督网络、处置协调责任网络，扎实推进政风行风建设。我委利用“奉贤报”、“建设交通网站”和“建设交通”杂志，公开各行业管理部门和窗口单位的服务承诺，并将政风行风监督员队伍扩大至73名，对服务窗口单位实时监督；健全完善信息处理和反馈机制，坚持“即知、即改、及时反馈”工作方针，及时收集和督办来自“纠风在线”和政风行风监督员的问题实例，做到调查快、处置快、反馈快。

六、加强基层组织建设，进一步创造力、凝聚力和战斗力

一是完善党务公开工作。出台了《关于进一步完善基础党组织党务公开工作的实施意见》，制定党务公开工作相关保障制度，组织基层党务工作者到区党务公开试点单位区经委、区水务稽查大队学习取经，拓宽思路，努力把党务公开工作提高到一个新的水平。二是坚持“三会一课”制度，完善党的组织生活，利用党员先锋行动手册加强党员日常教育管理工作。三是开展了“重温入党誓词”、增送“党员政治生日卡”、“党员先锋示范岗”、“两优一先”创建评选等活动，使党员的先锋模范作用得到了凸显。四是加强对入党积极分子的培养教育，组织27名入党积极分子参加区委党校培训班，发展新党员31人。五是完善党员联系和服务群众制度。七一前夕，普遍开展走访慰问老党员、困难党员、结对困难群众活动。做好在职党员主动到居住地党组织报到工作，共有590名在职党员到居住地党组织报到。围绕社区建设和管理，开展专题组织生活会，进一步提高“生活在社区，服务在社区”的意识。

在区委、区政府的正确领导下，一年来，我委党建工作取得了一定的成绩，在新的一年里，我们将继续创新载体，丰富内容，紧密结合创先争优活动、学习贯彻十七届六中全会精神和迎接十八大的召开、学习型党组织建设、服务型政府建设和干部职工素质工程建设等工作，进一步加强党的思想建设、组织建设、队伍建设、作风建设、制度建设，推动我委党建工作再上新台阶，努力开创奉贤建设交通事业科学和谐发展新局面。

奉贤区绿化和市容管理局

2011年，区绿化市容局紧紧围绕市委、市政府“创新驱动，转型发展”的工作要求，牢牢把握区委、区政府关于推进“三化两建设”、打造“三区一基地”的总体思路，切实推进城市生态环境建设，建立健全城市管理长效机制，积极推动各项创建迎检活动，不断增强为民服务能力。在各相关部门的大力配合支持下，在全行业干部职工的共同努力下，各项工作按计划圆满完成，绿化市容工作得到巩固和发展。

一、全力以赴、凝心聚力，圆满完成各项创建迎检工作

（一）成功创建国家卫生区

通过三年的不懈努力，我局全面完成了各项指标任务，同时充分发挥了牵头、统筹、协调、推进的作用，为赢得创建工作的最后胜利及提升全区的城市形象和社会影响力作出了贡献。

（二）全面完成园林城区复验工作

以“完善长效管理机制，促进区域绿化

发展”为主题，紧紧围绕“综合管理、绿化建设、绿化管理、市政环保、市民评判、社会评价”等六大部分42项考核指标，大力加强社会宣传，营造浓厚迎检氛围，努力推动绿化建设和环境整治，全面落实复验迎检工作，确保复验工作顺利开展。

（三）成功争取全国文明城区创建提名资格

紧紧围绕创建工作要求，仔细研读创建指标，充分发挥行业优势，主动承担并做好市容环境整治和保障，认真做好创建工作实地测评项目的督查通报。

（四）全力保障文明指数测评工作

牵头协调环境文明组成员单位做好全区各个检查点位的迎检工作。组织联席办成员对所有点位进行反复巡查，指导并督促相关部门及时落实整改。对我局承担的绿地、广场等点位，明确领导分工责任制，制定应急保障预案，全面发动干部职工积极行动，全力投入。保证了测评工作的顺利开展，环境文明指数测评获得较好成绩。

（五）协助做好南桥镇国家卫生镇复验

指导和协助南桥镇积极开展示范镇创建，不断提升环境面貌和城市管理质量，结合南桥镇国家卫生镇验收要求，主动做好环境建设的指导、协调和对接工作，着力破解城市管理中的难题顽症，确保了复验工作的圆满完成。

二、把握大局、统筹协调，全面完成年初确定的各项任务

（一）垃圾分类减量工作取得进展

推动各镇（开发区）建立非生活垃圾处置点，有效开展装潢垃圾、绿化垃圾、农业垃圾“大分流”，推动源头分拣，推进19个村（居）家庭生活垃圾分类启动，顺利实现了生活垃圾减量5%的工作目标。

（二）“双庆”环境建设和整治工作全面完成

西渡地区沪杭公路两侧店招店牌改造全面完成，解放路沿线、文化广场、年丰路S4出入口等景观灯光工程全面建成并实现亮灯。解放路等道路沿线绿化整治、时代广场和解放路望园路口花卉景点、老区政府门口生态绿墙、奉秀路桥柱垂直绿化等七个工程项目全部完工，为“双庆”活动增添了新的色彩。

（三）绿化年度建设任务圆满完成

新建各类绿地143公顷，其中公共绿地6.3公顷。西渡江边公园全面建成并于8月份正式对外开放，西渡社区公园和大润发东侧绿地等公园绿地建设正在紧张施工中，年末将初步完成。“3.12”植树活动蓬勃开展，取得良好社会反响。

（四）城管信息化工作得到落实

城管信息化一期平台建设初步建成并运行。南桥中心城区初步实现了数字化、信息化管理的目标。执法程序进一步规范，执法全过程得到有效监督，执法效率得到进一步提升。

（五）违章（法）建筑整治取得实效

做好违章（法）建筑整治工作，年内已拆除违法建筑321784平方米（其中新增量64000平方米），超额完成全年计划任务。其中，南亭公路两侧（南桥路－环城西路）违章建筑整治，拆除违章建筑980平方米，整治违章55处，取得了较好社会反响。

三、真抓实干、强化管理，夯实绿化市容工作基础

（一）做好绿化和环卫管理工作

加强绿化养护管理，做好病虫害防治和抗旱防涝工作，使绿化长势良好，绿地景观优美。加强“三站一码头”管理，全年完成全区近30万吨生活垃圾收集清运处置。加强环卫设施的维护和公厕保洁管理，提高道路冲洗率和机扫率，提升道路保洁质量。开展对高速公路、主干道沿线的市容环境综合整治工作。

（二）加大管理、执法和监管力度

重点开展乱设摊、“五乱”现象、乱搭乱建、偷乱倒渣土等难题顽症专项整治活动。积极开展食品安全综合治理、打四黑除四害、打击非法行医等执法整治活动。认真开展整顿与规范建筑市场工程建设领域监察活动，依法规范运作。开展节（假）日期间的市容环境综合整治活动，南桥中心城区的市容环境面貌基本做到长效常态，其它区域的环境面貌一定程度得到提升。

（三）做好行政审批（许可）工作

全面按照审批(许可)“公开、公正、透明、高效”的工作要求，采取网上审批（许可）等形式，切实做好绿化、市容、环卫等行政审批（许可）工作，年内共完成行政审批（许可）576件。

（四）做好应急保障工作

建立健全应急保障制度，加强应急队伍建设，完善应急网络，明确责任分工，落实应急物资，较好地完成了年初雨雪冰冻灾害和年中防台防汛保障任务。各支应急保障队伍，在历次的创建迎检和领导来奉视察工作中充分发挥了作用。

（五）落实安全生产工作

始终把安全生产作为一切工作的出发点，实行主要领导负责制，定期开展隐患排查工作。认真开展防火安全、一线作业人员规范操作、城管队员应急演练等培训教育活动。切实做好防台防汛值班、突发事件应急处置等工作。一年来做到安全生产无事故、文明执法无群体性事件、规范生产无作业伤人事件。

四、求真务实，创新模式，确保城市面貌长效常态

（一）创新发展工作体制机制

明确各镇（开发区）绿化市容工作的职责，理顺运行机制以及网格管理体制，强化协管队伍制度建设和管理，通过署所结对、对口检查、片区联动等工作形式，强化了行业联系和指导。建立健全了区、镇两级联席会议工作网络，坚持实效考评公示制度，使热点和难点问题得到重视和解决，绿化市容工作得到了关注和提升。

（二）完成网格化社区拓展工作

按照“大联动”工作机制要求，积极完成了网格化工作社区拓展，全区建立了网格分中心14家，监管面积91.454平方公里。完成了街面视频远程监控系统与网格化平台的对接。截止目前全区53106件，其中事件47884件，部件5222件，结案52892件，结案率99.60%，及时处理52114件，及时率98.53%。为城市管理问题的及时发现和迅速处置提供了保障，为城市管理科学决策奠定了基础。

（三）深化门前责任区创建工作

按照“道路整洁、门前有序、立面规范、垃圾上门收集”的要求，建立考核激励与执法处罚相结合的机制。指导青村镇、海湾镇做好责任区创建工作，引导商户、企业、市民参与市容环境建设。

（四）创新作业和管理模式

积极实施道路“飞行保洁法”，推广电瓶车入小区桶装化收运生活垃圾的模式，拓展道路延时保洁和延伸保洁覆盖面，推动城市“洁净工程”的开展。落实绿化三评制度，推动群绿工作的广泛开展，拓展道路绿化和保洁一体化管理区域。探索实施城市管理冬季勤务模式，更好地适应城市管理的变化和需要。

（五）编制完成“十二五”规划和有关管理办法

完成了绿化、市容环卫、城管等三项“十二五”规划，为今后五年绿化市容工作的发展指明了方向。研究制定了《奉贤区绿化养护考核办法》、《奉贤区绿地养护和保洁技术标准》、《奉贤区户外广告设施设置控制区阵地规划》、《奉贤区户外广告设施设置展示区阵地规划》、《奉贤区户外招牌管理实施意见》、《奉贤区规范渣土运输处

置实施意见》等有关规定，使绿化市容和城市管理有了明确的标准和依据。

五、关注民生、服务于民，提升公众满意度

（一）市民满意度和政风行风建设取得进步

今年以来全局上下狠抓政风行风建设，及时整改群众和政风行风测评员反映的突出问题，得到了市民的普遍认可，绿化行业社会公众满意度位列郊区第2，古华公园满意度位列全市141个公园第6名。在21个综合管理类部门中政风行风测评总体成绩名列前茅。

（二）市民投诉受理和处置得到加强

年内接待市民来访、来电、来信2550件，处置解决2550件，案件处置率100%，办结率100%，及时率97%，满意率94%，与去年同期相比投诉率下降21.2%，及时率提高1%，满意率提高5%。受理网格化管理案件187件，及时处置185件，处置率100%，及时率98.9%，结案率98.9%。切实做好“夏令热助”接听和处置工作，受理案件267件，办结267件。认真完成人大意见、政协提案12件（其中1件为重点意见，1件为重要提案），局领导挂牌督办社情民意4件。

（三）志愿服务活动有力推进

建立了规模近1000名城市管理志愿者队伍，并举行了隆重的出征启动仪式，积极开展“人人动手、清洁家园”、“小手牵大手”、“志愿者巡访服务”等多项活动，巩固和延续了局百名党员“义务执勤”活动，认真组织“周四环境清洁日”活动，进一步推进“城管进小区”、“绿化咨询进小区”、“市容环卫进单位”等活动。

（四）队伍整体素质得到提升

坚持“月月讲”在干部教育培训中的主阵地作用，组织中层干部培训6次，460余人次参加。认真组织开展覆盖管理、执法、网格督查、作业的“大培训、大练兵”活动，干部职工的工作能力和水平得到了有效提升。

2011年绿化市容工作虽然取得了很大的进步和成绩，但我们必须看到绿化市容工作还面临着不少困难，存在着一些薄弱环节：一是长效管理机制不够完备，整治成效巩固难。二是思想认识观念不到位，“人人动手、全面参与”的社会氛围形成难。三是城市管理相关财力、人力投入还不足，全区绿化建设和推进不够有力，环卫基础设施建设滞后于城市发展。在新的2012年需要高度重视，认真调整和改进。

奉贤区住房保障和房屋管理局

2011年是“十二五”规划的开局之年。在区委、区政府的正确领导和市房管局的精心指导下，奉贤区住房保障和房屋管理局始终坚持以科学发展观统揽全局，以九届市委、二届区委全会精神指导工作，围绕促进经济社会发展和改善住房民生的总要求，依靠和带领全局广大干部职工，团结鼓劲，乘势而上，扎实推进住房保障，认真服务城市建设，圆满完成了各项目标任务。

一、促进百姓安居，“六房并举”住房保障取得成效

2011年，我区的保障性安居工程建设时间紧、任务重、要求高。在区委、区政府的高度重视下，我们积极动脑筋、想办法，以忘我的工作热情，认真落实区住房保障工作会议精神，本着以单位租赁房为主、公共租赁房为辅；政府引导、社会发动；政府公共租赁房运营可持续性和结合工作岗位就近安置等原则，有序推进由廉租住房、公共租赁住房、动迁安置房、经济适用住房、农民集资房和直管公房组成的“六房并举”住房保障工作，全面完成了市里下达的保障性安居工程目标任务。

年内，筹措廉租住房房源42套（35套已完成，7套签订意向），新增实物配租8

户，新增租金补贴150户，累计受益家庭达670户。筹措公共租赁住房2148套、19.9万平方米。开工建设动迁安置房160万平方米，市属项目12.7万平方米11月1日正式开工。自筹建设的5.9万平方米经济适用房完成地下车库和基础工程。92万平方米农民集资房整修和2.8万平方米直管公房改造工程，完成前期计划、申报和相关准备工作。同时，奉贤区公共租赁住房运营公司挂牌成立，开始正式运作；经济适用房咨询、申请和受理工作顺利开展，户籍和住房核对工作已经完成，为2012年的房源配售奠定了基础。

二、保持政策衔接，房屋动迁转型平稳有序

2011年，《国有土地上房屋征收与补偿条例》、《上海市国有土地上房屋征收与补偿实施细则》相继出台，动拆迁工作进入全面优化整合阶段。我局主动适应新情况、新变化，审时度势，积极应对，确保了全区动迁工作的平稳过渡和顺利开展。

加强与市局、周边区（县）和相关部门的沟通联系，就出台全区相对统一的动迁安置标准进行深入调研，力争政策前后衔接，相互平衡。及时组织相关人员参加市、区两级的新政策培训，抓好拆迁队伍的转型提升工作。实施“阳光动迁”、“和谐动迁”，进一步弘扬“五加二”、“白加黑”和“硬着头皮、厚着脸皮、磨破嘴皮、跑碎脚皮”的精神，有力推进了南桥新城、大型居住社区、轻轨、区重大工程等项目的前期动迁工作，全年完成拆迁户数1966户，拆迁房屋面积151万平方米。圆满完成学实活动中提出的安置历年在外过渡动迁户三年行动计划，年内安置1182户，至此，2009年之前动迁并在外过渡的5263户动迁户全部安置完成，实现了政府部门服务群众、服务基层的庄严承诺。

三、服务社区建设，物业管理深入推进

集聚各方资源，统筹各方力量，积极创新机制，巩固成果，举全局之力推进物业管理工作。

加强组织领导，细化目标任务，组成由局党政领导带队的6个检查小组，全国文明城区创建、城市文明指数测评、大联动南桥试点等重点工作任务顺利完成。巩固深化试点成果，在全区推广商品房、动迁房、集资房和老旧小区的物业管理模式，起到了一定的示范引领作用。依每月每平方米奖励0.1元的标准，在对南桥镇成功试点的基础上，对全区55个售后房小区实施了考核补贴，极大地调动了物业服务企业的积极性和能动性。

理顺应急中心、房管中心和物业服务企业的三级应急响应机制，应急处置效率进一步提高，全年962121呼叫平台和应急中心受理维修3563件，处置率达100%。落实“四查”制度，行业的自律、自查、自纠意识逐步提高。开展房屋维修行业职业技能竞赛和《上海市住宅物业管理规定》等法规的培训和宣传，全年共组织800余人进行了培训。发挥党建联建作用，加强维修资金监管，归集到位7290万元。严格查处违章建筑，年内合计拆违51户。组织防台防汛应急演练，构建以社区民警、联防队员、居委会、物业服务企业为主的社区安全消防组织，确保了全年安全生产无事故。

四、把握政策调控，房地产市场运行不断规范

认真贯彻国家房地产市场调控政策，加强房地产市场监测监管，全区的商品住房价格上涨势头得到控制，房地产市场运行符合调控预期。

开展房地产市场分析和监管工作，每月向区委、区政府报送房地产市场运行情况，对下一步市场走势进行研判。做好事前政策宣传、事中监管、事后巡查等工作，不断完善监管措施，加大行业执法力度，促进了市场交易秩序的进一步好转。1—12月，交易

总量达 166.39 万平方米，交易额 158.2 亿元，其中，一手房交易总量 104.69 万平方米、交易总额 118.7 亿元；二手房交易总量 61.7 万平方米、交易总额为 39.5 亿元。

加强房地产开发企业资质管理和商品房预（销）售管理，全年批准预售商品房 9252 套、108.4 万平方米；认定房地产 32 件；办理产权登记 14129 件，他项登记 12012 件；成果审核备案 459 万平方米，房屋权属管理进一步优化。

五、维护居住权益，住房建设管理能力明显提高

加大城市基础设施配套费的征收力度，确保配套建设资金合理有效利用。加强全过程监管，掌握区内住宅建设动态，严把交付使用关，确保住宅建设与配套建设同步交付使用，为建设环境优美、公共设施齐全、智慧、宜居的现代化小区作出了积极努力。全年新开工登记 146 万平方米，施工面积 310 万平方米；核发交付使用许可证 71 万平方米；征收配套资金 2.2 亿元。

监督完成了碧海金沙嘉苑幼儿园、小蜻蜓幼儿园的建设。配合相关部门实施楼宇对讲系统安装工程，安装防盗门 3616 扇。推进“节能省地型四高优秀小区”的创建工作，完成恒盛湖畔豪庭、绿地海珀华庭西区两个创建项目，区域住宅产品质量和性能进一步提高。

六、围绕职能中心，党的建设进一步加强

按照局“效能建设年”工作目标，坚持不懈地抓思想发动，抓制度建设，抓教育培训，抓督查整改，抓民生工作，全局上下思想同向、行动同步，干部职工的服务意识和服务水平明显提升。机关各科室（单位），特别是基层一线服务单位、窗口公开亮身份、亮承诺、亮形象，深入基层，联系村（居），联系群众，以攻坚不畏难的勇气和行动，确保了政风上升 11 位、排名第 6，物业行风摆脱最后，在基层站所民主评议中，9 个中心分别列所在镇第二至第四。

认真落实“一岗双责”、党风廉政建设责任制和“三重一大”等规章制度，开展“讲党性、重品行、作表率”活动，在全系统开展党性党风党纪教育，通过开展授课、观片、征文等廉政教育活动，党员干部的廉洁意识不断提高。积极开展区委巡察“回头看”活动，各项整改措施均按照时间节点顺利完成。认真办理群众来信来访，全年办理完成各种信访和舆情整改事项 567 件，处置率 95% 以上，无闹访激访、群体性非正常上访等事件发生。

干部培养和教育力度继续加大，本着“干什么学什么、缺什么补什么”的原则，每月组织一次学习教育活动，年内举办副科以上干部培训班、工会干部培训班和相关条线等培训讲座，加大思想作风教育和新政策、新法规宣传力度，领导干部和广大职工“终身学习”的理念进一步增强。按照“德才兼备、以德为先”的标准选干部、配班子，干部人事制度改革不断深化，年内，新提拔科级干部 19 名，通过公推竞岗选拔副局长 1 名。

坚持把创先争优活动作为推动当前工作的重要抓手，突出服务于社会民生保障，服务于新城开发建设，服务于城市社区发展，“五创五争”创先争优活动取得实效。结合建党 90 周年、奉贤撤县建区 10 周年“双庆”活动，加大房管工作和先进典型的宣传力度；组建环境整治、创建文明城区志愿者队伍；组织演讲比赛、讲效能主题大讨论、行业技能大比武、“嘉奉杯”业务知识竞赛、各类捐款捐助活动和局村挂钩等工作，充分调动了工会、共青团、妇女组织的积极性，较好地推动了中心工作的开展，党群关系更加紧密。

在做好上述工作的同时，我局还认真负责地做好上级和基层意见建议的整改落实、重点课题调研、人大代表建议和政协委员提案的办理、资金管理、档案管理、后勤管理

等各项工作。

工作成绩的取得来之不易，是区委、区政府正确领导的结果，是全局干部职工共同努力的结果。在倍感自豪的同时，我们也清醒地认识到，我局的各项工作与上级的要求和群众的期待还有一定的差距，主要表现在：92 万平方米农民集资房整修和 2.8 万平方米直管公房改造工程因配套法规的制定和修改，未能如期实施；保障性住房建设使命光荣，但任务艰巨；动拆迁工作面临转型，一些体制机制有待于理顺；物业管理作为社区建设中的重要部分，一些难题亟待克服；房地产市场走向不明朗，预见性有待于提高；因一些历史遗留问题造成的上访不断增加。我们必须高度重视存在的问题，继续采取有力的措施切实加以解决。

（十八）崇明县

崇明县建设和交通委员会

2011 年，县建交委认真贯彻落实县委、县政府工作部署，围绕“创新驱动，转型发展”的总体要求，坚持“以人为本、安全为先、管理为重”的方针，扎实推进城乡建设和管理各项工作，基本完成了年度工作目标任务。

一、各重大项目建设取得突破性进展。

1. 沪崇苏通道工程配套建设扎实推进。协调完成了 483 户约 14000 平方米长江隧桥工程段的隔声窗安装工作，使长江隧桥工程顺利通过国家级环评验收，长江隧桥前期工程扫尾工作顺利完成。

沪崇苏通道工程配套建设年度目标顺利实现。①崇启通道工程的征地和劳动力安置、水系路网调整协议均依法签订。②协调完成了崇启通道 50 米绿化带的还土和施工便道还耕的确认工作。③协调、化解了崇启通道施工中产生的各种社会矛盾。④沪崇苏通道与崇明路网连接工程达成年度目标任务。⑤按时完成向化公路北延伸段征地、拆迁许可证、施工招投标以及路面施工许可证等一切手续，完成全线农户和集体户的拆迁及劳动力安置。11 月底道路竣工通车。

北陈公路改建工程在逆境中推进。①北陈公路南段改建工程完成了道路征地、劳动力安置、施工招投标、施工许可证办理、自来水管道搬迁的工作。施工队伍已进场进行土路基施工，但拆迁工作推进缓慢，南段红线内 76 户中已拆迁 46 户，绿化带内 61 户只拆迁 20 户，企业拆迁实行包案负责制，目前余下最后一家（一剪梅羊毛衫厂）未签约。②北陈公路中段改建工程已完成征地、办理拆迁许可证、施工招投标以及办理施工许可证等一切手续，完成了全线农户和集体户的拆迁，至 11 月底完成了电力、通讯、自来水等管线的搬迁，年内完成东半幅土路基处理及雨水管道施工。

2. 重点地区道路建设及公路大中修工程加快推进。蟠龙公路项目已取得县供地批文，10 月份开始动拆迁工作，年底完成施工招标。推虾港路已完成工程可行性研究报告，完成了用地选址、用地预审和项目环评，年底完成拆迁工作。14 个道路大中修项目 [除合五公路外（崇启通道运输道路）] 和 3 个桥梁大修项目全部竣工。

3. 市政道路建设有序推进。南门路新改建工程、北门路及鳌山路大中修工程、堡镇长岛路一期工程全线竣工，附属设施基本配全。堡镇长岛路二期工程已进场施工。南引河路、大陈路、学宫路、三沙洪路、东引路等城市道路，由于投资主体发生变化，正在重新办理各项手续，年内争取进场施工。

二、新农村建设效应凸显，实现了预定目标。

1. 完成了响椿公路等 4 条农村公路大中修工程，向化镇六滧公路阜南乐兴桥抢修工程，新海镇遵义路路面维修工程，23公里农村公路防坍工程，773公里农村村支路建设工程。

2. 至11月底全面完成了1500户农村低收入户危旧房改造任务，并通过抽查验收。

3. 至11月底全面完成了全县13个乡镇共15个村的村庄改造，并通过验收。

三、建筑节能降耗稳步提升。

1. 继续推进既有建筑节能改造工作。共对19个单位30幢楼宇进行既有建筑节能改造，改造面积52000平方米，12月初通过竣工验收。

2. 积极推进可再生能源建筑应用示范县建设。共落实示范项目15个，包括年内已竣工项目3个，应用面积34121平方米；已开工在建项目3个，应用面积41120.4平方米；未开工项目9个，应用面积344885.2平方米。育麟商务广场、陈家镇滨江生态休闲运动居住社区4号地块二期、崇明县文化科技中心一期工程和长江口稀有水产资源繁殖试验基地项目已通过专家评审。

四、加强监管，确保城市运行安全。

1. 有序推进建筑市场专项治理工作。一是组织开展全县在建工程综合执法大检查，共检查在建工程117个。二是开展各类工程大调查和自查自纠工作。县整治办分类梳理统计，确认全县各类建筑项目总数为184个，并上报了全县建筑市场调查情况分析报告。崇明县于今年7月14日至15日接受了市第六联合检查组的抽查，共检查在建工程项目13个，施工现场实体质量和安全管理状况总体良好，工程处于受控状态。8月至9月，我委对检查中暴露的突出问题进行了重点整改，有效消除了建筑工程中存在的质量安全隐患，并于9月底前完成了整改情况的书面报告并上报市整治建筑市场领导小组办公室。三是完善制度，加强管理。为了加强工程项目管理，委会同五部门制订了《关于加强崇明县小型建设工程项目管理的实施意见》、《关于加强对手续不全等违规建设工程查处的若干意见》并由县府办及时予以转发。

2. 建材业及建筑节能管理不断加强。一是继续抓好新建建筑节能备案管理和竣工验收工作，确保我县新建居住建筑和公共建筑均百分之百按照国家和上海市建筑节能标准进行设计和建造。截至今年底，共实施建筑节能项目43个，面积157.38万平方米。其中，居住建筑项目17个，面积130.29万平方米，公共建筑26个，面积27.09万平方米。二是以“禁实限空”为抓手，加快推进我县墙体革新步伐。今年以来共对40个项目办理了墙体材料的核定手续，征收粘土砖专项资金约300万元；对在建的42个工程项目进行墙体材料使用的专项检查，未发现违规使用粘土砖的行为；今年前三季度墙体材料生产总量8245.35万标砖，其中新墙材生产量8195.35万标砖，新墙材占墙体材料总量的99%，我县粘土砖的生产正逐步被新型墙体材料所取代。三是加强在建工程建材规范使用执法查处力度。全年共检查建筑工地70余家，向违规使用建材的施工单位下发40份整改通知单，实施行政处罚3起。

3. 燃气管理取得新成效。一是切实加强例行检查。完成了对全县74个液化气供应站、9个气化站、2个储配站2～3次的安全检查，基本情况良好；对2家管道气企业进行了重点检查，到目前为止，燃气管道始终处于“零”占压状态；单位用户安检率达到计划进程的100%，居民用户安检率完成了年度计划的100%。二是加强应急演练，提高应急能力。今年1月，燃气办与上海瀛海燃气有限责任公司联合举办液化石油气储配站处置燃气事故应急预案演练，10月与上海燃气崇明公司联合举办液化石油气瓶装供气站燃气事故应急处置预案演练。三是及时处理各类事故信息。共处理“110”、市应急中心联动案18起，出动53人次，处理燃气事故9起，和去年同期相比，事故发生率下降21.9%。四是安全宣传的力度不断加大。全年共制作发放宣传资料3万余份，对103个燃气从业人员进行了各类相关培训。

4. 公路、市政道路管理不断规范。一是完善公路、市政设施养护工作常态化管理。二是强化管理手段，不断提升公路、市政管理执法水平。加强对公路、市政道路占路、掘路等的行政审批管理，全年共审批公路行政许可21件、市政道路行政许可19件。加强公路巡查整治，全年清理和拆除擅自设置非公路标志65块，清理各类违章堆物2万7千多平方米，查处损坏公路设施案件35起，有效地保障公路路产路权。全年共出动400余人次、100多车次，开展对货运车辆超载超限违章的专项治理工作。三是加强对《公路安全保护条例》的宣传和培训工作。

五、党的各项工作得到进一步加强。

1. 全面推进党务公开工作。举办了委系统党支部书记座谈会以及部署了委基层单位党务公开实施方案的制定和试点工作。制定了《县建交委基层党组织实行党务公开的实施方案》（试行），同时确定崇明燃气公司党总支为党务公开试点单位，取得了良好的示范效果，根据县纪委的要求，目前已在本岛8个支部全面推进党务公开工作，并通过督查、互查等方式健全规范党务公开工作的程序和内容。

2. 进一步加强基层党组织建设。一是认真开展基层党组织换届选举工作。委系统现有23个直属党支部和2个党总支，今年完成了5个直属党支部及燃气公司党总支下属3个分支部的换届选举工作，完成了机关支部增补支部委员的选举工作。二是大力推进学习型党组织建设。我委于今年初详细制定党委中心组学习计划并下发各党总支和直属党支部，敦促各支部定期组织党员集中学习。为进一步健全培训制度，3月份我委组织了一次为期两天半的中层以上干部及后备干部培训班。党委要求全体党员认真学习、深刻领会胡锦涛同志“七一”重要讲话精神，并组织了一次由委属各支部参加的学习七一重要讲话的知识竞赛。

3. 开展纪念建党90周年系列活动。我委切实开展了纪念建党九十周年征文活动、黑板报评比活动；成功举办建交委纪念中国共产党成立90周年暨县建交委优秀共产党员、优秀党务工作者表彰大会，2名同志被评为县级优秀共产党员，20名同志被评为建交系统优秀共产党员，12名同志被评为建交系统优秀党务工作者。

4. 加强党员干部队伍建设。我委共有23个党支部，292名党员。本年度共确定13名入党积极分子，转正党员9名。完成委系统7名中层干部岗位交流工作及2名中层干部的民主推荐及考察工作，并协助配合县委组织部完成了本系统的换届考察准备工作及2名中层干部选拔为县管干部的推荐考察工作。认真配合县委组织部做好有关领导岗位公开选拔工作，积极推荐本系统4名优秀中青年干部参与选拔，其中2名干部已经过考察程序。积极培养委系统后备干部力量，共派出两批共11名年轻后备干部到市建交委党校中青班参加培训。

5. 加强党风廉政建设。一是落实党风廉政建设责任制。签订党风廉政建设目标责任书，并按照“类别清晰，任务明确”的原则，对我委党风廉政建设和反腐败主要工作进行了细致分工。二是按照市纪委、县纪委的部署，认真抓好“工程建设领域突出问题专项治理、深化小金库专项治理、规范公务卡消费结算、狠抓违规收受礼金礼卡礼券、公务车辆使用等专项治理工作”。三是深化机关效能和政风行风建设，积极开展机关作风建设年活动，开展机关每月一次下基层服务日活动，切实为基层办实事、做好事。四是继续深入开展“讲党性、重品行、作表率”主题教育活动，落实思想动员、组织领导和工作措施，做到有计划、有目标、有推进。

崇明县绿化和市容管理局

2011年，根据县委县政府的总体部署，我们工作以“城乡统筹、强化管理、服务民生、重在惠民”为原则，上下一体，条块联动，致力博后城乡环境长效管理，致力在社会管理中创新思路、创新方法、聚集各方力量，努力使崇明城乡环境面貌有新改观，实现崇明社会管理的“创新驱动、转型发展”的总体目标，主要做了以下工作。

第一，紧扣生态岛建设纲要及其指标体系，全面提升绿化市容系统管理水平。

围绕《纲要》要求，我们在园林绿地和市容环卫上做了以下努力。

通过抓“建、补、拓”，多管齐下，提升城乡园林绿地品质和管理水平。

“建”字上，积极推进堡镇市民公园建设。行业指导新城公园绿化种植养护建设，促成该园顺利建成，并完成了资产移交。

“补”字上，见缝插绿，先后建设或指导建成城乡公共绿地28925 m2。

“拓”字上，稳步推进公共绿地建设由城市集镇向村级拓展。先后完成港西镇双津村、中兴镇爱国村、向化镇米新村、三星育德村等一批村级绿地项目的设计和资金扶持组织工作，建成这类绿地面积20037平方米。通过一年来的努力，我县公共绿地总面积已达2197200 m2，崇明城区绿地率达到了32%。

通过“一个目标、二个重点、三个提升”的实施步骤，推动城乡环卫面貌和管理上水平。其中“一个目标”是确保环卫保洁质量、全面实现“每天都干净”。“二个重点”是以提高清扫保洁作业质量为重点和安全作业为重点。“三个提升”是提升快速保洁和应急保洁能力、提升城区环境卫生管理水平、提升晚间保洁水平。采用错时管理、延长保洁服务和公厕开放时间，建立管理与保洁相结合的责任体系和作业质量巡查机制，不断完善和谐高效的环卫作业和管理体系，推进环卫工作制度化、规范化、长效化。

注重日常保洁，2011年全县共清扫道路面积为6054712平方米。日保洁垃圾房1244只，城、堡两镇日冲洗公共厕所85座。都能做到垃圾日产日清，作业不扰民，车走场地清。农村地区能坚持“保洁到户、标准到村、考核到镇”的城乡一体保洁机制，各村配备生活垃圾收集员5—6名，做到了户户有桶、村村有房（垃圾房）和车（人力收集车），垃圾日日收，日日运，日日清。

注重作业规范，延长城桥、堡镇城区看管公共厕所的保洁、管理时间，增加对巡回保洁公共厕所的巡回保洁频率。增加道路机扫和洒水频率，主动提升道路保洁等级，提高保洁质量，减少扬尘污染。优化作业时间和方式，努力降低垃圾清运噪音，减少了作业扰民。

锁定工作重点，垃圾分类收集逐步推进，垃圾分类收集采用试点先行的办法，在城桥、新村、横沙和低碳经济实验区率先启动。坚持“属地管理，县级指导；政府推动，全民参与；全程分类，优化处理”的原则，建立起了“一级抓一级、层层抓推进”的责任体系，引导试点区域的人群养成按照“大分流、小分类”的总体要求，规范投放的习惯。我局还采取以下措施助动这项工作。一是由环卫作业部门对餐饮企业实行分类收集、定时收运、规范运输、专项处理的教育引导和实地监察。二是对试点居住小区家庭发放专用垃圾投放桶，配备志愿者和分拣员，宣传和指导垃圾分类工作。

重视协管人员教育，今年共清除“三乱”101997处、收缴黑色小广告63.018公斤、劝导各类影响市容的行为171490.5起、清除各类垃圾32.55吨、协助相关部门执法共计71.5次。

第二，紧扣《三年行动计划》，持续夯

实工作基础。

（一）拓展城市网格化管理网络。在新城、长兴、堡镇、陈家镇、横沙等地建成网格管理试运行的基础上，正在按编制的方案实施三期拓展，拓宽网格化管理区域，目标全覆盖，实现城乡管理一体化。将城乡事部件问题的巡查、发现、上报、协调、处置、反馈、评估等流程合理配置、及时作为，快速反馈，有序掌控社会管理动态。

（二）创新城乡综合管理运作模式。城乡综合联动管理正在按县委县府意图和社会民意需求组织推进。本县的综合联动管理覆盖到全县 18 个乡镇，确立了“一个平台，综合统筹；分区设站，各尽其责；有力推进，全面覆盖”的整体思路，确定了“职能联动，人员联勤，条条联手，条块联合，社会联网”的职责要求，提出了“及时发现、分层负责、统一受理、化繁为简、分类处置、快速反馈”的工作原则，明晰了“高效办理、有序解决、以实为本、服务民生”的根本目的。这项工作以“巡查监管、劝说教育、协调处理”为前提，以“聚力应急、集中整治、严格执法”为要义，以“条块结合，以块为主，注重实效”为根本，努力践行城乡管理中“力量整合、重心下移、关口前置”的有效做法。目前进展顺利，推进平稳，效果初显。县政府专门组织资金保障运行。

（三）规范户外广告阵地管理。依据“总量控制，逐步规整”的原则，按照户外广告展示区、控制区、禁设区的规范要求，结合“双拥模范县”“建党九十周年”“国际女子自行车赛”“生态县”“长寿岛”“生态旅游”等创建和宣传活动需要，合理配置，逐步规范崇明户外广告阵地。县域内高立柱广告 24 座，共 115 个版面，其中公益性宣传版面 77 个。运作上采取了“国资投入、社会参与、建养一体、委托管理”的模式，收到了社会公益宣传和运作模式上的“双赢”。此外，考虑博后环境需要、群众呼声，尝试了景观灯光改造工程，为生态崇明增光添彩。在人民路，澹园，南门路八一路口，公交枢纽站，长江隧桥出入口绿地处实施景观灯光改造。

（四）建成崇明餐厨垃圾处理厂。此项目本是整个崇明生活垃圾二期生化处理系统建设的先行试点项目。目前已建成投入试运行。

第三，紧扣上海世博会举办、长江隧桥开通等专题，围绕社会管理年，着力强化秩序和社会形态管理。

（一）强化综合整治，致力提高城管执法效能。2011 年围绕群众反映的热点和焦点问题，本着“主干道严管、次干道严控、小街巷规范”的原则，加大对城区市容环境秩序的综合整治力度。采取“疏堵结合”的方法，加强与相关部门协作，一定程度上改善了城区经营秩序和市容市貌。结合世博会和创建卫生镇契机，会同各乡镇巩固提升“百路千点”、“世博文明示范街”、“千点整治进村庄”等治理成果，确保崇明城乡面貌持续改观。一是抓好世博后城乡环境保障工作，按照县委县政府博后城乡管理的工作要求，积极开展屋顶墙面广告、店招店牌、摊亭棚、清除“三乱”等一系列环境整治行动，努力促成博后长效管理机制的逐步形成。二是以跨门经营、流动摊贩和夜排档为突破口，开展城区市容市貌专项整治，查处整改流动摊贩，同时，在新崇北路、北门路、达山路等 14 处地方安排了季节性水果销售点，努力确保市容市貌整洁有序。三是完善渣土运输管理体系，实施建筑渣土专营公司运作，采取控制源头、事前防范的主动管理方式，主动介入建筑工地管理，提高渣土专营知晓率。开展渣土运营专项检查，加强巡查和联合执法力度，强化建筑渣土和车轮带泥污染路面的源头管理，维护了城区道路的干净整洁，保障渣土管理体系有序运行。

（二）着力拆违止违，力求规整城乡市容市貌。今年本县整治各类违法建筑

675815.7 平方米。其中拆除集体、企业违建 63865.45 平方米，占整治总量的 9.45%；拆除农田中违建 66124.9 平方米，占整治总量的 9.8%；拆除开发区域、交通干道两侧和四个妨碍等重点区域违建 253107.96 平方米，占整治总量的 37.45%；拆除及规整宅基地（居民小区）违建 97289 平方米，占整治总量的 14.4%；及时制止新发生违建 1995.06 平方米，占整治总量的 0.3%；整治各类违法用地 193433.33 平方米，占整治总量的 28.62%。全县 18 个乡镇有 25 个村（居）申报了“无违建试点村”。核查表明，25 个试点村共计拆违 24557.35 平方米，其中农田违建拆除 840 平方米、应拆未拆房 3043 平方米，同时规整 8844.46 平方米。创建无违建试点村工作取得初步成效，所在村违法抢建势头得到了一定的遏制，违建数量得以逐步减少。

（三）加强对交通枢纽站、旅游集散地、重点景区周边环境整治。以建立长效管控机制为核心，突出“三个重点”，即重点地区、重点时段、重点人群；开展“三类管理”，即形态管理、秩序管理、心理管理；强化城管执法，维护市容市貌，提升崇明城乡环境面貌。一是组建长兴镇、陈家镇、绿华镇等重点地区和主要景区的执法分队，下派指导员至 18 个乡镇城乡管理中队，合理安排执法力量，切实做好环境整治。二是圆满完成重要节假日期间全县各大旅游景区、交通枢纽、主要道路周边市容保障工作，针对乱设摊、跨门经营等开展有序疏导、严格执法、贴心服务。

第四，紧扣队伍建设，提升政府职能部门形象。

（一）以畅通渠道为手段，努力化解信访矛盾。

建立了城管执法、网格管理等部门 24 小时值班制度，接受市民全天候诉求。建立接访流转责任制度，落实“首问”责任制，专设热线电话，保证来电畅通，落实专人接待，确保投诉有门。公开行政审批办事制度，努力提高办事效率。通过完善服务承诺制、首问负责制、即时办结制、失职追究制等一系列制度来展现行政服务为民办事的作风。共受理各类信访件 100 多件，各类投诉受理率 100%，办结率 100%；两会期间收到政协委员提案 18 件，其中绿化市容局主办 13 件，办结率 100%，满意率 100%。

（二）以法律法规为依据，提高依法行政的能力。一是组织管理和执法人员反复学习《上海市市容环境卫生管理条例》、《上海市城市管理相对集中行政处罚权暂行办法》、《上海市拆除违法建筑若干规定》、《中华人民共和国城乡规划法》、《上海市城市规划条例》、《上海市住宅物业管理规定》等法规。通过学习培训使一线执法人员系统全面的掌握了新条例、新规定，也通过了市局组织的执法证换证培训。二是通过案例分析会的形式，开展一般程序案件的文书制作培训。重点从文书制作、违章事实、适用法律法规条款、文书格式、语言文字等五个方面入手，提高执法人员制作法律文书的能力，确保依法行政、规范执法。三是加强督察考核，完善督察考核细则，建立了两级督察机制，加大督察区域和内容的覆盖面，有效促进了执法人员行为规范。四是转变执法方式，提升执法形象。在城区八一路主要道路推行示范路段路巡执法。采取定人、定点、定时“三定”原则，着装统一规范，处事遇人敬礼，用语文明规范，耐心细致听取群众的各类诉求，想方设法予以解决。五是聘请不同阶层和行业的 58 位政风行风监督员，将城管执法工作主动置于监督之下，以补内部监管可能的不足。

崇明县住房保障和房屋管理局

2011 年是“十二五”规划的开局之年，年初以来，在县委、县政府的正确领导和上级业务主管部门的精心指导下，县房管局充分认识加快推进生态岛建设对住房保障和房屋管理工作的任务和要求，坚持以科学发展观统领工作全局，以推动本县住房保障全覆盖为重任，紧紧围绕2011年度住房保障及房屋管理各项工作目标，创新思路，狠抓落实，取得了较好的成绩。

（一）稳步推进住房保障政策实施，逐步形成“四位一体”工作格局

进一步扩大廉租住房受益面。围绕今年年初，市政府下达我县新增廉租住房家庭110户（其中租金配租家庭80户，实物配租家庭30户）、筹措实物配租房源30套的工作任务。我局结合各乡镇实际情况，及时将任务分解到各乡镇，同时根据政策调整情况，做好宣传、业务培训及指导工作。今年以来，全县共新增廉租住房租金配租家庭24户。虽然离市政府指导性目标有差距，但我们做到了应保尽保。

为进一步落实实物配租新机制，局对全县实物配租家庭情况进行了全覆盖式的调查摸底，经初步确认，基本符合廉租实物配租家庭67户，通过意见征询，有16户家庭愿意享受实物配租。年底前，委托上海市崇明县公共租赁住房建设运营管理有限公司经租管理，对符合实物配租条件的家庭按规定进行配租，做到“愿配尽配”。

今年，县推出首批廉租住房建设项目，针对我县符合实物配租条件家庭多数集中在新海、东平两镇的情况，分别在新海、东平两镇建造共4幢实物配租房源，140套（两镇各70套），建筑面积约8400平方米，投入资金2920万元。此项目将为我县开展廉租住房实物配租提供充足的房源储备。

全面开展县首轮经济适用住房申请供应工作。为做好今年经济适用住房申请工作，年初，在去年的基础上，再次对全县各乡镇可申请经济适用住房家庭进行调查摸底，为后期工作的开展了解了情况，摸清了底数，打下了扎实基础。同时拟定了本县经济适用住房工作方案，组织开展了全县住房保障工作人员的政策培训工作。通过新闻媒体、发放张贴宣传资料等举措，在全县18个乡镇设立了咨询窗口，开展政策咨询，共接待咨询家庭1055户，使经适房政策家喻户晓。经申请受理、初审、复审后，对110户复审后符合条件的家庭进行了复审公示。

积极发展公共租赁住房（单位租赁房）。（1）认真完成市政府下达我县建设筹措950套公共租赁住房任务，积极推进长兴海洋装备配套生活区二期项目，11月底开工建设10万㎡，1244套公共租赁住房。（2）积极筹建崇明县公共租赁住房建设运营管理有限公司，在市局各级部门大力支持下，10月底正式揭牌，为我县统筹保障房建设管理提供了平台和保障。（3）扎实推进公租房在建项目，完成了长兴海洋装备产业基地配套生活区一期单位租赁房项目结构封顶，计3万㎡，488套公租房。

切实加快动迁安置房房源储备工作。协同有关部门梳理完成2011年度本县保障性住房用地供应计划工作。根据陈家镇、新城及堡镇等地区对动迁安置房的大量需求，今年计划供应用地18幅，用地面积185万㎡。其中动迁安置房15幅，用地面积176.63万㎡。

根据2011年度动迁安置房推进计划，我县全年计划新开工项目11幅，住宅开工面积120万平方米，建设11952套的安置房。由于规划调整、动拆迁因素和前期手续冗长等原因，今年共新开工配套商品房基地3幅，住宅面积35.44万平方米。完成市政府下达开工建设10万平方米动迁安置房任务的354%。

通过各部门积极配合，在有了充足用地供应的基础上，我局积极指导配套商品房项目的新建工作，督促、协助计划开工项目的顺利落实，使我县动迁安置房房源储备量跟上动拆迁步伐，进一步缓解动迁矛盾。

（二）规范物业服务，提升管理能级，

切实解决业主“急”、“难”、“忧”

加强学习，组织培训。《上海市住宅物业管理规定》，经上海市第十三届人大常委会第二十三次会议修订，于2011年4月1日施行。修订的物业管理规定与原执行的物业规定有重大的调整，为此，分批次邀请物业管理的专家、学者，对全县物业管理从业人员、居委会主任等，就物业管理新规，进行辅导、解读，组织培训388人次，使全县的物业管理保持不散、不乱、不断，平稳有序。

加强“世博”后物业管理。进一步规范、完善了住宅小区达标考核指标，对全县42个售后公房小区和51个商品房小区，坚持每周巡查制度，发现问题，及时处理，至今，发现问题256件，及时处理256件，及时处置率100%，有效地保持了小区的环境整洁，清除了小区的安全隐患，提高了小区业主的满意度。

推进旧小区综合改造力度。为改善小区居住环境，提高居民生活质量，在县政府关心支持下，完成了城桥镇、堡镇、庙镇、新河镇、长兴镇的99幢直管公房、1.5万平方米零星直管公房、50余幢系统公房的调查踏勘工作以及东平、新海两镇20万平方米综合改造工程核对工作，编制2011年旧住房综合改造计划并初步完成了立项申请等前期工作，针对工程编写社会稳定风险评估报告。

提升管理能级，建立公房信息化管理。投资8万元开展直管公房调查，完成了城桥镇、堡镇、新河镇、庙镇等全县所有的11.5万平方米直管公房的调查、复核工作，制作公房信息软件，建立信息共享平台，将11.5万平方米的信息档案全部输入信息软件，于9月底完成，实现了公房档案的信息化管理，提高了工作效能。

及时落实防汛防台措施。应对台风“梅花”，及时启动应急预案，各单位、各物业公司落实10–20人抢险队伍，局组织20人的青年抢险突击队，24小时值班，随时待命。台风前，对房屋、居住区域安全隐患及时排摸、处置，再由25人的督察队伍进行复查确认。经查的76个小区，有危房2013间，及时通报乡镇进行安置1003户，计2520人，其余空置房作安全提示；对地下可能进水空间，采用了千余只沙袋作挡水用。对部分因高大树木与架空电线可能造成安全隐患的小区，在县防汛指挥部支持、协调下，同供电部门等积极配合，组织30余人的抢险人员，截取、清理高空树枝，搬运杂物22车次，解决了小区居民的安全隐患。

（三）加强和完善房地产市场监控，促进房地产市场平稳发展

严格执行调控新政，落实相应措施，规范房地产交易市场。（1）及时组织房地产交易工作人员学习与调控政策相关的业务操作口径，认真贯彻执行购房新政。利用政务公开网站、行政服务中心大屏幕、宣传告知栏等载体，张贴温馨告示、公开购房人申请办理个人住房房产税征免认定的办理流程以及住房限售政策的信息，并及时更新。通过查阅窗口的立牌指示，将房产税查询具体流程及时告知客户，做好房产税与交易受理的衔接。专门设立了房屋状况信息查询窗口和热线电话，做好政策咨询接待工作。目前，共接待来人来电来信上万人次，受理房产税查询和房屋限购查询申请4000余件。政策调整后，正值我局房地产交易中心搬迁至县行政服务中心集中办公之际，工作量大幅上升，我们通过增加人手、调整岗位、采用随到随办的“下班延时办结”制度，核发房地产权证8966本，同比增加约40%。（2）组织对本县80多家房地产开发企业和房地产经纪机构召开房产市场工作会议，及时传达《关于本市贯彻执行住房限售等政策有关问题的通知》（沪房管规范市[2011]2号）文件精神。（3）加大对限售政策督查力度，规范开发商销售行为。开展了房地产市场规范化检查，实地查看了5个开发企业及售楼部门，通过

是否按照规定张贴公示、有关证照配备及"一房一价表"等具体措施的落实情况，了解了本县限售政策实施力度。通过全面执行新政的努力，今年我县房地产交易市场发展趋势较为稳定。

宣传落实《上海市居住房屋租赁管理办法》。10月1日，《管理办法》正式实施，为更好的贯彻落实，我局分批组织本县各乡镇分管领导、社区服务中心负责人和业务操作人员到上海市房地产行业教育中心，参加居住房屋租赁管理政策、业务的培训讲座；根据《管理办法》要求，向本县辖区内所有房地产经纪机构下发通知，督促学习《管理办法》和切实履行职责的要求；走访全县18个乡、镇社区服务中心，发放1000份《上海市居住房屋租赁合同登记备案申请书》，查看居住房屋租赁备案的准备情况，查看工作人员和办公设备是否配置到位，了解各中心存在的问题和困难等。通过一系列措施，规范我县居住房屋租赁市场的管理，并提供更好地保障房屋租赁双方权益的途径。

（四）全面加强住宅建设监管力度，进一步优化住宅供应结构

采取积极有效的措施，逐步推进中低价房转性工作。新河镇中低价房地块一期工程自建设至今，经历5年时间，通过多次沟通协商确定转性方案、根据政策动向积极办理各类转性手续、化解劳资纠纷及拆迁政策调整引起的一系列矛盾，终于完成转性工作，今年3月正式销售，动迁回搬工作结束，转性为普通商品房后的销售房源已达到90%以上。与此同时，销售资金的监管也在有序的进行，应上缴政府部门用于保障性住房建设的溢价收益已划入指定的账户。

堡镇中低价房地块转性工作已完成补签土地出让合同和建设项目协议书，目前进入地块拆迁阶段。

配合动拆迁工作的开展，从储备动迁安置房房源来实现住房保障。根据崇明新城控制性详细规划，为积极稳步推进崇明新城建设，解决配套商品房供给不足的矛盾，同时也为进一步优化住宅供应结构，经市房管局审批并同意认定新城3号等7个地块为动迁安置房项目（共计规划用地面积80.71万m²）。

狠抓住宅验收交付关。为全面提高全县住宅建设整体水平，我局通过加强住宅建设监督管理力度，严格把关，全年完成新建住宅交付面积40.9万m²；通过强化住宅配套建设，完善住宅小区基本功能，进一步提升了社区管理能级；加强培育指导，完成三个项目市级"四高"优秀住宅小区创建计划，其中达安御庭项目通过国家城乡和建设部2A级住宅性能认定；全年征收城市基础设施配套费19412万元，保障了为住宅建设服务市政、公建配套建设资金。

（五）强化房屋拆迁、拆除管理，积极探索新政实施的途径

有序推进房屋拆迁进程。拆迁新政出台后，《上海市国有土地上房屋征收与补偿实施细则》尚未公布施行前，在政策衔接的过渡阶段，在社会舆论、各方因素不有利的情况下，我们全面利用政策宣传、行政手段，继续加大推进力度，积极分析各在拆地块情况，完善补偿安置方案。今年本县共有99个建设项目地块进行了房屋拆迁（其中去年结转87个，新开拆迁地块12个），应动迁户数3209户。至目前，共完成清理拆迁地块18个，完成动迁居民2341户，占应拆户数的73%。

扎实工作，做好重点项目的前期工作。一是根据县委、县政府主要领导的指示精神，经我局召集相关部门、单位，就城桥镇东河沿旧区改造情况进行会商，并研究制定了东河沿地块拆迁改造方案，为领导决策提供依据；二是我局就长兴镇中船二期工程项目前期征地动拆迁成本费用和海军训练基地房屋动拆迁费用进行了初步估算，并将估算结果与各相关部门进行沟通，为工程项目的顺利

开展做好前期准备工作。

积极学习新条例，研究新政策。我局多次组织各拆迁单位对新《条例》以及市政府下发的相关过渡性文件进行学习，并对市高院发布的相关司法强制执行的若干意见，多次与法院联系，就司法强制执行的申请、操作以及应急预案的制定等问题进行会商。

做好拆除工程施工管理工作。共受理开工报告 30 件，面积约为 40.1 万㎡；对各拆除施工工地例行检查共 38 次；召开安全工作例会 8 次；在开工工地各项检查中，对不合格工地开出整改通知书 12 个；对一个企业在拆除工程中不按流程、违规操作的，在本县范围内进行书面通报批评；评选出 2011 年在本县拆除范围内的三个优秀工地，报市拆房办“练就一流本领、争创文明工地”优胜工地的竞赛；在年初做好注册在本县的 6 家施工企业安全生产许可证的年审工作；落实并制定《本县开展严厉打击非法违法生产经营建设行为专项行动实施方案》，并将检查落实情况上报市拆房办。

（六）完善综合管理机制，扎实推进各项工作

认真做好房屋测绘工作。完成商品房预测共计建筑面积约 121 万平方米；实测项目建筑面积约 51.8 万平方米。

加强档案管理工作。成立由各部门领导参加的档案升级工作领导小组，制定档案升级工作计划，扎实有力地逐步开展并顺利通过了局机关档案工作升市（一级）先进的评审。

及时做好信访、提案办理工作。年初共收到人大代表书面意见 6 件、政协提案 7 件，共计 13 件（主办 9 件，会办 4 件），均在规定时限内办结，代表对办理结果的满意率为 100%。共办理信访件及来电、来访共 521 件，在 8 月本县信访联合接待工作实施以来，仍坚持做到认真做好每件信访件的受理、登记、转办和督办环节，接待好每位来访人员。

妥善处理私房落实政策中的历史遗留问题。对“错改房产”问题，全年报批处理了 8 户，房屋 56 间，建筑面积 1392.33 平方米，共计补偿金额 712 万余元。

（七）抓好载体，强化措施，不断加强队伍建设

强化机关作风建设，培养职工优良学风。积极开展以“服务基层、服务群众”为主题，以“如何改善服务态度、规范办事行为、提高行政效率大讨论活动”为抓手的机关作风建设年活动。

加强培训教育，增进干部职工多交流共促进。组织各类新政出台后干部职工的学习、研究工作，妥善衔接好政策落实工作的同时，培养干部职工钻研业务、宣传新政的服务意识。结合业务工作开展局系统青年论文交流活动，从不同的角度，提出了创新性的意见和建议，为促进百姓安居献策献计。

深化目标管理考核制度，全面落实岗位责任制。制定和完善了局系统工作目标考核方案；全面推行定岗、定人、定责的岗位责任制，完成了局事业单位的岗位设置、首次岗位聘用以及首次聘用后的工资调整工作。

编者按：本栏目选编了与本市建设、交通和城市管理相关的地方性法规，以及政府规章、沪府和沪府办颁发的规范性文件等内容，以当年发布时间顺序排列。

目 录

密切相关的实事（沪府办发〔2011〕8号,3月8日）

10. 上海市2011年经济适用住房准入标准和供应标准（沪府发〔2011〕9号,3月18日）

11. 关于公布本市2011年度新建住房价格控制目标的通知
（沪府办发〔2011〕9号,3月24日）

12. 上海市标准化菜市场管理办法（沪府办发〔2011〕12号,3月30日）

13. 上海市非居住房屋改建临时宿舍和施工工地临时宿舍安全使用管理规定
（2011年3月30日政府令第61号公布）

14. 上海市农村公路管理办法（2011年3月30日政府令第63号公布）

15. 关于近期本市连续发生两起火灾事故的通报（沪府办发〔2011〕17号,4月20日）

16. 上海国际旅游度假区管理办法（2011年5月26日政府令第65号公布）

17. 上海市非机动车道路停放管理规定（沪府办发〔2011〕30号,6月1日）

18. 关于实施《上海市住宅物业管理规定》的若干意见（沪府发〔2011〕23号,5月31日）

19. 关于开展本市郊区城镇棚户简屋改造的试行意见（沪府办发〔2011〕28号,5月31日）

20. 关于加快推进本市住宅产业化的若干意见（沪府办发〔2011〕33号,6月14日）

21. 关于进一步加强行政执法队伍建设的若干意见（沪府发〔2011〕37号,6月22日）

22. 上海市化学工业区管理办法（2011年7月4日政府令第67号公布）

23. 上海市居住房屋租赁管理办法
（2011年7月7日政府令第68号公布）

24. 上海市动迁安置房管理办法（沪府发〔2011〕44号,7月29日）

25. 关于调整本市廉租住房申请条件和配租标准的通知（沪府发〔2011〕48号,8月9日）

26. 关于“十二五”期间本市加快推进住宅产业现代化发展节能省地型住宅的指导意见
（沪府办发〔2011〕45号,8月22日）

27. 关于加强经济适用住房房源管理和房地产登记的若干规定
（沪府办发〔2011〕46号,8月27日）

28. 关于进一步做好拆除违法建筑工作的通知（沪府办发〔2011〕49号,10月14日）

29. 关于加快本市内河水运发展的意见（沪府发〔2011〕68号,10月18日）

30. 上海市国有土地上房屋征收与补偿实施细则（2011年10月19日政府令第71号公布）

31. 上海市建设工程监理管理办法（2011年10月27日政府令第72号公布）

32. 上海市建设工程检测管理办法（2011年10月27日政府令第73号公布）

33. 上海市征收集体土地房屋补偿暂行规定（沪府发〔2011〕75号，11月4日）

34. 关于本市加快城乡一体化发展的若干意见（沪府发〔2011〕77号，11月10日）

35. 上海市住宅物业保修金管理暂行办法（沪府办发〔2011〕56号，11月22日）

01. 上海市城市基础设施特许经营管理办法

（2010年12月20日上海市人民政府令第55号公布）

第一章 总则

第一条（立法目的）

为了规范本市城市基础设施特许经营活动，维护特许经营者的合法权益，提高公共产品和公共服务的质量，保障公共利益和公共安全，根据有关法律、法规，制定本办法。

第二条（定义）

本办法所称城市基础设施特许经营（以下简称特许经营），是指政府依法选择中华人民共和国境内外的法人或者其他经济组织，授权其在一定期限和范围内经营某项城市基础设施，提供公共产品或者公共服务的活动。

第三条（适用范围）

在本市行政区域内实施特许经营的，适用本办法。

下列城市基础设施项目的建设和运营，可以实施特许经营：

（一）供水、供气、污水处理、垃圾处理、城市道路、公路、城市轨道交通和其他公共交通项目；

（二）市人民政府认为有必要实施特许经营的其他城市基础设施项目。

第四条（特许经营方式）

特许经营可以采取下列方式：

（一）在一定期限内，政府授权特许经营者投资、建设、运营城市基础设施，期限届满后无偿移交给政府；

（二）在一定期限内，政府授权特许经营者运营已建成的城市基础设施，期限届满后无偿移交给政府；

（三）市人民政府同意的其他方式。

第五条（实施原则）

实施特许经营，应当遵循公共利益优先和公开、公平、公正的原则。

第六条（鼓励参与）

鼓励国内外企业、其他组织和个人采取独资、合资、合作等多种形式，依法从事特许经营活动。

第七条（管理体制）

市发展改革行政管理部门负责本市特许经营的综合协调工作。

市行业主管部门负责本市行政区域内特许经营项目的具体实施和监督管理工作，并依据市人民政府的授权签订特许经营协议。

对服务于特定区、县行政区域内的特许经营项目，可由区、县人民政府负责具体实施和监督管理工作，并签订特许经营协议。

市行业主管部门和区、县人民政府实施特许经营项目的具体分工，由市发展改革行政管理部门会同有关行政管理部门确定。

市建设交通、规划国土、环保、财政、价格、工商、审计、监察等相关行政管理部门在各自职责范围内，依法履行监督管理职责。

第二章 特许经营权的授予

第八条（项目要求）

特许经营项目应当符合本市国民经济和社会发展规划、城市总体规划、城市基础设施专项规划以及城市建设发展需要。

第九条（实施方案内容）

市行业主管部门和区、县人民政府（以下统称实施机关）应当拟定特许经营项目的实施方案。

实施方案应当包括下列内容：

（一）项目名称及其基本情况；

（二）项目的实施机关；

（三）项目的基本经济技术指标；

（四）特许经营者应当具备的条件及选择方式；

（五）特许经营协议草案及特许经营期限；

（六）投资总额、投资回报、价格及其

测算；

（七）政府承诺和保障；

（八）应当明确的其他事项。

特许经营项目由政府指定单位支付费用或者需要纳入政府定价项目进行成本核算的，实施机关应当将测算依据纳入实施方案一并审定。

采用本办法第四条第（一）项规定的特许经营方式的，实施机关应当将经批准的项目建议书或者项目核准咨询意见，以及规划国土和环保管理部门出具的意见作为实施方案的附件。

第十条（实施方案审定）

实施机关应当将特许经营项目的实施方案报市发展改革行政管理部门。市发展改革行政管理部门在收到报审的实施方案后，应当根据实际情况，会同市建设交通、规划国土、环保、财政、价格、工商等相关行政管理部门对实施方案进行审查；相关行政管理部门应当分别出具书面审查意见。市发展改革行政管理部门会同实施机关，根据审查意见修改实施方案后，报市人民政府批准。

区、县人民政府实施的特许经营项目，其实施方案应当事先征得市行业主管部门的同意。

属于本办法第三条第二款第（一）项规定的特许经营项目的，实施机关应当在将实施方案报市发展改革行政管理部门之前，征求市建设交通行政管理部门的意见。

属于重大特许经营项目的，市发展改革行政管理部门在审定实施方案过程中，应当组织专家论证。

第十一条（特许经营者的确定）

实施方案经市人民政府批准后，实施机关应当依法通过招标投标方式选择特许经营者。招标文件应当符合经批准的实施方案。

没有投标者或者投标者不符合招标条件的，可以采用竞争性谈判方式确定特许经营者。

第十二条（协议签订）

特许经营者确定后，实施机关与特许经营者应当签订特许经营协议。特许经营协议应当符合经批准的实施方案和招标文件。

需要成立项目公司的，特许经营者应当按照规定注册成立项目公司，项目公司的章程应当经实施机关审核认可。

特许经营者将权利和义务转移至项目公司的，应当事先征得实施机关的同意，并签订书面协议。当项目公司未履行或者不能履行相关义务时，其权利和义务由特许经营者继受。

第十三条（协议内容）

特许经营协议应当包括下列内容：

（一）项目名称、内容；

（二）特许经营方式、区域、范围、期限；

（三）是否成立项目公司以及项目公司的经营范围、注册资本、股东出资方式、出资比例、股权转让等；

（四）所提供的产品或者服务的数量、质量和标准；

（五）设施的维护和更新改造；

（六）绩效监测；

（七）投融资期限和方式；

（八）投资回报方式以及确定、调整机制；

（九）价格和收费的确定方法、标准以及调整程序；

（十）设施的权属；

（十一）特许经营者的权利和义务；

（十二）履约担保；

（十三）特许经营期内的风险分担；

（十四）政府承诺和保障；

（十五）应急预案和临时接管预案；

（十六）特许经营期限届满后，项目移交的方式、程序；

（十七）变更、提前终止及补偿；

（十八）违约责任；

（十九）争议解决方式；

（二十）实施机关对特许经营活动特定的监督和检查职责；

（二十一）需要明确的其他事项。

第十四条（投资回报取得方式）

在特许经营协议中，协议双方可以约定特许经营者或者项目公司（以下统称项目经营者）通过下列方式取得回报：

（一）按照所提供特许经营的产品或者服务向消费者收费；

（二）政府授予与特许经营项目相关的其他开发经营权益；

（三）政府给予相应补贴；

（四）市人民政府同意的其他方式。

第十五条（价格确定）

特许经营项目通过销售服务渠道向用户收费取得收入的，其产品或者服务价格一般按照价格主管部门公布的标准确定；属于单独定价范围的，依照价格法律、法规及相关规定，由实施机关报价格主管部门审定。

特许经营期限内，价格主管部门可以按照相关法律、法规规定或者特许经营协议约定调整价格。如果协议发生变更，涉及单独定价标准调整的，须事先经市价格主管部门核准。

第十六条（经营期限）

特许经营期限应当根据行业特点、经营规模、经营方式等因素确定，最长不超过30年。法律、法规另有规定的，从其规定。

第十七条（政府承诺）

在特许经营协议中，政府可以承诺与特许经营项目有关的土地使用、相关城市基础设施的提供、防止不必要的竞争性项目建设、必要合理的补贴等内容，但不得承诺商业风险分担、固定投资回报以及法律、法规禁止的其他事项。

第十八条（相关手续办理）

特许经营协议签订后，项目经营者应当依法到有关行政管理部门办理相关手续。有关行政管理部门对已经出具审查意见的事项，不再作重复审查；对未涉及事项的审查，不得导致特许经营协议内容的实质性变更。

第十九条（协议备案）

实施机关应当在签订特许经营协议后30日内，将协议报市发展改革行政管理部门备案。其中，属于本办法第三条第二款第（一）项规定特许经营项目的，实施机关还应当报市建设交通行政管理部门备案。

第三章 特许经营权的实施

第二十条（服务规范）

项目经营者应当按照特许经营协议，提供安全、合格的产品和持续、便利、符合标准的服务，并按照协议约定向消费者普遍、无歧视地提供公共产品或者公共服务。

第二十一条（设施维护）

项目经营者应当按照技术规范，定期对特许经营项目设施进行检修和保养，保证设施运转正常，并将设施运行情况报告实施机关，但特许经营协议另有约定的除外。

第二十二条（应急预案）

实施机关和项目经营者应当制定突发事件应急预案，并在突发事件发生后，及时启动应急预案，最大限度地保障公共产品和公共服务的正常提供。

第二十三条（信息报送）

项目经营者应当将中长期发展规划、年度经营计划、年度经营报告、年度财务报告以及其他重大事项，及时、完整地报送实施机关备案。

第二十四条（资料管理）

项目经营者应当对特许经营项目建设和运营中的有关资料进行收集、整理和妥善保管。

第二十五条（特许经营权的限定）

未经实施机关同意，项目经营者不得转让、出租、质押、抵押或者以其他方式擅自处分特许经营权以及与特许经营活动相关的土地使用权、设施和企业股权等资产及其权益。

在特许经营期限内，项目经营者不得将特许经营项目的贷款、设施及相关土地使用权用于该特许经营项目之外的用途。

第二十六条（协议变更）

在特许经营期限内，协议双方经协商可以变更特许经营协议，但应当按照本办法第十九条规定报有关行政管理部门备案。其中，特许经营协议需要作重大变更的，实施机关应当提前30日报市人民政府批准。属于重大变更的情形，应当在特许经营协议中明确。

因法律、法规、规章修改或者废止，或者城乡规划、技术标准、政策重大调整等需要变更特许经营协议的，实施机关应当与项目经营者协商；经双方协商仍无法达成一致的，实施机关可以报市人民政府批准后提前收回特许经营权，但应当给予项目经营者合理的补偿。

第二十七条（特定监管职责）

实施机关应当加强对项目经营者特许经营活动的指导、监督和管理，履行下列职责：

（一）制定产品服务质量评价标准，并协助价格主管部门开展对政府制定价格成本的监审工作，提出价格调整意见；

（二）监督项目经营者履行法定义务和协议约定义务；

（三）对项目经营者的经营计划实施情况、产品和服务的质量以及安全生产情况等进行监督检查；

（四）受理公众对项目经营者的投诉；

（五）向政府提交年度特许经营监督检查报告；

（六）在特定情形下，临时接管特许经营项目；

（七）法律、法规、规章规定或者协议约定的其他职责。

第二十八条（保密义务）

对在实施特许经营活动和监督管理工作中知悉的项目经营者的商业秘密、技术秘密，实施机关和其他行政机关及其工作人员负有保密义务。

第二十九条（特殊情况下的指令）

因特殊情况需要指令项目经营者提供特许经营协议约定之外的公共产品或者公共服务的，实施机关应当报经市人民政府批准后实施，但应当给予项目经营者合理的补偿。

第三十条（档案管理和评估制度）

实施机关应当建立并保存特许经营项目档案。

实施机关应当监测、分析特许经营项目实施情况，会同有关部门组织专业机构定期对项目实施情况进行综合评估，并将评估报告抄送市发展改革行政管理部门。评估周期一般不得低于2年，特殊情况下可以实施年度评估。评估的内容应当包括产品和服务质量达标情况、设备完好率等内容。

第三十一条（临时接管的适用情形）

项目经营者在特许经营过程中，有下列情形之一的，应当实施临时接管：

（一）企业内部发生重大突发性事件导致项目经营者无法按照特许经营协议提供公共产品和公共服务的；

（二）发生本办法第四十条规定情形的；

（三）发生其他已经严重危及或者可能严重危及公共利益、公共安全等意外事件的。

第三十二条（临时接管决定）

发生本办法第三十一条规定情形的，经报市人民政府批准后，实施机关应当及时启动临时接管预案，并对相关城市基础设施作出临时接管决定。具体临时接管预案，由实施机关负责制定。

临时接管决定应当包括接管理由、接管人员、接管内容、接管期限等内容，并应当予以公告。

第三十三条（临时接管的实施）

在临时接管期间，实施机关应当按照临时接管决定实施接管。项目经营者应当善意履行职责，配合接管人员做好相关工作，并接受接管人员的监督管理。

第三十四条（临时接管的终止）

有下列情形之一的，经报市人民政府批准后，终止临时接管，并予以公告：

（一）项目经营者已恢复正常经营能力的；

（二）其他严重危及或者可能严重危及公共利益、公共安全等意外事件的情形已经消失的；

（三）其他应当终止临时接管的情形。

第三十五条（社会监督）

项目经营者应当将特许经营项目的质量、技术标准以及其他关系公共利益、公共安全的信息及时向社会公告。

社会公众有权对本市特许经营活动进行监督，并向实施机关提出建议和意见。

第四章 特许经营权的终止

第三十六条（特许经营权保护）

任何单位或者个人不得违反法律、法规、规章以及本办法的规定终止项目经营者的特许经营权。

第三十七条（期限届满的终止）

特许经营期限届满的，项目经营者取得的特许经营权终止。协议双方应当按照特许经营协议的约定办理有关城市基础设施、资料及档案等的移交、接管手续。

第三十八条（经营者提出提前终止）

在特许经营期限内，项目经营者不得擅自终止特许经营活动。

因不可抗力确实无法正常经营的，项目经营者可以向实施机关提出提前终止特许经营权的申请，经实施机关报市人民政府审核后，应当允许其提前终止特许经营权。

因不可抗力以外的其他原因需要提前终止特许经营权的，项目经营者应当提前向实施机关提出申请，经实施机关报市人民政府批准后，可以提前解除特许经营协议，终止特许经营权。实施机关应当在收到申请的3个月内给予答复。

在特许经营协议解除前，项目经营者应当按照特许经营协议履行相关职责。

第三十九条（因公共利益提前收回）

因法律、法规、规章修改或者废止，或者政策重大调整的，为了公共利益需要，经报市人民政府批准后，实施机关可以提前收回特许经营权，但应当按照特许经营协议的约定给予项目经营者合理补偿。特许经营协议对补偿没有约定的，协议双方可以协商确定补偿方案。

协议双方无法就补偿方案达成一致的，实施机关可以拟订补偿方案，对项目经营者为维持特许经营业务正常运作所投资建设的固定资产净值以及其他合理部分给予补偿。

补偿方案由实施机关报市人民政府批准后实施。

第四十条（因经营者违法违约提前收回）

项目经营者有下列情形之一的，实施机关应当责令改正，并可以按照规定程序报市人民政府批准后，提前收回其特许经营权；项目经营者同时承担相应的赔偿责任：

（一）项目经营者违反法律、法规、规章的规定或者特许经营协议的约定，情节严重的；

（二）项目经营者不履行检修保养和更新改造义务，危害公共利益和公共安全的；

（三）未经实施机关同意，项目经营者擅自转让、出租、质押、抵押或者以其他方式擅自处分特许经营权以及与特许经营活动相关的土地使用权、设备和企业股权等资产及权益的；

（四）项目经营者擅自停业、歇业，影响到公共利益和公共安全的；

（五）项目经营者提供的公共产品和公共服务达不到规定标准和要求，严重影响公共利益的；

（六）法律、法规、规章规定或者特许经营协议约定的其他情形。

第四十一条（提前收回的程序要求）

实施机关依法提前收回特许经营权的，

应当于6个月前将收回理由、收回日期等书面通知项目经营者，并进行公告。项目经营者可以在收到通知后30日内提出书面申辩或者要求举行听证会。

第四十二条（资料和档案移交）

提前终止特许经营权的，项目经营者应当在实施机关规定的时间内，按照特许经营协议的约定，将维持特许经营业务正常运作所必需的资料和档案移交给实施机关。

第四十三条（特许经营者的重新选择）

特许经营期限届满或者提前终止特许经营权，对该城市基础设施继续采用特许经营方式的，实施机关应当按照本办法的规定重新选择特许经营者。

因特许经营期限届满而重新选择特许经营者的，在同等条件下，原项目经营者优先获得特许经营权。

第五章 法律责任

第四十四条（对以不正当手段获得特许经营权的处理）

以欺骗、贿赂等不正当手段获得特许经营权的，实施机关应当撤销特许经营权，并向社会公开披露。

被撤销特许经营权的法人或者其他经济组织，3年内不得参与竞争本市城市基础设施经营。

第四十五条（对实施机关违法的处理）

实施机关违反本办法规定，不履行法定职责、干预项目经营者正常经营活动、徇私舞弊、滥用职权的，由其上级行政机关或者监察机关责令改正，对直接负责的主管人员和其他直接责任人员依法给予行政处分；构成犯罪的，依法追究刑事责任。

第六章 附则

第四十六条（涉外特许经营项目规范）

外商投资于特许经营项目的，应当同时适用国家和本市有关外商投资管理的规定。

第四十七条（社会化经营涉及股权转让）

城市基础设施社会化经营涉及股权转让的，应当在转让前依法取得特许经营权。

第四十八条（具体管理办法）

市相关行政管理部门和区、县人民政府可以依据本办法制定具体的管理办法。

第四十九条（施行日期）

本办法自2011年5月1日起施行。

02. 上海市户外广告设施管理办法

（2010年12月30日上海市人民政府令第56号公布）

第一条（目的和依据）

为了规范本市户外广告设施的管理，根据《中华人民共和国广告法》、《上海市市容环境卫生管理条例》、《上海市城乡规划条例》和其他有关法律、法规的规定，结合本市实际，制定本办法。

第二条（适用范围）

本办法适用于本市行政区域内户外广告设施的设置及其相关管理活动。

第三条（定义）

本办法所称户外广告设施是指利用建筑物、构筑物、场地（以下统称阵地）设置的霓虹灯、展示牌、电子显示装置、灯箱、实物造型以及其他形式的向户外空间发布广告的设施。

第四条（管理部门）

市绿化市容行政管理部门负责本市户外广告设施设置的监督管理和综合协调；区（县）绿化市容行政管理部门负责所辖区域内户外广告设施设置的监督管理。

市和区（县）规划行政管理部门负责户外广告设施设置的规划许可及其监督管理。

市和区（县）工商行政管理部门负责户外广告发布的经营资质审核、内容登记及其监督管理。

本市建设交通、交通港口、公安、房屋管理、质量技监、环保、价格、财政等部门按照各自职责，协同实施本办法。

第五条（设置要求）

设置户外广告设施，应当符合户外广告设施设置规划（以下简称阵地规划）及其实施方案和有关技术规范的要求。

单位利用其经营场所门楣部位设置的电子显示装置，发布本单位名称、标识等信息的，应当符合有关技术规范的要求。

第六条（阵地规划编制）

市绿化市容行政管理部门应当会同市规划、工商等有关行政管理部门，根据城市的风貌、格局和区域功能组织编制阵地规划，报市人民政府批准后实施。

阵地规划应当明确户外广告设施的禁设区、展示区和控制区以及相应的管理要求。

第七条（实施方案编制）

区（县）绿化市容行政管理部门应当会同区（县）规划、工商等有关行政管理部门，根据阵地规划组织编制所辖区域内的实施方案，报市绿化市容行政管理部门；由市绿化市容行政管理部门会同市规划、工商等有关行政管理部门批准后实施。

实施方案应当符合本办法以及阵地规划的要求。

第八条（技术规范编制）

市绿化市容行政管理部门应当根据国家和本市有关城市容貌、规划、环保等方面的技术标准，会同有关行政管理部门编制户外广告设施设置技术规范（以下简称技术规范）。

第九条（公示和征求意见）

阵地规划、实施方案和技术规范编制过程中，组织编制机关应当采取论证会、座谈会等方式征求相关社会组织和专家的意见，并根据意见对阵地规划、实施方案和技术规范草案予以修改、完善。

阵地规划、实施方案和技术规范报送审批前，组织编制机关应当将阵地规划、实施方案和技术规范草案公示，并采取座谈会、听证会或者其他方式，征求社会公众意见。公示时间不得少于30日，公示的时间、地点以及意见征集方式应当在本市有关政府网站上公告。组织编制机关应当充分考虑社会公众的意见，并在报送审批的材料中，附具意见采纳情况及理由。

阵地规划、实施方案和技术规范经批准后，组织编制机关应当在有关政府网站予以全文公布，并对社会公众意见的采纳情况予以答复。

第十条（修改要求）

阵地规划、实施方案和技术规范经批准后，不得擅自变更；确需变更的，组织编制机关应当按照本办法第六条、第七条、第八条和第九条的要求组织修改。

第十一条（禁止设置的情形）

有下列情形之一，不得设置户外广告设施：

（一）利用交通安全设施、交通标志的；

（二）影响市政公共设施、交通安全设施、交通标志使用的；

（三）妨碍居民正常生活，损害城市容貌或者建筑物形象的；

（四）利用行道树或者损毁绿地的；

（五）在国家机关、风景名胜区用地范围内的；

（六）在文物保护单位、优秀历史建筑的建筑控制地带内的。

禁止在本市道路红线范围内设置户外广告设施，但利用公共汽电车候车亭、公用电话亭设置的附属式户外广告设施除外。

第十二条（阵地使用权的取得）

利用公共阵地设置户外广告设施的，阵地使用权应当通过拍卖、招标的方式取得。

利用非公共阵地设置户外广告设施的，阵地使用权可以通过协议、拍卖、招标等方式取得。

公共阵地的范围由市绿化市容行政管理部门会同市规划行政管理部门提出方案，报市人民政府批准后执行。

公共阵地使用权拍卖、招标的具体办法，由市绿化市容行政管理部门会同其他有关行政管理部门制定。

第十三条（管理权限）

利用内环高架道路、延安高架道路、南北高架道路、沪闵高架道路、逸仙路高架道路以及市人民政府确定的重要区域内的公共阵地设置户外广告设施的，由市绿化市容行政管理部门组织公共阵地使用权拍卖、招标。利用其他公共阵地设置户外广告设施的，由区（县）绿化市容行政管理部门组织公共阵地使用权拍卖、招标。

利用市人民政府确定的重要区域内的非公共阵地设置户外广告设施的申请，由市绿化市容行政管理部门受理。利用其他非公共阵地设置户外广告设施的申请，由区（县）绿化市容行政管理部门受理。

第十四条（公共阵地设置户外广告设施的手续）

市或者区（县）绿化市容行政管理部门组织公共阵地使用权拍卖、招标时，应当制定拍卖、招标方案，并征求同级规划、工商等有关行政管理部门的意见。

户外广告设施设置人通过拍卖、招标方式取得公共阵地使用权的，应当与市或者区（县）绿化市容行政管理部门签订公共阵地使用合同，并缴纳公共阵地使用费。公共阵地使用费应当全额上缴财政。

户外广告设施设置人办理下列手续后，方可设置户外广告设施：

（一）向区（县）规划行政管理部门申请《建设工程规划许可证（零星）》；

（二）将户外广告设施的设计图、设置效果图、阵地使用合同向市或者区（县）绿化市容行政管理部门备案；

（三）按照户外广告登记的有关规定，向市或者区（县）工商行政管理部门办理户外广告登记。

第十五条（非公共阵地设置户外广告设施的申请）

利用非公共阵地设置户外广告设施的，设置人应当向市或者区（县）绿化市容行政管理部门提出申请，并提供下列材料：

（一）营业执照；

（二）广告经营合同；

（三）广告样稿；

（四）证明广告内容真实、合法的文件；

（五）户外广告设施设置阵地使用权的证明；

（六）户外广告设施阵地位置关系图；

（七）户外广告设施设计图、设置效果图；

（八）户外广告设施设置施工图。

第十六条（非公共阵地设置户外广告设施的审批）

市或者区（县）绿化市容行政管理部门应当自收到非公共阵地设置户外广告设施的申请之日起2个工作日内，将户外广告设施设置规划建设的有关材料书面征求同级规划行政管理部门的意见，并将户外广告拟发布内容的有关材料书面征求同级工商行政管理部门的意见。规划、工商行政管理部门要求申请人补正材料的，应当在收到征求意见之日起2个工作日内，一次性告知市或者区（县）绿化市容行政管理部门；市或者区（县）绿化市容行政管理部门应当及时告知申请人补正材料。

受理申请后，规划、工商行政管理部门应当在收到征求意见之日起10个工作日内提出审查意见，并书面告知市或者区（县）绿化市容行政管理部门；审查不同意的，应当书面说明理由。

市或者区（县）绿化市容行政管理部门收到审查意见后，应当按照下列规定办理：

（一）经规划、工商行政管理部门审查同意的，市或者区（县）绿化市容行政管理部门应当在3个工作日内作出审批决定，书面告知申请人；不予批准的，应当书面说明理由。

（二）经规划或者工商行政管理部门审查不同意的，市或者区（县）绿化市容行政管理部门应当立即将规划、工商行政管理部门的审查意见及其理由送达申请人。

经审批同意设置户外广告设施的，申请人应当直接向区（县）规划行政管理部门申领《建设工程规划许可证（零星）》，向市或者区（县）工商行政管理部门申领《户外广告登记证》。对材料齐全、符合法定形式要求的，规划、工商行政管理部门应当在3个工作日内予以发放。

第十七条（设施设置的期限）

户外广告设施应当自收到批准决定之日起6个月内设置；逾期未设置的，其审批自行失效。

户外广告设施的设置期限一般不超过3年，电子显示装置形式的户外广告设施的设置期限不超过6年。具体设置期限标准由市绿化市容行政管理部门根据户外广告设施的材料、尺寸等因素另行规定。

户外广告设施设置的申请期限符合设置期限标准的，市或者区（县）绿化市容行政管理部门应当按照申请期限予以批准。

户外广告设施设置期满后，属于使用公共阵地的，应当按照本办法第十四条的规定重新组织拍卖、招标；属于使用非公共阵地需要延期的，应当在设置期满30日前，向原审批机关办理延期的审批手续。

第十八条（临时性户外广告设施）

因举办大型文化、体育、商业等活动，需要设置临时性户外广告设施的，设置人应当制定临时性户外广告设施设置方案，并报市或者区（县）绿化市容行政管理部门批准。

临时性户外广告设施设置方案应当符合有关技术规范的要求；设置期限不超过30日。

第十九条（设施设置变更）

户外广告设施应当按照经批准的设计图、设置效果图予以设置，不得擅自变更。需要变更的，应当按照本办法规定，重新办理审批手续。

户外广告内容需要变更的，应当按照有关规定，向市或者区（县）工商行政管理部门办理变更登记手续。

户外广告设施设置人发生变更的，应当自变更之日起10日内，向市或者区（县）绿化市容、工商行政管理部门办理变更手续。

第二十条（审批的变更和撤回）

户外广告设施设置审批所依据的法律、法规、规章修改或者废止，或者准予设置户外广告设施审批所依据的客观情况发生重大变化的，为了公共利益的需要，经市人民政府批准，审批机关可以依法变更或者撤回已经生效的行政审批，并书面告知户外广告设施设置人。由此给设置人造成财产损失的，审批机关应当依法给予补偿。

第二十一条（创新户外广告设施设置论证）

申请设置具有特殊创新要求的新形式户外广告设施，没有相应技术规范要求的，市绿化市容行政管理部门应当组织相关专家进行技术论证；经论证符合安全、市容景观等要求的，准予设置。

第二十二条（电子显示装置的源头管理）

新建、改建、扩建建设工程时，利用建筑物、构筑物外立面设置电子显示装置的，建设单位应当在向市或者区（县）规划行政管理部门申请审查设计方案时，提交电子显示装置的设计方案等材料。

市或者区（县）规划行政管理部门在审查建设工程设计方案时，应当就电子显示装置设置是否符合阵地规划及其实施方案和有关技术规范的规定，征求建设工程所在地区（县）绿化市容行政管理部门的意见。

经审查不符合规定的，市或者区（县）规划行政管理部门不予批准并告知理由。

第二十三条（维护义务）

户外广告设施设置人应当按照《上海市市容环境卫生管理条例》的有关规定，对户外广告设施进行维护保养，保持户外广告设施的整洁、完好。

户外广告设施配备的照明设备，应当符合市绿化市容行政管理部门制定的有关照明规范的要求。

第二十四条（安全管理）

户外广告设施设置人应当按照《上海市市容环境卫生管理条例》的有关规定，加强对户外广告设施的日常管理和安全检查，确保户外广告设施牢固、安全。

户外广告设施设置期满 2 年的，设置人应当在每年 6 月 1 日前，按照户外广告设施安全技术标准的规定进行安全检测，并向市或者区（县）绿化市容行政管理部门提交安全检测报告；对安全检测不合格的户外广告设施，设置人应当立即整修或者拆除。

设计单位应当明确户外广告设施的设计使用年限。户外广告设施超过设计使用年限的，设置人应当予以更新。

市和区（县）绿化市容行政管理部门、城市管理行政执法部门（以下简称城管执法部门）应当加强对户外广告设施安全的监督检查，并按照一定的比例，对户外广告设施进行安全抽检。

户外广告设施安全技术标准，由市绿化市容行政管理部门会同市质量技监行政管理部门另行制定。

第二十五条（设施拆除要求）

户外广告设施设置期满后，设置人应当在 5 日内予以拆除。设置人未予拆除的，阵地所有人应当予以拆除。临时性户外广告设施设置期满后，设置人应当在 2 日内予以拆除。

户外广告设施存在安全隐患或者失去使用价值的，城管执法部门应当责令设置人限期整修或者拆除；逾期未拆除的，由城管执法部门强制拆除，所需费用由设置人承担。

第二十六条（户外广告内容的要求）

户外广告内容应当符合法律、法规和规章的规定，应当真实、健康，不得以任何形式欺骗用户和消费者。户外广告使用的汉字、字母和符号，应当符合国家规定。

户外广告内容中，公益广告内容所占的面积或者时间比例不得低于 10%。

禁止发布广告内容可能产生不良影响的户外广告，但单位在其经营场所设置、发布与其生产的产品或者与其经营服务有关的户外广告除外。

可能产生不良影响的户外广告具体范围，由市工商行政管理部门另行规定并对外公布。

第二十七条（信息系统建设）

市绿化市容行政管理部门应当会同市规划、工商等有关行政管理部门建立户外广告设施管理信息系统，将阵地规划及其实施方案、技术规范、设置人、户外广告设施设置申请和批准等有关信息纳入该信息系统。

第二十八条（投诉处理）

任何单位和个人发现有违反本办法情形的，可以向绿化市容行政管理部门、城管执法部门或者其他有关行政管理部门投诉或者举报。有关行政管理部门接到投诉和举报后，应当在规定期限内进行处理，并将处理结果予以反馈。

第二十九条（已有规定行为的处罚）

对违反本办法的行为，法律、法规、规章已有处罚规定的，从其规定。

第三十条（违反广告内容发布管理的处罚）

违反本办法第二十六条第二款、第三款规定，公益广告未达到发布比例要求、未发布公益广告或者发布广告内容可能产生不良影响的户外广告的，由工商行政管理部门责令限期改正，处以 3000 元以上 3 万元以下的罚款。

第三十一条（民事赔偿责任）

户外广告设施设置人未及时维护、更新户外广告设施，致使设施倒塌、坠落等，造成他人人身或者财产损失的，应当依法承担民事赔偿责任。

第三十二条（行政监督）

绿化市容行政管理部门、城管执法部门以及规划、工商等有关行政管理部门有下列行为之一的，由上级主管部门依据职权责令限期改正，通报批评，并可以对直接责任人员依法给予警告、记过或者记大过处分；情节严重的，给予降级、撤职或者开除处分；构成犯罪的，依法追究刑事责任：

（一）未按照规定编制阵地规划及其实施方案或者技术规范的；

（二）未按照规定实施行政许可或者组织拍卖、招标的；

（三）对发现的违法行为不依法纠正、查处的；

（四）其他未依法履行监督管理职责的情形。

第三十三条（执法人员违法行为的追究）

绿化市容行政管理部门、城管执法部门以及规划、工商等有关行政管理部门的工作人员有下列行为之一的，由其所在单位或者上级主管部门依法给予警告、记过或者记大过处分；情节严重的，给予降级、撤职或者开除处分；构成犯罪的，依法追究刑事责任：

（一）违法实施行政许可或者行政处罚的；

（二）使用暴力、威胁等手段执法的；

（三）故意损坏或者违反规定损毁当事人财物的；

（四）滥用职权、玩忽职守、徇私舞弊的其他行为。

第三十四条（施行日期）

本办法自2011年1月1日起施行。2004年12月15日上海市人民政府令第43号发布的《上海市户外广告设施管理办法》同时废止。

03. 上海市流动户外广告设置管理规定

（2010年12月30日上海市人民政府令第57号公布）

第一条（目的和依据）

为了加强本市流动户外广告设置的管理，维护交通秩序，保持城市容貌整洁，制定本规定。

第二条（适用范围和定义）

本市行政区域内流动户外广告的设置及其相关管理活动，适用本规定。

本规定所称的流动户外广告，是指利用车辆、船舶、飞艇、无人驾驶自由气球等可以移动的特殊载体设置的户外广告。

第三条（管理部门）

市绿化市容行政管理部门负责本市流动户外广告设置的监督管理和综合协调。

市和区（县）工商行政管理部门负责本市流动户外广告发布的经营资质审核、内容登记及其监督管理。

本市交通港口、公安交通、气象等行政管理部门和民航华东地区管理局、上海海事局按照各自职责，协同实施本规定。

第四条（禁止设置的情形）

禁止专门用于发布户外广告的车辆、船舶、飞艇和无人驾驶自由气球在本市行政区域内行驶或者航行。

除轨道交通车辆、公共汽电车、出租车和货运出租车外，禁止利用其他车辆设置经营性户外广告。

除客渡船、旅游客船外，禁止利用其他船舶设置经营性户外广告。

除空中游览飞艇外，禁止利用其他飞艇或者无人驾驶自由气球设置经营性户外广告。

第五条（设置规范）

利用轨道交通车辆、公共汽电车、出租车、货运出租车、客渡船、旅游客船和空中游览飞艇设置经营性户外广告的，除分别遵守国家和本市有关道路、水上和航空交通管理规定外，应当遵守本市流动户外广告设置技术规范的要求。

单位利用自有车辆、船舶、飞艇或者无人驾驶自由气球发布本单位名称、标识等信息的，除分别遵守国家和本市有关道路、水上和航空交通管理规定外，应当遵守本市流动户外广告设置技术规范的要求。

流动户外广告设置技术规范，由市绿化市容行政管理部门会同有关行政管理部门制定并对外公布。

流动户外广告设置技术规范制定过程中，应当将设置技术规范草案予以公示，并征求相关社会组织、专家和社会公众的意见。

第六条（户外广告内容的要求）

发布流动户外广告，应当按照国家和本市有关规定，向工商行政管理部门办理登记手续。

流动户外广告内容应当符合法律、法规和规章的规定，应当真实、健康，不得以任何形式欺骗用户和消费者。流动户外广告使用的汉字、字母和符号，应当符合国家规定。

流动户外广告内容中，公益广告内容所占的面积或者时间比例不得低于10%。

禁止发布内容可能产生不良影响的流动户外广告。可能产生不良影响的户外广告具体范围，由市工商行政管理部门另行规定并对外公布。

第七条（维护管理）

流动户外广告的设置人，应当对流动户外广告进行维护保养，保持其整洁、完好。流动户外广告有破损、污浊、腐蚀、陈旧情形的，应当及时修复或者更新。

第八条（投诉处理）

任何单位和个人发现有违反本规定情形的，可以向绿化市容行政管理部门、城管执法部门以及其他有关行政管理部门投诉或者举报。有关行政管理部门接到投诉或者举报后，应当在规定期限内进行处理，并将处理结果予以反馈。

第九条（已有规定行为的处罚）

对违反本规定的行为，法律、法规、规章已有处罚规定的，从其规定。

第十条（违反禁设情形的处罚）

违反本规定第四条第一款规定，专门用于发布户外广告的车辆、船舶、飞艇或者无人驾驶自由气球在本市行政区域内行驶或者航行的，由市或者区（县）城管执法部门责令限期改正，处以3万元以上10万元以下的罚款。

违反本规定第四条第二款、第三款、第四款规定，利用其他车辆、船舶、飞艇或者无人驾驶自由气球设置经营性户外广告的，由市或者区（县）城管执法部门责令限期改正，处以2000元以上3万元以下的罚款。

第十一条（违反设置规范的处罚）

违反本规定第五条第一款规定，利用轨道交通车辆、公共汽电车或者出租车设置经营性流动户外广告不符合技术规范的，由市或者区（县）交通港口行政管理部门责令限期改正，处以2000元以上2万元以下的罚款；利用其他载体设置经营性流动户外广告不符合技术规范的，由市或者区（县）城管执法部门责令限期改正，处以2000元以上2万元以下的罚款。

违反本规定第五条第二款规定，单位利用自有车辆、船舶、飞艇或者无人驾驶自由气球发布本单位名称、标识等信息不符合技术规范的，由市或者区（县）城管执法部门责令限期改正，处以1000元以上2万元以下的罚款。

第十二条（违反广告内容发布要求的处罚）

违反本规定第六条第三款、第四款规定，公益广告未达到发布比例要求或者广告内容可能产生不良影响的流动户外广告的，由工商行政管理部门责令限期改正，处以3000元以上 3 万元以下的罚款。

第十三条（违反维护要求的处罚）

违反本规定第七条规定，流动户外广告未保持整洁、完好或者未及时修复、更新的，由市或者区（县）城管执法部门责令限期改正；逾期不改正的，处以 20 元以上 200 元以下的罚款。

第十四条（协助执法）

本市交通港口、公安交通、气象等行政管理部门和民航华东地区管理局、上海海事局应当采取必要的措施，提供必要的信息，协助绿化市容行政管理部门和城管执法部门做好流动户外广告设置的监督管理和行政处罚工作。

前款协助执法的行政管理部门发现有违反本规定行为的，应当收集有关证据材料，并将案件材料移送至城管执法部门。

第十五条（施行日期）

本规定自 2011 年 1 月 1 日起施行。

04. 上海市道路指示牌管理规定

（2010 年 12 月 30 日上海市人民政府令第 58 号公布）

第一条（目的和依据）

为了加强对本市道路指示牌的管理，保障道路交通安全和公众出行便利，维护良好的市容市貌，根据有关法律、法规的规定，结合本市实际，制定本规定。

第二条（适用范围）

本规定适用于本市城市道路、公路和沿路公共绿地上道路指示牌的设置和管理。

前款所称的道路指示牌，包括道路交通标志和公共服务设施指示标志。

第三条（管理部门）

市建设交通委负责对本市道路指示牌工作的监督管理和综合协调。

市建设交通委所属的市市政工程管理处（以下简称“市市管处”）、市公路管理处（以下简称“市公路处”）以及区（县）道路管理部门负责其管辖范围内公共服务设施指示标志的监督管理。

第四条（设置主体）

公安交通管理部门负责道路交通标志的设置。市市管处、市公路处以及区（县）道路管理部门负责其管辖范围内公共服务设施指示标志的设置。

除前款规定的单位外，禁止任何单位和个人在本市城市道路、公路和沿路公共绿地上设置道路指示牌。

第五条（道路指示牌的设置规范）

道路指示牌的设置应当符合国家标准或者本市的技术规范。

公安交通管理部门需要掘路设置道路交通标志的，应当事先征求道路管理部门的意见，共同确定设置位置，并办理相关掘路审批手续。

市市管处、市公路处或者区（县）道路管理部门根据城市管理的需要设置公共服务设施指示标志的，应当制定相应的设置方案并经市建设交通委同意；需要掘路设置的，还应当办理相关掘路审批手续。公共服务设施指示标志的设置方案在实施前，应当告知公安交通管理部门。

市市管处、市公路处或者区（县）道路管理部门按照本条规定设置公共服务设施指示标志的，应当与道路交通标志保持必要的距离，不得遮挡道路交通标志，不得妨碍安全视距。

第六条（公共服务设施指示标志设置方案的制定）

依照本规定第五条的规定，市市管处、市公路处或者区（县）道路管理部门制定公共服务设施指示标志设置方案的，应当遵循以下原则：

（一）保障道路交通安全；

（二）维护良好的市容市貌；

（三）方便公众出行。

市市管处、市公路处或者区（县）道路管理部门制定公共服务设施指示标志设置方案，应当征求规划国土、绿化市容、交通港口以及旅游管理等相关部门的意见；必要时，可以向社会公开征求意见。

第七条（养护维修）

道路指示牌的管理部门应当按照各自职责落实养护维修单位，发现道路指示牌遭受污损的，应当及时修复；发现道路指示牌因客观情况发生变化不再具有指示功能的，应当及时拆除。

第八条（监督管理）

单位或者个人违反本规定设置道路指示牌的，经确认后，市市管处、市公路处、区（县）道路管理部门和城市管理行政执法部门应当按照规定的职责，及时进行处理。

市市管处、市公路处、区（县）道路管理部门和公安交通管理部门应当互相配合，共同做好相关道路指示牌的确认工作。

道路指示牌的日常监管可以纳入城市网格化管理。

第九条（举报监督）

任何单位和个人发现违反本规定设置的道路指示牌，可以向相关管理部门举报。相关管理部门接到举报后，应当依法予以处理。

第十条（执法部门分工）

各相关执法部门按照以下分工对违反本规定设置道路指示牌的行为进行查处：

（一）市市管处负责对在市管城市道路上设置道路指示牌的行为进行查处；

（二）市公路处负责对在市管公路及沿市管公路公共绿地上设置道路指示牌的行为进行查处；

（三）区（县）道路管理部门负责对在区（县）管公路及沿区（县）管公路公共绿地上设置道路指示牌的行为进行查处；

（四）区（县）城市管理行政执法部门负责对在沿城市道路公共绿地和区（县）管城市道路上设置道路指示牌的行为进行查处。

第十一条（对违反规定设置的道路指示牌的查处）

单位或者个人违反本规定设置道路指示牌的，由本规定第十条规定的有关部门书面通知行为人在10日内自行拆除；逾期未拆除的，由有关部门予以拆除和处置；无法查明或者无法确认行为人的，由有关部门直接予以拆除和处置。

第十二条（施行日期）

本规定自2011年1月1日起施行。

05. 关于进一步规范本市建筑市场加强建设工程质量安全管理的若干意见

（沪府发〔2011〕1号，1月11日）

为深刻吸取“11·15”特别重大火灾事故的教训，切实解决工程建设中存在的安全生产责任制不落实、施工管理混乱和监管缺失等问题，加强各类建设工程的监督管理，保证工程质量安全，现就进一步规范本市建筑市场，加强建设工程质量安全管理提出如下若干意见：

一、全面整顿和规范建筑市场

（一）集中整治工程建设中的违法违规行为。各区县政府、各有关部门和单位要本着对人民群众生命和财产安全高度负责的精神，充分认识建设工程质量安全工作的重要性，按照全市整顿规范建筑市场的统一部署，精心组织，落实责任，针对工程建设中存在的各类违法违规问题，用一年左右时间集中开展建筑市场的整治和建设工程质量安全大检查，认真排查事故隐患，堵住质量安全管理漏洞，完善管理措施，进一步形成以建设工程质量安全为核心的建筑市场管理长效机制，推进上海建筑行业健康有序发展。

（二）严格执行工程建设审批程序。本市新建、改建、扩建建设工程（包括房屋修缮项目中的改扩建工程和城市基础设施大修工程）必须按照建设程序规定，严格履行项目立项、项目报建、环境影响评价、规划许可、征地拆迁、设计文件审查、施工许可和竣工验收等审批和备案程序。各级建设交通、发展改革、规划国土资源、公安（消防）、环保、安全监管、住房保障房屋管理等部门要根据项目的规模和性质，按照各自职责进一步完善建设管理流程，不得越权审批、不得擅自改变和减少审批环节。对严重违反建设程序的建设项目，要依法停止项目施工，对使用财政资金的政府投资项目停止资金拨付，并严肃查处违反建设程序的有关部门责任人和企业法人代表。

（三）全面排查建筑企业质量安全隐患。建筑企业要落实安全生产责任制，要对企业内部安全生产规章制度和教育培训制度等情况，以及所承担的建设工程开展全面自查，对自查中发现的违法违规行为和质量安全隐患要及时改正，防止质量安全事故的发生。建设管理部门和相关管理部门要加强对建筑企业的动态监管，对取得资质证书后降低安全生产条件的企业，要责令停业整顿、限期改正，经整改仍未达到与其资质等级相适应的安全生产条件的，依法降低其资质等级直至吊销资质证书。对有出借企业资质证书、违反建设工程安全生产规定等违法行为的企业，要依法从严查处，追究单位法人代表、直接负责主管人员和其他直接责任人员的责任。

二、强化建设工程质量安全风险源头控制

（四）建立工程质量安全风险评估管理制度。建设单位对涉及建设工程质量安全的重大问题，要在工程可行性研究报告中进行专门分析，并提出方案，预留费用。工程初步设计必须达到规定深度要求，细化提出质量安全防护措施和费用。建设单位要组织有关单位对工程建设过程中可能存在的质量安全重大风险进行全面评估，并将评估结论作为确定设计和施工方案的重要依据。

（五）科学确定并严格执行合理的工程建设周期。建设单位应当根据实际情况对工程充分评估、论证，科学确定合理的施工工期。在工程招标投标时，要将合理的施工工期安排作为招标文件的实质性要求和条件，任何单位和个人不得任意压缩合理的施工工期；确需作出调整的，必须经过充分论证，并采取相应措施，增加技术措施费用，确保工程质量安全。

（六）保证建设工程安全生产专项经费。建设单位在建设项目预算中应当按照国家和本市的规定，单独列支安全防护和文明施工措施费、监理费、检测费等保证工程建设质量和安全的专项经费，专款专用，并在招标文件或者合同中予以明确。建设单位应当按照合同约定及时足额支付保证工程建设质量和安全的专项经费，施工单位不得挪作他用。

三、严格建设工程承发包管理

（七）严格规范建设工程招投标活动。各类建设工程的承发包活动必须依法进行。除依法可以不公开招标的建设工程外，其他建设工程一律公开招标，项目审批部门应当加强监督，招投标管理部门要从严审核，严格规范招标人、投标人、评标专家、招标代理机构的行为。招投标中如有虚假招标、串通投标和挂靠借用资质投标等违法行为的，中标一律无效。同时，对责任单位和责任人按规定依法从严处罚，并依据情节轻重，取消相关单位一年至三年参加投标的资格，取消评标专家担任评标委员会委员资格，并予以公告。要进一步完善招标评标办法，安全防护和文明施工措施费、监理费不作为评标条件；将施工招标中必须由注册建造师担任关键岗位列为评标条件；质量员、安全员的数量和人选作为合同约定内容。

（八）坚决查处转包和违法分包。严禁转包和违法分包中标工程，分包单位将其承包的专业工程中非劳务作业的部分再分包的，劳务单位将其承包的劳务作业再分包的，分包无效；有违法所得的予以没收，责令停业整顿，依法进行处罚；情节严重的，依法吊销资质证书和营业执照；造成重大责任事故的，依法追究企业法人代表和直接责任人员责任。建设工程的发包单位和承包单位必须依法订立书面合同，明确双方的权利义务，分包单位对分包工程的质量和安全生产负责，总承包单位对分包工程承担连带责任。建立本市总承包单位、专业分包单位和劳务单位数据库，推行分包合同备案制度，总承包单位和分包单位应当将相关合同报政府有关部门备案。各级质量安全监督机构应当开展定期检查，发现实际分包单位和合同备案信息不符合的，责成施工单位停工整顿，并按规定重新办理备案手续。分包单位在申请资质升级、增项时，需提交经备案的工程业绩；未经备案的分包工程，不得作为资质审批的条件。对总承包单位和分包单位的违法行为，管理部门在依法处罚的同时，要将处罚信息记入诚信手册，并在本市建筑建材业管理信息平台上予以公示。

四、切实加强施工现场质量安全管理

（九）加强施工单位的现场管理。施工总承包单位对施工现场的质量和安全负总责，分包单位（含专业分包单位）应当服从总承包单位的安全生产管理，不服从管理造成安全生产事故的，由分包单位承担主要责任。总承包单位应当编制与承包工程的规模、技术复杂程度相适应的施工方案，并在施工现场设立项目管理机构指导现场施工，根据投标方案和合同确立的人员名单派驻技术、经济管理人员，其中的项目负责人、技术负责人、项目核算负责人、质量管理人员、安全管理人员必须是与本单位有劳动合同关系的人员，合同备案时应包括项目管理机构和人员，总承包单位不得擅自变更技术和经济管理人员。工程施工时，项目经理和质量安全管理人员应当实施现场管理和监督。施工现场各施工单位对所承揽工程的质量安全负责，必须按照设计图纸、技术标准、施工规范、施工方案明确的顺序进行施工，严格执行安全生产要求，认真落实设计方案中提出的专项质量安全防护措施。对工程的关键部位、关键环节、关键工序和危险性较大的分部、分项工程，必须制定专项施工方案，落实安全防护措施，确保施工安全。

（十）加强勘察设计现场服务。勘察、设计单位应当严格按照法律、法规和工程建设强制性标准进行勘察和设计，防止因勘察、设计不合理导致质量安全事故的发生。设计应当考虑施工安全操作和防护的需要，对涉及施工安全的重点部位和环节，以及使用建筑材料的性能等要依规定在设计文件中注明，并对防范质量安全事故提出建议。勘察、设计单位要加强工程建设过程中的现场服务，在建设工程施工前，向施工单位和监理单位说明建设工程勘察、设计意图，解释建设工程勘察、设计文件，指导施工单位按照设计要求和相关技术标准进行施工，对施工不符合设计的可以要求施工单位予以纠正。勘察、设计单位未按照工程建设强制性标准进行勘察、设计，造成工程质量安全事故，造成损失的，依法承担赔偿责任；后果严重的，责令停业整顿，并依法降低资质等级或者吊销资质。

（十一）严格建筑材料质量管理。建设单位、施工总承包单位对工程中使用的建筑材料质量负责，保证建筑材料符合相关标准和设计要求，严禁使用未经检测或者经检测质量不合格的建筑材料。加强建筑材料检测管理，健全和完善建设工程检测信息化管理系统，检测单位的检测数据应当自动录入信息系统，检测完成后，通过信息系统出具检测报告，确保工程检测数据的客观性和准确性。建筑材料供应商承担建筑材料施工的，应当具备相应资质。对生产和提供不合格以及假冒伪劣建筑材料的，建设管理部门应当将其列入不良名单，禁止其产品在本市建设工程中使用，并联合质量技监、工商等部门依法严肃处理。

（十二）落实建设工程中介服务机构责任。工程检测和施工图审查等中介服务机构应当依法依规开展服务，对所承担业务对应的工程质量安全负责，对编制虚假检测报告、施工图审查意见重大失误和弄虚作假的中介服务机构，暂停其承接新的业务，并依法进行处理；情节严重的，依法降低或者吊销资质（对审图机构取消认定或者不予再次认定）。

五、切实落实监理责任

（十三）完善工程监理招投标制度。依法必须进行监理招标的建设工程，建设单位应当通过招标方式选择监理单位。工程监理招标以监理大纲、人员、设施配备、单位业绩、社会信誉、企业诚信和服务承诺等作为评标的主要内容，投标文件应当明确项目总监理工程师等监理人员。工程监理费按国家收费规定，以工程概算中建安工程费等为计费基数，按基准费率上浮 20% 计费。政府投资项目监理费实行国库直拨。招投标监管部门在办理备案手续时，应当核验监理取费标准。工程监理单位与被监理工程的承包单位以及建筑材料、建筑构配件和设备供应单位不得有隶属关系或者其他利害关系。

（十四）提高工程监理现场控制能力。监理单位应当切实落实施工现场的监理责任，选派具备相应资格和能力的总监理工程师和监理工程师进驻施工现场，实行总监理工程师现场负责制，监理日志和监理提出的整改通知书，必须有总监理工程师或者其委托的监理人员签字。工程监理应当加强施工现场巡查，现场有施工时，必须有符合规定的监理人员到现场实施监理。监理应当对分包企业资质和人员到岗情况实施检查，对施工现场中的各类违法违规行为要及时发现、及时制止，对质量安全隐患，监理应当要求施工单位停工整顿并书面报告建设单位。制止无效时，应当及时报告质量安全监督机构。监理未履行对重大安全隐患督促整改和报告责任的，依法予以处罚。本市建设工程实行监理向质量安全监督机构定期报告制度，项目总监理工程师通过监理管理信息平台，按照管理部门规定的内容，定期向质量安全监督机构报送施工现场监理情况的报告。

六、加强工程建设从业人员管理

（十五）加强对企业法人代表和注册执业人员的管理。建筑企业法人代表是企业安全生产第一责任人，依法对本单位的质量安全工作负总责，要落实企业安全生产责任制，组织企业制定安全生产的规章制度和教育培训制度，加强对建筑安全生产的管理，采取有效措施，防止伤亡和其他安全生产事故的发生。有关管理部门要加强对企业法人代表质量安全方面的法律培训，加强对注册执业人员的管理。勘察设计项目负责人、施工单位项目负责人以及项目总监理工程师应当由注册执业人员担任，并实行严格的岗位负责制。注册执业人员参加法律法规培训和专业培训的情况，要记入个人执业记录，未按规定参加培训的注册执业人员不得延期注册。建设管理部门应当加强对注册人员出借证章、重复注册等行为的查处力度，注册人员的诚信记录，作为单位参加投标的条件。建设管理、人力资源社会保障、工商、公安等部门要实现相关企业、人员信息的共享。

（十六）加强施工作业人员管理。规范建筑施工用工行为，保障工人的合法权益，在市、县区两级财政安排的教育费中应当单独列支建筑施工作业人员培训教育经费。总承包单位对劳务分包企业的施工现场管理、劳务作业和用工情况负有监督管理责任。各用工单位使用劳务人员，应当是有劳动合同关系或者劳务合同关系的人员，并实行实名制登记和发放人员信息卡。中心城区的建设工地实行工人刷卡上下班制度。建设、施工单位和劳务分包单位要加强建设工程施工作业人员的职业技能和安全培训，尤其要做好新入工地非专业人员上岗、转岗前的培训，全面提高其操作技能和安全生产意识。安全监管、建设交通、质量技监和公安（消防）部门应当加强对特种作业人员的教育和培训管理。企业特种作业人员必须根据安全生产的规定持证上岗，一经发现施工单位特种作业使用无证人员施工的，要立即责令停工整顿。建立政府、部门、行业协会和企业多层次培训体系，营造职业技能等级与劳动报酬挂钩的市场环境，逐步实现关键岗位技术工人经培训持证上岗。

七、加强建设工程质量安全监督管理

（十七）加快建设工程基本制度建设。各有关部门要根据建设工程质量安全管理的实际情况，按照加快完善本市建设工程法规规章体系的要求，抓紧制定和修订本市建设工程质量安全管理和建筑市场管理方面的地方性法规，并加快建设工程承发包管理、监理、检测等方面政府规章的制定修改，认真梳理配套的规范性文件，及时补充和完善建设工程质量安全管理所亟需的制度规范。进一步完善建设工程标准、规范体系。

（十八）加强各级建设工程质量安全监督机构建设。健全建设工程质量安全监督机构，将各级建设工程质量监督机构调整充实为独立的质量安全监督机构，并赋予建筑市场稽查职能。各级政府要根据辖区内建设工程质量安全监管职责和工程建设的规模，保证质量安全监督机构专业技术人员的配备，并保证质量安全监督机构和人员的经费，以及开展建材质量专项抽检的经费。市建设交通委要制定建设工程质量安全监督规范，进一步规范建设工程质量安全监督机构的监管行为，加强考核，建设一支责权明确、行为规范、执法有力的质量安全监管队伍。对在建设工程质量监督管理工作中玩忽职守、滥用职权、徇私舞弊的工作人员，依法给予行政处分；构成犯罪的，依法追究刑事责任。

（十九）加大对工程建设中违法违规行为的查处力度。建设工程质量安全监督机构必须加强对建筑活动参与各方执行法律、法规和强制性标准情况的监督检查，改进检查手段，加强明查暗访，实施有效监督。各专业管理部门要根据部门职责分工，加强对建设工程质量和安全的监督管理，对建筑市场的各类违法违规行为依法实施行政处罚，对情节严重的，应当依法责令停工整顿，直至吊销从业资质证书。依法加强对工程质量和安全事故的调查处理，严肃事故责任追究，对发生重特大事故的企业，实行社会公告制度，并向本市投资管理部门通报，限定其新增项目的审批，向银行金融机构通报，限定其新的项目融资。

（二十）运用信息化手段促进建筑市场监管公开透明。创新政务公开方式，建立全市统一的建筑建材业管理信息平台，通过信息平台向社会公布项目立项、规划许可、工程招标、企业及注册人员情况、施工许可、合同备案、竣工验收等各类信息。充分利用信息化手段开展执法评查、质量考核、满意度测评等工作，促进建筑市场监管公开透明、公平公正。完善建筑市场诚信体系，对建筑企业发生重大质量安全事故，以及转包和违法分包工程、拖欠民工工资等违法违规行为，及时在建筑建材业管理信息平台上公示。进一步完善市区(县)共享、部门共享的数据库，各级建设交通、发展改革、财政、规划国土资源、环保、安全监管、公安（消防）和质量技监部门要依托信息系统，实现管理协同、信息共享和执法联动。要提高建设工地管理的信息技术水平，强化对建设工程主要环节、现场信息和险情预兆的监控，完善及时发现和应急处置机制。

八、加强领导，确保建筑市场整治取得实效

（二十一）转变职能，进一步推进政企分开改革。各有关部门要积极转变职能，严格区分政府公共管理职能和国有资产经营的职能，进一步推进政企分开改革。各区县隶属建设部门的建筑企业要立即清理，限期脱钩。要坚决改变建设工程管理和建筑市场中存在的区域封闭、内部循环、暗箱操作等现象。有关管理部门要着力开展市场秩序的整顿规范，充分发挥企业作为市场主体的能动作用，共同营造统一开放、法制健全、公平竞争和有序运转的建筑市场，为建筑企业健康发展营造良好氛围。

（二十二）加强组织领导和督促检查。各区县、各有关部门要根据各自职责，制订部署本地区、本行业开展建筑市场整治的实施办法和具体措施，落实监督管理责任，加强监督检查和指导，及时研究解决建筑市场整治过程中暴露的突出问题。市级管理部门要加强对区县的业务指导和监督检查，各区县政府要根据属地管理的原则，切实履行起本辖区内建设工程质量安全监管职责。同时，各区县政府要加强限额以下小型工程建设的监督管理，根据地区特点制定具体管理办法，确保小型工程质量安全监管全覆盖。有关管理部门要加强整治建筑市场的协同配合，加强宣传引导，营造良好氛围，全面提高本市建设工程质量安全水平。

06. 关于本市贯彻《长江三角洲地区区域规划》实施方案

（沪府办发〔2011〕3号，1月24日）

2010年5月12日，国务院批复同意《长江三角洲地区区域规划》（以下简称《区域规划》）。《区域规划》是贯彻《国务院关于进一步推进长江三角洲地区改革开放和经济社会发展的指导意见》（以下简称《指导意见》）的重大部署，是进一步提升长江三角洲地区整体实力和国际竞争力的战略安排，有利于上海应对复杂多变国际环境、加快经济社会发展转型、实现经济持续平稳发展、进一步增强核心竞争力，有利于上海发挥辐射带动作用，为区域协调发展作出更大贡献。为更好地贯彻《区域规划》，结合本市实际，制订本实施方案。

一、指导思想

以邓小平理论和“三个代表”重要思想为指导，深入贯彻科学发展观，认真落实国家区域发展总体战略，围绕建设“四个中心”和社会主义现代化国际大都市的总体目标，创新驱动，转型发展，着力增强辐射带动能力、资源配置能力和自主创新能力，着力打造亚太地区重要的国际门户、全球重要的现代服务业和先进制造业中心、具有较强国际竞争力的世界级城市群，着力推进科学发展、和谐发展、率先发展、一体化发展，为我国全面建设小康社会和实现现代化做出积极贡献。

二、总体要求

（一）注重引导性。加强《区域规划》与本市“十二五”规划的衔接，把国家对长三角的战略定位、发展目标和重点任务等落实到“十二五”规划纲要和各专项规划中，确保国家的战略意图得到充分体现。

（二）注重连续性。在本市已出台的《关于贯彻〈国务院关于进一步推进长江三角洲地区改革开放和经济社会发展的指导意见〉的实施意见》的基础上，进一步深化细化和调整完善相关要求，保持工作的连续性。

（三）注重创新性。进一步深化重点专题合作，完善泛长三角区域合作机制，着力破解人流、物流、信息流、资金流和技术流的体制障碍，推动长三角务实合作迈上新台阶。

三、主要任务

（一）努力构筑区域协调发展新格局。坚持城乡一体、均衡发展，把郊区放在现代化建设更加重要位置，进一步将建设重心转向郊区。充分发挥功能区的导向作用，优化提升中心城区功能，以郊区新城建设为重点，深化完善市域城镇体系，加快推进城镇化和新农村建设，继续在城乡一体化发展方面走在全国前列。突出区域主导功能，加强分类指导，形成发展导向明确、要素配置均衡、空间集约集聚的发展格局。加快推进新城建设，充分发挥新城在优化空间、集聚人口、带动发展中的作用，将重点新城建设成特色鲜明、功能完善、产城融合、用地集约、生态良好的长三角城市群重要组成部分。提高城乡基础设施一体化水平，率先实现城乡基本公共服务均等化。深化农村改革创新，全面提升农村发展水平。

（二）着力形成服务经济为主的产业结构。以金融、航运物流、现代商贸、信息服务业、文化创意、旅游会展等为重点，加快推进服务业新业态、新技术和新模式发展。构建虹桥枢纽－浦东空港和沿黄浦江现代服务业集聚带，加快建设虹桥、迪斯尼、世博园等主体功能突出、辐射带动力强的现代服务业集聚区，加快发展生产性服务业功能区、创意产业集聚区。深化与江浙两省的金融、贸易和航运合作，拓展服务半径，提升服务业国际竞争力。主动对接国家战略，加快发展高端装备制造、新一代信息技术、生物、新能源、新材料、节能环保、新能源汽车等战略性新兴产业。聚焦重点领域、关键环节和重点区域，推动形成长三角战略性新兴产业集群。积极推动制造业升级改造和梯度转移，提高汽车、船舶、机械等产业核心竞争力，促进电子信息制造业转型发展，优化钢铁、石化等产业。加快发展现代农业。

（三）大力推进创新型区域建设。全面建设上海创新型城市，加快区域科技创新体系一体化发展，推动长三角率先建成国家自主创新综合试验示范区。强化企业创新主体作用，培育和壮大中小科技企业。聚焦国家战略，积极承担大飞机、极大规模集成电路、重大新药创制、重大传染病防治、核心电子器件、高端通用芯片及基础软件产品等国家重大科技专项，协同开展大型船舶、航空航天、新能源、公共安全、民生保障等重大科技联合攻关。完善创新服务体系，加强金融对创新的支持，深入推进知识产权战略。共同优化长三角科技创新合作的市场环境，统一自主创新产品认定标准，联合实施互认制度和采购制度，鼓励创新成果优先在长三角推广应用。以推动高新技术开发区产业链整合为抓手，推进长三角高新技术产业合作与开发区二次创业。切实加大区域创新型人才培养和引进力度，加强长三角地区创新型人才开发的政策协调、制度衔接和服务融合。

（四）全面提高区域基础设施网络化水平。努力构建以沪宁和沪杭通道为主轴、以宁沪杭为中心的“1–2 小时交通圈”，放大长三角城市群的同城效应。大力推进沪通、沪乍等铁路建设，打通沿海铁路通道。以连接江浙两省、沟通外高桥港区及洋山深水港区的高等级内河航道及配套港区建设为重点，加快建设杭申线、长湖申线、平申线、大芦线等航道，以及外高桥、芦潮港等内河港区，形成连通长三角的高等级内河航运网络。建成 G40 沪陕高速公路上海段、S26 沪常高速公路东延伸段，推进长三角高速公路网建设。主动对接江浙两省，优化普通国道网，增加出省干线公路道口，加强省界两侧乡镇之间主要道路的对接。继续推进浦东国际机场、虹桥国际机场建设，不断提高对长三角的服务保障能力。加快皖电东送二期电源项目建设，推进长三角天然气主干管网互联互通，合作开发东海风电、江苏沿海风电等可再生能源利用项目。加快区域空间信息基础设施、信息重点工程和信息港建设。

（五）加快建设资源节约型和环境友好型城市。全力推进节能减排，加大环境保护力度，推进生态建设，努力完成国家下达的节能减排指标。大力推广节能低碳技术，探索长三角排污权交易试点，鼓励发展长三角碳金融市场。提高资源综合利用效率，着力强化土地节约集约利用，实施最严格的耕地保护制度和土地利用制度，优化区域土地资源配置。实行更加严格的环境保护标准，严格控制污染物排放总量。完善长三角环境信息共享与发布制度，健全环境监管与应急联动机制。研究健全跨区域环境违法行为的联合惩处机制。完善长三角大气污染和水污染联防联控机制。建立健全长江口、黄浦江、太浦河等流域和水系上下游互利共赢的饮用水源保护机制和生态补偿机制。加强污水处理厂和收集管网建设，强化跨省、市界断面水质达标管理。继续做好工业污染源烟气脱硫、脱硝、除尘工作，积极控制机动车尾气污染，完善噪声污染防治体系。切实加强崇明生态岛、长江干流生态水廊等生态建设，保障长三角生态安全。

（六）积极推动区域社会事业联动发展。深化完善居住证制度，着力改进流动人口管理和服务方式。探索建立长三角人口数据平台，引导长三角人口合理有序流动。完善劳动力培训、资质认证、信息共享等一体化的公共人才和就业服务体系，加快形成长三角协调统一、联动发展的人力资源市场。完善社保信息共享和交换机制，顺畅实现区域社保关系转移衔接，不断完善医疗、养老等社保经办业务的协作机制，促进区域社保政策规则一体化。支持上海高校优质课程资源对外共享，鼓励长三角高校间学分互认，推动建设“长三角教育综合改革试验区”。推动上海实训基地、工程中心、国家实验室、国家检验检测中心等向长三角开放。建立长三角传染病联防联控、突发公共卫生事件应急处置互助、检查检验互认等机制。建立长三角演艺联盟和赛事联动机制。

（七）进一步深化体制改革。围绕“三个着力”，深入推进浦东综合配套改革试点。大力推进国家服务业综合改革试点、国家创新型城区建设试点、国际航运发展综合试验区、国家级信息化与工业化融合试验区、国家教育综合改革试验区等重大改革。切实转变政府职能，创新政府管理方式，进一步强化政府社会管理和公共服务职能。以市场化为目标，深入推进国资国企改革，加快开放性、市场化重组联合，鼓励长三角优质资本、优势企业跨区域并购重组。加强法制环境建设，进一步整顿和规范市场秩序，营造良好的市场环境。推动区域市场一体化，实现生产要素跨区域合理流动和资源优化配置。进一步创新金融产品，提高市场开放度和贸易便利化水平，推进外汇管理改革和创新，为长三角企业参与国际竞争提供服务。积极推进新型国际贸易结算中心试点，加快建立与国际通行做法相衔接的经济运行规则体系。加大苏浙沪三地区域口岸大通关协作力度，推进长三角通关一体化运作模式。

（八）加快形成全方位开放格局。全面提升利用外资水平，加大产业链高端和技术创新环节引资力度，稳步推进外资参与资本市场、股权投资、风险投资和并购重组。转变对外贸易发展方式，拓展新兴市场，稳定传统市场，加快培育以技术、品牌和服务为核心竞争力的出口新优势，鼓励国外先进设备、关键零部件和能源资源进口，推动加工贸易向上下游产业链延伸，逐步提高一般贸易、服务贸易和新型贸易业态的比重，扩大服务外包规模。实施“走出去”战略，大力培育本土跨国公司和知名品牌，支持企业对外直接投资、并购和全球化经营。进一步加大对内开放力度，建立健全互利共赢的国内区域合作机制，切实加强长三角城市合作。编制长三角地区合作与发展报告，构建相关指标体系，探索建立长三角地区合作专项基金，进一步拓展长三角一体化发展的深度和广度。

四、具体要求

（一）加强组织领导。各区县、各部门要将《区域规划》的目标要求和工作部署与本地区、本部门实际相结合，切实做好细化落实工作，务求取得实效。市综合部门要发挥牵头作用，做好有关协调、指导工作。

（二）加强区域对接。各区县、各部门要密切跟踪周边区域和对口部门推动实施《区域规划》的情况，主动加强沟通和协商，形成多层面、宽领域、全社会共同推动落实《区域规划》的局面。

（三）加强督促检查。按照国家要求，切实加强《区域规划》实施机制建设，细化分解《区域规划》明确的目标任务（详见附表），做好《区域规划》实施情况的报送、评估、督促等工作。

07. 上海市开展对部分个人住房征收房产税试点的暂行办法

（沪府办发〔2011〕3 号，1 月 24 日）

为进一步完善房产税制度，合理调节居民收入分配，正确引导住房消费，有效配置房地产资源，根据国务院第 136 次常务会议有关精神，市政府决定开展对部分个人住房征收房产税试点。现结合本市实际，制定本暂行办法。

一、试点范围

试点范围为本市行政区域。

二、征收对象

征收对象是指本暂行办法施行之日起本市居民家庭在本市新购且属于该居民家庭第二套及以上的住房（包括新购的二手存量住房和新建商品住房，下同）和非本市居民家庭在本市新购的住房（以下统称“应税住房”）。

除上述征收对象以外的其他个人住房，按国家制定的有关个人住房房产税规定执行。

新购住房的购房时间，以购房合同网上备案的日期为准。

居民家庭住房套数根据居民家庭（包括夫妻双方及其未成年子女，下同）在本市拥有的住房情况确定。

三、纳税人

纳税人为应税住房产权所有人。

产权所有人为未成年人的，由其法定监护人代为纳税。

四、计税依据

计税依据为参照应税住房的房地产市场价格确定的评估值，评估值按规定周期进行重估。试点初期，暂以应税住房的市场交易价格作为计税依据。

房产税暂按应税住房市场交易价格的 70% 计算缴纳。

五、适用税率

适用税率暂定为 0.6%。

应税住房每平方米市场交易价格低于本市上年度新建商品住房平均销售价格 2 倍（含 2 倍）的，税率暂减为 0.4%。

上述本市上年度新建商品住房平均销售价格，由市统计局每年公布。

六、税收减免

（一）本市居民家庭在本市新购且属于该居民家庭第二套及以上住房的，合并计算的家庭全部住房面积（指住房建筑面积，下同）人均不超过 60 平方米（即免税住房面积，含 60 平方米）的，其新购的住房暂免征收房产税；人均超过 60 平方米的，对属新购住房超出部分的面积，按本暂行办法规定计算征收房产税。

合并计算的家庭全部住房面积为居民家庭新购住房面积和其它住房面积的总和。

本市居民家庭中有无住房的成年子女共同居住的，经核定可计入该居民家庭计算免税住房面积；对有其他特殊情形的居民家庭，免税住房面积计算办法另行制定。

（二）本市居民家庭在新购一套住房后的一年内出售该居民家庭原有唯一住房的，其新购住房已按本暂行办法规定计算征收的房产税，可予退还。

（三）本市居民家庭中的子女成年后，因婚姻等需要而首次新购住房、且该住房属于成年子女家庭唯一住房的，暂免征收房产税。

（四）符合国家和本市有关规定引进的高层次人才、重点产业紧缺急需人才，持有本市居住证并在本市工作生活的，其在本市新购住房、且该住房属于家庭唯一住房的，暂免征收房产税。

（五）持有本市居住证满 3 年并在本市工作生活的购房人，其在本市新购住房、且该住房属于家庭唯一住房的，暂免征收房产税；持有本市居住证但不满 3 年的购房人，其上述住房先按本暂行办法规定计算征收房产税，待持有本市居住证满 3 年并在本市工作生活的，其上述住房已征收的房产税，可予退还。

（六）其他需要减税或免税的住房，由市政府决定。

七、收入用途

对房产税试点征收的收入，用于保障性住房建设等方面的支出。

八、征收管理

（一）房产税由应税住房所在地的地方税务机关负责征收。

（二）房产税税款自纳税人取得应税住房产权的次月起计算，按年计征，不足一年的按月计算应纳房产税税额。

（三）凡新购住房的，购房人在办理房地产登记前，应按地方税务机关的要求，主动提供家庭成员情况和由市房屋状况信息中心出具的其在本市拥有住房相关信息的查询结果。地方税务机关根据需要，会同有关部门对新购住房是否应缴纳房产税予以审核认定，并将认定结果书面告知购房人。应税住房发生权属转移的，原产权人应缴清房产税税款。

交易当事人须凭地方税务机关出具的认定结果文书，向登记机构办理房地产登记；不能提供的，登记机构不予办理房地产登记。

（四）纳税人应按规定如实申报纳税并提供相关信息，对所提供的信息资料承担法律责任。

纳税人未按规定期限申报纳税的，由地方税务机关向其追缴税款、滞纳金，并按规定处以罚款。

（五）应税住房房产税的征收管理除本暂行办法规定外，按《中华人民共和国税收征收管理法》等有关规定执行。具体征收管理办法，由市地税局负责制定。

九、部门职责

（一）建立工作机制

市政府成立由市财政、地税、住房保障房屋管理、建设交通、规划国土资源、公安、民政、人力资源社会保障、统计等部门组成的房产税试点工作机构，建立健全工作机制，推进房产税试点工作。

（二）协同征收管理

市住房保障房屋管理、建设交通、规划国土资源、财政、公安、民政、人力资源社会保障、统计等部门要积极配合地方税务机关建立应税住房房产税征收控管机制，根据本市对部分个人住房征收房产税试点的需要，提供相关信息，共同做好应税住房的认定工作。

（三）实现信息共享

市地税、住房保障房屋管理、建设交通、规划国土资源、财政、公安、民政、人力资源社会保障、统计等部门要共同建立全市统一的房地产信息管理平台，实现个人住房信息数据库信息共享。

十、评估机制

房产税税基评估工作在市政府统一领导下，由市地税、财政、住房保障房屋管理、规划国土资源等部门共同组织实施。

十一、其他事项

本暂行办法未涉及的其他事项，按国家和本市的有关规定执行。

本市开展对部分个人住房征收房产税试点中的具体规定，由市财政局、市地税局、市住房保障房屋管理局等部门制订，并报市政府同意后公布执行。

本暂行办法自2011年1月28日起施行。

08. 关于本市贯彻《国务院办公厅关于进一步做好房地产市场调控工作有关问题的通知》的实施意见

（沪府办发〔2011〕6号，1月31日）

为贯彻《国务院办公厅关于进一步做好房地产市场调控工作有关问题的通知》（国办发〔2011〕1号），坚持以居住为主、以市民消费为主、以普通商品住房为主的原则，采取税收、信贷、行政、土地、住房保障等政策措施，多管齐下，有效遏制投资投机性购房，逐步解决居民住房问题，进一步促进本市房地产市场平稳健康发展，现提出如下实施意见：

一、坚决贯彻落实国家和本市各项房地产市场调控政策措施，切实将房价控制在合理水平。根据本市经济发展目标、人均可支配收入增长速度和居民住房支付能力等，综合研究确定新建住房年度价格控制目标，并于2011年3月底前向社会公布。

二、进一步完善廉租住房、经济适用住房、公共租赁住房和动迁安置房“四位一体”的住房保障体系。继续放宽廉租住房准入标准，逐步扩大政策受益面，实现“应保尽保”；在加快推进中心城区和部分郊区经济适用住房申请供应工作基础上，年内进一步放宽申请准入标准，扩大经济适用住房受益面；研究试行经济适用住房租赁、租售转换新机制。加快保障性住房房源建设和供应，全年开工建设和筹措保障性住房1500万平方米（约22万套）。继续加大旧区改造力度，拆除中心城区二级旧里以下房屋80万平方米（受益家庭约3.2万户），启动郊区城镇危旧房改造。加大保障性房源筹措力度，新出让商品住房地块必须按照不小于5%比例配建保障性住房。按照国家要求，确保完成2011年全市保障性安居工程目标任务。

三、个人将购买不足5年的住房转手交易的，全额征收营业税。严格按照《上海市人民政府批转市住房保障房屋管理局等五部门关于进一步加强本市房地产市场调控加快推进住房保障工作若干意见的通知》（沪府发〔2010〕34号）规定，根据不同的销售价格确定土地增值税预征率，做好土地增值税征收管理工作。重点对定价明显超过周边房价水平的房地产开发项目（具体项目由住房保障房屋管理部门提供），进行土地增值税清算和稽查。严格执行个人转让房地产所得税征收政策。税务、财政、住房保障房屋管理、规划国土资源等部门要加强配合，加大应用房地产价格评估技术强化存量房交易税收征管的试点和推广力度，坚决堵塞通过“阴阳合同”产生的税收漏洞。

四、积极稳妥推进本市房产税试点工作，认真实施《上海市开展对部分个人住房征收房产税试点的暂行办法》，建立健全市与区（县）房产税试点工作机制，进一步完善全市统一的房地产信息管理平台，加强政策宣传和征收管理。

五、对居民家庭向商业银行贷款购买第二套住房的，其首付款比例不得低于60%，贷款利率不得低于基准利率的1.1倍。对为改善居住条件购买第二套住房的，住房公积金个人贷款首付比例不得低于60%，贷款利率不得低于基准利率的1.1倍。

继续加强对执行差别化信贷政策情况的检查，严肃查处违规贷款行为。

六、强化保障性住房和商品住房用地等

年度供地计划管理，优化住房用地供应结构。在年度计划中，单列保障性住房用地，明确供地规模、供地时序等内容，确保各类保障性住房和中小套型普通商品住房用地不低于住房用地年度供应总量的70%。对擅自改变保障性住房用地性质的，要坚决及时纠正和严肃查处。同时，今年的商品住房用地供应量原则上不低于前2年平均实际供应量，并根据土地市场情况，合理安排土地供应上市节奏。

加大闲置土地处置力度，按照国家和本市闲置土地处置的法律法规和政策规定依法处置。严格查处非法转让土地使用权的行为，对房地产开发建设投资达不到25%以上的（不含土地价款），不得以任何方式转让土地及合同约定的土地开发项目。

七、自本意见发布之日起，暂定在本市已有1套住房的本市户籍居民家庭、能提供自购房之日起算的前2年内在本市累计缴纳1年以上个人所得税缴纳证明或社会保险（城镇社会保险）缴纳证明的非本市户籍居民家庭，限购1套住房（含新建商品住房和二手住房）。对在本市已拥有2套及以上住房的本市户籍居民家庭、拥有1套及以上住房的非本市户籍居民家庭、不能提供2年内在本市累计缴纳1年以上个人所得税缴纳证明或社会保险（城镇社会保险）缴纳证明的非本市户籍居民家庭，暂停在本市向其售房。违反规定购房的，不予办理房地产登记。

八、各区县政府和市有关部门要按照2011年本市确定的保障性住房建设、供应目标，新建住房价格控制目标，落实工作责任，积极推进。要将住房保障工作目标纳入区县政府年度考核，对政策落实不到位、工作不得力、计划目标未完成的，要进行约谈，直至追究责任。

九、新闻媒体要强化舆论宣传和正面引导，着重宣传各项房地产市场调控政策措施，宣传本市住房保障工作进展和成效，引导居民理性消费。对制造、散布虚假消息的，要追究有关当事人责任。各有关部门要深入解读各项调控政策措施，及时解答市民关心的问题，共同维护房地产市场平稳健康发展的良好局面。

09.2011年市政府要完成的与人民生活密切相关的实事

（沪府办发〔2011〕8号，3月8日）

一、开展全民消防安全演练和消防安全知识普及活动；在280个轨道交通站点设置549个安检点；完成30万农民工安全生产培训。

二、新开工建设18条区域对接道路，完成10条区域对接道路建设；新建60根ETC车道；在100个街镇的1000条（段）道路实施道路洁净工程。

三、建设郊区集约化供水管网104公里，关闭中小水厂10家；完成郊区县100个村庄改造。

四、帮助1万人成功创业；实现新型农村社会养老保险全覆盖。

五、在10家蔬菜批发市场、150家标准化菜市场建设蔬菜流通安全信息追溯体系，在铜川、百川2家水产批发市场和30家菜市场建设水产品流通安全信息追溯体系；在200家集贸市场设立“自助式公平秤”便民装置。

六、为26万名经济困难且需要生活照料的老人提供社区居家养老服务；新增5000张养老床位；新建老年人日间服务中心20家；设立40个社区老年人助餐点；为5000名重度失智困难老人配送护理用品。

七、补贴推广500万只节能灯，其中向4万个特困残疾人员家庭免费赠送8万只。

八、开展“百万家庭低碳行，垃圾分类

要先行”活动。

九、新增40所幼儿园；对80所政府委托以招收来沪务工人员同住子女为主的民办小学教师开展全员培训。

十、在公园、公共绿地新建50条百姓健身步道，完善30家社区活动中心的健身设施。

附件：2011年市政府要完成的与人民生活密切相关的实事项目进度及负责部门、责任人

附件

2011年市政府要完成的与人民生活密切相关的实事项目进度及负责部门、责任人

一、开展全民消防安全演练和消防安全知识普及活动；在280个轨道交通站点设置549个安检点；完成30万农民工安全生产培训。

向全市每户家庭赠阅《消防安全知识读本》；在全市各单位、各居民楼集中组织开展一次疏散逃生演练；建立社区消防志愿者队伍（消防志愿者从现有平安志愿者中选取），覆盖各社区；在全市各类学校每学期开设2课时以上消防教育和1次以上逃生疏散演练；在全市广播、电视等媒体免费播放消防公益广告，开播消防宣传节目，切实提高市民消防安全意识和火灾逃生自救能力。具体实施进度：第一季度完成知识读本和社区消防志愿者服务手册编写工作，分类制定疏散逃生演练导则并完成市、区县两级疏散演练试点，协调上海广播电视台播出首批冬防公益广告片，各学校集中开展一次逃生疏散演练，每个区县至少选择一处地标建筑LED屏每天滚动播出、一处大型户外公益广告牌长期刊登消防公益宣传内容等；第二季度完成向本市600万户居民发放知识读本工作，向各区县下发疏散逃生演练导则及示范光盘，各区县各居委会每月完成不少于2栋居民住宅楼的演练，协调上海广播电视台开播消防安全宣传节目，并对各区县疏散演练情况开展巡访，修订各学段消防安全教材，完成社区消防志愿者招募和培训，各区县建立消防协管员队伍；第三季度各区县各居委会每月完成不少于2栋居民住宅楼的演练，各类学校开展新学期消防安全教育和演练，社区消防志愿者在各居（村）委会、消防协管员指导下定期开展相关工作；第四季度全面完成。该项目由市消防局、各区县政府牵头负责，市委宣传部、市教委、市民政局、市住房保障房屋管理局、市民防办、市综治办配合。其中，市消防局责任人为陈飞局长，各区县政府责任人为分管副区（县）长，市委宣传部责任人为马春雷副部长，市教委责任人为尹后庆副主任，市民政局责任人为方国平副局长，市住房保障房屋管理局责任人为黄永平副局长，市民防办责任人为王沪鹰巡视员，市综治办责任人为乐伟中副主任。

在全市280个轨交车站进站检票闸机外侧设立549个安检点，配备安检装备和人员，按照相关标准对进站乘客携带物品进行安检，实行“大包必检、小包抽检、逢疑必查”的工作模式，建立“星级安检员”管理机制，完善安检热线电话投诉机制。具体实施进度：第一季度制定完善安检人员、设备配置标准和岗位工作规范，完成安检员队伍调整工作，安检设备配置到位；第二季度推进安检操作标准化、规范化建设，完成岗位培训，实现持证上岗；第三季度总结完善各项管理工作机制；第四季度对新开车站的安检工作进行调研，确保按照进度同步设立安检点。该项目由市公安局牵头负责，申通集团配合。其中，市公安局责任人为轨道分局曹声伟党委书记，申通集团责任人为邵伟中副总裁。

以安全生产规章制度、操作规程以及作业场所内的安全防范措施等为重点，加强对来沪务工人员的安全生产培训，进一步提高其安全生产和防护技能。具体实施进度：第一季度培训3万人；第二季度培训10万人；第三季度培训10万人；第四季度培训7万人。

该项目由市安全监管局牵头负责，责任人为谢黎明局长。

二、新开工建设18条区域对接道路，完成10条区域对接道路建设；新建60根ETC车道；在100个街镇的1000条（段）道路实施道路洁净工程。

新开工建设殷高路等18条区域对接道路，完成朱平公路等10条区域对接道路建设，解决区与区之间连接道路，尤其是远郊与近郊、近郊与中心城区道路之间衔接不畅的矛盾。具体实施进度：第一季度向各区县下达任务，落实年度计划；第二季度计划开工9条区域对接道路；第三季度加大工作推进力度；第四季度计划开工9条，完成10条区域对接道路。该项目由市建设交通委牵头负责，市发展改革委、市规划国土资源局、相关区县政府配合。其中，市建设交通委责任人为秦云总工程师，市发展改革委责任人为汤志平副主任，市规划国土资源局责任人为俞斯佳总工程师，相关区县政府责任人为分管副区（县）长。

新建60根ETC车道（电子不停车收费系统车道），进一步缓解本市高速公路拥堵状况。具体实施进度：第一季度完成立项、车道布设研究测试，产品接入测试及技术招投标工作；第二季度完成初步设计、施工招投标、监理招投标、关键产品招投标、施工图设计等工作；第三季度完成建设任务并做好工程初步验收；第四季度做好工程整改和竣工验收。该项目由市建设交通委牵头负责，责任人为王以中巡视员。

在100个街道（镇）的1000条（段）道路推行道路洁净工程，全面推广“夜间清扫、白天保洁”作业模式，严格实行“组团式作业法”，确保道路环境问题发生率不高于15%，道路整洁达到优良状态；提高机械化作业水平，机扫率、冲洗率达100%；提高道路污染快速处置能力，确保废弃物路面滞留时间控制在20分钟以内，并加强道路环境问题投诉处理。具体实施进度：第一季度确定推进实施范围和具体道路，并对道路保洁模式、工艺流程、作业工具、人员配备等进行检查，完成推进任务的20%；第二季度完成推进任务的60%；第三季度完成推进任务的90%；第四季度全面完成，制定巩固道路洁净工程成效的制度和办法，健全长效机制。该项目由市绿化市容局牵头负责，各区县政府配合。其中，市绿化市容局责任人为黄兴华副局长，各区县政府责任人为分管副区（县）长。

三、建设郊区集约化供水管网104公里，关闭中小水厂10家；完成郊区县100个村庄改造。

进一步加快推进郊区集约化供水管网建设，提高供水水质，建设郊区集约化供水管网（DN500以上）104公里，其中松江区23公里、金山区40公里、青浦区20公里、浦东新区11公里、嘉定区10公里；关闭郊区10家中小水厂。具体实施进度：第一季度开展前期工作；第二季度建设集约化供水管道21公里，关闭中小水厂4家；第三季度建设集约化供水管道40公里，关闭中小水厂4家；第四季度建设集约化供水管道43公里，关闭中小水厂2家。该项目由市水务局、相关区县政府牵头负责，市发展改革委、市建设交通委、市规划国土资源局、市城投总公司配合。其中，市水务局责任人为陈远鸣副局长，浦东、嘉定、松江、青浦、金山、奉贤、崇明等相关区县政府责任人为分管副区（县）长，市发展改革委责任人为周亚副主任，市建设交通委责任人为秦云总工程师，市规划国土资源局责任人为俞斯佳总工程师，市城投总公司责任人为顾金山副总经理。

以改善生态环境为重点，配套完善生活污水处理、村内道路建设、危桥改造、河道疏浚、环卫设施建设、宅前屋后环境整治、村庄绿化等，对100个农村村庄实施改造。具体实施进度：第一季度完成改造选点、方案报送等前期准备工作；第二季度完成项目批复、启动工作，第三季度项目实施；第四季度全面完工。该项目由市农委、市建设交通委牵头负责，市发展改革委、市规划国土资源局、市环保局、市水务局、市绿化市容局配合。其中，市农委责任人为孙雷主任，市建设交通委责任人为倪蓉副主任，市发展改革委责任人为汤志平副主任，市规划国土资源局责任人为徐毅松副局长，市环保局责任人为方芳副局长，市水务局责任人为刘晓涛副局长，市绿化市容局责任人为黄兴华副局长。

四、帮助1万人成功创业；实现新型农村社会养老保险全覆盖。

进一步落实本市《鼓励创业带动就业三年行动计划（2009 — 2011年）》的要求，形成全社会共同支持创业的工作合力，努力保持本市就业形势稳定。具体实施进度：第一季度完成帮助2000人成功创业；第二季度累计完成帮助5000人成功创业；第三季度累计完成帮助8000人成功创业；第四季度累计完成帮助1万人成功创业。该项目由市人力资源社会保障局牵头负责，市发展改革委、市经济信息化委、市教委、市科委、市农委、市规划国土资源局、市地税局、市工商局、市统计局、市住房保障房屋管理局、市金融办、各区县政府配合。其中，市人力资源社会保障局责任人为周海洋局长，市发展改革委责任人为肖林副主任，市经济信息化委责任人为傅新华副主任，市教委责任人为印杰副主任，市科委责任人为陈杰总工程师，市农委责任人为邵林初副主任，市规划国土资源局责任人为徐毅松副局长，市地税局责任人为许建斌副局长，市工商局责任人为陈学军副局长，市统计局责任人为朱章海副局长，市住房保障房屋管理局责任人为庞元副局长，市金融办责任人为马弘副主任，各区县政府责任人为分管副区（县）长。

贯彻《国务院关于开展新型农村社会养老保险试点的指导意见》的要求，加快推进本市新农保试点，实现新农保制度全覆盖目标。具体实施进度：第一季度在浦东新区、松江区、奉贤区开展新型农村社会养老保险试点；第二季度在宝山区、嘉定区、闵行区开展新型农村社会养老保险试点；第三季度在青浦区、金山区、崇明县开展新型农村社会养老保险试点；第四季度全面完成。该项目由市人力资源社会保障局牵头负责，市农委、市残联、相关区县政府配合。其中，市人力资源社会保障局责任人为周海洋局长，市农委责任人为邵林初副主任，市残联责任人为王爱芬副理事长，相关区县政府责任人为分管副区（县）长。

五、在10家蔬菜批发市场、150家标准化菜市场建设蔬菜流通安全信息追溯体系，在铜川、百川2家水产批发市场和30家菜市场建设水产品流通安全信息追溯体系；在200家集贸市场设立“自助式公平秤”便民装置。

按照“强化源头管理，加强供应监测，完善产销对接，实施全程监控”原则，在10家蔬菜批发市场和150家标准化菜市场建设蔬菜流通安全信息追溯体系，并将水产品也纳入流通安全信息追溯系统范围，在铜川、百川2家水产批发市场和30家菜市场开展水产品流通安全信息追溯系统建设，同步建立水产品流通交易数据中心。具体实施进度：第一、二季度完成软件升级开发、硬件设备选型和网络布线等工作；第三季度为5家蔬菜批发市场、70家标准化菜市场安装蔬菜流通安全信息追溯体系，为1家水产批发市场、10家水产品菜市场建设水产品流通安全信息追溯体系；第四季度为5家蔬菜批发市场、80家标准化菜市场安装蔬菜流通安全信息追溯体系，为1家水产批发市场、20家水产品菜市场建设水产品流通安全信息追溯体系。该项目由市商务委牵头负责，责任人为张新生副主任。

在200家集贸市场的活水产摊位各设立2–4套“自助式公平秤”便民装置。具体实施进度：第一季度制定工作方案，确定设立公平秤的200个集贸市场并明确技术要求和服务要求；第二季度确定“自助式公平秤”生产企业，选择2家市场先期试点并在试点基础上逐步展开；第三季度对居民满意度进行调研，对实施效果进行阶段性检查；第四季度全面完成，集中检查验收。此项目由市质量技监局牵头负责，市商务委配合。其中，市质量技监局责任人为郑光辉副局长，市商务委责任人为张新生副主任。

六、为26万名经济困难且需要生活照料的老人提供社区居家养老服务；新增5000张养老床位；新建老年人日间服务中心20家；设立40个社区老年人助餐点；为5000名重度失智困难老人配送护理用品。

进一步拓展社区居家养老服务受益面，为26万名经济困难且有生活照顾需求的老人，提供上门或日托等形式的社区居家养老服务，重点对80岁以上、身边无子女的高龄夫妇和独居老人提供服务，对其中生活自理障碍且经济困难者经评估后提供政府服务补贴。具体实施进度：第一季度将服务对象扩大至25.2万人；第二季度将服务对象扩大至25.4万人；第三季度将服务对象扩大至25.6万人；第四季度将服务对象扩大至26万人。该项目由市民政局牵头负责，责任人为蔡茗升副巡视员。

继续新增5000张养老床位，着力缓解本市机构养老，特别是中心城区机构养老服务资源供需矛盾。具体实施进度：第一季度完成床位建设各项筹备工作并开工建设；第二季度完成500张；第三季度完成1500张；第四季度完成3000张。该项目由市民政局牵头负责，责任人为蔡茗升副巡视员。

继续新建20家老年人日间服务中心，就近为老年人提供就餐、助浴、群体康复等日间服务。具体实施进度：第一季度完成各项筹备工作并开工建设；第二季度完成2家；第三季度完成3家；第四季度完成15家。该项目由市民政局牵头负责，责任人为蔡茗升副巡视员。

以老年人口密度大、需求高的中心城区为重点，新设40个社区老年人助餐服务点，进一步拓展助餐服务受益面，满足老年人助餐服务需求。具体实施进度：第一季度完成各项筹备工作并开工建设；第二季度完成5个；第三季度完成5个；第四季度完成30个。该项目由市民政局牵头负责，责任人为蔡茗升副巡视员。

对全市符合条件的约5000名重度失智老人（本市户籍，年龄在60周岁及以上；患者本人和夫妻双方月平均收入等于或低于本市最低工资标准；大小便失禁，生活不能自理，居家护理；有能履行监护职责的合法监护人），每人每月提供价值155元左右的护理用品（包括成人纸尿裤、床用护理垫等），并对家属和看护人员进行相关培训，组织志愿者提供项目相关服务。具体实施进度：第一季度申请、审核和采购并召开区县、街镇责任人培训班，掌握项目实施流程；第二季度至第四季度全面实施，每月定期向5000名失智老人发放护理用品，并对项目完成情况进行自查、检查、评估和总结。该项目由市红十字会牵头负责，市民政局配合。其中，市红十字会责任人为孙大红副会长，市民政局责任人为蔡茗升副巡视员。

七、补贴推广500万只节能灯，其中向4万个特困残疾人员家庭免费赠送8万只。

贯彻《国务院关于进一步加强节油节电工作的通知》的要求，加大推广高效照明产品的力度，满足居民对节能灯的需求，促进节能环保工作，并体现对部分弱势群体的关心。

具体实施进度：第一季度完成向国家申报工作；第二季度制定并下达各区县推广任务和工作方案；第三季度分批组织各区县和

中标企业推广使用节能灯300万只，完成向重点优抚对象赠送8万只任务；第四季度全面完成。该项目由市经济信息化委牵头负责，市发展改革委、市民政局、市残联、各区县政府配合。其中，市经济信息化委责任人为尚玉英副主任，市发展改革委责任人为周亚副主任，市民政局责任人为高菊兰副局长，市残联责任人为王爱芬副理事长，各区县政府责任人为分管副区（县）长。

八、开展“百万家庭低碳行，垃圾分类要先行”活动。

为50万试点家庭开设绿色账户，通过回收废旧物品换取积分兑换礼品；向试点小区家庭免费发放《家庭环保指导手册》和便于对垃圾分类的多色可降解塑料袋，并培训家庭环保志愿者，推动垃圾分类处理成为市民自觉行动。具体实施进度：第一季度设计“绿色账户”卡，升级网络系统；第二季度完成《家庭环保指导手册》编撰，为20%的试点居住区配备垃圾分类投放容器，为试点街道（镇）的40%的家庭发放指导手册和分类垃圾袋，发放绿色账户卡，开展社区专项回收日活动；第三季度为50%的试点居住区配备垃圾分类投放器，为试点街道（镇）的40%的家庭发放指导手册和分类垃圾袋，发放绿色账户卡，开展社区专项回收日活动；第四季度为30%试点居住区配备垃圾分类投放器，为试点街道（镇）的20%的家庭发放指导手册和分类垃圾袋，发放绿色账户卡，开展社区专项回收日活动，实现2011年人均生活垃圾处理量比2010年降低5%的目标。该项目由市绿化市容局、市妇联牵头负责，市教委、市金融办、市环保局、市科协、市文明办、各区县政府配合。其中，市绿化市容局责任人为黄兴华副局长，市妇联责任人为翁文磊副主席，市教委责任人为袁雯副主任，市金融办责任人为马弘副主任，市环保局责任人为吴启洲副局长，市科协责任人为俞涛副主席，市文明办责任人为陈振民巡视员，各区县政府责任人为分管副区（县）长。

九、新增40所幼儿园；对80所政府委托以招收来沪务工人员同住子女为主的民办小学教师开展全员培训。

通过公建配套、改扩建、新建等方式，新建40所标准化幼儿园，进一步解决学前教育资源不足、幼儿园班额普遍超编的矛盾。具体实施进度：第一季度向相关区县下达工作任务；第二季度全面施工阶段；第三季度加强指导和监督，推进新建园所建设工作；第四季度全面完成建设，做好检查和总结工作。该项目由市教委牵头负责，市建设交通委、市规划国土资源局、市住房保障房屋管理局配合。其中，市教委责任人为尹后庆副主任，市建设交通委责任人为秦云总工程师，市规划国土资源局责任人为徐毅松副局长，市住房保障房屋管理局责任人为顾弟根副局长。

对80所政府委托以招收来沪务工人员同住子女为主的民办小学教师开展全员培训，使教师掌握教育学、心理学、教学法基本知识和课堂教学、班主任工作基本技能，提高教学能力。具体实施进度：第一季度对80所学校实施教师资格制度基本情况检查，启动培训工作；第二季度组织参训教师完成40课时的通识培训，并组织开展学科培训；第三季度组织参训教师完成50课时的学科培训；第四季度完成培训工作并开展有关工作总结。该项目由市教委牵头负责，责任人为李骏修副主任。

十、在公园、公共绿地新建50条百姓健身步道，完善30家社区活动中心的健身设施。

在公园、公共绿地建设50条长400米的塑胶步道，完善30家社区活动中心的健身设施，进一步满足市民日益增长的对健身设施的需求。具体实施进度：第一季度完成健身步道承建单位和健身房器材的评议和选定工作；第二季度完成10条健身步道建设和百姓健身房设计评议；第三季度完成20条建身步道建设和20处百姓健身房建设；第四季度完成20条建身步道建设和10处百姓健身房建设。该项目由市体育局牵头负责，市绿化市容局、各区县政府配合。其中，市体育局责任人为李伟听副局长，市绿化市容局责任人为崔丽萍副局长，各区县政府责任人为分管副区（县）长。

10. 上海市 2011 年经济适用住房准入标准和供应标准

（沪府发〔2011〕9号，3月18日）

根据市政府印发的《上海市经济适用住房管理试行办法》（沪府发〔2009〕29号）的有关规定，制订上海市2011年经济适用住房准入标准和供应标准如下：

一、准入标准

同时符合下列标准的本市城镇居民家庭，可以申请购买经济适用住房：

（一）申请家庭成员在本市实际居住，具有本市城镇常住户口连续满7年，且在提出申请所在地的区（县）城镇常住户口连续满5年。

（二）申请家庭人均住房建筑面积低于15平方米（含15平方米）。

（三）3人及以上申请家庭人均年可支配收入低于39600元（含39600元）、人均财产低于120000元（含120000元）；2人及以下申请家庭人均年可支配收入和人均财产标准按前述标准上浮10%，即人均年可支配收入低于43560元（含43560元）、人均财产低于132000元（含132000元）。

（四）申请家庭成员在提出申请前5年内未发生过住房出售行为和赠与行为，但申请家庭成员之间住房赠与行为除外。

同时符合上述标准，具有完全民事行为能力、年满30周岁的单身人士（包括未婚、丧偶、或者离婚满3年的人士），可以单独申请购买经济适用住房。

二、供应标准

申请购买经济适用住房，按照下列标准供应：

（一）单身申请人士或者2人申请家庭，购买一套一居室。

（二）3人申请家庭或者原有住房建筑面积低于规定限额（即人均15平方米建筑面积限额 × 申请家庭人员数 – 申请家庭原有住房建筑面积）在15平方米（含15平方米）以上的2人申请家庭，购买一套二居室。

（三）4人及以上申请家庭，购买一套三居室。

（四）申请家庭人员较多、申请家庭人员代际结构较复杂或者经区（县）住房保障机构同意、申请家庭将原有住房交政府指定机构收购的，区（县）政府可以酌情放宽住房供应标准，相关标准应当报市住房保障房屋管理局备案。

申请家庭或者单身申请人士可以根据自身情况和房源供应数量，选择申请购买较小的房型。

10. 上海市 2011 年经济适用住房准入标准和供应标准

（沪府办发〔2011〕9号，3月24日）

各区、县人民政府，市政府各委、办、局：

为更好贯彻《国务院办公厅关于进一步做好房地产市场调控工作有关问题的通知》（国办发〔2011〕1号），经市政府常务会议审议通过，本市2011年度新建住房价格控制目标为：

2011年度全市新建住房价格涨幅低于全市年度生产总值和城乡居民人均可支配收入的增长水平，新建保障性住房面积高于商品住房面积，居民住房保障水平明显提高。

各区县、各有关部门要加强协调、落实措施，着力完善“四位一体”的住房保障体系，逐步解决居民住房困难，确保完成上述目标。要坚持以居住为主、以市民消费为主、以普通商品住房为主的原则，加强房地产市场调控，有效遏制投资投机性购房，加大保障性住房建设力度，满足居民合理住房需求，进一步促进房地产市场平稳健康发展。

12. 上海市标准化菜市场管理办法

（沪府办发〔2011〕12 号，3 月 30 日）

第一条 为规范本市标准化菜市场经营管理行为，维护市场交易秩序，保障消费者和经营者的合法权益，促进标准化菜市场健康发展，制定本办法。

第二条 本办法所称的标准化菜市场，是指按照市政府关于原则同意《上海市菜市场布局规划纲要》的批复（沪府〔2006〕62 号）精神和本市地方标准《菜市场设置与管理规范》（DB31/T344-2005）设置并管理，专业从事主副食品等农产品和食品零售经营为主的固定场所。

第三条 市商务主管部门会同市规划部门负责全市标准化菜市场的总体规划，并负责标准化菜市场规划的协调、指导和管理。区（县）商务主管部门会同区（县）规划部门负责本区域标准化菜市场的规划及布局。

市工商、食品药品监管、财政、税务、质量技监、公安、消防、环保、绿化市容、物价和建设交通等部门按照各自职责，依法对标准化菜市场实施监督管理。

各区（县）政府对本区域的标准化菜市场的规划落实、改造建设和规范经营进行协调和管理，并由区（县）商务主管部门负责规划的组织实施。

按照属地化管理原则，乡（镇）政府、街道办事处对本区域内的标准化菜市场及周边环境和秩序进行管理。

区（县）政府主要负责人为标准化菜市场建设和管理的第一责任人。从 2011 年起，新建的标准化菜市场由各区（县）政府负责建设。

第四条 各区（县）政府要把标准化菜市场建设作为公益性民生工程，列入社区商业管理范畴，每年定期研究。

在新建居住社区的规划中，要明确标准化菜市场作为社区公益配套建设，各区（县）政府要在土地出让协议中明确规划建设标准化菜市场的产权所有者、建设面积、收购成本等。产权委托所在区（县）国资公司负责管理与经营，并列入国资考核体系。各区（县）商务主管部门要参与新建居住区菜市场的规划与建设。

对菜市场产权为国资系统的，在进行国资考核时，要适当下调收益率。

对菜市场产权为其他所有者的，区（县）政府要加强对其收支等经营管理情况的监督检查。

当市场供求出现波动，根据规定，需要采取调控措施稳定市场的，要给予适当补贴。补贴的范围、对象、方式等按照规定执行。

各区（县）政府应每年安排一定资金用以标准化菜市场建设和改造、追溯系统建设运行维护等，并对本地产绿叶菜产销直供摊位租金予以补贴。市财政也应安排一定资金，用于对区（县）标准化菜市场建设的支持。

第五条 标准化菜市场原则上按照居住区内约 500 米（郊区 800 米）服务半径设置。

每个标准化菜市场按照不低于蔬菜摊位数量 10% 的比例，提供给郊区农业合作社和自产自销经营户直销地产的绿叶菜。

第六条 （一）标准化菜市场管理者应当履行以下职责：

1. 在场内显著位置悬挂其营业执照、税务登记证以及各类经营许可，公布市场管理制度以及行政监管部门、投诉机构的地址和电话。

2. 保证场内经营者有相应的经营资质。

3. 加强对场内食品安全、经营秩序等方面的管理，按照《上海市环境卫生设施设置规定》，做好责任区内的环境卫生工作。

4. 在场内统一设置经检定合格的计量器具和复验计量器具，统一管理，定期校对，并为复验统一出具量值数据。

5. 积极建立食品安全流通信息追溯和监管系统。确保追溯和监管系统的正常运行。

6. 按规定及时、准确上报市场监测数据。

7. 对场内交易的主副食品按照规定向经营者索取供应单位资质证、蔬菜产地证明、农药残留检测证、进货票据（单）等凭证。

（二）标准化菜市场摊位经营者应当履行以下职责：

1. 在场内指定摊位经营，不得跨门经营，不得从事马路设摊交易。

2. 信守承诺、合法经营、正当竞争。

3. 在摊位显著位置悬挂营业执照、人员健康证，以及标明品名、价格、计量单位等内容的公告牌。

4. 消费者索取销售凭证时，应依法提供销售凭证；建立追溯系统的，应按照规定提供可追溯的销售凭证，并接受政府监管部门的检查。

5. 努力提高服务质量，为消费者提供便民服务。

6. 严禁销售假冒伪劣商品，严禁囤积居奇、欺行霸市、哄抬物价、短斤缺两等违法行为。

7. 未经菜市场管理者同意，不得转租摊位。

第七条 鼓励规模化、专业化的市场管理服务机构对各类标准化菜市场进行集约化管理，进一步提升标准化菜市场整体管理水平。

发挥行业协会的自律、服务和协调作用。

第八条 标准化菜市场建设和管理工作列入对各级政府的年度考核范畴。

各区（县）政府对在规划、建设和管理标准化菜市场工作中取得突出成绩的单位和个人，要定期予以表彰和奖励。

对违反本办法中有关规定的，由政府相关部门依法予以处罚。

第九条 本办法自发布之日起实施。

13. 上海市非居住房屋改建临时宿舍和施工工地临时宿舍安全使用管理规定

（2011 年 3 月 30 日上海市人民政府令第 61 号公布）

第一条（目的和依据）

为了加强对闲置厂房、仓库等非居住房屋改建的临时宿舍和施工工地临时宿舍的安全使用管理，维护社会公共安全，根据有关法律、法规的规定，结合本市实际情况，制定本规定。

第二条（适用范围）

本市行政区域内闲置厂房、仓库等非居住房屋改建的临时宿舍和施工工地临时宿舍的安全使用管理，适用本规定。

第三条（管理部门）

市公安局负责非居住房屋改建的临时宿舍和施工工地临时宿舍的治安、消防监督管理工作。

市建设交通委负责施工工地临时宿舍的安全使用等监督管理工作。

住房保障房屋管理、规划、经济信息化、安全生产、环保、卫生等部门按照各自职责，配合做好相关管理工作。

第四条（日常监管）

公安部门应当加强对非居住房屋改建的临时宿舍和施工工地临时宿舍安全使用情况的监督检查，发现存在治安、消防隐患的，应当督促有关单位或个人及时整改。

第五条（非居住房屋改建的临时宿舍的信息报备）

非居住房屋改建的临时宿舍的管理单位应当将临时宿舍的下列信息，报所在地公安派出所备案：

（一）房屋产权人的姓名或者名称、住所；

（二）管理单位的名称、住所；

（三）房屋坐落地点；

（四）临时宿舍使用总面积。

第六条（施工工地临时宿舍的信息报备）

施工工地设置临时宿舍的施工单位应当将临时宿舍的下列信息，报所在地公安派出所备案：

（一）施工单位的名称、住所；

（二）施工工地地点；

（三）临时宿舍使用总面积。

第七条（临时宿舍的房屋安全要求）

提供使用的非居住房屋改建的临时宿舍和施工工地临时宿舍，应当符合下列要求：

（一）配备必要的生活设施、消防设施；

（二）保持房屋出入口、通道的畅通；

（三）人均居住面积标准符合本市有关规定；

（四）法律、法规、规章规定的其他要求。

第八条（施工工地临时宿舍的住宿对象）

施工工地临时宿舍只能用于本工地工作人员住宿。

第九条（对临时宿舍住宿人员的要求）

非居住房屋改建的临时宿舍和施工工地临时宿舍的住宿人员应当合理使用临时宿舍；使用过程中发现安全隐患的，应当及时通知非居住房屋改建的临时宿舍的管理单位或者施工工地设置临时宿舍的施工单位进行处理。

临时宿舍的住宿人员不得有下列损害公共利益及他人利益的行为：

（一）破坏或擅自改变临时宿舍结构；

（二）堵塞、占用消防通道；

（三）私拉乱接电线或者超负荷使用电器；

（四）将违禁物品、危险物品带入临时宿舍；

（五）私自留客住宿；

（六）法律、法规和规章禁止的其他行为。

第十条（临时宿舍的责任人）

非居住房屋改建的临时宿舍的管理单位负责人和施工工地设置临时宿舍的施工单位负责人是非居住房屋改建的临时宿舍和施工工地临时宿舍安全使用的责任人。

第十一条（对非居住房屋改建的临时宿舍的管理单位和施工工地设置临时宿舍的施工单位的要求）

非居住房屋改建的临时宿舍的管理单位和施工工地设置临时宿舍的施工单位应当建立并落实治安、消防管理制度，配备专职管理人员，督促专职管理人员定期对临时宿舍进行安全检查，发现安全隐患的，应当及时处理。

非居住房屋改建的临时宿舍的管理单位和施工工地设置临时宿舍的施工单位在临时宿舍发现违法犯罪活动或者犯罪嫌疑人员的，应当立即报告公安部门。

第十二条（房屋征收范围内空置房屋的管理要求）

房屋征收范围内被征收人已完成搬迁的空置房屋不得住宿。

房屋征收实施单位应当对房屋征收范围内被征收人已完成搬迁的空置房屋采取关闭、封闭等措施，并定期巡查。发现在空置房屋内住宿或者在房屋征收范围内搭建临时窝棚住宿的，应当劝其搬离；对不听劝阻的，应当立即报告公安部门。

第十三条（住宿人员信息的登记、报备）

非居住房屋改建的临时宿舍的管理单位应当登记临时宿舍住宿人员的有效身份证件信息，并将登记信息定期报所在地公安派出所备案。

施工工地设置临时宿舍的施工单位应

当登记临时宿舍住宿人员的有效身份证件信息，并将登记信息定期报所在地公安派出所备案。

第十四条（对相关法规有规定的违法行为的处罚）

违反本规定相关条款的行为，法律、法规、规章有处罚规定的，由相关行政管理部门依照其规定处罚。

第十五条（对未按规定报备临时宿舍信息的处罚）

违反本规定第五条、第六条规定，非居住房屋改建的临时宿舍的管理单位、施工工地设置临时宿舍的施工单位未按照规定报备临时宿舍信息的，由区（县）公安部门责令限期改正；逾期不改正的，处1000元以上5000元以下罚款。

第十六条（对施工工地有非本工地工作人员住宿的处罚）

违反本规定第八条规定，施工工地临时宿舍有非本工地工作人员住宿的，由区（县）公安部门责令施工工地设置临时宿舍的施工单位限期改正；逾期不改正的，处1000元以上5000元以下罚款。

第十七条（对未按规定落实相关制度或履行报告义务的处罚）

违反本规定第十一条第一款规定，非居住房屋改建的临时宿舍的管理单位和施工工地设置临时宿舍的施工单位未按照规定落实相关制度的，由区（县）公安部门责令限期改正；逾期不改正的，处1000元以上5000元以下罚款。

违反本规定第十一条第二款规定，非居住房屋改建的临时宿舍的管理单位和施工工地设置临时宿舍的施工单位在临时宿舍发现违法犯罪活动或者犯罪嫌疑人员，未立即报告公安部门的，由区（县）公安部门处200元以上500元以下罚款。

第十八条（对未按规定登记、报备住宿人员信息的处罚）

违反本规定第十三条规定，非居住房屋改建的临时宿舍的管理单位、施工工地设置临时宿舍的施工单位未按照规定登记、报备住宿人员信息的，由区（县）公安部门责令限期改正；逾期不改正的，处1000元以上5000元以下罚款。

第十九条（施行日期）

本规定自2011年5月1日起施行。

14. 上海市农村公路管理办法

（2011年3月30日上海市人民政府令第63号公布）

第一章 总则

第一条（目的和依据）

为了加强本市农村公路管理，保障农村公路完好畅通，促进城乡经济社会发展一体化，根据《中华人民共和国公路法》、《上海市公路管理条例》和其他有关法律、法规的规定，结合本市实际，制定本办法。

第二条（适用范围）

本市行政区域内农村公路及其附属设施的规划、建设、养护和管理，适用本办法。

第三条（定义）

本办法所称农村公路，是指纳入本市公路规划并符合规定建设标准的乡道、村道，包括乡道、村道范围内的桥梁、隧道和涵洞。

乡道是指由乡（镇）人民政府组织建设，连接乡（镇）人民政府所在地与其所辖行政村之间、乡（镇）与乡（镇）之间以及乡（镇）与外部公路网之间的公路。

村道是指由村民委员会组织建设，连接行政村与行政村之间以及行政村与外部公路网之间的公路。

第四条（管理部门职责）

上海市建设交通行政管理部门是本市农村公路的主管部门，负责组织实施本办法；其所属的市公路管理机构负责全市农村公路的监督管理。

区（县）建设交通行政管理部门按照职责，负责本辖区内农村公路的管理；其所属的区（县）公路管理机构负责本辖区内农村公路的具体管理工作。

本市发展改革、规划国土、公安交通、交通港口和绿化市容等行政管理部门按照各自职责，协同实施本办法。

第五条（乡镇政府和村民委员会的职责）

乡（镇）人民政府负责本辖区内乡道的建设工作；村民委员会在当地人民政府的指导下，按照村民自愿的原则，负责村道的建设工作。

乡（镇）人民政府和村民委员会应当配合区（县）公路管理机构做好农村公路的养护与路政管理工作。

第六条（管理和宣传要求）

区（县）人民政府应当建立农村公路投入保障制度，优先补贴危桥改造以及与农民生产生活密切相关的农村公路建设。

区（县）公路管理机构和乡（镇）人民政府应当根据本辖区内农村公路实际情况，落实相应的管理机构、管理人员和装备。

市、区（县）建设交通行政管理部门和公路管理机构以及乡（镇）人民政府应当通过多种形式，宣传农村公路相关管理规定和养护知识，提高农民爱路、护路意识。

第七条（资金监管）

市和区（县）建设交通行政管理部门应当会同有关部门建立农村公路建设和养护财政资金管理制度。农村公路建设和养护财政资金应当接受财政、审计部门的监督、检查。

乡（镇）人民政府应当将本乡（镇）农村公路建设财政资金使用情况向公路沿线乡（镇）、村进行政务公开。村民委员会应当将本村自筹的农村公路建设资金的使用情况，按照村务公开的要求进行公示。

第二章 规划和建设

第八条（规划）

农村公路规划的制定应当贯彻保护耕地、节约用地、保护环境的原则，并与当地实际需要和经济条件相适应。

乡道规划由区（县）建设交通行政管理部门听取区（县）有关行政管理部门和有关乡（镇）人民政府的意见后组织编制，经区（县）人民政府和市建设交通行政管理部门初审后，报市人民政府批准。

村道规划由乡（镇）人民政府会同区（县）建设交通行政管理部门和规划管理部门组织编制，报区（县）人民政府批准后纳入村庄规划，并报市公路管理机构备案。

第九条（征求意见）

组织编制乡道规划时，区（县）建设交通行政管理部门应当通过政府网站、新闻媒体等，将乡道规划草案征求社会公众意见。草案公示时间不得少于 10 日。

组织编制村道规划时，乡（镇）人民政府应当将村道规划草案征求沿线村村民的意见。草案在沿线村的村务公示栏中的公示时间不得少于 10 日。沿线村的村民委员会应当就村道规划草案召集村民会议或者村民代表会议进行讨论，并将意见汇总后提交给乡（镇）人民政府。

乡道规划和村道规划的组织编制机关应当会同有关部门对反馈意见进行研究，并及时将意见的处理情况予以回复。

第十条（建设计划）

乡（镇）人民政府应当按照乡道规划，编制乡道建设计划，经法定程序批准后组织实施，并报区（县）建设交通行政管理部门备案。

村民委员会应当按照村道规划以及建设资金落实情况，编制村道建设计划，报区（县）建设交通行政管理部门备案。

跨区（县）或者跨乡（镇）的乡道、村道建设计划，分别由市建设交通行政管理部门或者区（县）建设交通行政管理部门负责协调。

区（县）建设交通行政管理部门应当将乡道、村道建设计划及其执行情况汇总后，报市建设交通行政管理部门备案。

第十一条（农村公路用地）

农村公路建设使用土地，应当按照有关法律、法规、规章的规定办理审批手续。

农村集体土地复垦后，增加的耕地占补平衡指标优先满足村道建设计划确定的本村村道建设需要。

第十二条（建设标准）

乡道的建设标准不得低于三级公路标准。受地形、地质等自然条件限制的路段，经区（县）公路管理机构组织论证后，可以在确保安全的前提下适当降低标准，但不得低于四级公路标准。

村道的建设标准不得低于四级公路标准。其中，通行公共交通车辆的村道建设标准不得低于双车道的四级公路标准。

农村公路应当按照国家和本市有关规定和标准，设置交通标志、标线、安全保障设施等交通安全设施。

第十三条（建设资金）

乡道的建设资金以乡（镇）人民政府的财政资金为主，市和区（县）人民政府予以适当补贴。

村道的建设资金以村民委员会的自筹资金为主，市、区（县）和乡（镇）人民政府予以适当补贴。

鼓励通过其他合法渠道和方式筹集农村公路建设资金。

第十四条（建设管理）

农村公路应当按照有关法律、法规、规章以及技术标准、规范进行建设。区（县）公路管理机构应当对农村公路的建设质量安全实施监督管理。

属于同一乡（镇）的两个以上的农村公路建设招标投标项目，乡（镇）人民政府可以在区（县）公路管理机构的指导下，组织合并招标投标。但大桥、特大桥建设项目应当单独组织招标投标。

除依法需要通过招标投标确定监理单位外的，其他村道建设项目，可以由区（县）公路管理机构组建工程监理组，免费提供监理服务。

第十五条（技术指导）

农村公路建设项目的建设单位应当将施工图设计文件向区（县）公路管理机构征求意见，区（县）公路管理机构应当及时提供技术指导意见。

第十六条（命名和编号）

农村公路竣工验收前，乡（镇）人民政府应当将农村公路名称报区（县）建设交通行政管理部门，由区（县）建设交通行政管理部门征求区（县）地名管理部门意见后确定。

跨区（县）的农村公路名称由区（县）建设交通行政管理部门报市建设交通行政管理部门，经市建设交通行政管理部门征求市地名管理部门意见后确定。

农村公路的编号，按照国家有关规定执行。

第十七条（移交接管）

新建、改建的农村公路竣工验收合格后，建设单位应当向区（县）建设交通行政管理部门书面提出养护移交申请，并按要求提供公路设施量清单、竣工档案等养护管理资料。

区（县）建设交通行政管理部门应当对养护移交申请进行初审，并将符合要求的申请和相关资料提交给市建设交通行政管理部门。市建设交通行政管理部门应当在收到申请后的30日内，完成农村公路认定工作，并将认定结果告知区（县）建设交通行政管理部门。市公路管理机构应当根据认定结果，及时将该农村公路纳入本市公路设施量。

农村公路经认定后，区（县）建设交通行政管理部门应当与建设单位签订农村公路养护移交接管协议。

第十八条（废弃及公告）

乡（镇）人民政府和村民委员会应当将失去使用功能的农村公路上报区（县）建设交通行政管理部门，并由区（县）建设交通行政管理部门征得区（县）规划行政管理部门的同意后宣布废弃。

区（县）建设交通行政管理部门以及乡（镇）人民政府应当将废弃的农村公路及时向社会公告，并设立明显标志。

区（县）规划行政管理部门应当按照土地利用规划的要求，重新确定废弃农村公路的土地使用性质。

第三章 养护管理

第十九条（养护管理范围）

纳入本市公路设施量的农村公路，由区（县）公路管理机构负责养护管理。

因公路规划变更需要调整农村公路行政等级，或者农村公路失去使用功能而废弃的，区（县）建设交通行政管理部门应当及时向市公路管理机构办理公路设施量变更手续。

第二十条（养护与管理计划）

区（县）公路管理机构应当根据公路设施量、农村公路养护技术规范和养护定额，编制农村公路年度养护与管理计划，并将其纳入本辖区公路年度养护与管理计划，报区（县）建设交通行政管理部门批准后组织实施。

农村公路养护技术规范和养护定额，由市建设交通行政管理部门组织制定。

第二十一条（养护管理资金）

农村公路养护管理资金以区（县）人民政府的财政资金为主，国家下拨给本市的公路养护管理资金予以适当补贴。

乡（镇）人民政府应当根据本辖区实际情况，安排一定的资金用于农村公路养护。

第二十二条（养护作业单位）

区（县）公路管理机构应当采取公开招标的方式，选定承担农村公路养护作业的单位。

对不具备法定招标条件的农村公路小修保养作业，区（县）公路管理机构可以委托沿线乡（镇）人民政府选定养护单位。

第二十三条（大中修工程）

区（县）公路管理机构应当按照公路技术状况评定标准，每年至少对农村公路进行一次技术状况检测和调查，及时确定农村公路大、中修工程项目。

农村公路大、中修工程项目应当按照本市公路养护工程质量检验评定标准，进行竣工验收。

第二十四条（桥梁管理）

市建设交通行政管理部门应当组织制定本市农村公路桥梁养护管理工作制度和养护技术规程。

区（县）公路管理机构应当设置专职的桥梁养护工程师。桥梁养护工程师负责以下工作：

（一）对农村公路桥梁养护管理进行技术指导；

（二）起草农村公路桥梁的年度养护与管理计划；

（三）组织开展农村公路养护单位有关技术人员的桥梁技术业务培训。

第二十五条（桥梁检查）

区（县）公路管理机构应当按照农村公路桥梁养护管理工作制度，对本辖区农村公路桥梁质量安全情况履行检查职责，并做好相关检查记录。

有下列情形之一的，区（县）公路管理机构应当委托具有相应资质的检测单位对桥梁进行检测：

（一）桥梁因洪水冲刷、物体撞击、自然灾害或者超重车辆通过造成损坏的；

（二）桥梁技术状况不佳达到四类、五类标准或者桥梁损坏原因以及程度难以判明的；

（三）桥梁需要提高荷载等级的；

（四）有必要进行检测的其他情形。

区（县）公路管理机构应当根据相关检

查结果，及时更换限载标志，并按照农村公路桥梁养护管理工作制度的要求组织实施桥梁的维修、加固和改造等处置措施。

第二十六条（桥梁损坏的处置）

对受到严重损坏影响通行安全的桥梁，区（县）公路管理机构或者乡（镇）人民政府应当立即采取禁止或者限制通行的措施，并及时通知公安交通管理部门。

区（县）公路管理机构应当及时将桥梁的损坏情况以及维修建议报告区（县）建设交通行政管理部门和市公路管理机构。区（县）建设交通行政管理部门应当优先落实相关经费，及时组织实施桥梁维修作业。

第二十七条（档案与信息管理）

区（县）公路管理机构应当建立农村公路养护管理档案。

区（县）公路管理机构应当定期采集、更新农村公路数据信息，并做好相关统计和分析工作，为养护管理提供依据。

农村公路数据信息应当纳入本市公路信息化管理体系。

第二十八条（树木更新砍伐）

乡道及其用地范围内的树木不得任意砍伐、迁移。确实需要更新砍伐的，应当经市建设交通行政管理部门同意后，按照有关法律、法规的规定办理审批手续，并更新补种。

村道及其用地范围内的树木需要砍伐或者迁移的，应当经村民委员会同意；有损坏村道路面平整、村道路基和边坡等影响通行安全情形的，村民委员会应当要求申请人采取安全措施并及时修复。

第四章 路政管理

第二十九条（禁止行为）

未经依法批准，任何单位和个人不得在农村公路上设卡、收费。

农村公路及其用地范围内禁止从事下列行为：

（一）利用农村公路桥梁进行带缆、牵拉、吊装等施工作业，设置超过规定标准的高压电力线和易燃易爆的管线；

（二）在农村公路桥梁下停泊船只；

（三）在农村公路桥梁的桥孔内堆放易燃易爆物品、擅自明火作业、搭建永久性设施或者擅自搭建临时性设施；

（四）取土或者爆破作业；

（五）设置障碍，挖沟引水；

（六）设置摊点、堆放物品、打场晒粮、种植作物、放养牲畜；

（七）倾倒渣土、垃圾，焚烧各类废弃物；

（八）堵塞排水沟渠、填埋边沟；

（九）机动车滴漏、散落、飞扬物品或者随车人员向外抛物；

（十）将农村公路作为检验机动车制动性能的场地；

（十一）损坏或者擅自涂改、移动农村公路附属设施；

（十二）损坏、污染农村公路和影响农村公路畅通的其他行为。

第三十条（限制行为）

村民或者其他单位和个人在村道及村道用地范围内从事下列行为的，应当征得村民委员会同意；村民委员会同意后，应当报区（县）公路管理机构备案：

（一）临时占用和挖掘村道及村道用地的；

（二）跨越、穿越村道修建桥梁或者架设、埋设管线等设施，以及在村道用地范围内架设、埋设管线、电缆等设施的；

（三）在村道上增设平面交叉道口的；

（四）在村道及村道用地范围内设置标牌、广告牌等非公路标志的；

（五）车辆或者车辆载运的物件超过村道限载标准或者限制性通行条件但确需通行的。

村民委员会实施前款规定行为的，应当报区（县）公路管理机构备案。

乡道及乡道用地范围内从事本条第一款规定行为的，应当按照有关法律、法规的规定办理审批手续。

实施上述行为时，区（县）公路管理机构应当派员至现场进行技术指导，避免对农村公路造成损坏。

第三十一条（封闭农村公路）

因施工作业和养护作业确需封闭农村公路的，区（县）公路管理机构应当在该农村公路路段两端设置明显的警示标志；可以绕道通行的，还应当在绕道通行路口设置指示标志。

实施封闭农村公路措施3日前，区（县）公路管理机构应当通知相关乡（镇）人民政府和村民委员会，并会同公安交通管理部门通过新闻媒体、村务公示栏等方式联合发布封闭农村公路的通告。

第三十二条（日常巡查）

区（县）公路管理机构应当建立农村公路日常巡查制度，依法制止、查处和纠正违反路政管理的行为。

沿线乡（镇）人民政府和村民委员会应当协助做好农村公路日常巡查工作；发现有违反路政管理的行为或者接到举报的，应当及时将相关情况上报区（县）公路管理机构。

第三十三条（应急处置）

区（县）建设交通行政管理部门应当制定本辖区的农村公路突发事件应急预案。

因突发事件造成农村公路及其附属设施损坏并且严重影响交通安全的，事发地区（县）公路管理机构或者乡（镇）人民政府应当派员赶赴现场先行处置，并立即向区（县）人民政府和建设交通行政管理部门报告。

区（县）建设交通行政管理部门应当按照应急预案的要求，立即组织抢修；短期内难以修复的，应当修建临时便道或者在路口标明绕行线路。

第五章 法律责任

第三十四条（已有违法处理规定）

违反本办法的行为，法律、法规、规章已有规定的，从其规定。

第三十五条（违反禁止行为的处理）

违反本办法第二十九条第一款规定，在村道上设卡、收费的，由区（县）建设交通行政管理部门责令停止违法行为，并处以200元以上1000元以下的罚款。

违反本办法第二十九条第二款规定，在村道上从事第（一）、（二）、（三）、（四）、（十一）、（十二）项禁止行为的，由区（县）建设交通行政管理部门责令停止违法行为，并可处以100元以上500元以下的罚款；情节严重的，处以500元以上5000元以下的罚款。

违反本办法第二十九条第二款规定，在村道上从事第（五）、（六）、（七）、（八）、（九）、（十）项禁止行为的，由区（县）建设交通行政管理部门责令限期改正，并可处以100元以上500元以下的罚款；情节严重的，处以500元以上3000元以下的罚款；逾期不改正的，区（县）建设交通行政管理部门可以代为清除，有关费用由违法行为人承担。

第三十六条（违反路政许可行为的处理）

违反本办法第三十条第一款规定，未经同意擅自在村道上从事相关行为的，由区（县）建设交通行政管理部门按照下列规定予以处理：

（一）从事第（一）、（二）、（五）项行为的，责令停止违法行为，并可处以100元以上500元以下的罚款；造成严重后果的，处以500元以上5000元以下的罚款。

（二）从事第（三）项行为的，责令恢复原状，并可处以1000元以上1万元以下的罚款。

（三）从事第（四）项行为的，责令限期拆除，并可处以500元以上5000元以下的罚款；逾期不拆除的，予以强制拆除，有关费用由违法行为人承担。

第三十七条（委托处罚）

区（县）建设交通行政管理部门可以委托区（县）公路管理机构实施本办法规定的行政处罚。

第三十八条（行政责任）

违反本办法规定，市、区（县）建设交通行政管理部门和公路管理机构、乡（镇）人民政府以及其他相关行政管理部门及其工作人员有下列行为之一的，由所在单位或者上级主管部门依法对直接负责的主管人员和其他直接责任人员给予行政处分；构成犯罪的，依法追究刑事责任：

（一）不依法处理违法行为，不依法履行农村公路管理和监督职责的；

（二）无法定依据或者违反法定程序执法的；

（三）滥用职权、玩忽职守、徇私舞弊的其他行为。

市建设交通行政管理部门应当对全市农村公路养护与管理情况进行检查考核，检查考核结果作为下年度市级养护与管理补贴资金分配的依据之一。

第六章 附则

第三十九条（实施日期）

本办法于 2011 年 5 月 1 日起施行。

15. 关于近期本市连续发生两起火灾事故的通报

（沪府办发〔2011〕17 号，4 月 20 日）

今年以来，本市火灾形势总体平稳，但近日接连发生两起设 备检修过程中因安全生产责任不落实而酿成的火灾事故，着火建 筑均为标志性建筑，并造成了较大人员伤亡，产生了较大的社会 负面影响。为了深刻吸取火灾教训，防止类似事故发生，同时举 一反三，进一步加强安全生产工作，确保城市安全稳定，现将有 关情况通报如下：

一、两起火灾事故的经过和原因

4 月 17 日 13 时 07 分，南京西路城市航站楼 11 楼 A 平台地 铁车站冷却塔（地铁二号线静安寺站站外设备）在改造施工过程 中，上海新晃制冷机械有限公司施工人员在切割作业时，产生的 火星溅落到现场乱堆乱放的可燃物而引发火灾，烧损部分水管保 温材料，未造成人员伤亡。目前，现场负责人及有关人员已被公 安机关依法行政拘留。

4 月 19 日 13 时 32 分，武胜路电信大楼 13 楼中国电信上海 分公司 BFP 空调机房在施工过程中，上海海工装潢有限公司施工 人员使用砂轮切割机切割金属空调风管，明知风管内壁衬满海绵 材料，仍强行违章操作，产生的火花和高温引燃风管内壁海绵。 因施工现场空间密闭，现场管理混乱，拆除的风管、保温材料阻 塞了唯一的逃生通道，造成 4 名现场施工人员吸入有毒烟气后死 亡。目前，施工现场负责人、施工项目经理及有关人员已被公安 机关依法刑事拘留。

二、火灾事故暴露的主要问题

（一）业主及相关从业人员安全意识淡薄。两起火灾事故均 反映出，业主及相关从业人员在动火前未按规定确认现场动火作 业条件，未清除可燃物或采取有效防护隔离措施，未配备必要的 灭火器材的情况下，盲目违章施工。特别是“4·19” 火灾事故 中，施工人员明知未开具动火许可证、无现场监护人员不得动火， 仍违规操作，最终酿成大祸。

（二）业主单位安全生产主体责任不落实。两家业主单位制 定的安全制度，均缺乏对外包施工单位实施有效安全监督的具体 内容；业主单位安全员未履行施工现场安全巡查职责；城市航站 楼物业管理单位发放动火许可证前，未审查现场安全条件；电信 大楼业主单位擅自增加合同外施工内容，且未要求施工单位提供 施工方案，导致施工安全管理失控。

（三）施工单位安全管理措施不到位。引发两起火灾事故的施工单位，对其施工人员没有组织上岗前安全教育培训，现场负责人在作业前也没有向操作人员进行必要的技术安全交底。“4·19”火灾施工单位未指定施工项目安全员；施工现场负责人未办理动火审批手续，擅自施工作业。

三、切实加强消防和安全生产工作的要求

（一）进一步认清形势，提高认识。今年是市委、市政府确定的城市公共安全年。第14届国际泳联世界锦标赛、第十四届国际汽车工业展览会将在沪举办，“五一”国际劳动节即将来临，确保当前本市安全生产工作极为重要。各级政府和各级领导务必保持清醒头脑，从实践科学发展观、促进社会和谐发展的高度，深刻吸取上述两起火灾事故教训，切实增强忧患意识，进一步加强安全生产工作的领导，依法依规落实责任，采取针对性强、行之有效的措施，做到警钟长鸣、如履薄冰、常抓不懈，确保城市生产安全和运行安全。

（二）迅速开展安全生产自查自纠活动。全市各级机关、团体、企业、事业单位要立即组织开展“地毯式”的安全隐患自查自纠行动，特别要强化单位内部检测、检修、装修等“小工地”、“小工程”现场的安全隐患排查整治，重点检查：1. 安全生产管理制度是否健全，有无落实用火用电审批制度；2. 是否存在违章、违规动火作业等行为；3. 有无制定并演练灭火应急预案；4. 是否配齐、配足临时消防设施、灭火器材；5. 电（气）焊作业等重点岗位和动火岗位的施工人员是否持证上岗；6. 业主单位是否与施工单位签订《安全协议》、明确管理责任。如发现存在安全隐患和违法行为的，业主、物业单位要责令施工方立即停止施工，切实做到制度不全不开工、手续不办不开工、隐患不除不开工、措施不到位不开工，坚决将隐患消除在萌芽阶段，严防此类火灾事故再次发生。

（三）全面强化施工现场安全管理。施工单位要切实履行“安全自查、隐患自除、责任自负”的安全管理主体责任，严格按照项目审核意见和施工图纸进行施工，规范用电、用气、用火行为，对危险岗位、特种作业要落实监护人员，加强施工现场巡查，坚决制止违章指挥、违规作业、违反劳动纪律的行为，特别是对冷却塔、风管、输送管道等检测维修过程中采用电（气）焊、切割、喷灯（枪）、烘烤等具有火灾危险性的作业，务必要事前清理现场周围可燃物，配齐、配足灭火器等临时消防设施，有效提升施工现场消防安全管理水平。

（四）进一步加强安全宣传、教育和培训。各区县、各部门、各单位要充分利用各种宣传媒体和宣传形式，加强安全生产法律法规的宣传，不断提高企事业单位法人承担安全生产主体责任的意识，要坚决杜绝“以包代管、包而不管”的现象。企事业单位要重点突出对安全责任人、管理人以及重点岗位和易燃易爆等特殊岗位、工种人员的培训，采取开展岗前教育、签订《安全责任书》、做好技术交底等措施，做到有备开工。报刊、电台、电视台、网站等新闻媒体要加大对安全生产重大隐患的深度、跟踪报道，普及安全生产知识，不断规范单位和市民的安全生产行为，增强城市安全生产事故的防范能力。

（五）进一步加大安全监管力度。各级建设交通、公安、文化、工商、卫生、教育、安全监管、住房保障房屋管理等部门要进一步加强协作，形成安全生产综合监管与行业监管指导相结合的工作机制，完善施工现场动火作业行业标准，严厉打击非法违法生产、经营、建设等行为，并切实抓好源头管理，对不符合安全标准条件的施工项目坚决不予审批。要严格督促落实建设、设计、施工、监理等各方安全责任，对存在违法发包、分包、转包、违规施工作业等行为的，应严格依法依纪追究责任，对严重威胁公共安全的，应立即责令其停工停产整顿。

16. 上海国际旅游度假区管理办法

（2011年5月26日上海市人民政府令第65号公布）

第一条（目的和依据）

为了保障上海国际旅游度假区（以下简称国际旅游度假区）的开发、建设、有序运营和持续发展，根据法律、法规和国家有关政策，结合本市实际，制定本办法。

第二条（区域范围）

国际旅游度假区的范围：北至S1公路，东至华东路，南至周邓公路，西至S2公路红线以西约1000米。

国际旅游度假区范围的调整，应当在符合规划的前提下，依照法定程序报批。

第三条（功能定位）

根据国家和本市有关产业发展战略的要求，国际旅游度假区应当以上海迪士尼项目为核心，整合周边旅游资源联动发展，建成能级高、辐射强的国际化旅游度假区域和主题游乐、旅游会展、文化创意、商业零售、体育休闲等产业的集聚区域。

第四条（管理职责）

本市设立上海国际旅游度假区管理委员会（以下简称管委会）。管委会是市政府的派出机构，依据本办法的规定履行下列职责：

（一）参与编制国际旅游度假区规划，组织拟订国际旅游度假区产业政策，并协调市有关行政管理部门和管理单位、浦东新区政府推进落实；

（二）推进国际旅游度假区开发建设，指导相关单位实施国际旅游度假区的土地前期开发，统筹协调区域内重大项目及基础设施建设事项；

（三）接受有关行政管理部门的委托，负责国际旅游度假区内的相关行政审批工作；

（四）指导区域功能开发，统筹安排国际旅游度假区产业发展资金，促进投资环境和公共服务的完善，吸引投资，推动现代服务业发展；

（五）组织起草区域内的消防、特种设备、建设工程、市容景观、旅游服务等方面的标准和技术规范，推进国际旅游度假区服务标准化和公共信息导向系统标准化建设；

（六）制定和实施国际旅游度假区开发保护方面的实施性规定，协调国际旅游度假区周边区域开发保护工作；

（七）协调海关、出入境检验检疫等部门，为国际旅游度假区内的单位和人员提供便利服务。

市有关行政管理部门、浦东新区政府应当按照各自职责，配合做好国际旅游度假区的相关工作。

第五条（产业发展资金）

本市设立国际旅游度假区产业发展资金，用于支持国际旅游度假区的开发、建设和管理，按照国际旅游度假区产业指导目录，促进符合国际旅游度假区功能定位的现代服务业发展。产业发展资金的使用、管理办法，由市财政、发展改革部门会同管委会另行制定，报市政府批准后实施。

第六条（开发建设）

上海申迪（集团）有限公司根据经批准的规划，承担国际旅游度假区的相关开发建设工作。

第七条（发展规划与产业指导目录）

管委会应当会同市发展改革、规划土地、旅游、文广影视、体育等行政管理部门和浦东新区政府组织编制国际旅游度假区发展规划，报市政府批准后实施。

管委会应当会同市发展改革、商务、经济信息化、旅游、文广影视、体育等行政管理部门和浦东新区政府，根据国家和本市有关产业发展战略以及国际旅游度假区发展规划，制定并公布国际旅游度假区产业指导目录。

第八条（规划编制）

国际旅游度假区规划由市规划土地行政管理部门会同管委会、浦东新区政府组织编制，并按照法定程序报批；规划编制过程中，应当按照国家和本市有关规定组织开展环境影响评价和交通影响评价，相关评价文件由市有关行政主管部门组织审查。

国际旅游度假区内的专项规划，由市有关专业管理部门会同市规划土地行政管理部门、管委会、浦东新区政府组织编制，并按照法定程序报批。

第九条（开发保护）

管委会应当会同市有关行政管理部门和浦东新区政府，根据市政府批准的相关规划，制定并实施国际旅游度假区开发保护方面的实施性规定。

国际旅游度假区内的土地开发和项目建设，应当符合市政府批准的相关规划。

第十条（委托实施行政审批）

管委会接受市或者浦东新区有关行政管理部门的委托，在国际旅游度假区内实施下列行政审批事项：

（一）投资管理部门委托的企业投资项目核准和备案；

（二）商务管理部门委托的外商投资企业设立、变更审批；

（三）规划管理部门委托的建设项目选址意见书、核定规划设计要求、建设用地规划许可证、建设工程规划设计方案、建设工程规划许可证的审批，以及建设工程竣工规划验收；

（四）土地管理部门委托的国有土地使用权划拨、出让等建设项目的供地预审，但征收农民集体所有土地、农用地转为建设用地、建设项目占用未利用地的除外；

（五）建设交通管理部门委托的建设项目初步设计审查、建设工程施工许可证审批，临时占用城市道路、挖掘城市道路的审批，以及占用城市道路人行道设置各类设施等事项的审批；

（六）环保管理部门委托的建设项目环境影响评价、试生产、竣工验收审批，建筑工地夜间施工审批；

（七）绿化市容管理部门委托的建设项目配套绿化设计方案审批及竣工验收、临时使用绿地许可（含公共绿地），迁移、砍伐树木（古树名木除外）的审批，户外广告及非广告设施设置审批，临时张贴、悬挂宣传品或者标语的审批；

（八）水务管理部门委托的有关河道管理范围内的建设项目和供排水的审批；

（九）民防管理部门委托的结建民防工程审批、施工图审查、竣工验收备案；

（十）其他有关行政管理部门依法委托的行政许可事项。

前款行政审批事项委托的具体内容，由管委会与有关行政管理部门在委托书中予以明确。

管委会应当将接受委托实施行政许可事项的情况报送委托的行政管理部门；委托的行政管理部门应当对管委会实施行政审批事项进行指导和监督。

第十一条（户外广告设置）

管委会应当会同绿化市容、规划土地、工商等行政管理部门根据本市户外广告设施设置阵地规划，编制国际旅游度假区户外广告设施设置阵地实施方案，按照规定程序报批后，作为户外广告设施设置的审批依据。

第十二条（日常事务管理）

管委会负责国际旅游度假区内的下列日常事务管理：

（一）建设工程项目的报建、招标投标、竣工备案等建设工程管理；

（二）除大型安装工程外的其他建设工程的质量、安全监督和文明施工管理；

（三）开发保护的监督管理；

（四）部分道路、绿化等基础设施综合养护；

（五）民防工程的维护管理及监督检查；

（六）公共交通设施运营的管理；

（七）环境、污染源的监测和监督管理；

（八）公安消防、食品安全、知识产权保护、特种设备安全、急救医疗、突发事件应急管理、建筑渣土处置的协调工作。

第十三条（协调执法）

管委会应当协调市有关行政管理部门和浦东新区政府，在国际旅游度假区内依法履行行政执法职责。

第十四条（驻区服务）

公安、消防、食品药品监管、质量技监、工商行政管理、税务等行政管理部门可以在国际旅游度假区内设立驻区机构或者派驻办事人员，履行相关行政管理职能，提供公共服务。

第十五条（优惠政策）

管委会可以根据产业发展需要，按照国家和本市的有关规定，会同市有关行政管理部门和浦东新区政府起草制定促进现代服务业发展的优惠政策，经市政府批准后向社会公布。符合条件的企业，可以享受相应的优惠政策。

第十六条（政务公开和政府服务）

管委会应当按照政务公开的要求，将受委托实施的行政审批事项的依据、内容、条件、程序、期限以及需要提交的全部材料的目录、申请书示范文本等在办公场所及政务网站予以公示，并免费为公民、法人和其他组织提供咨询服务。

管委会应当设立集中办事机构，方便公民、法人和其他组织办理行政审批等相关手续。

第十七条（实施日期）

本办法自公布之日起施行。

17. 上海市非机动车道路停放管理规定

（沪府办发〔2011〕30号，6月1日）

第一条（制定目的）

为进一步规范和加强本市非机动车道路停放管理，确保市容环境整洁、文明和道路交通安全、有序、畅通，制定本规定。

第二条（适用范围）

本规定适用于本市外环线以内人行道以及与人行道相连公共区域的非机动车停放管理。

第三条（非机动车道路停放点的设置和管理）

市建设交通委会同市公安局、市绿化市容局编制本市非机动车道路停放点设置规范。

各区、县政府根据本市非机动车道路停放点设置规范，编制本区、县非机动车道路停放点的设置规划，并指定专门管理部门落实非机动车道路停放点的设置工作。同时，组建专门管理队伍，加强非机动车道路停放点的日常管理。

第四条（非机动车停放规范）

非机动车应当在非机动车停放点停放，不得随意停放、影响市容环境。

停放非机动车时，应当下车推行，并在划定的停车线内规范、有序停放。

第五条（沿街单位责任区制度）

沿街单位应当加强自律，规范、有序停放非机动车，不得随意停放。

对在本单位的市容环境卫生责任区内随意停放非机动车的，沿街单位应当予以劝阻，引导行为人停放至非机动车停放点；对不听劝阻的，应当向区、县有关部门报告。

第六条（处罚措施）

道路主管部门、公安交通管理部门、城市管理执法部门根据各自职责，依照法律法规的有关规定，对下列行为实施处罚：

（一）擅自占用人行道设置非机动车道路停放点的，由道路主管部门责令限期改正。逾期不改正的，由城市管理执法部门实施处罚，未造成人行道损坏的，处500元以上5000元以下罚款；造成人行道损坏的，处5000元以上2万元以下或者修复费3–5倍的罚款。

（二）占用道路退红线且与人行道相连的区域、广场设置非机动车停放点，影响市容环境的，由城市管理执法部门责令限期改正，逾期不改正的，由城市管理执法部门依法拆除。

（三）非机动车不在非机动车停放点停放，影响其他车辆和行人通行的，由公安交通管理部门处警告或者5元以上50元以下罚款；影响市容环境的，由城市管理执法部门责令改正；行为人不在现场的，由公安交通管理部门会同城市管理执法部门对现场予以清理，恢复市容整洁。

第七条（其他）

外环线以外的非机动车道路停放，可参照本规定实施管理。

本规定自印发之日起施行，有效期5年。

18. 关于实施《上海市住宅物业管理规定》的若干意见

（沪府发〔2011〕23号，5月31日）

为了贯彻实施市人大常委会修订的《上海市住宅物业管理规定》（以下简称《规定》），进一步做好本市住宅物业管理工作，现提出如下若干意见：

一、部门、单位的职责分工

各区县政府负责落实住房保障房屋管理、城管执法、工商、绿化市容、规划国土资源、民政、消防、环保等部门以及供水、供电、供气等专业单位在住宅小区综合管理中的职责，组织召开住宅物业管理联席会议，协调解决住宅小区管理的综合性问题，并对乡、镇政府和街道办事处的住宅小区综合管理工作进行考核。

各乡、镇政府和街道办事处负责落实本辖区住宅小区综合管理工作制度，协调落实部门和人员解决住宅小区综合管理中的疑难问题，指导监督业主大会、业主委员会组建、换届改选和日常运作，办理业主委员会的备案手续。

区、县住房保障房屋管理部门负责对业主大会、业主委员会组建、换届改选和日常运作中相关程序的业务指导和监督管理。

区、县民政部门负责对居民委员会、村民委员会履行其对业主大会、业主委员会组建、换届改选和日常运作中相关工作职责的指导监督。

居民委员会、村民委员会应当做好对业主大会、业主委员会组建、换届改选和日常运作的指导，指导业主选举具有模范履行业主义务、热心公益事业、责任心强且有一定组织能力的业主担任业主代表、筹备组成员、业主委员会成员、换届改选小组成员；负责对业主委员会的日常指导，帮助业主自行管理的业主委员会的规范运作，并通过人民调解委员会调解物业管理纠纷。

二、物业管理区域的核定

对有市政道路或自然河道穿越的建设用地，在住宅建设工程设计时，建设单位原则上应当分别配置配套设施设备。

区、县规划管理部门在审查住宅建设工程设计方案时，应当征求区、县住房保障房屋管理部门对物业管理区域的预划意见。区、县住房保障房屋管理部门应当根据物业管理区域划分的原则，审查建设单位住宅建设工程设计方案中标明的物业管理区域划分情况及物业管理用房配置情况，并出具物业管理区域预划意见书，复告区、县规划管理部门。

建设单位在申请办理建设工程规划许

可证时，应当向物业所在地的区、县住房保障房屋管理部门提出划分物业管理区域的申请，并提交下列资料：

（一）建设项目用地批准文件；

（二）建筑总平面图；

（三）建设项目停车位、绿化等共用设施设备配置情况说明；

（四）其他应当提交的资料。

物业所在地的区、县住房保障房屋管理部门应当在受理申请之日起5个工作日内，向建设单位出具《物业管理区域核定单》。

需要调整物业管理区域的，由业主委员会提交业主大会会议讨论通过后，向物业所在地的区、县住房保障房屋管理部门提出申请。区、县住房保障房屋管理部门应当会同乡、镇政府或街道办事处按照《规定》第七条的要求，结合当地居民委员会、村民委员会的布局，出具调整物业管理区域划分的意见，并在相关物业管理区域内予以公告。

三、分期开发项目的物业管理

划定为一个物业管理区域的建设项目分期开发的，其前期物业管理招投标以该物业管理区域为范围。

先期开发区域内销售并交付使用的物业符合《规定》条件的，应当成立业主大会。业主大会可就整个物业管理区域的物业管理事项作出决定，但对后期业主可能产生不利影响的除外。业主大会决定聘用物业服务企业的，物业服务合同期限不得超过2年。业主大会成立后接受交付使用物业的业主，成为该业主大会的成员，依法行使权利、履行义务。通过的《业主大会议事规则》中，应当按照分期开发建设的物业建筑面积比例，约定业主委员会组成人数。业主委员会应当按照《业主大会议事规则》，召开业主大会会议，增补业主委员会成员。

业主大会成立后，业主委员会应当将业主大会决定的事项告知建设单位；建设单位销售该物业管理区域内物业的，应当在房屋销售合同中注明业主大会的决定事项。

四、建设项目资料的备案

建设单位应当按照《规定》第十条的要求，向物业所在地的房管办事处提交相关资料。其中“物业管理所必需的其他资料”，包括营业执照、项目批准文件、用地批准文件、施工许可证、房屋土地权属调查报告、业主清册和联系方式等资料。

建设单位提交房管办事处出具的资料齐备证明后，住房保障房屋管理部门方可向其核发房屋交付使用许可证。

五、业主大会筹备组、换届改选小组中业主代表的产生

筹备组、换届改选小组中的业主代表人数，由乡、镇政府或街道办事处根据物业管理规模和社区建设情况确定，一般为5–10人，其所占比例应当不低于筹备组或换届改选小组总人数的二分之一。

业主代表可通过业主推荐、自荐、召开座谈会听取意见等方式产生，具体方式由居民委员会、村民委员会确定，并在物业管理区域内予以公告。

业主代表不依法履行职责，经乡、镇政府或街道办事处责令限期改正后仍未履行职责的，居民委员会、村民委员会可组织业主重新推荐产生业主代表。

六、业主投票权的计算

业主投票权数，由业主大会根据专有部分面积、建筑物总面积和业主人数、总人数确定。

专有部分面积、建筑物总面积按照下列方法认定：

（一）专有部分面积，按照不动产登记簿记载的面积计算；尚未进行登记的，暂按照测绘机构的实测面积计算；尚未进行实测的，暂按房屋买卖合同记载的面积计算。其中，建设单位“专有部分的面积”是指销售的物业建筑面积，不包括以下物业的建筑面积：停车库；依法归全体或者部分业主共有

的物业；配电房、避难层、储藏室；不能单独办理产证的其他物业。

（二）建筑物总面积，按照前项专有部分面积的总和计算。

业主人数和总人数按照下列方法认定：

（一）业主人数，按照房地产权证数确定，一个产权证计为一个业主人数；房屋已出售并交付使用但尚未领取房地产权证的，按照房屋销（预）售合同数确定，一份合同计为一个业主人数。

（二）总人数，按照前项业主人数的总和计算。

七、业主委员会成员全体辞职的处理

业主委员会成员全体辞职的，乡、镇政府或街道办事处应当会同区、县住房保障房屋管理部门组建业主委员会换届改选小组。业主委员会换届改选小组中的业主代表，由居民委员会、村民委员会组织业主推荐产生。业主委员会换届改选小组应当自成立起90日内召开业主大会，选举产生新一届业主委员会。

在新一届业主委员会选举产生前，原业主委员会应当继续履行职责。因不履行职责造成的损失，由相关责任人承担。

八、业主委员会主任、副主任不召集业主委员会会议的处理

业主委员会主任、副主任在符合召集业主委员会会议的条件下和规定期限内，无正当理由不召集会议的，居民委员会、村民委员会可指定业主委员会其他成员召集业主委员会会议，并在物业管理区域内予以公告。

九、物业矛盾纠纷的调处

乡、镇政府或街道办事处、居民委员会、村民委员会应当充分发挥人民调解委员会在物业管理纠纷调解中的作用，充实专业人员，提高物业管理矛盾纠纷居间调解的效能。

乡、镇政府或街道办事处可通过设立住宅小区综合管理法律服务咨询站及聘请行业专家、律师等专业人员，为住宅小区综合管理提供法律咨询服务，解决疑难问题，调解矛盾纠纷，提高社区物业综合管理的整体水平。

居民委员会、村民委员会设立的人民调解委员会，受理和调解下列物业管理纠纷：

（一）业主委员会的组建、运作和自我管理中发生的业主与业主委员会之间的纠纷；

（二）业主、业主委员会、物业服务企业之间因维修资金使用、房屋及配套设施、设备及相关场地维修、养护、管理和环境秩序管理等引发的纠纷；

（三）邻里间因安装防盗门、防盗窗、空调、晒衣架、鸽棚等附着物引发的物业使用纠纷；

（四）因业主或使用人违反《临时管理规约》、《管理规约》引发的物业矛盾纠纷；

（五）其他属于人民调解组织调解范围内的物业管理纠纷。

业主委员会可对本条第三款第（三）、（四）、（五）项规定的物业管理纠纷进行调解，居民委员会、村民委员会对业主委员会的调解活动给予协助和指导。

业主委员会应当建立物业管理矛盾协调工作会议制度，协调处理业主之间、业主与物业服务企业之间的矛盾和纠纷。会议由业主委员会主任主持召开。

十、物业服务项目经理的管理

物业服务企业应当向受托管理服务的住宅小区委派一名物业服务项目经理，作为该住宅小区物业管理服务的负责人。物业服务项目经理应当持有建设部颁发的全国物业管理师证书或经全市统一考试取得的相应职业资格证书，并在住房保障房屋管理部门注册，取得物业服务项目经理执业注册证。

对在同一区、县行政区域范围内地理位置上相毗邻的住宅小区，一名物业服务项目经理可管理的数量不得超过3个，且总建筑面积不得超过10万平方米。

物业服务企业未按照规定委派物业服务项目经理的，记入物业服务企业信用档案。

十一、物业管理用房的确认

建设单位在办理建设工程规划许可证时，应当将物业管理用房的坐落、面积等在审照附图中予以注明，并加盖建设单位公章；对分期开发的物业管理区域，建设单位应当按照整个物业管理区域的配置要求，在先期开发的区域内一次性配置或提供临时物业管理用房。建设单位在未按照规划配置物业管理用房前，不得擅自变更、分割、转让、抵押临时物业管理用房。

建设单位提交的资料符合物业管理区域预划意见书和物业管理用房配置要求的，规划管理部门方可向其核发建设工程规划许可证。

房屋土地调查机构应当在房屋土地权属调查报告书中注明物业管理用房的坐落、面积、室号；区、县住房保障房屋管理部门在核发房屋预售许可证和办理房屋所有权初始登记时，应当注明物业管理用房室号。

1997 年 7 月 1 日至 2003 年 8 月 31 日间竣工的居住物业管理区域，其物业管理用房应当按照规划中配置的标准提供；规划中未配置的，按照物业管理区域实际使用状况予以提供。

十二、物业服务的收费

住宅物业管理区域已组建业主大会的，由业主大会与物业服务企业按照质价相符的原则，协商确定物业服务内容、物业服务收费标准和收费方式，并在物业服务合同中予以约定。

十三、物业的自行管理

规模较小且具备自行管理条件的住宅小区，经业主大会会议讨论通过，可在居民委员会、村民委员会的监督指导下，由业主自行管理。业主自行管理的，应当设定执行机构及其负责人，负责自行管理的组织实施并承担由此产生的相关责任。

业主大会聘请专业保洁、保安、绿化养护、设施设备保养维修单位的，应当与其签订专业服务合同。

业主大会采用民事雇佣方式聘请自然人进行公共区域清洁卫生、秩序维护、绿化养护，以及共用部位、共用设施设备的日常运行、保养及维修服务的，应当为其支付意外伤害等保险费用，由被聘用人员自行购买后报业主委员会备案。

业主大会决定开具自行管理发票的，业主委员会可持区、县住房保障房屋管理部门的证明材料，到物业所在地的税务部门申请代为开具。

十四、物业的装饰装修

业主、使用人装饰装修房屋的，应当会同装饰装修单位与物业服务企业签订住宅装饰装修管理协议，明确装饰装修工程的实施内容、实施期限、允许施工时间、现场巡查、废弃物清运与处置以及装饰装修工程的禁止行为和注意事项等。

十五、物业使用性质的变更

由规划管理部门会同区、县住房保障房屋管理部门提出允许改变物业使用性质的区域范围和方案，经区、县政府同意后，区、县规划管理部门应当予以公告并抄送区、县住房保障房屋管理部门。具体范围和方案，应当包括可改变的部位和经营项目等内容。

在允许改变物业使用性质的区域范围内，具体房屋单元的业主需要改变使用性质的，应当符合下列条件：

（一）符合房屋使用安全要求；

（二）符合《临时管理规约》、《管理规约》；

（三）经有利害关系的业主同意；

（四）符合相关法律、法规的规定。

符合前款规定的住宅，其房屋所有权人可向物业所在地的区、县住房保障房屋管理部门申请变更住宅使用性质，区、县住房保障房屋管理部门应当自受理申请之日起 20 日内做出决定。对符合条件的，准予其变更住宅物业使用性质，并告知其依法向工商管理等部门办理有关手续的义务。

业主大会应当在《管理规约》中，对本住宅物业管理区域内住宅变更使用性质后的物业服务费标准作出约定。物业服务企业应当按照约定，对准予变更住宅物业使用性质的房屋收取相应的物业服务费。改变使用性质的房屋，经政府决定征收的，按照居住房屋用途和建筑面积予以补偿安置。

十六、管线的维修养护责任

住宅小区内水、电、气分户计量表和表前的相关管线和设施设备维修、养护责任，由供水、供电、供气服务单位分别承担；分户计量表后的相关管线和设施设备维修、养护责任，由房屋所有人承担。

十七、维修资金的补建和再次筹集

未建立首期专项维修资金或专项维修资金余额不足首期筹集金额30%的，业主应当按照每月每平方米建筑面积成本价0.2%的标准补建或再次筹集，专项维修资金管理规约约定或业主大会会议决定高于上述标准筹集以及一次性筹集的除外。

物业服务企业应当每月对业主专项维修资金账户进行核对，对按照规定达到补建或再次筹集标准的，应当在15日内书面告知业主委员会。业主委员会应当告知相关业主并在物业管理区域内予以公告。采取分期筹集的，由物业服务企业于次月起在收取物业服务费时予以代收，并出具专项维修资金票据，按月纳入专项维修资金账户，并将补建或再次筹集的情况在物业管理区域内予以公告。

配备电梯的物业，补建或再次筹集的维修资金余额不得少于每平方米建筑面积成本价的7%；不配备电梯的物业，补建或再次筹集的维修资金余额不得少于每平方米建筑面积成本价的5%。

业主转移或抵押房地产的，可到物业所在地的物业服务企业查询房屋维修资金余额。已足额交纳的，业主可持物业服务企业出具的维修资金余额查询单到物业所在地住房保障房屋管理部门开具商品住宅维修资金足额交纳凭证；维修资金余额少于前款规定的，业主可在持物业服务企业出具的维修资金交款单至维修资金账户开户银行补足后，持维修资金余额查询单及银行交款凭据到物业所在地住房保障房屋管理部门开具商品住宅维修资金足额交纳凭证。

公有住宅售后房屋转让或抵押的，由市公积金管理中心按照前款规定开具维修资金足额缴纳凭证。

业主办理房地产转移或抵押登记时，应当提交维修资金足额缴纳凭证。

十八、物业的检测和鉴定

业主应当按照《房屋修缮工程技术规程》中规定的物业常规检查内容和检查周期，承担物业维修养护责任。

业主应当在物业服务合同中，委托物业服务企业按照《房屋完损状况检查周期表》和《房屋结构完好性检查周期表》的规定，对物业定期进行维修养护和检查。

市住房保障房屋管理部门负责房屋质量检测单位的监督管理，并定期公布符合条件的房屋质量检测单位名单。

物业出现结构安全隐患或异常状况时，相关责任人可根据《房屋质量检测规程》中规定的流程，委托房屋质量检测单位进行检测、鉴定。

检测结论为整体危险或局部危险的房屋，应当由市房屋检测中心出具危险房屋审定书。

十九、房屋外墙的维护

住宅物业管理区域内房屋外墙的维护，由业主负责。业主应当按照有关规定和标准，根据房屋外墙的材质进行清洗或粉刷，确保房屋外墙整洁。房屋外墙存在严重褪色、明显污迹的，业主应当及时予以清洗、粉刷。

二十、示范文本的应用

建设单位、物业服务企业、业主大会、业主委员会按照市住房保障房屋管理部门印发的示范文本，制定和签署临时管理规约、专项维修资金管理规约、首次业主大会会议表决规则、业主大会议事规则、业主委员会成员候选人产生办法、业主委员会选举办法、物业服务合同、住宅装饰装修管理协议等文件。

本意见自公布之日起施行，有效期为5年。

19. 关于开展本市郊区城镇棚户简屋改造的试行意见

（沪府办发〔2011〕28号，5月31日）

郊区城镇棚户简屋改造是一项关系到居民群众切身利益、社会和谐稳定的系统工程，牵涉面广、影响面大。为进一步加快本市城乡一体化进程，消除城乡“二元结构”，切实改善和提高郊区城镇居民居住条件和环境质量，促进城乡社会经济协调发展，现就开展本市郊区城镇棚户简屋改造提出如下试行意见：

一、改造范围

郊区城镇棚户简屋改造范围主要指城镇建成区或镇区规划范围内，由于历史原因形成的房屋结构简易、使用功能不全（非成套独用住宅）、市政基础设施落后、安全隐患较大、环境脏乱差的居住房屋区域。为有利于实施城镇规划和成片、成街坊整体改造，可根据需要，将周边零星插建的其他旧住房、农民老宅基及企业旧厂房等纳入改造范围，但棚户简屋面积不得低于住房面积的70%，国有土地面积不得低于占地面积的80%。具体改造范围应纳入区县国民经济和社会发展年度计划。

二、指导思想和基本原则

（一）指导思想

深入贯彻落实科学发展观，以加快推进“四个率先”、加快建设“四个中心”和城乡一体化发展为契机，积极稳妥推进郊区城镇棚户简屋改造。要把改善群众的住房条件作为城镇棚户简屋改造的根本目的，坚持以人为本、创新机制，实事求是、量力而行，结合城镇保障性住房建设，切实解决城镇中低收入家庭住房困难，提高城镇人居环境质量，优化城镇空间布局，完善城镇功能，促进城镇社会经济可持续发展。

（二）基本原则

坚持政府主导，以区为主。各区县政府是本辖区内城镇棚户简屋改造的责任主体，具体负责棚户简屋改造工作的组织和实施。市相关部门主要负责统筹协调、政策支持、宣传引导、协助推进等。

坚持统一规划，分步实施。各区县政府要根据本区域经济社会发展规划，结合镇区建设规划、土地利用规划、风貌保护规划等，统筹安排改造工作。要以居住条件最困难、群众要求最迫切的区域为重点，有计划、有步骤地组织实施。

坚持创新机制，多元筹资。各级政府要在资金和政策方面给予大力支持。要创新机制，多元融资，积极引导和利用社会资金参与城镇棚户简屋改造。

坚持依法改造，民主决策。城镇棚户简屋改造要严格执行国家和本市有关的规划、土地、建设、房屋征收等法律、法规和政策，妥善解决群众的实际困难，保护群众的合法权益。在改造过程中，要充分听取群众意见，尊重群众意愿。

三、改造模式

（一）房屋征收模式。由房屋征收部门负责棚户简屋征收工作，并对居民进行补偿安置。土地拆平后，经营性土地出让按照国家和本市有关规定办理。建设保障性住房（主要是建设动迁安置房）的土地供应方式，按照有关规定执行。

（二）旧住房拆除重建模式。对以承租公房为主的棚户简屋地块，可参照市政府印发的《上海市旧住房综合改造管理暂行办法》(沪府发〔2005〕37号)规定，以旧住房综合改造立项，采取拆除重建的方式实施改造。

（三）旧住房修缮改造模式。对符合城市规划、建筑结构尚好、但使用标准较低的旧住房，可通过成套改造、修缮改造、完善小区基础设施和公共服务设施、环境整治等多种形式实施改造，以提高居住质量。同时，应注重对历史风貌街区和优秀历史建筑特色的保护。

四、政策措施

（一）为充分调动群众的积极性，稳妥推进郊区城镇棚户简屋改造，按照市建设交通委、市住房保障房屋管理局的有关规定，在改造前实行二次征询，征求居民意见。在征得大部分居民同意后，方可正式实施改造。改造中，要做到“过程全透明、结果全公开”，保持政策前后一致，确保依法改造和公正公平。

（二）郊区各区县可参照市财政局制订的《上海市旧区改造专项基金管理办法》，设立城镇棚户简屋改造专项基金，并通过安排财政预算等方式，定向用于城镇棚户简屋改造或对其予以补贴。

（三）对城镇棚户简屋改造时涉及的建设用地指标及部分农用地转用指标和占补平衡指标等，市、区县政府可采取计划指标单列方式，统筹协调平衡。

（四）城镇棚户简屋地块采取“拆除重建”方式改造时，参照本市旧住房综合改造的规定实施。公有住房改造的费用，可从房屋租金、改造后新增房屋出售收入（土地出让金按照不低于同地段基准地价的标准缴纳）、改造范围内公有住房出售后的净归集资金等中列支。

（五）各区县要抓紧编制和报批城镇控制性详细规划。为节约集约利用土地，争取改造资金总体平衡，城镇棚户简屋地块改造时，在周边条件允许的情况下，经综合认证后，建设规划指标可给予支持。

（六）经市、区县旧改部门认定的城镇棚户简屋改造地块在土地使用权出让后，市、区县政府取得的土地出让收入，在计提国家和本市有关专项资金后，按照市、区县分工，将剩余部分专项用于支持当地棚户简屋改造、基础设施建设项目等。

（七）郊区城镇棚户简屋改造，按照财政部《关于切实落实相关财政政策积极推进城市和国有工矿棚户区改造工作的通知》（财综〔2010〕8号）和财政部、国家税务总局《关于城市和国有工矿棚户区改造项目有关税收优惠政策的通知》（财税〔2010〕42号）的有关规定，享受相关税收优惠政策。

五、组织实施

（一）加强组织领导。各区县政府要将城镇棚户简屋改造工作纳入本区县政府工作的重要议事日程，建立工作机构，安排专职人员，明确工作任务，强化工作责任。市、区县旧区改造、发展改革、建设交通、财政、规划土地、住房保障房屋管理等部门要按照各自职责分工，紧密配合，通力合作，加强和改善服务，确保城镇棚户简屋改造顺利实施。

（二）编制规划计划。各区县要开展城镇棚户简屋调查统计，全面掌握土地、房屋、人口等实际情况，并列表造册、落图标注。在编制本地区住房保障建设规划时，应包括城镇棚户简屋改造相关内容，并合理确定工作目标和任务。市旧区改造工作领导小组办公室应当在各区县城镇棚户简屋改造规划和实施计划基础上，编制全市郊区城镇棚户简屋改造规划和实施计划，并加强对计划实施的监督和管理。

（三）鼓励各方参与。在城镇棚户简屋改造过程中，应建立社会第三方参与监督制度，邀请人大代表、政协委员、专业律师、社会公信人士和居民代表共同参与和监督；同时，进一步加强信访、监察、审计等部门的监督管理，坚决制止和查处损害群众合法权益的行为。

（四）加强宣传引导。市、区相关部门要充分发挥媒体的作用，加强宣传引导，并建立信息公开制度，帮助有关单位和群众深入了解有关法律、法规和政策，及时了解棚户简屋改造的实际情况，争取社会各界的理解和支持。

本试行意见自公布之日起施行，有效期为2年。

20. 关于加快推进本市住宅产业化的若干意见

（沪府办发〔2011〕33号，6月14日）

住宅产业化是采用工业化生产的方式建造住宅。推进住宅产业化有利于提高住宅建设的劳动生产率，促进住宅设计、建造的精细化，提升住宅的整体质量和节能减排水平，推动住宅建设的可持续发展，是房地产业和建筑业发展的必由之路。为进一步贯彻落实科学发展观，践行世博理念、放大世博效应，加快本市住宅建造方式的转变，实现住宅建筑的模数化、标准化，住宅建造的工业化，住宅生产协作的社会化，走出一条环境污染少、能源消耗低、科技含量高、综合性能好的产业发展新路，促进本市房地产业和建筑业持续健康发展，根据《国务院办公厅转发建设部等部门关于推进住宅产业现代化提高住宅质量若干意见的通知》（国办发〔1999〕72号）、市政府印发的《关于推进本市新建住宅节能省地发展的指导意见》（沪府〔2008〕6号）等文件精神，现就加快推进本市住宅产业化提出以下若干意见：

一、基本原则

（一）统筹规划与分步实施相结合。在科学研究的基础上，制定本市住宅产业化发展规划。先在局部进行装配式住宅生产方式试点，时机成熟后在一定区域内推广。分阶段、分步骤解决设计模数化和材料部品化，逐步形成适应本市特点的装配整体式住宅体系。结合实际，稳步提高住宅单体的预制装配率。

（二）行政监管与市场激励相结合。市、区县协同推进，各有关部门形成合力，通过行政机制逐步推行装配式住宅建设，并加强监管，保障施工质量和居住安全。在发展初期，注重市场培育，加快制订土地、财政、税收、金融等方面的激励政策，提高实施主体的积极性，发挥企业主体作用。

（三）面上推动与分类指导相结合。在推动全市住宅产业化发展的同时，结合商品住房和保障性住房等不同类型住房的具体要求，针对不同结构形式，分类推进住宅产业化。政府推动的大型居住社区和保障性住房要率先采用装配式住宅，切实发挥好示范、带动作用。

二、主要任务和目标

（一）2011-2013年（试点推进期）

主要是培育商品房和保障性住房试点项目，制定住宅模数、装配式住宅体系、配套构配件和部品的标准规范；制定土地、规划、金融、财政和税收等方面的配套鼓励政策体系，形成政策聚焦；培育装配整体式住宅设计、开发、施工和构配件生产等企业的发展。

争取2011年开工建设装配整体式住宅试点项目面积达60万平方米，2012年达100万平方米，2013年达150万平方米，单体住宅结构的预制装配率达15%以上。

（二）2014-2015年（面上推广期）

主要是形成比较完善的住宅产业化技术标准体系和比较完备的上下游产业链，完成一大批产业工人培训，建立多种装配整体式住宅体系和系列部品体系，形成比较完善的质量控制体系。

争取2015年整体式住宅当年装配面积占全市住宅开工总量的20%左右，逐步实现全市新建公共租赁住房和内环线以内新建住宅全面推行装配整体式住宅方式，同时，单体住宅结构的预制装配率达30%以上。

三、具体措施

（一）加强领导，完善推进组织机构

将“上海市推进新建住宅节能省地发展联席会议”更名为“上海市新建住宅节能省地和住宅产业化发展联席会议”，由市政府分管领导作为召集人，市发展改革委、市经济信息化委、市建设交通委、市科委、市规划国土资源局、市财政局、市住房保障房屋管理局等部门作为成员单位。联席会议下设办公室，负责组织制订和协调落实住宅产业化发展规划、计划、各项政策措施和项目建设。各区县政府也应建立联席会议制度。

（二）政策聚焦，创新市场激励办法

由市建设交通委、市住房保障房屋管理局会同相关部门尽快研究出台鼓励办法，以促进市场健康发展。

1. 鼓励开发企业建设。对具备条件的住宅用地，在土地出让或划拨前，应予明确须按照住宅产业化的方式建造住宅。对满足一定预制装配率和相关技术规范要求的住宅产业化项目，加快研究制定预制外墙部分不计入建筑面积、建筑节能专项资金支持、保障性住房成本增加计入项目基地建设成本等的激励措施。

2. 培育构配件生产企业等实施主体。优化构配件生产企业的布局，积极支持构配件生产企业实施技术改造，提高生产设施和企业管理水平，促进部品生产的节能减排，鼓励这些企业申报高新技术企业，享受相关优惠条件。充分考虑相关设施设备、劳动力成本等的增减，加快编制相关建造定额。大力培育本市住宅产业化设计、施工、监理等的骨干企业。

3. 鼓励上下游产业链资源整合。支持有条件的区县和企业创建国家级住宅产业化基地。鼓励设计、开发、施工和构配件生产等相关企业优势互补，形成大型的住宅产业集团或联盟，并鼓励大型企业集团或联合体参与住宅产业化项目建设。

（三）加强科研，推进成套技术集成应用

科技、建设、房屋管理等部门应增加住宅产业化的科研投入，共同建立全市住宅产业化科研平台，每年安排科研经费，做好科研规划，组织开展重点攻关。培育住宅产业化研究机构，鼓励企业建立相应研究中心。加快突破技术瓶颈，为本市住宅产业化发展提供坚强的技术支撑。同时，注重适用技术的集成应用，提高住宅整体质量。

1. 加快形成多种装配整体式住宅体系。重视模数协调标准的研究。逐步完善装配整体式混凝土框架和剪力墙结构、钢结构等结构体系。大力推进材料部品化，加快围护结构、厨卫、装修等部品体系的建立。注重防水构造、抗震性能及材料的研究，加快形成相关的设计、验收标准以及图集、工法，加快开发应用相关设计分析软件。加快研究形成保障性住房推荐系列户型和模块化设计方法。

2. 着力推进住宅全装修。对住宅产业化商品住房、公共租赁住房和廉租住房项目，应实施住宅全装修，鼓励其他保障性住房实施住宅全装修。严格按照《关于加强本市住宅全装修建设管理的通知》（沪建交联〔2009〕1355号）要求，实现土建和装修的一体化，并倡导工业化装修方式。研究推进内装修和主体结构分离的方式，提高住宅的可改造性和耐久性。

3. 大力推进建筑节能。着力研究符合住宅产业化发展的集保温、装饰、围护与防水一体的预制外墙等围护结构和技术，以及适合预制装配整体式住宅的外遮阳和可再生能源利用技术。围绕“节地、节能、节水、节材、环保和运行管理”，推进适用新技术的集成应用，积极推广绿色建筑。

（四）加强监管，健全质量控制体系

各有关部门要形成合力，创新工作方法，加快健全质量控制体系，加强过程监管，切实保障住宅产业化项目建设的安全和质量。

1. 开展住宅产业化项目专项技术论证。由市建设交通委、市住房保障房屋管理局会同有关部门组建全市住宅产业化专家委员会，推进技术管理。在试点推进阶段，由市住宅产业化专家委员会对住宅产业化项目建设方案进行技术论证，出具论证意见，论证意见作为建设项目享受各项优惠政策和进行施工图审查等的依据之一。

2. 强化住宅部品目录管理和住宅性能认定制度。加强对构配件生产企业等的市场准入管理。加强对安全质量影响较大的构件、部品生产供应的管理，并将预制构件部品纳入建设工程材料目录管理制度。完善各类部品标准，鼓励开发企业选用经国家和本市认定的部品。同时，开展住宅产业化项目的住宅性能认定，提高住宅的综合性能。

3. 健全住宅产业化项目施工现场质量安全监督体系。完善各类装配整体式住宅体系的验收规范和现场施工安全质量技术要求。建设工程质量监督部门应建立项目施工现场部品检测、质量监督等制度，加强建设过程监管，落实各参与主体的责任，切实保障工程质量和施工安全。

（五）强化培训宣传，提高行业人员水平和社会认知度

加强对各类企业和有关行政管理部门等相关人员的分类培训。同时，培养一批产业技术工人，为本市住宅产业化的发展提供坚强的人力资源保障。对积极推进住宅产业化的优秀企业和个人给予表彰。发挥行业协会、大型企业等的作用，采用示范项目现场交流、举办专业论坛等形式，利用各种媒体，加强对各类企业和消费者的宣传，提高住宅产业化在社会中的认知度、认同度。

（六）重视交流合作，加快本市住宅产业化进程

加强与住宅产业化发达的国家和地区的交流合作，定期举行研讨，推进项目合作，加快引进先进、成熟、适用的住宅产业化新技术、新材料和管理制度，加快本市住宅产业化的发展。

21. 关于进一步加强行政执法队伍建设的若干意见

（沪府发〔2011〕37号，6月22日）

各区、县人民政府，市政府各委、办、局：

加强本市行政执法队伍建设、提升行政执法队伍整体素质，是规范和加强行政执法工作的关键环节，是提高政府依法行政能力的必然要求，也是建设行为规范、运转协调、公正透明、廉洁高效的行政管理体制的重要内容。为加快服务政府、责任政府、法治政府建设，提高行政执法的公信力，现就进一步加强行政执法队伍建设提出如下若干意见：

一、明确指导思想

深入贯彻落实科学发展观，努力构建社会主义和谐社会，紧紧围绕本市建设全国行政效率最高、行政透明度最高、行政收费最少的行政区之一的目标，按照《公务员法》和事业单位改革的有关精神，以加强行政执法队伍建设为重点，将本市依法承担行政执法职责的行政机关和事业单位人员纳入统一平台管理，根据“新人严格把关、老人逐步提高”的原则，进一步加强制度建设，强化人员招录、培训、资格管理和监督等关键环节的管理；进一步提升行政执法人员素质，规范行政执法行为；进一步完善行政执法监督机制，努力塑造良好的行政执法环境，全面提升本市行政执法水平。

二、深化行政执法体制改革，进一步完善行政执法主体资格认定制度

严格按照法律、法规、规章的规定，梳理行政执法依据，严格行政执法主体资格，完善认定审核程序，公布行政执法主体名录，深化行政执法体制改革，规范行政执法运行机制，完善经费保障机制，进一步完善行政执法主体资格认定制度。

（一）梳理行政执法依据。根据有关法律、法规和中央关于分类推进事业单位改革的要求，进一步梳理法律、法规和规章明确的行政执法职责。法律、行政法规、地方性法规明确授权的或按照有关法律、法规、规章的规定接受行政机关委托从事行政执法活动的行政执法单位，方可具备行政执法主体资格。（责任单位：市政府法制办、各级行政执法单位）

（二）严格行政执法主体资格。在梳理行政执法依据的基础上，对现有事业单位中具备行政执法主体资格的行政执法单位逐一重新审核，对符合法定条件的行政执法单位，赋予其行政执法主体资格；对不符合法定条件的行政执法单位，不赋予其行政执法主体资格，逐步重新调整和明确职能，任务不足的予以撤销或并入其他事业单位。（责任单位：市政府法制办、市编办）

（三）完善认定审核程序。对法律、法规、规章明确授权或者接受委托的事业单位，其行政执法主体资格由其市级主管部门予以审核确认；对法律、法规、规章授权或者委托不够明确的事业单位，由市政府法制办会同市编办、市财政局、市公务员局和相关市级主管部门统一予以确认。（责任单位：市政府法制办、市编办、市财政局、市公务员局、市级主管部门）

（四）公布行政执法主体名录。经确认后，市、区县主管部门应当将系统内行政执法主体名录及其调整情况向社会公布，并报送同级政府法制办备案。市政府法制办、区县政府法制办要做好行政执法主体名录信息汇总统计等相关工作。（责任单位：市政府法制办、各级主管部门）

（五）深化执法体制改革。根据本市深化行政执法体制改革的要求，探索建立以行政机关执法为主的综合行政执法体制，逐步将法律、法规、规章明确应当由行政机关承担的行政执法职责划归行政机关承担；对现有承担行政执法职责的事业单位，进一步明确和强化其执法职责，逐步剥离其公益服务职责。同时，规范机构设置，推进处罚权相对集中和部门内综合执法，从严核定领导职数、内设机构和人员编制。今后不再批准新设立承担行政执法职责的事业单位。（责任单位：市编办、市政府法制办）

（六）规范行政执法运行机制。完善适应行政执法工作需要的各项管理制度，加大对行政执法行为和行政执法人员的监督力度，确保行政执法活动依法进行、公开透明。严格规范行政执法人员资格管理，非在编人员、未取得《行政执法证》人员一律不得从事行政执法活动。进一步清理规范协管员队伍，避免协管员等人员替代行政执法人员发挥作用。（责任单位：市政府法制办、市人力资源社会保障局、市公务员局、市编办）

（七）完善经费保障机制。对经梳理并按照程序认定的行政执法单位，根据现行财政管理体制，建立健全财政经费投入保障机制，将各级行政执法单位的经费纳入同级财政预算，确保本市各级行政执法单位依法履行职责。（责任单位：市财政局、各区县政府）

三、加强行政执法队伍建设，建立行政执法人员统一招录平台

坚持“凡进必考”原则，严把进口素质关，把全市承担行政执法职责的行政机关、事业单位的执法人员招录工作统筹起来。对新进行政执法人员，除国家政策性安置、按照干部人事管理权限由上级任命及涉密岗位等确需使用其他方法选拔任用的外，一律公开考

试、严格考察、平等竞争、择优录取，确保新进人员的综合素质。

（八）科学设置行政执法职位。市人力资源社会保障局、市公务员局负责指导全市行政执法单位中行政执法职位的梳理和岗位规范建设，将依照法律、法规或规章对行政执法相对人直接开展许可、检查、处罚、强制等行政执法工作中具有纯粹执行性、现场强制性的职位剥离出来，制定职位说明书，明确岗位职责内容、工作要求和所需资格条件，为行政执法人员招录和管理工作提供坚实的基础保障。（责任单位：市人力资源社会保障局、市公务员局）

（九）实行招录计划会审。行政执法人员招录工作原则上每年集中组织一次，由市人力资源社会保障局、市公务员局负责编制年度招录计划。各行政执法单位出现职位空缺后，根据机构性质和管理权限，由市级主管部门和区县人力资源社会保障局、公务员局向市人力资源社会保障局、市公务员局报各单位招录计划。年度招录计划经市委组织部、市编办、市人力资源社会保障局、市公务员局、市政府法制办会审后组织实施。（责任单位：市人力资源社会保障局、市公务员局、市编办、市政府法制办）

（十）统一招录程序办法。行政执法人员招录工作由市人力资源社会保障局、市公务员局统一组织实施。承担行政执法职责的行政机关、参照公务员法管理事业单位，其招录工作按照公务员考试录用规定的程序办法进行；承担行政执法职责但目前尚未纳入参照公务员法管理的事业单位，其招录工作参照公务员考试录用的程序办法，统一发布招聘公告，统一审核报名资格，统一组织笔试面试。（责任单位：市人力资源社会保障局、市公务员局）

（十一）严把人员录用素质。提高行政执法职位报考资格条件，报考人员除具备一般报名资格条件外，还要具有一定的法律专业和相关专业知识；在考试环节上进一步加大专业知识能力测查力度，报考人员除参加公共科目考试外，还要参加以法律知识为主的专业考试；严格做好政审考察工作，按照德才兼备的原则，对报考人员的政治思想、道德品质、能力素质、学习和工作表现以及遵纪守法、廉洁自律等情况进行认真考察，确保新录用执法人员的综合素质。（责任单位：市人力资源社会保障局、市公务员局）

（十二）认真做好事业单位参照公务员法管理工作。原则上，对符合法定条件、承担行政执法职责的事业单位，要根据《公务员法》的规定，对行政执法人员逐步实施参照管理；对尚不符合法定条件、承担行政执法职责的事业单位，要梳理职责，进一步规范调整，逐步推进参照管理。对承担行政执法职责并纳入参照公务员法管理的事业单位，要严格按照《公务员法》的有关规定和中央相关文件精神，组织开展现有行政执法人员过渡登记，通过人员梳理、身份甄别、考试考核等多种方式，严把人员过渡关，将不符合过渡条件以及不合格的人员妥善分流安置，进一步提高现有人员的业务素质和执法水平。（责任单位：市人力资源社会保障局、市公务员局、市编办、市政府法制办、市财政局）

四、加强行政执法能力建设，建立行政执法人员统一培训平台

建立行政执法人员统一培训平台，将本市行政机关行政执法岗位公务员、承担行政执法职责并参照公务员法管理事业单位的行政执法人员、承担行政执法职责但目前尚未纳入参照公务员法管理事业单位的行政执法人员一并纳入该平台进行统一培训。健全完善制度措施，明确责任分工，加强工作指导，注重考核监督，努力提高本市行政执法人员的能力素质。

（十三）健全完善培训管理机制。建立由市委组织部、市人力资源社会保障局、市

公务员局、市政府法制办、市法宣办等部门组成的“上海市行政执法人员培训工作联席会议”，负责指导协调本市行政执法人员培训工作，研究提出本市行政执法人员培训工作的政策措施。该联席会议日常工作由市公务员局承担。

市人力资源社会保障局、市公务员局负责新招录行政执法人员公共科目的初任培训及实习带教，行政执法单位处级领导的任职培训，以及行政执法人员在职培训年度必修课和选修课计划的制订。

市政府法制办负责统一安排新上岗行政执法人员的基础法律知识培训，研究安排在岗执法人员的基础法律知识培训。市级主管部门组织开展对本系统行政执法人员的专门业务培训和基础法律知识培训，并安排所属新上岗行政执法人员的实习带教。

各区县行政执法人员培训，由区县公务员局、人力资源社会保障局、法制办及区县主管部门参照上述分工执行。（责任单位：市人力资源社会保障局、市公务员局、市政府法制办、市法宣办、各级行政主管部门）

（十四）完善培训考试制度。对新进的行政执法人员实行持证上岗制度，做到不培训不上岗。凡新进人员必须参加由市政府法制办统一安排的基础法律知识培训和考试。市级主管部门、各区县政府法制办按照市政府法制办的安排，负责培训和考试的具体组织实施。考试合格者，由市政府法制办颁发《行政执法证》。

对全市持有《行政执法证》的行政执法人员，结合轮训进行一次全面的培训和考试。培训考试合格的，可继续从事行政执法工作；培训考试不合格的，要离岗培训并参加补考；补考仍不合格的，不得再从事行政执法工作，并由相关行政执法单位将其调整至非执法岗位，收回其《行政执法证》。（责任单位：市政府法制办、各级主管部门）

（十五）严格定期轮训换证。全面培训和考试后，对本市行政执法人员实行《行政执法证》定期更换制度。将定期换证与行政执法人员轮训考试相结合，对轮训考试合格的执法人员，由市政府法制办换发《行政执法证》；轮训考试不合格的，不予换发《行政执法证》。申领国家部委行政执法证的执法人员轮训考试不合格的，其所在单位不得为其申领换发《行政执法证》。（责任单位：市政府法制办、市级行政主管部门）

（十六）推进培训评议监督。由市公务员局会同市有关部门制定本市行政执法人员培训工作制度措施，并组织市有关部门加强培训管理工作的监督、培训机构的评估、培训内容的审核、行政执法人员培训效果的评估等。（责任单位：市人力资源社会保障局、市公务员局、市政府法制办）

五、规范行政执法行为，进一步完善行政执法监督机制

进一步完善行政执法监督机制，通过建立和完善行政机关层级监督制度、评议考核制度、过错责任制度，拓宽监督渠道，探索监督途径，自觉接受人大监督、政协的民主监督、司法监督和社会监督，及时发现、纠正违法和不当行政执法行为，规范行政执法行为。

（十七）规范行政执法行为。一是按照依法行政的要求，行政执法人员必须严格按照法律、法规、规章规定的职权范围实施行政执法行为，不得滥用职权，不得超越职权，不得不履行或拖延履行法定职责。二是按照文明执法的要求，行政执法人员从事行政执法活动，应当仪表整洁、语言文明、举止得体、方式得当，不得使用粗俗、歧视、侮辱以及威胁性语言，不得刁难当事人，或作出有损执法人员形象的行为。三是各级行政主管部门要进一步加强监督，结合本部门实际，制定行政执法的具体行为规范，加强对行政执法人员的管理。（责任单位：各级行政主管部门、各级行政执法单位）

（十八）加强行政机关层级监督。通过行政执法监督检查、审理行政复议案件等途径，强化上级行政机关对下级行政执法单位的监督。一是实施行政执法案卷评查制度。将行政执法案卷评查结果纳入行政执法责任制的年度评议考核范围。二是实施行政执法监督建议书制度。市、区县政府法制机构和市级主管部门在行政执法监督检查中发现行政执法行为存在瑕疵的，应当制发行政执法监督建议书。行政执法单位应当在行政执法监督建议书规定的期限内，书面报告整改情况。三是完善行政复议制度。行政复议机关在审理行政复议案件过程中，发现行政执法行为违法或者不当的，应当决定撤销、变更该行政行为或者确认该行政行为违法，并可以出具书面整改建议，相关执法单位应当在规定期限内,书面报告整改情况。(责任单位:市级主管部门、市政府法制办、各级行政复议机关）

（十九）完善行政执法评议考核制度。由市和区县人力资源社会保障、公务员管理部门会同同级监察机关、法制机构制定行政执法单位评议考核方案和标准并组织实施。市级主管部门应当制定本系统行政执法人员评议考核方案和标准并组织实施。市和区县政风测评部门应当将与公民、法人和其他组织关系密切、人民群众关注度高的行政执法单位作为重点测评对象，每年进行一次政风测评；对其他行政执法单位，至少每5年进行一次政风测评。（责任单位：市监察局、市人力资源社会保障局、市公务员局、市政府法制办、市级主管部门）

（二十）健全行政执法过错责任制。主管部门和行政执法单位对行政执法人员因故意或者过失不履行、不正确履行法定职责，产生危害后果或者不良影响的，应当严肃追究其行政责任；行政执法单位要对非在编执法人员、未取得《行政执法证》的执法人员进行清理，对不具备行政执法资格仍进行行政执法活动的，要依法处理。主管部门和行政执法单位认为需要由监察机关处理的事项，应当移送具有管辖权的监察机关。（责任单位：市监察局、各级主管部门、各级行政执法单位）

（二十一）建立执法人员信息管理制度。由市政府法制办建立上海市行政执法人员信息管理系统。各行政执法单位（包括申领国家部委行政执法证的行政执法单位）要将本单位全部行政执法人员信息录入该系统，所录入的信息由市政府法制办会同市公务员局、市人力资源社会保障局、市编办严格审核。未在规定时间内录入行政执法人员信息的，不予换发《行政执法证》。同时，要加强对申领国家部委行政执法证的行政执法单位的管理，其市级主管部门应当将行政执法证申领情况和国家部委组织培训考试情况统一报市政府法制办备案。（责任单位：市政府法制办、市人力资源社会保障局、市公务员局、市编办）

六、加强组织领导，稳妥推进行政执法队伍建设

（二十二）落实工作责任。行政执法队伍建设直接关系到广大群众的切身利益和政府的公信力，政治性强，涉及面广，各区县、各部门要高度重视行政执法队伍建设，增强政治意识、大局意识和责任意识，加强组织领导，明确工作要求，贯彻落实责任制，充实市、区县法制监督保障力量，切实搞好本区县、本部门行政执法队伍建设和行政执法人员管理。

（二十三）抓好组织实施。市政府法制办、市人力资源社会保障局、市公务员局、市编办、市财政局等部门要抓紧研究制订贯彻本意见的实施方案和具体措施，加强统筹协调，周密安排部署，确保各项措施落实到位。

（二十四）坚持稳步推进。各部门、单位要结合实际，稳步推进行政执法人员队伍

建设，保障行政执法人员合法权益，保证行政执法队伍思想不乱、人心不散、工作不断。要通过强化行政执法人员招录、培训、资格管理和监督等措施，切实提升行政执法人员素质，规范行政执法行为，完善行政执法队伍建设体制、机制，全面提升本市行政执法水平。

22. 上海市化学工业区管理办法

（2011 年 7 月 4 日上海市人民政府令第 67 号公布）

第一条（目的）

为了规范上海化学工业区的管理，促进上海化学工业区及其联动发展区域的建设和发展，根据法律、法规以及国家有关政策，结合本市实际情况，制定本办法。

第二条（适用范围）

本办法适用于上海化学工业区（以下简称化学工业区）以及与化学工业区联动发展的金山分区和奉贤分区（以下简称联动发展区域）。

第三条（区域范围）

化学工业区东至奉贤区南竹港、杭州湾围海东侧堤，南至杭州湾围垦海堤，西至杭州湾西侧堤（龙泉港出海闸），北至沪杭公路，面积为 29.4 平方公里。

联动发展区域的四至范围，由经依法批准的城乡规划确定。

第四条（发展方向和项目导向）

按照国家和本市国民经济和社会发展规划、本市城市总体规划的要求，化学工业区重点发展石油化工、精细化工等产业，联动发展区域重点发展为化学工业区配套的产业，共同建设具有国际竞争力的世界级石化基地。

鼓励国内外投资者按照国家重点鼓励的产业、产品和技术目录以及外商投资产业有关指导目录的规定，在化学工业区投资各类化工项目；鼓励在联动发展区域内投资建设基础设施、产业配套和公用配套项目。

第五条（法律保护）

化学工业区及其联动发展区域内投资者的投资、财产、收益和其他合法权益，受国家法律的保护。

第六条（管理职责）

本市设立上海化学工业区管理委员会（以下简称管委会）。管委会是市人民政府的派出机构。

化学工业区内的有关行政事务由管委会归口管理，管委会依据本办法履行下列职责：

（一）参与编制区域规划，制定、修改和组织实施发展规划、计划和产业政策；

（二）组织实施开发建设，指导相关单位实施土地前期开发和基础设施建设；

（三）按照规定接受有关行政管理部门的委托，负责相关行政审批工作，为企业提供指导和服务；

（四）负责突发事件的防范与处置等应急管理工作；

（五）协调海关、检验检疫、外事等行政管理部门对企业的日常行政管理；

（六）完成市人民政府交办的其他事项。

联动发展区域的规划、计划和产业政策，以及相关行政审批、安全应急管理等工作，由管委会管理，金山区人民政府、奉贤区人民政府予以协助；联动发展区域的其他公共事务，由金山区人民政府、奉贤区人民政府按照各自职责管理。

市和区有关行政管理部门按照各自职责，做好化学工业区及其联动发展区域的相关工作。

第七条（工作机制）

除涉及国家安全、公共安全等事项外，本市各有关行政管理部门涉及化学工业区的行政管理事项，应当征求管委会的意见。

本市在化学工业区及其联动发展区域内

建立下列工作机制：

（一）重要情况定期协商机制。管委会牵头，会同金山区人民政府、奉贤区人民政府和有关部门，定期对化学工业区及其联动发展区域内的重要情况进行协商，明确需要解决的问题和各方的责任。

（二）应急管理联动机制。管委会组建由公安、消防、边防、安全生产、质量技术监督、环保、卫生、交通港口、海事、海关、检验检疫、边检等部门和金山区人民政府、奉贤区人民政府参加的应急指挥系统，制定化学工业区及其联动发展区域内突发事件的应急预案，并组织应急演练和突发事件应急处置。

对于联动发展区域内的行政管理事项，管委会和金山区、奉贤区人民政府相关部门应当相互通报情况。

第八条（一门式服务）

管委会应当会同口岸服务、工商、质量技术监督、人力资源社会保障、海关、检验检疫等行政管理部门，在化学工业区内设立机构、派驻办事人员或者定期现场办公，提供“一门式”服务，并行使相关行政管理职责。

第九条（专项发展资金）

本市设立化学工业区专项发展资金，用于支持化学工业区的开发、建设和发展。专项发展资金应当按照有关规定进行管理和使用。

第十条（规划编制）

市规划行政管理部门会同管委会和金山区人民政府、奉贤区人民政府组织编制化学工业区及其联动发展区域规划，并按照法定程序报批。化学工业区及其联动发展区域的各类专项规划，根据相关法律、法规和规章的规定编制。

第十一条（发展规划和产业政策）

管委会应当会同市有关行政管理部门、金山区人民政府、奉贤区人民政府，根据国家和本市有关产业发展战略和化学工业区及其联动发展区域的产业发展导向，制定并公布发展规划和相关产业政策。

第十二条（土地储备和前期开发管理）

化学工业区的土地储备计划和方案由管委会提出，并按照国家和本市有关规定报批。土地的前期开发和管理，由管委会及其委托的单位组织实施。

联动发展区域的土地储备工作，由金山区、奉贤区人民政府及其有关部门按照国家和本市有关规定实施，有关情况由所在地的区人民政府通报管委会。

第十三条（委托实施行政审批）

管委会接受市、区有关行政管理部门的委托，在化学工业区及其联动发展区域内统一实施下列行政审批事项：

（一）投资管理部门委托的企业投资项目的核准和备案；

（二）商务管理部门委托的外商投资企业设立审批，以及加工贸易企业经营状况及生产能力证明、加工贸易业务批准证的审批；

（三）规划管理部门委托的建设项目选址意见书、核定规划设计要求、建设用地规划许可证、建设工程规划设计方案、建设工程规划许可证的审批，以及建设工程竣工规划验收；

（四）建设管理部门委托的建设项目初步设计审查、建设工程施工许可证审批，以及临时占用道路、挖掘道路、增设平面交叉道口的审批；

（五）科技管理部门委托的高新技术企业认定申请的受理和初审，会同申报企业所在地各区科技受理点办理相关工作；

（六）民防管理部门委托的结合民用建筑修建防空地下室审批；

（七）绿化市容管理部门委托的建设项目配套绿化建设方案的审批及竣工验收，临时使用公共绿地和迁移、砍伐树木（古树名木除外）的审批。

管委会接受市土地管理部门的委托，实

施化学工业区内国有土地使用权的划拨、出让等建设项目供地预审，但征收农民集体所有土地、农用地转为建设用地、建设项目占用未利用地的除外。

本条第一款、第二款规定的行政审批事项委托的具体内容，由管委会与有关行政管理部门在委托书中予以明确。

管委会应当将接受委托实施行政审批事项的情况报送委托的行政管理部门；委托的行政管理部门应当对管委会实施行政审批事项进行指导和监督。

第十四条（环境保护）

进入化学工业区及其联动发展区域的项目，应当进行严格的环境影响评价，并采用先进的清洁工艺组织生产，保证污染物的排放符合国家和本市规定的标准。

管委会协助环境保护部门在化学工业区及其联动发展区域内，开展建设项目环境影响评价、试生产、竣工验收审批以及排污总量控制、环境监测、污染纠纷调查处理、执法检查和事故调查处理等工作。管委会应当加强对化学工业区及其联动发展区域内企业的环境管理，对企业落实环境保护法律制度的情况进行检查；发现违法行为的，应当及时制止，并向环境保护部门报告。

环境保护部门应当对管委会加强指导和监督，并有权进行巡查和抽查。

第十五条（安全生产和特种设备监督管理）

化学工业区及其联动发展区域内的企业应当加强安全生产管理，建立、健全安全生产责任制，完善安全生产条件，确保安全生产。

管委会协助安全生产、质量技术监督等部门在化学工业区及其联动发展区域内，开展危险化学品单位安全生产许可、特种设备使用登记、执法检查和事故调查处理等工作。管委会应当配备必要的安全防护设施和专职安全管理人员，开展安全技术咨询、教育培训活动，督促企业落实安全生产、特种设备管理等相关措施；发现违法行为或者事故隐患的，应当依法责令企业立即改正、限期治理或者采取其他措施予以制止，并向安全生产、质量技术监督等部门报告。

安全生产、质量技术监督等部门应当对管委会加强指导和监督，并有权进行巡查和抽查。

第十六条（建设工程管理）

化学工业区及其联动发展区域内建设工程报建、招标投标、竣工备案等日常管理工作，由管委会承担，并接受建设管理部门的指导和监督。

第十七条（企业设立）

在化学工业区及其联动发展区域内设立企业，申请材料齐全、符合法定形式的，工商行政管理部门应当在3个工作日内办理完毕。

涉及企业设立并联审批事项的，执行本市并联审批的有关规定。

第十八条（统计工作）

管委会和金山区、奉贤区人民政府统计机构分别负责化学工业区和所属联动发展区域的统计工作，并定期互相抄送相关数据。

第十九条（信息公开）

管委会应当将涉及审批事项的依据、内容、条件、程序、期限以及需要提交的全部材料的目录和申请书示范文本等在办公场所予以公示。

申请人要求管委会对公示内容予以说明、解释的，管委会应当提供准确、可靠的信息。

第二十条（提供相关服务）

化学工业区及其联动发展区域应当完善中介服务体系，为企业、机构提供人力资源、财务、金融、标准、档案和计量、专利、法律、公证等各类中介服务。

化学工业区及其联动发展区域可以依法设立报关、报检等机构，为区内企业、机构提供对外贸易方面的服务。

第二十一条（实施日期）

本办法自2011年8月12日起施行。2002年1月18日上海市人民政府发布，根据2004年6月24日上海市人民政府令第28号修正并重新发布的《上海市化学工业区管理办法》同时废止。

23. 上海市居住房屋租赁管理办法

（2011年7月7日上海市人民政府令第68号公布）

第一条（目的和依据）

为了加强本市居住房屋租赁管理，规范居住房屋租赁行为，保护居住房屋租赁当事人的合法权益，促进居住房屋租赁市场的健康发展，根据《中华人民共和国合同法》、《中华人民共和国城市房地产管理法》、《上海市房屋租赁条例》和其他有关法律、法规，结合本市实际，制定本办法。

第二条（适用范围）

本办法适用于本市行政区域内的居住房屋租赁及其相关监督管理活动。

第三条（定义）

本办法所称的居住房屋租赁，是指出租人将居住房屋交付承租人居住使用，并由承租人按照双方协商确定的租金标准支付租金的行为。

第四条（原则）

居住房屋租赁应当遵循平等、自愿、合法和诚实信用的原则。

本市鼓励和支持居住房屋租赁当事人建立长期、稳定的房屋租赁关系。

第五条（管理部门）

市房屋行政管理部门是本市居住房屋租赁的行政主管部门。区、县房屋行政管理部门负责本辖区内居住房屋租赁的具体监督管理工作，业务上受市房屋行政管理部门领导。

公安部门负责居住房屋租赁的治安管理、消防管理和居住房屋租赁当事人的居住登记。

工商行政、卫生、质量技监、食品药品监督、文广影视等行政管理部门负责查处利用租赁居住房屋进行无证无照经营的行为。

本市税务、民政、人口计生、建设、规划等行政管理部门按照各自职责，协同实施本办法。

第六条（属地管理）

区、县人民政府应当将居住房屋租赁管理纳入社区综合管理的范围。乡、镇人民政府或者街道办事处应当负责协调和处理辖区内居住房屋租赁事务和纠纷，承担居住房屋租赁合同（以下简称租赁合同）登记备案工作。

居民委员会或者村民委员会应当协助做好居住房屋租赁管理工作，督促居住房屋租赁当事人遵守国家和本市有关居住房屋租赁管理的规定。

第七条（租赁当事人）

居住房屋的出租人应当是依法取得房地产权证或者其他合法权属证明的房屋所有权人，以及法律、法规规定的其他权利人。

居住房屋的承租人可以是境内外的自然人、法人或者其他组织，但法律、法规另有规定的，从其规定。

出租人不得向不能提供身份证件的自然人、不能提供营业执照或者其他批准文件的法人和其他组织出租居住房屋。

第八条（禁止出租房屋的情形）

出租的居住房屋的结构及其附属设施应当安全、牢固，并具备供水、供电等必要的生活条件。有下列情形之一的居住房屋，不得出租：

（一）属于违法建筑的；

（二）被鉴定为危险房屋的；

（三）不符合安全、防灾等工程建设强制性标准的；

（四）违反规定，改变房屋使用性质的；

（五）法律、法规、规章规定不得出租的其他情形。

第九条（最小出租单位）

出租居住房屋，应当以一间原始设计为居住空间的房间为最小出租单位，不得分隔搭建后出租，不得按照床位出租。

原始设计为厨房、卫生间、阳台和地下储藏室等其他空间的，不得出租供人员居住。

第十条（最低人均承租面积）

出租居住房屋，居住使用人的人均居住面积不得低于 5 平方米。

前款所称居住面积，是指原始设计为居住空间的房间的使用面积。

第十一条（集中出租管理）

在同一居住物业管理区域内，同一出租人出租的居住房屋居住使用人达到 15 人以上的，出租人应当明确管理人员，并将管理人员联系方式报房屋所在地乡、镇人民政府或者街道办事处设置的社区事务受理服务中心。

居住物业管理区域内的居住房屋，不得出租用作单位的集体宿舍。

第十二条（租赁合同）

居住房屋租赁，租赁当事人应当依法订立书面租赁合同。租赁合同包括下列主要内容：

（一）租赁当事人（包括居住使用人）的姓名、住所、有效身份证件的种类及号码；

（二）房屋坐落、面积、结构、附属设施和设备状况；

（三）租赁用途；

（四）房屋交付日期；

（五）租赁期限和续租；

（六）租金标准、支付方式和期限；

（七）物业服务费及水、电、煤、通讯等公用事业费的承担；

（八）房屋使用要求和维修责任；

（九）房屋返还时的状态；

（十）违约责任和争议解决方式；

（十一）租赁当事人约定的其他内容。

市房屋行政管理部门和市工商行政管理部门应当制定租赁合同示范文本，并在政府网站上公开。

第十三条（登记备案）

租赁合同订立后 30 日内，租赁当事人应当到租赁房屋所在地社区事务受理服务中心办理租赁合同登记备案，但通过房地产经纪机构订立租赁合同的，由房地产经纪机构代为办理租赁合同登记备案。

租赁合同登记备案内容发生变化、续租或者租赁关系终止的，租赁当事人应当在 30 日内，到原登记备案部门办理租赁合同登记备案的变更、延续或者注销手续。

第十四条（租赁信息系统）

市房屋行政管理部门应当推进建设租赁合同登记备案信息系统，实行网上登记备案，并纳入房地产市场信息系统。

第十五条（租金）

居住房屋租赁的租金标准，由租赁当事人在租赁合同中约定。承租人应当根据租赁合同约定，按时支付租金。

居住房屋租赁期限为 1 年或者 1 年以下的，租赁当事人应当在租赁合同中一次性约定租金标准；租赁期限为 1 年以上的，每年只能调整一次租金标准。但租赁合同中对租金标准调整另有约定的，从其约定。

租赁合同期间，出租人不得单方面提高租金标准。

出租人根据承租人的要求装修房屋或者增设附属设施、设备的，双方可以协商调整租金标准。

第十六条（租赁保证金）

出租人可以按照租赁合同约定的数额，向承租人收取租赁保证金；未约定数额的，租赁保证金不得超过 2 个月的租金。

第十七条（转租）

承租人可以按照租赁合同的约定转租房

屋；未约定的，承租人转租房屋应当事先征得出租人的书面同意。

居住房屋转租应当符合本办法第八条、第九条、第十条的规定。

转租人违反本条第一款、第二款规定的，出租人可以解除租赁合同，收回房屋并要求赔偿损失。

居住房屋转租的，应当按照本办法第十二条、第十三条的规定订立租赁合同，并办理登记备案。

居住房屋转租后，承租人不再居住使用的，可以与出租人协商解除租赁合同，由出租人与次承租人直接订立租赁合同。

第十八条（续租）

居住房屋在租赁期间届满后继续出租的，承租人在同等条件下享有优先承租权。

租赁合同对续租已经作出约定的，从其约定。未约定的，出租人不再继续出租的，应当在租赁期间届满前 1 个月通知承租人；未提前 1 个月通知的，原租赁合同继续有效，但租赁期限为不定期。

出租人提出解除前款规定的不定期租赁合同的，应当至少提前 1 个月书面通知承租人。

第十九条（买卖不破租赁）

房屋租赁期间，因买卖、交换、赠与、继承等发生房屋所有权转移的，新的房屋所有权人应当继续履行原租赁合同，不得以房屋所有权已转移为由要求终止租赁合同。

第二十条（优先购买权）

房屋租赁期间，出租人出售房屋的，应当根据租赁合同约定的期限事先通知承租人；未约定的，应当至少提前 3 个月通知承租人，承租人在同等条件下享有优先购买权。承租人在收到通知后 15 日内未明确表示购买的，视作放弃优先购买权。

出租人出售房屋的，应当就出售房屋需要实地看房的时间等内容与承租人进行协商，并不得妨碍承租人对房屋的正常使用。

第二十一条（继续租赁）

承租人在房屋租赁期间死亡的，与其生前共同居住的人可以按照原租赁合同继续租赁该房屋。

第二十二条（合同解除）

居住房屋租赁期间，任何一方当事人不得擅自解除租赁合同，但租赁合同约定的解除条件成就、租赁当事人协商一致或者存在法律规定合同解除情形的除外。

承租人未按照居住房屋使用性质使用房屋的，出租人可以解除合同。

第二十三条（出租人的义务）

居住房屋的出租人应当履行下列义务：

（一）查验承租人及居住使用人的身份证件，并按照公安部门的要求，登记承租人的姓名、身份证件的种类和号码；

（二）督促、配合居住使用人按照国家和本市的有关规定，及时办理居住登记；

（三）向业主委员会或者物业服务企业提供承租人的联系方式，告知并督促承租人及居住使用人遵守小区业主管理规约；

（四）发现承租人及居住使用人利用承租的居住房屋从事无证无照经营的，及时报告工商行政等有关部门；

（五）负责出租房屋及其提供的设施、设备的安全，告知安全使用事项，并定期进行安全检查和维护，及时发现和排除安全隐患；

（六）配合有关部门开展对承租人及居住使用人违法违规行为的调查、制止及处罚等工作。

第二十四条（承租人的义务）

居住房屋的承租人应当履行以下义务：

（一）如实向出租人告知居住使用人的姓名、身份证件的种类和号码，并按照规定办理居住登记；增加居住使用人的，还应当征得出租人的同意，并不得违反本办法第十条第一款的规定；

（二）遵守业主管理规约，不得损害相

邻业主的合法权益；

（三）不得利用承租的居住房屋从事经营活动；

（四）合理、安全使用房屋及设施、设备，不得擅自改变房屋使用性质、结构或者实施其他违法搭建行为。

第二十五条（对房地产经纪人的要求）

房地产经纪机构和房地产经纪人员应当遵守国家和本市有关居住房屋租赁管理的规定，向租赁当事人宣传房屋租赁、实有人口服务和管理等政策，并引导租赁当事人使用租赁合同示范文本。

房地产经纪机构和房地产经纪人员不得居间、代理不符合本办法规定的居住房屋租赁业务，不得对租赁当事人隐瞒真实的房屋租金等信息以赚取差价。

房地产经纪机构或者房地产经纪人员承租其居间、代理的居住房屋的，不得收取佣金。

第二十六条（代理经租）

本市鼓励专业代理经租机构接受房屋所有权人或者法律、法规规定的其他权利人的委托，以自己的名义按照委托合同的约定，出租居住房屋，获取收益。具体管理规定由市房屋行政管理部门会同相关部门另行制定。

第二十七条（业主自我管理）

业主委员会经业主大会同意后，可以根据本居住物业管理区域内的房屋租赁情况，制定相应的管理措施纳入管理规约，并可以委托物业服务企业具体实施。

居住房屋租赁当事人违反业主管理规约、损害他人合法权益的，业主委员会有权要求当事人停止侵害、消除危险、排除妨害、赔偿损失。业主对侵害自己合法权益的行为，可以依法向人民法院提起诉讼。

第二十八条（对物业服务企业的要求）

物业服务企业应当按照乡、镇人民政府或者街道办事处的要求，将居住物业管理区域内的房屋租赁情况，报送房屋所在地社区事务受理服务中心。

物业服务企业发现租赁当事人、房地产经纪机构或者房地产经纪人员有违法违规行为的，应当及时予以劝阻、制止，并报告业主委员会或者有关部门。

第二十九条（纠纷解决）

出租人、承租人、相邻业主在房屋租赁活动中发生纠纷的，应当协商解决；协商不成的，可以向人民调解委员会申请调解，也可以依法向仲裁机构申请仲裁或者向人民法院提起诉讼。符合规定条件的，可以依法向法律援助机构申请法律援助。

第三十条（已有处罚规定的处理）

违反本办法规定的行为，法律、法规已有处罚规定的，依照有关规定处理。

第三十一条（对违反最小出租单位和最低承租面积的处理）

违反本办法第九条、第十条第一款规定，不符合最小出租单位和最低人均承租面积规定的，由区、县房屋行政管理部门责令责任人限期改正；逾期不改正的，可处以5000元以上3万元以下罚款。

第三十二条（对租赁当事人未按规定登记备案的处理）

违反本办法第十三条规定，租赁当事人未在期限内办理租赁合同登记备案手续的，由区、县房屋行政管理部门责令限期改正；逾期不改正的，对个人处以1000元以下罚款，对单位处以1000元以上1万元以下罚款。

第三十三条（对房地产经纪机构未按规定登记备案的处理）

违反本办法第十三条第一款规定，房地产经纪机构未办理登记备案的，由区、县房屋行政管理部门责令限期改正；逾期不改正的，处以3000元以上3万元以下罚款。

第三十四条（对房地产经纪人违反经纪管理规定的处理）

违反本办法第二十五条第二款规定，房

地产经纪机构和经纪人员居间、代理不符合本办法规定的居住房屋租赁业务的，由区、县房屋行政管理部门责令限期改正，并暂停房地产经纪机构的网上备案资格；逾期不改正的，对房地产经纪人员处以1000元以上1万元以下罚款，对房地产经纪机构取消网上备案资格，并处以3000元以上3万元以下罚款。

第三十五条（公安部门的处罚职责）

租赁当事人、居住使用人违反治安管理、居住登记管理等规定的，由公安部门按照有关规定处理。

第三十六条（参照适用）

公有居住房屋转租及其监督管理，参照适用本办法。

第三十七条（施行日期）

本办法自2011年10月1日起施行。2004年8月30日上海市人民政府发布的《上海市居住房屋租赁管理实施办法》同时废止。

24. 上海市动迁安置房管理办法

（沪府发〔2011〕44号，7月29日）

第一章 总则

第一条 为进一步规范本市动迁安置房的建设、供应、使用及监督管理，优化本市房地产市场结构，改善市民居住条件，根据相关法律、法规，制定本办法。

第二条 本办法所称的动迁安置房，是指政府组织实施，提供优惠政策，明确建设标准，限定供应价格，用于本市重大工程、旧城区改建等项目居民安置的保障性安居用房。

第三条 本市行政区域内动迁安置房的建设、供应、使用及监督管理，适用本办法。

第四条 市旧区改造工作领导小组及市相关部门负责动迁安置房的政策、规划和计划的制定和重大事项的决策，以及市属动迁安置房建设推进工作的综合协调。区、县政府及其相关部门负责本区、县行政区域内动迁安置房的建设和管理等。

市住房保障房屋管理局是本市动迁安置房工作的行政主管部门，区、县住房保障房屋管理局是本区、县动迁安置房工作的行政管理部门。

第二章 开发建设

第五条 区、县政府应当根据本区、县重大工程、旧城区改建等项目居民安置需求、城市规划实施和土地利用现状等，组织编制区、县动迁安置房的建设发展规划和年度实施计划，经市住房保障房屋管理局会同市发展改革、城乡建设等部门综合平衡，报市政府批准后，纳入本市动迁安置房的建设发展规划和年度实施计划。

第六条 动迁安置房建设项目的选址应当符合动迁安置房的建设发展规划和年度实施计划，并根据城市总体规划和土地利用总体规划，与城市交通干线、轨道交通、公交枢纽等相结合，与新城建设、老城（镇）改造相结合，与城市产业布局和区域产业发展相结合，同时兼顾农村宅基地置换，加快推进农村城镇化进程。

动迁安置房建设项目的选址由市和区、县规划土地部门会同住房保障房屋管理、城乡建设等部门落实。

第七 条动迁安置房建设用地纳入土地利用年度计划管理，由市和区、县规划土地部门在安排年度用地指标时单独列出，并确保优先供给。

第八条 区、县动迁安置房建设项目由区、县住房保障房屋管理局会同区、县发展改革、规划土地等部门预审并经区、县政府同意后，向市住房保障房屋管理局申报项目认定。区、县规划土地部门负责在预审前，对项目规划和用地方面进行核定，并按照市规划土地部门要求，做好项目备案工作。

市住房保障房屋管理局审核动迁安置房建设项目申报材料，并对通过审核的项目出具认定文件，作为办理后续相关手续的依据。

房地产开发企业可以将已经依法取得土地使用权并符合动迁安置房相关要求的建设项目，改变为动迁安置房建设项目，并按照本条第一款、第二款规定申报项目认定。

第九条 动迁安置房建设项目的土地使用权出让，采用招拍挂方式，并将房地产开发企业应当具备的条件、动迁安置房建设项目的建设和供应要求，以及建房协议价格等，列入招拍挂文件内容。

第十条 动迁安置房建设项目的建房协议价格，由土地使用权出让价格（折算为土地楼面价）、建筑安装综合造价、市政公建配套建设费、财务成本、开发单位的微利和相关税费等组成。

市属动迁安置房建设项目的建房协议价格，由市住房保障房屋管理局会同市发展改革、城乡建设、规划土地、财政等部门审核确定；区属动迁安置房建设项目的建房协议价格由区、县政府审核确定。

建房协议价格因不可抗力导致建设成本变化等因素需要调整的，按照前款规定的审核程序进行调整。

第十一条 区、县规划土地部门应当与取得动迁安置房建设项目开发权的房地产开发企业（以下简称“建设单位”）签订国有土地使用权出让合同，并在出让合同中注明“动迁安置房建设用地”的土地用途。

第十二条 签订出让合同时，区、县住房保障房屋管理局应当与建设单位签订建设项目协议书，其中属于市属动迁安置房建设项目的，还应当经市住房保障房屋管理局鉴证。

第十三条 动迁安置房建设项目的建筑设计，应当符合以下要求：

（一）符合控制性详细规划确定的容积率等规划控制指标。符合国家和本市有关住宅建设的技术规范、标准。

（二）住宅以建筑面积 70 平方米左右的 2 室 1 厅为主要房型，适当配置建筑面积 50 平方米左右的 1 室 1 厅或者 2 室户，也可以少量配置建筑面积 90 平方米左右的 3 室 1 厅。用于农民动迁安置的住宅，房型设计面积可以适当放宽。

（三）综合考虑住宅使用功能与空间组合、家庭人口及构成等要素，以满足家庭基本居住生活要求。

（四）符合节地、节能、节材、节水和环保要求，推进住宅产业现代化适用技术的应用。

第十四条 市或者区、县发展改革、城乡建设、规划土地等部门在审批动迁安置房建设项目规划设计方案和总体设计文件时，应当征询同级住房保障房屋管理局的意见。

第十五条 动迁安置房建设项目应当按照规定，建设相应的市政、公建配套设施，并与动迁安置房同步规划、同步设计、同步建设、同步交付。

第三章 供应和使用

第十六条 市城乡建设部门和市住房保障房屋管理局根据动迁安置房年度建设计划和各区、县自筹房源等情况，按照全市重大工程、旧城区改建等项目动迁安置总量的一定比例，编制市属动迁安置房年度供应计划。

动迁安置房建设项目所需房源列入市属动迁安置房年度供应计划的，由项目所在区、县的有关部门向市城乡建设部门提出用房申请，经市城乡建设部门会同市住房保障房屋管理局批准后，由市住房保障房屋管理局统筹供应房源。

区、县动迁安置房供应计划的编制、用房申请及批准，由所在区、县政府参照前款规定执行。

第十七条 市属动迁安置房的房源供应价格，由市住房保障房屋管理局会同市发展改革、城乡建设、规划土地、财政等部门，综合考虑动迁安置房基地开发进度、拟供应房屋的交付时间等因素，按照基地周边普通商品住宅近期实际交易均价的一定比例适时确定。

区、县动迁安置房的房源供应价格，由所在区、县政府参照前款规定确定。

第十八条 市属动迁安置房供应价格与建房协议价格间的差价，由市住房保障房屋管理局向项目建设单位收取后纳入财政专户。按照“聚焦基地、综合平衡、统筹使用”的原则对差价实行全市统筹，由市住房保障房屋管理局结合基地具体情况拟定使用方案，经市发展改革部门会同市城乡建设、财政、住房保障房屋管理等部门研究并报市政府批准后实施。

区、县动迁安置房房源供应价格与建房协议价格间的差价，由所在区、县政府参照前款规定执行。

第十九条 市属动迁安置房供应后，应当优先确保申请用房项目的动迁安置需求，并由区、县有关部门组织动迁实施单位，以本办法第十七条规定确定的供应价格，按照公示房源、受理申请、审核条件、开具供应单、签订预（销）售合同的程序使用。

市属动迁安置房调剂到本区、县其他重大工程、旧城区改建等项目动迁安置使用的，应当报区、县政府批准；调剂到其他区、县使用的，应当报市城乡建设部门和市住房保障房屋管理局批准。

区、县动迁安置房的使用，由所在区、县政府参照前款规定执行；房源调剂使用的，应当报所在区、县政府批准。

第二十条 预（销）售合同签订后，动迁安置房的购房人应当持“供应单”和《上海市房地产登记条例》规定的文件，到动迁安置房所在区、县的房地产登记机构办理房地产转移登记。

第二十一条 动迁安置房的预售许可证应当注记“动迁安置房”。

房地产登记机构核准动迁安置房的土地使用权、房屋所有权初始登记和转移登记的，应当在相应房地产登记簿、房地产权证和预告登记证明的附记栏内，注记“动迁安置房”。

第二十二条 建设单位应当向动迁安置房的买受人出具《住宅工程质量分户验收合格证明书》、《上海市新建住宅质量保证书》和《上海市新建住宅使用说明书》，并依法承担保修责任。

第二十三条 动迁安置房在取得房地产权证后的3年内，不得转让、抵押，但依法发生继承等非交易类行为以及由原安置区、县的住房保障房屋管理局按照有关规定组织回购的除外。

第二十四条 根据本市保障性安居用房建设、供应的需要，经市住房保障房屋管理局会同市规划土地部门批准，动迁安置房可以转化为廉租住房、公共租赁住房或经济适用住房。

第二十五条 因区域内动迁安置项目调整、不适应动迁安置需求等因素，造成部分动迁安置房无供应对象的，可以由市或者区、县政府指定的机构收储，用于普通商品房等。区、县动迁安置房的收储，由区、县政府报市住房保障房屋管理局和市规划土地部门批准；市属动迁安置房的收储，由市住房保障房屋管理局会同市规划土地部门报市政府批准。

动迁安置房项目房源的收储价格，一般按照建设项目的建房协议价格确定。供应价格由收储价格、收储相关税费、物业服务费、财务成本等组成，其中，区、县动迁安置房供应价格由区、县政府确定；市属动迁安置房供应价格由市住房保障房屋管理局通过规定程序确定。

市或者区、县政府指定的收储机构应当设立房源收储的资金专户和台帐，并接受同级住房保障房屋管理等部门的监管和审计。

第四章 附则

第二十六条 本办法自印发之日起施行，

有效期为 5 年。

本办法施行前以配套商品房立项的建设项目，按照本办法执行。

25. 关于调整本市廉租住房申请条件和配租标准的通知

（沪府发〔2011〕48 号，8 月 9 日）

各区、县人民政府，市政府各委、办、局：

为进一步完善本市住房保障体系，继续扩大廉租住房受益面，市政府决定对本市廉租住房申请条件和配租标准进行调整，具体如下：

一、申请条件

同时符合下列条件的本市城镇居民家庭，可以申请廉租住房：

（一）申请家庭成员之间具有法定的赡养、抚养或者扶养关系，且共同生活；

（二）申请家庭成员在本市实际居住，具有本市城镇常住户口满 3 年，且具有申请所在地城镇常住户口满 1 年；

（三）申请家庭人均居住面积低于 7 平方米（含 7 平方米）；

（四）3 人及以上申请家庭人均年可支配收入低于 19200 元（含 19200 元）、人均财产低于 50000 元（含 50000 元），2 人及以下申请家庭人均年可支配收入低于 21120 元（含 21120 元）、人均财产低于 55000 元（含 55000 元）；

（五）申请家庭成员在申请前 5 年内未发生过出售或赠与住房而造成住房困难的行为。

同时符合上述条件，且具有完全民事行为能力、年满 35 周岁的单身人士（包括未婚、丧偶，或者离婚满 3 年的人士），可以单独申请廉租住房。

二、配租标准

（一）配租面积

廉租住房配租面积为申请家庭（含单身人士）已有住房面积与廉租住房保障面积的差额面积。廉租住房保障面积按人均居住面积 10 平方米计算。申请家庭（含单身人士）配租面积不足 10 平方米居住面积的，按 10 平方米居住面积计算。

（二）租金补贴标准

租金配租家庭每月每平方米配租面积的基本租金补贴标准，黄浦、静安、徐汇、长宁、普陀、闸北、虹口、杨浦、浦东新区 9 个区为 62 元；闵行、宝山、嘉定 3 个区为 50 元；金山、松江、青浦、奉贤、崇明 5 个区（县）为 32 元。其中：

1.3 人及以上申请家庭人均年可支配收入低于 14400 元（含 14400 元），或 2 人及以下申请家庭人均年可支配收入低于 15840 元（含 15840 元）的，按基本租金补贴标准实施补贴；

2.3 人及以上申请家庭人均年可支配收入在 14400 元（不含 14400 元）至 19200 元（含 19200 元）间，或 2 人及以下申请家庭人均年可支配收入在 15840 元（不含 15840 元）至 21120 元（含 21120 元）间的，按基本租金补贴标准的 70% 实施补贴。

实物配租家庭的租金补贴标准，另行规定。

上述申请条件和配租标准自 2011 年 8 月 1 日起实施，有效期至 2013 年 12 月 31 日止。此前，已纳入廉租住房保障的家庭，在按照廉租住房复核办法重新核准前，其配租标准维持不变。

26. 关于“十二五”期间本市加快推进住宅产业现代化发展节能省地型住宅的指导意见

（沪府办发〔2011〕45 号，8 月 22 日）

2008 年初市政府批转市房地资源局《关于推进本市新建住宅节能省地发展的指导意

见》（沪府〔2008〕6号）以来，本市住宅领域节能减排工作取得了较好成效。为进一步贯彻落实科学发展观，转变经济发展方式，根据“十二五”本市节能减排和住房发展规划等要求，现就“十二五”期间本市加快推进住宅产业现代化发展节能省地型住宅发展提出如下意见：

一、指导思想和基本原则

（一）指导思想

按照深入贯彻落实科学发展观以及创新驱动、转型发展的总体要求，聚焦大型居住社区和郊区新城，以“四位一体”（廉租住房、经济适用住房、公共租赁住房、动迁安置房）的保障性住房建设为重点，围绕住宅资源能源节约和综合性能提高的总体目标，以全面推进住宅全装修、逐步推动工业化住宅建设和深入推广以建筑节能为主的“四节一环保”技术为切入口，建立健全约束与激励相结合的管理机制和强制、推荐分层次技术标准体系，实现科技成果的集成应用，着力推动住宅建设方式的转变和住宅产品的升级换代，进一步提高本市住宅建设整体水平。

（二）基本原则

1. 行政监管与政策激励相结合。各有关部门形成合力，完善和强化行政监管机制，同时，加快健全土地、财政、税收、金融等方面的激励政策，积极引导开发、设计、施工、材料、科研等企业，充分发挥参与各方的主体作用。

2. 整体推动与重点突破相结合。强化新建住宅节地、节能、节水、节材和环保整体推动的同时，着力在保障性住房技术体系、装配式住宅、围护结构保温技术和节能减排技术标准体系上实现突破。

3. 点上示范与面上推广相结合。继续推进住宅产业现代化和节能省地型住宅的试点项目，发挥示范项目的带动、辐射作用，推动全市面上住宅建设水平的提高。

4. 节能省地发展与安全质量保障相结合。在保障安全质量、确保城市安全运行的基础上，把握行业节能省地发展趋势，充分试点、总结经验，积极稳妥地推进新技术、新工艺、新材料、新设备在住宅建设领域运用。

二、发展目标

在总结“十一五”住宅产业现代化工作有效开展的经验基础上，积极借鉴世博城市最佳实践区各国案例低碳、环保的先进理念、成功经验和成熟技术，“十二五”本市新建住宅在节能、节地、节水、节材、环保和综合性能提高方面力求新的突破，为全市节能减排和提高市民居住水平做出积极的贡献，总体目标如下：

1. 节能。“十二五”期内，新建住宅全面实施高标准节能规范。到2015年，本市可再生能源应用建筑面积占新建住宅建筑面积的5%。

2. 节地。进一步优化住宅空间布局，积极推进中小套型住宅建设，保障性住房等中小套型住宅用地供应不低于住房建设用地供应总量的70%。

3. 节材。着力推进新型建筑体系、材料部品的应用和建筑废弃材料的再利用。以新建公共租赁住房等保障性住房和普通商品住房为重点，大力推进住宅全装修。到2015年，争取当年60%左右新建商品住宅（低层住宅除外）实施全装修。稳步推进住宅工业化生产方式，装配整体式住宅面积占住宅开工总量的20%左右。

4. 节水。全装修住宅全面应用节水型器具，推进居住区非传统水源的开发利用，控制地表径流系数。到2015年，全市人均居民生活日用水量控制在160升以内。

5. 环保。健全居住区垃圾、废污水等污染物的减排措施，落实噪声、电磁等污染防护措施，进一步提高居住区环境质量。

6. 综合性能与科技含量提高。逐步开展第三方住宅性能认定，到2015年，新建住宅实施性能认定率达到30%左右。强化住宅科技集成应用，全市每年组织创建“四高”优秀小区、绿色建筑等40个左右的节能省地示范项目。

三、重点任务

（一）节约和高效利用能源

围绕全面实施新建住宅高标准节能规范，以节能型门窗和外遮阳推广、外墙保温体系优化、居住区可再生能源规模化应用及鼓励节能设备使用等为手段，实现节约、高效利用能源。

1. 推进新建住宅全面实施高标准节能规范。重点通过节能型门窗（提高门窗的保温、隔热和气密性能）、外遮阳等的推广应用，逐步全面推进高标准节能规范的实施。

2. 优化外墙保温体系。着重研究开发适合上海的墙体结构自保温和墙体夹芯保温体系。在满足保温材料防火、耐久性能的前提下，优化外保温体系和与全装修住宅相适应的内保温体系。

3. 加强居住区可再生能源规模化应用。六层以下新建住宅应当采用太阳能等可再生能源，其他住宅鼓励使用以实用、经济、易维护为导向合理选择太阳能热水系统。试点应用地源热泵、太阳能光伏发电技术。加快形成适合上海的可再生能源利用技术体系。

4. 鼓励节能设备使用。通过节能宣传、财政补贴、合同能源管理等多种方式，鼓励节能灯具、节能空调以及空气源热泵热水器等的高效节能设备的推广使用。

（二）居住区节约用地

聚集城市发展重点，充分利用土地供应和规划等手段，以保障中小套型住宅建设、统筹规划居住区公建综合利用等为重点，切实节约集约利用土地。

1. 聚集城市发展重点区域，合理使用土地。结合新城发展、大型居住社区以及旧区改造，依托轨道交通、市政和商业服务设施，进一步优化住宅空间布局，提高土地利用效率。同时，郊区城镇和农村住宅强调紧凑布局，集约节约发展，适度提高开发强度。

2. 推进中小套型住宅建设。加强土地供应和规划源头管理，确保各类保障性住房和中小套型普通商品住房用地供应不低于年度住房建设用地供应总量的70%。同时，重视中小套型住宅户型研究，优化功能空间布局，提高空间使用效率。

3. 统筹规划、综合利用居住区公建设施。进一步推进居住区公建配套统筹规划、集中建设、资源共享，促进居住区地下空间规范、有序地综合利用。

（三）节约和综合利用资源

转变住宅建设发展方式，以推行住宅全装修、住宅工业化生产方式为突破口，推广节能低耗的新型建筑体系和材料部品的应用，鼓励建筑废弃材料的再利用，实现住宅用材的节约。

1. 全面分类推进住宅全装修。以新建公共租赁住房等保障性住房和普通商品住房为重点，大力推进住宅全装修。对住宅产业化商品住房、公共租赁住房和廉租住房项目，应实施住宅全装修。各区县招拍挂办公室在土地出让前，征询相关部门意见，明确全装修建设等要求，作为土地出让条件。完善住宅全装修监管机制，切实保障装修质量。健全住宅全装修设计、验收规范和开发管理导则，推行工业化装修方式，进一步引导室内装修的简洁、实用和环保。

2. 稳步推动装配式工业化住宅体系应用。进一步推广住宅设计模数化和材料部品化，加快形成具有上海特点的装配式钢筋混凝土、钢结构等工业化住宅体系和配套的墙板、楼板、楼梯等部品体系，完善相关标准规范。积极培育国家住宅产业化基地和大型住宅产业联盟。加快制订规划建筑面积豁免、节能减排专项补贴等激励措施，培育市场主体，扩大工业化住宅体系的应用覆盖率。加大在大型居住社区、保障性住房应用装配式住宅体系的推进力度，逐步实现全市新建公共租赁住房和内环线以内新建住宅采用装配整体式住宅方式建造。

3. 推广可循环、高性能、低材耗的材料部品的应用和建筑废弃材料的再利用。积极采用高强度、高性能的钢筋、混凝土等材料。推广使用再生建材，进一步加大脱硫石膏制品、干粉砂浆等的应用覆盖面。加大粘土类制品的限制、禁止力度。加快研究形成废弃建筑材料的分类回收、再利用技术和配套政策。

（四）居住区节约用水

以推广采用节水型器具、控制居住区水景观和综合应用节水技术为切入口，实现居住区水资源的节约。

1. 推广采用节水型器具。全装修住宅全面应用质量符合国家标准的节水型器具，加强节水设备的市场准入监管和质量监控。

2. 合理设计和维护居住区水景观。合理控制居住区人工水景观水体面积，不与自然河道相连且超过 100 立方米蓄水量的人工水景观，应同步建设雨水收集利用系统，做到景观用水循环利用。

3. 倡导大型居住社区等较大居住区综合应用节水技术。倡导使用雨水收集利用技术，有条件的居住小区开展河道水处理利用。居住区非机动车道和广场等硬地应当采用透水性铺装材料，控制地表径流系数。

（五）居住区环境保护

以减少生活垃圾排放、改善室外生态环境为着力点，提高居住区综合环境质量。

1. 完善居住区生活垃圾减排措施。分步推广实施居民垃圾分类投放，倡导废品的资源回收利用，研究居住区生活垃圾的减量化、资源化措施。

2. 提升居住区绿化环境生态质量。落实居住区绿化导则，科学配置居住区绿化，提高绿化环境的生态效应。因地制宜推进房屋屋顶绿化和墙面绿化，倡导西侧、北侧外墙实施墙面绿化，鼓励实施屋顶绿化，推行居住区公共设施的立体绿化。

3. 注重居住区综合环境水平。严格环评要求，有效落实居住区噪声、电磁辐射等污染防护措施，改善居住区综合环境。

（六）提升住宅综合性能与科技含量

以健全住宅质量和性能的保障机制和推进住宅成套技术的集成应用为手段，实现住宅综合性能与科技含量的有效提升。

1. 完善住宅质量保障机制。以保障性住房建设质量为重点，加强监管，落实住宅建设各方的质量主体责任。进一步明确和强化开发、设计、施工企业及施工图审查、监理和检测等专业机构的责任，落实项目法人责任制，推进工程质量终身负责制。组织资质高、能力强、诚信好的各类实施主体参与保障性住房建设。切实实施分户验收制度，落实保修责任，推行物业保修金制度，探索质量缺陷保险制度。完善住宅建材、部品和技术的淘汰制度，定期制订限制、禁止和推荐目录。

2. 健全住宅综合性能保障机制。推广国家认证部品的应用，完善“四高”优秀小区等示范项目创建机制，稳步推进住宅性能认定工作，完善第三方的性能认定制度，不断提高新建住宅的适用性、环境性、经济性、安全性和耐久性。

3. 着力推进住宅成套技术的集成应用。加大住宅成套新技术、新设备、新材料和新工艺的推广应用力度。着力推进新型建筑与结构技术、节能与可再生能源利用技术、厨卫技术、智能化技术、管网技术、工业化装修技术以及居住区声、光、热环境和水、空气质量等生态环境保障技术。探索结构支撑体与内装修填充体相分离的住宅建筑体系，提高住宅的可改造性和耐久性。

四、保障措施

（一）加强领导，完善推进组织机构

将原“上海市推进新建住宅节能省地发

展联席会议”更名为“上海市新建住宅节能省地和住宅产业化发展联席会议”，市政府分管领导为召集人，市发展改革委、市经济信息化委、市科委、市财政局、市建设交通委、市环保局、市规划国土资源局、市水务局、市质量技监局、市绿化市容局、市住房保障房屋管理局、市政府法制办等部门为成员单位，办公室设在市住房保障房屋管理局。市建设交通委负责牵头协调，其他成员单位按照各自职责推进工作。各区（县）也要设立相应的联席会议制度，发挥好市和区（县）联席会议的作用。联席会议定期组织召开会议，每年制订重点工作推进计划，形成信息反馈、过程检查和情况通报机制，组织协调住宅产业现代化和节能省地发展推进落实。

（二）健全机制，创新监管和激励方法

健全住宅产业现代化的政策法规。贯彻好《上海市建筑节能条例》，研究制订本市房地产开发经营条例和促进住宅产业现代化的专项法律规定。利用强制性规范、行政审批以及行政合同等手段，强化从土地出让到交付使用的住宅节能省地和产业现代化推进监管机制。规范和强化土地征询机制，细化土地出让条件，明确全装修比例、装配式住宅等资源能源节约的要求。规划方案、施工图审查阶段，严格按照强制性规范和土地出让合同要求审核。加强建设过程的监管，把好住宅竣工验收和交付使用关，确保实施质量。同时，进一步构建行政和经济的鼓励政策体系，引导发挥好企业的主体作用。加快研究制定土地利用、节能专项资金、税收、规划建筑面积豁免、开发企业资质升级与评先评优、公积金贷款等方面的优惠措施，形成政策聚焦，鼓励节能省地型住宅建设。

（三）注重科研，加强技术应用管理

科技、城乡建设和房管等部门每年安排住宅产业现代化和节能省地科研资金，积极引导企业、科研院校投入资金，开展世博场馆低碳技术推广应用研究，加强住宅设计模数化、材料部品化、装配式住宅体系以及住宅性能提高、“四节一环保”技术等的标准规范制订和技术应用研究。加强保障性住房等中小套型住宅户型研究。不断完善商品房和保障性住房强制、推广和试点的分层次的成套技术体系，强化技术应用管理，加强对材料、产品生产质量的监督检查，加强技术和产品使用前、后第三方论证评估等工作，促进技术应用水平的提高。

（四）示范引领，强化宣传培训

开展示范项目的现场交流，发挥其辐射、带动作用。每年对优秀企业和项目予以表彰。加强对开发企业项目负责人、施工单位项目经理、监理工程师等的培训，提高行业从业人员的专业素质。建设展示宣传基地，加强社会科普宣传，倡导市民树立节能、绿色、低碳的生活方式，营造住宅产业现代化和节能省地发展的良好社会环境。

27. 关于加强经济适用住房房源管理和房地产登记的若干规定

（沪府办发〔2011〕46号，8月27日）

为加强经济适用住房的房源管理，完善经济适用住房的房地产登记，根据《上海市房地产登记条例》及其相关规定和《上海市经济适用住房管理试行办法》（沪府发〔2009〕29号）制定本规定。

一、适用范围

（一）除按照《上海市经济适用住房配建暂行意见》（沪府〔2010〕46号）规定在商品住房项目中配建的经济适用住房外，从尚未办理房屋所有权初始登记并在出让土地上建造的商品住房项目或动迁安置房（配套商品房）项目中，调整用于经济适用住房的房源。

（二）从存量或已办理房屋所有权初始登记并在出让土地上建造的商品住房项目或

动迁安置房（配套商品房）项目中，通过收购等方式筹措用于经济适用住房的房源。

二、房源认定

在配售、配租用于经济适用住房的房源前，筹措房源的住房保障机构应当向房源所在地的区（县）住房保障房屋管理局提出认定申请，填写《经济适用住房房源认定表》，明确房源的取得方式、坐落、幢号、室号、建筑面积等事项，并提交相关书面材料。对属本规定第一条第一项所列的房源，应当提交项目建议书、建设项目协议书、建设项目原认定文件、房地产权证等材料；对属本规定第一条第二项所列的房源，应当提交住房保障机构筹措房源的协议或合同、房地产权证等材料。

区（县）级自筹房源由区（县）住房保障房屋管理局会同区（县）规划国土资源局初审，经区（县）政府同意，报市住房保障房屋管理局复核；市级统筹房源由区（县）住房保障房屋管理局会同区（县）规划国土资源局初审后，报市住房保障房屋管理局复核。市住房保障房屋管理局对认定申请和相关材料进行审核，对符合要求的，出具经济适用住房房源认定文件，并抄送市规划国土资源局。

认定文件应当明确，认定用于经济适用住房的房源，建设用地使用权取得方式为“划拨”。

三、楼盘标注

由房屋调查成果管理部门根据经济适用住房房源认定文件明确的房屋信息，在楼盘表上进行标注。

四、预售申请

开发建设单位申请预售用于经济适用住房的房源，除应当提交《上海市经济适用住房预售申请和审核实施办法（试行）》规定的文件外，还应当提交市住房保障房屋管理局出具的经济适用住房房源认定文件。

五、房地产登记

（一）房屋所有权初始登记

调整用于经济适用住房的房源在房屋竣工验收合格后申请房屋所有权初始登记的，开发建设单位除应当提交《上海市房地产登记技术规定（试行）》规定的关于新建房屋所有权初始登记的文件外，还应当提交市住房保障房屋管理局出具的经济适用住房房源认定文件。

同一宗地内的房源全部调整用于经济适用住房并经房地产登记机构核准登记的，应当在房地产登记簿和房地产权证的“使用权取得方式”栏内记载“划拨”，在附记栏内注明“经济适用住房”。

同一宗地内的房源部分调整用于经济适用住房的，应当与所在建设项目一并申请房屋所有权初始登记。房地产登记机构核准登记的，应当在房地产登记簿和房地产权证的“使用权取得方式”栏内记载“出让”，在附记栏内注明经济适用住房的建筑面积、套数和“经认定，经济适用住房的建设用地使用权取得方式为‘划拨’”字样。

（二）住房保障机构收购房源的转移登记

住房保障机构收购用于经济适用住房的房源后申请转移登记的，除应当提交《上海市房地产登记技术规定（试行）》规定的关于新建商品房或存量房地产买卖转移登记的文件外，还应当提交市住房保障房屋管理局出具的经济适用住房房源认定文件。

房地产登记机构核准登记的，应当在房地产登记簿和房地产权证的“使用权取得方式”栏内记载“出让”，在附记栏内注记“经济适用住房”和“经认定，经济适用住房的建设用地使用权取得方式为‘划拨’”字样。

（三）经济适用住房买受人购房的转移登记

经济适用住房买受人在购房后申请转移登记的，向房地产登记机构提交的文件及房地产登记机构的记载，应当按照《上海市经济适用住房（集中建设）房地产登记技术规定（试行）》（沪房管权〔2010〕5号）第3.1条、第3.2条、第3.3条、第3.6条的规定执行；房地产登记机构应当在房地产登记簿和房地产权证的“使用权取得方式”栏内记载“划拨”。

（四）其他房地产登记

预购经济适用住房预告登记、住房保障机构回购经济适用住房的转移登记、取得房地产权证满5年转让经济适用住房的转移登记、经济适用住房购房贷款抵押登记、经济适用住房租赁合同登记等，应当按照《上海市经济适用住房（集中建设）房地产登记技术规定（试行）》的有关规定执行。

本规定的具体应用问题，由市住房保障房屋管理局、市规划国土资源局根据各自职责负责解释。

本规定自印发之日起施行，有效期至2013年12月31日。此前有关规定与本规定不一致的，以本规定为准。

附件：经济适用住房房源认定表（略）

28. 关于进一步做好拆除违法建筑工作的通知

（沪府办发〔2011〕49号，10月14日）

各区、县人民政府，市政府各委、办、局：

拆除违法建筑工作直接关系到城市市容环境综合质量和城乡建设管理秩序。《上海市拆除违法建筑若干规定》（以下简称《若干规定》）施行以来，市和区县相关部门认真贯彻落实，全市拆除违法建筑工作（以下简称“拆违工作”）取得了一定成效，但仍然存在一些不足和薄弱环节。为深入落实《若干规定》，进一步完善本市拆除违法建筑工作机制，现就进一步做好拆违工作作如下通知：

一、加强领导，夯实机构。

（一）加强拆违工作组织领导。各区县要进一步加强对拆违工作的组织领导，成立由区县主要领导任组长、区县相关部门和街道办事处、镇政府参加的拆违工作领导小组，统一领导和负责本区县的拆违工作，并定期召开工作例会，不断总结经验，认真改进不足，不断推进本区县的拆违工作。

（二）充实拆违工作机构。区县拆违办是代表区县拆违领导小组具体负责本区县拆违工作的综合协调和组织实施的机构。各区县政府要切实保证区县拆违办推进拆违工作的统筹协调能力，进一步落实好为拆违办配备专职工作人员、提供办公场所、拨付必要的工作经费、配置必需的装备和设备等工作，并组建由区县拆违办直接领导的拆违机动队伍。同时，可结合本区县实际，成立街道（镇）拆违工作机构并由街道（镇）行政主要负责人担任领导。

二、加强协调，共同推进。

（三）发挥市拆违联席办统筹协调作用。市建设交通委、市规划国土资源局、市住房保障房屋管理局和市城管执法局要在市拆违联席会议的领导下，定期召开工作例会，协调解决全市拆违工作中的重大事项和疑难问题，完善各相关部门协同联动的工作机制，加大对区县拆违工作的指导、督办、考核、监督的力度。相关部门对区县反映的拆违工作的问题，要及时提请市拆违联席办研究讨论，由市拆违联席办统一工作口径后，统一下发到各区县。

（四）完善区县拆违办工作机制。各区县拆违办要按照《上海市人民政府批转市建设交通委等四部门？关于本市加强违法建筑拆除工作的实施意见？的通知》（沪府发〔2009〕35号，以下简称《实施意见》）要求，充分发挥综合协调、计划指导、组织实施、监督考核的作用，建立健全举报受理、巡查发现、快速查处、协同联动、综合治理、信息报送等工作机制，以及监督考核、责任追究机制，坚决遏制新增违法建筑，逐步消除存量违法建筑，确保对正在搭建的违法建筑2小时内到场查处，对既有违法建筑24小时内到场查处。对违法建筑情况复杂、涉及多部门的，区县拆违办要依法指定拆违机构进行调查取证、予以拆除。对区县拆违办依法对拆违管辖部门的指定，拆违实施部门不得以上级部门的意见为由进行推诿。

（五）切实履行拆违实施部门职责。各区县拆违实施部门要在同级拆违办的统筹协调和部署下，按照《实施意见》的规定，严格履行各自职责，切实做好拆违工作。街道（镇）要在区县拆违办的组织协调下，切实做好违法建筑的巡查发现、制止、报告以及相关矛盾化解、帮困救助等保障工作。

（六）完善相关部门联动工作机制。各级拆违办要建立健全拆违相关部门和单位协同联动的工作机制，建立拆违工作信息平台，对查处违法建筑中需要配合的信息，区县拆违办要及时书面告知相关部门和单位。各级公安、工商、文化、卫生、供水、供电、供气等部门和单位接到书面告知后，要按照本部门职责及时处置。对依法认定的违法建筑，房地产登记机构不得办理产权登记、房屋租赁登记手续；规划国土部门不得办理土地使用手续；工商、卫生部门不得办理生产或者经营登记、许可手续；供水、供电、供气等部门不得办理供水、供电、供气手续。对已经明确拆除的违法建筑，房屋、规划国土、工商、卫生、公安等部门要依法及时收回有关证照。公安部门要组织警力，依法制止和追究暴力抗法行为。信访部门要按照属地管理原则，严格落实信访工作责任制，切实化解依法拆违工作中的各类矛盾。

三、加强源头发现，强化快速处置。

（七）切实加大源头发现力度。各区县拆违办要统一受理本区县违法建筑举报，落实24小时值班制度。物业服务企业、居（村）委会分别作为物业管理区域、非物业管理区域内违法搭建行为发现、劝阻和举报的责任人，要按期进行巡查、记录，如对发现正在实施的违法搭建行为劝阻无效的，要及时报告区县拆违办。

（八）快速查处在建违法建筑。对正在搭建的违法建筑举报，区县拆违办要在2小时内派遣执法人员到现场处理，责令当事人停止建设、自行拆除，并可暂扣施工工具和材料。当事人经劝阻后愿意自行拆除并做出书面承诺后，可在规定时间内自行拆除；当事人愿意拆除但不具备拆除能力的，由区县拆违办组织力量帮助拆除；当事人拒不停止建设或者拒不拆除的，可立即强制拆除，并可依法予以罚款。

（九）制定计划逐步消除存量违法建筑。各区县拆违办要定期组织开展普查，锁定存量违法建筑，并定期实施滚动复查核查，及时更新存量违法建筑数据库，健全存量违法建筑档案资料。区县拆违办要按照区县政府要求，结合本区县拆违的实际情况，科学合理地制订本区县拆违工作五年规划和年度工作计划，有效遏制违法建筑增量，逐步减少既有违法建筑数量。各区县拆违五年规划和年度工作计划应报市拆违联席办备案。各区县拆违年度工作计划实施情况作为对各区县拆违工作年度考核的重要依据。

（十）严格规范拆违工作程序。违法建筑的查处、拆除要严格遵守有关法规的规定，做到查证准确、文书规范、程序完善、拆有实据、托底到位。对正在实施的违法搭建行为，执法人员要立即调查取证，确定违法搭建性质和违法主体，并可采取录音、拍照、摄像等方法，进一步搜集证据，按照法定程序予以拆除。区县拆违办对社会举报、督办催办、媒体曝光、群众信访的违法建筑，要做到"收件有登记、受理有告知、办理有督查、处置有反馈、办结有回访、拆除有跟踪"。同时，严格实行案件档案管理，做到一案一档。

（十一）加强对乡、村庄规划区拆违工作指导。乡镇政府要根据《中华人民共和国城乡规划法》的规定并参照《若干规定》中明确的工作程序，对本市乡、村庄规划区内的违法建筑予以拆除。区县拆违办要加强对乡镇拆违工作的指导、监督、协调和服务。乡镇政府拆除乡、村庄规划区的违法建筑，要自觉接受区县拆违办及相关部门的指导监督，并按规定上报拆违工作的相关数据、信息。

四、加强社会监督，强化责任追究。

（十二）加大拆违工作的社会宣传力度。各级政府、拆违办和拆违实施部门要多形式、多渠道、多角度地加强拆违工作的日常宣传，结合《若干规定》推进实施以及各类重大活动保障等，集中开展宣传，不断提高市民自觉抵制违法搭建、积极举报违法建筑的意识。要加大对严格执法、依法查处违法建筑典型案例的宣传力度，借助新闻媒体，曝光情节严重的案例，震慑违法搭建行为。

（十三）加强对违法搭建查处的社会监督。市和区县有关部门要将违法建筑治理纳入城市文明指数测评和“文明城区、文明社区、文明小区、文明单位、文明行业”等创建活动的内容。区县拆违办要定期向所在社区的人大代表、政协委员汇报拆违工作进展情况，定期听取市民巡访团的意见。物业服务、装饰装修等行业协会要将制止违法搭建行为纳入行业创优工作考评范围。

（十四）严肃查处违法搭建的单位和个人。对媒体曝光、群众举报和相关部门转送的国家机关、事业单位和国有、集体企业及其工作人员搭建违法建筑并拒绝限期改正和拆除的，监察部门要在接到报告后的10个工作日内立项调查，并及时做出监察决定，依法严肃处理。

（十五）严格绩效考核和责任追究。市和区县拆违办要定期开展对拆违实施部门和区县或街镇政府拆违工作考核，将考核结果纳入相应的政府领导班子绩效考核范围，对开展拆违工作成绩突出的单位和个人予以表彰奖励，对在拆违工作中相互推诿、消极执法、执法效率低下的单位和个人予以严肃处理。对拆违实施部门及有关部门工作人员在拆违工作中因玩忽职守、滥用职权、徇私舞弊构成犯罪的，及时移送司法机关追究其刑事责任。

29. 关于加快本市内河水运发展的意见

（沪府发〔2011〕68号，10月18日）

各区、县人民政府，市政府各委、办、局：

内河水运是上海综合运输体系的重要组成部分和连接长三角地区的重要通道，是上海加快国际航运中心枢纽港建设，服务长三角、服务长江流域和服务全国的重要载体，长期以来为上海城市发展和港口集疏运发挥了重要作用。为贯彻落实国务院《关于加快长江等内河水运发展的意见》（国发〔2011〕2号），现就加快本市内河水运发展提出如下意见：

一、充分认识加快本市内河水运发展的重要意义

（一）加快发展内河水运是上海社会经济协调发展的客观需要。加快发展内河水运，改变相对滞后于其他运输方式发展的局面，并与海运、公路、铁路、航空和管道等运输方式实现有机衔接，发展多式联运，不仅有助于优化上海港集疏运体系，发挥综合运输体系的组合效益，降低社会综合物流成本，还有助于上海与江浙两省加强资源、技术和资金等要素的有效流动和优势互补，促进长三角地区实现区域经济协同发展。

（二）加快发展内河水运是上海社会经济科学发展的重要举措。内河水运具有运能大、占地少、能耗低、污染轻、成本低等优势。

随着上海城市人口、资源和环境等制约特别是土地资源和环境容量的约束不断加剧，加快发展内河水运，不仅有利于提高上海港水水中转业务比例，减少公路运输的能耗和污染，降低公路交通压力和道路对土地的占用，还有助于改善水环境、优化周边生态、加强水系沟通、强化内河防汛排涝功能和实现内河水资源的综合利用，是上海贯彻落实科学发展观，建设资源节约型、环境友好型社会的战略举措。

（三）加快发展内河水运是上海社会经济转型发展的必然选择。随着上海加快郊区新城开发建设，在内河沿线建立多个高科技产业加工工业区，内河水运需求不断增长。加快内河水运发展，不仅可以满足沿河区域经济转型发展的需要，还将带动船舶运输、港口装卸、港航工程、船舶修造、船员服务和水上旅游等产业的发展，助推内河水运服务体系建立、现代航运服务产业链完善及上海国际航运中心服务能级提升，促进城乡一体化。

二、明确发展本市内河水运的工作目标

力争通过10年左右的时间，建成与上海国际航运中心目标相适应的畅通、高效、平安、绿色的现代化内河水运体系，具体为：形成连接江浙与上海主要海港的内河高等级航道网；建成布局合理、功能明确的现代化、规模化和专业化内河港区；内河水运服务产业链完整，市场运行有序；内河船型标准化目标基本实现，适箱货物（特别是危险品货物）集装箱化程度显著提高；内河水运安全监管和救助体系有力保障；内河水上客运业健康充分发展；内河水运优势和潜力得到较大程度发挥。到2015年，Ⅲ级及以上内河航道通航里程达到220公里，占全市内河通航里程比例提高到10%以上；航道货物通过量约达1.8亿吨；水水中转业务比例（含长江）约达45%。到2020年，Ⅲ级及以上内河航道里程达到260公里，占全市内河通航里程比例提高到12%以上；航道货物通过量约达2亿吨；水水中转业务比例（含长江）约达50%。

三、确定发展本市内河水运的主要任务

（一）加强内河水运基础设施规划、建设与维护。科学制定内河岸线利用方案，优化内河港口规划，完善码头布局，加强规划实施监管。研究制定内河航道建设和维护标准。建立内河航道基础数据库和内河航道建设与维护项目库，实现项目库滚动管理。处理好内河航道建设与水资源和水环境保护的关系。在加快完成“十一五”延续项目的基础上，建设大芦线二期、杭申线、杭平申线、黄浦江上游、长湖申线、大浦线、苏申内港线和赵家沟东段等航道整治工程。深化研究和加快油墩港、龙泉港和金汇港等航道整治工程前期工作，适时启动工程建设。对新建水利和桥梁等基础设施，要充分考虑内河水运发展要求。在充分论证通航价值和可行性的基础上，有计划地改造碍航建筑物。完善内河航道维护机制，优先疏浚维护“一环十射”及其他跨省和跨区主干航道，兼顾各区（县）重点航道和在建高等级航道的周边航道，进一步加强对黄浦江航道及其吴淞导堤的维护管理。加快推进芦潮港、外高桥内河港区一期工程建设，有序建设蕴东、三墩和漕泾等内河港区，加快内河码头向专业化、规模化和集约化内河港区归并，实现上海内外港对接。

（二）发展内河水运市场和服务体系。发挥市场机制作用，加强政策引导，以适度竞争为原则，营造公平、公正、公开的内河水运及其服务业市场环境。积极培育内河水运经营主体，鼓励投资主体多元化，引导水运企业规模化发展。推进宜兴、无锡、苏州和嘉兴至上海的内河集装箱运输项目，扶持船公司开辟跨省市内河集装箱公共班轮运输。引导水运企业以资金为纽带，通过多种形式加强“干支联营”，优化船舶运输组织。

推动国内船舶（客货）代理、船舶管理和航运经纪等产业规范健康发展，扶持内河船舶修造业发展，拓展港口配送、加工、商贸和金融等综合服务功能，完善内河水运产业链。结合内河航道工程和港口建设，发展内河沿线延伸产业。推进内河水运信息化，建设水运公共信息服务系统，推动相关信息系统互联互通。发挥行业协会作用，形成行业自律机制。加强内河水运业人才培养，不断提高从业人员素质。

（三）优化内河运力结构和运输格局。推进本市内河船型标准化，完善船舶更新报废制度，出台政策措施，限制并逐步淘汰能耗高、污染重、技术落后的老旧船舶，鼓励船舶使用信息化运营管理设备，提高船舶安全性能，加快优化运力结构。深入贯彻国务院《船舶工业调整和振兴规划》，按照《全国内河船型标准化发展纲要》的总体安排，重点发展内河集装箱标准船型和有舱盖散货船，使本市内河运输格局由目前的以传统散杂货运输为主，逐步调整为以集装箱运输为导向、多种货类运输并重发展。

（四）建立和完善内河水运支持保障系统。以市场化、企业化和专业化为方向，建立全方位覆盖、全天候运行、具备快速反应能力的现代化水上安全监管和应急救助体系。整合社会资源，合理布局应急救助站点和力量，建立市内河搜救和应急指挥中心，研究市内河搜救和应急指挥中心与海上搜救中心联网。建立和完善内河应急救助专家库。坚持“以防为主，防抗救相结合”的方针，重点抓好预防、预控、预警，完善航道通航标志、标识、警示牌等，完善内河水运安全防护设施，配套建设内河航道通信网络、视频监控和动态发布等信息化基础设施，改善航道通航环境。完善事故灾害沟通协调与预警机制。重点加强内河危险品运输、滚装运输、水上客运的安全监管、安全评估、应急处置和安全防范能力建设。

（五）推进内河水运绿色发展。建立有效机制，加大科研投入力度，支持内河港航业新技术、新材料和新工艺的研究开发和推广应用，修订完善技术规范。研究制定内河船舶的节能减排标准。加紧研究内河港口节能减排措施。加强船舶流动源污染控制，对新建内河运输船舶安装油污水处理（储纳）和生活污水、垃圾收集设施，建立和完善内河船舶污染物回收处理机制，建设船舶污染监视监测系统，防止发生重大污染事故。建立诚信船舶管理机制。鼓励推广船舶油污责任保险，健全船舶污染事故损害责任索赔机制。注重统筹协调水运资源开发与水生态环境保护，建立和完善内河水运环保评估系统、水域船舶污染防治和应急处置体系，提高预防控制船舶污染及其应急处置能力。结合河道水环境整治，营造优美航道景观。

（六）促进长三角内河水运协调发展。推动长三角地区内河航道建设统筹规划、统一标准。加快推进长三角内河水运市场一体化，促进企业合作，协调行业标准相互接轨，深化推进长三角地区内河水运信息资源共享与信息系统互联互通。完善长三角地区内河海事监管合作机制，在建立市内河搜救和应急指挥中心的基础上，实现与江浙地区搜救（指挥）中心的对接。加强长三角地区船员管理协调，探索建立事故责任船员及违纪船员信息共享平台。建立内河集装箱运输合作专项工作联席会议机制，重点推动长三角地区内河水运相关服务业和现代物流业的合作。

（七）推动内河水上客运业充分健康发展。以方便出行、安全至上为目标，加快将市轮渡和三岛客运纳入公共交通体系。强化轮渡安全管理，确保轮渡运输的安全性。拓展水上公共交通功能，大力发展“水上巴士”，加强与陆上公交有效衔接，完善城市公共交通体系。规范水上游览市场，加强客运船舶安全检验、电子票务管理和高速游艇、游览艇、摩托艇等船艇驾驶人员的技能培训。做强浦江游览品牌，开发苏州河人文生态游，整合相关水上旅游资源，策划具有上海独特人文品位的特色水上旅游项目，提升上海水上旅游休闲业的服务品质和文化品位。

四、做好发展本市内河水运的保障工作

（一）加强组织协调。在目前上海内河航道工程建设指挥部的体制构架基础上，成立推进上海内河水运发展领导小组（以下简称“领导小组”），统筹推进上海内河水运发展，协调解决内河水运发展中的矛盾和问题。领导小组由市政府分管领导任组长，市发展改革委、市建设交通委、市交通港口局、市财政局、市地税局、市水务局、市环保局、市规划国土资源局、市旅游局、市绿化市容局、市经济信息化委、上海海关、上海出入境检验检疫局、上海海事局、同盛集团以及相关区（县）政府等为成员单位。各成员单位根据各自职能分工，加强协调配合，做好有关工作。领导小组下设办公室，设在市交通港口局。

（二）理顺管理体制。按照“权责统一、强化效能、分级管理”的原则，形成市、区（县）两级分工明确、条块清晰的内河港航管理体制，特别是要优化“以条为主”的地方海事管理体制；相应理顺行政执法机构财务体制，加强队伍建设和廉政文化建设，确保内河水运发展健康可持续。

（三）确保资金投入。市、区（县）两级政府要积极安排财政性资金用于内河水运建设，并根据需要逐步扩大资金规模。积极争取中央有关部门的资金支持。充分发挥市级国有投资公司的政府投融资平台作用，鼓励国有企业积极承担内河集疏运设施建设、运行和维护等工作。鼓励和支持本市有条件的港航企业发行股票和企业债券，建设内河码头及相关物流设施。深化支持内河水运发展的金融政策研究，鼓励和引导社会资金投资内河水运基础设施建设和养护。

（四）完善法规体系。按规定程序适时修订《上海市水路运输管理条例》、《上海市内河航道管理条例》和《上海港防止船舶污染水域管理办法》等法规和规章。通过地方性立法，建立和完善促进内河水运发展的制度规范，保护内河水运资源，维护内河水运合法权益，促进相关单位合作协调顺畅高效。

（五）强化政策支持。建立有效的政策保障机制。探索降低内河集装箱运输成本的政策措施。研究出台促进内河水运市场培育、企业扶持以及支持保障体系建设等的政策措施。对符合条件的内河集装箱运输企业，实施试点物流企业税收优惠政策。对注册在洋山保税港区的内河集装箱运输企业（包括其分支机构），实施货运、仓储和装卸搬运等营业税免征政策。依法保障内河公用性码头和航道建设所需用地，确保补偿资金来源。

30. 上海市国有土地上房屋征收与补偿实施细则

（2011年10月19日上海市人民政府令第71号公布）

第一章 总 则

第一条（目的和依据）

为了规范本市国有土地上房屋征收与补偿活动，维护公共利益，保障被征收人的合法权益，根据《国有土地上房屋征收与补偿条例》，结合本市实际，制定本细则。

第二条（适用范围）

在本市国有土地上实施房屋征收与补偿，适用本细则。

第三条（基本原则）

房屋征收与补偿应当遵循决策民主、程序正当、公平补偿、结果公开的原则。

第四条（管理部门）

市房屋行政管理部门是本市房屋征收与补偿工作的主管部门，负责本市房屋征收与补偿的业务指导和监督管理等工作。

市和区（县）发展改革、建设、规划土地、财政、公安、工商、监察等有关行政管理部门，应当依照本细则的规定和职责分工，互相配合，保障房屋征收与补偿工作的顺利进行。

被征收房屋所在地的街道办事处、镇（乡）人民政府，应当配合做好房屋征收与补偿的相关工作。

第五条（征收主体与征收部门）

区（县）人民政府负责本行政区域的房屋征收与补偿工作。

区（县）房屋行政管理部门为本行政区域的房屋征收部门，负责组织实施房屋征收与补偿工作。

房屋征收部门可以委托房屋征收事务所，承担房屋征收与补偿的具体工作。房屋征收事务所不得以营利为目的。房屋征收部门对房屋征收事务所在委托范围内实施的房屋征收与补偿行为负责监督，并对其行为后果承担法律责任。

第六条（工作人员培训与上岗）

从事房屋征收与补偿工作的人员，应当通过市房屋行政管理部门组织的有关法律知识、业务知识的培训考核，持证上岗。

第七条（举报处理）

任何单位和个人对违反本细则规定的行为，都有权向市和区（县）人民政府、房屋行政管理部门和其他有关部门举报。接到举报的市和区（县）人民政府、房屋行政管理部门和其他有关部门对举报应当及时核实、处理。

市和区（县）监察机关应当加强对参与房屋征收与补偿工作的政府和有关部门或者单位及其工作人员的监察。

第二章 征收决定

第八条（确需征收房屋的情形）

为了保障国家安全、促进国民经济和社会发展等公共利益的需要，有下列情形之一，确需征收房屋的，由区（县）人民政府作出房屋征收决定：

（一）国防和外交的需要；

（二）由政府组织实施的能源、交通、水利等基础设施建设的需要；

（三）由政府组织实施的科技、教育、文化、卫生、体育、环境和资源保护、防灾减灾、文物保护、社会福利、市政公用等公共事业的需要；

（四）由政府组织实施的保障性安居工程建设的需要；

（五）由政府依照国家和本市有关城乡规划规定组织实施的对危房集中、基础设施落后等地段进行旧城区改建的需要；

（六）法律、行政法规规定的其他公共利益的需要。

第九条（规划和计划）

依照本细则第八条规定，确需征收房屋的各项建设活动，应当符合本市国民经济和社会发展规划、土地利用总体规划、城乡规划和专项规划。保障性安居工程建设、旧城区改建，应当纳入区（县）国民经济和社会发展年度计划。

第十条（房屋征收范围的确定）

符合本细则第八条第（一）项至第（四）项规定的建设项目需要征收房屋的，房屋征收范围根据建设用地规划许可证确定。

符合本细则第八条第（五）项规定因旧城区改建需要征收房屋的，房屋征收范围由市建设行政管理部门会同市房屋管理、发展改革、规划土地、财政等行政管理部门以及相关区（县）人民政府确定。

符合本细则第八条规定的其他情形需要征收房屋的，房屋征收范围由市房屋行政管理部门会同相关行政管理部门和区（县）人民政府确定。

第十一条（征收范围确定后不得实施的行为）

房屋征收范围确定后，不得在房屋征收范围内实施新建、扩建、改建房屋及其附属物和改变房屋、土地用途等不当增加补偿费用的行为；违反规定实施的，不予补偿。

房屋征收范围确定后，有下列行为之一的，不增加违反规定的补偿费用：

（一）建立新的公有房屋租赁关系、分列公有房屋租赁户名；

（二）房屋转让、析产、分割、赠与；

（三）新增、变更工商营业登记；

（四）迁入户口或者分户；

（五）其他不当增加补偿费用的行为。

有关行政管理部门和机构受理前款所列事项时，应当要求被征收人、公有房屋承租人提交不因此增加违反规定的补偿费用的书面承诺。

房屋征收部门应当将本条第一款、第二款的要求在房屋征收范围内予以公告，并书面通知规划土地、工商、公安等行政管理部门，房地产登记机构以及公有房屋出租人等单位。公告和书面通知应当载明暂停期限。暂停期限自公告之日起最长不得超过 1 年。

第十二条（旧城区改建的意愿征询）

因旧城区改建房屋征收范围确定后，房屋征收部门应当组织征询被征收人、公有房屋承租人的改建意愿；有 90% 以上的被征收人、公有房屋承租人同意的，方可进行旧城区改建。

第十三条（房屋调查登记）

房屋征收部门应当对房屋征收范围内房屋的权属、区位、用途、建筑面积等情况组织调查登记，被征收人、公有房屋承租人应当予以配合。调查结果应当在房屋征收范围内向被征收人、公有房屋承租人公布。

第十四条（对未经登记建筑的调查、认定和处理）

区（县）人民政府应当组织有关行政管理部门依法对征收范围内未经登记的建筑进行调查、认定和处理。对认定为合法建筑和未超过批准期限的临时建筑的，房屋征收部门应当给予补偿；对认定为违法建筑和超过批准期限的临时建筑的，不予补偿。

第十五条（征收补偿方案的拟订和论证）

房屋征收部门拟订征收补偿方案，报区（县）人民政府。征收补偿方案应当包括以下内容：

（一）房屋征收与补偿的法律依据；

（二）房屋征收的目的；

（三）房屋征收的范围；

（四）被征收房屋类型和建筑面积的认定办法；

（五）房屋征收补偿方式、标准和计算方法；

（六）补贴和奖励标准；

（七）用于产权调换房屋的基本情况和选购方法；

（八）房屋征收评估机构选定办法；

（九）房屋征收补偿的签约期限；

（十）搬迁期限和搬迁过渡方式、过渡期限；

（十一）受委托的房屋征收事务所名称；

（十二）其他事项。

区（县）人民政府应当组织有关部门对征收补偿方案进行论证并在房屋征收范围内予以公布，征求被征收人、公有房屋承租人意见。征求意见期限不得少于 30 日。其中，因旧城区改建需要征收房屋的，区（县）人民政府还应当组织由被征收人、公有房屋承租人和律师等公众代表参加的听证会。

第十六条（方案修改和公布）

区（县）人民政府应当将征求意见情况和根据公众意见修改的情况及时公布。

第十七条（征收补偿费用）

征收补偿费用包括用于货币补偿的资金和用于产权调换的房屋。用于货币补偿的资金在房屋征收决定作出前应当足额到位、专户存储、专款专用。用于产权调换的房屋在交付时应当符合国家质量安全标准和本市住宅交付使用许可要求，并产权清晰、无权利负担。

第十八条（社会稳定风险评估）

房屋征收决定作出前，房屋征收部门应当会同区（县）相关行政管理部门、街道办事处、镇（乡）人民政府，参照本市重大事项社会稳定风险评估的有关规定，进行社会稳定风险评估，并报区（县）人民政府审核。

第十九条（房屋征收决定）

房屋征收决定由区（县）人民政府作出。涉及被征收人、公有房屋承租人50户以上的，应当经区（县）人民政府常务会议讨论决定。

第二十条（征收决定的公告）

区（县）人民政府作出房屋征收决定后应当及时公告。公告应当载明征收补偿方案和行政复议、行政诉讼权利等事项。

区（县）人民政府及房屋征收部门应当做好房屋征收与补偿的宣传、解释工作。

房屋被依法征收的，国有土地使用权同时收回。

第二十一条（旧城区改建征收决定）

因旧城区改建需要征收房屋的，房屋征收部门应当在征收决定作出后，组织被征收人、公有房屋承租人根据征收补偿方案签订附生效条件的补偿协议。在签约期限内达到规定签约比例的，补偿协议生效；在签约期限内未达到规定签约比例的，征收决定终止执行。签约比例由区（县）人民政府规定，但不得低于80%。

第二十二条（征收决定的复议和诉讼）

被征收人、公有房屋承租人对区（县）人民政府作出的房屋征收决定不服的，可以依法申请行政复议，也可以依法提起行政诉讼。

第三章 补偿

第二十三条（征收补偿协议主体的确定）

房屋征收补偿协议应当由房屋征收部门与被征收人、公有房屋承租人签订。

被征收人、公有房屋承租人以征收决定作出之日合法有效的房地产权证、租用公房凭证、公有非居住房屋租赁合同计户，按户进行补偿。

被征收人以房地产权证所载明的所有人为准，公有房屋承租人以租用公房凭证、公有非居住房屋租赁合同所载明的承租人为准。

第二十四条（评估机构的选定）

被征收房屋的价值，由具有相应资质的房地产价格评估机构按照房屋征收评估办法评估确定。

房地产价格评估机构由被征收人、公有房屋承租人协商选定；协商不成的，由房屋征收部门通过组织被征收人、公有房屋承租人按照少数服从多数的原则投票决定，也可以由房屋征收部门或者被征收人、公有房屋承租人采取摇号、抽签等随机方式确定。房屋征收部门应当将确定的房地产价格评估机构予以公告。

房地产价格评估机构应当独立、客观、公正地开展房屋征收评估工作，任何单位和个人不得干预。

第二十五条（房屋征收价值评估）

被征收房屋价值评估应当考虑被征收房屋的区位、用途、建筑结构、新旧程度、建筑面积以及占地面积、土地使用权等因素。

除本市对用于产权调换房屋价格有特别规定外，用于产权调换房屋的市场价值应当由按照第二十四条规定已选定的房地产价格评估机构评估确定。被征收房屋和用于产权调换房屋的价值评估时点为房屋征收决定公告之日。

被征收人、公有房屋承租人或者房屋征收部门对评估结果有异议的，应当自收到评估报告之日起10日内，向房地产价格评估机构申请复核评估。被征收人、公有房屋承租人或者房屋征收部门对房地产价格评估机构的复核结果有异议的，应当自收到复核结果之日起10日内，向市房地产估价师协会组织的房地产估价专家委员会申请鉴定。

第二十六条（征收居住房屋的补偿方式）

征收居住房屋的，被征收人、公有房屋承租人可以选择货币补偿，也可以选择房屋产权调换。

被征收人、公有房屋承租人选择房屋产权调换的，房屋征收部门应当提供用于产权调换的房屋，并与被征收人、公有房屋承租人计算、结清被征收房屋补偿金额与用于产权调换房屋价值的差价。

因旧城区改建征收居住房屋的，作出房屋征收决定的区（县）人民政府应当提供改建地段或者就近地段的房源，供被征收人、公有房屋承租人选择，并按照房地产市场价结清差价。就近地段的范围，具体由房屋征收部门与被征收人、公有房屋承租人在征收补偿方案征求意见过程中确定。

第二十七条（征收居住房屋的补偿、补贴和奖励）

征收居住房屋的，应当根据不同情况，按照本细则规定给予被征收人、公有房屋承租人以下补偿、补助：

（一）被征收房屋的房地产市场评估价格；

（二）价格补贴；

（三）特定房屋类型的套型面积补贴；

（四）居住困难户的保障补贴；

（五）搬迁费和临时安置费。

对按期签约、搬迁的被征收人、公有房屋承租人，房屋征收部门应当给予奖励，具体奖励标准由各区（县）人民政府制定。

第二十八条（征收居住房屋的补偿、补贴计算标准）

被征收居住房屋的补偿金额 = 评估价格 + 价格补贴，但本细则有特别规定的，从其规定。

评估价格 = 被征收房屋的房地产市场评估单价 × 被征收房屋的建筑面积。被征收房屋的房地产市场评估单价低于评估均价的，按评估均价计算。

评估均价 = 被征收范围内居住房屋评估总价 ÷ 居住房屋总建筑面积。评估均价标准，由房地产价格评估机构在评估后计算得出，由房屋征收部门在征收范围内公布。

价格补贴 = 评估均价 × 补贴系数 × 被征收房屋的建筑面积。补贴系数不超过 0.3，具体标准由区（县）人民政府制定。

被征收房屋属于旧式里弄房屋、简屋以及其他非成套独用居住房屋的，被征收房屋的补偿金额增加套型面积补贴。套型面积补贴 = 评估均价 × 补贴面积。套型面积补贴按照房屋征收决定作出之日合法有效的房地产权证、租用公房凭证计户补贴，每证补贴面积标准不超过 15 平方米建筑面积，具体标准由区（县）人民政府制定。

第二十九条（征收执行政府规定租金标准的公有出租居住房屋的补偿、补贴标准）

征收执行政府规定租金标准的公有出租居住房屋，被征收人选择货币补偿的，租赁关系终止，对被征收人的补偿金额计算公式为：评估价格 ×20%；对公有房屋承租人的补偿金额计算公式为：评估价格 ×80%+ 价格补贴，被征收房屋属于旧式里弄房屋、简屋以及其他非成套独用居住房屋的，按照本细则规定增加套型面积补贴。

征收执行政府规定租金标准的公有出租居住房屋，被征收人选择房屋产权调换的，由被征收人负责安置公有房屋承租人，租赁关系继续保持。对被征收人的补偿金额计算公式为：评估价格 + 价格补贴，被征收房屋属于旧式里弄房屋、简屋以及其他非成套独用居住房屋的，按照本细则规定增加套型面积补贴。

第三十条（征收执行政府规定租金标准的私有出租居住房屋的补偿、补贴标准）

征收执行政府规定租金标准的私有出租居住房屋，对被征收人的补偿金额计算公式为：评估价格 ×100%；对房屋承租人的补偿按照第二十九条第一款有关公有房屋承租人的补偿规定执行。

第三十一条（居住困难户的优先保障）

按照本市经济适用住房有关住房面积核定规定以及本条第二款规定的折算公式计算后，人均建筑面积不足22平方米的居住困难户，增加保障补贴，但已享受过经济适用住房政策的除外。增加的保障补贴可以用于购买产权调换房屋。

折算公式为：被征收居住房屋补偿金额÷折算单价÷居住困难户人数。

保障补贴=折算单价×居住困难户人数×22平方米－被征收居住房屋补偿金额。

折算单价由区（县）人民政府公布。

符合经济适用住房政策规定条件的居住困难户，可以优先购买经济适用住房。

第三十二条（优先住房保障的申请和审核）

居住困难的被征收人、公有房屋承租人应当向所在区（县）住房保障机构提出居住困难审核申请，并提供相关证明材料。

区（县）住房保障机构应当按照本细则以及本市经济适用住房的相关规定对居住困难户进行认定，并将经认定符合条件的居住困难户及其人数在征收范围内公示，公示期为15日。公示期内有异议的，由区（县）住房保障机构在15日内进行核查和公布。

第三十三条（征收居住房屋的其他补贴标准）

征收居住房屋，被征收人、公有房屋承租人选择房屋产权调换的，产权调换房屋交付前，房屋征收部门应当支付临时安置费或者提供周转用房。

征收居住房屋造成搬迁的，房屋征收部门应当向被征收人、公有房屋承租人支付搬迁费。

临时安置费和搬迁费的具体标准由区（县）人民政府制定。

第三十四条（征收非居住房屋的补偿）

征收非居住房屋的，被征收人、公有房屋承租人可以选择货币补偿，也可以选择房屋产权调换。

征收非居住房屋的，应当对被征收人、公有房屋承租人给予以下补偿：

（一）被征收房屋的市场评估价格；

（二）设备搬迁和安装费用；

（三）无法恢复使用的设备按重置价结合成新结算的费用；

（四）停产停业损失补偿。

被征收人、公有房屋承租人按期搬迁的，应当给予搬迁奖励。具体奖励标准由区（县）人民政府制定。

第三十五条（停产停业损失补偿）

因征收非居住房屋造成被征收人、公有房屋承租人停产停业损失的补偿标准，按照被征收房屋市场评估价的10%确定。

被征收人、公有房屋承租人认为其停产停业损失超过被征收房屋的市场评估价10%的，应当向房屋征收部门提供房屋被征收前三年的平均效益、停产停业期限等相关证明材料。房屋征收部门应当委托房地产价格评估机构对停产停业损失进行评估，并按照评估结果予以补偿。被征收人、公有房屋承租人对评估结果有异议的，可以按照本细则第二十五条第三款规定申请复核、鉴定。

第三十六条（征收执行政府规定租金标准的公有出租非居住房屋的补偿标准）

征收执行政府规定租金标准的公有出租非居住房屋，被征收人选择货币补偿的，租赁关系终止，对被征收人的补偿金额计算公式为：评估价格×20%，对公有房屋承租人的补偿金额计算公式为：评估价格×80%；被征收人选择房屋产权调换的，由被征收人安置公有房屋承租人，租赁关系继续保持。

第三十七条（征收宗教团体所有的房屋的补偿标准）

征收宗教团体所有的房屋，房屋征收部门应当事先征求宗教事务管理部门的意见，并与宗教团体签订征收补偿协议。

征收由房屋行政管理部门代理经租的宗

教团体的房屋，租赁关系终止。征收居住房屋的，补偿方式与标准按照本细则第三十条规定执行。征收非居住房屋的，对被征收人的补偿金额为：评估价格 ×100%，对房屋承租人的补偿按照第三十六条有关公有房屋承租人的补偿规定执行。

第三十八条（征收依法代管房屋的补偿标准）

征收房屋管理部门依法代管的房屋，房屋征收部门应当与代管人订立征收补偿协议。征收补偿协议应当经公证机构公证，征收房屋有关资料应当向公证机构办理证据保全。补偿方式与标准，按照本细则第三十七条第二款的规定执行。

第三十九条（征收设有抵押权房屋的补偿标准）

征收设有抵押权的房屋，抵押人与抵押权人应当按照国家和本市房地产抵押规定，就抵押权及其所担保债权的处理问题进行协商。

抵押人与抵押权人达成书面协议的，房屋征收部门应当按照协议对被征收人给予补偿。达不成协议，房屋征收部门对被征收人实行货币补偿的，应当将补偿款向公证机构办理提存；对被征收人实行房屋产权调换的，抵押权人可以变更抵押物。

第四十条（订立补偿协议）

房屋征收部门与被征收人、公有房屋承租人依照本细则的规定，就补偿方式、补偿金额和支付期限、用于产权调换房屋的地点和面积、搬迁费、临时安置费或者周转用房、停产停业损失、搬迁期限、过渡方式和过渡期限等事项，订立补偿协议。

补偿协议订立后，一方当事人不履行补偿协议约定的义务的，另一方当事人可以依法提起诉讼或者仲裁。

第四十一条（搬迁）

实施房屋征收应当先补偿、后搬迁。

作出房屋征收决定的区（县）人民政府对被征收人、公有房屋承租人给予补偿后，被征收人、公有房屋承租人应当在补偿协议约定或者补偿决定确定的搬迁期限内完成搬迁。

任何单位和个人不得采取暴力、威胁或者违反规定中断供水、供热、供气、供电和道路通行等非法方式迫使被征收人、公有房屋承租人搬迁。禁止建设单位参与搬迁活动。

第四十二条（补偿决定及复议和诉讼）

房屋征收部门与被征收人、公有房屋承租人在征收补偿方案确定的签约期限内达不成补偿协议，或者被征收房屋所有权人不明确的，由房屋征收部门报区（县）人民政府。区（县）人民政府应当依法按照征收补偿方案作出补偿决定，并在房屋征收范围内予以公告。

补偿决定应当公平，包括本细则第四十条第一款规定的有关补偿协议的事项。

对征收居住房屋的补偿争议，应当决定以房屋产权调换或者房屋产权调换与货币补偿相结合的方式进行补偿。对征收非居住房屋的补偿争议，可以决定以房屋产权调换、货币补偿或者房屋产权调换与货币补偿相结合的方式进行补偿。

被征收人、公有房屋承租人对补偿决定不服的，可以依法申请行政复议，也可以依法提起行政诉讼。

第四十三条（补偿决定的司法强制执行）

被征收人、公有房屋承租人在法定期限内不申请行政复议或者不提起行政诉讼，在补偿决定规定的期限内又不搬迁的，由作出房屋征收决定的区（县）人民政府依法申请人民法院强制执行。

区（县）人民政府在申请人民法院强制执行前，应当依法书面催告被征收人、公有房屋承租人履行搬迁义务。

申请人民法院强制执行的，区（县）人民政府应当按照规定提交作出补偿决定的有关文件、被申请人的基本情况、并附具补偿金额和专户存储账号、产权调换房屋和周转用房的地点和面积等材料。

第四十四条（居住房屋征收补偿所得的归属和安置义务）

征收居住房屋的，被征收人取得货币补偿款、产权调换房屋后，应当负责安置房屋使用人；公有房屋承租人所得的货币补偿款、产权调换房屋归公有房屋承租人及其共同居住人共有。

第四十五条（补偿结果公开）

房屋征收部门应当依法建立房屋征收补偿档案，并将分户补偿结果在房屋征收范围内向被征收人、公有房屋承租人公布。

区（县）审计机关应当加强对征收补偿费用管理和使用情况的监督，并公布审计结果。

第四章 法律责任

第四十六条（政府部门工作人员的责任）

市房屋行政管理等相关行政管理部门、区（县）人民政府及其相关行政管理部门、房屋征收部门的工作人员在房屋征收与补偿工作中不履行本细则规定的职责，或者滥用职权、玩忽职守、徇私舞弊的，由所在单位或者上级主管部门责令改正，通报批评；造成损失的，依法承担赔偿责任；对直接负责的主管人员和其他直接责任人员，依法给予处分；构成犯罪的，依法追究刑事责任。

第四十七条（暴力、威胁等方式搬迁的责任）

采取暴力、威胁或者违反规定中断供水、供热、供气、供电和道路通行等非法方式迫使被征收人、公有房屋承租人搬迁，造成损失的，依法承担赔偿责任；对直接负责的主管人员和其他直接责任人员，构成犯罪的，依法追究刑事责任；尚不构成犯罪的，依法给予处分；构成违反治安管理行为的，依法给予治安管理处罚。

第四十八条（非法阻碍依法征收的责任）

采取暴力、威胁等方法阻碍依法进行的房屋征收与补偿工作，构成犯罪的，依法追究刑事责任；构成违反治安管理行为的，依法给予治安管理处罚。

第四十九条（与补偿费用有关违法行为的责任）

贪污、挪用、私分、截留、拖欠征收补偿费用的，责令改正，追回有关款项，限期退还违法所得，对有关责任单位通报批评、给予警告；造成损失的，依法承担赔偿责任；对直接负责的主管人员和其他直接责任人员，构成犯罪的，依法追究刑事责任；尚不构成犯罪的，依法给予处分。

第五十条（评估机构的责任）

房地产价格评估机构或者房地产估价师出具虚假或者有重大差错的评估报告的，由发证机关责令限期改正，给予警告，对房地产价格评估机构并处5万元以上20万元以下罚款，对房地产估价师并处1万元以上3万元以下罚款，并记入信用档案；情节严重的，吊销资质证书、注册证书；造成损失的，依法承担赔偿责任；构成犯罪的，依法追究刑事责任。

第五章 附则

第五十一条（有关用语的含义）

本细则中下列用语的含义：

（一）被征收人，是指被征收房屋的所有权人。

（二）公有房屋承租人，是指执行政府规定租金标准、与公有房屋产权人或者管理人建立租赁关系的个人和单位。

（三）共同居住人，是指作出房屋征收决定时，在被征收房屋处具有常住户口，并实际居住生活一年以上（特殊情况除外），且本市无其他住房或者虽有其他住房但居住困难的人。

（四）房屋使用人，是指实际占用房屋的单位和个人。

第五十二条（施行日期）

本细则自公布之日起施行。2001年10

月29日市人民政府令第111号发布的《上海市城市房屋拆迁管理实施细则》、2006年7月1日市人民政府令第61号发布的《上海市城市房屋拆迁面积标准房屋调换应安置人口认定办法》同时废止。《国有土地上房屋征收与补偿条例》施行前已依法取得房屋拆迁许可证的项目，继续沿用原有的规定办理，但区（县）人民政府不得责成有关部门强制拆迁。

31. 上海市建设工程监理管理办法

（2011年10月27日上海市人民政府令第72号公布）

第一章 总则

第一条（目的和依据）

为了规范本市建设工程监理活动，保障建设工程质量和安全，根据《中华人民共和国建筑法》、《建设工程质量管理条例》、《建设工程安全生产管理条例》、《上海市建筑市场管理条例》等有关法律、法规，结合本市实际，制定本办法。

第二条（适用范围）

本市行政区域内的建设工程监理及其相关监督管理活动，适用本办法。

第三条（定义）

本办法所称的建设工程监理，是指建设工程监理单位（以下简称监理单位）受建设单位的委托，在施工阶段对建设工程的质量、进度、资金使用进行控制以及对建设工程的安全生产实施监督的活动。

第四条（管理部门）

市建设行政管理部门是本市建设工程监理活动的综合监督管理部门，并负责相关专业建设工程监理活动的监督管理，具体履行以下职责：

（一）组织制定建设工程监理地方技术标准；

（二）指导、协调本市相关行政管理部门对专业建设工程监理活动的监督管理；

（三）对房屋建设工程、市政基础设施工程和公路工程等建设工程监理活动实施监督管理。

市港口、水务、海洋、绿化、民防、房屋等行政管理部门按照职责分工，负责相关专业建设工程监理活动的监督管理。

区、县建设行政管理部门和其他有关部门按照职责分工，负责本行政区域内建设工程监理活动的监督管理。

本市发展改革、财政、消防、安全生产监督等行政管理部门在各自职责范围内，协同实施本办法。

第五条（行业协会）

上海市建设工程咨询行业协会（以下简称行业协会）是建设工程监理单位的自律管理组织，依法制定自律规范，开展行业培训和诚信体系建设，维护会员的合法权益。对违反行业自律规范的会员，行业协会可以按照协会章程的规定，采取相应的惩戒性自律措施。

市建设行政管理部门对行业协会的业务活动进行指导、监督。

第六条（监理保险）

本市鼓励监理单位投保监理责任保险。

第二章 监理委托

第七条（监理单位资质）

监理单位应当按照国家有关规定取得相应的资质，并在资质证书核定的范围内承接监理业务。

监理单位不得转让监理业务。

第八条（外省市监理单位备案）

外省市监理单位进入本市从事建设工程监理活动的，应当向市建设行政管理部门或者其他有关部门备案。

第九条（监理人员资格）

总监理工程师应当按照国家有关规定取得注册监理工程师资格。

其他监理人员应当按照国家和本市有关规定，经相关考核合格。

第十条（应当监理的建设工程）

下列建设工程，应当实行监理：

（一）国家和本市重点建设工程；

（二）大中型公用事业工程；

（三）住宅工程；

（四）利用外国政府或者国际组织贷款、援助资金的工程；

（五）国家或者市人民政府规定应当实行监理的其他工程。

第十一条（监理费单列）

依法必须实行监理的建设工程，监理收费标准按照国家规定的上限执行。其他建设工程的监理收费实行市场调节价。

建设单位应当在建设工程项目专户中单独列支建设工程监理费。监理费不得挪作他用。

第十二条（监理直接委托和招标）

建设单位应当委托具有相应资质的监理单位实施建设工程监理。

依法必须进行监理招标的建设工程，建设单位应当按照有关规定进行招标，不得非法干预招标投标活动。

建设工程监理评标标准应当包括监理单位的资质和从业经历、项目监理机构的组成和人员条件、总监理工程师的从业经历和业务能力、监理大纲的编写质量、设施配备、监理责任保险投保情况等内容。

国家或者本市重点建设工程监理评标时，应当通过总监理工程师现场答辩的方式评估总监理工程师的业务能力。

第十三条（项目监理机构和人员要求）

项目监理机构应当由总监理工程师、专业监理工程师和监理员等人员组成；必要时，可以设置总监理工程师代表。

已担任建设工程总监理工程师的注册监理工程师，监理单位不得委派其同时担任两个以上其他建设工程的监理人员。对下列建设工程的总监理工程师，监理单位不得委派其同时担任其他建设工程的监理人员：

（一）单体面积超过 2 万平方米的建设工程；

（二）工程建安造价超过 2 亿元的建设工程；

（三）保障性住宅工程；

（四）国家或者本市重大工程。

第十四条（回避）

监理单位与被监理工程的施工单位以及建设工程材料和设备供应单位有隶属关系或者其他利害关系的，不得承担该项工程的监理业务。

第十五条（监理合同）

建设单位应当与监理单位签订监理合同。本市鼓励监理合同当事人使用监理合同示范文本。

监理合同应当明确项目监理机构的组成和人员条件、总监理工程师人选、监理工作范围和监理服务期，以及委托人的费用支付、委托人为监理工作开展所提供的资料和设施等内容。

第十六条（监理合同备案）

监理单位应当在监理合同签订后的 20 日内，将合同报建设行政管理部门或者其他有关部门备案。

监理合同约定的总监理工程师人选、监理工作范围、监理服务期、监理费等主要内容发生变更的，应当在变更后的 20 日内，向原合同备案部门办理合同变更备案。

第三章 施工现场监理

第十七条（设置项目监理机构）

监理单位应当根据监理合同的约定，在施工现场设置项目监理机构，并授权其开展监理工作。

项目监理机构实行总监理工程师负责制。总监理工程师应当按照技术规范要求，在施工现场履行监理职责。确因正当事由临时离开施工现场时，总监理工程师应当指定总监理工程师代表代为行使其部分职权，但国家规定必须由总监理工程师负责的组织编制监理规划、审查施工组织设计文件等事项除外。

监理单位需要变更总监理工程师的，应当征得建设单位的同意，但变更后的总监理工程师的专业技术职称等级不得低于原派驻的总监理工程师的专业技术职称。

第十八条（发布指令）

在监理合同范围内，建设单位对施工单位有关工程施工方面的指令，应当通过总监理工程师或者其代表书面提交。

第十九条（技术交底和监理规划）

建设单位应当向项目监理机构提供勘察、设计文件等与建设工程监理活动有关的资料。建设单位提供的资料应当真实、准确、完整。

项目监理机构应当根据勘察、设计文件等资料和相关技术标准，编制项目监理规划，明确具体的监理工作制度、程序、方法和措施等。

第二十条（施工准备阶段的审核）

建设工程开工前，项目监理机构应当对施工单位项目管理机构的组建方案、管理制度以及施工组织设计文件、专项施工方案提出审核意见。审核意见经总监理工程师签署后，报建设单位。

分包工程开工前，项目监理机构应当对施工分包单位的资质进行审查。

第二十一条（材料审验）

项目监理机构应当对施工单位报送的建设工程材料和设备的质量证明文件进行审验，并按照规定实施取样见证、平行检验。

建设工程材料和设备未经项目监理机构验收合格，不得在建设工程中使用或者安装。

第二十二条（施工质量监督）

项目监理机构应当监督施工单位按照强制性技术标准、施工图设计文件、施工组织设计文件、专项施工方案以及合同约定组织施工，并采取旁站、巡视和平行检验等形式，对建设工程实施监理。

对建设工程关键部位或者关键工序，项目监理机构应当编制旁站方案，明确旁站的范围、内容、程序。

项目监理机构应当对施工单位报验的检验批、分部工程、分项工程提出验收意见。分部工程、分项工程未经项目监理机构验收合格，施工单位不得进入下一工序施工。

第二十三条（安全监督）

项目监理机构应当督促施工单位进行安全生产自查，并巡查施工现场安全生产情况。

项目监理机构应当对施工单位安全防护措施费的使用和管理进行审查，并将审查的情况报建设单位。

项目监理机构应当核查施工单位的安全生产许可证以及项目负责人、专职安全管理人员和特种作业人员的资格证书。

第二十四条（定期报告）

项目监理机构应当按照要求，定期将施工现场有关情况向建设行政管理部门或者其他有关部门报告。定期报告的内容和报送要求由市建设行政管理部门另行规定。

第二十五条（紧急报告）

项目监理机构发现施工不符合强制性技术标准、施工图设计文件、施工组织设计文件、专项施工方案或者合同约定的，应当立即要求施工单位改正；施工单位拒不改正的，应当及时报告建设单位。

项目监理机构发现存在质量和安全事故隐患的，应当立即要求施工单位改正；情况严重的，应当要求施工单位暂停施工，并及时报告建设单位。

施工单位拒不改正或者不停止施工的，或者施工现场发生质量和安全事故的，项目监理机构应当立即向建设行政管理部门或者其他有关部门报告。接到报告后，建设行政管理部门或者其他有关部门应当立即到场予以处置。

第二十六条（竣工验收）

项目监理机构应当组织建设工程竣工预验收。竣工预验收合格的，项目监理机构应当编制工程质量评估报告，并报建设单位。

项目监理机构应当按照规定参加建设单位组织的竣工验收。对验收中提出的整改意见，项目监理机构应当督促施工单位进行整改。验收合格的，由总监理工程师在工程竣工验收报告中签署意见。

第四章 监督管理

第二十七条（对监理的监督检查）

建设行政管理部门和其他有关部门应当加强对监理活动的监督检查。

建设行政管理部门和其他有关部门在履行监督检查职责时，有关单位和人员应当客观、如实反映情况，提供相关材料。

第二十八条（资质动态管理）

建设行政管理部门或者其他有关部门在监督检查中发现监理单位不再符合相应资质条件的，应当责令其限期改正；逾期不改正的，由许可部门降低其资质等级或者吊销资质证书。

第二十九条（举报制度）

任何单位和个人发现建设工程监理活动中存在违法行为的，都有权向建设行政管理部门或者其他有关部门举报。建设行政管理部门或者其他有关部门应当予以受理，并及时予以核实、处理。核实、处理的结果应当告知举报人。

第三十条（信用管理）

建设行政管理部门和其他有关部门应当记载监理活动各参与单位和注册执业人员的信用信息。相关信息由市建设行政管理部门按照规定向社会公开。

市建设行政管理部门和其他有关部门应当按照诚信奖励和失信惩戒的原则实行分类管理，并在资质管理、招标投标、监理责任保险、表彰评优等方面对守信的监理活动各参与单位和注册执业人员给予激励，对失信的单位和人员给予惩处。

第五章 法律责任

第三十一条（其他处罚适用）

监理单位有下列情形之一的，依照《中华人民共和国建筑法》等法律、法规规定予以处罚，直至吊销资质证书：

（一）超越资质证书核定的范围承接监理业务的；

（二）转让监理业务的；

（三）与建设单位或者施工单位串通，弄虚作假、降低工程质量的；

（四）与施工单位或者建设工程材料、设备供应单位有隶属关系或者其他利害关系的；

（五）发现质量和安全事故隐患未立即要求施工单位改正或者暂停施工的；

（六）施工单位拒不改正或者不停止施工，未及时向有关部门报告的。

第三十二条（对监理单位的处罚）

违反本办法规定，监理单位有下列情形之一的，由建设行政管理部门或者其他有关部门责令限期改正；逾期不改正的，处 1 万元以上 3 万元以下罚款：

（一）违反第十三条第二款规定，监理单位委派总监理工程师同时担任建设工程监理人员不符合规定数量的；

（二）违反第十七条第三款规定，变更后的总监理工程师的专业技术职称低于原派驻的总监理工程师的专业技术职称等级的；

（三）违反第二十四条规定，未按照要求定期将施工现场有关情况向建设行政管理部门或者其他有关部门报告的。

第三十三条（对总监理工程师的处罚）

违反本办法第十七条第二款规定，总监理工程师未按照技术规范要求在施工现场履行监理职责的，由建设行政管理部门或者其他有关部门责令限期改正，处 500 元以上 5000 元以下罚款。

第三十四条（对建设单位的处罚）

违反本办法第十一条第二款规定，建设单位未在建设工程项目专户中单独列支监理费的，由建设行政管理部门或者其他有关部门责令限期改正；逾期不改正的，处1万元以上10万元以下罚款，并可对单位主要负责人处5000元以上2万元以下罚款。

第三十五条（对行政工作人员的处理）

建设行政管理部门或者其他有关部门工作人员违反本办法规定，有下列情形之一的，由其所在单位或者上级主管部门依法给予行政处分：

（一）未按照本办法规定履行监督检查职责的；

（二）发现违法行为不及时查处，或者有包庇、纵容违法行为，造成后果的；

（三）违法实施行政处罚的；

（四）其他玩忽职守、滥用职权、徇私舞弊的行为。

第六章 附则

第三十六条（监理单位资质申请审批）

监理单位资质的申请、审批，按照国家有关规定执行。

第三十七条（实施日期）

本办法自2011年12月1日起施行。1999年7月16日上海市人民政府令第70号发布，根据2003年8月1日上海市人民政府令第6号《上海市人民政府关于修改〈上海市建设工程监理管理暂行办法〉的决定》修正，根据2007年11月30日上海市人民政府令第77号《上海市人民政府关于修改〈上海市水产养殖保护规定实施细则〉等6件市政府规章的决定》修正的《上海市建设工程监理管理暂行办法》同时废止。

32. 上海市建设工程检测管理办法

（2011年10月27日上海市人民政府令第73号公布）

第一章 总则

第一条（目的和依据）

为了规范本市建设工程检测活动，保障建设工程质量和安全，根据《建设工程质量管理条例》等有关法规，结合本市实际，制定本办法。

第二条（适用范围）

本市行政区域内的建设工程检测及其相关监督管理活动，适用本办法。

第三条（定义）

本办法所称的建设工程检测，是指建设工程检测机构受委托对建设工程实体以及用于建设工程的原材料、中间产品、设备、构配件的质量安全、使用功能等进行测试的活动。

第四条（管理部门）

市建设行政管理部门是本市建设工程检测活动的综合监督管理部门，并负责相关专业建设工程检测活动的监督管理，具体履行以下职责：

（一）组织制定建设工程检测地方技术标准；

（二）指导、协调本市相关行政管理部门对专业建设工程检测活动的监督管理；

（三）对房屋建设工程、市政基础设施工程和公路工程等建设工程检测活动实施监督管理。

市港口、水务、海洋、绿化、民防、房屋等行政管理部门按照职责分工，负责相关专业建设工程检测活动的监督管理。

区、县建设行政管理部门和其他有关部门按照职责分工，负责本行政区域内建设工程检测活动的监督管理。

本市发展改革、财政、质量技监等行政管理部门在各自职责范围内，协同实施本办法。

第五条（行业协会）

上海市建设工程检测行业协会（以下简称检测行业协会）是建设工程检测机构和检

测人员的自律组织，依法制定行业自律规范，开展行业培训和行业诚信体系建设，维护会员的合法权益。对违反行业自律规范的会员，检测行业协会可以按照协会章程规定，采取相应的惩戒性行业自律措施。

市建设行政管理部门对检测行业协会的业务活动进行指导、监督。

第六条（检测活动原则）

从事建设工程检测活动，应当遵守相关法律、法规、规章和强制性技术标准，遵循科学、规范、客观、公正的原则。

第七条（检测信息系统）

本市建立全市统一的建设工程检测信息管理系统（以下简称检测信息系统）。对依据相关法律、法规、规章和技术标准实施的建设工程法定检测项目，检测机构应当通过检测信息系统实施检测。

第二章 检测委托

第八条（检测机构资质）

检测机构应当按照国家有关规定取得相应的资质，并在资质证书核定的范围内从事检测活动。检测机构应当具备使用检测信息系统的设备、软件、网络等条件。

市建设行政管理部门或者其他有关部门可以委托检测行业协会开展检测机构资质条件的现场核实。

禁止涂改、倒卖、出租、出借或者以其他形式非法转让资质证书。

第九条（外省市检测机构备案）

外省市检测机构在本市从事建设工程检测活动的，应当向市建设行政管理部门或者其他有关部门备案。

第十条（检测从业人员）

从事建设工程检测活动的专业技术人员（以下简称检测专业技术人员）应当按照国家和本市有关规定取得从业资格或者经检测行业协会考核合格。本市检测专业技术人员考核的规定由市建设行政管理部门另行制定。

检测专业技术人员，包括检测机构的检测人员、监理单位或者建设单位的检测见证人员以及施工单位的取样人员。

检测机构应当委派具有相应从业资格或者经考核合格的检测人员实施检测。

第十一条（检测业务委托）

建设单位或者施工单位应当委托具有相应资质的检测机构进行检测。

监理单位应当将监理平行检验中的检测工作委托具有相应资质的检测机构进行。监理单位的平行检测比例，应当符合国家有关规定；国家未作规定的，应当符合市建设行政管理部门的规定。

检测机构不得转让建设工程检测业务。

第十二条（回避）

检测机构不得与所检测工程项目相关的建设单位、设计单位、施工单位、监理单位有隶属关系或者其他利害关系。

检测机构在同一建设工程项目或者标段中，不得同时接受建设、施工或者监理单位等两方以上的检测委托。

第十三条（检测合同与备案）

委托方委托检测机构进行建设工程检测的，应当签订书面检测合同。本市鼓励检测合同当事人使用检测合同示范文本。

检测机构应当在检测合同签订后的20日内，将合同报建设行政管理部门或者其他有关部门备案；检测合同主要内容发生变更的，应当在合同变更后的20日内，向原合同备案部门办理变更备案。

第十四条（检测费用）

建设单位在编制建设工程概算、预算时，应当明确建设工程检测费，并按照规定在建设工程项目专户中单独列支。检测费不得挪作他用。

建设单位应当按照检测合同约定的检测费支付条件和检测信息系统生成的结算凭证，支付检测费。

第三章 检测行为规范

第十五条（见证取样）

施工单位的取样人员应当按照技术标准，对进入施工现场的原材料、中间产品抽取或者制作检测试样。

施工现场检测试样的抽取、制作以及对建设工程实体的现场检测，应当按照规定在监理单位或者建设单位的见证人员监督下实施。

第十六条（唯一性识别标识）

检测试样抽取、制作时，监理单位或者建设单位的见证人员应当对检测试样张贴或者嵌入唯一性识别标识，并现场将检测试样信息录入检测信息系统。唯一性识别标识由检测行业协会统一发放并登记管理。

施工单位应当按照技术标准规定的要求将检测试样送检测机构进行检测，不得损坏唯一性识别标识。

检测机构接收检测试样时，应当通过检测信息系统进行唯一性识别标识的信息比对。比对信息不一致的，检测机构应当拒绝接收检测试样。

第十七条（系统控制要求）

检测机构应当按照检测信息系统设定的控制方法进行检测，不得人为干预检测过程。

检测机构对建设工程实体进行现场检测的，应当在检测前将检测计划录入检测信息系统。

第十八条（检测人员的操作要求）

检测人员应当按照检测操作规程进行检测。

同一检测项目应当由不少于两名以上的持证检测人员进行检测操作。检测人员应当对检测操作的规范性和原始记录的真实性、准确性负责。

第十九条（检测报告）

检测机构应当通过检测信息系统出具检测报告。

检测报告经检测人员签字后，由检测机构法定代表人或者其授权的人员签署，并加盖检测机构公章或者检测专用章。

检测报告应当按照年度和工程项目统一连续编号，不得随意抽撤、涂改。检测报告应当注明见证单位和取样单位的名称，以及见证人员和取样人员的姓名、从业资格证书编号等信息。

检测报告经监理单位或者建设单位确认后，由施工单位归档。监理平行检测报告由监理单位作为监理工作资料归档。

第二十条（已检测试样的留置）

检测机构应当按照有关技术标准规定的环境、数量、时间等要求，留置已检测的试样。

第二十一条（禁止伪造检测数据和检测报告）

禁止建设、监理、施工单位或者检测机构及其检测人员伪造检测数据和检测报告。

禁止建设、监理或者施工单位要求检测机构伪造检测数据和检测报告。

第二十二条（检测机构档案管理）

检测机构应当建立检测档案管理制度。

检测机构应当单独建立检测结果不合格项目台账。

涉及建设工程结构质量安全的检测项目，其检测档案保管期限不得少于10年。其他检测档案保管期限不得少于5年。

第二十三条（检测争议处理）

检测结果利害关系人对检测结果有异议的，由双方共同认可的检测机构复检。复检结果由提出复检方报建设行政管理部门或者其他有关部门备案。

第四章 监督管理

第二十四条（监督检查）

建设行政管理部门和其他有关部门应当依法对建设工程检测活动实施监督管理。

建设行政管理部门和其他有关部门开展监督检查时，可以采用监督检测、信息系统监测和专项检查等形式。

第二十五条（监督检测）

建设行政管理部门或者其他有关部门应

当采用试样盲样检测的方式实施监督检测。监督检测的费用由同级财政拨付，不得另行收取。

涉及建设工程结构质量安全的监督检测，检测比例不得低于上年度建设工程检测总量的5%。

对建设工程实体的监督检测，建设行政管理部门或者其他有关部门不得委托对该工程实体已实施过检测的检测机构实施。

第二十六条（资质动态监督）

建设行政管理部门或者其他有关部门在监督检查中发现检测机构不再符合相应资质条件的，应当责令其限期改正；逾期不改正的，由资质许可部门降低其资质等级或者吊销资质证书。

第二十七条（举报制度）

任何单位和个人发现建设工程检测活动中存在违法行为的，都有权向建设行政管理部门或者其他有关部门举报。建设行政管理部门或者其他有关部门应当受理，并及时核实、处理。核实、处理的结果应当告知举报人。

第二十八条（信用管理）

建设行政管理部门和其他有关部门应当记载检测活动各参与单位和检测专业技术人员的信用信息。相关信息由市建设行政管理部门按照规定向社会公开。

市建设行政管理部门和其他有关部门应当按照诚信奖励和失信惩戒的原则实行分类管理，并在资质管理、表彰评优等方面对守信的检测活动各参与单位和人员给予激励，对失信的单位和人员给予惩处。

第五章 法律责任

第二十九条（其他处罚适用）

违反本办法规定，其他法律、法规已有处罚规定的，从其规定。

第三十条（对未取得资质从事检测活动的处罚）

违反本办法第八条第一款规定，未取得相应资质从事检测活动的，由建设行政管理部门或者其他有关部门责令立即改正，处1万元以上3万元以下罚款；情节严重的，处5万元以上10万元以下罚款。

第三十一条（对检测机构的处罚）

违反本办法规定，检测机构有下列情形之一的，由建设行政管理部门或者其他有关部门责令限期改正，处1万元以上3万元以下罚款；情节严重的，处3万元以上10万元以下罚款：

（一）违反第七条、第十六条第三款、第十七条第一款规定，未使用检测信息系统或者使用检测信息系统不符合规定的；

（二）违反第八条第三款规定，涂改、倒卖、出租、出借或者以其他形式非法转让资质证书的；

（三）违反第十条第三款规定，委派未取得检测资格或者未经检测专业培训考核合格的检测人员实施检测的；

（四）违反第十一条第三款规定，转让检测业务的；

（五）违反第二十条规定，未按照规定留置检测试样的；

（六）违反第二十二条规定，检测档案管理不符合规定，造成检测数据无法追溯的。

违反本办法规定，检测机构有下列情形之一的，由建设行政管理部门或者其他有关部门责令限期改正；逾期不改正的，处1万元以上3万元以下罚款：

（一）违反第十九条第一款规定，未通过检测信息系统出具检测报告的；

（二）违反第十九条第二款规定，未在检测报告上签字盖章的。

第三十二条（对伪造检测数据或者检测报告的处罚）

违反本办法第二十一条第一款规定，建设、监理、施工单位、检测机构或者检测人员伪造检测数据或者检测报告的，由建设行政管理部门或者其他有关部门责令限期改正，处1万元以上3万元以下罚款；情节严重的，处3万元以上10万元以下罚款。

第三十三条（对建设、施工、监理单位的处罚）

违反本办法规定，有关单位有下列情形之一的，由建设行政管理部门或者其他有关部门责令限期改正，处1万元以上3万元以下罚款；情节严重的，处3万元以上10万元以下罚款：

（一）违反第十一条第一款、第二款规定，建设、施工或者监理单位委托未取得相应资质的检测机构进行检测的；

（二）违反第十五条第二款规定，监理单位或者建设单位未按照规定实施检测见证的；

（三）违反第十六条第二款规定，施工单位未按照要求将检测试样送检测机构进行检测的；

（四）违反第二十一条第二款规定，建设、监理或者施工单位要求检测机构伪造检测数据或者检测报告的。

第三十四条（对未列支检测费的处罚）

违反本办法第十四条第一款规定，建设单位未在建设工程项目专户中单独列支检测费的，由建设行政管理部门或者其他有关部门责令限期改正；逾期不改正的，处1万元以上10万元以下罚款，并可以对单位主要负责人处5000元以上2万元以下罚款。

第三十五条（对检测专业技术人员的处罚）

违反本办法规定，检测专业技术人员有下列情形之一的，由建设行政管理部门或者其他有关部门责令限期改正，处1000元以上1万元以下罚款：

（一）违反第十五条第一款规定，取样人员未按照技术标准抽取或者制作检测试样的；

（二）违反第十六条第一款规定，见证人员未按照规定张贴、嵌入唯一性识别标识的；

（三）违反第十八条规定，检测人员未按照规定检测的。

第三十六条（对行政工作人员的处理）

建设行政管理部门或者其他有关部门工作人员违反本办法规定，有下列情形之一的，由其所在单位或者上级主管部门依法给予行政处分：

（一）未按照本办法规定履行监督检查职责的；

（二）发现违法行为不及时查处，或者有包庇、纵容违法行为，造成后果的；

（三）违法实施行政处罚的；

（四）其他玩忽职守、滥用职权、徇私舞弊的行为。

第六章 附则

第三十七条（检测机构资质申请审批）

检测机构资质的申请、审批，按照国家有关规定执行。

第三十八条（企业内部试验室）

商品混凝土、砂浆、预制构配件和建筑节能材料等建筑材料的生产单位内部试验室的检测行为，参照适用本办法。

第三十九条（施行日期）

本办法自2011年12月1日起施行。

33. 上海市征收集体土地房屋补偿暂行规定

（沪府发〔2011〕75号，11月4日）

第一条（目的和依据）

为规范征收集体土地房屋补偿行为，维护征地范围内房屋权利人的合法权益，根据《中华人民共和国土地管理法》、《中华人民共和国土地管理法实施条例》和《上海市实施？中华人民共和国土地管理法？办法》等法律、法规的规定，制定本规定。

第二条（适用范围）

在本市行政区域范围内征收集体土地

中实施房屋补偿的（以下简称“征地房屋补偿”），适用本规定。

第三条（补偿原则）

征地房屋补偿，应当遵循“程序正当、公平补偿、结果公开”的原则，保障被征地农民的居住条件，维护被征地农民的合法权益。

第四条（管理部门）

市土地管理部门是本市征地房屋补偿工作的主管部门。

市和区（县）发展改革、城乡建设、农业、社会保障、房屋管理、财政、工商、审计、监察等部门应当协同做好征地房屋补偿工作。

镇（乡）人民政府、街道办事处应当配合做好征地房屋补偿工作。

第五条（补偿主体与实施部门）

区（县）人民政府负责本行政区域的征地房屋补偿工作。

区（县）土地管理部门组织实施本行政区域的征地房屋补偿工作。

区（县）土地管理部门下属的征地事务机构（以下称“区（县）征地事务机构”）具体实施征地房屋补偿工作。

第六条（征收集体土地房屋补偿程序）

征地房屋补偿是征地补偿安置工作的组成部分。征地补偿安置程序按照国家和本市有关规定执行。

第七条（拟征地告知后不得实施的行为）

在征收集体土地依法报批前，区（县）土地管理部门应当向被征地农村集体经济组织和农户公布《拟征地告知书》，告知征地房屋补偿的政策依据以及本条第二款的要求，公布时间不得少于10日。

《拟征地告知书》公布后，拟征地范围内应当执行下列规定，但限制的最长期限不得超过一年：

（一）不得新建、改建、扩建建筑物、构筑物及其他设施；

（二）不得突击装修房屋；

（三）不得办理新增、变更工商营业登记；

（四）拟征地范围内已取得建房批准文件但新房尚未开工的，不得开工；

（五）不得从事其他不当增加补偿费用的行为。

违反前款规定实施的，不予补偿。

第八条（房屋调查确认）

《拟征地告知书》公布后，区（县）征地事务机构应当会同镇（乡）人民政府或者街道办事处以及村（居）民委员会组织对拟征地范围内宅基地及房屋的权属、面积、房屋用途等情况进行调查，情况属实的，纳入征地补偿登记范围。调查结果应当经宅基地使用人、房屋所有人确认，并在拟征地范围内公布。

第九条（房屋补偿费用）

房屋补偿费用包括用于货币补偿的资金和用于产权调换的房屋。用于货币补偿的资金应当在征地房屋补偿方案公告前足额到位，并做到专户存储、专款专用。用于产权调换的房屋在交付时应当符合国家质量安全标准和本市住宅交付使用许可要求，并做到产权清晰、无权利负担。

第十条（征地公告和征地补偿安置方案公告）

征收集体土地依法批准后，区（县）人民政府应当在被征地所在的镇（乡）、村予以公告（以下称“征地公告”），公告期不得少于10日。

征地公告后，区（县）征地事务机构应当根据调查结果拟订征地房屋补偿方案，并纳入征地补偿安置方案，由区（县）土地管理部门进行公告，公告期不少于30日。征地房屋补偿方案应当包括以下内容：

（一）房屋的补偿方式；

（二）补偿金额的计算方法；

（三）安置房屋坐落、单价；

（四）土地使用权基价；

（五）价格补贴；

（六）签约期限；

（七）其他事项。

区（县）土地管理部门应当就征地房屋补偿方案听取相关权利人意见。相关权利人申请听证的，应当在征地房屋补偿方案公告后5个工作日内提出书面申请；符合条件的，区（县）土地管理部门应当按照规定组织听证。区（县）征地事务机构应当根据征求意见和听证会情况，修改征地房屋补偿方案。

第十一条（签订补偿安置协议）

征地房屋补偿方案经区（县）人民政府批准后，区（县）征地事务机构与宅基地使用人或者房屋所有人应当按照征地房屋补偿方案协商签订房屋补偿安置协议。房屋补偿安置协议应当载明补偿方式、补偿金额、安置地点、搬迁期限、临时安置过渡期限、违约责任等内容。

第十二条（计户标准和面积确定）

征地房屋补偿应当以合法有效的宅基地使用证、房地产权证或者建房批准文件计户，按户进行补偿。

房屋的用途和建筑面积，以宅基地使用证、房地产权证或者建房批准文件的记载为准。

第十三条（建制撤销的居住房屋补偿）

被征地的村或者村民小组建制撤销的，宅基地使用人或者居住房屋所有人可以选择货币补偿，也可以选择产权房屋调换。选择产权房屋调换的，应当结清货币补偿金额与产权调换房屋价格的差价。

前款规定的货币补偿金额计算公式为：（房屋建安重置结合成新单价＋同区域新建多层商品住房每平方米建筑面积的土地使用权基价＋价格补贴）× 房屋建筑面积。

本条及第十四条规定的单价，是指每平方米建筑面积的价格。

本条及第十四条规定的房屋建安重置结合成新单价，由区（县）征地事务机构委托具有相应资质的估价机构评估；同区域新建多层商品住房每平方米建筑面积的土地使用权基价及价格补贴标准，由房屋所在地的区（县）人民政府制定并公布。

第十四条（建制不撤销的居住房屋补偿）

被征地的村或者村民小组建制不撤销的，该居住房屋户内成员全部转为非农业户籍的，补偿按照本规定第十三条执行；该居住房屋户内成员未全部转为非农业户籍的，按照下列规定予以补偿：

（一）具备易地建房条件的区域，宅基地使用人可以在镇（乡）土地利用总体规划确定的中心村或居民点范围内申请宅基地新建住房，并获得相应的货币补偿；

（二）不具备易地建房条件的区域，按照本规定第十三条执行，不得再申请宅基地新建住房。

本条第一款第（一）项规定的货币补偿金额计算公式为：（房屋建安重置结合成新单价＋价格补贴）× 房屋的建筑面积。使用新宅基地所需的费用，由区（县）征地事务机构支付给提供宅基地的村或者村民小组。

申请宅基地新建房屋的审批程序，按照本市农村村民住房建设的有关规定执行。

第十五条（居住房屋的其他补偿）

征地房屋补偿，还应当对宅基地使用人或者居住房屋所有人补偿搬家补助费、设备迁移费、过渡期内的临时安置补助费，具体标准由区（县）人民政府制定。

第十六条（已批未建的房屋补偿）

征地公告时，已取得建房批文但新房尚未建造完毕的，新房在建工程按照实际完成的工程量重置价补偿；建房批文规定应当拆除尚未拆除的旧房，可以按照重置价结合成新价格补偿。本条规定的重置价，由区（县）征地事务机构委托具有相应资质的估价机构评估。

征地公告时，已取得建房批文但新房尚

未开工或未建造完毕的，其土地使用权基价和价格补贴按照建房批文规定的建筑面积计算；建房批文规定允许保留旧房的，应当将旧房面积和建房批文规定的新建建筑面积一并计算。建房批文规定应当拆除尚未拆除的旧房、已自行拆除的旧房，不得给予土地使用权基价补偿和价格补贴。

第十七条（可建未建的房屋补偿）

征地公告时，符合本市农村村民住房建设申请条件的村民家庭，因建设规划控制等原因未新建、扩建住房的，现住房建筑面积以征地公告时符合农村村民建房申请条件的人数计算；低于现行农村村民住房可建面积标准的部分，可给予土地使用权基价补偿和价格补贴，但他处有经批准建造的农村住宅、已享受过福利分房或已享受过房屋拆迁补偿安置的人数除外。每户可建建筑面积与原建筑面积总和，不得高于当地现行农村村民住房建设标准，且不作分户计算。

上述可建建筑面积的认定，应由具备条件的农村村民家庭提出申请，房屋所在地的镇（乡）人民政府或街道办事处按照农村村民住房建设标准进行审核，并在征地范围内公示，公示期不得少于7日。公示期满无异议，或虽有异议，但经复核符合条件的，由镇（乡）人民政府或街道办事处出具可建建筑面积认定证明。

第十八条（超标准建房的补偿）

虽经建房批准，但有下列情形之一的，对超过本市农村村民住房建设标准的建筑面积，可给予房屋建安重置结合成新价补偿，但不给予土地使用权基价补偿和价格补贴：

（一）在批准建房时，超过本市农村村民住房建设标准审批的；

（二）在批准建房时，只批准房屋建筑占地面积，未明确房屋层数、建筑面积的。

超标准建筑面积，由镇（乡）人民政府或街道办事处认定。

第十九条（非居住房屋的补偿）

对非居住房屋实行货币补偿。

农村集体经济组织以土地使用权入股、联营等形式与其他单位、个人共同举办的企业所有的非居住房屋，房屋所有人的货币补偿金额计算公式为：房屋建安重置价 + 相应的土地使用权取得费用。

本条第二款规定的房屋建安重置价、相应的土地使用权取得费用，由区（县）征地事务机构委托具有相应资质的估价机构评估。

第二十条（非居住房屋的其他补偿）

对非居住房屋，还应当补偿下列费用：

（一）设备搬迁和安装费用；

（二）无法恢复使用的设备按照重置价结合成新结算的费用；

（三）停产、停业损失补偿。

第二十一条（其他房屋及设施的补偿）

居住房屋附属的棚舍、除本规定第十九条第二款以外的非居住房屋，以及其他构筑物的补偿，按照本市有关国家建设征地的财物补偿标准执行。

第二十二条（违章建筑、临时建筑的处理）

未超过批准期限的临时建筑，可以给予适当补偿。

对违法建筑、超过批准期限的临时建筑，以及《拟征地告知书》公布后擅自进行房屋及其附属物新建、改建、扩建的部分，不予补偿。

第二十三条（估价机构的确定）

征地房屋补偿中涉及需要评估的，估价机构由被征地范围内的宅基地使用人或者房屋所有人在有相应资质的估价机构中协商选定；协商不成的，由镇（乡）人民政府或者街道办事处组织宅基地使用人或者房屋所有人按照少数服从多数的原则投票决定，也可以采取摇号、抽签等方式随机确定。

估价机构确定后，区（县）征地事务机构应当与估价机构签订委托评估协议。

第二十四条（征地房屋补偿的评估）

征地房屋补偿的评估时点，为征地房屋补偿方案公告之日。

评估的技术规范，按照本市有关规定执行。

第二十五条（征地房屋补偿协调）

在征地房屋补偿方案规定的签约期限内，区（县）征地事务机构与宅基地使用人或者房屋所有人达不成补偿安置协议的，由区（县）征地事务机构根据经批准的征地房屋补偿方案制定具体补偿方案，提供给宅基地使用人或者房屋所有人，并要求其在规定期限内给予答复。具体补偿方案应当包括补偿标准、安置房屋的地点、搬迁期限等内容。

在答复期限内，区（县）土地管理部门应当予以协调。答复期限届满，宅基地使用人或者房屋所有人未作答复或者答复不同意的，由区（县）征地事务机构按照具体补偿方案实施补偿。

第二十六条（责令交出土地）

宅基地使用人或者房屋所有人已经依法得到补偿或者无正当理由拒绝接受补偿，且拒不交出土地的，由区（县）土地管理部门责令宅基地使用人或者房屋所有人限期交出土地。区（县）土地管理部门作出责令交出土地决定的，应当出具行政决定书。

宅基地使用人或者房屋所有人在责令交出土地的决定规定的搬迁期限内拒不搬迁的，由区（县）土地管理部门依法申请人民法院强制执行。

第二十七条（补偿结果公开）

区（县）土地管理部门应当依法建立征地房屋补偿档案，并将分户补偿结果在被征地范围内向宅基地使用人或者房屋所有人公布。

区（县）审计机关应当加强对征地房屋补偿费用管理和使用情况的监督，并公布审计结果。

第二十八条（已征未拆地块的征地房屋补偿方案）

本规定施行前已办理征收集体土地手续，并已完成土地、青苗、集体资产补偿和被征地人员社会保障手续，尚未实施房屋补偿，本规定施行后实施房屋补偿的，区（县）征地事务机构应当编制征地房屋补偿方案，由区（县）土地管理部门进行公告，并按照第十条第三款的规定听取意见。征地房屋补偿方案由区（县）土地管理部门报区（县）人民政府批准后实施。

第二十九条（人员培训）

从事征地房屋补偿工作的人员应当通过市土地管理部门组织的有关法律、业务知识的培训考核后，持证上岗。

第三十条（举报处理）

任何组织和个人对违反本规定的行为，都有权向市和区（县）人民政府、土地管理部门以及其他有关部门举报。接到举报的市和区（县）人民政府、土地管理部门以及其他有关部门应当及时予以核实、处理。

监察机关应当加强对参与征地房屋补偿工作的政府和有关部门或者单位及其工作人员的监察。

第三十一条（施行日期）

本规定自印发之日起施行。2002 年 4 月 10 日上海市人民政府印发的《上海市征用集体所有土地拆迁房屋补偿安置若干规定》（沪府发〔2002〕13 号）同时废止。征收集体土地后已依法取得《房屋拆迁许可证》的项目，继续沿用原有规定办理。

34. 关于本市加快城乡一体化发展的若干意见

（沪府发〔2011〕77 号，11 月 10 日）

各区、县人民政府，市政府各委、办、局，各有关单位：

加快城乡一体化发展，是深入贯彻落实

科学发展观，落实中共中央关于农村改革发展的指示，增强综合实力和保障改善民生的迫切要求和内在动力。改革开放30多年来，本市城乡统筹工作取得了长足进步，城乡综合实力大为增强，城乡基础设施和基本公共服务进一步完善，城乡居民得到更多实惠。但本市城乡经济社会发展不平衡状况依然存在，城乡社会事业和公共服务水平差距依然较大。新形势下，随着转型发展的深入推进，必须进一步解放思想，加大改革创新力度，优化配置全市各类资源，努力在统筹城乡发展、率先形成城乡经济社会发展一体化新格局方面取得重大突破。经市委同意，现就本市加快城乡一体化发展提出以下若干意见：

一、明确指导思想、基本原则和主要目标

（一）指导思想

以邓小平理论和“三个代表”重要思想为指导，深入贯彻落实科学发展观。统筹兼顾，突出重点，坚持新型城市化与新农村建设双轮驱动，突破城乡资源要素自由流动的制度性障碍，推进建立城乡一体的资源配置和优势互补的发展机制。深化改革，创新机制，分类指导，提高郊区发展的自主性和积极性，逐步实现以城带乡、城乡融合、成果共享。

（二）基本原则

1. 解放思想，改革突破。坚持“改革为本，大力创新”，加快体制机制改革创新，突破城乡二元的制度障碍，完善有利于促进城乡一体化发展的土地制度等基本制度。

2. 以人为本，民生优先。坚持“百姓自愿，民生优先”，着力解决人民群众最关心、最直接、最现实的问题，不断提高人民群众的生活和生产水平，促进农民增收致富。

3. 多予少取，重在放活。坚持“支持农村，反哺农业”，进一步加大公共资源和财政投入支持郊区农村发展的力度。不断完善市和区县管理体制，实现事权、财权和审批权相统一，增强郊区农村发展活力。

4. 先行先试，尽力而为。坚持“分类指导，聚焦重点”，鼓励有条件、有能力的地区加快发展，率先实现城乡一体化发展。继续推进城市支持农村、城乡协调发展。

（三）主要目标

1. 近期目标

以深化城乡体制机制改革创新为突破口，着力实施“富民增收、保障接轨、产业联动、资源统筹、体制改革”五大工程。到2015年，基本形成城乡一体的规划建设体系，实现城区现代繁荣、乡村生态优美；基本形成城乡一体的公共资源统筹共享机制，实现城乡基本公共服务均等化；基本形成城乡居民收入增长与国民经济发展水平同步增长机制，实现城乡居民收入差距不断缩小；基本形成城乡一体化的协调互动发展新格局，实现城乡统筹继续走在全国前列。

2. 中远期目标

到2020年，基本实现城乡公共资源均衡配置、生产要素自由流动，基本形成产业联动、优势互补的城乡发展格局，建立并完善均等均衡、公平公正的城乡公共服务和社会保障体系，确保城乡人民共创共享改革发展成果，与上海“四个中心”和社会主义国际化大都市相适应，使上海城乡一体化水平保持全国前列并接近发达国家水平。

二、统筹城乡规划，加快市域空间一体化建设和发展

（一）加快完善城乡空间布局规划

贯彻落实《城乡规划法》，进一步完善城乡规划体系，引导城乡各区域协调发展。强化对市域空间的整体规划，优化完善新城规划体系，编制完善城镇及村庄规划，加快完善城乡建设敏感区的规划。加强规划整合，推进工业区块与周边城镇的协调发展，进一步加强区与区交界地区的规划衔接。（牵头部门：市规划国土资源局）

（二）着力推进新城建设和发展

坚持分类推进，鼓励新城优势互补、功能互动，着力打造西部新城群、积极培育沿海沿江新城。统筹工业园区、产业基地、大型居住社区与新城建设，强化产城融合。推进落实市政府《关于本市加快新城发展的若干意见》（沪府发〔2011〕19号），促进重大产业项目、重大基础设施、优质社会事业资源向新城倾斜，加快新城基础设施建设和社会事业发展。推进新城旧区棚户简屋改造。完善新城开发建设机制和运行管理机制，结合新一轮行政审批改革，探索决策、审批、执行相分离，积极推动项目审批、项目建设、交通管理、市容绿化等审批权限向新城所在区县下放，调动区县主动性。创新投融资模式，引导社会资本参与新城建设。（牵头部门：市发展改革委、市规划国土资源局、市建设交通委、市绿化市容局）

（三）稳步推进村镇建设和发展

立足保障基本，加快公共服务设施和公益事业建设，鼓励小城镇各具特色地发展。推进全国小城镇发展改革试点镇的建设和发展。继续推进国家历史文化名镇（村）保留保护改造。继续推进老城镇和规划保留村庄的综合改造，加快推进农村居民集中居住，积极引导高压走廊等规划控制区内农村居民置换居住。稳妥推进郊区城镇旧住房综合改造和市郊农场危旧房改造，加大农村危旧房改造力度，扩大农村危旧房改造受益面。（牵头部门：市建设交通委、市发展改革委、市农委、市住房保障房屋管理局、市规划国土资源局）

（四）加强郊区城市化地区和城郊结合部的社会建设和管理

在全市范围内，统筹社会管理资源，健全社会保障机制，完善社会管理体制，增强社会管理力量。加强和创新大型居住社区社会管理，将资源配置、管理力量和财政投入向大型居住社区倾斜。加快推进“城中村”改造。加强综合整治，加大对违章建筑的拆除力度。强化对来沪人员的管理和服务。（牵头部门：市编办、市建设交通委、市发展改革委、市规划国土资源局、市住房保障房屋管理局、市公安局）

三、深化农村土地制度改革，加快形成城乡土地同地、同权的共享机制

（一）加快农村土地（房屋）确权

全面推进农村土地延包后续完善工作，确保土地承包经营权证书到户，并开展土地承包权登记试点工作。加快集体土地所有权证、农用地使用权证和宅基地使用权证的确权登记，力争用两年时间，把农村集体土地所有权确认到每个具有该所有权的农民集体经济组织。加快制定农村宅基地及利用宅基地建造的村民住房房地产登记办法，推进农村房地产登记工作。（牵头部门：市规划国土资源局、市农委、市住房保障房屋管理局）

（二）加快推进农村土地流转

探索农村土地制度改革，增加集体经济组织和农民的财产性收入。完善农村土地承包经营权流转管理服务平台功能，进一步发挥引导规范流转的作用，促进农业适度规模经营发展。探索和完善农村宅基地退出机制。尽快建立耕地占补平衡指标调剂平台。完善农村集体建设用地有偿使用和流转。完善农村土地流转收益的分配机制。推进城乡建设用地增减挂钩和农村土地整理，稳妥推进农民宅基地置换工作，促进小城镇建设。（牵头部门：市规划国土资源局、市农委、市发展改革委、市建设交通委）

四、推进产业融合，加快形成城乡产业经济协调发展态势

（一）支持郊区加快发展现代服务业

加快郊区现代服务业发展，拓展服务经济发展规模，增强郊区经济实力，提升郊区居民生活便利度。依托郊区制造业产业区块，集聚发展为制造业紧密配套的供应链管理、研发设计、检验检测、节能环保等各类专业型生产性服务业。结合郊区新城建设，积极

发展教育培训、医疗保健、社区服务等生活性服务业，进一步推进郊区商业设施合理布局。围绕迪士尼、崇明生态岛等标志性旅游资源的开发，统筹规划、整合资源，加快发展特色服务业。结合郊区城镇化建设和长三角地区联动发展的要求，发展总部经济、文化及创意、软件和信息服务、电子商务等新兴服务业。结合上海国家高技术服务产业基地建设，不断提升高技术服务业在郊区服务业中所占比重。（牵头部门：市发展改革委、市经济信息化委、市商务委）

（二）提升郊区先进制造业发展能级

积极支持郊区培育和发展战略性新兴产业，大力推进高新技术产业化，优化提升先进制造业，培育和壮大一批行业龙头企业，提升郊区产业发展水平。以各类产业基地、开发区为载体，推动工业向规划确定的工业区块集中，促进郊区工业用地节约集约利用。分类推进规划工业区块外现状工业用地的调整和转型。优化完善郊区产业布局，提升开发区管理服务水平，增强园区综合竞争力和可持续发展能力。加快调整郊区产业结构和生产方式，鼓励推行节能低碳、绿色环保的生产方式，调整淘汰高耗能、高污染、高危险、低附加值的劣势企业、劣势产品和落后工艺。（牵头部门：市经济信息化委、市科委）

（三）发展都市高效生态农业

围绕加快转变农业发展方式，启动“十二五”现代农业发展规划和项目，推进都市高效生态农业发展。建立完善主要地产农产品最低保有量制度，确保粮食、蔬菜等地产鲜活农产品有效供应和质量安全。全面建设水稻、绿叶蔬菜、西甜瓜、河蟹等农副产品现代产业技术体系，加强先进实用技术的集成推广。大力发展现代种业，加快选育高商品性、高附加值蔬菜、花卉、瓜果、食用菌等新品种，促进种子产业的规模化、集约化发展。加强农产品安全监管，严格执行产地准出和市场准入制度，逐步建成农产品全程质量追溯体系。提高农业设施化程度，加强浦东国家农业示范区和市级现代农业园区建设，不断增强农业综合生产能力。发展低碳和循环农业，有效防治农业面源污染，加强农用地土壤环境保护。扶持农民专业合作社、家庭农场和农业龙头企业，完善农业社会化服务体系。加强农业与二、三产业的融合发展，支持“农超对接”，继续推进农产品交易大市场建设，提高服务全国的能力。（牵头部门：市农委、市商务委、市科委）

五、统筹城乡基础设施和生态环境建设，改善郊区农村居民生产生活环境

（一）加快郊区市政公用基础设施建设

结合郊区大型居住社区和新城、试点小城镇、宅基地置换新建农民集中居住区建设，进一步加快郊区公用配套设施建设。完善市重大工程建设市对郊区的补贴政策，加大对大型居住社区所在区县扶持力度。完善铁路支线网布局，依托城际高铁、轨道交通站点，优化郊区区域性公交枢纽的布局和建设。继续推进区与区对接道路建设。继续扶持规划保留的经济薄弱地区村内路桥建设改造，建立健全管理养护机制及公交运营服务机制。优化天然气管网布局，扩大郊区燃气管道覆盖面。逐步归并郊区中小水源地，加快郊区集约化供水设施建设与改造，推进城乡供水服务均衡化。（牵头部门：市建设交通委、市发展改革委、市农委、市水务局、市交通港口局）

（二）推进城乡信息基础设施建设和为农综合信息服务

加强信息基础设施规划和建设，深入推进基础通信管线、通信机房、无线通信基站等信息基础设施的集约共建和资源共享。建设光纤宽带网络，推进农村地区光纤接入改造；优化拓展第三代移动通信（3G）网络，推进中心城区、郊区城镇化地区及主干道路每秒3兆以上无线宽带接入。加快郊区有线电视网络整合、改造及数字电视整体转换，

推进郊区下一代广播电视网络（NGB）建设，推进广播电视网、电信网、互联网“三网融合”。深化为农综合服务千村通工程，完善农业信息网、农科服务热线等为农综合信息服务平台功能，普及农村综合信息服务站，健全农村信息服务体系。深入推进农业生产经营中的信息技术应用，支持测土配方等农业基础数据库建设和应用；推进农产品全程可追溯系统建设，保障食用农产品质量安全；鼓励农产品交易中的电子商务应用，促进农业增产、农民增收。（牵头部门：市经济信息化委、市农委）

（三）进一步提升郊区生态环境质量

加快郊区污水处理厂和污水管网建设，因地制宜开展农村生活污水处理。进一步推进郊区河道和村沟宅河整治，继续推进本市太湖流域水环境综合治理。支持郊区生活垃圾处理设施建设，将农村生活垃圾全面纳入市、区县两级无害化处置系统。加大种植业和养殖业污染防治力度，禁止秸秆焚烧，不断提高秸秆等农业废弃物的资源化综合利用率。建立健全郊区生态公益林管护机制，合理开放和利用生态林地资源。逐步提高耕地质量，加强滩涂湿地保护，合理开发利用滩涂资源。（牵头部门：市环保局、市水务局、市绿化市容局、市农委、市建设交通委）

六、统筹城乡社会事业发展，促进基本公共服务均等化

（一）优化配置城乡教育资源

加快郊区学校建设，优化教育资源布局结构，使教育资源的分布基本满足常住人口适龄子女教育需要。探索设立“上海市教育公共平台建设专项资金”，加大市级财政对区县教育的转移支付力度，重点支持远郊区县和人口导入区县发展义务教育。通过设立分校、委托管理、管办评分离、对口办学、组建合作体等多种形式，推进优质教育资源辐射郊区农村。通过项目引领方式，推进课程与教学改革，提升郊区农村学校教育质量。（牵头部门：市教委、市财政局）

（二）促进城乡医疗卫生事业均衡发展

深化医疗卫生体制改革，加强郊区三级医疗机构的内涵建设，加大对中高级医护人员的引进和培养力度，继续推进郊区基层医疗机构的补点和改造，全面提升基本医疗服务和公共卫生服务水平，为城乡间人口迁移提供就医便利。加快本土化订单定向免费培养乡村社区医生，提高农村医疗卫生服务水平。（牵头部门：市卫生局）

（三）加强城乡公共文化服务体系建设

完善城乡基层公共文化设施网络建设，加快郊区社区文化活动中心建设。创新基础公共文化组织运行体制机制，丰富城乡公共文化内容，提高公共文化服务品质，满足城乡居民精神文化需求。（牵头部门：市委宣传部、市文广影视局）

七、加快制度衔接，推进城乡就业和社会保障一体化

（一）健全城乡一体化的就业促进机制

继续实施新增非农就业岗位计划，完善就业技能和职业素质培训，进一步加强有针对性的职业技能培训和公共就业服务，增强农民就业能力。继续实施鼓励农村富余劳动力非农就业的专项政策措施，加大农村富余劳动力跨区就业补贴和低收入农户非农就业补贴相关政策扶持的力度，鼓励农村富余劳动力非农就业。整合社会各种创业扶持资源，在融资、经营场地、创业教育和培训、初创期培育等方面进一步落实有关政策，扶持包括农民专业合作社等形式在内的各类创业组织发展。（牵头部门：市人力资源社会保障局、市农委）

（二）加快完善城乡统筹的社会保障体系

构建基本构架统一衔接的城乡社会保险制度体系。调整、完善、整合现行各类社会保险制度，加快建立起面向本市常住人口的制度融合、梯次合理、水平适宜、城乡统筹

的社会保障体系。稳步推进新型农村社会养老保险制度，逐步实行按照劳动者就业状态参保，鼓励农民通过参加更高层次的社会保险来提高保险待遇水平。实现本市郊区新型农村社会养老保险制度全覆盖，逐步形成以城镇职工养老保险、新型农村社会养老保险为核心的基本养老保障制度体系。逐步完善以城镇职工医疗保险、城镇居民医疗保险、新型农村合作医疗为核心的基本医疗保障制度体系。提高新农合医保水平，不断缩小与城镇医保的差距。进一步完善各类保险制度的衔接通道，确保参保人员保险关系的顺畅接续。（牵头部门：市人力资源社会保障局、市卫生局）

八、完善协调保障机制，切实推进城乡一体化发展

（一）加强沟通协调和统筹推进

市有关部门和区县政府要按照分工，切实履行职责，做到上下联动、条块协作，统筹推进。要制定推进实施城乡一体化发展三年行动计划。鼓励有条件的区县先行试点，探索建立城乡一体化发展的示范区，在农民持续增收、农村集体经济产权制度改革等方面走在全国前列。（牵头部门：市发展改革委、市委农办、市农委、相关区县政府）

（二）进一步深化完善财税体制改革

完善市与区县的税收征管体制和财政分配关系，增强财政政策导向功能，促进市与区县联动发展。完善财政转移支付制度，加大转移支付力度，优化转移支付结构，重点向郊区和财力困难区县倾斜，促进城乡基本公共服务均衡保障。（牵头部门：市财政局）

（三）探索建立考核机制

探索建立本市城乡一体化发展评价指标体系，综合考评工作推进情况和实施效果，并将考评结果作为市各职能部门和区县政府年度工作考核的重要参考。（牵头部门：国家统计局上海调查总队、市委组织部）

（四）进一步完善城乡结对帮扶工作机制

加快推进中心城区与远郊区县结对共建，推进精细化管理方式覆盖郊区农村。进一步推进全市机关、企事业单位以及中央在沪单位与乡镇、村的结对帮扶工作。（牵头部门：市委组织部、市委农办）

35. 上海市住宅物业保修金管理暂行办法

（沪府办发〔2011〕56号，11月22日）

第一条（目的和依据）

为了加强住宅物业保修金管理，维护业主的合法权益，保障相关物业在保修期内的正常使用和维修，根据《中华人民共和国建筑法》、《建设工程质量管理条例》、《上海市住宅物业管理规定》和《建设工程价款结算暂行办法》等法律、法规、规章，制定本办法。

第二条（适用范围）

本市行政区域内新建住宅及同一物业管理区域内其他建筑物的物业保修金的交存、使用、退还及监督管理，适用本办法。

第三条（定义）

本办法所称住宅物业保修金（以下简称“保修金”），是指建设单位按照规定比例向房屋管理部门交存，作为建设单位履行保修义务的保证金。

本办法所称业主，是指房屋所有权人，但不包括建设单位。

第四条（管理原则）

保修金的管理，遵循“统一交存、资金归属不变、专款专用、政府监管”的原则。

第五条（管理部门）

市房屋管理部门负责全市保修金的监督管理。

区、县建设部门负责本辖区内建筑工程的质量监督管理和质量问题纠纷的协调。

区、县房屋管理部门负责本辖区内保修金的交存、使用、补足、退还等日常管理。

第六条（交存标准）

新建住宅及同一物业管理区域内其他建筑物，其建设单位按照建筑安装总造价的3%交纳保修金。

建设单位已投保的工程质量保证保险符合国家和本市规定的保修范围和保修期限的，经房屋管理部门审核同意，可以免予交纳物业保修金。

第七条（交存时限）

建设单位应当在办理房屋所有权初始登记前，持下列文件向房屋所在地的区、县房屋管理部门提出核定保修金交纳金额的手续：

（一）本建设项目立项批文及附图；

（二）住宅交付使用许可证；

（三）发包、承包双方签字盖章后的建设项目竣工总结算报告；

（四）竣工总平面图等相关图纸；

（五）建设单位签署盖章的《履行保修义务承诺书》。

区、县房屋管理部门应当在受理申请后5个工作日内，出具《住宅物业保修金交存通知单》，告知建设单位交存保修金的具体金额和专户账号；建设单位应当在收到《住宅物业保修金交存通知单》后10日内，一次性足额交存保修金；保修金开户银行应当在收款后，出具收款凭证。

建设单位凭《住宅物业保修金交存通知单》和保修金开户银行出具的收款凭证，向区、县房屋管理部门申办业主共有的房地产和公益性公共服务设施房地产的认定手续。

第八条（账户设立）

区、县房屋管理部门应当在市房屋管理部门指定的商业银行，开设一个保修金专用存款账户。以住宅物业管理区域为单位设立分户，同一住宅物业管理区域内分期开发的，以分期开发区域为单位进行核算。

第九条（建设单位保修义务）

建设单位应当与房屋买受人在房屋预（出）售合同中，约定房屋保修范围、保修期限、维修时限等相关保修责任和内容。

物业保修期限内物业出现质量问题的，建设单位应当在接到维修要求后，按照合同约定时限，派人到现场核查；属于建设单位保修范围的，建设单位应当及时进行维修。

第十条（保修金的申请使用）

建设单位拒不履行保修义务或者因歇业、破产等原因无法履行保修义务的，业主、业主大会或者物业服务企业可以持下列书面材料，向区、县房屋管理部门申请使用保修金：

（一）申请使用保修金报告；

（二）生效的法院判决书或者仲裁委员会裁决书。

区、县房屋管理部门应当在受理申请后10个工作日内，对符合使用条件的，出具《住宅物业保修金使用事项告知单》，告知申请人使用保修金的有关事项。

第十一条（组织维修）

经区、县房屋管理部门审核同意使用保修金的，业主、业主大会可以委托物业服务企业代为组织维修，并与维修施工单位签订书面工程合同。维修工程预算、决算费用应当经具有相应资质的中介机构审价。

第十二条（保修金的划转和结算）

业主、业主大会或者物业服务企业应当根据工程合同的约定，持下列书面材料向区、县房屋管理部门申请维修费用的划转：

（一）住宅物业保修金划转申请表；

（二）工程合同；

（三）中介机构出具的维修工程预算审价报告；

（四）维修施工单位出具的维修费用发票。

维修工程竣工前，申请划转的维修费用不得超过维修工程预算审价报告总价款的

60%。

维修工程竣工后，业主、业主大会或者物业服务企业应当持下列书面材料，向区、县房屋管理部门申请维修费用的结算：

（一）住宅物业保修金划转申请表；

（二）中介机构出具的维修工程决算审价报告；

（三）维修施工单位出具的维修费用发票。

维修工程结算费用应当以经中介机构审价的决算费用为准。

区、县房屋管理部门应当在受理申请后5个工作日内，向保修金开户银行出具《住宅物业保修金划转通知书》。保修金开户银行应当在收到《住宅物业保修金划转通知书》后的5个工作日内，办理相关划转业务。

第十三条（保修金的补足）

区、县房屋管理部门应当在出具《住宅物业保修金划转通知书》后10个工作日内，向建设单位出具《住宅物业保修金交存通知单（补足）》；建设单位应当在收到《住宅物业保修金交存通知单（补足）》后的10个工作日内，将需补足金额存入保修金专用存款账户。

第十四条（保修金收支情况对账）

市房屋管理部门应当定期对保修金及其管理情况进行检查，加强监管；保修金开户银行应当定期与区、县房屋管理部门进行对账，每半年向建设单位递送保修金收支对账单。

第十五条（保修金退还申请）

建设单位可在保修金对应区域内首套房屋交付满10年后，凭首套房屋交付使用交接书和保修金开户银行出具的收款凭证，向区、县房屋管理部门提出退还申请。

区、县房屋管理部门应当在受理申请后10个工作日内，就拟退还保修金事项书面征询区、县建设主管部门意见，并在相关物业管理区域内、房屋管理部门网站上公示，公示期为30日。

公示期满无异议或者异议无效的，区、县房屋管理部门应当在5个工作日内，出具《住宅物业保修金领取通知书》。建设单位凭《住宅物业保修金领取通知书》，到保修金开户银行领取保修金。公示期内建设单位履行保修义务未完毕的，保修金暂不予退还。

房屋因不可抗力、拆除等原因灭失的，建设单位凭相关部门出具的灭失证明，向区、县房屋管理部门申请退还保修金。

第十六条（建设单位的变更）

建设单位发生企业更名的，应当凭更名后的企业法人营业执照、组织机构代码证、工商管理部门出具的更名批复，向区、县房屋管理部门申办保修金账户信息变更手续。

建设单位因破产、解散或者其他情形丧失主体资格的，应当将保修金变更至其法人股东名下，在清算时明确承担保修义务的一个法人股东，并持下列材料，向区、县房屋管理部门申办保修金信息变更手续：

（一）住宅物业保修金账户信息变更申请书；

（二）公司清算时，全体股东一致同意变更事项的书面材料；

（三）变更后的法人股东签署的履行保修义务的《履行保修义务变更承诺书》；

（四）变更后的法人股东的企业法人营业执照等相关证明材料。

区、县房屋管理部门应当在受理申请后的5个工作日内，出具《变更住宅物业保修金账户信息通知书》，通知保修金开户银行变更相应账户信息。

第十七条（对违反物业保修金交存规定的处理）

建设单位违反本办法，未交存或补足保修金的，由区、县房屋管理部门责令限期改正；逾期不改正的，处1万元以上5万元以下的罚款，并自逾期之日起，按日加收万分之三的滞纳金。

第十八条（对有关部门和保修金管理机构的工作人员违反本办法的处理）

房屋管理部门工作人员违反本办法规定，有下列行为之一的，对直接负责的主管人员和其他直接责任人员依法给予行政处分；构成犯罪的，依法追究刑事责任：

（一）截留、挪用、侵占保修金；

（二）未按照本办法规定进行管理，造成保修金流失的；

（三）在保修金使用、划转和退还中，故意刁难或者拖延的；

（四）其他玩忽职守、滥用职权、以权谋私的行为。

第十九条（施行日期）

本办法自印发之日起施行，有效期2年。

附 录

2011 年大事记

（1 月 ~ 12 月）

1 月份

★ 1 月 6 日，市住房保障房屋管理局下发通知，就执行“本市及外省市居民家庭只能在本市新购一套商品住房”有关问题进行补充规定。

★在市发改委、建交委、规土局等多部门通力合作下，本市城市轨道交通近期建设规划（2010~2015 年）建设规划于 2010 年 12 月 30 日获得国家发改委正式批复，这为上海市新一轮轨道交通建设奠定了坚实的基础。本次建设规划是在上一轮建设规划实施的基础上，对既有轨道交通基本网络的完善和补充。本次规划共 7 条线路或延伸线，分别为 5 号线南延伸、9 号线三期、13 号线二期、14 号线、15 号线、18 号线、20 号线（现更名为 17 号线），线路总长超过 200 公里，车站超过 130 座。

★ 1月4日下午，市政府召开上海国际航运中心建设推进工作会议，市委常委、常务副市长杨雄，副市长沈骏出席了会议。上海国际航运中心建设推进小组办公室负责同志就2010年航运中心建设工作情况及2011年工作设想进行了汇报，上海国际航运中心建设推进小组相关成员单位的负责同志作了交流发言。2010年，上海贯彻中央有关精神，在优化航运集疏运体系、完善航运服务功能、建设国际航运发展综合试验区、推进邮轮产业发展等方面取得了一定进展。根据12月底数据显示，上海港全年完成货物吞吐量6.5亿吨，集装箱吞吐量达到2904万标准箱；上海地区航空运输将实现飞机起降55.1万架次、旅客吞吐量7170万人次、货邮吞吐量370万吨。会议指出，“十二五”是上海加快转变经济增长方式和产业结构调整的重要时期，2011年是“十二五”开局年，上海国际航运中心建设要深入贯彻落实国务院[2009]19号文件精神，依托“两个中心”建设的部际协调会议机制，加强与中央部委的沟通，紧紧围绕集疏运体系和航运服务体系建设，深化综合试验区政策研究并争取新的突破，力求硬件建设与软件完善相结合，落实政策与探索创新相结合，全面推动各项工作开展。

★ 1月6日下午，市委召开专题会议，听取微博宣传工作汇报，研究部署做好微博宣传的有关工作。中共中央政治局委员、上海市委书记俞正声、市委副书记殷一璀、市委常委吴志明、杨振武、屠光绍等出席会议。市委宣传部副部长宋超在会上作了有关微博宣传工作的总结汇报，东方网、新民网作了交流发言，申通地铁集团总裁俞光耀在会上作了《大胆探索，不断改进，创造性开展企业微博传工》的发言交流。

★ 1月6日下午，市委副书记、市长韩正、市委常委、常务副市长杨雄、副市长沈骏等一行来到申通地铁集团进行专题调研，听取了申通地铁集团公司党委书记、董事长应名洪就“十二五”期间上海轨道交通投融资、规划、建设、运营等方面工作的汇报。韩正在充分肯定上海地铁“十一五”期间发展成果的同时，要求申通地铁集团在“十二五”期间实现“以管理为中心”的重大转变，将“运行为重、安全为本”作为核心任务。

★ 1月7日，上海老港生活垃圾填埋场新建渗滤液处理设施通过为期一年的试运作，正式投入使用。目前老港填埋场设计渗滤液处理量已经达到2450立方米/日。垃圾在堆放和填埋过程中由于压实、发酵等生物化学降解作用，同时在降水和地下水的渗流作用下产生了一种高浓度的有机或无机成份的液体，称之为垃圾渗滤液。影响渗滤液产生的因素很多，主要有垃圾堆放填埋区域的降雨情况、垃圾的性质与成分、填埋场的防渗处理情况、场地的水文地质条件等。据了解，2010年老港填埋场通过自行处理和外运处置共销纳渗滤液超过13万立方，现有销纳能力基本能满足处理需求。但是在销纳的渗滤液中，自行处理的比例还不高，对外运处置的依赖性较大，因此2011年1月之前老港填埋场将完成现有渗滤液处理设备的改进，同时进行处理工艺的改良，进一步提高处理量，争取达到渗滤液处理为主不依赖外运，无渗滤液污染发生的目标。

★ 1月7日，上海市住房保障事务中心正式成立。新成立的市住房保障事务中心，旨在进一步加强住房保障事务工作，服务于全市住房困难家庭。

★ 1月11日，市政府出台了《关于进一步规范本市建筑市场加强建设工程质量安全管理的若干意见》（简称《若干意见》，俗称“廿二条”），该文件旨在深刻吸取“11·15”特大火灾事故教训，进一步整顿和规范本市建筑市场，全面加强建设工程的质量安全管理，保证城市公共安全。《若干意见》是在《建筑法》、《招投标法》、《建设工程质量条例》和《建设工程安全生产条例》的框架下，对涉及建设工程质量安全管理中的建筑市场整顿、建设程序完善、源头风险控制、承发包市场规范、施工现场管理、落实监理责任、强化政府监督管理等关键内容，提出了具有操作性的管理措施。《若干意见》力求全面覆盖、全过程管理；强调了建设工程的安全风险源头控制，要求对工程建设进行质量安全重大风险评估，确定合理施工工期，落实保障质量安全的专项经费；首次提出了建设工程分包合同备案制度，对不办理备案手续或者不符合施工条件的，一律停工整顿；首次明确了现场监理及时发现、及时制止、及时报告的责任；提出了加强建筑业从业人员管理的具体措施；强调了运用信息化手段促进建筑市场监管公开透明。《若干意见》是针对当前本市建筑市场存在的突出问题先行出台的政府规范性文件，有关方面还在加紧起草《上海市建设工程质量安全条例》等地方性法规和政府规章，有望把本市建筑管理的具体措施进一步法治化、规范化。下一阶段，本市将结合贯彻落实《若干意见》，分阶段推进本市建筑市场整治工作，2011年上半年为全市各类建设工程、建筑企业自查阶段，下半年将开展落实情况的抽查和督查。

★1月18日，上海有史以来靠泊的最大的LNG船舶——“CASTILLO DE SANTISTEBAN(卡斯特罗)”经海上数日辗转，抵达洋山深水港。该轮为处在寒潮侵袭下的上海带来了16.9万立方米液化天然气，有力保障了春节期间申城天然气的供应。

★1月20日上午，沈骏副市长、尹弘副秘书长赴城市快速路监控中心指导大雪应急处置工作并向坚守岗位的值班人员进行慰问。在监控大厅，沈骏同志、尹弘同志通过监控大屏，详细了解了大雪期间城市快速路的运行情况、交通事件处置情况，并通过监控图像查看了当前快速路拥堵路段的拥堵状况。沈骏同志在全面视察了城市快速路监控中心的工作后，对大雪期间的道路应急保障工作做出具体部署，要求监控中心在大雪期间进一步加强监控，一旦发现交通事件或突发事件快速协调相关部门进行处置，避免大雪对快速路交通造成严重影响，同时要认真做好相关信息的上报工作。最后，沈骏同志、尹弘同志对坚守岗位的值班人员进行了亲切慰问。

★1月22日上午，上海辰山植物园举行全面竣工仪式，辰山植物园园长、中科院院士陈晓亚担任主持，市政府副秘书长尹弘宣布辰山植物园全面竣工，市政府、中科院、市发改委、市绿化市容局、市旅游局、松江区领导及参建单位代表共同出席并剪彩。随后在科研中心举行的市政府新闻发布会宣布亚洲最大的植物展览温室的建成标志着辰山植物园的全面竣工，并从1月23日起正式对外开放。辰山植物园展览温室由热带花果馆、沙生植物馆和珍奇植物馆3个单体温室组成，总面积12608平方米，共展示植物3000多种。正式开园后，将实行统一门票（不包括游船、电瓶车等项目），价格定为每张60元。

★1月26日，市绿化市容局表示，上海森林面积已达到119.6万亩，全市森林覆盖率达到12.58%，分别比10年前增加89万亩和9.41个百分点，均增长3倍；本市现已拥有4座国家森林公园，即松江佘山、崇明东平、上海海湾和上海共青森林公园。2010年上海围绕“生态城市，绿色上海”的发展目标，加快水源涵养林、沿海防护林、通道防护林、污染隔离林、大型生态片林等生态公益林建设，初步构建了城市森林生态系统框架。上海现有森林面积每年可以涵养水源29300万立方米，固土297万吨，固碳46万吨，释氧111万立方米，吸收污染物1231万吨，年主要生态服务总价值74.4亿元。上海市委、市政府确定2015年全市森林覆盖率达到15%。

★1月28日晚10时，军工路越江隧道正式通车。军工路越江隧道，北接浦西军工路，南连浦东金桥路，越江位置处于杨浦大桥和翔殷路隧道之间。线路沿军工路、黎平路一线向南下穿规划长阳路、平凉路。军工路越江隧道总长3050米，其中，隧道内总长2651米。主线建设规模为双管双层双向八车道，设计车速为80公里/小时，地面辅道双向四车道，设计车速为50公里/小时，隧道主线限速60公里/小时。目前开通隧道东孔，上层为浦西向浦东方向，下层为浦东至浦西方向，隧道西孔暂不通车。军工路隧道的开通，将大大缓解翔殷路隧道、杨浦大桥的交通压力。

★1月28日，市建设交通工作党委召开市建设交通系统2011年党风廉政建设大会。会议由市建设交通工作党委副书记、市建设交通委主任黄融同志主持。会上，市建设交通工作党委书记许德明同志就做好2011年党风廉政建设和反腐败工作作重要讲话，市建设交通工作党委副书记田赛男、范志伟同志分别传达了中纪委六次全会、市纪委六次全会精神，市建设交通纪工委书记王来娣同志总结部署了党风廉政建设和反腐败工作。会上，4个单位代表现场签订了党风廉政建设责任书。许德明同志就做好2011年党风廉政建设和反腐败工作提出三点意见：一是不断深化对党风廉政建设重要性的认识。二是关于今年党风廉政建设工作任务。三是加强组织领导，确保反腐倡廉建设任务的落实。王来娣同志回顾总结了2010年党风廉政建设和反腐败工作，并对2011年党风廉政建设工作作出部署。

★1月31日，市政府办公厅印发《关于本市贯彻<国务院办公厅关于进一步做好房地产市场调控工作有关问题的通知>的实施意见》。

2月份

★2月1日下午，上海市副市长沈骏、市政府副秘书长尹弘和市建交委副主任、市交通港口局局长孙建平、市建交委副主任沈晓苏等一行来到上海地铁网络运营控制中心，亲切慰问坚守在岗位上的上海地铁员工，沈骏希望地铁更好地为春节中外乘客提供优质服务，充分展示上海地铁的窗口形象，为欢度欢乐祥和的春节作出贡献。

★2月1日22时起，西藏南路越江隧道主线开始正式向社会车辆开放，龙华东路和雪野路、国展路匝道暂不开放。西藏南路隧道浦西起于西藏南路高雄路，浦东位于浦东南路高科西路，隧道介于卢浦大桥和南浦大桥之间，浦东往浦西方向的东线总长约2350米，浦西往浦东方向的西线总长约2672米，双向4车道，设计时速为40公里/小时。作为世博专用隧道，西藏南路隧道在2010年上海世博会开幕期间为来自世界各地的观博者提供了快速便捷的设施保障服务，获得了上海世博会世博园区服务保障先进集体等诸多荣誉。

★2月9日上午，上海市召开2011年建设交通工作会议。市委常委、常务副市长杨雄，副市长沈骏出席会议并作重要讲话。

杨雄同志在会议重点谈了四点意见：一是正确对待建设交通系统取得的成绩和存在的问题，二是把创新驱动、转型发展落实到建设交通工作各个方面，三是抓好城市运营安全，四是全力做好建设交通党的工作。沈骏同志就做好“十二五”开局之年建设交通工作讲了三点意见：一是用科学的态度和辩证的方法正确对待取得的成绩和存在的问题；二是准确把握行业面临的机遇和挑战，增强责任感和使命感；三是突出四项重点，全力以赴做好2011年和“十二五”开局的各项工作。会议总结了2010年建设交通工作，部署了2011年工作任务。市政府副秘书长尹弘出席大会。

★2月16日、17日，市委书记俞正声到闵行、嘉定二区就农村公共租赁住房建设等情况进行调研。俞书记指出，留住人才首先要解决住房问题，要深入研究政策障碍，充分调动镇村积极性，鼓励在农村集体用地上建设公共租赁房，解决来沪务工者等的居住难题。

★2月18日，市住房保障房屋管理局和交通银行上海分行举行银政合作备忘录签约仪式，市建设交通委副主任、市住房保障房屋管理局长、党组书记刘海生和交通银行上海分行行长吕本献出席签约仪式并致辞。市住房保障房屋管理副局长顾弟根与交通银行上海分行副行长陈荷兰在银政合作备忘录上签字。此次银政合作是双方在经济适用住房项目建设和配售供应领域开展的一次合作，旨在进一步推进本市经济适用住房申请供应工作。交通银行将制定实施经济适用住房购房家庭个人商业贷款优惠政策和个人按揭贷款业务，为取得经济适用住房购房资格并符合贷款条件的购房家庭提供商业贷款服务。

★2月18日，市政府召开旧区改造工作会议。沈骏副市长出席会议并讲话。“十一五”期间，本市旧区改造工作紧紧围绕“服务世博、改善民生”的要求，创新机制，完善政策，圆满地完成了各项任务。据统计，中心城区共拆除二级旧里以下房屋343万平方米，受益居民达到12.5万户。市重点旧改项目闸北区“北广场”、黄浦区董家渡13A、15A街坊、普陀区建民村等相继完成改造。“十二五”是上海创新驱动、转型发展、构建和谐社会的重要时期，社会经济发展将更加注重于惠及民生，注重于改善市民群众的基本生活条件。旧区改造是城市发展的永恒主题，是城市科学发展、改善民生的重要载体，加快推进旧区改造，不仅可以改善市民群众的住房困难，而且可以完善城市功能，加强城市安全和社会管理，促进社会公平，增强人民群众的向心力和凝聚力。沈骏副市长强调，1月21日国务院出台了《国有土地上房屋征收与补偿条例》，对规范房屋征收行为、保护被征收人的权益具有重要意义，将进一步促进社会和谐、科学发展。当然，《征收条例》与先前房屋拆迁条例相比，在管理体制和操作程序等方面发生了很大变化，因此，需要对城市建设和旧区改造前期房屋征收的一些做法作适当调整。各部门要认真学习，正确领会，并把《征收条例》的精神体现在日常的工作中。沈骏副市长最后指出，今年是“十二五”起步之年，旧区改造列入了市政府重点工作，市、区有关部门要进一步统一思想，认清形势，紧紧咬住目标任务，全力推进旧区改造工作。一是要加强领导，切实把工作抓实抓好；二是抓紧制订上海房屋征收实施细则，确保房屋征收工作平稳过渡；三是抓紧在拆基地的收尾工作；四是全力推进保障性住宅建设；五是开展郊区城镇棚户简屋改造的试点。

★2月24日，市人大常委会副主任胡

延照带领市人大城建环保委成员及部分人大代表深入申通地铁集团公司调研本市公共交通安全情况。胡延照副主任等在听取汇报后，充分肯定本市公共交通，尤其是轨道交通为城市经济社会发展发挥的重要作用，同时强调，交通行业各级部门和单位要进一步强化管理、切实杜绝各类安全隐患，确保城市运行安全和生产安全；今年市人大常委会将开展城市运行安全和安全生产专项监督检查作为重点工作，进一步推动安全管理工作的强化与落实。市人大城建环保委主任委员甘宗泽主持会议。市建设交通委副主任、交通港口局局长孙建平，申通地铁集团总裁俞光耀，市公安局轨道公交总队党委书记曹声伟等先后汇报了本市公共交通、重点是轨道交通的运行安全管理与安保消防工作情况。

★ 2 月 24 日下午，市建设交通系统召开深入开展创先争优活动动员大会召。许德明同志就进一步深入开展创先争优活动提出三点意见：一是围绕中心工作开展创先争优活动。思想观念要进一步转变，注重发展的质量和效益。工作重心要进一步转变，更加注重城市运行安全和生产安全。发展思路要进一步转变，更加注重城乡一体、区域联动发展。二是围绕服务群众、促进和谐开展创先争优活动。在联系服务群众、解决突出问题中创先争优；在扩大党建覆盖、促进社会和谐中创先争优；在加强基层基础建设、增强基层党组织活力中创先争优。三是加强领导，不断创新，增强活力。加强对开展创先争优活动的领导。扎实推进活动开展，取得丰硕成果。范志伟同志对建设交通系统开展创先争优活动作集中点评。市建设交通两委班子成员和系统各局、各单位，两委机关负责人参加了会议。

★ 2 月 28 日，市政府召开上海市保障性安居工程工作会议。沈骏副市长出席并讲话，尹弘副秘书长主持会议。会上，全市 18 个区（县）政府与市政府签订了 2011 年保障性安居工程年度“目标责任书”，明确了今年“四位一体”住房保障体系推进指标与具体目标任务。2011 年，全市新开工和筹措保障性住房的总体目标为 1500 万平方米，其中经济适用住房约 500 万平方米，动迁安置房约 800 万平方米，公共租赁住房开工和筹措 200 万平方米；其总体供应将达到 1150 万平方米。目前，上海出台了《上海市保障性住房建设导则》，经济适用住房、公共租赁住房《设计导则》也正式颁布，将对本市各类保障性住房建设方案设计以及建设质量水平的提高起到积极的作用。同时，进一步加强保障房工程质量安全方面的监管，包括对施工人员的管理、工程质量的验收等方面的工作，做到安全施工、文明施工、科学施工，确保工程安全。根据上海“四位一体”住房保障体系要求，在做好保障性住房建设工作的同时，今年本市还将加大保障性住房申请供应力度。

3 月 份

★ 3 月 1 日下午，市建设交通工作党委、市建设交通委召开市建设交通系统信访、维稳工作会议。市信访办巡视员、市联席办副主任许仁绿同志出席会议并讲话，他就市建设交通系统信访、维稳工作谈了三点意见。一是领导重视，措施有力，建设交通系统信访工作成效明显；二是居安思危，保持清醒，深刻认识当前信访工作形势和任务；三是奋发有为，再接再厉，全力以赴继续做好 2011 年信访工作。市建设交通工作党委书记许德明同志就做好当前信访维稳工作提出四点要求：一、以高度政治责任感做好当前信访维稳工作，确保全国两会顺利召开。二、坚持科学发展，切实做到以人为本、安全为先、管理为重，从源头上减少矛盾和不稳定因素。三、着力化解信访积案，解决历史遗留问题。四、加强领导，落实制度，确保信访维稳工作取得实效。市建设交通工作党委副书记、市建设交通委主任黄融同志主持会议，并提出贯彻落实本次会议的要求。

★ 3 月 1 日起，《上海市省际道路旅客运输管理服务规范》实施。要求省际客运站需配备本市公路客运联网售票需要的网络通信、售票终端等设备，并符合联网售票接入要求，五级以上客运站应配置 X 射线安全检查设备。所有省际客运车辆应当按规定安装 GPS 卫星定位仪、配置灭火器、逃生锤、应急阀门等设施；客运经营企业应当落实人员进行实时监控并真实记录。同时，对省际客运车辆驾驶员在车辆到达休息区或目的地时，对休息区的选择也进行了明确规定，提出应当优先选择服务优质、规模较大的休息区停靠，且休息区应当相对固定，并须报送至客运站和所属车辆公司备案，进一步加强了对从业人员运营过程中的管理。另外，对毗邻地区"公交化"班线发展作了明确要求，将继续试点省际班线公交化改造，可采取区域经营、循环经营、设置临时发车点等灵活的方式解决跨省毗邻地区居民的出行需求，促进"'同城化'、'公交化'"发展。

★ 3 月 2 日，上海轨道交通 11 号线北段二期、12 号线、13 号线一期、16 号线（原 11 号线南段）等四条新线全面开工。至 2014 年底前，上海将陆续建成 14 条线路、350 余座车站、超过 500 公里的轨道交通基本网络。继续加快"大容量、低碳环保、便捷、安全"的轨道交通新一轮建设，从根本上解决城市交通难问题，促进城市经济持续发展，持续提高市民生活水平和生活质量。

★ 3 月 2 日，市政府决定再次放宽经济适用住房准入标准。其中，户籍年限、住房困难面积标准、五年内未出售和赠与住房的限制条件、单身人士年龄标准等不作调整，主要放宽收入和财产准入标准：3 人及以上申请家庭的人均年可支配收入限额调整为 39600 元（相当于月均 3300 元）、人均财产限额调整为 12 万元；2 人及以下申请家庭的收入和财产标准在此基础上进一步上浮 10%，即人均年可支配收入限额为 43560 元、人均财产限额为 13.2 万元。

★ 3 月 3 日至 3 月 23 日，沈骏副市长率市相关部门负责人赴浦东等 10 个中心城区调研住房保障工作，重点就公共租赁住房运营机构组建、项目地块落实和建设资金安排等工作进行检查指导。

★ 3 月 10 日上午，沈骏副市长、市政府副秘书长尹弘、市建交委主任黄融赴市水务局（市海洋局）调研指导工作，并与局党政领导班子成员进行了座谈。市水务局（市海洋局）党组书记、局长张嘉毅汇报了"十二五"工作思路和 2011 年工作重点，尹弘副秘书长、黄融主任就如何进一步做好今后的水务海洋重点工作提出了有针对性意见和建议。沈骏同志指出，市水务局（市海洋局）在 2010 年紧紧围绕世博大局，提供了强有力的水务、海洋服务保障，为世博会的成功举办作出了积极贡献，所作出的成绩有目共睹。强调，水务、海洋工作与全市经济社会发展密不可分，十二五时期，水务、海洋部门要紧密围绕全市十二五发展规划，进一步发挥体制优势，真正实现创新驱动、转型发展，力争工作水平再上新台阶。并对下一步工作提出要求。

★ 3 月 10 日，上海市重大工程建设工作会议召开。沈骏副市长出席会议并讲话。2011 年全市重大工程将围绕"创新驱动、转型发展”，着力发挥重大项目对全市经济社会发展的引导、带动和支撑作用，全年共安排正式项目 84 项、预备项目 44 项，年计划投资安排 1002 亿元，年内计划新开工项目 20 项、计划建成或基本建成项目 12 项。2011 年本市重大工程项目将重点围绕“五个方面”展开推进：一是围绕“创新、转型”，全力推进重大产业项目建设。主要推进中科院科技园、启动一批国家工程研究中心等科技创新项目；开工建设网络视听产业基地、金山生物医药产业基地，推进 12 英寸集成电路芯片生产线、数据港云计算服务平台等战略性新兴产业项目；建成浦钢搬迁工程第二步实施项目，推进汽车、造船、商用飞机等重点优势产业项目；基本建成上海吴淞口国际邮轮码头，加快推进迪士尼、上海中心大厦、上海金融交易广场、国际航运服务中心等现代服务产业项目，增强创新驱动、转型发展能力。二是围绕节能减排，着力推进生态环保重大项目建设。郊区供水水集约化工程、崇明岛东风西沙水库启动建设，加快推进苏州河环境综合整治三期、竹园和白龙港污水处理厂污泥处理工程及南线输送干线完善工程等项目建设，不断改善城市生态环境。三是围绕城市安全运行，大力推进城市保障重大产业项目建设。重点推进国家天然气项目、临港燃气电厂一期工程、输变电工程等一批能源设施保障项目；启动中心城排水系统改造、大型直升飞机、消防站体系等公共安全设施项目；加快城市光纤宽带网、郊区县数字电视整体转化换等信息基础设施项目建设，确保城市安全运行。四是围绕改善民生，合力推进重大社会事业建设。重点推进保障性住房、大型居住区配套道路及公交枢纽建设；加快推进一批医院医技楼、病房综合楼及郊区三级医院等项目建设，提升市级医疗设施服务能力；进一步推进华东理工大学奉贤校区二期、上海电机学院临港校区等一批教育事业项目建设；推进上海交响乐团迁建、上海自然博物馆、钱学森图书馆等文化设施项目建设，满足人民群众文化生活需求。五是围绕城乡一体化，聚力推进重大基础设施项目建设。建成京沪高速铁路上海段，加快推进 S6 高速公路、杭申线航道整治等一批对外交通基础设施项目建设；推进区与区连接道路、轨道交通 11 号线南、北段工程等项目建设，加强郊区与中心城区的快速通道联系；推动长江西路越江工程、中环线浦东段、东西通道拓建工程等项目建设，不断完善市域交通体系。市重大办主任、市建设交通委主任黄融表示，要坚持“以人为本，安全为先，管理为重”的方针全力推进 2011 年各项重大工程建设，特别是要加强重大工程的安全质量管理，要全面推进落实建设工程质量安全管理的 22 条要求，明确建设方、施工总包方、监理等各方面的安全责任，确保安全质量措施落到实处。针对节后，工程一线施工人员流动性大、新进人员比例高的特点，市重大办要求各重大工程建设单位要积极探索安全教育培训办法，确保重大工程参建人员的教育培训全覆盖和关键岗位的持证上岗。

★ 3 月 11 日上午，市建设交通系统召开社会治安综合治理工作会议。市建设交通工作党委副书记田赛男同志主持会议。市建设交通工作党委副书记、市建设交通委主任黄融同志总结了 2010 年综治工作，部署了 2011 年综治工作五个方面的重点任务。一是坚持和完善排查调处机制，努力化解矛盾纠纷；二是落实和创新工作制度，形成规范管理机制；三是深化新一轮平安创建活动，提升平安创建工作质量；四是以学习贯彻市综治条例为契机，加强综治工作基础建设；五是以落实防范措施和管理制度为重点，重视做好反恐、禁毒和内部治安防范工作。

★ 3 月 11 日上午，市委、市政府在人民大厦举行中央一号文件宣讲专题报告会，邀请中央宣传团团长、中农办副主任唐仁健作专题辅导报告。市委常委、市委政法委书记、市“三农”工作领导小组组长吴志明出席会议并作重要讲话，要求全市各级、各部门要抓好学习宣传、加强政策研究、抓好贯彻落实，努力开创我市水利和农业农村工作新局面，为上海“四个中心”和社会主义现代化国际大都市建设提供更加有力的水利支撑和保障。上海市委、市政府高度重视中央一号文件的学习贯彻，专题召开会议研究贯彻意见，目前正研究制定上海市的贯彻实施意见，并有望于近期出台。

★ 3月12日植树节，是本市为纪念全民义务植树30周年首次确定的“义务植树日”。由市绿化委员会办公室、光明食品集团公司、新民晚报主办的“3.12生命绿缘—生日快乐、植树快乐”、“植树造林，我们在行动，千人义务植树”两项植树活动同时在上海海湾国家森林公园开展，100多名3月12日生日和1000多名自愿报名义务植树的市民，分别为公园增添了片片新绿。当天共植树超过1300余株。据介绍，经过30年的义务植树，本市市民参与绿化尽责的自觉性日益提高。本次两项义务植树的消息经媒体披露后，参加千人植树活动名额三天就报满，显示植绿、爱绿、护绿的意识已逐步深入人心。但受客观条件的限制，一些市民要求植树的愿望仍无法得到满足。为此，市绿办倡导市民积极参与身边的爱绿、护绿志愿行动，参加树木绿地认建认养，参与社区的绿化管护，从绿化美化企业和家庭的窗台、阳台、楼道、庭院、屋顶人手，通过不同的方式为上海生态环境建设作贡献。

★ 3月14日，长江口12.5米深水航道试通航一周年。一年来，12.5米深水航道通航保证率达到100%。2010年12月4日创单日船舶通过量214艘历史纪录。有关部门提供数据，长江口货运总量增长十分显著，2010年达到91186万吨，同比2009年75837万吨货运总量增长20%。

★ 3月18日，市委副书记、市长韩正到松江经济适用住房（共有产权房）社区新凯家园登门拜访入住居民，实地察看松江泗泾保障性住房在建基地，并召开现场会部署加快推进全市保障性住房建设工作。韩正同志指出，保障性住房建设是当前乃至今后一段时期上海重大的民生工程。该项工程涉及诸多公共政策，必须通过不断创新去突破瓶颈、解决问题、完善制度，从而形成一套科学的公共政策体系，使大部分中低收入市民和新上海人能够通过这套体系改善住房条件，看到解决住房问题的希望。去年以来，全市保障性住房建设推进有力，市、区联手，工作成效明显，特别是经济适用住房（共有产权房）在制度创新上有了很大突破。强调，必须紧紧咬住今年保障性住房开工1500万平方米约22万套、供应1150万平方米约17万套（其中经济适用住房8万套）的工作目标任务不放松，必须加大工作力度推进保障性住房社区的综合配套，落实责任、严格考核。今年年底，要向社会公布本市通过住房保障体系改善住房条件的家庭数量。

★ 3月18日，上海市内河水上搜救中心宝山分中心揭牌仪式在宝山区吴淞海事所举行。该中心运用“上海市内河交通和应急联动系统”平台，建立覆盖蕴藻浜16.3公里水域的视频监控系统、船舶自动识别系统(AIS）、GIS系统、GPS系统等，实现对辖区重点水域、重点船舶、重点码头的有效监控。通过多系统船岸联动，实现船舶助航预警信息服务、进出港调度。通过实时预报水上航行环境和险情，实现对事故、事件或险情的“早发现、早报告、早控制”，有力提高预防预控能力。在宝山水域形成全方位覆盖、全天候运行、快速反应的水上安全管理机制，适应未来海事管理信息化和监管手段科学化的需要。

★ 3 月 22 日，市道路运输行业协会货运出租专业委员会组织全市 8 家单位 2000 余辆货运出租汽车，克服调价时间紧、任务重的困难，顺利完成货运出租汽车运价调整工作。由于国内现行成品油价格水平对货运出租汽车燃油成本的影响，3 月 18 日起，本市货运出租汽车价格依据油价联动机制上调。载质量为 0.6 吨车起租价由 22 元调整为 25 元，超起租里程单价由 3.20 元调整为 3.50 元；载质量为 0.9 吨车起租价由现行 27 元调整为 30 元，超起租里程单价由现行 3.70 元调整为 4 元；新投入运营的载质量为 1.75 吨车起租价 45 元，超起租里程单价 4.50 元。

★ 3 月 22 日，市政府召开的纪念第 19 届“世界水日”和第 24 届“中国水周”暨郊区集约化供水推进大会。会议明确 2012 年 7 月 1 日前，上海郊区基本完成除崇明县以外地区的集约化供水；2015 年年底前，崇明县完成集约化供水，全市基本实现城乡供水公共服务均衡化，都能喝上更安全更优质的自来水。会议确定 2011 年本市郊区集约化供水“五大任务单”。任务一：新建四大水源地至中心水厂的原水管线。到 2012 年，新建从黄浦江上游、长江口陈行、青草沙、东风西沙四大水源地至郊区中心水厂管径 1000 毫米及以上的原水管线，总长度约 114 公里；任务二：新建、改扩建一批中心水厂。到 2012 年，新建嘉北、小昆山、青浦三水厂等 7 座水厂，增加供水规模 87 万立方米 / 日；扩建徐泾水厂、金山一水厂等 6 座水厂，增加供水规模 112 万立方米 / 日；取用黄浦江上游原水的水厂全部实施深度处理改造。2015 年，新建崇明堡镇和崇西 2 座水厂，增加供水规模 13 万立方米 / 日；任务三：新建一批集约化输水管网。到 2012 年，围绕关闭现有内河和深井取水水厂的目标，新建从中心水厂至拟关闭小水厂管径为 500 毫米及以上的输水主干管网，总长度约 541 公里；至 2015 年，完成崇明堡镇、崇西地区输水主干管网约 99 公里；任务四：加快推进配水管网改造。在全面推进集约化供水的过程中，有关区县加快推进配水管网改造，推进局部区域供水设施改造，切实降低供水管网漏损率和产销差率，提高水资源利用效率和效益；任务五：基本关闭所有以内河及地下水为水源的小水厂。到 2012 年底，关闭浦东、嘉定、奉贤、松江、金山、青浦、崇明等区县的 51 座小水厂；到 2015 年底，关闭崇明岛剩余的 23 座小水厂，横沙岛暂保留现有深井供水模式。

★ 3 月 24 日，市政协主席冯国勤，副主席周太彤、李良园、钱景林、吴幼英、高小玫，市政协秘书长陈海刚、市政协有关部门负责人，在上海铁路局党政领导的陪同下，乘坐高速动车组列车考察沪杭高铁，并到上海虹桥站、上海动车客车段视察，听取上海铁路局改革发展工作情况汇报，充分肯定上海铁路局为上海市及华东地区经济发展、社会稳定、百姓出行作出的重要贡献，表示将一如既往地关心、关注、关爱铁路事业，积极为加快铁路发展建言献策，努力为铁路建设营造宽松和谐的社会环境，同时希望上海铁路行业坚持科学发展，把服从服务经济社会发展作为重要任务。一是加强与上海市有关方面的密切合作，共同努力，进一步加强路网建设，加强技术改造，提高运输能力和服务水平，为加快建设“四个中心”和社会主义现代化国际大都市作出更大贡献。二是坚持以人为本，把安全摆在最核心、最本质、最重要的位置，牢固树立“安全第一”的思想不动摇，正确处理安全与生产、效益、效率的关系，加大工作力度，确保运输安全特别是高速、提速和旅客列车安全持续稳定。三是坚持创新驱动，把创新贯穿于铁路建设、运营各个方面和各个环节，加强科学管理、创新管理，推进发展观念、体制机制、领导方式、工作方法的整体提高和改进，不断增强企业核心竞争力。

★ 3 月 26 日晚 8 时 30 分至 9 时 30 分，市政府大楼、上海博物馆、城市规划展示厅上海博物馆等，都将熄灭景观灯一小时。这是上海第三次参与“地球一小时”活动，该活动由全球最大的独立性非政府环境保护组织之一的世界自然基金会（WWF）在全球发起。有关单位昨天同时号召市民：“爱地球，做出一个行动改变”，以实际行动超越熄灯一小时。上海承诺，将在 2011 年新建城市绿地 1000 公顷，进一步改善城市生态环境和市民生活环境。

★ 3 月 28 日，上海新一轮援疆的首个“交钥匙”项目喀什叶城县维吾尔医医院正式开工。该工程由上海城建集团第二市政工程有限公司承建。叶城县维吾尔医医院坐落于恰斯米其提乡，总用地面积为 32733 ㎡，建筑面积为 28000 ㎡，目前开工的一期工程建筑面积为 16000 ㎡，主要包括急诊医技楼和病房楼和后勤楼 3 个建筑单体，工程预计于 2012 年 6 月竣工。医院建成后，将为提高当地医疗卫生水平、保障各族群众健康、弘扬提升民族传统医药水平起到积极作用。该工程由上海出资，并由上海的一流代建、设计、施工和监理等单位参与建设。工程时间紧、任务重、要求高，援建指挥部和建设单位在喀什地区及叶城县委县政府、相关部门全力支持下，急事急办，开设项目审批绿色通道，前期手续办理规范有序，确保在南疆开春后的第一时间正式开工。上海援疆的一批“交钥匙”项目在今年上半年即将陆续开工，项目的规划、设计论证及相关前期手续正在紧锣密鼓地进行中。

★ 3 月 29 日上午，市建设交通系统召开党的基层组织党务公开工作会议。市建设交通纪工委书记王来娣同志主持会议并作出工作部署。市建设交通工作党委书记许德明同志就建设交通系统党的基层组织开展党务公开工作提出四点意见：一、从贯彻落实科学发展观、以改革创新精神加强党的建设的高度，充分认识推进党务公开的重要意义；二、以积极科学的态度扎实推进基层党组织党务公开工作；三、以求真务实的精神探索基层党组织党务公开的办法和规律；四、以强烈的责任意识确保基层党组织党务公开工作顺利开展。

★ 3 月 30 日，老港综合填埋场一期工程开工仪式在老港固体废弃物综合利用基地举行，市领导沈骏、尹弘，市绿化市容局领导、市发改委、市建交委等相关部门出席了开工仪式。

★ 3 月 31 日，市政府召开市住宅物业管理工作大会，沈骏副市长出席大会并讲话，市政府副秘书长尹弘主持大会。局长刘海生在会上作了题为《认真实施 <上海市住宅物业管理规定>，推动物业管理水平上新台阶》的报告。

四 月 份

★ 4 月 1 日，国家海洋局、市人民政府在外高桥极地码头为中国第 27 次南极科考队从南极凯旋举行隆重欢迎仪式，三航院高级工程师张峰同志也随“雪龙”号科考船顺利返沪。公司党委书记沈明达代表公司党政班子专程前往码头欢迎张峰凯旋。而另一位高工程培军同志在完成长城站科考任务后已于 1 月 28 日先期返沪。至此，三航院圆满完成了第二次赴南极科考工作。

★ 4 月 1 日，新修订的《上海市住宅物业管理规定》正式实施。

★ 4 月 1 日，2011 上海花展隆重开幕。首先开展的“国色天香”牡丹展（4 月 1 日 ~4 月 10 日）将以丰富的展出形式和多彩的系列活动烘托牡丹主题，包括“国色天香”、“浪漫春色”、“花之海洋”、“精品荟萃”等四大牡丹主展区，涉及 13 个牡丹主题景点，兜兰展和千年种子展（4 月 29 日 ~ 5 月 8 日）作为上海花展的第二个高潮，将在牡丹展后如期举行。另外，牡丹花展期间将有许多丰富多彩的文化活动，例如，花展开幕式、书法交流活动、学术交流活动以及科普活动，相关工作的安保配备和应急预案，将为花展提供强有力的组织保障。

★ 4 月 6 日，本市卢湾、虹口、徐汇、长宁、杨浦、普陀区首批 7 家公共租赁住房运营机构正式成立。市委副书记、市长韩正为首批机构成立揭牌，副市长沈骏出席揭牌仪式并讲话。

★ 4 月 7 日零时起，成品油零售价再次上调。调整后，上海地区 93 号汽油零售价格为 7.79 元 / 升，97 号汽油零售价格为 8.29 元 / 升，创成品油定价机制改革后历史新高。在“出租车油运价联动机制”再次启动前，本市出租汽车行业暂不调整运价，按照本市现行出租汽车运价，93 号汽油价格每升超过 6.43 元基准价以上的部分，将继续由政府全额补贴。市运输管理处根据市交通港口局部署，积极做好行业稳定工作，排摸驾驶员对油价上调后的反应情况，要求企业加强对驾驶员的宣传工作，并加紧协调相关部门，做好 4 月份油价补贴调整和及时发放的各项工作，确保出租驾驶员及时拿到政府补贴款项，确保行业稳定。

★ 4 月 11 日，在本市召开的 2011 年精神文明建设工作会议上，自来水行业等 17 个行业被上海市政府命名为 2009--2010 年度（第六届）上海市文明行业。自 1999 年起，自来水行业走过了 12 年的文明行业创建之路。2001 年至今，连续六届被授予上海市文明行业称号。下一步，自来水行业将以建立后世博长效服务机制为目标，提升服务质量，培育行业文化，巩固文明行业创建成果，不断提升行业整体文明程度。

★ 4 月 11 日，海峡两岸海上搜救学术研讨会在上海海鸥饭店举行。来自中国海上搜救中心、上海海上搜救中心、福建省海上搜救中心、中国航海学会救捞专业委员会、集美大学、中国海洋学会的专家、学者与台湾中华搜救协会名誉理事长郑樟雄、理事长林廷芳为首的代表团就海峡两岸海上应急搜救经验、救助机制、海洋预报、渔船管理、溢油处置等方面进行了深入讨论。此次研讨为两岸海上搜救研究领域的专家学者提供了良好的交流平台，加强了双方在海上搜救领域的协作，为共同维护台湾海峡交通安全，切实保障两岸海上搜救应急反应快捷高效做出了积极的贡献。近几年海峡两岸搜救机构先后举行了多次合作交流，包括 2008 厦金航线海上搜救联合演习、2009 年两岸搜救桌面通信演习、2010 年海峡两岸海上联合搜救演练，通过演练，增强了两岸搜救部门的沟通协调能力，展示了海峡两岸同根、血浓于水的兄弟情谊。

★ 4 月 13 日，市人大常委会副主任胡延照到市大型居住社区三林基地和浦江原选址基地视察本市保障性住房建设情况，并在浦江镇政府召开座谈会，市建设交通委副主任、市住房保障和房屋管理局局长、党组书记刘海生在会上作了关于本市住房保障工作情况汇报。

★ 4 月 14 日至 15 日，本市开展集装箱货运场站收费专项检查。市发展改革委和市交通港口局联合召开本市集装箱货运场站收费专项检查宣传会。会议向本市集装箱货运场站经营企业再次强调了《上海市国际集装箱货运站、中转站收费规定》（沪价公〔2004〕11 号），重申了关于集装箱货运场站收费的相关政策，要求企业对近期经营收费行为进行自查自纠。自 4 月 15 日起，市发展改革委和市交通港口局将联合对本市集装箱货运场站经营企业全面开展收费专项检查，并对违反收费规定的行为进行查处。

★ 4 月 18 日，外高桥集装箱码头深水航道正式通航。该航道与长江口 12.5 米深水航道相邻，系长江口 12.5 米“水上高速”驶往上海港的“下匝道”，随着该航道的开通，长江口 12.5 米深水航道将更好地发挥它的作用。

★ 4 月 18 至 19 日，市交通港口局以“低碳经济和港口发展”为主题举办国际港口大厦小组会议，局领导孙建平、朱建华、王洪全，局副总师陈道熙出席并作主题发言。来自上海港、荷兰鹿特丹港、新加坡港等近 30 位代表在会上介绍了各港口 2011 年的发展情况及港口低碳减排举措，并前往外高桥二期码头考察了船舶使用岸电及“油改电”项目。

★ 4 月 11 日起《上海市居住房屋租赁管理办法（征求意见稿）》向社会公开征求意见，法规内容及解读在《解放日报》、《新民晚报》以及“中国上海”政府门户网站、“上海市住房保障和房屋管理局网站”和“东方网”上刊载。《上海市居住房屋租赁管理办法（征求意见稿）》共三十一条，其中重点对居住房屋出租条件、租赁双方当事人权利义务及相关主体行为规范等作了更为明确的规定，包括限制随意调整租金、明确租赁保证金的收取金额、维护承租人的续租优先权、强化房屋租赁登记备案、严格规定出租房屋的客体条件、禁止分割搭建并出租、明确人均承租面积标准、强化租赁管理责任、鼓励开展代理经租、严格租赁当事人的安全义务、加强对经纪机构及经纪人员管理、明确物业服务企业的义务、引导业主加强自我管理等。

★ 4 月 14 日下午，市建设交通机关和直属单位干部会议召开。市建设交通工作党委书记许德明同志作重要讲话，市建设交通工作党委副书记、市建设交通委主任黄融同志主持会议并通报二季度市政府工作会议精神，市建设交通工作党委副书记范志伟同志通报 2010 年干部工作情况和 2011 年干部工作设想。许德明同志就市建设交通两委干部工作提出几点意见：一是要坚持了“德才兼备，以德为先”，树立了正确的用人导向；二是要逐步推进竞争性选拔干部工作；三是要注重干部的培养锻炼；四是要大力推进干部交流；五是要树立良好的机关氛围。六是要对干部严格要求。

★ 4 月 19 日 ~ 28 日第十四届国际车展在新国际博览中心举办。本次车展的主题定为“创新・未来”。节能减排的新能源汽车日益受到人们的关注，届时一些新能源汽车将成热点。

★ 4 月 21 日，来自青草沙的优质长江水源源不断流进浦东最大的水厂——临江水厂，标志着青草沙原水工程第三次通水切换工作圆满成功，上海又增添约 85 万受益居民，他们将喝上清冽、优质的长江好水。至此，青草沙原水的总供应能力已可达 330 万立方米 / 天，累计受益人口约 660 万。今年 6 月，本市供水规模最大、地处徐汇区的长桥自来水厂也将按计划切换使用青草沙原水。届时，约 1000 万人口将率先用上青草沙优质的长江水。

★ 4 月 20 日至 21 日，长江防总检查组对本市防汛工作进行检查。检查组先后对崇明崇西水闸、水文测站、长江江堤和市防汛防汛物资车墩仓库等进行了检查，并听取了上海市的专题汇报。检查组对上海为确保城市防汛安全不断完善各项预案、积极开展防汛安全专项整治、扎实推进防汛设施建设和完善防汛指挥系统等工作给予了充分肯定，要求上海市进一步加强各级防办能力建设，继续开展防汛检查，确保上海安度今年汛期，为长江流域的防汛工作作出新的贡献。

★上海千年种子展于 4 月 29 日 ~5 月 8 日开展。布展面积约 1000 平方米的千年种子展，将构建千年种子“仓库”，集中展示全国各地的奇特种子近 200 余种。长度近一米的榼藤、象征爱情的海红豆、长了一对“翅膀”的东京龙脑香、形状如小梭的梭果玉蕊、精致似工艺品的象鼻棕……这些形形色色植物的果实和种子，绝大多数在上海本地难得一见，即使看上去相貌平平的种子，有可能也会孕育出世界上最美丽的花或具有“超能力”。据上海植物园专家介绍，此次种子展所展出的种子是从云南昆明千年种子库的名录中筛选出来的，大部分是属于珍稀濒危植物、我国特有种及观赏价值极高的植物的种子（果实），它们有的来自于上海植物园多年收集、保存的标本，还有的是专门为了此次展览与云南西双版纳植物园和湖南南岳树木园交换所得。

★ 4 月 26 日上午，市人大常委会副主任胡延照带领市人大城建环保委负责同志，赴市水务局（市海洋局）进行工作调研，并与市水务局（市海洋局）负责同志进行了座谈交流。在听取了市水务局（市海洋局）党组书记、局长张嘉毅关于市水务局（市海洋局）机构职能概况、“十一五”期间主要工作情况、“十二五”期间工作打算及水务长效管理工作情况的汇报后，胡延照同志对市水务局（市海洋局）近 年来工作所取得的成绩表示了充分肯定，并就今后工作提出意见和建议。

★ 4 月 26 日，市建设交通工作党委举办市建设交通系统党委（党组）中心组专题学习报告会，邀请上海市总工会副主席、法学博士茆荣华同志作关于《上海市职工代表大会条例》的专题报告。市建设交通工作党委副书记田赛男同志主持报告会，并就贯彻落实《条例》提出三点要求：一是充分认识贯彻《条例》的重要意义；二是加强领导，推动《条例》贯彻落实；三是推进全面建制，强化规范运作，严格把好四个关。

★ 4 月 27 日，市级机关工委来到市建设交通工作党委调研机关党建工作。市建设交通工作党委副书记范志伟同志、秘书长张旗同志出席座谈会。范志伟同志就建设交通机关党建工作提出几点思考意见：一是探索理顺体制，二是要找准定位，三是要发挥党的组织和政治优势，四是机关党建工作要注重实效。市级机关工委常务副书记吴尧鑫同志代表调研组对市建设交通两委机关党的工作予以充分肯定，并强调要抓住换届选举的契机，进一步增强机关党员党的意识和主体意识，增强党支部书记“一岗双责”的意识；要切实加强党支部建设，夯实机关党建工作的基础；要结合单位实际抓好创先争优活动，将工委提出的“四服务”、“四评议”的实践载体与基层评议机关工作结合起来，与改进自身工作结合起来，确保创先争优取得实效。

★ 4月27日下午，召开的2011年上海轨道交通建设推进暨立功竞赛表彰动员大会上传出信息，轨道交通11、12、13、16四条新线的77座车站已全面开工建设，轨道交通建设指挥部要求确保质量、安全、文明施工三大指标全面受控，向市民、社会交出满意答卷。根据指挥部推进节点目标，今年共有77座车站开工建设，其中11号线龙华站、12号线大连路站、13号线金沙江路站等38座车站将于年内实现结构封顶，盾构推进达到82公里，浦东新区等6个主要在建区将于上半年完成在建线路的动迁工作。此外，新一轮规划中的9号线三期、10号线二期等一批“网络补缺完善性项目”的前期准备工作也已全面展开。同时，为满足日益增长的客流需求，上海地铁将在确保全路网安全平稳运行的前提下，运营线路增能10%，全年运行图兑现率和正点率达到99%以上。

★ 4月29日，上海市林业局和世界自然基金会上海办公室召开2011/2012年度合作项目年会筹备会议，世界自然基金会上海办公室、上海市野生动植物保护站、崇明东滩鸟类自然保护区等相关单位参加会议。会议就2011/2012年合作备忘录达成共识。

5月份

★ 5月3日下午，2011年太湖流域防汛抗旱总指挥部指挥长会议在上海召开。会议总结了太湖流域“十一五”期间和2010年防汛抗旱工作，研究分析了太湖流域今年面临的防汛抗旱形势和任务，安排部署了流域防汛抗旱各项工作。太湖防总总指挥、江苏省省长李学勇出席会议并作重要讲话；国家防汛抗旱督察专员田以堂参加会议并讲话，太湖防总常务副总指挥、太湖局局长叶建春主持会议，并作太湖防总工作报告。太湖防总副总指挥、江苏省副省长黄莉新、浙江省副省长葛慧君、上海市副市长沈骏、南京军区副参谋长王加木，以及安徽省省长助理邵国荷，福建省水利厅厅长杨志英分别汇报了防汛抗旱工作情况。

★ 5月4日，市建设交通机关党委、机关团委举办了“坚定理想 共话成长——市建设交通两委机关老领导与青年党员座谈会”，邀请市建设交通两委老领导与机关青年党员面对面谈心交流，以老党员的理论思考、人生体验、工作经历、人格魅力来引导青年同志，增强党的意识、宗旨意识，坚定跟党走的信念。市建设交通工作党委副书记范志伟、秘书长张旗以及市建设交通委总工程师秦云应邀出席座谈会，市建设交通机关党委、组织干部处、老干部处负责人以及机关40周岁以下年轻党员干部代表参加座谈会。原市建设工作党委书记、建委主任李春涛，原市建委副主任叶伯初，原市建设工作党委副书记陈策，原市建委老处长、南浦大桥、杨浦大桥建设总指挥朱志豪等4位老领导出席座谈会。座谈会上，范志伟同志对青年同志提出3点要求：一是要有精神。二是要有知识。三是要有道德。希望青年党员思考3个问题：一是“五四”精神如何传承，二是老一辈传统如何薪火相传，三是青年人的愿景和奋斗目标是什么。

★ 5月6日，市绿化市容局、市文明办、市妇联联合召开“百万家庭低碳行，垃圾分类要先行”推进会议。市文明办陈振民、市妇联翁文磊、市绿化市容局黄兴华副局长等领导以及各区县文明办、妇联、绿化市容管理部门相关领导出席了会议。

★ 5月11日，中共中央政治局委员、市委书记俞正声，市委常委、市委秘书长丁薛祥等到浦东调研保障性住房建设等情况。

★ 5 月 12 至 5 月 17 日，交通运输部检查组对上海市干线公路养护与管理进行了全面检查。检查组认为，“十一五”以来，上海市委、市政府坚持科学发展观，紧密结合上海实际，拓展思路，提升理念，振奋精神，扎实工作，塑造起上海公路与时代同步、与文明同行的崭新形象，在加快公路建设、完善管理和服务保畅等方面形成了新思路。“十一五”以来，上海在数字公路、智能公路等创建方面走在了全国前列；在养护标准规范制定方面开展了卓有成效的工作；在桥梁管理和危桥处置以及超限治理等方面也做了大量的工作。上海公路主要有以下特点：第一，加快路网建设，形成了完善的路网结构。第二，加强基础管理，养护管理显著提高。第三，完善制度建设，健全标准体系。第四，规范联网收费，建设高效结算体系。第五，利用信息手段，提升依法行政水平。第六，重视绿化美化，创造良好驾乘环境。第七，弘扬行业文化，重视职工精神文明建设。

★ 5 月 15 日上午，2011 年上海“全国城市节约用水宣传周” 在闵行区莘庄北广场隆重开幕。上海市副市长沈骏出席开幕式并宣布 2011 年上海“全国城市节约用水宣传周”开幕。今年 5 月 15 日至 5 月 21 日是国家住房和城乡建设部确定的第 20 个“全国城市节约用水宣传周”，上海宣传周主题是“严格水资源管理，建设节水型社会”。节水宣传周期间，市水务部门分别针对工业企业、学生和居民开展了园区水资源梯级利用课题研究、节水科普讲座和居民小区设摊宣传等形式丰富多样的节水宣传活动。市人大城建环保委、市文明办、市水务局（海洋局）、闵行区区政府、市城投总公司、市政协人资环建委相关领导共同出席了开幕式。参加开幕式的还有市节约用水办公室成员单位代表。

★ 5 月 16 日上午，市建设交通工作党委、市建设交通委召开“2011 年上海建设交通精神文明建设工作会议”。市委宣传部副部长、市文明办主任马春雷同志出席会议并讲话、市建设交通工作党委书记许德明同志提出工作要求，市建设交通工作党委副书记、市建设交通委主任黄融同志主持会议并传达中央领导同志对全国交通运输行业精神文明建设工作的重要批示精神，以及交通部、住建部相关工作要求，市建设交通工作党委副书记田赛男同志作市建设交通系统精神文明建设工作报告，部署 2011 年重点创建工作，市建设交通工作党委副书记范志伟同志宣读创建工作先进行业、文明单位名单。市建设交通两委领导班子成员，系统各局、各单位党政主要领导、分管领导、文明办负责人，各区（县）相关部门主要领导、文明办负责人，两委机关各处室主要负责人，各直属单位主要领导，以及市文明行业、市规范服务达标先进行业、市规范服务达标行业、市文明单位、市建设交通系统文明单位代表等参加会议。会议还邀请了建设交通部分企事业单位领导、部分建设交通系统精神文明建设监督员、以及本市主要新闻媒体记者出席。

★ 5 月 16 日下午，市政府召开本市大型居住社区市政公建配套设施建设推进会，沈骏副市长出席。市相关部门、各相关区县及相关企业集团负责同志出席会议。会议由市建设交通委主任黄融主持，市推进办副主任、市建设交通委副主任、市住房保障房屋管理局局长刘海生作了关于大型居住社区配套建设推进情况及下一步工作措施和建议的汇报。会上向各区和各个行业主管部门下发了《上海市保障性住房大型居住社区配套建设项目计划（2011–2013）》。沈骏副市长作了重要讲话，他强调，一是要充分认识加快保障性住房建设，同步做好配套工作的重要性；二是配套建设工作取得了积极进展，但当前面临的配套任务仍非常艰巨；三是落实责任、完善措施，加快推进完善基地市政公建配套建设。要求各相关单位按照市委、市政府的总体部署，加快大型居住社区配套设施的完善，为广大市民提供宜居、安居的保障性住房。

★ 5月16日上午，上海海事法院与上海海事局在浦东新区签署《关于共同促进上海国际航运中心建设合作备忘录》。双方将在海事调查与海事诉讼、船舶扣押与船舶拍卖、防污管理与污染索赔等方面展开合作。合作备忘录以不断提升海事司法与行政执法的公信和水平，共同促进上海国际航运中心法治环境的构建与优化为目标，重点建立完善海事业务沟通协调机制和海事领域矛盾纠纷化解协作机制。

★ 5月19日，2011上海古猗园杜鹃盆景展在首个“中国旅游日”开展迎客，为广大市民游客献上春末夏初的精彩好礼。作为国内首次日本原生杜鹃盆景展，本次活动将集中展示来自于日本盆景界三大流派之一的“樱月流”皋月杜鹃盆景。本次杜鹃盆景展共分三大展示区，各具特色，看点不一：梅花厅汇集了近年来中国杜鹃花展中的金奖作品；鸳鸯厅结合微型博古架展示袖珍精致的小型杜鹃盆景；而盆景园作为活动的主要区域，其博古架、竹制案几、古朴石台上错落有致地呈现造型各异、品种丰富的各式杜鹃盆景，将杜鹃之妩媚动人和盆景之虬曲苍劲渲染得淋漓尽致。

★ 5月19日，亚太台风委员会“城市洪水风险管理”项目技术考察团来沪考察。来自亚太台风委员会秘书处及其菲律宾、泰国等成员国的水文、气象和防灾减灾专家，与市水务局、市水文总站、水利部水文局及中国水科院减灾所的专家和领导进行了座谈交流。中外水文专家就台风灾害处理、水情遥测站点布局等方面问题进行了深入交流。考察团一行还参观了上海市防汛水情遥测系统，实地考察了金山一线水文测站和一线海塘，并参观了金山区防汛指挥系统。此次考察交流，增进了上海同亚太地区台风委员会的合作与了解，为共同开展台风防灾减灾的务实合作起到积极的促进作用。

★ 5月19日～20日，住房城乡建设部在上海举办华东地区物业管理工作座谈会暨培训会，局长刘海生在会上作了主题发言，介绍了上海市物业管理工作基本情况和《上海市住宅物业管理规定》修订的重点内容以及物业管理体制、机制创新亮点，副局长黄永平出席会议。

★ 5月19号下午，市住房公积金投资的首个公共租赁住房项目——“新江湾尚景园”收购协议的签字仪式在市公积金中心举行，市住房保障和房屋管理局、市公积金中心、市城投总公司，杨浦区住房保障局等单位领导出席签字仪式。市公积金中心根据国家有关规定，使用公积金增值资金收购该项目，总投资14.98亿元。利用公积金增值资金投资公共租赁房是近年来本市完善住房公积金制度的积极探索与实践。

★ 5月19日，中央第四地方巡视组组长张文岳一行在副市长姜平、副秘书长王伟的陪同下视察上海保障房基地，实地察看宝山顾村1号地块经济适用住房建设情况。局长刘海生、副局长于福林向巡视组作了工作汇报。

★ 5月20日上午，交通部安全监督司副司长翁垒一行到上海轨道交通运营管理中心调研考察，市交通港口局安全监察处相关负责人陪同，运管中心副总经理戴祺等接待并作介绍。翁垒首先来到轨道交通网络协调与应急指挥中心（COCC），详细了解了上海地铁路网应急指挥协调情况，查看了上海地铁客流实时信息显示系统。随后，又来到地铁电视直播演播室，认真听取了上海地铁公共及应急信息传播发布，和官方微博的相关运作情况。翁垒还观看了上海地铁最新拍摄的地铁安全宣传片。他表示，上海地铁要继续保持好网络运营安全平稳的态势，为全国轨道交通行业做出良好的借鉴与榜样。

★ 5 月 26 日，市人大常委会副主任胡延照带队，市人大代表一行五十余人到宝山顾村视察住房保障工作，实地察看保障性住房“馨佳园”基地并召开座谈会，局长刘海生、副局长于福林等陪同视察。

★ 5 月 26 日，以“城市公共安全的常态管理与突发应对”为主题的第十二届“城市管理世纪论坛（夏季会议）”，在上海城市管理学院举行。各界专家学者借鉴中外城市创造的成功经验，就如何在城市化加速、城市经济社会全面转型的背景下，多元防范城市公共安全常规事故与灾情；怎样科学应对城市公共安全突发事件，尤其是像上海这样正在迈向国际化大都市的特大城市，如何构建系统完善的公共安全常态管理体系和应急联动机制，从理论与实践两个方面，进行了深入的探讨，并提出了诸多符合本土实际的应对理论和实践举措。本届论坛由上海市城市科学研究会、上海城市管理学院、上海建工（集团）总公司、上海科技发展基金会、上海企业科协管理协会等联合主办，并得到了市建设交通委、市科协、市交通港口局等的大力支持；来自复旦、交大、同济、华东理工等十余所著名大学和科研院所，以及市科协、各专业学会和行业协会、大型企业的代表 160 余人出席论坛。上海电视台、上海人民广播电台、文汇报、新闻晨报、东方网的记者应邀前来采访。

★ 5 月 26 日，代表当今世界海洋石油钻井平台技术最高水平的第六代 3000 米深水半潜式钻井平台——“海洋石油 981”，在上海海事局的精心组织和护航下离开外高桥造船厂，并顺利通过长江口深水航道驶往舟山。“海洋石油 981”是我国首座自主设计、建造的第六代深水半潜式钻井平台，最大作业水深 3000 米，钻井深度可达 12000 米。该钻井平台可在我国南海、东南亚和西亚等地进行海上油气田的勘探和开发作业。该深海半潜式钻井平台离开上海港后，将在舟山锚地进行调试，大约在今年 8 月初前往南海服役。

★ 5 月 27 日，副市长沈骏到 962121 物业服务热线调研，市房管局副局长黄永平陪同调研并就住宅小区物业管理矛盾纠纷现状及相关课题进展情况作了汇报。

★ 5 月 28 日，上海市住房公积金制度建立 20 周年座谈会召开。市委副书记、市长韩正出席会议，与相关单位和市民代表座谈讨论。韩正指出，20 年前建立的上海住房公积金制度，是一次充满勇气的历史性制度创新，不断探索创新，是这项制度的生命力所在。在新形势下，要牢牢坚持住房公积金制度互助互济的本质属性，最大程度促进中低收入家庭和困难群众解决和改善住房问题，促进上海住房保障体系建设，使更多市民群众生活得更好。韩正指出，住房公积金制度是一项民生制度，其本质是互助互济，不断提高住房保障能力。韩正强调，我们要通过制度创新，全力以赴提高上海住房保障水平，政府必须采取实际行动帮助中低收入家庭和困难群众提高住房支付能力，使更多群众在住房问题上得到更多改善。会议由副市长沈骏主持。会上，住房城乡建设部相关部门、上海市住房公积金管理中心、住房公积金业务受托单位、部分受益单位负责人和部分市民代表发言。

★5月30日下午，本市防汛、建设、水务、道监、交警等部门会同有关区召开现场会议，联手推进道路积水改善工程，确保工程项目早日建成发挥效益。

★5月30日，本市林海公路实现全线贯通。林海公路是“十一五”城市基础设施项目，原名杨高南路延伸线，工程位于浦星公路东侧，北接杨高南路，南至奉贤滨海。该公路是浦东区域南北向交通动脉，路线全长26.6公里，双向6车道，主线设计车速为80公里/小时，匝道、辅道等设计车速为40公里/小时。林海公路建成后，将形成中心城区往返滨海旅游度假区的快速通道。

★5月31日，副市长沈骏到浦东新区视察保障性住房建设推进情况，实地察看金桥停车场保障性住房综合开发工程和曹路大型居住社区基地，并在曹路基地召开现场推进会，局长刘海生、副局长于福林陪同视察。

★5月31日，市建设交通系统隆重举行庆祝建党九十周年劳模先进事迹报告会。全系统各行业9位劳模代表上台作了演讲。市建设交通工作党委书记许德明同志出席报告会并讲话。指出，劳模先进事迹报告会是建设交通系统一次劳模精神的集中展示，9位劳模是上海建设交通各行业劳模先进的代表，他们身上充分体现了上海建设交通系统的劳模精神，要求全系统各行业、各级单位要大力学习宣传劳模精神，放大劳模效应，用智慧和力量共同谱写“十二五”期间上海城市建设和改革发展的崭新篇章。

六 月 份

★6月1日，中共中央政治局委员、市委书记俞正声主持召开推进保障性住房建设区县座谈会，市委副书记、市长韩正，市委副书记殷一璀，市委常委、常务副市长杨雄，副市长沈骏等市领导出席会议。各区（县）党政主要领导、市住房保障领导小组成员单位领导、中国人民银行上海总部、中国银监会上海监管局、相关企业集团和商业银行负责人参加座谈会。会议强调，加快推进保障性住房建设，大力发展公共租赁住房，是市委、市政府推进“创新驱动、转型发展”的关键着力点，是提高城市综合竞争力、吸引留住各类人才的有效途径，是推动房地产市场平稳健康发展、满足人民群众基本住房需求的重要举措。全市各级党委、政府特别是领导干部要进一步增强责任感和紧迫感，把住房保障工作作为最重要的民生和关系到上海未来发展的工作切实抓紧抓好，强化问责和督查机制，确保全年保障性住房建设目标任务按时全面完成。下一步：一要进一步健全完善公共租赁住房配套政策，创新体制机制，破解公共租赁住房投资建设难题。二要进一步加大保障性住房建设金融支持力度。三要继续深化推进保障性住房大型居住社区建设。

★6月1日～2日，水利部农水司原司长李代鑫率部发展研究中心一行来沪调研农村水环境保护和治理工作。市水务局副局长刘晓涛和局建管处、水资源处、水利处及青浦区水务局相关负责人一同参加了座谈。座谈会上，市水利管理处介绍了我市郊区水环境保护和治理工作开展情况。

★6月2日下午，国家林业局驻上海森林资源监督专员办事处揭牌仪式在上海兴国宾馆举行，国家林业局副局长张建龙、上海市副市长沈骏等出席仪式并共同为办事处揭牌。新成立的上海专员办是国家林业局整合职能、精简机构、提高效能的一次成功探索，整合了原国家濒管办上海办事处、杭州办事处、南京办事处职能，并新增森林资源监督职能，领导机构设在上海，全面履行上海市、江苏省、浙江省的森林资源监督职责，并承担三省（市）的野生动植物及其产品进出口管理工作。

★6月2日晚，“天籁之声生物多样性保护交响音乐会”大型公益宣传活动在上海大剧院举办。此举旨在纪念“全民义务植树运动”开展三十周年、我国加入《濒危野生动植物种国际贸易公约》（CITES公约）三十周年及2011年“国际森林年”，弘扬人与自然和谐、推进生态文明建设的发展理念。活动由中国生物多样性保护与绿色发展基金会、中国野生动物保护协会、中国交响乐发展基金会、上海市绿化和市容管理局、中华人民共和国濒危物种进出口管理办公室上海办事处等五家单位联合举办，由上海华侨城投资发展有限公司、上海市外高桥国际贸易营运中心有限公司、上海辰山植物园、历峰商业有限公司、瑞表企业管理（上海）有限公司共同协办。

★6月2日零点整，西藏南路隧道雪野路匝道正式向社会开放。经由西藏南路隧道从浦西前往浦东的市民将有两个出口可以选择：高科西路主线出口或是雪野路匝道出口。西藏南路隧道雪野路匝道位于隧道西线（浦西往浦东方向）浦东段出口处位置。世博期间，雪野路匝道是隧道直达中国国家馆的主要通道，是多条世博公交的必经之路。

★6月3日，上海市人民政府召开生活垃圾分类减量工作推进会，总结上半年以来垃圾分类减量工作，并部署下阶段工作重点。市政府副秘书长尹弘出席会议并作重要讲话。全市分类减量工作相关单位、区县分管领导以及区县绿化市容局、文明办、妇联和试点街镇分管领导参加了会议。

★6月7日上午9时，中国海监第五支队、中国海监东海航空支队、上海市公安边防总队海警支队、中国海监上海市总队、上海市渔政监督管理处、上海海事局外高桥海事处、上海市市容环境卫生水上管理处等全市7家涉海单位首次联手，在上海海域开展了为期二天的“专项联合执法行动”。这是上海市首次针对海洋管理开展的“多兵种”联合执法行动，主要采用海上巡航、陆上巡查、空中巡视相结合的“海、陆、空”立体方式。

★6月8日，“2011年世界海洋日暨全国海洋宣传日上海纪念大会”在宝山隆重举行。此次纪念活动由上海市海洋局会同宝山区人民政府、国家海洋局东海分局、中国极地研究中心联合组织，活动内容包括纪念活动开幕式、组织市民和学生参观中国“雪龙号”考察船和正在建设中的国际邮轮码头等。此次活动旨在通过开展形式多样的宣传活动，进一步增强全社会的海洋意识，在上海进一步营造起热爱海洋、关爱海岛、珍爱海域和依法开发利用保护海洋海岛资源的良好社会舆论氛围，真诚唤起社会公众珍爱海洋，保护海洋，合理开发利用海洋，促进海洋的可持续发展。国家海洋局东海分局、中国极地研究中心、上海市发展改革委、上海市海洋局、上海市海事局、宝山区委、区政府有关领导和部门负责人，上海海洋大学、上海海事大学有关领导，中国海监东海总队、中国海监上海总队的代表，区县海洋部门负责人，以及驻军、学生、市民、志愿者代表和新闻媒体等共计400多人参加此次活动。

★6月9日，市纪委副书记唐周绍、常委黄建平、案管室主任吴国荣、宣教室主任王群以及市建设交通纪工委书记王来娣等一行，至市绿化市容局专题调研廉政风险防控工作，参观廉政风险情景案例展。局党组书记、局长马云安作了专题汇报。

★ 6月9日下午，市建设交通委主任黄融来到东方体育中心检查调研“世游赛”前市政市容交通保障的相关情况。黄融主任一行实地了解了轨道交通6、8号线济阳路站交通保障的准备情况，视察了东方体育中心周边的市容环境，听取了市政市容交通保障工作的汇报。申通地铁集团副总裁白廷辉以及有关部门负责人等陪同调研。通过深入调研，黄融对“世游赛”前的各项准备工作给予充分肯定，特别对轨道交通运营服务保障的准备给予高度评价。他要求组委会各成员单位要对照责任抓落实，对照目标抓推进，对照要求抓改进，在改进中不断提高工作水平，形成合力奉献一届精彩圆满的世游赛。

★ 6月8日上午，上海青草沙水源地原水工程建成通水仪式举行。中共中央政治局委员、市委书记俞正声出席并启动通水装置，市委副书记、市长韩正出席并致辞。市领导冯国勤、杨雄出席，水利部副部长胡四一，住房建设部副部长陈大卫，环保部总工程师万本太分别致辞，副市长沈骏主持通水仪式。俞正声书记等领导在通水仪式前会见了水库建设者代表。他说，青草沙水源地原水工程是事关上海人民群众生活和城市发展的重大工程，是更好地解决上海市民饮水问题的根本之策。在工程建成通水之际，我们衷心感谢这项重大工程的决策者、研究人员和广大建设者为工程建设付出的大量辛勤劳动，感谢大家为上海人民作出的重要贡献，为上海重大工程建设创出的又一杰出业绩。韩正市长在致辞时说，青草沙水源地原水工程建成通水，标志着上海水源地建设和保护取得重大进展，对于进一步改善原水供应质量，缓解水质型缺水矛盾，保障城市饮用水安全，促进经济社会可持续发展，具有十分重要的意义。我们要在国家有关部委的领导和指导下，进一步加大水资源保护和利用力度，加强水环境综合治理，为上海经济社会建设做出更大贡献。青草沙水源地原水工程包括青草沙水库及取输水泵闸、长江原水输水隧道、陆域输水管线及增压泵站等三大主体工程，日供水规模719万立方米，总投资170亿元人民币，总受益人口超过1100万。青草沙水库位于长兴岛北侧长江口南北港分流口下方，总面积近70平方公里，其中水面积66平方公里，设计有效库容4.35亿立方米。水库蓄满水时，可在不取水的情况下连续供水68天，可确保咸潮期的原水供应。

★ 6月9日，国家海洋局在上海组织召开了上海市海洋经济试点调查验收工作会。国家海洋局规划司、办公室、国家海洋信息中心、国家海洋标准计量中心和东海分局等单位的领导、专家组成验收组，对上海市海洋经济试点调查工作进行验收。验收组听取了上海市海洋局关于试点调查工作情况的汇报，现场检查了相关的调查成果和数据资料，经讨论同意上海市海洋经济试点调查工作通过验收，并建议上海市认真总结试点调查工作经验和存在的问题，充分利用试点调查取得的成果，服务上海市海洋经济发展。

★ 6月10日，市政府召开加强建筑市场质量安全管理工作会议，旨在深刻吸取上海“11.15”特别重大火灾事故的沉痛教训，进一步强化建设交通系统运行安全与生产安全工作。会议指出，“11.15”特别重大火灾事故用沉重的生命代价，给我们敲响振聋发聩的警钟，警示着本市建设交通系统各单位和干部职工必须牢记沉痛教训，深刻反思，举一反三，始终强化责任意识与安全意识，永远绷紧维护城市安全这根弦。要认真查找和切实整改城市运行安全、建设生产安全中的问题及隐患，下大力气加强城市安全管理。要坚决按照国务院调查组处理意见的要求，着力整改工程建设领域里的突出问题，有效推进建设交通系统运行安全与建设生产安全。沈骏副市长出席会议并讲话，对进一步加强建设工程质量安全监管工作等进行重点部署。

★6月14日，国家交通运输部、国家发展改革委、财政部、监察部和国务院纠风办举行电视电话会议，联合部署全国收费公路专项清理工作。会后，市政府立即举行专题会议贯彻落实电视电话会议精神。要求进一步提高思想认识，积极贯彻落实中央的有关部署，加强组织协调，落实工作责任，注重源头治理，推进重点工作。会议明确，本市将重点完善本市高速公路收费管理办法，加快研究收费公路到期后的运行管理方案，做好收费公路信息公开工作，进一步提高收费公路服务水平。

★6月15日，中波轮船股份公司隆重举行成立60周年庆典。国家交通运输部副部长徐祖远、波兰基础设施部副部长安娜.维佩赫-纳妙特考、上海市副市长沈骏出席庆典仪式并致辞。全国人大常委龚学平、波兰驻华特命全权大使塔德乌什.霍米茨基，中波公司管委会双方主任委员、中国远洋运输（集团）总公司党组书记张富生、波兰基础设施部雅尼娜.门特拉克女士等逾400位中外嘉宾共同出席庆典仪式。庆典仪式前，上海市委常委、常务副市长杨雄会见了中波双方代表团成员。中国交通运输部部长李盛霖、副部长徐祖远，上海市市长韩正，波兰基础设施部部长采扎礼.格拉巴尔赤克，波兰滨海省自治委员会主席梅切斯瓦夫.斯特鲁克，中国远洋运输（集团）总公司总裁魏家福、党组书记张富生分别为中波公司成立60周年发来贺信。作为新中国第一家中外合资企业，中波公司见证了中国远洋运输事业从无到有、从小到大的发展历程，在中波两国间树立了对外经济合作的丰碑，目前中波公司已发展成为全球重大件设备货专业运输领域的领军企业。

★6月15日至17日，“2011上海国际海上风电及风电产业链大会暨展览会”，在上海新国际博览中心和浦东嘉里大酒店两地盛大召开，这是中国海上特许权项目启动之后的首个权威盛会，也是亚洲最大、全球第二的海上风电盛会。作为国家发改委首批4个特许权项目中标其中3项的企业，三航局以成功完成上海东海大桥100兆瓦海上示范项目和江苏响水潮间带风电试验项目的实绩，再度亮相国际海上风电展。

★6月16日，市委常委、市政法委书记吴志明到闸北区临汾路街道调研物业管理纠纷问题及其综合治理，市房管局局长刘海生等陪同调研。

★6月20日，由上海市委书记俞正声作序，韩正、杨雄、沈骏等市领导担任顾问的大型口述史丛书《巨变——上海城市重大工程建设实录》首批10本出版。市建设交通工作党委、市建设交通委和上海文艺出版集团联合召开《巨变——上海城市重大工程建设实录》丛书出版座谈会。市委宣传部副部长裘新出席座谈会并讲话。会议由市建设交通工作党委书记许德明主持。市建设交通工作党委秘书长张旗，市建设交通委秘书长戴晓坚，上海档案局局长朱纪华、上海图书馆副馆长何毅、上海文艺出版集团党委书记胡国强、上海文艺出版集团社长张晓敏。《巨变——上海城市重大工程建设实录》丛书的编委，部分建设单位领导、建设功臣及作者、特约编辑代表，市建设交通两委有关处室的负责人，文艺出版集团有关同志出席了座谈会。

★6月21日下午，本市举行上海市整治建筑市场工作会议，副市长沈骏出席会议并讲话。本市建筑市场整治工作相关委办局、各区（县）、各市级开发区、各相关行业协会负责人参加会议。本市启动建筑市场整治工作以来，18个区（县）和7个市级开发区扎实开展自查工作，确保了上海的建筑市场管理总体有序，建设工程质量安全管理基本受控。通过建筑市场整治工作，有关部门基本掌握了本市建筑市场现状，明晰了工程项目的分布特点，摸清了在建工程项目底数，了解了存在的主要问题。通过建设市场整治工作，进一步加大了工地检查力度，强化管理执法，消除了一批建设工程质量安全隐患。会议指出，尽管第一阶段区县自查取得了一定成果，但是本市建筑市场和工程质量安全管理形势依然严峻，建设工程安全质量风险和既有建筑设施安全隐患并存。本市建筑市场仍然存在深层次问题。一是政府监管法规制度不完善，一些工程难以纳入监管。二是对市场主体行为监管的力度还不够。三是部分企业在施工现场安全生产责任制落实不到位。会议明确，下阶段本市建筑市场整治要重点抓好三项工作：一要抓好检查抽查。二要抓好问题整改。三要抓好制度建设。

★6月22日上午，市建设交通工作党委召开“上海市建设交通系统纪念中国共产党成立九十周年暨‘两优一先’表彰大会”。市委常委、常务副市长杨雄出席会议并讲话。市建设交通工作党委书记许德明同志总结建设交通党的工作，并对下阶段进一步加强党的工作提出要求。市建设交通工作党委副书记范志伟同志宣读《关于表彰上海市建设交通系统先进基层党组织、优秀共产党员和优秀党务工作者的决定》。会议由市建设交通工作党委副书记田赛男同志主持。会上，为获得建设交通系统先进基层党组织、优秀共产党员和优秀党务工作者的代表进行了颁奖，市绿化市容局党组、轨道交通申嘉线发展有限公司党支部、城建热线服务中心党支部、中远集运上海远洋运输有限公司“天福河轮”党支部的代表和市邮政公司市西邮政投递局曹杨新村投递支局投递员叶其懂同志分别作了交流发言。市建设交通两委领导班子成员，市建设交通系统各局、各单位党政主要领导、分管领导、组织部门负责人，市建设交通两委机关各处室主要负责人，委直属单位党政主要领导，市建设交通系统部分市九次党代会代表，推荐为上海市和系统的先进基层党组织代表、优秀共产党员和优秀党务工作者，市建设交通系统部分离退休老同志出席会议。

★6月22日，市人大法制委主任委员张凌、市人大法制委副主任委员、常委会法工委主任丁伟以及各专业委员会委员、市人大代表、市人大常委会相关部门负责人一行30余人赴市绿化市容局就《中华人民共和国行政处罚法》的实施情况开展执法检查，并调研座谈。市绿化市容局崔丽萍副局长、恽奇伟副局长、局相关处室、城管执法总队以及部分区县城管执法部门负责人参加了执法检查座谈会议。

★6月22日，中共上海市委组织部、中共上海市委宣传部、中国邮政集团公司、市建设交通党委、上海市邮政公司、中共一大会址纪念馆、上海市集邮协会等在中共一大会址纪念馆前隆重举行纪念邮票首发式。中国邮政将发行《中国共产党成立九十周年》纪念邮票1套6枚，小型张1枚。首发式当天，主题为《伟大的历程——纪念中国共产党成立90周年》的大型集邮展览将同时开幕，邮展首日在一大会址纪念馆展出，次日起将移师到北苏州路上的上海邮政博物馆续展。展期共五天。

★6月24日，由市建设交通工作党委、市建设交通委、上海文艺出版集团主办的《巨变——上海市重大工程建设实录图片展》在上海城市规划展示厅开幕。市政协副主席吴幼英、市建设交通工作党委书记许德明、上海档案局局长朱纪华、上海文艺出版集团党委书记胡国强和上海文艺出版社社长张晓敏出席开幕式，并为开幕式剪彩。开幕式由市建设交通工作党委副书记田赛男主持。本次图片展以改革开放以来，特别是上世纪90年代以来，上海城市发生的巨大变化，来颂扬中国共产党的丰功伟绩，纪念中国共产党成立90周年。图片展从6月24日起，至8月24日结束，为期两个月。

★6月24日，苏州河防汛墙工程（中山路桥至凯旋路桥东段）完工，并通过阶段验收。这标志着苏州河三期防汛墙改造工程南岸防汛墙全线胜利贯通。这项工程不仅为今后苏州河南岸防汛保障工作起到了积极的作用，还有利于全面改善苏州河水体质量，为实现恢复苏州河生态环境功能这一最终目标奠定了基础。苏州河环境综合整治是上海市城市建设的一项标志性工程，从1998年开始，随着一期和二期整治工程的实施，整治工作已初见成效，苏州河水质有了明显改善。为进一步巩固和提高整治效果，三期工程于2007年正式开工，苏州河下游段防汛墙改造和底泥疏浚是三期工程的重点实施内容。工程范围为苏州河市中心城区段，即真北路桥至苏州河河口长达16.52km的河段，并包括该区段内的支流河口段，工程全长约16.48公里。

★6月25日，是全球第一个“世界海员日”。中国海员大会于这一天在上海隆重举行。航运界各方代表齐聚一堂，共商维护海员权益、加快我国海员外派发展大计。交通运输部部长李盛霖致信慰问全国海员，向他们表示节日的祝贺。副部长徐祖远出席会议并强调，关注海员，关爱海员，保障海员合法权益，规范海员劳务市场，不断壮大海员队伍，全面推进中国海员事业发展再上新台阶。上海市副市长沈骏出席大会并致辞。外交部、公安部、人力资源和社会保障部、商务部等有关部门，江苏、浙江、福建、山东、河南、湖北等相关省份，以及中国海员建设工会、船东协会等有关负责人出席大会。

★6月25日，中国船员招募网正式启动。交通运输部副部长徐祖远、人力资源和社会保障部副部长杨志明、中国海员建设工会主席李铁桥和山东省人民政府特邀咨询阎启俊共同启动网站。中国船员招募中心不久前在上海成立。与此相应，海事部门建设开通了“中国船员招募网”。此举将为进一步维护船员权益，规范船员服务秩序，加快航运科学发展发挥重要作用。网站开通后，交通运输部徐祖远副部长与船员在“中国船员招募网”进行了在线访谈。随着网站的开通，海事部门表示，将更好的履行政府服务职能，为中国船员的科学发展、为我国从船员大国到船员强国进一步迈进提供有力支撑。

★6月27日，韩正市长到市绿化市容局开展工作调研，沈骏副市长、洪浩秘书长、尹弘副秘书长、市建交委、市发改委、市财政局、市规土局、市住房保障房屋管理局等部门相关领导陪同调研。市绿化市容局党政领导和各处室负责人参加会议，马云安局长作工作汇报。

★6月28日下午，上海对口支援新疆工作前方指挥部会同上海市城乡建设和交通工作党委、上海市精神文明建设委员会办公室、上海市总工会、共青团上海市委员会、上海市妇女联合会等六部门在新疆喀什地委隆重召开上海市对口支援新疆工程建设“沪疆杯”立功竞赛动员大会。活动旨在通过比工程进度、比投资控制、比工程质量、比安全生产、比文明施工、比民族团结和比队伍建设等竞赛形式，贯彻落实俞正声书记“上海的援建工作要走在全国前列”和韩正市长关于把援建工程建设成“优质工程、可持续发展工程”的要求。上海市政府副秘书长、上海市对口支援新疆工作前方指挥部总指挥陈靖主持动员大会。上海市委常委、市政府常务副市长杨雄出席大会，并代表市委、市政府充分肯定了新一轮援疆工作开展以来，上海市对口支援新疆工作所取得的成绩。杨副市长强调，“沪疆杯”立功竞赛活动要赛出风格、赛出安全、赛出文明、赛出水平、赛出和谐。

★ 6月29日，市政协副主席周汉民率市政协委员一行40余人视察宝山顾村经适房地块，市房管局局长刘海生、副局长于福林陪同视察。

★ 6月30日，京沪高铁开通。中共中央政治局常委、国务院总理温家宝出席京沪高铁开通仪式。京沪高铁于当日下午15时正式开通运营。作为新中国成立以来一次建设里程最长、投资最大、标准最高的高速铁路，京沪高铁贯通“三市四省”，串起京沪“经济走廊”。

7 月 份

★ 7月1日上午，由市委组织部、新华社上海分社、申通地铁集团联合举办的地铁“红色列车，创新启动”活动在上海地铁人民广场站举行。市委常委、市委组织部长李希为装扮一新的地铁“红色列车”和设置在地铁站内的“党员先锋墙”揭幕。新华社上海分社社长慎海雄、市委组织部副部长冯小敏、市建设交通委主任黄融、市建设交通工作党委副书记范志伟、上海申通地铁集团董事长应名洪、上海申通地铁集团总裁俞光耀和党员先锋代表、地铁服务明星代表等一同参观了展览，并乘坐了“红色列车”。

★ 7月1日，由市城管执法局举办的“使命记心上 红歌献给党”上海市城管执法系统庆祝中国共产党成立90周年文艺汇演活动，在云峰剧场举行。上海市政府尹弘副秘书长莅临现场观看节目演出。各区县城管执法部门、市城管执法总队、市水管处、机场支队等21个单位参加演出。

★截至7月1日，总建筑面积41.8万平方米的上海迪斯尼A1配套项目动迁安置房建设进展顺利，已有22幢房屋完成结构封顶，预计到7月底，47幢在建房屋将基本实现结构封顶，10月底将全面完成房屋结构工程，预计2012年年中竣工并交付使用。

★ 7月6日，市委、市政府印发了《关于贯彻<中共中央、国务院关于加快水利改革发展的决定>的实施意见》，明确了上海水利建设的七项重点任务：一是大力加强农田水利建设，重点是加强农田水利基础设施建设、推进大型灌区及农田水利重点县建设、大力发展节水灌溉；二是全面加快防汛排涝能力建设，重点是加快城乡防洪工程建设、加快区域排涝工程建设、提高应急管理能力；三是全面推进郊区集约化供水，重点是提升城乡供水服务水平、建立郊区集约化供水推进机制；四是持续推进河道水环境治理，重点是加快骨干河网建设、加快推进郊区污水治理、加强河道生态治理和水土保持；五是建立健全水利投入稳定增长机制，重点是加大公共财政对水利的投入、保障水利设施运行维护经费投入；深化完善水利发展体制机制，重点是完善水利工程建设管理体制、深化水利工程管理体制改革、强化水文气象和水利科技支撑；全面落实最严格的水资源管理制度，重点是建立用水总量控制、用水效率控制、水功能区限制纳污、水资源管理责任和考核制度。

★7月7日，中远集团以2010年营业收入242.497亿美元和利润11.613亿美元名列美国《财富》杂志全球500强排行榜第398位。

★7月7日，《上海市居住房屋租赁管理办法》由市政府颁布，自2011年10月1日起施行。

★7月8日，中共中央召开水利工作会议，总结水利改革发展经验，分析新情况、新问题，明确今后一段时期的主要任务，动员全党全社会力量，推进水利改革发展，为全面实现小康社会提供保障。胡锦涛总书记、温家宝总理出席会议并作重要讲话。韩正、沈骏等市领导，及市发改委、市财政局、市水务局负责人出席北京主会场会议；俞正声、吴志明、杨雄、丁薛祥、姜梁等市领导，以及本市相关区县、部门、单位负责人在上海分会场收看视频直播。

★7月8日，位于杭州湾北岸的上海漕泾电厂配套码头通过国家交通运输部组织的竣工验收，该码头的建成对于满足电厂原料水运需求、保障地方电源建设和电网可靠供电具有重要意义。

★7月8日，上海港码头中心第一条执法公务艇“港口监督1号”正式交付使用。

★7月8日，国务院征地拆迁督查组就本市征地拆迁制度规定落实情况开展为期4天的专项督查。期间，督查组听取了本市关于征地拆迁制度规定落实情况的工作汇报，并到虹口、杨浦、闵行听取区政府相关工作汇报，重点督办信访矛盾化解；同时，深入虹口区虹镇老街、杨浦区定海街道、闵行区浦江镇拆迁基地，召开动迁居民座谈会，进行实地考察。

★7月13日，市运输管理处、市汽修行业协会联合召开上海市机动车维修质量信誉建设推进会暨全国汽车维修行业诚信企业表彰会。表彰2010年度局质量信誉考核AAA级企业和2009-2010年全国汽车维修行业诚信企业。

★7月13日，副市长沈骏在市政府副秘书长尹弘、市建交委、市推进办、市重大办、市房管局、市规土局等部门领导的陪同下，视察了普陀区上粮二库保障性住房基地，并召开现场会，提出三点工作要求：一是市政府近期将召开保障性住房领导小组会议，全面推进本市今年的住房保障工作目标任务，普陀区要对照《2011年上海市保障性安居工程目标责任书》，进一步加大对有关指标任务的检查、督促和落实力度，兑现对市政府的承诺。二是本市住房保障体系建设处于边探索、边实践、边完善的过程中，区、县政府作为住房保障工作的实施主体，要按照“创新驱动、转型发展”的要求，积极探索并加强与市相关部门的沟通，多为市里提出建设性意见。三是年度目标任务要不折不扣确保完成。其中动迁安置房除市里支持外，区里也要想方设法筹集房源，市规土局要对区里调整规划的设想尽可能予以支持；公共租赁房工作要紧密结合区域经济结构调整和产业结构调整，统筹考虑教育、卫生、区域人口流动等因素；廉租住房工作在做到“应保尽保”的同时，要从工业厂房改造、企业“退二进三”等途径入手，加大实物配租的工作力度，从而改善更多住房困难家庭的居住条件。

★7月13日，市政府召开《上海市居

住房屋租赁管理办法》专题新闻发布会，市政府法制办副主任顾长浩介绍了《办法》制定指导思想和主要内容，市房管局副局长、新闻发言人庞元就《办法》在制订过程中市民主要意见采纳情况及下一步贯彻实施工作做了介绍，并回答记者提问。

★7月16日至7月31日，第14届国际泳联世界锦标赛在上海顺利举行。期间，全市各级河道管理部门共同努力，共出动保洁员98368人次，打捞垃圾142212吨、绿萍60191吨，圆满完成世游赛河道水环境保障工作。

★7月17日，市建设交通工作党委书记许德明、市建设交通工作党委副书记范志伟，乘坐直升机抵达南海北部湾勘探三号平台，出席中石化上海海洋石油局“涠西南”项目出征仪式，慰问平台职工。许德明同志对勘探三号平台干部职工冒着高温、坚守岗位的工作热情表示了敬意，对勘探三号平台全体职工发扬老一辈优良传统、为国家海洋石油事业作出的积极贡献给予高度赞赏和肯定。他鼓励大家继续振奋精神，以科学严谨的工作作风，不怕艰苦，不畏困难，圆满完成“涠西南”项目作业任务，继续为国家的利益、企业的发展、人民的事业做出更大贡献。

★7月20日，市建设交通工作党委副书记范志伟同志前往国家核电上海地区单位，对开展创先争优活动、加强党建工作提出了要求。一要进一步体现重在联系实际、重在解决问题。紧紧围绕市委提出的问题导向、需求导向和项目导向的工作理念，结合国家核电上海地区各单位的实际，联系广大党员普遍关注的问题和群众最迫切的需求，进一步引导和发动广大党员创先争优活动中来，更好发挥党员主体作用，以实际行动践行创先争优活动承诺，在解决国家核电行业发展瓶颈难题中创先进、争优秀，切实体现创先争优活动的实际成效。二是进一步强调主体、载体和抓手。促进和推动当前重点工作和中心工作，找准抓手，丰富载体，努力提升创先争优活动水平；把建设工地安全作为创先争优活动的重点项目，动员和引导工地党组织和广大党员积极投入“安全管理全覆盖，党员身边无事故”的主题活动。三是进一步突出资源整合型党建联建的功能。继续坚持党建联建，传承世博会期间跨单位、跨地区、跨行业甚至跨所有制的党组织开展党建工作的操作模式，借鉴建设交通系统其他行业与社区党建工作的有效路径，围绕各自单位的重大任务，引领各级基层党组织履职尽责创先进，带领广大党员立足岗位争优秀，在推进企业科学发展、和谐发展中发挥更大的作用。

★7月20日至21日，主题为“风险防控、共同责任”的“中国油运安全论坛2011”在上海浦东星河湾酒店顺利召开，来自交通运输部、上海市政府、上海海事局、中海集团、中石油集团、中国船舶重工集团、中国船级社、上海海事大学、英国石油公司、船舶经纪公司、非政府间国际组织的近200余名代表参加。

★7月21日，市政府办公厅转发市住房保障房屋管理局等六部门《关于积极推进来沪务工人员宿舍建设若干意见的通知》(沪府办发〔2011〕39号)，自印发之日起实施，有效期为5年。

★7月22日，市建设交通工作党委副书记田赛男、市建设交通工会主任周炜等到船级社上海分社调研。田赛男同志充分肯定了上海分社在上海地区航运、水上安全等方面发挥的重要作用，希望上海分社进一步借技术优势为上海国际航运中心建设做出更大的贡献。

★ 7 月 23 日，温州境内发生了杭深线动车特大追尾事故。交通运输部东海救助局主动出击，11 名应急队员和 10 名水上救助志愿者闻讯出动，积极参与救援工作，成功救助 4 名遇险乘客。

★ 7 月 25 日，中共中央政治局委员、市委书记俞正声，市委常委、常务副市长杨雄等来到世纪大道地铁站，慰问地铁服务人员、执勤公安干警、安保人员、保洁员、志愿者等。俞正声同志感谢全体地铁员工用辛勤的汗水和高度责任心为上海地铁的安全运营、优质服务做出的贡献，叮嘱有关人员一定要落实好各项安全措施，确保轨道交通全网络的安全有序，并在全国世博先进个人孙春霞《春霞日记》的扉页上签名留念。市建设交通委主任黄融，市建设交通委副主任、市交通港口局局长孙建平，申通地铁集团董事长应名洪、总裁俞光耀等陪同慰问。

★ 7 月 25 日，“2011 上海 – 台北城市论坛”在上海世博中心举行。上海市长韩正、台北市长郝龙斌分别发表演讲。市绿化市容局党局长马云安出席并作题为“上海绿化可持续发展的实践与思考”的主题发言。之后，台北市长郝龙斌一行参观了思南公馆、复兴路、瑞金二路、陕西路林荫道、肇嘉浜路沿线绿带、徐家汇公园等景点，市绿化市容局局长马云安、副局长崔丽萍陪同参观。

★ 7 月 26 至 28 日，2011 年“航海 · 文明之迹”中国航海博物馆第二届国际学术研讨会在中国航海博物馆召开。来自大连、北京、山东、上海、武汉、福建、广东、香港、台湾、澳门地区，以及英国、美国、日本、澳大利亚、韩国等国家 30 余位专家学者亲临会场参与学术交流。交通运输部、市建设交通委给予大力支持，相关部门负责人参加开幕式并致辞。

★ 7 月 29 日，上海市水利工作会议隆重举行。中共中央政治局委员、上海市委书记俞正声主持会议并讲话，强调加快水利改革发展是事关全局、事关长远的大事，各级党委和政府特别是各级领导干部要认真贯彻落实今年中央一号文件、中央水利工作会议和胡锦涛总书记讲话精神，充分认识水利对城市可持续发展的基础性保障作用，切实把思想和行动统一到中央精神上来，定目标、定措施、定责任，抓好落实，以更大决心、更多投入和更实举措，努力搞好水资源利用、水环境保护、水安全防范以及农田水利建设。市委副书记、市长韩正出席并讲话，市领导吴志明、丁薛祥、徐麟、蔡威出席，副市长沈骏、姜平分别对加快水利改革发展工作和加强农田水利建设工作作部署。

★ 7 月 29 日，市政府批转市住房保障房屋管理局制订的《上海市动迁安置房管理办法》（沪府发〔2011〕44 号），自印发之日起施行，有效期为 5 年。

★ 7 月 31 日，本市各大出租汽车公司 49000 辆运营车辆的计价器程序更新工作全部完成。市区出租汽车起租费统一为 13 元，区域性出租汽车起租费为 11 元，同时每乘次计收 1 元燃油附加费。

★ 7 月，全市完成公共交通客运量 5.1 亿人次，日均 1644 万人次，同比下降 4.4%。其中，轨道交通日均客运量 582 万人次，公共汽电车 732 万人次，出租汽车 306 万人次，轮渡日均 24.6 万人次，公共交通客运结构为：轨道交通占 35.4%，地面公交占 44.5%，出租汽车占 18.6%，轮渡占 1.5%。上海港货物吞吐量6772.4万吨，同比增长24.9%。其中，海港货物吞吐量5893.8万吨，同比增长28.1%；内河货物吞吐量878.6万吨，同比增长6.6%。全港外贸货物吞吐量3157.1万吨，同比增长24.6%，内贸货物吞吐量3615.3万吨，同比增长25.1%。全港旅客吞吐量20.8万人次（不含三岛旅客），同比增长0.5%。全港集装箱吞吐量289.6万标准箱，同比增长12.7%；国际出口航线115.4万标准箱，同比增长12.5%，国际进口航线103.0万标准箱，同比增长8.3%。全市机场旅客吞吐量680.1万人次，同比下降3.5%，其中旅客发送量为345.0万人次，同比下降3.7%；机场货物吞吐量为27.2万吨，同比下降17.6%。

8 月 份

★8月2日，市总工会、市建设交通工作党委联合开展工地安全生产检查。由市总工会副主席杜仁伟、市建设交通工作党委副书记田赛男、市建设交通工会主任周炜等组成的联合检查组，以抽查的方式，对本市两处工地现场防暑降温、劳动保护措施的落实情况、高温津贴发放情况、以及农民工宿舍、食堂安全卫生等进行了突击检查。杜仁伟同志强调，必须加大工地工会组建的力度，总包公司、分包公司应引起重视，加大劳务派遣公司的工会组建工作；在发包的过程中，总包单位要提高施工单位的准入门槛，将劳务派遣公司组建工会纳入准入标准之一。田赛男同志要求市安质监总站支持工会组建工作，对建筑施工企业和劳务派遣公司，在承接分包工程项目的合同要约中明确，把组建工会作为必要的准入条件之一。

★8月4日，中共中央政治局委员、市委书记俞正声检查了太平桥地下停车库、黄浦江苏州河防汛墙、苏州河口水闸、昌平路泵站等防御强台风“梅花”措施落实情况，并到市防汛指挥部听取防御台风“梅花”强台风的有关准备工作，要求全面动员、落实责任，确保人民生命财产安全和城市正常运行。同时，市委副书记、市长韩正召开专题会议，对各区县主要领导明确了防御工作的任务和要求。

★8月4日下午，市委副书记、市长韩正主持召开上海市住房保障领导小组扩大会议，总结评估今年前七个月全市保障性住房建设工作，分析新情况新问题，研究针对性措施，形成全市合力加快保障性住房建设。韩正强调，保障性住房工作事关全局，必须咬住既定目标加快建设，确保工程质量始终处于受控状态，各项配套同步推进，配售工作公开透明。

★8月5日上午，市防汛指挥部召开全市防御“梅花”强台风紧急部署会议，对防台防汛工作进行全面动员部署。副市长、市防汛指挥部总指挥沈骏在会上强调，面对即将来临的严峻考验，各区县、各部门、各单位和各级领导干部要以对党和人民群众高度负责的政治责任感和使命感，按照市委、市政府的要求，立足于“防大汛、抗大灾、抢大险”，立即行动起来，组织发动全社会力量，迅速落实各项防范措施，全力保障城市正常运行和人民生命财产安全。

★8月5日，市人大常委会副主任吴汉民到市交通港口局调研《上海市民用机场地区管理条例》修订工作。

★8月7日早晨，“梅花”强台风经过上海同纬度，其中心距上海约280公里。6时许，中共中央政治局委员、市委书记俞正声和市防汛指挥部总指挥、副市长沈骏先后致电市防汛指挥部值班室，向值班人员了解台风最新动态和对本市的影响，要求各级防汛人员坚守岗位，再接再厉，确保全市防御工作取得全面胜利。据统计，全市共安全撤离转移各类人员 31.2 万人，进港避风船只近 5000 艘。

★ 8 月 9 日，“上海供水”微博正式在新民网、东方网同时开通。上海供水微博将统一发布中心城区供水企业各类服务信息，除计划停水、每日水情、道路开挖、突发事件等通告外，还将陆续增加供水服务内容，如业务办理指南、用水小常识、节水小贴士、水文化知识等，为用户提供温馨便捷的服务。网民也可通过微博与供水企业开展交流互动，对于网民提出的咨询、意见和建议，上海供水微博将在第一时间给予答复。

★ 8 月 9 日，市政府印发《关于调整本市廉租住房申请条件和配租标准的通知》（沪府发〔2011〕48 号），自 2011 年 8 月 1 日起实施，有效期至 2013 年 12 月 31 日止。

★ 8 月 9 日至 8 月 18 日，全市供水行业开展“政企联手接热线，交流沟通听呼声”主题活动，由市水务局、市城投总公司、各供水企业相关负责人轮流在上海供水热线 962740 接听电话，倾听市民呼声，为民排忧解难。

★截止 8 月 15 日，市建设交通工作党委从建设交通系统担负的职责和资源优势出发，引导系统所属 51 个归口单位积极投入结对帮扶活动，到经济相对困难村走访了 400 多人次，落实了 400 多万元帮扶资金，推进结对帮扶工作取得了新成效。

★ 8 月 19 日下午，上海市政府召开 2011 年上海市海洋经济发展联席会议全体会议。市政府副秘书长尹弘出席会议并讲话。市政府有关委办局、中央在沪单位、海军东海舰队和有关区、县等 29 家联席会议成员单位的领导和联络员、市海洋局有关部门和单位的负责人参加了会议。会上，通报了《上海市海洋发展“十二五”规划》和《上海市海洋功能区划》（修编）有关情况，对本市 2010 年海洋经济工作作了回顾，并部署了 2011 年工作要点。

★ 8 月 24 日，400 多名来自世界各国救生组织和相关行业及机构的代表齐聚上海，出席 2011 年世界海上人命救助大会，交流海上救助经验，研究海上救助重大课题，共商保障海上人身安全大计。大会由国际海上救助联盟（IMRF）主办、交通运输部救助打捞局和上海市建设交通委员会承办。交通运输部副部长翁孟勇出席大会并高度评价 IMRF 为保障海上生命安全、财产安全和保护海洋环境所作的重要贡献，代表中国交通运输部向 IMRF 及所有从事海上救助事业的人员致以崇高敬意，向所有关心支持海上救助事业的各国朋友表示诚挚感谢。目前，中国救捞拥有近万名员工，配备了 200 余艘专业救助打捞船舶和 21 架专业救助航空器，建立了 21 个救助基地。交通运输部救助打捞局自 2003 年以来，共计救助出动 10423 次，挽救海上遇险人员 57145 名，救助遇险船舶 4114 艘，打捞沉船 1744 艘，获救财产总价值达 700 余亿元。

★ 8 月 24 日，市建设交通工作党委召开“两委四局”机关党建工作会议。近年来，各单位机关党组织紧紧围绕“推动科学发展、促进社会和谐、服务人民群众、加强基层组织”的目标，突出机关党建“服务中心、建设队伍”两大任务，更好履行工作职责、发挥强大推动力。市建设交通两委机关广泛开展党支部和党员公开承诺活动，把承诺、亮诺和履诺紧密结合，从群众关心关注的热点问题出发，深入基层，服务群众，凸显了党组织和党员践行宗旨的特色。市绿化市容局以“带头践诺、发展争先”为载体，组织机关党支部和相关处室带着承诺、带着任务、带着项目，深入到基层一线指导工作，帮助解决困难问题，增强服务人民群众的实效。市交通港口局结合党务公开试点，依托党建信息平台，把局机关党员公开承诺、自评互评情况、评优评先结果等全部纳入公开范围，做到以党建带群建，吸引群众参与创先争优活动，增强党组织的凝聚力和吸引力。市水务局、市住房保障房屋管理局以党建联建为载体，聚焦本行业、本单位的重点工作和重大任务，引导机关党组织履职尽责创先进，带领广大党员立足岗位争优秀，切实体现工作成效。

★8月25日上午，“中国救捞创建60周年公众开放日”启动仪式在上海港国际客运中心邮轮码头举行，交通运输部、上海市城乡建设和交通委员会、上海市虹口区人民政府以及国际海事组织、国际救助联盟等单位领导和嘉宾应邀出席了仪式。主办方于8月25日至8月28日举办为期4天的开放日活动。作为2011年世界海上人命救助大会和救捞系统创建60周年系列活动之一，此次公众开放日活动以“承载使命，守望和谐，保障水上安全”为主题，旨在向公众宣传“以人为本，关爱生命”的理念，加强对公众的海上安全知识教育，让公众了解中国海上救助事业，展示中国救捞成果及国家专业救捞队伍为上海航运中心建设服务的良好形象。

★8月26日，本市召开2011年度整顿交通市场秩序规范交通行政执法工作联席会议，副市长张学兵出席会议并讲话。会议全面部署了进一步加强打击整治非法客运的各项工作，同时启动旨在集中治理重点区域、重点时段、重点违法行为的非法客运专项整治行动。

9 月 份

★8月29日至9月1日，市建设交通工作党委副书记范志伟一行前往新疆喀什和对口援建四县，看望慰问建设交通系统援疆干部，并考察援建项目，指导援建工作。在喀什上海援疆前方指挥部，范志伟同志高度肯定了援疆干部的饱满精神和工作成效。希望建设交通系统全体援疆干部在指挥部的坚强领导下，贯彻党中央的援疆方针，按照上海市委、市政府的总体工作要求，抓好团队建设，齐心协力完成上海的援建任务。在莎车、泽普、叶城等县的援建工程一线，范志伟同志实地考察了巴莎公路等重点援建项目的建设情况，指出援疆建设工程虽然条件艰苦，困难很多，但是上海建设交通系统的援建职工在艰苦的环境中仍然取得了可喜的成绩，希望建设者们再接再厉、尽心尽责、全力以赴，充分依托指挥部和后方的力量，针对工作重点和技术难点，精心谋划、精心组织、精心施工，打造援建精品工程，体现上海建设水平，树立援疆建设丰碑。

★8月31日至9月2日，市交通港口局联合市公安局开展了全市性非法客运集中专项整治行动。市交通执法总队所属各执法支队、各区县交通执法机构以及浦东机场、虹桥机场交警支队建立联合执法队伍，对四轮车、电动三轮车、残疾车、摩托车、助力车等非法客运进行查处，共出动交通执法人员1111人次、执法车辆317辆次，出动警力858人次、警车249辆次，检查各类车辆4223辆，查处各类违章车辆477辆，使重点区域非法客运现象明显减少。

★9月2日，本市召开上海市节能减排联席会议第一次会议，回顾总结“十一五”以来上海交通节能减排工作，明确“十二五”和2011年目标、任务及要求。副市长沈骏到会并讲话，市政府副秘书长尹弘主持会议。

★ 9 月 4 日，市建设交通委主任黄融、市建设交通工作党委副书记范志伟、市建设交通委总工程师秦云赴市建设交通党校调研。在听取了党校的工作汇报后，黄融同志指出，党校要结合事业单位体制机制改革，在新的起点上更好地发挥干部教育培训功能；要做好三支队伍即党员干部队伍、机关干部队伍、区县专业管理干部队伍的教育培训工作；党校科研工作要结合行业实际，特别是要针对建筑市场监管和执法等问题做深入分析；要不断推进师资队伍建设，加强教职工凝聚力建设。

★ 9 月 5 日，市建设交通党校 31 期中青班开班，市建设交通工作党委副书记范志伟出席开学典礼并作动员。范志伟同志指出：胡锦涛总书记“七一讲话”为加强各级领导班子干部队伍建设提供了强大的精神动力，中青年干部要把“七一”讲话作为学习的重点和今后工作的强大动力。范志伟同志强调：中青年干部要重视增强三种意识，一是增强学习意识，提高综合素质。把学习放在重要的位置，多学一点、早学一点，从而胜任更重要的责任；把学习当做经常性的要求，多学习与岗位相关的知识，通过学习丰富和提高自己。二是增强进取意识，积极开拓创新。中青年干部要把握大局，培养开拓创新的意识。努力破解工作难题，了解城市管理的基本理念，提升城市管理水平。善于统筹协调，调动各方面的资源，形成工作合力。三是增强责任意识，提升工作实效。通过学习、培训牢固树立责任意识，将学到的理论知识和实践能力相结合，在实际工作中狠抓落实，提高工作实效。范志伟同志提出：党校作为干部培训的主阵地，要认真领会“七一”讲话精神，提高师资质量，提升培训质量；在培训过程中，要强调问题意识和忧患意识，切实加强培训的科学性和针对性。

★ 9 月 5 日，全国首支由渔民组成的海上志愿者队伍——上海基地海（水）上救助志愿者分队在浙江省岱山县海洋与渔业局礼堂成立。

★ 9 月 10 日至 16 日，“上海轨道交通网络近期规划建设线路标志色方案”向全市公示。据统计，上海已有轨道交通运营线路（不含磁浮线）11 条，运营线路总长 425 公里。2014 年，上海将建成 14 条线路，运营里程将超过 500 公里。

★ 9 月 14 日，黄浦区第一届人代会 146 选区第三投票站选举，在市建设交通委机关举行。市建设交通两委领导班子成员与两委机关选民一起参加选举，认真行使民主权利。

★ 9 月 21 日，市建设交通两委召开机关党员大会。会议由市建设交通工作党委秘书长张旗主持。市建设交通两委班子成员、机关党员等共 169 人出席会议。会上，听取并审议了《中共上海市城乡建设和交通机关委员会工作报告》、选举产生了新一届中共上海市城乡建设和交通机关委员会、中共上海市城乡建设和交通机关纪律检查委员会。市建设交通工作党委书记许德明对机关党委新班子和机关全体党员提出三点要求：一是要求新班子围绕中心更好履行抓机关党建的职责。二是要求机关全体党员不断增强党员意识。三是要求树立团队精神，建设为民、务实、清廉的机关形象。

★ 9 月 22 日，市建设交通工作党委召开市建设交通系统全面推进党的基层组织党务公开工作会议。会议的主题是回顾总结前一阶段建设交通系统党的基层组织党务公开试点工作，对下一步全面推进这项工作进行部署。市建设交通工作党委书记、党务公开领导小组组长许德明出席会议并讲话。市建设交通工作党委副书记、党务公开领导小组副组长范志伟主持会议。市建设交通纪工委书记、党务公开领导小组副组长王来娣总结前一阶段党务公开试点工作情况，并就下一步工作进行部署。市建设交通系统党务公开工作领导小组成员和各单位党委书记、纪委书记，纪检、组织部门负责人及各基层党务公开联系点单位党组织主要负责人参加会议。会上，市交通港口局、申通地铁集团公司、中建八局、市政工程管理处等单位作了交流发言。

★ 9月23日，市建设交通两委召开2011年市、区（县）建设交通党委书记、建设交通委主任联席会议。会议主题是沟通工作情况，加强市区联动，形成上下合力，进一步推进全市建设交通各项工作。市建设交通工作党委书记许德明作讲话，市建设交通委主任黄融通报今年重点工作进展情况，市建设交通工作党委副书记范志伟通报党建工作情况。会议由市建设交通工作党委副书记田赛男主持。出席会议的有市建设交通两委领导班子成员，市建设交通两委有关处室负责人，各区（县）建设交通党委书记、建设交通委主任。会上，奉贤区、新黄浦区、浦东新区、闵行区、嘉定区、崇明县的建设交通委领导作了交流发言。市建设交通两委领导就区（县）提出的有关问题作了解答。

★ 9月23日，“上海地铁第二届职工技术比武暨岗位创新表彰仪式”在地铁梅陇基地举行。市人大常委副主任、总工会主席钟燕群、市建设交通工会主任周炜、团市委副书记徐彬、申通地铁集团党委书记应名洪、总裁俞光耀等出席活动。本届技术比武以保障轨道交通运营安全，展示轨道交通行业高技能、新技术人才的精神风貌和促进行业人性化服务、精细化管理、标准化建设为主题，涵盖了城轨线路工、城轨接触网检修工、城轨行车值班员和调度员三个团体赛项和城轨站务员、电动列车驾驶员、通信工、电动列车检修工、中式烹调师等五个个人赛项。

★ 9月23日，上海港在黄浦江陆家嘴（外滩）水域举办“大型国际邮轮综合搜救演习”。上海海事局调动海事巡逻艇在事故水域实施人命救助和水域交通管制，协调消防船艇、清污单位进行灭火及围控泄露油污。7个项目在35分钟内全部完成，圆满完成了本次水上交通管控与疏导演练任务。

★ 9月23日，市建设交通工会举行推进学习型班组创建活动座谈会。市建设交通工作党委副巡视员、市建设交通工会主任周炜出席会议并讲话。要求进一步提高对创建学习型班组活动重要性的认识；要以职工为本，立足班组，进一步提高创建活力；要以典型引路，持之以恒，进一步提高创建水平。

★ 9月26日，上海绿化市容行业首届职工运动会闭幕式在闵行区体育馆举行。市建设交通工作党委副书记田赛男、市总工会副主席周志军、市绿化市容局局长马云安到会，1800多名来自上海绿化市容行业的干部职工参加。

★ 9月26日，市建设交通工作党委副书记范志伟一行前往中铁上海设计院集团有限公司，调研公司重组后的发展状况和党建工作推进情况。范志伟同志指出：重组七年来中铁上海院各方面工作成效明显，党组织关系属地后积极参与行业党建，为上海轨道交通、铁路及市政建设作出了贡献。下一步，希望中铁上海院发挥人才与技术优势，在党的建设、人才队伍建设、业务发展等方面进一步加强与地方的沟通交流，在促进上海城市建设与管理等方面取得新的成绩。

★ 9 月 28 日，市建设交通两委机关举行“坚定跟党走，颂歌献国庆”红歌演唱比赛。两委机关全体同志带着各自精心编排的红歌曲目登台表演，用一曲曲红歌深情表达了对党、对祖国的热爱之情，唱出了机关公务员的精神风貌，唱响了社会主义好、坚定跟党走的主旋律。

★ 9 月 28 日，市建设交通工作党委组织离休干部参观东方体育中心。市建设交通工作党委书记许德明向老干部致以节日的问候，祝愿老干部身体健康、生活愉快，并希望老干部继续发挥余热，为建设交通事业发展出谋划策。

★ 9 月 30 日，“纪念世界人居日暨上海市保障性住房大型居住社区航头拓展基地开工仪式”在浦东新区基地开工现场举行，市委副书记、市长韩正出席仪式并宣布航头拓展基地开工。根据国务院与上海签订的保障性安居工程目标责任书，今年上海市政府将新开工建设、筹措与完成各类保障性住房 26.6 万套（新开工 500 万平方米经济适用住房、800 万平方米动迁安置房、建设和筹措 200 万平方米公共租赁住房，此外还包括廉租住房和棚户区改造住房），截至 9 月底，在市、区和相关企业的共同努力下，完成率已超过 90%。

10 月 份

★ 9 月 28 日至 10 月 7 日（国庆黄金周期间），上海铁路局累计发送旅客 1131 万人，同比增长 4.6%。其中，发送直通旅客 285.6 万人，同比增长 5%；发送管内旅客 845.5 万人，同比增长 4.5%。10 月 1 日，全局发送旅客 150.4 万人，创路局单日旅客发送历史新记录。节日期间，上海铁路局还推出多种便民利民措施，共开行临客 61 对 526 列，加挂车辆 1016 辆，最大限度地满足了旅客的出行需求。

★ 10 月 7 日，市交通港口局召开专题会议，通报“9.27”地铁事故处理情况，学习贯彻市委常委会、市政府常务会议精神，就进一步加强交通港航行业安全运营监管工作作出部署。一是深刻吸取教训，提高思想认识；二是认真梳理行业管理规章制度；三是全面开展行业安全稳定隐患排查；四是抓紧落实加强轨道交通安全运营监管的有关措施；五是进一步加强干部职工作风建设和队伍建设。

★ 10 月 9 日，申通地铁集团召开“9.27”事故扩大分析会，通报事故处理情况，深刻分析、总结事故成因，对进一步做好地铁安全运营工作作出部署。一是痛定思痛，深刻吸取事故教训。二是突出重点，深入开展安全隐患排查整改。三是采取有力措施，确保列车运营的绝对安全。四是以“三化”建设推动各项安全措施有效落地。

★ 10 月 9 日，市建设交通委和市交通港口局联合下发通知，启动本市交通港航重点用能单位能源管理岗位和能源管理机构的备案工作。依据《上海市节约能源条例》，年用能量 5000 吨标准煤以上的单位应专设能源管理岗位，年用能量 50000 吨标准煤以上的单位应明确能源管理机构及专设能源管理岗位，并报相关行政管理部门备案。

★ 10 月 9 日，“辛亥海军—纪念辛亥革命 100 周年展”在中国航海博物馆隆重开幕。本次展览由中国航海博物馆与中国海军史研究会联合举办，历时三个月。展览以辛亥革命中海军起义为主线，展出 80 余件展品实物、200余幅珍贵历史照片，旨在还原历史细节，反映辛亥革命时期中国近代海军的发展变化，反思中国民主革命的历程与必然。展览主题读本《辛亥海军》也同期发行，该书珍选编辑了辛亥革命时期海军建设史料，内容起自中国近代海军的创建，并整理收录了许多亲历者的回忆，首次全面汇聚了中国海军参加辛亥革命的生动经历。

★ 10月10日，集装箱船舶“恒隆8”安全靠妥另一艘支线集装箱船舶“长海北湖”轮外档，并成功进行集装箱装卸作业。标志着洋山港首艘支线集装箱船舶二档靠泊作业成功实施。

★ 10月12日，交通运输部专家委员会、长江航道管理局在上海举办了“中日海啸防灾研究国际学术报告会”。部专家委员会副主任、总工程师徐光到会致辞，长江口航道管理局原总工程师范期锦主持报告会。会上，中日海啸专家报告交流了在海啸检测、预报、防御措施等方面的最新研究成果，互相启发借鉴，共同推动预防海啸先进技术，对加快提升我国海啸防灾减灾能力具有积极的促进作用。

★ 10月12日，上海市装饰装修行业协会历史建筑装饰修缮专业委员会成立。

★ 10月14日，交通运输部副部长徐祖远一行前往长江口深水航道维护疏浚工程现场视察，并听取了长江口深水航道治理工程情况和下一步的工作思路。

★ 10月15日，上海市海岛地名普查成果技术审查会在杭州召开，标志着本市普查成果在全国率先通过国家技术审查。国家海岛开发与管理研究中心、上海市海洋管理事务中心、上海东海海洋工程勘察设计研究院等单位参加会议。

★ 10月17日，市建设交通两委召开党政领导班子民主生活会。市委常委、常务副市长杨雄出席会议并讲话。市建设交通两委领导班子成员参加民主生活会，民主生活会由市建设交通工作党委书记许德明主持。领导班子成员联系自身实际开展批评与自我批评，从思想、工作、作风、廉政建设等方面进行了自我剖析。深入查找个人和班子在贯彻落实科学发展观、转变观念、开拓创新、积极应对复杂多变的形势、提高城市管理水平、加强党建工作和人才培养等方面存在的突出问题，深刻剖析原因，并提出整改措施。

★ 10月18日，市建设交通工作党委副书记田赛男一行前往水利部太湖流域管理局，实地考察了太浦闸和太浦河泵站工程，了解了工程建设和运行情况，并听取工作汇报。田赛男同志充分肯定了近年来太湖局保障流域内民生安全发展，加强与流域各省市的沟通协作，推动流域水资源的合理开发、管理、监督与保护取得的成绩，特别是在保障上海防洪、供水和防台安全作出的贡献。下一步，希望太湖局在党的建设等方面进一步加强与地方的沟通交流，在培育、挖掘新时期先进典型方面有所突破。

★ 10月19日，《上海市国有土地上房屋征收与补偿实施细则》由市政府颁布实施。

★ 10月21日，本市召开无序设摊综合治理工作推进会。市政府副秘书长尹弘到会并讲话。相关委办局、各区县政府、中心城区街镇有关负责人出席会议。

★ 10月21日，白龙港污泥处理工程消化系统点火启动，标志着目前亚洲规模最大的污泥处理设施——白龙港污泥处理主体工程建成投运。副市长沈骏出席仪式。根据规划，上海将逐步建成完整的全市污水处理系统总体格局。其中白龙港污泥处理工程设计规模为每天约1020吨，竹园污泥处理工程设计规模为每天约750吨，在“十二五”期间开工的石洞口污泥处理完善工程设计规模为每天约360吨，随着上述污泥处理工程的建成投产，将基本满足上海市中心城区污水处理厂所产生污泥的处置需求。

★ 10月22日，市交通港口局召开成立三周年工作总结报告会。局长孙建平分析评价了市交通港口局成立以来的运行情况和总体工作，回顾了交通港航人同心协力、拼搏进取的足迹，总结了交通港航行业励精图治、开拓创新的经验，并对下一步工作提出思考。孙建平同志要求各部门（单位）用统筹规划和科学决策来把握发展方向，用深化完善体制机制来扩大改革成果，用创新监管手段来提升行业管理水平，用制度建设来强化行业安全应急管理，用狠抓作风能力来完善队伍建设。

★ 10月23日，市建设交通委主任黄融视察崇启通道接线工程建设，并就市民关心的问题接受记者采访。黄融同志要求工程建设者要以高度的责任感和使命感，攻坚克难，抢抓进度，全力做好各项工作，确保工程高质量如期竣工。

★ 10月27日，本市保障性住房大型居住社区闵行浦江拓展基地和徐汇龙南佳苑公共租赁住房项目正式开工，副市长沈骏出席仪式并宣布开工。徐汇龙南佳苑公共租赁住房项目规划用地面积约4.8万平方米，建成后可提供约2000套公共租赁住房；闵行浦江拓展基地规划住宅建筑面积约199万平方米，其中市属保障性住房约104万平方米。

★ 10月27日，计划总投资8.7亿元、占地267.8亩的本市首个国家级住宅产业化基地——“上海城建集团预制装配式建筑研发中心”顺利通过住房城乡建设部专家论证，住房城乡建设部住宅产业化促进中心副主任文林峰等出席会议。

★ 10月28日，本市保障性住房大型居住社区青浦新城一站、徐泾北基地和嘉定城北站基地正式开工，副市长沈骏出席仪式并宣布开工。青浦新城一站基地规划住宅建筑面积约320万平方米，其中市属保障性住房约147万平方米；徐泾北基地规划住宅建筑面积约133万平方米，其中市属保障性住房约84万平方米；嘉定城北站基地规划住宅建筑面积约357万平方米，其中市属保障性住房约173万平方米。

★ 10月31日，本市召开全市居住小区安全运行和安全生产工作会议，副市长沈骏出席会议并讲话，市政府副秘书长尹弘主持会议，市住房保障房屋管理局局长刘海生作主题发言、通报相关工作情况。

★ 10月31日，上海地铁行业召开第一届思想政治工作研究会会员大会。市建设交通工作党委书记、市建设交通系统思想政治工作研究会会长许德明到会并讲话，市建设交通工作党委秘书长张旗以及地铁行业25家会员单位领导共80余人出席。大会选举申通地铁集团党委书记应名洪为第一届上海地铁行业思想政治工作研究会会长。许德明同志对上海地铁行业思想政治工作研究会提出三点要求：一要紧密联系实际，突出围绕行业中心工作、围绕地铁行业实际、围绕员工思想开展思想政治工作。二要注重培育四个理念，即以人为本、安全第一的理念，爱岗敬业、忠于职守的理念，科学严谨、一丝不苟的理念，团结协作、形成合力的理念。三要关心基层干部特别是思想政治工作干部的思想、工作、学习和生活。

11 月 份

★ 11 月 1 日，本市保障性住房大型居住社区奉贤南桥东基地和浦东惠南民乐基地正式开工，副市长沈骏出席仪式并宣布开工。奉贤南桥东基地规划住宅建筑面积约 833 万平方米，基地中市属保障性住房约 361 万平方米；浦东惠南民乐基地规划住宅建筑面积约 450 万平方米，基地中市属保障性住房约 259 万平方米。

★ 11 月 1 日，本市新《住宅设计标准》正式施行。此次修订的《住宅设计标准》新增消防安全警示标识、喷水灭火系统、报警装置、应急广播装置、避难层（区）等条文，明确要在住宅户内推广安装独立式火灾探测报警器，在居民小区消火栓、消防车通道、消防登高场地、疏散通道等处增设消防安全警示标识，并对住宅设计所涉及的总体结构、公共部位、构配件、给排水、电气及智能等环节的条文进行了修改。

★ 11 月 2 日，市政府召开 2011 年“夏令热线”工作总结会。副市长沈骏出席会议并讲话，市政府副秘书长尹弘主持会议。沈骏同志在讲话中提出三点要求：一是进一步深刻把握当前形势。要充分认识保障城市运行安全的紧迫性和艰巨性，从制度建设、投入保障、全民意识等各个方面，以及城乡规划、建设、运营、管理等各个环节不断加强安全管理工作，不断提升市民安全感；要积极回应人民群众的关切和期望，坚持管理创新、机制创新、服务创新以及“科技 + 制度”的好做法，以实际举措树立好“执政为民”的政府形象；要进一步下移城市管理重心，倡导公众积极参与，携手共建城市文明。二是不断完善“统筹协调，综合治理”的城市管理新格局。强化“综合管理”工作理念，完善体制机制，着力突破顽症问题。三是形成城市管理工作合力。把城市管理工作从政府管理向全社会、全行业延伸，强化每个法人单位和市民的社会责任，提升社会市民的公德意识，形成共建共享美好家园的良好氛围。

★ 11 月 7 日，本市召开《上海市民用机场地区管理条例》宣传贯彻暨实施准备动员部署会议，市政府副秘书长尹弘出席会议并就贯彻落实《机场条例》需要重点关注的 6 个问题提出要求：一要加强对飞机噪音引发社会问题的源头控制管理；二要依据属地管理原则，做好保障空中安全相关工作；三要抓紧落实航油管线的保护工作；四要由机场集团切实加强浦东机场地区的出租车蓄车场管理；五要加强商务区、综保区管理和航空枢纽港建设工作的互动联系；六要关注市交通港口局的职能定位和作用发挥问题。

★ 11 月 8 日，市建设交通系统举办宣传干部“新闻传播与舆论引导”专题培训。市建设交通工作党委副书记田赛男出席开班仪式并作动员。市建设交通系统各单位宣传部门负责人，市建设交通委直属事业单位分管领导、宣传部门负责人及相关工作人员，市建设交通两委机关部分处室负责人等共 120 余人参加培训。本次培训邀请了市有关专家，就如何做好新闻发布与媒体接待、如何认识网络舆情、如何做好突发公共事件危机的处置等专题，进行了有理性思考、有生动案例的授课，对进一步加强市建设交通系统新闻宣传工作，提高与媒体沟通的能力和应对突发公共事件的能力，发挥了积极的指导和促进作用。

★ 11 月 10 日，市人大常委会副主任胡延照、蔡达峰一行 50 多人赴浦东新区，监督生活垃圾分类和减量化工作推进情况。市绿化市容局、市建交委、市商务委、市发改委、市经信委和浦东新区人大、政府、环保市容局等相关部门陪同参加。

★ 11 月 4 日，市建设交通机关党委召开第一次党委扩大会议。会上，宣读了市级机关工委关于新一届市建设交通机关党委、机关纪委组成人员的批复，明确了新一届机关党委委员职责分工。市市级机关工作党委副书记黄冲、市建设交通工作党委副书记范志伟出席会议并讲话。会议由市建设交通工作党委秘书长、市建设交通机关党委书记张旗主持，市建设交通机关党委、机关纪委班子全体成员参加会议。黄冲同志对新当选的机关“两委”班子表示祝贺，并提出三点希望：一是要在进一步聚焦重点上下功夫。围绕创先争优、学习型党组织建设、党务公开、机关文化建设、青年干部培养等重点，做细做实机关党建工作。二是要在进一步推动结合上下功夫。把机关党建工作与本单位中心任务、文化氛围、党员群众的思想实际等紧密结合起来，不断增强机关党建工作的针对性和有效性。三是要在进一步创新方法上下功夫。不断适应上级党组织的新要求、机关党建工作面临的新情况以及机关党员群众思想的新变化，努力实现机关党建由封闭向开放、由管理向服务、由被动向主动的转变。范志伟同志对做好下一阶段机关党建工作提出三点要求:一是新班子要展现新面貌。新一届机关“两委”班子要以《中国共产党党和国家基层组织工作条例》的颁布为契机，抓好支部建设和党员队伍建设，狠抓党风廉政建设和政风行风建设，使机关党建呈现新面貌。二是要围绕中心、服务大局。机关党委要把市建设交通两委中心工作分解到机关党建工作中，围绕“十二五”城乡建设交通发展和城市安全等重点工作，加强机关干部队伍能力素质建设，转变作风、提升能力。三是要进一步理顺工作关系。处理好机关“两委”领导班子和机关党委工作部门的关系，机关党建重大问题应由机关党委集体研究，机关党委工作部门负责具体落实。

★ 11 月 16 日，市政协副主席李良园一行视察本市保障性住房建设推进情况并召开专题座谈会。

★ 11 月 16 日，市建设交通系统召开党政负责干部会议，传达学习九届市委十六次全会精神。市建设交通工作党委书记许德明主持会议并传达了俞正声同志的重要讲话精神，市建设交通工作党委副书记、市建设交通委主任黄融传达了杨振武同志对《中共上海市委关于贯彻 < 中共中央关于深化文化体制改革推动社会主义文化大发展大繁荣若干重大问题的决定 > 的实施意见（讨论稿）》的说明。市建设交通两委领导班子成员、各局、各单位党政主要领导、市建设交通两委机关各处室负责人、委直属单位党政主要领导参加会议。许德明同志指出，此次市委全会深入贯彻党的十七届六中全会精神，专题研究上海文化事业大发展大繁荣的一些重大问题，抓住了改革发展的根本性关键性问题，对本市推进文化改革发展，建设国际文化大都市，具有极其重要的指导意义。许德明同志就市建设交通系统学习贯彻全会精神提出三点要求：一要认真学习贯彻市委全会精神。重点学习领会俞正声同志在全会上的重要讲话精神，加深对文化建设重要性和紧迫性的认识；各级领导干部要率先垂范，切实加强思想道德建设，做践行社会主义核心价值体系的典范；要结合上海历史文化积淀和现阶段发展实际，积极倡导公正、包容、责任、诚信的价值取向，推动建设交通系统文化建设再上新台阶。二要努力做好当前各项工作。在认真梳理、保质保量按期完成全年各项目标任务的基础上，将城市运行安全和生产安全摆在更加突出的位置，着力化解各类矛盾，防止引发大规模群体事件，维护社会和谐稳定。三要提前谋划明年工作思路。紧紧围绕进一步提升公共服务能力和社会管理水平，突出保障城市安全、改善民生等重点，结合民主生活会整改事项落实、年底务虚会、中心组学习会等，深入开展专题调研，及早研究确定明年工作思路，为新一年工作开好局、起好步奠定基础。

★ 11 月 19 日，第八届中国（重庆）国际园林博览会开幕，市政府副秘书长尹弘出席开幕式并视察上海园。

★ 11 月 22 日，市建设交通系统举办专题报告会，邀请上海市广播电视台台长裘新宣讲、解读党的十七届六中全会精神。报告会由市建设交通工作党委书记许德明主持。市建设交通工作党委中心组成员，市建设交通系统各局、各单位党委中心组成员、宣传处长，委直属单位党政班子成员，市建设交通两委机关党员共 280 余人参加会议。会上，裘新同志结合自身工作实践，分析了我国文化改革发展取得的巨大成就，面临的机遇和挑战，解读了中国特色社会主义文化发展道路的指导思想、重要方针、现实依据以及主要任务，对指导建设交通系统广大党员干部在实践中以社会主义先进文化引领“创新驱动、转型发展”任务，发挥了积极的促进作用。

★ 截止 11 月 28 日，由上海负责的叶城县维吾尔医院、莎车县综合福利中心、莎车县图文信息综合服务中心、泽普县工业园区综合实训基地、巴楚县职业技能实训基地等 5 个援疆“交钥匙”项目完成结构封顶，并按既定目标稳步推进。各参建单位在保证项目建设进度同时，牢固树立“质量是生命线、安全是底线”的工作理念，坚持严格执行建设规范和标准，严格执行工程监理制，确保了全部单项工程 100% 合格，一次合格率 95% 以上，总体优良率达到 85%。下一步，随着喀什地区施工冬休期来临，各参建单位将认真落实冬歇期间工地现场的安保工作，积极谋划明年施工计划，抓紧筹备下阶段施工所需的劳动力、设施设备和建材，确保第一时间全面恢复施工，按时保质保量完成“交钥匙”项目建设任务，向上海对口支援的喀什地区四县 180 万人民交出一份满意的答卷。

★ 11 月 29 日，上海第二大水源地工程东风西沙水库正式开工建设。副市长沈骏出席仪式并宣布开工。东风西沙水库是上海“十二五”规划水务重点工程，位于长江口南支上段、崇明岛的西南侧，东风西沙与崇明岛之间的夹泓地带，规划面积约 3.74 平方公里。预计工程竣工后，水库供水规模将达 40 万立方米 / 日，可彻底解决崇明岛居民无优质饮用水的历史难题，有效提高地区的供水集约化管理水平。

★ 11 月 29 日，以“地铁安全，我们共同关注”为主题的第三届上海地铁公共安全宣传周活动正式启动。本届宣传周历时 9 天，围绕“安全乘车常识、正确使用地铁公共设施、应对突发事件”等三方面内容，推出了一系列安全宣传活动。

★ 11 月 30 日，本市召开黄浦江游览管理工作阶段性总结会议。副市长赵雯出席会议并讲话。市政府副秘书长薛潮主持会议。赵雯同志充分肯定了黄浦江游览管理工作阶段成果，并指出：要从建设上海国际航运中心的高度，思考水上旅游业的布局；从建设世界著名旅游城市的深度，来研究水上旅游业的定位；从建设国际文化大都市的广度，推动旅游和文化的融合和发展。

★ 11 月 30 日，市保障性住房大型居住社区松江泗泾洞泾基地开工，标志着上海全面完成今年新开工建设和筹措各类保障性住房26.6万套的目标。市委书记俞正声，市委常委、市委秘书长丁薛祥、副市长沈骏等出席开工仪式，并查看了已建成的保障性住房基地“松江新凯家园三期”，听取有关情况汇报。今年年初，住房城乡建设部与上海市政府签订了住房保障工作目标责任书，确定了26.6万套保障性住房建设和筹措任务。市委、市政府高度重视，一是加强组织领导。由市政府副秘书长尹弘牵头市规土局、市建交委、市房管局、市住宅建设发展中心等部门组成市大型居住社区建设推进办公室，定期深入一线研究问题，统一负责保障性住房建设的指导、协调和督促、推进；将保障性安居工程与重点市政公建配套项目列入市重大工程，确保工程时间节点、房屋安全质量、房源透明分配。二是形成工作合力。与各区县签订保障性住房建设工作年度目标责任书，细化工作任务；各区、相关镇政府采取有力措施，切实加快动迁腾地；各委、办、局创新机制，努力搭建保障性住房审批“绿色通道”，加快建设前期手续办理；各级金融管理部门和商业银行加大贷款扶持力度，通过“名单式管理”创新机制，缓解保障房贷款难问题；发挥国有大型企业集团主力军作用，建立层层负责的工程质量责任制，进一步加强质量安全管理。三是完善配套建设。委托专业配套单位研究出台新的配套政策，加快大型居住社区配套设施建设；结合住宅发展趋势和节能环保等要求，创新中小套型住宅设计理念；开展“我最喜欢的保障房”设计评选活动，听取广大市民的合理化建议，进一步提高保障性住房设计水平和工程质量。同时，严格按照国家要求，积极谋划好今后几年的保障性住房建设推进工作，使保障性安居工程建设与管理再上新台阶。

12 月 份

★ 12月1日，市党风廉政建设责任制和党建责任制检查情况反馈会召开。市委副书记、市长韩正主持会议并讲话。市党风廉政建设责任制、基层党建责任制检查组成员，市建设交通两委领导班子成员及市水务局主要领导，市建设交通两委机关处室主要负责人等参加会议。会上，市建设交通工作党委书记许德明汇报了市建设交通两委落实党风廉政责任制、基层党建责任制的主要情况；市纪委副书记、监察局局长顾国林、市委组织部副部长冯小敏分别反馈了党风廉政责任制和党建责任制专项检查的情况；市委副书记、市长韩正作重要讲话。韩正同志指出：市建设交通两委领导高度重视党风廉政建设责任制和党建责任制建设，措施有力、工作扎实、成效明显。下一步，要在“三个始终”上下功夫：一是在思想认识上要始终高度重视、紧抓不放。在党风廉政责任制建设方面，建设交通领域市场化程度较高、行业分布较广、监管难度较大，对这些情况和问题要高度重视，深入开展调研，完善制度规范；在基层党建责任制方面，要高度重视基层，帮助基层健全制度、解决困难。二是在工作落实上要始终围绕中心工作。“创新驱动、转型发展”是上海“十二五”发展的中心任务，落实到市建设交通两委就是城市基础设施体系和航运中心建设；要聚焦这两项中心任务，树立“以人为本、安全为先、管理为重”理念；切实将安全生产和安全运行放在首位，在城市建设中充分考虑后续管理的需要。三是在工作推进的方法上要始终突出重点。在队伍建设中，要注重落实领导干部责任制，完善培训、交流、挂职锻炼等长效机制建设；在城市管理中，要坚持“制度+科技”，推进信息化建设，整合市民热线，简化办事流程，提高工作效率；在大型居住区的建设中，着力提升公共服务、执法管理和配套设施建设水平；在旧改工作中，加大推进力度，扩大征询范围；在保障房建设中，探索公积金支付物业管理费的服务机制，让群众得实惠。

★ 12 月 1 日，《上海港口经营管理实施办法》（修订）正式施行。该《实施办法》重点依据交通运输部新修订的《港口经营管理规定》，以及当前上海港口经营行政管理的实际需要，对市交通港口局 2008 年发布施行的《实施办法》进行了修改，在许可条件、运行监管等方面进一步细化规范要求。在资质条件的规范方面，对港口经营许可证设立了有效期，并对各类经营业务所需提交的材料进一步细化。

★ 12 月 5 日，由市文明办、市志愿者协会、申通地铁集团联手举办的上海地铁“志愿十分钟，快乐一整天”志愿服务活动正式启动。市委宣传部副部长、市文明办主任焦扬、市建设交通工作党委副书记田赛男、申通地铁集团党委副书记徐建群等出席启动仪式。来自市税务局、浦发银行、戴尔公司、海燕博客、上海轨道交通俱乐部论坛的志愿者团队以及市民志愿者代表等共 120 余人参加活动并推出了各自的服务项目。

★ 12 月 8 日，国内首家景观灯光行业组织——上海市城市景观灯光专业委员会正式成立，38 家涵盖了城市景观灯光研究设计、制造、应用和管理等方面的企事业单位成为首批会员。专业委员会旨在通过汇聚行业智慧、整合优质资源，推广城市景观灯光服务的新技术、新材料、新工艺，促进行业文明创建、精品建设、诚信服务。下一步，专业委员会将发挥行业纽带作用，积极搭建平台，集中展示国内外照明创意、设计、技术、产品等方面的优秀成果；深挖市场潜力，寻求发展机遇，主动对接新外滩、苏河湾、迪斯尼乐园、郊区新农村建设以及节能灯具改造等实事工程；构建行业网络，完善行业标准、企业诚信制度等，为国际大都市的景观文化和夜上海的城市文明建设贡献力量。

★ 12 月 9 日至 1 月 31 日，本市市政工程行业组织开展“迎新春、惠民生”市政设施检查整改行动。本次整改检查的重点是本市生活居住区、商业服务区、交通枢纽区、道路景观区、建设工地区等的周边道路。开展“五个加强”行动，即加强市政设施的巡查处置、加强在建项目的安全监管、加强掘路审批的批后管理、加强桥梁安全的运营管理、加强突发事件的应急处置，消除明显影响车行道平整度的突出问题，及时治理人行道板破损、翘动、沉陷等病害，整改人行护栏缺失和严重锈蚀，清除人行道上违规设置的公共设施，继续控制掘路工程，减少重复掘路，让市民群众进一步感受到身边环境的变化。

★ 12 月 13 日，市建设交通机关党委召开两委机关青年干部座谈会。市建设交通工作党委副书记、市建设交通委主任黄融出席会议并讲话。会议由市建设交通工作党委秘书长、机关党委书记张旗主持。市建设交通委秘书长戴晓坚，市建设交通机关党委、机关纪委、机关工会、机关团委负责人以及 30 名机关青年干部参加座谈会。黄融同志在讲话中对机关青年干部提出了三点要求：一要积极主动了解市建设交通委的过去、现在和将来，更好更快地融入新的环境；二要积极主动学习知识、提升能力，不断适应岗位需要；三是积极主动磨练意志、更新观念，为改进工作创新思维。张旗同志介绍了市建设交通两委的工作职责和概况，并指出青年干部面对人生，要有善良之心；面对群众，要有柔软之心；面对困难，要有坚强之心；面对事业，要有追求之心。委政策研究室主任丁仪、委信访办调研员徐根政分别围绕“如何提高工作能力”、“树立群众观点、加强作风建设”主题，交流工作体会。机关党委、机关纪委、机关工会、机关团委负责人分别介绍了机关党、工、团等组织的基本情况。与会青年干部踊跃发言，畅谈进入机关工作之后的感想，并对加强机关青年干部队伍建设提出建议。

★ 12 月 16 日，市建设交通两委机关务虚会召开。会议主题是研究分析明年面临的形势和任务，统一思想，明确工作思路和目标，为 2012 年工作开好局、起好步奠定扎实基础，为“十二五”规划的顺利推进提供坚强的组织保证。市建设交通工作党委书记许德明主持会议并作重要讲话；市建设交通工作党委副书记、市建设交通委主任黄融就今年的工作情况和明年工作作主题发言，两委分管领导、部分处室负责人进行了交流发言。市建设交通两委领导班子成员、两委机关各处室正、副处长（主任）和直属单位党政主要领导出席会议。

★ 12 月 16 日，“我最喜欢的保障房”设计评选活动展示投票在上海展览中心拉开帷幕。副市长沈骏、市政府副秘书长尹弘参观展示现场。

★ 12 月 18 日，“上海地铁电子指南”正式上线启用，用户只需下载官方 APP 免费客户端至手机，拇指轻点间即能快速掌握地铁乘行路径、票价、首末班车时间、行程耗时、车站周边地理交通等信息。

★ 12 月 29 日，市建设交通系统召开党政负责干部会议，传达学习九届市委第十七次全会精神。市建设交通工作党委书记许德明主持会议并传达了俞正声同志的重要讲话精神，市建设交通工作党委副书记田赛男传达了韩正同志“关于本市 2011 年经济社会发展情况和 2012 年经济社会发展初步安排”的讲话要点。市建设交通两委领导班子成员，系统各局、各单位党政主要领导，市建设交通两委机关各处室正、副处长，委直属单位党政主要领导参加会议。许德明同志指出，此次市委全会深入学习贯彻党的十七届六中全会和中央经济工作会议精神，按照“创新驱动、转型发展”，加快推进“四个率先”、加快建设“四个中心”的要求，总结 2011 年工作，部署 2012 年任务，对团结和带领全市各级党组织和广大党员干部群众坚定信心、振奋精神，攻坚克难、真抓实干，具有极其重要的指导意义。许德明同志就市建设交通系统学习贯彻全会精神提出三点要求：一要深刻学习领会全会精神，准确分析、把握当前形势特点，谋划好明年开局工作，以优异成绩迎接党的十八大和市第十次党代表大会胜利召开。二要做好元旦春节期间安全稳定工作，积极排查隐患，切实维护城市安全运行和人民群众生命财产安全；要做好帮困送温暖工作，解决好拖欠农民工工资等问题，促进社会和谐稳定。三要注重勤俭节约，尽量减少应酬；要时刻紧绷廉洁自律这根弦，严格遵守党风廉政有关规定。

2011 年上海市建设和交通文件选编目录

（一）建筑建材管理

1、上海市安全生产条例（市十三届人大常委会第二十九次会议通过）

2、上海市建设工程质量安全管理条例（市十三届人大常委会第三十一次会议通过）

3、上海市建设工程监理管理办法（沪府令 72 号）

4、上海市建设工程检测管理办法（沪府令 73 号）

5、上海市建筑玻璃幕墙管理办法（沪府令 77 号）

6、市政府关于修改《上海市建筑物使用安装安全玻璃规定》决定（沪府令 78 号）

7、市政府印发进一步规范本市建筑市场加强建设工程质量安全管理若干意见（沪府发〔2011〕1 号）

8、关于认定上海市浦东新区建筑建材业受理服务中心等六家受理服务单位标准达标的通知（沪建交〔2011〕130 号）

9、关于公布 2009-2010 年市级工法的通知（沪建交〔2011〕238 号）

10、关于发布《上海市建设工程监理招标投标管理若干规定》的通知（沪建交〔2011〕497 号）

11、关于印发本市建筑施工开展严厉打击非法违法生产经营建设行为专项行动实施方案的通知（沪建交〔2011〕510 号）

12、关于发布《上海市实施建设工程施工监理报告制度的若干规定》的通知（沪建交〔2011〕648 号）

13、关于进一步加强本市建筑安全生产工作的紧急通知（沪建交〔2011〕769 号）

14、关于加强建设工程施工现场临建房屋安全管理的通知（沪建交〔2011〕795 号）

15、关于实施上海市建筑施工企业负责人及项目负责人施工现场带班制度的通知（沪建交〔2011〕970 号）

16、关于印发《房屋建筑和市政基础设施工程质量事故报告和调查处理实施细则（试行）》通知（沪建交〔2011〕1001 号）

17、关于发布《上海市建设工程报建管理办法》的通知（沪建交〔2011〕1034 号）

18、上海市城乡建设和交通委员会关于认定上海建筑建材业受理服务中心青浦分中心等四家受理服务单位流程、业务标准达标的通知（沪建交〔2011〕1045 号）

19、关于进一步加强本市建设工程施工现场消防安全管理工作的通知（沪公发〔2011〕384 号）

（二）勘察设计管理

1、关于发布《上海市建设工程总体设计文件编制深度规定》的通知（沪建交〔2011〕100 号）

2、关于印发《上海市建设工程施工图设计文件审图公司抽取选定管理暂行规定》的通知（沪建交〔2011〕145 号）

3、关于发布《上海市建设工程施工图设计文件审查管理规定》的通知（沪建交〔2011〕480 号）

4、关于执行上海市工程建设规范《居住建筑节能设计标准》的通知（沪建交〔2011〕1043 号）

5、关于本市建设工程施工图设计文件审查收费有关事项的通知（沪价费〔2011〕2 号）

（三）路政管理

1、上海市农村公路管理办法（沪府令63号）

2、上海市城乡建设和交通委员会关于加强旧沥青混合料回收利用工作的通知（沪建交〔2011〕127号）

3、关于发布《上海市挖掘城市道路管理规定》的通知（沪建交〔2011〕513号）

4、关于印发贯彻实施《公路安全保护条例》工作方案的通知(沪建交〔2011〕626号）

5、关于印发《上海市高速公路桥梁和隧道工程预防坍塌事故专项整治工作方案》的通知（沪建交〔2011〕815号）

6、关于加强本市道路上跨铁路桥梁安全管理的通知（沪建交〔2011〕946号）

7、关于印发《上海市公路工程竣（交）工验收办法实施意见》的通知（沪建交〔2011〕1051号）

8、关于《加强上海公路路政行政执法形象建设实施方案》的通知（沪建交〔2011〕1253号）

9、关于调整本市贷款道路建设车辆通行费征收标准的通知（沪发改价费〔2011〕003号）

10、关于进一步规范本市道路清障施救牵引服务收费的通知（沪价费〔2011〕12号）

11、关于印发《上海市道路交通管理设施运行维护项目管理暂行办法》的通知（沪公发〔2011〕390号）

（四）燃气管理

1、关于发布《上海市燃气器具安装维修许可证管理规定》的通知（沪建交〔2011〕511号）

2、关于发布《上海市燃气供气站点许可证管理规定》的通知(沪建交〔2011〕512号）

（五）行政审批

1、市政府批转市发改委修订的外商投资项目核准暂行管理办法（沪府发〔2011〕14 号）

2、市政府关于进一步加强行政执法队伍建设的若干意见（沪府发〔2011〕37 号）

3、上海市国有建设用地使用权招标拍卖挂牌出让前期征询操作规程（试行）（沪审改办发 [2011] 30号）

4、上海市建设工程设计方案并联审批操作规程（沪审改办发 [2011] 35号）

5、关于印发《市建设交通委〈行政处罚法〉执法检查工作计划》的通知（沪建交〔2011〕307号）

6、关于开展《本市建筑建材业行政执法人员专业知识培训和考核》的通知（沪建交〔2011〕435号）

7、关于公布规范性文件清理结果的通知（沪建交〔2011〕660号）

8、关于印发《市建设交通委行政审批标准化试点工作方案》的通知（沪建交〔2011〕915号）

9、关于印发《2011年本市建筑建材业行政处罚考核检查工作方案》的通知（沪建交〔2011〕1233号）

10、上海市城乡建设和交通委员会办公室关于上海国际旅游度假区管委会启用七枚行政许可和行政管理业务专用章的通知（沪建交办发〔2011〕10号）

11、关于贯彻落实《国家发展改革委关于降低部分建设项目收费标准规范收费行为等有关问题的通知》的通知（沪价费〔2011〕7号）

12、关于进一步完善本市建设工程配建机动车停车场（库）行政审批管理机制的通知（沪交货〔2011〕596号）

（六）公积金管理

1、关于印发《上海市住房公积金个人购买经济适用住房贷款实施细则》的通知（沪公积金管委会〔2011〕1 号）

2、上海市住房公积金行政执法管理办法（沪公积金管委会〔2011〕4 号）

3、关于调整购买第二套住房公积金个人贷款首付比例的通知（沪公积金（2011）6 号）

4、关于转发《上海市住房公积金个人购买经济适用住房贷款实施细则》的通知（沪公积金（2011）11 号）

5、关于 2011 年度上海市调整住房公积金缴存基数和月缴存额上下限的通知（沪公积金管委会〔2011〕3 号）

（七）其他管理

1、《上海市城乡建设和交通委员会预算管理试行办法》（沪建交〔2011〕210 号）

2、关于颁发《市建设交通委应急救援专项资金管理办法》的通知（沪建交〔2011〕224 号）

3、上海市城乡建设和交通委员会预算信息公开实施方案（沪建交〔2011〕329 号）

4、关于成立市建设交通委突发公共事件应急管理委员会和应急管理办公室的通知（沪建交〔2011〕770 号）

5、关于加强战备钢桥费用征收使用管理的意见（沪建交〔2011〕840 号）

6、上海市城乡建设和交通委员会办公室关于印发《上海市城乡建设和交通委员会政府信息公开保密审查制度》和《上海市城乡建设和交通委员会政府网站公众参与制度》（沪建交办发〔2011〕11 号）

2011 年上海市城市建设、交通运输相关数据统计

一、全社会固定资产投资

1-1 全社会固定资产投资与其他社会经济主要指标
(2011)

指　标	2007	2008	2009	2010	2011
年末常住人口（万人）	2 063.58	2 140.65	2 210.28	2 302.66	2 347.46
上海市生产总值（亿元）	12 494.01	14 069.87	15 046.45	17 165.98	19 195.69
第一产业	101.84	111.80	113.82	114.15	124.94
第二产业	5 571.06	6 085.84	6 001.78	7 218.32	7 927.89
第三产业	6 821.11	7 872.23	8 930.85	9 833.51	11 142.86
人均生产总值（元）	62 041	66 932	69 164	76 074	82 560
全社会固定资产投资（亿元）	4 458.61	4 829.45	5 273.33	5 317.67	5 067.09
第一产业	8.37	8.40	11.41	16.40	18.62
第二产业	1 397.57	1 420.82	1 427.50	1 435.37	1 295.83
第三产业	3 052.67	3 400.23	3 834.42	3 864.90	3 752.64
全社会固定资产投资相当于地区生产总值的百分比（%）	35.7	34.3	35.0	31.0	26.4
三大领域固定资产投资					
工　业（亿元）	1 397.86	1 418.02	1 420.27	1 422.08	1 282.91
城市基础设施（亿元）	1 466.33	1 733.18	2 113.45	1 497.46	1 157.34
房地产开发（亿元）	1 307.53	1 366.87	1 464.18	1 980.68	2 170.31
农业总产值（亿元）	255.98	280.35	283.15	287.03	314.58
建筑业总产值（亿元）	2 524.18	3 245.77	3 830.53	4 300.19	4 586.28
工业总产值（亿元）	23 108.63	25 968.38	24 888.08	31 038.57	33 834.44
地方财政收入（亿元）	2 102.63	2 382.34	2 540.30	2 873.58	3 429.83
上海市出口总额（亿美元）	1 439.28	1 693.50	1 419.14	1 807.84	2 097.89
社会消费品零售总额（亿元）	3 873.30	4 577.23	5 173.24	6 070.50	6 814.80
外商直接投资					
签订合同项目（个）	4 206	3 748	3 090	3 906	4 329
签订合同金额（亿美元）	148.69	171.12	133.01	153.07	201.03
实际到位资金（亿美元）	79.20	100.84	105.38	111.21	126.01

注：自2011年始，固定资产投资统计起点为500万元以上（含500万元）项目。

1-2　全社会固定资产投资主要指标

(2011)

指　标	总 计	小 计	建设改造	房地产	农村非农户	农户投资
本年完成投资（万元）	50 670 905	46 897 931	25 194 828	21 703 103	3 744 693	28 281
#住宅投资	14 031 316	14 003 467	15 992	13 987 475	483	27 366
按隶属关系分						
中央项目	5 500 015	5 479 373	4 790 407	688 966	20 642	–
地方项目	45 170 890	41 418 558	20 404 421	21 014 137	3 724 051	28 281
按构成分						
建筑工程	26 632 916	24 384 517	11 178 299	13 206 218	2 221 033	27 366
安装工程	3 286 557	3 151 326	1 553 773	1 597 553	135 231	–
设备工具器具购置	8 341 691	7 306 854	7 155 177	151 677	1 033 922	915
其他费用	12 409 741	12 055 234	5 307 579	6 747 655	354 507	–
按建设性质分						
新　建	17 647 408	15 639 889	15 639 889	–	2 007 519	–
扩　建	3 487 312	2 859 925	2 859 925	–	627 387	–
改建和技改	4 138 106	3 599 904	3 599 904	–	538 202	–
单纯购置	3 358 078	2 812 084	2 812 084	–	545 994	–
按三次产业分						
第一产业	186 213	57 998	57 998	–	127 300	915
第二产业	12 958 309	10 519 424	10 519 424	–	2 438 885	–
第三产业	37 526 383	36 320 509	14 617 406	21 703 103	1 178 508	27 366
本年新增固定资产(万元)	28 165 902	25 733 597	13 224 748	12 508 849	2 404 024	28 281
房屋建筑面积(万平方米)						
施工面积	16 572.36	15 492.34	2 509.02	12 983.32	1 049.12	30.90
#住　宅	8 441.61	8 406.30	20.04	8 386.26	4.41	30.90
竣工面积	2 926.28	2 639.73	399.11	2 240.62	261.66	24.90
#住　宅	1 581.03	1 555.52	5.86	1 549.66	0.91	24.60

1-3 全社会固定资产投资地方项目主要指标

(2011)

指 标	总 计	小 计	建设改造	房地产	农村非农户	农户投资
本年完成投资(万元)	45 170 890	41 418 558	20 404 421	21 014 137	3 724 051	28 281
#住宅投资	13 511 833	13 483 984	15 992	13 467 992	483	27 366
按构成分						
建筑工程	25 040 200	22 810 654	10 091 328	12 719 326	2 202 180	27 366
安装工程	2 606 030	2 471 292	901 329	1 569 963	134 738	–
设备工具器具购置	5 916 440	4 882 472	4 732 668	149 804	1 033 053	915
其他费用	11 608 220	11 254 140	4 679 096	6 575 044	354 080	–
按建设性质分						
新 建	16 048 551	14 060 820	14 060 820	–	1 987 731	–
扩 建	2 358 550	1 731 163	1 731 163	–	627 387	–
改建和技改	3 261 984	2 724 636	2 724 636	–	537 348	–
单纯购置	2 150 770	1 604 776	1 604 776	–	545 994	–
按三次产业分						
第一产业	185 359	57 998	57 998	–	126 446	915
第二产业	10 458 611	8 019 726	8 019 726	–	2 438 885	–
第三产业	34 526 920	33 340 834	12 326 697	21 014 137	1 158 720	27 366
本年新增固定资产(万元)	25 730 609	23 299 158	10 971 938	12 327 220	2 403 170	28 281
房屋建筑面积（万平方米）						
施工面积	15 867.95	14 787.93	2 302.87	12 485.06	1 049.12	30.90
#住宅	8 020.76	7 985.45	20.04	7 965.41	4.41	30.90
竣工面积	2 884.01	2 597.45	381.19	2 216.26	261.66	24.90
#住宅	1 565.26	1 539.74	5.86	1 533.89	0.91	24.60

1-4　全社会固定资产投资按经济类型分

(2011)

单位：万元

指　标	总 计	小 计	建设改造	房地产	农村非农户	农户投资
本年完成投资	**50 670 905**	**46 897 931**	**25 194 828**	**21 703 103**	**3 744 693**	**28 281**
国有经济	18 754 761	18 363 606	15 236 510	3 127 096	391 155	–
非国有经济	31 916 144	28 534 325	9 958 318	18 576 007	3 353 538	28 281
集体经济	1 333 348	904 649	288 097	616 552	428 699	–
私营经济	9 460 191	7 406 128	1 996 316	5 409 812	2 054 063	–
联营经济	106 181	97 494	83 063	14 431	8 687	–
股份制经济	13 496 504	13 088 220	3 956 980	9 131 240	408 284	–
港澳台经济	2 532 931	2 459 292	534 580	1 924 712	73 639	–
外商经济	4 732 768	4 378 341	3 085 032	1 293 309	354 427	–
其他经济	254 221	200 201	14 250	185 951	25 739	28 281
# 地方项目	**45 170 890**	**41 418 558**	**20 404 421**	**21 014 137**	**3 724 051**	**28 281**
国有经济	14 653 224	14 274 685	11 472 416	2 802 269	378 539	–
非国有经济	30 517 666	27 143 873	8 932 005	18 211 868	3 345 512	28 281
集体经济	1 333 348	904 649	288 097	616 552	428 699	–
私营经济	9 423 150	7 369 087	1 995 990	5 373 097	2 054 063	–
联营经济	106 181	97 494	83 063	14 431	8 687	–
股份制经济	12 182 933	11 782 675	2 945 459	8 837 216	400 258	–
港澳台经济	2 532 931	2 459 292	534 580	1 924 712	73 639	–
外商经济	4 718 302	4 363 875	3 070 566	1 293 309	354 427	–
其他经济	220 821	166 801	14 250	152 551	25 739	28 281

1-5　全社会固定资产投资按国民经济行业门类分

(2011)

单位：万元

行　业	总 计	小 计	建设改造	房地产	农村非农户	农户投资
本年完成投资	**50 670 905**	**46 897 931**	**25 194 828**	**21 703 103**	**3 744 693**	**28 281**
农、林、牧、渔业	186 213	57 998	57 998	–	127 300	915
采矿业	5 657	5 657	5 657	–	–	–
制造业	11 088 463	8 722 820	8 722 820	–	2 365 643	–
电力、燃气及水的生产和供应业	1 734 954	1 670 059	1 670 059	–	64 895	–

(续表)

建筑业	129 235	120 888	120 888	–	8 347	–
交通运输、仓储和邮政业	6 246 769	6 097 395	6 097 395	–	149 374	–
信息传输、计算机服务和软件业	821 929	804 544	804 544	–	17 385	–
批发和零售业	528 780	352 926	352 926	–	175 854	–
住宿和餐饮业	360 574	255 630	255 630	–	104 944	–
金融业	233 355	233 355	233 355	–	–	–
房地产业	22 738 555	22 686 007	982 904	21 703 103	25 182	27 366
租赁和商务服务业	525 240	418 348	418 348	–	106 892	–
科学研究、技术服务和地质勘查业	504 606	459 714	459 714	–	44 892	–
水利、环境和公共设施管理业	3 709 513	3 325 430	3 325 430	–	384 083	–
居民服务和其他服务业	33 443	18 791	18 791	–	14 652	–
教育	468 597	441 590	441 590	–	27 007	–
卫生、社会保障和社会福利业	663 057	643 747	643 747	–	19 310	–
文化、体育和娱乐业	394 368	346 893	346 893	–	47 475	–
公共管理与社会组织	297 597	236 139	236 139	–	61 458	–

1–6 全社会固定资产投资地方项目按国民经济行业门类分

(2011)

单位：万元

行业	总计	小计	建设改造	房地产	农村非农户	农户投资
本年完成投资	**45 170 890**	**41 418 558**	**20 404 421**	**21 014 137**	**3 724 051**	**28 281**
农、林、牧、渔业	185 359	57 998	57 998	–	126 446	915
采矿业	5 657	5 657	5 657	–	–	–
制造业	9 443 536	7 077 893	7 077 893	–	2 365 643	–
电力、燃气及水的生产和供应业	983 133	918 238	918 238	–	64 895	–
建筑业	26 285	17 938	17 938	–	8 347	–
交通运输、仓储和邮政业	4 923 556	4 774 182	4 774 182	–	149 374	–
信息传输、计算机服务和软件业	143 889	126 504	126 504	–	17 385	–
批发和零售业	527 539	351 685	351 685	–	175 854	–
住宿和餐饮业	358 774	253 830	253 830	–	104 944	–
金融业	148 534	148 534	148 534	–	–	–
房地产业	22 049 589	21 997 041	982 904	21 014 137	25 182	27 366
租赁和商务服务业	525 240	418 348	418 348	–	106 892	–
科学研究、技术服务和地质勘查业	390 280	365 176	365 176	–	25 104	–
水利、环境和公共设施管理业	3 707 593	3 323 510	3 323 510	–	384 083	–
居民服务和其他服务业	33 443	18 791	18 791	–	14 652	–
教育	378 492	351 485	351 485	–	27 007	–
卫生、社会保障和社会福利业	649 336	630 026	630 026	–	19 310	–
文化、体育和娱乐业	393 058	345 583	345 583	–	47 475	–
公共管理与社会组织	297 597	236 139	236 139	–	61 458	–

1-7 全社会固定资产投资按地区分
(2011)

单位：万元

行 业	总 计	#小 计	建设改造	房地产	农村非农户
总 计	**50 670 905**	**46 897 931**	**25 194 828**	**21 703 103**	**3 744 693**
#浦东新区	14 270 432	13 515 619	7 621 133	5 894 486	754 813
黄浦区	1 023 518	1 023 518	614 425	409 093	–
卢湾区	391 668	391 668	98 996	292 672	–
徐汇区	1 396 624	1 396 624	302 390	1 094 234	–
长宁区	617 116	617 116	176 783	440 333	–
静安区	395 961	395 961	89 357	306 604	–
普陀区	1 257 314	1 257 314	188 452	1 068 862	–
闸北区	680 880	680 880	90 644	590 236	–
虹口区	582 374	581 015	191 300	389 715	1 359
杨浦区	1 187 503	1 187 503	438 865	748 638	–
闵行区	3 090 627	3 012 133	1 327 555	1 684 578	78 494
宝山区	3 931 167	3 566 399	1 600 442	1 965 957	364 768
嘉定区	4 110 665	3 807 177	1 413 923	2 393 254	303 488
金山区	1 810 817	1 115 230	882 374	232 856	695 587
松江区	2 584 047	2 217 591	751 785	1 465 806	366 456
青浦区	2 263 692	1 706 557	506 606	1 199 951	557 135
奉贤区	2 685 274	2 093 416	1 148 537	944 879	591 858
崇明县	1 365 382	1 335 549	754 600	580 949	29 833

注：各区县投资项目按项目建设地址代码分组汇总，不包括跨地区项目。

二、城市建设

2-1 主要年份城市建设综合指标
(2007~2011)

指标名称	2007年	2008年	2009年	2010年	2011年
实有各类房屋建筑面积（万平方米）	74 873	81 121	87 327	93 591	98 092
高层建筑（幢）	13 114	16 109	19 183	20 579	22 998
高层建筑（万平方米）	15 758	18 746	20 464	21 911	27 002
人均居住面积（平方米）	15.50	15.90	16.40	16.70	17.00
人均公共绿地面积（平方米）	12.01	12.50	12.80	13.00	13.10
绿化覆盖率（%）	37.6	38.0	38.1	38.2	38.2
自来水供水能力（万立方米/日）	1 080	1 069	1 096	1 131	1 150
污水厂污水处理能力（万吨/日）	556	672	687	684	694
人工煤气生产能力（万立方米/日）	1 013	967	867	817	817
人工煤气家庭用户（万户）	213.38	185.56	151.48	132.89	101.78
液化气家庭用户（万户）	277.32	291.58	310.16	316.37	310.62
天然气家庭用户（万户）	257.94	307.88	366.78	405.89	455.92
全市桥梁（座）	10 747	11 188	11 466	11 849	12 149
#黄浦江大桥	7	7	8	10	10
长江大桥			1	1	2
黄浦江隧道（条）	77	77	114	114	196

（续表）

长江隧道（条）			1	1	1
城市快速路（公里）	77	114	114	196	194
高速公路长度（公里）	635	637	768	775	806
人均道路面积（平方米）	16.38	16.64	17.54	18.13	18.44
轨道交通运营线路长度（公里）	262.83	264.30	355.05	452.57	454.10
公共汽电车运营车辆（辆）	16 944	16 573	16 272	17 455	16 589
出租汽车运营车辆（辆）	48 614	48 059	49 111	50 007	50 438

注：1、2008年起不再统计高架道路长度，只统计城市快速路。

2、“全市桥梁”指本市所有公路桥梁和城市道路桥梁，不包括：郊区机耕桥、村内道路等不符合公路设施量标准农村桥梁，水利桥梁、闸桥合一桥梁等。

3、“黄浦江大桥”指本市所有跨越黄浦江的大桥；“黄浦江隧道”指本市所有穿越黄浦江的隧道，包括外滩隧道。

2-2 全市八层（含八层）以上房屋分布

(2011)

单位：万平方米

地 区	合计		8–10层		11–15层		16–19层		20–29层		30层以上	
	幢	面积	幢	面积	幢	面积	幢	面积	幢	面积	幢	面积
总 计	**22 998**	**27 002.04**	**2 966**	**2 544.06**	**11 307**	**10 661.93**	**4 594**	**4 699.51**	**3 065**	**5 758.92**	**1 066**	**3 337.77**
浦东新区	5 203	8 593.00	527	299.60	3 110	5 415.47	852	897.33	534	1 166.20	180	814.37
黄浦区	899	1 990.00	113	117.52	125	179.27	158	257.68	322	785.41	181	650.52
徐汇区	2 221	2 086.00	333	184.20	774	373.31	518	458.39	437	760.53	159	309.12
长宁区	1 222	1 754.00	184	107.24	332	328.80	225	267.32	353	632.00	128	418.59
静安区	510	1 116.00	61	44.16	48	52.22	84	116.07	220	524.02	97	379.85
普陀区	1 817	1 804.00	161	82.81	632	398.21	469	413.50	425	604.66	130	304.30
闸北区	466	591.00	34	19.08	178	111.52	98	260.15	78	98.81	78	101.61
虹口区	791	1 274.00	94	76.91	188	185.23	233	308.82	202	416.33	74	286.56
杨浦区	1 415	1 373.00	120	59.12	650	448.67	384	401.57	235	408.64	26	55.23
闵行区	2 011	1 170.00	274	105.39	1 363	718.44	321	278.74	50	62.96	3	4.13
宝山区	3 675	3 174.00	699	1 269.25	2 254	1 371.52	642	446.62	74	79.05	6	7.27
嘉定区	896	654.00	121	54.78	530	317.26	181	184.10	61	96.14	3	2.06
金山区	481	293.00	67	30.69	353	199.84	49	39.53	12	23.35	–	-
松江区	759	581.00	67	28.59	422	287.48	233	211.52	37	53.82	–	-
青浦区	309	249.00	61	34.72	170	123.21	72	78.74	6	12.15	–	-
奉贤区	261	255.00	19	16.02	150	125.58	73	76.97	18	32.13	1	4.18
崇明县	62	45.04	31	13.99	28	25.89	2	2.46	1	2.70	–	-

2-3 全市居住房屋区县分布情况

(2011)

单位：万平方米

地 区	各类房屋面积总 计	#居住房屋合计	花园住宅	公寓	联列住宅	新式里弄	旧式里弄	低标住宅	其他
总 计	**98 091.84**	**55 076.95**	**2 215.08**	**49 487.60**	**496.45**	**524.89**	**1 222.38**	**801.71**	**328.85**
浦东新区	19 688.89	12 576.70	534.83	11 403.76	137.09	165.90	142.20	62.10	130.82
黄浦区	3 301.54	1 607.16	16.91	1 274.56	0.70	99.96	163.51	13.04	38.47

（续表）

徐汇区	6 422.15	3 739.30	79.06	3 505.33	7.12	72.33	46.07	11.51	17.88
长宁区	3 438.91	2 102.65	56.39	2 001.75	–	21.13	13.62	7.94	1.83
静安区	1 606.93	836.96	20.70	688.32	0.57	85.98	33.06	3.41	4.92
普陀区	5 249.97	3 396.66	32.76	3 259.52	15.66	5.02	53.38	24.11	6.22
闸北区	2 832.90	1 631.67	0.54	1 481.43	–	0.72	118.86	29.32	0.81
虹口区	3 222.77	1 945.77	9.59	1 721.13	–	63.67	125.66	18.75	6.99
杨浦区	4 754.52	3 098.42	3.67	2 935.89	–	7.17	133.59	17.15	0.96
闵行区	12 685.01	6 804.67	310.34	5 891.64	5.98	2.04	89.44	435.22	70.00
宝山区	7 495.47	4 717.93	29.13	4 674.64	3.86	–	10.30	–	–
嘉定区	7 609.99	3 144.07	104.15	3 005.29	6.34	0.71	27.42	0.09	0.08
金山区	2 717.98	1 390.16	6.57	1 219.25	10.66	–	36.22	68.46	49.00
松江区	8 535.53	3 956.41	681.49	2 883.28	212.58	–	147.29	31.76	–
青浦区	4 391.70	1 740.87	275.88	1 247.53	95.26	–	44.70	77.25	0.25
奉贤区	2 141.42	1 179.65	53.08	1 119.07	0.62	0.28	4.47	1.49	0.64
崇明县	1 996.15	1 207.92	–	1 175.23	–	–	32.58	0.11	–

2-4 全市非居住房屋区县分布情况

(2011)

单位：万平方米

地区	各类房屋面积总计	#非居住房屋合计	工厂	学校	仓库堆栈	办公建筑	商场店铺	医院	旅馆	影剧院	其他
总计	**98 091.84**	**43 014.88**	**19 222.80**	**3 250.57**	**1 710.90**	**6 520.37**	**5 653.90**	**763.01**	**996.76**	**76.95**	**4 819.61**
浦东新区	19 688.89	7 112.19	1 575.05	534.95	101.31	1 858.96	1 761.64	128.90	203.22	18.00	930.15
黄浦区	3 301.54	1 694.39	144.61	88.99	23.64	824.52	299.87	52.42	132.53	12.05	115.76
徐汇区	6 422.15	2 682.85	626.55	344.79	94.85	757.44	309.37	96.46	83.24	3.35	366.80
长宁区	3 438.91	1 336.27	259.32	145.45	31.55	424.70	112.80	42.50	110.67	2.40	206.88
静安区	1 606.93	769.97	108.68	42.32	4.52	353.88	100.03	33.23	77.09	3.29	46.93
普陀区	5 249.97	1 853.31	462.06	158.54	302.13	369.89	279.40	27.54	41.78	2.36	209.61
闸北区	2 832.90	1 201.24	470.39	110.85	68.76	166.83	231.67	38.72	19.07	1.11	93.83
虹口区	3 222.77	1 277.00	361.52	155.89	76.55	229.60	195.81	37.96	51.46	2.36	165.86
杨浦区	4 754.52	1 656.10	862.42	247.37	71.93	167.20	135.59	35.45	23.36	3.24	109.53
闵行区	12 685.01	5 880.34	3 409.16	328.41	377.00	229.74	522.37	48.69	19.84	6.29	938.83
宝山区	7 495.47	2 777.54	1 095.57	187.94	236.72	344.64	275.22	40.02	34.07	5.15	558.20
嘉定区	7 609.99	4 465.92	3 155.50	224.22	44.84	252.13	432.04	36.10	42.74	0.62	277.73
金山区	2 717.98	1 327.82	823.65	68.99	27.43	85.02	222.90	21.50	14.85	2.17	61.31
松江区	8 535.53	4 579.13	3 302.67	331.65	127.12	144.10	369.66	34.58	37.90	8.35	223.10
青浦区	4 391.70	2 650.82	1 949.76	157.25	77.14	154.89	174.81	21.89	21.51	3.35	90.23
奉贤区	2 141.42	961.77	478.60	79.16	23.93	100.26	184.68	48.43	14.13	2.08	30.50
崇明县	1 996.15	788.24	137.29	43.80	21.48	56.55	46.05	18.62	69.31	0.79	394.35

2-5 全市房屋拆迁区县分布情况
(2011)

地　区	核发拆迁许可证					实际拆迁数			
	块数(块)	居民		单位		居民		单位	
		户数(户)	面积(平方米)	个数(个)	面积(平方米)	户数(户)	面积(平方米)	个数(个)	面积(平方米)
总计	32	4 690	799 489	413	1 260 866	22 349	1 828 250	763	1 510 072
浦东新区	19	1 840	398 613	171	619 686	4 184	582 226	231	557 167
黄浦区	–	–	–	–	–	4 205	136 857	2	1 900
徐汇区	–	–	–	–	–	233	15 331	104	108 506
长宁区	–	–	–	–	–	479	15 248	8	33 645
静安区	–	–	–	–	–	1 038	37 831	–	–
普陀区	–	–	–	–	–	1 208	51 651	–	–
闸北区	2	1 261	32 687	33	28 144	2 950	91 899	56	38 779
虹口区	–	–	–	–	–	2 773	107 637	84	11 730
杨浦区	–	–	–	–	–	2 253	45 661	63	37 048
闵行区	3	1 359	273 400	193	603 036	1 062	250 906	13	210 721
宝山区	2	148	50 560	16	10 000	405	121 922	84	219 782
嘉定区	–	–	–	–	–	886	177 200	46	138 000
金山区	6	82	44 229	–	–	138	47 291	1	115
松江区	–	–	–	–	–	188	11 456	–	–
青浦区	–	–	–	–	–	262	60 089	52	150 884
奉贤区	–	–	–	–	–	35	66 045	19	1 795
崇明县	–	–	–	–	–	50	9 000	–	–

2-6 市区平均居住水平
(2007~2011)

年　份	住宅建筑面积(万平方米)	人均居住面积(平方米/人)	住宅成套率(%)
2007	43 283	15.50	94.7
2008	47 195	15.90	95.2
2009	50 211	16.40	95.6
2010	52 640	16.70	95.8
2011	55 077	17.00	96.0

2-7　全市动迁安置房按地区分使用情况
(2003～2011)

单位：套

内　容	总 计	2003～2005年	2006年	2007年	2008年	2009年	2010年	2011年
合　计	118 379	–	12 719	11 370	11 548	22 327	39 025	21 390
	(37.5)	(38.1)	(12.0)		(–12.6)			
浦东新区	4 097	390	–	3 526	80	101	–	–
	(10.0)		(10.0)					
黄 浦 区	39 838	4 661	6 094	3 260	5 826	2 589	12 196	5 212
	(1.2)	(1.2)						
徐 汇 区	7 792	1 366	–	1 370	1 650	1 906	1 500	–
	(1.8)	(1.8)						
长 宁 区	7 183	2 769	–	–	–	1 314	3 100	–
静 安 区	7 946	251	15	730	450	2 320	4 180	–
普 陀 区	12 189	4 993	2 209	1 000	714	202	2 110	961
闸 北 区	27 533	3 716	3 149	118	–	4 513	5 838	10 199
	(7.0)	(7.0)						
虹 口 区	18 410	5 054	1 128	500	1 880	5 148	4 200	500
杨 浦 区	20 208	6 457	–	400	948	4 234	5 251	2 918
	(7.0)	(5.0)	(2.0)					
闵 行 区	180	116	24	40	–	–	–	–
宝 山 区	1 412	412	–	–	–	–	–	1 000
嘉 定 区	5	–	–	5	–	–	–	–
其 他	3 400	1 629	100	421	–	–	650	600
	(10.5)	(23.1)			(–12.6)			

注：1、括号内数字为未折算成套数的配套商品房安排面积，单位:万平方米。

2、表中“其他”栏：2008年(–12.6)原因是对前几年房源进行调拨；2010年650套为世博民居文化区项目动迁。

3、2008年以前本表名称为《市配套商品房使用情况》，2009年起名称更改为《全市动迁安置房使用情况》。

2-8 全市动迁安置房按项目性质分使用情况
(2003～2011)

单位：套

内　容	总 计	2003～2005年	2006年	2007年	2008年	2009年	2010年	2011年
合　计	150 193 (–0.6)	31 814	12 719 (12.0)	11 370	11 548 (–12.6)	22 327	39 025	21 390
环境建设	7 378 (1.2)	7 135 (1.2)	15	–	–	128	–	100
#绿化建设	6 631 (1.2)	6 616 (1.2)	15	–	–	–	–	–
污水建设	519	519	–	–	–	–	–	–
轨道交通	14 242 (10.0)	7 092	1 901 (10.0)	–	853	2 796	1 100	500
市政道路	13 810 (4.9)	3 687 (4.9)	2 722	3 300	2 041	560	900	600
旧区改造	103 495 (12.0)	9 588 (12.0)	6 981	4 144	8 374	18 843	36 375	19 190
其 他	11 268 (9.4)	4 312 (20.0)	1 100 (2.0)	3 926	280 (–12.6)	–	650	1 000

注：1、括号内数字为未折算成套数的配套商品房安排面积，单位:万平方米。
2、表中“其他”栏：2008年–(12.6)原因是对前几年房源进行调拨；2010年650套为世博民居文化区项目动迁。
3、2008年以前本表名称为《市配套商品房使用情况》，2009年起名称更改为《全市动迁安置房使用情况》。

2-9 保障性住房建设情况
(2009–2011)

内　容	2009年	2010年	2011年
保障性住房开工面积(万平方米)	1 234.00	1 209.00	1 525.00
动迁安置商品房	834.00	806.00	984.00
共有产权保障房	400.00	403.00	541.00
保障性住房建成面积(万平方米)	449.00	579.00	498.88
动迁安置商品房	449.00	579.00	295.25
共有产权保障房	–	200.00	200.63

2-10 市政工程设施情况
(2007～2011)

指 标	2007年	2008年	2009年	2010年	2011年
道路长度（公里）	15 458	15 844	16 071	16 687	16 792
#城市道路	4 295	4 347	4 400	4 713	4 708
公 路	11 163	11 497	11 671	11 974	12 084
道路面积（万平方米）	22 579	23 149	24 566	25 607	26 176
#城市道路	8 363	8 744	9 281	9 723	9 942
公 路	14 216	14 405	15 285	15 884	16 234
城市桥梁（座）	10 747	11 188	11 466	11 849	12 149
#城市道路	1 816	1 879	1 973	2 073	2 152
公 路	8 931	93 009	9 493	9 776	9 997
防洪堤长度（公里）	986	1 014	1 014	1 119	1 119
排水管道长度（公里）	8 120	9 208	9 732	11 483	17 599
污水处理能力（万吨/日）	556.55	672.25	686.50	684.05	694.05
路灯盏数(万盏)	34.46	37.24	40.18	46.99	47.12

注：1、道路长度、面积为全市口径(包括崇明县)。道路中包括村道。
2、防洪堤不包括市区和郊区的圩堤。
3、从2010年起，堤防包含苏州河堤防，海塘+市管堤防(595.726公里)，同水利部口径。苏州河堤防长109.763公里。

2-11 道路和车辆情况
(2007～2011)

指 标	2007年	2008年	2009年	2010年	2011年
车行道面积(万平方米)	18 116	18 720	19 620	20 729	21 248
人行道面积(万平方米)	3 280	3 396	3 516	3 671	3 697
人均道路面积(平方米)	16.38	16.64	17.54	18.13	18.44
机动车(万辆)	226.99	234.37	243.42	248.77	251.59
#大 型 车	18.96	20.26	21.49	23.97	26.22
小 型 车	101.32	112.22	125.57	142.95	163.17
非机动车(万辆)	1 307.50	1 330.93	1 347.64	1 360.08	1 389.70

2-12 公路里程情况
(2007～2011)

单位：公里

分类	2007年	2008年	2009年	2010年	2011年
实际里程	11 163	11 497	11 671	11 974	12 084
按技术等级分					
高速公路	635	638	768	775	806
一级公路	342	364	351	335	422
二级公路	2 690	2 775	2 922	3 065	3 069
三级公路	2 655	2 617	2 593	2 602	2 616
四级公路	4 841	5 103	5 037	5 197	5 170
按行政等级分					
国道	316	563	614	613	644
省道	1 133	897	964	974	1 007
县道	2 234	2 272	2 340	2 456	2 508
乡道	6 378	6 723	6 770	6 829	6 848
村道	1 102	1 042	983	1 102	1 078

2-13 城市公共交通情况
(2007～2011)

指标名称	2007年	2008年	2009年	2010年	2011年
轨道交通					
运营线路条数（条）	9	9	11	12	12
运营线路长度（公里）	262.83	264.30	355.05	452.57	454.10
运营线网长度（公里）	251.26	252.73	343.48	441.01	442.53
运营车辆（节）	1 117	1 431	1 833	2 842	2 899
行驶里程（万列公里）	1 696.80	2 515.50	2 870.80	4 777.60	5 405.90
客运量（万人次）	81 397	112 798	131 837	188 407	210 105
年末从业人员数（人）	12 581	11 985	20 349	25 005	26 046
公共汽电车					
公交线路条数（条）	991	1 058	1 129	1 165	1 202
公交线路长度（公里）	22 375	22 919	23 033	23 131	22 906
运营汽电车辆数（辆）	16 944	16 573	16 272	17 455	16 589
公共汽车	16 672	16 306	16 039	17 038	16 235
无轨电车	272	267	233	417	354
全年行驶总里程（万公里）	113 965	111 764	111 686	117 191	114 665
客运量（亿人次）	26.52	26.63	27.06	28.08	28.11
运营收入（亿元）	58.06	59.01	60.57	53.10	50.99
出租汽车					
年末运营车辆（辆）	48 614	48 059	49 111	50 007	50 438
#顶灯车	47 344	46 874	47 965	48 872	49 393
载客车次（万次）	57 764	61 600	60 926	63 307	60 859

（续表）

运营里程（亿公里）	60.66	63.18	61.99	64.85	64.29
#营业里程	36.68	41.27	37.73	39.79	39.54
运营收入（亿元）	127.52	133.15	135.75	154.72	159.36
运营单位（户）	3 375	3 333	3 306	3 301	3 282
国有控股	52	88	51	48	42
集体控股	42	36	33	29	29
个 体	3 144	3 142	3 153	3 154	3 155
其 他	137	67	69	70	56
汽车租赁					
年末运营车辆（辆）	8 454	8 687	9 149	9 812	10 035
运营车日（万车日）	279.15	319.41	320.49	371.84	359.21
租赁车日（万车日）	217.68	262.51	253.74	326.94	297.84
车辆利用率（%）	78.0	82.2	79.2	87.9	82.9
运营里程（万公里）	28 532	27 377	30 838	28 697	35 725
运营收入（亿元）	10.15	11.30	11.26	12.72	12.93

2–14 综合交通运输情况
(2009 ~ 2011)

指 标	2009年	2010年	2011年
全港货物吞吐量（万吨）	**59 206**	**65 339**	**72 758**
按港区分			
海 港	49 468	56 320	62 432
内 河 港	9 738	9 019	10 326
按内外贸分			
内 贸	33 394	35 104	38 981
外 贸	25 811	30 236	33 778
集装箱吞吐量（万TEU）	**2 500**	**2 907**	**3 174**
对外旅客发送量（万人）	**5 970**	**13 432**	**13 518**
#铁 路	–	6 095	6 198
水 路	90	90	78
公 路	2 995	3 634	3 476
航 空	2 885	3 613	3 766
货物运输总量（万吨）		**81 024**	**93 318**
#铁 路		959	888
水 路		38 803	49 389
公 路		40 890	42 685
航 空		372	356
高速公路车流量（万辆）	**20 745**	**20 745**	**22 466**
#货 车	4 226	5 521	5 836
高速公路ETC流量（万吨）	**185**	**1 168**	**2 891**

注：1、数据摘自市建设交通委综合计划处的《建设交通统计信息月报》（2009年7月起统计）
2、2009年统计数据中，未统计“对外旅客发送量（铁路）”及“货物运输总量”指标。

2-15 城市轮渡情况
(2007～2011)

指　标	2007年	2008年	2009年	2010年	2011年
年末城市轮渡实有数（艘）	57	54	18	67	62
#对江客轮渡船	43	43	18	60	56
车 辆 渡	7	6	1	2	2
交 通 艇	3	1	–	–	–
营业船数（艘）	53	50	39	62	58
全年载客总数（万人次）	11 280.24	10 100.36	9 379.95	8 906.66	7 781.59
全年载车总数（万辆次）	395.14	308.76	272.98	203.06	140.53
#机 动 车	386.12	297.54	263.84	193.24	132.52
年末职工人数（人）	1 904	1 690	1 614	1 514	1 426
利润总额（万元）	– 2 939.01	– 1 084.66	– 2 224.21	– 1 710.73	– 2 781.67

注：1、城市轮渡不包括三岛客轮、游览船情况。
2、车辆渡中1艘为两种船，既是车辆渡船又是客轮渡船。

2-16 三岛客轮情况
(2007～2011)

指　标	2007年	2008年	2009年	2010年	2011年
年末船舶实有数（艘）	23	25	21	15	14
#客 轮	14	16	13	8	7
客货船（车客渡）	9	9	8	7	7
年末营业船舶数（艘）	22	24	21	14	13
全年旅客人数（万人次）	591.14	698.94	629.01	167.90	188.21
全年载车总数（万辆次）	48.60	51.06	52.18	32.20	36.88
#机 动 车	48.60	51.06	52.18	32.20	36.88
年末职工人数（人）	724	700	670	373	365
利润总额（万元）	1 820.73	2 222.94	827.35	– 6 269.10	– 5 376.58

2-17 黄浦江游览情况
(2007～2011)

指　标	2007年	2008年	2009年	2010年	2011年
年末船舶实有数（艘）	20	19	17	15	9
营业船数（艘）	17	17	9	11	9
全年游览旅客数（万人次）	110.80	51.70	59.70	120.40	58.00
年末职工人数（人）	328	331	311	265	235
利润总额（万元）	1 279.10	– 1 223.41	60.20	1 100.27	– 988.80

2-18 燃气（煤气、液化气、天然气）情况
(2007～2011)

指标	2007年	2008年	2009年	2010年	2011年
人工煤气生产能力（万立方米/日）	1 013.00	967.40	867.40	817.40	817.40
人工煤气供应总量（亿立方米）	20.83	19.91	16.27	14.22	11.85
人工煤气销售总量（亿立方米）	18.48	17.66	14.19	12.85	10.82
#家庭用量	10.31	9.64	7.46	6.28	5.32
年末人工煤气管线长度（公里）	8 097	7 086	6 156	5 517	4 710
家庭人工煤气用户（万户）	213.38	185.56	151.48	132.89	101.78
液化气销售总量（万吨）	50.65	48.57	40.11	40.05	39.65
#家庭用量	28.75	29.28	24.11	23.62	20.90
家庭液化气用户（万户）	277.32	291.58	310.16	316.37	310.62
天然气销售总量（亿立方米）	26.60	28.37	31.33	42.66	51.47
#家庭用量	4.60	5.72	6.43	7.79	8.63
年末天然气管线长度（公里）	10 867	12 877	14 997	17 316	19 068
家庭天然气用户（万户）	257.94	307.88	366.78	405.89	455.92

2-19 自来水情况
(2007～2011)

指标	2007年	2008年	2009年	2010年	2011年
水厂个数（个）	123	118	113	105	90
自来水供水能力（万立方米/日）	1 080	1 069	1 096	1 131	1 150
全年供水量（亿立方米）	30.34	30.90	30.47	30.90	31.13
全年售水量（亿立方米）	23.90	24.28	24.06	24.44	24.41
#工业用水	6.78	6.30	5.59	5.80	5.60
生活用水	17.12	17.98	18.47	18.64	18.81
日平均用水（万立方米/日）	654.66	665.30	659.11	669.70	668.71
供水管道长度（公里）	27 658.89	27 858.08	24 463.55	31 181.58	32 216.66

2-20 城市绿化情况
(2007～2011)

指标	2007年	2008年	2009年	2010年	2011年
城市绿地面积（公顷）	31 795	34 256	116 929	120 148	122 283
#公园绿地	13 899	14 777	15 406	16 053	16 446
#公园面积	1 675	1 686	1 687	1 915	2 151
单位绿地	7 156	7 540	8 160	8 256	8 624
居住区绿地	6 434	7 199	8 123	8 500	8 872
生产绿地	204	189	230	230	213
公园数（个）	146	147	147	148	153
全年游园人数（万人次）	18 342	22 119	21 671	21 794	20 481
全年植树数（万株）	1 693	3 500	1 657	2 758	2 382

（续表）

人均占有公共绿地面积（平方米）	12.01	12.50	12.80	13.00	13.10
建成区绿化覆盖率（%）	37.6	38.0	38.1	38.2	38.2
行道树实有数（万株）	68.59	73.32	76.11	81.41	92.56
当年造林面积（公顷）	1 117	1 915	2 051	1 349	710

注：2009年起，上海绿化统计根据国家建设部《城市（县城）和村镇建设统计报表制度》中“城市绿地”指标要求将城市建设用地之外的对城市生态环境质量、城市景观和生物多样性保护有直接影响的绿地如森林公园、水源保护区等纳入了城市绿地面积的统计。

2-21 城市绿化区县分布情况

(2011)

单位：公顷

地　区	绿地面积	#公共绿地	绿化覆盖面积
总　计	**122 283.49**	**16 445.72**	**131 941.67**
浦东新区	26 234.90	5 951.40	27 637.27
黄浦区	128.61	99.14	161.08
卢湾区	124.39	64.11	156.95
徐汇区	1 245.68	497.90	1 410.04
长宁区	1 028.41	445.22	1 085.00
静安区	102.90	46.07	158.10
普陀区	1 160.50	525.40	1 397.01
闸北区	610.01	227.22	626.80
虹口区	406.59	153.30	482.61
杨浦区	1 373.35	459.50	1 462.43
闵行区	8 384.35	2 113.63	8 737.42
宝山区	6 343.47	1 914.00	6 573.51
嘉定区	7 750.27	1 240.54	8 889.94
金山区	8 479.35	589.38	9 286.47
松江区	12 555.49	710.87	13 563.89
青浦区	10 290.25	731.68	10 863.24
奉贤区	9 677.12	482.22	10 646.06
崇明县	26 387.85	194.14	28 803.85

2–22 城市环境卫生情况

(2007～2011)

指 标	2007年	2008年	2009年	2010年	2011年
卫生设施					
公共厕所（座）	5 378	7 105	5 633	6 026	5 768
垃圾收集点（处）	29 538	30 452	30 584	30 645	30 648
废物箱（只）	47 739	56 485	67 465	74 658	78 213
倒粪站（座）	2 158	2 916	2 257	1 900	1 868
化粪池（只）	45 841	46 518	43 775	43 170	42 652
焚烧厂（座）	2	2	2	2	2
焚烧厂设计规模（吨/日）	2 500	2 500	2 500	2 500	2 500
填埋场（座）	4	5	5	5	5
填埋场设计规模（吨/日）	6 700	6 750	6 750	6 750	6 750
综合处理厂（座）	2	3	3	4	5
综合处理厂设计规模（吨/日）	1 500	2 000	2 000	2 200	3 200
清运情况					
清扫道路面积（万平方米/日）	12 503	14 145	15 313	15 879	16 769
清运垃圾（万吨）	852	831	870	890	1 142
生活垃圾	702	678	710	732	704
建筑垃圾	150	153	160	158	438
清运粪便（万吨）	232	220	221	201	207
环卫机械					
扫路车（辆）	507	589	662	510	637
清洗洒水车（辆）	287	359	369	285	300
垃圾车（辆）	3 510	3 428	3 628	3 607	3 621
吸粪车（辆）	506	444	469	456	539

注：1、2010年起将“冲洗车”、“洒水车”两指标合并为“清洗洒水车”。

2、2011年起建筑垃圾包含装修垃圾。

2–23 环境保护情况

(2007～2011)

指 标	2007年	2008年	2009年	2010年	2011年
废水排放总量（万吨）	226 614	226 001	230 518	248 250	214 155
#工业废水	47 595	44 121	41 192	36 696	44 626
工业废气排放总量（亿标立方米）	36 696	10 436	10 059	12 969	13 704
工业废气中:二氧化硫（万吨）	36.44	29.80	23.93	22.15	21.01
工业烟粉尘排放量（万吨）	5.00	4.86	4.47	5.15	6.64
工业固体废物产生量（万吨）	2 165.40	2 347.36	2 254.59	2 448.36	2 442.20
工业固体废物处置量（万吨）	106.39	90.24	85.66	93.86	74.89
工业固体废物综合利用量（万吨）	2 040.08	2 242.43	2 171.60	2 366.92	2 358.11
#冶炼废渣	845.2	863.0	857.6	940.2	663.9
粉 煤 灰	517.6	534.5	460.3	467.7	556.8
工业固体废物综合利用率（%）	94.2	95.5	95.7	96.2	96.6
污染事故（次）	50	86	106	131	197
道路交通噪声平均等效声级（dB(A)）					
昼间时段	71.9	71.4	69.8	69.8	70.0
夜间时段	65.9	66.4	64.4	64.3	64.5

注:1、工业烟尘排放量、工业粉尘排放量，合并统计为工业烟粉尘排放量；

2、因统计制度调整，部分指标2011年起不再统计，指标相应取消。

三、 区县固定资产投资

3-1 浦东新区全社会固定资产投资主要指标
(2011)

指　　标	总 计	#建设改造	房地产	农村非农户
本年完成投资(万元)	**14 270 432**	**7 621 133**	**5 894 486**	**754 813**
#住 宅	4 045 980	–	4 045 980	–
按隶属关系分				
中央项目	1 224 015	887 065	336 096	854
地方项目	13 046 417	6 734 068	5 558 390	753 959
按构成分				
建筑工程	7 332 977	3 334 827	3 475 732	522 418
安装工程	753 275	369 198	346 902	37 175
设备工具器具购置	2 616 729	2 451 411	34 674	130 644
其他费用	3 567 451	1 465 697	2 037 178	64 576
按建设性质分				
#新 建	5 169 388	4 753 909	–	415 479
扩 建	580 774	461 228	–	119 546
改建和技改	1 547 273	1 396 602	–	150 671
单纯购置	1 028 766	960 279	–	68 487
按三次产业分				
第一产业	90 856	12 376	–	78 480
第二产业	3 652 298	3 317 759	–	334 539
第三产业	10 527 278	4 290 998	5 894 486	341 794
按经济类型分				
国有经济	4 653 472	3 503 124	1 023 956	126 392
非国有经济	9 616 960	4 118 009	4 870 530	628 421
集体经济	120 566	42 340	50 371	27 855
私营经济	2 471 986	626 252	1 448 680	397 054
联营经济	63 384	50 247	6 050	7 087
股份制经济	4 346 787	1 945 802	2 240 969	160 016
港澳台经济	717 626	196 607	516 880	4 139
外商经济	1 826 856	1 253 840	544 490	28 526
其他经济	69 755	2 921	63 090	3 744
按国民经济行业分				
农、林、牧、渔业	90 856	12 376	–	78 480
工 业	3 651 798	3 317 259	–	334 539
采 矿 业	–	–	–	–
制 造 业	3 286 784	2 962 145	–	324 639
电力、燃气及水的生产和供应业	365 014	355 114	–	9 900
建 筑 业	500	500	–	–
交通运输、仓储和邮政业	1 183 928	1 131 439	–	52 489
信息传输、计算机服务和软件业	87 150	86 320	–	830
批发和零售业	180 565	133 121	–	47 444
住宿和餐饮业	220 253	172 422	–	47 831
金 融 业	215 530	215 530	–	–
房地产业	6 106 862	211 129	5 894 486	1 247

（续表）

租赁和商务服务业	234 395	201 171	–	33 224
科学研究、技术服务和地质勘查业	359 345	359 345	–	–
水利、环境和公共设施管理业	1 210 715	1 084 442	–	126 273
居民服务和其他服务业	19 936	10 736	–	9 200
教 育	172 086	165 763	–	6 323
卫生、社会保障和社会福利业	285 505	278 978	–	6 527
文化、体育和娱乐业	141 093	130 737	–	10 356
公共管理与社会组织	109 915	109 865	–	50
国际组织	–	–	–	–
本年新增固定资产（万元）	**8 814 120**	**5 157 335**	**3 140 462**	**516 323**
房屋建筑面积（万平方米）				
施工面积	4 558.16	893.34	3 511.82	153.01
#住 宅	2 296.52	–	2 296.52	–
竣工面积	692.94	143.90	487.81	61.23
#住 宅	286.14	–	286.14	–

3–2 黄浦区全社会固定资产投资主要指标

(2011)

指 标	总 计	#建设改造	房地产	农村非农户
本年完成投资(万元)	**1 023 518**	**614 425**	**409 093**	–
#住 宅	220 965	–	220 965	–
按隶属关系分				
中央项目	103 936	103 936	–	–
地方项目	919 582	510 489	409 093	–
按构成分				
建筑工程	285 872	43 903	241 969	–
安装工程	14 502	5 012	9 490	–
设备工具器具购置	118 869	105 426	13 443	–
其他费用	604 275	460 084	144 191	–
按建设性质分				
#新 建	466 823	466 823	–	–
扩 建	22 894	22 894	–	–
改建和技改	21 558	21 558	–	–
单纯购置	102 950	102 950	–	–
按三次产业分				
第一产业	–	–	–	–
第二产业	104 205	104 205	–	–
第三产业	919 313	510 220	409 093	–
按经济类型分				
国有经济	647 075	579 067	68 008	–
非国有经济	376 443	35 358	341 085	–

（续表）

集体经济	78 249	–	78 249	–
私营经济	15 590	–	15 590	–
联营经济	–	–	–	–
股份制经济	142 042	5 803	136 239	–
港澳台经济	74 403	29 347	45 056	–
外商经济	66 159	208	65 951	–
其他经济	–	–	–	–
按国民经济行业分				
农、林、牧、渔业	–	–	–	–
工 业	1 255	1 255	–	–
采 矿 业	–	–	–	–
制 造 业	208	208	–	–
电力、燃气及水的生产和供应业	1 047	1 047	–	–
建 筑 业	102 950	102 950	–	–
交通运输、仓储和邮政业	–	–	–	–
信息传输、计算机服务和软件业	–	–	–	–
批发和零售业	4 275	4 275	–	–
住宿和餐饮业	29 347	29 347	–	–
金 融 业	–	–	–	–
房地产业	830 827	421 734	409 093	–
租赁和商务服务业	–	–	–	–
科学研究、技术服务和地质勘查业	–	–	–	–
水利、环境和公共设施管理业	7 610	7 610	–	–
居民服务和其他服务业	472	472	–	–
教 育	2 107	2 107	–	–
卫生、社会保障和社会福利业	35 866	35 866	–	–
文化、体育和娱乐业	7 924	7 924	–	–
公共管理与社会组织	885	885	–	–
国际组织	–	–	–	–
本年新增固定资产（万元）	**356 376**	**113 563**	**242 813**	–
房屋建筑面积（万平方米）				
施工面积	204.66	9.25	195.41	–
#住 宅	102.29	–	102.29	–
竣工面积	22.08	–	22.08	–
#住 宅	5.00	–	5.00	–

3-3 卢湾区全社会固定资产投资主要指标
(2011)

指　　标	总 计	#建设改造	房地产	农村非农户
本年完成投资(万元)	391 668	98 996	292 672	–
#住 宅	143 226	–	143 226	–
按隶属关系分				
中央项目	12 599	12 599	–	–
地方项目	379 069	86 397	292 672	–
按构成分				
建筑工程	268 222	55 833	212 389	–
安装工程	54 428	4 616	49 812	–
设备工具器具购置	35 672	34 475	1 197	–
其他费用	33 346	4 072	29 274	–
按建设性质分				
#新 建	41 053	41 053	–	–
扩 建	20 402	20 402	–	–
改建和技改	13 342	13 342	–	–
单纯购置	24 199	24 199	–	–
按三次产业分				
第一产业	–	–	–	–
第二产业	14 971	14 971	–	–
第三产业	376 697	84 025	292 672	–
按经济类型分				
国有经济	63 271	59 351	3 920	–
非国有经济	328 397	39 645	288 752	–
集体经济	–	–	–	–
私营经济	22 313	343	21 970	–
联营经济	–	–	–	–
股份制经济	110 739	39 302	71 437	–
港澳台经济	193 727	–	193 727	–
外商经济	1 618	–	1 618	–
其他经济	–	–	–	–
按国民经济行业分				
农、林、牧、渔业	–	–	–	–
工 业	14 971	14 971	–	–
采 矿 业	–	–	–	–
制 造 业	13 601	13 601	–	–
电力、燃气及水的生产和供应业	1 370	1 370	–	–
建 筑 业	–	–	–	–
交通运输、仓储和邮政业	24 199	24 199	–	–
信息传输、计算机服务和软件业	343	343	–	–
批发和零售业	–	–	–	–
住宿和餐饮业	12 592	12 592	–	–
金 融 业	–	–	–	–
房地产业	292 672	–	292 672	–

（续表）

租赁和商务服务业	–	–	–	–
科学研究、技术服务和地质勘查业	–	–	–	–
水利、环境和公共设施管理业	8 837	8 837	–	–
居民服务和其他服务业	–	–	–	–
教 育	4 409	4 409	–	–
卫生、社会保障和社会福利业	9 070	9 070	–	–
文化、体育和娱乐业	15 369	15 369	–	–
公共管理与社会组织	9 206	9 206	–	–
国际组织	–	–	–	–
本年新增固定资产（万元）	318 215	90 946	227 269	–
房屋建筑面积（万平方米）				
施工面积	212.99	5.75	207.24	–
#住 宅	56.95	–	56.95	–
竣工面积	32.12	3.20	28.92	–
#住 宅	2.32	–	2.32	–

3–4 徐汇区全社会固定资产投资主要指标

(2011)

指 标	总 计	#建设改造	房地产	农村非农户
本年完成投资(万元)	1 396 624	302 390	1 094 234	–
#住 宅	398 396	–	398 396	–
按隶属关系分				
中央项目	81 849	81 849	–	–
地方项目	1 314 775	220 541	1 094 234	–
按构成分				
建筑工程	751 338	220 817	530 521	–
安装工程	74 378	12 599	61 779	–
设备工具器具购置	51 806	49 707	2 099	–
其他费用	519 102	19 267	499 835	–
按建设性质分				
#新 建	119 898	119 898	–	–
扩 建	109 759	109 759	–	–
改建和技改	49 220	49 220	–	–
单纯购置	21 702	21 702	–	–
按三次产业分				
第一产业	–	–	–	–
第二产业	177 947	177 947	–	–
第三产业	1 218 677	124 443	1 094 234	–
按经济类型分				
国有经济	175 257	122 414	52 843	–
非国有经济	1 221 367	179 976	1 041 391	–

（续表）

集体经济	78 249	–	78 249	–
私营经济	15 590	–	15 590	–
联营经济	–	–	–	–
股份制经济	142 042	5 803	136 239	–
港澳台经济	74 403	29 347	45 056	–
外商经济	66 159	208	65 951	–
其他经济	–	–	–	–
按国民经济行业分				
农、林、牧、渔业	–	–	–	–
工 业	1 255	1 255	–	–
采 矿 业	–	–	–	–
制 造 业	208	208	–	–
电力、燃气及水的生产和供应业	1 047	1 047	–	–
建 筑 业	102 950	102 950	–	–
交通运输、仓储和邮政业	–	–	–	–
信息传输、计算机服务和软件业	–	–	–	–
批发和零售业	4 275	4 275	–	–
住宿和餐饮业	29 347	29 347	–	–
金 融 业	–	–	–	–
房地产业	830 827	421 734	409 093	–
租赁和商务服务业	–	–	–	–
科学研究、技术服务和地质勘查业	–	–	–	–
水利、环境和公共设施管理业	7 610	7 610	–	–
居民服务和其他服务业	472	472	–	–
教 育	2 107	2 107	–	–
卫生、社会保障和社会福利业	35 866	35 866	–	–
文化、体育和娱乐业	7 924	7 924	–	–
公共管理与社会组织	885	885	–	–
国际组织	–	–	–	–
本年新增固定资产（万元）	**356 376**	**113 563**	**242 813**	–
房屋建筑面积（万平方米）				
施工面积	204.66	9.25	195.41	–
#住 宅	102.29	–	102.29	–
竣工面积	22.08	–	22.08	–
#住 宅	5.00	–	5.00	–

3-5 长宁区全社会固定资产投资主要指标
(2011)

指　　标	总 计	#建设改造	房地产	农村非农户
本年完成投资(万元)	**617 116**	**176 783**	**440 333**	–
#住 宅	171 264	–	171 264	–
按隶属关系分	50 837	50 837	–	–
中央项目	566 279	125 946	440 333	–
地方项目				
按构成分	428 105	105 188	322 917	–
建筑工程	43 496	15 774	27 722	–
安装工程	26 639	24 804	1 835	–
设备工具器具购置	118 876	31 017	87 859	–
其他费用				
按建设性质分	112 333	112 333	–	–
#新 建	7 035	7 035	–	–
扩 建	48 529	48 529	–	–
改建和技改	8 886	8 886	–	–
单纯购置				
按三次产业分	–	–	–	–
第一产业	34 260	34 260	–	–
第二产业	582 856	142 523	440 333	–
第三产业				
按经济类型分				
国有经济	167 463	87 308	80 155	–
非国有经济	449 653	89 475	360 178	–
集体经济	32 017	–	32 017	–
私营经济	48 106	20 601	27 505	–
联营经济	–	–	–	–
股份制经济	242 932	38 964	203 968	–
港澳台经济	104 446	7 758	96 688	–
外商经济	19 917	19 917	–	–
其他经济	2 235	2 235	–	–
按国民经济行业分				
农、林、牧、渔业	–	–	–	–
工 业	21 710	21 710	–	–
采 矿 业	–	–	–	–
制 造 业	21 710	21 710	–	–
电力、燃气及水的生产和供应业	–	–	–	–
建 筑 业	12 550	12 550	–	–
交通运输、仓储和邮政业	47 256	47 256	–	–
信息传输、计算机服务和软件业	3 052	3 052	–	–
批发和零售业	308	308	–	–
住宿和餐饮业	2 442	2 442	–	–
金 融 业	–	–	–	–
房地产业	456 372	16 039	440 333	–

（续表）

租赁和商务服务业	20 565	20 565	–	–
科学研究、技术服务和地质勘查业	10 860	10 860	–	–
水利、环境和公共设施管理业	8 296	8 296	–	–
居民服务和其他服务业	–	–	–	–
教 育	5 403	5 403	–	–
卫生、社会保障和社会福利业	17 447	17 447	–	–
文化、体育和娱乐业	6 390	6 390	–	–
公共管理与社会组织	4 465	4 465	–	–
国际组织	–	–	–	–
本年新增固定资产（万元）	679 056	182 964	496 092	–
房屋建筑面积（万平方米）				
施工面积	306.68	80.30	226.38	–
#住 宅	87.43	–	87.43	–
竣工面积	82.79	19.03	63.76	–
#住 宅	32.18	–	32.18	–

3-6 静安区全社会固定资产投资主要指标
(2011)

指 标	总 计	#建设改造	房地产	农村非农户
本年完成投资(万元)	395 961	89 357	306 604	–
#住 宅	37 333	–	37 333	–
按隶属关系分				
中央项目	–	–	–	–
地方项目	395 961	89 357	306 604	–
按构成分				
建筑工程	242 059	17 924	224 135	–
安装工程	38 205	14 224	23 981	–
设备工具器具购置	39 142	39 096	46	–
其他费用	76 555	18 113	58 442	–
按建设性质分				
#新 建	22 315	22 315	–	–
扩 建	4 556	4 556	–	–
改建和技改	30 044	30 044	–	–
单纯购置	30 313	30 313	–	–
按三次产业分				
第一产业	–	–	–	–
第二产业	24 397	24 397	–	–
第三产业	371 564	64 960	306 604	–
按经济类型分				
国有经济	97 675	69 562	28 113	–
非国有经济	298 286	19 795	278 491	–

（续表）

集体经济	–	–	–	–
私营经济	60 850	–	60 850	–
联营经济	–	–	–	–
股份制经济	32 262	16 809	15 453	–
港澳台经济	65 930	–	65 930	–
外商经济	136 605	347	136 258	–
其他经济	2 639	2 639	–	–
按国民经济行业分				
农、林、牧、渔业	–	–	–	–
工 业	24 397	24 397	–	–
采 矿 业	–	–	–	–
制 造 业	347	347	–	–
电力、燃气及水的生产和供应业	24 050	24 050	–	–
建 筑 业	–	–	–	–
交通运输、仓储和邮政业	16 809	16 809	–	–
信息传输、计算机服务和软件业	–	–	–	–
批发和零售业	–	–	–	–
住宿和餐饮业	–	–	–	–
金 融 业	–	–	–	–
房地产业	306 604	–	306 604	–
租赁和商务服务业	–	–	–	–
科学研究、技术服务和地质勘查业	–	–	–	–
水利、环境和公共设施管理业	8 504	8 504	–	–
居民服务和其他服务业	1 172	1 172	–	–
教 育	–	–	–	–
卫生、社会保障和社会福利业	13 700	13 700	–	–
文化、体育和娱乐业	20 007	20 007	–	–
公共管理与社会组织	4 768	4 768	–	–
国际组织	–	–	–	–
本年新增固定资产（万元）	235 774	72 517	163 257	–
房屋建筑面积（万平方米）				
施工面积	134.29	6.72	127.57	–
#住 宅	31.92	–	31.92	–
竣工面积	9.86	0.70	9.16	–
#住 宅	7.81	–	7.81	–

3-7 普陀区全社会固定资产投资主要指标

(2011)

指 标	总 计	#建设改造	房地产	农村非农户
本年完成投资(万元)	1 257 314	188 452	1 068 862	–
#住 宅	528 075	–	528 075	–
按隶属关系分				
中央项目	100 607	44 371	56 236	–
地方项目	1 156 707	144 081	1 012 626	–
按构成分				
建筑工程	641 370	112 365	529 005	–
安装工程	80 193	17 253	62 940	–
设备工具器具购置	40 289	34 837	5 452	–
其他费用	495 462	23 997	471 465	–
按建设性质分				
#新 建	91 007	91 007	–	–
扩 建	48 678	48 678	–	–
改建和技改	45 703	45 703	–	–
单纯购置	3 064	3 064	–	–
按三次产业分				
第一产业	–	–	–	–
第二产业	54 764	54 764	–	–
第三产业	1 202 550	133 688	1 068 862	–
按经济类型分				
国有经济	240 550	131 741	108 809	–
非国有经济	1 016 764	56 711	960 053	–
集体经济	41 289	6 277	35 012	–
私营经济	421 459	11 251	410 208	–
联营经济	5 700	5 700	–	–
股份制经济	478 562	29 258	449 304	–
港澳台经济	41 510	3 793	37 717	–
外商经济	28 244	432	27 812	–
其他经济	–	–	–	–
按国民经济行业分				
农、林、牧、渔业	–	–	–	–
工 业	54 764	54 764	–	–
采 矿 业	–	–	–	–
制 造 业	16 644	16 644	–	–
电力、燃气及水的生产和供应业	38 120	38 120	–	–
建 筑 业	–	–	–	–
交通运输、仓储和邮政业	11 209	11 209	–	–
信息传输、计算机服务和软件业	1 510	1 510	–	–
批发和零售业	30 814	30 814	–	–
住宿和餐饮业	–	–	–	–
金 融 业	–	–	–	–
房地产业	1 070 662	1 800	1 068 862	–

（续表）

租赁和商务服务业	16 928	16 928	–	–
科学研究、技术服务和地质勘查业	7 738	7 738	–	–
水利、环境和公共设施管理业	15 060	15 060	–	–
居民服务和其他服务业	4 500	4 500	–	–
教 育	16 999	16 999	–	–
卫生、社会保障和社会福利业	20 755	20 755	–	–
文化、体育和娱乐业	2 407	2 407	–	–
公共管理与社会组织	3 968	3 968	–	–
国际组织	–	–	–	–
本年新增固定资产（万元）	**805 599**	**163 839**	**641 760**	–
房屋建筑面积（万平方米）				
施工面积	630.87	73.44	557.43	–
#住 宅	247.19	–	247.19	–
竣工面积	107.60	27.04	80.56	–
#住 宅	46.12	–	46.12	–

3-8 闸北区全社会固定资产投资主要指标
(2011)

指 标	总 计	#建设改造	房地产	农村非农户
本年完成投资(万元)	**680 880**	**90 644**	**590 236**	–
#住 宅	295 033	–	295 033	–
按隶属关系分				
中央项目	35 664	35 664	–	–
地方项目	645 216	54 980	590 236	–
按构成分				
建筑工程	303 212	45 903	257 309	–
安装工程	120 477	15 654	104 823	–
设备工具器具购置	26 497	24 169	2 328	–
其他费用	230 694	4 918	225 776	–
按建设性质分				
#新 建	4 960	4 960	–	–
扩 建	55 160	55 160	–	–
改建和技改	27 176	27 176	–	–
单纯购置	3 348	3 348	–	–
按三次产业分				
第一产业	–	–	–	–
第二产业	48 305	48 305	–	–
第三产业	632 575	42 339	590 236	–
按经济类型分				
国有经济	211 171	76 301	134 870	–
非国有经济	469 709	14 343	455 366	–

（续表）

集体经济	3 330	1 950	1 380	–
私营经济	135 095	–	135 095	–
联营经济	2 276	2 276	–	–
股份制经济	241 867	8 230	233 637	–
港澳台经济	84 531	–	84 531	–
外商经济	2 610	1 887	723	–
其他经济	–	–	–	–
按国民经济行业分				
农、林、牧、渔业	–	–	–	–
工 业	48 305	48 305	–	–
采 矿 业	–	–	–	–
制 造 业	31 098	31 098	–	–
电力、燃气及水的生产和供应业	17 207	17 207	–	–
建 筑 业	–	–	–	–
交通运输、仓储和邮政业	2 833	2 833	–	–
信息传输、计算机服务和软件业	200	200	–	–
批发和零售业	1 379	1 379	–	–
住宿和餐饮业	–	–	–	–
金 融 业	–	–	–	–
房地产业	591 541	1 305	590 236	–
租赁和商务服务业	–	–	–	–
科学研究、技术服务和地质勘查业	1 084	1 084	–	–
水利、环境和公共设施管理业	1 644	1 644	–	–
居民服务和其他服务业	–	–	–	–
教 育	–	–	–	–
卫生、社会保障和社会福利业	33 894	33 894	–	–
文化、体育和娱乐业	–	–	–	–
公共管理与社会组织	–	–	–	–
国际组织	–	–	–	–
本年新增固定资产（万元）	**51 695**	**41 289**	**10 406**	–
房屋建筑面积（万平方米）				
施工面积	167.56	6.49	161.07	–
#住 宅	60.74	–	60.74	–
竣工面积	0.66	–	0.66	–
#住 宅	–	–	–	–

3-9 虹口区全社会固定资产投资主要指标
(2011)

指 标	总 计	#建设改造	房地产	农村非农户
本年完成投资(万元)	582 374	191 300	389 715	1 359
#住 宅	111 250	–	111 250	–
按隶属关系分				
中央项目	3 459	3 459	–	–
地方项目	578 915	187 841	389 715	1 359
按构成分				
建筑工程	226 455	35 155	190 391	909
安装工程	69 111	21 404	47 707	–
设备工具器具购置	71 840	57 492	13 898	450
其他费用	214 968	77 249	137 719	–
按建设性质分				
#新 建	117 138	116 429	–	709
扩 建	3 141	3 141	–	–
改建和技改	20 499	19 849	–	650
单纯购置	46 581	46 581	–	–
按三次产业分				
第一产业	–	–	–	–
第二产业	5 623	4 264	–	1 359
第三产业	576 751	187 036	389 715	–
按经济类型分				
国有经济	71 349	39 148	31 492	709
非国有经济	511 025	152 152	358 223	650
集体经济	–	–	–	–
私营经济	66 566	29 475	36 441	650
联营经济	240	240	–	–
股份制经济	157 351	11 737	145 614	–
港澳台经济	47 023	180	46 843	–
外商经济	239 845	110 520	129 325	–
其他经济	–	–	–	–
按国民经济行业分				
农、林、牧、渔业	–	–	–	–
工 业	4 183	3 533	–	650
采 矿 业	–	–	–	–
制 造 业	4 183	3 533	–	650
电力、燃气及水的生产和供应业	–	–	–	–
建 筑 业	1 440	731	–	709
交通运输、仓储和邮政业	52 360	52 360	–	–
信息传输、计算机服务和软件业	3 391	3 391	–	–
批发和零售业	1 527	1 527	–	–
住宿和餐饮业	330	330	–	–
金 融 业	–	–	–	–
房地产业	499 905	110 190	389 715	–

（续表）

租赁和商务服务业	–	–	–	–
科学研究、技术服务和地质勘查业	–	–	–	–
水利、环境和公共设施管理业	16 480	16 480	–	–
居民服务和其他服务业	–	–	–	–
教 育	1 348	1 348	–	–
卫生、社会保障和社会福利业	–	–	–	–
文化、体育和娱乐业	803	803	–	–
公共管理与社会组织	607	607	–	–
国际组织	–	–	–	–
本年新增固定资产（万元）	870 210	69 113	799 188	1 909
房屋建筑面积（万平方米）				
施工面积	250.48	2.11	248.37	–
#住 宅	57.56	–	57.56	–
竣工面积	47.25	–	47.25	–
#住 宅	13.14	–	13.14	–

3–10 杨浦区全社会固定资产投资主要指标 (2011)

指 标	总 计	#建设改造	房地产	农村非农户
本年完成投资(万元)	1 187 503	438 865	748 638	–
#住 宅	385 090	–	385 090	–
按隶属关系分				
中央项目	47 453	11 416	36 037	–
地方项目	1 140 050	427 449	712 601	–
按构成分				
建筑工程	571 416	99 270	472 146	–
安装工程	123 166	45 375	77 791	–
设备工具器具购置	214 686	209 649	5 037	–
其他费用	278 235	84 571	193 664	–
按建设性质分				
#新 建	66 973	66 973	–	–
扩 建	58 935	58 935	–	–
改建和技改	151 170	151 170	–	–
单纯购置	161 787	161 787	–	–
按三次产业分				
第一产业	–	–	–	–
第二产业	266 546	266 546	–	–
第三产业	920 957	172 319	748 638	–
按经济类型分				
国有经济	473 108	402 492	70 616	–
非国有经济	714 395	36 373	678 022	–

（续表）

集体经济	–	–	–	–
私营经济	165 199	–	165 199	–
联营经济	–	–	–	–
股份制经济	440 283	34 013	406 270	–
港澳台经济	36 105	–	36 105	–
外商经济	72 808	2 360	70 448	–
其他经济	–	–	–	–
按国民经济行业分				
农、林、牧、渔业	–	–	–	–
工 业	266 546	266 546	–	–
采 矿 业	–	–	–	–
制 造 业	264 496	264 496	–	–
电力、燃气及水的生产和供应业	2 050	2 050	–	–
建 筑 业	–	–	–	–
交通运输、仓储和邮政业	–	–	–	–
信息传输、计算机服务和软件业	2 466	2 466	–	–
批发和零售业	–	–	–	–
住宿和餐饮业	–	–	–	–
金 融 业	–	–	–	–
房地产业	760 058	11 420	748 638	–
租赁和商务服务业	–	–	–	–
科学研究、技术服务和地质勘查业	1 780	1 780	–	–
水利、环境和公共设施管理业	84 344	84 344	–	–
居民服务和其他服务业	–	–	–	–
教 育	25 170	25 170	–	–
卫生、社会保障和社会福利业	21 219	21 219	–	–
文化、体育和娱乐业	14 235	14 235	–	–
公共管理与社会组织	11 685	11 685	–	–
国际组织	–	–	–	–
本年新增固定资产（万元）	**526 658**	**189 959**	**336 699**	–
房屋建筑面积（万平方米）				
施工面积	555.62	11.59	544.02	–
#住 宅	278.60	–	278.60	–
竣工面积	45.27	1.10	44.17	–
#住 宅	27.07	–	27.07	–

3-11 闵行区全社会固定资产投资主要指标
(2011)

指标	总计	#建设改造	房地产	农村非农户
本年完成投资(万元)	**3 090 627**	**1 327 555**	**1 684 578**	**78 494**
#住 宅	1 413 383	–	1 413 383	–
按隶属关系分				
中央项目	348 136	223 980	107 424	16 732
地方项目	2 742 491	1 103 575	1 577 154	61 762
按构成分				
建筑工程	2 012 672	632 248	1 309 305	71 119
安装工程	117 467	32 120	80 070	5 277
设备工具器具购置	483 520	459 062	22 876	1 582
其他费用	476 968	204 125	272 327	516
按建设性质分				
#新 建	810 338	737 831	–	72 507
扩 建	273 910	273 906	–	4
改建和技改	133 854	128 231	–	5 623
单纯购置	185 329	185 329	–	–
按三次产业分				
第一产业	–	–	–	–
第二产业	932 834	903 875	–	28 959
第三产业	2 157 793	423 680	1 684 578	49 535
按经济类型分				
国有经济	898 379	661 923	227 750	8 706
非国有经济	2 192 248	665 632	1 456 828	69 788
集体经济	72 577	35 275	23 070	14 232
私营经济	567 180	162 375	381 463	23 342
联营经济	–	–	–	–
股份制经济	1 083 648	228 867	839 575	15 206
港澳台经济	104 368	11 990	90 023	2 355
外商经济	338 661	222 557	103 842	12 262
其他经济	25 814	4 568	18 855	2 391
按国民经济行业分				
农、林、牧、渔业	–	–	–	–
工 业	932 534	903 575	–	28 959
采 矿 业	–	–	–	–
制 造 业	809 948	780 989	–	28 959
电力、燃气及水的生产和供应业	122 586	122 586	–	–
建 筑 业	300	300	–	–
交通运输、仓储和邮政业	811	811	–	–
信息传输、计算机服务和软件业	7 414	1 959	–	5 455
批发和零售业	51 173	51 173	–	–
住宿和餐饮业	4 941	4 941	–	–
金 融 业	–	–	–	–
房地产业	1 727 199	42 621	1 684 578	–

（续表）

租赁和商务服务业	35 320	25 320	–	10 000
科学研究、技术服务和地质勘查业	40 614	23 882	–	16 732
水利、环境和公共设施管理业	163 639	163 639	–	–
居民服务和其他服务业	–	–	–	–
教 育	79 151	79 151	–	–
卫生、社会保障和社会福利业	16 579	16 579	–	–
文化、体育和娱乐业	18 433	1 085	–	17 348
公共管理与社会组织	12 519	12 519	–	–
国际组织	–	–	–	–
本年新增固定资产（万元）	**1 536 609**	**530 370**	**909 042**	**97 197**
房屋建筑面积（万平方米）				
施工面积	1 538.57	186.02	1 275.14	77.42
#住 宅	1 015.84	–	1 015.84	–
竣工面积	285.37	10.05	251.18	24.14
#住 宅	207.71	–	207.71	–

3-12 宝山区全社会固定资产投资主要指标 (2011)

指 标	总 计	#建设改造	房地产	农村非农户
本年完成投资(万元)	**3 931 167**	**1 600 442**	**1 965 957**	364 768
#住 宅	1 263 260	–	1 263 260	–
按隶属关系分				
中央项目	881 936	823 181	58 755	–
地方项目	3 049 231	777 261	1 907 202	364 768
按构成分				
建筑工程	2 325 597	792 370	1 317 606	215 621
安装工程	297 303	112 443	160 260	24 600
设备工具器具购置	574 353	477 864	14 788	81 701
其他费用	733 914	217 765	473 303	42 846
按建设性质分				
#新 建	817 465	593 902	–	223 563
扩 建	498 028	432 454	–	65 574
改建和技改	519 745	486 381	–	33 364
单纯购置	62 292	21 025	–	41 267
按三次产业分				
第一产业	4 200	–	–	4 200
第二产业	1 181 057	1 040 845	–	140 212
第三产业	2 745 910	559 597	1 965 957	220 356
按经济类型分				
国有经济	1 567 848	1 246 495	285 465	35 888
非国有经济	2 363 319	353 947	1 680 492	328 880

（续表）

集体经济	–	–	–	–
私营经济	165 199	–	165 199	–
联营经济	–	–	–	–
股份制经济	440 283	34 013	406 270	–
港澳台经济	36 105	–	36 105	–
外商经济	72 808	2 360	70 448	–
其他经济	–	–	–	–
按国民经济行业分				
农、林、牧、渔业	–	–	–	–
工 业	266 546	266 546	–	–
采 矿 业	–	–	–	–
制 造 业	264 496	264 496	–	–
电力、燃气及水的生产和供应业	2 050	2 050	–	–
建 筑 业	–	–	–	–
交通运输、仓储和邮政业	–	–	–	–
信息传输、计算机服务和软件业	2 466	2 466	–	–
批发和零售业	–	–	–	–
住宿和餐饮业	–	–	–	–
金 融 业	–	–	–	–
房地产业	760 058	11 420	748 638	–
租赁和商务服务业	–	–	–	–
科学研究、技术服务和地质勘查业	1 780	1 780	–	–
水利、环境和公共设施管理业	84 344	84 344	–	–
居民服务和其他服务业	–	–	–	–
教 育	25 170	25 170	–	–
卫生、社会保障和社会福利业	21 219	21 219	–	–
文化、体育和娱乐业	14 235	14 235	–	–
公共管理与社会组织	11 685	11 685	–	–
国际组织	–	–	–	–
本年新增固定资产（万元）	**526 658**	**189 959**	**336 699**	–
房屋建筑面积（万平方米）				
施工面积	555.62	11.59	544.02	–
#住 宅	278.60	–	278.60	–
竣工面积	45.27	1.10	44.17	–
#住 宅	27.07	–	27.07	–

3-13 嘉定区全社会固定资产投资主要指标
(2011)

指　　标	总计	#建设改造	房地产	农村非农户
本年完成投资(万元)	**4 110 665**	**1 413 923**	**2 393 254**	**303 488**
#住　宅	1 464 333	1 000	1 463 333	–
按隶属关系分				
中央项目	18 884	18 884	–	–
地方项目	4 091 781	1 395 039	2 393 254	303 488
按构成分				
建筑工程	2 094 828	699 162	1 238 071	157 595
安装工程	285 789	45 571	221 942	18 276
设备工具器具购置	576 069	457 187	14 674	104 208
其他费用	1 153 979	212 003	918 567	23 409
按建设性质分				
#新　建	779 998	665 177	–	114 821
扩　建	237 347	178 268	–	59 079
改建和技改	330 640	289 200	–	41 440
单纯购置	292 090	213 733	–	78 357
按三次产业分				
第一产业	1 900	1 900	–	–
第二产业	1 101 358	868 563	–	232 795
第三产业	3 007 407	543 460	2 393 254	70 693
按经济类型分				
国有经济	1 004 013	588 342	388 802	26 869
非国有经济	3 106 652	825 581	2 004 452	276 619
集体经济	100 257	33 155	32 721	34 381
私营经济	996 068	149 132	750 791	96 145
联营经济	6 130	–	5 630	500
股份制经济	782 335	100 364	643 379	38 592
港澳台经济	595 533	49 184	519 667	26 682
外商经济	624 865	493 746	52 264	78 855
其他经济	1 464	–	–	1 464
按国民经济行业分				
农、林、牧、渔业	1 900	1 900	–	–
工　业	1 101 358	868 563	–	232 795
采 矿 业	–	–	–	–
制 造 业	1 101 173	868 378	–	232 795
电力、燃气及水的生产和供应业	185	185	–	–
建 筑 业	–	–	–	–
交通运输、仓储和邮政业	12 303	9 994	–	2 309
信息传输、计算机服务和软件业	6 176	3 176	–	3 000
批发和零售业	3 610	810	–	2 800
住宿和餐饮业	38 714	6 000	–	32 714
金 融 业	–	–	–	–
房地产业	2 394 254	1 000	2 393 254	–

（续表）

租赁和商务服务业	1 140	1 140	–	–
科学研究、技术服务和地质勘查业	26 295	24 230	–	2 065
水利、环境和公共设施管理业	384 582	367 368	–	17 214
居民服务和其他服务业	–	–	–	–
教 育	49 374	46 874	–	2 500
卫生、社会保障和社会福利业	50 186	42 595	–	7 591
文化、体育和娱乐业	35 057	34 557	–	500
公共管理与社会组织	5 716	5 716	–	–
国际组织	–	–	–	–
本年新增固定资产（万元）	**2 003 457**	**668 153**	**1 122 935**	**212 369**
房屋建筑面积（万平方米）				
施工面积	1 559.46	157.25	1 261.66	140.56
#住 宅	726.54	0.56	725.98	–
竣工面积	366.47	47.41	311.82	7.24
#住 宅	195.72	–	195.72	–

3–14 金山区全社会固定资产投资主要指标
(2011)

指 标	总 计	#建设改造	房地产	农村非农户
本年完成投资(万元)	**1 810 817**	**882 374**	**232 856**	**695 587**
#住 宅	160 737	500	160 237	–
按隶属关系分				
中央项目	299 504	299 504	–	–
地方项目	1 511 313	582 870	232 856	695 587
按构成分				
建筑工程	787 014	312 929	117 967	356 118
安装工程	160 561	115 920	35 959	8 682
设备工具器具购置	621 297	349 141	3 229	268 927
其他费用	241 945	104 384	75 701	61 860
按建设性质分				
#新 建	815 372	387 996	–	427 376
扩 建	424 647	287 579	–	137 068
改建和技改	155 082	116 164	–	38 918
单纯购置	157 436	75 661	–	81 775
按三次产业分				
第一产业	32 588	–	–	32 588
第二产业	1 360 486	780 425	–	580 061
第三产业	417 743	101 949	232 856	82 938
按经济类型分				
国有经济	182 743	91 670	5	91 068
非国有经济	1 628 074	790 704	232 851	604 519

（续表）

集体经济	124 853	29 532	52 685	42 636
私营经济	865 986	328 879	130 033	407 074
联营经济	–	–	–	–
股份制经济	460 489	303 519	50 133	106 837
港澳台经济	53 903	49 693	–	4 210
外商经济	113 333	79 081	–	34 252
其他经济	9 510	–	–	9 510
按国民经济行业分				
农、林、牧、渔业	32 588	–	–	32 588
工 业	1 351 811	777 488	–	574 323
采 矿 业	–	–	–	–
制 造 业	1 250 174	724 561	–	525 613
电力、燃气及水的生产和供应业	101 637	52 927	–	48 710
建 筑 业	8 675	2 937	–	5 738
交通运输、仓储和邮政业	4 062	3 312	–	750
信息传输、计算机服务和软件业	–	–	–	–
批发和零售业	24 769	–	–	24 769
住宿和餐饮业	–	–	–	–
金 融 业	17 825	17 825	–	–
房地产业	252 856	–	232 856	20 000
租赁和商务服务业	8 000	8 000	–	–
科学研究、技术服务和地质勘查业	3 039	–	–	3 039
水利、环境和公共设施管理业	63 541	49 284	–	14 257
居民服务和其他服务业	–	–	–	–
教 育	–	–	–	–
卫生、社会保障和社会福利业	14 974	14 974	–	–
文化、体育和娱乐业	8 100	8 100	–	–
公共管理与社会组织	20 577	454	–	20 123
国际组织	–	–	–	–
本年新增固定资产（万元）	876 509	368 062	168 146	340 301
房屋建筑面积（万平方米）				
施工面积	355.89	91.65	177.50	86.73
#住 宅	134.04	3.36	130.68	–
竣工面积	77.56	24.51	53.05	–
#住 宅	42.97	3.36	39.61	–

3-15 松江区全社会固定资产投资主要指标
(2011)

指标	总计	#建设改造	房地产	农村非农户
本年完成投资(万元)	**2 584 047**	**751 785**	**1 465 806**	**366 456**
#住 宅	1 187 460	2 020	1 184 957	483
按隶属关系分				
中央项目	5 734	2 678	–	3 056
地方项目	2 578 313	749 107	1 465 806	363 400
按构成分				
建筑工程	1 539 104	311 523	1 027 471	200 110
安装工程	160 321	40 478	109 561	10 282
设备工具器具购置	462 881	336 845	5 366	120 670
其他费用	421 741	62 939	323 408	35 394
按建设性质分				
#新 建	768 556	561 458	–	207 098
扩 建	162 194	120 083	–	42 111
改建和技改	66 979	42 841	–	24 138
单纯购置	117 439	26 330	–	91 109
按三次产业分				
第一产业	5 475	5 475	–	–
第二产业	850 717	569 812	–	280 905
第三产业	1 727 855	176 498	1 465 806	85 551
按经济类型分				
国有经济	343 653	187 123	126 913	29 617
非国有经济	2 240 394	564 662	1 338 893	336 839
集体经济	164 371	22 130	92 693	49 548
私营经济	721 639	74 701	469 289	177 649
联营经济	24 600	24 600	–	–
股份制经济	734 968	68 889	638 028	28 051
港澳台经济	96 321	21 015	48 109	27 197
外商经济	449 352	353 327	41 631	54 394
其他经济	49 143	–	49 143	–
按国民经济行业分				
农、林、牧、渔业	5 475	5 475	–	–
工 业	850 717	569 812	–	280 905
采矿业	–	–	–	–
制造业	789 839	508 934	–	280 905
电力、燃气及水的生产和供应业	60 878	60 878	–	–
建筑业	–	–	–	–
交通运输、仓储和邮政业	56 833	38 767	–	18 066
信息传输、计算机服务和软件业	–	–	–	–
批发和零售业	10 250	5 600	–	4 650
住宿和餐饮业	6 076	6 076	–	–
金融业	–	–	–	–
房地产业	1 476 923	10 082	1 465 806	1 035

（续表）

租赁和商务服务业	11 981	5 422	–	6 559
科学研究、技术服务和地质勘查业	3 056	–	–	3 056
水利、环境和公共设施管理业	75 657	59 179	–	16 478
居民服务和其他服务业	2 500	1 000	–	1 500
教 育	43 893	27 084	–	16 809
卫生、社会保障和社会福利业	7 448	6 496	–	952
文化、体育和娱乐业	17 180	9 034	–	8 146
公共管理与社会组织	16 058	7 758	–	8 300
国际组织	–	–	–	–
本年新增固定资产（万元）	**1 778 401**	**504 239**	**1 047 495**	**226 667**
房屋建筑面积（万平方米）				
施工面积	1 326.29	130.59	1 026.25	169.46
#住 宅	821.18	5.37	811.40	4.41
竣工面积	265.55	17.92	201.35	46.28
#住 宅	161.51	2.50	158.10	0.91

3–16 青浦区全社会固定资产投资主要指标 (2011)

指 标	总 计	#建设改造	房地产	农村非农户
本年完成投资(万元)	**2 263 692**	**506 606**	**1 199 951**	**557 135**
#住 宅	988 354	–	988 354	–
按隶属关系分				
中央项目	53 206	6 695	46 511	–
地方项目	2 210 486	499 911	1 153 440	557 135
按构成分				
建筑工程	1 463 258	296 540	822 800	343 918
安装工程	84 229	18 645	44 841	20 743
设备工具器具购置	263 282	109 923	1 617	151 742
其他费用	452 923	81 498	330 693	40 732
按建设性质分				
#新 建	469 998	215 566	–	254 432
扩 建	180 685	116 294	–	64 391
改建和技改	248 906	113 723	–	135 183
单纯购置	163 752	60 623	–	103 129
按三次产业分				
第一产业	3 580	–	–	3 580
第二产业	599 288	245 534	–	353 754
第三产业	1 660 824	261 072	1 199 951	199 801
按经济类型分				
国有经济	433 628	169 107	232 161	32 360
非国有经济	1 830 064	337 499	967 790	524 775

（续表）

集体经济	235 012	66 673	21 809	146 530
私营经济	731 241	54 414	399 683	277 144
联营经济	–	–	–	–
股份制经济	601 127	63 895	524 461	12 771
港澳台经济	79 951	73 193	2 938	3 820
外商经济	182 576	79 324	18 742	84 510
其他经济	157	–	157	–
按国民经济行业分				
农、林、牧、渔业	3 580	–	–	3 580
工 业	599 288	245 534	–	353 754
采 矿 业	–	–	–	–
制 造 业	569 675	220 359	–	349 316
电力、燃气及水的生产和供应业	29 613	25 175	–	4 438
建 筑 业	–	–	–	–
交通运输、仓储和邮政业	60 422	58 422	–	2 000
信息传输、计算机服务和软件业	2 879	2 879	–	–
批发和零售业	125 688	107 188	–	18 500
住宿和餐饮业	23 461	12 016	–	11 445
金 融 业	–	–	–	–
房地产业	1 200 971	1 020	1 199 951	–
租赁和商务服务业	4 195	900	–	3 295
科学研究、技术服务和地质勘查业	–	–	–	–
水利、环境和公共设施管理业	204 197	53 832	–	150 365
居民服务和其他服务业	1 952	–	–	1 952
教 育	4 882	3 507	–	1 375
卫生、社会保障和社会福利业	14 200	9 960	–	4 240
文化、体育和娱乐业	9 734	7 250	–	2 484
公共管理与社会组织	8 243	4 098	–	4 145
国际组织	–	–	–	–
本年新增固定资产（万元）	**1 079 015**	**304 734**	**359 370**	**414 911**
房屋建筑面积（万平方米）				
施工面积	912.58	97.51	699.71	115.36
#住 宅	555.10	–	555.10	–
竣工面积	124.40	17.52	78.40	28.47
#住 宅	58.75	–	58.75	–

3–17 奉贤区全社会固定资产投资主要指标

(2011)

指　　标	总 计	#建设改造	房地产	农村非农户
本年完成投资(万元)	2 685 274	1 148 537	944 879	591 858
#住 宅	730 870	–	730 870	–
按隶属关系分				
中央项目	115 458	115 458	–	–
地方项目	2 569 816	1 033 079	944 879	591 858
按构成分				
建筑工程	1 444 618	560 124	546 462	338 032
安装工程	132 582	48 799	76 369	7 414
设备工具器具购置	497 428	331 791	2 005	163 632
其他费用	610 646	207 823	320 043	82 780
按建设性质分				
#新 建	1 153 757	867 940	–	285 817
扩 建	218 873	82 394	–	136 479
改建和技改	140 252	53 920	–	86 332
单纯购置	185 064	103 194	–	81 870
按三次产业分				
第一产业	26 106	19 872	–	6 234
第二产业	1 301 503	835 863	–	465 640
第三产业	1 357 665	292 802	944 879	119 984
按经济类型分				
国有经济	554 786	288 966	235 376	30 444
非国有经济	2 130 488	859 571	709 503	561 414
集体经济	101 755	14 887	24 470	62 398
私营经济	1 236 320	427 481	369 275	439 564
联营经济	–	–	–	–
股份制经济	585 297	277 692	305 405	2 200
港澳台经济	29 367	15 128	10 353	3 886
外商经济	175 249	124 383	–	50 866
其他经济	2 500	–	–	2 500
按国民经济行业分				
农、林、牧、渔业	26 106	19 872	–	6 234
工 业	1 298 683	834 943	–	463 740
采 矿 业	–	–	–	–
制 造 业	1 255 758	792 018	–	463 740
电力、燃气及水的生产和供应业	42 925	42 925	–	–
建 筑 业	2 820	920	–	1 900
交通运输、仓储和邮政业	77 049	77 049	–	–
信息传输、计算机服务和软件业	–	–	–	–
批发和零售业	31 409	2 736	–	28 673
住宿和餐饮业	13 454	2 500	–	10 954
金 融 业	–	–	–	–
房地产业	945 879	–	944 879	1 000

（续表）

租赁和商务服务业	8 950	–	–	8 950
科学研究、技术服务和地质勘查业	3 300	3 300	–	–
水利、环境和公共设施管理业	158 542	116 156	–	42 386
居民服务和其他服务业	–	–	–	–
教 育	31 825	31 825	–	–
卫生、社会保障和社会福利业	39 224	39 224	–	–
文化、体育和娱乐业	5 031	–	–	5 031
公共管理与社会组织	43 002	20 012	–	22 990
国际组织	–	–	–	–
本年新增固定资产（万元）	**1 171 093**	**487 473**	**254 564**	**429 056**
房屋建筑面积（万平方米）				
施工面积	1 140.14	249.63	707.84	182.67
#住 宅	519.49	–	519.49	–
竣工面积	211.71	37.19	90.60	83.93
#住 宅	77.19	–	77.19	–

3-18 崇明县全社会固定资产投资主要指标
(2011)

指 标	总 计	#建设改造	房地产	农村非农户
本年完成投资(万元)	**1 365 382**	**754 600**	**580 949**	**29 833**
#住 宅	458 941	12 472	446 469	–
按隶属关系分				
中央项目	70 600	22 693	47 907	–
地方项目	1 294 782	731 907	533 042	29 833
按构成分				
建筑工程	1 024 256	639 441	370 022	14 793
安装工程	84 559	26 285	55 604	2 670
设备工具器具购置	59 327	42 048	7 113	10 166
其他费用	197 240	46 826	148 210	2 204
按建设性质分				
#新 建	394 139	389 324	–	4 815
扩 建	126 968	123 833	–	3 135
改建和技改	228 147	206 264	–	21 883
单纯购置	4 727	4 727	–	–
按三次产业分				
第一产业	20 593	18 375	–	2 218
第二产业	152 456	132 697	–	19 759
第三产业	1 192 333	603 528	580 949	7 856
按经济类型分				
国有经济	636 298	600 256	27 842	8 200
非国有经济	729 084	154 344	553 107	21 633

（续表）

集体经济	16 977	13 308	–	3 669
私营经济	191 867	28 897	151 975	10 995
联营经济	–	–	–	–
股份制经济	466 690	81 045	381 376	4 269
港澳台经济	29 594	29 094	–	500
外商经济	2 379	179	–	2 200
其他经济	21 577	1 821	19 756	–
按国民经济行业分				
农、林、牧、渔业	20 593	18 375	–	2 218
工　业	152 456	132 697	–	19 759
采 矿 业	–	–	–	–
制 造 业	132 606	113 792	–	18 814
电力、燃气及水的生产和供应业	19 850	18 905	–	945
建 筑 业	–	–	–	–
交通运输、仓储和邮政业	9 512	9 512	–	–
信息传输、计算机服务和软件业	–	–	–	–
批发和零售业	–	–	–	–
住宿和餐饮业	4 238	4 238	–	–
金 融 业	–	–	–	–
房地产业	590 518	9 569	580 949	–
租赁和商务服务业	13 453	13 453	–	–
科学研究、技术服务和地质勘查业	–	–	–	–
水利、环境和公共设施管理业	491 007	485 171	–	5 836
居民服务和其他服务业	–	–	–	–
教　育	–	–	–	–
卫生、社会保障和社会福利业	31 944	31 944	–	–
文化、体育和娱乐业	29 541	29 541	–	–
公共管理与社会组织	22 120	20 100	–	2 020
国际组织	–	–	–	–
本年新增固定资产（万元）	**515 356**	**344 842**	**140 610**	**29 904**
房屋建筑面积（万平方米）				
施工面积	362.21	25.34	332.03	4.83
#住 宅	285.25	10.76	274.50	–
竣工面积	41.39	4.27	33.74	3.38
#住 宅	31.79	–	31.79	–

四、 房地产开发建设

4-1 房地产开发建设总规模

(2011)

单位：万元

指　　标	计划总投资	自开始建设至本年底累计完成投资	本年完成投资	本年新增固定资产
总　计	**153 754 730**	**102 927 792**	**21 703 103**	**12 508 849**
按隶属关系分				
中　央	6 796 653	2 769 297	688 966	181 629
市　属	19 962 429	11 444 318	3 185 984	1 273 812
区　属	23 036 366	14 521 444	3 504 964	2 526 194
县　属	1 131 114	618 528	209 068	59 000
乡镇属	5 269 627	3 934 392	1 224 408	445 536
外省市属	683 051	427 653	79 881	12 288
其　他	96 875 490	69 212 160	12 809 832	8 010 390
按经济类型分				
国有经济	22 976 349	12 496 978	3 127 096	1 207 110
集体经济	2 692 192	1 884 744	616 552	218 508
联营经济	512 800	434 086	14 431	46 426
股份制经济	62 736 667	41 020 586	9 131 240	5 427 856
私营经济	34 262 715	24 493 571	5 409 812	3 540 769
其他经济	1 051 629	782 069	185 951	92 160
港澳台经济	17 527 541	12 677 828	1 924 712	1 444 900
外商经济	11 994 837	9 137 930	1 293 309	531 120
按资质等级分				
一　级	2 832 747	1 877 493	509 404	301 958
二　级	18 869 947	12 224 975	2 194 778	1 653 737
三　级	16 982 332	11 605 683	1 962 288	1 849 662
其他级	115 069 704	77 219 641	17 036 633	8 703 492

4-2 房地产开发投资

(2011)

单位：万元

指 标	本 年完成投资	住 宅	#90平方米以下	140平方米以上	#别 墅	高档公寓	#办公楼	#商业营业用房
总 计	**21 703 103**	**13 987 475**	**5 075 345**	**4 256 681**	**1 691 806**	**2 000 596**	**2 310 864**	**2 360 465**
按隶属关系分								
中 央	688 966	519 483	229 930	123 527	6 233	130 952	50 757	46 882
市 属	3 185 984	1 955 742	933 990	406 124	225 257	208 524	346 890	333 467
区 属	3 504 964	2 285 194	1 058 199	491 936	264 177	189 445	263 022	378 932
县 属	209 068	139 805	28 487	60 782	30 000	–	45 061	9 646
乡镇属	1 224 408	993 889	477 725	66 557	25 943	20 922	8 165	69 280
外省市属	79 881	39 985	3 628	21 979	9 253	10 750	30 236	4 754
其 他	12 809 832	8 053 377	2 343 386	3 085 776	1 130 943	1 440 003	1 566 733	1 517 504
按经济类型分								
国有经济	3 127 096	2 386 147	1 404 975	326 869	153 493	189 332	212 684	147 830
集体经济	616 552	473 017	168 703	37 147	–	–	17 196	35 550
联营经济	14 431	14 170	3 470	554	239	–	–	10
股份制经济	9 131 240	5 976 535	1 987 637	2 137 074	851 698	1 069 052	906 419	923 999
私营经济	5 409 812	3 331 851	1 228 520	1 125 415	504 816	349 184	602 353	694 209
其他经济	185 951	149 289	44 944	46 250	25 880	10 789	–	10 374
港澳台经济	1 924 712	1 033 703	172 689	383 995	131 434	143 711	317 334	259 429
外商经济	1 293 309	622 763	64 407	199 377	24 246	238 528	254 878	289 064
按资质等级分								
一 级	509 404	298 456	106 998	73 236	24 800	33 743	88 005	65 211
二 级	2 194 778	1 559 024	653 247	337 019	67 492	151 613	201 386	159 501
三 级	1 962 288	1 376 420	518 982	423 360	142 609	183 792	164 564	192 148
其他级	17 036 633	10 753 575	3 796 118	3 423 066	1 456 905	1 631 448	1 856 909	1 943 605

4-3 商品房屋建筑面积及造价

(2011)

指 标	施工面积(万平方米)	#新开工(万平方米)	竣工面积(万平方米)	竣工房屋造价(元／平方米)
各类房屋总计	**12 983.32**	**3 644.06**	**2 240.62**	**4 515**
住 宅	8 386.26	2 473.60	1 549.66	4 169
#90平方米以下	3 525.87	1 025.18	674.55	3 597
140平方米以上	1 857.65	484.72	345.17	6 025
#别 墅	669.97	169.96	116.43	5 694
高档公寓	1 012.55	273.98	203.46	6 544
其他住宅	6 703.74	2 029.66	1 229.77	3 632
办公楼	1 158.34	225.72	174.33	6 794
商业营业用房	1 365.89	240.00	231.80	5 938
其他用房	2 072.83	704.74	284.83	3 842

4-4 房地产开发投资资金来源
(2011)

单位：万元

指 标	总 计	按隶属关系				按隶属关系				按隶属关系		
		中 央	市 属	区县属	其 他	#国有经济	集体经济	股份制经济	外商港澳台经济	#一 级	二 级	三 级
本年资金来源合计	46 279 802	1 331 592	5 198 744	6 970 615	32 778 851	5 633 423	1 238 258	18 092 020	8 299 535	861 548	4 110 803	5 432 051
上年末结余资金	14 210 533	146 107	1 523 901	1 812 340	10 728 185	1 179 381	260 688	5 151 023	3 956 723	209 077	1 047 832	2 461 713
本年资金来源小计	32 069 269	1 185 485	3 674 843	5 158 275	22 050 666	4 454 042	977 570	12 940 997	4 342 812	652 471	3 062 971	2 970 338
国内贷款	7 411 803	166 088	708 697	1 399 550	5 137 468	982 533	151 100	2 607 553	1 441 096	128 409	793 108	655 655
银行机构	6 878 429	147 306	677 097	1 373 550	4 680 476	952 048	131 100	2 411 769	1 322 998	128 409	748 108	638 655
非银行金融机构贷款	533 374	18 782	31 600	26 000	456 992	30 485	20 000	195 784	118 098	–	45 000	17 000
利用外资	435 540	–	–	–	435 540	–	–	1 170	434 370	–	–	–
#外商直接投资	410 057	–	–	–	410 057	–	–	1 170	408 887	–	–	–
自筹资金	11 928 678	695 139	2 276 125	2 197 843	6 759 571	2 511 722	537 986	5 424 559	716 227	292 038	1 071 530	955 315
#自有资金	5 579 973	263 076	731 175	991 675	3 594 047	1 248 076	99 894	2 291 882	283 367	251 991	435 306	453 608
其他资金	12 293 248	324 258	690 021	1 560 882	9 718 087	959 787	288 484	4 907 715	1 751 119	232 024	1 198 333	1 359 368
#定金及预收款	7 796 429	142 972	428 820	758 453	6 466 184	641 029	164 199	3 103 261	1 004 250	190 414	822 042	849 933
个人按揭贷款	1 748 496	4 082	112 956	191 249	1 440 209	64 906	50 572	657 147	309 974	25 610	203 003	157 132
本年各项应付款合计	6 131 258	127 042	571 960	1 027 688	4 404 568	680 929	237 524	2 057 824	1 038 429	113 597	372 233	911 082
#工程款	2 804 875	46 640	378 874	462 956	1 916 405	392 287	44 954	1 101 750	360 464	64 941	252 257	427 393

4-5　商品房销售和出租情况
(2011)

指　标	合 计	住 宅	#90平方米以下	140平方米以上	#别 墅	高档公寓	办公楼	商业营业用　房	其 他
销售面积(万平方米)	1 771.30	1 473.72	761.65	230.48	87.60	149.72	147.40	95.57	54.61
现 房	633.28	476.85	246.40	55.29	19.59	16.86	66.42	48.91	41.09
期 房	1 138.03	996.87	515.25	175.19	68.01	132.86	80.98	46.65	13.52
销 售 额(亿元)	2 568.88	1 981.91	704.49	686.08	262.19	375.08	371.81	181.66	33.49
现 房	740.36	460.65	176.64	171.22	65.76	69.18	175.77	82.88	21.06
期 房	1 828.52	1 521.26	527.84	514.86	196.43	305.90	196.04	98.78	12.43
住宅销售套数(万套)	15.69	15.69	10.09	1.11	0.37	1.25			
现 房	5.20	5.20	3.30	0.25	0.06	0.10			
期 房	10.49	10.49	6.79	0.87	0.31	1.15			
期末出租面积(万平方米)	1 305.47	87.68	9.99	44.37	18.80	56.61	578.23	392.70	246.86
期末待售面积(万平方米)	1 278.73	593.67	115.96	257.30	130.19	76.08	162.25	265.51	257.30

4-6　各区、县房地产开发建设及经营情况
(2011)

地 区	施工面积(万平方米)	竣工面积(万平方米)	#住　宅	销售面积(万平方米)	#住　宅	销售额(亿元)	#住　宅
总计	12 983.32	2 240.62	1 549.66	1 771.30	1 473.72	2 568.88	1 981.91
浦东新区	3 511.82	487.81	286.14	396.71	337.17	551.35	418.10
黄浦区	195.41	22.08	5.00	8.36	6.19	18.04	13.96
卢湾区	207.24	28.92	2.32	10.60	2.61	42.63	19.61
徐汇区	468.86	112.45	88.98	60.33	43.23	133.32	69.42
长宁区	226.38	63.76	32.18	54.31	31.10	119.73	57.62
静安区	127.57	9.16	7.81	3.98	1.44	14.26	9.66
普陀区	557.43	80.56	46.12	68.77	46.14	123.66	88.59
闸北区	161.07	0.66	–	43.55	26.02	99.75	64.85
虹口区	248.37	47.25	13.14	19.40	7.28	57.96	27.70
杨浦区	544.02	44.17	27.07	52.73	41.22	103.64	79.99
闵行区	1 275.14	251.18	207.71	134.60	130.19	165.57	161.82
宝山区	1 255.02	323.66	272.04	273.97	234.86	371.05	309.89
嘉定区	1 261.66	311.82	195.72	263.24	228.60	296.59	243.10
金山区	177.50	53.05	39.61	34.81	28.44	24.26	18.14
松江区	1 026.25	201.35	158.10	165.77	152.04	203.24	181.73
青浦区	699.71	78.40	58.75	66.96	61.96	101.83	95.44
奉贤区	707.84	90.60	77.19	72.22	57.94	95.25	78.55
崇明县	332.03	33.74	31.79	41.00	37.29	46.74	43.76

五、建 筑 业

5-1 本市总承包和专业承包建筑企业主要指标
(2007～2011)

指 标	2007年	2008年	2009年	2010年	2011年
建筑业总产值（亿元）	2524.18	3245.77	3830.53	4 300.19	4 586.28
#在外省完成产值	695.81	1005.20	1181.52	1 619.14	1 968.92
#装修装饰产值	261.34	299.36	378.81	410.22	478.86
竣工产值（亿元）	1570.97	1778.56	2189.60	2 672.73	2 345.29
房屋施工面积（万平方米）	16040.51	18054.99	19069.90	22 996.81	24 885.79
房屋竣工面积（万平方米）	6090.22	5723.90	5719.93	6 217.15	5 984.74
从业人员年末人数（万人）	69.33	80.79	88.88	96.09	96.86
实收资本合计（亿元）	535.84	639.46	672.11	706.56	783.75
资产总计（亿元）	2955.30	3737.19	4180.19	4 886.75	5 700.66
固定资产净值（亿元）	214.76	239.40	272.07	296.17	316.40
所有者权益合计（亿元）	774.34	1000.69	1096.83	1 217.90	1 354.57
自有机械设备年末总台数（万台）	15.63	16.22	15.90	17.32	17.21
自有机械设备净值（亿元）	97.22	110.89	142.34	144.54	145.22
利润总额（亿元）	82.38	118.40	137.56	160.27	168.96
应付职工薪酬（亿元）					304.19
按建筑业总产值计算的劳动生产率（元/人）	228 710	293 520	312 360	344 720	359 232
房屋建筑面积竣工率（%）	38.0	31.7	30.0	27.0	24.0

5-2 本市总承包和专业承包建筑企业产值、人员情况
(2011)

指 标	企业个数(个)	企业总产值(万元)	建筑业总产值(万元)	建筑工程(万元)	安装工程(万元)	其他(万元)	竣工产值(万元)	年末从业人数(人)	#工程技术人员(人)	计算劳动生产率的平均人数(人)	按建筑业总产值计算的劳动生产率(元/人)
总计	3 243	53 353 060	45 862 774	38 626 157	6 165 986	1 070 630	23 452 897	968 568	147 914	1 276 690	359 232
一、按经济类型分											
#国有经济	145	7 878 744	6 819 943	6 059 440	539 592	220 911	3 077 692	74 047	15 553	130 958	520 773
集体经济	107	835 194	704 708	614 643	70 142	19 923	444 245	27 066	3 769	31 875	221 085
股份制经济	604	27 602 364	22 434 878	19 189 418	2 937 738	307 723	11 511 661	367 093	52 003	519 776	431 626
私营经济	2 235	14 330 966	13 505 007	11 102 555	1 964 896	437 556	7 124 224	472 150	68 967	540 253	249 976
外商投资经济	62	1 177 447	1 157 572	843 733	248 289	65 551	723 946	16 800	4 127	34 844	332 216
港澳台投资经济	81	1 482 053	1 198 654	774 358	405 329	18 967	528 058	10 725	3 160	18 323	654 180
二、按隶属关系分											
#中央属	61	16 369 146	14 843 004	13 239 705	1 328 155	275 144	5 146 345	191 034	28 747	211 488	701 837
市(局)属	105	10 810 627	6 761 801	5 543 113	1 176 927	41 760	5 034 180	74 584	13 059	167 717	403 167
区、县属	223	4 083 761	3 906 707	3 398 575	415 874	92 257	2 283 383	57 248	8 583	102 055	382 804
三、按资质等级分											
#特级	14	17 530 664	13 328 717	12 569 147	645 855	113 715	5 962 728	167 191	23 002	223 122	597 373
一级	367	21 800 815	19 774 754	16 307 925	3 100 753	366 075	10 054 179	356 311	46 699	561 204	352 363
二级	935	9 319 092	8 636 164	6 903 094	1 344 005	389 065	4 889 034	294 498	48 021	316 776	272 627
三级	1 878	4 599 038	4 023 844	2 802 232	1 023 518	198 094	2 496 214	148 296	29 582	173 025	232 559
四、按行业类别分											
房屋和土木工程建筑业	1 454	42 631 472	36 162 455	32 887 716	2 592 844	681 896	17 832 880	759 036	107 165	990 628	365 046
建筑安装业	930	6 204 464	5 436 115	1 814 932	3 306 233	314 950	3 210 026	127 381	26 416	154 624	351 570
建筑装饰业	708	3 871 572	3 660 738	3 404 047	224 677	32 015	2 156 832	70 260	12 000	114 585	319 478
其他建筑业	151	645 552	603 465	519 463	42 233	41 769	253 158	11 891	2 333	16 853	358 075
五、按资质标准分											
施工总承包	1 472	45 478 304	38 478 255	33 399 759	4 251 065	827 431	19 278 254	815 971	115 970	1 058 058	363 669
专业承包	1 771	7 874 757	7 384 518	5 226 398	1 914 922	243 199	4 174 643	152 597	31 944	218 632	337 760

5-3 本市总承包和专业承包建筑企业施工工程个数、施工面积情况 (2011)

指　标	单位工程施工个数(个)	#本年新开工(个)	竣工个数(个)	房屋建筑施工面积(万平方米)	#本年新开工(万平方米)	#投标承包面积(万平方米)	房屋建筑竣工面积(万平方米)	竣工房屋价值(万元)
总计	**85 650**	**50 717**	**54 118**	**24 886**	**8 776**	**22 297**	**5 985**	**10 749 141**
一、按经济类型分								
#国有经济	5 248	3 123	2 853	1 432	352	1 280	303	528 445
集体经济	1 468	835	797	473	224	308	159	167 285
股份制经济	38 494	23 260	25 618	15 128	5 044	14 166	3 250	6 563 624
私营经济	36 245	21 772	22 907	7 527	3 014	6 344	2 167	3 185 727
外商投资经济	1 270	580	523	223	142	176	85	229 061
港澳台投资经济	2 800	1 045	1 313	86		8	20	75 000
二、按隶属关系分								
#中央属	12 577	6 745	8 301	8 269	2 428	8 065	1 018	1 987 016
市(局)属	12 788	8 193	8 238	4 639	1 614	4 152	1 267	3 138 501
区、县属	8 301	5 141	5 072	1 253	613	1 211	475	746 169
三、按资质等级分								
#特级	8 258	3 574	3 503	10 634	3 382	10 131	1 838	4 450 785
一级	31 651	17 201	20 287	8 199	3 228	7 541	2 209	3 618 424
二级	18 518	11 249	11 561	4 909	1 709	3 958	1 450	2 088 500
三级	26 618	18 300	18 446	1 132	457	659	487	589 502
四、按行业类别分								
房屋和土木工程建筑业	36 989	21 508	21 145	24 406	8 583	22 082	5 787	10 459 089
建筑安装业	39 240	23 135	27 462	431	167	205	178	277 597
建筑装饰业	7 268	4 866	4 236	3	2	1	1	555
其他建筑业	2 153	1 208	1 275	46	25	10	19	11 900
五、按资质标准分								
施工总承包	48 922	28 025	32 505	24 620	8 682	22 151	5 898	10 672 804
专业承包	36 728	22 692	21 613	266	94	147	87	76 337

5-4 本市总承包和专业承包建筑企业资产负债情况
(2011)

单位:万元

指 标	实收资本合计	#国家资本	集体资本	港澳台商资本	外商资本	资产总计	#流动资产	固定资产	累计折旧	#本年折旧	负债总计	所有者权益合计
总计	7 837 471	833 597	353 646	140 342	114 340	57 006 601	47 261 222	3 558 106	2 686 553	434 981	43 460 859	13 545 742
一、按经济类型分												
#国有经济	1 625 311	517 943				10 165 151	7 016 918	1 069 552	826 128	120 191	7 527 089	2 638 062
集体经济	159 952		100 571			723 177	636 114	33 529	24 477	2 552	479 652	243 525
股份制经济	2 306 530	299 250	244 377	8 452	2 252	28 877 741	24 384 759	1 389 279	1 172 300	197 698	24 066 153	4 811 588
私营经济	3 413 889					14 820 677	12 995 842	930 854	598 918	102 114	9 516 070	5 304 607
外商投资经济	132 131	3 913	4 280		110 380	1 169 640	1 100 323	50 771	34 625	7 615	953 966	215 675
港澳台投资经济	183 714	12 367	3 511	131 890	1 707	1 151 453	1 030 341	82 287	28 793	4 639	837 888	313 565
二、按隶属关系分												
#中央属	1 846 834	194 968	13 783	844	500	16 052 781	12 292 239	1 415 563	1 120 128	173 487	12 837 413	3 215 369
市(局)属	706 891	336 755	16 391	5 743	5 274	12 253 504	10 132 749	484 789	586 289	90 447	10 571 823	1 681 681
区、县属	561 812	240 195	104 607	18 217	3 463	5 685 864	4 668 670	249 161	138 340	30 120	4 531 378	1 154 486
三、按资质等级分												
#特级	1 167 680	191 427	44 505			17 379 771	13 402 799	838 025	826 399	138 059	14 643 992	2 735 779
一级	2 919 651	459 622	32 619	80 057	31 362	21 886 097	18 497 782	1 524 449	1 107 679	156 392	16 928 900	4 957 197
二级	2 149 798	88 150	198 137	38 964	52 015	11 034 156	9 580 940	695 935	463 994	81 929	7 743 205	3 290 951
三级	1 558 520	88 210	78 385	21 321	30 963	6 528 708	5 624 188	483 902	279 340	57 215	4 062 907	2 465 801
四、按新行业类别分												
房屋和土木工程建筑业	5 807 187	726 778	181 765	35 829	60 078	46 146 158	38 015 424	2 811 483	2 229 009	345 274	36 199 022	9 947 135
建筑安装业	1 277 158	77 527	151 645	33 227	34 422	7 143 578	6 003 452	517 332	314 066	61 918	4 715 093	2 428 486
建筑装饰业	594 991	17 355	17 411	68 192	13 661	3 067 373	2 736 941	163 299	84 945	15 579	2 123 267	944 105
其他建筑业	158 135	11 937	2 825	3 095	6 179	649 493	505 405	65 992	58 533	12 209	423 477	226 016
五、按新资质标准分												
施工总承包	6 276 683	713 910	317 647	82 103	76 924	49 861 619	41 071 818	2 994 413	2 301 502	357 305	38 957 005	10 904 614
专业承包	1 560 788	119 688	35 999	58 239	37 416	7 144 983	6 189 404	563 694	385 052	77 675	4 503 855	2 641 128

5-5 本市总承包和专业承包建筑企业利润税金情况
(2011)

单位:万元

指标	主营业务收入	主营业务成本	主营业务税金及附加	主营业务利润	其他业务利润	利润总额	应交所得税	税金总额	管理费用	#税金	财务费用	#利息支出
总计	**54 182 495**	**49 022 925**	**1 534 705**	**3 462 738**	**130 771**	**1 689 610**	**371 609**	**1 573 459**	**1 887 130**	**38 754**	**222 379**	**273 268**
一、按经济类型分												
#国有经济	8 409 491	7 530 994	222 550	640 702	16 540	311 719	63 736	228 841	332 721	6 291	51 797	83 604
集体经济	811 486	729 075	25 465	56 518	2 975	25 777	6 385	26 215	28 920	751	1 065	1 949
股份制经济	27 898 062	25 568 236	788 117	1 476 841	58 184	736 780	163 040	802 462	822 348	14 344	95 500	124 235
私营经济	14 116 739	12 625 200	430 224	995 940	42 661	468 108	110 969	444 789	554 379	14 565	61 316	47 827
外商投资经济	1 371 385	1 221 616	31 208	107 297	3 374	37 172	8 261	32 532	76 292	1 324	- 45	1 646
港澳台投资经济	1 513 179	1 293 281	35 148	179 815	5 030	103 267	17 947	36 496	68 339	1 348	12 645	14 007
二、按隶属关系分												
#中央属	16 900 399	15 281 103	475 755	1 104 620	15 347	554 577	122 977	483 315	526 657	7 559	108 854	129 916
市(局)属	10 263 892	9 582 462	278 186	397 778	5 168	166 142	27 734	283 674	266 386	5 487	21 426	47 878
区、县属	4 408 089	3 953 952	118 794	326 478	18 357	166 476	37 293	122 807	181 745	4 014	2 661	14 298
三、按资质等级分												
#特级	17 785 141	16 372 550	493 309	899 656	5 609	397 511	79 829	499 941	469 539	6 632	104 232	149 689
一级	21 240 233	19 360 012	597 596	1 239 172	47 525	659 414	156 566	608 344	605 887	10 748	76 442	78 463
二级	9 970 727	8 929 132	296 329	709 040	44 135	346 332	67 581	307 732	440 775	11 403	23 698	28 374
三级	5 048 967	4 249 103	143 311	595 043	32 672	277 578	65 793	152 983	358 162	9 672	18 506	16 468
四、按新行业类别分												
房屋和土木工程建筑业	43 495 655	39 804 982	1 226 674	2 396 932	74 092	1 181 823	257 162	1 250 962	1 199 986	24 289	201 015	247 466
建筑安装业	6 040 818	5 105 601	168 733	699 706	39 879	358 912	73 497	177 792	451 088	9 058	9 127	14 768
建筑装饰业	3 969 734	3 524 261	120 308	303 045	11 455	126 591	35 523	125 007	191 715	4 699	7 492	8 620
其他建筑业	676 289	588 081	18 990	63 055	5 345	22 284	5 428	19 698	44 341	708	4 744	2 414
五、按新资质标准分												
施工总承包	45 880 311	41 903 367	1 293 384	2 603 064	93 780	1 319 296	280 650	1 320 276	1 361 004	26 892	198 906	253 739
专业承包	8 302 184	7 119 558	241 321	859 674	36 991	370 314	90 959	253 182	526 127	11 861	23 472	19 528

5-6 本市总承包和专业承包建筑企业按地区分基本情况 (2011)

地区	企业个数(个)	建筑业总产值(万元)	竣工产值(万元)	房屋施工面积(万平方米)	#本年新开工	房屋竣工面积(万平方米)	#住宅	从业人员年末人数(人)	计算劳动生产率的平均人数(人)	按建筑业总产值计算的劳动生产率(元/人)
总计	3 243	45 862 774	23 452 897	24 885.79	8 776.09	5 984.74	2 906.41	968 568	1 276 690	359 232
浦东新区	634	10 774 491	5 256 835	8 114.45	2 559.60	1 415.02	645.66	233 004	328 268	328 222
黄浦区	134	2 132 065	1 052 984	758.72	403.51	155.07	113.60	36 960	54 649	390 138
卢湾区	72	692 332	108 042	60.16	10.59	2.03		8 926	18 335	377 601
徐汇区	219	4 615 588	1 846 578	1 317.32	475.12	356.08	173.19	72 430	84 765	544 516
长宁区	184	2 205 697	1 343 972	1 895.91	584.81	384.48	199.69	47 023	58 915	374 386
静安区	96	579 506	417 555	306.50	66.85	116.68	60.97	23 523	32 121	180 414
普陀区	238	3 275 343	1 964 084	2 093.47	837.72	549.74	452.59	64 011	85 286	384 042
闸北区	108	3 080 273	1 032 428	282.33	89.11	105.05	36.56	44 223	57 120	539 264
虹口区	186	3 594 292	2 015 221	1 505.77	560.13	512.46	301.28	63 986	86 587	415 108
杨浦区	258	2 120 131	849 421	716.17	256.70	143.34	53.15	49 875	57 430	369 168
闵行区	157	1 687 017	1 481 493	1 529.45	549.59	437.77	245.76	58 533	86 606	194 792
宝山区	216	5 478 329	2 669 214	2 771.58	901.40	575.52	190.09	87 726	105 759	518 001
嘉定区	164	1 096 381	703 638	790.92	247.62	234.46	119.13	36 741	43 250	253 498
金山区	105	844 883	516 365	254.90	124.41	103.17	28.66	25 558	31 450	268 643
松江区	130	1 364 860	995 062	1 056.41	492.96	539.71	169.59	42 662	51 685	264 073
青浦区	89	692 834	416 562	337.94	154.77	110.75	32.60	20 205	31 052	223 120
奉贤区	205	1 268 809	510 831	832.05	328.43	145.54	44.33	38 159	48 745	260 295
崇明县	48	359 944	272 611	261.75	132.77	97.88	39.55	15 023	14 667	245 411

5-7 本市总承包和专业承包建筑企业按地区分资产利税情况 (2011)

单位:万元

地区	资产总计	所有者权益合计	主营业务收入	主营业务成本	工程结算税金及附加	主营业务利润	其他业务利润	利润总额	税金总额	应付职工薪酬
总计	57 006 601	13 545 742	54 182 495	49 022 925	1 534 705	3 462 738	130 771	1 689 610	1 573 459	3 041 858
浦东新区	14 523 498	3 492 877	13 064 327	11 768 772	364 441	909 544	23 981	457 102	372 366	643 841
黄浦区	2 723 833	1 123 010	2 304 913	2 069 743	63 953	158 580	18 193	100 984	66 255	168 972
卢湾区	870 856	208 140	671 377	582 013	20 552	66 819	1 453	25 351	21 131	41 236
徐汇区	5 150 402	1 239 564	5 083 059	4 510 077	153 967	403 162	10 998	170 165	158 167	334 900
长宁区	1 942 733	477 602	2 667 184	2 440 434	78 484	141 078	4 798	49 452	80 273	181 425
静安区	578 725	182 016	670 340	606 154	14 631	43 860	3 543	1 902	15 115	64 956
普陀区	5 179 206	741 870	3 967 686	3 617 472	121 894	215 379	5 872	95 068	125 179	122 354
闸北区	3 773 496	770 244	3 439 224	3 062 489	106 541	262 292	3 165	105 106	108 533	202 833

（续表）

虹口区	2 718 034	574 856	4 034 478	3 773 470	101 938	153 417	6 991	84 131	105 473	170 653
杨浦区	3 462 031	1 033 066	2 549 199	2 278 671	76 355	185 286	7 305	98 564	78 172	154 662
闵行区	2 059 529	421 221	2 865 190	2 704 341	66 825	88 356	5 994	38 599	67 919	120 519
宝山区	6 535 015	1 418 497	6 654 072	5 970 461	173 863	480 692	9 509	312 147	177 877	375 338
嘉定区	1 294 236	350 770	1 220 529	1 113 748	37 532	64 784	5 626	18 679	38 363	82 914
金山区	813 134	257 852	896 110	820 762	25 952	46 528	1 851	14 418	27 442	74 345
松江区	1 945 986	304 823	1 724 188	1 599 245	54 346	66 955	5 558	23 967	55 562	108 801
青浦区	861 916	236 107	803 531	702 350	25 141	73 456	2 375	43 545	25 711	39 591
奉贤区	2 115 894	548 530	1 227 204	1 105 689	36 944	74 085	12 490	34 020	38 422	116 403
崇明县	458 078	164 700	339 885	297 035	11 347	28 468	1 069	16 413	11 499	38 116

5-8 本市总承包和专业承包建筑企业技术装备情况
(2011)

指标	自有机械设备年末总台数（台）	自有机械设备净值（万元）	自有机械设备年末总功率（千瓦）	技术装备率（元/人）	动力装备率（千瓦/人）
总计	**172 064**	**1 452 240**	**4 230 751**	**14 994**	**4.4**
一、按经济类型分					
#国有经济	15 654	676 700	1 260 856	91 388	17.0
集体经济	4 327	9 384	107 061	3 467	4.0
股份制经济	70 261	497 694	1 955 151	13 558	5.3
私营经济	76 123	256 874	867 073	5 441	1.8
外商投资经济	3 486	5 427	31 352	3 230	1.9
港澳台投资经济	1 585	6 091	8 770	5 679	0.8
二、按隶属关系分					
#中央属	44 084	851 483	2 190 797	44 572	11.5
市(局)属	11 422	197 924	490 095	26 537	6.6
区、县属	8 974	50 582	226 878	8 836	4.0
三、按资质等级分					
#特级	22 105	367 326	846 648	21 970	5.1
一级	74 876	777 767	2 237 748	21 828	6.3
二级	47 748	208 199	793 186	7 070	2.7
三级	26 147	95 847	346 086	6 463	2.3
四、按新行业类别分					
房屋和土木工程建筑业	114 552	1 319 879	3 751 090	17 389	4.9
建筑安装业	32 976	92 851	327 680	7 289	2.6
建筑装饰业	16 973	18 153	84 832	2 584	1.2
其他建筑业	7 563	21 356	67 149	17 960	5.6
五、按新资质标准分					
#施工总承包	131 669	1 332 605	3 848 314	16 332	4.7
专业承包	40 395	119 634	382 437	7 840	2.5

5-9　本市总承包和专业承包建筑企业按地区分技术装备情况
(2011)

地　　区	自有机械设备年末总台数（台）	自有机械设备净值（万元）	自有机械设备年末总功率（千瓦）	技术装备率（元/人）	动力装备率（千瓦/人）
总　　计	**172 064**	**1 452 240**	**4 230 751**	**14 994**	**4.4**
浦东新区	26 341	1 013 348	475 216	20 395	4.3
黄浦区	10 938	321 878	171 447	46 387	8.7
卢湾区	1 874	67 965	22 226	24 900	7.6
徐汇区	11 374	402 787	175 885	24 283	5.6
长宁区	4 901	60 663	11 856	2 521	1.3
静安区	1 694	14 794	2 441	1 037	0.6
普陀区	9 346	128 495	52 107	8 140	2.0
闸北区	11 451	278 869	137 434	31 077	6.3
虹口区	12 074	115 402	32 296	5 047	1.8
杨浦区	12 848	314 782	105 032	21 059	6.3
闵行区	4 127	55 264	22 433	3 832	0.9
宝山区	30 757	1 010 540	136 182	15 524	11.5
嘉定区	5 004	103 059	22 400	6 097	2.8
金山区	10 399	130 004	29 513	11 548	5.1
松江区	4 637	51 928	14 672	3 439	1.2
青浦区	3 184	43 153	10 455	5 174	2.1
奉贤区	8 529	82 254	17 213	4 511	2.2
崇明县	2 586	35 566	13 433	8 941	2.4

5-10　本市总承包和专业承包建筑企业签订合同情况
(2011)

单位：万元

指　　标	直接同建设单位签订的合同额		
		上年结转合同额	本年新签合同额
总计	**98 531 480**	**42 011 002**	**56 520 478**
一、按经济类型分			
#国有经济	15 260 105	6 247 111	9 012 994
集体经济	837 811	285 937	551 874
股份制经济	56 226 759	23 936 097	32 290 662
私营经济	21 176 021	9 130 561	12 045 460
外商投资经济	2 381 851	847 751	1 534 100
港澳台投资经济	2 556 321	1 509 789	1 046 532

(续表)

二、按隶属关系分			
#中央属	38 064 547	16 258 245	21 806 302
市(局)属	21 189 131	9 165 524	12 023 607
区、县属	6 220 107	2 213 414	4 006 694
三、按资质等级分			
#特级	41 940 540	17 227 636	24 712 905
一级	37 629 584	17 066 008	20 563 577
二级	13 208 884	5 802 637	7 406 247
三级	5 532 295	1 790 442	3 741 853
四、按行业类别分			
房屋和土木工程建筑业	85 700 834	37 835 932	47 864 902
建筑安装业	6 754 024	2 258 412	4 495 613
建筑装饰业	5 037 160	1 384 731	3 652 429
其他建筑业	1 039 461	531 928	507 534
五、按资质标准分			
施工总承包	88 777 998	39 232 355	49 545 643
专业承包	9 753 482	2 778 647	6 974 835

5-11 本市总承包和专业承包建筑企业承包工程完成情况 (2011)

单位：万元

指　　标	直接从建设单位承揽工程完成的产值	自行完成施工产值	分包出去工程的产值	从建设单位以外承揽工程完成的产值
总计	**47 476 861**	**41 171 945**	**6 304 916**	**4 690 828**
一、按经济类型分				
#国有经济	7 334 164	6 410 923	923 241	409 020
集体经济	678 745	664 661	14 084	40 047
股份制经济	24 342 845	19 745 847	4 596 997	2 689 031
私营经济	12 594 151	12 178 781	415 370	1 326 225
外商投资经济	1 286 509	1 054 148	232 361	103 424
港澳台投资经济	1 200 916	1 078 054	122 862	120 600
二、按隶属关系分				
#中央属	15 408 075	14 313 458	1 094 617	529 547
市(局)属	8 660 159	4 552 440	4 107 719	2 209 361
区、县属	3 808 606	3 718 833	89 773	187 873
三、按资质等级分				
#特级	16 277 604	12 443 023	3 834 582	885 694
一级	19 073 843	17 250 084	1 823 759	2 524 670
二级	8 267 403	7 847 750	419 653	788 414
三级	3 754 544	3 539 730	214 814	484 114

(续表)

四、按行业类别分				
房屋和土木工程建筑业	38 961 033	33 097 397	5 863 635	3 065 058
建筑安装业	4 607 365	4 277 961	329 405	1 158 155
建筑装饰业	3 375 135	3 277 796	97 339	382 943
其他建筑业	533 327	518 791	14 536	84 673
五、按资质标准分				
施工总承包	40 686 770	34 845 246	5 841 524	3 633 009
专业承包	6 790 091	6 326 699	463 392	1 057 819

5-12 本市劳务分包建筑企业主要指标

(2007～2011)

指 标	2007	2008	2009	2010	2011
企业个数（个）	186	265	286	300	343
建筑业总产值（亿元）	17.83	35.47	49.76	57.08	75.00
#装修装饰产值	1.33	7.55	8.55	7.64	10.27
从业人员年末人数（万人）	2.87	3.81	4.05	5.47	11.18
#工程技术人员	0.13	0.18	0.26	0.33	0.39
资产总计（亿元）	10.49	22.70	25.27	27.85	36.36
实收资本合计（亿元）	3.58	5.44	7.02	7.38	9.69
负债合计（亿元）	6.30	13.49	13.81	17.56	23.90
主营业务收入（亿元）	17.88	35.87	50.60	57.58	75.80
主营业务成本（亿元）	16.25	32.40	46.19	52.29	70.18
营业利润（亿元）	0.34	0.56	0.80	1.02	0.54
利润总额（亿元）	0.40	0.40	0.73	0.96	0.58

图书在版编目（CIP）数据

上海建设年鉴．2012年卷 / 中共上海市城乡建设和交通工作委员会，上海市城乡建设和交通委员会编．-- 上海 ：文汇出版社，2015.6

ISBN 978-7-5496-1467-7

Ⅰ.①上… Ⅱ.①中… ②上… Ⅲ.①城市建设－上海市－2012－年鉴 Ⅳ.①F299.275.1-54

中国版本图书馆CIP数据核字(2015)第089608号

上海建设年鉴（2012）

编　　著 / 中共上海市城乡建设和交通工作委员会
上海市城乡建设和交通委员会编
责任编辑 / 乐渭琦
特约编辑 / 郑　红
美术编辑 / 胡　鹰

出 版 人 / 桂国强

出版发行 / 文匯出版社
上海市威海路755号
(邮政编码 200041)
经　　销 / 全国新华书店
照　　排 / 上海未寅文化传播有限公司
印刷装订 / 江苏省启东市人民印刷有限公司
版　　次 / 2015年6月第1版
印　　次 / 2015年6月第1次印刷
开　　本 / 889×1240　1/16
字　　数 / 620千字
印　　张 / 40（插页14）

书　　号 / ISBN 978-7-5496-1467-7
定　　价 / 258.00元